国家民委科研项目成果

作者简介

杜宏春，1965年9月生，安徽省滁州市人，文学博士，研究生导师，滁州学院文学与传媒学院特聘教授（兼职），长期从事中国古典文献学等学科的教学与研究工作，先后主持完成国家社科基金3项、国家古籍整理专项基金3项、教育部社科基金重大项目1项、省部级社科基金13项，出版学术专著10部，获厅局级、省部级奖励各3项。

陶模行述长编

国家民委科研项目成果

杜宏春 ◎ 编著

黄山书社

图书在版编目(CIP)数据

陶模行述长编 / 杜宏春编著. —合肥:黄山书社,2019.5
ISBN 978-7-5461-8199-8

Ⅰ.①陶… Ⅱ.①杜… Ⅲ.①陶模(1835—1902)-生平事迹②地方政府-行政管理-研究-中国-清代 Ⅳ.①K827=52②D691.22

中国版本图书馆 CIP 数据核字(2019)第 060652 号

TAOMO XINGSHU CHANGBIAN
陶模行述长编

杜宏春 编著

出品人	贾兴权
策划人	韩开元
责任编辑	徐佩兰 李 南
出版发行	时代出版传媒股份有限公司(http://www.press-mart.com)
	黄山书社(http://www.hspress.cn)
地址邮编	安徽省合肥市蜀山区翡翠路1118号出版传媒广场7层 230071
印 刷	安徽新华印刷股份有限公司
版 次	2019年12月第1版
印 次	2019年12月第1次印刷
开 本	700mm×1000mm 1/16
字 数	1500千字
印 张	92.75
书 号	ISBN 978-7-5461-8199-8
定 价	180.00元(全两册)

服务热线 0551-63533706
销售热线 0551-63533761
官方直营书店(https://hsss.tmall.com)

版权所有 侵权必究
凡本社图书出现印装质量问题,请与印制科联系。
联系电话 0551-63533725

前　言

　　陶模(1835—1902),字方之,一字子方,浙江秀水(今嘉兴)人。同治七年(1868),中式进士,改翰林院庶吉士。十年(1871),授甘肃文县知县。十二年(1873),补甘肃皋兰县知县。光绪元年(1875),升甘肃秦州直隶州知州。五年(1879),署甘州府知府,调甘肃迪化州知州。六年(1880),加盐运使衔。七年(1881),擢甘肃宁夏府知府。八年(1882),任甘肃乡试内监试。九年(1883),署兰州府知府,迁甘肃兰州道。十年(1884),署甘肃按察使,旋调补直隶按察使。十四年(1888),升补陕西布政使。同年,护理陕西巡抚。十七年(1891),授甘肃新疆巡抚。二十一年(1895),署陕甘总督。二十二年(1896),实授陕甘总督。二十六年(1900),调补两广总督。二十八年(1902),卒于广州行馆。谥勤肃,赠太子少保。著有《陶勤肃公奏议遗稿》《养树山房遗稿》等存世。

　　本书以《陶勤肃公行述》为蓝本,以《辛卯侍行记》、中国第一历史档案馆藏录副奏折、朱批奏折及台北故宫博物院所藏《军机及宫中档》、台北"中央研究院"近代史所档案馆藏《外交档案》等原始资料,查照《上谕档》和《清实录》等典籍,以年谱资料长编的形式,对《陶勤肃公行述》进行扩充,详细叙述陶模一生重大行事、交游、著述及其家人、同僚、师友的相关事件,再现道光、咸丰、同治、光绪时代风云变幻的历史画面。

　　本书之价值主要表现在:首先,利用档案、史志等材料对传世文献进行校勘与注释,对重要人物之履历,则通过宫中档案及史志材料重新编写,纠正了一般史书、词典之舛误。

其次,有助于晚清边疆制度的研究。作为清政府边疆政策的执行者,边臣疆吏的思想及政绩也影响着清边疆政策的制定与实施,且大部分奏折上均附有皇帝或朝臣的批示意见,真实地体现了晚清朝廷的对内、对外政策和在边疆、民族问题上的方针。这些都是研究晚清外交、民族政策和策略等重大问题不可或缺的重要文献。

最后,作为研究晚清漕运及两江、闽浙、四川地区社会制度、社会阶层变动的第一手史料,本书对中国近代史、边疆史及民族政策等方面的研究,具有重要的史料价值和学术意义。

凡　例

一、本文以年谱资料长编的形式,对《陶勤肃公行述》进行扩充。

二、本文主要收录谱主一生重大行事、交游、著述及家人相关事件酌情收录。

三、文中陶模一律称公,其他人物一般直呼其名,临文不讳。

四、陶模所历时代,日常皆用阴历,故本文所引文献日期一般亦为阴历。

五、本文记事如仅知年月而无确切日期可考者,则置于当月、当年之前后,以从其宜。

六、本文随文酌加案语,考释文献,注明来源,辨证异同,补充材料,俾资参考。

七、本文既云长编,且所引资料来自中国第一历史档案馆、台北故宫博物院、台北"中央研究院"、《陶勤肃公奏议遗稿》《辛卯侍行记》等,绝大多数为首次刊布,故均照录全文,并注明出处。公函札及友朋书札等一般不作节略,以资考证。

八、本文以时间为线索,根据陶模生平事迹分为五个部分:

第一编　求学应试时期:道光十五年至同治六年(1835—1867),1—33岁

第二编　牧令司道时期:同治七年至光绪十六年(1868—1890),34—56岁

第三编　新疆巡抚时期:光绪十七年至光绪二十一年(1891—1895),57—61岁

第四编　陕甘总督时期:光绪二十二年至光绪二十六年(1896—1900),62—66岁

第五编　两广总督时期:光绪二十六年至光绪二十八年(1900—1902),66—68岁

目 录

前言 ……………………………………………………………… 1

凡例 ……………………………………………………………… 1

第一编　求学应试时期（道光十五年至同治六年）……………… 1

第二编　牧令司道时期（同治七年至光绪十六年）……………… 16

第三编　新疆巡抚时期（光绪十七年至光绪二十一年）………… 64

第四编　陕甘总督时期（光绪二十二年至光绪二十六年）……… 491

第五编　两广总督时期（光绪二十六年至光绪二十八年）……… 1072

附录　陶勤肃公行述 ………………………………………… 1440

参考文献 ……………………………………………………… 1466

后记 …………………………………………………………… 1471

上册

第一编　求学应试时期

道光十五年至同治六年(1835—1867),1—33岁

清·宣宗道光十五年　1835年　一岁

是年,黄河泛滥,数省受灾。清廷增定防范洋人贸易章程。

八月十九日子时,公生于王江泾小圩老宅。《陶勤肃公行述》(以下简称《行述》)载曰:

> 府君姓陶氏,讳模,字方之,号子方,浙江嘉兴府秀水县人,系出浔阳,先世以武职自汴扈从宋高宗南渡,屯守秀州,因家于城北之金桥,世袭将仕郎。德祐末,二十世祖菊隐公毁家勤王。宋亡,迁王江泾,筑忠孝堂,戒子孙弗仕,遂世居焉。
>
> 十七传至讳增,字洪山,是为府君之曾祖,妣氏杨。祖讳忠,字君谋,妣氏宋、氏吴。考讳源,字聿修,号菊泉,妣氏杨;兼祧本生考讳渊,字兢如,号羡江,妣氏高。三世皆以府君贵,累赠光禄大夫,妣皆一品夫人。
>
> 元明以降,陶氏族人繁衍贵显。吾家世为大宗,独鲜出仕,然代有隐德,乡里称长者。菊泉公昆弟幼失怙恃,孤苦伶仃,弃儒而贾。羡江公书法钟、王,学者叹弗及。雅好宋儒言,跬步不苟,每贾他所,归必购"朱子""小学"等书,持赠族党。族党以老儒视之。高太夫人恭俭静

默,安贫若素。

十月初十日,慈禧①出生。

是年,林则徐五十一岁,曾国藩二十五岁,左宗棠二十四岁,谭钟麟十四岁,李鸿章十三岁,杨昌濬九岁。

道光十六年　1836年　二岁

是岁,太常寺少卿许乃济②奏请弛禁鸦片。

是年,林则徐五十二岁,曾国藩二十六岁,左宗棠二十五岁,谭钟麟十五岁,李鸿章十四岁,杨昌濬十岁。

---

① 慈禧(1835—1908),即孝钦显皇后,叶赫那拉氏,咸丰帝妃,同治帝母。咸丰二年(1852),入宫,赐兰贵人。翌年,晋懿嫔,六年(1856),封懿妃。七年(1857),封懿贵妃。十一年(1861),咸丰帝崩,与孝贞显皇后两宫并尊,称圣母皇太后,上徽号慈禧。同年,发动宫廷政变,垂帘听政。同治十二年(1873),归政同治帝。光绪元年(1875),再度听政。十五年(1889),归政光绪帝。二十四年(1898),发动戊戌政变,囚光绪帝,再度训政。三十四年(1908)十月二十一,光绪帝崩,择三岁溥仪为帝,慈禧尊为太皇太后。次日,慈禧逝于仪鸾殿,葬于菩陀峪定东陵。

② 许乃济(1777—1839),字叔舟,号青士,浙江仁和人。嘉庆十四年(1809),中式进士,改庶吉士,授翰林院编修。二十五年(1820),补山东道监察御史。道光三年(1823),升兵科给事中。五年(1825),放广肇罗道。七年(1827),补授广东督粮道。九年(1829),调补广东高廉道。十一年(1831),派护遥逻国贡使。十二年(1832),署理两广盐运使,兼广东按察使。十三年(1833),迁光禄寺少卿。十四年(1834),署理广东学政。十六年(1836),授太常寺少卿。十八年(1838),因倡弛禁鸦片降为六品顶戴,即行休致。十九年(1839),著有《求己斋诗集》《二许集》《许太常奏稿》等行世。

道光十七年　1837 年　三岁

是岁,清廷命林则徐①为湖广总督。

是年,林则徐五十三岁,曾国藩二十七岁,左宗棠二十六岁,谭钟麟十六岁,李鸿章十五岁,杨昌濬十一岁,张之洞生,魏光焘生,饶应祺生。

道光十八年　1838 年　四岁

是岁,黄爵滋、林则徐请禁鸦片,清廷授林则徐为钦差大臣,赴广东查办。同年,曾国藩②中式进士,改庶吉士。

---

①　林则徐(1785—1850),字少穆,又字元抚,石麟,晚号竢村老人。嘉庆十六年(1811),中式进士,改翰林院庶吉士。十九年(1814),授翰林院编修。二十一年(1816),充江西乡试副考官。二十三年(1818),补国史馆纂修。二十四年(1819),充会试同考官。二十五年(1820),升江南道监察御史。同年,放浙江杭嘉湖道。道光二年(1822),调补江苏淮海道。同年,署浙江盐运使。三年(1823),迁江苏按察使。四年(1824),署理江宁布政使。六年(1826),署理两淮盐政。七年(1827),调补陕西按察使,署理陕西布政使。同年,补授江宁布政使。十年(1830),调补湖北布政使,再调河南布政使。十一年(1831),再调江宁布政使。同年,擢河东河道总督。十二年(1832),授江苏巡抚。十五年(1835),署理两江总督。十七年(1837),调补湖广总督。十八年(1838),授禁烟钦差大臣。十九年(1839),补授两江总督。同年,调两广总督。二十一年(1841),遣戍新疆。会河决开封,中途奉命襄办塞决,次年工竣,仍赴戍。二十四年(1844),综理新疆屯田。二十五年(1845),召还,以四五品京堂候补,寻署陕甘总督。二十六年(1846),补陕西巡抚。二十七年(1847),补授云贵总督。二十八年(1848),加太子太保。二十九年(1849),以病乞归。三十年(1850),授钦差大臣并署广西巡抚,卒于途。赠太子太傅,谥文忠。著述有《林文忠公政书》《畿辅水利议》《俄罗斯国纪要》《滇轺纪程》《荷戈纪程》《云左山房文钞》《云左山房诗钞》《四洲志》《林文忠公家书》《信及录》《林文忠公禁烟奏稿》,修《道光广南府志》等。

②　曾国藩(1811—1872),初名子城、子成、子诚,字居武、伯涵,号涤生,湖南长沙府湘乡县人。道光十四年(1834),中举人。十八年(1838),中式进士,改庶吉士。二十年(1840),授检讨。二十三年(1843),补侍讲。同年,充四川乡试正考官,补文渊阁校理。二十四年(1844),授侍读。二十五年(1845),任左、右庶子,充会试同考官,历充侍讲学士、日讲起居注官。二十六年(1846),任文渊阁直阁事。二十七年(1847),授内阁学士兼礼部侍郎衔。二十八年(1848),任稽察中书科事务。二十九年(1849),调礼部右侍郎,署兵部左侍郎。三十年(1850),兼署工部左侍郎。咸丰元年(1851),署刑部右侍郎。同年,充顺天武乡试正考官。二年(1852),兼署吏部左侍郎,充江西乡试正考官。是年,丁母忧。四年(1854),赏三品顶戴。同年,晋二品顶戴,并赏戴花翎,以兵部右侍郎署湖北巡抚。七年(1857),丁父忧。八年(1858),办理浙江军务。十年(1860),署两江总督。同年,授钦差大臣两江总督。十一年(1861),加太子少保。同治元年(1862),擢协办大学士。三年(1864),晋太子太保,封一等毅勇侯。五年(1866),补授两江总督。六年(1867),拜大学士。同年,转体仁阁大学士,赏云骑尉。七年(1868),授武英殿大学士。同年,授直隶总督管巡抚事。九年(1870),调补两江总督兼办理南洋通商事务大臣。十一年(1872),薨于位。赠太傅,谥文正。著有《曾文正公全集》等行世。

是年,林则徐五十四岁,曾国藩二十八岁,左宗棠二十七岁,谭钟麟十七岁,李鸿章十六岁,杨昌濬十二岁,张之洞二岁,魏光焘二岁,饶应祺二岁。

道光十九年　1839 年　五岁

是岁,林则徐至广东,以夷制夷,于虎门销烟,四十余日燃尽。

是年,林则徐五十五岁,曾国藩二十九岁,左宗棠二十八岁,谭钟麟十八岁,李鸿章十七岁,杨昌濬十三岁,张之洞三岁,魏光焘三岁,饶应祺三岁。

道光二十年　1840 年　六岁

正月,孝全皇后崩逝。九月,清廷授曾国藩为顺天乡试磨勘官。是月,林则徐因禁烟办理不善,革去两广总督一职。同年,李鸿章取生员。十一月,英国发动鸦片战争。

是年,父病卒。《行述》曰:

> 六岁,菊泉公贾江北,尝于烈日中走沙滩,得病,归遽卒,属以府君嗣。府君自幼端重不佻,和顺受教,无俟长老督责。

是年,林则徐五十六岁,曾国藩三十岁,左宗棠二十九岁,谭钟麟十九岁,李鸿章十八岁,杨昌濬十四岁,张之洞四岁,魏光焘四岁,饶应祺四岁。

道光二十一年　1841 年　七岁

春,林则徐赴浙江镇海协防。五月,褫卿衔,遣戍伊犁。二月,英国抢占香港岛,对香港实行殖民统治。五月,中英签订《广州和约》。

是年,林则徐五十七岁,曾国藩三十一岁,左宗棠三十岁,谭钟麟二十岁,李鸿章十九岁,杨昌濬十五岁,张之洞五岁,魏光焘五岁,饶应祺五岁。

道光二十二年　1842 年　八岁

八月,中英签订《南京条约》,原称"万年和约"①,第一次鸦片战争结束。

是年,林则徐五十八岁,曾国藩三十二岁,左宗棠三十一岁,谭钟麟二十一岁,李鸿章二十岁,杨昌濬十六岁,张之洞六岁,魏光焘六岁,饶应祺六岁。

道光二十三年　1843 年　九岁

三月,曾国藩升用翰林院侍讲。六月,充四川正考官。十一月,充文渊阁校理。同年,洪秀全与冯云山创立拜上帝会。

是岁,中英签订《中英五口通商章程》《五口通商附粘善后条款》(又名《虎门约》)与《五口通商章程》。

是年,公勤奋读书。《行述》曰:

> 九岁,读书沈藜阁先生家。先生之兄领乡荐,报至,观者杂沓,同学诸人皆散走,府君独危坐至夜。
>
> 既成童,沉毅异常人,事亲尽孝尽敬。无昆弟,有两姊,敬事之如长兄。家贫,乏僮仆,担负之役,皆身兼之。羡江公渴欲府君读书,顾无力供束脩,戚友咸劝阻。府君益发愤,蚤起料量米盐菽水,入市鬻缯买丝以归,乃读书。向夜奉书,就高太夫人织机旁,借灯光以读。为诗文,腹稿既定,操笔立就,虽从师数人,未尝点窜。

是年,林则徐五十九岁,曾国藩三十三岁,左宗棠三十二岁,谭钟麟二十二岁,李鸿章二十一岁,杨昌濬十七岁,张之洞七岁,魏光焘七岁,饶应祺七岁。

---

① 雷禄庆:《李鸿章年谱》第 19 页,商务印书馆,1977。

道光二十四年　1844 年　十岁

五月,中美签订《望厦条约》。八月,李鸿章中式举人。十月,中法签订《黄埔条约》。

是年,林则徐六十岁,曾国藩三十四岁,左宗棠三十三岁,谭钟麟二十三岁,李鸿章二十二岁,杨昌濬十八岁,张之洞八岁,魏光焘八岁,饶应祺八岁,刘锦棠生。

道光二十五年　1845 年　十一岁

五月,清廷授曾国藩为詹事府右春坊右庶子。六月,转补左庶子。九月,升授翰林院侍讲学士。十二月,充文渊阁直阁事。同年,林则徐召还以四五品京堂候补,寻署陕甘总督①。

是年,林则徐六十一岁,曾国藩三十五岁,左宗棠三十四岁,谭钟麟二十四岁,李鸿章二十三岁,杨昌濬十九岁,张之洞九岁,魏光焘九岁,饶应祺九岁,刘锦棠二岁。

道光二十六年　1846 年　十二岁

是岁,清廷授林则徐为陕西巡抚。同年,清政府明旨弛禁天主教。

是年,林则徐六十二岁,曾国藩三十六岁,左宗棠三十五岁,谭钟麟二十五岁,李鸿章二十四岁,杨昌濬二十岁,张之洞十岁,魏光焘十岁,饶应祺十岁,刘锦棠三岁。

道光二十七年　1847 年　十三岁

三月,李鸿章应本科会试,中式进士。七月,洪秀全与冯云山会于紫金山②,商讨暴动事宜。十二月,冯云山被捕下狱。同年,清廷授林则徐为云贵总督。

---

① 赵尔巽等撰:《清史稿》卷 369 第 11493 页,中华书局,1977。
② 牟安世:《太平天国》第 63 页,上海人民出版社,1979。

是年,林则徐六十三岁,曾国藩三十七岁,左宗棠三十六岁,谭钟麟二十六岁,李鸿章二十五岁,杨昌濬二十一岁,张之洞十一岁,魏光焘十一岁,饶应祺十一岁,刘锦棠四岁。

道光二十八年　1848 年　十四岁

四月,杨秀清假托天父下凡附体,营救冯云山。同时,清政府命湖南、江西等地缉拿天地会会众。

是岁,林则徐"亲师往剿(云南)……威德震洽,边境乃安,加太子太保,赐花翎"①。同年,饶应祺入邑庠,究心经世学。

是年,林则徐六十四岁,曾国藩三十八岁,左宗棠三十七岁,谭钟麟二十七岁,李鸿章二十六岁,杨昌濬二十二岁,张之洞十二岁,魏光焘十二岁,饶应祺十二岁,刘锦棠五岁。

道光二十九年　1849 年　十五岁

十二月,孝和睿皇后崩逝。同年,曾国藩升授礼部右侍郎,兼署兵部右侍郎。同年,林则徐"以病乞归"②。

本年,上海划定了法租界,上海、伦敦间轮船通航。

是年,林则徐六十五岁,曾国藩三十九岁,左宗棠三十八岁,谭钟麟二十八岁,李鸿章二十七岁,杨昌濬二十三岁,张之洞十三岁,魏光焘十三岁,饶应祺十三岁,刘锦棠六岁。

道光三十年　1850 年　十六岁

正月,道光帝旻宁升遐。嗣后皇太子即位,以明年改为咸丰元年。

同年,清廷授林则徐为钦差大臣,前往广西进剿太平军,卒于途。

是年,林则徐六十六岁,曾国藩四十岁,左宗棠三十九岁,谭钟麟二十九岁,李鸿章二十八岁,杨昌濬二十四岁,张之洞十四岁,魏光焘十四岁,饶

---

① 赵尔巽等撰:《清史稿》卷 369 第 11493 页,中华书局,1977。
② 赵尔巽等撰:《清史稿》卷 369 第 11493 页,中华书局,1977。

应祺十四岁,刘锦棠七岁。

清·文宗咸丰元年　1851年　十七岁

二月,洪秀全在武宣东乡自称天王。八月,太平军攻占永安。十二月,太平天国颁行天历,此乃冯云山在桂平狱中所创①。同月,洪秀全分封诸王。

是年,曾国藩四十一岁,左宗棠四十岁,谭钟麟三十岁,李鸿章二十九岁,杨昌濬二十五岁,张之洞十五岁,魏光焘十五岁,饶应祺十五岁,刘锦棠八岁。

咸丰二年　1852年　十八岁

是岁,曾国藩奉旨帮办团防,训练湘军。同年,杨昌濬从罗泽南练乡勇,会集湘潭,出《讨粤匪檄》,后随湘军进剿太平军。嗣后,太平军久攻桂林不下,南王冯云山中炮卒;后攻长沙途中,西王萧朝贵被大炮击伤,卒。

是年,曾国藩四十二岁,左宗棠四十一岁,谭钟麟三十一岁,李鸿章三十岁,杨昌濬二十六岁,张之洞十六岁,魏光焘十六岁,饶应祺十六岁,刘锦棠九岁。

咸丰三年　1853年　十九岁

正月,清政府命李鸿章赴安徽帮办团练。二月,洪秀全占据南京,定为都城,改名为天京。

是年,曾国藩四十三岁,左宗棠四十二岁,谭钟麟三十二岁,李鸿章三十一岁,杨昌濬二十七岁,张之洞十七岁,魏光焘十七岁,饶应祺十七岁,刘锦棠十岁。

咸丰四年　1854年　二十岁

正月,曾国藩作《讨粤匪檄》,进剿太平军。十二月,与石达开战于九

---

① 牟安世:《太平天国》第92页,上海人民出版社,1979。

江、湖口,损失惨重。

是年,曾国藩四十四岁,左宗棠四十三岁,谭钟麟三十三岁,李鸿章三十二岁,杨昌濬二十八岁,张之洞十八岁,魏光焘十八岁,饶应祺十八岁,刘锦棠十一岁。

咸丰五年　1855 年　二十一岁

二月,太平军三克武昌。五月,北伐失败,主帅林凤祥、李开芳被杀。

是年,曾国藩四十五岁,左宗棠四十四岁,谭钟麟三十四岁,李鸿章三十三岁,杨昌濬二十九岁,张之洞十九岁,魏光焘十九岁,饶应祺十九岁,刘锦棠十二岁。

咸丰六年　1856 年　二十二岁

正月,左宗棠升任兵部郎中,并赏戴花翎。五月,太平军破江南大营。八月,天京内讧。九月,英国借口"亚罗"号事件进攻广州,遭拒退出广州城。同月,清廷赏李鸿章按察使衔。同年,魏光焘投效湘军,办理老湘军营务。

是岁,公补县学生。《行述》曰:

> 咸丰六年丙辰,补县学生,不屑屑举子业。百家、经史之言,靡所不探讨。又谓祸乱之基,由于人心不正,空言文章、经济无用。时平湖顾访溪征君(广誉)、震泽陈子松茂才(寿熊)、吴江沈南一孝廉(曰富),以道义相期,尚学兼汉宋古文,直接方姚之门,府君并师事之,尤重身体力行,敛才就范,力务闻修,不肯侈腾口说,伐异党同,祛近世讲学家虚憍之弊,所诣日粹。

是年,曾国藩四十六岁,左宗棠四十五岁,谭钟麟三十五岁,李鸿章三十四岁,杨昌濬三十岁,张之洞二十岁,魏光焘二十岁,饶应祺二十岁,刘锦棠十三岁。

咸丰七年　1857 年　二十三岁

五月,石达开离天京出走。十一月,江南大营占镇江,困天京。同月,英法军陷广州。

是年,曾国藩四十七岁,左宗棠四十六岁,谭钟麟三十六岁,李鸿章三十五岁,杨昌濬三十一岁,张之洞二十一岁,魏光焘二十一岁,饶应祺二十一岁,刘锦棠十四岁。

咸丰八年　1858 年　二十四岁

四月,签订《中俄瑷珲条约》。五月,签订《中俄天津条约》《中美天津条约》《中英天津条约》《中法天津条约》。六月,曾国藩奉命督办浙江军务。十二月,李鸿章赴江西建昌入曾国藩幕。

是年,曾国藩四十八岁,左宗棠四十七岁,谭钟麟三十七岁,李鸿章三十六岁,杨昌濬三十二岁,张之洞二十二岁,魏光焘二十二岁,饶应祺二十二岁,刘锦棠十五岁。

咸丰九年　1859 年　二十五岁

三月,洪仁玕至天京,封为干王,《资政新篇》随之刊布。十月,洪秀全颁布《改历诏》。同年,谭钟麟于大考翰詹,位列二等,赏袍料一匹[①];魏光焘以功保从九品选用。

是年,曾国藩四十九岁,左宗棠四十八岁,谭钟麟三十八岁,李鸿章三十七岁,杨昌濬三十三岁,张之洞二十三岁,魏光焘二十三岁,饶应祺二十三岁,刘锦棠十六岁。

咸丰十年　1860 年　二十六岁

闰三月,陈玉成、李秀成攻陷江南大营,丹阳亦陷,清将张国樑战死。

---

① 罗明、徐彻主编,清史编委会编:《清代人物传稿·下编》第 7 卷第 119 页,辽宁人民出版社,1993。

四月,左宗棠奉旨以四品京堂候补,随同曾国藩襄办军务。六月,清廷授曾国藩为两江总督,并命为钦差大臣,以保江南大局。八月,八国联军火烧圆明园,进逼北京,签订《北京条约》。同年,经曾国藩奏保,清廷授李鸿章为两淮盐运使,兴办淮扬水师;魏光焘保县丞,并赏戴蓝翎。

是岁,公被太平军掳至嘉兴。《行述》曰:

> 十年庚申夏,发逆大至,老屋灰烬。羡江公被执至苏州,府君掳入嘉兴南门贼营。贼中有同里人,语其酋,谓陶某书生也。酋欲委以笔札,死拒勿从。酋怒,责令碾米、劈柴,困苦之,凡四月。群贼往攻湖州,胁府君登舟。府君乘夜操楫,入支港走免,绕道嘉善,乞食于野,风餐露宿,数日始得家属于秀水之卜家浜。羡江公已先凫水脱归,高太夫人忧悸病亟,适于是日卒。府君辟踊哀号,痛不欲生。贼又窜至,仓卒殡殓,奉羡江公走他村。

是年,曾国藩五十岁,左宗棠四十九岁,谭钟麟三十九岁,李鸿章三十八岁,杨昌濬三十四岁,张之洞二十四岁,魏光焘二十四岁,饶应祺二十四岁,刘锦棠十七岁。

咸丰十一年　1861年　二十七岁

七月,咸丰帝升遐,穆宗嗣位同治。

是岁,清廷授李鸿章为江苏巡抚;左宗棠任浙江巡抚;魏光焘保知县,加知州衔。清政府设立总理各国事务衙门。同年,曾国藩于安庆设立敬敷书院与安庆内军械所。

是岁,公致书业师顾广誉先生曰:

> 自去年四月拜别,忽忽已将二岁。思念之深,何时能已!近闻府居已迁舟山之青岙,维道履安适,曷胜遥慰!今天下亦乱,甚矣。士大夫徇于货利,而君父之伦亦可任其情为去取,世教泯棼,于斯为极。惟

先生躬杨园清献之学,遯迹海滨,虽忽遽流离中,仍复读书不辍。身虽否而道则亨,于先生可以无憾。然模又有为先生言者,《剥》之上九,处天地闭塞之时,其势岌岌不可终日,而圣人系之曰:硕果不食,曰君子得舆,诚以天心至仁爱,虽当极乱之世,必有一二魁垒耆艾之士为斯道所维系。而所谓魁垒耆艾之士者,亦隐然有以体天心之所属望。虽颠踬困饿,举一世无可以容我身,而其浩然之气,历艰险而益充。其责愈重,其忧愈深,其收功也愈远。如先生者,非其人耶!

模生二十有七年矣。乡者之志,未尝不以古人之自期。自遭乱后,颠倒昏惑,失所常守,饥寒迫于外,而利欲动于中,心之摇摇者屡矣。所幸羞恶之良有未尽汩没者,作苦之余,常取古来处困之士以自警惕,则志为之振而心为之开。然身处污泥之中,不能自振拔,纵欲强自洗濯,其道无由。此则模之所为日夜忧惧不知所措也。夫互乡童子,尚见录于圣门,人当沉溺之时,往往有闻大贤之风而兴起者。况模固尝受教于先生者耶。伏维先生哀其志,而常赐书督责之,幸甚! 今寄上子松师行略一首,敬求绳削。模丧先孺人方逾年,遽敢有所撰述者,诚以身处危地,朝不保夕,窃恐先师行事日久更多失实,故远礼作此。然于先师之学实无所知,亦惟先生指教为幸。

近闻武林复陷,四明一带尽为盗窟。舟山孤悬海外,能否无事,惟加意珍摄,以待天心之复,是所深望。专此布臆,统祈鉴原,不宣!①

是年,曾国藩五十一岁,左宗棠五十岁,谭钟麟四十岁,李鸿章三十九岁,杨昌濬三十五岁,张之洞二十五岁,魏光焘二十五岁,饶应祺二十五岁,刘锦棠十八岁。

清·穆宗同治元年　1862 年　二十八岁

正月,李鸿章于安庆仿照湘军规制编练淮军②。六月,清政府设立北京

---

① 陈陛编:《历代名人书牍精华》第 560—561 页,经纬书局,1936。
② 雷禄庆:《李鸿章年谱》第 68 页,商务印书馆,1977。

同文馆。

是年,谭钟麟任湖北乡试副考官。同年,饶应祺中式举人,任刑部江西司行走,授知县,丁父忧,回籍守制,后入湖广总督李鸿章幕僚。杨昌濬保同知,后补浙江衢州府知府。

是岁,公转徙至盛泽镇,读书依旧。《行述》曰:

  同治元年,转徙至江苏之盛泽镇,忍饥读书,不顾非笑。贼来则走匿芦港间,贼退则返,十余日,仍一剃发。羡江公弃养,乱离之际,医药、棺衾均未能从志,府君终身以为憾。

是年,曾国藩五十二岁,左宗棠五十一岁,谭钟麟四十一岁,李鸿章四十岁,杨昌濬三十六岁,张之洞二十六岁,魏光焘二十六岁,饶应祺二十六岁,刘锦棠十九岁。

同治二年　1863年　二十九岁

正月,李鸿章亲兵护卫营成立炮队,"为中国炮兵制度之发轫"[①]。二月,清廷授四品衔,以知州用。三月,清廷授左宗棠为闽浙总督,兼署浙江巡抚。四月,张之洞中式进士,授翰林院编修。同年,清廷授杨昌濬为浙江粮储道;谭钟麟补授江南道监察御史;魏光焘保同知,晋运同衔,赏戴花翎。

是岁,公复徙至新场镇,中途施夫人病逝。《行述》曰:

  明年,复徙南汇县之新场镇,中途舟小人众,先母施夫人在兵触疫,登岸遽卒。寓庐破坏,不蔽风日,借贷营殓,艰苦万状!先兄韬臣生甫四岁,不孝葆廉一岁失乳,府君以干饭饲之,保抱拊育,父兼母职。时难民偷渡贼卡,婴儿有哭者,辄弃水中。不孝葆廉之濒于弃者不一,府君多方藏匿,得幸活。

[①]　雷禄庆:《李鸿章年谱》第97页,商务印书馆,1977。

是年,曾国藩五十三岁,左宗棠五十二岁,谭钟麟四十二岁,李鸿章四十一岁,杨昌濬三十七岁,张之洞二十七岁,魏光焘二十七岁,饶应祺二十七岁,刘锦棠二十岁。

同治三年　1864年　三十岁

四月,洪秀全病逝。六月,清军破天京,太平天国失败。同月,曾国藩于安庆设立书局,刊刻经史各书①。十一月,李鸿章接署两江总督篆务。②

是岁,清廷任杨昌濬为浙江盐运使,加按察使衔。同年,迁浙江按察使,署浙江布政使。魏光焘保知府。

同年,公于盛泽镇以授徒糊口。《行述》曰:

明年,乱渐定,又居盛泽,以授徒糊口。

是年,曾国藩五十四岁,左宗棠五十三岁,谭钟麟四十三岁,李鸿章四十二岁,杨昌濬三十八岁,张之洞二十八岁,魏光焘二十八岁,饶应祺二十八岁,刘锦棠二十一岁。

同治四年　1865年　三十一岁

是岁,曾国藩同李鸿章设立上海机器局。冬,李鸿章又于南京设立金陵机器局。同年,魏光焘保道员,加扬勇巴图鲁勇号。

同年,公食饩。《行述》曰:

四年乙丑,食饩。

是年,曾国藩五十五岁,左宗棠五十四岁,谭钟麟四十四岁,李鸿章四十三岁,杨昌濬三十九岁,张之洞二十九岁,魏光焘二十九岁,饶应祺二十

---

① 李瀚章编撰、李鸿章校勘:《曾国藩全集》第304页,中国致公出版社,2001。
② 雷禄庆:《李鸿章年谱》第136页,商务印书馆,1977。

九岁,刘锦棠二十二岁。

同治五年　1866 年　三十二岁

六月,左宗棠奏设福州船政局。八月,清廷派崇厚筹办天津机器局。十一月,清廷授李鸿章为钦差大臣。同年,清廷调任左宗棠为陕甘总督;魏光焘升盐运使衔。

是年,曾国藩五十六岁,左宗棠五十五岁,谭钟麟四十五岁,李鸿章四十四岁,杨昌濬四十岁,张之洞三十岁,魏光焘三十岁,饶应祺三十岁,刘锦棠二十三岁。

同治六年　1867 年　三十三岁

正月,清廷授李鸿章为湖广总督。同月,清廷命左宗棠为钦差大臣,督办陕甘军务。六月,张之洞奉旨充浙江乡试副考官。同年,饶应祺至陕甘总督左宗棠军中供职,随左攻克金积堡、巴燕戎格等地,以军功擢知府。

是岁,王夫人来归,公仍身亲劳役。《行述》曰:

> 越两年,家母王夫人来归,始得分内顾忧,然犹身亲劳役。不孝葆廉五六岁时,见府君每晨挟筐入市,归则诣河干担水毕,然后挈先兄及不孝葆廉入塾,迄今犹历历在目也。

同年,公举于乡。《行述》曰:

> 丁卯,举于乡。

是年,曾国藩五十七岁,左宗棠五十六岁,谭钟麟四十六岁,李鸿章四十五岁,杨昌濬四十一岁,张之洞三十一岁,魏光焘三十一岁,饶应祺三十一岁,刘锦棠二十四岁。

第二编　牧令司道时期

同治七年至光绪十六年(1868—1890),34—56岁

同治七年　1868年　三十四岁

是岁,清廷命谭钟麟为河南按察使;魏光焘保道员改留陕西,加西林巴图鲁勇号,并赏戴二品顶戴。左宗棠开始西征。同年,古巴爆发第一次独立战争;中美签订《中美续增条约》,亦称《蒲安臣条约》。

同年,公中式进士,改翰林院庶吉士。《行述》曰:

> 戊辰,成进士,改翰林院庶吉士。

是年,曾国藩五十八岁,左宗棠五十七岁,谭钟麟四十七岁,李鸿章四十六岁,杨昌濬四十二岁,张之洞三十二岁,魏光焘三十二岁,饶应祺三十二岁,刘锦棠二十五岁。

同治八年　1869年　三十五岁

是岁,清廷授李鸿章为湖广总督、曾国藩为直隶总督、杨昌濬为浙江巡抚、魏光焘为甘肃平庆泾固道。

同年,公葬先世者十余。《行述》曰:

> 明年,葬先世未葬者十余丧,治墓惟择燥地,深埋实筑,不泥甚舆家言。

是年,曾国藩五十九岁,左宗棠五十八岁,谭钟麟四十八岁,李鸿章四十七岁,杨昌濬四十三岁,张之洞三十三岁,魏光焘三十三岁,饶应祺三十三岁,刘锦棠二十六岁。

同治九年　1870年　三十六岁

五月,曾国藩奉命查办天津教案。是年,清廷授李鸿章为直隶总督;授予刘锦棠三品卿衔;杨昌濬实授浙江巡抚。

是年,曾国藩六十岁,左宗棠五十九岁,谭钟麟四十九岁,李鸿章四十八岁,杨昌濬四十四岁,张之洞三十四岁,魏光焘三十四岁,饶应祺三十四岁,刘锦棠二十七岁。

同治十年　1871年　三十七岁

是岁,清廷授谭钟麟迁陕西布政使。同年,沙俄侵占伊犁;巴黎公社革命爆发;中日议定《中日修好条规》与《通商章程》。

同年,公补授甘肃文县知县。《行述》曰:

> 辛未,散馆,改授甘肃文县知县。府君自京师贻友人书曰:先闻当选广西罗城,自忖设得此,未知视于清端何如?今乃得文县,又未知视罗城何如?时陇右回乱未尽平,戚友皆有戒心。府君毅然挟二仆西行。

是岁,齐年谭献①为公赴文县任赋诗二首送别,曰:

一

羌笛倚凉州,塞垣春似秋。玉堂新辍笔,金印待封侯。
厌作上考吏,奚为第一流。兵间原洒落,民气望优柔。
匹马阴平道,凝妆少妇楼。江梅随意赠,驿柳照人愁。
杯酒轻岐路,饶歌起陇头。由来班定远,忼慨出关游。②

二

乘春弄轻舟,吴江复越江。倚篷数微雨,乍湿人衣裳。
古岸绪风生,无花草自香。波与云俱流,余晖稍向暮。
远意望天涯,不觉于兹遇。年年度春洲,何处吟芳树。③

是年,曾国藩六十一岁,左宗棠六十岁,谭钟麟五十岁,李鸿章四十九岁,杨昌濬四十五岁,张之洞三十五岁,魏光焘三十五岁,饶应祺三十五岁,刘锦棠二十八岁。

同治十一年　1872 年　三十八岁

正月,曾国藩、李鸿章奏请派陈兰彬等经理幼童留学事宜。二月,曾国藩卒于金陵。十二月,设立轮船招商局。

六月,公随左宗棠于安定县军次。《行述》曰:

十一年六月,谒督帅左文襄公于安定县军次。

---

① 谭献(1832—1901),原名廷献,一作献纶,字仲修,号复堂,浙江仁和人。同治六年(1867),中式举人,嗣屡试不售。曾入福建学使徐树藩幕,署秀水县教谕,历任安徽歙县、全椒、合肥、宿松等县知县,后去官归隐。晚年受张之洞邀请,主讲经心书院。骈文师法六朝,尤工词,家藏前人词曲甚富,著有《复堂类集》《复堂诗续》《复堂文续》《复堂日记补录》《复堂词》等行世。
② 谭献著:《谭献集》(下)第477页,浙江古籍出版社,2012。
③ 谭献著:《谭献集》(下)第478页,浙江古籍出版社,2012。

七月,公至兰州。《行述》曰:

　　七月,随节至兰州省会。

八月,公奉檄赴任文县知县。《行述》曰:

　　八月,奉檄赴任。文县距省二十二程,过秦州,遇溃勇阻滞;入阶州境,危崖深涧,无咫尺坦夷。文县古阴平,道尤险,间有铁绳悬渡,行者怵为畏途。府君策骑竟过,不少恇怯。

十月,公到文县,治理有方。《行述》曰:

　　十月,到县治所,在万山中,汉番杂居,地险而瘠,念非刻意俭省,必不能寡取于民,遂不聘致刑、钱、书、启各友,以一身任之。旧有痠削之政,革除务尽;清理宿狱,厘剔奸蠹;微服诣郊野,究切利弊;禽治巨盗,辄以身先。健盗马骏花者,曾劫厘卡,道员某率兵四营,捕之不得。会骏花村中演剧,府君掩获其父子兄弟。骏花诣县自首,为请于上游,贷其死,令作线勇,境内盗风顿革。俗信鬼,相传有猫神者,奉祀若狂,不则为祟。府君焚其像,笞其巫,设义学数十处,化喻愚民,一轨于正。数月之后,循声大作。

是年,曾国藩六十二岁,左宗棠六十一岁,谭钟麟五十一岁,李鸿章五十岁,杨昌濬四十六岁,张之洞三十六岁,魏光焘三十六岁,饶应祺三十六岁,刘锦棠二十九岁。

同治十二年　1873年　三十九岁

正月,同治帝亲政。四月,李鸿章同日本外务大臣互换《中日修好条规》《通商章程》于天津。六月,张之洞充四川乡试副考官。九月,左宗棠攻克肃州,关内肃清;十月,以陕甘总督协办大学士,赏一等轻车都尉世职。

是岁,公调补甘肃皋兰县知县。《行述》曰:

十二年夏,调补皋兰县知县。皋兰为省治首邑,时河湟巨憨未灭,大兵络绎,县令苦供亿。回酋闵殿臣叛,河州镇总兵沈玉遂、提督张仲春所部湘楚各军不战而败,河州、宁河被围,省城大震,文武群官集总督衙问计。左公外示镇静,然以征调援兵为要策,车马粮刍,一责县令储备,急于星火。府君穷朝昏擘画,多方应付。士卒有毁民屋为薪者,许由县官赔偿,勿得聚哗,以故兵行如流,事无滞机,省城赖以大安。左公手书与人,屡称府君贤能。

十二月十九日,陕甘总督左宗棠开单具奏,以公等升补知州等员缺,下部议。曰:

窃查前奉部章:嗣后云、贵两省丞倅州县以及佐杂各要缺,将现任各员按照应升官阶、任内无论有无升案并是否到任实授,以及历俸、试俸未经期满各员,择其人地相宜者,准其一律升调。甘省亦系边远军务省分,升调补署自应照依云、贵变通章程一律办理,等语。臣维甘省自兵燹后,各州县悬缺较多,而分发来甘者寥寥无几,每一缺出求其合例请补,而人地又复相宜者实难其选,不得不从权办理。因饬藩、臬二司悉心体察,如果人地相需,即与例稍有未符,亦宜变通办理。

兹据甘肃布政使崇保、按察使杨重雅会详:秦州直隶州知州张澂告病开缺,以皋兰县知县陶模升补;泾州直隶州知州黄崇礼升任遗缺,以改留甘肃尽先补用同知直隶州知州陈台请补;河州知州崔国锦开缺以道员用,所遗员缺以改留甘肃补用同知现署河州潘效苏借补;狄道州知州奎绂丁忧开缺,以改留甘肃补用同知现署狄道州喻光荣借补;灵州知州汪培度病告遗缺,以抚彝通判孙承弼升补;静宁州知州哈国霖告病开缺,以秦安县知县程履丰升补;洮州抚番同知景春丁忧开缺,以分发甘肃试用同知叶克信请补。改设宁灵抚民同知一缺,以留甘补用同知李宗笏请补;文县知县陶模请补皋兰县知县遗缺,以进士即用知县贾元涛请补;渭源县知县苏文炳调补武威县知县遗缺,以遇缺尽先即补知县张应周请补;成县知县刘荣亮调补张掖县知县遗缺,以候补知县陈日新请补;靖远县知县邹泽告病开缺,以尽先补用知县余宗麒请补。以上各员或历任未满年限,或衔缺互异,均与请补、借补各例稍有未符,惟人地实在相需,理合援照变通章程请补,等情。详请具奏前来。

臣查陶模才优守洁,年力富强;陈台志趣甚正,才具明敏;潘效苏明干有为,舆情爱戴;喻光荣精细稳练,操守谨严;孙承弼才可有为,实心任事;程履丰素得民心,政声卓著;叶克信年富才明,办事勤慎;李宗笏练达安详,有为有守;贾元涛才品均优,志趣不苟;张应周勤慎趋公,心地明白;陈日新明干耐劳,励志向上;余宗麒才具明晰,年力正强。以之升补各缺,均堪胜任。

除汇开各员履历清单恭呈御览外,合无仰恳天恩俯念甘肃边远省分虚悬各缺,待人而理,准予分别升补、借补,洵于地方大有裨益。其例应引见之员,俟奉准部覆后,再行给咨引见。如蒙俞允,所遗皋兰县抚彝通判、秦安县各缺,甘省现有应补人员,应请扣归外补。是否有当,谨恭折具陈。伏乞皇上圣鉴,训示。

再,现署河州知州潘效苏、现署狄道州知州喻光荣,均因委署新复地方大得民和,未便遽易生手,惟该员等均系同知借补府属知州,无免屈抑,将来仍应照原资升转,方符例案。合并声明。谨奏。①

是年,左宗棠六十二岁,谭钟麟五十二岁,李鸿章五十一岁,杨昌濬四十七岁,张之洞三十七岁,魏光焘三十七岁,饶应祺三十七岁,刘锦棠三十岁。

---

① 中国第一历史档案馆藏:《朱批奏折》,档号:04-01-12-0515-043. 又,台北故宫博物院藏:《军机及宫中档》,文献编号:113536.

同治十三年　1874年　四十岁

十二月,清廷授李鸿章为文华殿大学士。是岁,中日签订《台事专约》,又称《中日北京专条》。同年,同治帝升遐,载湉继位,改明年为光绪元年。

是年,左宗棠六十三岁,谭钟麟五十三岁,李鸿章五十二岁,杨昌濬四十八岁,张之洞三十八岁,魏光焘三十八岁,饶应祺三十八岁,刘锦棠三十一岁。

清·德宗光绪元年　1875年　四十一岁

是岁,李鸿章力主海防,左宗棠力主海防、塞防并重,清廷令李鸿章督办北洋海防事宜,左宗棠督办新疆事务。同年,清廷授谭钟麟为湖北乡试副考官,杨昌濬为浙江衢州府知府。

同年,公补甘肃秦州直隶州知州。《行述》曰:

光绪元年,甘省初分乡闱。自辟地建屋,以至试事之毕,无问巨细,皆躬自经纪,一丝一粟,不以扰民。应购器物皆先与白金,浮于所值。商人咸谓:自来官民交际,无若此体恤者。兵荒后,田赋凌杂,固由民多流亡,而绅士隐占、飞洒诸弊亦所不免。行视原隰,依算法步量之,赋少增,仍未足旧额,绅士有憾者,穷民实德之。府君不畏强御,营弁恣横者,大官仆从滋事者,惩艾之,弗纵。

是年冬,补秦州直隶州知州。秦州故陇南沃区,乙亥、丙子连岁告歉,陕甘各郡邑亦同苦大旱,饥民流徙秦州者数十万。府君为广度栖止,分设粥厂十余所,躬诣富厚之家,醵金振施。自捐累年俸廉及州署故有进款,凡四万余金,不足则称贷以益之。遴聘贤能绅士,区分经理,土、客饥众皆赖以全。复修养济院,扩增义学田租、恤嫠经费。州南藉水啮城埋,捐廉筑堤三百五十丈;隙地之洼者,浚为池,植芙蕖,蓄鳞介,取其利,以资岁修。其坦夷者,栽树十余万,夏秋密荫蔽日,州人以为游憩所,目曰"陶公堤"。府君常诵曾文正"居官以爱民为本"之语,日以小民疾苦为念,巡行邨落,必策骑往,谓舁肩舆且五六人,稍不措意,便扰民矣。其仁民类此,小民相告,语谓陶公盖浙西富家,不然何廉惠若是?民为立生祠,府君知而撤之。

是年,左宗棠六十四岁,谭钟麟五十四岁,李鸿章五十三岁,杨昌濬四十九岁,张之洞三十九岁,魏光焘三十九岁,饶应祺三十九岁,刘锦棠三十二岁。

光绪二年　1876 年　四十二岁

七月,中英签订《烟台条约》。十一月,清廷命李鸿章、沈葆桢筹议台湾事宜。十二月,清廷授张之洞为文渊阁校理。是年,杨昌濬因杨乃武案革职;魏光焘晋按察使衔;左宗棠自兰州西进,令刘锦棠攻克乌鲁木齐,乘势下玛纳斯城。

是年,左宗棠六十五岁,谭钟麟五十五岁,李鸿章五十四岁,杨昌濬五十岁,张之洞四十岁,魏光焘四十岁,饶应祺四十岁,刘锦棠三十三岁。

光绪三年　1877 年　四十三岁

是年,左宗棠请新疆建省,命刘锦棠等攻克喀什、和田等地,南疆底定。同年,清廷命饶应祺为同州(今陕西大荔)知府;张之洞为教习庶吉士。

是年,左宗棠六十六岁,谭钟麟五十六岁,李鸿章五十五岁,杨昌濬五十一岁,张之洞四十一岁,魏光焘四十一岁,饶应祺四十一岁,刘锦棠三十四岁。

光绪四年　1878 年　四十四岁

是岁,清廷赏给左宗棠二等侯,刘锦棠二等男,杨昌濬四品顶戴,饶应祺盐运使衔。

九月二十四日,陕甘总督左宗棠奏请以公调补迪化州知州,下部议。曰：

窃据甘肃布政使崇保、按察使史念祖会详称：窃照迪化直隶州知州系边远紧要旗缺，例由陕甘两省旗员内拣选调补。又，例载：三项要缺更调四项要缺及最要之缺，又由四项要缺及最要之缺更调附省首邑，并由内地要缺更调边疆、海疆、夷疆、苗疆及烟瘴要缺者，该员委非另有不合例事故，即行议准。又，前奉吏部铨选变通章程内开：云贵、甘肃升、调、补缺，道、府、丞、倅、州、县以及佐杂各要缺，将现任各员按照应升官阶任内无论有无升案并是否到任实授，以及历俸、试俸未经期满各员，准择其人地相宜者一律升调，各等语。现经奏请将迪化直隶州缺仿照西宁道府例，于通省实缺满汉各员内拣选调补，奉旨交部议奏。嗣经部核议，迪化直隶州知州缺，准予陕、甘两省满汉各员内择其明干稳练、熟悉边情之员调补，俸满时仍照定例办理，等因。光绪元年十月十五日交卸皋兰县事，十一月二十七日到秦州直隶州任。

该员明白谙练，办事精详，在甘有年，熟悉边情，现任秦州，冲繁要剧，筹办善后一切事宜均臻妥善，以之奏请调补迪化直隶州边缺知州，实堪胜任，人地极其相宜，且任内并无承缉盗案及经征钱粮未完积压案件。今以直隶州知州请调直隶州知州，衔缺相当。惟该员前由文县知县升补秦州直隶州知州，尚未引见，与例稍有未符，但人地实在相需，援照人地相宜之例会详请奏前来。

臣查该员陶模品端才优，器识深稳，以之调补迪化直隶州边缺知州，实堪胜任，为地择人，固无逾陶模者，仰恳天恩俯念边疆要缺需才，准以秦州直隶州知州陶模调补迪化直隶州边缺知州，实于地方大有裨益。如蒙俞允，俟奉准部覆后，照例并案给咨送部引见。该员陶模在任内并无违碍处分，相应陈明。是否有当？为此恭折具陈。伏乞皇太后、皇上圣鉴，训示。至所遗秦州直隶州知州系冲、繁、难三项要缺，例应在外拣调。合并陈明。谨奏。①

是年,左宗棠六十七岁,谭钟麟五十七岁,李鸿章五十六岁,杨昌濬五十二岁,张之洞四十二岁,魏光焘四十二岁,饶应祺四十二岁,刘锦棠三十五岁。

光绪五年　1879 年　四十五岁

三月,日本占领琉球,置冲绳县。同年,清廷命杨昌濬为甘肃布政使,加二品顶戴;谭钟麟为浙江巡抚;张之洞补国子监司业。

是岁,公署甘州府知府,调甘肃迪化州知州。《行述》曰:

> 五年六月,摄甘州府知府。地处冲衢,民力凋劾,所辖一厅二县,藉口上官陋规,取偿于民。府君一切却除,月仅得半分养廉银七十余两,别自营借二百两,始敷日用。然仍捐赀修明伦堂、昭忠祠。
>
> 新疆初恢复,左文襄欲得贤牧令,以抚辑之。奏称陕甘两省知州内,可任迪化州者,无若陶某。迪化孤悬塞外,屯重兵,旧例必用满员。以汉人为知州,自府君始。
>
> 府君豫计到彼不能用百姓一文钱,爰举数年之债以往。玉关以外,率数百里无人烟,浮沙傅面,不可辨识。沙由口鼻入者,沾滞呕喉间,往往欸吐一日。至格子烟墩,已终朝未食。茅屋为客兵据,乃倚荒阜煮面,露坐环食。有顷,大风起,挟沙石、马矢,杂堕锅中,从者泣下。府君食已,徐步登车卧,不以为苦。

是年,左宗棠六十八岁,谭钟麟五十八岁,李鸿章五十七岁,杨昌濬五十三岁,张之洞四十三岁,魏光焘四十三岁,饶应祺四十三岁,刘锦棠三十六岁。

---

① 台北故宫博物院藏:《军机及宫中档》,文献编号:408006183。又,中国第一历史档案馆藏:《录副奏折》,档号:03-5131-154。

光绪六年　1880 年　四十六岁

二月，清廷授张之洞为翰林院侍讲；七月，充日讲起居注官；八月，转左春坊左庶子。同年，清廷命左宗棠等筹备对俄战事；崇厚以增减制书罪定斩监候①；李鸿章请设南北洋电报、水师学堂。

是岁，公到迪化州任，并加盐运使衔。《行述》曰：

> 六年四月，到迪化州任。大乱之后，城邑邱墟，善后万端，不啻创始。抚遗黎，来商贾，安置屯户，和辑土、客、汉、回军民，朝暮走风雪中，不敢自暇逸。迁筑乌鲁木齐满城，重立祠庙、公廨，在北庭逾两载，百废具举。以修城劳，加盐运使衔。回乱时，其地满人无孑遗，汉民百不存一，至是城乡汉民一千九百余家，家只一二人，多秦、陇、湘、楚、皖、蜀人之为兵及为工商者。城乡回民一千七百余家，皆原籍秦、陇，并杂有南路之缠头回。其中受地而耕者，合汉、回才一千五百余户，男众女寡，或一人报一户，或二三人报四五户，户占地百亩至数百亩，播种者不及三之一。累易其处，卤莽灭裂，岁歉则弃而之他，岁丰则以麦易银，还入塞，人无固志。上官委员以部尺丈量计亩，绳以文法，民益却走。府君谓经画穷荒，讵可拘成格？乃准《周礼》一易再易之制而变通之，令民以二亩作一亩，上地亩纳粮八升，中地亩纳粮五升半，下地亩纳粮三升，并暂以六成征收，六年后依定额纳粮。禀请左公允行，边氓始稍稍有久居计。

是年，左宗棠六十九岁，谭钟麟五十九岁，李鸿章五十八岁，杨昌濬五十四岁，张之洞四十四岁，魏光焘四十四岁，饶应祺四十四岁，刘锦棠三十七岁。

---

① 雷禄庆：《李鸿章年谱》第 274 页，商务印书馆，1977。

光绪七年　1881 年　四十七岁

是岁,慈安太后崩逝;六月,擢内阁学士,兼礼部侍郎衔;十一月,补授山西巡抚。同年,清廷命魏光焘为甘肃按察使;左宗棠为两江总督兼充办理南洋通商事务大臣。曾纪泽改订《伊犁条约》。

九月,公擢甘肃宁夏府知府。《行述》曰:

> 七年九月,特旨擢宁夏府知府。

是年,左宗棠七十岁,谭钟麟六十岁,李鸿章五十九岁,杨昌濬五十五岁,张之洞四十五岁,魏光焘四十五岁,饶应祺四十五岁,刘锦棠三十八岁。

光绪八年　1882 年　四十八岁

三月,李鸿章奏报设立上海机器织布局;同月,丁母忧,开缺回籍守制。同年,清廷命魏光焘为甘肃藩司。刘锦棠请设新疆行省。

是岁,朝鲜兵变,中、日军队入朝;中朝订立《水陆通商章程》;中法签订《越事备忘录》。

同年,公任甘肃乡试内监试。《行述》曰:

> 八年秋,返甘肃省城,充乡试内监试,未及赴宁夏。

是年,左宗棠七十一岁,谭钟麟六十一岁,李鸿章六十岁,杨昌濬五十六岁,张之洞四十六岁,魏光焘四十六岁,饶应祺四十六岁,刘锦棠三十九岁。

光绪九年　1883 年　四十九岁

三月,清廷命李鸿章赴广东督办越南事宜;五月,仍回北洋大臣署任;六月,署理直隶总督,兼署办理北洋通商事务大臣;七月,法越签订《顺化条约》;八月,左宗棠与李鸿章办理南北洋防务。十一月,中法战争爆发,山西失陷。同年,清廷授刘锦棠为兵部右侍郎,加尚书衔;杨昌濬为漕运总督;魏光焘为甘肃布政使。

同年,公署兰州府知府,迁甘肃兰州道。《行述》曰:

> 九年正月,权知兰州府事。
>
> 才两旬,擢兰州道,故事兰州道管茶务官新易,则茶商所领引票,无论有无积压,必责令多领新票,官与吏藉此得规费。府君不以是窘商人,又兼综全省厘金,谆谆以顾恤商艰戒属吏,不以私意更易委员、司事、巡丁,曰:恐病官,即以病商也。府君初谓宦辙无定,所携家属则多累,且虑沾习气,以故孑身在外。至此已十二年,先兄始驰往省视。

是年,左宗棠七十二岁,谭钟麟六十二岁,李鸿章六十一岁,杨昌濬五十七岁,张之洞四十七岁,魏光焘四十七岁,饶应祺四十七岁,刘锦棠四十岁。

光绪十年　1884 年　五十岁

二月,李鸿章请设海军部;三月,慈禧撤换军机五大臣;五月,李鸿章会同张之洞等出洋巡阅旅顺、烟台、威海卫等地海防形势;六月,法舰攻陷基隆炮台;七月,清政府对法宣战。同年,新疆设省,以刘锦棠为甘肃新疆巡抚;中法议订《中法简明条约》。同年,清廷命左宗棠为钦差大臣,督办福建军务;杨昌濬为闽浙总督,帮办福建军务;饶应祺为甘肃甘州(今甘肃张掖)知府;张之洞为两广总督,旋调右江镇出关援越;魏光焘为新疆布政使。

十一月,公摄甘肃按察使。《行述》曰:

> 十年十一月,摄按察使。

是年,左宗棠七十三岁,谭钟麟六十三岁,李鸿章六十二岁,杨昌濬五十八岁,张之洞四十八岁,魏光焘四十八岁,饶应祺四十八岁,刘锦棠四十一岁。

光绪十一年　1885 年　五十一岁

正月,清廷派李鸿章与日使商议朝鲜事宜;三月,中日签订《天津会议专条》;四月,中法签订《中法新约》;五月,李鸿章请于天津创设武备学堂;七月,左宗棠病卒于福州;九月,清廷设立海军事务衙门,命醇亲王奕譞总理海军事务;同月,设台湾行省。同年,清廷命杨昌濬兼署福建巡抚;刘铭传专办台湾善后事宜;饶应祺升补兰州道员,署按察使衔。

九月,公调补直隶按察使。《行述》曰:

明年九月,迁直隶按察使。

是年,左宗棠七十四岁,谭钟麟六十四岁,李鸿章六十三岁,杨昌濬五十九岁,张之洞四十九岁,魏光焘四十九岁,饶应祺四十九岁,刘锦棠四十二岁。

光绪十二年　1886 年　五十二岁

三月,中法签订《越南边界通商章程》;四月,醇亲王奕譞、李鸿章等自大沽赴旅顺巡查海防;六月,中英订立《缅甸条约》。

三月,公入都陛见,并随醇贤亲王于津沽阅兵。《行述》曰:

十二年三月,入都陛见。寻至津沽,随醇贤亲王阅兵。

五月初二日,公接直隶臬司篆务。《行述》曰:

接直隶臬篆。燕冀民悍,刑狱繁剧,数倍各直省。府君综核名实,乃益惫于他人。不孝葆廉、葆霖奉家母航海往省,私幸府君精力沛乎有余，若忘所任之剧也。保定藩库支绌，而各官旧有津贴颇优，布政使松椿欲裁之而有难色。府君先裁臬署津贴为之倡。

十二月，公长子葆莹病卒。《行述》曰：

先兄以水土不服致疾，将行而病剧，竟于是年十二月卒于兰州之皇华馆。府君恸之。

是年，谭钟麟六十五岁，李鸿章六十四岁，杨昌濬六十岁，张之洞五十岁，魏光焘五十岁，饶应祺五十岁，刘锦棠四十三岁。

光绪十三年　1887年　五十三岁

三月，李鸿章与醇亲王于南苑阅操；同月，刘铭传奏请开办台省南北铁路；六月，张之洞奏请创建广雅书院。

同年，中法订立《续议商务专条》《续议界务专条》；中葡订立《北京条约》。

四月二十日①，直隶总督李鸿章奏请本届秋审饬委公与松椿代为提勘，片曰：

再，近年秋审人犯因臣驻津，均委在省司道代勘。本届审录之期，清河道刘树堂出省督办河工，臣已照案饬委藩司松椿、臬司陶模代为提勘，由臣逐案覆核具题。理合附片陈明。伏乞圣鉴。谨奏。②

是年，谭钟麟六十六岁，李鸿章六十五岁，杨昌濬六十一岁，张之洞五

---

① 此片之具奏日期，原件署"光绪十三年"，未确。兹据录副及《军机处随手登记档》（档案编号：03-0253-2-1213-105）校正。

② 中国第一历史档案馆藏：《朱批奏片》，档号：04-01-01-0961-054.中国第一历史档案馆藏：《录副奏片》，档号：03-7253-021。

十一岁,魏光焘五十一岁,饶应祺五十一岁,刘锦棠四十四岁。

光绪十四年　1888年　五十四岁

是岁,清廷命杨昌濬为陕甘总督;谭钟麟告病辞职;张之洞整顿端溪书院,奏请于粤省设制炮厂。同年,英国出兵西藏,攻占亚东等要隘;康有为上书,请求变法;北洋海军成立;津沽铁路告成。

三月,公升补陕西布政使。《行述》曰:

十四年三月,迁陕西布政使。

四月十二日,公为补授陕西藩司具折谢恩,并请觐见,曰:

窃臣于光绪十四年四月初十日奉直隶督臣行知:接准部咨:三月二十九日奉上谕:陕西布政使着陶模补授。钦此。跪聆之下,感激莫名!当即恭设香案,望阙叩谢天恩。伏念臣浙右庸材,知识浅陋,由庶常散馆知县,历任甘肃府道,洊升直隶臬司,未报涓埃,时深惭悚。兹复仰蒙简命,擢任屏藩,恩宠愈隆,冰渊增惕!

查陕省地连边徼,藩司职任旬宣,举凡理财用人,在在均关紧要。如臣梼昧,深惧弗胜,惟有趋诣阙廷,亲聆圣训,庶有遵循。

所有微臣感激下忱并吁恳陛见缘由,谨缮折具陈。伏乞皇太后、皇上圣鉴,训示。谨奏。①

四月十四日②,直隶总督李鸿章奏请本届秋审饬委公与松椿代为提勘,曰:

再,近年秋审人犯因臣驻津,均委在省司道代勘。本届审录之期,

---

① 中国第一历史档案馆藏:《录副奏折》,档号:03-5547-104。
② 此片之具奏日期,原件署"光绪十四年",未确。兹据录副及《军机处随手登记档》(档案编号:03-0257-2-1214-100)校正。

清河道刘树堂出省督办河工,臣已照案饬委藩司松椿、臬司陶模代为提勘,由臣逐案覆核具题。理合附片陈明。伏乞圣鉴。谨奏。①

五月,公入都陛见。《行述》曰:

入都陛见,乞假一月,省墓。

六月,公前往盛泽小住,访亲探友。《行述》曰:

航海南下。时家属犹寓盛泽。府君至盛泽小住,安步里闬,存问戚友,尝云:"某少时期得为教官,今不意遽跻非分,报称愈难,心滋惕焉。"府君仍不欲家属同往任所,不孝葆廉坚求随侍,乘轮舟至汉皋,取道襄樊,溯丹淅,逾商雒。

十月,公护理陕西巡抚。《行述》曰:

十月初旬,抵长安,即护理陕西巡抚。

十月十八日,陕甘总督谭钟麟奏请以公暂护抚篆,曰:

再,陕西藩司陶模现已到省,自应饬赴新任。惟署藩司文光方主试武闱,未便中辍,而新任抚臣张煦尚无到陕消息。臣已檄饬藩司陶模暂行护理抚篆,俟抚臣到任再赴藩司本任。除檄委分照外,谨附片陈明。伏乞圣鉴。谨奏。②

---

① 中国第一历史档案馆藏:《朱批奏片》,档号:04-01-08-0054-011。又,中国第一历史档案馆藏:《录副奏片》,档号:03-7255-033.
② 中国第一历史档案馆藏:《朱批奏片》,档号:04-01-12-0544-065。又,中国第一历史档案馆藏:《录副奏片》,档号:03-5241-062.

十月十九日，公为接护抚篆日期具折谢恩，曰：

窃臣于直隶按察使任内蒙恩补授陕西布政使，遵即入觐，仰蒙召见二次，训谕周详，莫名钦感！并蒙赏假一月，回浙江原籍省墓。陛辞后，取道天津，航海回浙。假满由籍西上，于十月初七日行抵陕西省城。十七日，接奉督臣谭钟麟①行知，奏委臣暂护抚篆。十八日，准代办巡抚署布政使文光②、委西安府知府文启、抚标中军参将英林，将库存巡抚关防、王命旗牌、文卷等件赍送前来。臣当即恭设香案，望阙叩头，祗领任事。

伏念臣浙西下士，知识庸愚，由牧令洊擢监司，荷恩施之稠叠，正报称之无由。兹复擢领封圻，弥增悚惕！查陕省地处上游，巡抚统辖全省，当此民生凋敝，时事艰难，举凡澄清吏治，整饬边防，慎核度支，

---

① 谭钟麟（1822—1905），字文卿、云觐，原名二监，湖南省茶陵州人，举人出身。咸丰六年（1856），中式进士，改庶吉士。九年（1859），授翰林院编修。十年（1860），充会试同考官。同治元年（1862），任湖北乡试副考官。二年（1863），补江南道监察御史。五年（1866），放杭州府知府。翌年，加道衔，旋署杭嘉湖道。七年（1868），升河南按察使。次年，丁母忧，回籍守制。十年（1871），迁陕西布政使。次年，护理陕西巡抚。光绪元年（1875），擢陕西巡抚，晋头品顶戴。五年（1879），调补浙江巡抚。七年（1881），授陕甘总督。十四年（1888），告病辞职。十七年（1891），补吏部左侍郎，兼署户部左侍郎，管理三库事务。十八年（1892），署工部尚书。同年，补授闽浙总督，兼福建船政大臣。二十年（1894），加太子少保，兼署福州将军。同年，调补四川总督。二十一年（1895），补授两广总督，兼署广州将军。二十五年（1899），兼署广东巡抚，旋以病归。三十一年（1905），卒于长沙。谥文勤。有《谭文勤公（钟麟）奏稿》行世。

② 文光（1843—?），字镜堂，满洲镶蓝旗人。咸丰九年（1859），中举。同治元年（1862），选国子监助教。十年（1871），中式进士，充工部行走。光绪元年（1875），补工部主事。同年，授总理各国事务衙门章京。四年（1878），选工部员外郎。同年，升工部郎中。五年（1879），加盐运使衔。九年（1883），放陕西潼商道。十四年（1888），署陕西按察使、陕西布政使。是年，充陕西武闱乡试监临官。十八年（1892），迁四川按察使。次年，署四川布政使。二十四年（1898），护理四川总督。二十五年（1899），调补湖南按察使。同年，擢甘肃新疆布政使。

培养元气,在在均关紧要。如臣棉昧,深惧弗胜,所幸新任抚臣张煦①不久即可到陕,现将一切事务惟有殚竭愚忱,认真经理,随时咨商督臣,妥筹速办,不敢以暂时护篆稍涉因循,冀仰副高厚鸿慈于万一!

所有微臣到陕接护抚篆日期,谨具折叩谢天恩。再,臣此次由原籍附轮至鄂,道经襄樊及河南淅川厅等处入陕,所过地方秋稼已登,民情安谧,堪以上慰宸廑。合并陈明。谨奏。②

十月二十八日,公开单具奏榆林广有仓民欠粮草恳免一折,下部闻。曰:

窃查榆林府广有仓每年应征本色粮草,前因启征较迟,应办征信册籍,奏请缓至次年八月底截数造办,该仓奏销并请改至九月专案造送。本年八月内,前抚臣叶伯英③查明光绪十二年各属民欠钱粮、税课、草束无力并完恳请缓免案内,曾于清册内声明广有仓粮草俟十三年奏销截数,再行请豁。兹查该仓应造十三年并带征十二年本色粮草奏销,业已造齐奏咨。

所有该仓十二年民欠未完粮草,查明榆林、绥德、米脂、清涧、吴堡

---

① 张煦(1824—1895),甘肃宁夏府灵州人,拔贡生。道光二十九年(1849),中举。咸丰三年(1853),中式进士。咸丰年间,历任刑部直隶司主稿、刑部湖广司主稿。同治元年(1862),补刑部秋审处坐办,升刑部贵州司主事。二年(1863),授刑部云南司员外郎,律例馆提调。三年(1864),迁刑部奉天司郎中。六年(1867),补授贵州镇远府知府。九年(1870),署贵州思南府知府、贵阳府知府。十年(1871),补贵州贵阳府知府。光绪四年(1878),调署贵州贵西道。五年(1879),任文武乡试监试。六年(1880),调署贵州按察使,兼办善后局及稽查厘金事务。八年(1882),补授贵州贵东道。九年(1883),迁陕西按察使。十一年(1885),升补广东布政使。十二年(1886),调补山西布政使。十四年(1888),升补陕西巡抚。十五年(1889),调任湖南巡抚。十八年(1892),调山西巡抚。二十一年(1895),卒于任。修光绪《山西通志》行世。

② 中国第一历史档案馆藏:《录副奏折》,档号:03-5241-001。

③ 叶伯英(1825—1888),字孟侯,号冠卿,安徽怀宁县人,附贡生。咸丰六年(1856),捐户部主事。八年(1858),捐户部员外郎衔。十年(1860),赏戴花翎。同治元年(1862),捐甘肃试用知府。四年(1865),加按察使衔。十一年(1872),署直隶清河道。次年,实授斯缺。光绪元年(1875),晋布政使衔。四年(1878),署直隶按察使。七年(1881),补授陕西按察使。八年(1882),署陕西布政使。九年(1883),迁陕西藩司。同年,护理陕西巡抚。十二年(1886),擢陕西巡抚。十四年(1888),卒于任。著有《耕经堂年谱》《文庙礼乐录》等行世。

等五州县共欠本色粮一千七百八十五石八升零、草一百束,除荒地应完粮一千三百三十五石五斗四升零,实熟地未完粮四百五十四石五斗三升零、草一百束。现值十四年仓粮开征之际,北山地土瘠薄,兵荒后民间户口凋零,生计艰窘。十三年旧欠既须带催,如将十二年粮茞同时并征,民力实有未逮。各属钱粮、税课等项已经宽免,该仓粮草自应援案,并请豁旧征新,以示体恤,等情。由署藩司文光、督粮道锡光分晰造册,详请具奏前来。

臣覆查无异,相应仰恳天恩俯准将单开榆林等五州县光绪十二年分民欠未完广有仓本色粮草一并豁免,俾苏民困而广皇仁。除清册咨部备查外,谨缮清单,恭呈御览。伏乞皇太后、皇上圣鉴训示。谨奏。①

同日,公又奏请陕省本年秋季情重匪徒惩办一折,下部闻。曰:

窃查陕省前因盗风日炽,经各前抚臣会同督臣奏请,于部议土匪、会匪、马贼、游勇等项之外,将情罪重大各犯分别就地正法,汇案奏报,等情。经刑部议覆奉旨允准钦遵咨行转饬遵照在案。兹查光绪十四年秋季分,据宁羌州禀报:续获盗犯二雷即雷僖一名,讯据该犯供认,曾经入会结盟,光绪十一年八月二十七日,听从已经正法之吴大汉及逸犯刘么疯子等首伙十余人,拦路强劫过客秦玉发银两,该犯在场伙劫,拒捕分赃。

又据凤县禀获盗犯黎二麻子、李老五二犯,讯据黎二麻子等供认,光绪十三年闰四月初四日晚,听从监毙首盗李怔举纠约逃犯陈老九等首伙九人,分执油捻、器械,撞门入室,强劫钟正明家财物,捆缚妇女、雇工,拒戳事主钟正明毙命。该犯黎二麻子入室行强,李老五执挟油捻在场助势。

又据镇安县禀获盗犯周老五、彭漳菁二犯,讯据周老五等供认,先

---

① 台北故宫博物院藏:《军机及宫中档》,文献编号:408002679。又,中国第一历史档案馆藏:《录副奏折》,档号:03-6563-014。

于光绪十三年十二月二十一日晚,听从在逃首盗胡有刚、李先厚及畏罪投首之廖金其首伙五人,在宁陕厅境内强劫丁廖氏家财物。旋于十四年三月初一日,复经随同逃犯胡有刚、杨顺其等,在镇安、安康二县连界地面,强劫陆全顺家财物。该犯周老五、彭漳菁两次行劫均已搜赃拒捕,廖金其于伙劫丁廖氏家案内上盗事后,畏罪投首;廖金详于伙劫陆全顺家案内被诱同行,畏惧先逃,事后经首盗强给赃物,抵作工价,各等情。由该县等先后禀报,均经批饬该管汉中、商州等府州提审。

嗣经讯明议拟禀覆,当经督臣谭钟麟暨前抚臣叶伯英以该犯二雷即雷憘、黎二麻子、李老五、周老五、彭漳菁等五犯,或纠伙五人以上,持械强劫;或伙抢得赃,杀毙事主,并连劫两次,均属情凶事恶,法无可贷,业已批饬就地正法,传首犯事地方,悬杆示众,以昭炯戒。廖金其畏罪投首,已饬覆讯,另案办理。廖金详被诱同行,畏惧先逃,事后得受赃物,讯系抵作工价,情节实有可原,已饬照章锁系铁杆、石墩,三年期满,察看情形保释,等情。由署臬司唐树楠具详请奏前来。

臣覆加查核,所办各案均属情罪相当。除批分饬各属再行悬赏比捕勒拿逸犯刘么疯子等务获另办外,所有光绪十四年陕省秋季分情重匪党照章惩办各缘由,谨会同陕甘总督臣谭钟麟,恭折具奏。伏乞皇太后、皇上圣鉴。谨奏。①

是日,公又开单具奏上年旧赋比较上三年完欠分数一折,下部闻。曰:

窃查前准户部咨:陕省旧赋钱粮较上三年完欠分数自光绪八年起开单奏报,新赋钱粮统归上、下两忙案内考核。嗣复接准部咨:考核旧赋以未完之数为纲,钞录江西省奏报单式,咨行照办,各等因。查陕省正赋钱粮,兵燹而后,田地半就荒芜,节年筹款设局,督属招垦,奈户口凋残,人稀地广,迄未一律开辟。现在剔荒征熟,当年新赋输将尚难埽

---

① 台北故宫博物院藏:《军机处宫中档》,文献编号:408002680。又,中国第一历史档案馆藏:《录副奏折》,档号:03-7355-037。

数,旧赋带征一年,犹可勉强兼顾,若三年并征,民力实有未逮。光绪十二年以前民欠银两业经各前抚臣奏奉恩旨豁免在案。

兹值查造光绪十三年旧赋比较之期,查得陕省光绪十三年分应征旧赋,自九年起至十二年止民欠未完钱粮内,九、十两年并无续完银两,毋庸开报。十一、十二两年剔荒征熟,共未完熟地银六万六千二百两零,其中有肤施县、商州二处十一年冰雹、水灾案内奉文流抵正赋银四十二两六钱零,又十二年各属冰雹、水灾案内奉文蠲免银六百九十八两零,中部县续垦荒地届限升科未完银二两四钱零,共未完银六万五千四百六十一两零。截至十三年奏销止,共已征未完银二千六百六十六两四钱零,内征解十一年地丁银一十四两零、十二年地丁银二千六百五十二两零。以上已完银两,照数在于十三年续销册内列款造报,实在民欠未完银六万二千七百九十四两五钱零,业经全数豁免,等情。由署藩司文光具详前来。

臣覆核无异,除咨部外,所有光绪十三年旧赋钱粮比较,循例敬缮清单具陈。伏乞皇太后、皇上圣鉴。谨奏。①

十一月,公莅陕藩任。《行述》曰:

莅陕藩任。

十一月初四日,公奏报交卸抚篆并到藩司本任日期一折,曰:

窃臣前奉督臣谭钟麟奏委护理巡抚篆务,当将暂护日期恭折奏报在案。现在新任抚臣张煦已于十一月初一日到省,臣于初二日委西安府知府文启、抚标中军参将英林,将巡抚关防随同王命旗牌、文卷等件赍送抚臣接收,臣即于是日交卸抚篆。同日,奉抚臣行知,饬到藩司本

---

① 台北故宫博物院藏:《军机及宫中档》,文献编号:408002680.又,中国第一历史档案馆藏:《录副奏折》,档号:03-7355-037.

任,准署布政使文光将印信、文卷移交前来。

臣当即恭设香案,望阙叩头,祗领任事。伏念陕省为关辅名区,藩司系承宣重任,举凡考察属吏,慎核度支,在在均关紧要。如臣梼昧,深惧弗胜,惟有殚竭心力,随时随事禀承督、抚臣,妥速办理,以期仰副高厚鸿慈于万一!

所有微臣交卸抚篆并到藩司本任日期,理合恭折叩谢天恩。伏乞皇太后、皇上圣鉴。谨奏。①

是年,谭钟麟六十七岁,李鸿章六十六岁,杨昌濬六十二岁,张之洞五十二岁,魏光焘五十二岁,饶应祺五十二岁,刘锦棠四十五岁。

光绪十五年　1889年　五十五岁

是岁,光绪帝大婚,慈禧归政;张荫桓奏请定长方式黄色龙旗为国旗。同年,清廷命张之洞为湖广总督;杨昌濬监临乡试;魏光焘为护理甘肃新疆巡抚;饶应祺调补新疆喀什噶尔道员,后改镇迪道,仍兼按察使衔;刘锦棠加太子少保衔。

是年,谭钟麟六十八岁,李鸿章六十七岁,杨昌濬六十三岁,张之洞五十三岁,魏光焘五十三岁,饶应祺五十三岁,刘锦棠四十六岁。

光绪十六年　1890年　五十六岁

是岁,张之洞筹建湖北枪炮厂;五月,兼署湖北提督。

正月,公复权巡抚。《行述》曰:

正月,复权巡抚。

正月初十日,公奏报接护抚篆日期具折谢恩,曰:

窃臣于光绪十六年正月初一日准抚臣张煦咨开:光绪十五年十二

---

① 中国第一历史档案馆藏:《录副奏折》,档号:03-5241-085。

月十四日,奉上谕:陕西巡抚着鹿传霖①补授,未到任以前,着陶模暂行护理。钦此。旋准抚臣将陕西巡抚关防并王命旗牌、文案、卷宗等件于正月初八日派员赍送前来。臣当即恭设香案,望阙叩头,祗领任事。伏念臣浙右庸材,素无学识,藩条甫绾,未报涓埃。兹复渥荷温纶,护理抚篆,自天锡命,伏地增惭!

查陕西地处上游,巡抚统辖全省,当此民生未裕,时事多艰,举凡整饬官方、训练营伍、培养元气、综核度支,在在均关紧要。如臣梼昧,深惧弗胜,惟有力矢慎勤,认真经理,随时随事函商,督臣妥速筹办,断不敢以暂时护理,稍涉因循,以冀仰答高厚鸿慈于万一!

所有微臣暂护抚篆日期,除恭疏题报外,合将感激下忱,谨缮折叩谢天恩。伏乞皇上圣鉴。谨奏。②

正月二十五日,公奏报营田地亩并征收折租实数一折,下部闻。曰:

窃查陕西各属招垦营田,历年征收本色租粮及改收折色租钱,一切动支、实存等款,均经各前抚臣分年造册报销在案。兹据各州县陆续造赍十四年分报销前来。随复逐加查核,陕省各属原额营田共实存荒地四千六十顷三十六亩四分九厘七毫,十三年报销已垦交足额租归民管业地一千八百二十六顷五十一亩六厘五毫四丝,已垦而租未交足应存熟地一千七百二顷七十二亩六分八厘二毫,内华州、高陵二州县被水冲刷熟地十一顷五十亩六分五厘八毫,实存尚未交足额租熟地一千六百九十一顷二十二亩二厘四毫二丝,未垦荒地应存五百三十一顷

---

① 鹿传霖(1836—1910),字润万,又字滋轩,号迂叟,直隶定兴人。同治元年(1862),中式壬戌科进士,选庶吉士,补广西兴安知县。十三年(1874),升桂林知府。历任广东惠潮嘉道道员、福建按察使、四川布政使。光绪九年(1883),擢河南巡抚。十一年(1885),调任陕西巡抚。次年,因病开缺。十五年(1889),回陕西巡抚本任,后迁两江总督。二十六年(1900),补授两广总督。二十七年(1901),入值军机。三十年(1904),授吏部尚书。宣统元年(1909),加太子少保衔。同年,晋太子太保。二年(1910),卒,谥文端,著有《筹瞻疏稿》等。

② 台北故宫博物院藏:《军机及宫中档》,文献编号:408002681。又,中国第一历史档案馆藏:《录副奏折》,档号:03-5260-085。

一十二亩七分四厘九毫，内华州冲塌荒地八十三亩六分七厘九毫，实存荒地五百三十顷二十九亩七厘。各属仓存租粮共京斗小麦、粟谷、豌豆、白米二万七千五百六十九石一斗九升三合二勺，临潼县民欠出易京斗小麦四百四石三斗七升二合七勺，兴安、汉中、商州三府州仓存采买京斗稻谷、粟谷一万六千三百四十一石五斗五升七合二勺。

　　光绪十四年分，各属续垦各则荒地七十二顷五十二亩九分二厘三毫九丝，交足额租归民管业地五十七顷二十六亩四分九厘四毫三丝，省城十四年冬赈动用京斗营田租麦二千四百九十五石。各属共征完折租钱一万五千九百八十六千五百一十四文，照章由各属扣支书差口食并大荔县扣还十三年栖流所已用经费外，实存钱一万四千九百三十一千三百九十五文，按市估易银共解库平银八千七百八十九两六钱四分七厘一毫，大荔县沙租征完市平斤解库平银五百六十七两四钱八分六厘，二共应存平银九千三百五十七两一钱三分三厘一毫；开支营田所委员薪水、书吏、勇丁口食并杂项费用，共发库平银六百三十二两五钱八分四厘，扣存四分减平银二十五两三钱一厘。统共实存库平银八千七百四十九两八钱五分二厘一毫，业经由所先后如数汇解司库收存。临潼县收还十二年出易租麦改收京斗豌豆四百四十四石八斗九合九勺七抄，兴安等府州采买稻、粟各谷仍按上年原数存仓，颗粒未动。

　　通计至十四年底止，各属尚储京斗租麦、粟谷、豌豆、白米二万五千五百一十九石三合一勺七抄，已垦尚未交足额租熟地共存一千七百六顷四十八亩四分五厘三毫八丝，未垦荒地共存四百五十七顷七十六亩一分四厘六毫零。上项荒地多系瘠薄硗确之区，虽屡经设法招徕，议减租钱，奈工费利微，迄未一律认垦，现已分饬各属赶紧催收租钱，认真劝导，务使野无旷土，粮复旧额。一俟续垦集有成数，即行汇入下届报捐案内办理。从前因预备、广备两仓存有咸宁、长安二县征完营田租粮，每年于折租内支销仓内员役薪水、口食，嗣经查明截至十三年年底止，因省城冬赈已将租麦全数提用，仅存长安县粟谷、白米二项，为数甚微，是以自十四年正月起将员役一并裁撤，等情。由善后局司道会详前来。

臣覆核无异，除清册咨部外，所有查明陕西省十四年分续垦营田地亩并征收折租各实数，理合恭折具陈。伏乞皇上圣鉴。谨奏。①

同日，公又奏报上年十二月分陕省雨水粮价情形一折，曰：

窃查陕西省光绪十五年十一月分雨雪、麦苗情形，业经前抚臣恭折具奏在案。据西安、延安、凤翔、汉中、榆林、同州、兴安、商州、邠州、乾州、鄜州、绥德州等府州属具报：十二月初一、十一及二十二、三、四等日，先后得雪一、二、三、四寸不等。臣查陕省去岁秋雨过多，入冬后雨雪稀少，腊月内普获祥霙，虽各处大小不同，未能一律沾足，幸土脉尚形滋润，二麦已稳固盘根，惟冀春膏广被，共庆丰年，以期仰慰宸廑。刻查西安粮价，大米每仓石价银二两一钱，小米每仓石价银一两二钱二分，较之上月大米每石减银七分，小米每石增银一分。

所有十五年十二月分雪泽、麦苗并省城粮价情形，理合恭折具陈。伏乞皇上圣鉴。谨奏。②

是日，公又会衔陕甘总督杨昌濬、陕西学政柯逢时奏请重修名臣祠宇缘由一折，下部议。曰：

案据司道会详：据翰林院检讨张恩荣，翰林院庶吉士薛宝辰，内阁典籍薛凌，举人袁钱柏、景伟，廪生袁赓扬等禀称：窃查长安县前明工部尚书冯从吾③，万历乙丑进士，平生讲求理学，正色立朝，不避权贵，

---

① 台北故宫博物院藏：《军机及宫中档》，文献编号：408002682. 又，中国第一历史档案馆藏：《录副奏折》，档号：03-9555-004.
② 台北故宫博物院藏：《军机及宫中档》，文献编号：408002682-1. 又，中国第一历史档案馆藏：《录副奏折》，档号：03-6886-009.
③ 冯从吾（1556—1627），字仲好，号少墟，陕西长安人。万历十七年（1589），中式进士，改庶吉士，授御史，巡视中城。二十年（1592），告归家居。天启二年（1622），擢左佥都御史。同年，晋左副都御史。四年（1624），拜工部尚书，旋致仕。天启六年（1626），卒于任。赠太子太保，谥恭定。著有《冯少墟集》《元儒考略》《冯子节要》《古文辑选》等行世。

里居教授生徒，多所成就，学者称少墟先生，卒赠太子太保，谥恭定。省城西门外旧有专祠，旁有青门学舍，即当日讲学之地，兵燹被焚毁。该职等景仰前贤，公议捐资，就原祠基址重加修建，附立少墟书院，为士子肄业之所，另赎墓田为后嗣祭扫之需。查定例：各省建造先贤、先儒祠宇，必须奏明请旨遵办，公恳详奏重修，列入祀典，所需经费，该绅等自行捐备，事竣请免报销，等情。前来。

臣恭读钦定《明史》内载：从吾生而纯悫，长志濂洛之学，罢官归，取先正格言，体察身心，造诣益邃。赞称"其与赵南星诸人，持名检，励风节，严气正性，侃侃立朝，天下望之如泰山乔岳"等语。伏念关中夙称理学之区，自宋张载①讲明正学，名儒辈出，我朝李中孚读从吾著述，愤然兴起，遂成大儒，于时关学最盛。兵燹后弦诵颇稀，迄今休养多年，生儒于词章之学，渐复旧观，惟于本源实学仍难多观。

今该绅等援例呈请，将冯从吾祠宇重加建，附设书院，洵于崇礼前贤之中仍寓诱掖后进之意，士习、人心，均有裨益，相应吁恳天恩，可否准将前明工部尚书冯从吾祠宇重加建，列入祀典，由地方官春秋致祭，

---

① 张载(1020—1077)，字子厚，陕西眉县人，世称横渠先生，尊称张子，封先贤，奉祀孔庙西庑第38位。曾任著作佐郎、崇文院校书等。青年时喜论兵法，后求之于儒家"六经"。宋仁宗嘉祐二年(1057)，中式进士，授祁州司法参军、云岩令。熙宁二年(1069)，经吕公著举荐，为崇文院校书，后以病辞归，讲学关中，故其学派称为"关学"。熙宁十年(1077)，受吕大防之荐，同知太常礼院。不久以病归，途中病逝于临潼，与周敦颐、邵雍、程颐、程颢合称"北宋五子"。著有《正蒙》《文集》《易说》《礼乐说》《论语说》《孟子说》《语录》《经学理窟》等行世。

以顺舆情而端学术之处，理合会同陕甘总督臣杨昌濬①、陕西学政臣柯逢时②，恭折具陈。伏乞皇上圣鉴训示。遵行。谨奏。③

同日，公又会衔陕甘总督杨昌濬、陕西固原提督雷正绾奏请以吴云伍升补抚标游击一折，下部议。曰：

窃照陕西抚标右营游击罗奇山，经前抚臣奏请开缺，留营差遣，遗缺另行遴员请补，奉朱批：着照所请，兵部知道。钦此。嗣准兵部咨开：该缺系题补第一轮第六缺，轮用拣发人员，前因第三缺预保无人，以拣发班题补，令第六缺即以应升人员题补，等因。臣查该游击系省会要缺，有整顿营伍之责，缉捕巡防，均关紧要，必须熟习情形、精明干练之员方克胜任，自应遵章拣员升补。

陕省抚标各营内现无应升人员，惟查有安西协中军都司现署抚标中军参将吴云伍，系行伍出身，历由额外外委、经制外委、千总、守备各

---

① 杨昌濬(1827—1897)，字石泉，湖南湘乡人，附生。咸丰二年(1852)，从罗泽南练乡勇，会集湘潭，后随湘军进剿太平军。四年(1854)，选训导。九年(1859)，充教授。十年(1860)，补知县，并赏戴花翎。同治元年(1862)，保同知。同年，补浙江衢州府知府。二年(1863)，授浙江粮储道。三年(1864)，任浙江盐运使，加按察使衔。同年，迁浙江按察使，署浙江布政使。五年(1866)，升补浙江布政使。八年(1869)，署浙江巡抚。次年，实授浙江巡抚。光绪二年(1876)，因杨乃武案革职。四年(1878)，赴陕甘，赏给四品顶戴。五年(1879)，署甘肃布政使，加二品顶戴。六年(1880)，晋头品顶戴，护理陕甘总督。七年(1881)，授甘肃布政使。九年(1883)，迁漕运总督。十年(1884)，帮办福建军务。同年，补授闽浙总督。十一年(1885)，兼署福建巡抚。十四年(1888)，调补陕甘总督。翌年，监临乡试。后因回民暴动革职。二十年(1894)，加太子太保衔。二十三年(1897)，卒于籍。著有《平定关陇纪略》《学海堂课艺》《五好山房诗稿》等存世。

② 柯逢时(1845—1912)，字懋修，号逊庵、巽庵，湖北武昌人。同治九年(1870)，中举。光绪九年(1883)，中式进士，改庶吉士。十二年(1886)，授翰林院编修。十四年(1888)，简陕西学政。十八年(1892)，补国史馆协修官、会典馆协修官。十九年(1893)，升会典馆绘图处帮总纂官。同年，充山东乡试副考官。二十年(1894)，任教习庶吉士，旋放两淮盐运使。二十六年(1900)，晋江西按察使。二十七年(1901)，迁湖南布政使。是年，调补江西布政使。二十八年(1902)，护理江西巡抚。二十九年(1903)，擢广西巡抚。三十年(1904)，调补贵州巡抚。三十一年(1905)，充统税大臣。三十二年(1906)，授广西巡抚，兼督办土药统税大臣。三十四年(1908)，调浙江巡抚(未赴任)。著有《武昌县志》《光绪十七年辛卯科陕西乡试题名碑记》《陕西乡试题名碑》，刻有《武昌医学馆丛书》等行世。

③ 台北故宫博物院藏：《军机及宫中档》，文献编号：408002683。又，中国第一历史档案馆藏：《录副奏折》，档号：03-5553-004。

实缺推升安西协中军都司。该员前在西安城守协右营守备中军都司任内多年，情形熟习，现署抚标中军参将，操防认真。该员保有花翎游击，俟补缺后以参将补用，得有捍勇巴图鲁名号，循资推升安西营都司，以之升补抚标右营游击，与例相符。

臣到任未及三月，例不加考，惟该员升补是缺与例相符，堪期胜任，合无仰恳天恩，俯赐饬部核覆，准以实任安西营都司吴云伍升补抚标右营游击，以期得力。如蒙俞允，俟接准部覆后，再行给咨送部引见，以符定例。所遗安西协中军都司员缺，陕甘现有应补人员，容督臣另行拣补。

除将该员履历咨送兵部外，所有拣员升补抚标右营游击缘由，谨会同陕甘总督臣杨昌濬、陕西固原提督臣雷正绾①，恭折具陈。伏乞皇上圣鉴，训示。谨奏。②

同日，公又奏请奖叙捐修城工人员一片，下部闻。曰：

再，臣前在藩司任内转据醴泉县知县张凤岐详称，该县城垣年久失修，坍塌甚多，亟须修筑，以资保卫。该前任及该县均经勘估倡捐，邀集绅耆，劝谕捐修，幸各绅富同心协力，积有成数，已于光绪十五年十一月十三日购料开工，等情。经臣援照部定章程详请奏明存案，前抚臣张煦未及附奏，移交前来。

臣查各省捐修城工，应于议筑之时先行奏明立案。今醴泉县城垣年久坍塌，该县为通甘肃大道，保障攸关，该官绅等均能深明大义，尽

---

① 雷正绾（？—1897），字伟堂，四川成都府华阳县人。咸丰初年，从军湖北，由把总拔千总，补守备。咸丰四年（1854），任梁万营都司，迁游击，升参将。九年（1859），加副将衔。十年（1860），晋提督衔。十一年（1861），调补陕安镇总兵。同治元年（1862），擢陕西固原提督。三年（1864），赐黄马褂。十年（1871），加达春巴图鲁名号。光绪十六年（1890），赏太子少保衔。二十年（1894），晋尚书衔，加骑都尉。二十一年（1895），以循化撤回倡乱，督剿无功，革职留任。二十三年（1897），罢，卒于籍。

② 台北故宫博物院藏：《军机及宫中档》，文献编号：408002684. 又，中国第一历史档案馆藏：《录副奏折》，档号：03-5867-067.

心筹办，踊跃输将，洵属急公可嘉。除应得奖叙容俟工竣另行照章办理外，相应请旨饬部存案，为此附片具陈。伏乞圣鉴。谨奏。①

二月二十三日，公会衔陕甘总督杨昌濬奏报查明对调知州员缺一折，下部议。曰：

窃查前因同州府属之华州系冲、繁中缺，现任知州赵聿灏办事虽无贻误，于此缺不甚相宜，经臣在藩司任内会同臬司唐树楠②拣选，与西安府属之耀州知州郑思敬互相对调，详经前抚臣张煦专折陈请调补，奉旨：吏部议奏。钦此。嗣准部咨，以郑思敬任内有承缉事主杨和顺被劫一案，例关展参降调，核与对调之例不符，应毋庸议等因奏驳，奉旨：依议。钦此。钦遵咨行于光绪十五年十二月二十四日到陕，前抚臣转饬核办，移交到臣。

遵复督同现署藩、臬两司覆加察核，查本年正月初四日奉吏部新章：嗣后以简调繁人员，任内承缉盗案尚在三参以前者，仍准照正办理。其三参已满，四参业已起限，虽经声明人地相需，准其调补，仍应核其已起四参例关降调之案，照例查级抵销。如级不敷抵，或展参例关革职，均令于调补时分别呈交捐复降级、革职银两，缴清再行核准，等因。光绪十五年十二月十一日奉旨允准在案。细绎例意，已起四参盗案，例得抵销，捐复仍准调补。

该耀州知州郑思敬任内承缉事主杨和顺被劫一案，系在光绪十五

---

① 台北故宫博物院藏：《军机及宫中档》，文献编号：408002682-0-A。又，中国第一历史档案馆藏：《录副奏片》，档号：03-7158-010。

② 唐树楠(1831—?)，湖南善化县人。咸丰七年(1857)，中式举人。同治元年(1862)，以员外郎签分刑部山西司。五年(1866)，奏留。六年(1867)，以玉牒告成，奉旨免补员外郎，以郎中即补。同年，丁母忧。十年(1871)，补安徽司郎中，俸满截取，以知府用。十三年(1874)，考取御史。光绪二年(1876)，补授陕西道监察御史。四年(1878)，巡视东城。同年，转掌浙江道监察御史。六年(1880)，补工科给事中。是年，巡视中城，保道员。八年(1882)，迁礼科掌印给事中。九年(1883)，巡视北城。同年，补授陕西陕安道。十五年(1889)，升陕西按察使，旋补甘肃按察使。二十年(1894)，调补四川按察使。

年三月十六日恭逢恩诏以前,自应另起三参例限,现在亦未届满,且该员任内得有覃恩加三级,例准抵销援免,今由耀州本任与华州知州赵丰灏互相对调。华州系冲、繁中缺,耀州系无字简缺,似与以简调繁人员定例尚属相符。

查华州为东路要道,差务络绎,词讼繁多,兵旱后,一切抚绥、因革事宜,在在均关紧要。现任知州赵丰灏,年六十三岁,河南新野县举人,由训导在籍办团出力,保升候选知县,选授清涧县知县,调补南郑县知县。因历年在任带团御贼、守城、转运出力,迭次保升五品衔,以知州尽先即补同知直隶州升用。旋在南郑县告养,开缺回籍,丁忧服满,于光绪九年以知州到陕。十一年,准补华州知州,十一月初十日到任。该员心地慈祥,操履谨慎,办事尚无贻误,惟于此缺不甚相宜,自应酌量对调。耀州知州郑思敬,年五十四岁,四川新都县举人,由报捐内阁中书加捐分缺先补用知州,指分陕西,光绪六年到省。十年,准补耀州知州,闰五月初四日到任。该员年强才裕,稳练精详,以之调补华州知州,必能办理裕如。所遗耀州员缺事务较简,即以赵丰灏对调,亦堪胜任。现据署藩、臬两司查明,郑思敬任内盗案处分尚在三参限内,且例得另计。该二员互相对调,人地实在相需,遵例据实声明,仍加原考,会详前来。

合无仰恳天恩伏念因地择人,饬部准以耀州知州郑思敬与华州知州赵丰灏互相对调,以裨治理。如蒙俞允,该员等系冲、繁中缺与无字简缺对调,衔缺相当,毋庸送部引见。所有查明部驳知州员缺对调,人地实在相需,任内处分例得另计,仍请调补缘由,谨会同陕甘总督臣杨昌濬,恭折覆陈。伏乞皇上圣鉴,训示。谨奏。①

---

① 台北故宫博物院藏:《军机及宫中档》,文献编号:408002689。又,中国第一历史档案馆藏:《录副奏折》,档号:03-5262-046。

同日，公又奏报正月分陕省雨水粮价情形一折，曰：

窃查陕西省光绪十五年十二月分雨雪、麦苗情形，业经臣恭折具奏在案。兹据西安、延安、凤翔、汉中、榆林、同州、兴安、商州、邠州、乾州、鄜州、绥德州等府州属陆续具报：于十六年正月初四、五、六、七，暨十三、十九、二十并二十七、八、九等日先后得雪一、二、三寸至四、五、六寸不等。臣查陕省去岁秋雨透足，入冬后，天气晴明，频得微雨、微雪，未能优渥，因土脉尚形滋润，二麦已稳固盘根。现值阳和转令，幸获雪泽普沾，洵于农田大有裨益，惟冀春膏续被，共庆丰年，以期仰慰宸廑。

刻查西安粮价，大米每仓石价银二两一钱三分，小米每仓石价银一两一钱九分，较之上月大米每石增银三分，小米每石减银三分。

所有十六年正月分雪泽、麦苗并省城粮价情形，理合恭折具陈。伏乞皇上圣鉴。谨奏。①

同日，公又开单具奏查明陕省官兵及驻扎处所等情一折，下部闻。曰：

窃查前准户、兵二部咨开：光绪十五年十月二十八日，内阁奉上谕：军务平定以来，各直省设立防营，朝廷岁縻巨帑不知凡几，各营勇额、粮饷必应事事核实，方足以鼓励军心。近闻营中恶习，往往虚冒额数，尅扣饷项，统领、营官养尊处优，并不时时操练，一切废弛情形几与从前绿营积弊相等，殊甚痛恨！着各该将军、督抚将各省现有各营随时严查，如有前项情弊，即行严参治罪。至各营驻扎处所及管带衔名、兵勇数目，迭经该部奏准，通饬一一咨报，各该省视为具文，总未能据实开报！着自接奉此旨后，限于两月内一律开单，详晰具奏，以备稽核。如有更换管带员弁，或移扎他处，并着随时奏闻，将此通谕知之。

---

① 台北故宫博物院藏：《军机及宫中档》，文献编号：408002690。又，中国第一历史档案馆藏：《录副奏折》，档号：03-6887-011。

钦此。钦遵咨行到陕。当经前抚臣张煦转饬善后局详细开报,未及覆奏卸事,移交到臣。遵复严密访查,催局开单具详前来。

伏查陕省平定以后,绿营兵制未复,前任各抚臣体察情形,将抚标、城守各营、延绥、汉中、陕安三镇分别改募练兵,复就在陕立功马步各防营酌量裁留,改营为旗,分驻防守,以资保卫。嗣于光绪十年至十三年,因海防、善后及京旗需款甚巨,各前抚臣力顾时艰,遵照部议,迭次酌改营章,裁撤防勇,共留练兵十二营、亲兵马队一哨、回子官兵一旗、防军马队四旗、步队十三旗。前抚臣随时整饬营规,严查积弊,尚无虚冒、剋扣恶习。现计各旗营岁支饷数,以练兵、防勇与原留绿营制兵合算,比较承平定额尚属有减无增。

关中地处上游,界连五省,签、会各匪到处煽惑勾通,游勇、客民乘隙滋事扰害,加以接壤甘肃,各处安插回民甚众,素称强悍,均须慑以兵威,潜消隐患。陕境东西九百余里,南北二千四百余里,幅员辽阔,关隘纷歧,练兵留镇省会、边郡重地,备供策应;防军分段驻扎,仅此马步十余旗,散布于通省扼要之区,实不免有地广兵单、防范难周之虑。惟有督率将弁,加意操练,认真巡防,如查有侵蚀虚冒、怠玩废弛等弊,定行据实参办,总期兵皆核实,饷不虚糜,以仰副圣主整肃戎行之至意。

所有查明陕省现存练兵、防勇各营旗统带、管带将弁衔名、驻扎处所、兵勇数目,理合分析开单,恭呈御览。伏乞皇上圣鉴。谨奏。①

同日,公又奏报初批京饷银数、日期一片,下部闻。曰:

再,查陕省前因海防、善后及京旗需饷甚巨,迭经各前抚臣奏明裁勇节饷,每年共计银十万两,议自光绪十二年为始,专款分批解部。其十五年以前应解银两,业经按年报解清楚,分别奏咨在案。兹值十六

---

① 台北故宫博物院藏:《军机及宫中档》,文献编号:408002691.中国第一历史档案馆藏:《录副奏折》,档号:03-9421-017。

年筹解之期，臣饬司在于春拨留备款内等提银三万两，作为初批京饷，又十五年分扣存各官廉、费等项六分减平银二万两，二共银五万两，由司拣委妥员于二月十八日起程，解赴户部交纳。据署藩司唐树楠具详前来。除咨部外，所有筹解初批京饷银数、日期，谨附片具陈。伏乞圣鉴。谨奏。①

是日，公又奏请新选知县杨调元饬赴新任一片，下部闻。曰：

再，新选紫阳县知县杨调元于光绪十五年八月到省，当因该员甫经抵陕，于地方情形未能熟悉，经前抚臣张煦奏明暂行留省察看在案。兹查该员明敏安详，自十五年九月饬赴西安府发审局学习，数月以来，审断精细，公事亦颇留心，自应饬赴新任，以专责成。据署藩、臬两司具详前来。臣覆查无异，除批饬檄委赴任外，谨附片具陈。伏乞圣鉴。谨奏。②

二月二十五日，公奏报查明上年额征正赋实数一折，下部闻。曰：

窃查前准户部咨：各省地丁所入缺额仍多，自同治八年为始，将全省一年征收丁、漕各实数专案奏报。又，同治十一年四月准户部咨：各直省奏报丁漕实数，均展至次年正月办理，二月出奏，以归画一，各等因。历经遵办在案。兹值查报光绪十五年分征收正赋之期，查陕西省各属十五年分额征民屯更起运、存留并粮折价，除屯丁兑食外，共银一百六十万七千二百八十八两五钱二分一厘，内除存留银二十七万八千九十七两四钱七分八厘，又荒地应行免征银一十二万九千二百五十三

---

① 台北故宫博物院藏：《军机及宫中档》，文献编号：408002690-0-A. 又，中国第一历史档案馆藏：《录副奏片》，档号：03-6118-034.
② 台北故宫博物院藏：《军机及宫中档》，文献编号：408002689-0-A. 又，中国第一历史档案馆藏：《录副奏片》，档号：03-5262-047.

两九钱四分三厘，实熟地应解司库银一百一十九万九千九百三十七两一钱。自正月开征起至年底止，已完银一百一十四万九千九百一十五两四钱九分七厘，未完银五万零二十一两六钱三厘，内除咸宁、富平、扶风等县十四年水、雹、灾、伤案内蠲免，以前已输在官，准其流抵十五年正赋银三百三十一两五钱七分一厘。

又，延川、武功、兴平、扶风等四县水灾案内暂行蠲免三年银五百二两五钱五分六厘，抵未完银四万九千一百八十七两四钱七分六厘。再，查光绪十四年地丁，前报未完银四万七千九百八十七两一钱八分九厘，应征续垦荒地银一千五百九十四两八钱八分一厘，今截至十五年年底止，带征续完续垦共银二万二百九十二两三钱七厘，仍未完银二万九千二百八十九两七钱六分三厘，内除十三、十四两年咸宁等属水、雹各灾蠲缓银二千六百二十三两六分六厘，实未完银二万六千六百六十六两六钱九分七厘。

以上已完银两，均照数批解司库。截至年底止，已于拨册内分晰开造；未完银两现复严催征解，另行汇报。据署藩司唐树楠具详请奏前来。

臣覆核无异，所有查明光绪十五年分额征正赋已完、未完实数并带征上年银两，理合恭折具陈。伏乞皇上圣鉴。谨奏。①

同日，公又奏报审明盗犯李树塘等按律定拟一折，下部议。曰：

窃查陕西省寻常盗案及临时行强各盗犯，经前抚臣张煦奏请改题为奏，以期迅速，奉旨允准钦遵咨行照办在案。兹查前据署临潼县知县安守和具报，该县民人李柏椿家被贼黉夜行窃，临时起意强劫，吓禁事主声张，搜赃逃逸。该县会营勘验，先后拿获伙盗李敦唐即李树塘、张来跟、房直叶到案，搜出当票，取出原赃衣服，差传事主认领估赃，讯

---

① 台北故宫博物院藏：《军机及宫中档》，文献编号：408002692. 又，中国第一历史档案馆藏：《录副奏折》，档号：03-9472-004.

供通详,批饬审缉。嗣因限满逸犯无获,该县议拟解经西安府提讯,犯供翻异发回,复经审拟,由府详司,因案情未确,发委审办。旋据审拟,由司招解。前抚臣张煦,仍以案情未妥,发委复审。据报房直叶在监病故,批饬归案拟结。现据西安府知府文启督同局员审明,详由前臬司唐树楠勘转,前抚臣未及审讯,移交到臣。

随提犯研鞫,缘李敦唐即李树塘、张来跟、房直叶,均籍河南邓州,先年来至临潼县,佣趁游荡度日,均先未为匪。光绪十三年十一月二十六日,李敦唐、张来跟、房直叶先后会遇在逃素识之河南人老孙、徐景汰、徐一刚、宋大汉、老宋、老席,一处闲谈,各道贫难。老孙稔知李柏椿在川贸易,家道殷实,起意纠窃得赃分用,众各允从,约定傍晚同至李敦唐窑内会齐,届时分起踵至。老孙、徐景汰、徐一刚各携木棒,宋大汉身佩小刀,李敦唐、张来跟、房直叶、老宋、老席俱系徒手,一共九人。三更后,偕抵李百椿门首,老孙派令张来跟、房直叶在外接赃,自踏宋大汉肩上,越墙进院,潜开大门,李敦唐等一同走进。宋大汉用刀撬开二门入内,见上房灯尚未熄,复用刀撬开东、西厢房门,与李敦唐、老孙、徐景汰、徐一刚、老宋、老席先后进门,窃得衣物,递交张来跟、房直叶接收,嘱令负赃先逃。李敦唐与老孙等转身复至东厢房行窃,误撞柜门声响。

维时,李百椿长媳小李氏闻响,声喊有贼。其妻李李氏、次媳幼李氏接应惊起,开门趋出喊捕。老孙因无邻居,家仅妇女起意,喊同李敦唐等行强,吓禁事主不准声张。李李氏等见贼众势凶,畏惧未敢向捕。老孙复令宋大汉燃火照亮,带领李敦唐等同至东、西厢房,搜劫柜存银两、首饰、衣物逃出,赶上张来跟、房直叶,告知强情,同至李敦唐窑内,查点衣物、首饰俵分,银两商议暂交老孙,约俟事冷换钱再分,各散。李敦唐等将分给衣服潜当于富平县泰和当内,首饰卖给过路不识姓名人,得钱花用。

李李氏次早通知其母家兄李继密,开单投约,报县会营勘验,先后将该犯李敦唐、张来跟、房直叶拿案,起获当票,移知富平县,由胡泰和当铺内取出衣服十件，差传事主认领。查讯当主，先不知系盗贼。该县按照失单确估，共值库平银一百一十八两九钱五分，讯供通详，批饬勒缉逸犯老孙等，务获并究。

嗣因限满无获，议拟解经西安府提讯，犯供翻异发回，复经审拟，由府解司。前署臬司以案情未确，发委审办。该府行提人证到省审拟，由司招解。前抚臣仍以案情未妥，发委覆审。旋据咸宁县详报，房直叶于十五年九月初三日在监病故，委验并无别情，提讯刑禁、医生人等，均无凌虐、违方等弊，批饬归入正案拟办。兹据西安府审明，详由前臬司勘转，前抚臣未及审讯，移交到臣，亲提研鞫，各供前情不讳，严诘李孰唐，委系听纠伙窃，临时行强，张来跟、房直叶均止听从行窃，在外接赃先逃，不知强情。供赃确凿，案无遁饰。

查律载：共谋为窃，临时行强，以临时主意及共为强盗者不分首从论。又，强盗已行但得财者，不分首从皆斩。又，窃盗赃一百一十两，杖一百，流二千五百里，为从减一等，各等语。此案李孰唐听从逸犯老孙行窃，因被事主小李氏等惊起喊捕，辄敢临时听从行强，吓禁事主声张，搜劫赃物，实属同恶相济，自应按律问拟。

李孰唐即李树塘除听从行窃，计赃罪止拟徒，轻罪不议外，合依"共谋为窃，临时行强，但得财者不分首从皆斩"律，拟斩立决，照例先行刺字。该犯事犯虽在光绪十五年三月十六日恭逢恩诏以前，系临时行强重犯，应不准援免。

张来跟、房直叶听纠行窃，当老孙等商同行强之时，业已携赃先逃，不知强情，应仍以窃盗为从论。查事主原报失赃共估值库平银一百一十余两，应照律计赃科罪，张来跟、房直叶均合依"窃盗赃一百一十两，杖一百，流二千五百里，为从减一等"律，各拟杖一百，徒三年。事在赦前，核其情罪，因犯窃拟徒不在不准援免之列，应准援免释放，后再有犯，加一等治罪。房直叶业已在监病故，即毋庸议。犯系先后拿获，隔别研讯，供出一辙，无虞避就，请免监候待质。张来跟据供现有祖母鲁氏，年逾七十，家无次丁，讯系游荡忘亲，例不留养，惟已援免,亦毋庸置议。房直叶讯无父兄,李孰唐有父李添精,不能禁约其子为匪,事在赦前,免移传责。

该犯等在外为匪,原籍保甲无从觉察,应与不知盗赃误行收当之当商胡泰和及房直叶在监病故,讯无凌虐违方之刑禁、医生人等,均免置议。买赃之不知姓名人,并免查究。获赃给领,未获各赃连当本在于现犯名下照估追赃。逸犯老孙等饬缉获日另结,无干省释。

此案首伙盗犯七名,仅获从犯一名,应议疏防职名,已饬另行开送。其监毙徒犯一名,职名管狱官系咸宁县典史赵森生,相应附送,听候部议。除供招咨部外,所有审明窃盗临时行强,分别情罪,按律定拟缘由,理合恭折具陈。伏乞皇上圣鉴,敕部核覆施行。谨奏。①

同日,公又奏报审明监犯王开沅等按例分别定拟一折,下部议。曰:

窃查陕省寻常盗案及临时行强各盗犯,经前抚臣张煦奏请改题为奏,以期迅速,奉旨允准钦遵转饬遵办在案。兹查前据留坝厅同知陈文黻具报,该厅民人王绍春家被贼寅夜撞门入室,殴缚事主致伤,搜劫赃物逃逸,会营勘验差缉,谕饬团、约随同事主追拿,格杀拒捕首盗王开沅毙命,并将伙盗朱材沅、廖大沅、张大芒同原赃一并拿获。该厅验讯通详,批饬审拟招解,旋经议拟由府解司,因案情未确,发委西安府知府文启,督同局员审明,详由前臬司唐树楠解勘前来。

臣亲提覆鞫,缘朱材沅、廖大沅、张大芒分隶四川通江、绵州、巴州等州县,先后来陕,佣趁贸易,均先未为匪,俱与格毙首盗王开沅先不认识。光绪十五年正月十八日,朱材沅路遇张大芒蒿灞河乞食,晚间偕往空庙住歇,适王开沅、廖大沅亦至庙内同宿,彼此询悉姓名,各道贫难。王开沅稔知王绍春家道宽裕,附近并无邻佑,起意纠约行劫,得赃分用,众各允从。

---

① 台北故宫博物院藏:《军机及宫中档》,文献编号:408002694.中国第一历史档案馆藏:《录副奏折》,档号:03-7357-017.

三更时，王开沅用纸卷作油捻，与朱材沅、廖大沅、张大芒各执木棒，首伙四人一同起身。行至中途，张大芒声称，常至事主王绍春家求乞，恐被认识破案，王开沅令其即在坡下等候，随与朱材沅、廖大沅同抵事主门首。王开沅复令廖大沅在外把风接赃，自用石块撞开门扇，点起油捻与朱材沅进内，复将事主房内灯点亮然。维时，王绍春外出，其妻王曹氏惊起喊捕，王开沅丢下油捻，用棒拒殴王曹氏右额角等处受伤，喊令朱材沅寻取草绳，同将王曹氏捆缚。王绍春表弟汪升儿在对面房内闻喊，走出帮捕，王开沅又殴伤其左右胳膊、左腿倒地，亦用绳捆缚。王开沅搜取衣物、包谷，装入背笼，朱材沅搜取锄头、鸟枪等物，一同逃出。朱材沅随令廖大沅帮拿物件，同至坡下。王开沅向张大芒告知行劫情形，将背笼交张大芒背负同逃，约抵银门寺分赃，刚至三花石地方，因猛下大雪，路滑难行，王开沅等见路旁遗有看守庄稼空草棚一间，同进躲避，查点汗衫、小衣共五件，腰带、帕子各一条，斧头、菜刀、镰刀各一柄，锄头六柄，鸟枪一杆，钢尖一斤零，包谷一斗余。次日雪仍不止，王开沅等共将包谷煮食数升。

事主王曹氏挣开缚绳，将汪升儿解释，查明失物，寻向王绍春，告知投明团首，报经该厅会营勘验差缉，谕饬团、约随同事主追拿。差役王喜、史顺、团丁李长福与事主王绍春先行追至三花石地方，瞥见王开沅等藏匿路侧草棚内，旁放被劫原赃，知系贼匪。原差王喜上前喊捕，王开沅喝令朱材沅、廖大沅持仗出外拒捕，并令张大芒速取劫得鸟枪施放，张大芒畏惧未出，王开沅持棒上前扑殴。团丁李长福见贼众势强，虑其拒捕伤人，一时情急放枪抵御，轰伤王开沅，倒地殒命。乡约李迎碧同众团丁随后踵至，共将朱材沅、廖大沅、张大芒拿获，并起获原赃，当堂饬令事主认领。该厅验讯估赃通详，批饬覆审拟解，查验王曹氏、汪升儿伤均平复，议拟详由该管汉中府覆讯解司，因案情未确，发委西安府审办，提犯讯明，详由臬司审解前来。

臣亲提覆鞫，各供前情不讳，严诘朱材沅、廖大沅，委系听纠伙劫得赃，拒伤事主一次。张大芒实只共谋为盗，临时恐被事主认识未行，并无拒捕情事,此外亦无窝伙窃劫不法别案。供赃确凿,案无遁饰。

查律载:强盗已行但得财者,不分首从皆斩。又,例载:盗劫之案把风、接赃等犯虽未分赃,亦系同恶相济,照为首一律问拟。又,共谋为强盗伙犯临时因别故不行,事后分赃者,发新疆给官兵为奴。又,律载:罪人持仗拒捕,捕者格杀勿论,各等语。此案盗犯朱材沅、廖大沅听从张开沅,寅夜强劫事主王绍春衣物,该犯朱材沅随同入室,捆缚事主搜赃,廖大沅在外把风助势,均属同恶相济,其事后听从拒捕,罪已至死,无可复加,自应仍按本律问拟。朱材沅、廖大沅合依"强盗已行,但得财者不分首从皆斩"律,俱拟斩立决。张大芒听纠入伙,行至中途,恐被事主认识,指拿未经同行,事后共食包谷,即属分赃,合依"共谋为强盗伙盗时因别故不行,事后分赃发新疆给官兵为奴"例,拟发新疆给官兵为奴,照例改发极边烟瘴充军,仍以足四千里为限,到配后锁带铁杆、石墩二年。

该犯等事犯虽在光绪十五年三月十六日恩诏以前,核其情罪均在不准缓减之列,应毋庸议减,俱照例先行分别刺字。王开沅起意纠劫,殴缚事主致伤,事后逞凶抗拒,罪应斩决,业已格杀身死,应毋庸议。团丁李长福奉谕追拿,因贼持仗拒捕、喊令伙贼放枪,一时情急,放枪抵御,轰伤罪犯应死首盗王开沅毙命,应照格杀律勿论。张大芒有父张莛玉,廖大沅有父廖大材,朱材沅有兄朱金沅,均不能禁约其子弟为匪,事在赦前,应与该犯等在外为匪无从察觉之原籍牌、甲人等均请免其传责。获赃已给事主认领,未获照例追赔。王绍春家所藏鸟枪编有团练字号,请免查开职名。无干省释。

除将全案供招咨部外,所有审明强劫得赃盗犯,按例分别定拟缘由,理合恭折具奏。伏乞皇上圣鉴,饬部核覆施行。谨奏。①

是日,公又会衔陕甘总督杨昌濬奏报情罪重大匪犯照章惩办一片,下

---

① 台北故宫博物院藏:《军机及宫中档》,文献编号:408002693。又,中国第一历史档案馆藏:《录副奏折》,档号:03-7357-016。

部闻。曰：

再，陕西省前因盗风日炽，经各前任抚臣会同督臣奏请于部议会匪、土匪、马贼、游勇等项之外，将情罪重大各犯就地正法，汇案奏报，奉旨允准钦遵咨行遵办在案。兹查光绪十五年冬季分，据潼关厅禀，获盗犯张五子、耿老幺二犯，讯据张五子等供认，于光绪十四年十一月十一日晚，听从逃盗吴礼易纠约在监病故之周泳发及在逃未获之雷大青等首伙十余人，分执刀械、油捻，撞门入室，强劫军民张东哲家衣物。张五子入室搜赃，耿老幺在外把风助势案内，谢中溃、周能憘据供听纠同往，中途畏惧先逃，事后分受赃物。

又，据城固县禀获盗犯罗九儿、杨万蕣、周懊发、刘葚溃四犯，讯据罗九儿等供认，于光绪十五年正月初七日晚，听从逃盗刘端午纠约未获之廖老九等首伙八人，分执器械、油蜡、草绳，拥入民人刘文明家，捆缚事主，搜劫衣物、烟土。罗九儿、杨万蕣入室，拒捕搜赃，周懊发、刘葚溃在外把风助势案内，杨椿和据供不知强情，事后经罗九儿等分给赃物塞口。

又，据渭南县禀获盗犯王添萌即王添耀、朱景浀二犯，讯据王添萌等供认，于光绪十五年四月初一日晚，听从逃盗魏菖即魏振科，纠约未获之何潮娃等首伙六人，分持刀械、油捻，踏门入室，强劫民人王懊财家衣物、幼孩；拒殴事主受伤，王添萌入室，拒捕搜抢；朱景浀在外把风助势案内，胡有功即胡老二据供被逼勉从，在外瞭望，闻喊畏惧潜逃，事后分给微赃抵债，各等情。由该厅县等先后禀报，批饬该管同州府知府贺尔昌、署汉中府知府郑于兆、西安府知府文启提审，供情相符，议拟禀覆，当经前抚臣暨督臣以该犯张五子等八犯听纠强劫，首伙均至五人以上，张五子、罗九儿、杨万蕣、王添萌随同上盗，当已批饬一并就地正法。

因张五子、耿老幺、罗九儿、杨万蕣、周懊发、刘葚溃六犯事犯在光绪十五年三月十六日恭逢恩诏以前，已令照章免其枭示；王添萌、朱景浦仍令传首犯事地方，悬杆示众，以昭炯戒。余犯谢中溃、周能憘、胡有功三犯，或中途畏惧避匿，或临时闻喊先逃，事后均经分受赃物，照例罪应拟流，已饬查照陕省章程，锁系巨石八年，俟期满察看情形办理。谢中溃、周能憘事犯虽在赦前，系强盗案内余犯，罪已拟流，照章不准援免。杨椿和不知强情，事后分赃塞口，照例罪止拟徒，事在赦前，照章准其援免，后再有犯，加一等治罪。周泳发供认随同张五子等上盗搜赃，该厅讯明后在监病故，应毋庸议。各等情。由现署臬司锡光具详请奏前来。

臣覆加查核，均属情真罪当。除饬悬赏勒拿逸犯雷大青等务获另办外，所有光绪十五年冬季分情重匪犯照章惩办缘由，谨会同陕甘总督臣杨昌濬，附片具奏。伏乞圣鉴。谨奏。①

闰二月，公还本任，并治理黄河，设立舆图馆。《行述》曰：

省南孝义、宁陕江口等处，山田硗瘠，频年告禓。府君累筹拯救，不拘成例，必速必厚。朝邑城外黄河西徙，将夺洛并渭。广谘熟于河工者，筑坝数道，挑溜使东，以障西岸。华岳之下，沟渠淤填，遇雨则淹没华州、华阴驿路，灞水淤沙亦日高。夏秋涨溢，辄坏田庐、桥道，饬有司以时疏浚，筑堤防治道途，劝勉将士通力合作。商州、丹水为商贩孔道，而巉石奔流，险滩相望。属知州事李素等凿修纤路三千五百余丈，捐银以倡。会典馆咨取舆图，府君虑各牧令以己意为之，不能划一，设舆图馆于署中，订定简明章程，集聪颖之士，讲求测绘学；刊书、制器及膳修、仆马等用，皆捐赀经理。陕西乡闱领款，依旧例不足用，杂市百物，半令商人供应，名曰支差。府君别为筹款，绝支差之弊；提倡士林研究实学，士子有留意当世之务，暨治畴人家言者，多方诱掖奖劝之。重修明儒冯恭定公祠宇，疏请列祀典，以正学风，示秦人。

---

① 台北故宫博物院藏：《军机及宫中档》，文献编号：408002692-0-A. 又，中国第一历史档案馆藏：《录副奏片》，档号：03-7357-018.

闰二月初五日，公奏报二月分陕省雨水粮价情形一折，曰：

窃查陕西省光绪十六年正月分雪泽、麦苗情形，业经臣恭折具奏在案。兹据西安、延安、凤翔、汉中、榆林、同州、兴安、商州、邠州、乾州、鄜州、绥德州等府州属陆续具报，于二月初四、初七、八、九暨二十并二十三等日各得雨雪一、二、三、四寸不等。

臣查陕西省去岁秋雨透足，冬间雪泽频沾，二麦已稳固盘根。本年新正祥霙广被，一律优渥，现在麦豆长发，一望青葱，幸复获此雨雪滋培，洵于农田大有裨益。惟冀春膏再霈，共庆丰年，以期仰慰宸厪！刻查西安粮价，大米每仓石价银二两三钱二分，小米每仓石价银一两二钱七分，较之上月，大米每石增银一钱九分，小米每石增银八分。

所有十六年二月分雨雪、麦苗并省城粮价情形，理合恭折具陈。伏乞圣鉴。谨奏。①

是日，公又开单奏报查明陕西各局已经归并情形一折，下部闻。曰：

窃照前准户部咨：光绪十五年十一月十六日，奉上谕：国家综核度支，必先严除冗滥。从前各省办理军务，创立支应、采办、转运等局，本属一时权宜，不能视为常例，着各直省将军、督抚破除情面，将所有各局通行查核，或删减，或归并，其有必不能裁者，即将按月经费限定数目，不准任意增添。自接奉此旨后，勒限三个月，将议定现留各局开单奏报，并将各局经费每月若干咨报户部存案，不得狃于积习，敷衍塞责。将此通谕知之。钦此。钦遵咨行到陕。

伏思朝廷设官分职，藩、臬各治其事，总不外钱、谷、兵、刑数大端。陕省兵荒之后，百废待举，头绪纷纭，势难兼顾，是以分设各局，由司道

---

① 台北故宫博物院藏：《军机及宫中档》，文献编号：408002685。又，中国第一历史档案馆藏：《录副奏折》，档号：03-6887-030。

会督各委员分别办理，历年来，尚无推诿、授权各情弊。嗣因经费支绌，设法归并，已将捐饷、制造、棉桑、差徭等局归并善后局，并将营田、督垦二局亦归该局，改为二所，统由该局提调一人管理。其中营田所公事较繁，另行派有文案、书识，余皆并由善后局文案、书识兼办。共计善后局员役薪水、口食，每月共支银三百二十七两零，营田所每月另支银五十二两六钱零，此外尚有厘税、保甲、课吏、发审四局。厘税为饷源所出，总局分卡共计二十余处，一切经费向由留外办公一成五款内开支，以现存局卡核计，每月共支银一千七百两零一钱。保甲局向系官绅就地筹办，课吏局系两司随时捐廉，发审局系由西安府及通省各属捐解应用，均不另动公款。

兹奉谕旨，遵复督同司道，悉心体察，善后局为庶务之总领，归并综理；厘税局专司稽核、比较等事，极为繁碎，均难遽议裁并。保甲、课吏二局一则缉弭盗贼，一则整饬官常；发审一局向归西安府经理，该府地居省会，治理繁剧，加以通省命盗重案随时发委审办，如非委员帮审，实有应接不暇之势。此乃承平时旧有之局，并非创自军务，以后且亦各省皆然也。该三局费用俱各由外筹备，于公款不致虚糜，于事务各有实济，应请均仍其旧，以期得力。

除再随时留心查察，如有可以裁并之处另行议办外，所有查明陕西各局已经归并，谨将现存局费开具清单，恭呈御览。伏乞皇上圣鉴，训示。谨奏。①

同日，公又会衔陕甘总督杨昌濬奏请将陈熊等革审并照例议处一折，曰：

窃照监狱重地，理宜严密巡防，不容稍有疏懈。兹据石皋县知县陈熊禀报：该县于光绪十五年十二月二十七日奉该管兴安府札委，前

---

① 台北故宫博物院藏：《军机及宫中档》，文献编号：408002686.

赴汉阴厅会审案件。十六年正月初二日，起程前赴该厅。初四日，接据典史张兆桂申报：初三日三更后，风雪交加，该禁卒等一时因倦睡熟，不料监犯陶承禾即陶老五，乘间扭断镣铐，扳折木笼，越监逃逸，等情。当即驰回，亲诣监所勘验，悬赏选差，勒缉无获。提讯刑禁人等，佥供委止失于防范，并无松刑贿纵情事，禀请核办，并据署藩、臬两司及该管陕安道、兴安府揭参前来。

臣查该犯陶承禾即陶老五，系起意纠约现获之胡老六并逃犯王占沄等首伙五人，在该县境内涂脸上船、强劫船户胡兴禄布匹钱文，按律应拟斩决之犯。前据该县获犯，讯供禀报，当经前抚臣批饬兴安府提审，照章禀请，就地惩办。该有狱官知县陈熊及管狱典史张兆桂亟应督率刑禁人等加意巡防，以免疏失，乃竟漫不经心，致令在狱脱逃，追捕无获，实非寻常疏忽可比。该县陈熊虽报因公出境，惟未先事预防，究难辞咎，更恐刑禁人等有松刑贿纵情弊，应即一并参处，彻底根究严办，相应请旨将管狱官石泉县典史张兆桂革职拿问，以便提同刑禁人等严行根究，并请将有狱官石泉县知县陈熊先行交部照例议处，饬查具报公出有无捏饰，一并归案，照例分别办理，以儆玩泄。

除仍勒限缉拿逃盗陶承禾务获究办外，谨会同陕甘总督臣杨昌濬，合词恭折具陈。伏乞皇上圣鉴，训示。再，所遗石泉县典史员缺，陕省现有应补人员，应请扣留外补。合并陈明。谨奏。①

同日，公又会衔陕甘总督杨昌濬奏报拣员调补要缺知县一折，下部议。曰：

窃查安康县知县汤铭新于光绪十五年八月十七日病故，以病故本日作为开缺日期，系繁、疲、难兼三要缺，当经臣在藩司任内会同臬司唐树楠以曾任实缺候补知县孙万春请补，详经前抚臣张煦奏奉朱批：

---

① 台北故宫博物院藏：《军机及宫中档》，文献编号：408002687。又，中国第一历史档案馆藏：《录副奏折》，档号：03-7396-103。

吏部议奏。钦此。嗣准吏部议覆：孙万春虽系进士出身，前任鄠县系属简缺，丁忧起复，仍回原省，定例不得请补繁缺，驳令另行拣员请补，等因。覆奏奉旨：依议。钦此。钦遵咨行到陕。

查该县为兴安府附郡首邑，地处南山，政务繁剧，非精明干练之员，难资治理。臣复与署藩司唐树楠、署臬司锡光在于通省应调、应补知县及应升人员内逐加遴选，惟查有延川县知县薛华塾，现年三十七岁，四川兴文县附监生，遵例报捐三班选用知县，加捐同知升衔。光绪元年，在云南克复宁州、邓川州、镇雄州等处案内出力，保归本班即选，并戴花翎。十年，赴郡投供。十一年二月，选授今职，八月到省，十二月十四日到任。十四年十一月，试俸期满，业经请销在案。

臣前在藩司任内查得该员才长识裕，办事勤能，核计历俸已满三年，并无展参及盗劫已起四参之案，以之调补安康县知县，与例相符，洵堪胜任，合无仰恳天恩饬部核覆，准以延川县知县薛华塾调补安康县知县，以裨治理。如蒙俞允，该员系知县调补知县，衔缺相当，毋庸送部引见，所遗延川县知县系简缺，俟薛华塾准补安康县知县部覆至日，另行请补。合并陈明。

所有遵驳拣员调补要缺知县缘由，谨会同陕甘总督臣杨昌濬，恭折具陈。伏乞皇上圣鉴，训示。谨奏。①

是日，公又会衔陕甘总督杨昌濬附片奏报叶星文试用期满甄别，下部闻。曰：

再，准部咨：道、府、州、县无论何项劳绩保奏归入候补班人员到省，予限一年，查看才具，分别补用，等因。兹查有蓝翎同知衔补用知县叶星文，于光绪十四年十一月到省，已试看一年期满，例应照章甄别。臣在藩司任内查得该员年壮才明，办事稳妥，堪以繁缺补用。谨

---

① 台北故宫博物院藏：《军机及宫中档》，文献编号：408002688. 又，中国第一历史档案馆藏：《录副奏折》，档号：03-5262-106.

会同陕甘总督臣杨昌濬,附片具奏。谨奏。①

同日,公又奏报拣员委署知县要缺一片,下部闻。曰：

再,查陕西省自道府至州县,无论奏调、委署、代理,每届三月汇奏一次,等因。遵办在案。兹查光绪十五年,自十月起至十二月底止,宝鸡县知县王金鏻撤任遗缺,委截取知县黄肇宏署理；代理沔县知县千祺卸事遗缺,委教习知县侯鸣珂署理；代理神木县知县王嘉言卸事遗缺,委三水县知县伦肈记调署；扶风县知县张熙和回籍修墓遗缺,委沔县知县恩元调署；雒南县知县萧聚星调省查看遗缺,委候补知县孙永济署理；绥德州吏目代理吴堡县知县徐光亨卸事遗缺,委截取知县张晋署理；保安县知县夏鼎病故遗缺,委该县典史权恒昌护理,等情。由藩、臬两司具详前来。

臣覆核无异,所有十五年冬季委署、调署、护理知县员缺缘由,谨附片具陈。伏乞圣鉴。谨奏。②

闰二月二十五日,公奏报交卸抚篆回任日期一事,曰：

窃臣前奉谕旨暂护抚篆,当将接护日期恭折奏报在案。兹新任抚臣鹿传霖于闰二月十二日到省,臣于十三日委西安府知府文启、署抚标中军参将吴云伍,将巡抚关防并王命旗牌、文卷等件赍送抚臣接收,臣即于是日交卸抚篆。旋奉抚臣行知,饬回藩司本任。闰二月十五日,准署布政使唐树楠将印信、文卷移交前来。臣当即恭设香案,望阙叩头,祗领任事。

---

① 台北故宫博物院藏：《军机及宫中档》,文献编号：408002688-0-A。又,中国第一历史档案馆藏：《录副奏片》,档号：03-5262-108。
② 台北故宫博物院藏：《军机及宫中档》,文献编号：408002688-0-B。又,中国第一历史档案馆藏：《录副奏片》,档号：03-5262-107。

伏念臣猥以庸材,藩条重绾,举凡察吏安民,用人筹饷,在在均关紧要。南山各厅县去年霪雨成灾,当次青黄不接,尤须妥为抚绥。臣惟有殚竭愚诚,随时禀商督、抚臣,认真办理,以冀仰答高厚鸿慈于万一!

所有微臣交卸抚篆仍回藩司本任日期,理合恭折陈明,叩谢天恩。伏乞皇上圣鉴。谨奏。①

十二月,清廷赏给公头品顶戴。《行述》曰:

是年十二月,以筹解新疆饷议叙,赏给头品顶戴。

是年,谭钟麟六十九岁,李鸿章六十八岁,杨昌濬六十四岁,张之洞五十四岁,魏光焘五十四岁,饶应祺五十四岁,刘锦棠四十七岁。

---

① 中国第一历史档案馆藏:《录副奏折》,档号:03-5262-135.

第三编　新疆巡抚时期

光绪十七年至光绪二十一年(1891—1895),57—61 岁

光绪十七年　1891 年　五十七岁

三月,清政府命李鸿章督办关东铁路;四月,芜湖法国教堂被焚,嗣后湖北、江苏各地教案迭起,各国公使提出抗议,清廷乃命刘坤一、张之洞保护教堂教民。同年,清廷命谭钟麟为吏部左侍郎,兼署户部左侍郎,管理三库事务;饶应祺为新疆藩司。年初,康有为设立万木草堂。

正月初六日,公奏报赏给头品顶戴谢恩一折,曰:

窃臣接奉巡抚臣鹿传霖行知:准户部咨开:光绪十六年十二月十三日,内阁奉上谕:户部奏,遵议杨昌濬奏请将解清甘肃新饷各员分别奖叙、开单呈览一折,陕西布政使陶模,着赏给头品顶戴。钦此。钦遵咨行前来。臣当即恭设香案,望阙叩头谢恩。

伏念臣旬宣乏术,饷馈攸司,仅兹擘画之微劳,乃进头衔于极品。圣恩至渥,赏功协惟重之谟;职事多疏,受宠切临深之惧!臣惟有倍加策励,勉效涓埃,冀克稍济时艰,以仰答高厚生成于万一!

所有微臣感激惭悚下忱,理合恭折叩谢天恩。伏乞皇上圣鉴。

谨奏。①

二月,公升授甘肃新疆巡抚。《行述》曰:

十七年二月,诏授甘肃新疆巡抚。寻以筹助江南振捐议叙,复赏给头品顶戴。

三月十七日,公奏报补授甘肃新疆巡抚谢恩并吁请陛见一折,曰:

窃臣于光绪十七年三月十六日奉准陕西抚臣移知:接准部咨:二月二十三日,内阁奉上谕:甘肃新疆巡抚着陶模补授。钦此。跪聆之下,感激莫名!当即恭设香案,望阙叩谢天恩。伏念臣关辅忝藩,瞬周三稔,涓埃未效,愧悚时深!兹复渥荷纶音,骤膺疆寄。恩施愈重,报称愈难!

查新疆地处边陲,巡抚任兼文武,吏治之激扬宜亟,更当整军实而重屯防;民生之安奠宜筹,尤必固邦交以绥远服。况行省甫立,百度维艰,自非熟悉边情、夙擅戎略,欲求胜任,实未易焉。如臣梼昧,更无把握,惟有吁求陛见,亲领圣谟,俾有钦承,免滋贻误。

所有微臣感激下悃并沥恳陛见缘由,谨缮折具陈。伏乞皇上圣鉴,训示。谨奏。②

四月二十一日,公奏报交卸陕藩篆务起程日期一折,曰:

窃臣前蒙恩命,补授甘肃新疆巡抚,当即恭折陈谢,吁请陛见,钦

---

① 中国第一历史档案馆藏:《录副奏折》,档号:03-6275-049。
② 中国第一历史档案馆藏:《录副奏折》,档号:03-5278-014。

奉朱批：着来见。钦此。跪聆之下，欣忭莫名。适调任布政使臣张岳年①行经西安，奉抚臣饬知赴任。臣谨将光字三十六号陕西布政使银印一颗暨库卷、卷票，于四月二十日移交张岳年接领任事，讫，臣即检点行装，拟于四月二十八日起程北上，恭谒阙廷，跪聆圣训。

所有微臣卸篆起程日期，谨缮折具陈。伏乞皇上圣鉴。再，此次拜折系借用陕西布政使印信。合并声明。谨奏。②

四月二十七日，公奉诏觐见，俶装出行，《辛卯侍行记》（以下简称《侍行记》）曰：

辛卯四月，家君奉诏入觐。二十七日，俶装，衣箱六、书箱九。雇轿二，轿夫每人日给钱三百；轿车四，每乘价银十六两；大车四，每乘价银二十四两，皆雇至河南道口镇。同行者高爽溪表叔垲、怀宁张愚生绍元及其长子宽宗厚。又金匮施裕堂衍绪，以赴京兆试结伴。家君代两首县拟信，嘱东路寅友勿事供张。葆廉作家信，托许公若丈由上海转寄。又致金闾伯工部信，托觅寓庐。③

四月二十八日，公由陕西东起程至骊山，《侍行记》曰：

巳刻起程。四里长乐门，家君诣官厅，抚台鹿滋轩偕长笠农、德滋

---

① 张岳年（1828—1894），又名善倬，字竹晨。浙江鄞县人，增生出身。咸丰二年（1852），中式举人。六年（1856），报捐主事，分派到刑部直隶司行走。九年（1859），期满奏留刑部。同治元年（1862），保章京。八年（1869），补军机章京，充刑部秋审处总办。十一年（1872），保主事，升员外郎。同年，补刑部奉天司主事。十二年（1873），升山西司员外郎。光绪二年（1876），京察一等，加四品衔。三年（1877），调补湖广员外郎，同年，选广东司郎中。四年（1878），保升知府。次年，保道员。六年（1880），补授陕西西安府知府。同年，调陕西榆林府知府。八年（1882），晋陕西延榆绥道。十二年（1886），署督粮道。同年，补授安徽按察使。十五年（1889），擢甘肃布政使。十七年（1891），调补陕西布政使。次年，以筹协甘饷功，赏头品顶戴。二十年（1894），晋京祝嘏。同年，卒。
② 中国第一历史档案馆藏：《录副奏折》，档号：03-5279-021。
③ 《续修四库全书》编委会编：《续修四库全书·七三七·史部·地理类》第453页，上海古籍出版社，2002。

轩两副都统、藩台张竹晨、臬台唐斐泉、松鹤龄、江海帆两道台,行寄请圣安礼。张仲轩、席星府、张次丞诸幕宾于道旁设茶座,邀往话别。三里东郭门,东北行,六里十里铺,下长乐坡。二里浐桥,三里官厅村,四里牛耳寺,三里至灞水南龙王庙,食于行馆。未刻,渡灞桥。五里上铜人原,至豁口村。五里邵平店。五里地窑子,五里斜口镇,三里七里桥,七里临潼县,进西门;一里出南门,一里宿骊山下环园,计行五十七里。①

四月二十九日,公由骊山起程至渭南,《侍行记》,曰:

　　黎明行。一里进临潼南门,一里出东北门,五里五里沟,三里官路郑村,二里阴盘坡,二里沙河。八里新丰镇。十里戏河桥,六里西段村,四里饘于零口镇,三里零口塘,二里零阳铺,五里盛店镇,五里杜化镇,五里量天坡,五里胡村铺,九里万里桥,下为渭水;一里渭南县西门,一里住行馆,计行七十八里。②

四月三十日,公由渭南东门至华州,《侍行记》曰:

　　三十日,卯,行。一里出渭南东门,六里西阳桥,六里东阳桥,十里赤水镇,过桥入华州界,望见少华。五里遇仙桥,五里白泉铺,十里石桥铺,十里华州,进西关;二里住新北门内行馆,计行五十五里。③

五月初一日,公出华州至华阴县,《侍行记》曰:

　　五月朔甲子,东行。一里出华州东关,里许有旧木坊,题"汾阳王

---

① 《续修四库全书》编委会编:《续修四库全书·七三七·史部·地理类》第453—454页,上海古籍出版社,2002。
② 《续修四库全书》编委会编:《续修四库全书·七三七·史部·地理类》第454—455页,上海古籍出版社,2002。
③ 《续修四库全书》编委会编:《续修四库全书·七三七·史部·地理类》第455页,上海古籍出版社,2002。

故里"。又有寇莱公故里、陈希夷坠驴处碑。十里罗文桥,五里莲花池桥,五里柳子里,一里迎仙桥,南为白土坡,四里台头铺,五里古城营,十里敷水镇。食于旅店,望见太华。十里二十里铺,即新庄铺汛墩,书"平舒古制"。十里长城铺。十里华阴县,进西门;一里出东门,四里住岳庙,计行七十六里。①

五月初二日,公会同武强等于朝邑阅河工,《侍行记》曰:

家君偕同州知府武强,贺子言年丈尔昌权,朝邑县事遵化李晋笙登第,往朝邑阅河工,在三河口镇北二十里。登阁望太华。②

五月初三日,公由岳庙东北行至潼关,《侍行记》曰:

五里阳化铺,四里沙渠桥。六里泉店铺,汉杨震讲学处;二里磨渠桥。八里杨桥铺,有杨震墓;五里满城旧址。五里潼关,入西门;一里住行馆,计行三十六里。西望太华、终南,左顾中条、首山,秀嶂分霄,层崖刺天,俯瞰风陵渡,船如凫泛。下山,行河堤,三里至电报局,寄津、沪各信。下午,家君自朝邑来。③

五月初四日,公出潼关至河南阌乡县,《侍行记》曰:

卯出潼关东门,曲折土峡中。五里出金陡关,入河南阌乡界。自此东达函关,轨辙多在巷中。二里七里屯。十里出巷,至青龙涧,即玉

---

① 《续修四库全书》编委会编:《续修四库全书·七三七·史部·地理类》第455—456页,上海古籍出版社,2002。
② 《续修四库全书》编委会编:《续修四库全书·七三七·史部·地理类》第456页,上海古籍出版社,2002。
③ 《续修四库全书》编委会编:《续修四库全书·七三七·史部·地理类》第457页,上海古籍出版社,2002。

溪也。三里食于阌底镇。东行,复入夹道;十里十二涧河,北入大河,十里出夹道,至盘豆镇,西有狼水涧,一名兜津,南出枣香峪,复东行夹道,十里高柏屯,在道南;十里阌乡县。知县事荣成孙六皆叔谦,邀住署内,计行六十里。①

五月初五日,公出阌乡东门至灵宝县,《侍行记》曰:

出阌乡东门,九里雷家营,六里杨家湾,五里大字营,二十里食于稠桑镇,十八里得砖墙一堵,下坡过弘农涧,二里灵宝县,住城内行馆,计行六十里。②

五月初六日,公由灵宝县起程至陕州南门,《侍行记》曰:

由灵宝东北行,十里好阳铺,十里食于曲沃镇,十里三十里铺,十里新店,五里桥头沟,八里石桥沟,四里南关寨,三里永定涧,乱石蹶人。上坡,入陕州南门,住东街试院,计行六十里。③

五月初七日,公出陕州至硖石,《侍行记》曰:

出陕州东门,十里东十里铺,五里横渠集,五里山庄头,五里泉脑上,五里食于磁钟镇,五里严家窑,五里卫店岭,五里八里店,五里张茅镇,五里五里河,五里分水岭,五里庙沟,五里硖石驿,住行馆,计行七十里。④

---

① 《续修四库全书》编委会编:《续修四库全书·七三七·史部·地理类》第457—458页,上海古籍出版社,2002。
② 《续修四库全书》编委会编:《续修四库全书·七三七·史部·地理类》第458页,上海古籍出版社,2002。
③ 《续修四库全书》编委会编:《续修四库全书·七三七·史部·地理类》第459页,上海古籍出版社,2002。
④ 《续修四库全书》编委会编:《续修四库全书·七三七·史部·地理类》第460页,上海古籍出版社,2002。

五月初八日，公由硖石起程至渑池县，《侍行记》曰：

　　发硖石，十里驾车岭，十里乾壕，五里食于观音堂镇，五里七里村，十里西三十里铺，十里英豪镇，二十里渑池县，住韶山书院，计行七十里。①

五月初九日，公由渑池县起程至新安县，《侍行记》曰：

　　由渑池东行，二十里石河，四里千秋寨，十六里义昌驿，十里崤店，十里铁门镇，十里西二十里铺，二十里新安县，住试院，计行九十里。②

五月初十日，公出新安至河南府，《侍行记》曰：

　　发新安，二里有关墙数仞，俗亦以为函谷关遗址；十三里尤章铺，十五里慈涧镇，十里孝水，十里谷水镇，十里七里河，七里河南府西关外，三里进南门，住试院，计行七十里。③

五月十一日，公由洛阳起程至孟县，《侍行记》曰：

　　丑刻发洛阳，五里东关，折东北行；四十五里铁谢镇，由镇西北行，五里大王庙。午后，循河西行。五里白坡镇渡口，三里至中流沙洲，登洲行；一里复乘舟，二里至河北岸，二十里乾沟桥，憩于村店；五里西虢

---

① 《续修四库全书》编委会编：《续修四库全书·七三七·史部·地理类》第460页，上海古籍出版社，2002。
② 《续修四库全书》编委会编：《续修四库全书·七三七·史部·地理类》第461页，上海古籍出版社，2002。
③ 《续修四库全书》编委会编：《续修四库全书·七三七·史部·地理类》第461页，上海古籍出版社，2002。

村,十五里孟县,住城内行馆,计行一百有六里。①

五月十二日,公由孟县起程至怀庆府,《侍行记》曰:

由孟县东北行,十五里谷旦铺,十五里崇义镇,十里二十里铺,十里沙冈,十里怀庆府,入南门,住试院,计行六十里。②

五月十三日,公出怀庆东门至修武县,《侍行记》曰:

出怀庆东门,沿沁河行。五里渡沁水,坐小舟。三十里金城镇,三十五里宁郭驿,十里四十里铺,四十里修武县,计行一百二十里。③

五月十四日,公由修武东行至新乡县,《侍行记》曰:

由修武东行,十里巩村,十里万箱铺,十里狮子营,十里苏章营,十里获嘉县,知县事天津李竹村锡朋,具食于驿馆。午刻,东行。十里彦当铺,十里归善铺,二十里新乡县,饰旅店为宾馆,计行九十里。④

五月十五日,公由新乡县起程至卫辉府,《侍行记》曰:

由新乡东行,五里骆驼湾,十五里临清店,十里张武店,二十里卫

---

① 《续修四库全书》编委会编:《续修四库全书·七三七·史部·地理类》第462页,上海古籍出版社,2002。
② 《续修四库全书》编委会编:《续修四库全书·七三七·史部·地理类》第462—463页,上海古籍出版社,2002。
③ 《续修四库全书》编委会编:《续修四库全书·七三七·史部·地理类》第463页,上海古籍出版社,2002。
④ 《续修四库全书》编委会编:《续修四库全书·七三七·史部·地理类》第464页,上海古籍出版社,2002。

辉府,住西关店,计行五十里。①

五月十六日,公由卫辉东行至道口镇,《侍行记》曰:

夏至。由卫辉东行,四十里淇门镇,十里食于新镇,食后东行。三十里道口镇,住店,计行八十里。②

五月十七日,公登舟从道口起程至北新店,《侍行记》曰:

午,登舟。家君、高八丈及葆廉住一舟,宾友及仆从分住二舟。宁波严小舫丈信厚,在道口来送。三里泊北新店,家君作书谢陕省诸官,葆廉寄舆图馆孙介眉丈信及黄河图。③

五月十八日,公沿卫河行至老鹳嘴,《侍行记》曰:

沿卫河向东北纤行,三十里浚县西门外云溪桥,泊舟,修桅帆。午刻,解缆。四十里屯子街,二十里老鹳嘴,泊,计行九十里。④

五月十九日,公由老鹳嘴起程至内黄县,《侍行记》曰:

东北行,十六里五陵集,五十里河口,有支渠,窄如沟;五十里泊荒

---

① 《续修四库全书》编委会编:《续修四库全书·七三七·史部·地理类》第464页,上海古籍出版社,2002。
② 《续修四库全书》编委会编:《续修四库全书·七三七·史部·地理类》第465页,上海古籍出版社,2002。
③ 《续修四库全书》编委会编:《续修四库全书·七三七·史部·地理类》第465页,上海古籍出版社,2002。
④ 《续修四库全书》编委会编:《续修四库全书·七三七·史部·地理类》第466页,上海古籍出版社,2002。

滩,计行一百十六里。①

五月二十日,公由内黄县起程至元村集,《侍行记》曰:

十里楚王镇,十八里刘沽,自金陡关至此,共行河南境一千二百十八里。又东北,七里第六店,三十五里元村集,三十五里有云起,恐风作,泊荒滩,计行一百有五里。②

五月二十一日,公由元村集起程至卫家浅,《侍行记》曰:

三十里龙王庙。午刻,自龙王庙东北行,十三里赵家寨,十二里岔道,二十五里小滩镇,三十里泊卫家浅,入山东境,计行一百一十里。③

五月二十二日,公由卫家浅起程至罗头村,《侍行记》曰:

三十五里南馆陶村,二十里李家圈,十里避风于罗头村,计行六十五里。④

五月二十三日,公由罗头村起程至东窑村,《侍行记》曰:

三十里馆陶县城,距水二里;三十里傅家头,十五里尖庄,四十里

---

① 《续修四库全书》编委会编:《续修四库全书·七三七·史部·地理类》第466页,上海古籍出版社,2002。
② 《续修四库全书》编委会编:《续修四库全书·七三七·史部·地理类》第466页,上海古籍出版社,2002。
③ 《续修四库全书》编委会编:《续修四库全书·七三七·史部·地理类》第467—468页,上海古籍出版社,2002。
④ 《续修四库全书》编委会编:《续修四库全书·七三七·史部·地理类》第468页,上海古籍出版社,2002。

吊马桥,五里大营,二十里泊东窑村,计行一百四十里。①

五月二十四日,公由东窑村起程至油坊镇,《侍行记》曰:

自东窑村东北行,二十里临清州西关,三里北关。未刻,解缆北上。六十七里泊油坊镇,一名夏城窑,计行九十里。②

五月二十五日,公由油坊镇起程至甲马营,《侍行记》曰:

五十里武城县西。午,雷雨。申刻,霁,复行。二十五里谭家庄,十五里甲马营,泊,计行九十里。③

五月二十六日,公由甲马营起程至故城县,《侍行记》曰:

四十八里柱竿箱,五里郑家口镇,三十里防埂屯,三十里泊故城县东南,计行一百十三里。④

五月二十七日,公由故城县起程至德州,《侍行记》曰:

三十里四女寺镇,十里画儿树,三十里德州西关,家君入城报谒。⑤

---

① 《续修四库全书》编委会编:《续修四库全书·七三七·史部·地理类》第468页,上海古籍出版社,2002。
② 《续修四库全书》编委会编:《续修四库全书·七三七·史部·地理类》第469页,上海古籍出版社,2002。
③ 《续修四库全书》编委会编:《续修四库全书·七三七·史部·地理类》第469—470页,上海古籍出版社,2002。
④ 《续修四库全书》编委会编:《续修四库全书·七三七·史部·地理类》第470页,上海古籍出版社,2002。
⑤ 《续修四库全书》编委会编:《续修四库全书·七三七·史部·地理类》第470页,上海古籍出版社,2002。

五月二十八日,公由德州起程至吴桥县,《侍行记》曰:

　　三十五里桑园村。陆路距直隶吴桥县十八里。劳玉初外舅遣仆备舆马来迓。午刻,家君挈葆廉至吴桥,拜见玉初外舅。计行水陆五十三里。自陕省至此,共二千三百六十八里。(内道口至桑园水陆一千有六十二里。)葆廉前室许氏,前年没于家。今春续聘桐乡劳氏,因东来之便,至吴桥完姻。媒人系丁季萃、何退庵两丈。丁丈先期来此,何丈已还浙,托余杭章君受生代为招呼。①

五月二十九日,公由北门外四十里至连镇下舟,《侍行记》曰:

　　辰,家君至连镇下舟。(北门外四十里。)昨登陆后,舟复行六十五里,泊连镇也。葆廉馆于学署,留仆张祥携书箱、衣箱各二。寄惺存弟信,嘱将一切转禀家母,并附日记。②

六月十一日,公子葆廉于吴桥县署成婚,《侍行记》曰:

　　癸卯,酉刻,诣吴桥县署成婚。傧者黟县胡绍筬彭寿、会稽吴少堂汝舟、赞礼者宝坻王霖臣殿辅、仪征阮仪伯觐传诸君。③

六月十二日,公拜见诸亲戚,《侍行记》曰:

　　拜见申甫内叔祖、曲阜孔晴甫内母舅庆霁及诸亲戚,遍谒诸幕宾。④

---

① 《续修四库全书》编委会编:《续修四库全书·七三七·史部·地理类》第471页,上海古籍出版社,2002。
② 《续修四库全书》编委会编:《续修四库全书·七三七·史部·地理类》第471页,上海古籍出版社,2002。
③ 《续修四库全书》编委会编:《续修四库全书·七三七·史部·地理类》第471页,上海古籍出版社,2002。
④ 《续修四库全书》编委会编:《续修四库全书·七三七·史部·地理类》第471页,上海古籍出版社,2002。

六月十三日，公进京陛见。

六月十五日，公言媳妇不便同至塞外，《侍行记》曰：

> 寄呈家君禀函。（言媳妇不便同至塞外。）①

六月十六日，公回访前任吴桥县知县阮孝同，《侍行记》曰：

> 报谒前任吴桥县知县阮孝同恩光。（文达公孙也。渠援劳氏姻谊，来柬称姻愚侄。孝同之弟为吴江陈阮白姑丈之侄婿，余与孝同为平辈，然孝同年已七十余，不便认极远之姻谊，与彼抗礼，因认家君同寅之谊，柬称世愚侄。）②

同日，外务部来文称：

> 案查中俄交涉案件，均关紧要，照章应每届三月造册咨报本署，以凭查核。吉林、黑龙江、库伦、察哈尔等处均经按季咨报有案。贵处历年交涉各案未经册报，本署无凭稽核，相应咨行贵将军、抚、大臣查照，即自本年春季为始，将中俄交涉已结、未结新旧各案详叙案由，按期造具清册，咨送本署备查可也。③

七月初旬，公请训陛辞。

七月十八日，公由吴桥起程至连窝镇，《侍行记》曰：

> 庚寅，偕内子织文由吴桥赴天津，玉初外舅同至津沽。午刻，出北门。二十五里安陵镇。镇濒运河，下船，船三，东北行。二十里黄家园

---

① 《续修四库全书》编委会编：《续修四库全书·七三七·史部·地理类》第471页，上海古籍出版社，2002。

② 《续修四库全书》编委会编：《续修四库全书·七三七·史部·地理类》第471页，上海古籍出版社，2002。

③ 台北"中央研究院"近代史所藏：《外交档案》，馆藏号：01-17-043-01-001.

口,二十里泊连窝镇,计行六十五里。①

七月十九日,公由连窝镇起程至砖河镇,《侍行记》曰:

十五里大龙湾,十五里马头镇,十里油房口,十里下店口,二十里泊头镇,十八里齐家堰,二十里薛家窝,二十里冯家口,十里砖河镇,计行一百三十八里。②

七月二十日,公由砖河镇起程至流河镇,《侍行记》曰:

十六里兴隆镇,十六里沧州西关,沧州北行,二十里花园儿,二十里兴济镇,十里周官屯,十五里青县,二十里蔡家洼,十里马厂汛,十里泊流河镇(青县),计行一百三十七里。③

七月二十一日,公由流河镇起程至杨柳青,《侍行记》曰:

五鼓发,二十里唐官屯,十里钓台(静海),十里陈官屯,二十里双塘,十里静海城西,二十里独流镇,二十里新口,二十里杨柳青,计行一百三十里。④

七月二十二日,公由杨柳青起程至天津,《侍行记》曰:

东北行,十五里曹家庄,十五里至天津,泊茶店口。进东门,谒清军厅桐乡冯少芝,交余家信三封,不如人意事居八九。往会文书院,访松江谢芷汸,同往游紫竹林,晤沈君小梦,至新园茗话。津沽互市处,

---

① 《续修四库全书》编委会编:《续修四库全书·七三七·史部·地理类》第472页,上海古籍出版社,2002。
② 《续修四库全书》编委会编:《续修四库全书·七三七·史部·地理类》第472页,上海古籍出版社,2002。
③ 《续修四库全书》编委会编:《续修四库全书·七三七·史部·地理类》第473页,上海古籍出版社,2002。
④ 《续修四库全书》编委会编:《续修四库全书·七三七·史部·地理类》第473页,上海古籍出版社,2002。

五年不见，番族蜗庐，增建益多矣。下午回舟，内母舅孔云甫庆霄来。①

七月二十三日，公自京师来，停至三河口，并同李阁部等人至河干行请圣安礼，嗣后各处拜客，《侍行记》曰：

孔幼云繁淦来。申刻，家君自京师来，泊舟三河口。李阁部及天津镇吴轮峰殿元、长芦盐运使季士周邦桢、天津道胡芸楣燏棻、海关道刘献夫汝翼诸公至河干，行请圣安礼毕，家君往各处拜客。进城住浙江会馆。②

七月二十四日，公回访各官，葆廉搬住浙馆，《侍行记》曰：

家君报谒各官，葆廉搬住浙馆。巳刻，游杏花村轮船马头。唤小舟渡海河至武备学堂，投刺于总办所，门者曰出门矣。投刺于提调荫五楼，弗见。（余前年客此，诸君方为教习，屡相见。今复过门，理应通名，孰意荫君不复记忆，盖疑为遨游干谒者矣。）至西院，询诸教习，丹徒姚君石荃在室中，闻声知为余，邀入晤谈，渠方衍堆垜术（托觅哈乞开斯枪图说，及德国铁锹操法）。至账房，晤安徽汪君晴山，出遇总办联子振于门，立谈数语而别。③

七月二十五日，公继续回拜各官，葆廉出城游眺，《侍行记》曰：

家君往机器东局，并拜紫竹林营局诸官。余出城游眺，循海河独

---

① 《续修四库全书》编委会编：《续修四库全书·七三七·史部·地理类》第474页，上海古籍出版社，2002。
② 《续修四库全书》编委会编：《续修四库全书·七三七·史部·地理类》第474页，上海古籍出版社，2002。
③ 《续修四库全书》编委会编：《续修四库全书·七三七·史部·地理类》第475页，上海古籍出版社，2002。

步,遇常熟殷君衡憩于茶肆。(闻东南各省,焚毁教堂滋事。下午,偕人往英国福音堂一观。内有义塾,童子十余人,《论语》《孟子》与彼教之言,杂置案头。有师张姓,青县人,自称读书且应试。问何以来此?曰贫也。)①

七月二十六日,葆廉率内子叩见公,《侍行记》曰:

率内子叩见,家君给以长生无极瓦当砚、《弟子规》《篆喜庐丛书》。下午,家君往府署饭,余作家信。②

七月二十七日,同乡文武官为公饯行,葆廉出游购书,《侍行记》曰:

同乡文武官二十八人来馆中设筵,为家君饯别。余避席出游,至文美斋购书籍,又至格致书室购算学、舆地、时务各书数十种。(余未携仆人,亦未带银钱,拟托掌柜令其徒送至寓所取价。掌柜不肯,云前者有书生,购算学、时务等书,使吾徒负往取银来,始知赝鼎居半。复往迹之,则杳然矣。近日遇讲时务者,不能不谨慎也。余闻之喟然,乃约渠明日遣人携银来取。)③

七月二十八日,公由天津起程至京城,《侍行记》曰:

检阅新购各书。天津北运河逆流至通州,共三百二十里。自三汊口西北,四十里蒲沟,十里岸口,三十里杨村(武清东南三十里),四十

---

① 《续修四库全书》编委会编:《续修四库全书·七三七·史部·地理类》第475—476页,上海古籍出版社,2002。
② 《续修四库全书》编委会编:《续修四库全书·七三七·史部·地理类》第476页,上海古籍出版社,2002。
③ 《续修四库全书》编委会编:《续修四库全书·七三七·史部·地理类》第476页,上海古籍出版社,2002。

里南蔡村,十里王家务,三十里河西务,五十里香河马头(东距香河县八里),五十里旧漷县马头(西距旧治十余里),三十里苏家庄,三十里通州,又西四十五里至京城,则节节有闸,民舟罕行矣。(天津陆路:西北六十里杨村,七十里河西务,四十五里和合驿,三十五里通州,四十里京城。)①

八月初一日,公由京城起程,雇船至保定,《侍行记》曰:

> 壬辰,雇船三艘至保定,共钱三十六千。②

八月初二日,公由保定起程至西沽,诸官前来送别,《侍行记》曰:

> 卯,至紫竹林,送高八叔还南。辰,至外舅舟次辞行,与内子话别。午,做装。同行者张愚翁父子二人,仆从增徐璋,汰尤和。申刻,登船。家君至吴楚公所小坐,李中堂暨镇军司道诸公在彼送行。水陆各营将领率所部送于河干。舟行八里,泊西沽。知天津府事淄川邹岱东振岳、河防同知桐乡冯少芝清泰、知天津县吴县李搏霄振鹏,及候补诸君均来送。外舅亦掉舟来,三鼓别。③

八月初三日,公由西沽西行至胜芳淀,《侍行记》曰:

> 卯,西行,十八里韩家树,三十里淀提头,自此入东淀,二十二里杨

---

① 《续修四库全书》编委会编:《续修四库全书·七三七·史部·地理类》第477页,上海古籍出版社,2002。
② 《续修四库全书》编委会编:《续修四库全书·七三七·史部·地理类》第478页,上海古籍出版社,2002。
③ 《续修四库全书》编委会编:《续修四库全书·七三七·史部·地理类》第478页,上海古籍出版社,2002。

芬港,四十里泊胜芳淀,蚊多难寐,计行一百一十里。①

八月初四日,公由胜芳淀起程至史各庄,《侍行记》曰:

  西行,二十四里石沟河,八里左各庄,五里王家疙秃,三里任家庄,十五里苏家桥,五里苑家口,渐向西南行,五里善来营,四里鱼津洼,三里太保庄,三里口头村,四里鲁各庄,四里于台庄,四里张各庄,三里摆渡口,四里五哥庄,六里史各庄,计行一百里。②

八月初五日,公由史各庄起程至赵堡口,与潘梅园叙谈,嗣后行至新安,《侍行记》曰:

  五十里赵堡口,清河道泾县潘梅园在什方院督视河工,遣人邀家君登岸叙谈。未刻行。三十里泊新安城外,计行八十里。③

八月初六日,公由新安起程至莲花桥,《侍行记》曰:

  二十五里安州,权知州事江苏章定安钧及候补驻君来接。自安州以西,水浅胶舟,逐段下闸蓄水,牵挽而上。五十五里泊莲花桥,计行八十里。④

八月初七日,公由莲花桥西行至保定南门桥畔,《侍行记》曰:

  西行,十六里至保定府南关外,知府事怀庆朱敏斋靖旬、知清苑县事咸宁徐子树铭勋、城守协六安胡振声金元,及练军弁勇迓于水次。

---

① 《续修四库全书》编委会编:《续修四库全书·七三七·史部·地理类》第478页,上海古籍出版社,2002。
② 《续修四库全书》编委会编:《续修四库全书·七三七·史部·地理类》第479页,上海古籍出版社,2002。
③ 《续修四库全书》编委会编:《续修四库全书·七三七·史部·地理类》第479—480页,上海古籍出版社,2002。
④ 《续修四库全书》编委会编:《续修四库全书·七三七·史部·地理类》第481页,上海古籍出版社,2002。

家君登岸,城守尉奎乐轩、藩台裕寿泉、臬台周玉山在龙神庙行请圣安礼。舟又行。四里泊南门桥畔,进城住延寿寺街两江会馆,计行二十里。①

八月初八日,公拜客数处,《侍行记》曰:

拜客数处。(范景桥、沈孟藏、劳莘农均出门晤章仲嘉,约同至孔宅。)清苑人吴甸侯建勋,怀才敦行,淡于荣利。家君往拜,拟延至新疆,以老辞。②

八月初十日,公由保定起程至望都县,《侍行记》曰:

巳刻,自保定启程,出瞻岳门,司、道以下文武均送西关外。卢木斋先生自赞皇来,行色匆匆,未得畅叙。轻车十二辆,雇至陕省,每辆价十八两。家君坐轿,葆廉坐驮轿,雇价六十两,每日派两人骑马。十五里小激店,十里大激店,十里郭村,十里陉阳驿,十五里方顺桥,饭于旅店。十里高庚铺,十里良村,十里望都县,住东关旅店,计行九十里。③

八月十一日,公由望都县起程至新乐县,《侍行记》曰:

自望都西南行,十里南十里铺,二十里清风店,二十里清水河,十里定州,城外饭。十五里孟良桥,即七里沟;十里明月店,十里界牌铺,

---

① 《续修四库全书》编委会编:《续修四库全书·七三七·史部·地理类》第481页,上海古籍出版社,2002。
② 《续修四库全书》编委会编:《续修四库全书·七三七·史部·地理类》第482页,上海古籍出版社,2002。
③ 《续修四库全书》编委会编:《续修四库全书·七三七·史部·地理类》第482—483页,上海古籍出版社,2002。

十五里新乐县,进东门,住景羲书院,计行一百一十里。①

八月十二日,公出新乐南门至正定兴隆寺,《侍行记》曰:

出新乐南门,过沙河。十五里小寨,十里马头铺,过曹河,木刀沟之下流也。五里藁城界碑,藁境错入驿路者十里。十五里伏城驿,及新城铺;二十里拐角铺,十里滋水,十里正定府北关。正定镇涪州徐建农邦道、正定县仪征吴鲁男沂,迓于城外。四里住城内兴隆寺,计行八十九里。②

八月十三日,公由正定兴隆寺起程至获鹿县,《侍行记》曰:

发正定兴隆寺,四里出南门,五里滹沱河,十里柳林铺,十里饭于赵陵铺,十里安舍铺,十五里海山岭,逾土山;五里获鹿县,住东关旅店,计行五十九里。③

八月十四日,公由获鹿县起程至板桥村,《侍行记》曰:

阴,进获鹿东门。一里出西门,五里土门口,八里仰字岭,二里下安村,八里上安村,八里白石岭,即东天门;车行绕避此险。十里下坡,至微水村;饭后,渡微水;五里长冈,五里横店,五里张村,五里西河铺,五里东窑岭,五里井陉县,十里板桥村,住天成店,计行八十二里。上

---

① 《续修四库全书》编委会编:《续修四库全书·七三七·史部·地理类》第483—484页,上海古籍出版社,2002。
② 《续修四库全书》编委会编:《续修四库全书·七三七·史部·地理类》第484页,上海古籍出版社,2002。
③ 《续修四库全书》编委会编:《续修四库全书·七三七·史部·地理类》第485页,上海古籍出版社,2002。

下山坡,回旋曲折,覆车二,有折轴者,二鼓到齐。①

八月十五日,公由板桥村起程至桥头村,《侍行记》曰:

望日,陟降山中。五里长生口,五里龙窝寺,五里桃园镇,五里直隶、山西界碑,距保定省垣四百五十里。吴桥至此,行直隶省境一千三百五十八里。(内安陵至保定水路八百八十三里,吴桥西南直东交错境不计。)五里逾北天门,二里甘淘驿,三里固关,十里槐树坡,十里固驿铺,五里柏木井,十里登西天门,覆车一。五里下坡,为百井驿,多顽石。三里青玉峡,七里桥头村,住三庆店,计行八十里。②

八月十六日,公自桥头村西行至测石驿,《侍行记》曰:

阴,自桥头西行。十里石门口,十里西郊铺,二十里平定州,巳正,进东门。二里出西门,五里逾南天门,即黑沙岭;五里义井驿。(就荒店造饭)十里平潭镇,十里塞鱼村,十里新兴镇,十里测石驿。知县安徽项子林则龄遣仆接,住行馆,计行九十二里。③

八月十七日,公由测石驿起程至太安驿,《侍行记》曰:

阴,西行。十里新店,十里张净镇,十里芹泉驿,十里高家坡,过此,水皆西南流。十里寿阳县,进东门。一里憩于行馆。家君因保定雇来轿夫不无倚势多事,悉遣之。托沿途州县代雇本地人,自己给价,

---

① 《续修四库全书》编委会编:《续修四库全书·七三七·史部·地理类》第485—486页,上海古籍出版社,2002。
② 《续修四库全书》编委会编:《续修四库全书·七三七·史部·地理类》第486页,上海古籍出版社,2002。
③ 《续修四库全书》编委会编:《续修四库全书·七三七·史部·地理类》第486—487页,上海古籍出版社,2002。

逐程更易。虽有上站轿夫混充在内,较为安静。食后行。一里出西门,十里黄门镇,十里大树堰,在高坡上,有小市集。十里清平镇,二十里皆升降山坡,至太安驿。宿旅店,计行一百有二里。①

八月十八日,公由太安驿起程至王胡镇,《侍行记》曰:

早发,见驿西有新修韩文公诗亭,碑泐公使王庭凑时次太安所作诗,旁刻安化陶文毅所题七古一首,意态雄杰。途中憩宿处,行人辄涂鸦满壁,可谓不惜字矣。西行,又渐高。十里西岭铺,十里要罗镇,十五里什贴镇。造饭,各车换轴,驻候两时。七里三岔口,八里腰店,二十里王胡镇,有驿,知榆次县事恩子严恩端遣人接,住行馆,计行七十里。②

八月十九日,公由王胡镇起程至祁县,《侍行记》曰:

寅,由王胡镇西南行。十里郭村,十里南谷村,十里张庆铺,十里永康镇,十五里界碑(榆次、徐沟),十三里徐沟县,城外饭。饭后西行,十里高花村,十里尧城,十里罗村,八里左东铺,八里贾令镇,十里沙河铺,八里祁县,进北门,住行馆,计行一百三十二里。③

八月二十日,公由祁县起程至张兰镇,《侍行记》曰:

卯,出祁县西门。十里高城铺,十里郑家铺,十里洪善村,十里仁

---

① 《续修四库全书》编委会编:《续修四库全书·七三七·史部·地理类》第487页,上海古籍出版社,2002。
② 《续修四库全书》编委会编:《续修四库全书·七三七·史部·地理类》第488页,上海古籍出版社,2002。
③ 《续修四库全书》编委会编:《续修四库全书·七三七·史部·地理类》第489页,上海古籍出版社,2002。

内铺,十里平遥县,进下东门。二里憩于行馆。午,往城东电局寄信。午后出上西门。西南行,二十里永宁堡,十里田堡,五里郝家堡,绕堡外行。三里张兰镇西门外,住行馆,计行九十里。①

八月二十一日,公由张兰镇起程至两渡镇,《侍行记》曰:

秋分。二十里义安村,五里湛泉镇,十五里东石门,三里汉郭林宗墓,二里介休县,进东门。一里过介之推、郭林宗合祠,介左郭右。饭于行馆。午后行,二里出西关,五里内封铺,五里西石门,十里义棠镇,自此左依绵山,右沿汾水行,径随嶂曲,亦幽亦险。十里冷泉关,二十里两渡镇,住店。计行九十八里。②

八月二十二日,公发两渡镇至仁义驿,《侍行记》曰:

发两渡镇,西亦有桥跨汾上,仍傍山循水行,俯视远渚,烟波缥渺。十里索洲铺,二十里水头镇,一里灵石县,食于南关古庙,十里坡底村,上坡崎嵌。十里韩信岭,四里天险桥,高跨深谷。至此下坡,十五里仁义驿,住店。两车折轴,觅匠修理,遣人以灯往,二鼓始来。计行七十里。③

八月二十三日,公由仁义镇起程至赵城县南关,《侍行记》曰:

自仁义镇南行。十里逍遥岭,纡回而上。五里老张湾,五里白水

---

① 《续修四库全书》编委会编:《续修四库全书·七三七·史部·地理类》第489—490页,上海古籍出版社,2002。
② 《续修四库全书》编委会编:《续修四库全书·七三七·史部·地理类》第490—491页,上海古籍出版社,2002。
③ 《续修四库全书》编委会编:《续修四库全书·七三七·史部·地理类》第491页,上海古籍出版社,2002。

村,仍缘山椒。十里师庄,十里周村,行土峡中,多徒坡。二十里霍州北关,一里半饭于行馆,一里半出南门,望见霍山,在州东南三十里。五里坛底镇,过虓水。又西皆升降山中,十五里辛置镇,稍平。五里界碑(霍州、赵城),复沿水依山,路曲如折扇。十里入一土沟,势甚陡斜,两旁高坡,日已暝黑,暗无所睹。五里出峡,抵石桥,盖即窑子镇也。县役以火来。五里赵城县,进北门。二里往南关,后车尚远,雇人以灯往,二鼓到齐,计行一百一十里。①

八月二十四日,公由赵城南行至洪洞县,《侍行记》曰:

雨,自赵城南行。十里王开铺,五里高低村,五里苗村,十里洪洞县东关,一里住西关行馆,计行三十一里。②

八月二十五日,公由洪洞县起程至平阳府武庙,《侍行记》曰:

雨,入洪洞北门。一里出南门,一里涧河桥,九里左壁村,十里杨曲镇,十里羊獬铺,五里天井村,饭。五里韩村,十里高河,十里平阳府,依郭临汾县。进北门。三里馆于武庙旁,计行六十四里。③

八月二十六日,公由平阳武庙起程至高显镇,《侍行记》曰:

发平阳武庙,二里出南门,八里岔口,三里尧庙村,五里大韩铺,七里鄢里村,五里灵伯铺,十里张林铺,十里荆村,自此升坡,东望箕山,

---

① 《续修四库全书》编委会编:《续修四库全书·七三七·史部·地理类》第491—492页,上海古籍出版社,2002。
② 《续修四库全书》编委会编:《续修四库全书·七三七·史部·地理类》第492页,上海古籍出版社,2002。
③ 《续修四库全书》编委会编:《续修四库全书·七三七·史部·地理类》第493页,上海古籍出版社,2002。

西带汾水。十里史村驿,饭。过史村后入山峡。十里阎店,十里蒙城驿,十里新店,十里高显镇,至此得平路,住德盛店,计行一百里。①

八月二十七日,公由高显镇起程至东镇,《侍行记》曰:

寅,发高显。十里杨村,十里郭马铺,十里侯马驿。东距曲沃县三十里,知县事天津高峻峰凌霄来接,憩于行馆。午后出驿堡,过浍水桥。十里史店,五里驿桥村,路复窄。五里隘口,五里出山峡,行坦途。五里黎园村,五里碑坊村,五里问店,十里东镇,住店,计行八十里。②

八月二十八日,公自东镇西南行至北相驿,《侍行记》曰:

自东镇西南行,五里川口,五里冯家庄,十里仪张村,十里闻喜县,入东门。饭后出西门。十里宋店,十里郭店,五里夏县界碑,十五里水头,十里岔口,有南赴运城路。十里升坡为王范村,十里将军庙,十里张村,十里北相驿,住店,计行一百二十里。③

八月二十九日,公由北相镇西南行至樊桥驿,《侍行记》曰:

由北相镇西南行,十里乔阳村,五里入猗氏县境,十五里牛肚镇,饭。五里香乐镇,十五里祁任村,五里水头塘,十五里樊桥驿,住行馆,计行七十里。④

---

① 《续修四库全书》编委会编:《续修四库全书·七三七·史部·地理类》第494—496页,上海古籍出版社,2002。
② 《续修四库全书》编委会编:《续修四库全书·七三七·史部·地理类》第496页,上海古籍出版社,2002。
③ 《续修四库全书》编委会编:《续修四库全书·七三七·史部·地理类》第496—497页,上海古籍出版社,2002。
④ 《续修四库全书》编委会编:《续修四库全书·七三七·史部·地理类》第499页,上海古籍出版社,2002。

八月三十日,公由樊桥西南行至坡底镇,《侍行记》曰:

由樊桥西南行,十里椿阳铺,十里七级镇,十里古城屯,二里信昌镇,食于荒店。十里高市,十五里吕芝镇,十五里寺坡底,即坡底镇;住行馆,计行七十二里。①

九月初一日,公由坡底镇西南行至潼关北门,《侍行记》曰:

朔,壬戌,自坡底西南行。五里涧头沟,五里薛家岩,七里韩杨镇,五里辛店,十五里上源头,八里常旺,七里匼河镇,饭。十五里风陵渡,自平定州界碑至此,行山西境一千四百二十八里。午刻,登舟,挽而西者数里,然后放乎中流,顺水而东,渐偏于南。十里泊潼关北门外,登岸。一里住关内行馆,计行七十八里(内水程十里)。②

九月初二日,公由潼关西行至华州新城北门,《侍行记》曰:

寅,自潼关西行,六里满城铺,五里杨桥铺,十里泉店铺,十里杨化铺,五里华岳庙,饭。四里过东平桥,入华阴县东门。一里出西门,过驻马桥。十里长城桥,十里新庄铺,五里班家庄,五里敷水镇,十五里分界铺(华阴、华州),五里柳子铺,五里莲花池,五里罗文铺,八里太平桥,二里华州,进旧城东门,西行折南。一里进新城北门,住行馆,计行一百十二里。③

---

① 《续修四库全书》编委会编:《续修四库全书·七三七·史部·地理类》第499—500页,上海古籍出版社,2002。
② 《续修四库全书》编委会编:《续修四库全书·七三七·史部·地理类》第501页,上海古籍出版社,2002。
③ 《续修四库全书》编委会编:《续修四库全书·七三七·史部·地理类》第502—503页,上海古籍出版社,2002。

九月初三日，公由华州起程至骊山，《侍行记》曰：

  寅，发华州，出新西门。二里旧西关，十里石桥铺，十里白泉铺，五里遇仙河，五里赤水镇，十三里新安铺，五里西阳桥，二里明光桥，三里渭南县东门，一里憩于人和街行馆。饭后西行，一里出襟酒门，度万里桥。十里广慧寺，即胡村铺。五里仰天坡，在南。五里杜化铺，五里成店坡，五里零阳铺，五里零口塘，五里零口镇，十里戏河铺，十里新丰镇，十里阴盘铺，七里三里桥，三里过临水，进临潼县东北门，一里出南门，一里过大地阳春坊，至骊山，住环园，计行一百三十九里。①

九月初四日，公由临潼县起程至西安浙馆，《侍行记》曰：

  雨，登楼纵眺，烟景苍茫，不啻米襄阳画帧。已刻，冒雨行泥泞。一里入临潼南门，一里出西门，过潼水。二里二里桥，五里七里桥，三里斜口镇，五里地窑子。西南行，五里邵平店，五里豁口村。五里灞桥，屈计行踪，七度此桥矣。食于行馆，十里浐桥，六里金花落，二里陕省东郭门，三里东门大街，西行过满城，四里钟楼，折南行南大街，一里半折西为湘子庙街，半里住浙江会馆，计行五十九里。②

九月初五日，公于陕省会晤友人，《侍行记》曰：

  在陕省，至藩署晤诸幕宾及舆图馆友人。③

---

  ① 《续修四库全书》编委会编：《续修四库全书·七三七·史部·地理类》第504—505页，上海古籍出版社，2002。
  ② 《续修四库全书》编委会编：《续修四库全书·七三七·史部·地理类》第505—507页，上海古籍出版社，2002。
  ③ 《续修四库全书》编委会编：《续修四库全书·七三七·史部·地理类》第508页，上海古籍出版社，2002。

九月十三日，公于陕省俶装出行，《侍行记》曰：

> 俶装，同行友人朱思斋（名承恩，湖北人）、张愚生及伊次子，名宗健。又差官三人：尽先副将施勇巴图鲁金玉堂（兰益，嘉兴人）、参将汪级三（连升，绍兴人。因赋闲无事，坚求同行）、新省抚辕巡捕、请补阿克苏城守营都司谈少江（俊祺，湖北人），戈什十二人。蓝翎防御扎伦布、蓝翎骁骑校瑞喜、蓝翎守备云骑尉高仪凤、蓝翎千总曾毓球、张忠升、张成材，把总叶承九，均新疆抚标。（诸人远道来接，殊属无谓。）蓝翎千总马昌胜，把总杜振国，五品军功魏树滋，六品军功石生花、袁宏义，均陕西抚标。（诸人系抚台派令送至甘省。向来将军、都统、督抚、提镇等就道，所过都会地主必派弁迎送。主若不然，客或憾焉。客若固辞，主亦憾焉。积习相沿，牢不可破。岂知仆从相随，尚难约束，加以素不相识之材官，为累深矣。）家人如旧，雇大车十辆，每辆价十六两。（内装书箱五车。）轿车三辆，每辆价十一两，均雇至甘省。自备轿车三辆，车夫三名。①

九月十四日，公由西安浙馆起程至咸阳县，《侍行记》曰：

> 自西安浙馆起程。家君坐轿，所需轿夫函托各寅友逐站雇换，每日自发价。葆廉坐车，戈什及家人或车或骑。自备马二，余则沿途借用。四里西门，二里半西郭门，五里金胜寺，十里亭子铺，五里三桥镇，饭。五里泗池铺，五里新店子，五里碱滩铺，七里丰桥，三里河南街，出堡北门，半里至渭滨，二里登岸，进咸阳县南门，住行馆，计行五一四里。②

---

① 《续修四库全书》编委会编：《续修四库全书·七三七·史部·地理类》第 509 页，上海古籍出版社，2002。

② 《续修四库全书》编委会编：《续修四库全书·七三七·史部·地理类》第 509—512 页，上海古籍出版社，2002。

九月十五日，公出咸阳至醴泉县，《侍行记》曰：

望日，出咸阳西北门，古冢累累。十五里上照塘，十里双照铺，五里西程村，五里界碑（咸阳、兴平），五里店张村，馆。十里晏村铺，十里雒村铺，十里醴泉县，进南门，住崚峰书院，计行七十里。①

九月十六日，公由醴泉起程至乾州，《侍行记》曰：

出醴泉西门，二里泥河，三里孝义村，三里三十里铺西堡，八里陈村，四里杨洪庙，六里好畤村新堡，四里安驾寺，四里进乾州东门，一里住行馆，计行三十五里。②

九月十七日，公由乾州起程至永寿县，《侍行记》曰：

发乾州行馆，二里出北门，七里路东为金家堡，路西为陵前村，当乾陵之南。九里十八里铺，十里阳峪镇，稍平旷。十五里安家宫，五里饭监军镇，十里永寿镇，十里蒿店，七里莫营关，十三里永寿县，城外住，计行八十八里。③

九月十八日，公由永寿县起程至邠州，《侍行记》曰：

进永寿南门，出城斗大，居民约百家，出北门即入山。五里登分水岭，十五里徐家车圈，回环曲折，有似车轮。十里底窑沟，五里石坡坎，

---

① 《续修四库全书》编委会编：《续修四库全书·七三七·史部·地理类》第515页，上海古籍出版社，2002。
② 《续修四库全书》编委会编：《续修四库全书·七三七·史部·地理类》第517页，上海古籍出版社，2002。
③ 《续修四库全书》编委会编：《续修四库全书·七三七·史部·地理类》第518页，上海古籍出版社，2002。

一名十八坎，车颠甚。五里泰峪镇，饭后升坡，下望似山上，实平原。十里泰峪胡同，入土沟内，窄而陡。十里十里铺，十里邠州南门，住行馆，计行七十里。①

九月十九日，公由邠州起程至长武县，《侍行记》曰：

发邠州行馆，二里出西门，五里火石嘴驿，五里水帘洞，十里大佛寺，十五里安化铺，五里黑水，既渡，食于停口镇。复升坡，其上平旷，为长武原。十五里黑庄铺，五里二套岭，五里冉店塘，八里七里铺，七里长武县，入南门，一里馆于县衙之右，计行八十三里。②

九月二十日，公由长武起程至泾州，《侍行记》曰：

寅，出长武西门。十里十里铺，五里洪家铺，十里白杨坡，过此，入甘肃泾州界。自潼关至此，行陕西境七百三十五里（内渡渭二里）。五里窑店，五里张村铺，五里东高庄，五里瓦云驿，食后骑行，五里贺蓝墩，五里胡家园，五里高家凹，五里通南庄，五里二十里铺，三里黄家堡，三里杜家庄，四里二十里铺，五里十五里铺，五里十里墩，始下坡。二里凤翔口，坡益陡，多磊石，马蹄易蹶。一里七里台，四里三里台，三里泾州，住东关行馆，及行一百里。③

九月二十一日，公由泾州起程至白水驿堡，《侍行记》曰：

进泾州南门，二里出北门，西北渡汭水。二里回中山，三里五里铺，二里任家沟，三里小白村，四里焦家沟，一里十五里墩，二里豆家

---

① 《续修四库全书》编委会编：《续修四库全书·七三七·史部·地理类》第519页，上海古籍出版社，2002。
② 《续修四库全书》编委会编：《续修四库全书·七三七·史部·地理类》第520—521页，上海古籍出版社，2002。
③ 《续修四库全书》编委会编：《续修四库全书·七三七·史部·地理类》第522页，上海古籍出版社，2002。

山,三里傅家铺,三里秋坪,三里相家沟,三里食于王村,一里三十里墩,三里余家沟,二里百泉沟,五里土垢铺,二里杜家沟,二里下八里坰,三里上八里坰,三里花家寨,三里羊圈沟,三里张家什字,四里义理铺,五里王家沟,二里三里墩,三里白水驿堡,宿,计行七十二里。①

九月二十二日,公由白水西行至平凉府,《侍行记》曰:

霜降,自白水西行。二里郑家庄,三里打虎嘴,五里马莲铺,五里王家寨,五里眉岘镇,四里冯家墩,三里马尾沟,三里四十里铺(食于行馆),三里洪沟,二里胡老沟,五里三十里铺,五里东甲积峪,十里米家峪,五里烟雾沟,二里十里铺,八里平凉府东关,二里过清平桥,进东门。二里住试院,计行七十四里。②

九月二十三日,公由平凉府起程至瓦亭驿,《侍行记》曰:

出平凉西门,就驿路北泾水滩行,多小石。八里八里铺,二里崖湾子,三里枣湾子,七里李家峡,二里页河子,三里页河塘,车经村北,遥见居民数十家。五里三十里铺,五里乾掌沟,五里安国镇,饭。午后,又循水行。十里白杨村,五里薛家湾,五里清水沟门,五里蒿店,下坡为瓦亭峡。群山怒起,路随峰转,绕行涧底,车颠甚。五里萧关口,十里上清水沟,十里瓦亭驿,进堡东门,入隘巷,住行馆,计行九十里。③

九月二十四日,公由瓦亭驿起程至隆德县,《侍行记》曰:

阴,始披羊裘出堡南门,二里折而西,渐行渐高。十三里合上铺,由此登六盘山,十里至第五盘,诣武庙小憩。五里至第八盘,为山巅,

---

① 《续修四库全书》编委会编:《续修四库全书·七三七·史部·地理类》第523页,上海古籍出版社,2002。
② 《续修四库全书》编委会编:《续修四库全书·七三七·史部·地理类》第524页,上海古籍出版社,2002。
③ 《续修四库全书》编委会编:《续修四库全书·七三七·史部·地理类》第525—526页,上海古籍出版社,2002。

固原、隆德交界。又曲折西行，云起车下，昨所经弹筝诸峡俯视之矣。至第三曲，两峰开处，望见瓦亭堡，如一拳石。至第六渠，旁有烽墩，始下坡。朔风怒号，寒云下压，乱山丛谷，满目阴森，遥望隆德诸山，斜阳如赭。再下至第九曲以后，愈入愈深，循涧壑，共十九曲抵山麓。十里杨家店，五里十里铺，五里贺贵铺，五里进隆德县东门，住行馆，计行五十五里。①

九月二十五日，公由隆德县起程至静宁州，《侍行记》曰：

阴，出隆德西门折北行，两旁皆山。三里长把沟，三里山石湾，二里八里铺，六里金家沟，六里小河子墩，五里小河子镇，五里沙塘铺，十里庞家铺，五里神林堡，食于行馆。六里王家堡，四里赵林店，五里乱柴铺，六里黄岩儿，过此，故稍曲。四里司家河，七里上峡口，三里平家河，过此，循右山麓行，路益曲。五里万福桥，五里抵东山下土峡为李家店，三里静宁州，住行馆，计行九十三里。②

九月二十六日，公由静宁州起程至青家桥，《侍行记》曰：

阴，出静宁西门，西北行。三里长原河，有木杠，通徒步，车行河中，水及马腹。过河后，左右皆山，积雪无隙，惟道旁残柳千株，作一线淡黄色耳。循山峡曲折。五里八里铺，登坡数层，雪滑泥泞，仆马俱疲。折西行，七里官道岔，始下坡，数曲后又下峻阪，斜长四五百丈，复向西北。十里邓家湾，五里孙家沟，五里七里铺，七里高家堡，饭于行馆。十里王家河，五里界守铺，过此下小坡，度土桥，循右山麓，路稍

---

① 《续修四库全书》编委会编：《续修四库全书·七三七·史部·地理类》第526—527页，上海古籍出版社，2002。
② 《续修四库全书》编委会编：《续修四库全书·七三七·史部·地理类》第527—528页，上海古籍出版社，2002。

平,间有石坡碍车。五里石嘴岭,十里罐子峡,十三里清水河,五里倒回沟,五里青家桥,住行馆,计行九十五里。①

九月二十七日,公由青家驿起程至会宁县,《侍行记》曰:

晴,由青家驿西入山行。六里尚家湾,二里贾家坡,二里大山川,山势略宽。过此入土峡,升坡,循右山麓。十里太平店,十五里马家沟,十里翟家所,憩堡内行馆。太平店西路稍平,饭后仍入山,傍右山麓升降曲折,度土桥三,均名平政。六里董家沟,三里天成堡,三里土地庙,又曲折行,度土桥一。十二里张成堡,下坡入涧底,五里尚家营,十五里三里坡,始出沟。三里会宁县南关,一里住城内枝阳书院,计行九十三里。②

九月二十八日,公出会宁县行至西巩驿堡,《侍行记》曰:

寅,出会宁西门。参宿右敧,眉月才上,循坡陟降,莫辨西东。五里王家河坡,五里杨家沟,十里鸡儿嘴,下坡入沟中,西南行,沟宽十余丈,左右皆高原。二十里十道沟口,五里入土峡,左转出原上,道旁多白杨,行人或泐字也。五里道左有村堡三四,十里西巩驿堡,计行六十里。水苦。③

九月二十九日,公自西巩西行至安定县,《侍行记》曰:

自西巩西行山间,十里宋家沟王公桥,东坡上路右土屋一家,过桥升坡,愈曲愈高。十里周家凹,十里青岚山顶,二十里坡头上,由此下

---

① 《续修四库全书》编委会编:《续修四库全书·七三七·史部·地理类》第528页,上海古籍出版社,2002。
② 《续修四库全书》编委会编:《续修四库全书·七三七·史部·地理类》第528—529页,上海古籍出版社,2002。
③ 《续修四库全书》编委会编:《续修四库全书·七三七·史部·地理类》第529页,上海古籍出版社,2002。

坡,车辙中多冰凌,三十余曲而至平地。五里董家河,五里安定县东关,陟东河,入新城东门,一里住行馆,计行六十一里。①

九月三十日,公由安定县起程至甘草店,《侍行记》曰:

晦日,寅,发安定。一里出旧城北门,过西河。十八里十八里铺,驿路仍在两山间,甚平坦。二里二十里铺,过此,路曲而凹。十里三十里铺,下小坡,折而左,又升坡。五里红峦庄,五里巏口镇,八里梁家坪,八里称沟驿,饭于行馆。出堡下斜坡五折,下坡片晌即升坡,为车道岭之麓。五里打狼嘴,五里平滩岘,五里景家泉,四里魏家窑,四里下岘子,过此,路渐低。四里高家聚,车路左依山壁,右临深壑。三里车道岭,六里白土窑,过此,下坡百余丈,得平路数十丈,又下陡坡百余丈,始平坦。八里郝家沟,五里甘草店,进街西前路堡,住行馆,计行一百有六里。②

十月初一日,公由甘草店西北行至金家崖,《侍行记》曰:

朔,壬辰,自甘草店西北行。五里三墩营,八里稠泥河,七里清水驿,食于行馆。五里大路口,五里东古城,四里樊家营,四里下西营,四里敖坪,四里夏官营,进堡,过此下坡,就河滩行,水落沙平,小石嶙嶒。十五里登右岸为梁家湾,二里上古村,三里金家崖,住行馆,计行六十六里。③

---

① 《续修四库全书》编委会编:《续修四库全书·七三七·史部·地理类》第 529 页,上海古籍出版社,2002。
② 《续修四库全书》编委会编:《续修四库全书·七三七·史部·地理类》第 529—530 页,上海古籍出版社,2002。
③ 《续修四库全书》编委会编:《续修四库全书·七三七·史部·地理类》第 530 页,上海古籍出版社,2002。

十月初二日，公由金家崖起程至兰州，《侍行记》曰：

寅，发金家崖。四里邴家湾，三里寺儿沟，三里上官营，四里买子堡，四里贺家店，二里铁锨口，五里响水子东坪，下坡过水，又升坡，为响水子西坪。五里大水洞，五里桑园子，过此又上坡，行乱山中。二里燕儿湾，三里岩望沟，五里下坡，即东岗镇。知兰州府事罗山丁巡卿振铎来迓。五里深沟子，五里空心墩，三里刘顺堡，五里兰州城外，望见五泉山。家君至东关，杨石泉官保、署布政使裕吉臣（裕祥）、按察使新建程莩南鼎芬、兰州道清泉黄冰臣云行，请圣安礼。省中文武一百八十余人暨绅商乡民，络绎接于郊外。进东关，门曰迎恩。三里进南门，民曰皋兰。一里住南府街浙江会馆，计行六十七里。陕省至此一千四百三十二里。（内自泾州白杨坡至此，行甘省境一千有七里。）①

十月初三日，公于兰州会晤友人，《侍行记》曰：

在兰州，至藩署舆图局晤友人陆映庚、陈子康诸君，遍阅各属申送之图，绝少合法者。借志书十余种归，穷日夜之力阅之，求河州、循化、贵德各志不可得。②

十月初八日，公同友人游五泉山，《侍行记》曰：

游五泉山，策马出南门，五里抵山。登山半危亭，目穷千里，河流万顷，仿佛吴山顶上观钱塘潮也。饮于武侯祠（同座有咸宁宋聚五，余

---

① 《续修四库全书》编委会编：《续修四库全书·七三七·史部·地理类》第530—531页，上海古籍出版社，2002。
② 《续修四库全书》编委会编：《续修四库全书·七三七·史部·地理类》第538页，上海古籍出版社，2002。

皆旧友）。①

十月十一日，公由兰州起程至俞家湾，《侍行记》曰：

　　壬寅，发兰州浙馆。一里镇远门，转北出桥门，正对白塔山，其上祠庙矗立。过河桥，坊题"第一桥"。杨官保以下文武弁勇送于城外，家君过河后坐车（以轿赠裕臬台）。傍山沿河西行，二里金城关，八里十里店，即保安堡。至此折西北行，不见黄河，迤西有前明边墙，断续相望。十二里石家湾，折北行，三里安宁堡之北，五里沙沟，宽二三丈，两旁乱山，路曲而平。三里路稍宽，七里朱家井，饭后仍西北行两山间。十五里白石头，十五里下坡俞家湾，住店，计行七十一里。②

十月十二日，公由俞家湾起程至红城驿，《侍行记》曰：

　　由俞家湾西北行，三里小涝池，二里一大阜，一里兰沟，村民来送。折西行一里原山庙，四里琵琶台，升降高坡，过土桥北行。十里哈家寨，十里狄家铺，十里咸水河，饭后西北行，三里张家庄，二里达家庄，五里观音寺，折西行。十里泉沟岭，七里徐家店，西北行，五里红城驿，住店，计行七十三里。③

十月十三日，公由红城西北行至平番县，《侍行记》曰：

　　由红城西北行，五里水槽沟，五里郑家墩，二里老界河，八里青寺

---

① 《续修四库全书》编委会编：《续修四库全书·七三七·史部·地理类》第543页，上海古籍出版社，2002。
② 《续修四库全书》编委会编：《续修四库全书·七三七·史部·地理类》第544页，上海古籍出版社，2002。
③ 《续修四库全书》编委会编：《续修四库全书·七三七·史部·地理类》第544—545页，上海古籍出版社，2002。

堡,五里魏家槽子,三里高岑营,五里孙家团庄,五里南大通驿,饭。五里唐家营,五里黑城子,五里南坡头,五里柳树墩,五里高桥墩,三里庄浪满城,四里平番县南关,一里西关,住店,计行七十一里。①

十月十四日,公由平番县西北行至岔口驿,《侍行记》曰:

自平番西北行,五里深沟儿铺,五里马厂沟,五里铺家湾,十里汉属郎坡,下坡山势渐合,中有小河,循右山麓行。十里永济桥,长六七丈,过桥循左山麓行。五里武胜驿,饭于汛房。哈密王沙木胡索特入觐过此,来见,有四品顶戴者为之译语。王者进京拮据,家君嘱以到都时减损应酬,各大臣当不因此介意也。午后,仍西北行,哈密王送于驿西。十里伏羌堡,十里二十里界碑,二里莺窝山墩,十八里岔口驿,住行馆,计行八十里。②

十月十五日,公由岔口北行至龙沟堡,《侍行记》曰:

寅,自岔口北行,十四里安家庄,六里折腰沟,四里王家铺,三里打柴沟,六里冈子墩,三里得胜堡,九里镇羌旧堡,四里过水,一里镇羌驿,饭于荒店。七里湘子庙,三里半界碑墩(平番、古浪),升降陡坡,食顷至乌鞘岭巅,颇宽平。十九里半安远堡,五里油坊台驿,八里龙沟河,二里龙沟堡,住店,计行九十五里。③

十月十六日,公自龙沟北行至靖边驿,《侍行记》曰:

丑,自龙沟北行,五里新墩湾,五里板桥墩,五里黑松驿,过此乱流而北,登坡入古浪峡,五里香蘭坡,四里关王庙墩,三里岔路墩,五里新

---

① 《续修四库全书》编委会编:《续修四库全书·七三七·史部·地理类》第545页,上海古籍出版社,2002。
② 《续修四库全书》编委会编:《续修四库全书·七三七·史部·地理类》第547—548页,上海古籍出版社,2002。
③ 《续修四库全书》编委会编:《续修四库全书·七三七·史部·地理类》第548—549页,上海古籍出版社,2002。

关墩,三里十里铺,三里金家湾,七里下坡过桥,进古浪县南门,饭于行馆。午后出北门,三里三里墩,轨道入土沟内,五里八里营,二里丁家牌楼,二里小桥铺,北又进沟,三里严家湾,十三里出沟,至双搭堡。八里土阜当道,中裂大罅,适通一骑。二里花腰墩,五里大墩,六里头霸河,四里杨家铺,二里二霸河,五里靖边驿,住行馆,计行一百有五里。①

十月十七日,公由靖边西北行至凉州,《侍行记》曰:

丑,自靖边西北行,过三坝河。三里三坝墩,三里四坝河,一里七里堡,二里五坝墩,三里张家庄,三里六坝墩,二里有小河,六里河东堡,过此行沙滩,多石子,碍车。七里塘马墩,十里大河驿,饭于旅店,饭后骑行。十里黑泉堡,七里十三里铺,八里五里墩,三里道北有集贤亭,二里凉州东关,一里迎恩桥,进东门。一里至大什字南,住行馆,计行七十二里。②

十月十八日,公由凉州起程至丰乐堡,《侍行记》曰:

辰,发凉州行馆。二里出西门,过永安桥,满汉文武诸官送于郊。十里十里铺,二里郭家铺,八里二十里铺,五里二十五里铺,五里三十里铺,十里四十里铺,饭于无量庙,五里酸酒店,五里怀安驿,三里过小水,三里律字墩,四里昌隆堡,十里丰乐堡,住行馆,计行七十二里。③

十月十九日,公由丰乐堡西行至永昌县,《侍行记》曰:

丑,由丰乐堡西行,五里沙滩堡,五里大墩,五里石碛中有墩,名干致。五里柔远驿,三里永昌界碑,三里九坝墩,四里八坝墩,馆于旅店。

---

① 《续修四库全书》编委会编:《续修四库全书·七三七·史部·地理类》第549—550页,上海古籍出版社,2002。
② 《续修四库全书》编委会编:《续修四库全书·七三七·史部·地理类》第550页,上海古籍出版社,2002。
③ 《续修四库全书》编委会编:《续修四库全书·七三七·史部·地理类》第551—552页,上海古籍出版社,2002。

三里越一渠,二里丰乐腰墩,五里乐奉铺,二里半有渠,二里半七坝墩,二里两渠横道,二里六坝,一里宣德堡,五里五坝,五里通津堡,五里真景腰墩,五里真景寨,五里十五里墩,五里十里墩,五里东五里墩,五里永昌县东关,进东门,二里住云川书院,计行九十二里,多沙碛。①

十月二十日,公由永昌起程至水泉驿,《侍行记》曰:

卯,发永昌。半里出西门,五里西五里墩,五里十里铺,顽石益多,车行甚苦,道旁有残柳。五里牛王宫,五里水磨关,一里水磨河,三里红庙铺,三里过一渠,一里卜喇湾,二里崇冈塘,五里桥儿墩,五里金川坡,西行荒碛,五里空心烽墩,下绕短垣为障,前十余丈丰碑屹立,题"张将军战胜处"。下坡行沙山间。五里王秀堡,十里水泉驿,住店,计行六十里半。②

十月二十一日,公由水泉驿起程至新河驿,《侍行记》曰:

小雪,自水泉西行沙碛,五里西五里墩,十里十五里口塘,五里古城洼,十里定羌庙,十三里边墙,上有高墩。南望大黄山,积雪万仞。二里山丹峡边墙,自山冈蜿蜒而上,半已颓废,电杆亦逾岭而过,车路折西北入峡,乱山围抱,顽石峥嵘。五里峡口驿,七里八里墩,八里丰城铺,十里王城铺,八里新添墩,七里新河驿,住行馆,计行九十里。③

十月二十二日,公由新河起程至东乐城,《侍行记》曰:

卯,出新河西门。十里居安寨,五里廿五里墩,五里二十里铺,十里十里铺,三里下坡,二里行山丹河滩中,五里进山丹县东南关,半里

---

① 《续修四库全书》编委会编:《续修四库全书·七三七·史部·地理类》第552页,上海古籍出版社,2002。
② 《续修四库全书》编委会编:《续修四库全书·七三七·史部·地理类》第553页,上海古籍出版社,2002。
③ 《续修四库全书》编委会编:《续修四库全书·七三七·史部·地理类》第553—554页,上海古籍出版社,2002。

进南门,食于行馆。午后,出山丹南门,经西南关,过山丹河。十里大佛寺,三里经石嘴岩,涉山丹河西北行,二里祁家店,二里石嘴子,二里道北一堡,半里静安堡,半里二十里铺,五里路南有小堡,一里半大桥寨,半里过桥,三里大墩庙,二里十里墩,二里乐定堡,三里五里墩,五里东乐城,土民来接,进东门,住行馆,计行八十二里半。①

十月二十三日,公由东乐城起程至甘州府,《侍行记》曰:

丑,由东乐西行,一里下坡,入土沟内。三里出沟,行沙漠。六里山阳铺,有墩无铺。十里架子墩,行草滩。二里逍遥墩,一里过水,二里土阜累累,二里仁寿驿,食于行馆。十里硇滩堡,五里马莲井墩,沙漠。七里二十里铺,五里四角墩,七里青龙铺,八里甘州府东关,有坊(甘肃提督宁乡周渭臣达武、知府事湖南桃源燕舜卿起烈、中营城守营两参将、前左右三游击,及楚军统领,各率弁勇出接)。二里入南门,一里王府街,住行馆,计行七十二里。②

十月二十四日,公在甘州,《侍行记》曰:

在甘州。③

十月二十五日,公由甘州府起程至沙河堡,《侍行记》曰:

卯,发甘州。一里出西门,西北行。一里王家桥,七里八里铺,六

---

① 《续修四库全书》编委会编:《续修四库全书·七三七·史部·地理类》第554—557页,上海古籍出版社,2002。
② 《续修四库全书》编委会编:《续修四库全书·七三七·史部·地理类》第557—558页,上海古籍出版社,2002。
③ 《续修四库全书》编委会编:《续修四库全书·七三七·史部·地理类》第559页,上海古籍出版社,2002。

里谢家湾,折北循弱水东岸沙滩行,一里渡木杠,转向西,曲折沙际。二里涉小水四五,皆弱水为累石所隔,其北仍合为一。三里渡,最深处水及马腹,冬令浅涸,夏秋更宽也。二里下崖子,二里半碎石滩,一里半上崖子堡,西过小水。半里上沙坡,四里半道右大墩,西行沙地。八里沙冈墩,五里五里墩,八里沙井驿,馆于行馆。四里道北坡上有三层楼,盖佛宇也。六里沙滩堡,五里贾家庄,五里沙河堡,住店,计行七十三里。①

十月二十六日,公由沙河堡西北行至高台县,《侍行记》曰:

寅,由沙河西北行。十里花墙堡,十里广屯堡,十里古寨堡,十里抚彝厅,饭于城外行馆。饭后西行,七里新工堡,八里小鲁堡,过此复入沙漠,五里鲁家湾,五里渠口堡,七里八里铺,八里高台县东门,一里住行馆,计行八十一里。②

十月二十七日,公由高台县起程至黑泉驿,《侍行记》曰:

出高台县西门,三里月牙湖,二里西五里墩,三里西八里铺,三里硷滩,四里台子寺,一里吴家堡,二里有歧路,二里宣化堡,三里乐善堡,三里路南半里有高楼除树间,曰安定堡。二里大凝上庄,二里大凝堡,一里度渠桥二,一里过摆通河,车马径过。循河滩西北行,八里狼窝墩,四里东有歧路,一里拦马墩,五里黑泉驿,进旧城南墙破门,住堡外行馆,计行五十里。③

---

① 《续修四库全书》编委会编:《续修四库全书·七三七·史部·地理类》第 562 页,上海古籍出版社,2002。

② 《续修四库全书》编委会编:《续修四库全书·七三七·史部·地理类》第 564 页,上海古籍出版社,2002。

③ 《续修四库全书》编委会编:《续修四库全书·七三七·史部·地理类》第 564—565 页,上海古籍出版社,2002。

十月二十八日,公由黑泉驿西北行至盐池驿,《侍行记》曰:

丑,由黑泉西北行。三里张家庄,五里八里墩,五里水湾墩,五里马尾湖,五里荒沙连阜如冢,一里花墙堡东街,七里新添墩,五里红寺坡,五里中沙墩,车脱辐,步行五里山嘴墩,九里过小河,一里深沟驿堡,食于行馆。十里靖边墩,五里双泉墩,七里东八里墩,五里沙嘴墩,三里盐池驿,住行馆,计行八十六里。①

十月二十九日,公由盐池驿西行至临水驿,《侍行记》曰:

卯,由盐池西行,荒地尚平。五里烟堆凹墩,三里西八里墩,七里半截墩,十里苦水墩,五里沙河墩,五里东新墩,五里双井驿,馆于行馆。十里西新墩,五里下营儿墩,五里界牌墩,十里硋沟墩,十里黄泥铺,十里刘斌沟墩,十里临水驿,住堡内行馆,计行一百里。②

十一月初一日,公由临水驿起程至肃州,《侍行记》曰:

朔,辛酉,出临水西门。一里下坡,二里过土桥三,皆跨临水,驿路折西南行。二里路北有旧汛房,五里双桥墩,四里三墩,六里二十里铺,二里二墩,八里头墩,五里红桥墩,二里过小渠,二里永固桥,半里酒泉官厅,权肃州镇总兵永州胡品珍钟岳、权安肃道黔阳易仲潜孔昭,暨城守营将士迓于城外。半里东关,二里进东门,经大街,住试院,计行四十二里。③

---

① 《续修四库全书》编委会编:《续修四库全书·七三七·史部·地理类》第565页,上海古籍出版社,2002。
② 《续修四库全书》编委会编:《续修四库全书·七三七·史部·地理类》第565—566页,上海古籍出版社,2002。
③ 《续修四库全书》编委会编:《续修四库全书·七三七·史部·地理类》第569页,上海古籍出版社,2002。

十一月初二日，公住肃州，《侍行记》曰：

雪，住肃州，寒甚。①

十一月初三日，公由肃州起程至嘉峪关，《侍行记》曰：

晴，自肃州试院启行。一里鼓楼，一里出北门，西行。一里通商税关，一里道北有旧烽台，一里北大河，二里渡毕，西北行。二里谢家庄、常家庄，三里四井堡，四里望见道北有大台，六里冰沟一道，四里丁家坝大墩，二里丁家坝，一里柳树墩，四里备御墩，三里界碑（肃州营、嘉峪关营分界），三里安远寨，四里小墩在南，三里下腰墩，四里上腰墩，四里大沙河墩，四里有木坊，题"嘉峪东关"。二里过沙河，循关北长墙行，向西南上坡，入嘉峪关外城东门，住行馆，计行六十里。②

十一月初四日，公由嘉峪关起程至惠回驿，《侍行记》曰：

发嘉峪关行馆，由内城东垣外绕南垣而西，出外城西门，一里道左右碑题"天下雄关"。三十三里道北数里长岭上有大烽墩，其下设黑山湖军塘。西北五里过大木坊，题"肃州嘉峪关西关"。一里双井子，三里半上坡，二里半有小烽墩，二里玉门县东界碑，二十里红山子墩，十三里长方小墩，六里三里墩，二里半惠回军塘，半里（中过白杨河，升坡）住惠回驿，计行九十里。③

---

① 《续修四库全书》编委会编：《续修四库全书·七三七·史部·地理类》第 570 页，上海古籍出版社，2002。

② 《续修四库全书》编委会编：《续修四库全书·七三七·史部·地理类》第 575 页，上海古籍出版社，2002。

③ 《续修四库全书》编委会编：《续修四库全书·七三七·史部·地理类》第 575—576 页，上海古籍出版社，2002。

十一月初五日，公由惠回起程至赤金峡驿，《侍行记》曰：

朱思斋以病辞归，盖不耐寒也。卯，发惠回驿。一里经惠回堡之北，入戈壁。二里上坡，半里下坡，过水沟，骒马汗出成冰，如垂丝，如糁粉。（余所坐车，席棚毡里，羊皮门帘，左右缝两袋，盛笔墨、罗经、书图，常将车帘挂起，以便左右望。今日大风砭肌，呼吸间寒气入鼻如刺，不得不垂帘两旁。虽有玻璃，人气着之，成霜成冰，暗无所见。身披重裘，足着棉袜，又屈皮褥三分之一以盖两腿，仍冻欲僵。）半里二道沟，十里过一长沟，一里颓垣一圈，似骆驼厂。一里北坡下，一里骟马城，二里升降两沙墶，二里滋泥泉，八里度一沟，一里火烧沟军塘，一里过沟，少顷复逾沙墶。一里上坡，十三里经土沟，至膊膝盖子卡。十里八楞墩，十三里赤金湖，由驿西北行。二里赤金墩，四里行沙阜间，三里平旷，十里乾店子，三里地势宽广，五里魏家馆子，十里赤金河，又西北小山纡绕，清涧潆潆。四里半赤金峡军塘，半里赤金峡驿，住行馆，计行一百一十里。①

十一月初六日，公由赤金峡西行至玉门县，《侍行记》曰：

由赤金峡西行，一里升斜坡，二里越沙墶，三里沙冈，二十里上小坡，十四里高见滩，二十里至三十里井子，二十里昌马河，车马径涉，河西始见村树。五里大东渠军塘，五里入玉门县南门，住行馆，计行九十里。②

十一月初七日，公由玉门县起程至三道沟军塘，《侍行记》曰：

发玉门县，一里北门，向西偏北。三里过桥，升坡，复行戈壁。一里沙冈墩，二十三里经小墩五处，二里孤杨特立，八里二道沟墩，十一

---

① 《续修四库全书》编委会编：《续修四库全书·七三七·史部·地理类》第576—577页，上海古籍出版社，2002。
② 《续修四库全书》编委会编：《续修四库全书·七三七·史部·地理类》第577—578页，上海古籍出版社，2002。

里界碑(玉门、安西),一里上坡为三道沟军塘之街,住店,计行五十里。①

十一月初八日,公由三道沟街西行至布隆吉尔堡东门,《侍行记》曰:

由三道沟街西行,二里沙坎不平,六里经乾沟内,八里三道沟之渠,四里沟尽,升坡为二十里铺。稍西又升坡,四里五道沟大墩,七里六道沟,二里逾七道沟,四里七道沟之腰站,借灶煮粥,蹲而啖焉。六里四十里墩,一里草滩,十三里小庙,五里逾一沟,西北行。一里九道沟之堡,二里道北有小村,二里过九道沟,傍沟行。四里东岸有农家,四里过十道沟,七里涉小河,行草滩。二里进布隆吉尔旧城之东北缺口,一里进堡东门,住店,计行八十五里。②

十一月初九日,公出布隆吉尔堡东门至安西州,《侍行记》曰:

卯,出布隆吉尔堡东门,绕向西。二里出旧城北门,三里过小河,四里上小坡,三里半逾一渠,四里半道北有远树,六里月牙湖墩,十四里过窟窿河,二里小桥,一里烽墩,三里又一墩,下小坡。一里西南上坡,一里沙阜,十二里乱山子,八里山尽,下坡为沙枣园,七里渠口军塘,西行。一里大墩一,小墩五。二里地多枯草,五里古墩子,五里小湾驿、永安堡,到时申正,就店吃辣面。十九里过土桥,三里车毂坝,十七里北乾沟村,四里南乾沟,五里入沙地,凹凸如浪,马蹄涩力乏而喘。十六里安西州,进东门。一里住行馆,时方四鼓,计行一百五十里。③

---

① 《续修四库全书》编委会编:《续修四库全书·七三七·史部·地理类》第 579 页,上海古籍出版社,2002。
② 《续修四库全书》编委会编:《续修四库全书·七三七·史部·地理类》第 579—580 页,上海古籍出版社,2002。
③ 《续修四库全书》编委会编:《续修四库全书·七三七·史部·地理类》第 581 页,上海古籍出版社,2002。

十一月初十日,公子葆廉头晕目眩,住安西州,《侍行记》曰:

备干粮,车夫铁马掌,购草料。余头晕目眩气急,偃卧半日。①

十一月十一日,公由安西州起程至白墩子,《侍行记》曰:

辰,发安西,哈密马队来,同行。一里出北门,五里苏赖河,踏冰而过。过此行大戈壁,五十四里石窑子,沙阜挖洞,令人暂憩,三十里白墩子,计行九十里。②

十一月十二日,公由白墩西北行至红柳园,《侍行记》曰:

出白墩西北行戈壁,多沙坳,登降坎坷,不能望远。四十里独山子,又北,有小山甚长,环向大路,作半月形,高仅数丈,车入山间曲折行。三十里红柳园军塘,计行七十里。③

十一月十三日,公由红柳园西北行至大泉,《侍行记》曰:

由红柳园西北行,戈壁旁有小山,路多石子。五十里小泉,二十里大泉军塘,计行七十里。④

---

① 《续修四库全书》编委会编:《续修四库全书·七三七·史部·地理类》第581页,上海古籍出版社,2002。
② 《续修四库全书》编委会编:《续修四库全书·七三七·史部·地理类》第586—587页,上海古籍出版社,2002。
③ 《续修四库全书》编委会编:《续修四库全书·七三七·史部·地理类》第587页,上海古籍出版社,2002。
④ 《续修四库全书》编委会编:《续修四库全书·七三七·史部·地理类》第587页,上海古籍出版社,2002。

十一月十四日,公由大泉西北行至马莲井,《侍行记》曰:

　　由大泉西北行,戈壁平坦。二十里入小山间,二十里有废屋一,二十里马莲井子军塘,旅店五六,住店,井深七尺,水咸苦,计行六十里。①

十一月十五日,公由马莲井西北行至星星峡驿,《侍行记》曰:

　　由马莲井西北行戈壁,二十里有小山,顽石满途。十里咬牙沟,自泾州白杨坡至此,共行甘省境三千四百三十二里。四十里路渐窄,至星星峡驿,住店,井深一丈,水咸,计行七十里。②

十一月十六日,公由星星峡驿西北行至沙泉驿,《侍行记》曰:

　　西北行戈壁,七里关爷庙,十五里左岩,四里地势宽展,十八里两旁培塿,六里小红柳园,三里小阜排列如卧虎,十五里上坡,二十二里沙泉驿,计行九十里。③

十一月十七日,公由沙泉驿西北行至苦水驿,《侍行记》曰:

　　西北行戈壁,左右多小山。二十里始平旷,五里出沙阜间,五里复平旷,四十五里苦水驿,中午大风,房屋尽毁,流沙拥积。今驿舍非旧地,四年一沧桑矣。计行七十五里。④

---

① 《续修四库全书》编委会编:《续修四库全书·七三七·史部·地理类》第587页,上海古籍出版社,2002。
② 《续修四库全书》编委会编:《续修四库全书·七三七·史部·地理类》第587—588页,上海古籍出版社,2002。
③ 《续修四库全书》编委会编:《续修四库全书·七三七·史部·地理类》第588页,上海古籍出版社,2002。
④ 《续修四库全书》编委会编:《续修四库全书·七三七·史部·地理类》第588页,上海古籍出版社,2002。

十一月十八日,公由苦水驿西北行至格子烟墩驿,《侍行记》曰:

子刻,西北行,戈壁平旷。五十里天生墩,八里腰站子,八里路北百步外沙丘间有井,水苦。三十四里格子烟墩驿,计行一百里。①

十一月十九日,公由格子烟墩驿西北行至黄芦冈驿,《侍行记》曰:

丑,西北行,戈壁平坦。四十五里升沙丘,十五里长流水,馆后升坡,皆平衍草地,惟有碱气。三十五里道右废垣一圈,亦腰站也。二十五里黄芦冈驿,计行一百二十里。②

十一月二十日,公由黄芦冈驿起程至哈密,《侍行记》曰:

西行草地,二十里有小村,西北行沙漠,四里有沟,折西行。二十六里有田畴杂树,二里新庄,一里折西南,三里道南有回村,三里蔡湖,折西行,一里十里墩,三里沙巴什,三里上阿雅尔桥。哈密协副将湘乡萧元亨正员、抚民通判长沙柳竹溪葆元来迎。回王沙木胡索特入觐,王之祖母迈拉巴钮摄国事,遣台吉四人迓于郊。三里夹道官柳甚密,折西南过下阿雅尔桥,一里哈密东门,住行馆,计行七十里。③

十一月二十一日,公由哈密起程至头堡,《侍行记》曰:

出哈密南门,西南行。一里下坡,过嵩武军旧垒,折西北。一里过桥二,一里经回城北门外,半里过土桥,半里道左有亭台,西行又过土

---

① 《续修四库全书》编委会编:《续修四库全书·七三七·史部·地理类》第588页,上海古籍出版社,2002。
② 《续修四库全书》编委会编:《续修四库全书·七三七·史部·地理类》第588页,上海古籍出版社,2002。
③ 《续修四库全书》编委会编:《续修四库全书·七三七·史部·地理类》第589页,上海古籍出版社,2002。

桥,即入荒沙。三十六里一棵树,十里下坡,十里头堡,住店,计行六十里。①

十一月二十二日,公由头堡起程至三堡驿,《侍行记》曰:

冬至,自头堡西行,间偏西北。二十里二堡,二十八里有石碛,二里沙阜,下坡。二里曲折沟中,有废屋。二里有草木,六里三堡驿,住福生店,计行六十里。②

十一月二十三日,公由三堡驿起程至三道岭驿,《侍行记》曰:

微雪,自三堡西北行,上坡二次。五里折西行,六里沙枣园,西北行,间偏西,皆戈壁。十八里下坡,四里上坡,十二里下坡,十五里升坡,即三道岭驿。住店,计行六十里。③

十一月二十四日,公由三道岭起程至瞭墩驿,《侍行记》曰:

自三道岭西北行戈壁,十二里鸭子泉,二里废垣四五,柳树一。十五里平旷,十八里上坡,至梯子泉,小店一。折西南行,四里红庄,下坡转西行,多石子。二里有歧路,三里下坡,六里沙墩子,二十八里下坡,至瞭墩驿,计行九十里。④

---

① 《续修四库全书》编委会编:《续修四库全书·七三七·史部·地理类》第597—598页,上海古籍出版社,2002。
② 《续修四库全书》编委会编:《续修四库全书·七三七·史部·地理类》第599页,上海古籍出版社,2002。
③ 《续修四库全书》编委会编:《续修四库全书·七三七·史部·地理类》第599页,上海古籍出版社,2002。
④ 《续修四库全书》编委会编:《续修四库全书·七三七·史部·地理类》第599—600页,上海古籍出版社,2002。

十一月二十五日,公由瞭墩起程至一碗泉,《侍行记》曰:

　　雪,自瞭墩西行,间偏西北,升降砂坡,多石撼车。三十二里乏马滩旧卡伦,入镇西厅西南境,西北行。十三里折北向天山,十七里折西,八里一碗泉驿,破屋三四,旅店一,计行七十里。①

十一月二十六日,公由一碗泉起程至东盐池驿,《侍行记》曰:

　　自一碗泉西行,七里逾墈四,车播甚。十一里下平坡,二里盘旋陡陀间,沙阜夹路如门,又下坡。二里升长坡,十九里多沙山,渐降。二里折北,五里入峡,三里向北上坡,一里折西北,三里转西至车毂泉驿。镇西厅同知兴国易研堂寿崧来迓,饭后西北行,八里出峡西行,平旷。二十里北山渐近,八里多碎石,十五里草地,五里西南行,二里七个井子,三里折而西,四里有衰草,二十五里东盐池驿,住店,计行一百四十五里。②

十一月二十七日,公由东盐池西南行至西盐池驿,《侍行记》曰:

　　自东盐池西南行,沙土略平,正对乌克塔克。十二里道左里许多梧桐,八里入山间,渐行渐高。三十里惠井子驿,至此入山峡,宽数丈,两旁峰峦重叠,积雪眩目。十五里路益窄,仅容车,曲折升坡,多石子,车播甚。五里始下坡,十里至平地,十里沿草滩之东向西南行,五里西盐池驿,计行九十五里。③

----

　　① 《续修四库全书》编委会编:《续修四库全书·七三七·史部·地理类》第 600 页,上海古籍出版社,2002。
　　② 《续修四库全书》编委会编:《续修四库全书·七三七·史部·地理类》第 600—601 页,上海古籍出版社,2002。
　　③ 《续修四库全书》编委会编:《续修四库全书·七三七·史部·地理类》第 601 页,上海古籍出版社,2002。

十一月二十八日，公由西盐池起程至齐克塔木驿，《侍行记》曰：

自西盐池东南入山峡，折向西南，幽曲渐升。九里折北，陡降二次，一里上小坡，三里下平斜坡，一里转西上陡墈，一里降，一里出山，平旷多沙阜。二十五里阜上累石为标，六十五里土墩子驿。吐鲁番马队来迓，饭后西南行。三十二里北山，上有烽墩。二里折西过小堡，稍西至齐克塔木驿，旅店三，计行一百四十里。①

十一月二十九日，公由齐克塔木起程至辟展驿，《侍行记》曰：

西南行，稍偏西，沙阜多如覆釜。十八里英子树，二里有草而卤，一里下高坡，二里行沙阜间，一里下坡得井泉一，二里六十里墩，十六里苏鲁图，十八里三十里墩，十四里东坎儿，十四里巴杂，二里辟展驿，进东门，住店，计行九十里。②

十一月三十日，公由辟展起程至连木齐驿，《侍行记》曰：

晦日，出辟展西门，向北折西。五里过水，二里有村墅杂木，上坡。二里降，二里又升，戈壁平旷。二里下斜坡，九里下小坡，十里右有高阜，挖一丈以憩行人。六里过小河，九里逾沟三道，六里二工，十里连木齐驿，有行馆面北，计行六十三里。③

十二月初一日，公由连木齐起程至胜金口驿，《侍行记》曰：

腊月朔日，辛卯，晴，由连木齐西行，下坡涉水。二里有泉渠村树，上坡。三里五里墩，四里折北，平旷戈壁。三里南有歧途，十五里入土

---

① 《续修四库全书》编委会编：《续修四库全书·七三七·史部·地理类》第601页，上海古籍出版社，2002。
② 《续修四库全书》编委会编：《续修四库全书·七三七·史部·地理类》第601—602页，上海古籍出版社，2002。
③ 《续修四库全书》编委会编：《续修四库全书·七三七·史部·地理类》第602页，上海古籍出版社，2002。

峡,二里出峡,下小坡,平旷,折西。三里苏巴什,一里道左有村,三里折北,小屋二家,过土桥。二里又一土桥,六里夹路有树,五里森尼木,渐近南山,有村舍。三里土屋夹道,转西行。一里下坡,道渐窄。一里北堋下凹处一屋,牧者居焉。二里渐降,二里北山有岔口,二里河滩,五里登降厄峡,五里南崖下有废庙,下坡过桥,为胜金口驿,计行七十里。①

十二月初二日,公由胜金口起程至吐鲁番,《侍行记》曰:

自胜金口西行,平旷。二里下小坡,二十三里蒙古包,三十里有废屋,五里道左数里有村树,十二里左右均有村舍,一里过土桥,二里吐鲁番汉城,进东门,名朝阳。住行馆,计行七十五里。②

十二月初三日,公由吐鲁番起程至砭砭沟,《侍行记》曰:

出吐鲁番西门,四里回城,入东门。一里出西门,四里过一渠,六里逾土桥,二里渡小水,一里道南有泉,二里左有井,三里入沙碛,一里下高坡三层,二里雅儿河,斜行石滩,车播甚。二里升陡坡,西北过土沟,行浮沙。二里下坡,一里经乾沟中上坡,二里下坡,四里细流横道,有岔路。三里降,一里升,十一里逾砭砭沟,西岸旅店一,无居民,计行五十二里。③

---

① 《续修四库全书》编委会编:《续修四库全书·七三七·史部·地理类》第602—603页,上海古籍出版社,2002。
② 《续修四库全书》编委会编:《续修四库全书·七三七·史部·地理类》第603页,上海古籍出版社,2002。
③ 《续修四库全书》编委会编:《续修四库全书·七三七·史部·地理类》第612页,上海古籍出版社,2002。

十二月初四日，公由硜硜沟起程至白杨河站，《侍行记》曰：

雪，西行。一里半升坡，一里半行培塿间，十九里盐山口，二十四里头道河，西北行，平旷。十三里下坡，五里三角泉，食后西行，二里上坡，三里向北下长坡，三里折西，左右多沙山。八里平旷，十里经小山间，十里复平坦，四里白杨河站，计行一百有四里。①

十二月初五日，公由白杨站起程至达坂城驿，《侍行记》曰：

自白杨站西入峡，四里出峡，升陡坡。又西，多黄沙梁，登降坎坷。三里东北下坡，逾乾沟，缘沙梁行。四里折北，越十丈之坡，又北多培塿。十五里复入峡，经沟中石碛。四里沟水淙淙，绕行曲岸。三里后沟，七里至岭巅，小憩峡中，旋下。六里临峻坂，系马车后，多人挽之徐降，车播不可坐，徒步攀援，行行且止。八里坂尽出峡，半里下坡，半里涉二涧，一里半经废堡，又渡涧二，崖下有汛卡，循山迂绕。一里半下坡过沟，一里石碛中有废垒，三里折西南，二里达坂城驿，住南门外店，计行六十四里。②

十二月初六日，公由达坂城西北行至柴鄂博驿，《侍行记》曰：

晴，大风奇寒。卯刻，自达坂城西北行。十里入戈壁，折西。十里偏西北，二里得草地一区，望见南山麓，白波如镜。七里皆沙碛，二里破城子，四里半又一横渠，六里半土墩子，荒店一，小憩。四里抵盐海西畔之北，二里半有平沙划海为二，中有一径通南山。三里望见第二

---

① 《续修四库全书》编委会编：《续修四库全书·七三七·史部·地理类》第612页，上海古籍出版社，2002。
② 《续修四库全书》编委会编：《续修四库全书·七三七·史部·地理类》第612—613页，上海古籍出版社，2002。

海子,八里马蔺滩,草地一段。一里半第二海尽,十七里得土壤,道右有独树。傍海西北行。七里柴鄂博驿,住店,计行八十五里。①

十二月初七日,公至新疆。《行述》曰:

至新疆。是行也,触暑而东,冲寒而西,奔走万一千二百余里。新疆省治迪化府城,当腾格里山之北、博克达山之西,终年积雪,虽盛暑晴日,庭有飞霰。冬令,坚冰在须,纳气奇冷,刺喉似刀,口、鼻、手、足、指,往往有皲瘃裂堕。

行省初设,百端丛脞。府君辨色即起,与属僚论事,声彻别院,日晡不得食。灯下治文书,必至三鼓。不孝葆廉请节劳,则谕曰:余尚健,毋过虑。然自是届冬令,渐易咳嗽,盖积受风沙伤肺矣。抚新疆逾四载,凡所施设大要在安边息民,其尤注意者十数事。

同日,公又由柴鄂博驿起程至迪化,《侍行记》曰:

丑刻饭,寅刻行。十六里海子尽,十里颓垣一堵,四里道左有废屋,三里有席具草,七里大盐池,十里芨芨槽,土屋三间,憩于帐棚。抚标中军参将宁乡汤晓峰秀斋、署迪化府事长沙黄芸轩丙焜、署迪化县事善化黄厚吾袁,及候补诸文武来迎。吐鲁番王玛木特有事在省城,亦来迓。食后北行,十里升两坡,十二里下坡,七里道右土屋三,始见村树。乡民具茶果、鞭炮相接。十里南梁,又西北小庙当道,额曰"普渡",抚标将士在此接。三里南关,家君诣官厅,护理抚台邵阳魏午庄光焘、署藩台恩施饶子维应祺、镇迪道兼按察使衔零陵周子岩崇傅,行请圣安礼,从者先行。一里进迪化南门,二里经大街,转东至巡抚牙,

---

① 《续修四库全书》编委会编:《续修四库全书·七三七·史部·地理类》第613页,上海古籍出版社,2002。

计行九十五里。①

十二月初九日,公于迪化府接受巡抚关防,《侍行记》曰:

己亥,家君接受巡抚关防,距知迪化州时十有二年。②

十二月初十日,公奏报补授甘肃新疆巡抚接印日期一折,曰:

窃臣钦奉恩命,补授甘肃新疆巡抚,当即具折谢恩。旋遵旨入都展觐,仰蒙召见二次,跪聆圣训,钦感莫名!陛辞后,束装起程,十月初二日至甘肃省城,与督臣杨昌濬筹商新疆应办诸务。十二月初七日,行抵新疆省城。初九日,准护抚臣魏光焘③将甘肃新疆巡抚关防并王命旗牌、文案、卷宗等件,委员赍送前来。当即恭设香案,望阙叩头,祗领任事。

伏念臣浙西下士,识浅才庸,仰沐圣主逾格恩施,畀以疆圻重任。抚衷循省,悚惕弥深!查新疆行省初建,百度维艰,布置虽具有端倪,规画宜益求妥善,非练兵无以固圉,在将领之得人;非察吏无以安民,

---

① 《续修四库全书》编委会编:《续修四库全书·七三七·史部·地理类》第613—614页,上海古籍出版社,2002。
② 《续修四库全书》编委会编:《续修四库全书·七三七·史部·地理类》第614页,上海古籍出版社,2002。
③ 魏光焘(1837—1916),字午庄,湖南邵阳人,魏源族孙。咸丰六年(1856),投效湘军,办理老湘军营务,后随左宗棠赴陕勘乱。九年(1859),以功保从九品选用。次年,保以县丞,并赏戴蓝翎。十一年(1861),保知县,加知州衔。同治二年(1863),保同知,晋运同衔,赏戴花翎。次年,保知府。四年(1865),保道员,加杨勇巴图鲁勇号。五年(1866),升盐运使衔。七年(1868),保道员改留陕西,加西林巴图鲁勇号,并赏戴二品顶戴。次年,署甘肃平庆泾固道。光绪二年(1876),晋按察使衔。七年(1881),擢甘肃按察使。次年,署甘肃藩司。九年(1883),授甘肃布政使。十年(1884),调补新疆布政使。十五年(1889),护理甘肃新疆巡抚。二十年(1894),随帮办军务大臣湖南巡抚吴大澂赴辽东抗日,与日军战于海域。二十一年(1895),擢云南巡抚。同年,调陕西巡抚。二十五年(1899),署陕甘总督。次年(1900),实授陕甘总督。二十七年(1901),调云贵总督。二十八年(1902),兼署云南巡抚。是年,调两江总督。三十年(1904),调闽浙总督。三十一年(1905),去职。宣统三年(1911),补授湖广总督,以武昌兵变,未赴任。民国五年(1916),卒于里。曾刊魏源《海国图志》,有《勘定新疆记》《湖山老人自述》等存世。

当劝惩之并用。臣惟有屏除私见，殚竭愚诚，举凡中外交涉及地方紧要事宜，随时咨商将军、督臣，认真办理，以期仰答高厚鸿慈于万一！

所有微臣到任接印日期并感激下忱，理合恭折叩谢天恩，伏乞皇上圣鉴。再，此次经过陕西、甘肃暨新疆哈密等处，雨雪应时，民情安谧，堪以上慰宸厪。合并陈明。谨奏。①

十二月十九日，公开单奏报九月分新疆雨水粮价情形一折，曰：

窃照光绪十七年八月分各厅州县粮价并得雨情形，业经护抚臣魏光焘奏报在案。兹据署新疆布政使饶应祺②详称：本年九月分，北路镇西得雪，积地一尺；奇台、迪化得雪，积地五寸；昌吉、绥来、阜康得雪，积地三寸；吐鲁番微雨，库尔喀喇乌苏微雪。伊塔道属宁远得雪，积地一尺；塔尔巴哈台、绥定微雨。南路温宿、和阗、喀喇沙尔、库车、乌什、拜城、叶城、于阗微雨，余未得雨雪。

至通省粮价，库尔喀喇乌苏、塔尔巴哈台、镇西、英吉沙尔、温宿、昌吉、阜康、绥来、绥定、叶城、于阗等厅州县，具与上月相同，余均略有增减。汇详请奏前来。

理合恭折具陈，并缮粮价清单，敬呈御览。伏乞皇上圣鉴。谨奏。③

---

① 台北故宫博物院藏：《军机及宫中档》，文献编号：408002695。又，中国第一历史档案馆藏：《录副奏折》，档号：03-5289-004。

② 饶应祺（1837—1903），字子维，号春山，湖北恩施人。幼颖悟好学，试作浑天仪，旋转合度。入县学，中秀才，选贡生。咸丰九年（1859），由候补训导荐为国子监学正。同治元年（1862），中式举人，充刑部江西司行走，授知县。旋以丁父忧回乡守制，后入湖广总督李鸿章幕僚。同治六年（1867），至甘陕总督左宗棠军中供职，随左攻克金积堡、巴燕戎格等地，以军功擢知府。光绪三年（1877），任同州府知府，兴修水利。四年（1878），加盐运使衔。十年（1884），授甘肃甘州知府，设纺织局、孤嫠所，捐廉俸购纺织机，州民穿用有余。十一年（1885），升补兰州道员，署按察使衔。十五年（1889），调补新疆喀什噶尔道员，后改镇迪道，仍兼按察使衔。十七年（1891），署新疆藩司。一九年（1893），实授甘肃新疆布政使。二十一年（1895），署理甘肃新疆巡抚。二十二年（1896），擢新疆巡抚。二十八年（1902），调补安徽巡抚。次年，行抵哈密，因病出缺。有《新疆巡抚饶应祺稿本文献集成》存世。

③ 中国第一历史档案馆藏：《录副奏折》，档号：03-6912-025。

是年,谭钟麟七十岁,李鸿章六十九岁,杨昌濬六十五岁,张之洞五十五岁,魏光焘五十五岁,饶应祺五十五岁,刘锦棠四十八岁。

光绪十八年　1892年　五十八岁

是岁,中俄订立《边界陆路电线相接条约》;清廷命谭钟麟为工部尚书,后授闽浙总督,兼福建船政大臣。

正月初三日,公以英兵入坎巨提致电总理各国事务衙门,曰:

敬肃者:据喀什噶尔道十七年十一月十八日禀:据坎巨提头目报:英兵直入坎境,恳饬张旗官带兵助战。传讯何故加兵?据称英国欲该部修路不允,因发兵于十一月初二在卡外交战,颇有损伤,并呈英国答该头目书,内有觊觎帕米尔之意,当饬布、回头目并张旗官派人查探再禀,已商董提督妥防。经前护抚批,坎巨提前次告急,查属子虚。该部首鼠两端,所禀仍难深信。即交兵属实,亦照前批驻兵境上,禁其阑入。于卡外酌给食粮、帐棚,并照会英领兵官,询问事由,妥为排解,毋得擅开边衅,等因。现飞饬各军密访,俟探复到日,再行酌办、续报。陶模谨肃。①

正月初七日,公致电总理各国事务衙门,曰:

敬肃者:窃坎巨提前报,英兵入境,已电呈。顷接喀什道腊月初五日报:英兵与那格尔交战。嗣坎巨提部报,该部与英兵交战。十一月二十八等日,坎部头目及那格尔头目共男妇五百余人,逃窜塔墩巴什卡外。当商提督董福祥派弁,带队前往,令窜到人众暂住卡外,并照会英兵官、印度总督,询问缘由,等情。查该处距大小帕米尔不远,亦应

---

① 中国第一历史档案馆藏:《电报档·光绪》,档号:2-02-12-018-0004。

预防,已咨董福祥派队驻扎边卡。如英兵到境,按约理论,不得妄动兵戈。当否?乞示遵,另咨呈览。陶模谨肃。①

正月十八日,公以探得坎部情形致电总理各国事务衙门,曰:

坎部情形,前经电达。顷据喀什道去腊十八禀:探英兵元自哪格尔,谕令与坎修路,通帕米尔,坎助兵阻挡,哪不胜,英遂据哪。旋据坎逃众现自色勒库尔,该头目拟奔俄求援,业为提防,不令他适,等情。查坎属中已久,该头目纵有不足,岂能任英占据?且英意在帕米尔,保坎即以保帕。俄人亦意在此,拒英即以拒俄。应恳大力主持,与公使理论,作何了结,示覆照办。余另牍咨呈。肃此。陶模。②

正月十九日,公开单具奏上年十月分新疆雨水粮价情形,曰:

窃照光绪十七年九月分各厅州县粮价并得雨雪情形,业经臣奏报在案。兹据署新疆布政使臣饶应祺详称:光绪十七年十月分,北路奇台得雪,积地五寸;绥来、库尔喀喇乌苏得雪,积地四寸;迪化得雪,积地三寸;昌吉得雪,积地二寸;阜康得雪,积地一寸;镇西微雪。伊塔道属宁远得雪,积地一尺;绥定得雪,积地七寸;塔尔巴哈台得雪,积地三寸。南路拜城得雪,积地五寸;温宿得雪,积地三寸;乌什微雪,余未得雪。

至通省粮价,吐鲁番、镇西、精河、英吉沙尔、和阗、昌吉、阜康、奇台、绥定、叶城等厅州县俱与上月相同,余均略有增减。汇详请奏前来。

---

① 中国第一历史档案馆藏:《电报档·光绪》,档号:2-02-12-018-0008.
② 中国第一历史档案馆藏:《电报档·光绪》,档号:2-02-12-018-0024.

理合恭折具陈，并缮粮价清单，敬呈御览。伏乞皇上圣鉴。谨奏。①

同日，公又奏报英兵入坎巨提情形，曰：

窃查回部坎巨提②居色勒库尔大小帕米尔之南，岁进贡金，归附已久。该处地势险要，实为喀什噶尔西南屏蔽。上年十二月并本年正月，叠据署喀什噶尔道李宗宾③禀报：英兵伐哪格尔欲修路通帕米尔，坎巨提头目赛必德哎里罕以该部与哪格尔毗连，遣兵往助，旋以兵力不敌，弃城而逃，英兵遂由哪格尔进驻其地。该头目与哪格尔头目乌

---

① 台北故宫博物院藏：《军机及宫中档》，文献编号：408002698。又，中国第一历史档案馆藏：《录副奏折》，档号：03-6913-038。

② 坎巨提，一译乾竺特、谦珠特、喀楚特，是中亚中部古国，位于帕米尔西南部，于19世纪中后期，作为清政府的外藩，与克什米尔毗邻。其居民主要为勃律人、瓦罕人。乾隆年间平定大小和卓之乱后，位于克什米尔一带的诸国始与清廷建立联系。乾隆二十六年（1761），其酋长黑斯娄遣其子至叶尔羌入贡，成为属国。其后定为三年一贡，贡物为砂金一两五钱（相当于八万斤小麦），分装为十五袋，一般由酋长之子送至喀什噶尔。喀什噶尔参赞大臣或喀什噶尔道按例赏给其大缎二匹及粮饷等物。道光二十七年（1847），其酋长夏孜牌尔帮助清军平定七和卓之乱，被赐予叶尔羌的热瓦奇村作为外产。清代晚期，克什米尔和帕米尔地区成为俄罗斯、英国博弈前沿。同治间，新疆爆发动乱并遭阿古柏入侵，无暇顾及。光绪年间，清军收复新疆，坎巨提酋长俄则项循旧例遣使贡金，清廷赏给其五品顶戴。光绪十七年（1891），英军继续向帕米尔推进，攻占坎巨提及其邻邦讷格尔。讷格尔酋长向英军投降，坎巨提酋长赛必德哎里罕则逃往中国，被旗官张鸿畴羁留于新疆伊犁厅。清廷采纳新疆巡抚陶模之议，将其转移至省城乌鲁木齐。十八年（1892），立赛必德哎里罕之弟买买提艾孜木为酋长。陶模委派阜康县知县田鼎铭、张鸿畴前往坎巨提，出席买买提艾孜木的册封典礼。赛必德哎里罕则被羁禁在乌鲁木齐，后又被安置于库车。民国后，停止向中国进贡。

③ 李宗宾（1833—1898），湖北蕲州人。咸丰六年（1856），以文童投效前荆州将军多隆阿军营。七年（1857），因攻剿童司牌等处地方营垒，经前大学士湖广总督官文等会保六品蓝翎。九年（1859），回援宿、太及前攻克太湖县城，经官文等会保从九品、府经历县丞。同年，保知县。十一年（1861），保同知直隶州知州，并赏戴花翎。同治元年（1862），保知府。同年，奉前荆州将军多隆阿札委，总理营务处，随同援陕。三年（1864），赏加道衔。四年（1865），保道员，并赏加盐运使衔。六年（1867），署理甘肃宁夏府知府。七年（1868），补授云南临安府知府。八年（1869），经穆图善奏留，代理宁夏府知府。十年（1871），补授甘肃肃州府遗缺知府，旋署宁夏府知府。十二年（1873），署理巩昌府知府。十三年（1874），回宁夏府本任，晋布政使衔。光绪二年（1876），因亲老呈请开缺终养。同年，以前在宁夏府任内查禁罂粟不力，经左宗棠参奏，暂行革职。五年（1879），丁母忧，回籍守制。九年（1883），开复原官。十二年（1886），总理行营营务，会办文案。十四年（1888），暂留金顺军营办理甘肃粮台事务。十六年（1890），经护理甘肃新疆巡抚魏光焘奏准，以道员归于新疆补用。十九年（1893），补授阿克苏兵备道。二十四年（1898），在任病故。

孜尔罕率众窜至色勒库尔地方,臣当饬该道派员筹运食粮,暂为赈抚,咨由喀什噶尔提督臣董福祥①饬派马队,分扎色勒库尔、帕米尔一带,以资防范,并先后咨明总理各国事务衙门在案。嗣据探报:英人已将大队撤回,另立哪格尔头目,留步兵百余名驻坎巨提城外。该道拟将哪格尔逃众酌给粮斤,先送出卡,再将坎巨提头目人等分起资送,令回原部,并先行照会英官,等情。

臣查哪格尔附属于英,应即遣送归部。坎巨提系中国属部,现值迁徙流离,自应曲为排解,仰副朝廷抚绥外部之意。惟此次英兵进驻,该部并未先行知会,该道亦未接准英官覆文,能否撤兵退地,俾赛必德哎里罕率众归部,仍复旧业,尚未可知。

除咨呈总理各国事务衙门与驻京英使理论斟酌办理外,所有英兵入坎巨提、头目逃窜缘由,谨恭折具陈。伏乞皇上圣鉴。谨奏。②

同日,公又开单奏报防营等十七年上半年数目情形,下部闻。曰:

窃新疆马步营旗、炮队及各台、局、卡、义学,截至光绪十六年十二月底止实在数目,业经前护抚臣魏光焘奏咨在案。兹查接管卷内,据新疆粮台详称:自十七年正月初一日起,接收塔尔巴哈台协标步队二营,又步队一百三十一员名,暂作一哨;马队三旗,并挑募步队三营一旗。其营制均照奏定章程办理。又于十七年五月底止,裁减步队一营四旗。通截至十七年六月底止,实存马步一百营旗一哨,又步队一百三十一员名,开花炮队四哨,共计额设营勇、弁勇二万五千二百三十员名、火勇一千七百四十三名,营旗哨官三百八十五员,巡查一百三十一

---

① 董福祥(1840—1908),字星五,回族,甘肃平凉府固原州人。同治元年(1862),率众抗清,为刘松山击败,投清,所部改编为董字三营,先后从刘松山等剿办西北民变,保提督。光绪元年(1875),进兵新疆,以收复乌鲁木齐等地及平定南疆功,加云骑尉、骑都尉世职,授阿尔杭阿巴图鲁勇号。十二年(1886),经刘锦棠奏请,补阿克苏总兵。十六年(1890),擢喀什噶尔提督。二十年(1894),晋尚书衔。二十二年(1896),调补甘肃提督,赏太子少保衔。二十六年(1900),授随扈大臣。光绪三十四年(1908),卒于甘肃。

② 台北故宫博物院藏:《军机及宫中档》,文献编号:408002696。

员,额外火夫、私夫、马夫、车夫共六千五百一名。其各台、局、卡、义学于六月底止并无增减。缮具清单,详请奏咨,等情。

臣覆查无异,所有新疆防营员弁勇丁并各台、局、卡、义学自光绪十七年正月初一日起至六月底止实在数目,除咨部外,谨缮具清单,恭呈御览。伏乞皇上圣鉴。饬部立案施行。谨奏。①

是日,公又会衔陕甘总督杨昌濬附片奏报同知病故并拣员委署,下部闻。曰:

再,委署英吉沙尔直隶厅同知刘肇端病故遗缺,查有候补知府潘时策堪以委署,据署新疆布政使饶应祺、署镇迪道兼按察使衔周崇傅②会详前来。除由臣批饬给委外,谨会同陕甘总督臣杨昌濬,附片具奏。伏乞圣鉴。谨奏。③

正月二十四日,公以探得英兵驻坎巨提情形致电总理衙门曰:

顷接喀什道去腊二十二日探报:英伐哪,嘱坎勿助。坎竟往助,未战而逃。英入哪,另立头目,留兵百余,驻戛纳外,似观望中国举动。拟将哪、坎逃众分次送回,并照会英官,等情。查哪本属英,自应遣去。坎众回去,如英退地,许复其旧,彼此益敦和谊,另咨呈览。陶模谨肃。④

---

① 台北故宫博物院藏:《军机及宫中档》,文献编号:408002697.又,中国第一历史档案馆藏:《录副奏折》,档号:03-6028-015.

② 周崇傅(1830—1892),字少白,号子岩,湖南零陵人,有文武才。同治元年(1862),举京兆乡试,观政兵部。七年(1868),中式进士,入翰林,散馆授编修。光绪元年(1875),改授中书,旋随左宗棠进军关外,参与决策,督办军需,收复新疆,以功绩卓著,赏戴花翎。权摄镇迪道篆、高平等处观察使。八年(1882),又随左宗棠到江苏、浙江,整饬盐纲,处盐场腥膻之地而两袖清风,以廉洁为时人所称。旋乞归永州,主讲蘋洲书院。后起为喀什噶尔兵备道,署理镇迪道兼按察使衔。十八年(1892),卒于任。

③ 台北故宫博物院藏:《军机及宫中档》,文献编号:408002696-0-A.又,中国第一历史档案馆藏:《录副奏片》,档号:03-5289-101.

④ 中国第一历史档案馆藏:《电报档》,档号:2-02-12-018-0034.

二月初三日，公致军机处电报曰：

敬肃者，月前两奉钧函，读悉。图俟办妥寄呈。哪众均迎出卡，坎众已送一起，坎目暂留。英官二员覆文仍未提及坎事。帕米尔已派队往扎，乃俄领事照会喀什道，称该处在乌思别里，一名黑孜吉牙克之西，系中国界外，请免派队前往，则永昭和好。已知会塔什干督暨电公使，等语。经该道驳覆禀报前来。查中俄分界至乌思别里即克则勒昔克达巴罕止，黑孜吉牙克卡距乌思别里甚远，与苏滚帕米尔均在中国界内，领事当系误会，应恳照会俄使电达彼督，照约办理，余另咨呈，恭请钧安。陶模谨肃。江。①

二月初九日，公以英兵仍占坎地密电总理衙门曰：

此间拟送哪坎逃众归部，业经电达并奏咨在案。顷据喀什道正月初九禀报，已送哪民一起出卡，英现派哪人充坎头目，城卡分驻兵丁。该头目惧不敢回，拟饬莎车州看管，以免他适。令其地带领难民回坎，又称英族爱乌罕在什克南运粮屯兵，俄亦在阿拉依运粮屯兵，均为帕米尔，已派马队往扎苏满，等情。查英、俄爱部举动，虚实尚未可知。惟坎被英占。该道接英官覆文，并无退地之意，应恳鼎力向英使理论，迅电示遵，余详另牍。陶模谨肃。②

二月初十日，公代奏贝勒哈的尔恭谢天恩一事，曰：

窃查接管卷内，准理藩院咨：具奏已故阿克苏回子郡王衔贝勒迈玛第敏遗缺，以胞侄哈的尔承袭一折，光绪十七年八月初四日，奉旨：依议。钦此。钦遵转行在案。兹据阿克苏道陈名钰详：据新袭回子郡

---

① 中国第一历史档案馆藏：《电报档》，档号：2-02-12-028-0089。
② 中国第一历史档案馆藏：《电报档》，档号：2-02-12-018-0065。

王衔贝勒哈的尔禀称:遵奉谕旨,当即恭设香案,望阙叩头谢恩。

伏念奴才远居外服,世沐皇恩,兹复钦奉纶音,允准承袭,五中感悚,难以言宣! 惟有矢慎矢动,以期仰答高厚生成于万一! 所有感激下忱,恳请代奏前来。理合据情代奏,叩谢天恩。伏乞皇上圣鉴。谨奏。①

同日,公又为恩赏福字具折谢恩,曰:

窃臣于光绪十八年二月初八日接准兵部火票递到年节恩赏"福"字一方,当即恭设香案,望阙叩头谢恩祇领。伏念臣初膺疆寄,未悉边情,乘冬暖以履新,涉春冰而滋惧! 兹届岁华肇转,渥蒙宸翰宠颁,钦惟我皇上覆帱深仁,垂裳出治。丹毫摛藻,奎文昭日月之华;紫殿延釐,景福合乾坤之量。褒荣一字,感切五中!

臣惟有勉竭愚诚,勤宣德泽,欣睹天章璀璨,愿播为九塞之恩光;率同瀚海苍黎,敬遥上三多之颂祝。所有微臣感激荣幸下忱,理合恭折叩谢天恩。伏乞皇上圣鉴。谨奏。②

二月十六日,公开单具奏上年十一月分新疆雨雪粮价情形,曰:

窃照光绪十七年十月分各厅州县粮价并得雪情形,业经臣奏报在案。兹据署新疆布政使饶应祺详称:光绪十七年十一月分,北路镇西得雪,积地一尺;奇台得雪,积地九寸;迪化得雪,积地六寸;昌吉、阜康得雪,积地五寸;绥来、库尔喀喇乌苏得雪,积地三寸;吐鲁番、哈密得雪,积地一寸。伊塔道属宁远、塔尔巴哈台得雪,积地一尺;绥定得雪,

---

① 台北故宫博物院藏:《军机及宫中档》,文献编号:408002699。又,中国第一历史档案馆藏:《录副奏折》,档号:03-5291-019。
② 台北故宫博物院藏:《军机及宫中档》,文献编号:408002700。又,中国第一历史档案馆藏:《录副奏折》,档号:03-5291-024。

积地七寸。南路库车得雪，积地五寸；温宿、拜城、疏勒、疏附、英吉沙尔得雪，积地三寸；叶城得雪，积地二寸；喀喇沙尔、乌什、玛喇巴什微雪，余未得雪。

至通省粮价，镇西、精河、昌吉、阜康、绥来、绥定、宁远、拜城等厅县俱与上月相同，余均略有增减。汇详请奏前来。

理合恭折具陈，并缮粮价清单，敬呈御览。伏乞皇上圣鉴。谨奏。①

同日，公又奏报新疆三次遵办新海防捐输核奖一折，下部议。曰：

窃照新疆接办新海防捐输，前经护抚臣魏光焘将自光绪十六年八月初一日起至十月底止第二次捐输具奏请奖在案。兹据署布政使党应祺详称：自十六年十一月初一日起，截至十七年四月底止，先后据各捐生报捐实官、职衔各项共三十五名，计收正项库平银八千八百九十四两四钱，分别填发正实收，给予收执，收捐银两另款存储，听候提拨。其随收饭银、照费、填过副实收及各捐生履历清册一并赍解，详请具奏，并恳咨部填换执照，以凭转给，等情。前来。

臣覆核无异，合无仰恳天恩俯准将新疆第三次新海防捐输饬部分别核奖，以资鼓励。除将清册、副实收、饭银、照费咨送吏部、户部、国子监外，谨恭折具陈。伏乞皇上圣鉴，训示。谨奏。②

二月二十二日，总理各国事务衙门来函曰：

照得洋印中俄交界全图，足为考核边疆之助，前于光绪十六年十

---

① 台北故宫博物院藏：《军机及宫中档》，文献编号：408002702。又，中国第一历史档案馆藏：《录副奏折》，档号：03-6914-025。

② 台北故宫博物院藏：《军机及宫中档》，文献编号：408002701。又，中国第一历史档案馆藏：《录副奏折》，档号：03-6127-088。

二月间业经备文咨送在案。现值边外多事,形势方域不可不加意讲求,用特再寄界图十三十分,即希贵督、抚发交各路郡县将领收存查考。遇有禀报牍件,将边地名称依据声叙,藉可彼此印证,愈昭核实;并随时考订图内有无舛错异同之处,禀由贵督抚转咨本署,以凭印证;仍希将收到此项图件日期咨复本衙门备案可也。①

同日,陕甘总督杨昌濬转总理衙门来电曰:

请急递转陶抚:"江"电悉。前发"东、阳"二电,计已达。俄国已得本署覆信,或不遽争。惟许使来函,合以英馆地图,苏满地名乃是撒马塔什,已在中国旧管界外,何时新拓?尊处有无案据、御碑,足资辩论,犹嫌未足。英使来述,本国电但云改立坎酋族人,未必即是其子。来咨谓:坎酋自取祸,失人心,故改立。我可不争,惟电内语意有数端,与辩,彼允电询再覆。坎事大致就绪,希速派员至色勒库尔。如彼照会未来,即遣送信,约期到坎。诸须相机行事,但期无伤体制,不可务与争权;告新酋以兼属之部,须要敬恭两大。此后贡金、赏毁,岁如旧例。坎事定,再议帕事,俟再电。养。②

二月二十三日,公致电军机处曰:

"冬"电敬悉。帕米尔界事,前俄领事照会,喀什道禀报前来,二月初三日电咨总署在案。查中俄分界至乌仔别里止,阿里楚尔河、雅什里库尔湖均在乌仔别里南雅什里库尔,即《新疆识略》所载伊西洱库尔。乾隆二十四年,平定回部立碑,迤北十里苏满地方,断无将中国碑文立在界外之理。该处一带向设黑孜吉牙克卡、六尔阿乌南巴什滚伯孜卡、图斯库尔卡、雅尔特拱拜卡、阿克素睦尔瓦卡、塔墩巴什卡,唯苏

---

① 台北"中央研究院"近代史所藏:《外交档案》,馆藏号:01-36-002-14-010.
② 中国第一历史档案馆藏:《电报档》,档号:2-02-12-018-0095.

满卡系十五年新设，均设巡兵驻守，又岁派员弁巡察。本年因坎巨堤事，添队往扎，并未出卡。现坎事未了，又闻英令爱乌罕在什克南，俄在阿拉依运粮屯兵。拟遵来电将添扎之队飞饬退回，旧设之兵照旧守卡，并密饬该员弁切勿卤莽生事，恳电总署核覆。模肃。梗。①

三月初八日，公开单具奏十七年十二月分新疆雨雪粮价情形，曰：

窃照光绪十七年十一月分各厅州县粮价并得雨雪情形，业经臣奏报在案。兹据署新疆布政使饶应祺详称：光绪十七年十二月分，镇迪道属镇西得雪，积地一尺；奇台得雪，积地五寸；迪化、阜康、绥来得雪，积地三寸；吐鲁番、哈密、库尔喀喇乌苏得雪，积地一寸；昌吉微雪。伊塔道属绥定得雪，积地七寸；宁远得雪，积地五寸；精河得雪，积地四寸；塔尔巴哈台微雪。南路温宿、喀喇沙尔、乌什、疏勒、疏附、叶城、于阗、英吉沙尔、玛喇巴什微雪，余未得雪。

至通省粮价，镇西、塔尔巴哈台、精河、乌什、玛喇巴什、昌吉、阜康、绥来、绥定、拜城等厅县俱与上月相同，余均略有增减。汇详请奏前来。

理合恭折具陈，并缮粮价清单，敬呈御览。伏乞皇上圣鉴。谨奏。②

同日，公又审拟张永胜杀毙妻命一案，下部议。曰：

窃迪化县客民张永胜因伊妻万氏索钱，口角起衅，用刀吓戳，适伤万氏右腿穿透，移时身死一案，据署迪化县知县杨其澍验明获犯，未及

---

① 中国第一历史档案馆藏：《电报档》，档号：2-02-12-018-0136。
② 台北故宫博物院藏：《军机及宫中档》，文献编号：408002706。又，中国第一历史档案馆藏：《录副奏折》，档号：03-6127-088。

讯供卸事,移交接任知县黄袁讯明议拟,解署迪化府知府黄丙焜①审明,详署镇迪道兼按察使衔周崇傅审转前来。

臣亲提审讯,缘张永胜籍隶河南柘城县。光绪元年,随大军出关。八年,由营告假,在阜康县属三台地方贸易。十四年,娶万氏为妻,平日和睦。十七年,搬至迪化县属七道湾李春华院内,与李春华合伙种瓜。八月初七日,张永胜卖瓜回归,因口渴取瓜一枚,正在持刀剖食,张万氏向索钱文买布做袜,张永胜未允。张万氏即走向张永胜身上搜出银天罡二枚,张永胜以卖瓜钱文尚未分账,斥令退出,张万氏不肯,张永胜生气辱骂,张万氏扑拢撞头,张永胜情急,顺用剖瓜小刀吓戳,不期张万氏扑力过猛,致将其右腿穿透倒地。李季氏赶拢扶救,讵调治罔效,移时殒命。经尸父万得投约报验,获犯讯供议拟解府,由镇迪道转详,臣亲审无异。

查律载:夫殴妻至死者,绞监候,等语。此案张永胜因伊妻万氏向其索钱,口角起衅,用刀吓戳,适伤万氏右腿穿透,移时身死,自应按律问拟。张永胜一犯合依"夫殴妻至死者绞"律,拟绞监候,秋后处决。李季氏救阻不及,应毋庸议。无干省释,尸棺饬埋,凶刀案结销毁。是否允协?

除全案供招咨送刑部外,所有杀毙妻命审明定拟各缘由。谨恭折具陈。伏乞皇上圣鉴,饬部核覆施行。谨奏。②

---

① 黄丙焜(1838—1919),字云轩,湖南长沙县人,附贡生。光绪二年(1876),随前大学士左宗棠出关,保知州。八年(1882),借补吐鲁番同知。十二年(1886),调署疏勒直隶州知州。十五年(1889),调署迪化府知府。十七年(1891),升补伊犁府知府。十九年(1893),署阿克苏道。二十五年(1899),调署伊塔道。二十九年(1903),迁阿克苏道。同年,调署镇迪道兼按察使衔。嗣经伊犁将军长庚、马亮两次奏保,交军机处记名,请咨送引。三十三年(1907),由吏部带领引见。三十四年(1908),交北洋大臣差遣委用,补授四川成绵龙茂道。同年,调补四川建昌道。民国八年(1919),卒于里。

② 台北故宫博物院藏:《军机及宫中档》,文献编号:408002704.又,中国第一历史档案馆藏:《录副奏折》,档号:03-7315-017.

是日，公又奏报禁止汉人重利放债缘由，下部议。曰：

　　窃维新疆南路向称繁庶，勘定后，加意抚绥，元气犹未尽复。推原其故，固由缠民拙于谋生，实苦于汉人之重利放债。缠民只图一时之便，不顾后患，议息不论年月，但按缠俗，每七日市集一次，每次取息五六分不等，约计本银一两，每月取息在二钱以外。所放者多系货物，作价本昂，数月之间，利即过本。缠民至愚，为日既久，愈难清算，放债者任意开报，较之短票折扣，其毙尤甚。经年累月，未有穷期，竟有卖妻鬻子、流为盗贼者。虽经前任抚臣深悉其弊，迭次严禁，无如积习相沿，已成难返之势。盖放债者皆系刁蛮无赖之辈，非曾当营，即旧充丁书，欺压愚懦，任意鱼肉。各署丁役、通事复借此渔利，互相朦毙。缠民受害，不可胜言。光绪十六年十二月，吐鲁番缠民阿不都热以木等专寻汉人烧杀惨毙三十六命一案，亦由平日放债积怨所致，其明征也。

　　臣再四思维，与其禁止盘剥流弊，终难挽回，不若不准放债，源清而弊自绝。查例载：内地民人概不许与土司等交往借债，如有违犯，将放债之人照偷越番境例，加等问拟。其借债之土苗，即与同罪，等语。南疆缠回与土苗情形相似，自应仿照办理。惟积弊已深，未便遽绳以法，应请宽其既往，拟饬各地方官传谕放债之人，开具借户姓名，并本银若干、息银若干，秉公酌量。如得息不多者，按每月三分本利归还；如陆续取息利过于本者，只归本银。设利上加利，借债者又系赤贫，即免其还本。统限两月内清结，通详立案，嗣后再有汉人放债情事，地方官随时查拿，照例详办。倘失于觉察，从严议处。定例既严，庶共知儆惕，盘剥之害当可永除，南疆地方自必渐有起色。

　　臣为保卫边民生计起见，是否有当？谨恭折具奏。伏乞皇上圣鉴，饬部核议施行。谨奏。①

---

① 台北故宫博物院藏：《军机及宫中档》，文献编号：408002705．

同日，公又会衔陕甘总督杨昌濬附片奏报委任江景耀等署同知等缺，下部闻。曰：

> 再，乌什直隶厅同知袁运鸿调省察看，所遗员缺查有候补同知江景耀，堪以委署。署和阗直隶州知州甘承谟卸署遗缺，查有卸任喀喇沙尔直隶厅同知江遇璞，堪以委署。据署新疆布政使饶应祺、署镇迪道兼按察使衔周崇傅会详前来。
>
> 除由臣批饬分别给委外，谨会同陕甘总督臣杨昌濬，附片具陈。伏乞圣鉴。谨奏。①

同日，公又会衔陕甘总督杨昌濬、喀什噶尔提督董福祥附片奏报游击丁连科病故等情，下部闻。曰：

> 再，记名提督巴里坤镇标中军游击丁连科，前经护抚臣魏光焘奏请借补该标左营游击员缺，奉朱批：兵部议奏。钦此。钦遵在案。兹据署巴里坤镇总兵汤彦和呈称：丁连科感受风寒，触发旧伤，医药罔效，于光绪十八年二月十二日午时在任病故。取具印、甘各结，呈请核办前来。
>
> 臣覆核无异，除饬准补巴里坤镇标中军游击宋贤声前赴本任，左营游击员缺另行拣员请补外，谨会同陕甘总督臣杨昌濬、喀什噶尔提督臣董福祥，附片具陈。伏乞圣鉴，训示。谨奏。②

三月二十三日，公会衔北洋大臣李鸿章拟设肃州至省城电线等情，下部议。曰：

> 窃查光绪十五年臣昌濬会奏请设西安至嘉峪关电线折内，声明关

---

① 台北故宫博物院藏《军机及宫中档》，文献编号：408002705-0-A.又，中国第一历史档案馆藏《录副奏片》，档号：03-5291-042.

② 台北故宫博物院藏《军机及宫中档》，文献编号：408002705-0-B.又，中国第一历史档案馆藏《录副奏片》，档号：03-5886-082.

外应如何筹费展拓，容兴新疆抚臣议商办理。现在甘肃电线业已竣工，新疆远处边陲，蒙、汉、回、缠及哈萨克、布鲁特各部错杂而居，西北紧与俄邻，西南与英所属诸部接境，遇有紧要文报，由省城递至肃州转电，动需旬日，似此声息迟滞，窃恐贻误事机。

臣模上年路过天津，与北洋大臣李鸿章①面商，关外电线亟应接办。旋经兰州，与臣昌濬议及，意见亦同。查新疆地面辽阔，伊犁、塔尔巴哈台、喀什噶尔南北分途，距省窵远，一时骤难筹办，拟先由肃州接办至新疆省城，伊犁及南路等处要件均由此线打报进关。其设杆处所由哈密经巴里坤，天山险峻，石路崎岖，冬令雪深，巡守不易，不如由哈密经吐鲁番以达省城较为便益。惟新疆商务甚少，此项电线专为边防而设，应照甘肃作为官线，筹款兴办。

查上年自西安设至肃州，计二千九百余里，估用银二十万两；肃州至新疆省城三千二百余里，程途既远，戈壁又多，经费必须加增。现值库款支绌，就地又无可筹，相应请旨饬下户部暨总理各国事务衙门，筹款拨银一十万两，交由李鸿章派员购办电器，迅速西来，查勘线路，以

---

① 李鸿章（1823—1901），字少荃，安徽合肥人，优贡生。道光二十四年（1844），中举人。二十七年（1847），中式二甲三十六名进士，改庶吉士。道光三十年（1850），授武英殿编修、国史馆协修；从曾国藩游，讲求经世之学。咸丰三年（1853），办理团练。五年（1855），以军功赏知府衔，并戴花翎。六年（1856），以功保道员，请旨简放，并加按察使衔。九年（1859），授福建延建邵道（未赴任）。同治元年（1862），署江苏巡抚，旋实授，署办理通商事务钦差大臣，兼南洋通商大臣。二年（1863），署五口通商大臣，晋太子少保衔。三年（1864），赏骑都尉，戴双眼花翎，封一等肃毅伯，任江南乡试监临官。四年（1865），署两江总督。五年（1866），授钦差大臣。六年（1867），调补湖广总督，赏骑都尉。七年（1868），总统北路军务，晋太子太保衔，擢协办大学士。八年（1869），兼署湖北巡抚，督办剿苗军务。九年（1870），督办陕西军务，调直隶总督，摄长芦盐政，兼北洋通商事务大臣。十二年（1873），授武英殿大学士。十三年（1874），改文华殿大学士。光绪五年（1879），加太子太傅衔。六年（1880），巴西通商，以全权大臣订约。八年（1882），丁母忧，服满，驻天津督练各军，并署通商大臣。九年（1883），署直隶总督，兼通商大臣。十年（1884），补直隶总督，兼北洋通商事务大臣、文华殿大学士。十一年（1885），授全权大臣，与法国订立《中法新约》。十二年（1886），以全权大臣定法国通商滇粤边界章程。二十年（1894），赏三眼花翎。二十一年（1895），抵马关，与日订立《马关条约》。旋任致贺俄国加冕头等专使大臣。二十二年（1896），命直总理各国事务衙门，兼经筵讲官。二十三年（1897），授武殿殿总裁。二十五年（1899），调商务大臣，署两广总督。二十六年（1900），充议和全权大臣，总督直隶，兼北洋通商大臣，权长芦盐。二十七年（1901），充政务处督办大臣，旋署总理外务部事。是年，卒于任。赠太傅，晋封一等侯，谥文忠。著有《李文忠公全集》，修《钦定大清会典事例》《畿辅通志》《保定府志》等行世。

次安设,并于甘肃新疆储存四分平余项下各动拨银五万两,由臣等分饬肃州、安西、哈密、吐鲁番、镇西、迪化各州厅县,预采材料,以备取用。各项经费核实动支,如有不敷,由臣等另行筹给,一并造销。其打报、测量、巡守各人役,均照甘肃章程,酌量拟设。

除养电、岁修各费并伊犁等处应否接续安设再行分别议奏外,所有拟设肃州至新疆省城电线缘由,谨会同北洋大臣李鸿章,合词恭折具奏。伏乞皇上圣鉴,训示。再,此折系臣模主稿。合并声明。谨奏。①

四月初二日,公奏报审拟梁滽谋杀人命一案,下部议。曰:

窃迪化县客民梁滽因妒奸起衅,谋杀舒玉成身死,并纵奸本夫鲁受帮同抬尸一案,据署迪化县知县杨其澍验明获犯,录供通详。嗣因奸妇保外病故,未及招解,卸事移交。接任知县黄袁议拟,解署迪化府知府黄丙焜审明,详署镇迪道兼按察使衔周崇傅审核前来。

臣亲提审讯,缘梁滽籍隶甘肃敦煌县,光绪十五年来迪化县,木匠佣工,与已死舒玉成先不认识。梁滽与鲁张氏通奸,(鲁)张氏后又与舒玉成通奸。本夫鲁受均贪利纵容,得过银钱,不计次数。梁滽、舒玉成常去鲁张氏家撞遇,并不交言。十七年三月十六日,梁滽搬寓鲁受家内,帮其做工。是晚定更时,舒玉成走至,见梁滽、鲁张氏、鲁受同坐外房闲谈,舒玉成即进内房,鲁张氏继进,舒玉成身卧炕上,鲁受随亦进内。舒玉成斥鲁受不应招引梁滽居住,先前给过钱物均要算还。梁滽在外房听闻,顿生嫉妒,起意将舒玉成致死,顺拿尖刀进内,乘其不意,连戳其右眉、左眼角,并划伤左眼胞。舒玉成用手遮护,梁滽又戳伤右胁胈。鲁张氏哭喊,鲁受赶拢夺刀,未曾夺下。舒玉成起身下炕,梁滽又用刀戳其右胯、小腹。倒地,立时殒命。梁滽吓禁声张,遂令鲁

---

① 台北故宫博物院藏:《军机及宫中档》,文献编号:408002703。又,中国第一历史档案馆藏:《录副奏折》,档号:03-9437-071。

受帮同将尸身血衣脱下,见小腹肠出,梁潾随取鲁张氏针线,将肠纳入,缝住伤口,并取鲁受单布裓裤,为舒玉成穿好,喝同鲁受将尸抬放舒玉成门首渠内,转回焚烧血衣,刨去地上血迹。次早,经郭起山瞥见,投约报验,获犯讯供解府,详由镇迪道审转,臣亲审无异。

查律载:谋杀人者,斩。又例载:凶犯起意埋尸灭迹,听从抬埋者,照里首地邻弃尸律,杖六十,徒一年,不失者减一等。又例载:纵容妻妾犯奸,本夫除照例轻罪外,仍在本家门首枷号一个月,各等语。此案凶犯梁潾与舒玉成先后与鲁张氏通奸,该犯闻舒玉成斥鲁受不应招住之言,顿生嫉妒,乘其不意,用刀连戳毙命,实属谋杀,自应按律问拟。梁潾除与鲁张氏通奸并弃尸不失等轻罪不拟外,合依"谋杀人者斩"律,拟斩监候,秋后处决,照例先行刺字。

鲁受帮同抬尸,自应照例问拟。鲁受合依"凶犯起意埋尸灭迹,听从抬埋者,照里首地邻弃尸律,杖六十,徒一年,不失者减一等"例,拟杖一百,仍按纵容本法,于本家门首枷号一个月,满日折责发落。舒玉成、鲁张氏均有应得奸罪,舒玉成业已被杀身死,鲁张氏已于讯供后病故,均毋庸议。奸赃讯无确数,请免着追;尸棺饬埋,凶刀案结销毁。是否允协?

除全案供招咨送刑部外,所有妒奸谋杀审明定拟各缘由,谨恭折具陈。伏乞皇上圣鉴,饬部核覆施行。谨奏。①

同日,公又奏报审拟张玉林斗殴毙命一案,下部议。曰:

窃奇台县客民张玉林因索银口角,用刀戳伤陈得潾肚腹身死一案。据奇台县知县刘澄清获犯验讯拟详,由署迪化府知府黄丙焜审解,署镇迪道兼按察使衔周崇傅讯明转详,臣亲提研鞫,缘张玉林籍隶四川巴县,在奇台县属小贸生理,与已死陈得潾素好无嫌。先是陈得

---

① 台北故宫博物院藏:《军机及宫中档》,文献编号:408002709.又,中国第一历史档案馆藏:《录副奏折》,档号:03-7315-020.

滩采挖硇砂,因无资本,借张玉林银三十四两。张玉林屡讨,陈得滩每言俟贸售后,即行归还。

光绪十七年五月初五日,张玉林探知陈得滩硇砂已售,赶向索银。陈得滩仍复推诿。张玉林生气,斥其有心骗赖。陈得滩不依,当持木棍殴伤张玉林右眼角、左耳轮。张玉林被殴情急,顺拾割草刀抵格,适陈得滩拢前扑殴,致刀戳伤肚腹倒地,被石划伤右臀。随经王光居等喝住。讵陈得滩伤重,越日殒命。报县验讯议拟,由府解道审明具详前来。臣覆鞫无异。

查律载:斗殴杀人者,不问手足、他物、金刃,并绞监候,等语。此案张玉林因索债口角被殴,情急用刀抵格,致伤陈得滩肚腹殒命,自应按律问拟。张玉林合依"斗殴杀人者,不问手足、他物、金刃,并绞监候"律,拟绞监候,秋后处决。至王光居等救阻不及,均免置议。陈得滩所欠银两,身死无证。无干省释。尸棺饬埋,凶刀案结销毁。是否允协?

除全案供招咨送刑部外,合将斗殴毙命审明定拟缘由,恭折具陈。伏乞皇上圣鉴,饬部核议施行。谨奏。①

是日,公又奏报审拟石有伏斗殴毙命一案,下部议。曰:

窃阜康县客民石有伏因负债口角,殴伤徐宾身死一案,据署阜康县知县钟逢焕获犯,验讯议拟,由署迪化府知府黄丙焜转解,署镇迪道兼按察使衔周崇傅讯明,具详前来。

臣亲提覆鞫,缘石有伏籍隶甘肃河州,向在阜康县属佣工,与已死徐宾素识无嫌。光绪十七年春,石有伏因无籽种,托李吉升向徐宾借小麦一石,原约秋获偿还。是年八月内,徐宾迭次索讨。石有伏存粮无几,央缓归给。至九月十三日,石有伏路遇徐宾,向索小麦。石有伏

---

① 台北故宫博物院藏:《军机及宫中档》,文献编号:408002707。又,中国第一历史档案馆藏:《录副奏折》,档号:03-7315-019。

仍前求缓，徐宾不允。石有伏被逼，推称麦系李吉升所借，须凭李吉升归还。徐宾斥其骗赖，石有伏回詈。徐宾生气，赶将石有伏按倒墙边，手批其颊。石有伏顺口咬住徐宾中指，并抓伤其左耳轮，殴伤其左胳肘。徐宾扭住不放，石有伏用脚连踢两下，致伤徐宾左胁。徐宾愈加气忿，双膝跪按石有伏身上。石有伏情急图脱，用手捏伤徐宾肾囊倒地，垫上左胁。适王学禄瞥见喝阻，讵徐宾伤重，移时身死。报县验讯议详，由府解道，审明转详，臣覆鞫无异。

查律载：斗殴杀人者，不问手足、他物、金刃，并绞监候，等语。此案石有伏因负债口角被按，情急用手捏伤徐宾肾囊殒命，自应照律问拟。石有伏合依"斗殴杀人者，不问手足、他物、金刃，并绞监候"律，拟绞监候，秋后处决。王学禄救阻不及，免其置议。所欠麦石，照数追还。无干省释，尸饬领埋。是否允协？

除全案供招咨送刑部外，合将斗殴毙命审明定拟缘由，恭折具陈。伏乞皇上圣鉴，饬部核议施行。谨奏。①

四月十三日，公奏报审拟胡培基故杀人命一案，下部议。曰：

窃奇台县客民胡培基因代借银两口角起衅，故杀杨宗越日身死一案，据奇台县知县刘澄清获犯，验讯议拟，由署迪化府知府黄丙焜解署镇迪道兼按察使衔周崇傅审详前来。

臣亲提覆鞫，缘胡培基籍隶哈密厅，与已死杨宗在奇台县属合伙小贸，素好无嫌。光绪十七年五月，杨宗托胡培基借马安仁银六两，屡讨未偿。七月二十九日，马安仁又来索讨。胡培基以杨宗外出推缓，马安仁不依，坐向逼索。是晚，杨宗回归，胡培基告知前情，杨宗答以明早措还。八月初一日天明，胡培基喊杨宗去办银两，杨宗贪睡不理，胡培基斥其懒惰，杨宗坐起詈骂，胡培基生气，顺执菜刀向杨宗头上冒

---

① 台北故宫博物院藏：《军机及宫中档》，文献编号：408002708。又，中国第一历史档案馆藏：《录副奏折》，档号：03-7315-018。

砍一下，致伤顶心。杨宗受伤侧倒，愈加辱骂，声言伤痊，定行报复。胡培基一时忿极，触发代借被逼之嫌，顿起杀机，持刀用刀连砍，致伤偏右右额角、左太阳、右眉、右腮颊、右耳等处。当经尸兄杨耀、雇工杨十二等力为救阻，报县验伤医治。杨宗伤重，延至十六日殒命。复报验讯拟详，由府解道审转臣，覆鞫无异。

查律载：故杀者，斩监候，等语。此案胡培基因代借银两口角起衅，刃伤杨宗顶心，复被辱骂，并触代借账项被逼之嫌，顿起杀机，连砍多伤，重至骨碎，致杨宗越日因伤毙命。核其下手情形，极为凶狠，未便因死者稍延时日，遽宽其有心致死之罪，自应仍照故杀律问拟。胡培基合依"故杀者斩"律，拟斩监候，秋后处决，照例刺字。杨十二等阻救不及，应免置议。马安仁逼账酿命，获日另结。所欠银两，身死无证。无干省释，尸棺饬埋，凶刀案结销毁。是否允协？

除全案供招咨送刑部外，合将故杀人命审明定拟各缘由，恭折具陈。伏乞皇上圣鉴，饬部核覆施行。谨奏。①

同日，公又奏报审拟缠民保沙克斗殴杀人命一案，下部议。曰：

窃疏附县缠民保沙克因负债口角起衅，用刀戳伤张玉莲左肋，移时身死一案，据代理疏附县知县田鼎铭验明，获犯讯供议拟，由疏附州知州蒋诰审解署喀什噶尔道李宗宾覆讯，咨署镇迪道兼臬司周崇傅核转前来。

臣覆加查核，缘保沙克籍隶疏附县，小贸营生，与已死张玉莲熟识无嫌。光绪十七年三月，保沙克请沙米尔代借张玉莲红钱五百文，约八月归还。八月初一日，保沙克由外贸易回家，张玉莲屡次向讨。保沙克许卖羊归给。十九日，张玉莲又向追讨。保沙克仍复求缓，张玉莲斥其骗赖，保沙克分辩。张玉莲生气，抓住保沙克衣襟，口称脱衣作

---

① 台北故宫博物院藏：《军机及宫中档》，文献编号：408002710。又，中国第一历史档案馆藏：《录副奏折》，档号：03-7315-023。

抵。保沙克力争不脱,遂拔身佩小刀,在自己胸前划一下,冀其松手。张玉莲抓扭愈紧,保沙克情急,顺用小刀冒戳一下,适伤张玉莲左肋倒地。米拉乌拉赶拢喝阻。张玉莲伤重,移时殒命。经任作才投约报验,讯供议拟,由州解道,咨兼臬司核转,臣覆核无异。

查律载:斗殴杀人者,不问手足、他物、金刃,并绞,等语。此案保沙克因张玉莲索债脱衣,一时情急,戳伤张玉莲,移时殒命,自应按律问拟。保沙克合依"斗殴杀人者,不问手足、他物、金刃,并绞"律,拟绞监候,秋后处决。所欠张玉莲红钱,如数追领。米拉乌拉救阻不及,应与作保之沙米尔均毋庸议。无干省释,尸棺饬埋,凶刀案结销毁。是否允协?

除全案供招咨送刑部外,所有斗杀人命核明定拟各缘由,谨恭折具陈。伏乞皇上圣鉴,饬部核覆施行。谨奏。①

四月十八日,公开单具奏正月分新疆雨雪粮价情形,曰:

窃照光绪十七年十二月分各厅州县粮价并得雪情形,业经臣奏报在案。兹据署新疆布政使饶应祺详称:光绪十八年正月分,镇迪道属迪化、奇台、阜康、绥来、哈密得雪,积地三寸;镇西得雪,积地二寸;昌吉得雪,积地一寸;吐鲁番微雨,库尔喀喇乌苏微雪。伊塔道属塔尔巴哈台得雪,积地三寸;绥定、宁远微雪,精河暨南路各厅州县均未得雪。

至通省粮价,镇西、库尔喀喇乌苏、塔尔巴哈台、库车、英吉沙尔、和阗、阜康、绥来、绥定、拜城、叶城等厅县俱与上月相同,余均略有增减。汇详请奏前来。

理合恭折具陈,并缮粮价清单,敬呈御览。伏乞皇上圣鉴。谨奏。②

---

① 台北故宫博物院藏:《军机及宫中档》,文献编号:408002711。又,中国第一历史档案馆藏:《录副奏折》,档号:03-7315-022。
② 台北故宫博物院藏:《军机及宫中档》,文献编号:408002716。

同日，公又具奏停收库车草湖羊税缘由，下部议。曰：

窃臣准户部咨：据护理甘肃新疆巡抚魏光焘咨呈：库车厅岁收草湖羊税弊窦丛生，请自光绪十七年起概行停止。查该省历年奏销各册，草湖税每年约收银一千二三百两，羊税是否草湖税中之一？至原咨声称弊窦丛生，自应严行剔除，毋庸遽请停止。如果累民，亦应奏明办理，等因。饬据署布政使饶应祺详覆前来。

臣查库车厅属草湖，前抚臣刘锦棠①以足资护民牧放，饬司酌议羊税，汇册报部。原系试办，其册内所称草湖税即系前项羊税，羊税外并无草湖别项税银，当因草湖距城窎远，派员经理，徒资繁费，就近责成各乡约，按羊抽收，尽数报解。日久弊生，勒取浮征，不胜扰累。叠饬地方官严查惩办，该乡约等恃其僻远，查察有所不及，积弊迄难尽除。现计前项税银为数无几，即按年征收，究于公中无甚裨益。又，自十七年起，业经前护抚臣魏光焘饬令停止。若令仍照旧章，不特旋停旋收，办理歧异，实于边民生计不无妨碍。

可否吁恳天恩，准将库车厅属草湖洋税饬部仍照前案停止，以纾

---

① 刘锦棠（1844—1894），字毅斋，湖南湘乡人，其父亲刘厚荣战殁于岳州，为报其父仇，随其叔父刘松山转战于江西、安徽、陕西等地。同治三年（1864），帮办老湘军营务，遵例报捐县丞。四年（1865），以军功赏戴蓝翎，擢知县，加同知衔，旋赏换花翎。五年（1866），以同知直隶州遇缺即选。六年（1867），奉旨以知府遇缺即选，旋以道员遇缺尽先即选，加按察使、布政使衔，加法福灵阿巴图鲁勇号。同治九年（1870），其叔父广东陆路提督刘松山阵亡，经陕甘总督左宗棠举荐，加三品卿衔，总统刘松山旧部。十年（1871），破金积堡，捕杀马化龙，得赏穿黄马褂、云骑尉世职。十三年（1874），署甘肃西宁兵备道。光绪元年（1875），升补甘肃甘凉道员，调甘肃西宁道。二年（1876），率部攻克乌鲁木齐，歼灭天山北路妥明等部，封骑都尉世职。三年（1877），攻占达坂、托克逊等城，迫使阿古柏畏罪自杀。随后乘胜追歼阿古柏残部，攻克库车、拜城、喀什噶尔等地，赏双眼花翎，以三品京堂候补。四年（1878），晋二等男爵，擢太常寺卿，授通政使司通政使。六年（1880），始帮办新疆军务，旋以左宗棠奉诏晋京，饬署钦差大臣督办新疆军务，统哈密及镇迪道所属文武地方官。七年（1881），擢钦差大臣督办新疆军务。八年（1882），收复伊犁，提出新疆建省方案。九年（1883），补授兵部右侍郎。十年（1884），清廷批准新疆建省，授首任新疆巡抚，加尚书衔，仍以钦差大臣督办新疆事宜。担任巡抚期间，执行左宗棠建设新疆的规划，在兴修水利、奖励农桑、改革军事和田赋制度、修治驿道和城池等方面做出了重大贡献。十三年（1887），署伊犁将军。十五年（1889），回籍侍养，加太子少保衔。次年，晋太子太保。二十年（1894），晋一等男爵，赠太子太傅。未几，卒于里。谥襄勤。有《刘襄勤公奏稿》存世。

民困,出自鸿慈。除咨部外,谨恭折具奏。伏乞皇上圣鉴,训示,施行。谨奏。①

是日,公又代奏汤彦和为补授总兵谢恩一事,曰:

窃臣据新授陕西河州镇总兵现署新疆巴里坤镇汤彦和呈称:奉文转准陕甘督臣杨昌濬咨:准兵部咨开:光绪十八年正月初九日,内阁奉上谕:陕西河州镇总兵员缺,着汤彦和补授。钦此。谨即恭设香案,望阙叩头谢恩。

伏念总兵楚湘薄植,知识庸愚,久历戎行,频膺懋赏。十五年六月,经前护抚臣魏光焘会同督臣杨昌濬奏委,署理巴里坤镇总兵员缺,涓埃未报,陨越时虞! 兹蒙帝简殊恩,擢补河州重镇,鸿施迭被,鳌戴莫名! 惟有竭力从公,实心自矢,知整军所以固圉,勉效驰驱;非禁暴无以绥民,俾臻安谧,以期仰答高厚鸿慈于万一! 所有感激下忱,恳请代奏叩谢天恩前来。理合据情代奏。伏乞皇上圣鉴。谨奏。②

同日,公又代前护抚魏光焘呈缴朱批情形,曰:

窃查前护理巡抚臣魏光焘自光绪十七年十月初三日起至十二月初九日交卸止,所有奏事朱批折片,臣历次奉到共计四十三件,理合密封呈缴。伏乞皇上圣鉴。谨奏。③

---

① 台北故宫博物院藏:《军机及宫中档》,文献编号:408002714。又,中国第一历史档案馆藏:《录副奏折》,档号:03-6504-033。
② 台北故宫博物院藏:《军机及宫中档》,文献编号:408002713。又,中国第一历史档案馆藏:《录副奏折》,档号:03-5887-053。
③ 台北故宫博物院藏:《军机及宫中档》,文献编号:408002712。又,中国第一历史档案馆藏:《录副奏折》,档号:03-5293-008。

同日，公又奏报新疆新海防第四次捐输请奖一事，下部议。曰：

窃照新疆新海防捐输，业经臣将光绪十六年十一月初一日起至十七年四月底止第三次捐输奏请核奖在案。兹据署布政使饶应祺详称：自光绪十七年五月初一日起，截至十月底止，先后据各捐生报捐实官、职衔各项共八名，计收正项库平银一千六百七十四两四钱，分别填发正实收，给予收执。收捐银两，另款存储，听候提拨。其随收饭银、照费、填过副实收及各捐生履历清册，一并赍解，详请具奏，并恳饬部填换执照，以凭转给，等情。前来。

臣覆核无异，合无仰恳天恩将新疆第四次新海防捐输饬部分别核奖，以资鼓励。除将清册、副实收、饭银、照费咨送吏部、户部、国子监外，谨恭折具陈。伏乞皇上圣鉴，训示。谨奏。①

是日，公又会衔陕甘总督杨昌濬附片奏报朱冕荣等署理厅县，下部闻。曰：

再，署库车直隶厅同知文瑞兰撤任遗缺，查有候补知府借补吐鲁番直隶厅同知朱冕荣，堪以委署。署昌吉县知县任兆观②卸署遗缺，应饬候补知州准补该县知县李凌汉即赴本任，以专责成。据署新疆布政使饶应祺、署镇迪道兼按察使衔周崇傅会详前来。除由臣批饬分别给

---

① 台北故宫博物院藏：《军机及宫中档》，文献编号：408002715. 又，中国第一历史档案馆藏：《录副奏折》，档号：03-6128-023.

② 任兆观（1848—?），云南昆明县人，附生。同治九年（1870），中式本省乡试举人，经吏部以知县注册拣选，以军功奏保，以知县不论双单月，尽先选用。光绪七年（1881），随同伊犁参赞大臣升泰出关，于办理接收分界事务案内奏保，俟补缺后，以知州用，先换顶戴。十二年（1886），留新疆试用。嗣经伊犁将军色楞额保奏，补缺后以同知补用。十六年（1890），署昌吉县知县。十九年（1893），署阜康县知县。二十一年（1895），实授斯缺。二十四年（1898），丁母忧，回籍守制。二十六年（1900），服满起复。二十七年（1901），署绥来县知县。二十九年（1903），补授镇西厅同知。三十一年（1905），丁父忧，回籍守制。

委外,谨会同陕甘总督臣杨昌濬,附片具陈。伏乞圣鉴。谨奏。①

四月二十六日,公致电军机处曰:

顷据喀道报:四月朔,张旗官禀:爱乌罕与巴达克山什克南头目到苏满,称苏满至六尔阿乌一带均非中属,即要立卡,并坚称伊国不属英,词甚骄横,且闻瓦罕驻兵尚多,现张旗官已退札布伦库尔,等情。查爱占苏满,俄必与争,恳电请总署核覆,模,宥。②

五月初一日,公会衔陕甘总督杨昌濬奏报估计明年新疆等处新饷情形,下部议。曰:

窃查新疆、伊犁、塔尔巴哈台光绪十八年饷数,上年经部拨银二百六十万八千两在案。兹据署布政使饶应祺详称:十九年,新疆抚标、提标,阿克苏、巴里坤两镇标需俸饷银二百五十六万两、军装、器械银一十万两,司库例支不敷银一十五万两,地方例支、杂差、车脚、口分银五万两,古城旗营经费银六万五千两、善后经费银一十四万两,伊犁镇标需俸饷、军装、器械、善后经费等项银三十九万两,塔尔巴哈台协标需俸饷、军装、器械银一十二万三千两、善后经费银三万两,共二百六十万八千两。恳请具奏,以便筹拨,等情。前来。

查新疆自经勘定,旋设行省,岁需饷银全恃各省关协济,虽经核减,为数仍巨。臣到任后,深维时事艰难,与藩司再三商度,冀减支款,借节饷需。无如全疆地面辽阔,戈壁居多,防营既难议减,就地无从筹款。现在南北两路善后未竣,北路城署亦多未修,伊犁、塔尔巴哈台先后分隶,头绪尤繁。似此情形,未便骤行裁减,相应吁恳天恩将十九年

---

① 台北故宫博物院藏:《军机及宫中档》,文献编号:408002715-0-A.又,中国第一历史档案馆藏:《录副奏片》,档号:03-5292-054.
② 中国第一历史档案馆藏:《电报档》,档号:2-02-12-018-0258.

分新疆等处应需饷银二百六十万八千两,饬部照案指拨,汇入关内新饷,统收分支,以资接济。此后如有可以裁省之处,仍当饬司撙节支给,核实造销,仰副朝廷郑重帑项至意。

至提存新疆藩库银一十一万七千两、伊塔道库银五万两、塔尔巴哈台同知库银四万两,可否照旧拨存,并恳饬部核议。

所有援案估计光绪十九年分新疆等处新饷缘由,除咨部查照外,谨会同陕甘总督臣杨昌濬,恭折具陈。伏乞皇上圣鉴,训示。谨奏。①

同日,公又会衔陕甘总督杨昌濬开单奏报新疆十五年司库收支各款情形,下部议。曰:

窃照光绪十四年分司库收支各属正、杂银粮、草束,业经前护抚臣魏光焘奏请核销在案。兹据署新疆布政使饶应祺详称:光绪十五年分,各属征收本折粮草、地课、杂税等项,支发文武廉费、俸工、鞾鞋、盐菜、驿站夫马工料、孤贫、花布、祭祀并古城旗营官兵俸饷,及添修衙署、兵房各项银两,仍分司库、道库实收实支数目,造册汇总请销。至十五年分各军营旗以及善后各款,支领粮料、草束应扣价银,已由军需、善后项下扣收解司;各属缴收税课银两,其有善后项下动用者,亦由善后项下解还司库,照数列收汇报。

统计光绪十五年分,旧管存银四十一万八千一百一十三两七钱二分七厘,新收各款银五十八万五千六百九十九两六钱九厘,开除银四十一万八千二百七十一两四钱七分九厘。实在截至十五年底止,共存银五十八万五千五百四十一两八钱五分七厘,又未支银三千四百四十四两七钱五分八厘,又仍未支银一万五千八百九十五两九钱八分。旧管存各属仓储各色京斗粮五十一万一千二百三十二石七斗二勺,新收各色京斗粮二十二万三千一百九十二石一斗五升九合,开除各色京斗

---

① 台北故宫博物院藏:《军机及宫中档》,文献编号:408002719.又,中国第一历史档案馆藏:《录副奏折》,档号:03-6630-105.

粮一十四万二百九十二石四斗五升八合一勺。实在截至十五年底止，共存各色京斗粮五十九万四千二百三十一石四斗一合一勺，又各属征收未完及仍未完籽种、额粮一万七千七百二十四石五斗五升八合五勺，又仍未支料一百五十二石九斗三合九勺，又仍长支支料三百一十石三升二合五勺。

旧管各属厂储草一千五百二十一万三千二百三十九斤三两一钱四分，新收草一千四百八十四万七千八百六十六斤九两三分二厘，开除草一千四百四十八万二千一十七斤九两四钱一分二厘。实在截至十五年底止，各属共存草一千五百五十七万九千八十八斤二两七钱六分，又未支草四千八百六十四束，仍未草一十万二千四百六十七束。

其长支、未支银粮、草束，俟找发扣还后，归入下届造报附销。造具银粮、草束四柱清单并总、散报销清册，详请奏咨核销前来。臣覆核无异，理合缮具简明清单，恭呈御览。仰恳天恩饬部核销。除将清册分送户部、户科外，谨会同陕甘总督臣杨昌濬，恭折具奏。伏乞皇上圣鉴，训示。谨奏。①

同日，公又会衔陕甘总督杨昌濬、喀什噶尔提督董福祥奏报谭正南等补游击等员缺，下部议。曰：

窃巴里坤镇游击、都司、守备各缺，均经奏准作为题缺，亟应拣员请补，以专责成。该标左营游击员缺，前护抚臣魏光焘奏请以记名总兵丁连科借补，该员现已病故，所有该营游击员缺，查有留甘肃新疆尽先补用总兵资勇巴图鲁谭正南，谋勇俱优，办事勤奋，堪以借补。古城营游击员缺，查有留甘肃新疆尽先补用总兵腾奇祠克巴图鲁罗平安，素娴韬略，勤奋有为，堪以借补。哈密协营中军都司员缺，查有留甘肃新疆尽先补用副将许明耀，朴诚勇敢，堪以借补。木垒营守备员缺，查

---

① 台北故宫博物院藏：《军机及宫中档》，文献编号：408002718。又，中国第一历史档案馆藏：《录副奏折》，档号：03-6569-001。

有副将衔留甘肃新疆尽先补用参将徐春光,朴实耐劳,堪以借补。

以上各员均在新疆带队有年,营务、边情极为熟悉,以之借补各缺,均堪胜任。合无仰恳天恩俯准以谭正南等四员请补游击、都司、守备各缺,以裨营伍。如蒙俞允,并请饬部发给札付,徐春光应照乌鲁木齐补放守备例,毋庸送部引见。其借补游击谭正南、罗平安、都司许明耀三员,俟防务大定,即行给咨送部引见,以符定制。

除饬取各该员履历清册咨部查照外,谨会同陕甘总督臣杨昌濬、喀什噶尔提督臣董福祥,恭折具陈。伏乞皇上圣鉴,训示。谨奏。①

是日,公又会衔伊犁将军长庚、陕甘总督杨昌濬附片奏报委令都成额等署理员缺,下部闻。曰:

再,臣据古城城守尉克蒙额②呈称:镶红镶蓝旗佐领多贵因患伤寒,医药罔效,于光绪十八年三月十六日未时在任病故,等情。臣覆核无异,相应请旨开缺,另行拣员请补。至所遗镶红镶蓝旗佐领员缺,查有即补佐领正黄正红旗防御都城额,堪以署理。递遗防御员缺,查有左翼蒙古四旗骁骑校多印,堪以署理。递遗骁骑校员缺,查有尽先即补骁骑校前锋校喜奎,堪以署理。

---

① 台北故宫博物院藏:《军机及宫中档》,文献编号:408002717.又,中国第一历史档案馆藏:《录副奏折》,档号:03-5887-046.

② 克蒙额(1842—1911),字矩庵、哲臣,满洲镶蓝旗人。咸丰十年(1860),随僧格林沁出师海口,任鸟枪护军。同治元年(1862),往天津练威远队。二年(1863),随通商大臣崇厚出师直隶,再随直隶总督刘长佑出兵山东。四年(1865),随钦差大臣文祥出师奉省,以鸟枪护军校尽先即补。七年(1868),升鸟枪护军校。光绪五年(1879),赏戴花翎。九年(1883),委鸟枪护运参领。十一年(1885),任副鸟枪护军参领。十二年(1886),擢正鸟枪护军参领。十五年(1889),加二品顶戴。十六年(1890),补授新疆古城城守尉。二十三年(1897),加副都统衔。二十五年(1899),开缺以副都统用。二十六年(1900),补镶白旗蒙古副都统,调西安右翼副都统,赴西巡行在扈从。宣统三年(1911),西安新军起事,率部抵抗,力竭而死。

除咨部外，谨会同伊犁将军臣长庚①、陕甘总督臣杨昌濬，附片具陈。伏乞圣鉴。谨奏。②

五月十三日，公开单具奏二月分新疆雨雪粮价情形，曰：

窃照光绪十八年正月分各厅州县粮价并得雨雪情形，业经臣奏报在案。兹据署新疆布政使饶应祺详称：光绪十八年二月分，镇迪道属迪化得雪，积地六寸；阜康得雪，积地三寸；昌吉、绥来、奇台得雪，积地二寸；镇西得雪，积地一寸；库尔喀喇乌苏微雪。伊塔道属绥定得雪，积地四寸；塔尔巴哈台得雪，积地一寸；宁远微雪。南路英吉沙尔微雪，积地一寸；拜城、库车微雪；疏勒、疏附、叶城微雨，余未得雨雪。

至通省粮价，吐鲁番、镇西、塔尔巴哈台、精河、喀喇沙尔、库车、阜康、绥定、叶城等厅县俱与上月相同，余均略有增减。汇详请奏前来。理合恭折具陈，并缮粮价清单，敬呈御览。伏乞皇上圣鉴。谨奏。③

---

① 长庚（1844—1914），字少白，满洲正黄旗人。同治三年（1864），入乌鲁木齐都统平瑞幕。同治六年（1867），以监生捐县丞，指分山西试用，俟补缺后以知县用。九年（1870），管解拨偿俄国银两，加知州衔。十年（1871），经伊犁将军荣全奏调，赴新疆军营，任文案翼长，因功以知县仍归原省补用，并赏戴花翎。十三年（1874），调都统金顺军营，总理营务。光绪元年（1875），经乌鲁木齐都统景廉奏调，再赴新疆军营。二年（1876），俟免补本班，以直隶州知州仍留山西，归军功候补班前尽先补用，并加知府衔。旋免补直隶州知州，以知府仍留山西，归候补班遇缺尽先补用，并加盐运使衔。四年（1878），署伊犁巴彦岱领队大臣。六年（1880），保免补本班，以道员仍留原省，遇缺尽先题奏，加二品顶戴。次年，晋副都统衔。八年（1882），以丁母忧扶柩回旗。十二年（1886），补伊犁副都统。十四年（1888），擢驻藏办事大臣。十六年（1890），迁伊犁将军。二十二年（1896），调镶蓝旗汉军都统。二十七年（1901），补授成都将军。二十八年（1902），赴阿尔泰山，查勘科、塔丙城借地。三十年（1904），署兵部尚书，旋实授，赐在紫禁城内骑马。三十一年（1905），考验改编三镇新军。宣统元年（1909），调补陕甘总督，兼陆军部尚书衔，旋授会办盐政大臣。民国三年（1914），卒，谥恭厚。有《温故录》等存世。

② 台北故宫博物院藏：《军机及宫中档》，文献编号：408002717-0-A.又，中国第一历史档案馆藏：《录副奏片》，档号：03-5887-047。

③ 台北故宫博物院藏：《军机及宫中档》，文献编号：408002719.又，中国第一历史档案馆藏：《录副奏折》，档号：03-6917-021。

同日,公又附片奏报废黜坎巨提旧酋缘由,曰:

再,英兵入坎巨提,头目赛必德哎里罕率众逃窜各情形,前经臣奏明在案。旋查该头目及帮办买卖塔力,均有不法情事,其弟买卖提艾孜木素得人心,饬署喀什噶尔道李宗宾,即令带领难民归部,代理头目事务,暂资镇抚。嗣准总理各国事务衙门先后来电:英人以赛必德哎里罕悖逆不道,拟更立新酋,由中国派员会立,等因。当派补阜康县知县田鼎铭①迅赴该部,察看情形,会同英官妥商办理,一面饬将赛必德哎里罕及买卖塔力分解来省。除俟解道讯取确供,并田鼎铭前往会办详覆至日再行具奏外,谨附片陈明。伏乞圣鉴。谨奏。②

六月初四日,公会衔伊犁将军长庚、陕甘督臣杨昌濬开单奏请补防御等缺缘由,下部议。曰:

窃古城满营右翼蒙古四旗防御员缺,经前护抚臣魏光焘奏请以尽先即补骁骑校伊克精额补授。嗣准兵部咨:该员由候补骁骑校请补防御系属越级,核与例章未符,应另拣合例人员请补,等因。转行去后。兹据古城城守尉克蒙额呈称,在于应升人员内逐加考验,拟具正、陪,并造清册,呈请奏补前来。

臣覆加拣选,所有该满营右翼蒙古四旗防御员缺,应以蓝翎五品军功镶黄正白旗骁骑校恒麟拟正,镶白正蓝旗骁骑校倭仁布拟陪。其递遗骁骑校员缺,应以镶黄正白旗尽先拔补骁骑校前锋校全定拟正,镶黄正白旗蓝翎五品军功尽先即补骁骑校恩骑尉恩祥拟陪。理合缮

---

① 田鼎铭(1846—1895),原籍甘肃通渭县,寄籍安西,由州附生投效军营,历经保捐花翎同知衔,分省归候补班前尽先补用知县。光绪十五年(1889),留新疆候补。十七年(1891),署疏附县知县。同年,补阜康县知县,以军功保知州。十八年(1892),派赴坎巨提,会同英员更立摩韩美德拿星为坎巨提头目。同年,保知府。二十年(1894),随同董福祥进京祝嘏,旋派赴甘肃招募队伍,督带赴京。二十一年(1895),殁于途。

② 台北故宫博物院藏:《军机及宫中档》,文献编号:408002719-1-A。

具清单，恭呈御览。仰恳天恩简放防御一员、骁骑校一员，以实营伍。除咨部外，谨会同伊犁将军臣长庚、陕甘督臣杨昌濬，恭折具陈。伏乞皇上圣鉴，训示。谨奏。①

同日，公又会衔陕甘总督杨昌濬附片请将宋有贵等员留新疆补用，下部闻。曰：

再，新疆从前征剿出力各武员，迭经奏留甘肃新疆补用，奉旨允准钦遵在案。兹查有记名提督花尚阿巴图鲁宋有贵、记名提督穆腾额巴图鲁李永昭、记名提督劲勇巴图鲁陈国朋、记名提督确勇巴图鲁易胜临、二品顶戴尽先补用参将慎勇巴图鲁汤廷乾、留江西尽先补用参将果勇巴图鲁王迎琦、尽先补用都司廖玉贵、周祯祥、都司用尽先补用守备廖洪亮、尽先补用守备李春和等十员，在新疆从征多年，边情极为熟悉。合无仰恳天恩俯准均以原官、原衔留于甘肃新疆尽先补用，实于营伍有裨。

除饬取履历清册咨部查照，并俟查有应行留省人员随时奏请外，谨会同陕甘总督臣杨昌濬，附片具陈。伏乞圣鉴，训示。谨奏。②

六月十七日，公开单奏报酌保新疆防戍异常出力员弁，下部议。曰：

窃照光绪十七年五月初八日，前护抚臣魏光焘会同臣昌濬，具奏新疆防戍时阅七年，请援照光绪十年督办新疆军务臣刘锦棠奏准六载边防成案，比照战功，从优给奖。七月十五日，奉朱批：准其照案择尤酌保，毋许冒滥。钦此。魏光焘核办未竣，适值交卸，将文武衔名单册

---

① 台北故宫博物院藏：《军机及宫中档》，文献编号：408002720.又，中国第一历史档案馆藏：《录副奏折》，档号：03-5887-086.
② 台北故宫博物院藏：《军机及宫中档》，文献编号：408002720-0-A.又，中国第一历史档案馆藏：《录副奏片》，档号：03-5887-088.

移交臣模接办。臣等恭绎谕旨,仰见皇上廑念边陲,允颁懋赏,湛恩汪濊,钦感同深!

查新疆防戍各军,经刘锦棠遵旨酌奖后,正值行省新设,数年来,上赖宸谟广运,凡绥边安民诸事宜,罔不次第举办。惟穷荒绝徼,奸宄最易潜踪;俗异性殊,匪徒时虞勾结。防守稍形松懈,动为全局所关,加以改设标营,勇数日减,环万余里之地,守以二万有奇马步之师,一营动辖十余站,一旗或防数百里,其扼要卡汛又皆层岩戈壁,渺无人烟,风沙翳霾,瘴疠时作。各将士蹀危冒险,分段梭巡,帕首荷戈,罔间昕夕。各项办事人员奔驰沙碛荒寒之地,苦辛坚忍,凑赴事机,用能丕畅皇威,消除伏莽,为时七载,辖境晏然。迹其忠义奋发,良由前次边防渥蒙奖叙,有以感其心而作其气。而此际望恩之切,揆诸艰苦情形,实有未便过严者。

溯查大军出关,朝廷深悯西征之苦,月饷薪资,均从优给。底定后,以常年馈运筹拨维艰,营勇改支坐粮,员弁只支廉俸,赢绌之数,今昔悬殊。边疆夙号瘠区,百物昂贵,衣食而外,已无余资。所冀者,圣朝经武,不薄边功,得附议叙之列耳。若不优请恩施,窃恐激励术穷,疆臣无以收指臂之助,且全疆据关陇上游,形势所在,不能不借资群力;非从宽甄录,更无以资观感而励将来。

臣模到任后,按照移交单册,确切询查,与臣昌濬往复函商,文武员弁择其在事年久、极为勤奋者,量请优奖;出力较次及后路经理饷装人员,仍分等酌保。再三审度,务在持平,固不敢故从刻核,靳朝廷宽大之恩;亦不敢旁及无功,启名器滥邀之渐。总计此次请保人数,较上届不及五成,相应缮具清单,吁恳天恩俯念新疆边远,情形不同,防戍已阅七年,实属异常出力,准援光绪十年六载边防成案,比照战功,从优给奖,以资鼓励,并恳圣慈免其逐一注考。除将履历清册咨部查照,骁骑校、千总以下照例咨保外,所有遵旨择尤酌保缘由,谨合词恭折具陈。伏乞皇上圣鉴,训示。再,此折系臣模主稿。合并声明。谨奏。①

同日,公又附片奏请奖叙新疆防戍员弁,曰:

再,新疆防戍各军棋布星罗,汛地辽阔,必统辖得人,乃能整饬戎行,借资臂助。查喀什噶尔提督董福祥、阿克苏镇总兵黄万鹏②、伊犁镇总兵张俊③、署巴里坤镇总兵汤彦和,声威夙著,纪律严密,保固边陲,厥功实伟;又陕西布政使张岳年、甘肃按察使裕祥,前在甘肃藩司任内筹解饷项、军装,悉心经画,深裨事局,应如何一并奖叙之处,出自圣裁。谨附片具奏。伏乞圣鉴,训示。谨奏。④

---

① 台北故宫博物院藏:《军机及宫中档》,文献编号:408002721.又,中国第一历史档案馆藏:《录副奏折》,档号:03-6028-053.

② 黄万鹏(1831—1898),字抟九,湖南宁乡县人。初以武童从曾国荃入江西、安徽,剿办太平军。咸丰六年(1856),充哨长,加六品顶戴。翌年,保外委。十一年(1861),保千总,戴蓝翎。同治元年(1862),保升守备,换花翎。同年,再保都司,晋游击衔。二年(1863),保参将。三年(1864),保总兵,封力勇巴图鲁。六年(1867),保以提督记名简放。十年(1871),署汉中镇总兵。十三年(1874),赏伯奇巴图鲁勇号。光绪二年(1876),赏黄马褂。次年,封云骑尉、骑都尉、二等轻车都尉。六年(1880),赴新疆统带扬威等营。十年(1884),升头品顶戴。十二年(1886),统带定边、定远等营。十五年(1889),署喀什回城协副将。十六年(1890),署阿克苏镇总兵。同年,迁阿克苏镇总兵。二十年(1894),署新疆提督。同年,统带西四城马步各军。二十二年(1896),署巴里坤镇总兵。二十三年(1897),封二等男。二十四年(1898),晋京,卒于途。

③ 张俊(1840—1900),字杰三,倭欣巴图鲁,甘肃宁夏府灵州人。同治九年(1870),报捐都司。十二年(1873),署理西宁永安营游击。同年,升参将。十三年(1874),迁副将,加总兵衔。光绪元年(1875),任西宁北川营都司。次年,晋提督衔。三年(1877),授定远军统领。五年(1879),署阿克苏镇乌什协副将。十五年(1889),补甘肃西宁镇总兵。同年,调伊犁镇总兵。二十一年(1895),擢喀什噶尔提督。二十三年(1897),调署甘肃提督。二十五年(1899),授武卫全军翼长。二十六年(1900),卒于任,谥壮勤。

④ 台北故宫博物院藏:《军机及宫中档》,文献编号:408002721-0-A.又,中国第一历史档案馆藏:《录副奏片》,档号:03-5888-019.

是日，公又附片奏请免开复总兵傅殿奎捐复银两，曰：

再，花翎提督衔记名总兵傅殿奎①因案参革，于新疆六载边防案内奏请开复，经部议覆，准其开复原官，仍令补缴捐复银两。所请开复原衔、翎枝，应毋庸议。花翎知州用补用同知五品衔陕西补用知县柳葆元因案奏参以府经历、县丞降补，于广西官军叠次获胜案内奏准开复原官、原衔、翎枝，部议仍令补缴捐复银两。

该员等在新疆委办要件，不辞劳瘁，实属异常出力，所有应缴捐复银两，恳恩准其一并免缴，并赏还傅殿奎原衔、翎枝，出自鸿施。谨附片陈明。伏乞圣鉴，训示。谨奏。②

六月十九日，公开单奏报三月分新疆分雨雪粮价情形，曰：

窃照光绪十八年二月分各厅州县粮价并得雨雪情形，业经臣奏报在案。兹据署新疆布政使饶应祺详称：光绪十八年三月分，北路镇迪道署迪化、奇台得雨，入土六寸；阜康、镇西、库尔喀喇乌苏得雪，积地无寸；昌吉得雪积地四寸；绥来得雪，积地三寸；得雨，入土二寸；哈密、吐鲁番微雨。伊塔道属宁远得雨，入土三寸；绥定、塔尔巴哈台微雨。南路库车得雪，积地五寸；喀喇沙尔得雪，积地二寸；得雨，入土一寸；拜城得雨，入土一寸；乌什、莎车、叶城、和阗、于阗、英吉沙尔微雨，余未得雨雪。至通省粮价，镇西、塔尔巴哈台、精河、喀喇沙尔、库车、昌吉、阜康、绥来、绥定等厅县俱与上月相同，余均略有增减。汇详请奏

---

① 傅殿奎（？—1911），湖北汉阳人。初以武童投效军营。同治五年（1866），以功选甘肃宁远堡守备。九年（1870），升库尔喀喇乌苏营游击。十年（1871），加副将衔，赏壮勇巴图鲁勇号。光绪四年（1878），晋提督衔。后因案革职。十八年（1892），开复原官。二十七年（1901），补甘肃庄浪协副将。三十一年（1905），迁陕西陕安镇总兵。宣统三年（1911），在辛亥革命中被杀。

② 台北故宫博物院藏：《军机及宫中档》，文献编号：408002721-0-B. 又，中国第一历史档案馆藏：《录副奏片》，档号：03-5888-020。

前来。理合恭折具陈,并缮粮价清单,敬呈御览。伏乞皇上圣鉴。谨奏。①

同日,公又会衔陕甘总督杨昌濬、甘肃学政蔡金台奏报旌表昌吉县节妇缘由,下部闻。曰:

> 窃据署新疆布政使饶应祺详:准署镇迪道兼按察使衔周崇傅咨:据署迪化府知府黄丙焜详:据署昌吉县知县任兆观详:转绅民徐学功禀称:该县节妇马氏,秉性淑慎,适民人徐得学为室,内外无闲言。咸丰四年,得学病故。马氏年二十六岁,家贫,二子尚幼,氏矢志抚孤,借针黹自给,不忘称贷。旋为子择配,以重宗祀。现年六十四岁,计守节三十八年。又,节妇徐氏,系民人何芮生之妻,恪尽妇道。同治三年,芮生病故,遗骨子二。徐氏年二十七岁,时值兵燹,家道贫寒,有劝其适人者,徐氏以死自誓,茹苦含辛,抚子成立,乡里贤之。现年五十五岁,计守节二十八年。职等谊属戚族,见闻较确,未便听其淹没,出具甘结,由县查造事实清册,依次加具印结,转详前来。

> 臣查定例:直省节孝妇女应旌表者,由该督抚、学政会同具题,并取具册结,送部核议题准后,令地方官给银三十两,听本家建坊,等因。兹节妇徐马氏、何徐氏年例均属相符,合无仰恳天恩敕部核议,照例旌表,以彰苦节而维风化。除将册结咨部查照外,谨会同陕甘总督臣杨昌濬、甘肃学政臣蔡金台②,恭折具陈。伏乞皇上圣鉴,训示。再查礼部奏,嗣后各省贞孝节烈妇女应照例具题,不得违例奏请,等因。新疆

---

① 台北故宫博物院藏:《军机及宫中档》,文献编号:408002723.又,中国第一历史档案馆藏:《录副奏折》,档号:03-6918-037。

② 蔡金台,生卒年不详,字燕生、燕孙,江西九江府德化县人。光绪十二年(1886),中式进士,改庶吉士。十五年(1889),任翰林院编修。十七年(1891),升补甘肃学政,湖广道监察御史。三十年(1904),任会试同考官。

行省初设,应题案件均未能照例办理。合并声明。谨奏。①

是日,公又奏报新疆第五次新海防捐输请奖,下部议。曰:

窃照新疆新海防捐输,业经臣将自光绪十七年五月初一日起截至十月底止,作为第四次捐输,奏请核奖在案。兹据署布政使饶应祺详称:自光绪十七年十一月初一日起,截至十八年五月底止,先后据各捐生报捐实官、职衔各项共四名,计收正项库平银七百二两,分别填发正实收,给予收执;收捐银两另款存储,听候提拨。其随收饭银、照费、填过副实收及各捐生履历清册,一并赍解。详请具奏,并恳咨部填换执照,以凭转给,等情,前来。臣覆核无异,合无仰恳天恩准将新疆第五次新海防捐输饬部分别核奖,以示鼓励。除将清册、副实收、饭银、照费咨送吏部、户部、国子监外,谨恭折具陈。伏乞皇上圣鉴,训示。谨奏。②

六月二十六日,军机处转许景澄致公电报,曰:

陶电喀道初一报,阿驻苏满,闻俄马步三千往阿拉依修城,步队千余驻喀喇库尔,并欲至色勒库尔。我兵前驻让库尔,因系帕境,遵署电撤退布伦库尔。我退俄进,曲在彼。若来色勒库尔,该属莎车州万难再退,恳向俄外部理论,并电总署会立坎酋,已加派张鸿畴,能否带队前往?尚无信。模。寒。查界图,萨雷萨、色克两库里,俱与色勒音近,所云属莎是旧制或新开,均未能悉,拟称钧署意照会俄廷,我已撤苏满卡,应即止兵勿进,以待会勘。应否将阿占地事叙明,候示

---

① 台北故宫博物院藏:《军机及宫中档》,文献编号:408002722。又,中国第一历史档案馆藏:《录副奏折》,档号:03-5555-090。
② 台北故宫博物院藏:《军机及宫中档》,文献编号:408002724。又,中国第一历史档案馆藏:《录副奏折》,档号:03-6537-016。

电。澄。①

闰六月初一日,公奏报英俄两国派兵越界一事,曰:

窃维新疆沿边一带,毗连外部。光绪十年,巴里坤领队大臣沙克都林札布②会同俄官,勘分南疆边界,至乌斯别里山止,其南为大小帕米尔③,在喀什噶尔界外,向未勘分。嗣虽设立卡伦,以布鲁特巡守,其地仍归布鲁特游牧。就帕米尔各地形势而论,让库尔迤北与俄相近,苏满西南与阿富汗相近。上年冬间,英兵欲修路通帕米尔,遂入坎巨提,经臣奏明在案。旋据探报:阿富汗部数十人前来苏满,俄亦遣人至让库尔,各胁布、回为之服役。

臣以帕米尔各地僻在穷荒,俄欲得此以窥印度,英欲得以此为屏蔽。英与该处窎隔,阿富汗人之至苏满,是其主唆;俄人之来让库尔,似亦知其隐谋,而预为布置。英、俄相持意各有在,入卡人数均属不多,当咨商喀什噶尔提督臣董福祥,派弁理阻,并拨营旗,择要扼扎,以备不虞。旋准总理各国事务衙门电称:英、俄非与我构衅,暂应静抚,等因。诚以彼族互相猜忌,兵端不宜自我而开也。

顷据署喀什噶尔道李宗宾禀报:探闻俄马步一千八百余人,拟向色勒库尔进发。查色勒库尔离莎车州八百余里,系我近边布鲁特属部。俄争帕米尔而欲进驻该处,情形实属叵测,臣固不敢轻肇衅端,有累大局,亦不敢稍怀疑沮,致误事机。现查离疏勒州五百余里之布隆库尔,仍于后路屯兵运粮,以为声援。其各险要处所,均经飞咨提臣妥

---

① 中国第一历史档案馆藏:《电报档》,档号:2-02-12-018-0322。
② 沙克都林札布(1842—1897),字振亭,赐库楚特依巴图鲁勇号。咸丰六年(1856),授骑都尉,兼云骑尉。同治三年(1864),补二等侍卫,旋晋头等侍卫。四年(1865),加副都统衔。十一年(1872),调马队全营翼长。光绪二年(1876),帮办军务。十年(1884),升科布多参赞大臣。十五年(1889),调补吉林副都统。十九年(1893),署吉林将军。二十一年(1895),调宁古塔副都统。二十二年(1896),授珲春副都统,帮办吉林边防事宜。二十三年(1897),卒于任。
③ 帕米尔,古称不周山,最早见于《山海经·大荒西经》:"西北海之外,大荒之隅,有山而不合,名曰不周。"即今日昆仑山西北部的帕米尔,汉朝就以"葱岭"相称。

为调度,务合机宜,仍饬各将弁遇事持重,不得轻进,仰副朝廷眷念边陲之至意。除俟得该处续报再将详晰情形具奏外,所有英、俄越入帕米尔各卡,俄兵拟向色勒库尔进发,办理各缘由,谨恭折密陈。伏乞皇上圣鉴,训示。谨奏。①

闰六月初五日,公奏报审拟民人斗殴毙命一案,下部议。曰:

窃英吉沙尔厅缠民达五提因索债口角,用刀戳伤苏皮尼月孜手腕等处越日身死一案,据前任英吉沙尔厅同知李庆棠验明禀报,随即卸事。经接署同知王毓芬讯供通详,未及招解撤任。现署同知潘时策接准移交,覆审拟解,署喀什噶尔道李宗宾审明,咨署镇迪道兼按察使衔周崇傅核转前来。

臣覆加查核,缘达五提籍隶英吉沙尔厅,种地营生,与已死苏皮尼月孜素好无嫌。光绪十七年八月内,苏皮尼月孜借用达五提银一两五钱,达五提屡讨未还。十月二十七日,达五提路遇苏皮尼月孜,又向索欠。苏皮尼月孜斥其不应拦路逼债,达五提回骂。苏皮尼月孜生气,扭住达五提衣襟。达五提力争不脱。正抓扭间,适苏皮尼月孜胞兄托合大送与其弟亦思拉木瞥见,均即拢前解劝。达五提疑其帮护,一时情急,顺抽身带小刀,戳伤其右手腕、右手胁瞅。苏皮尼月孜松手,达五提逃跑。苏皮尼月孜医药罔效,越日殒命。投约报验,获犯,讯供议拟解道,咨兼臬司核转,臣覆核无异。

查律载:斗殴杀人者,不问手足、他物、金刃,并绞监候,等语。此案达五提因索债口角,用刀戳伤苏皮尼月孜手腕等处,越日身死,自应按律问拟。达五提合依"斗殴杀人者,不问手足、他物、金刃,并绞"律,拟绞监候,秋后处决。托合大送、亦思拉木实只拢劝,并无帮殴情事,应毋庸议。苏皮尼月孜所欠银两,身死无证。无干省释,尸棺饬埋,凶

---

① 台北故宫博物院藏:《军机及宫中档》,文献编号:408002725。

刀案结销毁。是否允协？除全案供招咨送刑部外，所有斗殴毙命核明定拟缘由，恭折具陈。伏乞皇上圣鉴，饬部核覆施行。谨奏。①

同日，公又奏报审拟镇西厅客民谋杀人命缘由，下部议。曰：

窃镇西厅客民孙添强因挟雇东邵天玉辱骂并扣抵工价之嫌，起意谋杀泄忿，乘邵天玉熟睡，用刀戳其咽喉等处，登时毙命一案，报经镇西厅同知甘承谟相验，填格通报，未及获犯卸事，移交接署同知易寿崧，盘获孙添强，并起出凶刀，讯供拟解，由镇迪道兼按察使衔周崇傅转详前来。

臣亲提研审，缘孙添强籍隶甘肃镇番县。光绪十三年三月，经已死邵天玉雇放骆驼，一同出关，平日并无主仆名分，言定每月工价银二两五钱，邵天玉并不按月付清。六年之久，只支工银五十余两，下欠延不算结。十六年七月，邵天玉添雇缠回保苏克，同往镇西草湖牧放，分作三处歇宿，以便看守。十月二十二日挨晚，邵天玉见骆驼疲瘦，斥孙添强喂养不力。孙添强分辩，邵天玉辱骂，孙添强负气辞工，邵天玉逼令就走。孙添强索讨工银，邵天玉以数年来倒毙驼只扣抵。孙添强知邵天玉素日悭吝，托保苏克转求只要进关盘费，邵天玉分文不给。随各就寝。

孙添强愈思愈恨，起意谋杀泄忿，以黑夜无人知觉，随取医治骆驼小刀，乘邵天玉睡熟，孙添强将邵天玉头颅按住，拿刀戳伤咽喉、右耳窍，登时毙命。孙添强待至黎明，假意声喊骆驼走开，伊去赶回，令保苏克到邵天玉跟前烧火。保苏克前往，见邵天玉被杀，喊孙添强走拢查看。孙添强佯作惊吓，投保报验，随盘出实情，并起获凶刀，讯供拟解，臣亲审无异。

查律载：谋杀人者，斩，等语。此案孙添强因挟邵天玉辱骂并扣抵

---

① 台北故宫博物院藏：《军机及宫中档》，文献编号：408002726。又，中国第一历史档案馆藏：《录副奏折》，档号：03-7315-041。

工价之嫌，起意谋杀泄忿，用刀很戳其咽喉等处身死。查孙添强与邵天玉并无主仆名分，自应按律定拟。孙添强一犯合依"谋杀人造意者斩"律，拟斩监候，秋后处决，照例先行刺字。邵天玉扣减工价，亦有不合，业已被杀身死，应与讯不知情之保苏克均免置议。孙添强应得工价，邵天玉身死无证，无干省释，尸棺饬埋，凶刀案结销毁。是否有当？除全案供招咨送刑部外，合将谋杀人命审明定拟缘由，谨恭折具陈。伏乞皇上圣鉴，饬部核覆施行。谨奏。①

是日，公又会衔陕甘总督杨昌濬、喀什噶尔提督董福祥奏报萧元亨署理巴里坤总兵缘由，下部闻。曰：

窃臣于光绪十八年三月二十五日准陕甘总督臣杨昌濬咨：准兵部咨开：正月初九日，内阁奉上谕：陕西河州镇总兵员缺，着汤彦和补授。钦此。等因。到臣。当经钦遵檄行现署巴里坤镇总兵汤彦和遵照在案。查巴里坤镇辖境辽阔，东接安西，北控科布多，西达省城，为新疆重镇，亟应遴员接署，以便汤彦和交卸赴任。

查有头品顶戴记名提督恩骑尉世职哈密协副将巴克坦巴图鲁萧元亨，老成干练，晓畅戎机，自咸丰年间投入湘军，转战江西、安徽、陕甘等省。嗣随大军荡平新疆南北两路，卓著战功。光绪十二年，委署哈密协副将，旋奏补斯缺，操防均能得力，以之署理巴里坤镇总兵篆务，必能认真训练，和辑兵民，于边陲实有裨益。臣与督臣等往复函商，意见相同。

除檄委并饬取履历清册咨部外，所有拣员署理总兵要缺缘由，谨会同陕甘总督臣杨昌濬、喀什噶尔提督臣董福祥，恭折具陈。伏乞皇

---

① 台北故宫博物院藏：《军机及宫中档》，文献编号：408002728。又，中国第一历史档案馆藏：《录副奏折》，档号：03-7315-040。

上圣鉴,训示。谨奏。①

同日,公又附片奏请将刘乾福即行革职缘由,下部闻。曰:

　　再,花翎副将衔留新疆尽先补用游击刘乾福,办事巧滑,嗜好已深,现当整顿营务之际,此等劣员未便稍事姑容,相应请旨将副将衔留新疆尽先补用游击刘乾福即行革职,并拔去花翎,以肃戎政。除咨部查照外,谨附片具奏。伏乞圣鉴,训示。谨奏。②

同日,公又附片奏报提镇各员堪胜军职缘由,得旨,着萧元亨等均着交军机处存记。曰:

　　再,整饬军政,在将领得人,非勇略夙优又从百战之余,著有威望,当偏裨则有余,言统率则不足。臣到任以来,凡向在湘、楚、皖、蜀诸军出力、现服官新疆武职人员,或就近查察,备悉底蕴;或于公牍并采访舆论,觇其调度布置,因以识其谋略之短长。兹查有记名提督萧元亨、曾松明、汤秀斋、张怀玉、陶生林,记名总兵万胜长。以后六员,性情、资格不必相同,要其精明之识、干练之才、勇敢之气,各就所长,均堪胜提镇专阃之任。

　　臣闻见所及,谨附片胪陈,以备采择。伏乞圣鉴。谨奏。③

---

① 台北故宫博物院藏:《军机及宫中档》,文献编号:408002727.又,中国第一历史档案馆藏:《录副奏折》,档号:03-5888-021.
② 台北故宫博物院藏:《军机及宫中档》,文献编号:408002727-0-A.又,中国第一历史档案馆藏:《录副奏片》,档号:03-5888-022.
③ 台北故宫博物院藏:《军机及宫中档》,文献编号:408002727-0-B.又,中国第一历史档案馆藏:《录副奏片》,档号:03-5888-024.

是日，公又会衔陕甘总督杨昌濬、喀什噶尔提督董福祥附片奏报拣员接署哈密副将缘由，下部闻。曰：

再，萧元亨所遗哈密协副将员缺，查有新疆补用提督巴里坤镇标中营游击宋贤声，久历戎行，操防勤奋，堪以委署。镇标中营游击员缺，查有提督衔新疆补用总兵朱德和，勤干耐劳，堪以接署。

除分别给委外，谨会同陕甘总督臣杨昌濬、喀什噶尔提督臣董福祥，附片具奏。伏乞圣鉴。谨奏。①

闰六月十九日，总理各国事务衙门来函，曰：

光绪十八年闰六月十四日，接准咨开：据新疆税务总局详称：俄商买买提牙合浦阿吉贩卖土货，违约罚办一案，迭据俄商阿克木等禀称：买买提牙合浦阿吉在外日久，妻故子亡，恳恩从轻罚处，得早回家，自愿呈缴罚款银一百两，以了此事，等因。并取具甘结，咨请核办前来。本衙门查俄商在关外贩卖土货，约内并无应罚数目明文，是以本衙门前咨有"但令照约认罚，即可予以转圜"之语。现既据该俄商等情愿呈缴罚款银一百两，自可通融了结，以示体恤。惟此案先经照会驻京俄使即准照覆，嗣于上年四月十六日复经本衙门驳复后，迄今未接俄使来文，此时未便再向照商，转以启其争执之意，应由贵抚札饬喀什噶尔道，即可照此办结，一面照知俄领事作为完案可也。②

闰六月二十日，公开单奏报四月分新疆雨水粮价情形，曰：

窃照光绪十八年三月分各厅州县粮价并得雨雪情形，业经臣奏报

---

① 台北故宫博物院藏：《军机及宫中档》，文献编号：408002727-0-C.又，中国第一历史档案馆藏：《录副奏片》，档号：03-5888-023.
② 台北"中央研究院"近代史所藏：《外交档案》，馆藏号：01-20-024-11-002.

在案。兹据署新疆布政使饶应祺详称：光绪十八年四月分，镇迪道属迪化、奇台得雨，入土四寸；阜康得雨，入土三寸；绥来、昌吉得雨，入土二寸；镇西得雨，入土一寸；库尔喀喇乌苏微雨，吐鲁番微雨，寒冻。伊塔道属塔尔巴哈台得雨，入土四寸；绥定、宁远微雨。南路疏勒、疏附得雨，入土三寸；温宿、拜城、库车、乌什、莎车、叶城、和阗、英吉沙尔微雨。幸值天气和暖，雪水融化，地亩足资灌溉。

至通省粮价，镇西、塔尔巴哈台、喀喇沙尔、昌吉、阜康、绥来、绥定等厅县俱与上月相同，余均略有增减。汇详请奏前来。

理合恭折具陈，并缮粮价清单，敬呈御览。伏乞皇上圣鉴。谨奏。①

同日，公又奏报审拟乌什缠民故杀二命一案，下部议。曰：

窃乌什厅缠民札以提因口角起衅，故杀妻兄尤苏甫及其妻下里汉身死，尸弟艾买提受贿私和匿报一案，经乌什厅同知袁运鸿访闻获犯，验讯议拟，解阿克苏道陈名钰②审明，咨镇迪道兼按察使衔周崇傅核详前来。

臣覆加查核，缘札以提籍隶乌什厅，务农度日。光绪九年，将胞妹黑里其汉嫁已死尤苏甫为妻。十年，该犯又娶尤苏甫胞妹已死下里汉为妻。彼此和好。十五年四月，下里汉与同庄之一斯拉木潜逃，当经

---

① 台北故宫博物院藏：《军机及宫中档》，文献编号：408002731。又，中国第一历史档案馆藏：《录副奏折》，档号：03-6919-025。

② 陈名钰(1827—?)，湖南宁乡县人，初由廪生投营效力。咸丰五年(1855)，因克复湖南东安等处出力，保训导。七年(1857)，以功保以本班不论双单月遇缺即选，并赏加五品衔。八年(1858)，赏戴蓝翎。十年(1860)，以克复安徽建德等处出力，保知县，加知州衔。十一年(1861)，保知州，赏戴花翎。同治五年(1866)，保直隶州知州留安徽补用。六年(1867)，保知府，晋道衔。七年(1868)，因功经陕甘总督左宗棠升保道员，并加三品衔。同年，予三品封典。八年(1869)，经吏部带领引见，以道员升用。十年(1871)，署安徽池州府篆。光绪元年(1875)，丁父忧。四年(1878)，回原省候补。六年(1880)，请假回籍措资济饷。七年(1881)，经刘锦棠奏留甘肃补用，办理新疆南路善后事宜。十年(1884)，借补温宿直隶州知州。十四年(1888)，署迪化府知府。同年，署理阿克苏道篆。十六年(1890)，迁阿克苏道。

札以提将下里汉找回责打,盘问奸情。下里汉坚不承认。札以提因一斯拉木在逃,故未深究。从此下里汉不安于室,动辄泼闹。伊兄尤苏甫不为规劝,转行挑唆。十六年七月初二日,下里汉要制衣服,札以提未允,下里汉又复泼闹,奔回娘家。札以提遣人连接未归。十一日上午,札以提亲自往接。尤苏甫斥其待伊妹刻薄,不令回归。札以提随以不应挑唆之言回答,尤苏甫生气,彼此抓扭。下里汉手执小刀,进前护兄。札以提用力将尤苏甫推开,即向伊妻手内夺获小刀,尤苏甫赶拢抢刀,札以提向其右乳冒戳一下倒地。下里汉扭住札以提胸衣,拼命辱骂。札以提忿恨,顿起杀机,用刀连戳其血盆、臂膊、胳肘、左肋、咽喉殒命。尤苏甫卧地哭喊,要将札以提捆住送官。札以提虑到官问罪,触发刁唆之嫌,起意一并致死泄忿,随用刀向尤苏甫右腮颊、领颏、咽喉等处连戳,登时殒命。

维时,尸妻黑里其汉闻声赶出,见札以提已经跑走,当信知尸弟艾买提,投明乡约,欲行报案,经犯兄沙的克出银十六两、布四匹,央伊布拉引说合私和。艾买提允从,即将银、布备办衣、棺,掩埋各尸寝事。黑里其汉亦听从容隐。札以提逃外,探知事息潜归,旋被该厅访闻,获犯验讯,拟议解道,咨兼臬司核转,臣覆核无异。

查律载:故杀者,斩。又,殴妻至死者,绞;故杀者,亦绞。又,夫被杀,妻私和者,杖一百,徒三年。又,期亲尊长被杀而卑幼私和者,杖八十,徒二年;受财者,计赃准窃盗论,从重科断。又例载:私和人命,说事过钱者,减受财人罪一等;其以财行求者,如系凶犯之缌麻以上有服亲属,均不计赃数,拟杖一百。各等语。

此案札以提因妻下里汉泼闹,奔回娘家,妻兄尤苏甫刁唆,致相口角抓扭。下里汉持刀护兄,该犯夺刀气忿,起意致死其妻,因妻兄尤苏甫声称捆送,触发刁唆之嫌,同时故杀,戕害二命。查故杀妻,律止拟绞,应依二罪俱发,从重科断。查该犯与尤苏甫虽系外姻,并无服制,应同凡论。札以提除故杀妻绞轻罪不议外,合依"故杀者斩"律,拟斩监候,秋后处决,照例刺字。

尸妻黑里其汉合依"夫被杀,妻私和者,杖一百,徒三年"律,拟杖一百,徒三年,系妇女,照例收赎。尸弟艾买提受贿私和,埋尸匿报,虽将银、布为其兄妹殓葬之资,亦应计赃科断。惟赃罪轻于私和,仍依"期亲尊长被杀而卑幼私和者,杖八十,徒二年"律,拟杖八十,徒二年。所得银、布系为营葬费用,免追入官。伊布拉引从中说合,贿和人命,应以"说事过钱者,减受财人罪一等",于艾买提"杖八十,徒二年"律上减一等,拟杖七十,徒一年半。均到配折责。

犯兄沙的克因弟杀毙二命,倩人贿和,实属以财行求,照例拟杖一百,折责发落。乡约毛拉尼牙斯、保正牙合普虽未受贿,均酌照不应重律,各杖八十,分别折责革役。下里汉避夫潜逃,罪有应得,业经被杀,毋庸置议。一斯拉木获日另结,无干省释,尸棺均饬领埋,凶刀案结销毁。案系乌什厅同知袁运鸿自行访闻究办,所有失察职名邀免开送。是否允协?

除全案供招咨部外,所有故杀妻兄及其妻二命核明定拟缘由,恭折具陈。伏乞皇上圣鉴,饬部核覆施行。谨奏。①

是日,公又代奏哈密回子亲王等谢恩一事,曰:

窃准理藩院咨:光绪十八年三月初九日,奏请将哈密札萨克回子亲王沙木胡索特②之次子聂滋尔照例给予公衔台吉,以备将来袭爵,等因。同日,奉旨:依议。钦此。钦遵转行在案。兹据该回子亲王呈称:遵即恭设香案,率领次子,望阙叩头谢恩。伏念奴才一介回仆,屡沐圣恩,兹复命锡自天,赏延于世,感鸿慈之渥被,实鳌戴而难名!惟有倍

---

① 台北故宫博物院藏:《军机及宫中档》,文献编号:408002729.又,中国第一历史档案馆藏:《录副奏折》,档号:03-7315-047.

② 沙木胡索特(1857—1930),第九代哈密札萨克和硕亲王,是哈密札萨克和硕亲王伯锡尔王府塔尔吉之子。光绪八年(1882),袭札萨克和硕亲王位。十一年(1885),赏戴三眼花翎。光绪二十一年(1895),赏ใน疆。三十年(1904),赏穿朦貂褂。民国四年(1915),授翊卫使、一等嘉禾章,特给双俸,封"管理哈密地方镶红旗世袭罔替头等札萨克双亲王"。民国十九年(1930),卒于哈密。

矢慎勤，仰答高厚生成于万一！所有感激下忱，恳请代奏前来。

理合据情代奏，叩谢天恩。伏乞皇上圣鉴。谨奏。①

同日，公又会衔伊犁将军长庚、陕甘总督杨昌濬附片奏报新授同知诚培饬赴新任，下部闻。曰：

再，新授伊犁理事同知诚培现已到省，应即饬赴新任，以专责成。据署新疆布政使饶应祺、署镇迪道兼按察使衔周崇傅会详前来。除由臣批饬给委外，谨会同伊犁将军臣长庚、陕甘总督臣杨昌濬，附片具奏。伏乞圣鉴。谨奏。②

闰六月二十四日，公奏报新疆吐鲁番等处被灾情形，曰：

窃臣据吐鲁番直隶厅同知彭绪瞻禀报：该厅本年四月初五、初六等日，微雨寒冻，旋复下霜，沙河子、洋海等十二庄葡萄果木正值扬花，被冻后渐就萎悴，多未结实。其低洼处所受伤尤重。又，署莎车直隶州知州潘震详报：该州和什拉普、热瓦奇两庄属五月二十七、八两日，忽降大雨，山水涨发，共淹坏地二千二百余亩，冲倒民房三百一十五间，伤毙民人一口。又，署镇西直隶厅同知易寿崧申报：该厅六月初八日，大有、地利、人和三庄，大雨如注，冰雹并下，打伤麦、豆、青稞地共一千八百余亩。又，署叶城县知县魏景桐禀报：该县牙斯冬及察仕木可等庄六月十六及二十五、六等日，山水暴涨，禾苗被沙泥淤压，共地六百余亩，冲塌民房九十间。又，署疏附县知县杨其澍详报：该县亮格尔、麦尔、铁砥三小庄六月二十二日，忽降冰雹，积地五六寸不等，禾、麦、包谷、高粱等项均被打伤，共地一万余亩。又，奇台县知县刘澄清

---

① 台北故宫博物院藏：《军机及宫中档》，文献编号：408002730。
② 台北故宫博物院藏：《军机及宫中档》，文献编号：408002731-0-A。又，中国第一历史档案馆藏：《录副奏折》，档号：03-5295-059。

禀报:该县入夏以来仅得微雨,四乡又未均沾,夏禾多就枯槁,各等情。前来。

臣先后饬司移知各道,委员迅赴灾所,会同各厅州县,逐段履勘,查明灾伤轻重,按照丁口大小,量为赈抚,毋任失所。其伤毙人口及坍塌房屋,并令酌给银两,以示矜恤而备补修。本年应纳园课、粮草,先行出示停征,一面确查被灾分数,分别蠲缓,造具清册,由司并案详办。除俟详覆至日再行奏明办理外,所有吐鲁番等厅、州、县被冻、被雹、被水、被旱大概情形,谨恭折汇陈。伏乞皇上圣鉴,训示。谨奏。①

同日,公又奏报审拟缠民捆殴奸夫毙命一案,下部议。曰:

窃库车厅缠民那思尔商同其妻夏立比比,诓诱奸夫先木西提至家,捆殴毙命一案,经卸署库车厅同知张开鉴获犯验讯,移交接任同知闻端兰议拟,解阿克苏道陈名钰审明,咨署镇迪道兼按察使衔周崇傅核转前来。

臣覆加查核,缘缠民那思尔籍隶库车厅,务农为业,与已死先木西提素识无嫌。先木西提常至那思尔家,那思尔之妻夏立比比习见不避。光绪十五年四月,不记日期,夏立比比在家独坐,先木西提乘间调戏成奸,以后遇便续奸,从未给过钱物。本夫那思尔并不知情。十六年三月内,先木西提与夏立比比在其后园墙下坐地嬉笑,被邻人大五头撞见,告知那思尔,嘱其管教。那思尔将妻痛打,盘出奸情,禁止往来,以事关颜面,隐忍未言,从此严加防范。先木西提恋奸情热,每探夏立比比出外,向其缠扰。夏立比比不能拒绝,劝夫迁避。那思尔气忿,商同伊妻欲将先木西提诓诱至家捆殴,以绝其念。夏立比比允从。

五月二十五日,夏立比比路遇先木西提,又复缠扰。夏立比比捏说伊夫明日赴草湖买羊,约定次晚来家。先木西提信以为实,各散。

---

① 台北故宫博物院藏:《军机及宫中档》,文献编号:408002733。又,中国第一历史档案馆藏:《录副奏折》,档号:03-9474-021。

夏立比比回归，向夫说明。那思尔次日预备绳索、皮鞭，伴作出门，在麦地内藏匿。二更时，先木西提进门，那思尔跟入，紧闭房门，同夏立比比将先木西提用绳捆缚，吊在梁上，那思尔执皮鞭连打数下，先木西提双脚乱踢，那思尔将皮鞭递交夏立比比，喊令很打，复取毛绳将先木西提两脚捆紧。先木西提负痛喊骂，那思尔接鞭过手，用力乱打。时当黑夜，何人打伤何处，无从记忆。邻人大五头睡醒，闻声起往查问，始将先木西提解下，灌救无效，移时殒命。同知尸父，投约报验，讯供议拟解道，咨兼臬司核明转详，臣覆核无异。

查律载：捉奸已离奸所，非登时杀死不拒捕奸夫者，照罪人不拒捕已就拘执而擅杀律，拟绞监候。又，擅杀奸盗罪人案内余人悉照共殴余人律，杖一百。又，军民相奸者，奸夫、奸妇各枷号一个月，各等语。

此案那思尔商同伊妻夏立比比，诓诱奸夫先木西提至家，吊殴致毙，虽非登时奸所，而死者究系犯奸罪人，自应照例问拟。那思尔合依"捉奸已离奸所，非登时杀死不拒捕奸夫，照罪人不拒捕已就拘执而擅杀"律，拟绞监候，秋后处决。奸妇夏立比比听从夫命，诓诱奸夫至家，帮同捆殴，照擅杀奸盗余人罪，止杖一百。夏立比比应从重仍照"军民相奸者，奸夫、奸妇各枷号一个月、杖一百"例，拟以枷号一个月，杖一百。犯奸之妇，杖决枷赎。奸夫先木西提罪有应得，既被吊殴身死，应与救阻不及之邻佑大五头，均毋庸议。无干省释。尸棺饬埋，皮鞭、毛绳案结销毁。是否允协？除将全案供招咨送刑部外，所有本夫商同其妻诓诱奸夫至家，捆殴毙命，核明定拟缘由，谨恭折具陈。伏乞皇上圣鉴，饬部核覆施行。谨奏。①

同日，公又奏请将第二次遵办顺直赈捐核奖一事，下部议。曰：

窃查前护抚臣魏光焘将新疆遵办顺直赈捐自光绪十六年十一月

---

① 台北故宫博物院藏：《军机及宫中档》，文献编号：408002732.又，中国第一历史档案馆藏：《录副奏折》，档号：03-7315-048.

初一日起,截至十七年二月底止,作为第一次捐输,具奏请奖在案。兹据署布政使饶应祺详称:自光绪十七年三月初一日起至十一月底止,先后据各捐生报捐职衔、封典、贡、监各项,共四十七名,计收正项库平银三千八百八十二两八钱,俟归还光绪十六年新疆由江苏协解新饷内拨交上海顺直赈捐局款项,分别填发正实收,给予收执。其随收饭银、照费、填过副实收,并各捐生履历清册一并赍解,详请具奏,并恳咨部填换执照,以凭转给,等情。前来。臣覆核无异,合无仰恳天恩俯准将新疆第二次顺直赈捐饬部分别核奖,以示鼓励。除将清册、副实收、饭银、照费咨送户部、吏部、国子监外,谨恭折具奏。伏乞皇上圣鉴。谨奏。①

是日,公又会衔陕甘总督杨昌濬附片奏报汤秀斋等饬赴本任缘由,下部闻。曰:

再,准补抚属玛纳斯协营副将汤秀斋,应即饬赴本任。其现署该协营副将准补精河营参将李克常,饬赴参将本任,各专责成。除分别给委并咨部查照外,谨会同陕甘总督臣杨昌濬,附片具奏。伏乞圣鉴。谨奏。②

七月初三日,公奏报审拟民人潘长青斗杀人命一案,下部议。曰:

窃绥来县客民潘长青因索欠,口角起衅,用刀戳伤汤云享移时身死一案,经绥来县知县李原琳验明获犯,讯供议拟,解署迪化府知府黄丙焜,详署镇迪道兼按察使衔周崇傅,审转前来。

---

① 台北故宫博物院藏:《军机及宫中档》,文献编号:408002734。又,中国第一历史档案馆藏:《录副奏折》,档号:03-5599-060。
② 台北故宫博物院藏:《军机及宫中档》,文献编号:408002734-0-A。又,中国第一历史档案馆藏:《录副奏片》,档号:03-5888-060。

臣亲提研审，缘潘长青籍隶湖南湘乡县，光绪六年到绥来县西乡地方贸易，与已死汤云享，素好无嫌。十七年三月，潘长青向汤云享借银三两，屡讨未还。七月初五日早，汤云享又向索欠，潘长青仍复央缓，汤云享不允，斥其有心拖骗，彼此吵闹。汤云享扑向揪扭，潘长青一时情急，顺拿尖刀吓戳一下，适伤其左乳倒地。经廖青云赶拢喝住，用药敷救罔效，移时身死。投约报验，获犯议拟，解府转道，臣覆审无异。

查律载：斗殴杀人者，不问手足、他物、金刃，并绞监候，等语。此案潘长青因被索欠口角揪扭情急，拿刀戳伤汤云享，移时身死，自应按律问拟。潘长青合依"斗殴杀人者，不问手足、他物、金刃，并绞"律，拟绞监候，秋后处决。所欠汤云享银两，当已追出，与汤云享购办棺木。见证廖青云救阻不及，应毋庸议。无干省释。尸棺饬属领埋，凶刀案结销毁。是否允协？除全案供招咨送刑部外，理合将斗杀人命，审明定拟各缘由，恭折具陈。伏乞皇上圣鉴，饬部核议施行。谨奏。①

同日，公又会衔陕甘总督杨昌濬奏报拣员借补都司等员缺缘由，下部议。曰：

窃新疆抚属新设都司、守备各缺，业经奏准作为题缺，亟应拣员请补，以专责成。查有副将用留甘肃先补用参将勋勇巴图鲁陶廷相，干练有为，堪以借补玛纳斯协营左旗都司员缺；留甘肃新疆尽先补用游击杨德发，年强才裕，堪以借补省城城守协营左旗都司员缺；二品顶戴留甘肃新疆尽先补用游击武勇巴图鲁廖克明，办事奋勉，堪以借补省城城守协营开花炮队守备员缺；留甘肃新疆尽先补用游击敢勇巴图鲁吕方仁，勤干耐劳，堪以借补库尔喀喇乌苏营中军守备员缺。

该员等在新疆从征年久，营务、边情极为熟悉，以之请补各缺，均

---

① 台北故宫博物院藏：《军机及宫中档》，文献编号：408002735。又，中国第一历史档案馆藏：《录副奏折》，档号：03-7315-049。

堪胜任。合无仰恳天恩俯准以陶廷相等借补都司、守备各缺，以裨营伍。如蒙俞允，并恳饬部发给札付，吕方仁应照乌鲁木齐补放守备例，毋庸送部引见。其陶廷相、杨德发二员，俟防务大定，即行给咨送部引见，以副定制。除饬取该各员履历清册咨部查照外，谨会同陕甘总督臣杨昌濬，恭折具陈。伏乞皇上圣鉴，训示。谨奏。①

是日，公又会衔陕甘总督杨昌濬奏报拣员借补要缺通判，下部议。曰：

窃据署新疆布政使饶应祺、署镇迪道兼按察使衔周崇傅会详：玛喇巴什直隶通判杨敏于光绪十七年二月初六日在籍丁生母忧，应以新疆于十八年闰六月十一日接到部文之日作为开缺日期。所遗玛喇巴什直隶通判系冲、繁、疲、难四项要缺，亟应遴员请补，以重职守。查南路新设各缺，经前抚臣刘锦棠奏准由外拣补一次，以后援照甘肃变通章程请补在案。查章程内开：丞、倅、州、县以及佐杂各要缺，将现任各员按照应升官阶任内无论有无升案，并是否到任实授，以及历俸、试俸未经期满各员，准择其人地相宜者一律升调，等语。今玛喇巴什直隶通判要缺，于通省现任人员内逐加拣选，非现居要缺，即人地不相宜。

惟查有现署斯缺新疆候补同知谭传科，年四十九岁，湖南长沙人，由文童于同治十三年投效楚军。关陇肃清案内汇保，光绪二年二月初四日奉上谕：着以巡检分省补用。钦此。新疆南北两路一举荡平案内汇保，六年正月三十日奉上谕：着免补本班，以县丞分省归候补班遇缺即补。钦此。新疆五次剿平边寇案内汇保，七年五月二十日奉上谕：着免补本班，以知县分省归候补班前先补用。钦此。十一年，留省候补。十五年，奏准留于新疆补用。旋委署玛喇巴什直隶通判，十六年二月初八日到任。查该员谭传科慈祥爱民，实心任事，现在署任内措置裕如，舆情极为爱戴，且在新疆年久，边情尤为熟悉，以之请补斯缺，

---

① 台北故宫博物院藏：《军机及宫中档》，文献编号：408002736。又，中国第一历史档案馆藏：《录副奏折》，档号：03-5296-004。

实堪胜任,人地亦极相宜。虽以同知请补通判,与例不符,然例有借补明文,相应详请具奏,等情。前来。

臣查该员心地慈祥,办事勤慎。合无仰恳天恩俯念要缺需员,准以候补同知谭传科借补玛喇巴什直隶通判,洵于地方有裨。如蒙俞允,俟准部覆,即行给咨送部引见,以符定制。谨会同陕甘总督臣杨昌濬,恭折具奏。伏乞皇上圣鉴,训示。再,该员署任内并无参罚案件。合并声明。谨奏。①

七月十三日,公会衔陕甘总督杨昌濬奏报汤秀斋丁忧遗缺一事,下部闻。曰:

窃据署玛纳斯协营左旗都司黄清发呈:据玛纳斯协副将汤秀斋之家丁凌国安呈称:窃家主汤秀斋,年四十八岁,湖南宁乡县人,由武童投效军营,打仗出力,历保头品顶戴陕甘遇缺尽先题奏提督,先后委署新疆吐鲁番营游击、抚标中军参将员缺。光绪十六年,奏请借补玛纳斯协副将,奉部覆准,发给署札祗领在案。十八年闰六月二十日,到副将本任。旋于二十八日接到家信,家主亲母黄氏于十八年正月二十八日在籍病故,家主系属亲子,例应丁忧,等情。呈报前来。臣查汤秀斋现丁母忧,应即照例开缺回籍守制。除饬该员出具亲供,并将所遗玛纳斯协副将员缺另行拣员请补外,谨会同陕甘总督臣杨昌濬,恭折具陈。伏乞皇上圣鉴,饬部查照施行。谨奏。②

---

① 台北故宫博物院藏:《军机及宫中档》,文献编号:408002737。又,中国第一历史档案馆藏:《录副奏折》,档号:03-5296-003。

② 台北故宫博物院藏:《军机及宫中档》,文献编号:408002738。又,中国第一历史档案馆藏:《录副奏折》,档号:03-6569-029。

同日,公又奏报审拟缠民谋殴期亲尊长身死一案,下部议。曰:

窃于阗县缠民和什吐米听从妻父可连木苏比主谋,与妻叔麻木提共殴其胞伯苦旺毛拉身死一案,据署于阗县知县吴光熊获犯,验讯通详,未及招解卸事,移交后任孙志焘议拟,解署和阗直隶州知州甘承谟,详署喀什噶尔道李宗宾审明,咨署镇迪道兼按察使衔周崇傅,转详前来。

臣覆加查核,缘缠民和什吐米、麻木提、可连木苏比均籍隶于阗县,务农度日。已死苦旺毛拉系和什吐米胞伯,素无嫌怨。光绪十七年七月二十四日,苦旺毛拉因与和什吐米之父毛拉西立甫分家不匀,邀请乡邻、亲戚来家重分,并疑毛拉西立甫私将家赀隐寄和什吐米妻父可连木苏比家中存放,当众斥说,可连木苏比同弟麻木提等不服,彼此争闹,经乡约劝散。是晚,可连木苏比带弟及婿在隔壁院内歇宿,可连木苏比谈及苦旺毛拉诬伊隐寄家赀,心不甘服,起意邀同其弟麻木提、拉四尔、买卖提可万及其婿和什吐米,谋殴苦旺毛拉泄忿。时值二更,各携器械,偕抵苦旺毛拉门首,见门未开,和什吐米先进,麻木提跟入,恰值苦旺毛拉走出,麻木提即用木笘向苦旺毛拉头上很打一下,致伤其额颅接连右额角,喊声倒地。和什吐米随用铁锤连殴两下,致伤其鼻梁、鼻准。可连木苏比等未曾进内,均各跑回。尸子沙为闻声赶救。苦旺毛拉伤重,登时身死。报验获犯,讯供议拟,由州解道,咨兼臬司核明转详,臣覆核无异。

查律载:侄殴伯至死者,斩。又,同谋共殴,因而致死,下手致命伤重者,绞。原谋者,杖一百,流三千里。共殴余人,各杖一百,各等语。

此案和什吐米系已死苦旺毛拉胞侄,当妻父谋殴之时,该犯并不劝阻,辄敢携带铁锤随往,明见苦旺毛拉受伤倒地,尚复连殴其鼻梁、鼻准,实属有心干犯!服制攸关,自应按律问拟。和什吐米合依"侄殴伯至死者,斩"律,拟斩立决,照例先行刺字。麻木提用笘殴伤苦旺毛拉致命额颅,接连右额角围圆五寸八分,重至骨损低塌,实属致命速死之伤,纵无和什吐米赶殴,苦旺毛拉亦无生理。虽该犯听从兄命,而所犯系侵损于人,应以凡论。麻木提合依"同谋共殴,因而致死,下手致命伤重者,绞"律,拟绞监候,秋后处决。

可连木苏比因苦旺毛拉疑其受寄赀财,起意谋殴泄忿,致酿逆案。该犯虽未共殴,究系首祸之人,合依"原谋者,杖一百,流三千里"律,拟杖一百,流三千里,到配折责安置。拉四尔、买买提可万听从谋殴,虽未下手伤人,应依"共殴余人,杖一百"律,均杖一百,折责发落。犯父毛拉西立甫委系不知谋殴情事,应与救阻不及之乡约艾沙,均毋庸议。苦旺毛拉应分家赀,仍饬按股均分,交伊子沙为等承受。尸棺饬埋。无干省释。凶器案结销毁。是否允协?除全案供招咨部外,合将卑幼听从外姻,谋殴期亲尊长身死,并在场共殴致命重伤,及原谋各犯分别核拟各缘由,恭折具陈。伏乞皇上圣鉴,饬部核议施行。谨奏。①

是日,公又奏报审拟迪化缠民斗殴毙命一案,下部议。曰:

窃迪化县缠民色依提因解劝被扭,拳殴刘福左胁身死一案,据迪化县知县黄袁验明获犯,讯供拟议,解署迪化府知府黄丙焜,详署镇迪道兼按察使衔周崇傅,审转前来。

臣亲提审讯,缘缠民色依提籍隶迪化县,佣工度日,与已死刘福素不认识。光绪十八年三月十七日,色依提至易斯拉木面馆闲坐。易斯拉木向不识姓名挑卖羊肉之人给银一钱,指割羊肉二斤。随后,刘福走至,给银五分,亦指割羊肉一斤。当经卖羊肉之人分割一块,交刘福携走。易斯拉木斥卖羊肉之人不应将伊指割之肉分割旁人。刘福听闻,转身不依,彼此嚷闹。色依提从旁解劝,刘福疑其偏护,扭住色依提胸衣拖走,恰值沟沿,刘福用力一推。色依提虑跌沟内,一时情急,顺用左手搭住刘福咽喉,右手握拳冒殴一下,适伤其左胁倒地,经蔡得

---

① 台北故宫博物院藏:《军机及宫中档》,文献编号:408002741-1.又,中国第一历史档案馆藏:《录副奏折》,档号:03-7315-052.

胜赶拢喝住扶救。刘福伤重，移时殒命。报验获犯，讯供拟议，由府解道审转，臣覆核无异。

查律载：斗殴杀人者，不问手足、他物、金刃，并绞监候，等语。此案色依提因刘福与易斯拉木争买羊肉，该犯在旁解劝被扭，拳殴刘福左胁，移时身死，自应照律问拟。色依提合依"斗殴杀人者，不问手足、他物、金刃，并绞"律，拟绞监候，秋后处决。易斯拉木肇衅酿命，亦有不合，应照"不应重"律，拟杖八十，折责发落。蔡得胜救阻不及，应毋庸议。无干省释。尸棺饬埋。是否允协？除全案供招咨送刑部外，合将斗殴毙命，审明定拟各缘由，恭折具陈。伏乞皇上圣鉴，饬部核覆施行。谨奏。①

同日，公又会衔伊犁将军长庚、陕甘总督杨昌濬附片奏请将已故佐领多贵免追银两，下部闻。曰：

再，乌鲁木齐、巴里坤各满营迁并古城，经前护抚臣魏光焘奏明，佐领以下等官预支半年俸廉，分年扣还在案。该营已故镶红镶蓝旗佐领多贵迁并古城时，预支俸廉银一百四两二钱四分，除陆续扣还外，尚欠银五十一两七钱四分。兹据古城城守尉克蒙额呈称：该故佐领身后萧条，无从抵扣，恳请附奏免缴前来。

臣覆查无异，相应恳恩准将已故佐领多贵未扣银两免其追缴，以示体恤。谨会同伊犁将军臣长庚、陕甘总督臣杨昌濬，附片具陈。伏乞圣鉴，训示。谨奏。②

同日，公又会衔陕甘总督杨昌濬附片奏请喻先达委署副将遗缺情形，

---

① 台北故宫博物院藏：《军机及宫中档》，文献编号：408002742。又，中国第一历史档案馆藏：《录副奏折》，档号：03-7315-053。

② 台北故宫博物院藏：《军机及宫中档》，文献编号：408002738-0-A。又，中国第一历史档案馆藏：《录副奏片》，档号：03-6569-034。

下部闻。曰：

> 再，玛纳斯协副将汤秀斋丁忧遗缺，亟应拣员署理，以重职守。查有头品顶戴留甘肃新疆尽先补用提督借补喀喇沙尔营参将喻先达，精明稳练，办事实心，堪以委署。除给委并咨部外，谨会同陕甘总督臣杨昌濬，附片具奏。伏乞圣鉴。谨奏。①

是日，公又会衔陕甘总督杨昌濬附片奏报叶城知县王俊饬赴本任，下部闻。曰：

> 再，叶城县知县员缺，前以新疆试用知县王俊请补，经部覆准在案。应即驰赴本任，以专责成。据署新疆布政使饶应祺、署镇迪道兼按察使衔周崇傅会详前来。除由臣批饬给委外，谨会同陕甘总督臣杨昌濬，附片具奏。伏乞圣鉴。谨奏。②

七月二十八日，公开单奏报五月分新疆雨水粮价情形，曰：

> 窃照光绪十八年四月分各厅州县粮价并得雨情形，业经臣奏报在案。兹据署新疆布政使饶应祺详称：光绪十八年五月分，北路镇西得雨，入土四寸；绥来得雨，入土二寸；迪化、昌吉、阜康、奇台、哈密、库尔喀喇乌苏微雨。伊塔道属绥定、宁远、塔尔巴哈台微雨。南路库车得雨，入土六寸；叶城得雨，入土四寸；拜城得雨，入土三寸；英吉沙尔得雨，入土二寸；喀喇沙尔得雨，入土一寸；莎车大雨；温宿、乌什、疏勒、疏附、和阗、于阗、玛喇巴什微雨，余未得雨。正值天气炎热，渠水畅

---

① 台北故宫博物院藏：《军机及宫中档》，文献编号：408002738-0-B．又，中国第一历史档案馆藏：《录副奏片》，档号：03-5888-095。
② 台北故宫博物院藏：《军机及宫中档》，文献编号：408002738-0-C．又，中国第一历史档案馆藏：《录副奏片》，档号：03-5296-045。

流，地亩足资灌溉，民情安帖。至通省粮价，镇西、库尔喀喇乌苏、乌什、阜康等厅县俱与上月相同，余均略有增减。汇详请奏前来。理合恭折具陈，并缮粮价清单，敬呈御览。伏乞皇上圣鉴。谨奏。①

同日，公又奏报新疆上年征信册刷印散发情形，下部闻。曰：

窃照新疆各属光绪十六年征信册籍，业经前护抚臣魏光焘具奏，并刷发各属绅民查阅在案。兹据署布政使饶应祺详称：各厅、州、县、县丞光绪十七年征信册籍底本，饬据各属陆续申覆，除镇迪道属之吐鲁番厅、哈密厅、呼图壁巡检及阿克苏道属之库车、乌什、喀喇沙尔各厅、拜城县并喀什噶尔道属之各厅州县，光绪十七年已垦熟地应征粮石，均于十七年下忙截数之前一律征收全完，应请毋庸造具征信册外，其镇西、迪化、昌吉、阜康、绥来、奇台、库尔喀喇乌苏等七厅县经征十七年额粮并催征、带征均有未完，温宿州、济木萨县丞均有因灾缓征，济木萨县丞并有催征节年民欠未完银两，陆续据各该属造具征信册底本，由司发交经历司，雇募工匠，添刻活字印版，首列部议清厘民欠章程十条，次列各项民欠总、散数目，一律摆印，并委库大使会同核对。

计刊印镇西厅经征十七年未完并催征节年民欠册各四十本，库尔喀喇乌苏厅经征十七年未完并催征十四、十五、十六等年民欠册各三十本，迪化县经征十七年未完并催征节年民欠册各四十本，阜康县经征十七年未完并催征节年及带征十一年灾缓民欠册各三十本；昌吉县经征十七年未完册三十本，并带征十一年灾缓及催征十三、十四、一五、十六等年民欠册各三十本；奇台县经征十七年未完册四十本，并催征十四、十五、十六等年民欠册各四十本；绥来县经征十七年未完册四十本，济木萨县丞催征节年民欠册三十本，并因灾缓征册三十本；温宿州因灾缓征并蠲免册各四十本。注明页数，钤用司印。内迪化府属各

---

① 台北故宫博物院藏：《军机及宫中档》，文献编号：408002739。又，中国第一历史档案馆藏：《录副奏折》，档号：03-6920-040。

县、县丞遵章移送镇迪道一半，发交迪化府一半。镇迪道属镇西、库尔喀喇乌苏厅，阿克苏道属温宿州，全送该二道，分别转发各属绅民，分给各乡民，公同查阅，俾令周知。附赍各册，详请奏咨前来。

臣覆查无异，除将各册咨部查核外，所有新疆各属光绪十七年征收额粮及催征、带征民欠灾缓未完粮石征信册籍，遵章刷印、散发缘由，谨会同陕甘总督臣杨昌濬，恭折具陈。伏乞皇上圣鉴，训示。谨奏。①

是日，公又奏报审拟阜康县民因斗毙命一案，下部议。曰：

窃阜康县民周清沅因与罗荣桂口角争闹，误伤解劝之王发得身死一案，据署阜康县知县钟逢焕验讯议拟，解署迪化府知府黄丙焜，详署镇迪道兼按察使周崇傅审转前来。

臣亲提研讯，缘周清沅籍隶阜康县，务农度日，与已死王发得素不认识。光绪十八年二月初三日，王发得失马二匹，托罗荣桂找寻。是月初四日，周清沅骑马至杨如贵家，与罗荣桂会遇。罗荣桂见其马与王发得所失马相似，当向盘问。周清沅谓其诬赖，罗荣桂将王发得唤来。王发得细看马匹，知系错误，用言赔服。周清沅亦未计较。适王发得之婿张成走至，遽指周清沅之马即系王发得所失，经王发得喝止。周清沅气忿，斥骂罗荣桂刁唆。罗荣桂回詈扑殴，周清沅顺拾铁斧向砍，讵王发得从罗荣桂身后扯劝，罗荣桂头偏，致斧误砍王发得右太阳穴倒地。杨如贵赶救罔效，当即殒命。投约报验，讯供议拟解府，详兼臬司审明转详，臣覆鞫无异。

查律载：因斗殴而误杀旁人者，以斗杀论。又，斗杀杀人者，不问手足、他物、金刃，并绞监候，各等语。此案周清沅被诬气忿，因与罗荣桂口角争闹，致斧误伤解劝之王发得身死，自应照律问拟。周清沅合

---

① 台北故宫博物院藏：《军机及宫中档》，文献编号：408002740. 又，中国第一历史档案馆藏：《录副奏折》，档号：03-6244-064.

依"因斗殴而误杀旁人者,以斗杀论。斗杀人者不问手足、他物、金刃,并绞"律,拟绞监候,秋后处决。张成、罗荣桂并不认明,辄疑周清沅之马即系王发得失物,致酿人命,均属不合,应照"不应重"律,各拟杖八十,折责发落。杨如贵救阻不及,毋庸置议。王发得失马缉获另结。无干省释。尸棺饬埋,凶器案结销毁。是否允协?除全案供招咨部外,合将因斗误伤毙命,审明定拟各缘由,恭折具陈。伏乞皇上圣鉴,饬部核议施行。谨奏。①

八月初八日,公奏报修建绥靖新城,恳请筹拨经费,下部议。曰:

窃塔尔巴哈台绥靖新城城垣业由副都统额尔庆额修筑完竣,并奏明衙署、兵房、仓库、坛庙等工并交巡抚办理。臣到任后,准额尔庆额咨请兴造,以便迁移,经臣函商仍归该副都统一手经理,则告成既易,省费必多,且便与新城城工并案造报。旋经覆准接办,并请拨银两,尅期兴工,等因。当饬藩司于善后款内拨银三万两,暂备支发。查前项工程,原奏估需银二十万两,迭经部议令于善后项下取给,不得另行请款,银数多少,并未议及。臣核计所估,较南路修建城署大小工程二十九起,共只用银三十二万余两,相去不啻倍蓰。

至光绪十六年以前善后银两,均经额尔庆额动作城工用费。一四、十五两年应存同知库银八万两,据称俟城工告竣,再行酌办,毋须提存。十六年应存银四万两,亦未交出。该处自分隶巡抚管辖,仅十七、十八两年共分善后银六万两。绥靖旧城城垣、同知、照磨衙署及地方应办事件,均取给于此,头绪纷繁,实形支绌。此次提解银三万两,俾令兴工,已属极力腾拨,若二十万两之数概令巡抚拨给,即遵照部咨,斟酌缓急,分年兴修,仍属无从措办,相应恳恩饬部核议,咨行塔尔巴哈台副都统,将原估衙署、兵房等项银数逐加删减,力图撙节,并由

---

① 台北故宫博物院藏:《军机及宫中档》,文献编号:408002741.又,中国第一历史档案馆藏:《录副奏折》,档号:03-7315-057.

部先行筹拨经费,以昭核实而资接济之处,出自鸿施。除咨部外,谨恭折具陈。伏乞皇上圣鉴,训示。谨奏。①

同日,公又开单奏报防营员勇、各台、局、卡、义学数目情形,下部闻。曰:

窃新疆马步营旗、炮队及各台、局、卡、义学截至光绪十七年六月底止实在数目,业经分别奏咨在案。兹据新疆粮台详称:自十七年七月初一日起,遵照标营章程,挑募步队五旗、马队一旗。又,裁减步队四营一哨、马队二旗。通截至十七年十二月底止,实存马队一百营、旗一哨、开花炮队四哨,共计额设营书、弁勇二万四千八百四十八名,火勇一千七百二十名,营旗哨官三百八十一员,巡查一百二十六员,额外火夫、私夫、马夫、车夫六千三百六十四名。其旧管各台、局、卡、义学并上年前护抚臣魏光焘奏设喀什噶尔城通商局沿边各卡伦,缮具清单,详请奏咨,等情。臣覆查无异,所有新疆防营员弁勇丁并各台、局、卡、义学自光绪十七年七月初一日起至十二月底止实在数目,除咨部外,谨缮清单,恭呈御览。伏乞皇上圣鉴,饬部立案施行。谨奏。②

是日,公又奏报审拟缠民阿则斗殴毙命一案,下部议。曰:

窃库车厅缠民阿则因口角起衅,殴伤加那里比比身死一案,据署库车厅同知闻端兰验讯通详,未及招解卸事,移交后任朱冕荣议拟,详解阿克苏道陈名钰审明,咨署镇迪道兼按察使衔周崇傅,核转前来。

臣覆加查核,缘阿则籍隶库车厅,务农为业,与已死加那里比比同

---

① 台北故宫博物院藏:《军机及宫中档》,文献编号:408002744.又,中国第一历史档案馆藏:《录副奏折》,档号:03-7160-035.
② 台北故宫博物院藏:《军机及宫中档》,文献编号:408002745.又,中国第一历史档案馆藏:《录副奏折》,档号:03-5756-062.

庄,素识无嫌。光绪十七年九月初九日,阿则偕弟克然木与加那里比比之夫托夫大生在场扬麦。下午风息,托夫大生送麦归家,令加那里比比看守器具。俄顷风起,阿则欲将未扬之麦趁风扬净,因向加那里比比借用扬麦木橡。加那里比比未允,阿则不听,即将木橡拾走。加那里比比斥其擅取,赶将木橡扭住,互相争夺。阿则用力往后一退,加那里比比松手跌地,碰伤右颔颏。加那里比比挣起扑殴,阿则用拳殴伤加那里比比右血盆骨、右肩甲,并踢伤右胯。加那里比比愈加泼闹,揪衣拼命。阿则被揪情急,又用拳殴伤其心坎。经艾买提、犯弟克然木解散。加那里比比伤重,是夜殒命。投约报验,获犯讯供,议拟解道,咨兼臬司,核明转详,臣覆核无异。

  查律载:斗殴杀人者,不问手足、他物、金刃,并绞监候,等语。此案阿则因借扬麦木橡,口角起衅,用拳殴伤加那里比比心坎等处毙命,自应按律问拟。阿则合依"斗殴杀人者,不问手足、他物、金刃,并绞"律,拟绞监候,秋后处决。犯弟克然木并无帮殴情事,应与救阻不及之艾买提均免置议。无干省释。尸棺饬埋。是否允协?除全案供招咨部外,谨将斗殴毙命,核明定拟各缘由,恭折具陈。伏乞皇上圣鉴,饬部核议施行。谨奏。①

同日,公又附片奏报疏勒等处水旱灾情,曰:

  再,新疆吐鲁番等厅州县被灾情形,前经臣具奏在案。嗣据疏勘直隶州知州蒋诰申报,该州六月二十七、八等日,山水涨发,罕爱里克等庄被淹地一千余亩,冲刷地四十亩。又,署叶城县知县魏景桐续报,该县阿由浑等庄六月三十日大水,被淤地六百九十余亩,淹倒民房五十三间。又,迪化县知县黄袁禀报,该县黄草梁及南山一带地气既迟,又系高滩,渠水不能到地。入夏以来,仅得雨一次,禾苗日就枯槁,计

---

① 台北故宫博物院藏:《军机及宫中档》,文献编号:408002743。又,中国第一历史档案馆藏:《录副奏折》,档号:03-7315-060。

地三千余亩。又,署阜康县知县钟逢焕详报,该县三工台各户共种地九百亩,地面高旷,并无渠水,禾麦抽穗后未得雨泽,均就黄萎,收获无望,各等情。前来。

  臣先后行司移道委员,前赴各属会勘被灾轻重,本年额征钱粮应否蠲缓,一面出示停征,妥为抚恤。淹倒房屋,并饬酌给银两,一律补修。取具册结,详转核办。除俟详覆至日再行奏明办理外,所有疏勒、叶城、迪化、阜康被水、被旱大概情形,谨附片具奏。伏乞圣鉴,训示。谨奏。①

八月十二日,公致电陕甘总督杨昌濬曰:

  总署七月信并抄件敬悉。乌仔别里,中国未查确。英、俄两图均与让库尔近。若界线一直往南,则苏满在界外,恳裁酌。前赍李道所绘图,系就众论模拟,大致或不缪。此间有人测绘,已飞饬海委员速办,俟到即呈。俄兵近无举动,祈转电总署。模。印。②

八月十八日,公开单奏报六月分新疆雨水粮价情形,曰:

  窃照光绪十八年五月分各厅州县粮价并得雨情形,业经臣奏报在案。兹据署新疆布政使饶应祺详称:光绪十八年六月分,北路镇西得雨,入土五寸;大有、地利等庄雹;哈密、昌吉得雨,入土一寸;迪化、奇台、阜康微雨,高滩地亩旱;吐鲁番、库尔喀喇乌苏、绥来微雨。伊塔道属绥定、宁远得雨,入土二寸;塔尔巴哈台、精河微雨。南路喀喇沙尔得雨,入土二寸;拜城得雨,入土一寸;乌什、英吉沙尔大雨;疏勒罕爱里克、叶城牙斯冬等庄大水,疏附亮格尔等庄雹,温宿、库车、和阗、于

---

① 台北故宫博物院藏:《军机及宫中档》,文献编号:408002743-0-A。又,中国第一历史档案馆藏:《录副奏片》,档号:03-0608-031。

② 中国第一历史档案馆藏:《电报档》,档号:2-02-12-018-0560。

阗微雨，玛喇巴什未得雨。正值天气炎热，渠水畅流，地亩足资灌溉，民情安帖。至通省粮价，库尔喀喇乌苏、精河、昌吉、阜康、绥来、绥定等厅县俱与上月相同，余均略有增减。汇详请奏前来。理合恭折具陈，并缮粮价清单，敬呈御览。伏乞皇上圣鉴。谨奏。①

同日，公又奏报审拟缠民若嘴斗殴毙命一案，下部议。曰：

> 窃疏勒州缠民若嘴因口角起衅，用锄殴伤毛拉筛拉力顶身死一案，据署疏勒直隶州知州潘时策验讯通详，未及招解卸事，移交后任蒋诰审拟，详经兼臬司以案情未确，移署喀什噶尔道李宗宾提案讯明，按律议拟，咨署镇迪道兼按察使衔周崇傅，核转前来。
>
> 臣覆加查核，缘若嘴籍隶疏勒州，务农为业，与已死毛拉筛拉力顶邻庄居住，地亩毗连，素无嫌怨。光绪十七年八月二十二日，若嘴赴地拔草，撞遇毛拉筛拉力顶手执铁锄，挖毁公地地埂。若嘴谓其不应，乞拉筛拉力顶以"自挖自地，与人无干"之语斥骂。若嘴分辩向阻。毛拉筛拉力顶生气，举锄殴伤若嘴额角流血。若嘴受伤走避，毛拉筛拉刀顶又将锄抛打未中。若嘴恐被复殴，顺拾铁锄。毛拉筛拉力顶赶拢，右手扭住若嘴衣带，左手往地拾石。若嘴被扭情急，乘其弯腰，随用锄背冒殴毛拉筛拉力顶脊背一下。若嘴收手，毛拉筛拉力顶伸腰，致锄碰伤脑后。经犯母里的比比、尸子布拉丁解散护救。毛拉筛拉力顶伤重，比即殒命。投约报验，讯供通详，议拟招解。当因案情未确，提道覆鞫妥拟，咨兼臬司，核明转详，臣覆核无异。
>
> 查律载：斗殴杀人者，不问手足、他物、金刃，并绞监候，等语。此案若嘴阻挖公共地埂口角，被殴情急，拾锄殴伤毛拉筛拉力顶身死，自应按律问拟。若嘴合依"斗殴杀人者，不问手足、他物、金刃，并绞"律，拟绞监候，秋后处决。犯母里的比比救阻不及，应毋庸议。无干省释。

---

① 台北故宫博物院藏：《军机及宫中档》，文献编号：408002748. 又，中国第一历史档案馆藏：《录副奏折》，档号：03-6921-026.

尸棺饬埋，凶器案结销毁。是否允协？除全案供招咨部外，谨将斗殴毙命，核明定拟各缘由，恭折具陈。伏乞皇上圣鉴，饬部核议施行。谨奏。①

是日，公又奏报刊发《劝善要言》，并饬属宣讲，曰：

窃臣查接管卷内，光绪十七年九月十七日，准兵部火票递到光绪十七年八月初八日内阁奉上谕：朕恭读世祖章皇帝御制《劝善要言》一书，仰体天心，特垂明训，精详切实，俾斯世迁善改过，一道同风，实足变浇俗而臻盛化。惟原编只有清文，特令翻书房加译汉文，发交武英殿刊刻成书。兹据奏刷印完竣，装潢呈览，着每省颁发一部，交各该将军、督抚照式刊发各属学官，每月朔望，同《圣谕广训》一体敬谨宣讲，用示朕钦承祖训、辅教牖民之至意，等因。钦此。并奉寄到御制《劝善要言》一部，当经前护抚臣魏光焘饬司敬缮刊刻。兹据详称，现已刊刷成书，呈送前来。

臣恭加校阅，字画无讹，谨遵谕旨，颁发各属，俾于每月朔望同《圣谕广训》一体敬谨宣讲，并饬实力奉行，务使边徼群黎咸沾圣化，以仰副圣主与人为善之至意！所有遵旨刊发《劝善要言》，并饬属宣讲缘由，理合恭折具陈。伏乞皇上圣鉴。谨奏。②

同日，公又附片奏报致祭故大学士专祠情形，下部闻。曰：

再，光绪十一年，前抚臣刘锦棠于新疆省城遵旨建立已故前大学士左宗棠专祠；十四年，前巴里坤镇总兵徐占彪复于该处捐修祠宇，均

---

① 台北故宫博物院藏：《军机及宫中档》，文献编号：408002746.又，中国第一历史档案馆藏：《录副奏折》，档号：03-7315-062.
② 台北故宫博物院藏：《军机及宫中档》，文献编号：408002747.又，中国第一历史档案馆藏：《录副奏折》，档号：03-7173-044.

经奏明在案。兹据署布政使饶应祺详：据署哈密通判柳葆元详称：该员会同哈密协营副将萧元亨，现就汉城内择地捐修左宗棠祠宇，以修祀事，等情。转请具奏前来。

臣查前大学士左宗棠戡定全疆，勋劳懋著。哈密为出关驻扎之地，顾瞻遗垒，咸慕同深！该署通判等捐赀建祠，工程告竣，相应恳恩饬部立案，由地方官春秋致祭，以隆报飨而垂久远。捐用经费邀免造报。除咨部外，谨附片具陈。伏乞圣鉴，训示。谨奏。①

九月初一日，公代奏萧元亨署总兵篆务谢恩一事，曰：

窃臣据署新疆巴里坤镇总兵哈密协副将萧元亨呈称：接奉行知：署巴里坤镇总兵汤彦和奉旨补授陕西河州镇总兵，所遗篆务奏委副将署理，遵将哈密协事务交卸，驰抵巴里坤。八月初十日，准汤彦和饬委署中军游击朱德和，将光字二十二号银印一颗并文案、卷宗赍交前来。当即恭设香案，望阙叩头谢恩，祗领任事。

伏念副将三湘末质，一介武夫，自借补副将员缺以来，兢惕维深，涓埃未报，复膺重任，署理总兵，渥蒙雨露之施，益切冰渊之懔！惟有殚竭愚悃，矢慎矢勤，凡整饬营伍、镇守地方各事宜，随时禀商抚臣、提臣，认真办理，断不敢以暂时摄篆稍涉因循，以期仰答高厚鸿慈于万一！

所有到任接印日期并感激下忱，恳请据情代奏叩谢天恩前来。理合据情代奏。伏乞皇上圣鉴。谨奏。②

---

① 台北故宫博物院藏：《军机及宫中档》，文献编号：408002747-0-A.又，中国第一历史档案馆藏：《录副奏片》，档号：03-5556-025。
② 台北故宫博物院藏：《军机及宫中档》，文献编号：408002749.又，中国第一历史档案馆藏：《录副奏折》，档号：03-5890-035。

九月十四日，公开单奏报闰六月分新疆雨水粮价情形，曰：

窃照光绪十八年六月分各厅州县粮价并得雨情形，业经臣奏报在案。兹据署新疆布政使饶应祺详称：光绪十八年闰六月分，镇迪道属镇西得雨，入土五寸；迪化得雨，入土三寸；绥来得雨，入土二寸；昌吉、阜康、奇台、库尔喀喇乌苏微雨。伊塔道属绥定、宁远、塔尔巴哈台、精河微雨。南路拜城得雨，入土一寸；莎车大水；温宿、喀喇沙尔、库车、乌什、疏勒、疏附、叶城、和阗、英吉沙尔微雨，余未得雨。正值天气炎热，渠水畅流，地亩足资灌溉。

至通省粮价，和阗、昌吉、阜康、绥来、绥定、拜城等州县俱与上月相同，余均略有增减。汇详请奏前来。

理合恭折具陈，并缮粮价清单，敬呈御览。伏乞皇上圣鉴。谨奏。①

同日，公又开单具奏设立俄文学馆恳请立案一事，下部闻。曰：

窃新疆西北紧与俄邻，现在交涉事繁，非有通晓俄文、俄语之人，遇事动行隔阂。光绪十一年，前抚臣刘锦棠函请总理各国事务衙门派同文馆洋学生户部候选郎中桂荣前来新疆办理翻译。十三年，复仿同文馆章程，挑选学徒，于省城设立俄文学馆，即以桂荣兼充教习，并于候补人员内遴委汉文教习一员，分立课程，督令肄业。当因事属试办，未经具奏。臣到任后，按月考试，学业均有可观。现择其优者，派赴伊犁、喀什噶尔，充当翻译差使，并饬据署布政使饶应祺详定学徒额数、课习功程及膏火、薪资、岁需各项经费数目，教习学徒，三年期满，应予奖叙；仿照广东同文馆成案，略微变通，用资鼓励；仍由臣随时查察，务期文艺明通，翻译娴熟，仰副朝廷郑重交涉、储才备用至意。

---

① 台北故宫博物院藏：《军机及宫中档》，文献编号：408002750。又，中国第一历史档案馆藏：《录副奏折》，档号：03-6922-014。

所有新疆设立俄文学馆,恳请立案缘由,谨拟章程四条,缮具清单,恭折陈明。伏乞皇上圣鉴,训示,施行。谨奏。①

同日,公又会衔伊犁将军长庚、陕甘总督杨昌濬附片奏请以骆恩绶代理伊犁府知府,下部闻。曰:

再,署伊犁知府潘效苏②撤任遗缺,查有现署库尔喀喇乌苏直隶厅同知骆恩绶,堪以暂行代理。据署新疆布政使饶应祺、署镇迪道兼按察使衔周崇傅会详前来。除由臣批饬给委外,谨会同伊犁将军臣长庚、陕甘总督臣杨昌濬,附片具陈。伏乞圣鉴。谨奏。③

是日,公又会衔陕甘总督杨昌濬附片奏报委署同知、知县各缺,下部闻,曰:

再,署库尔喀喇乌苏直隶厅同知骆恩绶业委代理伊犁府知府。所遗员缺,查有候补直隶州知州陈纯治,堪以委署。奇台县知县刘澄清请假遗缺,查有候补知县陈彤辅,堪以委署。据署新疆布政使饶应祺、署镇迪道兼按察使周崇傅会详前来。除由臣批饬分别给委外,谨会同陕甘总督臣杨昌濬,附片具陈。伏乞圣鉴。谨奏。④

---

① 台北故宫博物院藏:《军机及宫中档》,文献编号:408002750-1.又,中国第一历史档案馆藏:《录副奏折》,档号:03-9435-018.
② 潘效苏(1839—1913),号重贤,字少泉,湖南省湘乡县人,赐西林巴图鲁勇号。同治二年(1863),加同知衔。同治八年(1869),授肤施县知县。九年(1870),调澄城县知县。十年(1871),署狄州知州。光绪五年(1879),署河州知州。八年(1882),补西宁府循化同知。九年(1883),调补迪化直隶州知州。十二年(1886),改和阗直隶州知州。十四年(1888),擢伊犁知府。十五年(1889),补授迪化府知府,旋加盐运使衔。二十一年(1895),以道员归甘肃新疆补用,入关总理行营事务,赏戴花翎。二十二年(1896),镇迪道尹兼按察使衔。二十三年(1897),擢补镇迪道兼按察使衔。二十四年(1898),调补巴里坤道,署新疆藩司。二十七年(1901),补授甘肃臬司,旋升新疆藩司。二十八年(1902),擢新疆巡抚,赏加头品顶戴。三十一年(1905),因案褫职。民国二年(1913),卒于里。
③ 台北故宫博物院藏:《军机及宫中档》,文献编号:408002750-0-A.
④ 台北故宫博物院藏:《军机及宫中档》,文献编号:408002750-0-B.

同日,公又附片奏请准记名总兵暂缓引见,下部闻,曰:

再,新疆边防紧要,委任务在得人。兹有提督衔记名总兵前玛纳斯协副将张清和,光绪十六年丁继母艰,开缺回籍守制。本年五月,服满起复,措资来省。查定例:服满副将,若系提镇借补,应请咨赴部引见,以提镇发往原省候补。未经赴部之先,不准奏留差委,等因。

臣查张清和前在故大学士左宗棠军营,转战数省,勋劳卓著。嗣在玛纳斯副将任内,尤能认真整顿,和辑兵民。现值边疆需才,又系该员服官省分,可否恳恩俯准暂缓引见,以总兵归新疆候补,俾资差委,以期得力,出自鸿施。谨附片具陈。伏乞圣鉴,训示。谨奏。①

同日,公又附片奏闻莎车被水大概情形,曰:

再,新疆南北两路各厅州县被灾情形,经臣先后具奏在案。兹据署莎车直隶州知州潘震续报:闰六月十四、二十二并七月初五、十二、十六、七、八等日,天气炎热,该州和什拉普等庄河水陡涨,至八月初三、四等日,始行消退。逐庄勘验,共淹倒民房一百四十三间,冲坏地三千九百余亩,或沙石壅塞,或刷成深沟。本年颗粒无收,将来不能耕种,等情。前来。臣当饬司移道,委员前往会勘,量为抚恤;淹倒民房,给银修补,并饬取被水地亩额征粮草数目册结,详转核办。

除俟详覆至日再行汇奏外,所有莎车州续报被水大概情形,谨附片具陈。伏乞圣鉴,训示。谨奏。②

---

① 台北故宫博物院藏:《军机及宫中档》,文献编号:408002750-0-C.又,中国第一历史档案馆藏:《录副奏片》,档号:03-5890-006.
② 台北故宫博物院藏:《军机及宫中档》,文献编号:408002749-0-B.

是日，公又附片奏报守备等员亏挪勇饷情形，下部闻，曰：

再，查有署省城城守协属喀拉巴尔噶逊营守备花翎守备衔尽先拔补千总朱荣梧，亏挪勇饷，延不发给，经臣撤委调省查办。现虽追缴完数，究属胆大妄为，未便稍事姑容。相应请旨将守备衔尽先拔补千总朱荣梧即行革职，并拔去花翎，以儆效尤而肃戎政。城守协副将曾松明系该管上司，平日漫无觉察，应请饬部议处，用示惩儆。谨附片具陈。伏乞圣鉴，训示。谨奏。①

九月二十六日，公会衔陕甘总督杨昌濬奏报回子郡王恳恩过班一事，下部闻。曰：

窃臣准理藩院咨：光绪十八年班轮应吐鲁番札萨克回子郡王玛木特②来京，等因。饬据藩、臬两司详：据署吐鲁番同知彭绪瞻转据玛木特呈称：世爵昔遭兵乱，积受风湿，每一触发，动至数月不起。本届恭值年班，正在料理北上，忽感风寒，牵动旧疾，行坐需人扶持，医药迄未见效。现在限期已迫，焦灼实深，恳转请奏缓。前来。

臣查光绪十四年十月十八日，理藩院奏明，回王中轮应到班，如实有因事故不克来京，务令先期呈明，该抚代奏过班，奉旨允准钦遵在案。兹该回子郡王玛木特轮应到班，因患病不能赴京，委系实情。相应吁恳天恩俯准过班，俾资调理，出自鸿施。

谨会同陕甘总督臣杨昌濬，恭折具陈。伏乞皇上圣鉴，训示。谨奏。③

---

① 台北故宫博物院藏：《军机及宫中档》，文献编号：408002749-0-C.
② 玛木特（1881—?），阿克拉依都之子。光绪七年（1881），承袭吐鲁番郡王爵。十年（1884），以修墓署、葬亲请领伊故父恤赏银两，得旨允行。十五年（1889），进京朝觐，赏三眼花翎。卒年未详。
③ 台北故宫博物院藏：《军机及宫中档》，文献编号：408002752. 又，中国第一历史档案馆藏：《录副奏折》，档号：03-5298-066.

同日，公又奏报会立坎部新酋情形，下部闻，曰：

窃坎巨提头目赛必德哎里罕因英兵进踞，率众逃窜。臣查其弟买卖提艾孜木素得人心，暂令代理。委准补阜康县知县田鼎铭前赴该部，会同英员议立，并将旧酋及帮办买卖塔力分解来省，奏明在案。嗣准总理各国事务衙门电称：英允以摩韩美德拿星，即买卖提艾孜木充当头目，等因。臣以更立新酋事属创办，加委都司张鸿畴前往，以昭慎重。兹据禀报：光绪十八年七月二十五日，会同英员热布生，立摩韩美德拿星为坎巨提头目。封立仪节，华员居右，英员次之，英属克什米尔委员居右稍下，新酋又次之。张鸿畴等宣布皇上德意，赏给大靴，谕令贡金照旧呈进，镇抚部民，毋任剽掠。该酋俯首敬听，部众环观，罔弗欢舞，等情。前来。

臣维坎巨提为边徼小部，朝廷以归附有年，未忍听其废灭，怀柔之德，实属有加。新酋摩韩美德拿星自必勉矢恪共，永守世业，用副圣朝绥抚远服至意。至旧酋赛必德哎里罕先后到省，讯取供词，其不法情事均系帮办买卖塔力所为。买卖塔力旋即病故。该酋现经废立，似未便再行深究，亦未便仍令归部。查莎车州属热瓦奇地方，旧有该部庄田，如一二年后照常安静，拟即迁赴该处居住，以示矜恤，容俟奏明办理。所有委员会立新酋事竣并拟安置旧酋各缘由，谨恭折具陈。伏乞皇上圣鉴。谨奏。①

是日，公又会衔陕甘总督杨昌濬附片奏报金兰益等留省尽先补用，下部闻。曰：

再，新疆从前征剿出力各武员前经臣奏留甘肃新疆补用，并声明俟续查有应行留省之员，再行陈奏，奉旨允准钦遵在案。兹查有尽先

---

① 台北故宫博物院藏：《军机及宫中档》，文献编号：408002751。又，台北中研院近代史所藏：《外交档案》，馆藏号：01-17-056-20-003。

推补副将金兰益，副将衔留陕尽先补用参将张万会，留安徽尽先补用参将李学文，尽先推补参将陈玉亭，尽先补用参将舒春林，参将衔尽先补用游击刘书质，尽先推补游击高天发，游击衔尽先补用都司陈明胜、喻东成，尽先推补都司石光贤、张守祥，尽先补用都司贾云龙、刘清和，尽先补用守备甘正洪、谭明辉、孙正修、李贵全等十七员，在新疆从征年久，边情极为熟悉。合无仰恳天恩俯准将尽先推补副将金兰益等十七员，均以原官、原衔留于甘肃新疆尽先补用，于边防、营伍实有裨益。除饬取履历清册咨部查照，并俟续查有应行留省人员随时奏请外，谨会同陕甘总督臣杨昌濬，附片具奏。伏乞圣鉴，训示。谨奏。①

同日，公又会衔陕甘总督杨昌濬附片奏请将蒋诰以道员留新补用，下部议，曰：

再，新疆事务殷繁。该道员一班，候补人少，不敷差遣。臣查有三品衔候补知府遇缺尽先题奏道蒋诰②，光绪九年委署疏勒直隶州知州，十年奏请借补斯缺。十一年五月二十五日奉部覆准作为到任日期，十二年七月初四日交卸，调署迪化府知府，旋委代理喀什噶尔道篆务。十五年五月初四日饬回本任，十六年六月初六日交卸州事，代理阿克苏道篆。十七年十二月初二日仍回本任。

查该员以知府借补直隶州知州，前后历俸已满三年，且两次代理道篆，措置一切，均属裕如。可否仰恳天恩俯念差遣需员，准开去该员疏勒直隶州知州本缺，以道员仍留新疆补用，借资得力。其疏勒直隶州知州系冲、繁、疲、难四项要缺，应请扣留外补。谨会同陕甘督臣杨

---

① 台北故宫博物院藏：《军机及宫中档》，文献编号：408002751-0-A.又，中国第一历史档案馆藏：《录副奏片》，档号：03-5298-068.
② 蒋诰（1836—1893），福建闽县人，附生。初由保举教谕报捐知府衔选用同知、花翎分省补用知府，加捐道衔。光绪九年（1883），署疏勒直隶州知州。新疆留在边防案内，保升道员，并加三品衔。十年（1884），署迪化直隶州知州。同年，借补疏勒直隶州知州。十二年（1886），署迪化府知府，旋代理喀什噶尔、阿克苏道篆。十七年（1891），回疏勒直隶州知州任。十九年（1893），病故。

昌濬，附片陈明。伏乞圣鉴，训示，施行。谨奏。①

同日，公又附片奏报金运昌祠修建完工情形，下部闻，曰：

再，已故乌鲁木齐提督金运昌②，光绪十二年经前署黑龙江将军臣恭镗③奏准于乌鲁木齐地方建立专祠在案。兹据塔尔巴哈台协副将张怀玉、署和阗直隶州知州江遇璞④等禀称：在于省城北门内选择地基，捐修祠宇一所。恳请具奏前来。

臣查金运昌向在新疆，卓著劳勚，既奉谕旨准立专祠，现经该副将等捐赀修建，业已工竣，该位入祀，相应恳恩饬部立案，由地方官春秋致祭，以隆报飨而垂久达。经费邀免造报。除咨部外，谨附片具奏。伏乞圣鉴，训示。谨奏。⑤

---

① 台北故宫博物院藏：《军机及宫中档》，文献编号：408002751-0-B. 又，中国第一历史档案馆藏：《录副奏片》，档号：03-5298-067。

② 金运昌（？—1886），字景亭，安徽盱眙人（今江苏盱眙县），少孤贫，为总兵郭宝昌之母抚养，从姓郭。从宝昌剿捻，积功荐升游击，擢总兵，迁提督，复姓金。同治八年（1869），代郭宝昌率卓胜营，剿办西北民变。九年（1870），攻金积堡。光绪三年（1877），抵乌鲁木齐，授提督。十一年（1885），病归。十二年（1886），卒于里。

③ 恭镗（1837—1889），字振魁，满洲正黄旗人，博尔济吉特氏，生员出身。咸丰初年，充刑部笔帖式。四年（1854），选吏部主事。同治元年（1862），补员外郎。次年，升御史。三年（1864），兼管内务府银库员外郎。同年，升郎中，兼内务府六库郎。五年（1866），充总理各国事务衙门章京、理藩院内外馆监督。六年（1867），兼理步军统领衙门章京。是年，放湖北荆宜施道，加按察使衔。十年（1871），迁奉天府府尹。光绪元年（1875），署盛京将军。三年（1877），授二等侍卫，任乌鲁木齐领队大臣。同年，署乌鲁木齐都统。五年（1879），擢乌鲁木齐都统。九年（1883），调补西安将军。十二年（1886），署黑龙江将军。十四年（1888），授黑龙江将军。十五年（1889），补授杭州将军。同年，晋京陛见，卒于天津途次。

④ 江遇璞（1824—1904），湖北随州人，监生。同治八年（1869），报捐知县，指分江西，嗣投效卓胜军。十年（1871），以功保知州。光绪二年（1876），赏戴蓝翎。三年（1877），保升知府。十年（1884），换花翎。十二年（1886），经刘锦棠奏准留新疆补用。同年，署喀喇沙尔同知。十四年（1888），调署温宿直隶州知州。十五年（1889），借补喀喇沙尔同知。历署和阗直隶州知州，兼护阿克苏道。二十四年（1898），迁阿克苏道，旋加二品顶戴。三十年（1904），因病出缺。

⑤ 台北故宫博物院藏：《军机及宫中档》，文献编号：408002751-0-C. 又，中国第一历史档案馆藏：《录副奏片》，档号：03-5556-038。

十月十六日，公奏报审拟奇台客民斗殴毙命一案，下部议。曰：

窃奇台县客民秦万幅因口角起衅，用刀戳伤缠民米斯林身死一案，据奇台县知县刘澄清验讯议拟，解署迪化府知府黄丙焜，详署镇迪道兼按察使衔周崇傅，审转前来。

臣亲提研讯，缘秦万幅籍隶哈密厅，与已死缠民米斯林同在奇台县民萧扶贤家受雇牧羊，素无嫌怨。光绪十八年五月初六日早，秦万幅有事外出，令米斯林在家剪羊毛。上午，秦万幅回归，因见羊毛尚未动剪，当饬米斯林懒惰，米斯林回置。秦万幅随用手执铁瓢向殴，米斯林闪侧，划伤右耳根。米斯林扭住秦万幅发辫，按倒在地。秦万幅力挣不脱。又因米斯林之子色提赶拢，恐其帮护，一时情急，拾地下割皮小刀，戳伤米斯林右胳膊，穿透臂膊。经白复雨等解散，米斯林伤重，是日殒命。投约报验，讯供议拟解府，详兼臬司审明转详，臣覆鞫无异。

查律载：斗殴杀人者，不问手足、他物、金刃，并绞监候，等语。此案秦万幅因剪羊毛口角起衅，用刀戳伤米斯林身死，自应按律问拟。秦万幅合依"斗殴杀人者，不问手足、他物、金刃，并绞"律，拟绞监候，秋后处决。白复雨救阻不及，毋庸置议。无干省释。尸棺饬埋，凶刀案结销毁。是否允协？

除全案供招咨部外，合将斗殴毙命，审明定拟各缘由，谨恭折具陈。伏乞皇上圣鉴，饬部核议施行。谨奏。①

同日，公又奏报审拟民人妥元故杀奸妇一案，下部议。曰：

窃迪化县客民妥元即苏鲁妈因续奸被拒，故杀奸妇杨马氏身死一案，据迪化县知县黄袁验讯议拟，解署迪化府知府黄丙焜，详署镇迪道

---

① 台北故宫博物院藏：《军机及宫中档》，文献编号：408002753. 又，中国第一历史档案馆藏：《录副奏折》，档号：03-7315-077.

兼按察使衔周崇傅审转前来。

　　臣亲提研讯,缘妥元即苏鲁妈,籍隶吐鲁番厅,寄居迪化县。光绪十五年,受雇杨天才家佣工,并无主仆名分,杨天才之妻杨马氏习见不避。是年不记月日,杨天才外出,妥元与杨马氏调戏成奸,后非一次,给过银钱,亦无确数。杨天才先不知情。十六年十一月内,杨天才微闻有奸,即将妥元辞退。妥元因杨天才时常在家,不敢前往。十八年初十日上午,妥元探知杨天才外出未归,潜至其家,意图续旧。杨马氏用言拒绝,妥元谓其薄情。杨马氏生气混骂,妥元回詈。杨马氏随取小刀戳伤妥元右臂膊。妥元夺取小刀,戳伤杨马氏右腋肢。杨马氏抱住妥元两腿,撞头拼命。杨马氏幼女杨车车子在房瞥见,畏惧逸出。妥元图脱,复戳杨马氏脊背、右臂膊,杨马氏仍不松手。妥元情急气氛,又挟拒绝往来之嫌,起意致死,即将杨马氏仰面按倒,用刀连戳其肚腹、右肋、右胁、脐肚等处,登时殒命。是日杨天才回归,问明情由,投约报验。获犯讯供,议拟解府,详兼臬司,审明转详,臣覆鞫无异。

　　查例载:先经和奸,后因别故拒绝,致将被奸之人杀死者,俱仍照谋故斗殴本律定拟。又律载:故杀者,斩监候,各等语。此案妥元即苏鲁妈先与杨马氏和奸,后因续奸被拒,起意致死,用刀连戳杨马氏多伤,登时殒命,实属故杀,自应按照律例问拟。妥元即苏鲁妈除犯奸轻罪不议外,合依"先经和奸,后因别故拒绝,致将被奸之人杀死者,仍照故杀者,斩监候"本律,拟斩监候,秋后处决,照例先行刺字。尸夫杨天才先不知情,后闻有奸,即将妥元辞退,并无不合,应与年幼不知救阻之尸女杨车车子,均免置议。杨马氏用过妥元银钱既无确数,身死免证。无干省释。尸棺饬埋,凶刀案结销毁。是否允协?除全案供招咨部外,谨将续奸被拒,故杀奸妇,审明定拟各缘由,恭折具陈。伏乞皇上圣鉴,饬部核议施行。谨奏。①

---

① 台北故宫博物院藏:《军机及宫中档》,文献编号:408002754.又,中国第一历史档案馆藏:《录副奏折》,档号:03-7315-078.

是日，公又会衔陕甘总督杨昌濬开单奏请核销喀什衙署动用经费情形，下部议。曰：

窃臣查喀什噶尔提督衙署，经前抚臣刘锦棠于光绪十四年三月奏请兴修，估需银二万二千四百余两、粮九万六百余斤，并拟将原修温宿州署改作阿克苏道署，另修州署及吏目衙署、监狱，估需银五千六百余两、粮六万六千六百余斤；又附奏旧有迪化州署改作县署，另建迪化府署及经历衙署、监狱，估需银九千二百余两，食粮在内，均奉朱批：该部知道。钦此。钦遵在案。

兹据粮台司道详称：各处工程需用树木，采运维艰，物料、匠工价值昂贵，提督衙署、温宿、迪化各衙署、监狱，均派营勇帮同工作，共用工七万一千六百有奇，只按旬犒赏酒肉，或日给食粮，以期节省。现在工程一律告竣，核计前项衙署三起，实共用过工料各款银三万七千三百八十八两九钱四分八厘，与原估银数尚属相符。提督衙署用过粮价银三百五十四两一钱七分九厘，温宿州署食粮较原估减少，实只用过粮价二百四十七两四分九厘，均于善后项下匀挪应用。查新疆郡县初设，工料价值无例可循，概系遵照光绪十七年十一月十六日工部奏叅谕旨准销南北两路城垣、衙署工料价值发给，实用实销，委无浮冒，取具印委保固各结，并造具做法、丈尺、工料、银粮细数清册、图说，详赍前来。

臣覆查无异，相应缮具清单，恭呈御览，仰恳饬部核销，以清款目。除将册结、图说咨部查照外，谨会同陕甘总督臣杨昌濬，恭折具陈。代乞皇上圣鉴，训示。谨奏。①

---

① 台北故宫博物院藏：《军机及宫中档》，文献编号：408002755. 又，中国第一历史档案馆藏：《录副奏折》，档号：03-7160-046.

同日，公又会衔陕甘总督杨昌濬附片奏报拣员委署同知等缺缘由，下部闻。曰：

> 再，署喀喇沙尔直隶厅同知刘金藩卸署遗缺，查有候补直隶州知州符瑞，堪以委署。绥来县知县李原琳调省遗缺，查有宁远县知县高敬昌，堪以调署。署拜城县知县李征煦病故遗缺，查有候补知县借补新疆藩库大使文立山，堪以委署。据署新疆布政使饶应祺、署镇迪道兼按察使衔周崇傅会详前来。除由臣批饬分别给委外，谨会同陕甘总督臣杨昌濬，附片具陈。伏乞圣鉴。谨奏。①

同日，公又会衔陕甘总督杨昌濬附片奏请催各省关筹拨欠银缘由，即着户部迅催速解，以济要需。曰：

> 再，南路城垣、衙署估需经费，经部指拨各省关银三十六万六千七百余两，嗣前抚臣刘锦棠、护抚臣魏光焘以各处报解未完，先后奏奉谕旨饬部咨催在案。臣现查四川下欠银五万两，江西、湖南各三万两，河南、湖北各二万两，山东一万两，共银一十六万两。在各省腾挪拨济，本属艰难，惟南路已修城署不敷银两经刘锦棠奏明暂由军饷项下挪用，借新补旧，年复一年，易滋牵混。其未修各工尤须接续兴办，以期一律蒇事。新疆异常疾苦，并无款项可筹，再四思维，实难为计，相应请旨饬下四川等省赶将下欠银两设法筹凑，悉数提解，以清垫款而济要需。除咨部外，谨会同陕甘总督臣杨昌濬，附片具陈。伏乞圣鉴，训示。谨奏。②

---

① 台北故宫博物院藏：《军机及宫中档》，文献编号：408002755-0-A. 又，中国第一历史档案馆藏：《录副奏片》，档号：03-5299-034.
② 台北故宫博物院藏：《军机及宫中档》，文献编号：408002755-0-B. 又，中国第一历史档案馆藏：《录副奏片》，档号：03-7160-048.

是日,公又会衔伊犁将军长庚、陕甘总督杨昌濬附片具奏请准杨名树委署宁远县知县缘由,下部闻。曰:

再,宁远县知县高敬昌业经调署绥来县知县,所遗员缺查有奏留新疆补用知县杨名树,堪以委署。据署新疆布政使饶应祺、署镇迪道兼按察使衔周崇傅会详前来。除由臣批饬给委外,谨会同伊犁将军臣长庚、陕甘总督臣杨昌濬,附片具奏。伏乞圣鉴。谨奏。①

同日,公又会衔伊犁将军长庚、陕甘总督杨昌濬附片具奏停办本年满营军政缘由,下部闻。曰:

再,光绪十八年古城满营军政,前准兵部咨,当经转行遵照在案。兹据城守尉克蒙额呈称:满营自迁并后,陆续请补佐领、防御、骁骑校各缺,历俸未满三年,本年军政碍难举办。呈请奏缓前来。臣覆核无异,所有本年满营军政,合无仰恳天恩俯准缓至下届再行举办。除咨部外,谨会同伊犁将军臣长庚、陕甘总督臣杨昌濬,附片具陈。伏乞圣鉴,训示。谨奏。②

同日,公又附片奏请更正艾远英等保案缘由,下部闻。曰:

再,臣据提督衔留湖南补用总兵艾远英禀称,该员于克复江西景德镇浮梁县城案内,由把总保以千总尽先拔补,并戴蓝翎;克复湖北安陆府旧口永隆河董家湾一带肃清案内,误由都司补用守备保以游击留湖南补用,并换花翎。嗣于克复贵州觉林寺、偏刀水等处坚巢各案,累

---

① 台北故宫博物院藏:《军机及宫中档》,文献编号:408002755-0-C.又,中国第一历史档案馆藏:《录副奏片》,档号:03-5890-072。
② 台北故宫博物院藏:《军机及宫中档》,文献编号:408002755-0-D.又,中国第一历史档案馆藏:《录副奏片》,档号:03-5890-072。

保今职。又,据尽先推补总兵贺福春禀称:该员于攻克江南太湖等城案内,由武童保以把总尽先拔补;克复乌鲁木齐、玛纳斯各城案内,误由补用守备保以游击尽先补用。旋于克复吐鲁番满、汉两城等案内,累保今职。请附奏递减,各等情。前来。

　　臣覆核无异,合无仰恳天恩俯准将艾远英于克复湖北安陆府旧口永隆河等处案内准保免补都司,以游击留湖南补用,并换花翎,改为免补千总,以守备留湖南补用,仍换花翎;克复觉林寺等处案内准保免补游击,以参将留湖南尽先推补,加副将衔,改为免补守备,以都司留原省尽先补用,加游击衔;荡平金积堡案内准保以副将留湖南尽先补用,改为以游击留原省尽先补用;克复吐鲁番满、汉两城案内准保以总兵留湖南,遇缺请旨简放,改为以参将留原省尽先补用;新疆南、北两路一举荡平案内准加提督衔,改为副将衔。贺福春于克复乌鲁木齐、玛纳斯各城案内准保免补守备、都司,以游击尽先补用,改为免补把总、千总,以守备尽先补用;克复吐鲁番满、汉两城案内准保免补游击,以参将尽先补用,改为免补守备,以都司尽先补用;新疆南、北一举荡平案内准保免补参将,以副将尽先推补,并戴花翎,改为免补都司,以游击尽先推补,并戴花翎;新疆五次剿平边寇案内准保免补副将,以总兵尽先推补,改为免补游击,以参将尽先推补,饬部分别逐层递减,以实官阶。

　　其艾远英于克复河州、洮、岷等处案内,所给正二品封典,并克复乌鲁木齐、玛纳斯等城案内赏给硕勇巴图鲁勇号,仍照原案注册,出自鸿施。除咨部外,谨附片具陈。伏乞圣鉴,训示。谨奏。①

十月二十七日,公开单奏报七月分新疆雨水粮价情形,曰:

　　窃照光绪十八年闰六月分各厅州县粮价并得雨情形,业经臣奏报

---

① 台北故宫博物院藏:《军机及宫中档》,文献编号:408002753-0-A。又,中国第一历史档案馆藏:《录副奏片》,档号:03-5890-071。

在案。兹据署新疆布政使饶应祺详称：光绪十八年七月分，镇迪道属镇西得雨，入土六寸；阜康、迪化得雨，入土三寸；昌吉、绥来、奇台得雨，入土二寸；哈密、库尔喀喇乌苏微雨。伊塔道属宁远得雨，入土二寸；绥定得雨，入土一寸；塔尔巴哈台、精河微雨。南路疏勒、疏附得雨，入土一寸；莎车大水，温宿、拜城、库车、乌什、和阗、于阗、英吉沙尔微雨，余未得雨。

至通省粮价，精河、温宿、和阗、阜康、绥来、绥定等厅州县俱与二月相同，余均略有增减。汇详请奏前来。理合恭折具陈，并缮粮价清单，敬呈御览。伏乞皇上圣鉴。谨奏。①

同日，公又奏报审拟缠民乌受尔故杀毙命一案，下部议。曰：

窃温宿州缠民乌受尔奸所获奸，登时杀死奸夫艾沙、奸妇古松比比，并将纵奸之妻母杜大乃比比故杀身死一案，据温宿直隶州知州陕希洛验讯通详，未及招解卸事，移交后任李庆棠覆鞫，拟解阿克苏道陈名钰审明，咨署镇迪道兼按察使周崇傅转详前来。

臣覆加查核，缘乌受尔籍隶温宿州，务农度日，娶杜大乃比比之女古松比比为妻，平日夫妇和好。艾沙与乌受尔邻庄居住，素识往来，古松比比习见不避。艾沙何时与古松比比通奸，乌受尔先不知情。嗣乌受尔见艾沙与古松比比形迹可疑，当经盘问，古松比比坚不认奸，乌受尔因常防范。光绪十七年三月内，古松比比回至娘家，乌受尔屡接未归。是月二十七日初更，乌受尔在外瞥见艾沙往杜大乃比比家，乌受尔疑有奸情，尾后窃探，遥见艾沙与古松比比同坐，又闻杜大乃比比有"明晚再来"之语。乌受尔知有奸情，隐忍回归，起意捉奸泄忿。至二十八日二更，乌受尔知系艾沙约定奸宿之期，携带铁锄，潜至杜大乃比比屋后，闻艾沙与古松比比在内嬉笑。乌受尔将门喊开，进房拿捕。

---

① 台北故宫博物院藏：《军机及宫中档》，文献编号：408002758。又，中国第一历史档案馆藏：《录副奏折》，档号：03-6923-027。

艾沙欲出，乌受尔举锄砍伤艾沙左、右臂膊。艾沙倒地，乌受尔赶砍其脑后项颈身死。乌受尔并将古松比比按倒，用锄砍伤项颈气绝。杜大乃比比抓扭乌受尔，撞头拼命。乌受尔触动纵奸之嫌，情急气忿，起意致死，用锄砍伤杜大乃比比右颔颊接连咽喉殒命。乌受尔复将艾沙、古松比比头颅砍落携逋。经杜大乃比比幼女买热木罕等通知其父毛拉阿洪，投约报案，讯供议拟解道，咨兼臬司核明转详，臣覆核无异。

  查律载：本夫于奸所亲获奸夫、奸妇，登时杀死者，勿论。又，故杀者，斩监候。又，光绪十年刑部通行：嗣后致毙义绝妻父母，以常人论，案件应按谋故斗杀各本律定拟，如情节实有可原，于疏内声明，秋审时酌核办理，各等语。

  此案乌受尔因其妻古松比比与艾沙在杜大乃比比家奸宿，登时捉获，将奸夫、奸妇一并杀死，并将纵奸之妻母杜大乃比比故杀毙命。查杜大乃比比纵女奸淫，自犯义绝，应以凡论。乌受尔除奸所获奸登时杀死奸夫、奸妇，照律勿论外，合依"故杀者，斩监候"，拟斩监候，秋后处决，先行刺字。惟查杜大乃比比容止外人与女奸宿，自犯义绝，情近罪人，当乌受尔杀奸时，犹复抓扭拼命，致乌受尔情急气忿，起意杀毙，与寻常故杀不同，情节实有可原，例应声明，听候部议。杜大乃比比纵女犯奸，咎有应得，业经身死，应与不知奸情之毛拉阿洪及年幼不知救阻之买热木罕等，均免置议。无干省释。各尸饬埋，凶器案结销毁。是否允协？

  除全案供招咨部外，合将本夫奸所获犯，登时杀死奸夫、奸妇，并故杀纵奸之妻母身死，核明定拟各缘由，恭折具陈。伏乞皇上圣鉴，饬部核议施行。谨奏。①

---

① 台北故宫博物院藏：《军机及宫中档》，文献编号：408002756。又，中国第一历史档案馆藏：《录副奏折》，档号：03-7315-082。

是日,公又奏报审拟缠民艾里殴毙人命一案,下部议。曰:

窃疏附县缠民艾里因护母起衅,殴伤艾吉买卖提身死一案,据署疏附县知县杨其澍验讯,拟解疏勒直隶州知州蒋诰审明,详署喀什噶尔道李宗宾提讯,咨署镇迪道兼按察使衔周崇傅核转前来。

臣覆加查核,缘艾里籍隶疏附县,务农度日,与已死艾吉买卖提同庄素好。光绪十八年三月十二日,艾里之幼弟买米希所牧羊只咬食艾吉买卖提树枝,艾吉买卖提令将羊只吆开,买米希不听。艾吉买卖提随用树条吓殴,并未成伤。买米希归告伊母他来比比。他来比比赶往嚷骂,致与艾吉买卖提互相抓扭。艾里因母他来比比与人争闹,即时趋救,喝令艾吉买卖提松手。艾吉买卖提斥其帮护。艾里恐母受伤,顺拾树棍,殴伤艾吉买卖提偏左。经尸婿洋大克解散,艾吉买卖提伤重,移时殒命。投约报验,讯供议拟,由州解道,咨兼臬司核明转详,臣覆核无异。

查例载:母先与人寻衅,其子踵至助势,共殴毙命,俱仍照各本律科断。又,律载:斗殴杀人者,不问手足、他物、金刃,并绞监候,各等语。

此案艾里因母他来比比与艾吉买卖提抓扭,该犯趋至,虑母受伤,用棍殴伤艾吉买卖提身死,实属护母殴毙人命,应仍照律问拟。艾里合依"斗殴杀人者,不问手足、他物、金刃,并绞"律,拟绞监候,秋后处决。他来比比因子被殴,并不问明,辄往寻衅酿命,亦有不合,应照"不应重"律,杖八十,系妇女,照例收赎。买米希肇衅酿命,年幼无知,应与救阻不及之洋大克,均免置议。无干省释。尸饬领埋,凶器案结销毁。是否允协?除全案供招咨部外,谨将护母殴毙人命,核明定拟各缘由,恭折具陈。伏乞皇上圣鉴,饬部核议施行。谨奏。①

---

① 台北故宫博物院藏:《军机及宫中档》,文献编号:408002757。又,中国第一历史档案馆藏:《录副奏折》,档号:03-7315-081。

十一月初二日,公奏报审拟汉民吕占魁斗殴毙命一案,下部议。曰:

窃疏勒州汉民吕占魁因口角起衅,殴伤马伏成身死一案,据疏勒直隶州知州蒋诰验讯议拟,解署喀什噶尔道李宗宾提审,咨署镇迪道兼按察使衔周崇傅核转前来。

臣覆加查核,缘吕占魁籍隶疏勒州,小贸营生,与已死马伏成素识无嫌。光绪十八年六月十二日早,吕占魁往市置买货物,路过马伏成铺首,正值马伏成买桃一驮,尚未给价。吕占魁因系熟识,称欲分买一半,马伏成不允。吕占魁谓其寡情,马伏成用言斥骂,吕占魁回骂。马伏成扭住吕占魁发辫,殴伤吕占魁右眼角、左耳。吕占魁被扭情急,举拳冒殴一下,适伤马伏成右太阳。经王应台、王树东等喝散。马伏成伤重,移时殒命。投约报验,讯供议拟解道,咨兼臬司核明转详,臣覆核无异。

查律载:斗殴杀人者,不问手足、他物、金刃,并绞监候,等语。此案吕占魁因买桃口角,用拳殴伤马伏成身死,自应按律问拟。吕占魁合依"斗殴杀人者,不问手足、他物、金刃,并绞"律,拟绞监候,秋后处决。王应台、王树东阻救不及,应毋庸议。无干省释。尸棺饬埋。是否允协?除全案供招咨送刑部外,谨将斗殴毙命,核明定拟各缘由,恭折具奏。伏乞皇上圣鉴,饬部核议施行。谨奏。①

同日,公又奏报审拟宁远客民赵发淮斗殴毙命一案,下部议。曰:

窃宁远县客民赵发淮因索债口角抓扭,用刀戳伤马潘舌子后胁等处,并因倒地,致刀尖戳伤项颈毙命一案,据宁远县知县高敬昌验讯议拟,解署伊犁府知府潘效苏审明,详由伊塔道英林提讯,咨署镇迪道兼按察使衔周崇傅核转前来。

---

① 台北故宫博物院藏:《军机及宫中档》,文献编号:408002759。又,中国第一历史档案馆藏:《录副奏折》,档号:03-7315-085。

臣覆加查核，缘赵发淮籍隶四川广元县，在新疆佣工，受雇宁远县民张永胜家煤窑挖煤，与已死马潘舌子素好无嫌。光绪十七年七月内，赵发淮借马潘舌子银一两一钱，屡讨未偿。十八年五月十五日，马潘舌子又向索取，赵发淮仍行求缓。马潘舌子斥其骗赖，并言无银清还，定与拼命。赵发淮回辩，马潘舌子顺扭赵发淮发辫，拖向外走，声称拉往煤窑，一齐滚落跌死。赵发淮被扭图脱，右手抽出小刀，戳伤马潘舌子右胳膊、臂膊、左后肋、右后肋。马潘舌子并不松手，且拖且走，将近窑边。赵发淮情急，赶用左手扭住马潘舌子发辫，力往后挣，互相倒地。赵发淮右手持刀，刀尖向上，马潘舌子仰跌势猛，压在赵发淮身上，致刀尖戳伤项颈，穿破食气嗓。经禹月堂解散，马潘舌子伤重，移时殒命。投约报验，讯供议拟，由府解道，咨兼臬司，核明转详，臣覆核无异。

查律载：斗殴杀人者，不问手足、他物、金刃，并绞监候，等语。比案赵发淮因索债口角抓扭，用刀戳伤马潘舌子后肋等处，并因倒地，致刀尖戳伤马潘舌子项颈，穿破食气嗓身死，自应按律问拟。赵发淮合依"斗殴杀人者，不问手足、他物、金刃，并绞"律，拟绞监候，秋后处决。禹月堂阻救不及，应毋庸议。赵发淮所欠银两，追缴给领。无干省释。尸棺饬埋，凶刀案结销毁。是否允协？除全案供招咨部外，谨将斗殴毙命，核明定拟各缘由，恭折具陈。伏乞皇上圣鉴，饬部核议施行。谨奏。①

是日，公又奏报审拟缠民阿思满图财害命一案，下部议。曰：

窃拜城县缠民阿思满起意图财，殴伤合甲尼牙子未死，掠得财物一案，据署拜城县知县李征煦获犯，讯供议拟，解署温宿直隶州知州李庆棠审明，详由阿克苏道陈名钰提讯，咨署镇迪道兼按察使衔周崇傅

---

① 台北故宫博物院藏：《军机及宫中档》，文献编号：408002761.又，中国第一历史档案馆藏：《录副奏折》，档号：03-7315-084.

核转前来。

臣覆加查核,缘阿思满籍隶温宿州,务农度日,先未为匪,库尔班系其表兄。光绪十八年六月十一日,阿思满、库尔班路过拜城县属河色尔地方,适合甲尼牙子叱驴五头,驼载杏子,与阿思满等路遇,彼此询问姓名,一同行走。是日下午,行至赛里木戈壁,库尔班走前,合甲尼牙子在中,阿思满在后。阿思满因见合甲尼牙子驮载货物,起意谋杀合甲尼牙子,得财使用,乘其不觉,用棍殴伤合甲尼牙子脑后。合甲尼牙子回视,阿思满赶殴其偏左。合甲尼牙子受伤,跌地呼救。何思满连殴两下,致伤右耳根、右乳下,并用脚踢伤胸膛。库尔班闻声赶至,合甲尼牙子业经晕倒。阿思满恐其不死,欲用刀割合甲尼牙子咽喉,库尔班阻住。阿思满搜得驮只、财物逃遁。合甲尼牙子后渐苏醒,经乡约艾沙闻知往看,问明情由,报县诣验,获犯起赃,讯供议拟,由州解道,咨兼臬司,核明转详,臣覆核无异。

查例载:图财害命,伤人未死而已得财者,首犯拟斩监候。又,律载:知同伴人谋害他人,被害之后不首告者,杖一百,各等语。此案阿思满因合甲尼牙子驮载货物,起意图财谋命,将其殴伤倒地,掠得赃物,虽合甲尼牙子伤均平复,仍应按例问拟。阿思满一犯合依"图财害命,伤人未死而已得财者,首犯斩监候"例,拟斩监候,秋后处决,照例刺字。库尔班同行不知谋情,又未分赃,惟事后不首,亦有不合,应照"同伴人谋害他人,被害之后不首告者,杖一百"律,拟杖一百,折责发落。无干省释。起获原赃,给主具领。是否允协?除全案供招咨部外,谨将图财害命,伤人未死,实已得财,核明定拟各缘由,恭折具陈。伏乞皇上圣鉴,饬部核议施行。谨奏。①

---

① 台北故宫博物院藏:《军机及宫中档》,文献编号:408002760.又,中国第一历史档案馆藏:《录副奏折》,档号:03-7315-083.

十一月初六日，公会衔陕甘总督杨昌濬奏请暂停华商货税，下部议。曰：

　　窃查咸丰年间，军务殷繁，各省抽收厘税，权济饷需，原属不得已之举。新疆底定后，前陕甘督臣左宗棠①以关外军饷全恃各省协拨，因议行田赋、水利诸政，并及税厘，借资挹注，用意亦良深远。嗣经总理各国事务衙门于光绪八年五月二十三日奏奉上谕：新疆地方设卡征厘，借资军食，现在俄民运货往来，暂不纳税，而各部落人及内地华商仍令照章完纳，未免苦乐不均。着概行暂免厘税，俟商务兴旺，照约议立税则时，再复旧章，等因。钦此。钦遵在案。时刘锦棠奉命督办新疆军务，以谕旨准予暂免，自是专指中外往来行商而言，本地土产税银系属正供，奏请仍饬户民交纳，旋于十一、十三等年奏明，南路委员按章抽收，古城、哈密并省城、绥来、吐鲁番设立总、分各局，冀于饷需少有裨益。

　　惟利之所在，弊因以生。新疆贸易以洋货为大宗，各属土产不多，又乏贵重之物，华商土货并带运洋货，一局数卡，分段稽查，照章缴银，罔敢或后！俄商则车载驴运，百十成群，验票放行，毫无阻滞。同为生计所系，彼此竟至悬殊，诚有如圣谕"未免苦乐不均"者。在华商明知定章如此，何敢稍有违言，而避重就轻非法令所能禁止。因俄商并不纳税，贿托包庇，谓较赴局完纳，尚为核算。俄商视为利薮，不论土货、洋货，辄行包揽，甚至属中各回部，亦复冒称俄人，希图蒙混。一经查

---

① 左宗棠（1812—1885），字季高，一字朴存，号湘上农人。道光十二年（1832），中式举人。十七年（1837），任教湖南醴陵渌江书院。咸丰元年（1851），入湘抚张亮基、骆秉章幕。四年（1854），升兵部郎中。十一年（1861），补太常寺卿。同治元年（1862），擢浙江巡抚。次年，升闽浙总督。三年（1864），加太子少保，封一等恪靖伯。五年（1866），创办福州马尾船厂、求是堂艺局。同年，创兰州制造局。六年（1867），补授陕甘总督、钦差大臣督办新疆军务。次年，晋太子太保。九年（1870），赏骑都尉。十二年（1873），授协办大学士，加一等轻车都尉。十三年（1874），授东阁大学士。光绪元年（1875），授钦差大臣陕甘总督督办新疆军务。四年（1878），晋二等恪靖侯。七年（1881），入职军机大臣，管理兵部事务，旋改授两江总督。十年（1884），任军机大臣，管理神机营事务。是年，改任钦差大臣，督办闽海军务。十一年（1885），卒于福州，追赠太傅。谥文襄。有《左文襄公全集》等行世。

出,则又捏报领事,文牍往返,缪辖滋多。华商借其庇护,虽得微利,生计仍是日穷,而以应纳之税银,隐入俄商之手,舆情即嫌未顺,事理尤觉未平。

现查历年所收,自二万至五六万两而止,局卡经费又于收数内统以二成开支,近更报解寥寥,日形减色。通盘计算,所筹之款,为数究属不多。即无此银,公家不至大损。臣到任后,与藩司再四筹商,以为救弊补偏,惟有吁恳天恩,将华商货税暂行停止,以纾民困。仍钦遵光绪八年谕旨"俟商务兴旺,照约议立税则时,再复旧章"。届时华商、俄商一律征收,用昭平允。如蒙恩准,新疆岁少此项税银,经费愈形支绌,臣当督率司道,遇事节省,极力弥补,断不敢以出款不敷另请指拨,仰副朝廷郑重帑储至意。除咨部外,谨会同陕甘总督臣杨昌濬,恭折具奏。伏乞皇上圣鉴,训示。谨奏。①

同日,公又奏报审拟缠民胡大拜的共殴毙命一案,下部议。曰:

窃莎车州缠民胡大拜的等共殴而克木身死一案,据署莎车直隶州知州潘震验讯议拟,解署喀什噶尔道李宗宾提审,咨署镇迪道兼按察使衔周崇傅核转前来。

臣覆加查核,缘胡大拜的、土的分隶英吉沙尔、莎车州,工艺营生,均与已死而克木素识无嫌。光绪十八年六月十一日,胡大拜的、土的邀同下米须出城游荡,行至仕干旦屋后,因桑葚成熟,援树摘食。仕干旦瞥见呵骂,胡大拜的等先后下树,口角争闹。适恰杆买卖托合大路过,趋往劝解。正辩论间,土的气忿,拾棒殴伤仕干旦右胳膊。仕干旦之弟而克木持棒护兄,殴伤土的脊背。胡大拜的夺获而克木木棒,连殴两下,致伤而克木左耳根、脊背右。土的亦用棒殴伤而克木右后肋。经恰杆买卖托合大喝阻各散。而克木伤重,越日殒命。投约报验,讯

---

① 台北故宫博物院藏:《军机及宫中档》,文献编号:408002763。

供议拟解道,咨兼臬司,核明转详,臣覆核无异。

查律载:共殴人因而致死者,以致命伤为重。下手致命伤重者,绞监候,余人杖一百,各等语。此案胡大拜的因摘桑葚,与仕干旦口角争闹。嗣因仕干旦之弟而克木持棒帮护,胡大拜的夺获木棒,殴伤而克木左耳根、脊背右,土的亦用棒殴伤其右后肋,致而克木越日殒命。查尸伤,耳根、脊背皆属致命,且脊背骨至微损,其为此伤致死无疑,应以胡大拜的当其重罪。胡大拜的合依"共殴人因而致死者,以致命伤为重。下手致命伤重者绞"律,拟绞监候,秋后处决。土的除殴伤仕干旦伤轻轻罪不议外,应照"共殴余人杖一百"律,拟杖一百,折责发落。下米须虽经在场,并未助殴,应与在旁劝解阻救不及之恰杆买卖托合大,均免置议。无干省释。尸棺饬埋。是否允协?除全案供招咨送刑部外,谨将共殴毙命,核明定拟各缘由,恭折具奏。伏乞皇上圣鉴,饬部核议施行。谨奏。①

是日,公又会衔陕甘总督杨昌濬奏请将新疆计典展至下届办理缘由,下部闻。曰:

窃查光绪十五年大计,新疆因无俸满人员,前护抚臣魏光焘奏准展缓在案。兹届十八年大计之期,经部具题奉旨行令遵照,应即钦遵办理。惟新疆道、府、同、通、州、县等官实缺俸满不过二三员,现均调省,其余或委署他缺,或尚未到任,或历俸未满,核与定例不符。至佐杂不敷准荐额数,照例应毋庸议。据署布政使饶应祺、署镇迪道兼按察使衔周崇傅详请奏缓前来。

臣覆核无异,合无仰恳天恩俯准展至下届再行举办。倘有干六法人员,臣仍当随时参劾,断不敢稍事姑容,致滋贻误。谨会同陕甘总督

---

① 台北故宫博物院藏:《军机及宫中档》,文献编号:408002761-1. 又,中国第一历史档案馆藏:《录副奏折》,档号:03-7315-086.

臣杨昌濬,恭折具奏。伏乞皇上圣鉴,训示。谨奏。①

十一月十二日,公开单奏报八月分新疆雨水粮价情形,曰:

窃照光绪十八年七月分各厅州县粮价并得雨情形,业经臣奏报在案。兹据署新疆布政使饶应祺详称:光绪十八年八月分,镇迪道属哈密大雨;镇西得雪,积地一尺;阜康得雨,入土三寸;库尔喀喇乌苏、迪化、昌吉、奇台得雨,入土一寸;绥来微雨。伊塔道属塔尔巴哈台得雨,入土五寸;宁远得雨,入土二寸;精河、绥定微雨。南路英吉沙尔、喀喇沙尔、温宿、莎车、和阗、拜城、叶城、于阗微雨,余未得雨。至通省粮价,吐鲁番、镇西、精河、喀喇沙尔、塔尔巴哈台、疏勒、昌吉、阜康、绥来、绥定、疏附等厅州县俱与上月相同,余均略有增减。汇详请奏前来。理合恭折具陈,并缮粮价清单,敬呈御览。伏乞皇上圣鉴。谨奏。②

同日,公又奏报蠲缓吐鲁番等处应征银粮缘由,曰:

窃新疆吐鲁番等厅州县被冻、被雹、被水、被旱,业将大概情形先后奏明,并饬司移道委员会勘地亩数目,银粮应否蠲缓,详覆核办在案。兹据署布政使饶应祺详:据各印委结报:吐鲁番厅属沙河子等庄葡萄、果木被冻较重地三千九百八十亩二分五毫,额征园课银九百五两九钱三分七厘一毫二丝五忽,拟请悉数蠲免;被冻稍轻地四千八百三十二亩七分七厘,额征园课银一千一百六两一钱五分六厘六毫二丝五忽,请自光绪十九年起,分作三年带征。镇西厅属大有庄等处被雹

---

① 台北故宫博物院藏:《军机及宫中档》,文献编号:408002762. 又,中国第一历史档案馆藏:《录副奏折》,档号:03-5716-060.
② 台北故宫博物院藏:《军机及宫中档》,文献编号:408002765-1. 又,中国第一历史档案馆藏:《录副奏折》,档号:03-6924-016.

成灾地一千一百七十九亩，并无收获，额征粮八十九石六斗七升八合六勺，拟请概予蠲免。

迪化县属黄草梁等处被旱地三千九十七亩五分，额征粮一百二十石六斗七升九合；奇台县被旱地一万六千九百八十一亩九分二厘五毫，额征粮六百六十六石一斗五升六合九勺。该二县应征粮石并奇台县被灾户民借领籽种一百五十一石七斗五升，均请缓至十九年秋后带征。

阜康县属三工台被旱地八百八十亩，颗粒无收，额征粮二十六石四斗，拟请蠲免。莎车州属两次详报和什拉普等庄被水，共地六千二百三十五亩一分六厘，淤泥深厚，沙石壅塞，不能耕种，额征本折粮一百五十一石四斗四升三勺、本折草一万七千五百三十四斤三两七钱四分，拟请悉数蠲免，俟复垦成熟，再行升科。

叶城县属牙斯冬并续报阿由浑等庄被水，地共一千三百五十九亩四分八厘，禾苗被淹，收成失望，额征本色粮一十石八斗一升、草一千三百六十五斤，折色粮一十八石八斗三升四合四勺、草二千一百七十六斤七两四分，拟请一律蠲免，等情。详请具奏前来。

臣覆查无异，除饬查明被灾轻重，加意抚恤，并来春应否接济，汇案办理外，所有吐鲁番等厅州县被灾地亩额征课银、粮草，合无仰恳天恩分别蠲缓，以纾民力。如蒙恩准，俟钦奉谕旨，饬司将各厅州县蠲缓课银、粮草数目敬刊誊黄，遍行晓谕，以广皇仁而昭实惠。是否有当？谨会同陕甘总督臣杨昌濬，恭折具奏。伏乞皇上圣鉴，训示。再，疏勒州属被水、疏附县属被雹各地，勘不成灾，额征粮草应饬照常完纳。合并声明。谨奏。①

---

① 台北故宫博物院藏：《军机及宫中档》，文献编号：408002765。又，中国第一历史档案馆藏：《录副奏折》，档号：03-0315-038。

是日，公又奏报审拟缠民艾沙等共殴毙命一案，下部议。曰：

窃温宿州缠民艾沙等共殴阿不多热亦木越日身死一案，据署温宿直隶州知州李庆棠验讯议拟，详解阿克苏道陈名钰提审，咨署镇迪道兼按察使衔周崇傅核转前来。

臣覆加查核，缘艾沙、秋六克均籍隶温宿州，务农度日，与已死阿不多热亦木同庄素好。光绪十八年六月二十五日，艾沙、秋六克、阿不多热亦木同在沙海家谈论乡约贤否，彼此争辩。阿不多热亦木斥骂艾沙糊涂，艾沙回詈。阿不多热亦木扭住艾沙衣襟，顺拾铁锄向砍。艾沙夺获铁锄，砍伤阿不多热亦木偏右。秋六克近前劝解，艾沙乘间得脱。阿不多热亦木疑系帮护，辱骂。秋六克生气，亦拾柴块，殴伤其左额角。阿不多热亦木仰跌，磕伤脑后。经沙海喝散。阿不多热亦木伤重，至闰六月初五日殒命。尸子哈生木投约报验，讯供议拟，解道咨兼臬司，核明转详，臣覆核无异。

查律载：共殴人因而致死者，以致命伤为重。下手致命伤重者，绞监候，余人杖一百，各等语。此案艾沙因口角起衅，夺获铁锄，砍伤阿不多热亦木偏右，秋六克劝解被骂，亦用柴块殴伤其左额角，致阿不多热亦木越十日殒命。查核尸伤，秋六克所殴之左额角部位虽属致命，仅止破皮，惟先被艾沙砍伤偏右，重至骨损，且系铁器伤，其为此伤致死无疑，应以艾沙当其重罪。艾沙合依"共殴人因而致死者，以致命伤为重，下手致命伤重者绞"律，拟绞监候，秋后处决。秋六克应依"共殴余人，杖一百"律，拟杖一百，折责发落。沙海阻救不及，应毋庸议。无干省释。尸棺饬埋，凶器案结销毁。是否允协？

除全案供招咨部外，谨将共殴毙命，核明定拟各缘由，恭折具陈。伏乞皇上圣鉴，饬部核议施行。谨奏。①

---

① 台北故宫博物院藏：《军机及宫中档》，文献编号：408002764。又，中国第一历史档案馆藏：《录副奏折》，档号：03-7315-088。

同日，公又会衔陕甘总督杨昌濬附片奏报张宗本署理副将员缺，下部闻。曰：

再，现署乌什协营副将准补阿克苏镇标左营游击郝忠斋，应即饬赴本任，以专责成。所遗副将员缺，查有留甘肃新疆尽先补用提督现任和阗营参将张宗本①，熟悉营务，勇略兼优，堪以委署。除分别给委并所遗参将员缺另行拣员署理外，谨会同陕甘总督臣杨昌濬，附片具陈。伏乞圣鉴。谨奏。②

十一月十七日，公会衔陕甘总督杨昌濬奏销古城旗营衙署等工用款情形，下部闻。曰：

窃准工部咨：光绪十七年十一月十一日，议奏前护抚臣魏光焘请销修建古城旗营衙署、兵房动用工料各款，均系按照市价笼统报销，较诸例价大相悬殊，应令逐款分造细册，送部核办一折，奉旨：依议。钦此。并钞原奏到臣。饬据粮台司道详覆：古城旗营修建衙署、兵房等工，共用银八万八千九百余两，前次请销清册业将墙壁、栋宇高下、广狭，物料尺寸、工匠数目逐款造册。惟物料价值未能按照例价，良由新疆行省初设，诸凡创始，北路户口稀少，工匠多由关内招雇，木植产自深山，采运匪易，各项物料价值亦昂，碍难照依例价支给。

查南北两路修建城垣、衙署，亦系按照市价开支，业经工部奏奉谕

---

① 张宗本（1838—1911），字修卿，山东巨野县人。同治七年（1868），投效湘军，随军赴陕，以军功保守备，赏戴蓝翎。十一年（1872），保都司，换花翎。翌年，保游击，加参将衔。光绪元年（1875），随军出关。次年，保参将，晋副将衔，加竖勇巴图鲁勇号。三年（1877），保总兵记名，换奇臣巴图鲁名号。四年（1878），保提督记名。十七年（1891），补和阗营参将。十九年（1893），升补乌什协副将。二十年（1894），护理阿克苏总兵。二十三年（1897），补授阿克苏镇总兵。同年，署理喀什噶尔提督。二十九年（1903），交卸回籍。三十年（1904），补授山东兖州镇总兵。宣统三年（1911），卸职归里，卒于籍。

② 台北故宫博物院藏：《军机及宫中档》，文献编号：408002765-1-A。又，中国第一历史档案馆藏：《录副奏片》，档号：03-5891-018。

旨准销在案。古城旗营动用工料各款，比较上案价值，有减无增，委系核实造报，无从删减。相应吁恳天恩，俯准饬部将修建古城旗营衙署、兵房等工用过银两，仍照原册核销，以清积案，出自鸿施！除咨部查照外，谨会同陕甘总督臣杨昌濬，恭折具奏。伏乞皇上圣鉴，训示。谨奏。①

同日，公又奏报自请罢斥缘由，曰：

窃维量能授职，朝廷之大权；驭远筹边，疆臣之重任。新疆与俄、英两国接壤，现值边事孔棘，非威望素著、晓畅戎机之员，实难任兹艰巨。臣一介书生，毫无知识，上年春蒙恩擢授甘肃新疆巡抚，当时即拟疏辞，继思边陲寒苦之区，辞而不往，迹近规避，遂忘其固陋，冒昧出关，甫经履新，即有英人入坎巨提之事，旋有俄人占帕米尔之事。经臣先后奏明，并咨商总理各国事务衙门，设法理论。坎巨提虽更立新酋，俄人迄未就范，明年能否无事，正不可必。新疆文武员弁佥谓俄兵之来，由臣平日无威望所致，若前抚臣刘锦棠在任，断不至此。互相议论，众口同声。

臣如果学识优长，人言何恤？而抚衷循省，实属力不任重，武不知兵，才不足以绥边，德不足以柔远。此时无以服众心，临事安能役众力？倘或贻误事机，臣虽委身锋镝，死有余辜，而重朝廷西顾之忧，即以肇天下全局之患。与其惩于事后，曷若筹于几先？伏恳皇上俯念新疆重地断非微臣所能胜任，特沛恩施，立予罢斥，迅简贤员，以重职守。臣惧以恋栈误公，非敢希图安逸，相应请旨将臣发交新任抚臣差遣。臣仍当勉效驰驱，借图报称，万不敢饰词趋避，孤负生成。

所有微臣才力不能胜任、恳恩罢斥以免贻误地方缘由，理合恭折

---

① 台北故宫博物院藏：《军机及宫中档》，文献编号：408002766。又，中国第一历史档案馆藏：《录副奏折》，档号：03-6130-033。

沥陈。伏乞皇上圣鉴,训示,施行。臣无任惶悚迫切待命之至。谨奏。①

十一月二十二日,公奏报查明被灾地方应否接济一事,曰:

窃臣于光绪十八年十一月初四日承准军机大臣字寄:光绪十八年十月初三日,奉上谕:本年顺天、直隶各属雨水过多,闾阎困苦,谕令李鸿章截留河运漕米十万石,分拨散放,并因江苏丹徒、甘泉等县被旱,两次特谕刘坤一②等截留漕米八万石,借资赈济。山东黄河盛涨,惠民等州县被淹,谕令福润③将该省应行运通米石,悉数截留备赈。云南昆

---

① 中国第一历史档案馆藏:《录副奏折》,档号:03-5299-033。
② 刘坤一(1830—1902),字岘庄,湖南新宁县人,廪生出身。咸丰五年(1855),叙功以教谕即选,旋丁父艰。六年(1856),加同知衔。七年(1857),升道衔。十年(1860),晋盐运使衔,同年,再升按察使衔。十一年(1861),补广东按察使,加布政使衔,赏硕勇巴图鲁名号。同治元年(1862),补授广西布政使。四年(1865),擢江西巡抚。五年(1866),加头品顶戴。六年(1867),监临文闱乡试,充武闱乡试主考。九年(1870),充文闱乡试监临、武闱乡试主考。十二年(1873),任文闱乡试监临、武闱乡试主考。十三年(1874),授两江总督,兼署办理通商事务大臣。光绪元年(1875),调补两广总督。同年,充江南武闱乡试主考。二年(1876),兼理粤海关监督。五年(1879),兼署广东巡抚。是年,充广东武闱乡试监临主考。同年,调两江总督,兼办理通商事务大臣。十二年(1886),丁继母忧。十六年(1890),权两江总督,兼办理通商事务南洋大臣。十七年(1891),任江南武闱乡试监临。十九年(1893),任江南武闱乡试主试。二十年(1894),拜钦差大臣,兼署江宁京口将军,赏双眼花翎。二十三年(1897),充江南武闱乡试主试。二十六年(1900),加太子少保。二十七年(1901),晋太子太保。二十八年(1902),卒于任。追封一等男,赠太傅,谥忠诚。著述有《两淮盐法志》《补过斋文集》《补过斋诗集》《刘坤一遗集》《刘忠诚公奏疏》等;修《安徽通志》《江西通志》等行世。
③ 福润,生卒年不详,宗室。初任济南府知府,升粮道。光绪十年(1884),补山东盐运使。十二年(1886),迁湖北按察使。同年,授山东按察使。十六年(1890),晋山东布政使。十七年(1891),护理山东巡抚。同年,实授斯缺。二十年(1894),调补安徽巡抚。

明等州县被水，特饬户部拨银十万两，发交王文韶①等赈抚。河南汲县等处被淹，准如该抚所请，截留帮丁月粮四万两，办理工赈。山西汾州等府属被旱，陕西延安等府属被淹，甘肃泾州等州县被旱，叠准该督抚所请，将上忙钱粮分别缓征。湖北东湖县被火，河南卫辉府属被淹，山西归化等厅被旱，甘肃兰州等府属被水、被雹，广阳府属被旱，新疆疏勒等州县被水、被旱，广东恩平等县被水，福建漳州府属被水，均经该督抚等查勘抚恤，小民谅可不至失所。惟念来春青黄不接之时，民力未免拮据，着传谕该督抚等体察情形，如有应行接济之处，即查明据实覆奏，务于封印以前奏到，候朕于新正降旨加恩。

再，直隶承德府属被霜，安徽安庆等府属被水、被旱，江西建昌等县被旱，吉水等县被淹，浙江杭州等府属被旱、被风、被雹、被虫，福建顺宁县被水，台湾台南等府属被风、被水，湖南龙阳等县被淹，陕西富平等县被雹，榆林等县被水，甘肃巴燕戎格厅、隆德县被雹，古浪县被水，云南武定等州县被淹，均经该督抚等委员查勘，即着迅速办理，并将来春应否接济之处一并查明，于封印前奏到。此外各省有无被灾地方应行调剂、抚恤之处，着该将军、督抚等一并查奏，候旨施恩。将此各谕令知之。钦此。钦遵谕旨寄信前来。

---

① 王文韶（1830—1908），字夔石，号耕娱、退圃、诗娱，浙江杭州人。咸丰元年（1851），中举人。二年（1852），中式进士。十一年（1861），选福建司主事，补四川司员外郎。同治二年（1863），升陕西司郎中。次年，补湖北安襄郧荆道，兼盐运使衔。四年（1865），署汉黄德道。六年（1867），升湖北按察使。是年，兼署湖北布政使。八年（1869），署湖南布政使，旋实授湖南藩司。十年（1871），署湖南巡抚。次年，实授湘抚。光绪四年（1878），任军机大臣上学习行走、礼部左侍郎，兼署兵部左侍郎。同年，任总理各国事务衙门行走。五年（1879），充军机大臣上行走、户部左侍郎，兼署兵部左侍郎、兼管三库事务。六年（1880），充殿试读卷官。八年（1882），署户部尚书，兼署礼部右侍郎、吏部右侍郎。十四年（1888），调补湖南巡抚。次年，迁云贵总督。二十年（1894），授帮办北洋事务大臣。次年，署直隶总督北洋大臣。二十四年（1898），任总理各国事务衙门行走、军机大臣上行走、户部尚书。二十五年（1899），擢协办大学士、经筵讲官。二十六年（1900），授国史馆副总裁，晋体仁阁大学士，管理户部事务，加太子少保衔。二十七年（1901），升国史馆正总裁，兼外务部会办大臣、议和全权大臣，授文渊阁大学士、政务处大臣，兼督办路矿大臣。二十九年（1903），任武英殿大学士、文渊阁领阁事，兼署翰林院掌院学士，管理户部事务。次年，充殿试读卷官。三十四年（1908），加太子太保，晋太保。是年，卒于任。谥文勤。有《宣南奏议》《湘抚奏议》《滇督奏议》《直督奏议》《王文勤公全集》《王文韶日记》等，修《续云南通志稿》等行世。

臣查光绪十八年新疆吐鲁番厅被冻,镇西厅被雹,迪化、阜康、奇台县被旱,莎车州、叶城县被水,均系一隅偏灾,当经妥为抚恤,并将额征课银、粮草分别奏请蠲缓,以纾民力在案。来春青黄不接之时,拟饬属酌量借给食粮、籽种,俾免拮据,用副皇上轸念民依至意。毋庸另筹接济。其余各属收成尚称中稔,毋须调剂抚恤。饬属据布政使饶应祺详覆前来。臣覆查无异,所有遵旨查明新疆被灾地方应否接济缘由,谨会同陕甘总督臣杨昌濬,恭折具陈。伏乞皇上圣鉴。谨奏。①

同日,公又会衔陕甘督臣杨昌濬附片奏报伊犁衙署修建经费,下部闻。曰:

再,伊犁道府县缺系属新设,衙署未修。镇迪道属阜康等县旧有衙署,自经兵燹,多被拆毁,现在正、佐各官或赁民屋住居,或就旧房补葺,先后禀请修建,以资办公,当饬工料切实估计在案。兹据署布政使饶应祺详称:该各处工料昂贵,采运木植,离城动至数站,需费不赀。据伊塔道估修道署、库大使衙署、中俄局房屋银八千两,伊犁府估修府署、经历衙署、监狱银七千两,绥定、阜康两县估修县署、典史衙署、监狱银各五千两,宁远县估修县署、典史衙署、监狱、驿房银五千两,昌吉县估修县署、典史衙署、监狱银四千两,绥来县估修县署、典史衙署银五千两,等情。汇详前来。臣覆核无异,除饬俟工竣造销外,谨会同陕甘督臣杨昌濬,附片具陈。伏乞圣鉴,饬部立案施行。谨奏。②

---

① 台北故宫博物院藏:《军机及宫中档》,文献编号:408002767。又,中国第一历史档案馆藏:《录副奏折》,档号:03-7105-055。
② 台北故宫博物院藏:《军机及宫中档》,文献编号:408002767-0-A。又,中国第一历史档案馆藏:《录副奏片》,档号:03-7105-056。

是日，公又奏报审拟缠民斗殴毙命一案，下部议。曰：

窃英吉沙尔厅缠民买买土的因争水口角，殴伤毛拉尼牙孜身死一案，据署英吉沙尔厅同知潘时策验讯议拟，解署喀什噶尔道李宗宾提审，署镇迪道兼按察使衔周崇傅核转前来。

臣覆加查核，缘买买土的籍隶英吉沙尔厅，在水磨佣工，与已死毛拉尼牙孜素识无嫌。光绪十八年六月十三日下午，买买土的在磨房磨面，忽见水落磨停，顺拾木棍出外查看，适遇毛拉尼牙孜携锄转回。买买土的向问，毛拉尼牙孜答以放水灌地。买买土的因需水磨面，说其不应堵截渠水，毛拉尼牙孜争辩，互相詈骂。毛拉尼牙孜举锄向砍，买买土的情急用棍将锄格开，冒殴一下，致伤毛拉尼牙孜顶心接连偏右。经肉则喝阻。毛拉尼牙孜伤重，越日殒命。尸弟尤六思投约报验，讯供议拟解道，咨兼臬司核明转详，臣覆核无异。

查律载：斗殴杀人者，不问手足、他物、金刃，并绞监候，等语。此案买买土的因争水口角被砍，情急用棍抵格，殴伤毛拉尼牙孜顶心接连偏右，越日殒命，自应按律问拟。买买土的合依"斗殴杀人者，不问手足、他物、金刃，并绞"律，拟绞监候，秋后处决。肉则阻救不及，应毋庸议。公共渠水饬令按期轮放，以杜争端。无干省释。尸棺饬埋，凶器案结销毁。是否允协？除全案供招咨部外，谨将斗殴毙命，核明定拟各缘由，恭折具陈。伏乞皇上圣鉴，饬部核议施行。谨奏。①

同日，公又会衔陕甘总督杨昌濬附片奏报拣员调署知州等缺，下部闻。曰：

再，疏勒直隶州蒋诰业经奏请开缺以道员仍留新疆补用在案。所遗员缺，查有现署英吉沙尔直隶厅同知候补知府潘时策，堪以调署。

---

① 台北故宫博物院藏：《军机及宫中档》，文献编号：408002768. 又，中国第一历史档案馆藏：《录副奏折》，档号：03-7315-092.

递遗员缺，查有卸任温宿直隶州知州陈希洛，堪以委署。署温宿直隶州知州李庆棠告病遗缺，查有准补库尔喀喇乌苏直隶厅同知王廷赞，堪以委署。署于阗县知县准补哈密通判孙志焘应即驰赴本任，以专责成。所遗员缺，查有现署哈密通判候补知县柳葆元，堪以调署。据署新疆布政使饶应祺、署镇迪道兼按察使衔周崇傅会详前来。除由臣批饬分别给委外，谨会同陕甘总督臣杨昌濬，附片具陈。伏乞圣鉴。谨奏。①

十二月十三日，公开单奏报十八年九月分新疆雨水粮价情形，曰：

窃照光绪十八年八月分各厅州县粮价并得雨雪情形，业经臣奏报在案。兹据署新疆布政使饶应祺详称：本年九月分，镇迪道属镇西得雪，积地五寸；迪化、绥来得雪，积地二寸；阜康、昌吉、奇台得雨，入土二寸，得雪，积地二寸；库尔喀喇乌苏得雪，积地一寸；哈密微雨。伊塔道属宁远得雨，入土二寸，得雪，积地三寸；绥定得雪，积地二寸；塔尔巴哈台得雪，积地三寸。南路乌什、拜城微雨，余未得雨雪。至通省粮价，精河、和阗、阜康等厅州县俱与上月相同，余均略有增减。汇详请奏前来。理合恭折具陈，并缮粮价清单，敬呈御览。伏乞皇上圣鉴。谨奏。②

同日，公又会衔陕甘总督杨昌濬开单奏报本年夏秋禾收成分数，曰：

窃查新疆每年收成分数，历经奏报在案。兹据署布政使饶应祺详称：光绪十八年收成分数，据各属先后申报，除吐鲁番、镇西、迪化、阜

---

① 台北故宫博物院藏：《军机及宫中档》，文献编号：408002767-0-B。又，中国第一历史档案馆藏：《录副奏片》，档号：03-5300-083。
② 台北故宫博物院藏：《军机及宫中档》，文献编号：408002769。又，中国第一历史档案馆藏：《录副奏折》，档号：03-6926-010。

康、奇台、莎车、叶城各厅州县被灾地亩不计外，通盘牵算，通省夏禾实在七分有余，秋禾实在七分有余。汇详请奏前来。

臣覆核无异，相应缮具清单，恭呈御览。除咨部查照外，谨会同陕甘总督臣杨昌濬，恭折具奏。伏乞皇上圣鉴。谨奏。①

是日，公又会衔陕甘总督杨昌濬附片奏请将邓政升等十六员留新疆补用，下部闻。曰：

再，新疆从前征剿出力各武员迭经奏留甘肃新疆补用在案。兹查有头品顶戴记名提督邓政升、记名总兵王顺清、副将衔尽先补用参将江耀龙、尽先补用参将朱鸿飞、参将衔尽先补用游击成海春、尽先补用游击邝萼辉、补缺后补用游击尽先补用都司严恒生、尽先即补都司胡悦兴、许东言、都司衔补用守备孟德兴、尽先即补守备朱应龙、胡开贵、周学祥、尽先补用守备廖德华、汤万福、吕桂馥等十六员，在新疆从征年久，边情极为熟悉，合无仰恳天恩俯准将头品顶戴记名提督邓政升等十六员均以原官、原衔留于甘肃新疆尽先补用，于边防营伍实有裨益。

除饬取履历清册咨部查照，并俟续查应行留省人员随时奏请外，谨会同陕甘总督臣杨昌濬，附片具陈。伏乞圣鉴，训示。谨奏。②

同日，公又奏报俄情叵测筹备战守情形，曰：

窃臣于光绪十八年闰六月初一日，业将俄兵入帕米尔，拟向色勒库尔进发各情形奏明在案。嗣叠准总理各国事务衙门来电：俄兵越卡，则以防阿富汗为词，及议分界，辄欲废弃旧约"由乌孜别里山一直

---

① 台北故宫博物院藏：《军机及宫中档》，文献编号：408002770。又，中国第一历史档案馆藏：《录副奏折》，档号：03-6724-004。
② 台北故宫博物院藏：《军机及宫中档》，文献编号：408002770-0-A。又，中国第一历史档案馆藏：《录副奏片》，档号：03-5892-014。

往南"之语,改为"顺山脊转东而南"。深谋诡计,莫可端倪。臣以数月来俄兵时增时减,游弋让库尔及六尔阿乌之间,未敢显然东逼,因饬将士谨守地段,静与相持。诚恐轻启兵端,转难收拾。顷据署喀什噶尔道李宗宾探报:俄人现于让库尔、六尔阿乌增兵二千有奇,扬言欲夺色勒库尔等处。查帕米尔远处徼外,向归布回游牧,勘分稍有出入,犹无大碍。色勒库尔等处虽亦布回部落,实系南疆门户。俄若得此,南扼坎巨提以窥印度,其不利在英;东与中国为难,委属切肤之患。且喀什噶尔领事官近处肘腋,徒众实繁;北路处处毗连,其狡焉思启固不仅帕米尔而已。

臣深维今日事势,军械之利,远不如敌,穷边飞挽,劳费倍难;标营不敷战守,招募又乏精壮,较光绪初年大军进规新疆,办理实形棘手。如此而欲与俄从事,论者必谓徒肇衅端,致碍大局。然事势所迫,若只拱手相让,不但色勒库尔等处恐非我有,全疆断难晏然,关内屏藩又岂堪设想?彼时即治臣以失地之罪,补救已属莫及。日夜图维,极为焦灼。而屯边将士蓄忿已深,尤难保其不激成战事。现咨商喀什噶尔提督臣董福祥,加派队伍,择要扼守。如俄人必欲弃好称兵,方可迎击,务须调度合宜,毋涉轻率。提标马步即经陆续分拨腹地,窃虞空虚,另募步队前往填札,并招募马勇以备策应。新疆孤悬关外,尤须联甘肃为一气,业咨督臣及甘肃提臣,将甘凉以西营旗一律整顿,随时奏请调遣,借资援助。所有俄兵情形叵测及筹备战守各缘由,谨恭折密陈。伏乞皇上圣鉴,训示。谨奏。①

十二月十九日,公会衔陕甘总督杨昌濬奏参刘金藩等贪庸溺职各员,并请旨分别降革、改教一折,曰:

窃维吏治之清浊,关地方之安危。新疆平定后,元气未复,必须得

---

① 台北故宫博物院藏:《军机及宫中档》,文献编号:408002771。

人而理。臣莅任以来，于所属正佐各员随时留心考察，其中勤慎趋公、尽心民事者，固不乏人；而劣迹昭著之员，实未便稍事姑容。兹查有留甘即补同知前署喀喇沙尔直隶厅同知刘金藩，任用劣幕，办事颟顸；知府衔乌什直隶厅同知袁运鸿，性情偏执，用人欠慎；五品衔候补知县前署于阗县知县夏毓衡，工于牟利，民有余怨；补用县丞借补喀喇沙尔布告尔巡检武纬，借端科罚，擅责平民。据该管司道揭参前来。

相应请旨将留甘即补同知刘金藩以府经历县丞降补；知府衔乌什直隶厅同知袁运鸿系举人出身，文理尚优，开缺以教职归部铨选；五品衔候补知县夏毓衡、补用县丞借补喀喇沙尔布告尔巡检武纬，均行革职，以肃吏治而儆官邪。此外实缺候补正佐各员，臣仍当认真考察，如有不堪造就者，再行随时严参，以副朝廷澄叙官方至意。所有特参贪庸溺职各员分别惩处缘由，理合会同陕甘总督臣杨昌濬，恭折具陈。伏乞皇上圣鉴，训示。再，所遗同知、巡检员缺，新疆现有应补人员，容臣遴员请补。合并声明。谨奏。①

同日，公又会衔陕甘总督杨昌濬奏报林兆亨例应承袭世职，下部议。曰：

窃臣据署新疆布政使饶应祺详：准署镇迪道兼按察使衔周崇傅咨：据署迪化府知府黄丙焜转：据昌吉县知县李凌汉详称：阵亡云骑尉世职前署乌鲁木齐提标中营守备林义春，于同治三年值新疆变乱，带队往援库车。六月初四日，在乌什塔拉地方遇贼，打仗阵亡，经前抚臣刘锦棠采访死事情形，汇奏请恤。旋准兵部于光绪十三年二月二十五日议奏，请给云骑尉世职，袭次完时，给予恩骑尉，世袭罔替，等因。奉旨：依议。钦此。钦遵转行在案。查林义春并无嫡长、嫡次子孙及庶出子，孙系以胞侄林寿承继为嗣。兹据林寿禀称：现患残疾，不堪承

---

① 台北故宫博物院藏：《军机及宫中档》，文献编号：408002775。又，中国第一历史档案馆藏：《录副奏折》，档号：03-5302-063。

袭，请以嫡长子林兆亨承袭。查林兆亨，年二十二岁，应请承袭云骑尉世职，并无假冒、挽越等弊。又，前次采访册内误将"义春"缮作"忠义"，应请更正，并造具三代宗图、履历、册结，加具印结，由道转司，详请验看具奏前来。

臣覆查该请袭世职林兆亨，既据署布政使饶应祺详称实系林寿嫡长子，年已及岁，林寿出继林义春为嗣，现经残废，应即以林兆亨承袭。除由臣先行验看，并将宗图、履历、册结分送部、科外，谨会同陕甘总督臣杨昌濬，恭折具奏。伏乞皇上圣鉴，敕部议覆，并将林忠义更为林义春，以免歧异。再，此案系改题为奏。合并声明。谨奏。①

是日，公又开单奏报现任文武各官循例年终密考情形，曰：

窃照各省提、镇、司、道、知府等官，定例由督抚于年终密考陈奏。新疆文武各官历经前抚臣刘锦棠、前护抚臣魏光焘密陈在案。十七年年终，臣甫到任，未及办理。兹本年又已届期，各员办事之勤惰，才识之短长，臣留心察看，采访舆论，详悉底蕴，自应循例注考。除署事、代理例不注考外，谨就现任提、镇、城守尉、司、道、知府出具切实考语，密缮清单，恭呈御览。伏乞皇上圣鉴。谨奏。②

同日，公又会衔陕甘总督杨昌濬奏、喀什噶尔提督董福祥附片奏报游击田九福在任病故情形，下部闻。曰：

再，臣据阿克苏镇总兵黄万鹏呈：据喀喇沙尔营中军守备龙玉堂申报：署该营参将实任库车营游击田九福，因感风寒，触发旧疾，医药

---

① 台北故宫博物院藏：《军机及宫中档》，文献编号：408002772. 又，中国第一历史档案馆藏：《录副奏折》，档号：03-5302-065.
② 台北故宫博物院藏：《军机及宫中档》，文献编号：408002774. 又，中国第一历史档案馆藏：《录副奏折》，档号：03-5302-062.

罔效,于光绪十八年八月二十四日申时在营病故,等情。呈请核办前来。臣覆核无异,相应请旨开缺。除所遗库车营游击另行拣员请补,并饬取该故员原领游击札付,委员承查及嫡亲印甘各结咨部查照外,谨会同陕甘总督臣杨昌濬、喀什噶尔提督臣董福祥,附片具奏。伏乞圣鉴,训示。谨奏。①

十二月二十八日,公奏报审拟和阗缠民共殴毙命一案,下部议。曰:

窃和阗州缠民托合大等共殴哈生身死一案,据署和阗直隶州知州江遇璞验讯议拟,解署喀什噶尔道李宗宾审明,咨署镇迪道兼按察使衔周崇傅核转前来。

臣覆加查核,缘托合大、艾拉均籍隶和阗州,吆驮营生,与已死哈生素不认识。光绪十八年七月初七日,托合大、艾拉各吆布驮,行至哈拉哈什河沿,适哈生驴只迎面走来,彼此挤撞,致将艾拉布驮碰跌落水。艾拉斥骂,哈生回詈。艾拉顺拾吆驴柳条,殴伤哈生右太阳穴、左右胳膊、右䏶瞅。哈生持棒回殴,托合大拢前拦阻,哈生疑其帮护,棒殴托合大右肩甲两下。托合大生气,用拳殴伤哈生左腰眼,并用脚冒踢,适伤哈生肾囊倒地,经以米下喝阻各散。哈生伤重,是夜殒命。投约报验,讯供议拟解道,咨兼臬司核明转详,臣覆核无异。

查律载:共殴人致死,下手致命伤重者绞监候,余人杖一百,各等语。此案托合大、艾拉共殴哈生身死,自应分别问拟。查已死哈生先被艾拉殴伤胳膊、䏶瞅,均非重伤。即所殴之太阳穴虽属致命,伤甚轻浅,尚不致死。惟后被托合大拳殴腰眼,脚踢肾囊,均系致命之处,且被踢当即倒地,其为此伤毙命无疑,应以托合大当其重罪。托合大合依"共殴人毙命致死,下手致命伤重者绞"律,拟绞监候,秋后处决。艾拉合依共殴"余人杖一百"律,拟杖一百,折责发落。以米下救阻不及,

---

① 台北故宫博物院藏:《军机及宫中档》,文献编号:408002772-0-A.又,中国第一历史档案馆藏:《录副奏片》,档号:03-5302-064。

应毋庸议。无干省释。尸棺饬埋。是否允协？除全案供招咨部外，谨将共殴毙命，核明定拟各缘由，恭折具陈。伏乞皇上圣鉴，饬部核议施行。谨奏。①

同日，公又会衔陕甘总督杨昌濬奏报周崇傅因病出缺请旨简放一折，曰：

窃照光绪十八年十二月十六日，据迪化县知县黄袁转：据署镇迪道兼按察使衔本任喀什噶尔道周崇傅之家丁唐升呈称：家主周崇傅，年五十四岁，湖南零陵县人，由翰林院编修改内阁中书，援例以道员选用，奉调来甘，累保花翎盐运使衔甘肃尽先即补道，历署甘肃镇迪及平庆泾固道员缺。十六年八月十三日，奉旨补授甘肃新疆喀什噶尔道员缺，十七年九月二十日到省。旋署镇迪道兼按察使衔篆务，十月初三日到任。近患伤寒病证，医治罔效，等情。臣亲往看视，业已不起。查周崇傅两任镇迪道篆，律身严正，办事勤能，此次兼理按察使事务，守法衡情，尤称平允；自奉俭薄俸入外，一无所取，其廉介有足多者。兹忽因病出缺，实堪悼惜。

除饬将身后事宜妥为经理外，所遗本任喀什噶尔道系冲、繁、疲、难四项要缺，相应请旨简放，以重职守。谨会同陕甘总督臣杨昌濬，恭折具陈。伏乞皇上圣鉴，训示。再，此案改题为奏。合并声明。谨奏。②

---

① 台北故宫博物院藏：《军机及宫中档》，文献编号：408002777. 又，中国第一历史档案馆藏：《录副奏折》，档号：03-7316-001.
② 台北故宫博物院藏：《军机及宫中档》，文献编号：408002776. 又，中国第一历史档案馆藏：《录副奏折》，档号：03-5302-118.

是日，公又会衔陕甘总督杨昌濬附片奏请以黄光达署镇迪道缘由，曰：

再，署镇迪道兼按察使衔本任喀什噶尔道周崇傅因病出缺，业经奏请简放在案。所遗镇迪道兼按察使衔员缺，应即委员署理，以专责成。查有候补道黄光达①，由军功累保二品顶戴甘肃遇缺尽先题奏道，旋补喀什噶尔道。该员在任办理地方及中外交涉事件，廉明勤慎，练习边情。嗣丁父艰，开缺回籍，服满后经前护抚臣魏光焘奏请调赴新疆。现办各项差事，均属得力，堪以委署斯缺。除檄饬遵照外，谨会同陕甘总督臣杨昌濬，附片具陈。伏乞圣鉴。谨奏。②

是年，谭钟麟七十一岁，李鸿章七十岁，杨昌濬六十六岁，张之洞五十六岁，魏光焘五十六岁，饶应祺五十六岁，刘锦棠四十九岁。

光绪十九年　1893 年　五十九岁

正月，清政府命李鸿章协赈晋北旱灾；十月，上海织布局被焚，后李鸿章奏派盛宣怀同聂缉椝赴沪重整。同年，汉阳铁厂、湖北织布局建成；张之洞被大理寺卿徐致祥弹劾，嗣后李鸿章覆奏张之洞被参在粤各款均系传闻失实；清廷命饶应祺实授甘肃新疆布政使。

正月二十四日，公开单奏报十八年十月分新疆雨水粮价情形，曰：

窃照光绪十八年九月分各厅州县粮价并得雨雪情形，业经臣奏报在案。兹据署新疆布政使饶应祺详称：光绪十八年十月分，镇迪道属

---

① 黄光达(1844—1901)，湖南湘乡县人，由文童投效军营。同治四年(1865)，以从九品遇缺即选。是年，戴蓝翎。六年(1867)，保县丞，旋保知县。同年，赏加同知衔，戴花翎，并赏五品封典，再保知府，赏给四品封典。光绪二年(1876)，保升道员。四年(1878)，赏加盐运使衔。六年(1880)，以道员改留甘肃尽先题奏。历属阿克苏道、喀什噶尔道道员。十九年(1893)，以阿克苏驻营较多，商旅辐辏，兵勇、细民日用所需零星者多，成整者少，且红钱素窘，兑换维艰，军民俱困，乃向道库借成本银，铸造光绪银元，史称"阿克苏造光绪银元"。二十七年(1901)，卒于任。

② 台北故宫博物院藏：《军机及宫中档》，文献编号：408002777-0-A.又，中国第一历史档案馆藏：《录副奏片》，档号：03-5302-119。

镇西、迪化得雪，积地三寸；库尔喀喇乌苏、哈密、奇台、绥来得雪，积地二寸；昌吉、阜康得雪，积地一寸；吐鲁番微雪。伊塔道属宁远得雪，积地四寸；绥定得雪，积地二寸；塔尔巴哈台得雪，积地三寸；精河微雪。南路温宿、疏勒、和阗、库车、拜城、疏附得雪，积地五寸；英吉沙尔得雪，积地三寸；喀喇沙尔、叶城得雪，积地一寸；乌什、莎车、玛喇巴仁、于阗微雪。至通省粮价，乌什、阜康、拜城等厅县俱与上月相同，余均略有增减。汇详请奏前来。理合恭折具陈，并缮粮价清单，敬呈御览。伏乞皇上圣鉴。谨奏。①

同日，公又奏报审拟殴夫致死犯妇一案，下部议。曰：

窃喀喇沙尔厅缠妇肉则瓦泥殴伤其夫乌又甫身死，私埋匿报一案，经署喀喇沙尔厅同知刘金藩访闻获犯，起验讯详。当以案情重大，批司提省，发委审办。兹据署迪化府知府黄丙焜督同局员研讯确实，议拟招解，署镇迪道兼按察使衔周崇傅审明转详。

臣亲提覆鞫，缘肉则瓦泥籍隶喀喇沙尔厅，系已死乌又甫之妻，平日夫妇和好。光绪十六年十月不记日期，乌又甫与肉则瓦泥闲谈，称羡邻妇比比汉少艾。肉则瓦泥因疑乌又甫与比比汉有奸。十二月二十六日傍晚，乌又甫外出，肉则瓦泥在房坐待。至三更时，乌又甫回归。肉则瓦泥愈信奸情属实，再三盘问。乌又甫混骂，顺用铁锄柄在肉则瓦泥身上乱殴，尚未成伤。肉则瓦泥气忿，夺获铁锄，向乌又甫头面冒砍一下，适伤其偏左左太阳穴接连左耳根倒地。尸母阿依司汉闻闹趋视，用药医调，乌又甫伤重，次早殒命。阿依司汉当因肉则瓦泥有娠，隐忍未言，雇就过路不知姓名乞丐，装殓抬埋寝息，并未投约报案。至十八年四月，经厅访闻，验讯详报，以案情重大，批司提省，发委审明拟解，由兼臬司勘转前来。臣覆鞫无异。

---

① 台北故宫博物院藏：《军机及宫中档》，文献编号：408002780。又，中国第一历史档案馆藏：《录副奏折》，档号：03-6927-039。

查律载：妻殴夫至死者，斩立决，等语。此案缠妇肉则瓦泥因口角起衅，夺锄砍伤其夫乌又甫身死，实属有心干犯，自应按律问拟。肉则瓦泥合依"妻殴夫至死者斩"律，拟斩立决。照例先行刺字。尸母阿依司汉因子被媳砍伤身死，并不报官究治，辄自私埋，本有不合，惟讯因犯妇有娠起见，又无受贿各情，妇女无知，从宽免议。乡约五受尔始终失于觉察，虽无受贿说和情事，应照"不应重"律，拟杖八十，折责发落。受雇抬埋过路不知姓名乞丐，请免查究。无干省释。尸饬殓埋，凶器供弃免起。

此案出事在十六年十二月至十八年四月，经署喀喇沙尔厅同知刘金藩访闻究办，所有失察职名系本任喀喇沙尔厅同知江遇璞，应得处分，随案声叙，听候部议。是否允协？除全案供招咨部外，所有审明殴夫至死犯妇，按律定拟各缘由，恭折具陈。伏乞皇上圣鉴，饬部核议施行。谨奏。①

是日，公又奏报新疆第三次遵办顺直赈捐恳恩核奖一事，下部议。曰：

窃查新疆自光绪十七年三月初一日起至十一月底止，遵办顺直第二次捐输，业经臣具奏请奖在案。兹据署布政使饶应祺详称：自光绪十七年十二月初一日起至十八年三月底止，先后据各捐生报捐职衔、封典、监生等项共一十四名，辑收正项库平银一千八两三钱，存俟归还光绪十六年新疆由江苏协解新饷内拨交上海顺直赈捐局款项，分别填发正实收，给予收执。其随收饭银、照费、填过副实收，并各捐生履历清册一并赍解，详请具奏，并恳咨部填换执照，以凭转给，等情。前来。

臣覆核无异，合无仰恳天恩俯准将新疆第三次顺直赈捐饬部分别核奖，以示鼓励。除将清册、副实收、饭银、照费咨送户部、吏部、国子

---

① 台北故宫博物院藏：《军机及宫中档》，文献编号：408002778。又，中国第一历史档案馆藏：《录副奏折》，档号：03-7314-004。

监外,谨恭折具奏。伏乞皇上圣鉴。谨奏。①

二月初九日,公会衔陕甘总督杨昌濬奏报会商筹防边务情形,得旨即着将边防各事严密布置,随时相机办理。曰:

窃臣等承准军机大臣字寄:光绪十八年十二月十二日,奉上谕:许景澄②奏,敬陈新疆南路边境情形一折,等因。钦此。并抄录许景澄原折,钦遵寄信前来。跪诵之下,仰见朝廷慎筹边备、预弥衅端之至意。臣等查俄兵进踞帕米尔,往来无定,自应严密防范,以免疏虞。色勒库(尔)即塔什库尔干,距喀什噶尔九百里,塔戛尔玛在色勒库尔北八十里,布伦库尔距喀什噶尔五百里,三处均布回部落,上年各驻马队一旗。冬间,臣模睿提臣董福祥加拨马步,前往助防,现派署英吉沙尔参将记名总兵杨德俊,率步队一营,驻守色勒库尔,兼统沿边诸营旗。夺灵桑珠等卡以外边界,已饬加意巡防。各该处道途险远,饬照行粮章程支给,以资鼓励;复于抚标及阿克苏镇标调拨步队三营、马队三旗,驰赴喀什噶尔,听候提臣分布。臣昌濬密饬甘、凉、肃诸军预为整顿,以备调遣。

至边境情形,近据喀什噶尔道禀称:俄兵驻扎让库尔、六尔阿乌等处不及千名,现在亦无警报。惟喀什噶尔各城处处邻敌,提臣董福祥

---

① 台北故宫博物院藏:《军机及宫中档》,文献编号:408002779.又,中国第一历史档案馆藏:《录副奏折》,档号:03-5303-117.

② 许景澄(1845—1900),原名癸身,字竹篔,又字竹筠,浙江嘉兴人。同治六年(1867),中举。七年(1868),中式进士,改翰林院庶吉士。十年(1871),散馆,授编修。光绪元年(1875),充顺天乡试同考官。五年(1879),任四川乡试副考官。六年(1880),授出使日本国大臣。九年(1883),调侍讲学士,旋改文渊阁校理。十年(1884),任出使法、德、意、荷、奥等国大臣。十六年(1890),任出使俄、德、奥、荷国大臣。十七年(1891),擢太仆寺少卿、通政司副使。十八年(1892),授光禄寺卿。十九年(1893),迁内阁学士,兼礼部侍郎衔。二十一年(1895),调补工部左侍郎。二十二年(1896),任出使德国大臣。二十四年(1898),授总理各国事务衙门行走,署礼部右侍郎,旋补户部右侍郎、吏部左侍郎,后任京师大学堂总教习、管学大臣、督办关内外铁路等职。二十六年(1900),清廷以"任意妄奏,莠言乱政,且语多离间"将其斩杀。次年,清廷颁旨开复原官,追谥文肃。有《许文肃公遗稿》《许竹篔先生出使函稿》《许文肃公外集》等行世。

谋略深长，端资镇慑。臣等以为冲锋陷阵，将校之职；筹画机宜，统率之任。提臣正须居中调度，未便遽令轻出。许景澄原奏提督出驻边营一节，自非事势十分吃紧，似不必定如所议。

又，原奏新疆巡抚应于春夏之交赴喀城巡阅一节，窃思上兵伐谋，首贵自强。疆臣所能尽力者，以整肃吏治、讲求武备为急务。臣模于上年夏间咨商北洋大臣，选派熟谙新式操法人员来新教演，并派员分赴天津、上海购办军械，现均未到。臣模如赴喀城巡阅，应以察看防营为先。窃审此时军容，似尚未足以慑强敌，况离省窎远，往返五六月之久，后路伏莽在在堪虞，顾彼置此，似亦非计。然许景澄既有此议，臣模若不一往，不特无以仰慰圣廑，亦无以激励将士。再四筹思，未知所措，不得不将现在情形据实陈奏，请旨遵行；蒙谕饬神机营暨北洋大臣筹备新式枪炮，臣模已遵派员弁迎提，一俟到新，即交提臣扼要位置，仍切属各营讲求操法，极力整顿，冀有成效。色勒库尔应否置为重镇，俟防务大定，再行妥议，奏明办理。如拜折后边报有警，臣模自当不拘时日，驰赴南疆，办理防务，断不敢稍涉迟缓，致误事机。

臣等往返函商，意见相同。理合将遵旨会商筹防边务缘由，合词密陈。伏乞皇上圣鉴，训示。再，此折系臣模主稿，合并声明。谨奏。①

二月二十三日，公开单奏报十八年十一月分新疆雨水粮价情形，曰：

窃照光绪十八年十月分各厅州县粮价并得雪情形，业经臣奏报在案。兹据署新疆布政使饶应祺详称：光绪十八年十一月分，镇迪道属绥来得雪，积地二寸；哈密、库尔喀喇乌苏得雪，积地一寸；镇西、吐鲁番、迪化、昌吉、阜康、奇台微雪。伊塔道属塔尔巴哈台、宁远得雪，积地五寸；绥定得雪，积地三寸；精河微雪。南路英吉沙尔得雪，积地五寸；喀喇沙尔、疏勒、疏附得雪，积地一寸；库车、乌什、温宿、拜城、叶城

---

① 台北故宫博物院藏：《军机及宫中档》，文献编号：408002781。

微雪,余未得雪。至通省粮价,镇西、塔尔巴哈台、库车、乌什、温宿、昌吉、绥来、绥定等厅州县俱与上月相同,余均略有增减。汇详请奏前来。理合恭折具陈,并缮粮价清单,敬呈御览。伏乞皇上圣鉴。谨奏。①

同日,公又奏报审拟缠民谋杀其婿一案,下部议。曰:

窃喀喇沙尔厅缠民哈里木商同二布都即马良升、他乙尔谋杀其婿马奴尔,埋尸灭迹一案,报经喀喇沙尔厅同知江遇璞获犯启验,讯供拟详,当因案情未确,驳饬覆审。江遇璞未及审解卸事,移交署同知刘金藩集讯详报。复以供招不符,提省发委审办。兹据署迪化府知府黄丙焜督同局员验讯确实,议拟招解,署镇迪道兼按察使衔周崇傅审玩转详。

臣亲提覆鞫,缘哈里木、二布都即马良升、他乙尔分隶喀喇沙尔、迪化等厅县,或务农度日,或小贸营生。已死马奴尔娶哈里木之女阿巴汉为妻,翁婿往来,先无嫌隙。光绪十六年七月内,马奴尔带妻阿巴汉租二布都房屋居住,陆续借用二布都银两。后二布都因马奴尔行窃,令即清债出房。马奴尔不服,彼此争闹。哈里木适至,问明情由,始知马奴尔行窃属实,心生厌恶,代为清偿二布都帐项,搬出另住,并训诫马奴尔毋再为匪。是年十二月初十日,哈里木至马奴尔家探望,适马奴尔窃马二匹回归,哈里木当向盘问。马奴尔捏称马系借来,欲卖银作本贸易,誓不为匪,并邀哈里木帮同吆马进山换牛。哈里木信实,随同进山,在不识姓名人家换牛三头。十七日转回,行抵距喀喇沙尔厅城十余里破墙圈,牛只疲乏不行。哈里木令马奴尔看守,自去购买粮料,行至城内,得悉马奴尔仍系偷窃,现经事主找寻。哈里木被其欺诳,并恐事发受累,愈加忿恨,起意将马奴尔致死灭迹。稔知二布都

---

① 台北故宫博物院藏:《军机及宫中档》,文献编号:408002782。又,中国第一历史档案馆藏:《录副奏折》,档号:03-6928-026。

与马奴尔有隙,向告前情,邀同帮助,二布都应允。哈里木又邀其大女婿他乙尔同行。

是日初更时,哈里木走前,二布都、他乙尔骑马随后,偕抵破墙圈。哈里木乘马奴尔不觉,拢身抱住两腿,按压倒地,喝令动手。他乙尔畏惧,站在圈外看马。二布都解脱缰绳,缠绕马奴尔项颈,与哈里木分执绳头,用力很勒,马奴尔登时身死。哈里木起意埋尸灭迹,令二布都、他乙尔将尸抬至碱滩,挖坑掩埋,吆牛转回各散。尸妻阿巴汉因马奴尔日久未归,托尸属马福访寻无着,投约报案,获犯启验,讯供拟解,当因案情未确,驳饬覆审另详,仍以供招不符,提省发委审明议拟,解由兼臬司勘转前来。臣覆鞫无异。

查律载:尊长谋杀卑幼,已杀者,依故杀法。又,外姻尊长殴缌麻卑幼至死者,亦绞。又,谋杀人从而加功者,绞;不加功者,杖一百,流三千里,各等语。此案哈里木因婿马奴尔行窃,心生憎恶,嗣马奴尔偷窃马匹,该犯被诳同往换牛,恐事后受累,愈加忿恨,起意商同二布都、他乙尔将马奴尔用绳勒毙。查该犯系马奴尔妻父,服属缌麻,自应按照尊长谋杀卑幼,依故杀法律问拟。哈里木除埋尸灭迹轻罪不议外,合依"外姻尊长殴缌麻卑幼至死者绞,故杀者亦绞"律,拟绞监候。

二布都因挟马奴尔算帐微嫌,当哈里木商同谋杀,并不阻止,辄敢听纠随行,用绳缠绕马奴尔项颈,很勒毙命。核其下手情形,实为凶恶,虽据供亲老丁单,应不准查办留养。二布都即马良升除帮同埋尸轻罪不议外,合依"谋杀人从而加功者绞"律,拟绞监候。均秋后处决。他乙尔系哈里木女婿,迫于尊长之命,勉强随行,临时畏惧,仅在墙外看马,并未加功。他乙尔除帮同埋尸轻罪不议外,合依"从而不加功者,杖一百,流三千里"律,拟杖一百,流三千里,到配折责安置。尸妻阿巴汉因马奴尔日久未归,央托马福找寻控案,尚无不合,请免置议。马奴尔行窃,罪有应得,业已身死,应毋庸议。马奴尔所窃马匹,已与不识姓名人换牛三头,原赃既无追还,应将牛只传失主具领。无干省释。尸饬领埋,凶绳供弃免取。是否允协?除全案供招咨部外,所有审明妻父商同外人谋杀其婿,按律分别定拟各缘由,谨恭折具奏。伏乞皇上圣鉴,饬部核议施行。谨奏。①

是日,公又开单具奏汇报夏秋冬办结就地正法各案,并照章摘由,下部闻。曰:

窃照新疆奏定章程,凡强盗抢夺及情罪重大人犯,获案讯明后,皆准就地正法,摘由汇报,历经遵办在案。兹查上年夏、秋、冬三季办结决不待时重大各案共六起,均据各地方官验讯议拟,详解各该管州、府、道提审明确,咨兼臬司覆核转详,由臣详核案情,参诸律例,分别斩决、枭示,批令在于犯事地方正法,以昭炯戒。谨将各案摘由开单,恭呈御览。所有光绪十八年夏、秋、冬三季办结就地正法各案,照章摘由汇报缘由,谨恭折具陈。伏乞皇上圣鉴,训示,施行。谨奏。②

同日,公又会衔陕甘总督杨昌濬附片奏请周鼎铭署乌什厅同知,下部闻。曰:

再,署乌什直隶厅同知江景耀卸署遗缺,查有候补直隶州知州周鼎铭,堪以委署。据署新疆布政使饶应祺、署镇迪道兼按察使衔黄光达会详前来。除由臣批饬给委外,谨会同陕甘总督臣杨昌濬,附片具奏。伏乞圣鉴。谨奏。③

---

① 台北故宫博物院藏:《军机及宫中档》,文献编号:408002782.又,中国第一历史档案馆藏:《录副奏折》,档号:03-7316-007.
② 台北故宫博物院藏:《军机及宫中档》,文献编号:408002783.又,中国第一历史档案馆藏:《录副奏折》,档号:03-7363-014.
③ 台北故宫博物院藏:《军机及宫中档》,文献编号:408002783-0-A.又,中国第一历史档案馆藏:《录副奏片》,档号:03-5304-081.

二月二十七日，公为年节恩赏福字具折谢恩，曰：

　　窃臣于光绪十九年二月二十五日赍折差弁回省,奉到年节恩赏"福"字一方,当即恭设香案,望阙叩头祇领。伏念臣猥以轻材,忝膺疆寄,览流光于改岁,愧无术以筹边。兹当韶景方新,仰荷奎文优赉,钦维我皇上涵濡六合,敷锡九畴。瞻凤藻之辉煌,福从天降；叨龙章之宠眷,泽共春来。宸翰亲承,欢衷舞蹈！臣惟有益加奋勉,冀效涓埃,沐盛世浓恩,愿随鹓鹭班联而献颂；祝圣人纯嘏,敬赓鸳鸯福禄以伸虔！所有微臣感激荣幸下忱,理合恭折叩谢天恩。伏乞皇上圣鉴。谨奏。①

三月初一日，公代奏回子亲王沙木胡索特谢赏一事，曰：

　　窃臣接据哈密札萨克回子亲王沙木胡索特呈称：光绪十九年正月十二日,承准军机处咨开年终恩赏荷包、银锞、银钱、食物等项,交兵部由驿递到。当即恭设香案,望阙叩头祇领。伏念奴才职列藩封,恩叨黼座。兹值寅躔转运,正当申锡懋膺,佩重紫罗,既辉煌而耀目；宝推赤仄,复珍错之流芬。渥被鸿施,倍深鳌戴！所有感激下忱,呈请代奏前来。理合据情代奏叩谢天恩。伏乞皇上圣鉴。谨奏。②

同日，公又奏报恭缴赴任至今朱批情形，曰：

　　窃臣于光绪十七年十二月初九日到任起,至十九年二月二十八日止,历次奉到朱批奏折、奏片共计一百二十六件,理合汇封呈缴。伏乞皇上圣鉴。谨奏。③

----

① 台北故宫博物院藏：《军机及宫中档》,文献编号：408002785.又,中国第一历史档案馆藏：《录副奏折》,档号：03-5557-055.
② 台北故宫博物院藏：《军机及宫中档》,文献编号：408002786.
③ 台北故宫博物院藏：《军机及宫中档》,文献编号：408002787.又,中国第一历史档案馆藏：《录副奏折》,档号：03-5717-112.

三月十七日，公会衔陕甘总督杨昌濬开单具奏新疆城署工程武职遵议改奖一事，下部议。曰：

窃新疆城署各工在事出力人员，光绪十五年经前护抚臣魏光焘择尤奏请奖叙，奉朱批：该部议奏。钦此。上年九月，臣准兵部咨奏光绪四年陕甘总督左宗棠请保修理兰州城工，武职不过五十余员，今新疆城署各工保奖武职员弁至六百余员之多。其所保头品顶戴及提督衔总兵用，均与定章不符，请旨饬下甘肃新疆巡抚，将保奖员数大加删减，按照寻常劳绩，核实开单奏奖，再行办理，等因。奉旨：依议。钦此。钦遵咨行前来。

仰见朝廷论功行赏之中，仍寓慎重名器之意。饬据各营旗开单详覆，臣再三核定，凡原保头品顶戴、提督衔总兵用各员，均照部议另核请奖，固不敢有违定章。至保奖员数，原奏六百三十七员，核减二百一十员，择其尤为出力者酌保四百二十七员。查前项工程，各员弁于穷荒冰雪之地，搜岩采干，掘土成基，操防之余，日事畚锸，不费公家多银，而城垣、衙署犁然备具。综计大小三十余起，即照原奏人数议奖，较兰州补修一城准保五十余员，分起计算，实属有减无增。兹复核减三成之一，尤未敢稍涉冒滥，相应缮具清单，吁恳天恩俯准一体给奖，以示鼓励，出自鸿施。各员弁履历清册业经魏光焘送部查核，邀免再造。所有遵照部议删改城署工程原保武职缘由，谨会同陕甘总督臣杨昌濬，恭折具奏。伏乞皇上圣鉴，训示。谨奏。①

同日，公又会衔陕甘总督杨昌濬开单奏请核销甘肃新疆光绪十五年防军善后收支情形，下部议。曰：

窃照甘肃新疆光绪十一、二、三等年防军、善后用款，每年合关内

---

① 台北故宫博物院藏《军机及宫中档》，文献编号：408002788。又，中国第一历史档案馆藏：《录副奏折》，档号：03-7161-005。

外指拨各省的款银四百八十万两,新疆分银二百二十万两;十四、五、六三年仍照上案指拨,内提充转运、公用银四万两,归陕甘总督经理造销。新疆每年分银二百一十六万两,均由甘肃藩库统收,扣除四分减平分支。十四年以前防军善后用款,业经先后造报在案。十五年分报销,经臣饬司道查照历次部咨办理去后。兹据详称:十五年防军、善后报销各款,遵照部议,或概行删除,或酌量核减。

计旧管:报销案内截至十四年底止,存新饷平银七万九千七百六十一两六钱九分九厘。欠发新疆各营旗哨留营弁勇十年以前旧饷并十一、十二两年分新饷,及十年以前病故勇丁存饷,共计新饷平银二十五万八千一百五十一两七钱四分五厘。新收:甘肃藩司分解十五年新饷及江西、四川两省补解十一、十二两年分欠解新饷,并四川省补解十一、二、三、四等年分短平,湖南、湖北两省协解新疆南路工程经费、各营旗报缴截旷、采制、运脚等款扣回平余,共计新饷平银二百三十万四千九百四十二两一钱九分八厘。此收款之总数也。支发:新疆马步各营旗、哨、开花炮队饷项,补发留营弁勇欠饷、病故勇丁存饷、马队倒马价、各台局薪水、口粮、工食,制办、修整军装、器械、制造火药工料价值,转运饷装车骡脚价、员役盐菜、口粮、假遣各项脚价,保甲、义学、牛痘经费,及伊犁遣撤勇丁,解运军装车脚各款,共计新饷平银一百六十九万九千二百三十两二钱九分一厘。又,拨发新疆藩库例支不敷并供支古城旗营经费,拨解司库储存款项,共计新饷平银三十一万两。又,拨发新疆各项工程经费新饷平银三万五千两。以上统共开除银二百四万四千二百三十两二钱九分一厘。此支发之总数也。实在:截至十五年底止,存新饷平银三十四万四百七十三两六钱六厘,尚欠发新疆各营、旗、哨病故勇丁光绪十年以前存饷新饷平银一十一万四千一百八十五两二钱八分六厘,应俟各故勇亲属请领至日,即由十六年以后新饷内匀给。此实存并欠发之数目也。造具总、散各清册,详请奏销前来。

臣覆查无异,除将清册分送各部外,相应缮具简明清册,会同陕甘总督臣杨昌濬,恭折具奏。伏乞皇上圣鉴,饬部核销施行。再,新疆十六年分防军、善后销案,已饬司道接续赶造,应俟造报至日,再行办理。合并声明。谨奏。①

是日,公又会衔伊犁将军长庚、陕甘总督杨昌濬奏报古城满营官兵仍难屯垦一事,下部闻。曰:

窃乌鲁木齐、巴里坤各满营迁并古城,光绪十四年十月初八日,前抚臣刘锦棠奏拨东湾等处地亩作为随缺地亩,当因迁并尚未就绪,请缓三年,方令屯垦。十二月二十日,奉旨允准钦遵在案。计截至十七年底,已届三年期满。上年复经臣咨部,请再缓三年,以便次第举办。嗣准部覆:该满营如目下实难举行屯垦,应由该抚奏明办理,等因。饬据布政使饶应祺详准古城城守尉克蒙额查覆前来。

臣查古城满营所拨东湾等处地亩,系属久荒,开辟不易。牛具等项,均须筹办;修浚渠道,需款甚巨。该各营归并古城,借支迁费尚未扣清,现值边防紧要,尤宜加意操演。分队耕种,力实未逮。相应吁恳天恩俯准再缓三年,俟该满营修养日久,兵力渐纾,酌量借给经费,饬令耕种,以实边储,出自鸿施。除咨部查照外,谨会同伊犁将军臣长庚、陕甘总督臣杨昌濬,恭折具陈。伏乞皇上圣鉴,训示。谨奏。②

同日,公又会衔陕甘总督杨昌濬附片奏请黄袁署理和阗知州,下部闻。曰:

再,署和阗直隶州知州江遇璞卸署遗缺,查有在任候补直隶州知州迪化县知县黄袁,堪以调署。递遗员缺查有同知衔候补知县刘兆

---

① 台北故宫博物院藏:《军机及宫中档》,文献编号:408002789.又,中国第一历史档案馆藏:《录副奏折》,档号:03-6131-036.
② 台北故宫博物院藏:《军机及宫中档》,文献编号:408002790.

松,堪以委署。据新疆布政使饶应祺、署镇迪道兼按察使衔黄光达会详前来。除由臣批饬分别给委外,谨会同陕甘总督臣杨昌濬,附片具陈。伏乞圣鉴。谨奏。①

同日,公又会衔陕甘总督杨昌濬附片奏报兴筑蒲昌城情形,下部闻。曰:

再,罗布淖尔即汉蒲昌海,光绪十五年经前护抚臣魏光焘奏请开办,于英格可立地方设立抚辑招徕局。数年以来,计土著并新招业农缠回共一千二百余户、商民约二百户,村落市集,渐有起色。惟该处荒地初辟,道里遥远,非建立城垣,无以固人心而资保障。查距英格可立二百八十五里之都纳里,河流环绕,形势扼要,地土尤为平衍。饬于该处筑土城一座,周四百四十丈,名曰蒲昌城;拨派营勇,分段兴修。所需犒赏及雇匠、购料各项银两,均由该局经费项下撙节动支,并案造报。据布政使饶应祺详请具奏前来。理合会同陕甘总督臣杨昌濬,附片陈明。伏乞圣鉴,饬部立案施行。谨奏。②

是日,公又会衔陕甘总督杨昌濬、喀什噶尔提督董福祥附片奏请周添才署理参将缘由,下部闻。曰:

再,臣准喀什噶尔提督董福祥咨:据喀什噶尔回城协营左旗中军都司张鸿畤申报:署理协营副将实任提标中营参将万胜常,于光绪十九年正月二十二日率队操演,触发旧伤,二十三日酉时在营身故,等情。转咨前来。臣覆核无异,相应请旨开去万胜常提标中营参将实

---

① 台北故宫博物院藏:《军机及宫中档》,文献编号:408002789-0-A.又,中国第一历史档案馆藏:《录副奏片》,档号:03-5305-053.
② 台北故宫博物院藏:《军机及宫中档》,文献编号:408002790-0-B.又,中国第一历史档案馆藏:《录副奏片》,档号:03-7161-007.

缺,另行拣员请补。其回城协副将篆务,查有留新疆尽先补用提督准补英吉沙尔营参将周添才,堪以署理。除给委并咨取万胜常原领参咨札付,及委员承查嫡亲印甘各结咨部查照外,谨会同陕甘总督臣杨昌濬、喀什噶尔提督臣董福祥,附片具陈。伏乞圣鉴,训示。谨奏。①

三月十七日,总理各国事务衙门来函曰:

光绪十九年三月十一日,接准咨称:据塔城同知禀报俄人在塔城贸易圈外约章准其借垦纳税等情一案。查光绪九年二月参赞大臣锡委主事衔关防章京刘宽,会同俄领事巴拉喀什,在塔城议定两属缠头商民事宜五条。又,俄属商人贸易地址条约七条,并未咨行有案。锡大臣曾否奏咨,无从查悉。现在塔城交涉事繁,此项约章能否依据引用,咨请核覆,等因。前来。本衙门查此项约章曾经锡大臣派员与俄官画押用印,以一分在塔城存留备查,其一分各递本国以凭查考,于光绪九年八月初十日奏明,本日奉旨:知道了。钦此。钦遵在案。是此约既经奏咨有案,自应依据引用。兹将锡大臣奏片一件钞录,咨行贵抚查照核办可也。②

三月十九日,公开单奏报光绪十八年十二月分新疆雨水粮价情形,曰:

窃照光绪十八年十一月分各厅州县粮价并得雪情形,业经臣奏报在案。兹据新疆布政使饶应祺详称:光绪十八年十二月分,镇迪道属库尔喀喇乌苏得雪,积地七寸;吐鲁番、奇台得雪,积地一寸;镇西、迪化、昌吉、阜康、绥来微雪。伊塔道属宁远得雪,积地五寸;塔尔巴哈台、绥定得雪,积地三寸;精河微雪。南路英吉沙尔得雪,积地四寸;和

---

① 台北故宫博物院藏:《军机及宫中档》,文献编号:408002790-0-C.又,中国第一历史档案馆藏:《录副奏片》,档号:03-5893-071。
② 台北"中央研究院"近代史所藏:《外交档案》,馆藏号:01-20-009-10-004.

阗得雪,积地二寸;于阗得雪,积地一寸;喀喇沙尔、库车、乌什、温宿、疏勒、莎车、拜城、疏附、叶城微雪,余未得雪。至通省粮价,塔尔巴哈台、乌什、温宿、拜城、绥定等厅州县俱与上月相同,余均略有增减。汇详请奏前来。理合恭折具陈,并缮粮价清单,敬呈御览。伏乞皇上圣鉴。谨奏。①

同日,公又会衔陕甘总督杨昌濬奏报知州蒋诰因病出缺,下部闻。曰:

窃照疏勒直隶州知州蒋诰,臣前奏请开缺以道员仍留新疆补用,经部议令声覆保举道员之案,再行核办,等因。正拟覆间,据新疆布政使饶应祺详:据署疏勒直隶州知州潘时策申称:据蒋诰之家丁张升呈报:家主蒋诰,年五十七岁,福建闽县附生,由保举教谕报捐知府衔选用同知,旋保花翎分省补用知府,加捐道衔。光绪九年,委署疏勒直隶州篆务。新疆六载边防案内,汇保俟补缺后,以道员遇缺尽先题奏,并加三品衔。十一年,借补斯缺。嗣调署迪化府,并代理喀什噶尔及阿克苏道篆务,十七年二月初二日回任,十八年十二月初九日交卸。近患中风不语之证,医药罔效,于十九年二月初六日病故,等情。转请具奏前来。

臣覆查无异,谨会同陕甘总督臣杨昌濬,恭折具陈。伏乞皇上圣鉴。所遗疏勒直隶州知州系冲、繁、疲、难四项要缺,应请扣留外补。再,此案改题为奏。合并声明。谨奏。②

---

① 台北故宫博物院藏:《军机及宫中档》,文献编号:408002791。又,中国第一历史档案馆藏:《录副奏折》,档号:03-6929-027。
② 台北故宫博物院藏:《军机及宫中档》,文献编号:408002792。又,中国第一历史档案馆藏:《录副奏折》,档号:03-5305-056。

是日,公又奏报审拟缠民艾买提故杀人命一案,下部议。曰:

窃英吉沙尔厅缠民艾买提因被索债起衅,故杀库外里身死,埋尸灭迹,致兽残毁一案,据署英吉沙尔厅同知潘时策验讯议拟,解署喀仁噶尔道李宗宾提审,咨署镇迪道兼按察使衔黄光达核明转详。

臣覆加查核,缘艾买提籍隶英吉沙尔厅,务农度日,与已死库外里素好无嫌。光绪十七年三月内,艾买提向库外里借粮二石五斗,议定秋收归还。库外里屡讨未给。十八年正月不记日期,艾买提偕弟买买提出外探亲,行至铁比思渠庄后戈壁,路遇库外里索讨借粮。艾买提仍前推缓,库外里斥其有心骗赖,艾买提分辩,彼此争闹。库外里扭住艾买提胸衣拼命,艾买提被扭情急,喝令买买提抱脚,将库外里按倒,希图脱身。库外里紧扭不放,愈加辱骂,并称欲告官究治。艾买提被骂气忿,兼恐到官受累,临时顿起杀机,用手掐住库外里咽喉,登时气闭殒命。艾买提复起意埋尸灭迹,喊同买买提将尸抬至沙滩坎内,负土掩埋转回。后经尸子胡完找获尸骸,报验获犯,讯供议拟,解道提审,咨兼臬司核转前来。臣覆核无异。

查律载:故杀者,斩监候。又,例载:故杀人案内凶犯起意埋尸灭迹,其听从抬埋之人,审系在场帮殴有伤,律应满杖者,杖一百,徒三年,不失者减一等,各等语。此案艾买提因索借粮口角,被骂气忿,临时起意致死,用手掐伤库外里咽喉毙命,埋尸灭迹,自应照律问拟。艾买提除弃尸不失轻罪不议外,合依"故杀者,斩监候"律,拟斩监候,秋后处决,照例刺字。买买提听从抱脚,将库外里按倒,虽未伤人,究属帮殴,后复听从抬埋,自应按例科断。查该犯系艾买提胞弟,所犯侵损于人,应以凡论。买买提合依"殴故杀人案内凶犯起意埋尸灭迹,其听从抬埋之人审系在场帮殴有伤,律应满杖者,亦杖一百,徒三年,不失尸者减一等"例,拟杖九十,徒二年半,到配折责安置。艾买提所欠粮石,照数追还给领。无干省释。尸棺饬埋。是否允协?除全案供招咨部外,所有故杀人命,核明定拟缘由,恭折具陈。伏乞皇上圣鉴,饬部核议施行。谨奏。①

同日,公又附片奏请饶应祺暂缓陛见一事,曰:

再,据藩司饶应祺详称:现蒙特恩补授甘肃新疆布政使员缺,当于谢恩折内吁恳入都陛见,一俟奉到朱批,即当束装北上,应请先行委员署理,等情。臣查饶应祺勤慎从公,自署藩司以来,考察属吏,综核度支,诸臻妥协。现值疆圉多故,凡调拨兵饷、筹办防守各事宜,尤资臂助,未便遽易生手。可否仰恳天恩准藩司饶应祺暂缓陛见之处,恭候命下遵行。谨附片陈明。伏乞圣鉴,训示。谨奏。②

三月二十四日,公会衔伊犁将军长庚奏报安插棍噶扎拉参③徒众一事,下部闻。曰:

窃查光绪十五年,前抚臣刘锦棠会奏筹议承化寺僧众迁徙事宜折内,声明库尔喀喇乌苏厅属八英沟,在西南山中旧有寺院,系棍噶扎拉参建造,现住喇嘛二百余人,距俄甚远,迁徙相宜,请饬催该呼图克图速来新疆,将未尽事宜商妥,再行详晰具奏。奉朱批:着照所请。钦

---

① 台北故宫博物院藏:《军机及宫中档》,文献编号:408002793.又,中国第一历史档案馆藏:《录副奏折》,档号:03-7316-010.
② 台北故宫博物院藏:《军机及宫中档》,文献编号:408002791-0-A.又,中国第一历史档案馆藏:《录副奏片》,档号:03-5305-057.
③ 棍噶扎拉参(1835—1895),又译棍噶札勒参,藏语意为"皆喜胜幢",又名嘉穆巴图多普,法号察罕恪根,转世喇嘛,甘肃巩昌府洮州厅卓尼杨氏土司所辖曲华相(又译齐白西、车巴沟、垂弼胜)相康村人。自幼披剃为僧,性多智慧。同治元年(1862),应新疆库尔喀喇乌苏乌讷恩素珠克图等延请出关,在库尔喀喇乌苏、塔尔巴哈台等处传授经典。四年(1865),以塔尔巴哈台回族、哈萨克族起事,率卫拉特兵剿办,赏加呼图克图名号。七年(1868),受命统辖流移于阿尔泰山之索伦营、塔城厄鲁特人众,妥办安插事宜。八年(1869),赴阿勒泰创修千佛庙,赐名"承化寺"。十一年(1872),率所部索伦、厄鲁特兵驻塔城,加强塔尔巴哈台防务。光绪二年(1876),率众迎击沙俄波塔宁骑兵,将其逐出。七年(1881),离开新疆,前往西藏熬茶布施。十三年(1887),进京陛见。二十年(1894),由八音沟赴临洮诵经。二十一年(1895),圆寂。清廷赏银五百两,准其转世为八音沟承化寺呼图克图,并于塔尔巴哈台建祠致祭。

此。十六年十月，棍噶扎拉参抵新疆省城，与前护抚臣魏光焘面商，该处不敷安插，饬由该处并绥来县毗连处所，添拨地段。嗣据勘明，由八英沟起东至月牙台交绥来县界，又东至大梁头止一百三十余里，可为牧场，会立界碑，俾资安插，先后附奏在案。其旧日徒众闻呼图克图已到该处，远道来归者四百余人；其随时往来住宿者，尤难胜数，从前所建庙宇不敷住持。上年，臣模饬司委员，前往勘估，增修僧舍二百间，山中工料俱贵，当由善后项下拨给经费银四千两。其佛殿院落仍由该呼图克图自行募修，惟近年蒙、哈贫苦，布施无多，新增徒众四百余人，耕牧未兴，无以糊口。

查《新疆识略》，喇嘛本有口粮，棍噶扎拉参前在塔尔巴哈台，以方外之人率其徒侣，仗义杀贼，卓著勋威，蒙古、哈萨克均赖其保护，镇迪汉民往依避难者，亦设法安置，至今称颂不衰。今令于八英沟居住，不特蒙民遵信，即哈萨克亦均畏服；且与旧居阿尔泰山僧众声息相通，形势联络，足以消患未萌，隐然为西北增一重镇，自应代为筹计，酌给资粮，以示体恤。除往来该寺托钵不计外，其新僧徒众以四百人成数计算，每季人给粮一石，岁需京斗小麦一千六百石，拟由臣模饬绥来县、库尔喀喇乌苏厅，于仓粮项下按季支给，庶无事足养其身，有事得资其力，于边陲大局，裨益实非浅鲜。

所有安插棍噶扎拉参徒众、筹修僧舍并酌拨口粮缘由，谨合词恭折具奏。伏乞皇上圣鉴，饬部立案施行。再，此折系臣模主稿。合并声明。谨奏。①

三月二十七日，公开单奏报新疆防营员弁勇丁、各台、局、卡、义学数目情形，下部闻。曰：

窃新疆马步营旗、炮队、各台、局、卡、义学，截至光绪十七年十二

---

① 台北故宫博物院藏：《军机及宫中档》，文献编号：408002794。

月底止实在数目,业经分别奏咨在案。兹据新疆粮台详称:自十八年正月初一日起,遵照标营章程,挑募步队一营,裁减步队一旗、马队一旗。通截至十八年闰六月底止,实存马步九十九营旗一哨、开花炮队四哨;共计额设营书、弁勇二万四千八百四十四名,火勇一千七百三十一名,营、旗、哨官三百七十九员,巡查一百二十六员,额外火夫、私夫、马夫、车夫六千二百八十三名,并各台、局、卡、义学缮具清单,详请奏咨,等情。

臣覆查无异,所有新疆防营员弁勇丁、各台、局、卡、义学自光绪十八年正月初一日起至闰六月底止实在数目,谨缮清单,恭呈御览。伏乞皇上圣鉴,饬部立案施行。谨奏。①

同日,公又会衔陕甘总督杨昌濬奏报李庆棠呈请开缺回籍一事,下部闻。曰:

窃据阿克苏道陈名钰呈:据温宿直隶州知州本任英吉沙尔直隶厅同知李庆棠禀称:近患目疾,又兼怔忡、气痛诸证,难期速痊,恳请交卸,并开缺本任,回籍调理,以免贻误地方,等情。饬据新疆布政使饶应祺、署镇迪道兼按察使衔黄光达会详称:李庆棠,年四十九岁,湖南湘潭县人,由文童投效湘军,历保花翎盐运使衔甘肃候补知府。嗣委署迪化直隶州知州、英吉沙尔直隶厅同知,旋补斯缺。调署温宿直隶州知州。今因病恳请开缺回籍调理,遵例委署乌什厅同知江景耀验看属实,并无捏饰规避情事。出具印结,转请具奏前来。

臣查李庆棠心地慈祥,办事勤慎,既经委验患病属实,例应开缺回籍调理,将来病痊尚堪起用。除温宿直隶州知州业经奏委署理并将印结咨部外,谨会同陕甘总督臣杨昌濬,恭折具陈。伏乞皇上圣鉴。所遗英吉沙尔直隶厅同知系冲、繁、难三项要缺,应请扣留外补。再,此

---

① 台北故宫博物院藏:《军机及宫中档》,文献编号:408002795. 又,中国第一历史档案馆藏:《录副奏折》,档号:03-5995-083.

案改题为奏。合并声明。谨奏。①

是日,公又奏报审拟莎车缠民因奸谋杀一案,下部议。曰:

窃莎车州缠妇鸦泥比比因奸起意,商同奸夫沙以提,谋杀本夫肉则身死,事后拐逃一案,据署莎车直隶州知州潘震验讯议拟,解署喀仁噶尔道李宗宾提审,咨署镇迪道兼按察使衔黄光达核明转详。

臣覆加查核,缘鸦泥比比、沙以提均籍隶莎车州。鸦泥比比系已死肉则之妻,平日和睦。沙以提与肉则熟识,常相往来,鸦泥比比习见不避。光绪十八年六月内,沙以提至肉则家闲坐,值肉则外出,乘间与鸦泥比比调戏成奸,以后遇便续奸,未给过钱物,肉则先不知情。八月不记日期,沙以提探知鸦泥比比独自在家,前往续旧,适肉则回归,撞破捉拿,沙以提夺门逃走。肉则将鸦泥比比殴责,经仕拉木解散。肉则气忿未释,嘱令鸦泥比比哄诱沙以提来家,谋杀泄恨,鸦泥比比面允。

九月初七日,鸦泥比比会遇沙以提,告述前情,并令设法往来。沙以提恐被捉获,不敢再来回答。鸦泥比比恋奸情热,起意谋杀肉则,改嫁沙以提为妻,私与商说,沙以提允从,约定次夜动手。初八日挨晚,沙以提至肉则家内藏匿。三更时分,鸦泥比比乘肉则睡熟,将沙以提引入,鸦泥比比随执铁锤向肉则头上冒殴。肉则惊喊,沙以提接过铁锤,赶殴一下。维时黑夜,不知何人殴伤何处,肉则不能动弹,鸦泥比比犹恐不死,又用布带结成活扣,套入肉则项颈,与沙以提分执带头,用力狠勒,肉则登时身死。沙以提即将鸦泥比比拐逃,捏称夫妇,潜往各处躲避。经仕拉木查见尸身,信知尸亲,投约报验获犯,讯供议拟解道,咨兼臬司核转前来。臣覆核无异。

① 台北故宫博物院藏:《军机及宫中档》,文献编号:408002796。又,中国第一历史档案馆藏:《录副奏折》,档号:03-5305-086。

查律载:妻因奸同谋杀死亲夫者,凌迟处死。又,例载:奸夫虽未起意,而同谋杀死亲夫之后,复将奸妇拐逃为妻者,斩决。各等语。此案鸦泥比比因恋奸情热,起意商同奸夫沙以提谋杀本夫肉则身死,事后同逃,实属淫恶已极,自应按律问拟。鸦泥比比除犯奸同逃各轻罪不议外,合依"妻因奸同谋杀死亲夫者,凌迟处死"律,拟凌迟处死。沙以提同谋杀死亲夫后,又将奸妇鸦泥比比拐逃为妻,亦应照例科断。沙以提除奸拐及同谋杀死亲夫律止斩候各轻罪不议外,合依"奸夫虽未起意,而同谋杀死亲夫之后,复将奸妇拐逃为妻者,斩决"例,拟斩立决,照例刺字。无干省释。尸饬领埋,凶锤、勒带案结销毁。是否允协?除全案供招咨部外,所有奸夫听从奸妇,因奸谋杀本夫,事后拐逃,核明定拟各缘由,谨恭折具奏。伏乞皇上圣鉴,饬部核议施行。谨奏。①

同日,公又会衔陕甘总督杨昌濬附片奏报饬令刘人佺即赴同知新任,下部闻。曰:

再,库车直隶厅同知员缺前以奏留新疆试用知州刘人佺借补,经部覆准在案。应即饬赴本任,以专责成。据新疆布政使饶应祺、署镇迪道兼按察使衔黄光达会详前来。除由臣批饬给委外,谨会同陕甘总督臣杨昌濬,附片具奏。伏乞圣鉴。谨奏。②

四月初八日,公致函总理衙门曰:

光绪十九年正月二十六日,承准大咨行查乌什同知私拆诺尔米尔

---

① 台北故宫博物院藏:《军机及宫中档》,文献编号:408002797。又,中国第一历史档案馆藏:《录副奏折》,档号:03-7316-011。
② 台北故宫博物院藏:《军机及宫中档》,文献编号:408002796-0-A。又,中国第一历史档案馆藏:《录副奏片》,档号:03-5305-087。

匪洋信被斥怀恨,主使殴打,后将俄商收禁一案,当即飞饬阿克苏道委员密查,并将办理情形咨呈在案。嗣据阿克苏道申称:此案前经俄商控道,当提讯明确,并无乌什同知主殴收押情事,等情。本部院犹恐不实,批令录供详覆。兹据阿克苏道详称:案奉宪台批开:俄商诺尔米尔匪与缠民索非争殴一案,既经该道提讯,仰即全录此案口供,并如何断结情形,迅速具详,以凭咨覆,等因。奉此,查此案前于光绪十八年十一月十一日,据住温宿州旧城之安集延乡约买卖提敏禀称:接乌什俄商纳尔米子即诺尔米尔匪来信内称:乌什缠商哈生木喝令缠民吐尔的、阿不都拉、索非等将伊衣服扯破乱打,遍身受伤,禀请提案讯办,等情。据此,职道当即饬提一干人证到道质讯,内惟阿不都拉未到。讯据索非供:小的与诺尔米尔匪系属亲戚。光绪十八年八月不记日子,小的到阿塔巴依家探看胞姊,其时胞姊外出未归,只有一小女在家看房,忽诺尔米尔匪来阿塔巴依家,就诬小的调戏幼女。小的说,我来看我胞姊,胞姊虽不在家,这小女就是自己侄女一般,有何调戏?彼此因口角,诺尔米尔匪就把小的殴打,小的喊叫。哈生木进房说诺尔米尔匪不应如此行为。随经厅主查知,谕令诺尔米尔匪自行善为调处,勿伤亲戚和好。十一月初五日,诺尔米尔匪同小的在礼寺,出来又彼此口角揪扭,诺尔米尔匪喊同安集延商民多人,把小的扭送到厅。比经厅主把小的责押,并未收押诺尔米尔匪。所供是实。

据缠商哈生木供:光绪十八年八月不记日期,小的出街上,午刻路过阿塔巴依门首,听得房内有人喊叫,随就进去查看,才知索非被诺尔米尔匪殴打。小的问明情由,当斥诺尔米尔匪:你既与索非亲戚,不应如此行为,真不晓事。当过甚么乡约,小的说了几句公道。诺尔米尔匪心不悦服,随经厅主查知,谕令诺尔米尔匪、索非同在礼拜寺出来,两下口角争吵揪扭,众人劝解不听,诺尔米尔匪喊同数人把索非责押,并未收押诺尔米尔匪。小的合吐的们并未打他是实。讯据吐尔的,供亦相同。

据俄商诺尔米尔匪供:索非那日到阿塔巴依家调戏幼女,小的把索非打了一顿受了,哈生木实是欺人太甚。十一月初五日,由礼拜寺出来,索非把小的揪扭殴打,小的有俄帖五百张也。被索非取去,等供。据此,职道当即诘问索非系与你亲戚,常相往来,那日到阿塔巴依家探看,伊姊外出未归,小女在家年幼,何至有调戏情事?又诘问你既被打,何人见证,伤在何处?又诘问你既往寺礼拜,何以身带俄帖五百张,且查乌什城商民向来不用俄帖,如拿你俄帖五百张,亦无用处。况并无人见你有俄帖一张。诺尔米尔匪均无词可辩。讯之各干证,与哈生木供均相同。职道当以诺尔米尔匪在乌什充当乡约,本系体面之人,且系俄国派来,应以客礼相待,该缠商哈生木因索非之事,不以好言相劝,辄出言不逊,致使诺尔米尔匪气忿不平,殊属非是,当即饬随谕令诺尔米尔匪既与索非系属亲戚,务须和好,不可挟嫌,仍回乌什善为办理乡约事务等语吩咐。遂回乌什去讫。

此案诺尔米尔匪与索非口角揪扭,本有其事,然并无打伤痕迹,该厅亦无收押诺尔米尔匪之事。察其情节,只因哈生木出言无状,受不过哈生木之气,以致事多枝节。惟查诺尔米尔匪自充当乌什乡约以来,不特与缠民不甚投,即与同类安集延众民亦不甚相投,往往有自相矛盾之事,可否仰恳咨请俄国更换乡约,以昭妥善之处,伏候钧裁,等情。前来。

查此案署乌什同知江景耀虽无收押俄商情事,惟擅拆洋函,致滋口实,究属不合,业经记过一次,且因另案撤任,乃驻喀俄领事听信俄商一面之词,尚复哓渎不休,应请贵衙门照会驻京俄使,务饬该领事,事已查明,应即拟结。除批行,相应咨呈。为此咨呈贵衙门,谨请鉴照施行。①

---

① 台北"中央研究院"近代史所藏:《外交档案》,馆藏号:01-17-043-04-003.

四月十五日,公开单奏报光绪十九年正月分新疆雨水粮价情形,曰:

窃照光绪十八年十二月分各厅州县粮价并得雪情形,业经臣奏报在案。兹据新疆布政使饶应祺详称:光绪十九年正月分,镇迪道属镇西得雪,积地一寸;库尔喀喇乌苏得雨,入土一寸;迪化微雨,绥来、奇台微雪。伊塔道属绥定得雪,积地二寸;塔尔巴哈台微雨,精河、宁远微雪,余未得雨雪。至通省粮价,镇西、精河、喀喇沙尔、乌什、昌吉等厅县俱与上月相同,余均略有增减。汇详请奏前来。理合恭折具陈,并缮粮价清单,敬呈御览。伏乞皇上圣鉴。谨奏。①

同日,公又会衔伊犁将军长庚、陕甘总督杨昌濬开单奏报拣放古城满营佐领等缺,下部议。曰:

窃古城满营镶红镶蓝旗佐领多贵病故遗缺,经臣奏明另行拣员请补,奉旨允准钦遵转行在案。兹据古城城守尉克蒙额在于应升暨尽先人员内逐加考验,拟具正陪,并造清册,呈请奏补前来。

臣覆加拣选,所有该满营镶红镶蓝旗佐领员缺,应以花翎尽先即补佐领署镶红镶蓝旗佐领正黄正红旗防御都城额拟正,镶红镶蓝旗防御怀塔奔拟陪。其递遗防御员缺,应以花翎尽先即补防御右翼蒙古四旗骁骑校金文布拟正,镶红镶蓝旗花翎佐领衔尽先即补防御马甲忠龄拟陪。递遗骁骑校员缺,应以右翼蒙古四旗六品军功前锋校双喜拟正,镶红镶蓝旗六品军功前锋校成云拟陪。理合缮具清单,恭呈御览。仰恳天恩简放佐领一员、防御一员、骁骑校一员,俾实营伍。其新补佐领遇便送部带领引见,以符定制。除咨部外,谨会同伊犁将军臣长庚、

---

① 台北故宫博物院藏:《军机及宫中档》,文献编号:408002798.又,中国第一历史档案馆藏:《录副奏折》,档号:03-6930-024.

陕甘总督臣杨昌濬,恭折具奏。伏乞皇上圣鉴,训示。谨奏。①

是日,公又奏报审拟疏附缠民谋杀本夫一案,下部议。曰:

窃疏附县缠妇赛格乃比比谋杀本夫克奇克身死,移尸装溺一案,据署疏附县知县杨其澍验讯拟解,疏勒直隶州知州蒋诰审明转详,署喀什噶尔道李宗宾提案覆鞫,咨署镇迪道兼按察使衔黄光达核转前来。

臣覆加查核,缘缠妇赛格乃比比籍隶疏附县,系已死克奇克之妻,平日和好。先是赛格乃比比嫁克奇克时,曾在母家带来赀财颇厚,后经克奇克花用,家渐贫落。光绪十八年六月内,克奇克私娶买秀罕为妾,另庄居住。赛格乃比比闻知,即令克奇克与买秀罕离异,克奇克未允。赛格乃比比从此怀忿,屡次吵闹。九月初三日,赛格乃比比将绵线五两交克奇克变卖。是日挨晚,克奇克回归,赛格乃比比询问线钱。克奇克答称已经使用,赛格乃比比生气,即以近日娶妾便不顾家之言向斥,克奇克不依混骂,并称定即将其休弃。彼此口角,旋各就寝。赛格乃比比气忿不释,忆及随带赀财均被克奇克花用,以致贫穷,现因娶妾丧心,反欲将其休弃,愈想愈恨,起意将克奇克谋杀致死。三更时候,赛格乃比比乘克奇克睡熟,拾取炕边木尺,向克奇克头上尽力乱殴,致伤克奇克顶心偏右、右太阳穴等处,登时殒命。赛格乃比比又虑事发到官,起意将尸移弃水坝,希图装溺。经阿洪库旺瞥见尸身,投约报验,讯供议拟,解州详道,咨兼臬司转详。臣覆核无异。

查律载:谋杀夫已杀者,凌迟处死,等语。此案赛格乃比比因夫克奇克娶妾怀忿,起意将其谋杀身死,自应按律问拟。赛格乃比比除移尸装溺轻罪不议外,合依"谋杀夫已杀者,凌迟处死"律,凌迟处死。尸

---

① 台北故宫博物院藏:《军机及宫中档》,文献编号:408002797-1。又,中国第一历史档案馆藏:《录副奏折》,档号:03-5893-121。

妾买秀军讯不知情，应毋庸议。无干省释。尸饬领埋，凶器案结销毁。是否允协？除全案供招咨部外，所有谋杀本夫，核明定拟各缘由，谨恭折具奏。伏乞皇上圣鉴，饬部核议施行。谨奏。①

同日，公又会衔陕甘总督杨昌濬附片奏请贺培荣署阜康县事，下部闻。曰：

再，署阜康县知县钟逢焕卸署遗缺，查有候补直隶州知州贺培荣，堪以委署。据新疆布政使饶应祺、署镇迪道兼按察使衔黄光达会详前来。除由臣批饬给委外，谨会同陕甘总督臣杨昌濬，附片具奏。伏乞圣鉴。谨奏。②

四月十八日，公会衔陕甘总督杨昌濬、伊犁将军长庚奏报会议覆奏胡景桂编修条陈边务一事，曰：

窃臣等于光绪十七年冬间，先后承准军机大臣字寄：光绪十七年十月十八日，奉上谕：胡景桂③奏，条陈新疆边防善后事宜一折。所陈裁兵、裕饷、兴屯各节，不无可采。其余各条有无窒碍，着长庚、杨昌濬、陶模悉心会商，妥议具奏。原折均着钞给阅看。将此各谕令知之。钦此。遵旨寄信前来。臣等钦遵阅看编修胡景桂所陈各条，洵属留意

---

① 台北故宫博物院藏：《军机及宫中档》，文献编号：408002799. 又，中国第一历史档案馆藏：《录副奏折》，档号：03-7316-014.

② 台北故宫博物院藏：《军机及宫中档》，文献编号：408002798-0-A. 又，中国第一历史档案馆藏：《录副奏片》，档号：03-5306-080.

③ 胡景桂（1849—1905），字月舫，系直隶永年县人。同治十二年（1873），由拔贡生中式癸酉科顺天乡试举人。光绪九年（1883），中式癸未科贡士，改翰林院庶吉士。十二年（1886），散馆，授职编修、会典馆详校官。十四年（1888），简放甘肃学政。十八年（1892），差满回京供职，充吏部撰文。二十一年（1895），考取汉御史，奉旨记名。十月，补授河南道监察御史。二十二年（1896），俸满截取，经都察院堂官保送，堪胜繁缺知府。同年，补甘肃宁夏府知府，以治水有功擢宁夏道尹。二十五年（1899），升山东按察使。次年，署理山东布政使。二十八年（1902），丁忧回籍终制。三十一年（1905），调补山西按察使，因病卒于赴任途次。有《使甘奏版》《西台谏草》《求是斋文稿》《求是斋杂著》等存世。

边防，当即体察情形，往返函商。谨就原奏分别条议，为我皇上敬陈之。

一、原奏新疆宜裕边储一条。查新疆开设行省，幅员辽阔，额定旗绿兵丁共三万一千名，实不为多。伊犁与塔尔巴哈台三面邻俄，南路各城在在当冲，碍难再事裁汰。现在新疆岁拨协饷三百三十六万两，名为兵饷，而一切例支、地方善后、旗营经费等项，皆在其中。自光绪十四年起，司库、伊塔道库、塔尔巴哈台同知库，每年存银十余万及二十万两不等，此外无可再行提存。各省关铢积寸累，公私困惫，臣等备悉其艰。无如新省岁入仅等江浙一大县，事事仰给内地，势处于无可如何。裁兵存饷之说，应请毋庸置议。

一、原奏兵分屯一条。查屯田足食，固筹边者所艳称。然四民惟农最苦，人多惮于力穑。新疆勇丁皆关内人，原因不肯力田，始甘心为兵。既入兵籍，何能于万里外更事耕耘？前抚臣于北路厅县招户垦种，假汝勇丁，亦多就募，给予房屋、牛籽成本，每户领银或三四十两、或六七十两，较该编修所奏之数有赢无绌；并设屯正、屯长，层层钤束，而各勇丁不安耕作，动辄潜逃，即令勉就约束，而卤莽耕获，作辍自便，实于边储无甚裨益。至遣屯一项，尤难就绪。农虽小道，亦须童而习之。遣犯习于游惰，非桀骜不驯，即素有嗜好；且半无家室，逃者徒烦缉拿，留者无裨户口。现在北路荒地尚多，招各城业农继回，有家室而无田产者，设法安插，俾令承垦，应徐俟成效。惟南路各城富于粮食，艰于转运，百物昂贵，米麦独贱。发饷时，兵勇均求全领现银，不愿领粮扣饷，良由年岁中稔、市价贱于例价之故。是储粮有益民食，无补度支。今日边计正非专言屯政所可赅也。

一、原奏善后经费宜核实一条。新疆诸须创办，统言之则曰善后，分之则头绪百端。除城垣、衙署均须重建外，凡农桑、学校下至医药等项，无日不为民办事，即无处不需款开支。现虽部拨新疆善后经费银十四万两，伊犁十一万二千两，塔尔巴哈台三万两。而南北两路事多未竣，伊犁、塔尔巴哈台分隶未久，百废待举，不敷尤巨。查前项经费，非为裁兵而设,亦非专为屯田之用。至谓历年裁勇不下数万,嘉峪关所报不过数千,闻皆在南山中,将来恐其滋事等语。查卓胜军、蜀军、嵩武军,或遣撤,或调防；湘、楚各军亦裁汰不少。统计东旋者以数万计。肃州迤北径途不一,不必定由嘉峪关行走。关吏所报,未足为凭。其流寓塞外者,散处各城,或商贩,或工作,或充各衙门、局卡丁夫,本可谋生。无如懒惰性成,稍有余资,即舍业而嬉。迨所积用罄,计无所出,间往南山,偷种罂粟。冬令雪深,仍散居各城,不愿入籍为农。黠者或诓领屯费,潜逸无踪。原奏拟于善后经费内提二三十万金,为安置之费,应请毋庸置议。

一、原奏布伦托海宜屯垦一条。查布伦托海,即赫色勒巴什淖尔,在科布多西南塔尔巴哈台东境,南至迪化,西至塔尔巴哈台各千余里。乱时,难民寄居者万余人。塔城所属旧土尔沪特、额鲁特及哈萨克鄙众居多,因沙土瘠薄,平定后均各迁回。光绪九年,定界将齐桑淖尔东南地割隶俄国,斜米省设有齐桑斯克,近邻布伦托海,于科布多、新疆形势均有窒碍,闻近年有俄属哈萨克潜赴布伦托海,南越沙山,冒充中属哈萨克,至古城、绥来售卖牲畜,殊难稽查。该处本科布多属地,如将科布多帮办大臣移驻布伦托海,就近防守阿尔泰山,抽派蒙民常川屯驻,实于边防有裨,应俟臣等咨商科布多大臣,酌议具奏。其瑚图斯拉一带金苗旺否,容查明商办。

一、原奏矿务、商务宜筹办一条。查华民拙于炼矿,非雇洋将、购机器不可,然治矿须习化学,运机须习重学,一知半解,辄易偾事,专恃洋人,尤非久计。言矿务于东南,当以讲求艺术为先；言矿务于西北,虽有良工奇器,亦难得利。西国开矿,必先测所产足赢所费,尤必熟查水路运道、市埠之近便者几处,运愈速,则利愈宏,未有于不通轮舶、不设铁轨之处浪掷巨款以兴矿务者也。新省铅、铁、铜矿以机器取之,必多且佳,而购机设局,费且百万。地无舟楫,南路又乏车辆,驮连劳费,贵于俄产。东运甘肃,脚价尤昂。本境行销无多,非独工本不能取偿,即常年经费亦难周转。惟铅内或含银质,现拟试验铅矿,如杂有银质足敷工本,再行酌办。和阗产玉甚稀,于阗县金苗不旺,额定金课,累民殊甚。绥来等处金矿早废,商民来此者,失利固难久居,得利则思归更切,碍难招办。

原奏又云:南路可造船,转运,北路宜仿俄国台车之法。查南疆葱岭、于阗诸河,地势不平,溜急沙疏,盈涸无定。平衍处仅能截流而渡,不能从流上下。库车南境塔里木河,东抵蒲昌海七八百里,可顺流行舟,惟逆流则难行。俄境台车,即四轮快车,日行二百余里。其台路修筑颇平,行抵萨玛尔干铁路、倭连布铁路,均极便捷。俄人以台路为铁路先声。新疆因筹款艰难,坐视强邻之布置,臣等深为寒心。此时统筹大局,东南诸省本通舟楫,不必急行汽车,应请俟山海关外铁路工竣,即向西展筑,则秦晋驿道免种种差徭之累,新疆局势无鞭长莫及之忧;军务、矿务、赈务,裨益良多。若格于浮议,日后敌人往来神速,新疆稍有疏虞,秦晋亦难安枕。似宜及早筹商。

一、原奏马厂、驼厂宜试办一条。查伊犁、巴里坤,旧皆有驼马厂。兵乱后,伊犁各厂均废,巴里坤马厂独存。惟孳生马匹性欠训良,弁勇不乐骑用。南路各营就地购用,亦不甚贵。古城、木垒河等处废厂多经垦种。臣模拟于各厅县另择善地,分设小厂,责成地方文武经理。伊犁厂务,承平时极为繁盛,兵燹后各厂荒废。察哈尔、额鲁特两营丁众,生计维艰,臣长庚亟思筹办厂务,以培元气,苦于军标额饷并无余款。近年由哈萨克收获马匹,试办孳生,为数不多,无裨牧政。现正商同臣模,设法筹办,应俟另案具奏。至骆驼一项足备转运,应俟牧政渐兴,次第试办。

一、原奏要害重地宜移兵设防一条。查全疆以伊犁为枢纽,古来守伊犁者,必据伊犁河西岸。唐仪凤时,王方翼筑碎叶城。天宝初,镇西节度居怛逻斯。宋时,西辽建都于虎思斡耳朵。皆在伊犁河西,盖非此不足以制南路诸部。乾隆、嘉庆间,历任将军斤斤于河东布置,嗣后迭经分界,伊犁一河,俄人据三之二,今虽增设郡县,实已孤悬敌境,宜于博罗塔拉、精河等处增驻重兵,以联东路声势,于冰岭之北格登山各卡，分扎营旗，以联南路声势。惟增兵又须增费，此臣等所踌躇却顾者也。至喀喇沙尔居天山之南珠勒都斯，系旧土尔沪特、各蒙古牧地。玛喇巴什距俄境较远，喀浪圭等处均非要冲，毋庸更张。惟乌什边防必兼愿布回部落，距城一百八十里之伊布拉引，距城七百六十里之哈拉布拉克，最为扼要，已各派马勇巡防。倘边务吃紧，则此处必须增兵，以遏那林斯克之冲，并为喀什噶尔后路屏蔽。

一、原奏伊犁将军宜假以事权一条。查光绪十五年，臣昌濬与前抚臣刘锦棠等会奏伊犁等处统辖事宜折内，声明伊犁将军节制镇道，凡中俄交涉事必须随时决制者，概归将军办理，等因，奏准在案。惟伊犁将军所辖锡伯、索伦、察哈尔、额鲁特四部，边界迤长千余里。伊犁满营皆疮痍之余，难称劲旅；四爱曼半耕半牧之兵，不足以御强敌；霍尔果斯、特克斯等处平原无险，径途百出，巡防不易；军、镇两标宜联络一气，遇有边警，应听将军督率调迁。平日操防，由将军就近督察。其军政计典、文武补署，仍由巡抚会同将军具奏。

一、原奏伊犁四镇游牧宜培养一条。查伊犁驻防及各爱曼，旧本骁勇。自经变乱，穷困流离，谋生不暇，欲收强兵之效以得其力，必先筹抚恤之政以厚其生。臣长庚到任后，查前护理将军富勒铭额所定四爱曼兵制，额多饷薄，不能调练，亟思筹办屯田牛种，以裕锡伯、索伦两营生计；筹办孳生牲畜，以裕察哈尔、额鲁特两营生计。俾各该兵丁无内顾之忧，然后轮班调至惠远城，课以操枪演炮、打靶取准及一切新演阵式，庶可渐收成效。惟四领队聚处一城，离防所窎远，不能常事梭巡，当此强邻逼处，应将锡伯营领队出驻河南，索伦营领队出驻霍尔果斯城，察哈尔领队出驻博罗塔拉，额鲁特领队出驻特克斯川，以固边防。至原奏抚恤难裔一节，当由臣长庚查明办理。

一、原奏分疆勘界宜慎重，并归咎分界使臣一条。查边境被占，由来者渐,不能专咎使臣。如前侍郎曾纪泽①争还特克斯川,其功正不可泯。伊犁旧疆索伦营及额鲁特上三旗,汛地最远,领队大臣均驻惠远城,照顾不及。道光二十六年以后,俄人于巴勒噶什淖尔东南筑阔帕勒城,于特穆尔图淖尔之北筑威而尼城,即七河省城。两处本列版图,节气时刻,并载《时宪书》,守土诸臣置若罔闻,于是阿克苏天山迤北察林河等处卡伦及塔城西之旧雅尔城,逐渐入俄,盖未定界约之前被占不少。咸丰十年,议定浩罕为界,彼时浩罕尚能自立,实与俄境无涉。迨浩罕八部相继沦亡,南疆遂紧与俄邻。回匪乱后,疆界益壤,勘界时,地名询诸俄人,舆图付诸画工,回语、俄语,辗转翻译;急读、缓读,音异字殊。载诸约章,亦未详细。嗣后如有界务,应选明于测绘之人随同勘界。使臣如法详绘,界线为经,城邑道里为纬,方向远近,务求密合,以杜争端。

一、原奏通商税关宜设、税厘宜酌灭二条。查光绪七年改定条约,有俄民于各城贸易,暂不纳税等语。嗣前抚臣刘锦棠于古城、哈密、省城、绥来、吐鲁番先后设局,专收华商货税。上年,经臣模奏奉部覆:俄商税则尚未议定,若免俄税而收华税,不特华商受困,且授俄商包揽之权。应将华商税银停止,俟俄商税则议定,即复旧章,等因在案。应即遵照办理。

一、原奏学校宜整饬一条。查镇西、迪化各属考试,皆关内人入籍,缘本地全是客民。如停止试事,更无以资劝导。惟甘肃乡试镇迪两属,另编字号取中,往往一经中式,便请改归原籍,殊属不成事体。

---

① 曾纪泽(1839—1890),字劼刚,号梦瞻,曾国藩长子,清代外交家,中兴名臣。同治年间,以正二品荫生补户部员外郎。十一年(1872),承袭一等毅勇侯。光绪四年(1878),补太常寺卿,任出使俄国大臣,赏戴花翎。旋又出使法国。六年(1880),授出使俄国大臣。次年,与俄订《中俄伊犁条约》(即《中俄改订条约》),补宗人府府丞、都察院左副都御史。九年(1883),办理洋药税厘并征事务。十年(1884),免驻英、驻法公使,授兵部右侍郎。次年,帮办海军事务。十二年(1886),任总理各国事务衙门行走。十三年(1887),调户部右侍郎兼管钱法堂事务。十四年(1888),管理户部三库事务,兼署刑部右侍郎。十五年(1889),兼吏部左侍郎,管理同文馆事务。十六年(1890),卒于京,赠太子少保,谥惠敏。著有《说文重文本部考》《曾惠敏公奏疏》《出使英法日记》《使西日记》《曾惠敏公诗文集》《归朴斋集》《归朴斋诗钞》《曾惠敏公遗集》《中国先睡后醒论》等行世。

应由礼部核议,嗣后以新疆籍贯中式者,概不准改归原籍,庶几边徼殊方,弦诵不辍。至南疆义学,回童皆按名给以钱米,随时考察奖赏,取作俏生,以示鼓励。无如缠回言语不通,文字不同,视读书为畏途;为师者又只课诗文,不教实学。臣模到任后,另定章程,严饬各属督同塾师、通事,教识汉字,学汉话,删除虚文,以"朱子""小学"等书,导以孝弟、忠信、修身、敦行之道,以期转移风会,渐有实效。

一、原奏钱法宜变通一条。查省城及南路设立官钱局,商民称便。伊犁设局后,俄帖业已停止,办理虽甚竭蹶,圜法藉以维持,断不敢率尔裁撤。省城及库车试铸红钱,人工、物力无不昂贵。定价每红钱四百文合银一两,不免赔贴工本,较之嘉庆初年阿克苏钱局以二百二十文合银一两,则现价尚不甚昂。当再行广铸,以期银钱两价渐得其平。

以上所议各条,因原奏各节有毋庸更议者,有业已办理者,有应行筹商者。臣等悉心商酌,意见相同。谨合词恭折具陈。伏乞皇上圣鉴,训示,施行。再,此折系臣模主稿。合并声明。谨奏。①

四月二十八日,公奏报审拟宁远缠民奸杀二命一案,下部议。曰:

窃宁远县缠民则勒普妒奸气忿,纠同奴鲁斯杀死奸妇爱孜汉及幼女却诺判一家二命一案,据宁远县知县高敬昌验讯拟解,署伊犁府知府潘效苏审明转详,伊塔道英林②提讯,咨署镇迪道兼按察使衔黄光达核转前来。

---

① 台北故宫博物院藏:《军机及宫中档》,文献编号:408002800。
② 英林(1847—1903),满洲镶黄旗二甲喇本世管佐领下人,二品荫生。同治六年(1867),捐纳同知,分发山西,旋投效军营。七年(1868),赏戴花翎。八年(1869),丁父忧。十年(1871),经穆图善奏留差遣。同年,保知府。十一年(1872),服满起复。十二年(1873),告假回旗,归旗当差。十三年(1874),请假赴甘肃,经左宗棠奏留差委。光绪三年(1877),保参领。四年(1878),保副都统,经部驳回,改加二品衔。五年(1879),保道员。同年,丁祖母忧,经左宗棠奏请留营差委。七年(1881),以功加二品顶戴,并赏二品封典。九年(1883),委署镇迪道篆。十一年(1885),兼理新疆按察使。十四年(1888),委署伊塔道篆。十七年(1891),补授伊塔道员缺。二十一年(1895),谞署镇迪道。二十五年(1899),调补甘肃西宁道。二十九年(1903),卒于任。

臣覆加查核，缘则勒普、奴鲁斯分隶疏附、宁远等县，已死爱孜汉系阿帕之妻，则勒普与阿帕熟识往来，爱孜汉见面不避。光绪十七年正月不记日期，则勒普乘阿帕外出，与爱孜汉调戏成奸，以后遇便续旧，给过钱物，并无确数，阿帕实未知情。后阿帕远贸，爱孜汉又与同店之托赖奸好，因将则勒普拒绝。十八年六月内，爱孜汉知阿帕将归，起意与托赖逃往沙玛尔，托赖允从。闰六月间，则勒普在爱孜汉门首经过，爱孜汉将其唤入，捏称阿帕日久不回，家贫难度，现与托赖同走沙玛尔谋生，欲雇伊马送往，则勒普推辞不识路径。爱孜汉再三仰恳，并托代雇一人引路。则勒普面允，回家忆及爱孜汉前次拒绝，现与奸夫逃走，反雇伊马运送，心生嫉恨，起意将爱孜汉、托赖引至僻处，杀死泄忿，又虑一人不能下手，即向素好之奴鲁斯告知前情，邀同帮助，奴鲁斯应允。则勒普遂与爱孜汉约定闰六月十九日启程。

是日初更，则勒普、奴鲁斯携带木棒、短刀，将马吆至南园。托赖背负衣服、行装，爱孜汉携带幼女却诺判前来会齐，托赖、爱孜汉共骑一马前行，奴鲁斯居中，则勒普抱却诺判骑马随后。行抵草湖，时已半夜，则勒普将却诺判抛弃，声喊动手，奴鲁斯用棒殴伤托赖跌地，爱孜汉亦从马上倒下。则勒普赶将爱孜汉揿按，抽刀乱砍，恐其不死，又令奴鲁斯加砍数刀，登时气绝。却诺判在旁啼哭，则勒普起意一并致死，将其按倒，用刀割伤项颈殒命。托赖因见则勒普等赶杀爱孜汉，乘间逃匿草湖，则勒普找寻不获，将其衣物抛掷湖内，与奴鲁斯吆马转回逃逸。经呼尔班瞥见各尸，赴县报验获犯，讯供议拟，解府详道，咨兼臬司核明转详。臣覆核无异。

查例载：杀一家非死罪二人者，拟斩决枭示，酌断财产一半给被杀二命之家养赡。又，律载：谋杀人从而加功者，绞监候。又，例载：和诱知情之人，为首者拟军，各等语。此案则勒普妒奸气忿，乘奸夫、奸妇逃走，纠同奴鲁斯在途谋杀奸妇爱孜汉，并逞忿将其年甫四龄之幼女却诺判致死，实属凶残已极。查杀一家非死罪二人，暨因奸谋杀十岁以下幼孩，均干斩枭，自应从一科断。则勒普除谋杀托赖伤而未死，暨犯奸各轻罪不议外,合依"杀一家非死罪二人者,斩立决枭示"例,拟斩立决枭示,照例刺字,并查明财产,酌断一半给阿帕养赡。

奴鲁斯听纠谋杀,在场加功,自应按律问拟。奴鲁斯除殴伤托赖轻罪不议外,合依"谋杀人从而加功者,绞监候"律,拟绞监候,秋后处决。托赖拐逃奸妇爱孜汉,致酿二命,虽非该犯起意,仍应以为首论。托赖除犯奸轻罪不议外,合依"和诱知情,为首拟军"例,拟发极边足四千里充军,到配折责安置。爱孜汉背夫潜逃,罪有应得,业已身死,应与并未纵奸之阿帕,均免置议。无干省释。尸均饬埋,凶刀案结销毁。是否允协?

除全案供招咨部外,所有因奸杀死一家二命,核明定拟各缘由,谨恭折具陈。伏乞皇上圣鉴,饬部核议施行。谨奏。①

同日,公又奏报审拟于阗县缠民斗殴毙命一案,下部议。曰:

窃于阗县缠民土的因索债口角,用刀戳伤妻兄思拉木下身死一案,据署于阗县知县孙志焘验讯议拟,解署和阗直隶州知州江遇璞审明,详署喀什噶尔道李宗宾提讯,咨署镇迪道兼按察使衔黄光达核转前来。

臣覆加查核,缘土的籍隶于阗县,务农度日,已死思拉木下系其妻兄,素好无嫌。光绪十八年二月内,土的因思拉木下作保,借给米子阿洪买提红钱二十一千文,言定不久偿还,并未议息,后土的屡向米子阿洪买提讨取未还。五月初五日,土的路遇思拉木下,谈及米子阿洪买提借项延展不还,应令保人赔偿,思拉木下即以"保人借债不能代人还钱"之语回答,土的不依,互相口角。思拉木下扭住土的衣襟,举拳向殴。土的情急,抽出身带小刀吓戳,适伤思拉木下右胁。思拉木下用手夺刀,划伤右手各指。经尼牙子喝阻,信知思拉木下胞叔哈生木,将

---

① 台北故宫博物院藏:《军机及宫中档》,文献编号:408002802. 又,中国第一历史档案馆藏:《录副奏折》,档号:03-7316-018.

其抬回，医治周效，延至十三日，因伤殒命。投约报验，讯供议拟，解州详道，咨兼臬司核明转详。臣覆核无异。

查律载：殴妻兄致死者，以凡论。又，斗殴杀人者，不问手足、他物、金刃，并绞监候，各等语。此案土的因索债口角，用刀戳伤妻兄思拉木下身死，自应照律问拟。土的合依"斗殴杀人者，不问手足、他物、金刃，并绞"律，拟绞监候，秋后处决。米子阿洪买提借债不偿，致酿人命，酌照"不应轻"律，拟答四十，折责发落，所欠土的钱文，照数追缴给领。尼牙子救阻不及，毋庸置议。无干省释。尸饬领埋，凶刀案结销毁。是否允协？

除全案供招咨部外，所有斗殴毙命，核明定拟各缘由，谨恭折具陈。伏乞皇上圣鉴，饬部核议施行。谨奏。①

是日，公又奏报新疆第六次遵办新海防捐输请奖一事，下部议。曰：

窃照新疆新海防捐输自光绪十七年十一月初一日起，截至十八年五月底止，业经臣作为第五次捐输，奏请核奖在案。兹据布政使饶应祺详称：自光绪十八年六月初一日起，截至十二月底止，先后据各捐生报捐实官、职衔各项共一十三名，计收正项库平银一千九百八十六两八钱，分别填发正实收，给予收执。所收捐项银两，另款存储，听候提拨。其随收饭银、照费、填过副实收及各捐生履历清册一并赍解，详请奏咨换给执照，等情。前来。

臣覆核无异，合无仰恳天恩准将新疆第六次新海防捐输饬部分别核奖，以资鼓励。除将清册、副实收、饭银、照费咨送吏部、户部、国子监外，谨恭折具陈。伏乞皇上圣鉴，训示。谨奏。②

---

① 台北故宫博物院藏：《军机及宫中档》，文献编号：408002803. 又，中国第一历史档案馆藏：《录副奏折》，档号：03-7316-019.

② 台北故宫博物院藏：《军机及宫中档》，文献编号：408002801. 又，中国第一历史档案馆藏：《录副奏折》，档号：03-9398-062.

同日，公又附片奏请更正耿仕才等保案，下部议。曰：

> 再，据头品顶戴留甘肃新疆委用提督铿僧额巴图鲁耿仕才禀称，该员于收复甘肃洮州厅城案内，由蓝翎把总保尽先拔补千总；立解镇藩城围案内误由守备保尽先补用都司，并换花翎。嗣于攻克碾伯县属米拉等沟贼巢案内，保尽先补用游击；攻剿洮河贼匪、平毁陈马二庄贼巢案内，保补游击后以参将尽先补用；克复狄道州城池案内，误由参将保敢勇巴图鲁勇号，累保今职。又，据留甘肃新疆尽先补用副将施勇巴图鲁金兰益禀称，该员于荡平金积堡案内，由军功保尽先拔补把总，并戴蓝翎，原奉行知缮作"南益"。嗣于克复乌鲁木齐、玛纳斯各城案内误由守备保尽先补用都司，累保今职。请附奏递减更正，各等情。前来。
>
> 臣覆核无异，合无仰恳天恩俯准将耿仕才于立解镇藩城围案内由蓝翎准保免补守备，以都司尽先补用，换戴花翎，改为免补千总，以守备尽先补用，并换花翎；攻克碾伯县属米拉等沟贼巢案内准保免补都司，以游击尽先补用，改为免补守备，以都司尽先补用；攻剿洮河贼匪、平毁陈马二庄贼巢案内准保补游击后，以参将尽先补用，改为补都司后，以游击尽先补用；克复狄道州城池案内由参将准保敢勇巴图鲁勇号，改为由都司赏给敢勇巴图鲁勇号；克复渭源、击退金积堡窜逆案内准保免补参将，以副将尽先即补，改为免补都司，以游击尽先即补；克复新疆辑怀等城案内准保免补副将，以总兵记名简放，改为免补游击，以参将尽先补用；克复玛纳斯南城案内准保免补总兵，以提督记名简放，改为免补参将，以副将尽先补用。金兰益于荡平金积堡准保蓝翎把总案内所缮"南益"改为"兰益"；克复乌鲁木齐各城案内由守备准保免补守备，以都司尽先补用，改为免补把总，以千总尽先拔补；攻克达坂城、托克逊并吐鲁番满、汉两城案内准保免补都司，以游击尽先补用，并换花翎，改为免补千总，以守备尽先补用，并换花翎；新疆一举荡平案内准保免补游击、参将，以副将尽先推补，改为免补守备、都司，以

游击尽先补用。耿仕才于新疆北路历次剿办窜扰陕回案内赏给头品顶戴并换铿僧额巴图鲁勇号,收还伊犁案内赏给军功加一级;金兰益于新疆六载边防案内赏给施勇巴图鲁勇号,均照原案注册,出自鸿施! 除饬取各该员履历清册咨部外,谨附片具陈。伏乞圣鉴,训示。谨奏。①

五月初十日,公开单奏报光绪十九年二月分新疆雨水粮价情形,曰:

窃照光绪十九年正月分各厅州县粮价并得雨雪情形,业经臣奏报在案。兹据新疆布政使饶应祺详称:光绪十九年二月分,镇迪道属奇台得雨,入土四寸;哈密、迪化得雨,入土三寸;镇西、库尔喀喇乌苏得雨,入土二寸;阜康得雨,入土一寸;吐鲁番、昌吉、绥来微雨。伊塔道属塔尔巴哈台得雨,入土二寸;精河、绥定、宁远微雨。南路库车、拜城、英吉沙尔、疏勒、和阗、疏附微雨,余未得雨。

至通省粮价,镇西、吐鲁番、昌吉、阜康等厅县俱与上月相同,余均略有增减。汇详请奏前来。理合恭折具陈,并缮粮价清单,敬呈御览。伏乞皇上圣鉴。谨奏。②

同日,公又会衔陕甘总督杨昌濬奏报预估光绪二十年分新疆等处新饷情形,下部议。曰:

窃查光绪十九年饷数,上年经部指拨银二百六十万八千两。兹届估拨二十年新饷之期,饬据布政使饶应祺详覆:新疆抚标、提标、巴里坤、阿克苏两镇应需俸饷银一百五十六万两,军装、器械银十万两,地

---

① 台北故宫博物院藏:《军机及宫中档》,文献编号:408002801-0-A.又,中国第一历史档案馆藏:《录副奏片》,档号:03-5894-004.

② 台北故宫博物院藏:《军机及宫中档》,文献编号:408002804.又,中国第一历史档案馆藏:《录副奏折》,档号:03-6931-017.

方例支、杂差、车脚、口分银五万两,古城旗营经费银六万五千两。司库例支不敷,历年估拨银十五万两,系专指镇迪、阿克苏、喀什噶尔三道所属廉俸、驿站而言。迨伊犁、塔尔巴哈台设立道、府、厅、县,岁增银三万八千两,暂由军需、善后项下挪用。此支彼绌,殊不足以经久远,应请设法通融,以备支发。

查新疆善后岁估银十四万两,并以此项弥补北路城工经费。现值饷项艰难,拟减银七万两,请拨银七万两,仍由所减七万两内提银三万八千两,拨补司库例支,连旧估十五万两,共银一十八万八千两,请作为常款。计新疆实节省银三万二千两,请拨银二百三万三千两。伊犁镇标俸饷、军械,地方善后十七、八、九三年每年指拨银三十九万两,内除户部因伊犁甫经接办,于伊塔道库应存项下腾拨银五万两外,计银三十四万两。前项腾挪银两,未便于三年后仍请拨用,再于三十四万两内酌减银一万两,请拨银三十三万两。塔尔巴哈台协标俸饷、军装、器械银十二万三千两,善后经费银三万两,仍请照旧指拨,等情。详请具奏前来。

臣查新疆等处新饷,上年估饷折内声明如可裁省,当撙节支给等因在案。现除户部腾拨银五万两,并新疆、伊犁两处共节省银四万二千两。总计光绪二十年分新疆、伊犁、塔尔巴哈台共需银二百五十一万六千两,相应恳恩饬部照数指拨,由甘肃藩司统收分发,以济要需。仍俟各处善后完竣,再行核减,不敢稍有浮冒。至新疆藩库、伊塔道库、塔尔巴哈台同知库另拨封存银两,并恳饬部核议。

所有预估光绪二十年分新疆等处新饷缘由,谨会同陕甘总督臣杨昌濬,恭折具奏。伏乞皇上圣鉴,训示,施行。谨奏。①

---

① 台北故宫博物院藏:《军机及宫中档》,文献编号:408002805。又,中国第一历史档案馆藏:《录副奏折》,档号:03-6131-065。

是日,公又奏报审拟吐鲁番厅客民斗殴毙命一案,下部议。曰:

窃吐鲁番厅客民陈万萌因口角争殴,刃伤闵连元身死一案,据署吐鲁番厅同知彭绪瞻验讯拟解,署镇迪道兼按察使衔黄光达审明转详。

臣亲提覆鞫,缘陈万萌籍隶湖北黄陂县,在吐鲁番城手艺营生,与已死闵连元同乡熟识,素无嫌怨。光绪十八年四月初,陈万萌与闵连元族侄孙闵永茂往鲁克沁地方赶集,同店居住。十三日,陈万萌在店拾获纸扇一柄,闵永茂认系己物,随向索还。陈万萌戏称如要还扇,须得沽酒共饮。闵永茂恶其薄情,斥骂扇系被贼偷窃。陈万萌当因诬窃气忿,留扇未给。十四日,各自转回。十五日下午,闵永茂向闵连元告述前情,闵连元代抱不平,令闵永茂同往理论。刚至陈万萌铺外,适遇陈万萌外出,闵永茂复向索扇,陈万萌仍称日前不应诬窃。闵永茂分辩,闵连元亦斥陈万萌非是。陈万萌不服,彼此争闹。闵永茂揪住陈万萌发辫,用拳殴伤其左、右肋。闵连元用拳殴伤陈万萌左项颈、脊背。陈万萌挣脱,逃跑回铺,闵连元等随后追赶。陈万萌见势凶猛,顺拾桌上小刀吓抵,闵连元扑拢扭殴。陈万萌情急,用刀冒戳,适伤闵连元右肋,松手倒地。闵永茂趋至,将陈万萌揿按,拾取土块,殴伤陈万萌左太阳穴等处。经邻佑闵忍安喝阻。闵连元伤重,移时身死。投约报验,讯供议拟招解,由兼司勘转前来。臣覆鞫无异。

查律载:斗殴杀人者,不问手足、他物、金刃,并绞监候,等语。此案陈万萌因闵连元帮其族孙闵永茂索扇口角,被殴情急,用刀戳伤闵连元右肋身死,自应按律问拟。陈万萌合依"斗殴杀人者,不问手足、他物、金刃,并绞"律,拟绞监候,秋后处决。闵永茂遗落纸扇,并不婉言索还,以致争殴酿命,亦属不合。闵永茂除以他物殴伤陈万萌伤轻平复,律止笞四十轻罪不议外,应照"不应重"律,杖八十,折责发落。闵忍安救阻不及,请免置议。无干省释。尸伤领埋,凶刀案结销毁。是否允协?

除全案供招咨部外,所有斗殴毙命,核明定拟各缘由,谨恭折具陈。伏乞皇上圣鉴,饬部核议施行。谨奏。①

同日,公又会衔陕甘总督杨昌濬附片具奏,增拨伊犁饷银情形,下部议。曰:

再,臣准伊犁将军臣长庚咨称:伊犁自经变乱,生计日行艰难,该处紧与俄邻,防务尤应整饬,非兴办屯田,举行牧政,添设练军,讲求洋操,并将卡伦、碉堡各事宜分别办理,实不足裕边储而固疆圉,等因。

臣查所咨各节,均属当务之急,惟发给屯牧成本,购办枪炮各项经费,需款不少,新疆、伊犁岁拨饷项均属无可腾挪,可否恳恩饬部仍于伊塔道库应存项下腾挪银五万两,并新疆、伊犁共节省银四万二千两,酌定年限,拨交将军臣存储应用。如蒙允准,应由长庚将筹办各事妥议章程,详晰具奏。谨会同陕甘总督臣杨昌濬,附片陈明。伏乞圣鉴,训示。谨奏。②

五月十七日,公会衔陕甘总督臣杨昌濬开单奏报新疆七载防戍原保文职改奖一事,下部议。曰:

窃臣等于光绪十八年六月十七日会奏遵旨照案酌保新疆防戍异常出力文武员弁一折,奉朱批:该部议奏。钦此。旋经部议:新疆安设行省,局势大定,与光绪十年初次肃清情形不同,保奖之等差宜别。至有省分之贵州直隶州知州周应芬等二十余员,已否奏咨留营,并未声叙,应请饬下该督、抚臣等将出力稍次及已经离营人员核实删减,并将

---

① 台北故宫博物院藏:《军机及宫中档》,文献编号:408002806。又,中国第一历史档案馆藏:《录副奏折》,档号:03-7316-020。
② 台北故宫博物院藏:《军机及宫中档》,文献编号:408002805-0-A。又,中国第一历史档案馆藏:《录副奏片》,档号:03-6131-066。

何员在何营著有何项劳绩,详细声叙,等因。于光绪十八年八月十三日具奏,奉旨:依议。钦此。钦遵咨行前来。

伏查此次保案虽在肃清以后,惟是时大难甫平,筹办防守各事宜,如理棼丝,猝难就绪,各员不辞劳瘁,凑赴事机,于设省改标之时,收众擎易举之效。上年臣等分别请奖,原为疆圉激励人才,现准部臣议奏各层,尤为朝廷慎重名器。臣模当即查照部咨,会商臣昌濬,择其尤为出力,及有省分实在著有劳绩未经离营人员,仍予甄录,其余概行删除,并将拟保免补、免选各员量为更改。综计删减二百余名,请保四百余名,较原奏只存三成之二;较光绪十年六载边防准保一千八百余名,仅及四成之一。在各员黾勉从公,得邀奖叙,莫非逾格鸿施,而于边荒瘠苦之区,办事逾七年之久,所保只有此数,又未过从优奖。核与激励人才、慎重名器之道,似属两无所碍。相应开单吁恳天恩俯准一律给奖,以资鼓励。至何员在何营著有何项劳绩,邀免声叙。

除各员履历清册业经咨部毋庸再造外,所有删改新疆七载防戍原保文职缘由,谨合词恭折具陈。伏乞皇上圣鉴,训示。再,此折系臣模主稿。合并声明。谨奏。①

五月二十四日,公开单奏报新疆防营官兵台、局、卡、义学数目情形,下部闻。曰:

窃新疆马步营旗、炮队,各台、局、卡、义学实在数目,截至光绪十八年闰六月底止,业经分别奏咨在案。兹据新疆粮台详称:自十八年七月初一日起,截至十二月底止,遵照标营章程,挑募步队二营一旗,裁减步队二旗一营,实存马步九十九营、旗一哨,开花炮队四哨。共计额设营书、弁勇二万四千九百六十二名,火勇一千七百四十二名,营、旗、哨官三百八十员,巡查一百三十七员,额外火夫、私夫、马夫、车夫

---

① 台北故宫博物院藏:《军机及宫中档》,文献编号:408002807。又,中国第一历史档案馆藏:《录副奏折》,档号:03-6029-028。

六千二百九十五名。其各台、局、卡裁撤省城柴草局，哈密军装局，宁远、绥定二善后局，绥定东门、西门、南门三稽查卡。分晰缮具清单，详请奏咨前来。

臣覆查无异，所有新疆防营员弁勇丁，各台、局、卡、义学自光绪十八年七月初一日起至十二月底止实在数目，谨缮清单，恭呈御览。伏乞皇上圣鉴，饬部立案施行。谨奏。①

同日,公又会衔陕甘总督杨昌濬、喀什噶尔提督董福祥奏报推广武职借补章程，下部议。曰：

窃臣于光绪十九年二月十二日准兵部咨：议奏湖广总督张之洞②奏，武职借补章程恳续展期限一折，自应再准展缓五年。惟年限既展，限制亦应量为变通，拟请嗣后除提督、总兵两项人数众多，补缺较难，准其借至副将、参将外，其副将只准借补参将，参将只准借补游击，游击只准借补都司，都司只准借补守备，守备只准借补千总，千总只准借补把总，均不得借至二级，等因。奉旨：依议，钦此。钦遵咨行到臣。

---

① 台北故宫博物院藏：《军机及宫中档》，文献编号：408002808。又，中国第一历史档案馆藏《录副奏折》，档号：03-5756-039。

② 张之洞（1837—1909），字孝达，号香涛、香岩，又号台公、无竞居士，晚年自号抱冰，直隶南皮人。道光十七年（1837），生于贵州。二十九年（1849），考中秀才。咸丰二年（1852），中顺天府解元。同治二年（1863），中式进士（探花），授翰林院编修。六年（1867），出任浙江乡试主考官，提督湖北学政。十一年（1872），加侍读衔。十二年（1873），任四川乡试主考官、四川学政。光绪二年（1876），调文渊阁校理，兼国子监司业。五年（1879），改詹事府左春坊左中允、司经局洗马。六年（1880），升翰林院侍讲、侍读，詹事府左春坊右庶子、日讲起居注官。七年（1881），补翰林院侍讲学士，擢内阁学士，兼礼部侍郎衔，旋授山西巡抚。十年（1884），升调两广总督，起用退休老将冯子材，于广西边境击败法军，设广东水陆师学堂，立广雅书院。十二年（1886），兼署广东巡抚。十五年（1889），调补湖广总督。次年，创建两湖书院。十九年（1893），兼署湖北巡抚，创办自强学堂（武汉大学前身）。次年，署两江总督。二十二年（1896），调湖广总督，仿德国制式改湖北旧军为新式陆军，并创办湖北武备学堂。二十六年（1900），兼署湖北提督。次年，加太子少保衔。二十八年（1902），授督办商务大臣。次年，任经济特科阅卷大臣。三十三年（1907），调补湖广总督、协办大学士，迁体仁阁大学士，兼管学部。次年，授督办粤汉铁路大臣，晋太子太保。宣统元年（1909），任实录馆总裁官，卒于任。追谥文襄。翌年，归葬南皮。有《张文襄公全集》《广雅堂集》《学堂章程》等行世。

查前直隶总督臣曾国藩奏准推广武职借补章程：提督、总兵借至副将、参将、游击止，副将、参将、游击借至督司、守备止，督司、守备借至千总、把总止，原为疏通仕途起见，现经部臣更议章程，示以限制，自愿一体遵办。惟新疆情形不同，通计全省提督一缺、总兵三缺、副将七缺、参将八缺，游击以下，以次加增。官职大则缺愈少，官职小则缺较多，而候补员弁中如提督、总兵及副将、参将、游击等官，人数尤众，多系湘、楚、皖、蜀诸军旧旅，当有事之秋，奋身行伍，冲锋陷阵，荐保崇阶。迨军务敉平、官制设定，提督、总兵例由简放，余均各有本班。前次推广借补至三四级不等，其战功夙著、劳苦最久之员，尚多淹滞闲散，求一小缺自效不得。今只稍为通融，虽较按班序补差为宽展，终不如微员末秩缺分较多，望补犹易。朝廷设官有定，既不能尽予位置，并将所谓变通推广，以资酌剂而酬劳勚者，从而限制之，锋镝余生，能无觖望？且才具短长尤难概论，提督、总兵准借补副将、参将，其只堪为游击者不少；副将准借补参将，其只堪为游击、都司、守备者实多，参将以下大率类是。

新疆现设各标均系以官带勇，或提督、总兵而带游击步队一营，或副将、参将而带都司、守备马队一旗。良以戎行正须整饬，不得不量才授官，冀收人地相宜之效。衔缺悬殊，在所弗计。若不论是否胜任，但于哨队中择其衔缺与部议相符者，迁就请补，而旧有各营旗官半须更置，贻误边防，更非浅鲜。

臣再三筹度，与其遵照部议，窒碍转多，不若暂循前规，较有实用。相应恳恩俯念新疆防务紧要，期在得人，准照前直隶督臣曾国藩奏定章程，提督总兵仍借至副将、参将、游击止，副将、参将、游击仍借至都司、守备止，都司、守备仍借至千总、把总止。数年后，再行察看情形，奏明办理。至各项本班人员，臣自当酌量请补，用昭公允，俾免向隅。是否有当。谨会同陕甘督臣杨昌濬、喀什噶尔提臣董福祥，恭折具陈。

伏乞皇上圣鉴,训示。谨奏。①

是日,公又会衔伊犁将军长庚、陕甘总督杨昌濬附片奏请瞿盛庆委署通判,下部闻。曰:

再,署霍尔果斯通判颜廷奎丁忧遗缺,查有候补知县瞿盛庆,堪以委署。据新疆布政使饶应祺、署镇迪道兼按察使衔黄光达会详前来。除由臣批饬给委外,谨会同伊犁将军臣长庚、陕甘总督臣杨昌濬,附片具奏。伏乞圣鉴。谨奏。②

六月初四日,公会衔陕甘总督杨昌濬奏请丁振铎升补镇迪道兼臬司衔,下部议。曰:

窃照新疆镇迪道兼按察使衔饶应祺升补新疆布政使,于光绪十九年正月十九日奉旨,按行文程限计算,应以本年四月初五日接到部文之日作为开缺日期。所遗镇迪道兼按察使衔系冲、繁、难、边远调最要缺,亟应遴员请补,以重职守。查该道员缺经前护抚臣魏光焘奏明由甘肃新疆实缺道员内拣补。又,新疆请补各缺,前抚臣刘锦棠奏准凡甘肃实缺人员,如熟悉边务,遇有人地相宜缺出,准予调补;北路旧有各缺,援照甘肃变通章程办理。查章程内开:道、府、丞、倅、州、县以及佐杂各要缺,将现任各员按照应升官阶任内无论有无升案,并是否到任、实授,以及历俸、试俸未经期满各员,准择其人地相宜者一律升调,等语。

今镇迪道兼按察使衔管理全疆刑名、驿传事务,责任綦重,非精明

---

① 台北故宫博物院藏:《军机及宫中档》,文献编号:408002809.又,中国第一历史档案馆藏:《录副奏折》,档号:03-5894-041.
② 台北故宫博物院藏:《军机及宫中档》,文献编号:408002809-0-A.又,中国第一历史档案馆藏:《录副奏片》,档号:03-5307-075.

廉正之员,不足以资治理。臣模函商臣昌濬,于甘肃新疆实缺道员内逐加拣选,非现居要缺,即人地不相宜。惟查有三品衔现任甘肃兰州府知府丁振铎①,现年四十八岁,河南罗山县人,由廪生中式咸丰九年己未科举人。同治十年辛未科进士,奉旨改翰林院庶吉士。十三年散馆,授职编修。光绪元年大考二等。三年,充丁丑科会试同考官。四年,充国史馆武英殿功臣馆纂修官。七年,充国史馆总纂官。八年京察一等。九年三月,奉旨补授浙江道监察御史,旋充翻译会试内监试官,新进士朝考监试官。五月,奉旨稽查禄米仓事务。十月,转掌云南道监察御史。十年二月,奉旨巡视东城事务。十一年京察一等。二月俸满截取,以繁缺知府用。是月,奉旨协理京畿道事务,兼会典馆纂修官。五月,奉旨简放广西副考官。六月,途次闻讣丁母忧,回籍守制。十三年九月,服满起复。十一月,奉旨补授陕西道监察御史。十二月,吏部补行京察,覆带引见,奉朱笔圈出,着交军机处记名以道府用。十四年正月,署理刑科给事中。二月初十日,奉上谕:甘肃巩昌府知府员缺,着丁振铎补授。钦此。三月,领凭起程。五月,抵省禀到,旋即饬赴本任,六月十一日到任。七月,调署甘州府知府。八月二十二日,接印任事。十二月,国史馆大臣传告成议叙案内,奉旨赏加三品衔。十六年,调补兰州府知府,七月十二日到任。十八年大计,保举卓异。

　　查丁振铎学问优长,有为有守,留心时务,品节皎然,历任甘肃各府,政声卓著。现在兰州数年,承办发审各案,讯断明敏,律例娴熟,以

---

① 丁振铎(1846—1914),字声伯,号巡卿,河南省汝宁府罗山县人。咸丰九年(1859),中举。同治十年(1871),中式进士,改庶吉士。十三年(1874),授翰林院编修。光绪三年(1877),任会试同考官。次年,任国史馆纂修官、武英殿功臣馆纂修官。七年(1881),升国史馆总纂官。九年(1883),调浙江道监察御史,旋掌云南道监察御史。十年(1884),改巡视东城事务御史。十一年(1885),兼署协理京畿道御史,授广西副考官。十三年(1887),补陕西道监察御史。十四年(1888),调甘肃巩昌府知府。十九年(1893),升调甘肃新疆镇迪道,兼按察使衔。二十二年(1896),迁甘肃新疆布政使。二十四年(1898),升云南巡抚。次年,兼署云贵总督。二十七年(1901),调补广西巡抚。次年,调任山西巡抚,旋署云贵总督。三十年(1904),升补云贵总督。三十二年(1906),调补闽浙总督,协办资政院事宜。三十四年(1908),授禁烟大臣。宣统三年(1911),任弼德院顾问大臣。民国三年(1914),任参政院参政、审计院院长,兼大总统高级顾问。是年,卒于任。

之升补斯缺,实堪胜任,人地亦极相宜,且核与变通升补章程相符。臣等为边地择人起见,相应恳恩准以甘肃兰州府知府丁振铎升补新疆镇迪道兼按察使衔员缺,以裨地方。

如蒙俞允,俟奉部覆,即行给咨送部引见,以符定例。该员在甘肃各任内并无参罚案件,所遗兰州府知府员缺,应由臣昌濬另行拣补。是否有当?谨合词恭折具陈。伏乞皇上圣鉴,训示。再,此折系臣楳主稿。合并声明。谨奏。①

六月二十四日,公开单奏报光绪十九年三月分新疆雨水粮价情形,曰:

窃照光绪十九年二月分各厅州县粮价并得雨情形,业经臣奏报在案。兹据新疆布政使饶应祺详称:光绪十九年三月分,镇迪道属镇西得雨,入土七寸;迪化、库尔喀喇乌苏得雨,入土三寸;昌吉得雨,入土二寸;阜康、绥来、奇台得雨,入土一寸;吐鲁番、哈密微雨。伊塔道属宁远得雨,入土三寸;塔尔巴哈台得雨,入土一寸;精河、绥定微雨。南路喀喇沙尔得雨,入土二寸;温宿、拜城、库车、和阗、于阗、英吉沙尔、玛喇巴什微雨,余未得雨。

至通省粮价,吐鲁番、镇西、库尔喀喇乌苏、塔尔巴哈台、喀喇沙尔、阜康等厅县俱与上月相同,余均略有增减。汇详请奏前来。理合恭折具陈,并缮粮价清单,敬呈御览。伏乞皇上圣鉴。谨奏。②

---

① 台北故宫博物院藏:《军机及宫中档》,文献编号:408002810。又,中国第一历史档案馆藏:《录副奏折》,档号:03-5308-007。
② 台北故宫博物院藏:《军机及宫中档》,文献编号:408002811。又,中国第一历史档案馆藏:《录副奏折》,档号:03-6932-042。

同日,公又会衔陕甘总督杨昌濬附片奏请黄丙焜署阿克苏道缺,下部闻。曰:

再,光绪十九年三月三十日奉上谕:甘肃新疆阿克苏道陈名钰,着开缺送部引见。钦此。应即委员接署,以便交卸北上。查有伊犁府知府现署迪化府知府黄丙焜,才具开展,办事勤能,堪以委署。所遗迪化府知府员缺,据新疆布政使饶应祺、署镇迪道兼按察使衔黄光达会详称:查有盐运使衔升用候补知府危兆麟,老成稳练,堪以委署,等情。除分别饬遵外,谨会同陕甘总督臣杨昌濬,附片具陈。伏乞皇上圣鉴。谨奏。①

七月十四日,公奏报审拟绥定缠回谋杀人命一案,下部议。曰:

窃绥定县缠回依敏挟嫌谋杀毛拉阿洪身死一案,据绥定县知县邓以潢相验获犯讯供,拟解代理伊犁府知府骆恩绶提审,转详伊塔道英林讯明,咨署镇迪道兼按察使衔黄光达核转前来。

臣覆加查核,缘缠回依敏隶籍疏附县,寄居绥定县,佣工度日,与已死毛拉阿洪素识,先无仇怨。光绪十八年五月内,毛拉阿洪租赁铺房,邀同依敏伙卖面食。毛拉阿洪常嗔依敏懒惰,彼此口角,合伙六日,旋复分开。依敏分伙后在毛拉阿洪铺外卖瓜生理,毛拉阿洪不依,依敏随即收撤。闰六月十六日,依敏买羊宰杀,又在毛拉阿洪铺外土灶上煮卖,毛拉阿洪斥骂拦阻生意。依敏再三恳求,毛拉阿洪坚执不允,并称如不挪开,定当打毁什物。依敏谓其寡情,互相争闹,经房主谢金候劝止。是夜二更,毛拉阿洪卸落铺门,支放门内,赤身睡卧,依敏仍在毛拉阿洪铺外歇宿。睡至三更,依敏憶及毛拉阿洪不许铺外小贸,屡次欺侮,心中忿恨,起意将其杀死洩忿,乘毛拉阿洪睡熟,搜取宰

---

① 台北故宫博物院藏《军机及宫中档》,文献编号:408002810-0-A.又,中国第一历史档案馆藏:《录副奏片》,档号:03-5308-095。

羊小刀,潜至毛拉阿洪卧处,左手按住毛拉阿洪口鼻,右手持刀,用力割伤毛拉阿洪咽喉,登时殒命。依敏将刀擦净血迹,复至原处睡卧,意欲假装不知,以便卸罪。五更时,邻人吐地由外转回,亦在毛拉阿洪铺外歇宿。依敏恐被窥破,起意躲避,因有什物寄放毛拉阿洪铺内,悄往摸取,携带逃逸。后吐地瞥见毛拉阿洪尸身,喊同房主谢金候前往看明,投约报验,获犯讯供议拟,详府解道,咨兼臬司核明转详,臣覆核无异。

查律载:谋杀人者,斩监候,等语。此案依敏因挟毛拉阿洪不许铺外小贸、屡次欺侮之嫌,独自起意用刀割伤毛拉阿洪咽喉身死,实系谋杀,自应按律问拟。依敏合依"谋杀人者,斩监候"律,拟斩监候,秋后处决,照例先行刺字。吐地不知谋情,应毋庸议。无干省释。尸伤领埋,凶刀案结销毁。是否允协?

除全案供招咨部外,所有谋杀人命,核明定拟各缘由,谨恭折具陈。伏乞皇上圣鉴,饬部核议施行。谨奏。①

同日,公又奏报审拟叶城缠民斗殴毙命一案,下部议。曰:

窃叶城县缠民乌受殴伤目孟身死一案,据叶城县知县王俊验讯议拟,解署莎车直隶州知州潘震审明,详署喀什噶尔道李宗宾提讯,咨署镇迪道兼按察使衔黄光达核转前来。

臣覆加查核,缘缠民乌受籍隶叶城县,务农度日,与已死目孟素识无嫌。光绪十八年十月内,目孟分居之子买买苦尔班借乌受包谷一石四斗,原约数日归还,迨后买买苦尔班手中拮据,逾约未偿。十一月十二日,目孟在乌受门首经过,乌受即将买买苦尔班借粮不还情事向其告诉。目孟答称不应借给,乌受分辩,彼此争闹。目孟生气,用挂手木杖向乌受殴打,乌受闪侧,顺拾地下木棒殴伤目孟左肋。目孟举杖向

---

① 台北故宫博物院藏:《军机及宫中档》,文献编号:408002813.

戳,乌受用棒格开,在目孟头上冒殴一下,适伤其偏右倒地。经下牙喝阻,随后目孟长子尼牙子赶至,将目孟抬归,医治罔效,是晚殒命。投约报验,讯供议拟,解州详道,咨兼臬司核明转详,臣覆核无异。

查律载:斗殴杀人者,不问手足、他物、金刃,并绞监候,等语。此案乌受因向目孟投诉其子借粮不还,口角起衅,用棒殴伤目孟偏右等处身死,自应按律问拟。乌受合依"斗殴杀人者,不问手足、他物、金刃,并绞"律,拟绞监候,秋后处决。买买苦尔班借用乌受粮石,委因拮据未偿,致其父目孟与乌受口角,被殴身死,实非意料所及,应与救阻不及之下牙,均免置议。无干省释。尸棺饬埋,凶器案结销毁。是否允协?

除全案供招咨部外,所有斗殴毙命,核明定拟各缘由,谨恭折具陈。伏乞皇上圣鉴,饬部核议施行。谨奏。①

是日,公又开单奏报光绪十九年四月分新疆雨水粮价情形,曰:

窃照光绪十九年三月分各厅州县粮价并得雨情形,业经臣奏报在案。兹据新疆布政使饶应祺详称:本年四月分,镇迪道属镇西得雨,入土七寸;绥来得雨,入土六寸;迪化、库尔喀喇乌苏得雨,入土五寸;昌吉、阜康得雨,入土三寸;哈密、奇台得雨,入土二寸;吐鲁番微雨。伊塔道属绥定、宁远、塔尔巴哈台、精河微雨。南路库车、于阗得雨,入土三寸;乌什得雨,入土二寸;拜城、叶城得雨,入土一寸;温宿、喀喇沙尔、疏勒、疏附、莎车、和阗、英吉沙尔微雨,余未得雨。

至通省粮价,镇西、精河、和阗、昌吉、阜康、拜城等厅州县俱与上月相同,余均略有增减。汇详请奏前来。理合恭折具陈,并缮粮价清单,敬呈御览。伏乞皇上圣鉴。谨奏。②

---

① 台北故宫博物院藏:《军机及宫中档》,文献编号:408002814。
② 台北故宫博物院藏:《军机及宫中档》,文献编号:408002812。又,中国第一历史档案馆藏:《录副奏折》,档号:03-6933-022。

七月二十一日，公会衔陕甘总督杨昌濬开单奏报驻防喀什噶尔沿边营旗请支行粮情形，下部闻。曰：

窃照光绪十八年俄兵越入帕米尔各卡，臣咨商喀什噶尔提督臣董福祥，调拨营旗，择要扼守，先后奏明在案。查新疆标防各营，光绪十四年，抚臣刘锦棠具奏，一律改支坐粮。而部臣于十年奏西路军饷冗繁、统筹全局折内，有无事尚支行粮，有事时不加，无以示劝，请改行粮为坐粮，出征外域，始照行粮支给，等语。通计常变，酌节饷需，以备出征时鼓励士卒之用。诚以沿边万里，逼近强邻，中外断不能百年相安，饷章即不能一成不易。其谋虑良深远也。

帕米尔自俄人肇衅以来，或移阿克苏镇属营旗归提臣调迁，或曰抚标抽拨，并新招马步填札。喀什噶尔及阿克苏所遣营、汛，当以移防尚在腹地，筹饷又极艰难，饬经过各属供支粮料、柴草，稍资津贴，关饷仍按坐粮给领。惟喀什噶尔沿边卡隘，如布伦库尔及色勒库尔、塔墩巴什等处，距城数百里至千余里不等，前后抽调步队四营、马队七旗、开花炮队一哨，分段防守。其扼要处所多在层岩叠嶂之间，路径崎岖，水草缺乏，山岚烟瘴，险恶异常，仅给坐粮，难资鼓励。上年，督臣杨昌濬函商及此，臣窃计边事如早了结，行当撤回，未及具奏。现在分界尚无定议，各将士绝徼防戍，非无事时可比。若仍支发坐粮，未免漫无区别，拟按标营人数暂给行粮饷银。其自上年派拨者，从十九年正月初一日起支；本年陆续调往者，各从开拔之日起支。炮队勇丁行粮过优，应照坐粮量行加给。各营旗棚帐、子药等项，拟每棚设棚夫一名，以资经理。该处防地辽阔，提臣相距亦远，事权若不归一，窃恐贻误戎机，业咨会董福祥派委记名总兵署英吉沙尔营参将杨德俊，统领西四城沿边马步，酌给统费，俾足办公。

总计现拨各营、旗、哨，除运解粮草脚价及各项杂费容饬司取具细数、造册详请奏销外，其应支月饷及统领公费，较坐粮岁多银四万余两。一俟边务平靖，撤回原防，照旧支给坐粮，棚夫、统费一并停止。

如此办理，核与部臣"出征外域，始给行粮"之议相符。各将士沐朝廷宽大之恩，亦必共矢忠良，勉图报称，实于边陲大有裨益。据布政使饶应祺开列营、旗、饷银数目前来。谨缮清单，会同陕甘总督臣杨昌濬，恭折具陈。伏乞皇上圣鉴，饬部立案施行。谨奏。①

同日，公又奏报审拟和阗缠民斗殴毙命一案，下部议。曰：

窃和阗州缠民托胡大阿洪因赌起衅，刃伤艾合来提脊膂等处殒命，并戳伤拜忽拉右胁平复一案，据署和阗直隶州知州甘承谟相验讯详，未及拟解卸事，后任江遇璞接准移交，审明议拟，解署喀什噶尔道李宗宾提讯，咨署镇迪道兼按察使衔黄光达核转前来。

臣覆加查核，缘缠民托胡大阿洪籍隶和阗州，务农度日，与已死艾合来提素识无嫌。光绪十八年正月二十九日，艾合来提、拜忽拉、窝四满下、他儿偶在赛旦家聚赌，托胡大阿洪撞遇，向赛旦之妻哈沙汉借衣一件，在拜忽拉手内押钱八百文，上场同赌，三更赌散。窝四满下暨他儿二人先去，哈沙汉向托胡大阿洪索衣。托胡大阿洪钱已输尽，当恳拜忽拉暂时将衣退出，缓日还钱，拜忽拉不允。托胡大阿洪詈骂寡情。拜忽拉生气，举拳向殴。托胡大阿洪闪侧，顺抽小刀戳伤拜忽拉右胁。拜忽拉呼救，艾合来提赶至，斥说不应持刀行凶。托胡大阿洪谓其偏护，艾合来提不依，扭住托胡大阿洪胸衣拖走，声称拉投乡约。托胡大阿洪被扭图脱，用刀戳伤艾合来提右臂膊。艾合来提紧扭不放，托胡大阿洪又戳伤其右腿。艾合来提转身取棒，托胡大阿洪恐其拾棒回殴，一时情急，赶在艾合来提身后冒戳一下，适伤脊膂倒地。赛旦闻闹，趋至喝阻，信知艾合来提之妻沙然，看明医治。艾合来提伤重，越日殒命。投约报案，验讯议拟，解道咨兼臬司核明转详，臣覆核无异。

查律载：斗殴杀人者，不问手足、他物、金刃，并绞监候。又例载：

---

① 台北故宫博物院藏：《军机及宫中档》，文献编号：408002815。又，中国第一历史档案馆藏：《录副奏折》，档号：03-6131-111。

赌博不分兵民,俱枷号两个月,杖一百。偶然聚会,开场窝赌者,枷号三个月,杖一百,各等语。此案托胡大阿洪因赌起衅,口角争闹,刃伤艾合来提脊膂等处身死,并戳伤拜忽拉右胁平复,自应按律问拟。托胡大阿洪除刃伤拜忽拉右胁平复,暨犯赌各轻罪不议外,合依"斗殴杀人者,不问手足、他物、金刃,并绞"律,拟绞监候,秋后处决。赛旦偶然窝赌,应依例枷号三个月。拜忽拉、窝四满下、他儿同场赌博,亦应依例各予枷号两个月,均杖一百,满日折责发落。艾合来提犯赌,咎有应得,业已身死,毋庸置议。衣服缴案给领,输钱免追。乡约失察赌博,传案笞责。无干省释。尸饬领埋,凶器案结销毁。是否允协?

除全案供招咨部外,所有斗殴毙命,核明定拟各缘由,谨恭折具陈。伏乞皇上圣鉴,饬部核议施行。谨奏。①

是日,公又奏请总理衙门迅议界务,下部闻。曰:

再,自俄兵越卡,论者不体察一切,动以不战相訾议。顾疆场之事,战固虑妨大局,不战而旷日持久,亦必有师劳饷竭之虞。帕米尔本边徼瘠区,俄欲得此,其意固有所在;我则沿边设备,处处宜严,故俄以数百人缀我数千之师。俄不见不足,我未见有余;我防俄,俄不防我也。该处山岭阻深,八月即冻,狂风走石,瘴气翳空。各将士奉调久役,瘦削黧黑,无复人状,征戍之苦,未有甚于此者。

至粮料、草束、运费,动增数倍,良由布回游牧之地,间有粮草,仅足自给,无从购买;加以山路陡峻,车辆难行,均由疏勒、莎车等属用马驮运,一往一返,近则经旬,远且逾月。马运为数无几,而沿途喂养,既取给于此,回空又须酌带,层层耗减,愈远愈多。其充军食者,较原运之数或不得半。综计现拨营旗及各项员役共三千数百名、骡马一千数百匹,每月所需运脚并局卡等项杂费,约在二万两以外。夫久暴师则

---

① 台北故宫博物院藏:《军机及宫中档》,文献编号:408002816.

用不足,最为兵家所忌。现在陈兵相持,为时已久,岁縻数十万金,坐受疲敝;而俄只是遣兵游弋六尔阿乌之间,以相牵缀于彼,究无大损。斯即将来勘分并无出入,亦岂合算?此臣深维事势,辄中夜彷徨、怒焉不自安者也。

相应恳恩饬下总理各国事务衙门,该处界务究应如何办理,迅与驻京俄使议结,以期休息士卒,节省度支,边陲幸甚。谨附片密陈。伏乞圣鉴,训示。谨奏。①

同日,公又附片奏报神机营及北洋弁勇择地暂扎情形,下部闻,曰:

再,光绪十九年正月十七、二十六等日,先后承准神机营②并北洋大臣李鸿章咨:遵旨奏拨新疆边防需用枪炮,并派熟悉操演官弁人等随同前往,各等因到臣,当即分派员弁前往甘肃,沿路迎提。兹据记名副都统护军参领德克津布③率带官兵六十六员名,管解神机营克虏卜后膛炮六尊、哈乞开斯枪一千杆;记名提督兰福喜率带弁勇、长夫等八十六员名,管解北洋三十七密里过山快炮六尊、哈乞开斯枪一千杆,各分起数,接续运到。配带子码,均属齐全。

臣维前项枪炮原系筹备边防之需,自应饬赴喀什噶尔,以资防守。

---

① 台北故宫博物院藏:《军机及宫中档》,文献编号:408002545-0-A.

② 清代神机营建于咸丰十年(1860),英法犯天津,文祥密疏选练八旗兵丁,添置枪炮。次年,建立神机营,选八旗满洲、蒙古、汉军及前锋、护军、步军、火器、健锐诸营之精锐者充之,守卫于紫禁城及三海,皇帝巡行时亦扈从。同治初,设选八旗精锐,别立此营,下辖马、步队25营,官兵14000多名,总以亲王大臣。其下全营翼长二人,下分为文案、营务、印务、粮饷、核对、稿案六处,各有翼长、委员。此外军火局、枪炮厂、军器库、机器局,各有专司。

③ 德克津布(1833—1900),满洲镶白旗英麟佐领下人。同治五年(1866),由护军校因奉省一律肃清案内奏请,以护军参领,遇缺尽先即补,先换顶戴。六年(1867),补委护军参领。七年(1868),以直隶肃清案内奏保,以副护军参领补用,先换顶戴。十年(1871),授副护军参领。十月,经神机营保奏,以护军参领升用。光绪二年(1876),因攻克玛纳斯南北两城案内奏请,以护军参领尽先即补,并赏加二品衔。五年(1879),迁护军参领。八年(1882),护理巴彦岱领队大臣。嗣因收还伊犁等案内尤为出力,保以副都统记名简放,并赏戴花翎。十三年(1887),署理察哈尔领队大臣。十五年(1889),交卸署任,经将军色楞额奏请,给咨送部引见,经兵部带领引见,仍以副都统记名简放。二十年(1894),经伊犁将军长庚咨调,赴伊犁差委,旋补锡伯营领队大臣。二十六年(1900),因病出缺。

惟该处沿边一带前经调派各营旗严密防守,现驻六尔阿乌等处,俄兵为数不多,亦无举动。叠接总理各国事务衙门来电:俄愿和商,我宜按兵不动,勿轻出挑衅,致碍界务,等因。神机营声威素著,非标防各营可比,若开赴前路,转恐启人惊疑,致滋口实;且禁旅久留边徼,亦于事体不宜,拟令暂驻省城,由各营旗挑选勇丁,学习演放,俟明年春暖,即饬德克津布率带官兵回京。

其北洋一起,此时亦未便径进。查阿克苏距喀什噶尔较近,应饬酌带枪炮,暂赴该处屯扎,以备调遣;仍由阿克苏镇总兵黄万鹏挑拨营勇,演习操法,一俟界务办有端绪,再行遣回天津。是否有当?谨附片陈明。伏乞圣鉴,训示。谨奏。①

八月初十日,公会衔陕甘总督杨昌濬奏报新疆光绪十八年分征信册籍刷印散发情形,下部闻。曰:

窃照新疆各属光绪十七年征信册籍,臣业经具奏并印发各属绅民查阅在案。兹据布政使饶应祺详称:各厅、州、县、县丞光绪十八年征信册籍底本,饬据各属陆续申覆,除镇迪道属哈密厅、呼图壁巡检,及阿克苏道属库车、乌什、喀喇沙尔、拜城等厅县,并喀什噶尔道属英吉沙尔、玛喇巴什、和阗、疏勒、于阗、疏附等厅州县十八年已垦熟地应征粮石,均于十八年下忙截数之前一律征收全完,毋庸造具征信册外,其镇西、库尔喀喇乌苏、迪化、奇台、阜康、昌吉、绥来等厅县并济木萨县丞经征十八年额粮并催带征、征均有未完,吐鲁番、镇西、莎车、叶城、阜康各厅州县均有因灾豁免及缓征银粮、草束,陆续据各该属造具征信册底本,由司发交经历司,雇募工匠,添刻活字印版,首列部议清厘民欠章程十条,次列各项民欠总、散数目,一律拢印,并委库大使会同核对。

---

① 台北故宫博物院藏:《军机及宫中档》,文献编号:408002815-0-B.

计刊印镇西厅经征十八年未完并豁免及催征节年民欠册各四十本，吐鲁番厅十八年因灾豁免并缓征册各四十本，库尔喀喇乌苏厅经征十八年未完并催征十四、十五、十六、十七等年民欠册各三十本，迪化县经征十八年未完并催征节年民欠册各四十本，奇台县经征十八年未完并催征节年民欠册各四十本，绥来县经征十八年未完并催征十七年民欠册各四十本，阜康县经征十八年未完并因灾豁免及催征节年民欠册各三十本，昌吉县催征节年民欠册三十本，济木萨县丞经征十八年未完册三十本，温宿州带征十七年因灾缓征粮草册各四十本，莎车州十八年因灾豁免册各四十本，叶城县十八年因灾豁免册四十本。注明页数，钤用司印，内迪化府属各县、县丞遵章移送镇迪道一半，发交迪化府一半；镇迪道属吐鲁番、镇西、库尔喀喇乌苏各厅，阿克苏道属温宿州，喀什噶尔道属莎车州全送该三道；叶城县一半移送喀什噶尔道，一半发交莎车州，分别转发各属绅民，分给各乡民公同查阅，俾令周知。附赍各册，详请奏咨前来。

臣覆查无异，除将各册咨部查核外，谨会同陕甘总督臣杨昌濬，恭折具陈。伏乞皇上圣鉴，训示。谨奏。①

同日，公又奏报奇台等地水旱情形，得旨，即着饬属妥为抚恤，毋令失所。曰：

再，臣据署奇台县知县陈彤辅禀报：该县东、西吉尔等十九渠共种地四万八千余亩，入夏雨泽稀少，禾苗日就枯槁。又，库车厅同知刘人佺禀报：该厅六月二十五日东关外河水涨发，淹倒民房二千五百一十八间，官地民房一百七十四间，压毙男女大小一十八丁口。又，署莎车直隶州知州潘震禀报：该州七月初七、八等日大雨，汉、回两城坍塌民房一百九十余间。又，叶城县知县王俊禀报：该县七月初连日大雨，坍

---

① 台北故宫博物院藏：《军机及宫中档》，文献编号：408002817. 又，中国第一历史档案馆藏：《录副奏折》，档号：03-6247-038.

塌近城民房一百余间,各等情。前来。

臣先后饬司移道,委员迅赴灾所,会同确勘,奇台县额征粮石、库车厅官地民房租银应否蠲缓,莎车、叶城及库车各乡庄地亩、房屋有无冲坏,并饬将该厅州县被灾各户妥为抚恤,压毙人口、淹倒房屋,分别酌给银两,取具册结,详转核办。

除俟勘覆至日再行奏明办理外,所有奇台、库车、莎车、叶城被旱、被水、被雨大概情形,谨附片具奏。伏乞圣鉴,训示。谨奏。①

八月二十五日,公开单奏报光绪十九年五月分新疆雨水粮价情形,曰:

窃照光绪十九年四月分各厅州县粮价并得雨情形,业经臣奏报在案。兹据新疆布政使饶应祺详称:光绪十九年五月分,镇迪道属镇西得雨,入土四寸;迪化、绥来得雨,入土二寸;奇台得雨,入土二寸,东、西吉尔等渠旱;阜康得雨,入土一寸;库尔喀喇乌苏大雨,昌吉、吐鲁番微雨。伊塔道属绥定、宁远、塔尔巴哈台、精河微雨。南路乌什得雨,入土三寸;拜城、于阗得雨,入土二寸;英吉沙尔得雨,入土一寸;玛喇巴什大雨,库车、莎车微雨,余未得雨。

至通省粮价,吐鲁番、镇西、精河、喀喇沙尔、乌什、昌吉等厅县俱与上月相同,余均略有增减。汇详请奏前来。理合恭折具陈,并缮粮价清单,敬呈御览。伏乞皇上圣鉴。谨奏。②

同日,公又会衔陕甘总督杨昌濬奏请核销新疆历年积牍情形,下部闻。曰:

---

① 台北故宫博物院藏:《军机及宫中档》,文献编号:408002817-0-A.又,中国第一历史档案馆藏:《录副奏片》,档号:03-9637-104.
② 台北故宫博物院藏:《军机及宫中档》,文献编号:408002818.又,中国第一历史档案馆藏:《录副奏折》,档号:03-6934-034.

窃臣到任以来，检查案卷，逐一清厘，计光绪四年起至十五年止，银粮、草束、防军、善后各销案，其经部议奏、饬令查覆、删除等项，大意不外"照何例案、核与例章不符"两端。疆臣一再奏覆，不外"无例可循，随时酌办"等语。案复一案，头绪纷繁，报销积滞，未有甚于此者。窃维例者所以统多寡不齐之数，各限以准则，以杜冒滥，以重度支，如衡有权，立法至当。顾时势所值，殊难概论。新疆以边荒开设行省，其在在需款及办理竭蹶情形，具见前督臣左宗棠、前抚臣刘锦棠所奏各折，早邀圣明洞鉴。斯即明知例章所在，揆诸因时制宜之道，犹应量为变通，以期措置之当。况创办伊始，本无成法可遵，如何开支即如何造报，必责以如此为照例、如此为违例。其不能吻合也明矣。且报销一事，固有舍例而得其实、执例转失其真者，盖数虽无定，止期针孔相符；例虽有定，要可迁就而合。概以尽征尽解、实用实销之言，不足凭造销；一切必求如例而止，万一经收人员设法弥缝，勉强牵合，欲驳则与例符，欲准实非确数，部臣职司综核，亦安用此合例不实之报销为哉？

查各案开支，系左宗棠、刘锦棠经办事件。如有浮冒，臣何敢曲为回护，致涉欺朦？惟逐核部驳各节，为数究属不多，概与核销，无关公帑盈绌。现在官经数任，承办各员半已星散；再历年所，势必茫无端倪，查无可查，追无可追。朝廷为新疆一隅，不惜岁拨巨款，而为此无多之数，至令案牍积压，无从完结。

如臣愚昧，窃不谓然，相应恳恩饬下各部，将新疆自光绪四年起至十五年止历奏银粮、草束、防军、善后各案，原册未经发还者，变通成例，按起核销，借清积牍；其发还原册及十五年后尚未奏报各案，由臣饬司遵照部议，分别赶办。凡实应删除之款，仍令照例办理，以重帑项而昭实在。谨会同陕甘总督臣杨昌濬，恭折具陈。伏乞皇上圣鉴，训示，施行。谨奏。①

---

① 台北故宫博物院藏：《军机及宫中档》，文献编号：408002819. 又，中国第一历史档案馆藏：《录副奏折》，档号：03-6633-112.

九月初七日,公会衔陕甘总督杨昌濬开单奏报核销甘肃新疆光绪十六年分司库收支银粮情形,下部议。曰:

窃照光绪十五年分新疆司库收支各属正杂银粮、草束,业经臣奏请核销在案。兹据布政使饶应祺详称:光绪十六年分,各属征收本折粮草、地课、杂税等项,支发文武廉费、俸工、鞾鞋、盐菜、驿站、经费、孤贫花布、祭祀及古城旗营官兵俸饷,并支发草束折价各项银两,仍分司库、道库实收、实支数目,造册汇总请销。至各军营旗并善后各项支领粮料、草束应扣价银,已由军需、善后项下扣收解司。各属征收税课银两,其有善后项下动用者,亦由善后项下解还,司库照数列收汇报。

统计光绪十六年分,旧管存银五十八万五千五百四十一两八钱五分七厘,新收银五十八万九千二百三十四两六分七厘,开除银四十七万二千六百五两四钱二分四厘,实在截至十六年底止,共存银七十万二千一百七十两五钱。又,未支银四千八百一十二两九钱四分一厘,仍未支银五百一十七两九分四厘。

旧管存各属仓储、各色京斗粮五十九万四千二百三十一石四斗一合一勺,新收各色京斗粮二十四万六千七百七十石三斗一升八合六勺,开除各色京斗粮一十七万五千二百四十三石七斗八升一合九勺,实在截至十六年底止,共存各色京斗粮六十六万五千七百五十七石九斗三升七合八勺。又,各属征收未完及仍未完籽种额粮一万九千七百九十二石一斗二升三合四勺。又,未支料五十一石八斗八升五合七勺,仍未支料一百三十九石八斗七升五合四勺。又,长支粮料三千三百七十二石四升二合四勺,仍长支料三百一十三升二合五勺。

旧管各属厂储草一千五百五十七万九千八十八斤二两七钱六分,新收草一千四百七十七万一千八百八十四斤一十五两三钱六分八厘,开除草一千一百九十四万七千斤四两五钱八分,实在截至十六年底止,共存草一千八百四十万三千九百七十二斤一十三两五钱四分八厘,又未支草六千六百二十四束,仍未支草一十万三千九百四十九束。

其未支、长支银粮、料草,俟找发扣还后,归入下届造报附销,造具单册,详请奏咨核销前来。臣覆核无异,理合缮具简明清单,恭呈御览,仰恳天恩饬部核销。除将清册分送部、科外,谨会同陕甘总督臣杨昌濬,恭折具陈。伏乞皇上圣鉴,训示。谨奏。①

同日,公又会衔陕甘总督杨昌濬奏销新疆光绪十六年分司库支发驿站经费情形,下部议。曰:

窃照新疆自光绪十一年起至十五年止,司库支发驿站经费报销,历经随同廉费、俸工等项分年奏销在案。叠准部咨:新疆现设行省,所有驿站用款应照成例,题报核销,等因。转饬遵办去后。兹据新疆布政使饶应祺详称:光绪十六年分,新疆镇迪、阿克苏、喀什噶尔、伊塔四道属共管一百六十一驿,额设驿书一百六十一名、马夫九百六名、驿马一千八百一十二匹,照章支给工食、油烛、纸张、料草、站价、倒马等项,自十六年正月初一日起至十二月底止,统共应支银一十一万四千七百三十九两三钱八分,已支银一十一万四千四百六十一两四钱一分四厘,未支银二百七十七两九钱六分六厘,又补支各属未支十一、十二两年分驿费银一百九十九两一钱五分,造具总、散清册,详请奏咨前来。

臣覆核无异,相应恳恩饬部核销,以清款项,出自鸿施。除将清册送部外,谨会同陕甘总督臣杨昌濬,恭折具奏。伏乞皇上圣鉴,训示。再,此案改题为奏。合并声明。谨奏。②

是日,公又会衔陕甘总督杨昌濬开单报销新疆光绪四年至十年收支各款情形,下部议。曰:

窃照新疆自光绪四年起至十五年止历奏银粮、草束、防军、善后等

---

① 台北故宫博物院藏:《军机及宫中档》,文献编号:408002821.又,中国第一历史档案馆藏:《录副奏折》,档号:03-6633-135。
② 台北故宫博物院藏:《军机及宫中档》,文献编号:408002822.又,中国第一历史档案馆藏:《录副奏折》,档号:03-6633-137。

项报销，业经臣奏恳饬下各部变通成例，按起核办以清积牍在案。兹据粮台司道详称：遵将前护理臣魏光焘转行光绪十七年准户部咨，议奏护理新疆巡抚魏光焘覆奏新疆光绪四年起至九年止及十年分收支银粮各项一折，查照原咨清单，逐款覆核，新疆自戡定后，诸凡创始，无例可循，各项事宜由前督臣左宗棠、前抚臣刘锦棠先后酌办。

维时军务尚未全清，田赋亦未定额，其间有必须稍微为变通以期迅速而资治理者，若必逐项奏咨立案办理，转形窒碍，且光绪十年以前藩司尚未到任，各属多未设官，新开省分情形与内地各省不同，故造报一切，核与例案碍难悉合，然尽征尽解，实用实销，要不失实事求是之意。现在检查原案，详加考核，凡银粮等项除部议准销不计外，其实应删除者，遵照追缴，归入十六年防军、善后销案内列收造报，并将行查各款分别议覆，开单详情奏咨，等情。前来。

臣查新疆光绪四年起至九年止及十年分之银粮报销，业经两次部驳，若不先将此案办竣，则十年后应销各案愈形积滞，无从完结，相应缮具清单，吁恳天恩，俯准饬部照数核销，以资清厘，出自鸿施！除咨部外，谨会同陕甘总督臣杨昌濬，恭折具陈。伏乞皇上圣鉴，训示。谨奏。①

九月十四日，军机处来电曰：

俄使照称，接本国电，催办殴打俄人之案，务将行凶兵丁拿获惩责，切勿回护掩饰，并饬镇、道至领事电，周旋以了此事，免滋口舌。寒。②

九月二十日，公会衔陕甘总督杨昌濬奏报新疆变卖草束碍难援照甘肃

---

① 台北故宫博物院藏：《军机及宫中档》，文献编号：408002820. 又，中国第一历史档案馆藏：《录副奏折》，档号：03-6633-133.
② 中国第一历史档案馆藏：《电报档》，档号：2-02-12-019-0539.

例价一事,下部闻。曰:

> 窃准户部咨覆:署乌什厅同知江景耀接收前任袁运鸿草束一案内开:光绪十八年以前,各州县变卖草束,均准每百斤照银五分之数办理。自光绪十九年起,各州县变卖草束即照甘肃例价,每百斤定价银一钱报部,等因。饬据布政使饶应祺详覆前来。
> 臣查新疆北路向不征草,南路本折草束与额粮并征。经前抚臣刘锦棠奏准,每百斤折收银五分,嗣后各属禀请变卖,均饬照五分之数办理。在刘锦棠非不知市价有涨落,顾以五分折收即以五分变卖者,诚以立制贵得其平,体察地方一切情形,酌中定拟。凡见为少者,或欲加而不得。现在南路草束视往年尤为饶足,间值腾贵,比较折征价银不过一分数厘而止。若图多得赢余,每百斤定银一钱,虽属甘肃例价所有,实为新疆市估所无;而欲以此为限制,不特高抬价值,与民争利,似非政体所宜,窃恐势有所不行,公中究不免于折耗。盖南路各属辖地数百里、千余里不等,存草数十万、百余万不等,戈壁长途,不能连赴别处销售。除商民零星购买,以营旗领用为大宗,按季支放,由旧管项下酌搭数成,为推陈易新之计。而各勇丁以为虽按五分核扣,实不如采买民草之适用,又岂肯以加倍之值,领此新陈挽半之草?势必销路日隘,既愈积而愈多。州县恐致赔贴,不敢请售,且愈积而愈坏,年复一年,将有并此五分之价亦不能如算者。是草价一项,照旧则银数似觉轻减,议加则亏折转在将来。利病所在,固不得不通盘筹画也。部臣以新疆、甘肃辖境毗连,援甘肃以例新疆,持论原非刻核。惟关内外情形各异,碍难执以相绳。合无仰恳天恩,俯准新疆各属草束仍照每百斤扣银五分例价变卖,以归画一,出自鸿施!除咨部查照外,谨会同陕甘总督臣杨昌濬,恭折具奏。伏乞皇上圣鉴,训示,施行。谨奏。①

---

① 台北故宫博物院藏:《军机及宫中档》,文献编号:408002824-0-A.又,中国第一历史档案馆藏:《录副奏折》,档号:03-6688-029。

同日，公又会衔陕甘总督杨昌濬开单奏报核销新疆光绪十一年分司库收支银粮情形，下部议。曰：

> 窃照新疆光绪四年起至九年止及十年分收支银粮各款，业由臣另案奏覆在案。所有十一年分司库银粮、草束报销，前经护抚臣魏光焘开单覆陈，旋准部咨，当即转行核办。兹据布政使饶应祺详称：遵查十一年分各款收支，委系尽征尽解，实用实销。惟是时行省初开，藩司甫经到任，章程既难遽定，又无例案可循，边省情形迥殊内地，即与承平时亦今昔各殊，非稍为变通办理，动形窒碍。现遵部驳，细心酌核，凡饬令删除款项，实与例案不符，尚能追缴者，即令缴归司库及粮台十六、十七两年奏销案内，列收造报。其实难删除及行查各款，开单逐一登覆，并遵造接管粮石不符色样、数目，分别补收、补支、抵折，及文职、佐杂署任日期、甘肃钞送库尔喀喇乌苏、精河粮员支款成案各清折，出具孤贫口食并无浮冒切结，随案呈请奏咨核销前来。
>
> 臣覆核所详各节，均系实在情形，相应缮具清单，恳恩饬部核销，以清积案，出自鸿施。除将清折、切结咨部外，谨会同陕甘总督臣杨昌濬，恭折具陈。伏乞皇上圣鉴，训示。谨奏。①

是日，公又附片奏报更正沈义堂等保案，下部闻。曰：

> 再，据总兵衔尽先推补副将沈义堂禀称，该员于克复贵州天柱县江口地、清江一带案内由蓝翎把总保以千总尽先补用，关陇肃清案内误由蓝翎守备保留陕甘尽先补用都司，并换花翎，嗣由都司累保今职。又，据留甘尽先补用副将刘泰和禀称，该员于底定全黔案内由花翎守备保尽先补用都司，新疆南北两路荡平案内误由参将衔游击保留甘尽先补用参将，新疆六载边防案内复保副将，仍留原省尽先补用。又，据

---

① 台北故宫博物院藏：《军机及宫中档》，文献编号：408002823。又，中国第一历史档案馆藏：《录副奏折》，档号：03-6570-052。

留甘尽先补用都司借补巴里坤镇标城守营左哨把总宋德昌禀称,该员于新疆六载边防案内由花翎守备保留原省遇缺尽先补用都司,原奉行知缮作"得昌",请附奏递减、更正。各等情。前来。

臣覆核无异,合无仰恳天恩俯准将沈义堂关陇肃清案内由蓝翎守备准保免补守备,以都司留陕甘尽先补用,换戴花翎,改为免补千总,以守备留陕甘尽先补用,并换花翎;克复乌鲁木齐等城案内准保免补都司,以游击尽先补用,并加参将衔,改为免补守备,以都司尽先补用,并加游击衔;会克吐鲁番满汉两城案内准保免补游击,以参将尽先补用,并给揆勇巴图鲁勇号,改为免补都司,以游击尽先补用,仍给揆勇巴图鲁勇号;克复新疆南路西四城一律肃清案内准保免补参将,以副将尽先推补,并加总兵衔,改为免补游击,以参将尽先推补,并加副将衔;刘泰和新疆南北两路荡平案内由参将衔游击准保免补游击,以参将留甘尽先补用,改为免补都司,以游击留甘尽先补用;六载边防案内准保免补参将,以副将仍留原省尽先补用,改为免补游击,以参将仍留原省尽先补用;宋德昌六载边防准保都司案内所缮"得昌",改为"德昌",饬部分别逐层递减、更正,以昭核实。其沈义堂于六载边防案内准保正二品封典,仍照原案注册,出自鸿施!除咨部外,谨附片具陈。伏乞圣鉴,训示。谨奏。①

同日,公又会衔伊犁将军长庚、陕甘总督杨昌濬附片奏报拣员调署同知,下部闻。曰:

再,署精河直隶厅同知周沄卸署遗缺,查有现署阜康县知县候补直隶州知州贺培荣,堪以调署。据新疆布政使饶应祺、署镇迪道兼按察使衔黄光达会详前来。除由臣批饬给委外,谨会同伊犁将军臣长

---

① 台北故宫博物院藏:《军机及宫中档》,文献编号:408002824-0-A.又,中国第一历史档案馆藏:《录副奏片》,档号:03-5896-075。

庚、陕甘总督臣杨昌濬,附片具奏。伏乞圣鉴。谨奏。①

同日,公又会衔陕甘总督杨昌濬附片奏请回子郡王玛木特续请过班,下部闻。曰:

> 再,光绪十八年年班,吐鲁番札萨克回子郡王玛木特患病甚剧,经臣奏请过班调理,奉旨允准钦遵转行在案。十九年六月,准理藩院咨开:本年年班轮应库车回子郡王阿密特②来京,并令吐鲁番札萨克回子郡王玛木特补班,等因。饬据署吐鲁番厅同知彭绪瞻禀:据玛木特呈称:世爵上年恭值年班,因病蒙恩宽限,现在尚未就痊,请转恳奏缓补班,等情。前来。
>
> 臣查本年年班,库车回子郡王阿密特业已起行,依限赴京。该吐鲁番回子郡王玛木特旧疾委未痊愈,相应恳恩俯准仍照臣上年奏案,令其过班,俟二十年哈密回子亲王该班后,即饬玛木特于二十一年接续该班,以崇盛典,仍与每年有回子王一人来京之例相符。
>
> 是否有当? 谨会同陕甘总督臣杨昌濬,附片具陈,伏乞圣鉴,训示。谨奏。③

九月二十二日,军机处来电曰:

> 喀兵殴辱俄人一案,前两次电达,迄未见覆,俄使现文来催,希将办理情形速电覆。养。④

---

① 台北故宫博物院藏:《军机及宫中档》,文献编号:408002824-0-B. 又,中国第一历史档案馆藏:《录副奏片》,档号:03-5311-092.

② 阿密特(?—1895),维吾尔族,库车王族,米尔札·爱玛特次子。道光二十二年(1842),随父进京。同治三年(1864),其父遇害。光绪四年(1878),承袭爵位。九年(1883),封亲王爵位,赐顶戴、花翎。二十一年(1895),进京觐见,归途,卒于兰州。

③ 台北故宫博物院藏:《军机及宫中档》,文献编号:408002824-0-C.

④ 中国第一历史档案馆藏:《电报档》,档号:2-02-12-019-0562.

九月二十四日,公开单奏报光绪十九年新疆六月分雨水粮价情形,曰:

窃照光绪十九年五月分各厅州县粮价并得雨情形,业经臣奏报在案。兹据新疆布政使饶应祺详称:本年六月分,镇迪道属镇西得雨,入土七寸;迪化得雨,入土五寸;库尔喀喇乌苏得雨,入土三寸;绥来、奇台得雨,入土二寸;昌吉、阜康得雨,入土一寸;吐鲁番微雨。伊塔道属绥定、宁远、塔尔巴哈台、精河微雨。南路叶城、于阗、英吉沙尔得雨,入土三寸;拜城、疏勒、疏附得雨,入土一寸;库车、玛喇巴什大雨,温宿、乌什、莎车、和阗微雨,哈密、喀喇沙尔未得雨。

至通省粮价,镇西、塔尔巴哈台、库车、温宿、昌吉、阜康、绥定、拜城等厅州县俱与上月相同,余均略有增减。汇详请奏前来。理合恭折具陈,并缮粮价清单,敬呈御览。伏乞皇上圣鉴。谨奏。①

同日,公又奏报审拟温宿缠民斗殴毙命一案,下部议。曰:

窃温宿州缠民买卖提牙合甫因口角争殴,用斧砍伤思马意身死一案,据署温宿直隶州知州李庆棠相验讯详,未及拟解卸事,后任王廷赞接准移交,审明议拟,解阿克苏道陈名钰提讯,咨署镇迪道兼按察使衔黄光达核转前来。

臣覆加查核,缘买卖提牙合甫籍隶温宿州,务农度日,与已死思马意素好无嫌。光绪十八年十月二十一日,买卖提牙合甫手执铁斧在院劈柴,思马意走至,声称找寻羊只,买卖提牙合甫令思马意自到后院寻看。思马意进内牵出一羊,谓系伊家走失,买卖提牙合甫斥其错误,彼此争辩。思马意生气,举手向买卖提牙合甫头上殴打一下,买卖提牙合甫顺用劈柴铁斧吓砍,适伤其顶心倒地。艾买提赶拢喝阻,思马意伤重,移时身死。尸弟买卖提投约报验,讯供议拟解道,咨兼臬司核明

---

① 台北故宫博物院藏:《军机及宫中档》,文献编号:408002825。又,中国第一历史档案馆藏:《录副奏折》,档号:03-6935-031。

转详,臣覆核无异。

查律载:斗殴杀人者,不问手足、他物、金刃,并绞监候,等语。此案买卖提牙合甫因思马意错认羊只,口角争殴,用斧砍伤思马意顶心身死,自应按律问拟。买卖提牙合甫合依"斗殴杀人者,不问手足、他物、金刃,并绞"律,拟绞监候,秋后处决。艾买提救阻不及,应请免议。无干省释。尸棺饬埋,凶器案结销毁。是否允协?

除全案供招咨部外,所有斗殴毙命、核明定拟各缘由,谨恭折具陈。伏乞皇上圣鉴,饬部核议施行。谨奏。①

是日,公又奏报审拟缠民斗殴毙命一案,下部议。曰:

喀喇沙尔厅缠民阿思满殴伤而里身死,私和匿报一案,据署喀喇沙尔厅同知刘金藩访闻,获犯验报,未及通详卸事,后任符瑞接准移交,审明拟解,阿克苏道陈名钰提讯,咨署镇迪道兼按察使衔黄光达核转前来。

臣覆加查核,缘缠民阿思满籍隶喀喇沙尔厅,务农度日,与已死而里近邻居住,熟识无嫌。光绪十八年二月十七日,阿思满在礼拜寺内与而里会遇闲谈,而里说阿思满之妻沙达与人有奸,令阿思满防范。阿思满归家,盘诘奸情,沙达不认,阿思满即将而里之言向告。沙达负气,当往而里家中理论。阿思满随后赶去,喝令沙达归家,沙达不允哭闹。而里斥骂阿思满不应主使沙达前来吵嚷,阿思满谓其平白诬奸。而里举手扑殴,阿思满闪避,拾取院中木棒回殴一下,适伤而里左太阳倒地。而里之妻阿里慢赶拢喝阻,将而里扶进房内,医治罔效,至二十二日,而里因伤殒命。阿思满畏罪,央求买卖铁里从中说和,情愿照管阿里慢终身衣食。阿里慢年老无依允从。阿思满买棺装殓,雇过路不知姓名人将而里尸棺抬埋寝息。旋经该厅访闻,获犯验讯,议拟解道,

---

① 台北故宫博物院藏《军机及宫中档》,文献编号:408002826。又,中国第一历史档案馆藏:《录副奏折》,档号:03-7316-030。

咨兼臬司核明转详,臣覆核无异。

查律载:斗殴杀人者,不问手足、他物、金刃,并绞监候。又,夫为人杀,妻私和者,杖一百,徒三年。又,常人私和人命,杖六十,各等语。此案阿思满因而里诬蔑伊妻沙达与人通奸,经沙达寻向理论,该犯赶往喝阻,口角争闹,用棒殴伤而里身死,自应按律问拟。阿思满合依"斗殴杀人者,不问手足、他物、金刃,并绞"律,拟绞监候,秋后处决。尸妻阿里慢于伊夫被殴身死并不报官,辄听私和殓埋,虽未得受贿银,亦应按律问拟。阿里慢合依"夫为人杀,妻私和者,杖一百,徒三年"律,拟杖一百、徒三年,系妇女,照律收赎。买卖铁里从中说和,虽无受贿情事,应请照"常人私和人命,杖六十"律,拟杖六十,折责发落。乡约阿五立思先后失于觉察,应照"不应轻"律,笞四十折责,免其革役。受雇抬埋过路不知姓名人,请免查究。而里平白造言,诬人名节,罪有应得,业已身死,毋庸置议。无干省释。尸棺饬埋。是否允协?除全案供咨咨部外,所有斗殴毙命,核明定拟各缘由,谨恭折具陈。伏乞皇上圣鉴,饬部核议施行。谨奏。①

同日,公又附片奏请免受伤武弁李金良骑射,下部闻。曰:

再,查部议打仗受伤武职员弁,必须手足受有重伤,方准请免骑射,一律考验枪炮,等因在案。兹据总兵衔留甘尽先即补副将借补喀什噶尔提标城守营中军守备李金良禀称,该员于光绪二年攻克玛纳斯南城,左手中指被炮子打伤,筋骨俱断,挽弓维艰,恳请奏免骑射,等情。臣当咨由喀什噶尔提督臣董福祥就近验看,委无捏饰情弊,合无仰恳天恩俯准将该员李金良免其骑射,改习枪炮,以示体恤,出自鸿

---

① 台北故宫博物院藏:《军机及宫中档》,文献编号:408002827.又,中国第一历史档案馆藏:《录副奏折》,档号:03-7316-031.

慈！除咨部外，谨附片具奏。伏乞圣鉴，训示。谨奏。①

九月二十七日，军机处来电曰：

"敬"电悉。保护洋人，约有明文。今被殴辱，即难辞责。凡交涉细事，往往以周旋而解释，可省多少口舌，何足为耻？若徒恃虚愤之气，自生荆棘，于事何济？仍希转饬该镇、道遵照办理，一面获犯惩责，以儆将来。沁。②

同日，公又致函总理衙门曰：

光绪十九年七月二十七日，据喀什噶尔李署道宗宾禀称：前准俄领事官照会，图尔吉斯坦总督至阿拉依巡边各情，飞禀宪鉴在案。兹据管带布鲁特马队黄旗官蔚森探报：俄国图尔吉斯坦总督随带马队约二百名，于七月初四日抵阿拉依。初五日，阅看兵操。初八日，仍率原队起程回国，沿边并无惊扰等语，合再转报等情，到本部院。据此，查俄督巡边，前经该道禀报来辕，当即咨呈在案。兹据前情，除批覆外，相应咨呈。为此咨呈贵衙门，谨请鉴照施行。③

十月初十日，公开单奏报光绪十九年七月分新疆雨水粮价情形，曰：

窃照光绪十九年六月分各厅州县粮价并得雨情形，业经臣奏报在案。兹据新疆布政使饶应祺详称：本年七月分，镇迪道属迪化得雨，入土二寸；绥来得雨，入土一寸；昌吉、阜康、奇台、吐鲁番、镇西、库尔喀

---

① 台北故宫博物院藏：《军机及宫中档》，文献编号：408002825-0-A.又，中国第一历史档案馆藏：《录副奏片》，档号：03-5896-084.
② 中国第一历史档案馆藏：《电报档》，档号：2-02-12-019-0574.
③ 台北"中央研究院"近代史所藏：《外交档案》，馆藏号：01-17-052-07-022.

喇乌苏微雨。伊塔道属绥定、宁远、塔尔巴哈台、精河微雨。南路疏勒、疏附、莎车、叶城、和阗、英吉沙尔大雨,温宿、库车、乌什、于阗、玛喇巴什微雨,余未得雨。

至通省粮价,乌什、疏勒、疏附、迪化、昌吉、阜康、绥定等厅州县俱与上月相同,余均略有增减。汇详请奏前来。理合恭折具陈,并缮粮价清单,敬呈御览。伏乞皇上圣鉴。谨奏。①

同日,公又会衔伊犁将军长庚、陕甘总督杨昌濬奏请罕札布借补霍尔果斯通判,下部议。曰:

窃据新疆布政使饶应祺、署镇迪道兼按察使衔黄光达会详称:新疆改设官制,裁霍尔果斯巡检,设伊犁府分防通判兼理事衔。该处为伊犁极西门户,中俄往来要津,又有索伦各旗分屯其地,管理旗务并中外交涉,督捕弹压,均关紧要,应请定为冲、疲、难三项要缺,亟应遴员请补,以重职守。

查伊犁改设各缺,经前抚臣刘锦棠奏准仿照吉林新章由外拣补一次在案。今改设霍尔果斯通判员缺,查有花翎同知衔候补知县罕札布,年五十二岁,京城镶白旗满洲七什佐领下人,驻防甘肃庄浪。咸丰六年,由马甲考准翻译生员。九年,考取候补笔帖式。十一年,请咨赴部引见。同治元年二月初十日,经钦派王大臣验放。是年四月二十日,奉旨补授凉州副都统衙门八品笔帖式。嗣因凉州逆回勾结变乱剿除殆尽案内汇保,四年七月十二日奉上谕:着赏加六品顶戴。钦此。十二年,调赴肃州,随队攻克坚城一律肃清案内汇保,十三年七月十二日奉上谕:着赏戴蓝翎。钦此。是年复调出关,攻克乌鲁木齐、昌吉、阜康、呼图壁、古牧地等城案内汇保,光绪四年二月初四日奉上谕:着以知县留于甘肃归候补班,遇缺前先即补,并赏加同知衔。钦此。五

---

① 台北故宫博物院藏:《军机及宫中档》,文献编号:408002828.又,中国第一历史档案馆藏:《录副奏折》,档号:03-6936-016.

年,经部开去笔帖式缺,饬归甘肃候补,是年闰三月二十三日晋省禀到。六年,经前督臣左宗棠调赴哈密行营差遣,新疆南路诸军五次剿平边寇案内汇保,七年五月二十日奉上谕:着赏换花翎。钦此。九年五月十八日,闻讣丁母忧,回旗守制。十一年八月十八日,服满起复,回营供差。十三年,留省候补。十五年,代理喀喇沙尔直隶厅同知篆务,五月二十一日到任,十月二十日交卸。

查该员罕札布持躬勤慎,办事稳当,在新疆年久,边情熟悉,以之借补斯缺,实堪胜任,人地亦极相宜,虽以知县请补通判,与定章稍有不符,然新疆例准变通办理,详请具奏,等情。前来。

臣查罕札布年力富强,办事勤慎,合无仰恳天恩俯念要缺需员,准以该员罕札布借补霍尔果斯通判员缺,洵于地方有裨。如蒙俞允,俟奉部覆,即行给咨送部引见,以符定制。再,该员代理任内并无参罚案件。合并声明。谨会同伊犁将军臣长庚、陕甘总督臣杨昌濬,恭折具奏。伏乞皇上圣鉴,训示。谨奏。①

是日,公又奏报新疆第七次遵办新海防捐输核奖一事,下部议。曰:

窃照新疆新海防捐输,自光绪十八年六月初一日起,截至十二月底止,业经臣作为第六次捐输奏请核奖在案。兹据布政使饶应祺详称:自光绪十九年正月初一日起至六月底止,先后据各捐生报捐实官职衔共九名,计收正项库平银一千七百三十一两六钱,分别填发正实收,给予收执。所有捐项银两,另款存储,听候提拨。其随收饭银、照费、填过副实收及各捐生履历清册一并赍解,详请奏咨换给执照,等情。前来。

臣覆核无异,合无仰恳天恩准将新疆第七次新海防捐输饬部分别核奖,以资鼓励。除将清册、副实收、饭银、照费咨送吏部、户部、国子

---

① 台北故宫博物院藏:《军机及宫中档》,文献编号:408002829。

监外,谨恭折具陈,伏乞皇上圣鉴,训示。谨奏。①

同日,公又会衔陕甘总督杨昌濬附片奏报拣员委署同知要缺,下部闻。曰:

再,吐鲁番直隶厅同知员缺,前以补用知府朱冕荣借补,经部覆准在案,应即饬赴本任,以专责成。又,署喀喇沙尔直隶厅同知符瑞丁忧遗缺,查有运同衔候补同知闻端兰,堪以委署。署阜康县知县贺培荣调署精河直隶厅同知,所遗员缺查有候补知县任兆观,堪以委署。据新疆布政使饶应祺、署镇迪道兼按察使衔黄光达会详前来。除由臣批饬分别给委外,谨会同陕甘总督臣杨昌濬,附片具陈。伏乞圣鉴。谨奏。②

同日,公又会衔陕甘总督杨昌濬附片奏请按察使丁振铎暂缓赴部,下部闻。曰:

再,镇迪道兼按察使衔员缺,现准部咨准以甘肃兰州府知府丁振铎升补,并令给咨赴部引见,等因。臣查新疆保升、奏升未经引见人员,均照变通章程,暂缓赴部。镇迪道兼管全疆刑名、驿传事务,最关紧要,相应恳恩俯准该员丁振铎暂缓引见,先行饬赴本任,以资治理而专责成。是否有当?谨会同陕甘总督臣杨昌濬,附片具陈,伏乞圣鉴,训示。谨奏。③

----

① 台北故宫博物院藏:《军机及宫中档》,文献编号:408002830.又,中国第一历史档案馆藏:《录副奏折》,档号:03-9399-052.
② 台北故宫博物院藏:《军机及宫中档》,文献编号:408002828-0-A.又,中国第一历史档案馆藏:《录副奏片》,档号:03-5312-041.
③ 台北故宫博物院藏:《军机及宫中档》,文献编号:408002828-0-B.又,中国第一历史档案馆藏:《录副奏片》,档号:03-5312-040.

十月十九日，公开单咨报总理衙门曰：

前准户部咨粘单内开光绪七年《中俄改定条约》内载：俄民在伊犁、塔城、喀什及关外之天山南北各城贸易暂不纳税，俟将来商务兴旺，再将免税之例废弃，等语。现计俄人于新疆各城贸易已有数年，应由该大臣密查每年出口、进口货物某项究竟有若干，系何价值，逐一登明，按年开单咨送本部及总理衙门备查，庶将来议定税则之日，不至为所欺朦，等因。查光绪十七年分俄商出入卡伦货物价值，业经开单咨送在案。兹将十八年分镇迪、伊塔、阿克苏、喀什噶尔四道申送各单饬承核算，共计俄商进口货物价银一百三十三万六千八百两有奇，出口货物价银五十四万八千二百两有奇。除咨明户部外，相应咨呈。为此咨呈贵衙门，谨请鉴核施行。①

十一月十二日，公奏报审拟马子明殴毙人命一案，下部议。曰：

窃迪化县客民马子明用刀戳伤段遂成越日身死一案，据迪化县知县黄袁相验禀报，未及通详卸事，后任知县刘兆松接准移交，研讯议拟，招解署迪化府知府危兆麟讯明，转详署镇迪道兼按察使衔黄光达审转前来。

臣亲提覆鞫，缘马子明系甘肃平凉县回民，在迪化县民马富贵剃头铺造饭，与已死段遂成同铺帮工，交好无嫌。光绪十八年十一月初十日，马富贵往外收帐，托马子明经管铺事。十六日早饭后，段遂成上街游荡，至晚方归。马子明即以店东不在铺内，不应外出，向其瞠斥。段遂成心不输服，谓马子明多管。马子明分辩，互相争吵。段遂成手持铁钳向马子明扑殴，马子明用木烛台架格，未被殴伤，顺取炕旁双尖小刀向段遂成冒戳两下，致伤其左肩甲。段遂成又用铁钳向马子明头

---

① 台北"中央研究院"近代史所藏：《外交档案》，馆藏号：01-20-035-02-001。

上殴打,马子明闪侧,用刀戳伤其左胁。经孔庆宾赶拢喝阻,并信知段遂成族弟段长林前来看视。马富贵旋亦回铺,令马子明延医,调治罔效,延至十二月初六日,段遂成因伤身死。投约报验,讯供议拟解府,详兼臬司审明转详,臣覆鞫无异。

查律载:斗殴杀人者,不问手足、他物、金刃,并绞监候,等语。此案马子明因段遂成出外瞠斥不服,被殴情急,用双尖小刀戳伤其左胁等处,越二十一日身死,在金刃保辜正限三十日以内,仍按斗殴本律问拟。马子明合依"斗殴杀人者不问手足、他物、金刃,并绞"律,拟绞监候,秋后处决。见证孔庆宾救阻不及,应与未在家之铺东马富贵均免置议。尸棺饬埋。是否允协?

除全案供招咨部外,所有斗殴毙命,审明定拟各缘由,谨恭折具陈。伏乞皇上圣鉴,饬部核议施行。谨奏。①

同日,公又奏报审拟迪化客民斗殴毙命一案,下部议。曰:

窃迪化县客民谭文炳殴伤缠民买买提,越日身死一案,据署迪化县知县刘兆松验讯议拟,解署迪化府知府危兆麟讯明,详署镇迪道兼按察使衔黄光达审转前来。

臣亲提覆鞫,缘谭文炳籍隶湖南长沙县,来至新疆省城谋事,寄居同乡刘慧亭裁缝铺内,与已死缠民买买提认识无嫌。光绪十九年四月十九日,有缠妇托古大汉,偕同奸夫柳庆堂至刘慧亭裁缝铺,托缝女衫,柳庆堂随即他往,托古大汉在铺等候。不一会买买提走来,向托古大汉索讨欠项,彼此争闹。刘慧亭谓买买提不应在伊铺内与人口角,买买提分辩,刘慧亭用言詈骂,买买提揪住刘慧亭发辫掀按,一同倒地。托古大汉见买买提等抓扭,当即跑走。谭文炳赶拢解劝,买买提仍不松手,并骂谭文炳帮护。谭文炳顺拾地下砖块吓殴一下,适伤买

---

① 台北故宫博物院藏:《军机及宫中档》,文献编号:408002832.又,中国第一历史档案馆藏:《录副奏折》,档号:03-7316-042.

买提脑后。经街邻喝散,问明情由,将买买提劝归,医治罔效,至二十六日,买买提因伤殒命。投约报验,讯供议拟解府,详兼臬司审明转详,臣覆鞫无异。

查律载:斗殴杀人者不问手足、他物、金刃,并绞监候。又例载:军民相奸,奸夫、奸妇各杖一百,枷号一个月,各等语。此案谭文炳因买买提与刘慧亭揪扭,解劝被骂,用砖块殴伤买买提脑后,越日身死,自应按律问斩。谭文炳合依"斗殴杀人者不问手足、他物、金刃并绞"律,拟绞监候,秋后处决。缠妇托古大汉因夫外出未归,遂与同院居住之柳庆堂奸好,亦应按例问拟。奸妇托古大汉、奸夫柳庆堂均合依"军民相奸奸夫、奸妇各杖一百,枷号一个月"例,拟各杖一百,枷号一个月,满日折责发落。托古大汉系犯奸之妇,杖决枷赎,交其夫属领回,听其去留。刘慧亭肇衅酿命,本属不合,应请照"不应重"律,杖八十,折责发落。托古大汉讯系赤贫,下欠买买提债项并柳庆堂给过银物,应请一并免追。无干省释。尸棺饬埋,凶器砖块供弃免起。是否允协?

除全案供招咨部外,所有斗殴毙命,审明定拟各缘由,谨恭折具陈。伏乞皇上圣鉴,饬部核覆施行。谨奏。①

是日,公又会衔陕甘总督杨昌濬奏报缓征新疆库车等厅州县粮草情形,曰:

窃新疆库车厅、莎车州、叶城县被水、奇台县被旱,业经臣将大概情形汇案奏明,并饬司移道委员会勘地亩、房屋数目,银粮应否蠲缓,详转核办在案。兹据布政使饶应祺详称:先后据各印委结报,莎车州属和什拉普等庄被水冲没地二千七百二十亩五分一厘,或塌深数丈,或沙石壅塞,变为河滩,急切不能垦复,额征粮六十三石二斗五升九合二勺,额征草七千六百二十五斤一十二两八钱,拟请自光绪十九年起

---

① 台北故宫博物院藏:《军机及宫中档》,文献编号:408002831。又,中国第一历史档案馆藏:《录副奏折》,档号:03-7316-041。

悉数豁除，一俟垦复，再行起征。该州淹倒民房二百五十四间，每间给银五钱，俾资修理，共银一百二十七两，恳由善后项下开报。

奇台县属东、西吉尔等渠被旱地四万八千八亩三分一厘六毫，颗粒无收。本年额征粮一千八百六十九石九斗六升七合四勺，拟请悉数豁免。各户借发籽种市石小麦二百九十一石七斗五升，拟请缓至来年秋后带征。

库车厅淹倒民房二千五百一十八间，压毙男女一十八丁口，分别酌给银两，共银三百九十二两，恳由善后项下开支。又，淹倒官地、民房一百七十四间，每年应征租银一百七十四两，拟请自本年六月二十五日被水之日起，暂免完纳，仍俟陆续修复，再行照章征收，等情。详请具奏前来。

臣覆查无异，除饬加意抚恤并来春应否接济另案汇办外，所有该各厅州县被灾地亩、房屋应征粮草、租银、籽种，合无仰恳天恩俯准分别蠲缓，以纾民力。如蒙允准，俟钦奉谕旨，饬司将蠲缓粮草、租银、籽种数目敬刊誊黄，遍行晓谕，以广皇仁而示体恤。

是否有当？谨会同陕甘总督臣杨昌濬，恭折具奏。伏乞皇上圣鉴，训示。再，库车厅、叶城县被水地亩均未成灾，额征粮草应令照常完纳。叶城县淹倒民房一百余间，业由该地方官捐廉修理，毋庸请款。合并声明。谨奏。①

同日，公又会衔陕甘总督杨昌濬附片奏报委令刘承泽署理通判要缺，下部闻。曰：

再，准补哈密通判孙志焘业经臣奏明饬赴本任在案，兹据该员请咨赴部引见，所遗员缺查有代理斯缺候补知县刘承泽，堪以改为署理。据新疆布政使饶应祺、署镇迪道兼按察使衔黄光达会详前来。除由臣

---

① 台北故宫博物院藏：《军机及宫中档》，文献编号：408002833。又，中国第一历史档案馆藏：《录副奏折》，档号：03-9476-032。

批饬给委外，谨会同陕甘总督臣杨昌濬，附片具奏。伏乞圣鉴。谨奏。①

十一月十三日，军机处来电曰：

伊犁电称，巴尔鲁克山已收回，另借山外地安插余众，限三年准还，自是通融办法。惟此事须请旨办理，来电乞代奏请旨字样无补。电再递呈，希转长将军。元。②

十一月十八日，公开单奏报光绪十九年八月分新疆雨水粮价情形，曰：

窃照光绪十九年七月分各厅州县粮价并得雨情形，业经臣奏报在案。兹据新疆布政使饶应祺详称：本年八月分，镇迪道属奇台得雨，入土七寸；镇西得雪，积地一尺；哈密、迪化得雨，入土五寸；昌吉、阜康得雨，入土二寸；绥来得雨，入土一寸；吐鲁番、库尔喀喇乌苏微雨。伊塔道属塔尔巴哈台得雨，入土二寸；精河、绥定、宁远微雨。南路喀喇沙尔、英吉沙尔、疏勒、疏附、拜城微雨。余未得雨雪。

至通省粮价，镇西、吐鲁番、精河、喀喇沙尔、乌什、阜康、绥定等厅县俱与上月相同，余均略有增减。汇详请奏前来。理合恭折具陈，并缮粮价清单，敬呈御览。伏乞皇上圣鉴。谨奏。③

同日，公又会衔陕甘总督杨昌濬奏请李宗宾补授阿克苏道，下部议。曰：

窃准吏部咨：光绪十九年三月三十日，奉上谕：甘肃新疆阿克苏道陈名钰着开缺送部引见。钦此。等因。按行文程限计算，应以本年六

---

① 台北故宫博物院藏：《军机及宫中档》，文献编号：408002833-0-A.又，中国第一历史档案馆藏：《录副奏片》，档号：03-5313-048.
② 中国第一历史档案馆藏：《电报档》，档号：2-02-12-019-0615.
③ 台北故宫博物院藏：《军机及宫中档》，文献编号：408002834.又，中国第一历史档案馆藏《录副奏折》，档号：03-6937-027.

月十六日接到部文之日作为开缺日期。所遗阿克苏兵备道系冲、繁、疲三项要缺，亟应遴员请补，以重职守。查南路新设各缺，经前抚臣刘锦棠奏准由外拣补一次，后援照甘肃变通章程道、府、丞、倅、州、县以及佐杂各要缺，将现任各员按照应升官阶，任内无论有无升案，并是否到任实授以及历俸、试俸未、经期满各员，准择其人地相宜者一律升调。其初任候补到省在后各员，亦准通融拣选题补，等语。又，甘肃候补人员，如熟悉边务，调赴新疆差遣，遇有人地相宜缺出，准予请补。

今阿克苏兵备道要缺，于现任人员内逐加拣选，非现居要缺，即人地不宜，惟查有署理喀什噶尔道盐运使衔新疆补用道李宗宾，年六十岁，湖北蕲州人，由文童于咸丰六年投效军营，攻剿童司牌等处贼垒案内保戴六品蓝翎。回援宿、太及攻克太湖县城案内汇保，九年七月二十二日奉上谕：着以从九品不论单双月遇缺选用。钦此。攻拔石牌伪城案内汇保，是年十一月二十四日奉上谕：着免选本班，以府经历县丞不论单双月遇缺先选用。钦此。攻剿怀、桐大股援贼案内汇保，十一年正月十一日奉上谕：着免选本班，以知县留于安徽，不论繁简遇缺尽先即补。钦此。攻克桐、宿等县城垣案内汇保，是年十二月二十日奉上谕：着免补本班，以同知直隶州知州仍留安徽，不论繁简遇缺前尽先即补，并赏换花翎。钦此。克复庐州府县城垣案内随折奏保，同治元年四月二十九日奉上谕：着免补本班，以知府记名，遇缺简放。钦此。克复周至县城案内汇保，三年四月二十八日奉上谕：着交部从优议叙。钦此。剿办蔡、启二逆攻拔西大峪堡案内汇保，十年十月三十日奉上谕：着赏加道衔。钦此。收复宁灵城垣案内奏保，五年八月初二日奉上谕：着俟补缺后以道员用，并赏加盐运使衔。钦此。

六年，委署宁夏府事。七年九月十六日奉上谕：着补授云南临安府知府员缺。钦此。经前署陕甘总督臣穆图善①奏准，留办经手未完事件。八年四月，卸署府篆。八月，复委代理宁夏府事。攻拔苏家烧坊案内汇保，九年十一月初一日奉上谕：着赏加布政使衔。钦此。部议另核请奖。十年二月，交卸府篆。宁夏府城防案内汇保，是年十二月十二日奉上谕：着遇有道员缺出，尽先题奏，并赏加布政使衔。钦此。部议将遇有道员缺出，尽先题奏注册，所请加布政使衔及攻克王家疃庄贼巢案内奏保二品顶戴，均改为议叙，给予随常军功纪录六次。十年十一月初八日奉上谕：着补授甘肃兰州府知府所遗员缺。钦此。经部奏补兰州府所遗宁夏府知府员缺。十二年三月初二日奉旨：依议。钦此。十一月，委署巩昌府事。十三年七月交卸。九月，饬回宁夏府本任，经前宁夏府将军臣穆图善于随征出力人员案内奏保，是年九月十六日奉上谕：着俟补道员后，赏加布政使衔。钦此。关陇肃清筹解协饷及各项差使案内汇保从优议叙，部议照准。光绪二年十月十五日具奏，奉旨：依议。钦此。三年十二月，呈请开缺养亲，经部覆准。四年二月，交卸符篆，因在任查禁罂粟案内奏参，暂行革职。

五年闰三月二十八日，闻讣丁母忧，回籍守制。服满起复，仍赴甘肃，经前陕甘总督臣谭钟麟奏请查销暂行革职处分，奉旨：吏部议奏。钦此。部议准其开复，出考给咨赴部引见，仍回原省补用。十年六月初六日具奏，奉旨：依议。钦此。遵即请咨赴部引见。十一年十二月初五日，经钦派王大臣验收覆奏，仍回原省照例用，奉旨：依议。钦此。复经前钦差大臣穆图善奏调，总理东三省练军营务处兼管文案事务。十三年六月，以廉静明练、处事精详奏保，奉朱批：着交军机处存记。

---

① 穆图善(1828—1886)，字春岩，那拉塔氏，世居黑龙江齐齐哈尔，隶满洲镶黄旗。道光二十六年(1846)，充骁骑校。咸丰三年(1853)，补委参领。五年(1855)，赏戴蓝翎。六年(1856)，赏换花翎。七年(1857)，升防御。八年(1858)，授佐领。九年(1859)，迁协领。十年(1860)，加副都统衔。次年，加西林巴图鲁勇号。同治元年(1862)，补西安左翼副都统，晋副统衔。同治三年(1864)，署钦差大臣，督办关陇军务。同年，调补荆州将军。四年(1865)，授宁夏将军。六年(1867)，兼署陕甘总督。十二年(1873)，授云骑尉。光绪元年(1875)，署正白旗汉军都统、吉林将军。三年(1877)，补青州副都统。是年，授察哈尔都统。五年(1879)，调补福州将军。十一年(1885)，授钦差大臣，会办东三省练兵事。十二年(1886)，卒于军。谥果勇。

钦此。嗣因经手事竣,请咨回省候补,十五年正月二十日到省。十六年,经前护理新疆巡抚臣魏光焘调赴新疆差委,九月二十日到省。旋奏请以道员归于新疆补用。十七年正月十七日,奉朱批:着照所请,吏部知道。钦此。六月,委署喀什噶尔道篆务,八月十六日到任。

臣查该员李宗宾,老成练达,勤慎有为,现在署任内办理中俄交涉及地方事件,均属裕如,边情尤为熟悉,以之请补斯缺,实堪胜任,人地亦极相宜,合无仰恳天恩俯念要缺需员,准以新疆补用道李宗宾补授阿克苏兵备道员缺,洵于地方有裨。如蒙俞允,该员以道员请补道缺,衔缺相当,毋庸送部引见。再,该员署任内并无参罚案件,合并声明。谨会同陕甘总督臣杨昌濬,恭折具陈。伏乞皇上圣鉴,训示。谨奏。①

是日,公又会衔陕甘总督杨昌濬附片奏报塔城应设各局、义学缘由,下部闻。曰:

再,塔尔巴哈台地方事宜,自光绪十七年正月起分隶巡抚管辖。所有应设各局、义学经前护理臣魏光焘奏准,俟接交清楚,再行开办在案。兹据布政使饶应祺详称:该处兵燹后,人民散失,地亩荒芜,蒙哈杂处,种类不一,凡田赋、保甲各事宜均关紧要,计自十七年起,饬塔尔巴哈台厅同知先后设立善后一局、保甲一局、牛痘一局、义学三堂,每月共需经费银二百七十余两,俟办理就绪,仍当酌量裁减,以节糜费,详请奏咨立案前来。

除饬造清册咨部外,谨会同陕甘总督臣杨昌濬,附片奏陈。伏乞圣鉴,饬部立案施行。谨奏。②

---

① 台北故宫博物院藏:《军机及宫中档》,文献编号:408002835。又,中国第一历史档案馆藏:《录副奏折》,档号:03-5313-080。
② 台北故宫博物院藏:《军机及宫中档》,文献编号:408002835-0-A。又,中国第一历史档案馆藏:《录副奏片》,档号:03-6634-058。

同日，公又会衔陕甘总督杨昌濬附片奏请拨补镇标不敷饷项缘由，下部闻。曰：

> 再，据布政使饶应祺详称：伊犁镇标饷项，光绪十六年经前护抚臣魏光焘奏明，岁分银二十二万八千两。嗣于十七年奏设该标营制饷章，实需俸饷银二十三万六千三百九十一两三钱一分，计不敷银八千三百九十余两。又，每年应需置办军装、器械价值、运解饷装车脚银二万两，应摊加闰银七千一百余两。额设马队八旗，岁需例马价银二千一百九十六两，计不敷银三万七千六百余两。新疆防军、善后款目向系并案造销，故镇标不敷饷项由分拨伊犁善后经费银十一万二千两内通融支放。现奉部咨饬将善后专案造报，前项不敷银两无从弥补，新饷岁有定额，又未便另请指拨，拟从光绪十七年起至十九年止，于伊犁善后项下岁分银三万八千两拨补镇标饷需，以七万四千两作为善后经费，以便分案造报。至二十年分估饷折内伊犁防军、善后统减银一万两，此项银两应请于善后项下减拨，只拨银十万二千两，仍于十万二千两内拨归镇标银三万八千两，详请奏咨前来。
>
> 臣覆核无异，除咨部外，谨会同陕甘总督臣杨昌濬，附片具陈。伏乞圣鉴，饬部立案施行。谨奏。①

同日，公又会衔陕甘总督杨昌濬附片奏报饬令同知甘承谟迅回本任，下部闻。曰：

> 再，卸署和阗直隶州知州镇西直隶厅同知甘承谟，应即饬回本任，以专责成。据新疆布政使饶应祺、署镇迪道兼按察使衔黄光达会详前来。除由臣批饬给委外，谨会同陕甘总督臣杨昌濬，附片具奏。伏乞

---

① 台北故宫博物院藏：《军机及宫中档》，文献编号：408002835-0-B。又，中国第一历史档案馆藏：《录副奏片》，档号：03-6634-057。

圣鉴。谨奏。①

是日，公又会衔伊犁将军长庚、陕甘总督杨昌濬附片奏报请免骁骑校追缴预支俸，下部闻。曰：

再，乌鲁木齐、巴里坤各满营迁并古城，经前护抚臣魏光焘奏明佐领一下等官预支半年俸廉，分年扣还在案。兹据古城城守尉克蒙额呈称：前巴里坤满营正蓝旗骁骑校吉尔哈春预支俸廉银五十二两七钱二厘，除陆续扣还外，尚欠银二十九两二厘。该员现已病故，身后萧条，无从抵扣，恳请附奏免邀前来。

臣覆查无异，相应恳恩准将已故骁骑校吉尔哈春未扣俸廉银两免其追缴，以示体恤！谨会同伊犁将军臣长庚、陕甘总督臣杨昌濬，附片具陈。伏乞皇上圣鉴，训示。谨奏。②

十一月二十四日，公会衔陕甘总督杨昌濬奏报查明新疆被灾地方来春应否接济情形，曰：

窃臣于光绪十九年十一月初五日承准军机大臣字寄：光绪十九年十月初三日，奉上谕：本年顺天、直隶各属骤被水灾，叠经赏拨银米，分设粥厂，办理急赈。嗣因灾区较广，拨给奉天粟米一万四千四百余石，江苏、江北漕米各五万石备赈，并因办理冬春赈抚，续拨河运漕米折价十万石，截留海运漕米八万石，分解顺天、直隶应用。复准李鸿章所

---

① 台北故宫博物院藏：《军机及宫中档》，文献编号：408002835-0-C. 又，中国第一历史档案馆藏：《录副奏片》，档号：03-5313-082。
② 台北故宫博物院藏：《军机及宫中档》，文献编号：408002834-0-A. 又，中国第一历史档案馆藏：《录副奏片》，档号：03-5313-081。

请，动拨直隶藩库银十万两，广为散放。采育镇等处广设粥厂，准如孙家鼐①等所请，加拨银米。又因湖南醴陵县等处被旱，由户部垫拨银三万两，发交吴大澂②分别散放。山东沿河各属被水，谕令福润截留新漕六万石，以备冬赈。陕西延安等府属被旱，将上忙钱粮分别缓征。湖北公安县被水，陕西绥德、泾阳等州县被雹，咸宁等县被水，南郑、府谷等州县被水、被雹，甘肃渭源等州县被雹、被水，新疆奇台县被旱，库车等厅州县被水，广东廉州府属被水，广西宾州等州县被水，云南定远、文山、姚州、建水、安平等厅州县被水，均经该督抚等查勘抚恤，小民谅可不至失所。惟念来春青黄不接之时，民力未免拮据。着传谕该督抚

---

① 孙家鼐（1827—1909），字燮臣，号蛰生、澹静老人，安徽寿县人。咸丰九年（1859），中式一甲第一名进士（状元），授翰林院修撰。次年，补武英殿纂修官。十一年（1861），升总纂。同年，充山西乡试正考官。同治元年（1862），任实录馆纂修官。翌年，充会试同考官、翰林院汉办事官，兼庶常馆提调。三年（1864），任詹事府右春坊右赞善。同年，授湖北学政。四年（1865），充詹事府左春坊左赞善、翰林院侍讲。六年（1867），升翰林院侍读。次年，充上书房行走，补翰林院侍讲学士，兼日讲起居注官。九年（1870），补翰林院侍读学士，兼武英殿提调。光绪四年（1878），补詹事府少詹事。次年，授内阁学士，兼礼部侍郎，署工部左侍郎，兼文渊阁直阁。六年（1880），补工部左侍郎。八年（1882），兼署吏部左侍郎、礼部左侍郎、吏部右侍郎。同年，充顺天乡试副考官。九年（1883），调户部右侍郎，兼管钱法堂事务，署吏部左侍郎。十一年（1885），署礼部右侍郎。次年，署都察院左都御史。十三年（1887），调补兵部右侍郎。次年，任汉经筵讲官。十五年（1889），补吏部右侍郎。同年，署工部尚书。十六年（1890），署刑部尚书，兼署工部左侍郎。同年，擢都察院左都御史。十八年（1892），署户部尚书，兼教习庶吉士。是年，调补工部尚书，兼顺天府府尹，并兼总办庆典大臣。十九年（1893），兼署户部尚书、会典馆副总裁。二十年（1894），兼署都察院左都御史、管理沟渠河道大臣。二十二年（1896），授礼部尚书，兼署工部尚书。二十三年（1897），调吏部尚书。同年，兼充顺天乡试正考官、会试正考官、会典馆正总裁。二十四年（1898），授协办大学士。二十六年（1900），调礼部尚书、翰林院掌院学士。次年，以体仁阁大学士管理吏部事务。二十九年（1903），擢东阁大学士，兼政务处大臣、学务大臣。同年，充考试大臣。三十一年（1905），授文渊阁大学士。次年，兼国史馆总裁、文渊阁领阁事。三十三年（1907），授武英殿大学士，兼资政院总裁。三十四年（1908），加太子太傅。宣统元年（1909），卒于任。赠太傅，谥文正。著有《钦定书经图说》等行世。

② 吴大澂（1835—1902），字清卿，号恒轩、愙斋，江苏吴县（今苏州市）人，县学生。同治三年（1864），中举。七年（1868），中式进士，选庶吉士。九年（1870），授翰林院编修。十二年（1873），充陕甘学政。光绪四年（1878），放河南河北道。六年（1880），加三品卿衔，帮办吉林军务。七年（1881），补太仆寺卿。九年（1883），署太常寺卿。同年，授通政使司通政使，会办北洋军务。十年（1884），补都察院左副都御史，会办海防，处理朝鲜内乱。十二年（1886），擢广东巡抚。十四年（1888），署河道总督。十八年（1892），调湖南巡抚。二十一年（1895），清廷以"徒托空言，疏于调度"，褫其职，旋改革职留任。二十四年（1898），复降旨革职，永不叙用。二十八年（1902），卒于籍。其一生善画山水、花卉，精于篆书，著有《愙斋诗文集》《说文古籀补》《古玉图考》《权衡度量实验考》《恒轩所见所藏吉金录》《吉林勘界记》《三省黄河全图》等行世。

等体察情形,如有应行接济之处,即查明据实覆奏,务于封印以前奏到,候朕于新正降旨加恩。

再,安徽安庆等府属被水、被旱,江西德化、建昌等县被水,莲花、安福、永新等厅县被旱,贵溪县被风;湖南澧州、安乡等州县被水,茶陵、衡阳等州县被旱;甘肃靖远等县被雹,均经该督抚等委员查勘,即着迅速办理,并将来春应否接济之处一并查明,于封印前奏到。此外各省有无被灾地方应行调剂抚恤之处,着该将军、督抚等一并查奏,候旨施恩! 将此各谕令知之。钦此。

遵旨寄信前来。仰见皇上轸念民依至意! 饬据布政使饶应祺详覆:光绪十九年,新疆库车厅、叶城县被水地亩均未成灾,莎车州、奇台县被水、被旱地亩额征粮草并奇台县借给籽种,库车厅被水淹倒官地、民房应征租银,业经汇详奏请蠲缓,以舒民力在案。来春青黄不接之时,拟饬莎车州、奇台县酌量借给籽种,俾免拮据,毋庸另筹接济。其余各属收成尚称中稔,毋须调剂,等情。前来。

臣覆查无异,所有遵旨查明新疆被灾地方应否接济缘由,谨会同陕甘总督臣杨昌濬,恭折具陈。伏乞皇上圣鉴。谨奏。①

同日,公又会衔陕甘总督杨昌濬、喀什噶尔提督董福祥奏请张宗本借补乌什协营副将,下部议。曰:

窃新设阿克苏镇属乌什协营副将员缺,业经奏准作为题缺,应即遴员请补,以专责成。该处兼辖胡什齐里克、布鲁特各部落,毗连俄境,防守关重,非练达有为之员,难资得力。查有头品顶戴留甘肃新疆尽先补用提督现署该协营副将和阗营参将奇臣巴图鲁张宗本,办事勤奋,勇略兼优,于署任内巡防操练均属认真,以之借补斯缺,洵堪胜任,人地亦极相宜,合无仰恳天恩俯准以张宗本借补乌什协营副将员缺,

---

① 台北故宫博物院藏:《军机及宫中档》,文献编号:408002836。又,中国第一历史档案馆藏:《录副奏折》,档号:03-5600-145。

实于边防有裨。如蒙俞允,并恳饬部先给署札,俟防务大定,即行并案给咨送部引见,以符定制。再,查该员于光绪十八年经部覆准以提督借补和阗营参将,现在计俸未满,乌什协营副将员缺仍请以提督借补。所遗和阗营参将由臣另行拣员请补。

除饬取履历清册送部外,谨会同陕甘总督臣杨昌濬、喀什噶尔提督臣董福祥,恭折具陈。伏乞皇上圣鉴,训示。谨奏。①

是日,公又会衔陕甘总督杨昌濬开单奏销新疆光绪十二年分司库收支银粮、草束情形,下部议。曰:

窃臣于光绪十九年八月二十五日具奏,新疆自光绪四年起至十五年止历奏银粮、草束、防军、善后各案,其原册未经发还者,恳请饬部按起核销一折,十月二十八日奉朱批:着照所请,该部知道。钦此。仰见皇上洞悉边圉情形,俯准变通成例,从此历年积牍可期逐次清厘!兹据布政使饶应祺详称:案查前护抚臣魏光焘准户部咨:议奏新疆光绪十二年分司库收支银粮、草束一折,等因。当经抄单行司遵办,现将前项收支逐一清查,均属据实造报,委无隐漏冒滥情事。惟是时行省初设,藩司到任未久,一切例款尚须因时因地次第酌定,奏咨立案,而应支之项势难延缓,不能不随时发给,叠经声明未定章以前照实支数目开报在案。所有十二年分经部行查各款,谨详细声覆。其饬令删除各款,内有实与例案不符尚能追缴者,即令缴还,归入司库十七年奏销案内列收造报。至核与例案虽有不符、实难删除之款,应请奏明仍照原册核销,等情。前来。

臣覆查所详各节均属实在,相应缮具清单,恳恩饬下户部查照此次钦奉谕旨变通成例,一并核销,以清积牍,出自鸿施!谨会同陕甘总

---

① 台北故宫博物院藏:《军机及宫中档》,文献编号:408002838.又,中国第一历史档案馆藏:《录副奏折》,档号:03-5897-053.

督臣杨昌濬,恭折具陈。伏乞皇上圣鉴,训示。谨奏。①

十一月二十五日,总理各国事务衙门来函曰:

光绪十九年十一月十九日,本衙门议覆出使大臣许奏新疆南路开办金矿请旨饬查一折,奉朱批:另有旨。钦此。是日,奉上谕:前据许景澄奏,新疆和阗一带金矿旺聚,并详述游历洋人测探情形,当令总理各国事务衙门议奏。兹据该衙门奏称:和阗产金之盛,据许景澄原奏图说,覆以近日新疆测绘舆图,大致相同,克里雅城毗连帕米尔诸处,边疆重地,绸缪未雨,宜在机先。若照漠河金厂章程办理得宜,自可浚利源于不竭,请饬妥议办理,等语。着杨昌濬、陶模按照所奏各节,会商办法,妥议具奏。钦此。相应恭录谕旨,钞录原奏,并照录许大臣原奏图说、游记及漠河金厂开办章程,密咨贵抚钦遵办理。又,许大臣致本衙门密启一件,一并录寄,以备参酌可也。②

十二月初一日,公会衔陕甘总督杨昌濬开单奏报核销甘肃新疆光绪十六年分防军收支各款数目情形,下部议。曰:

窃照甘肃新疆光绪十一、二、三等年防军、善后用款,每年合关内外指拨各省的款银四百八十万两,新疆分银二百二十万两。十四、五、六三年仍照上案指拨,内提充转运公用银四万两,归陕甘总督经理造销,新疆每年分银二百一十六万两。又,伊犁镇标营勇及地方善后十六年分隶巡抚接管,加分各款银四十四万两,内除伊犁将军清理陈饷欠还甘肃藩库借款银五万两,照案在于新疆应分伊塔道库提存款内扣还不计外,十六年分实分伊犁镇标军饷、地方善后经费并提存道库各

---

① 台北故宫博物院藏:《军机及宫中档》,文献编号:408002837.又,中国第一历史档案馆藏:《录副奏折》,档号:03-6570-071.
② 台北"中央研究院"近代史所藏:《外交档案》,馆藏号:01-11-025-01-002.

款共银三十九万两，均由甘肃藩库统收，扣除四分减平分摊拨解。十五年以前新疆防军、善后用款业经并案造册，分年请销在案。

兹据粮台详称：自十六年正月初一日起，截至十二月底止，除将善后款遵照部咨另案造销外，所有防军一切收支仍接上案造报，计旧管项下：上案防军、善后报销，截至十五年底，实存新饷平银三十四万四百七十三两六钱六厘，欠发各营旗十年以前病故弁勇存饷银一十一万四千一百八十五两二钱八分六厘。新收项下：收到甘肃藩司分解新疆应分各项新饷并收新疆马步各营旗报缴截旷、支发采制、运脚等款扣回平余、变卖官骡价值，收回阿克苏道、哈密厅、奇台县及库车、吐鲁番回子郡王等缴还光绪十年以前过支廉俸、书役食面、折价减平等项，共计新饷平银二百五十六万一千六百三十一两七钱三分六厘。开除项下：拨过十六年分新疆马步各营、旗、哨、开花炮队饷项、薪粮、马队倒马价值、提镇各衙门汇槁书、通事、各台局委员办公人等薪水、口粮、工食、采制、修整军装、器械、制造火药工料价值、转运饷装脚价、盐菜、口粮、官驮骡、员役薪工等项银一百九十万五千五百三十九两九分四厘；又拨发藩库例支不敷款项，供支古城营旗经费，拨解司道库提存款项，划拨新疆伊犁原估善后经费等项六十一万二千两，统共开除新饷平银二百五十一万七千五百三十九两九分四厘。实在项下：截至十六年十二月底，实存新饷平银三十八万四千五百六十六两二钱四分八厘，应归下案接续造报，仍欠拨各营旗光绪十年以前病故弁勇存饷银一十一万四千一百八十五两二钱八分六厘，应俟各故勇亲属请领至日，即由十七年以后新饷内匀给。造具总、散清册，详请奏销前来。

臣覆查支发各款，均属实用实销，并无浮冒。除将清册分送各部外，相应缮具简明清单，会同陕甘总督臣杨昌濬，恭折具奏。伏乞皇上圣鉴，饬部核销施行。谨奏。①

---

① 台北故宫博物院藏：《军机及宫中档》，文献编号：408002840. 又，台北故宫博物院藏：《军机及宫中档》，文献编号：129844。

同日，公又会衔陕甘总督杨昌濬开单奏销甘肃新疆光绪十六年分善后收支各款数目情形，下部议。曰：

窃照甘肃新疆善后经费自光绪十一年起，每岁随饷估拨银一十四万两，又伊犁地方善后十六年分隶巡抚接管应分银一十一万二千两，前项银两即在新疆、伊犁岁分新疆饷之内，十五年以前新疆支发善后款目并归防军按年造报在案。自十六年起，遵照部咨善后经费另案报销。

兹据粮台详称：十六年分收支善后款目，查旧管项下：上案防军善后报销存款已提归防军案内照数接管，本案不再列存。新收项下：由防军报销册内提拨原估新疆、伊犁两款善后经费并收本案报销扣回平余，共银二十五万二千五十一两五钱八分七厘。开除项下：支发新疆各属义学塾师薪水、购买纸张、笔墨、发审舆图、善后、纺织、牛痘各局、保甲稽查局卡委员薪水、经贴各书、护勇、通事人等工食、口粮、罗布淖尔驿站经费、孔雀河渡船水手口食、招徕户民迁徙川资、房屋、农具、津贴，供支伊犁、塔尔巴哈台赴任回旗各官、蒙回郡王、台吉、喇嘛人等进京、回旗，假遣残废弁勇、护送故员灵柩回籍夫马、车脚、口分等项银九万二千九百七十五两八钱六分；又拨发各处城署工程并罗布淖尔修造驿房、官店经费银九万两，统共开除新饷平银一十八万二千九百七十五两八钱六分。实在项下：截至十六年十二月底止，实存新饷平银六万九千七十五两七钱二分七厘，应归下案接续造报，拨发城署、驿房各工经费，应归工程项下列收，另行报销，造具善后经费总、散各清单，详请奏咨，等情。前来。

臣覆查光绪十六年分支发善后各款，均属实用实销，并无浮冒情弊。除将清册分送各部外，相应缮具清单，会同陕甘总督臣杨昌濬，恭折具陈。伏乞皇上圣鉴，饬部核销施行。谨奏。①

---

① 台北故宫博物院藏：《军机及宫中档》，文献编号：408002842. 又，台北故宫博物院藏：《军机及宫中档》，文献编号：129845.

是日，公又会衔陕甘总督杨昌濬开单奏明甘肃新疆光绪十九年夏秋禾收成分数情形，曰：

窃查新疆每年收成分数，历经奏报在案。兹据布政使饶应祺详称：光绪十九年收成分数，据各属先后申报，除莎车州、奇台县被灾地亩不计外，通盘牵算，通省夏禾实在七分有余，秋禾实在七分有余。汇详请奏前来。

臣覆核无异，相应缮具清单，恭呈御览。除咨部查照外，谨会同陕甘总督杨昌濬，恭折具奏。伏乞皇上圣鉴。谨奏。①

同日，公又会衔陕甘总督杨昌濬附片奏报镇迪道黄光达饬赴新任，曰：

再，升补镇迪道兼按察使衔丁振铎业经到省，应即饬赴新任。现署镇迪道兼按察使衔黄光达，应即饬赴喀什噶尔道本任，各专责成。除分别檄饬遵照外，谨会同陕甘总督臣杨昌濬，附片具奏。伏乞圣鉴。谨奏。②

同日，公又会衔陕甘总督杨昌濬附片奏报请准张云辉等留甘补用，下部闻。曰：

再，新疆从前征剿出力各武员，迭经奏留新疆补用在案。兹查有记名提督张云辉、记名总兵唐加奇、张俊三，尽先推补副将李策胜、留湖广督标尽先补用副将李应章、副将衔补缺后补用副将留江西尽先补用参将周升朝、副将衔尽先补用参将蒲应龙、副将衔尽先推补参将沈义堂、补缺后补用副将尽先补用参将王桂林、补缺后补用副将尽先推补参将贺福春、尽先补用游击宋得胜、汤若南，补缺后仍归原标补用游

---

① 台北故宫博物院藏：《军机及宫中档》，文献编号：408002839。又，台北故宫博物院藏：《军机及宫中档》，文献编号：129843。
② 台北故宫博物院藏：《军机及宫中档》，文献编号：408002839-0-A。又，台北故宫博物院藏：《军机及宫中档》，文献编号：129847。

击河南抚标尽先补用都司田兰亭、尽先补用都司焦复兴、陈泗海,归四川提标云骑尉世职都司衔补缺后补用都司补用守备唐宝臣、补缺后补用都司尽先补用守备刘兴顺、都司衔补缺后补用都司河南归德镇标尽先即补守备曾殿明、都司衔尽先补用守备萧德益等十九员,在新疆效力有年,边情熟悉,合无仰恳天恩俯准将记名提督张云辉等十九员均以原官原衔留于甘肃新疆尽先补用,于边防、营伍实有裨益。

除饬履历清册咨部查照并俟续查有应行留省人员随时奏请外,谨会同陕甘总督臣杨昌濬,附片具陈。伏乞圣鉴,训示。谨奏。①

十二月初三日,公会衔伊犁将军长庚、塔尔巴哈台参赞大臣富勒铭额开单奏报酌拟塔城营制饷章一事,下部议。曰:

窃臣等承准户部咨:议覆伊犁将军长庚等会奏塔城实需饷数谨再行划分,并筹拨驿站经费等因一折,奉朱批:户部议奏。钦此。钦遵由军机处抄交到部。臣部伏查光绪十四年至十六年塔尔巴哈台兵饷,每年拨银二十九万两。自十七年起,新疆巡抚与驻塔尔巴哈台副都统将兵数、饷数划分,各得银十四万五千两。该副都统叠称不敷,奏请加拨。嗣因巡抚用款较少,每年节省银二万二千两。今据该将军、督抚、副都统会奏,以巡抚之所余补副都统之不足,计巡抚应分饷装并驿站经费共银十二万七千两,副都统应分廉俸、饷装、公费等项共银十六万三千两,仍不逾原定二十九万之额。臣部公同商酌,自应照准。至款目细数,尚未报部,应请饬下驻塔尔巴哈台伊犁副都统迅将款目细数章程,详细酌定,报部立案,于光绪十九年五月初八日具奏,奉旨:依议。钦此。钦遵等因。咨行前来。自应遵照办理。

臣等伏查塔尔巴哈台承平时向由乌鲁木齐、伊犁各城调派换防官兵,自新疆乱后,经前抚臣刘锦棠改设行省,南北两路换防悉数裁撤,

---

① 台北故宫博物院藏:《军机及宫中档》,文献编号:408002839-0-B.又,台北故宫博物院藏:《军机及宫中档》,文献编号:129846。

塔尔巴哈台安设旗兵一千、汉兵二千。迨光绪十六年，又将汉队一千五百名拨交屯防副将管带，不归参赞大臣节制，塔尔巴哈台仅有索伦一营，绥靖汉队中、右两旗，开花炮队一大哨。而索伦原系伊犁驻防，乱后流寓塔城，经前署伊犁将军荣全①奏明暂安塔城，归复营制，迄今已逾二十三四年，其间历任参赞大臣改为练军，将索伦官兵挑拨三百二十二员名，充选锋左、右两翼。又挑一百二十人充绥靖右营马队，其余闲散壮丁并无养赡，自耕自食。是索伦一营零星分布，废弃旧制，以致官非实缺，兵无披甲，委令虚衔人员管带，久而不知旗务，遇事难以责成。每月领饷仅照荣全奏定军营章程，营总月支口分二十九两，札兰队官十八两，委官、委笔帖式十二两，教习九两，队长七两，队兵六两三钱。以领队大臣委为统领，月支口分、统费一百八十两。综计选锋营官兵口分与满营制饷正等，何须常年以军营为名，不循旧章，殊非经久之道。该索伦驻扎塔城有年，生齿日繁，安土难迁。伊犁、塔尔巴哈台同为边疆重地，幅员辽阔，东北至科布多、哈巴河、阿勒泰山，东南至库尔喀喇乌苏、精河；南至伊犁博罗塔拉，西北紧与俄境毗连，外夷环居，防务不容少懈，实有兵单不敷分布之势，是以已故副都统额尔庆额②前有奏添汉队一千名之请，业经兵部议准。旋经户部以添兵必须添饷，当此库款奇绌，应就现有马步督饬训练，等语。

  臣等再四熟筹，现当军务平定之后，亟图规复旧制，用垂久远，若

---

① 荣全（？—1880），瓜尔佳氏，满洲正黄旗人。咸丰元年（1851），承袭一等威勇侯。翌年，充二等侍卫、大门上行走。四年（1854），晋头等侍卫。六年（1856），补乾清门侍卫。次年，任侍卫副班长。九年（1859），署尚茶正。十一年（1861），授塔尔巴哈台额鲁特部落领队大臣，加副都统衔。同治三年（1864），调补喀拉沙尔办事大臣，同年，转伊犁额鲁特领队大臣。四年（1865），补伊犁参赞大臣。次年，兼署镶红旗蒙古副都统、伊犁将军。六年（1867），调乌里雅苏台参赞大臣。光绪四年（1878），补镶红旗蒙古副都统，兼镶白旗护军统领、右翼监督。五年（1879），补右翼前锋统领，管理健锐营事务。同年，授三旗虎枪领。六年（1880），卒于任。
② 额尔庆额（1838—1893），字蔼堂，格何恩氏，隶满洲镶白旗，墨尔根城驻防。咸丰九年（1859），充骁骑校，旋赏戴花翎，补委参领。同治四年（1865），保以协领即补。五年（1866），加法福灵阿巴图鲁勇号。七年（1868），晋副都统衔。九年（1870），补授佐领，兼营总。十年（1871），授黑龙江副总管。同年，调补凉州副都统。光绪三年（1877），补古城领队大臣。六年（1880），兼署科布多参赞大臣、帮办大臣。七年（1881），授科布多帮办大臣。十年（1884），兼署科布多参赞大臣。十二年（1886），补伊犁副都统。十四年（1888），授塔尔巴哈台参赞大臣。十九年（1893），卒于任。

由远处招募汉队,设立军营,徒滋繁费,终非久计。或由内地调拨驻防满营官兵,更匪易易。此项索伦久驻塔城,熟悉边情,且从前屡次出力,战功最著,舍此别无精壮得力之兵。而该索伦旧制饷薄,不足以赡身家,与其设立行营,徒糜饷项,兵无实济,不如改设满营,驻防塔城,以固疆围而资整理。官则照品给俸,兵则按等支饷,将来于报部核销,遵照定例,俾昭核实。即该官兵咸知为塔城永远驻防,于营务安心整顿,于操防实力讲求,简练军实,捍卫边陲,以期得力。该索伦人性朴诚,昔在伊犁打仗奋勇,素称劲旅。嗣因布伦托海难民变乱,剿补歼除,尤赖其力,以之安设满营驻防,诚为塔城屏蔽。臣等仰蒙圣恩,畀以边疆重寄,凡有关于地方兴复事宜,糜不悉心筹度,妥为经营;体察情形,亟须先从旗营着手,次第整顿,应将选锋营一律裁撤。

查索伦营现有人丁二千数百名,内拣拔精壮官兵一千十八员名,拟请分设左、右两翼协领二员,编列八旗,每旗设佐领、防御、骁骑校各一员,前锋校、前锋、催总、领催、马步甲、养育兵等九百九十二名。安设塔城驻防满营,即照伊犁新满营章程支给俸饷,以协领兼充左、右两翼前锋、步军翼长,佐领兼充营总,防御、骁骑校兼充队官,前锋校、前锋兼充队长,催总,领催兼充教习,管理兵丁钱粮、户口事宜;马甲兼充队兵。均不另支口分,责成该协领等于春秋二季督饬勤加操练,演习枪炮、马步骑射,庶于旗务可期复旧,操防不致废弛。该官兵应支俸饷之外,尚有本色粮料。塔城既鲜户民,地方官势不能供支,估价采买每年约需银二万有奇,更无款筹办。臣富勒铭额亲履塔城各屯工地查看,上下西伯图、都伦渠、塔布图、科柯莫多、溜开升地共六屯,不与民户交涉,现有索伦闲散人等耕种,拟将此项屯地每两旗拨给一屯半,令其轮流耕种,收获粮石即抵该官兵本色粮料。三年之后如果办有成效,每兵一名令其交粮一石存仓,以备不虞,或补立马匹办公之用。其余新地三十里堡、南湖等处地亩,拨归塔城抚民同知,招户屯垦,试行开办,寓兵寓农,两有裨益。

额鲁特营经前任参赞大臣英廉①奏定,规复旧制官兵一千六百六十七员名。嗣经锡纶将额鲁特官兵挑拨选锋前、后两翼三百二十二员名,派充东、南两路台卡当差官兵五百一十余员名,在原游牧当差官兵八百三十余员名。十数年来,索伦、额鲁特两营旧制废弛,兹将选锋营一律裁撤,臣等遵照部议,就饷设兵,拟挑留额鲁特精壮官兵一千四百四十三员名,仍饬规复旧制,照支例饷。其余老弱二百二十余员名,饬令裁汰,以节饷糈。至东、南两路台卡二十二处,每台卡原派委札兰一员、委章盖一员、委昆都一员、兵二十五名,共计官兵六百一十六员名。现拟酌留委札兰二员、委章盖二十二员、委昆都二十二员、兵三百三十名,裁撤官兵二百四十员名。惟前准部咨,将塔城南路军台十处改设驿站,拨归巡抚,饬令地方官经理,业已饬委接办,现尚未据接管,俟该同知接管后,另行奏报。

其塔城仍旧设卡十处并东路卡伦十二处,均由额鲁特营派拨官兵驻守,照章支给盐菜、马干。旧随参赞大臣文武委员、马步亲兵共一百员名,并刍牧、樵采蒙兵二百名,现拟酌留文武委员三十员,以资襄办营务、文案、粮饷等处,并中俄交涉、东北路哈巴河、阿勒泰山防营事务。其余马步亲兵、刍牧、樵采蒙兵悉数裁撤,以节糜费。绥靖汉队中、右马步两旗五百人,遵照部议裁减正勇五十名,节省银两,解交部库。开花炮队一大哨一百二十人,均照奏定章程办理。

所有该营旗官、哨官先行委员管带,并索伦改设驻防满营,恭候命下之日,再行拣员充补,以专责成。其印务、驼马等处,概将行营章程裁撤,遵照定章设立,以复旧制。满、汉营应需差操马、开花炮队驾车

---

① 英廉(?—1900),蒙古正蓝旗人,伊克明安氏。咸丰三年(1853),任笔帖式。六年(1856),补护军校。同治元年(1862),委护军参领。三年(1864),以参领尽先即补,赏戴花翎。同治四年(1865),调正蓝旗蒙古护军参领。五年(1866),以副将遇缺尽先即补。次年,管带八旗汉军排枪队。七年(1868),记名以副都统用。十年(1871),擢伊犁帮办大臣,以副都统遇缺题奏。十二年(1873),加副都统衔,旋调补塔尔巴哈台参赞大臣。光绪三年(1877),赏加头品顶戴。八年(1882),调神机营全营翼长,补镶白旗护军统领。九年(1883),调补正蓝旗汉军副都统,署马兰镇总兵,总管内务府大臣。十年(1884),授马兰镇总兵,兼总管内务府大臣。二十年(1894),迁镶红旗汉军副都统、八旗汉军炮队专操大臣。二十六年(1900),卒于任。

马匹、倒马例价、台卡马干,均照定章办理。旧有神机营官兵军械局、火药库,每年春秋祭祀,循例呈递贡马,巡查卡伦、边界,三年会查牌博一次,会办中俄积案一次,出差官兵津贴、阅操赏需、制造洋药、火药、修理洋枪、军器匠役、官医生、采买折料、纸张、钢铁、铜帽,并遇闰年分应加饷银以及未能预计各项,悉照原案核实供支,撙节动用,仍不逾十六万三千两之额。合无仰恳天恩,俯念塔城极边重地,准将索伦营安设驻防满营,以固疆圉而资整顿,出自逾格鸿施。

谨将裁撤选锋五营就饷设兵、规复旧制,按现定新饷数目,分晰立案,汇缮清单,恭呈御览,仰恳饬部立案。所有已故副都统额尔庆额任内收支各款,截至此次立案以前,仍照原案开报,以免轇轕而清界限。其余未尽事宜,容俟查明,再行奏请办理。

所有遵照部议,酌拟塔城营制、饷章,谨按岁分饷数,核实立案各缘由,是否有当?除造具细册咨部查核外,谨合词恭折具奏。伏乞皇上圣鉴,训示。再,此折系臣富勒铭额主稿。合并声明。谨奏。①

同日,公又附片奏请将姚佩贤仍照原拟底衔给奖,下部议。曰:

再,查接管卷内,已故副都统额尔庆额奏奖两次会办中俄积案出力之双月候选布理问姚佩贤,请俟选缺后,以知州补用,先换顶戴,经吏部议奏:该员双月布理问之案既未核准,碍难核议,应令另核奏明请奖,等因。咨行前来。

奴才到任后,据姚佩贤禀称:前于光绪十六年九月在新疆藩司遵照新海防事例变通章程,由六品衔不论双单月选用县丞捐纳银二百八两八钱,请以布理问双月选用,领有司库实收。十七年十二月,准户部咨:新疆新海防捐输第二次请奖案内捐生姚佩贤,应令赴部库补交捐监四成实银,并令声明双单月选用县丞系在湖北滇捐局何次报捐,何

---

① 中国第一历史档案馆藏:《朱批奏折》,档号:04-01-01-0991-043。又,台北故宫博物院藏:《军机及宫中档》,文献编号:130017。

时经部覆准。遵于光绪十八年九月在部库补交监生四成实银四十三两,领有部照收执,并呈明双单月县丞系在湖北滇捐局第十二、十三次案内报捐监生以县丞不论双单月选用,光绪六年十二月经部奏准,吏部发给执照在案。是报捐在先,请奖在后,因补交监饷耽延,并无别故,等情。具禀前来。

　　奴才伏查该员两次会办中俄积案,实属异常出力,未便没其微劳。既已查明捐案在前,合无仰恳天恩俯准仍照原拟底衔双月候选布政司理问姚佩贤请俟选缺后以知州补用,先换顶戴,以示鼓励而免向隅,出自逾格鸿慈! 除将该员呈造履历咨部查核外,谨附片具陈。伏乞圣鉴,训示。谨奏。①

十二月初七日,公会衔宁夏将军钟泰、伊犁将军长庚、西宁办事大臣奎顺奏报慈禧太后万寿庆典报效经费情形,下部闻。曰:

　　窃维光绪甲午年恭逢慈禧端佑康颐昭豫庄诚寿恭钦献皇太后六旬万寿,普天同庆,薄海胪欢! 九重尊养,侍椒闱而喜祝长春;百尔趋跄,望枫陛而群思献曝! 接读邸钞:直隶督臣李鸿章奏请报效银两,奉旨准其报效。钦此。幸庆典之恭逢,自微诚之同抱。

　　臣等职领封圻,神驰殿陛,渥蒙恩眷,弥切媚兹。况复风静西陲,同上镜清砥平之颂;恰值星辉海南,共殷衢歌巷祝之忱! 恭查乾隆年间点景成案,各直省督抚每省交银三万两。其时甘肃附入陕西,今新疆行省初立,应即附入甘省。诗咏台莱,绳祖武则万年有道;情抒葵藿,式成宪而百世如新! 臣等与将军、副都统、领队暨提、镇、司、道文武各官商酌,莫不鼓舞欢欣,沆瀣一气。谨公同筹备银四万两,以助添设地段、点缀景物之需,吁恳恩准赏收,俾得共展悃忱,莫名欢忭!

　　再,查分段点景向由各督抚派员来京,会同办理。惟甘肃新疆僻

---

① 中国第一历史档案馆藏:《朱批奏片》,档号:04-01-16-0241-099.又,台北故宫博物院藏:《军机及宫中档》,文献编号:172473。

居边徼,远隔君门,诚恐所派之员诸多隔阂,临事周章,可否俯准照直隶督臣李鸿章前奏,将此项银两饬交内务府办理,抑或仍应派员之处,伏候命下。遵行。

所有遵照成案续请报效经费缘由,谨会同宁夏将军臣钟泰①、伊犁将军臣长庚、西宁办事大臣奎顺②,合词恭折具陈。伏乞皇上圣鉴,训示,施行。谨奏。③

十二月初八日,公开单咨报总理衙门曰:

据署喀什噶尔道李宗宾禀称:职道前准管带布鲁特马队张旗官鸿畴报:驻六尔阿乌俄带兵官毕的里格带领俄兵三名、通事一名、跟丁一名,均携洋炮、马力,至布伦库尔,口称前赴喀什噶尔,与俄领事会晤,等语。当经阻拦,俄兵官决意不依,诚恐龃龉生事,当即放行,等因。比经提督军门董(福祥)以俄兵官辄取私行入卡至喀,毫无顾忌,实属不成事体,当与职道会商,以布伦库尔非通商大道,未便听俄人往来。比饬通商委员曾令广均赴俄领事署,告知请勿出由布伦库尔至六尔阿

---

① 钟泰(1833—1902),爱新觉罗氏。咸丰元年(1851),于宗人府效力,任七品笔帖式。八年(1858),署理主事。次年,补宗人府经历。同治元年(1862),任副理事官。四年(1865),副理事官兼步军统领衙门行走。七年(1868),加四品卿衔。九年(1870),授杀虎口监督。十二年(1873),升正理事官。光绪二年(1876),署理正黄旗汉军副都统。次年,授正白旗蒙古副都统。五年(1879),兼署镶黄旗汉军副都统、备查坛庙大臣,管理健锐营事务。六年(1880),任右翼监督,署正蓝旗汉军副都统,兼署正黄旗护军统领,调正红旗满洲副都统,管理正红旗满洲专操大臣。七年(1881),以左翼监督兼署镶蓝旗护军统领,旋即调补广州汉军副都统。十三年(1887),兼署广州左翼副都统。十四年(1888),迁宁夏将军。二十八年(1902),调补绥远城将军。同年,卒于任。

② 奎顺(1846—?),满洲正蓝旗人,监生,捐纳贡生。同治九年(1870),再捐笔帖式。次年,保主事、员外郎。十二年(1873),签分户部员外郎。光绪元年(1875),监修普祥峪工程。三年(1877),补户部员外郎,加四品衔。五年(1879),升补户部郎中。九年(1883),充捐纳房帮办,调户部江南司郎中。十一年(1885),放甘肃甘凉道。十三年(1887),署西宁办事大臣。十八年(1892),迁西宁办事大臣,加副都统衔。二十五年(1899),迁正黄旗汉军副都统、马兰镇总兵官兼总管内务府大臣。二十六年(1900),调镶白旗汉军副都统。同年,授察哈尔都统。三十年(1904),补乌里雅苏台将军。三十一年(1905),调补正蓝旗汉军都统。

③ 中国第一历史档案馆藏:《朱批奏折》,档号:04-01-14-0087-100.又,中国第一历史档案馆藏:《录副奏折》,档号:03-5558-059.

乌俄票,以符约章。俄领事以须用公文照会为凭。旋经提督军门董(福祥)咨行职道衙门,转行照会俄领事去后。复准俄领事出给俄商赴六尔阿乌俄票一纸,送职道衙门挂号盖印,以为尝试。职道当即备文照会驳还。伏查俄兵官由六尔阿乌私至喀什噶尔,到喀以后并未知会职道衙门,惟出卡之时,经俄领事发给俄票,送职道衙门查验,始悉其所带俄兵、通事、跟丁等名字,当即挂号,送由布伦库尔仍回六尔阿乌。第以后任意往来,实于边防大有妨碍。董军门咨文大意,以非通商大路,宜闭出入,并未将俄领兵官私赴喀什一节指出者,盖仍保全睦谊而免晓渎。兹将承准董军门咨文及职道照会俄领事并驳还俄票文稿二件,暨俄兵官等出卡名单,另缮清折,呈请鉴核,等情。到本部院。据此,查帕米尔界务未定,尚在陈兵相持,布伦库尔人非通商大道,而俄兵辄带兵、役、通事由此前来喀什噶尔,与领事会晤不依,中国官员阻挡,带至出卡,始经领事发给俄票,送道查验。似此往来自便,不特与约章不符,且恐别生事故,应请贵衙门照会驻京俄使,嗣后带兵官不得辄行入卡,即俄商贸易,亦须由通商大道行走,以免轇轕。相应咨呈,为此咨呈贵衙门,谨请鉴照办理,并祈见覆施行。①

十二月十三日,公奏报请准进京陛见祝嘏等情,曰:

窃以璇官益算,纪圣寿之六旬;玉陛称觥,合欢心于万国!钦惟慈禧端佑康颐昭豫庄诚寿恭钦献皇太后麻凝泰运,德业坤元,覆帱寰中,敷仁泽而八埏向化;经纶天下,衍宝祚而万祀垂型!徽音昭巍焕之光,康疆逢吉;颐养极冲和之量,福禄来崇!惟群伦永戴慈晖,斯一人克隆郅治,皇上大廷展礼,至德尊亲,率百官进奏,箫韶声谐,舜轸越九泽,咸轮琛赆,躬献尧门。备物承欢,遂圣人之养志;祝釐笃庆,欣寿宇之增辉!

---

① 台北"中央研究院"近代史所藏:《外交档案》,馆藏号:01-17-052-07-026。

臣幸际昌期，愿瞻巨典，膺疆寄而遥供职守，久睽冠裳玉帛之班；遵懿训而祗切钦承，未效球琳琅玕之贡。惟有亲趣丹阙，介眉获缀于鹓行；入觐彤闱，稽首虔伸夫虎拜。谨摅诚悃，伏冀恩俞！臣无任鼓舞欢忻待命之至。

所有微臣吁请进京祝嘏缘由，理合恭折具陈。伏乞皇上圣鉴，训示。谨奏。①

同日，总理各国事务衙门来函曰：

光绪十九年十二月初五日，准俄使喀希呢照称：俄民苏雷满喀勒及吗哈咩戍哈雷克等，中国喀什噶尔官因其不愿称为华属，将其囚禁，夺其产业，逐出喀境一案，迄今六年之久，尚未完结，应请咨行新疆巡抚，迅饬喀道会同驻喀俄领事核明办理，等因。前来。本衙门查此事前于十八年九月间，俄使照催查办，并请将俄产业退回，于是年十月初六日详叙此事原委，咨行贵抚查明咨覆以凭核办。时来年余，未准贵抚将办理情形咨报本署，俄使现又来催，未便日久悬宕，置之不复，相应录来再行咨催贵抚，迅饬该处地方官确查此案情节及如何办理之处，速复本衙门，以凭转复俄使，毋再推迟可也。②

十二月十八日，公开单奏报光绪十九年九月分新疆雨水粮价情形，曰：

窃照光绪十九年八月分各厅州县粮价并得雨雪情形，业经臣奏报在案。兹据新疆布政使饶应祺详称：本年九月分，镇迪道属迪化得雨，入土四寸，得雪积地三寸；昌吉、阜康、绥来、奇台得雨，入土三寸；库尔喀喇乌苏得雨，入土二寸；镇西微雪。伊塔道属塔尔巴哈台得雨，入土

---

① 台北故宫博物院藏：《军机及宫中档》，文献编号：408002843。又，台北故宫博物院藏：《军机及宫中档》，文献编号：130388。
② 台北"中央研究院"近代史所藏：《外交档案》，馆藏号：01-17-043-04-011。

四寸,得雪积地一寸;宁远得雪,积地三寸;精河微雪,绥定微雨。南路拜城得雨,入土二寸;库车微雨,余未得雨雪。

至通省粮价,库车、阜康、绥定、拜城等厅县俱与上月相同,余均略有增减。汇详请奏前来。理合恭折具陈,并缮粮价清单,敬呈御览。伏乞皇上圣鉴。谨奏。①

同日,公又会衔陕甘总督杨昌濬开单奏报请免新疆各属光绪十三年以前民欠额粮、籽种,下部闻。曰:

窃前护抚臣魏光焘于光绪十五年八月十二日准户部咨:光绪十五年三月十六日,钦奉恩诏,奏准豁免各直省光绪十三年以前民欠钱粮、籽种等项,由各该督抚详细查明该省某州县民欠若干,开单具奏,均以已入奏销实欠在民者为准,有已输在官之光绪十三年以前民欠钱粮,准其流抵正赋,等因。当经转行查办在案。兹据新疆布政使饶应祺详称:镇迪道属各厅、县、县丞、巡检并南路温宿州,自光绪九年起至十三年止,总共民欠京斗额粮五千四百七十二石四升一合八勺、京斗籽种三千八百石五斗五合一勺,均系已入奏销,实欠在民,应恳奏请豁免。至前项民欠,查温宿、昌吉、阜康、绥来、济木隆、呼图壁已于十五、六两年共带征八百九十七石五斗九升六勺,系在钦奉恩诏以后,应请流抵正赋,此外各属并无应豁钱粮,造册详请奏咨前来。

臣覆核无异,相应缮单吁恳天恩,准将前项民欠额粮、籽种一律豁免,以广皇仁。其业经带征各款并恳恩准流抵正赋,俟奉谕旨,饬司敬刊誊黄,张贴晓谕,用昭实惠。

除将清册咨部外,谨会同陕甘总督臣杨昌濬,恭折具陈。伏乞皇

---

① 台北故宫博物院藏:《军机及宫中档》,文献编号:408002841。又,台北故宫博物院藏:《军机及宫中档》,文献编号:130153。

上圣鉴,训示。谨奏。①

是日,公又会衔陕甘总督杨昌濬奏请张清和借补玛纳斯协副将,下部议。曰:

窃新疆抚属玛纳斯协营副将汤秀斋丁忧,光绪十八年七月经臣奏请开缺。旋准兵部咨:该副将员缺系题补之缺,应迅拣合例人员请补,等因。该处为省城门户,西达伊犁,北通塔尔巴哈台,地属要冲,五方杂处,巡防、弹压,在在关重,非精明干练、熟悉边情之员,弗克胜任。查有提督衔记名总兵前借补玛纳斯协副将张清和,光绪十六年在任丁继母艰,开缺回籍守制。十八年五月,服满起复,措资来省。臣以边疆正在需才,又系该员服官省分,查照服满副将若系提镇借补仍以提镇发往原省候补定例,奏请以总兵归新疆候补,并恳暂缓引见。奉朱批:着照所请,兵部知道。钦此。钦遵在案。

臣查该员谋略优长,办事稳练,在军营年久,随前大学士左宗棠转战数省,极为得力。嗣任玛纳斯协副将,整饬营务,兵民翕然,以之借补斯缺,洵堪胜任,人地亦极相宜,合无仰恳天恩俯准仍以记名总兵张清和借补玛纳斯协副将员缺,实于边防有裨。如蒙俞允,并恳饬部先给署札,俟防务大定,并案给咨送部引见,以符定例。

除饬取履历清册咨部外,谨会同陕甘总督臣杨昌濬,恭折具陈。伏乞皇上圣鉴,训示。谨奏。②

---

① 台北故宫博物院藏:《军机及宫中档》,文献编号:408002844。又,台北故宫博物院藏:《军机及宫中档》,文献编号:130152。

② 台北故宫博物院藏:《军机及宫中档》,文献编号:408002845。又,台北故宫博物院藏:《军机及宫中档》,文献编号:1301160.

同日，公又奏请更正总兵舒万胜等保案，下部议。曰：

  再，据补用总兵舒万胜禀称，该员于克复安徽黟县、建德等城案内由蓝翎千总保尽先补用守备，并换花翎。嗣于陕西全境肃清案内，误由副将衔尽先补用参将累保今职。又，据都司衔尽先补用守备萧德益禀称，该员于克复吐鲁番满汉两城案内，由蓝翎千总保尽先补用守备，并加都司衔，原奉行知缮作"得益"。请附奏递减、更正，各等情。前来。

  臣覆核无异，合无仰恳天恩俯准将舒万胜于陕西全境肃清案内准保免补参将以副将尽先补用，改为免补守备，以都司尽先补用；关陇肃清案内准保以总兵升用，改为以游击升用；新疆南北两路荡平案内准保以总兵补用，改为以游击补用；萧德益于克复吐鲁番满汉两城准保都司衔守备案内所缮"得益"改为"德益"。饬部分别递减、更正，出自鸿施！除咨部外，谨附片具奏。伏乞圣鉴，训示。谨奏。①

同日，公又会衔陕甘总督杨昌濬附片奏报本年库车地震大概情形，曰：

  再，据库车厅同知刘人伫禀报：光绪十九年十一月初十日卯刻，该厅忽然地震，簸荡摇撼，莫可名状！连震十余次始定，此后又接续微震，至二十日方止。踏勘城关内外，并分查各乡，计厅城城身开裂，倒口数处，城楼角亭、女墙、垛口及同知、照磨两署、守备营署、兵房、各庙宇、义塾、监狱、驿房、官店、粮仓、军装局、电线报房，或全行坍塌，或开坼欹斜。回子郡王住房、礼拜寺半已倾塌，城关及各乡民房均有倒损，北乡较甚。综计共倒民房五百五十六间，压毙男女九丁口，压伤三十三名，等情。前来。当饬藩司委员前往勘验，一面批由该厅查明被灾各户，暂各给银一两，架搭芦棚，以便栖止；压毙各丁口每名给银三两，

---

① 台北故宫博物院藏：《军机及宫中档》，文献编号：408002845-0-A。又，台北故宫博物院藏：《军机及宫中档》，文献编号：130157。

被伤者给小麦一石,以备瘗埋而资医治。前项银两、麦粮均由善后项下开报。至城署、庙宇并各项房屋如何酌量修理,估需经费若干,倒塌民房应否加给银两俾资修造,再行详请核办。

窃维山泽气通,斯无地震之患,新疆河流平浅,戈壁夐延,地气不舒,时有震动,然不过顷刻即止。兹该厅构此奇灾,实从前所未经见。臣忝膺疆寄,惟有力加修省,以期消弭,勉副朝廷委任至意!所有库车厅地震大概情形,谨会同陕甘总督臣杨昌濬,附片具陈。伏乞圣鉴,训示。谨奏。①

【案】此折上达,朝野震动,清廷随饬令分别赈恤,《光绪朝上谕档》载曰:

光绪二十年正月二十一日,内阁奉上谕:陶模奏,上年十一月间,库车厅叠次地震,城署、民房坍塌倒损,并伤毙人口多名,业经委员勘验,散给银粮,分别抚恤,等语。览奏,殊堪矜悯!即着该抚督饬委员,会同地方官认真办理,毋任一夫失所,用副朝廷轸念灾黎至意。钦此。②

十二月十九日,公致函总理衙门曰:

据伊犁霍尔果斯通判申称:光绪十九年九月十二日,据尼堪卡伦委员蒋益智禀称:十一日申刻,有俄人叶倭吉呢哩奇必勒偕雇工一人、骑马二匹、驼马一匹,随带蝴蝶二箱、防身短枪一杆、小洋枪一杆,执驻宁远领事官票照,并粘中俄局中字第七十二号九月初九日所发查验小票一纸到卡,当经卑职盘诘来由,始知即在内地甘肃游历洋人克伯依勒偕其仆勤巴二人。除查照放行外,理合禀请查考,等情。前来。卑

---

① 台北故宫博物院藏:《军机及宫中档》,文献编号:408002845-0-B.又,台北故宫博物院藏:《军机及宫中档》,文献编号:130161.
② 中国第一历史档案馆编:《光绪朝上谕档》第20册50页,广西师范大学出版社,1996。又,《德宗景皇帝实录(五)》,卷之三百三十三,光绪二十年正月,第281—282页,中华书局,1987。

职见之名票不符，恐其不实，未敢当时转报，迨昨查问哈萨缠头有相识克伯依勒者，据云出卡是实，洋人换票更名亦属常事。所有俄国游历洋人克伯依勒偕其仆勤巴二人出境回俄日期，理合具文申报等情，到本部院。据此，除批示外，相应咨呈。为此咨呈贵衙门，谨请鉴照施行。①

十二月二十日，公开单奏报新疆防营官兵各台、局、卡、义学数目情形，下部闻。曰：

窃新疆马步营旗、炮队、各台局卡、义学实在数目，截至光绪十八年十二月底止，业经分别奏咨在案。兹据新疆粮台详称：自十九年正月初一日起至六月底止，遵照标营章程，挑募步队一旗、马队一旗，添募步队一营一旗。又，驻防喀什噶尔沿边马队七旗、步队四营、开花炮队一哨，均改为行粮，并添额外棚夫二百六十六名，统领一员；裁并马队一营、步队一营一旗，实存行粮章程马队七旗、步队四营、开花炮队一哨；标营章程马队四十八旗、步队二十四营一十八旗一哨、开花炮队三哨，共额设营书、弁勇二万五千六百一十九名，火勇一千八百一十七名，统领营、旗、哨官三百八十八员，巡查一百二十九员，额外火夫、私夫、马夫、车夫、棚夫六千五百一十五名。其旧设各台局卡、义学并新设塔尔巴哈台各局、义学，分晰缮具四柱清单，详请奏咨前来。

臣覆查无异，所有新疆防营员弁勇丁、各台局卡、义学自光绪十九年正月初一日起至六月底止实在数目，谨缮具清单，恭呈御览。伏乞皇上圣鉴，饬部立案。再，光绪十六年，添募罗布淖尔步队屯营一营，前因该处设有抚辑招徕局，故并案咨部在案。此次应列入各营旗旧管项下开报，以归画一。合并声明。谨奏。②

---

① 台北"中央研究院"近代史所藏：《外交档案》，馆藏号：01-17-052-07-029。
② 台北故宫博物院藏：《军机及宫中档》，文献编号：408002845-1。又，台北故宫博物院藏：《军机及宫中档》，文献编号：130235。

同日，公又开单奏报新疆现任提镇等员年终密考情形，曰：

> 窃查定例：各省提、镇、司、道、知府等官，由督抚于年终出具考语，密行陈奏。新疆文武各官业于光绪十八年年终密陈在案。臣于各员或因谒见，听其论辩；或核阅平日公牍，并采访舆论，凡才识操守，历时既久，察看愈详。兹本年又已届期，自应照例办理，除实缺尚未到任或到任未满三月及署事、代理人员例不注考外，谨就现任提、镇、城守尉、司、道，出具切实考语，密缮清单，恭呈御览。伏乞皇上圣鉴。谨奏。①

是年，谭钟麟七十二岁，李鸿章七十一岁，杨昌濬六十七岁，张之洞五十七岁，魏光焘五十七岁，饶应祺五十七岁，刘锦棠五十岁。

光绪二十年　1894年　六十岁

正月，中英订立《滇缅边界及通商条约》；二月，李鸿章与安定出海会校海军。同年，清廷命谭钟麟加太子少保衔，兼署福州将军；杨昌濬加太子太保衔；魏光焘随帮办军务大臣湖南巡抚吴大澂赴辽抗日，与日军战于海域。同年，中日甲午战争爆发；日本实施旅顺大屠杀；孙中山于檀香山建立兴中会。

正月二十二日，总理各国事务衙门来函曰：

> 光绪二十年正月十七日，驻京俄使喀希呢照称：据伊犁俄领事禀：新疆省设有官钱铺，因俄商取银出口，是以收银出钱以百抽三，出银收钱以百抽六，作为补银费之用。兹因银价甚为跌落，俄商亦不以银出口，而该官钱铺所有出银收钱以百抽六之法，实于中俄商民有累，且妨碍于通商，等情。查新疆喀什噶尔、乌鲁木齐、玛纳斯等处，业经地方官饬令废此抽六之法，银价、钱价已作一律，应照请按照新疆各处之

---

① 台北故宫博物院藏：《军机及宫中档》，文献编号：408002846。又，台北故宫博物院藏：《军机及宫中档》，文献编号：130235。

法，转饬伊犁地方官钱铺，废其以百抽六之法，以便通商，并望见覆，等因。前来。本衙门查俄使所称伊犁官钱铺各节，该铺是否有此名目，其中有无别情，本衙门无从悬揣，相应咨行贵抚饬查该处实在情形，详细声复可也。①

正月二十五日，公开单奏报光绪十九年十月分新疆雨水粮价情形，曰：

窃照光绪十九年九月分各厅州县粮价并得雨雪情形，业经臣奏报在案。兹据新疆布政使饶应祺详称：光绪十九年十月分，镇迪道属迪化、奇台得雪，积地五寸；镇西、昌吉、阜康、绥来得雪，积地四寸。伊塔道属塔尔巴哈台得雪，积地五寸；绥定得雪，积地二寸；精河、宁远微雪，余未得雪。至通省粮价，乌什、玛喇巴什、昌吉、绥定等厅县俱与上月相同，余均略有增减。汇详请奏前来。理合恭折具陈，并缮粮价清单，敬呈御览。伏乞皇上圣鉴。谨奏。②

同日，公又奏报分查喀什噶尔边界应需经费情形，下部闻。曰：

窃查新疆边界袤延数千里，西北与俄境毗连，西南与英属外部接壤。光绪十年，分界大臣沙克都林札布会同俄使议定，喀什噶尔西北界线至乌仔别里山豁为止。彼时如何会同设立牌博，新疆官弁无人随往，以致乌仔别里实在地址一时无从指证。其自乌仔别里以南，从前既未划分，此时尤难辨析。十七年，俄人垂涎帕米尔，派兵越卡，叠承总理衙门查问界址。是年七月，前护抚臣魏光焘派委降选府经历海英、补候主簿李源钠，分赴西南、西北各边境查勘，雪岭冰山，奇险万状。该员等深探穷入，相度再三。十九年秋，始有端倪，屡据绘图贴说，经

---

① 台北"中央研究院"近代史所藏：《外交档案》，馆藏号：01-20-008-08-003.
② 台北故宫博物院藏：《军机及宫中档》，文献编号：408002847. 又，台北故宫博物院藏：《军机及宫中档》，文献编号：130795.

臣先后咨送总理衙门在案。

旋复承准电询因都库什以北、萨雷阔勒东西一带地势，兼查阿富汗交界地方。臣当飞饬分履覆查。现在该员等已到之处，地名音译、山川源委，尚须详细考证；未到之处，尤须周遭遍历，俾形势了然，将来议分界务，方有把握。惟念各该员跋涉穷荒，冲冒瘴疠，实属异常辛苦，除月支薪水外，不得不酌加津贴，以示体恤。随带绘图书士、通事、向导，并递文、开路人等，均须分别给予口食、骑马及行装、驼运等费。核计每员每月各需湘平银二百一十两零，添置仪象、铁器等物，仍准另报一次。自十七年七月起，已按月支给，拟俟查勘完竣，随时停止，期归节省，等情。由藩司饶应祺造册详请奏咨前来。除将清册分咨总理衙门暨户部外，谨恭折具陈。伏乞皇上圣鉴，饬部立案施行。谨奏。①

是日，公又会衔伊犁将军长庚、陕甘总督杨昌濬、喀什噶尔提督董福祥奏报请以段文彬等借补参将等缺，下部议。曰：

窃伊犁镇属霍尔果斯营参将、镇标左营游击各缺，均奏准作为题缺，亟应拣员请补，以专责成。查霍尔果斯营参将驻拱宸城，镇标左营游击驻广仁城，操练巡防，均关紧要，非精明强干之员，难期得力。臣查有记名提督前伊犁镇标中营游击现署该营游击段文彬，夙娴战略，办事实心，堪以借补霍尔果斯营参将员缺；补用副将留甘肃新疆尽先补用参将现署镇标左营游击陈甲福，年富力强，办事勤敏，堪以借补镇标左营游击员缺。

该各员在新疆年久，边情熟悉，以之借补各缺，实堪胜任，合无仰恳天恩俯准以段文彬、陈甲福借补参将、游击员缺，以裨营伍。如蒙俞允，并请饬部先给署札，俟防务大定，再行给咨送部引见，以符定制。除饬取各该员履历清册咨部查照外，谨会同伊犁将军臣长庚、陕甘总

---

① 台北故宫博物院藏：《军机及宫中档》，文献编号：408002846-1. 又，台北故宫博物院藏：《军机及宫中档》，文献编号：130236。

督臣杨昌濬、喀什噶尔提督臣董福祥，恭折具陈。伏乞皇上圣鉴，训示。谨奏。①

二月初一日，公会衔陕甘总督杨昌濬奏销新疆提督等衙署工程经费情形，下部议。曰：

窃臣准工部咨：会同户部议奏新疆修建喀什噶尔提督及温宿州、迪化府各衙署并吏目、经历衙署、监狱等工，共用工料银三万七千九百九十两一钱七分六厘等因一折，抄单内开：薪公、犒赏一项请销银二千二十二两一钱一分六厘，户部议准于新疆应得善后项下核实开销。工部应销砖瓦、木料、匠夫、粮价等项银三万五千九百六十八两六分，有与例相符者，有与例不符并有例所不载者，碍难如数照准。惟念新疆远在关外，兵燹之后物料一切不无昂贵，若必欲以定例相绳，亦不足以示体恤。此项修署等工例应销银二万五千八百六十九两六钱五分四厘三毫八丝五忽，应减银一万九十八两四钱五厘六毫一丝五忽，拟按七成核减银七千六十八两八钱八分三厘九毫三丝五微，实准销银二万八千八百九十九两一钱七分六厘六丝九忽五微。其核减银两在于承办官名下照数追缴，等因。到臣。

窃维部臣办理一切，非执定例无以为核销之准，而于新疆前项工程，深念物料昂贵，不以定例相绳，就应减银数，复按七成核减，体恤不可谓不至。惟所减银七千余两，均系需用之款，当工作伊始既未便减省物料、匠工，致涉偷率，而欲于业经支发之后责令承办官照数赔还，不特无款可资弥补，揆之人情，亦殊未顺。新疆远居极塞，一料之购，一工之雇，比内省动增数倍，致朝廷所为格外从宽者，仍不免于事后受累。地势所限，莫可如何！此经手人员每以造销为难者也。相应吁恳天恩，俯念边围情形不同，饬部将造报喀什噶尔提督、温宿州、迪化府

---

① 台北故宫博物院藏：《军机及宫中档》，文献编号：408002848。又，台北故宫博物院藏：《军机及宫中档》，文献编号：130796。

及吏目、经历衙署等工用过经费仍照原册核销,以免赔贴,出自鸿施!除咨部外,谨会同陕甘总督臣杨昌濬,恭折具陈。伏乞皇上圣鉴,训示。谨奏。①

同日,公又会衔陕甘总督杨昌濬开单奏销修建新疆镇迪道等处城署经费情形,下部议。曰:

窃新疆城垣、衙署已竣各工业经次第造销,其北路应修镇迪道兼臬司衙署,估需银两五千余两,奇台县署并典史衙署需银六千余两,绥来县署并典史衙署需银五千两,库尔喀喇乌苏城垣需银八千六百余两,昌吉城垣需银九千余两、县署并典史衙署需银四千两,阜康城垣需银一万一千余两、县署并典史衙署需银五千两,镇迪道兼臬司衙署并昌吉、阜康、库尔喀喇乌苏城垣、奇台衙署需用食粮在外,经前护抚臣魏光焘及臣先后奏明在案。

兹据粮台详称:前项衙署、城垣等工,或从新营建,或就旧改修。其借营勇帮同工作者,仅十日犒赏酒肉一次,照北路工料价值扣算,省费实属不少。现计共用工料各款新湘平银五万六千一百五十八两六钱三分二厘,除扣回各起平余银三百九十二两五钱二分八厘,实用银五万五千七百六十六两一钱四厘,由善后项下匀挪应用。陆续据各印委申报工竣,业已委勘验收,均属工坚料实,委无浮冒,并取具丈尺、做法、工料银两细数清册及各图说、印结,详赍前来。

臣覆查无异,相应缮具清单,恭呈御览,仰恳饬部一律核销,以清款目。除将册结、图说咨部外,谨会同陕甘总督臣杨昌濬,恭折具陈。伏乞皇上圣鉴,训示。谨奏。②

---

① 台北故宫博物院藏:《军机及宫中档》,文献编号:408002850。又,台北故宫博物院藏:《军机及宫中档》,文献编号:130892。
② 台北故宫博物院藏:《军机及宫中档》,文献编号:408002849。又,台北故宫博物院藏:《军机及宫中档》,文献编号:130894。

是日,公又会衔伊犁将军长庚、陕甘总督杨昌濬奏报绥定县知县邓以潢丁忧开缺,下部闻。曰:

窃据新疆布政使饶应祺详:据代理新疆伊犁府知府骆恩绶转:据绥定县知县邓以潢之家丁石玉呈称:家主邓以潢,年四十五岁,湖南长沙县人,由俊秀报捐不论单双月选用县主簿,旋投效军营,历保同知衔分省补用知县。光绪十二年,奏准留于甘肃新疆补用。是年,委署新疆布政司经历。十五年,调署昌吉县知县。十六年,复调署绥定县知县,四月二十七日到任。十七年,奏补斯缺,奉部覆准。兹于二十年正月初二日,家主生母李氏在任所病故。家主系属亲子,例应丁忧,等情。前来。

臣查该员既丁母忧,应即照例开缺,扶柩回籍守制。除俟该员交代清楚取具亲供咨部查照外,谨会同伊犁将军臣长庚、陕西总督臣杨昌濬,恭折具陈。伏乞皇上圣鉴。再,绥定县知县系冲、繁、疲、难四项要缺,应请扣留外补。合并声明。谨奏。①

同日,公又会衔伊犁将军长庚、陕甘总督杨昌濬附片奏报委令雷铭三署理绥定县知县,下部闻。曰:

再,绥定县知县邓以潢丁忧遗缺,查有候补知县雷铭三堪以委署。据新疆布政使饶应祺、镇迪道兼按察使衔丁振铎会详前来。除批饬给委外,谨会同伊犁将军臣长庚、陕甘总督臣杨昌濬,附片具奏。伏乞圣鉴。谨奏。②

---

① 台北故宫博物院藏:《军机及宫中档》,文献编号:408002849。又,台北故宫博物院藏:《军机及宫中档》,文献编号:130892。
② 台北故宫博物院藏:《军机及宫中档》,文献编号:408002849-0-A。又,台北故宫博物院藏:《军机及宫中档》,文献编号:130892。

同日，公又会衔陕甘总督杨昌濬附片奏销遣勇车脚银两情形，下部闻。曰：

> 再，光绪十五年前塔尔巴哈台副都统额尔庆额遣撤绥靖营勇进关，新疆垫发车脚银三千九百二十四两八厘，前护抚臣魏光焘饬司由塔尔巴哈台应分饷内划扣，现准富勒铭额①咨请将前项划扣银两拨还等因。臣查光绪十四、十六等年新疆垫发伊犁遣勇车脚银三万三千余两，经户部议准由新疆转运粮饷、军装及地方例支杂差车脚项下动支，遵办在案。塔尔巴哈台遣勇车脚事同一律，应由藩司将前项划扣银三千九百二十四两八厘照数拨还，由新疆岁拨饷装各项车脚内造销，以清款目而免歧异。谨会同陕甘总督臣杨昌濬，附片具陈。伏乞皇上圣鉴，饬立案施行。谨奏。②

二月二十四日，公开单奏报光绪十九年十一月分新疆雨水粮价情形，曰：

> 窃照光绪十九年十月分各厅州县粮价并得雪情形，业经臣奏报在案。兹据新疆布政使饶应祺详称：光绪十九年十一月分，镇迪道属镇西、奇台得雪，积地一尺；库尔喀喇乌苏得雪，积地八寸；迪化得雪，积地六寸；昌吉、阜康得雪，积地四寸；绥来得雪，积地三寸；哈密得雪，积地二寸；吐鲁番得雪，积地一寸。伊塔道属宁远得雪，积地一尺；绥定得雪，积地二寸；塔尔巴哈台、精河微雪。南路库车、拜城得雪，积地一尺；英吉沙尔得雪，积地四寸；莎车、玛喇巴什得雪，积地三寸；喀喇沙

---

① 富勒铭额（？—1903），其姓佚，甘肃新疆古城人，隶满洲镶白旗。道光年间，任前锋校。光绪九年（1883），署乌鲁木齐满营协领，兼署乌鲁木齐领队大臣。十二年（1886），署理乌鲁木齐都统。十四年（1888），以都统恭镗荐，迁伊犁副都统。十六年（1890），以伊犁副都统兼署伊犁将军。十九年（1893），调补塔尔巴哈台参赞大臣。二十三年（1897），乞归。二十九年（1903），卒，恤如制。

② 台北故宫博物院藏：《军机及宫中档》，文献编号：408002850-0-A．又，台北故宫博物院藏：《军机及宫中档》，文献编号：130893．

尔、叶城得雪,积地二寸;疏勒、和阗、疏附、于阗得雪,积地一寸;乌什、温宿微雪。至通省粮价,塔尔巴哈台、库车、阜康等厅县俱与上月相同,其余均有增减。汇详请奏前来。

理合恭折具陈,并缮粮价清单,敬呈御览。伏乞皇上圣鉴。谨奏。①

同日,公又奏报审拟缠民阿吉斗毙人命一案,下部议。曰:

窃查疏附县缠民阿吉殴伤斯底克越日身死一案,前据署该县知县杨其澍讯详,报当经臣批饬审拟解勘去后。兹据该县审明议拟,解由署疏勒直隶州知州潘时策转解署喀什噶尔道李宗宾审明,咨由前署镇迪道兼按察使衔黄光达核转前来。

臣覆加查核,缘缠民阿吉籍隶疏附县,与已死斯底克邻居素好,两家地亩毗连,向共渠水灌溉。光绪十九年四月二十六日上午,阿吉见地内苜蓿受旱,携锄前往放水,行至渠边,斯底克正在该处决水灌地。阿吉央求分水一半,斯底克答俟伊地灌足再分。阿吉斥其不应独占渠水,斯底克不服分辩,彼此争吵。斯底克生气扑拢,用拳殴伤阿吉左眉丛。阿吉被殴情急,顺用锄背吓殴一下,致伤斯底克左额角倒地。思马一闻闹趋阻,询悉情由,通知斯底克之父依敏前往看明扶回,医治罔效,至二十七日,斯底克因伤殒命。投约报验,获犯讯供,由县议拟解州,详经喀什噶尔道深明,咨由镇迪道兼按察使衔核明转详,臣覆核无异。

查律载:斗殴杀人者,不问手足、他物、金刃,并绞监候,等语。此案缠民阿吉因向斯底克分给渠水不允,口角争斗,用锄背殴伤斯底克左额角殒命,自应依律问拟。阿吉合依"斗殴杀人者不问手足、他物、金刃并绞"律,拟绞监候,秋后处决。思马一救阻不及,应毋庸议。无

---

① 台北故宫博物院藏:《军机及宫中档》,文献编号:408002854。又,台北故宫博物院藏:《军机及宫中档》,文献编号:131458。

干省释。尸棺饬埋,凶器铁锄案结销毁。是否允协? 除全案供招咨部外,所有审明斗殴毙命,按律定拟缘由,谨恭折具陈。伏乞皇上圣鉴,饬部核覆施行。谨奏。①

是日,公又开单汇报新疆光绪十九年分办结就地正法各案,下部闻。曰:

窃查新疆奏定章程:凡强盗抢夺及情罪重大人犯,获案讯明后,皆准就地正法,摘由汇报。历经遵办在案。兹查光绪十九年春、夏、秋、冬四季办结强盗抢夺及决不待时重大各案,共十起,据各地方官获犯,验讯议拟,解经各该管直隶州、府、道提审明确,咨由兼臬司覆核转详,由臣细核案情,参考律例,分别斩决、枭示,批令在于犯事地方正法。其抢夺案内军流徒犯向系南北两路调发,此等匪徒实难安分屯垦,已批饬酌量监禁,系带铁杆,以示惩创。谨将各案摘由开单,恭呈御览。

所有光绪十九年分办结就地正法各案,照章摘由汇报缘由,谨恭折具陈。伏乞皇上圣鉴,训示,施行。谨奏。②

三月初六日,福建道监察御史安维峻奏参公偏袒乡试冒籍,曰:

福建道监察御史臣安维峻跪奏,为大员偏袒冒籍,假公行私,显违功令,据实纠参,恭折仰祈圣鉴事。

窃维甘肃乡试冒籍之弊,暗无天日,从未有人敢为举发者,犹幸出结京官,持正者多不为利动,不为威怵,于历科冒籍举勒令覆试后,改归原籍,不许再占会试中额,借以平本省士子之愤,而抑冒籍倖进之心。如此通融办理,虽非尽依朝廷功令,然于守法之中仍予冒籍以成全之道,似尚不失为忠厚待人。乃现任甘肃新疆巡抚陶模,前由甘肃

---

① 台北故宫博物院藏:《军机及宫中档》,文献编号:408002852.又,台北故宫博物院藏:《军机及宫中档》,文献编号:131460.

② 台北故宫博物院藏:《军机及宫中档》,文献编号:408002853.又,台北故宫博物院藏:《军机及宫中档》,文献编号:131459.

兰州道升任直隶按察使。光绪十二年春间，陛见来京，辄为冒籍诸人向京官说情出结，京官以本省士子啧有烦言，不尽如该抚之意，于是该抚复以手书致臣，嘱向士子调停。臣既婉言谢之，复正论折之。所以谢之者，以臣官翰林，非印结局中人，不应干预此事。所以折之者，因该抚有当念前大学士陕甘总督左宗棠为甘肃分闱之恩，并各大宪多方招徕之意，为冒籍推情，等语。

臣直答以分闱乃皇上之恩，左宗棠既为甘肃奏请，与湖南何干？况冒籍又不尽湖南人，若谓左宗棠有意庇其乡人，未免以小人之腹度君子之心，诬左宗棠甚矣。至谓各大宪多方招徕，试问冒籍诸人，果家于何地乎？不过挂名学籍，为攫取举人之计，中后即远飏耳。且如父兄服官之省，子弟入场，律以朝廷功令，岂复情罪可原！该抚当时理屈词穷，无可置喙，及巡抚新疆，于是为冒籍舣法市恩，乃有以咨代结之事。臣请为我皇上详陈之。

缘甘肃新疆每逢乡试，例准编号取中，及中后来京覆试，取具甘肃京官印结、纳卷，由来已久。近因官场子弟及游幕诸客或冒入学籍，或报捐监生，因而倖中。但经本籍士子揭出，在出结京官不得不照例扣阻。本年有辛卯科冒籍中式之李柄珩，补行覆试，该抚恐甘肃京官仍旧扣阻，乃于咨礼部文中巧弄其说，谓新疆现无京官，请以本抚咨文代结。此风一开，设新疆举人领咨后中途倩人来京覆试、会试，不但礼部无从辨其真伪，即该抚亦乌得而知之。闻礼部于此事初拟斥驳，不知因何缘故终究议准。

伏思编号举人之取结，有旧章可循，即新疆设立行省以来，中式者亦属多名，历经取具甘肃京官印结覆试在案。盖既称甘肃新疆，则所有士子原无不归甘肃乡试之理，岂有不归甘肃京官出结之理！且前任巡抚刘锦棠、前护理巡抚魏光焘均不闻有蔑视甘肃京官为冒籍出脱情事，独该抚陶模胆敢变乱旧章，以新疆无京官借口，人第议其刚愎自用，而不知其偏袒冒籍之心，借端而发。直视甘肃本籍士子不值取中者，然臣谓假公行私者，此也科场条例冒籍之禁何等严明，今李柄珩实系四川南部县人,冒入新疆迪化县籍,众论确凿,佥谓其家并不在新疆居住。该抚明知故纵,并代为出脱,其显违朝廷功令一也。又,定例科场年不准条陈科场事,诚恐仓猝中容易售其欺诈。此事该抚先期并未奏明请旨,辄于会试咨文中擅行变章,较条陈科场事情节尤重,其显违朝廷功令二也。京官出结,例有明文。该抚竟欲以巡抚侵京官职,辩言乱政,料甘肃京官无人敢发其覆,此后可以惟我所为,其显违朝廷功令三也。

总之,该抚此举名为招徕士类,实则为冒籍开方便之门,几以朝廷为可欺罔,初不知皇上励精图治,事事认真,一经发觉,断难逃圣明洞鉴也。至礼部并不查考旧章,辄因该抚咨文,率行议准,蒙混奏乞恩旨,又不计及新疆举人会试亦归甘肃合中。如果中式贡士,覆试时将仍取该抚之咨文以代印结耶!抑不须印结即可覆试耶!如不须印结即可覆试,则假冒枪替何从稽查?且合天下贡士何为有取结之例?如仍取该抚之咨以代印结,则遥遥万里,岂数日可到者?倘此时始令向甘肃京官取结,则前此举人覆试何为以咨代结耶?该部堂司各官于此事办理荒谬,其有无情弊,不得而知,但以守法之人,竟至觖法,咎将安辞!窃计新疆为边陲要地,招徕鼓舞,诚属切要之图,但士子非十年读书、十年养气,未易发名成业。历任抚臣一味欺饰,使四方无赖之徒与官场子弟挂名学籍,询之地方,并无其人踪迹,及至乡试传枪顶替,弊窦百出,朝廷将安用此滥竽充数者为耶?

臣以该抚受皇上重恩,由知县洊擢封疆,军国大事将朝夕筹画之不暇,而乃鳃鳃焉为冒籍故与甘肃京官争气,即此已非大臣之度。臣揭参至此,谅该抚亦未必不为心折,然臣为朝廷慎重科名起见,嗣后应改归旧章出结以杜流弊之处,惟愿断自宸衷。至该抚及礼部堂司各官应如何分别惩儆之处,伏候圣裁,非臣下所敢拟议。据实纠参。伏乞皇上圣鉴,训示。谨奏。①

---

① 台北故宫博物院藏:《军机及宫中档》,文献编号:131138。

【案】安维峻此奏即于当日下部议奏,《光绪朝上谕档》载曰:

光绪二十年三月初六日,内阁奉上谕:御史安维峻奏,本年来京补行覆试之辛卯科举人李炳珩,系四川南部县人,冒入新疆迪化县籍,众论确凿。新疆巡抚陶模恐甘肃京官扣阻,以咨代结,经礼部议准,请分别惩儆,并将李炳珩会试卷扣除各折片,着礼部查明具奏。①

三月初七日,公奏报恭缴朱批情形,曰:

窃臣于光绪十九年二月二十九日起至二十年三月初一日止,历次奉到朱批奏折、奏片共计九十九件,理合汇封呈缴。伏乞皇上圣鉴。谨奏。②

同日,公又奏报呈进回部贡金情形,下部闻。曰:

窃照新疆色勒库尔之南回部坎巨提,向来按年进贡沙金,循例奏明,赏给缎匹。兹据署喀什噶尔道李宗宾详:据坎巨提新酋摩韩美德拿星呈称:该部远居边徼,久托帡幪,窃幸世业之克承,无非天恩之渥被。所有光绪十九年分应进贡金一两五钱,敬谨赍呈,等情。遵将例赏大缎二匹,发给该酋祗领,恳请具奏前来。臣覆查无异,除将沙金咨送内务府呈进外,理合恭折具陈。伏乞皇上圣鉴。谨奏。③

三月初八日,公为年节恩赏福字具折谢恩,曰:

窃臣赍折差弁回省,奉到年节恩赏福字一方,当即恭设香案,望阙

---

① 中国第一历史档案馆编:《光绪朝上谕档》第 20 册 138 页,广西师范大学出版社,1996。
② 台北故宫博物院藏《军机及宫中档》,文献编号:408002856。又,台北故宫博物院藏《军机及宫中档》,文献编号:132200。
③ 台北故宫博物院藏《军机及宫中档》,文献编号:408002855。又,台北故宫博物院藏《军机及宫中档》,文献编号:132178。

叩头祇领。钦惟我皇上泽溥八埏,仁敷万汇。膺多福而嘉祥丕应,郅治昭宣;锡景福而中外咸周,奎文炳焕! 恩来天上,春满人寰! 臣职效西陲,心依北陛,韶华遐畅,惭抚字之无方;宸翰亲承,沐荣施之渥被! 惟有勉策驽钝,扬一人有庆之麻;仰戴鸿慈,献万福来同之颂! 所有微臣感激荣幸下忱,理合恭折具陈,叩谢天恩。伏乞皇上圣鉴。谨奏。①

同日,公又奏报代奏回王奉到赏赐谢恩一事,曰:

窃臣据哈密札萨克回子亲王沙木胡索特呈称:承准军机处咨开年终恩赏荷包、银锞、银钱、食物等项,交兵部由驿递到。当即恭设香案,望阙叩头祇领。伏念奴才职备藩封,恩承帝陛,兹值寅躔转运,正当申锡懋膺,叠被鸿施,弥深鳌戴!

所有感激下忱呈请代奏前来。理合据情代奏叩谢天恩。伏乞皇上圣鉴。谨奏。②

三月十二日,公会衔陕甘总督杨昌濬奏请总兵黄万鹏署理喀什提篆,下部闻。曰:

窃臣恭阅电报:光绪二十年正月十八日,内阁奉上谕:朕钦奉慈禧端佑康颐昭豫庄诚寿恭钦献皇太后懿旨:本年予六旬庆辰,各省文武大员情殷祝嘏,业经降旨于各省将军、督抚、副都统、提镇、藩、臬内,每省各酌派二三员来京庆祝,着喀什噶尔提督臣董福祥来京恭候,届期随同祝嘏,等因。钦此。臣查喀什噶尔距京万有余里,提臣董福祥应即起程,庶免迟误,当饬阿克苏镇总兵黄万鹏前往署理提篆,以便交卸北上,随同庆祝。

---

① 台北故宫博物院藏:《军机及宫中档》,文献编号:408002857。又,台北故宫博物院藏:《军机及宫中档》,文献编号:132201。

② 台北故宫博物院藏:《军机及宫中档》,文献编号:408002858。又,台北故宫博物院藏:《军机及宫中档》,文献编号:132199。

除咨行外，谨会同陕甘总督臣杨昌濬，恭折具陈。伏乞皇上奏圣鉴。谨奏。①

同日，公又代奏张宗本署理镇篆谢恩一事，曰：

窃臣据记名提督护理阿克苏镇总兵请补乌什协营副将张宗本呈称：接奉行知：阿克苏镇总兵黄万鹏现奏请署理喀什噶尔提督篆务，所遗总兵员缺，委副将护理，遵将乌什协营事务交卸，驰抵阿克苏，于光绪二十年二月十八日承准黄万鹏饬属镇标左营游击李策胜，将总兵银印、文案、卷宗赍送前来。当即恭设香案，望阙叩头谢恩，祗领任事。

伏念副将山左武夫，才庸识浅，虽戎行之久历，实报称之毫无。兹复护理总兵，谬膺重任，自为驽钝，弥切悚惶！惟有矢慎矢勤，于整饬营伍、镇守地方各事宜，随时禀商抚臣、提臣，认真办理，不敢以暂时委护稍涉因循，以期仰答高厚鸿慈于万一！

所有到任接印日期并感激下忱，呈请代奏叩谢天恩前来。理合据情代奏。伏乞皇上圣鉴。谨奏。②

三月十三日，公奏报交部议叙谢恩一事，曰：

窃臣准吏部咨：光绪二十年正月初一日，内阁奉上谕：朕钦奉慈禧端佑康颐昭豫庄诚寿恭钦献皇太后懿旨：本年予六旬庆辰，在廷臣工业经降旨加恩，因念各省文武大臣有久膺重寄、卓著功劳者，允宜同膺懋赏，甘肃新疆巡抚陶模着交部议叙，等因。钦此。跪诵之余，莫名钦感！当即恭设香案，望阙叩头谢恩。伏惟皇上庆洽敷天，欢承爱日。恭奉萱闱懿旨，宠贲丝纶；钦颁兰殿隆施，恩周岳牧！臣边圻忝任，未

---

① 台北故宫博物院藏：《军机及宫中档》，文献编号：408002860。
② 台北故宫博物院藏：《军机及宫中档》，文献编号：408002859。又，台北故宫博物院藏：《军机及宫中档》，文献编号：132216。

效涓埃,盛典欣逢,渥蒙甄叙,惟有靖共自矢,永清远塞之氛;庆祝同申,敬上延龄之颂。

所有微臣感激欢忭下忱,理合恭折具奏,叩谢天恩。伏乞皇上圣鉴。谨奏。①

三月十六日,公奏报审拟周维亭斗殴毙命一案,下部议。曰:

窃查迪化县客民周维亭殴踢黎忠德越日身死一案,前据署该县知县刘兆松验讯详报,当经臣批饬审拟解勘去后。兹据该县审明议拟,详由署迪化府知府危兆麟解经署镇迪道兼按察使黄光达覆审勘转前来。

臣亲提覆鞫,缘客民周维亭原籍湖北黄陂县,光绪十八年出关,来至省城,开设米铺生理,与已死江南人黎忠德熟识无嫌。十九年四月不记日期,黎忠德赊欠周维亭米银八钱,屡索未偿。六月十三日下午,周维亭在大街撞遇黎忠德,复向索讨。黎忠德推缓。周维亭斥其骗赖,互相争吵。黎忠德揪住周维亭胸衣,周维亭用拳殴伤其肚腹,黎忠德弯身拾石,周维亭虑其拾取向掷,闪至身旁,用脚冒踢一下,致伤黎忠德左胁,扑跌倒地,擦伤两膝,并垫伤肾囊。经街邻趋至喝阻,询悉情由,将黎忠德扶送其胞姊舒黎氏家养伤,延医调治罔效,至十五日早,黎忠德因伤殒命。投约报验,获犯讯供,由县议拟解府,详由镇迪道兼按察使衔提审勘转,臣覆鞫无异。

查律载:斗殴杀人者,不问手足、他物、金刃,并绞监候,等语。此案周维亭因向黎忠德索讨米银口角争斗,殴踢黎忠德越日身死,自应按律问拟。周维亭合依"斗殴杀人者,不问手足、他物、金刃并绞"律,拟绞监候,秋后处决。黎忠德欠银,身死勿征。无干省释。尸棺饬埋。凶鞋案结销毁。是否允协?

---

① 台北故宫博物院藏:《军机及宫中档》,文献编号:408002861。又,台北故宫博物院藏:《军机及宫中档》,文献编号:132215。

除全案供招咨部外，所有审明斗殴毙命，按律定拟缘由，理合恭折具陈。伏乞皇上圣鉴，饬部核覆施行。谨奏。①

同日，公又会衔伊犁将军长庚、陕甘总督杨昌濬开单奏报酌拨夫马添设伊犁惠远新城驿站情形，下部闻。曰：

窃查伊犁惠远新城向未设有驿站，上年将军臣长庚率同副都统等官迁驻该城，各署文报非添设一驿，无从传递。臣饬据布政使饶应祺、镇迪道兼按察使衔丁振铎详覆：新疆司库例支岁有常额，应就附近各驿酌拨夫马，期归结省。查宁远县驿旧设夫马较多，拟拨马二匹、夫一名。绥定县属五驿，霍尔果斯一驿，夫马较少，拟各拨马一匹、夫半名。计共拨马八匹、夫四名，作为惠远新城驿，归绥定县经管；并于该驿添设驿书一名，岁需夫马、工食、料草、油烛、纸张、站价、倒马等项银两，从光绪二十年正月初一日起照章支发。其宁远、绥定、霍尔果斯等驿拨过夫马岁需经费，于光绪十九年十二月底停支，以昭核实。详请具奏前来。

臣覆核无异，谨缮清单，会同伊犁将军臣长庚、陕甘总督臣杨昌濬，恭折具陈。伏乞皇上圣鉴，饬部立案施行。谨奏。②

是日，公又会衔北洋大臣李鸿章、陕甘总督杨昌濬奏报新疆筹议电报经费情形，下部闻。曰：

窃新疆东、南、北三路次第安设电线，经北洋大臣李鸿章、陕甘督臣杨昌濬会同臣先后奏明筹款兴办在案。东路自嘉峪关至新疆省城，

---

① 台北故宫博物院藏：《军机及宫中档》，文献编号：408002862。又，台北故宫博物院藏：《军机及宫中档》，文献编号：131929。
② 台北故宫博物院藏：《军机及宫中档》，文献编号：408002863。又，台北故宫博物院藏：《军机及宫中档》，文献编号：131928。

十九年夏间蒇事；南路自吐鲁番厅至喀什噶尔，本年二月亦经告竣。现在北路展至伊犁，四月即可开办。各路采运电料，均由总办电报事宜直隶津海关道盛宣怀①派员经理；应需杆木，由臣分饬各厅州县按段购备；木料运价，造册送交盛宣怀，汇案报销。至常年需用养线、修理等费，前折申明由新疆筹备。

接据盛宣怀酌定章程，臣逐加核阅，关外瘠苦，百物昂贵，一切费用较内地须稍从宽，方能经久。计东路安西州酌设报房，哈密厅设子局，吐鲁番厅设分局，省城设总局。南路喀喇沙尔厅、库车厅、玛喇巴什厅，分设报房，阿克苏酌设子局，喀什噶尔设分局。北路拟于库尔喀喇乌苏厅设报房，伊犁惠远新城设分局。计总局一处、分局三处、子局二处、报房五处。综核委员、领班、司事、工头、巡目、丁役人等薪工、火食并修理等费，每年约需银二万七千余两，遇闰加增。五年大修，需费尤巨。臣业饬电报总局督率试办，如能敷用，即将章程款目分咨总理各国事务衙门暨户部存案。

查陕、甘两省养电经费，系由关内外转运公费剩存项下动支。新疆饷项岁有定额，又无闲款可筹。臣与藩司熟商，查有甘肃新疆岁收协饷四分减平，每年新疆分银十万两，历年存储。上项经费关系边防大局，合无仰恳天恩俯准在于四分平余项下动用，由司按年造报，以顾要需而昭核实。

所有新疆分设电报、筹议养线等费缘由，谨会同北洋大臣李鸿章、

---

① 盛宣怀（1844—1916），字杏荪，又字幼勖、荇生、杏生，号次沂，又号补楼，别署愚斋，晚年自号止叟，有思惠斋、东海、孤山居士、紫杏、愚卿等号。江苏武进人，由附监生报捐主事、直隶州知州。同治五年（1866），署天津河间兵备道。十二年（1873），创办轮船招商局，任督办。十三年（1874），襄办淮军营务。光绪六年（1880），创办中国电报局，任总办。十年（1884），署天津海关道。十二年（1886），补山东登莱青道。十八年（1892），调天津海关道。二十一年（1895），办理上海轮船招商局及机器纺织厂事务，奏设北洋大学堂、南洋公学。二十二年（1896），经理湖北铁厂，迁太常寺少卿，兼督办铁路大臣。二十三年（1897），调补大理寺少卿，创设南洋公学，任督办。二十六年（1900），补宗人府府丞，迁会办商务大臣。二十七年（1901），调办理商税事务大臣，加太子太保衔。二十八年（1902），授工部左侍郎，兼会办商约大臣。三十四年（1908），调邮传部右侍郎。宣统二年（1910），升邮传部尚书。三年（1911），授邮传大臣。民国五年（1916），卒于沪。有《愚斋存稿》《盛宣怀未刊信稿》等存世。

陕甘总督臣杨昌濬,恭折具陈。伏乞皇上圣鉴,训示。谨奏。①

同日,公又会衔陕甘总督杨昌濬附片奏报饬令潘效苏迅赴本任,下部闻。曰:

再,卸署伊犁府知府准补迪化府知府潘效苏现已回省,在伊犁府任内并无经手未完事件,应即饬赴本任,以专责成。据新疆布政使饶应祺、镇迪道兼按察使衔丁振铎会详前来。除批饬给委外,谨会同陕甘总督臣杨昌濬,附片具陈。伏乞圣鉴。谨奏。②

同日,公又会衔陕甘总督杨昌濬附片奏报张清和署理协营副将,下部闻。曰:

再,署玛纳斯协营副将喻先达交卸遗缺,查留新疆补用总兵张清和,前经臣奏补该协营副将,奉朱批:兵部议奏。钦此。现未接准部覆。该处防务紧要,应委该员先行署理,以专责成。除给委并咨部外,谨会同陕甘总督臣杨昌濬,附片具陈。伏乞圣鉴。谨奏。③

是日,公又会衔陕甘总督杨昌濬附片奏报拣员请补总兵等缺,下部闻。曰:

再,阿克苏镇总兵黄万鹏署理喀什噶尔提督篆务,业经臣奏明在案。所遗总兵员缺,请以记名提督请补乌什协副将张宗本护理。递遗副将员缺,以留甘尽先补用副将阿克苏镇标左营游击郝忠裔署理。递

---

① 台北故宫博物院藏:《军机及宫中档》,文献编号:408002864.
② 台北故宫博物院藏:《军机及宫中档》,文献编号:408002864-0-A.又,台北故宫博物院藏:《军机及宫中档》,文献编号:131932.
③ 台北故宫博物院藏:《军机及宫中档》,文献编号:408002684-0-B.又,台北故宫博物院藏:《军机及宫中档》,文献编号:131931.

遗游击员缺,以留新疆尽先补用副将李策胜署理。除咨部外,谨会同陕甘总督臣杨昌濬,附片具陈。伏乞圣鉴。谨奏。①

三月二十五日,公开单奏报光绪十九年十二月分新疆雨雪粮价情形,曰:

窃照光绪十九年十一月分各厅州县粮价并得雪情形,业经臣奏报在案。兹据新疆布政使饶应祺详称:光绪十九年十二月分,镇迪道属镇西得雪,积地四寸;库尔喀喇乌苏、绥来得雪,积地二寸;迪化得雪,积地一寸;吐鲁番、哈密、昌吉、阜康、奇台微雪;伊塔道属宁远得雪,积地一尺;绥定得雪,积地三寸;精河、塔尔巴哈台微雪。南路乌什得雪,积地四寸;英吉沙尔得雪,积地三寸;莎车、于阗得雪,积地二寸;疏勒、和阗、拜城、疏附得雪,积地一寸;库车、玛喇巴什、温宿、叶城微雪;喀喇沙尔并未得雪。

至通省粮价,塔尔巴哈台、喀喇沙尔、乌什、温宿、疏勒、昌吉、宁远、疏附、叶城等厅州县俱与上月相同,余均有增减。汇详请奏前来。理合恭折具陈,并缮粮价清单,敬呈御览。伏乞皇上圣鉴。谨奏。②

同日,公又会衔陕甘总督杨昌濬奏报新疆应造征信册籍援案停办情形,下部闻。曰:

窃新疆征信册籍自光绪二十年接奉部咨,历经遵办在案。查通省岁征额粮,南路为多,除因灾奏请展缓或暂行豁免外,均系年清年款,毫无蒂欠。北路地方瘠苦,征粮较少,间值收成歉薄,未能全完,为数

---

① 台北故宫博物院藏:《军机及宫中档》,文献编号:408002864-0-C.又,台北故宫博物院藏:《军机及宫中档》,文献编号:131930.
② 台北故宫博物院藏:《军机及宫中档》,文献编号:408002866.又,台北故宫博物院藏:《军机及宫中档》,文献编号:132127.

亦属无几。各属每届开征，由花户赴仓完纳，并不假手乡约。地方官各知考成，所在亦无征多报少、以完作欠情事。而岁造征信册籍，凡添募书吏及工料、纸张等项银两，通计实属不少。据布政使饶应祺详请奏明停缓，借资节省，等情。前来。

臣维前项征信册籍所以清理民欠，严杜亏挪，立法本极周妥，惟新疆征收额粮尚无弊窦，岁需造册经费，未免虚縻。查甘肃现援陕西、山西等省成案，奏准停办。新疆事同一律，相应恳恩准自光绪十九年起停缓造报，以节縻费。臣仍当督饬司道严行查察，如有弊混，立即参办，仰副朝廷慎重正赋至意。除咨部外，谨会同陕甘总督臣杨昌濬，恭折具陈。伏乞皇上圣鉴，训示。谨奏。①

是日，公又会衔陕甘总督杨昌濬奏报新疆购办枪炮所需经费情形，下部闻。曰：

窃维筹边以武备为要，行军以利器为先。溯查前陕甘总督臣左宗棠、前新疆抚臣刘锦棠平定西陲，虽刀矛并用，得力于枪炮者居多。现查新疆旧存各项，或久经操用，机簧不灵；或为数无多，不敷分拨，非酌量购办，不足以备缓急。臣到任以来，除由甘肃分购毛瑟枪三千杆应归督臣杨昌濬并案具奏外，计委员前赴天津咨请北洋大臣李鸿章代购毛瑟枪后膛单响马枪一千杆、前膛来福步枪二千杆、前膛来福马枪二千杆，又由上海招商局代购后膛毛瑟单响步枪二千杆、毛瑟马枪一千杆、前膛来福步枪二千杆、马枪二千杆，需用弹子、枪头、佩带及修整枪械、机器等项，均购办齐全。

至新疆各厅州县共三十余城，多无存城炮位。查北路济木萨属水西沟，向产铁苗，前护抚臣魏光焘招商试办，出铁渐多，惟质性甚粗，非加工提炼，难期精良。臣饬藩司拣派妥员，承造大小铁炮二百尊，自四

---

① 台北故宫博物院藏：《军机及宫中档》，文献编号：408002865-1。又，台北故宫博物院藏：《军机及宫中档》，文献编号：132134。

五百斤至二千斤不等,以便分解各城,借资防守。每炮一斤并工料、薪水计算,价银一钱七分,每尊配子三百颗,每斤价银一钱三分,饬解省城演试,均能命中致远。现在各项洋枪尚未运齐,炮位亦未铸造足数,所需价银及运脚等项银两,即在岁拨军械经费内动支,容俟开列细数,汇入军需项下请销。

所有新疆购办洋枪,铸造铁炮各缘由,谨会同陕甘总督臣杨昌濬,恭折具陈。伏乞皇上圣鉴,饬部立案施行。谨奏。①

同日,公又附片奏请更正陈泰福等保案,下部议。曰:

再,据补用参将留甘尽先补用游击陈泰福禀称:该员于攻克达坂城、托克逊贼巢并会师克复吐鲁番满汉两城案内,由蓝翎守备衔千总保以守备尽先补用,并加都司衔;新疆五次剿平边寇案内误由游击衔都司保免补都司,以游击留甘尽先补用,"泰福"又缮作"太福";新疆七载防戍案内复由游击保补缺后以参将补用。又,据提督衔记名总兵张德升禀称:该员于西宁剿匪续获大捷、攻破小峡口及西宁府城立解重围案内,由游击衔都司保免补都司、游击,以参将尽先补用,并给达勇巴图鲁名号,误将"得升"缮作"得昇"。又,据尽先补用副将张建魁禀称:该员于直东肃清案内由千总保以守备尽先补用,误将"建魁"缮作"健魁"。请附奏递减、更正,各等情。前来。

臣覆核无异,合无仰恳天恩俯准将陈泰福新疆五次剿平边寇案内准保免补都司,以游击留甘尽先补用,改为免补守备,以都司留甘尽先补用,并将"太福"改为"泰福";新疆七载防戍案内准保俟补游击后以参将仍留原省补用,改为俟补都司后,以游击仍留原省补用;张得升西宁剿匪续获大捷、攻破小峡口及西宁府城立解重围准保参将案内所缮"得昇"改为"得升";张建魁直东肃清准保守备案内所缮"健魁"改为

---

① 台北故宫博物院藏:《军机及宫中档》,文献编号:408002865.又,台北故宫博物院藏:《军机及宫中档》,文献编号:132135。

"建魁"。饬部分别逐层递减、更正,以昭核实。

除咨部外,谨附片具陈。伏乞圣鉴,训示。谨奏。①

同日,公又附片奏请更正张儒珍保案,下部闻。曰:

再,留陕补用知县张儒珍于荡平西宁府属回逆、立解府城重围、克复大通县城案内,由军功咨保六品翎顶;关陇肃清案内由六品翎顶保从九品,留陕归候班补用;克复乌鲁木齐、玛纳斯各城案内由留陕补用从九品保免补本班,以主簿仍留原省,归军功候补班前遇缺即补;新疆南北两路一举荡平案内由留陕补用县丞保免补本班,以知县仍留原省,归候补班前补用。先后奉旨允准,钦遵行知在案。兹据该员禀称:以上四案均将"儒珍"缮作"孺珍",恳请具奏更正前来。臣覆查无异,合无仰恳天恩俯准,饬部分别更正注册,以免歧异。除咨部外,谨附片具陈,伏乞圣鉴,训示。谨奏。②

四月十一日,公开单奏报光绪二十年正月分新疆雨雪粮价情形,曰:

窃照光绪十九年十二月分各厅州县粮价并得雪情形,业经臣奏报在案。兹据新疆布政使饶应祺详称:光绪二十年正月分,镇迪道属镇西得雪,积地三寸;迪化得雪,积地一寸;库尔喀喇乌苏、昌吉、阜康、绥来、奇台微雪。伊塔道属塔尔巴哈台、精河、绥定、宁远微雪。南路英吉沙尔得雪,积地二寸;疏勒、疏附、叶城得雪,积地一寸;乌什、玛喇巴什、温宿、莎车、和阗、拜城微雪,余未得雪。

至通省粮价,镇西、哈密、塔尔巴哈台、精河、乌什、昌吉、绥定、宁

---

① 台北故宫博物院藏:《军机及宫中档》,文献编号:408002865-0-A.又,台北故宫博物院藏:《军机及宫中档》,文献编号:132130.

② 台北故宫博物院藏:《军机及宫中档》,文献编号:408002865-0-B.又,台北故宫博物院藏:《军机及宫中档》,文献编号:132136.

远、拜城等厅县俱与上月相同,余均略有增减。汇详请奏前来。理合恭折具陈,并缮粮价清单,敬呈御览。伏乞皇上圣鉴。谨奏。①

同日,公又会衔陕甘总督杨昌濬奏报筹议喀什边防经费情形,下部闻。曰:

窃喀什噶尔边界,自俄、英肇衅,委员勘查界务、加支行粮各事宜,经臣随时奏明在案。查该处办理防守,需用、转运及一切杂费,款目纷繁。计自光绪十七年冬间,英兵进踞坎巨提,当派马队一旗,南防塔敦巴什边卡;十八年春,俄兵窥伺帕米尔,复调马队三旗,开赴苏满及布伦库尔等处;另派步队一营,屯扎疏勒州西南之改孜卡,为布伦库尔后劲,并委员经理粮运。嗣闻俄兵拟向色勒库尔进发,加调马队七旗、步队两营,分赴色勒库尔附近各要隘及疏勒州西南之塔什米利克、莎车州西之恰尔伦等处,择要扼扎,预为防范。计转运饷装、粮料、修筑卡堡、抚恤灾黎等款,用银六万余两。又,十七年,坎巨提、哪格尔两部因英兵进逼,该酋长率众内窜,委员办理赈抚、资遣,并会立坎巨提新酋,用银四千余两。先后设立素盖提、八札达拉及伯加什等卡,酌设卡卒、探巡。截止十八年底止,共支薪粮银三千余两。此南疆边防十八年以前用款也。

旋因俄复添兵,欲夺色勒库尔等处,添派队伍,分驻各边要,计步队四营、马队七旗、开花炮队一哨,员弁、勇丁、夫役、卡卒共四千二百余员名,月需食粮一千八百余石、料草四十余万斤。驻扎地段,距治城达或千里,近亦数百里,月需运脚银一万余两,其粮局员役薪工月需银一百余两,素盖提等卡月需薪粮银四百余两,均须另支。沿边柴薪稀少,须从远道购运,当饬步队一营,每月津贴银四百八十两,马队一旗一百二十两,炮队一哨八十两。至拔队需用运费,差弁侦探边情,安抚

---

① 台北故宫博物院藏:《军机及宫中档》,文献编号:408002867.又,台北故宫博物院藏:《军机及宫中档》,文献编号:132523.

穷民,修整局卡,需银若干,应俟确查汇送。此南疆边防十九年厎款也。

臣维兴师动众,财用加增,现在界务未定,防守碍难稍松。所有十七、八、九等年用过银两并二十年及二十年后应需经费,相应请旨饬部一并立案,并恳恩准汇入各年防军案内请销。谨会同陕甘总督臣杨昌濬,恭折具陈。伏乞皇上圣鉴,训示,施行。谨奏。①

是日,公又会衔陕甘总督杨昌濬附片奏闻拨款筹办喀什噶尔边防经费情形,下部议。曰：

再,筹办喀什噶尔边防,自光绪十七年起,用过勘查界务加给行粮及转运等项经费,通计已属不少。从二十年起需用数目又难预定,现饬藩司设法腾挪,为一时权宜之计,而此支彼绌,早形竭蹶,非另请指拨,实无以清款项而资接济。查新疆历年防军报销实在项下尚有存余,部议提存司库各年银两,原以备缓急。前项边防经费系属紧要军需,可否先尽防军存款开支,不敷之数由司库封存项下动拨,以便按年造销之处,谨会同陕甘总督臣杨昌濬,附片陈明。伏乞圣鉴,饬部核覆施行。谨奏。②

四月十九日,公会衔陕甘总督杨昌濬奏报估拨光绪二十一年新疆饷数情形,下部议。曰：

窃查光绪二十年饷项,经部指拨银二百五十二万两在案。兹届估拨二十一年新饷之期,饬据布政使饶应祺详覆：新疆抚标、提标、巴里

---

① 台北故宫博物院藏：《军机及宫中档》,文献编号：408002868。又,台北故宫博物院藏：《军机及宫中档》,文献编号：132518。
② 台北故宫博物院藏：《军机及宫中档》,文献编号：408002868-0-A。又,台北故宫博物院藏：《军机及宫中档》,文献编号：132519。

坤、阿克苏两镇镇标应需俸饷银一百五十六万两,军装、器械银十万两,地方例支杂差、车脚、口分银五万两;古城旗营经费银六万五千两,司库例支不敷银十八万八千两,善后经费银七万两;伊犁镇标俸饷、军装、器械等项银二十六万六千两,善后经费银六万四千两;塔尔巴哈台协标俸饷、军装、器械及驿站经费等项银十二万七千两,善后经费银三万两。总共需银二百五十二万两,详请具奏前来。

查新疆饷数上年经臣核减银四万二千两,委系极力撙节,暂时碍难再减。现计光绪二十一年分仍需银二百五十二万两,相应恳恩饬部照数指拨,由甘肃藩司统收分拨,并将新疆司库、伊塔道库、塔尔巴哈台同知库另拨提存银两一并核议,以济要需而实边备。至筹办喀什噶尔边防应需经费,业经另案奏请指拨。二十一年分需用银两,应由何项动支,俟奉到前奏朱批,钦遵办理。

所有预估光绪二十一年分新疆饷数各缘由,谨会同陕甘总督臣杨昌濬,恭折具陈。伏乞皇上圣鉴,训示。谨奏。①

同日,公又会衔伊犁将军长庚、陕甘总督杨昌濬奏请刘澄清升补精河同知,下部议。曰:

窃据新疆布政使饶应祺、镇迪道兼按察使衔丁振铎会详称:精河设立直隶厅同知,经前护抚臣魏光焘奏请定为冲、繁、难三项要缺,以补用同知候补知县柳葆元补授,经部议覆,核与定例及历办成案不符,饬令另行拣选,等因。应即拣员请补,以重职守。

查伊犁所设各缺,经前抚臣刘锦棠奏准仿照吉林章程由外拣补一次,今精河直隶厅同知员缺,查有候补同知奇台县知县刘澄清,年五十二岁,湖南湘阴县人,由文童投效四川军营,于援剿绵州力解城围并肃清川北案内汇保,同治元年二月初八日奉上谕:着以从九品归部,不论

---

① 台北故宫博物院藏:《军机及宫中档》,文献编号:408002869。又,台北故宫博物院藏:《军机及宫中档》,文献编号:132671。

单双月遇缺即选,并赏戴蓝翎,钦此。陕西肃清案内汇保,九年十二月二十六日奉上谕:着以府经历留陕西补用。钦此。荡平金积堡中北两路案内汇保,仍以府经历本班留于甘肃,遇缺尽先前补用。十二年五月十八日经部覆奏,奉旨:依议。钦此。关陇肃清案内汇保,俟补缺后以知县补用。光绪二年十月十五日,经部覆奏,奉旨:依议。钦此。四年八月,委署环县知县,九月十一日到任,五年十二月初十日卸事。新疆肃清案内汇保,六年正月三十日奉上谕:着以知县仍留原省,归候补班前先补用。钦此。七年,请咨赴部,经钦派王大臣验放,领照前赴甘肃。八年正月十五日,到省缴照,试看年满甄别,以本班留省补用。十年四月,委署古浪县知县,五月十一日到任,十一年七月初七日卸事。嗣调赴新疆差委。各省关及后路各台局筹解协饷案内汇保,俟补缺后以同知仍留原省补用。十一年十二月十七日,经部覆奏,奉旨:依议。钦此。十二年,委署奇台县知县,二月二十二日到任。十四年,奏补斯缺。十五年四月二十五日,奉部覆准,照例以奉文准补之日作为同知到省候补日期。十八年九月初六日,请假卸事。新疆城署各工案内汇保,经部于十八年十月初八日议题,俟补同知后以知府用注册,奉旨:依议。钦此。

　　查该员刘澄清才具强明,办事稳练,在新疆年久,边情最为熟悉,前在奇台县任内,办理一切悉臻妥协,以之升补精河直隶厅同知,实堪胜任,人地亦极相宜,等情。详请具奏前来。

　　臣查该员年强才裕,办事勤能,合无仰恳天恩俯念要缺需员,准以候补同知奇台县知县刘澄清升补精河直隶厅同知员缺,洵于地方有裨。如蒙俞允,俟奉部覆,即行给咨赴部引见。再,该员任内并无参罚案件,所遗奇台县知县系冲、繁、难三项要缺,应请由外拣补。合并声明。谨会同伊犁将军臣长庚、陕甘总督臣杨昌濬,恭折具陈。伏乞皇上圣鉴,训示。谨奏。①

---

① 台北故宫博物院藏:《军机及宫中档》,文献编号:408002870。又,台北故宫博物院藏:《军机及宫中档》,文献编号:132674。

是日，公又会衔伊犁将军长庚、陕甘总督杨昌濬附片奏报委令周仪署理宁远县知县，下部闻。曰：

再，署宁远县知县杨名树卸署遗缺，查有候补通判周仪，堪以委署。据新疆布政使饶应祺、镇迪道兼按察使衔丁振铎会详前来。除批饬给委外，谨会同伊犁将军臣长庚、陕甘总督臣杨昌濬，附片具奏。伏乞圣鉴。谨奏。①

同日，公又会衔陕甘总督杨昌濬，附片奏报委令危兆麟署理疏勒直隶州知州，下部闻。曰：

再，署疏勒直隶州知州潘时策病故遗缺，查有候补知府危兆麟，堪以委署。据新疆布政使饶应祺、镇迪道兼按察使衔丁振铎会详前来。除由臣批饬给委外，谨会同陕甘总督臣杨昌濬，附片具奏。伏乞圣鉴。谨奏。②

四月二十日，总理各国事务衙门来函曰：

各国教士来华传教，准设教堂，载在条约。惟各省、府、州、县、卫共有外国教堂若干，中为某国某教，其教堂为华式、为洋式，本衙门每遇教案，往往无从查核，当于光绪十七年六月二十五日通行各直省查报，续于十八年八月三十日通行咨催在案。迄今又阅二年，除盛京、直隶、江苏、浙江、福建、台湾、山东、山西、河南、甘肃、荆州、吉林、黑龙江、伊犁、热河、察哈尔、科布多、库伦、西宁、塔尔巴哈台各将军、督抚、

---

① 台北故宫博物院藏：《军机及宫中档》，文献编号：408002869-0-A. 又，台北故宫博物院藏：《军机及宫中档》，文献编号：132672。
② 台北故宫博物院藏：《军机及宫中档》，文献编号：408002869-0-B. 又，台北故宫博物院藏：《军机及宫中档》，文献编号：132673。

大臣、都统，暨定边左副将军、漕运总督已查明册报外，其余各省仍多未据咨报。相应咨行贵抚①，务即查照从前通行文件，饬属妥速办理。但查境内共有教堂几处，是何式样，坐落某地，系何国教士，不必干预堂内教规，致滋口舌。查清后，即速造册咨报本衙门，以凭稽核，是为至要！②

同日，公又会衔伊犁将军长庚奏报赏银普济新疆穷黎谢恩一事，曰：

窃臣模准户部咨：光绪甲午年，恭逢慈禧端佑康颐昭豫庄诚寿恭钦献皇太后六旬万寿，皇上钦奉懿旨，特颁内帑，普济穷黎，新疆赏银二万两，钦遵飞咨办理，等因。臣模当将所属旗、汉、回民并转咨臣庚将伊犁、塔尔巴哈台满洲、蒙古、哈萨克各部详晰查明，就穷民多寡，区别等第，酌拨银两，分行散放去后。兹据满、蒙、汉、回及各部落绅耆人等先后呈称：幸逢圣世，恭值昌辰，仰蒙帝泽覃敷，不遗菲屋，窃愿慈晖永照，共抒葵忱！所有感激下情，恳请代奏前来。

理合据情代奏，叩谢天恩。伏乞皇上圣鉴。再，此折系臣模主稿。合并陈明。谨奏。③

五月初一日，公奏报饬令神机营官兵先后回京，下部议。曰：

窃照光绪十九年，承准神机营遵旨拨给新疆边防需用枪炮，奏派记名副都统护军参领德克津布率带队官、队兵共六十六员名，分起解到，当经臣奏明前项官兵拟暂住省城，教习演放，俟来年春暖，即令回京，等因。在案。旋由抚标各营旗挑选步队五百名，归德克津布督率操练。边荒地气严寒，原来兵丁多不服水土。上年十月，酌派队长二名，率带队兵二十五名，拨给车辆及口分、行装银两，先行回京，俾资调理。

---

① 原为"贵督"，兹据文尾校改为"贵抚"。
② 台北"中央研究院"近代史所藏：《外交档案》，馆藏号：01-12-008-03-006。
③ 台北故宫博物院藏：《军机及宫中档》，文献编号：408002871。

其留驻省城各官兵,经臣派委队官护军参领文隆,酌带队兵二名前往古城,教习满营各旗操练;并准伊犁将军臣长庚咨调德克津布及队官尽先即补参领广福①,前赴伊犁差委。其余官兵三十五员名,现值天气暖和,分别发给车辆及口分等项银两,就队官中拣派补用印务章京骁骑校耀保,于四月十六日悉数带领回京,以符奏案而纾宸廑。惟前项枪炮经德克津布及各官兵长途运解,尚无贻误,教习操演,均能认真,可否由神机营开单奏请赏给虚衔、封典以资鼓励之处,出自鸿慈!

除将枪炮派员妥为经理外,谨恭折具陈。伏乞皇上圣鉴,训示。谨奏。②

同日,公又会衔陕甘总督杨昌濬奏报改发新疆人犯拟请停止一事,下部议。曰:

窃维实边莫先于兴屯,兴屯莫难于招户。新疆自经兵燹,地广人稀。部议将直隶、山东、山西、河南、四川、陕西、甘肃七省免死减等人犯,改发新疆助屯,立法不可谓不善。嗣因到配不安耕作,有室家者方行起解,防弊不可谓不周。光绪十五年,复经前护抚臣魏光焘奏准,释罪入籍为民,被恩不可谓不厚。计必地日加辟,户日加增,用副朝廷实边至意。乃臣到任以来,叠据各属禀报,逃亡仍复不少,成本概属虚悬。在屯者惮于耕耘,迄无成效,甚至欺压平民,窝藏奸宄,斗殴抢劫之案,层见叠出。欲兴屯田而其弊如此,良由遣犯不尽耕氓,语以稼穑

---

① 广福(? —1914),字介五,正蓝旗蒙古麟昌佐领下人。同治元年(1862),入神机营当差,后随同出征奉、直等省。十年(1871),赴伊犁,充洋操官并管带伊犁满营马队。光绪二十年(1894),充抚标教习。二十四年(1898),补伊犁汉队营总。二十七年(1901),授拉礼副都统。同年,转伊犁副都统,兼统锡伯、索伦、察哈尔、额鲁特八旗练军。三十四年(1908),奏请停办养正学堂,改设兴文学校。宣统元年(1909),署理伊犁将军。次年,实授斯缺,设驻防满营小学堂,奏派伊犁学生赴俄留学。三年(1911),调补杭州将军。民国元年(1912),任伊犁镇边使。三年(1914),卒于任,优恤。

② 台北故宫博物院藏:《军机及宫中档》,文献编号:408002874。又,台北故宫博物院藏:《军机及宫中档》,文献编号:132987。

之艰难，或非所素习。此辈本属败类，欲令熏蒸为良善，更有所不能。斯即勉就钤束，不至潜逃，而以此无赖之徒聚居边塞荒旷之地，当不仅虚掷帑项，贻误屯田，为可虑也。

臣与藩、臬两司再四筹商，以为欲救其弊，莫如将前项人犯概行停解，就本地之民力，垦未种之田亩。上年，臣覆奏编修胡景桂条陈折内，有招无业缠民设法安插之议，诚以缠民世居边徼，身与地习，即心与业安，招一户可收一户之效。各属老户，生长蕃育，历有年所，拟择壮丁较多者，酌量加拨地段。主伯、亚旅本属一家，地既议增，力必倍奋。是一户更得两户之用。如此办理，就地可以取材，公款无须多费，而逃亡、亏本各弊，不禁自绝，富庶亦可渐臻。此其利害较然，不得不及早变计者也。

所有恳请停止改发新疆助屯人犯，就地另行招垦各缘由，谨会同陕甘总督臣杨昌濬，恭折具陈。伏乞皇上圣鉴，训示，施行。谨奏。①

是日，公又会衔陕甘总督杨昌濬、喀什噶尔提督黄万鹏奏请周升朝等补授游击等缺，下部议。曰：

窃新疆阿克苏镇属库车营游击田九福病故，前经臣奏请开缺，旋准兵部咨：该游击员缺系题补之缺，应迅拣尽先合例人员请补，等因。又，抚、提、镇标守备各缺均经奏准作为题缺，亟应拣员请补，各专责成。兹查有补缺后补用副将留新疆尽先补用参将现署吐鲁番营中军守备周升朝，年强才裕，素著战功，堪以备补库车营游击员缺；补缺后补用都司留新疆尽先即补守备朱应龙，精明干练，堪以请补抚属吐鲁番营中军守备员缺；参将衔补缺后推补游击留新疆尽先补用都司石光贤，勤奋耐劳，堪以借补喀什噶尔提标中营左旗守备员缺；补缺后补用游击留新疆尽先补用都司杨光初，朴实稳练，堪以借补巴里坤镇属哈

---

① 台北故宫博物院藏：《军机及宫中档》，文献编号：408002872。又，台北故宫博物院藏：《军机及宫中档》，文献编号：132986。

密协营右旗守备员缺;补缺后推补游击留新疆尽先补用都司借补古城营前哨千总现署哈密协属塔尔纳沁营守备谭迪安,勤干有为,堪以借补所署塔尔纳沁营守备员缺。

该员等在新疆出力有年,营务熟悉,以之请补各缺,均堪胜任。合无仰恳天恩俯准以周升朝等五员请补游击、守备各员缺,以裨营伍。如蒙俞允,并恳饬部发给札付,朱应龙、石光贤、杨光初、谭迪安四员均照乌鲁木齐补放守备定例,毋庸送部引见。其请补游击周升朝一员,应俟防务大定,即行给咨送部引见,用符定制。

除饬取该各员履历清册咨部外,谨会同陕甘总督臣杨昌濬、署喀什噶尔提督臣黄万鹏,恭折具陈。伏乞皇上圣鉴,训示。谨奏。①

五月十五日,公致函总理衙门曰:

窃照本部院于光绪二十年三月十六日在新疆省城由驿具奏新疆分设电报,筹议养线等费一折,除俟奉到朱批恭录咨呈外,相应抄稿咨呈。为此咨呈贵衙门,谨请鉴照施行。②

五月二十六日,公开单奏报光绪二十年二月分新疆雨雪粮价情形,曰:

窃照光绪二十年正月分各厅州县粮价并得雪情形,业经臣奏报在案。兹据新疆布政使饶应祺详称:本年二月分,镇迪道属迪化得雪,积地三寸;奇台得雪,积地二寸;镇西、库尔喀喇乌苏、昌吉得雪,积地一寸;阜康、绥来微雪。伊塔道属精河得雨,入土一寸;塔尔巴哈台、绥定微雪,宁远微雨。南路叶城得雪,积地一寸;英吉沙尔、疏勒、疏附微雪,余未得雨雪。

---

① 台北故宫博物院藏:《军机及宫中档》,文献编号:408002873.又,台北故宫博物院藏:《军机及宫中档》,文献编号:132985.
② 台北"中央研究院"近代史所藏:《外交档案》,馆藏号:01-09-011-07-014.

至通省粮价，吐鲁番、镇西、哈密、昌吉、绥定等厅县俱与上月相同，余均略有增减，汇详请奏前来。理合恭折具陈，并缮粮价清单，敬呈御览。伏乞皇上圣鉴。谨奏。①

同日，公又奏报新疆第八次新海防捐输核奖一事，下部议。曰：

窃照新疆新海防捐输，自光绪十九年正月初一日起截至六月底止，业经臣作为第七次捐输，奏请核奖在案。兹据布政使饶应祺详称：自光绪十九年七月初一日起，截至二十年正月底止，先后据各捐报实官、职衔共十三名，计收正项库平银一千九百七两二钱，分别填发正实收给予收执；所收捐项银两，另款存储，听候提拨。其随收饭银、照费、填过副实收及各捐生履历清册一并赍解，详请奏咨换给执照，等情。前来。

臣覆核无异，合无仰恳天恩准将新疆第八次新海防捐输饬部分别核奖，以资鼓励。除将清册、副实收、饭银、照费咨送吏部、户部、国子监外，谨恭折具陈。伏乞皇上圣鉴，训示。谨奏。②

是日，公又会衔陕甘总督杨昌濬奏请刘兆松补授疏附县知县，下部议。曰：

窃据新疆布政使饶应祺、镇迪道兼按察使衔丁振铎会详称：新设喀什噶尔道属疏附县知县员缺，与分巡兵备道同城，地当冲要，政务殷繁，外则紧接俄疆，内则安集延与缠民错杂而处，且俄领事驻扎于此，交涉事件尤极繁杂，应请定为冲、繁、疲、杂四项要缺，亟应遴员请补，

---

① 台北故宫博物院藏：《军机及宫中档》，文献编号：408002876. 又，台北故宫博物院藏：《军机及宫中档》，文献编号：133464.
② 台北故宫博物院藏：《军机及宫中档》，文献编号：408002877. 又，台北故宫博物院藏：《军机及宫中档》，文献编号：133461.

以重职守。

查南路新设各缺，经前抚臣刘锦棠奏准，仿照吉林章程由外先行拣补一次。今疏附县知县员缺，查有现署迪化县知县同知衔补缺后补用直隶州知州分省遇缺尽先即补知县刘兆松，年四十四岁，湖南湘乡县人，由文童于同治十一年投效湘军，荡平甘肃、西宁府属回逆，并克复大通县城案内汇保，十三年七月二十八日奉上谕：着以从九品分发省分，归军功候补班即补。钦此。是年十二月十八日，于甘肃泾州粮台二十四次捐输请奖案内报捐双月选用县丞，光绪元年九月初十日，经部覆准。关陇肃清案内汇保，二年二月初四日奉上谕：着以本班分发省分，归候补班补用。钦此。新疆南北两路一举荡平案内汇保，六年正月三十日奉上谕：着免补本班，以知县仍分省，归候补班前遇缺尽先即补，并赏戴蓝翎。钦此。新疆六载边防案内汇保，十年十月初四奉上谕：着赏加同知衔，并赏戴花翎。钦此。十六年四月，到省候补。十九年，委署迪化县知县，三月十八日到任。新疆七载防戍案内汇保请俟候补缺后，以直隶州知州补用，并加一级，经部议准。十九年十二月初二日具奏，奉旨：依议。钦此。

查该员刘兆松，强干精明，办事勤慎，在新疆年久，边情熟悉，现在署任内办理一切，悉臻妥协，以之请补斯缺，实堪胜任，人地亦极相宜，等情。详请具奏前来。

臣查该员年壮才明，办事稳慎，合无仰恳天恩俯念要缺需员，准以分省遇缺尽先即补知县刘兆松补授疏附县知县员缺，洵于地方有裨。如蒙俞允，俟奉部覆，给咨送部引见，以符定例。该员署任内并无参罚案件。谨会同陕甘总督臣杨昌濬，恭折具陈。伏乞皇上圣鉴，训示。谨奏。①

同日，公又会衔陕甘总督杨昌濬附片奏请张熙载署理拜城县知县，下

---

① 台北故宫博物院藏：《军机及宫中档》，文献编号：408002875。又，台北故宫博物院藏：《军机及宫中档》，文献编号：133463。

部闻。曰：

再,署拜城县知县文立山卸署遗缺,查有同知衔尽先拣选知县张熙载,堪以委署。据新疆布政使饶应祺、镇迪道兼按察使衔丁振铎会详前来。除由臣批饬给委外,谨会同陕甘总督臣杨昌濬,附片具奏。伏乞圣鉴。谨奏。①

六月初六日,公会衔陕甘总督杨昌濬、甘肃学政蔡金台请饬将郭韩氏旌表一事,下部闻。曰：

窃据新疆布政使饶应祺详:准镇迪道兼按察使衔丁振铎咨:据迪化府知府潘效苏详:据署阜康县知县任兆观详:准迪化府教授原笾贞移开:据阜康县绅士王者彦等禀称:查有县属济木萨烈妇韩氏,系民人郭长德之妻、武举郭秀珍之母,秉性坚贞,持躬淑慎,十六岁于归,克尽妇道,事姑尤孝。姑殁,助其夫祭葬如礼,乡里称之。同治三年,逆回构乱,时秀珍尚幼,氏以宗祧为重,劝夫携之出逃。既而贼至,乃与长女大贞、次女二贞投井自尽,年二十八岁。职等谊属同乡,见闻较确,未便听其湮没,造具事实册结,由学依次加具印结,转详前来。

臣查定例:直省节烈妇女应旌表者,由该督抚、学政会同具题,并取具册结,送部核议,题准后令地方官给银三十两,听本家建坊。今已故民人郭长德之妻韩氏捐躯殉难,节烈可嘉,合无仰恳天恩饬部核议,照例旌表,以慰贞魂而维风化！

除将册结咨部查照外,谨会同陕甘总督臣杨昌濬、甘肃学政臣蔡金台,恭折具奏。伏乞皇上圣鉴,训示。再,此案例应具题,惟新疆设

---

① 台北故宫博物院藏:《军机及宫中档》,文献编号:408002875-0-A.又,台北故宫博物院藏:《军机及宫中档》,文献编号:133462.

省未久，应题案件均系改题为奏。合并声明。谨奏。①

同日，公又会衔伊犁将军长庚、陕甘总督杨昌濬奏请安允升补授绥定县知县，下部议。曰：

窃据新疆布政使饶应祺、镇迪道兼按察使衔丁振铎会详称：绥定县知县邓以潢于光绪二十年正月初二日在任丁忧，业经奏咨在案，应以丁忧本日作为开缺日期，所遗绥定县知县系冲、繁、疲、难四项要缺，亟应遴员请补，以重职守。查北路添改各缺，经前抚臣刘锦棠奏准由外拣补一次，后援照甘肃变通章程办理。知县要缺一项，初任、候补并拣发委用以及到省在后各员，均准通融拣选题补。其试用人员无论正、佐各官，如遇要缺，一并准其请补。又于新疆补缺章程内声明随营分省候选并他省候补各员，从事有年，于边务亦多熟悉，无论曾否委署地方，均准留于甘肃新疆照章补署，各等语。

今绥定县知县员缺，查有同知衔不论双单月遇缺即选知县安允升，年五十二岁，甘肃武威县人，由文童于同治三年投效新疆军营。是年巴里坤剿洗叛回案内赏给六品军功，哈密大股回匪两次围攻巴里坤，随队击退贼匪案内汇保，四年十一月二十八日奉上谕：着赏戴蓝翎。钦此。官军克复哈密案内汇保，五年七月二十六日奉上谕：着以从九品归部即选。钦此。二次克复哈密案内汇保，六年八月初五日奉上谕：着以府经历县丞不论单双月遇缺尽先即选，并赏换五品顶戴。钦此。立解哈密城围并击退沙山子等处逆匪案内汇保，十三年四月二十四日奉上谕：着免选本班，以知县不论单双月遇缺即选。钦此。陕回大股扑犯济木萨，官军击退贼匪案内汇保，光绪元年二月初十日奉上谕：着赏换花翎。钦此。克复辑怀、乌鲁木齐、昌吉、呼图壁各城案

---

① 台北故宫博物院藏：《军机及宫中档》，文献编号：408002879。又，台北故宫博物院藏：《军机及宫中档》，文献编号：133698。

内汇保,四年二月初四日奉上谕:着赏加同知衔。钦此。新疆南路各城一律肃清,健锐、威仪两军历年防剿案内汇保,六年正月十三日奉上谕:着赏给五品封典。钦此。十三年,留省候补。

查该员安允升才明识练,办事勤能,历供差委,均无贻误,在新疆年久,边情最为熟悉,以之请补斯缺,实堪胜任,人地亦极相宜,等情。详请具奏前来。

臣查该员年强才裕,办事慎勤,合无仰恳天恩俯念要缺需员,准以同知衔不论单双月遇缺即选知县安允升补授绥定县知县员缺,洵于地方有裨。如蒙俞允,俟奉部覆,给咨赴部引见,以符定例。谨会同伊犁将军臣长庚、陕甘总督臣杨昌濬,恭折具奏。伏乞皇上圣鉴,训示。谨奏。①

是日,公又奏报审拟民人斗殴毙命一案,下部议。曰:

窃查前据喀喇沙尔厅详报:客民朱珍殴伤缠民牙买提身死并沙以提伤轻平复一案,当经臣批饬审拟去后。兹据署该厅闻端兰审明议拟,解经署阿克苏道黄丙焜提讯,咨由镇迪道兼按察使衔丁振铎核转前来。

臣覆加查核,缘客民朱珍籍隶甘肃安西州,赶车营生,与已死吐鲁番厅缠民牙买提并受伤平复之沙以提均不认识。光绪十九年十月初四日晚,朱珍揽运客货,由该厅进省,行至清水河海子地方,与沙以提等车辆撞遇。朱珍因路窄难让,央令退后绕走。沙以提不允,彼此争吵。沙以提牵拉朱珍辕骡,打令后退。朱珍生气混骂,顺取车辕木棒殴伤沙以提额颅。牙买提持棒拢护,朱珍将棒格落,殴伤牙买提额颅。牙买提弯身拾棒,朱珍虑其拾取受亏,闪至身旁,冒殴一下,适伤牙买提左耳根倒地,擦伤右腿。经韩义赶拢劝阻,适牙买提表兄托夫地车

---

① 台北故宫博物院藏:《军机及宫中档》,文献编号:408002878。又,台北故宫博物院藏:《军机及宫中档》,文献编号:133696。

辆亦至，问明情由，一同救治罔效，牙买提移时殒命。报经该前厅符瑞获犯，验讯具报，未及详解卸事。闻端兰到任，查验沙以提伤早平复，审拟解道提讯，咨由兼臬司核明转详，臣覆核无异。

查律载：斗殴杀人者，不问手足、他物、金刃并绞监候，等语。此案客民朱珍因与缠民沙以提争走车路，口角互斗，牙买提拢护，该犯用棒殴伤其左耳根等处身死，自应按律问拟。朱珍合依"斗殴杀人者，不问手足、他物、金刃并绞"律，拟绞监候，秋后处决。沙以提因朱珍不肯让路，辄打朱珍辕骒，致肇衅端，亦有不合，姑念被殴有伤，应与救阻不及之韩义均免置议。尸棺饬属领埋，凶器木棒案结销毁。

除全案供招咨部外，所有斗殴毙命，按律定拟缘由，谨恭折具陈。伏乞皇上圣鉴，饬部核覆施行。谨奏。①

六月二十日，公致函总理衙门曰：

窃照本部于光绪二十年四月十一日在新疆省城由驿具奏筹办南疆边防，应需转运等项经费，请旨饬部立案一折，除俟奉到朱批恭录咨呈外，相应钞稿咨呈。为此咨呈贵衙门，谨请鉴照施行。②

同日，公又致函总理衙门曰：

窃照前奉贵衙门咨开：光绪二十年正月十七日，准驻京俄使喀希呢照称：据伊犁领事禀称：新疆设有官钱铺，收银出钱以百抽三，出银出钱以百抽六，于中俄商民有累，且妨碍于通商，请饬废其抽六之法，咨请查明声覆，等因。当经转饬查覆去后。兹据代理伊犁府知府骆恩绶申称：查伊犁从前行使俄帖，仅可以银易帖，不能执帖取银，除在伊

---

① 台北故宫博物院藏：《军机及宫中档》，文献编号：408002880。又，台北故宫博物院藏：《军机及宫中档》，文献编号：133697。
② 此具奏日期据原件校补。

犁买俄商货物而外，其他处商贾一概不能流通，买卖阻滞，商民怨咨。经前色楞额将军奏设官钱铺行使制钱定章，以银兑钱，每银一两出钱一千五十文；以钱兑银，每银一两入钱一千八十文，出入均有加数，钱铺司事费用取于加数项下。此伊犁办理钱铺实在情形，数年来民商无累，均皆乐从，各商买卖亦渐有起色。即俄商银钱兑换，亦同一律。该省领事请废以百抽六之法，钱铺未曾有此名目。至称有累商民、妨碍通商等情，查伊犁俄商货物如常营销，而钱铺以银兑钱，以钱兑银，听商等随时取给，尤为称便。又往来交易，市价不二，洵于通商大有裨益，较从前行使俄帖，仅可以银易帖，不能执帖取银，为累商贾，不待言辩，等情。到本部院。据此，相应咨呈。为此咨呈贵衙门，谨请鉴核照覆施行。①

六月二十二日，公开单奏报光绪二十年三月分新疆雨雪粮价情形，曰：

窃照光绪二十年二月分各厅州县粮价并得雨雪情形，业经臣奏报在案。兹据新疆布政使饶应祺详称：本年三月分，镇迪道属库尔喀喇乌苏得雨，入土五寸；阜康得雨，入土三寸；迪化、昌吉得雪，积地二寸；奇台得雨，入土二寸；绥来得雨，入土一寸；镇西微雪。伊塔道属宁远得雨，入土五寸；精河得雨，入土二寸；塔尔巴哈台、绥定微雨。南路库车、英吉沙尔微雨，余未得雨雪。

至通省粮价，镇西、精河、喀喇沙尔、乌什、疏勒、和阗、昌吉、阜康、宁远、疏附等厅州县俱与上月相同，余均略有增减。汇详请奏前来。理合恭折具陈，并缮粮价清单，敬呈御览。伏乞皇上圣鉴。谨奏。②

---

① 台北"中央研究院"近代史所藏：《外交档案》，馆藏号：01-20-008-08-006。
② 台北故宫博物院藏：《军机及宫中档》，文献编号：408002883。又，台北故宫博物院藏：《军机及宫中档》，文献编号：134044。

同日，公又奏报审拟奇台客民殴毙未遂奸犯一案，下部议。曰：

窃查前据奇台县详报：客民苟吉祥主使雇工雷作雨等殴伤图奸未成罪人于福溁身死一案，当经臣批饬审拟解勘去后。兹据署该县知县陈彤辅审明议拟，解经署迪化府知府危兆麟详由镇迪道兼按察使衔丁振铎审转前来。

臣亲提覆讯，缘苟吉祥原籍陕西醴泉县，先年来至奇台县，开设斗行生理，娶吴氏为妻，与已死于福溁同在铺房后院居住。雷作雨、张汶元均受雇苟吉祥铺内帮工，与于福溁熟识无嫌。光绪十九年五月初三日下午，苟吉祥出外，苟吴氏在房门外闲坐，有幼孩陈保保子在院站立。于福溁由房门经过，丢给碎银一小包，令苟吴氏收受，称欲与同宿。苟吴氏恶言斥骂。于福溁走出，复转进苟吴氏卧室，向其嬉笑。苟吴氏大声斥骂，于福溁跑走。雷作雨闻声走至，问知情由，斥于福溁无理。苟吴氏哭称定欲向于福溁寻死。雷作雨令张汶元往寻苟吉祥回家，苟吴氏泣诉前情，苟吉祥生气，喊令雷作雨、张汶元同至于福溁住房外，查问不依。于福溁变羞成怒，走出房门，反用秽言混骂。苟吉祥愈加气忿，因伊凤患目疾，主使雷作雨、张汶元帮殴，并称打出事来有伊一人承当。雷作雨携取马棒，殴伤于福溁左臁肋。于福溁转身进房，拾取通火铁条回殴，雷作雨用棒架格。张汶元恐雷作雨受亏，抱住于福溁两手，帮夺铁条，一同跌地，磕伤于福溁囟门。雷作雨又连向于福溁左臁肋殴打，张汶元夺获铁条站起，苟吉祥复喝令张汶元殴伤于福溁右臁肋。于福溁滚转挣起，张汶元又戳伤其左臂膊、左胳膊、右胳肘、左右手腕、左臂等处。院邻李志发闻闹，趋至喝阻，查看于福溁伤重，一同扶救罔效，至初四日殒命。苟吉祥投约自首，经该县验讯详报，前署兼臬司黄光达委员会讯，供情相符，议拟解府，详由兼臬司审明勘转，臣覆讯无异。

查例载：本夫杀死图奸未成罪人，无论登时、事后，俱照擅杀律，拟绞监候。又律载：威力主使殴打致死，以主使之人为首、下手之人为从论。又例载：擅杀奸盗罪人案内，余人无论谋杀、加功及刃伤、折伤，以上悉照余人律，杖一百，各等语。

此案该犯苟吉祥因于福溁向其妻吴氏图奸未成，查知忿激，主使雷作雨、张汶元共殴于福溁左右臁肋等处殒命。雷作雨、张汶元均系苟吉祥雇工，素听指使，即属有威可畏，自应照律以苟吉祥为首，当其重罪。死系图奸未成罪人，仍应按擅杀本例问拟。苟吉祥合依"本夫杀死图奸未成罪人，无论登时、事后俱照擅杀律拟绞"例，拟绞监候，虽据自首，无因可免。雷作雨、张汶元听从苟吉祥主使殴打，下手伤重，应依擅杀为从论。雷作雨、张汶元均合依"擅杀奸盗罪人案内余人无论谋杀、加功及刃伤、折伤，以上悉照共殴伤人律、杖一百"例，拟杖一百，分别折责发落。见证李志发、陈保保子救阻不及，请免置议。无干省释，尸棺饬埋，凶器铁条案结销毁。是否允协？

除全案供招咨部外，所有审明主使殴毙图奸未成罪人，分别定拟缘由，谨恭折具陈。伏乞皇上圣鉴，饬部核覆施行。谨奏。①

是日，公又奏报寻常盗案拟请酌复旧例缘由，下部议。曰：

窃维张弛因时，立法期于禁暴；宽严并济，治狱由贵持平。溯查康熙五十四年，旧例改定强盗首犯及杀伤人者正法，余俱减等发遣；雍正五年，将法所难宥及情有可原各犯分别办理；乾隆二十六年，续议伙盗曾经纠党及持火执械入室搜赃并行劫二次者，俱拟斩立决；其在外瞭望接赃，并被人诱胁随行及年未成丁或行劫止一次者，照情有可原，免死发遣，各等因。刊布刑章，历经遵奉在案。迨咸丰年间，发、捻蜂起，盗贼滋多，不得不从严惩办，把风接赃等犯虽未分赃，亦系同恶相济，均照为首一律问拟，辟以止辟，事所宜然。顾自大难削平又二十余载，臣历官令牧，荐绾疆符，每审盗案，其入室行强首犯往往饰词狡展，坚

---

① 台北故宫博物院藏：《军机及宫中档》，文献编号：408002882。又，台北故宫博物院藏：《军机及宫中档》，文献编号：134026。

不承认，多系把风接赃等犯供吐真情，从旁质证，借以定狱。在把风、接赃之犯自谓未经入室动手，国法必可从宽，而不知仍拟骈诛，情亦不无可悯。

窃思事主被盗，或仅失财，或失财而又伤人，受害究有轻重，办法似应区别，拟请嗣后寻常盗案首伙十人以下得财而又伤人者把风接赃各犯，应与首盗及入室行强者，仍一律问拟斩决。如得财而未伤人把风接赃各犯，应准照情有可原旧例，免死发遣。如此量为分别，庶寻常盗匪知不伤人则余犯罪止发遣，或不敢致人于死，并罹大辟，否则伤人固诛，不伤人亦诛，一经入盗，并无末减，窃恐助虐更甚，转非所以保全事主之道。

臣管见所及，是否有当？谨恭折具陈。伏乞皇上圣鉴，训示，施行。谨奏。①

同日，公又会衔陕甘总督杨昌濬附片奏报委令彭绪瞻等署理知州等缺，下部闻。曰：

再，署温宿直隶州知州王廷赞卸署遗缺，查有知府衔候补同知彭绪瞻，堪以委署。署于阗县知县柳葆元卸署遗缺，查有候补知县王懋勋，堪以委署。署奇台县知县陈彤辅卸署遗缺，查有候补知县徐昭明，堪以委署。据新疆布政使饶应祺、镇迪道兼按察使衔丁振铎会详前来。除由臣批饬分别给委外，谨会同陕甘总督臣杨昌濬，附片具陈。伏乞圣鉴。谨奏。②

七月十九日，公开单奏报光绪二十年四月分新疆雨雪粮价情形，曰：

窃照光绪二十年三月分各厅州县粮价并得雨雪情形，业经臣奏报

---

① 台北故宫博物院藏：《军机及宫中档》，文献编号：408002881。又，台北故宫博物院藏：《军机及宫中档》，文献编号：134028。

② 台北故宫博物院藏：《军机及宫中档》，文献编号：408002883-0-A。又，台北故宫博物院藏：《军机及宫中档》，文献编号：134027。

在案。兹据新疆布政使饶应祺详称：本年四月分，镇迪道属镇西得雨，入土五寸；库尔喀喇乌苏、阜康得雨，入土三寸；迪化、昌吉、绥来得雨，入土二寸；奇台得雨，入土一寸；吐鲁番微雨。伊塔道属塔尔巴哈台得雨，入土一寸；精河、绥定、宁远微雨。南路于阗得雨，入土五寸；拜城得雨，入土二寸；喀喇沙尔、库车、乌什、英吉沙尔、玛喇巴什、温宿、疏勒、和阗、疏附、叶城微雨，余未得雨。

至通省粮价，镇西、哈密、精河、喀喇沙尔、库车、乌什、昌吉、阜康、叶城等厅县俱与上月相同，余均略有增减。汇详请奏前来。理合恭折具陈，并缮粮价清单，敬呈御览。伏乞皇上圣鉴。谨奏。①

同日，公又奏报奉旨呈缴朱批情形，曰：

窃前准吏部咨：光绪二十年三月十五日奉上谕：向来各直省将军、督抚等所奏朱批折件，均应按年恭缴。乃近年以来，各省多有遗漏未缴之件，其缴进省分有自行奏缴者，有咨由军机处或奏事处呈缴者，办法亦参差不一。着通谕各该将军、督抚、提镇等，嗣后所奉朱笔等件，统行咨交军机处，于年终汇缴，以归画一。其从前遗漏之件，均着一律补缴。钦此。正钦遵办理间，复准吏部咨：光绪二十年四月二十八日奉上谕：前经通谕各直省将军、督抚、提镇等将所奉朱笔等件统行咨交军机处呈缴，以归画一。各将军、督抚等接奉前旨，自应迅速办理，乃迄今多日，未见覆奏，即如直隶系最近省分尚未呈缴，着再传谕各该将军、督抚、提镇等，即将何日接奉前旨及现办呈缴之处先行覆奏，一面迅将从前遗漏未缴之件赶紧备文，咨由军机处呈缴。嗣后所奉朱批等件随时咨缴，毋得稍涉迟延。钦此。

遵查前次谕旨，系于五月十四日奉到。臣到任以来，所奉朱批等件截至本年三月初一日止，先后奏缴在案，并无遗漏。其自三月初二

---

① 台北故宫博物院藏：《军机及宫中档》，文献编号：408002886。又，台北故宫博物院藏：《军机及宫中档》，文献编号：134680。

日起钦遵第二次谕旨，随时备文，咨由军机处呈缴，以昭敬谨而免迟延。谨恭折覆陈。伏乞皇上圣鉴。谨奏。①

是日，公又会衔陕甘总督杨昌濬奏报新疆巴里坤马厂牧放三年期满，循例收取孳生马匹数目情形，下部议。曰：

窃查巴里坤向有孳生马厂，自经变乱，马多散失。光绪十四年，前抚臣刘锦棠饬查共存大小儿骡马四千五百余匹，当以牧兵仅三十二名不敷牧放，饬由该镇标左营加拨二十名。截至十六年六月底止，存马五千二百五十三匹，复加拨牧兵二十名，均经咨部覆准，并令查明何年月日起限取孳，报部稽核，等因。

兹据布政使饶应祺详称：前项马厂应自光绪十六年七月初一日起照例取孳，扣至十九年六月底止，三年限满，饬据署镇西厅同知易寿崧验报，该厂现分九群，原牧大小儿骡马五千二百五十三匹，定例每马三匹，三年取孳一匹。查十八年六月底，拨过济木萨厂马五百匹，由该厂另行起限取孳，应扣除孳生马五十六匹。截至光绪十九年六月底止，计巴里坤马厂共收孳生马二千九十五匹，照例取孳一千六百九十五匹，多收马四百匹。除拨过镇西、哈密、奇台各厅县驿马二百八十五匹，例、倒马九百一十五匹，实共存马五千六百四十八匹，取具马匹数目、应赏官弁、牧兵姓名清册，详请具奏前来。

臣覆核无异，除将清册咨部并俟二十二年三年限满再行循例办理外，谨会同陕甘总督臣杨昌濬，恭折具奏。伏乞皇上圣鉴，饬部议覆施行。再，此案改题为奏。合并声明。谨奏。②

---

① 台北故宫博物院藏：《军机及宫中档》，文献编号：408002885. 又，台北故宫博物院藏：《军机及宫中档》，文献编号：134681。

② 台北故宫博物院藏：《军机及宫中档》，文献编号：408002884. 又，台北故宫博物院藏：《军机及宫中档》，文献编号：134683。

同日，公又附片奏请更正刘清和等保案，下部议。曰：

　　再，臣据总兵衔留新疆尽先补用副将刘清和禀称：该员于克复金陵案内由把总保尽先拔补千总，并戴蓝翎；陕北肃清案内误由都司保补用游击，并于克复灵州等案累保今职。又据补用都司留甘肃尽先补用守备易荣贵禀称：该员于克复乌鲁木齐、玛纳斯等城案内由军功保尽先拔补外委，克复达坂城、托克逊并吐鲁番满汉两城案内误由把总保尽先拔补千总，并加守备衔；嗣于新疆五次剿平边寇等案累保今职，请附奏递减，各等情。前来。

　　臣覆核无异，合无仰恳天恩俯准将刘清和于陕北肃清案内准保以游击补用，改为以守备补用；克复灵州案内准保以参将尽先补用，改为以都司尽先补用；荡平金积堡贼巢宁灵肃清案内准保免补参将以副将尽先补用并加参将衔，改为免补都司，以游击尽先补用，并加参将衔；易荣贵于克复达坂城、托克逊并吐鲁番满汉两城案内准保以千总尽先拔补并加守备衔，改为以把总尽先拔补，并加千总衔；五次剿平边寇案内准保免补千总以守备留甘肃尽先补用并戴蓝翎，改为免补把总，以千总留甘肃尽先补用，并戴蓝翎；新疆七载防戍案内准保补守备后以都司补用，改为补千总后，以守备补用。饬部分别逐层递减，以实官阶。其刘清和于克复灵州案内赏给慧勇巴图鲁名号，荡平金积堡案内准保二品封典，仍照原案注册，出自鸿施！除咨部外，谨附片具奏。伏乞圣鉴，训示。谨奏。①

同日，公又附片奏报请准邹冠群免其骑射一事，下部闻。曰：

　　再，查部议：打仗受伤武职员弁，必须手足受有重伤，方准请免骑射，一律考验枪炮，等因在案。兹据提督衔留甘尽先补用总兵借补玛

---

① 台北故宫博物院藏：《军机及宫中档》，文献编号：408002884-0-A. 又，台北故宫博物院藏：《军机及宫中档》，文献编号：134679.

喇巴什营游击邹冠群禀称：该员于同治元年在安徽太平府打仗，右膝受矛伤一处。是年在金陵攻破江心洲、蒲包洲贼垒，右膊受枪子穿伤一处，筋骨被损。七年，攻打陕西陇州南原，左臂受枪子伤一处。虽随时医愈，每逢节序，辄作痛楚，挽弓维艰，恳请奏免骑射，等情。

臣亲加验看，委无捏饰情弊，合无仰恳天恩俯准，将该员邹冠群免其骑射，改习枪炮，以示体恤，出自鸿慈。除咨部外，谨附片具陈。伏乞圣鉴，训示。谨奏。①

是日，公又会衔陕甘总督杨昌濬附片奏报饬令李宗宾迅赴本任，曰：

再，阿克苏道员缺，光绪十九年十一月十八日，经臣奏请以新疆补用道李宗宾补授，旋奉部覆准在案，应饬赴本任，以专责成。除檄饬遵照外，谨会同陕甘总督臣杨昌濬，附片具奏。伏乞圣鉴。谨奏。②

七月二十五日，公致函总理衙门曰：

窃照本部院于光绪二十年三月十六日在新疆省城由驿具奏新疆分设电报，筹议养线等费一折，前已钞稿咨呈在案。兹于本年五月十八日准兵部火票递回原折，奉朱批：着照所请，该衙门知道。钦此。除钦遵咨行外，相应恭录咨呈。为此咨呈贵衙门，谨请钦遵鉴照施行。③

八月初四日，公奏报审拟温宿客民斗殴毙命一案，下部议。曰：

窃前据署温宿直隶州知州王廷赞详报：客民刘义淮殴推缠民阿希木受伤身死一案，当经臣批饬审拟去后。兹据该州审明议拟，解署阿

---

① 台北故宫博物院藏：《军机及宫中档》，文献编号：408002884-0-B. 又，台北故宫博物院藏：《军机及宫中档》，文献编号：134682.
② 台北故宫博物院藏：《军机及宫中档》，文献编号：408002886-0-A. 又，台北故宫博物院藏：《军机及宫中档》，文献编号：134684.
③ 台北"中央研究院"近代史所藏：《外交档案》，馆藏号：01-09-011-07-024.

克苏道黄丙焜提讯,咨由镇迪道兼按察使衔丁振铎核转前来。

臣覆加查核,缘客民刘义淮原籍直隶天津县,寄居温宿州,小贸营生,与已死缠民阿希木熟识无嫌。光绪十九年正月间,阿希木借用刘义淮红钱三百五十文,约定迟日归还,并未立约议息。迨后刘义淮屡往催索,阿希木出外佣工未给。五月初十日,阿希木回家探望。午后,刘义淮在城外渠边撞遇,向索前欠,阿希木仍旧推缓。刘义淮声称阿希木时常在外,定须设法还清,阿希木回斥不应拦路逼讨,彼此争吵。刘义淮用拳殴伤其右腮颊。阿希木扑拢回殴,刘义淮复殴伤其左太阳。阿希木扭住刘义淮衣襟,低头向撞。刘义淮挣不脱身,两手用力向前一推,阿希木仰跌倒地,被石块垫伤其右后胁。见证艾买提趋拢喝阻,询悉情由,通知尸母早拉比比同往看明,移时阿希木因伤殒命。报经该州获犯,诣验讯详,据报犯病医治痊愈,议拟解道提讯,咨由兼臬司核明转详,臣覆核无异。

查律载:斗殴杀人者,不问手足、他物、金刃,并绞监候,等语。此案该犯刘义淮因向缠民阿希木索欠争斗,殴推阿希木受伤身死,自应按律问拟。刘义淮合依"斗殴杀人者,不问手足、他物、金刃并绞"律,拟绞监候,秋后处决。虽据供母老丁单,查讯死者亦系独子,应照例不准留养。见证艾买提救阻不及,请免置议。阿希木借欠红钱,身死勿征。尸棺饬属领埋。凶器石块,案结销毁。

除全案招供咨部外,所有斗殴毙命,按律定拟缘由,谨恭折具陈。伏乞皇上圣鉴,饬部核覆施行。谨奏。①

同日,公又开单奏报新疆防营员勇各台局等数目情形,下部闻。曰:

窃新疆马步营旗、炮队、各台、局、卡、义学实在数目,截至光绪十九年六月底止,业经分别奏咨在案。兹据新疆粮台详称:自十九年七

---

① 台北故宫博物院藏:《军机及宫中档》,文献编号:408002887.又,台北故宫博物院藏:《军机及宫中档》,文献编号:135216。

月初一日起至十二月底止,遵照标营章程,添募步队一营一哨、炮队一哨。通截至十九年十二月底止,实存行粮章程马队七旗、步队四营、炮队一哨,标营章程马队四十八旗、步队二十五营一十八旗二哨、炮队四哨,共额设统领、营、旗、哨官三百九十七员,巡查一百三十一员,营书、弁勇二万六千二百四十三名,火勇一千八百七十六名,额外火夫、私夫、马夫、车夫、棚夫六千五百六十三名,并各台、局、卡、义学,缮具清单,详请奏咨前来。

臣覆核无异,所有新疆防营、员弁勇丁、各台、局、卡、义学自光绪十九年七月初一日起至十二月底止实在数目,谨缮清单,恭呈御览。伏乞皇上圣鉴,饬部立案施行。谨奏。①

是日,公又会衔陕甘总督杨昌濬附片奏报委令刘嘉德署理和阗直隶州知州,下部闻。曰:

再,署和阗直隶州知州黄袁卸署遗缺,查有莎车直隶州知州刘嘉德,堪以委署。据新疆布政使饶应祺、镇迪道兼按察使衔丁振铎会详前来。除由臣批饬给委外,谨会同陕甘总督臣杨昌濬,附片具奏。伏乞圣鉴。谨奏。②

八月十二日,公开单奏报光绪二十年五月分新疆雨雪粮价情形,曰:

窃照光绪二十年四月分各厅州县粮价并得雪情形,业经臣奏报在案。兹据新疆布政使饶应祺详称:本年五月分,镇迪道属镇西得雨,入土四寸;库尔喀喇乌苏、奇台得雨,入土二寸;迪化、昌吉、阜康、绥来得

---

① 台北故宫博物院藏:《军机及宫中档》,文献编号:408002888。又,台北故宫博物院藏:《军机及宫中档》,文献编号:135215。
② 台北故宫博物院藏:《军机及宫中档》,文献编号:408002887-0-A。又,台北故宫博物院藏:《军机及宫中档》,文献编号:135217。

雨,入土一寸;吐鲁番微雨。伊塔道属塔尔巴哈台、精河得雨,入土三寸;绥定、宁远微雨。南路乌什得雨,入土二寸;喀喇沙尔、库车、英吉沙尔、疏勒、和阗、拜城、疏附、于阗微雨,余未得雨。

至通省粮价,吐鲁番、哈密、精河、乌什、昌吉、绥定等厅县俱与上月相同,余均略有增减。汇详请奏前来。理合恭折具陈,并缮粮价清单,敬呈御览。伏乞皇上圣鉴。谨奏。①

同日,公又会衔陕甘总督杨昌濬开单奏报神机营运到枪炮并拟设炮队一哨,下部闻。曰:

窃神机营官兵先后由新疆回京,业经奏明将各项枪炮派员经理在案。查光绪十八年,臣函商北洋大臣李鸿章由武备学堂遴派补用守备张志文、把总王恩贵前来新疆,当饬照标营章程,于十九年七月初一日募成新式枪队一哨,教习阵法、操法及挖沟、筑垒诸事,现有成效。前项枪炮应即饬交张志文、王恩贵接管,并将所带新式枪队改为炮队一哨,名为"威远炮队",由臣督饬操练,俾成劲旅。应需月饷及车骡等项经费,均照标营炮队章程,从本年五月初一日起支。据布政使饶应祺详请具奏前来。

臣覆核无异,谨缮清单,会同陕甘总督臣杨昌濬,恭折具陈。伏乞皇上圣鉴,饬部立案施行。谨奏。②

是日,公又会衔陕甘总督杨昌濬、喀什噶尔提督黄万鹏奏请周添才借补喀什回城副将,下部议。曰:

窃照喀什噶尔回城协营副将员缺系奏准作为题补之缺,经前护抚臣魏光焘奏请以记名提督黄万鹏借补。嗣接部咨:黄万鹏已奉上谕补

---

① 台北故宫博物院藏:《军机及宫中档》,文献编号:408002888-1。又,台北故宫博物院藏:《军机及宫中档》,文献编号:135406。
② 台北故宫博物院藏:《军机及宫中档》,文献编号:408002889。又,台北故宫博物院藏:《军机及宫中档》,文献编号:135407。

授阿克苏镇总兵,应令另拣合例人员请补,等因。臣查该副将与喀什噶尔道员同驻回城,中外交涉事繁,弹压巡防,最关紧要,非精明干练、熟悉地方情形之员,难资得力。查有留新疆尽先补用提督借补英吉沙尔营参将现署该协营副将周添才,朴实稳练,夙著战功,于署任内操练巡防均属认真,以之借补斯缺,洵堪胜任,人地亦极相宜,合无仰恳天恩俯准以周添才借补喀什噶尔回城协营副将员缺,实于边防有裨。如蒙俞允,并恳饬部先给署札,俟防务大定,即行并案给咨送部引见,以符定制。再,查该员于光绪十八年经部议覆,准以提督借补英吉沙尔营参将,尚未到任。兹回城协营副将员缺,仍请以提督借补。所遗英吉沙尔参将,由臣另行拣员请补。

除将履历清册送部外,谨会同陕甘总督臣杨昌濬、署喀什噶尔提督臣黄万鹏,恭折具奏。伏乞皇上圣鉴,训示。谨奏。①

同日,公又会衔陕甘总督杨昌濬附片请准革员柳泰和暂留新疆任用,下部闻。曰:

再,已革记名提督前甘肃肃州镇总兵柳泰和,经前督办台湾防务福建巡抚臣刘铭传②奏参革职,奉旨发往新疆效力赎罪,光绪十四年到配,前抚臣刘锦棠委办省城保甲、稽查事务,尚属认真,恭逢十五年二月十七并三月十六等日两次恩诏,前护抚臣魏光焘将在戍效力已、未满三年各官犯开单具奏,旋准刑部议覆:刘泰和在戍未及三年,应照奏

---

① 台北故宫博物院藏:《军机及宫中档》,文献编号:408002890. 又,台北故宫博物院藏:《军机及宫中档》,文献编号:135407.

② 刘铭传(1836—1896),字省三,谥壮肃。安徽合肥人。咸丰四年(1854),在籍办团,后参军。九年(1859),充千总。翌年,加都司衔。同治元年(1862),升都司,晋游击衔。同年,迁副将,加骠勇巴图鲁勇号。三年(1864),授直隶提督。六年(1867),封三等轻车都尉。七年(1868),督办陕西军务,加一等男。光绪十年(1884),晋巡抚衔,督办台湾军务。十一年(1885),擢福建台湾巡抚。十五年(1889),加太子少保。十六年(1890),授兵部尚书衔,帮办海军事务,旋因病回籍。二十一年十一月二十八日(1896年1月12日),卒于籍,赠太子太保,谥壮肃。有《大潜山房诗集》《刘壮肃公奏议》行世。

定章程扣满三年,再行释回,等因。查该革员扣至光绪十七年,业已三年期满,例应奏请释回原籍。上年臣以喀什噶尔边防吃紧,该革员精力尚强,能耐劳苦,派归提标差遣。现在帕米尔等处界址业委补用知县海英逐段查勘,叠经咨呈总理各国事务衙门在案。惟界务关重,不厌详慎,可否将该革员柳泰和暂留新疆,饬赴沿边一带再行确勘,以昭郑重而资得力之处,出自鸿慈!谨会同陕甘总督臣杨昌濬,附片具奏。伏乞皇上圣鉴,训示。谨奏。①

同日,公又会衔陕甘总督杨昌濬附片奏报委令刘兆松等委署知县员缺,下部闻。曰:

再,署疏附县知县杨其澍调省遗缺,查有请补疏附县知县现署迪化县知县刘兆松,堪以先行调署。递遗员缺查有请补精河直隶厅同知奇台县知县刘澄清,堪以委署。据新疆布政使饶应祺、镇迪道兼按察使衔丁振铎会详前来。除由臣批饬分别给委外,谨会同陕甘总督臣杨昌濬,附片具陈。伏乞圣鉴。谨奏。②

是日,公又会衔伊犁将军长庚、陕甘总督杨昌濬附片奏报委令奎光署理塔城同知遗缺,下部闻。曰:

再,塔城直隶厅同知石本清调省遗缺,查有候补知府奎光,堪以委署。据新疆布政使饶应祺、镇迪道兼按察使衔丁振铎会详前来。除由臣批饬给委外,谨会同伊犁将军臣长庚、陕甘总督臣杨昌濬,附片具

---

① 台北故宫博物院藏:《军机及宫中档》,文献编号:408002890-0-A。又,台北故宫博物院藏:《军机及宫中档》,文献编号:135409。
② 台北故宫博物院藏:《军机及宫中档》,文献编号:408002890-0-B。又,台北故宫博物院藏:《军机及宫中档》,文献编号:135411。

奏。伏乞圣鉴。谨奏。①

八月二十一日，公致函总理衙门曰：

六月下旬，接奉新字八十号函谕，并三、四两月奉到七十八、九号赐函，均已领悉。喀什噶尔边务，谨遵三月十一号电示，密嘱防兵稳扎勿动。六月杪，喀什道禀：俄兵修治阿来岭至伊尔克什坦道路，添兵近千，等语。查伊尔克什坦系通商大路，较帕米尔尤为切近，当饬照旧密防，数日内尚无警信。惟俄领事随处寻衅，殊难理喻。十八年冬间，有俄属哈萨克斯坦私贩醉烟，殴毙俄卡巡丁。领事谓贩烟系喀什马队旗官黄总兵蔚森包庇，凶犯亦被黄藏匿。报经土尔吉斯坦总督来文诘问，此间再四查察，毫无影响，不得已先将黄旗官记过勒限缉拿。

十七年，有安集延缠民与库车缠民谋财，杀死英吉沙尔缠民母子两命，人赃并获。该安集延凶犯住居华境已三十年，领事强指为俄民。经喀什道会同领事审讯，多方辩诘，仍将安集延凶犯交领事自行发落。此案初获时，华官止知为华民，曾用刑讯，领事因此哓哓未已。似此任意刁难，真无术对付也。苏雷满喀勒逐出喀境等案，拟酌偿产价共银三百余两，已于六月十五日将拟办情形咨呈，计邀钧鉴。英人所指缠目都尔地拉一案，查该缠目于光绪十五年得受杨哈斯班银钱，在赛都拉私筑土堡，又藉端科派缠民。经缠民上控，喀什道虑其生事，勒令迁居。现该土堡仍归中属，既英人为之缓颊，已属喀什道将伊释归原处，不准再充头目，以免滋事。

俄领事抽收华商票费一案，伊、塔两处商民出境不多，早已私自给费。喀什商民因积压日久，亦愿给费领票，华官无术禁止，置不与闻。至我收俄商票费一节，似乎伊、塔尚可商办。喀什撒领事日思寻衅，实

---

① 台北故宫博物院藏：《军机及宫中档》，文献编号：408002890-0-C。又，台北故宫博物院藏：《军机及宫中档》，文献编号：135410。

难措手,拟俟许大臣商诸外部允行后,再行试办。英人马继业赎取英人为奴一案,初报只一百余人。嗣叶城等处为奴者诡称英属,纷纷求请,现饬就初查名册,由喀什道拨款办理。此外,诡托英属之人,本无证据,应从缓筹办。盖南疆缠民买外部贫民为奴相沿已久,只可出示严禁,势难一律赎放,不得不略示限制,以杜葛藤。俄属哈萨克斯坦逃入华境,随时送还,已苦纷繁,更有中属哈萨克斯坦由塔城逃入迪化等处,恳求内地安插,总缘该管头目不善抚驭之故,已随时咨明将军、副都统严饬所属,妥为抚恤。喀什自筹防以来,添给行粮及转运各费,为款甚巨,粮价在勇饷内划扣,运费应由公中开支。勇丁染瘴病故者甚多,添补无人,必须派员赴兰州等处招募,费亦不赀。边事棘手,迥非内地可比。

模才轻任重,时切悚惶,尚祈训示频颁,俾有遵守是幸。至色勒库尔贡金,系光绪四年该部头目阿布都拉前来莎车,称照承平时例章,岁纳金二十七两七钱,每两折银二两八钱。此后岁以为常。每年赏给该头目羊只、茶叶、布匹,合银三十六两六钱,归入钱粮案内报销,并未项目奏咨。检阅徐松《西域水道》记载色勒库尔贡金,数目相符。此外无案可稽。肃此奉布,敬请钧安!伏祈垂鉴。①

八月二十五日,公会衔陕甘总督杨昌濬开单奏销新疆自光绪七年至十五年防军善后各案情形,下部议。曰:

窃臣于上年八月具奏新疆自光绪四年至十五年银粮、草束、防军、善后经户部议驳各案,恳请饬部变通成例,按起核销,奉朱批:着照所请,该部知道。钦此。十五年以前已造未销之案,仰蒙皇上体念边圉情形迥异,办理为难,不以定例相绳。嗣臣将光绪四年至十年收支银粮、草束缮单覆陈,旋准户部奏覆:该抚前奏既奉特旨允准,臣部自应

---

① 台北"中央研究院"近代史所藏:《外交档案》,馆藏号:01-17-043-05-010。

钦遵谕旨变通核销。至十五年以后,仍当查照例案办理。嗣又将光绪十一、十二两年收支银粮、草束分案登覆,均经户部议奏遵旨照案从宽准销,各在案。兹据布政使饶应祺将前经兵部议覆光绪七年至十五年防军、善后报销应行删除者遵照删除,其实难删除并行查各款,汇案详请具奏前来。

臣查防军、善后与银粮、草束收支款目不同,兵部欲与例案相符,与户部从前议驳之意则一。现在户部既分案准其开销,其自光绪七年至十五年防军、善后应归兵部核办各案,相应汇缮清单,恳恩饬部钦遵谕旨,一律核销,以清积牍,出自鸿慈! 除分别造具清单、清册咨送兵部外,谨会同陕甘总督臣杨昌濬,恭折具陈。伏乞皇上圣鉴,训示。谨奏。①

八月二十九日,公致函总理衙门曰:

窃照本部院于光绪二十年四月十一日在新疆省城由驿具奏筹办南疆边防应需转运等项经费,请旨饬部立案一折,前已钞稿咨呈在案。兹于本年六月十三日准兵部火票递回原折,奉朱批:该部知道。钦此。除钦遵咨行外,相应恭录咨呈。为此咨呈贵衙门,谨请钦遵鉴照施行。②

九月初二日,公会衔陕甘总督杨昌濬奏请董福祥回任喀什提督,曰:

窃喀什噶尔提督董福祥奉旨进京祝嘏,业经奏明在案。查新疆各镇才具、威望,以伊犁镇总兵张俊为优,当以伊犁距喀什噶尔五千余里,未便远调该镇,致误行期,奏请以阿克苏镇总兵黄万鹏署理提篆,

---

① 台北故宫博物院藏:《军机及宫中档》,文献编号:408002891.又,台北故宫博物院藏:《军机及宫中档》,文献编号:135729.
② 台北"中央研究院"近代史所藏:《外交档案》,馆藏号:01-17-053-02-014.

数月以来,幸无贻误。惟帕米尔界务未定,又值海疆有事,西陲边务尤为紧要,相应吁恳天恩,俟庆典礼成,饬董福祥即行回任,以资镇守而重边疆,出自鸿慈!谨会同陕甘总督臣杨昌濬,恭折具奏。伏乞皇上圣鉴,训示。谨奏。①

同日,公又奏报筹饷以济要需一事,下部闻。曰:

窃臣准兵部火票递到军机大臣字寄:奉上谕:户部奏,饷需紧要,请饬各省就地筹款,等语。现在倭氛不靖,沿海筹防,募勇练兵,以筹饷为最要,各该省督抚均有理财之责,即着各就地方近日情形,通盘筹画,何费可减,何利可兴,何项可先行提存,何款可暂时挪借,务须分筹的饷,凑支海上用兵之需,一面先行奏咨立案,毋得以空言搪塞!如其军事速平,仍准该省留用,总期宽筹的款,有济时艰,是为至要!将此各谕令知之。钦此。当即钦遵饬据布政使饶应祺详覆,遵于部议提存新疆藩库银两内筹拨二十万两,等情。

臣查倭氛不靖,需饷甚急,自应筹拨的款,以资协济。惟新疆远处边陲,运解有稽时日,前项二十万两应由户部于应解新疆协饷省分就近指提,以期迅速。所有遵旨筹饷缘由,谨恭折具奏。伏乞皇上圣鉴,饬部立案施行。谨奏。②

九月初八日,公会同陕甘总督杨昌濬,开单奏报新疆七载防戍所保文职核奖一事,下部议。曰:

窃臣等于光绪十九年五月十七日覆奏新疆七载防戍所保文职,嗣

---

① 台北故宫博物院藏:《军机及宫中档》,文献编号:408002893。又,台北故宫博物院藏:《军机及宫中档》,文献编号:136016。
② 台北故宫博物院藏:《军机及宫中档》,文献编号:408002892。又,台北故宫博物院藏:《军机及宫中档》,文献编号:136017。

准吏部咨：按照奏定章程及六载边防成案核议，分别准驳，是年十二月初二日具奏，奉旨：依议。钦此。钦遵分行在案。其行查各员，据原保各营、旗、台、局禀称，或遵部议另核请奖，或查明声覆，或请更正底衔前来。臣等覆核无异，相应缮具清单，恭呈御览，仰恳天恩俯准一律给奖，以示鼓励。

至各员履历清册，业于光绪十八年六月咨送吏部在案。此外未经登覆各员，容俟各营、旗、台、局查覆至日，另行办理。谨合词恭折具陈。伏乞皇上圣鉴，训示。再，此折系臣模主稿。合并声明。谨奏。①

九月二十一日，公开单奏报光绪二十年六月分新疆雨水粮价情形，曰：

窃照光绪二十年五月分各厅州县粮价并得雨情形，业经臣奏报在案。兹据新疆布政使饶应祺详称：本年六月分，镇迪道属绥来得雨，入土七寸；镇西得雨，入土五寸；迪化、阜康得雨，入土三寸；昌吉、奇台得雨，入土二寸；库尔喀喇乌苏得雨，入土一寸；吐鲁番微雨。伊塔道属宁远得雨，入土五寸；塔尔巴哈台、精河得雨，入土二寸；绥定微雨。南路拜城得雨，入土三寸；乌什得雨，入土一寸；喀喇沙尔、库车、英吉沙尔、疏勒、莎车、和阗、疏附、叶城微雨，余未得雨。

至通省粮价，镇西、精河、喀喇沙尔、乌什、玛喇巴什、疏勒、拜城等厅州县俱与上月相同，余均略有增减。汇详请奏前来。理合恭折具陈，并缮粮价清单，敬呈御览。伏乞皇上圣鉴。谨奏。②

同日，公又开单奏报新疆防营员弁勇丁各台、局等数目情形，下部闻。曰：

窃新疆马步营旗、炮队、各台、局、卡、义学实在数目，截至光绪十

---

① 台北故宫博物院藏：《军机及宫中档》，文献编号：408002894. 又，台北故宫博物院藏：《军机及宫中档》，文献编号：136092.

② 台北故宫博物院藏：《军机及宫中档》，文献编号：408002895. 又，台北故宫博物院藏：《军机及宫中档》，文献编号：136302.

九年十二月底止,业经分别奏咨在案。兹据新疆粮台详称:自二十年正月初一日起至六月底止,遵照标营章程,添改炮队一哨,裁改枪队一哨,裁撤步队一旗,实存行粮章程马队七旗、步队四营、炮队一哨,标营章程马队四十八旗、步队二十五营一十七旗一哨、开花炮队五哨,共额设统领营、旗、哨官三百九十三员,巡查一百三十员,营书、弁勇二万五千九百三名,火勇一千八百四十二名,额外火夫、私夫、马夫、车夫、棚夫六千五百五十名,并各台、局、卡、义学,缮具清单,详请奏咨前来。

臣覆查无异,所有新疆防营员弁勇丁、各台、局、卡、义学自光绪二十年正月初一日起至六月底止实在数目,谨缮清单,恭呈御览。伏乞皇上圣鉴,饬部立案施行。谨奏。①

十月二十四日,公开单奏报派马队解枪械进京交董福祥应用一事,下部闻。曰:

窃臣准喀什噶尔提臣董福祥由京来电:现值倭氛不靖,钦奉谕旨,统带西勇,惟枪械缺乏,无从购买,请由新疆拨发,等因。臣查海疆军务正在吃紧,自应通融办理,以顾急需,当于购存项下腾拨毛瑟枪二千杆,每杆配药弹子三百颗,共六十万颗,派委抚标中军左旗马队旗官总兵衔补用参将谢典礼、帮带官补用参将尽先补用游击马明其,雇驼装运,率带该旗马队,由古城取道近边草地,径解进京,呈交董福祥备用;并派补用总兵汤殿恒、推补副将赵达元、候选县丞苏潮,酌给薪粮,帮同护送,分作两起行走,头起业于十月二十四日起程,二起即于二十七日继进。

查新疆抚标中军左旗马队,勇丁精壮,操练有素,抵京后应仍归谢典礼管带,作为董福祥亲兵马队。所派各员均归董福祥调遣,以资得力。药弹子一项,新疆距京甚远,碍难多带,应请旨饬下督办军务大

---

① 台北故宫博物院藏:《军机及宫中档》,文献编号:408002896.又,台北故宫博物院藏:《军机及宫中档》,文献编号:136301.

臣，随时接济，俾免缺乏。一俟军务平靖，前项毛瑟枪杆仍令谢典礼等率队解回新疆，存储备拨。

至各勇丁远道于役，冒雪冲风，饬司援照上年驻防喀什噶尔沿边马步营旗成案，酌给行粮，并拨发六个月现饷，此后由臣汇解董福祥经手支放，容俟汇入新疆防军销案内，按年造报，谨缮清单，恭折具陈。伏乞皇上圣鉴。谨奏。①

同日，公又会衔陕甘总督杨昌濬奏报请准荫锡等以知县留新补用，下部议。曰：

窃臣衙门笔帖式荫锡年四十二岁，京城镶白旗满洲继昌佐领下人；英惠年三十六岁，京城正黄旗满洲祥存佐领下人，均于光绪十三年十一月二十六日经钦派大臣考试拣选，十二月十一日奉旨：甘肃新疆巡抚衙门笔帖式员缺，着荫锡、英惠补授。钦此。十四年九月二十六日到任。嗣于新疆七载防戍案内汇保俟笔帖式俸满后，以知县补用，并加同知衔，经部议准，十九年十二月初二日具奏，奉旨：依议。钦此。兹自十四年九月二十六到任之日起，连闰扣至二十年七月二十六日，历俸六年期满。据布政使饶应祺详请核办前来。

臣查荫锡朴实稳练，办事安详；英惠年壮才明，办事勤敏。在新疆年久，吏治、边情最为熟悉。现届六年期满，例应以理事、同知、通判、知县等缺升用。惟该员等业保俟俸满后以知县补用，合无仰恳天恩俯念边疆需员，准将该二员开去笔帖式实缺，以知县留于甘肃新疆补用。如蒙俞允，并恳照变通章程，俟补缺后再行送部引见。所遗笔帖式员缺，应请饬部另行拣员考补，以重翻译。谨会同陕甘总督臣杨昌濬，恭

---

① 台北故宫博物院藏：《军机及宫中档》，文献编号：408002897。又，中国第一历史档案馆藏：《录副奏折》，档号：03-6635-040。

折具陈。伏乞皇上圣鉴,训示。谨奏。①

是日,公又会衔陕甘总督杨昌濬奏请龙浩补精河营中军马队守备,下部议。曰:

> 窃新疆抚属新设精河营中军马队守备员缺,业经奏准作为题缺,亟应拣员请补,以专责成。查有补缺后补用都司新疆拔补守备巴里坤镇标左营前哨千总龙浩,勤干有为,在新疆年久,熟悉边情,以之请补斯缺,洵堪胜任,合无仰恳天恩俯准以龙浩请补精河营中军马队守备员缺,以裨营伍。如蒙俞允,并恳饬部发给札付。该员应照乌鲁木齐补放守备例,毋庸送部引见。
> 除将履历清册咨部外,谨会同陕甘总督臣杨昌濬,恭折具陈。伏乞皇上圣鉴,训示。谨奏。②

同日,公又会衔陕甘总督杨昌濬附片奏请王毓芬署理库尔喀喇乌苏同知,下部闻。曰:

> 再,署库尔喀喇乌苏直隶厅同知陈纯治卸署遗缺,查有候补同知王毓芬,堪以委署。据新疆布政使饶应祺、镇迪道兼按察使衔丁振铎会详前来。除批饬给委外,谨会同陕甘总督臣杨昌濬,附片具奏。伏乞圣鉴。谨奏。③

同日,公又会衔伊犁将军长庚、陕甘总督杨昌濬附片奏请倭仁布署理

---

① 台北故宫博物院藏:《军机及宫中档》,文献编号:408002898.又,中国第一历史档案馆藏:《录副奏折》,档号:03-5316-128.
② 台北故宫博物院藏:《军机及宫中档》,文献编号:408002899.又,中国第一历史档案馆藏:《录副奏折》,档号:03-5898-098.
③ 台北故宫博物院藏:《军机及宫中档》,文献编号:408002899-0-A.又,中国第一历史档案馆藏:《录副奏片》,档号:03-5316-129.

防御,下部闻。曰:

再,据古城城守尉克蒙额呈称:镶白正蓝旗防御广福得患喘疾,医药罔效,于光绪二十年十月初七日在任病故,等情。臣覆核无异,相应请旨开缺,另行拣员请补。现遗镶白正蓝旗防御员缺,查有该旗骁骑校倭仁布堪以委署,递遗骁骑校员缺,查有镶黄、正白旗前锋校即补骁骑校阿勒锦图堪以委署。除咨部外,谨会同伊犁将军臣长庚、陕甘总督臣杨昌濬,附片具陈。伏乞圣鉴。谨奏。①

十一月初三日,公致函总理衙门曰:

窃照本部院于光绪二十年九月初二日在新疆省城由驿具奏边疆紧要,恳恩俟庆典礼成,饬提臣迅即回任一折,除俟奉到朱批恭录另咨外,相应钞稿咨呈。为此咨呈贵衙门,谨请鉴照施行。②

十一月初四日,公开单奏报光绪二十年七月分新疆雨水粮价情形,曰:

窃照光绪二十年六月分各厅州县粮价并得雨情形,业经臣奏报在案。兹据新疆布政使饶应祺详称:本年七月分,镇迪道属阜康得雨,入土六寸;镇西得雨,入土五寸;迪化、昌吉得雨,入土三寸;奇台得雨,入土二寸;哈密、绥来得雨,入土一寸;吐鲁番、库尔喀喇乌苏微雨。伊塔道属塔尔巴哈台得雨,入土一寸;精河、宁远微雨。南路叶城得雨,入土二寸;拜城得雨,入土一寸;喀喇沙尔、库车、乌什、英吉沙尔、玛喇巴什、温宿、疏勒、莎车、和阗、疏附微雨,余未得雨。

至通省粮价,吐鲁番、温宿、绥定等厅州县俱与上月相同,余均有

---

① 台北故宫博物院藏:《军机及宫中档》,文献编号:408002899-0-B.又,中国第一历史档案馆藏:《录副奏片》,档号:03-5898-099.
② 台北"中央研究院"近代史所藏:《外交档案》,馆藏号:01-25-038-02-002.

增减,汇详请奏前来。理合恭折具陈,并缮粮价清单,敬呈御览。伏乞皇上圣鉴。谨奏。①

同日,公又会衔陕甘总督杨昌濬奏请贺福等人承袭世职一事,下部议。曰:

> 窃臣据新疆布政使饶应祺详:据镇西厅同知甘承谟详称:阵亡甘肃古城营把总贺登甲、六品蓝翎巴里坤镇标马兵徐进业,于同治四年正月在富家滩打仗阵亡。哈密协标经制外委于金鳌、四品顶戴补用千总田树青,于同治十二年七月督率围兵,在哈密地方接仗阵亡。均经顺天府尹衙门、忠义局汇入一百四十四次案内咨部请恤,旋准兵部于光绪十九年十二月十一日奏请均给云骑尉世职,袭次完时,给予恩骑尉,世袭罔替,等因。奉旨:依议。钦此。钦遵转行在案。
> 兹查贺登甲之嫡长子贺福现年三十一岁,徐进业之嫡长子徐允升现年三十岁,于金鳌之嫡长子于顺现年二十二岁,田树青之嫡长子田登第现年二十四岁,均应承袭云骑尉世职,并无假冒、捏饰等弊,造具三代宗图、履历、册结,加具印结,由厅转司,详请验看具奏前来。
> 臣覆查该请袭世职贺福等,既据布政使饶应祺详称实系阵亡甘肃古城把总贺登甲等嫡长子,年已及岁,均应准其承袭。除由臣先行验看并将宗图、履历、册结分送部、科外,谨会同陕甘总督臣杨昌濬,恭折具奏。伏乞皇上圣鉴,饬部议覆施行。再,此案改题为奏。合并声明。谨奏。②

是日,公又会衔伊犁将军长庚、陕甘总督杨昌濬附片奏请将防御忠龄

---

① 台北故宫博物院藏:《军机及宫中档》,文献编号:408002899-1。又,中国第一历史档案馆藏:《录副奏折》,档号:03-6939-004。
② 台北故宫博物院藏:《军机及宫中档》,文献编号:408002900。又,中国第一历史档案馆藏:《录副奏折》,档号:03-5317-036。

等惩处缘由,下部闻。曰:

  再,据古城城守尉克蒙额呈称:满营镶红镶蓝旗花翎佐领衔即补防御马兵忠龄,刁唆生事,抗误差操;该旗佐领都城额、防御怀塔奔玩视营务,毫无约束。恳请核办前来。臣查满营弁兵罔知纪律,经该管上司随时整顿,动辄抗违,似此积习相沿,若不亟予惩办,实不足以肃军政,相应请旨将佐领衔即补防御忠龄即行革职,并拔去翎枝,以昭炯戒;佐领都城额、防御怀塔奔均有督率之责,一任兵丁肆行罔忌,实属咎无可辞,并请旨将该二员一并开去实缺,交部议处。

  除咨部外,谨会同伊犁将军臣长庚、陕甘总督臣杨昌濬,附片具陈。伏乞圣鉴,训示。谨奏。①

十一月十七日,总理各国事务衙门来函曰:

  光绪二十年十月初六日,准俄国公使喀希呢照称:俄历一千八百九十六年即中历光绪二十年,在尼日尼诺沃郭罗底城开设俄国手艺精工、技艺精工之赛珍会。中俄边界交邻,又且和好,欲使通商畅旺,请设法尽量广行,通知中国各项生意人等赴会,以副本国所请,等因。前来。查各国开设赛会,系为考究技艺、推广商务起见,实为今日要务,相应照录原文清单,咨行贵抚通饬各该地方官晓谕商民人等,如有情愿赴会者,发给护照,听令前往可也。②

十一月二十六日,公会衔陕甘总督杨昌濬奏报请奖何珣缘由,曰:

  窃据镇西厅绅士候选府经历县丞李长年、候选训导刘熹等联名禀

---

  ① 台北故宫博物院藏:《军机及宫中档》,文献编号:408002900-0-A.又,中国第一历史档案馆藏:《录副奏片》,档号:03-6133-052.
  ② 台北"中央研究院"近代史所藏:《外交档案》,馆藏号:01-27-007-01-019.

称:已故记名提督降三级调用前巴里坤镇总兵何琯①,甘肃张掖县人,于咸丰年间起自行伍,随征江南,转战安徽、江苏、山东等省,屡著战功,补授巴里坤镇标左营游击。咸丰十一年,代办巴里坤镇总兵印务。同治四年,升补巴里坤镇总兵,赏给果勇巴图鲁名号,赏换花翎,以提督记名简放。何故镇初莅巴里坤,整顿营伍,纪律严明,因边地风气强悍,商同地方官增设义学,令兵民子弟读书。其中威惠并行,军民悦服。

同治三年,回匪燔乱,新疆全境沦陷。巴里坤汉回杂处,警报时闻,何故镇分兵四营,扼扎城外,又就地筹饷,练成民团,与官兵相维系。是年九月,外贼与城内回民勾结,仓猝变起。何故镇督兵巷战,立时扑灭。

四年五月,贼陷哈密。六月,马步贼二万直趋巴里坤城。时兵团仅二千有奇,满汉两城不敷分布。何故镇激励将士,登陴固守,旋率兵团出城决战,杀贼甚众,夺获枪炮、驼马无算,重围遂解。各处难民数万,麕集城外,何故镇悉纳入城,不令失所。八月,正当收割秋麦,哈密贼万余复来攻城。何故镇躬冒矢石,三战三捷,毙贼甚多,余党遁去。

五年五月,贼复率大股来犯。何故镇督兵奋击,阵斩执旗贼目数名,穷追二十余里,毙贼数百。余党仍回哈密。适哈密回王伯锡尔派人乞援,维时粮道梗塞,兵民采野菜、杂糠秕为食,闻欲赴援,皆有难色。何故镇以攻克哈密,则粮道可通,与其饿死,何如战死?涕泣开导,士皆感奋;遂派参将芮林、凌祥,率马步二千六百人,向商户借数日粮,兼程而进。六月初九,夜度天山,遇大股贼,战于南山口,破之;乘胜追逐,天明抵哈密。贼由南湖窜去。立将哈密克复,尽歼城内余贼。是年十一月,西路回逆再陷哈密。十二月,贼马队数千由沙枣泉、越

---

① 何琯(?—1886),甘肃张掖人,咸丰初,以军功委甘肃提标把总。六年(1856),升调陕西抚标左营守备,旋迁保安营都司。十年(1860),升补巴里坤镇左营游击。十一年(1861),护理巴里坤镇总兵篆务。同治四年(1865),实授巴里坤镇总兵,加果勇巴图鲁名号,赏换花翎,以提督记名简放。光绪元年(1875),经前陕甘总督左宗棠奏参,勒令休致。十二年(1886),旧伤复发,在籍病故。

草、达坂攻扑巴里坤城。何故镇击之,连获大胜。

六年正月,复派芮林攻哈密。贼溃败。二月,又将哈密克复,奏上,钦奉谕旨奖励。九年,乌里雅苏台告急,何故镇派都司郭永庆率马队往援,将贼击退,分军驻要隘。贼遂不敢东窜,关内外及蒙古站道始通。旋因巴里坤镇兵丁禀控巡捕刘光珍短交饷银,经前乌鲁木齐都统景廉①查明,将何故镇奏请议处,部议降三级调用。光绪元年,经前陕甘总督左宗棠察看,何故镇倔强糊涂,年力衰迈,奏奉谕旨,勒令休致。

十二年十二月,旧伤举发,在籍病故。窃念何故镇督兵筹饷,捍卫地方,在任十二年,保全甚大。追维往事,群相感泣,拟捐资建立祠宇,以申酬报私情;禀经镇西厅同知甘承谟,会同署巴里坤镇总兵萧元亨,造具事迹履历清册,由布政使饶应祺、镇迪道兼按察使衔丁振铎转详请奏前来。

臣查何琯当逆回猖獗之时,饷缺援绝,独能激励将士,奋身血战,保守危城,全活满汉民人至六七万之多,尚有余力,一解乌里雅苏台之围,两次攻克哈密,勋绩烂然。厥后左宗棠奉命督办新疆军务,实赖巴

---

① 景廉(1823—1885),字秋坪,颜札氏,满洲正黄旗人。咸丰元年(1851),乡试中举。二年(1852),中式进士,改庶吉士。三年(1853),授翰林院编修、侍讲,兼国史馆协修、文渊阁校理。四年(1854),任日讲起居注官,授翰林院侍讲学士,兼文渊阁直阁事。五年(1855),升咸安宫总裁、管道大臣、内阁学士兼礼部侍郎衔。同年,任福建乡试正考官。六年(1856),授会试覆试阅卷大臣、散馆阅卷大臣、武会试磨勘试卷大臣、殿试读卷大臣、朝考阅卷大臣、玉牒馆副总裁。同年,补镶白旗蒙古副都统。七年(1857),擢工部右侍郎,兼管钱法堂事务,又兼考试汉御史阅卷大臣、考试汉教习阅卷大臣,管火药局、镶白旗蒙古新旧营房事务。次年,授考试试差阅卷大臣、查斋大臣,改镶红旗满洲副都统,署正蓝旗满洲副都统;旋充顺天乡试监临,署正红旗满洲副都统。九年(1859),补刑部右侍郎,兼吏部右侍郎。旋调伊犁参赞大臣。同治元年(1862),改叶尔羌参赞大臣。五年(1866),补哈密帮办大臣,加头等侍卫。十年(1871),擢乌鲁木齐都统。光绪元年(1875),调补正白旗汉军都统,赏在紫禁城内骑马,兼覆勘各省乡试阅卷、翻译覆试阅卷大臣、武乡试监射大臣、小考宗室翎缎大臣、武乡试专司稽查大臣、点验军器大臣、验放大臣,署步军统领、正白旗蒙古都统。二年(1876),任会试覆试阅卷大臣、补行大考阅卷大臣、文会试监射大臣、兼军机大臣上学习行走、考验幼官学大臣、教习庶吉士、崇文门副监督。同年,署工部尚书,补正红旗满洲都统,授总理各国事务大臣。三年(1877),迁工部尚书,擢军机大臣,兼管内翻书房、火药局事务,署正蓝旗蒙古都统,兼署镶红旗汉军都统。四年(1878),调户部尚书,署工部尚书,兼管新旧营房、户部三库事务,授国史馆正总裁。五年(1879),署吏部尚书,考试大臣,会试正考官。六年(1880),管理左翼幼官学事务,补经筵讲官。次年,任前引大臣。九年(1883),授内阁学士,吏部左侍郎兼礼部侍郎,兼考试大臣,调兵部尚书。十一年(1885),卒于任。有《冰岭纪程》《古近体诗存》等行世。

里坤一隅完固,以为屯粮进兵之地。迨全疆底定,各统兵大员生前悉沐殊恩,没后复邀旷典;何琯只缘赋性粗直,不能俯仰随人,卒以一眚去官,迄今年久,在昔勋劳几于泯灭。臣每见僚属、绅耆,询及何琯战功,皆能言之凿凿。

伏查前浙江处州镇总兵陈国瑞①以革职遣戍之员,及其即没,渥蒙恩恤,开复原官,建祠立传,仰见朝廷眷念前劳至意。兹何琯虽经被议,功绩实有难忘。合无吁恳天恩俯准,开复已故记名提督前巴里坤镇总兵何琯降三级调用处分,照军营立功后积劳病故例,从优赐恤,并将战功事迹宣付国史馆立传。至应否由各绅民捐建祠宇以顺舆情之处,出自鸿施。

除将事迹履历清册咨部查照外,谨会同陕甘总督臣杨昌濬,恭折具陈。伏乞皇上圣鉴,训示。谨奏。②

同日,公又会衔陕甘总督杨昌濬开单奏报甘肃新疆光绪二十年夏秋禾收成分数情形,曰:

窃查新疆每年收成分数,历经奏报在案。兹据布政使饶应祺详称:光绪二十年收成分数,据各属先后申报,通盘牵算,通省夏禾实在七分有余,秋禾实在七分有余,等情。前来。臣覆核无异,相应缮具清单,会同陕甘总督臣杨昌濬,恭折具陈。伏乞皇上圣鉴。谨奏。③

---

① 陈国瑞(1837—1882),字庆云,湖北应城人。咸丰年间,参加太平军,后投黄开榜,收为义子,易姓黄。咸丰九年(1859),以军功加都司衔。十年(1860),随袁甲三于怀远、寿州一带剿办发捻,以骁勇善战补游击,赐技勇巴图鲁名号。十一年(1861),两破捻军,加副将衔。同治元年(1862),实授副将,加总兵衔,赏黄马褂,封头品顶戴。三年(1864),擢浙江处州镇总兵,因性桀骜不驯,引兵济宁,寻衅与刘铭传火拼,旋率兵漕运总督衙门,经漕运总督吴棠以病颠奏参,夺职,押送回籍。六年(1867),调北京,封御前正黄旗头等侍卫。次年,授神机营管队侍卫,封云骑尉。旋因屡在军中滋事,纵部掠夺,杀伤民团,发往军台效力,改戍黑龙江。光绪八年(1882),病卒于戍所。
② 台北故宫博物院藏:《军机及宫中档》,文献编号:408002901。又,中国第一历史档案馆藏:《录副奏折》,档号:03-5899-088。
③ 台北故宫博物院藏:《军机及宫中档》,文献编号:408002903。又,中国第一历史档案馆藏:《录副奏折》,档号:03-6725-029。

是日，公又会衔伊犁将军长庚、陕甘总督杨昌濬、喀什噶尔提督黄万鹏奏请韩廷得等分别补授都司等缺，下部议。曰：

窃伊犁镇属宁远营都司、守备各缺，均经奏准作为题缺，亟应拣员请补，各专责成。兹查有副将衔补用参将留甘尽先补用游击韩廷得，年壮才明，堪以借补宁远营都司员缺；补用都司留新疆尽先补用守备曾殿明，年强才裕，堪以请补宁远营中军守备员缺。该员等在新疆出力有年，营务熟悉，以之请补各缺，均堪胜任，合无仰恳天恩俯准以韩廷得、曾殿明分补都司、守备各缺，以裨营务。如蒙俞允，并恳饬部发给札付，曾殿明应照乌鲁木齐补放守备例，毋庸送部引见；请补都司之韩廷得，应俟防务大定，即行给咨送部引见，以符定例。

除饬取该员等履历清册咨部外，谨会同伊犁将军臣长庚、陕甘总督臣杨昌濬、署喀什噶尔提督臣黄万鹏，恭折具陈。伏乞皇上圣鉴，训示。谨奏。①

同日，公又附片奏请更正李清海等保案，下部议。曰：

再，查总兵衔尽先推补副将李清海，前因关陇肃清案内由蓝翎都司补用守备保免补都司，以游击尽先补用，并换花翎；克复乌鲁木齐等城案内误由补用参将保以副将尽先推补，并给勇号，经前护抚臣魏光焘奏请饬部逐层递减。旋准兵部议覆：查该员关陇肃清案内系由游击衔补用都司底衔保免补都司以游击尽先补用，究由何项官阶请保游击，应查明办理，等因。饬据该员禀覆，克复湖北黄州府城案内，实系由蓝翎把总保免补千总，以守备尽先补用，并加都司衔；关陇肃清案内误由蓝翎游击衔补用都司保免补都司，以游击尽先补用，并换花翎；克复乌鲁木齐等城案内，复误由补用参将保免补参将，以副将尽先推补，

---

① 台北故宫博物院藏：《军机及宫中档》，文献编号：408002902。又，中国第一历史档案馆藏：《录副奏折》，档号：03-5899-090。

并给勇号。又,据留陕甘尽先推补游击方义章禀称:同治七年,剿平陕西发贼,由武童得奖六品军功,旋于陕西全境肃清案内误由外委保以把总尽先拔补,并戴蓝翎;荡平金积堡案内,由把总保以千总尽先拔补;克复巴燕戎格肃清河州案内,复误由守备保免补守备,以都司尽先补用;新疆五次剿平边寇案内,由蓝翎都司保以游击留陕甘尽先推补,并换花翎,请附奏递减。各等情。前来。

臣覆核无异,合无仰恳天恩,俯准将李清海于关陇肃清案内准保游击并换花翎,改为由蓝翎都司衔守备保免补守备,以都司尽先补用,并换花翎;克复乌鲁木齐等城案内准保副将并给匡勇巴图鲁勇号,改为由都司保免补都司,以游击尽先推补,仍给勇号;新疆南北路一举荡平案内由推补副将赏换阿克敦巴图鲁勇号,改为推补游击;新疆六载边防案内由副将准保总兵衔,改为由游击赏加参将衔;新疆城署各工案内由总兵衔推补副将准给加一级,改为参将衔推补游击;新疆七载防戍案内由副将衔参将准保补缺后以副将补用,并加总兵衔,改为由参将衔游击保俟补缺后以参将补用,并加副将衔。方义章于陕西全境肃清案内准保把总并戴蓝翎,改为由军功保以外委尽先拔补,并戴蓝翎;荡平金积堡案内准保千总,改为由外委保以把总尽先拔补;克复巴燕戎格肃清河州案内准保都司,改为把总保以千总尽先拔补;五次剿平边寇案内准保游击并换花翎,改为由蓝翎千总保以守备仍留陕甘尽先补用,并换花翎。饬部分别递减,以实官阶,出自鸿施!除咨部外,谨附片具陈,伏乞圣鉴,训示。谨奏。①

同日,公又会衔陕甘总督杨昌濬附片奏请提督汤咏山留新补用,下部闻。曰:

再,新疆从前征剿出力各武员,叠经奏留新疆补用在案。兹查有

---

① 台北故宫博物院藏:《军机及宫中档》,文献编号:408002901-0-A.又,中国第一历史档案馆藏:《录副奏片》,档号:03-5899-089。

记名提督汤咏山、范如松,提督衔记名总兵万长发、尽先推补副将张花、赵辅清,补用游击尽先补用都司徐松、游击衔尽先即补都司何占海、补用都司尽先补用守备王春森、胡得贵,都司衔补用都司留陕西固原提标尽先即补守备秦顺兴、补用都司即补守备许海潮、尽先补用守备易迎祥等十二员,在新疆效力有年,边情熟悉,合无仰恳天恩俯准将记名提督汤咏山等十二员,均以原官原衔留于甘肃新疆尽先补用,于边防、营伍实有裨益。

除饬取履历清册咨部查照,并俟续查有应行留省人员随时奏请外,谨会同陕甘总督臣杨昌濬,附片具陈。伏乞圣鉴,训示。谨奏。①

是日,公又会衔伊犁将军长庚、陕甘总督杨昌濬附片奏报饬令黄丙焜迅赴伊犁本任,下部闻。曰:

再,伊犁府知府员缺,前护抚臣魏光焘奏请以吐鲁番直隶厅同知黄丙焜升补,经部覆准在案。应即饬赴本任,以专责成。据新疆布政使饶应祺、镇迪道兼按察使衔丁振铎会详前来。除由臣批饬给委外,谨会同伊犁将军臣长庚、陕甘总督臣杨昌濬,附片具陈。伏乞圣鉴。谨奏。②

十二月初二日,公开单奏报光绪二十年八月分新疆雨水粮价情形,曰:

窃照光绪二十年七月分各厅州县粮价并得雨情形,业经臣奏报在案。兹据新疆布政使饶应祺详称:本年八月分,镇迪道属库尔喀喇乌苏得雨,入土四寸;镇西得雪,积地三寸;绥来得雨,入土三寸;昌吉、阜

---

① 台北故宫博物院藏:《军机及宫中档》,文献编号:408002902-0-A.又,中国第一历史档案馆藏:《录副奏片》,档号:03-5318-104.
② 台北故宫博物院藏:《军机及宫中档》,文献编号:408002902-0-B.又,中国第一历史档案馆藏:《录副奏片》,档号:03-5318-105.

康得雨,入土二寸;迪化得雨,入土一寸;吐鲁番、奇台微雨。伊塔道属精河得雨,入土一寸;绥定微雪,宁远微雨。南路英吉沙尔、莎车、和阗、拜城、叶城、于阗微雨,余未得雨雪。

至通省粮价,吐鲁番、镇西、精河、喀喇沙尔、库车、迪化、阜康、奇台等厅县俱与上月相同,余均略有增减。汇详请奏前来。理合恭折具陈,并缮粮价清单,敬呈御览。伏乞皇上圣鉴。谨奏。①

同日,公又会衔陕甘总督杨昌濬奏报新疆来春毋庸接济情形,曰:

窃臣于光绪二十年十一月初八日承准军机大臣字寄:光绪二十年十月初三日,奉上谕:本年顺天、直隶雨水过多,田禾被淹,拨给仓米三万石,交孙家鼐等妥为散放,并谕令户部将顺天府解存捐款银十五万两即行发交。复准孙家鼐等所请,将拨给归顺属之湖南漕折银两及各省应解备荒经费,饬令赶紧筹解,用备赈抚。河南浚县等处被水,令刘树棠②发给各该县被灾村庄一月口粮,以资抚恤。江西瑞昌等县被水,湖南新化等州县被水、被兵,陕西鄜州等州县被雹,甘肃河州等州县被雹、被水,广东会同等县被风、被水,云南石屏等州县被水、石膏井被火,均经该督抚等查勘抚恤,小民谅可不至失所。惟念来春青黄不接之时,民力未免拮据,着传谕该督抚等体察情形,如有应行接济之处,即查明据实覆奏,务于封印以前奏到,候朕于新正降旨加恩。再,安徽安庆等府属被水,湖南澧州等州县被水、武冈州被兵,陕西临潼县被

---

① 台北故宫博物院藏:《军机及宫中档》,文献编号:408002905.又,中国第一历史档案馆藏:《录副奏折》,档号:03-6940-001.

② 刘树棠(1831—1903),字景韩,云南保山人,寄籍安徽宣城县,监生。咸丰八年(1858),应顺天乡试,挑取誊录。同治元年(1862),捐纳选用知府。二年(1863),保即先知府。七年(1868),保升直隶补用道。八年(1869),加按察使衔。光绪五年(1879),署直隶清河道。九年(1883),署直隶天津道。十一年(1885),补直隶清河道。同年,署直隶按察使。十五年(1889),迁江苏按察使。同年,署江苏布政使。十六年(1890),补授福建布政使。十七年(1891),调浙江布政使。十八年(1892),护理浙江巡抚兼管盐政。十九年(1893),调补河南布政使。二十年(1894),擢河南巡抚。二十四年(1898),补授浙江巡抚。二十六年(1900),褫职,退居扬州。二十九年(1903),卒。生平工书法,造诣颇深,著有《师竹轩诗集》等行世。

水，均经该督抚等委员查勘。即着迅速办理，并将来春应否接济之处一并查明，于封印前奏到。此外各省有无被灾地方应行调剂抚恤之处，着该将军、督抚等一并查奏，候旨施恩。将此各谕令知之。等因。钦此。仰见皇上轸念民依，无微弗周至意！

饬据布政使饶应祺详覆，遵查光绪二十年分，新疆并无被灾地方，各属收成均称中稔，民力不至拮据，来春毋庸接济。具详请奏前来。臣覆查无异，谨会同陕甘总督臣杨昌濬，恭折具陈。伏乞皇上圣鉴。谨奏。①

是日，公又附片奏陈徐积诚请免骑射一事，下部闻。曰：

再，查部议：打仗受伤武职员弁，必须手足受有重伤，方准请免骑射，一律考验枪炮，等因。在案。兹据留甘尽先推补副将署迪化城守协左旗马队都司借补右旗守备徐积诚禀称，该员于同治九年在甘肃金积堡攻剿马家滩，左腰受矛伤一处。同治十一年，攻克西宁小硖口，左膀受枪子伤一处。虽随时医愈，而筋骨俱损，挽弓维艰，恳请奏免骑射，等情。

臣查该员现在喀什噶尔驻防，当经咨署提臣黄万鹏就近验看，委无捏饰情弊，合无仰恳天恩俯准将该员徐积诚免其骑射，改习枪炮，以示体恤，出自鸿慈。除咨部外，谨附片具陈。伏乞圣鉴，训示。谨奏。②

十二月十二日，公致函总理衙门曰：

窃照本部院于光绪二十年八月十二日在新疆省城由驿附奏，请将

---

① 台北故宫博物院藏：《军机及宫中档》，文献编号：408002904. 又，中国第一历史档案馆藏：《录副奏折》，档号：03-5601-024.
② 台北故宫博物院藏：《军机及宫中档》，文献编号：408002904-0-A. 又，中国第一历史档案馆藏：《录副奏片》，档号：03-5900-001.

已革记名提督前甘肃肃州镇总兵柳泰和暂留新疆，饬赴沿边一带，再行确勘界址一片，前已钞稿咨呈在案。兹于本年十月十五日准兵部火票递回原片，奉朱批：着照所请，该衙门知道。钦此。除钦遵咨行外，相应恭录咨呈。为此咨呈贵衙门，谨请钦遵鉴照施行。①

十二月十九日，公开单奏报光绪二十年九月分新疆雨水粮价情形，曰：

窃照光绪二十年八月分各厅州县粮价并得雨雪情形，业经臣奏报在案。兹据新疆布政使饶应祺详称：本年九月分，镇迪道属迪化、阜康得雪，积地五寸；镇西、库尔喀喇乌苏、昌吉、奇台得雪，积地三寸；绥来得雪，积地一寸。伊塔道属塔尔巴哈台、精河、绥定微雪，宁远微雨。南路拜城得雨，入土一寸；喀喇沙尔、库车、英吉沙尔、于阗微雨，余未得雨雪。

至通省粮价，镇西、精河、和阗等厅州俱与上月相同，余均略有增减。汇详请奏前来。理合恭折具陈，并缮粮价清单，敬呈御览。伏乞皇上圣鉴。谨奏。②

同日，公又奏报莎车等属户民收买英属各部为奴才丁口，请给价赎出缘由一事，曰：

窃查喀什噶尔西南一带与英属印度各部毗连，南路缠民罔识例禁，有力之家向畜奴婢，多系各部转售，旋将男女配合，生有子女，永充贱隶，甚至递相承买，苛虐情形，最为可悯！前据署莎车直隶州知州潘震、署和阗直隶州知州黄袁禀称：该各属畜奴最多，正拟查明禀办，适据英员马继业请将印度各部及什克南等处出卖与莎车、和阗为奴丁口

---

① 台北"中央研究院"近代史所藏：《外交档案》，馆藏号：01-17-053-02-016。
② 台北故宫博物院藏：《军机及宫中档》，文献编号：408002906。又，中国第一历史档案馆藏：《录副奏折》，档号：03-6940-020。

一律释放,等情。当饬喀什噶尔道黄光达查办去后。

兹据查明莎车等属户民收买英属各部为奴男女共一百七十一丁口,应请释放为良。其愿回者,给照护送出卡;愿留者,编入户籍,永为华民。惟从前收买之家均给有身价银两,并请大口由公中酌给银二十两、小口十两,作为取赎之资,一顺舆情。计共需银二千八百余两,由善后项下开支造报,咨由布政使饶应祺详请具奏前来。

臣查取赎奴婢各节,公中所费无多,而释贱为良,足示朝廷一视同仁之意,于睦邻之道亦属相宜。理合恭折具奏。伏乞皇上圣鉴,训示。谨奏。①

【案】此折之于光绪二十一年正月得旨允行,《清实录》载之曰:

甘肃新疆巡抚陶模奏,喀什噶尔、莎车、和阗等属户民被英属印度各部收买为奴男女共一百七十一丁口,请由公家备银赎放,以示怀柔。如所请行。②

是日,公又开单奏报新疆现任提、镇、城守尉等年终密考一事,曰:

窃维文武各员才具原难一致,要在宅心正大,办事勤奋,操守又极清廉,斯吏治、戎行均可望有起色。臣莅任以来,窃执此为冲,查察所及,皆有以觇其底蕴。现届光绪二十年年终密考之期,应即照例办理。除实缺尚未到任及署事、护理、代理人员例不注考外,谨就现任提、镇、城守尉、司道、知府,出具切实考语,密缮清单,恭呈御览。伏乞皇上圣鉴。谨奏。③

---

① 台北故宫博物院藏:《军机及宫中档》,文献编号:408002907。
② 《德宗景皇帝实录(五)》,卷之三百六十,光绪二十一年正月,第683页,中华书局,1987。
③ 台北故宫博物院藏:《军机及宫中档》,文献编号:408002908。又,中国第一历史档案馆藏:《录副奏折》,档号:03-5320-060。

同日，公又附片奏请分储库银并归司库一事，下部闻。曰：

再，新疆自光绪十四年起由应分新饷内提存银两，部议分储司库、伊塔道库、塔城同知库，原以备缓急而便取用。惟伊犁、塔城距省甚远，存款过多，难免挪移诸弊。一遇交代，更难稽查，自应统储司库，庶几事有专责。现在塔城同知库存银两八万六千余两，伊塔道库应存十四、十五两年银共十万两，未准前伊犁将军色楞额交出，应由长庚奏明办理。此外，该道库、同知库历年应存银两均饬储司库，以后提存之款拟一并归司库封储，毋庸分起收存，以昭妥慎。至现在实存银数，容俟盘查明确，开单奏报。臣为郑重边储起见，是否有当？谨附片陈明。伏乞圣鉴，训示。谨奏。①

同日，公又会衔伊犁将军长庚、陕甘总督杨昌濬附片奏请罕札布署理宁远县知县，下部闻。曰：

再，署宁远县知县周仪丁忧遗缺，查有同知衔候补知县罕札布堪以委署。据新疆布政使饶应祺、镇迪道兼按察使衔丁振铎会详前来。除由臣批饬给委外，谨会同伊犁将军臣长庚、陕甘总督臣杨昌濬，附片具奏。伏乞圣鉴。谨奏。②

十二月二十八日，公致函总理衙门曰：

窃照本部院于光绪二十年十月二十四日在新疆省城由驿具奏，派拨马队护解枪械进京，交喀什噶尔提督董福祥行营，以资应用而备调

---

① 台北故宫博物院藏：《军机及宫中档》，文献编号：408002907-0-A. 又，中国第一历史档案馆藏：《录副奏片》，档号：03-6572-002.
② 台北故宫博物院藏：《军机及宫中档》，文献编号：408002907-0-B. 又，中国第一历史档案馆藏：《录副奏片》，档号：03-5320-061.

遣一折,除俟奉到朱批恭录另咨外,相应钞稿咨呈,为此咨呈贵衙门,谨请鉴照施行。①

是岁,刘锦棠五十一岁,晋锡一等男,未几,卒,谥号"襄勤"。

是年,谭钟麟七十三岁,李鸿章七十二岁,杨昌濬六十八岁,张之洞五十八岁,魏光焘五十八岁,饶应祺五十八岁。

光绪二十一年　1895 年　六十一岁

正月,日军攻陷威海卫,北洋舰队将领丁汝昌自杀,北洋舰队覆灭。二月,清政府裁撤海军衙门及海军内外学堂。是月,日军攻陷澎湖;三月,中日签订《马关条约》,俄、德、法三国劝告日本放弃辽东半岛。同年,康有为会同张之洞创建强学会,张之洞练江南自强军,袁世凯练新建陆军。

正月初九日,公致函总理衙门曰:

窃照本部院于光绪二十年九月初二日,在新疆省城由驿具奏遵旨筹拨的饷,以济要需一折,前已钞稿咨呈在案。兹于本年十一月初八日,准兵部火票递回原折,奉朱批:户部知道。钦此。除钦遵咨行外,相应恭录咨呈。为此咨呈贵衙门,谨请钦遵鉴照施行。②

同日,公又致函总理衙门曰:

窃照本部院于光绪二十年九月初二日,在新疆省城由驿具奏边疆防务紧要,恳恩俟庆典礼成,饬提臣迅即回任一折,前已钞稿咨呈在案。兹于本年十一月初八日准兵部火票递回原折,奉朱批:董福祥现在留京带队,不能实时赴任。钦此。钦遵咨行外,相应恭录咨呈。为

---

① 台北"中央研究院"近代史所藏:《外交档案》,馆藏号:01-25-039-02-052.
② 台北"中央研究院"近代史所藏:《外交档案》,馆藏号:01-17-053-03-001.

此咨呈贵衙门,谨请钦遵鉴照施行。①

正月十九日,公开单奏报光绪二十年十月分新疆雨水粮价情形,曰:

  窃照光绪二十年九月分各厅州县粮价并得雨雪情形,业经臣奏报在案。兹据新疆布政使饶应祺详称:光绪二十年十月分,镇迪道属阜康得雪,积地九寸;迪化得雪,积地八寸;昌吉得雪,积地五寸;镇西得雪,积地三寸;绥来、奇台得雪,积地二寸;库尔喀喇乌苏得雪,积地一寸。伊塔道属宁远得雪,积地八寸;塔尔巴哈台、精河得雪,积地一寸;绥定微雪。南路和阗、于阗得雪,积地四寸;温宿、库车得雪,积地三寸;英吉沙尔、拜城得雪,积地一寸;乌什、疏勒、莎车、疏附微雪,余未得雪。

  至通省粮价,库尔喀喇乌苏、喀喇沙尔、库车、乌什、玛喇巴什、疏勒、昌吉、绥定、疏附等厅州县俱与上月相同,余均略有增减,汇详请奏前来。理合恭折具陈,并缮粮价清单,敬呈御览。伏乞皇上圣鉴。谨奏。②

同日,公又开单奏报盘查新疆各库提存银两情形,下部闻。曰:

  缺新疆自光绪十四年起,部议于应分新饷内提存银两,饬令分存司库、伊塔道库、塔城同知库,并令年终盘查奏报一次。臣于上年十二月十九日奏明伊塔道库十四、十五两年应存银两未准前伊犁将军色楞额交出,塔城同知库现存银八万六千余两,其余均饬储司库,等因。在案。旋于十二月二十七、八等日,臣亲赴司库,逐一盘查,均系实储在库,并无挪移、亏短诸弊。

---

① 台北"中央研究院"近代史所藏:《外交档案》,馆藏号:01-17-053-03-002。
② 台北故宫博物院藏:《军机及宫中档》,文献编号:408002909。又,中国第一历史档案馆藏:《录副奏折》,档号:03-6941-023。

除塔城所存银两饬由藩司严饬该同知妥为经理外，所有光绪二十年年终盘查提存实在银数，谨缮清单，恭折具奏。伏乞皇上圣鉴。谨奏。①

是日，公又会衔伊犁将军长庚、陕甘总督杨昌濬奏报防御琦彻图呈请休致一事，下部闻。曰：

窃臣据古城城守尉克蒙额呈称：满营镶黄正白旗防御琦彻图，年六十一岁，于同治年间回匪叛乱时打仗九次，杀贼三名，现在年力衰惫，具禀乞休，并赏给俸银，等情。当经行司核议去后。兹据布政使饶应祺详称：查例载：内外三品以下官员老病告休，均准其原品休致。其曾经出征打仗，或杀贼，或捉生，或受伤，有一二项功绩者，年至六十以上，俱以可否赏给全俸请旨，等语。兹古城满营防御琦彻图迭次出征杀贼，年逾六十，呈请告休，并恳支给全俸，核与定例相符，具详请奏前来。

臣覆查无异，合无仰恳天恩俯准将古城满营镶黄正白旗防御琦彻图开缺，以原品休致，照例支给全俸，以示体恤，出自鸿施！除饬取该员履历清册咨部外，谨会同伊犁将军臣长庚、陕甘总督臣杨昌濬，恭折具陈。伏乞皇上圣鉴，训示。谨奏。②

正月二十五日，公会衔伊犁将军长庚、陕甘总督杨昌濬奏报拣调张俊接署提篆并马亮署理总兵一事，下部闻。曰：

窃臣于光绪二十年九月初二日具奏防务紧要，请饬喀什噶尔提督

---

① 台北故宫博物院藏：《军机及宫中档》，文献编号：4080029010. 又，中国第一历史档案馆藏：《录副奏折》，档号：03-6572-007.
② 台北故宫博物院藏：《军机及宫中档》，文献编号：408002911. 又，中国第一历史档案馆藏：《录副奏折》，档号：03-5321-104.

董福祥回任一折,奉朱批:董福祥现在留京带队,不能即时赴任。钦此。臣查帕米尔界务尚未定议,操防未便稍松,署提督黄万鹏在湘楚各军资格本深,惟到任以来声明稍减,加以年逾六十,两耳渐觉重听,以至接见属员不能多谈公事。若非另行委署,窃恐有误边防。臣于奏请董福祥回任折内声明各镇才具威望以伊犁镇总兵张俊为优,应即以该员接署,借资整顿。所遗总兵员缺,尤须得人而理。臣与将军臣长庚再三函商,查有头品顶戴记名副都统哈丰阿巴图鲁马亮,熟悉边情,办事稳练,向在陕西、甘肃、新疆等省,叠著战功;护理巴里坤领队大臣,统领吉林、黑龙江等起马队,均能申明纪律,用饬戎行,以之署理伊犁镇总兵,必能不负委任。至黄万鹏现在精力尚健,应否饬赴阿克苏镇本任,应俟到省察看,奏明办理。

所有拣员署理提篆及总兵印务各缘由,谨会同伊犁将军臣长庚、陕甘总督臣杨昌濬,恭折具奏。伏乞皇上圣鉴。谨奏。①

同日,公又会衔陕甘总督杨昌濬开单奏销新疆修建伊塔等处衙署动用经费情形,下部议。曰:

窃新疆北路城垣、衙署已竣各工,业经次第造销。其伊塔道署及库大使衙署并中俄局房屋需银八千两,伊犁府署及经历衙署需银七千两,霍尔果斯通判衙署需银五千余两,绥定县署及典史衙署需银五千两,宁远县城垣需银二万三千余两、县署及典史衙署需银五千两,塔尔巴哈台城垣需银二万四千余两、同知及照磨衙署需银六千余两,宁远县城垣、塔尔巴哈台城垣、衙署、霍尔果斯衙署需用食粮在外,经前护臣魏光焘及臣先后奏明在案。

兹据粮台详称:前项城垣、衙署各工或择基新建,或就旧改修。除派营勇帮工四十余万按旬犒赏酒肉外,约省银八万一千余两。综计城

---

① 台北故宫博物院藏:《军机及宫中档》,文献编号:408002912.又,中国第一历史档案馆藏:《录副奏折》,档号:03-5901-071.

署八起，共用银八万四千三百三十两四钱二分。除扣各起平余银六百二十二两九钱七分一厘，实用过新饷平银八万三千七百七十两四钱四分九厘，由善后项下匀挪应用。陆续据各印委申报工竣，业经委勘验收，均属工坚料实，并无浮冒，取具丈尺、做法、工料银两、图册、印结，详赍前来。

臣覆查无异，相应缮具简明清单，恭呈御览，仰恳饬部一律核销，以清款目。除将册结、图说咨部外，谨会同陕甘总督臣杨昌濬，恭折具陈。伏乞皇上圣鉴，训示。谨奏。①

是日，公又会衔陕甘总督杨昌濬附片奏请李原琳署理叶城县知县，下部闻。曰：

再，叶城县知县王俊撤任遗缺，查有升用直隶州知州绥来县知县李原琳，堪以委署。据新疆布政使饶应祺、镇迪道兼按察使衔丁振铎会详前来。除批饬给委外，谨会同陕甘总督臣杨昌濬，附片具奏。伏乞圣鉴。谨奏。②

同日，公又会衔伊犁将军长庚、陕甘总督杨昌濬附片奏报饬令安允升迅赴绥定本任，下部闻。曰：

再，绥定县知县员缺，前以同知衔试用知县安允升请补，经部覆准在案，应即饬赴本任，以专责成。据新疆布政使饶应祺、镇迪道兼按察使衔丁振铎会详前来。除批饬给委外，谨会同伊犁将军臣长庚、陕甘

---

① 台北故宫博物院藏：《军机及宫中档》，文献编号：408002913。又，中国第一历史档案馆藏：《录副奏折》，档号：03-7162-003。
② 台北故宫博物院藏：《军机及宫中档》，文献编号：408002913-0-A。又，中国第一历史档案馆藏：《录副奏片》，档号：03-5321-149。

总督臣杨昌濬,附片具奏。伏乞圣鉴。谨奏。①

二月初九日,公开单奏报查办官犯犯事案由及到配日期一事,下部议。曰:

窃臣准刑部咨开:光绪二十年八月十六日,恭逢恩诏:查办军流、徒罪官犯,事犯在本年正月初一日以前,无论到配已、未满三年,实系安分守法,别无过犯,抄录犯事全案、到配日期,造具清册,汇疏具题,等因。于八月十八日具奏,奉旨:依议。钦此。咨行到臣。遵即转行查办。兹据镇迪道兼按察使衔丁振铎造具十五年以后发往新疆效力官犯八员,并十五年以前到配未蒙减免官犯三员各犯事全案及到配日期清册前来。

臣查官犯已革都司马仲麓、已革游击吴林、已革知府梁玉瑜、已革郎中朱锟、已革从九王寿龄、已革骁骑校吉通、已革守备洪式抡、已革云骑尉守备赵光宗,于光绪十六年起至二十年止,陆续到配;已革侍卫黄兆晋、已革守备杨有义、已革知府萧锡龄,各于十三年到配。该官犯等均知安分守法,别无过犯,或稽查保甲,或办铜矿、电线诸务,靡不奋勉从事,力赎前愆。察其悔过自新,实可矜悯。谨摘录该官犯等犯事案由及到配日期,开具清单,恭呈御览,伏候恩施。

除将各官犯犯事全案清册咨送刑部外,所有恭逢恩诏查办官犯缘由,谨恭折具陈。伏乞皇上圣鉴,训示。谨奏。②

同日,公又会衔陕甘总督杨昌濬开单奏报甘肃新疆光绪十七年分防军收支各款情形,下部议。曰:

窃照甘肃新疆光绪十一、二、三等年防军、善后用款,每年合关内

---

① 台北故宫博物院藏:《军机及宫中档》,文献编号:408002913-0-B.又,中国第一历史档案馆藏:《录副奏片》,档号:03-5901-072.

② 台北故宫博物院藏:《军机及宫中档》,文献编号:408002914.又,中国第一历史档案馆藏:《录副奏折》,档号:03-7416-018.

外指拨各省的款银四百八十万两，新疆分银二百二十万两。十四、五、六、七等年仍照上案指拨，内提充公用银四万两，归陕甘总督经理造销，新疆每年分银二百一十六万两。又，自十六年起，每岁应分伊犁镇标军饷、地方善后经费，并提存道库银四十四万两。又，塔尔巴哈台协标营勇及地方善后十七年分隶巡抚接管，计分军饷、善后及提存厅库银一十九万三千两。均由甘肃藩库统收，扣除四分减平，分摊拨解。上案截至光绪十六年底止，新疆防军用款业经造册分年请销在案。

兹据粮台详称：自十七年正月初一日起，截至十二月底止，所有一切收支应仍接上案，专案造报。计旧管项下，上案截至十六年底，实存新饷平银三十八万四千五百六十六两二钱四分八厘，欠发各营旗十年以前病故弁勇存饷银一十一万四千一百八十五两二钱八分六厘。

新收项下，收到甘肃藩司分解新疆应分各项新饷，湖北省补解工程经费，并收新疆马步各营旗报缴截旷、支发采制、运脚等款扣回平余，遵照部驳收还光绪七年至十五年报销删除各款，前护理伊犁将军伊犁副都统富勒铭额缴还前乌鲁木齐领队大臣任内浮支廉俸等项，共计新饷平银二百九十万一百五十七两八钱四分三厘。

开除项下，发过十七年分新疆马步各营、旗、哨、开花炮队饷项、薪粮、马队倒马价值、提、镇各衙门稿书、通事、各台局委员、办公人等薪水、口粮、工食、采制、修整军装、器械、制造火药工料价值、转运饷装脚价、盐菜、口粮等项银一百八十八万八千一百八十五两五分八厘，又拨发藩库例支不敷，供支古城营旗经费，拨解司库、道库、塔城厅库提存款项，划拨新疆伊犁、塔尔巴哈台原估善后经费等项银六十九万四千两。统共开除新饷平银二百五十八万二千一百八十五两五分八厘。

实在项下，截至十七年十二月底，实存新饷平银七十万二千五百三十九两三分三厘，应归下案接续造报，仍欠发各营旗光绪十年以前病故弁勇存饷银一十一万四千一百八十五两二钱八分六厘，应俟各故勇亲属请领至日，即由十八年以后新饷内匀给。造具总、散清册，详请奏销前来。

臣覆查支发各款，均属实用实销，并无浮冒。除将清册分送各部外，相应缮具简明清单，会同陕甘总督臣杨昌濬，恭折具奏。伏乞皇上圣鉴，饬部核销施行。谨奏。①

是日，公又会衔陕西总督杨昌濬开单奏报甘肃新疆光绪十七年分善后收支各款情形，下部议。曰：

窃照甘肃新疆善后经费，自光绪十一年起，每岁随饷估拨银一十四万两。伊犁善后经费十七年分应分银一十一万二千两，并加拨提存银五万两，内除拨补伊犁镇标不敷军饷银三万八千两外，计十七年实拨伊犁善后经费银一十二万四千两，塔尔巴哈台善后经费银三万两。新疆十六年分收支善后各款，业经专案造报请销在案。

兹据粮台详称：十七年正月初一日起至十二月底止收支善后款目，自应仍接上案造报。查旧管项下，实存新饷平银六万九千七十五两七钱二分七厘。

新收项下，由防军报销册内提拨原估新疆、伊犁、塔尔巴哈台善后经费并收本案报销扣回平余，遵照部议收还十六年分报销册内删除伊犁、喀什噶尔两中俄通商局及各卡经费等项，共计新饷平银三十万五千八百二十五两一钱四分四厘。

开除项下，支发新疆各属义学塾师薪水、购买纸张、笔墨，发审、舆图、通商、善后、纺织、牛痘各局、保甲、稽查局卡委员薪水、经贴各书、护勇、通事人等工食、口粮，罗布淖尔驿站经费、孔雀河渡船水手工食、招徕户民、迁徙川资、房屋、农具、津贴，供支伊犁、古城赴任，回旗各官，蒙回郡王、台吉人等进京、回旗，假遣残废弁勇、护送故员灵柩回籍夫马、车脚、口分，罗布淖尔步队一营员弁勇夫薪粮、制办、查勘，喀什噶尔边界员役薪粮、津贴、驼脚等项银一十一万七千五百五十二两七

---

① 台北故宫博物院藏：《军机及宫中档》，文献编号：408002915.又，中国第一历史档案馆藏：《录副奏折》，档号：03-6134-076.

钱三分六厘;又拨发新疆城署各工经费银二十一万两,塔尔巴哈台副都统工程经费银二万两。共计开除新饷平银三十四万七千五百五十二两七钱三分六厘。

实在项下,截至十七年十二月底止,实存新饷平银二万七千三百四十八两一钱三分五厘,应归下案接续造报。拨发城署各工经费,应归工程项下列收,另行造报。塔尔巴哈台副都统工程经费,应由该处列收报销。造具总、散清册,详请奏咨,等情。前来。

臣覆查光绪十七年分支发善后各款,均属实用实销,并无浮冒。除将清册分送各部外,相应缮具清单,会同陕西总督臣杨昌濬,恭折具陈。伏乞皇上圣鉴,饬部核销施行。谨奏。①

二月二十五日,公开单奏报光绪二十年十一月分新疆雨水粮价情形,曰:

窃照光绪二十年十月分各厅州县粮价并得雪情形,业经臣奏报在案。兹据新疆布政使饶应祺详称:光绪二十年十一月分,镇迪道属迪化得雪,积地九寸;阜康得雪,积地三寸;库尔喀喇乌苏、昌吉、绥来、奇台得雪,积地二寸;镇西得雪,积地一寸。伊塔道属塔尔巴哈台得雪,积地三寸,精河得雪,积地二寸;绥定、宁远微雪。南路库车得雪,积地七寸;英吉沙尔得雪,积地五寸;玛喇巴什、拜城得雪,积地三寸;乌什得雪,积地二寸;叶城得雪,积地一寸;温宿、疏勒、莎车、和阗、疏附、于阗微雪,余未得雪。

至通省粮价,镇西、精河、喀喇沙尔、库车、乌什、温宿、阜康、绥定、宁远等厅州县俱与上月相同,余均略有增减。汇详请奏前来。理合恭

---

① 台北故宫博物院藏:《军机及宫中档》,文献编号:4080029916.又,中国第一历史档案馆藏:《录副奏折》,档号:03-6636-054.

折具陈,并缮粮价清单,敬呈御览。伏乞皇上圣鉴。谨奏。①

同日,公又会衔陕甘总督杨昌濬奏请石本清调补疏勒直隶州知州,下部议。曰:

窃据新疆布政使饶应祺、镇迪道兼按察使衔丁振铎会详称:疏勒直隶州知州蒋诰,光绪十九年二月初六日病故,应以病故本日作为开缺日期。所遗疏勒直隶州知州系冲、繁、疲、难四项要缺,业经扣留外补在案。应即遴员请补,以重职守。查南路新设各缺,经前抚臣刘锦棠奏准由外拣补一次,后援照甘肃变通章程办理。查章程内开:丞、倅、州、县以及佐杂各要缺,将现任各员按照应升官阶,任内无论有无升案,并是否到任实授,以及历俸、试俸未经期满各员,准择其人地相宜者,一律升调,等语。今疏勒直隶州知州员缺,地当冲要,华夷杂处,安辑抚绥,均关紧要,且毗连俄境,交涉事务尤极繁难,非精明干练之员,难期胜任。

查有塔城直隶厅抚民同知石本清,现年六十岁,湖南沅江县人,由文童于同治二年投效军营,克复浙江湖州、安吉、孝丰、石门、德清等城案内汇保,四年十月二十六日奉上谕:着以从九品不论单双月尽先即选。钦此。于捻匪全股荡平、直东肃清案内汇保,七年八月初六日奉上谕:着以县丞留于陕西补用。钦此。陕西全境肃清案内汇保,九年十二月二十六日奉上谕:着以州同留于甘肃补用。钦此。荡平金积堡贼巢、宁灵肃清案内汇保,十年十月初三日奉上谕:着以知州仍留甘肃补用。钦此。克复巴燕戎格、擒斩叛逆及剿灭河州窜贼案内汇保,十三年八月初三日奉上谕:着赏戴蓝翎。钦此。关陇肃清案内汇保,光绪二年二月初四日奉上谕:着赏换花翎。钦此。克复吐鲁番满汉两城

---

① 台北故宫博物院藏:《军机及宫中档》,文献编号:408002917。又,中国第一历史档案馆藏:《录副奏折》,档号:03-6942-036。

案内汇保，四年二月初四日奉上谕：着以直隶州知州尽先补用。钦此。先于二年五月委署甘肃阶州直隶州篆务，六月二十二日到任，五年六月二十二日卸事。新疆荡平各项差使出力案内汇保，俟补直隶州知州后，以知府用，经部驳令另核奏明请奖。嗣经钦差大臣刘锦棠覆奏，改请军功随带加三级，复经部议准其改请随带加三级，其所请"军功"字样，应毋庸议。奉旨：依议。钦此。阶州瓜子沟番匪滋事，经官军荡平、擒获首逆案内汇保，六年十二月二十二日奉上谕：着俟补缺后，以知府仍留甘肃尽先补用，先换顶戴。钦此。是年冬，请咨赴部引见。七年五月初十日，经钦派王大臣验看，照例发往。十一日覆奏，奉旨：依议。钦此。遵即领照起程，闰七月十九日到省。八年，经前两江总督臣左宗棠奏请调赴江苏差遣，并以原官改留江苏，仍归原班补用。是年四月十四日奉旨：依议。钦此。十四年，在江苏并无经手未完事件，因无力补缴离省分发银两，呈请前两江总督臣曾国荃①奏明给咨，仍回甘肃原省候补，是年六月十八日奉朱批：着照所请，吏部知道。钦此。十五年五月到甘肃，旋经陕甘总督臣杨昌濬咨送新疆差遣，十一月初四日到省。十二月，委署塔城直隶厅抚民同知篆务，十六年二月十二日到任。十七年八月，奏请借补斯缺。十八年二月二十四日，经部覆准照例以奉文准补之日作为知府升阶到省候补日期。新疆七载防戍案内汇保，俟归知府班后，加盐运使衔，经部核议，改为俟离任归知府班后，准加盐运使衔。十九年十二月初二日具奏，奉旨：依议。钦此。嗣因调省，于二十年九月二十一日卸事。

---

① 曾国荃(1824—1890)，字沅甫，号叔纯，又名子植，湖南湘乡县人，曾国藩之弟。道光二十七年(1847)，府试第一。咸丰二年(1852)，取优贡。六年(1856)，加同知衔。翌年，丁父忧。八年(1858)，升知府，加道衔，赏戴花翎。十一年(1861)，保按察使，加布政使衔，赏伟勇巴图鲁勇号，赏头品顶戴，赐黄马褂。同治元年(1862)，补浙江按察使。同年，迁江苏布政使。二年(1863)，擢浙江巡抚。三年(1864)，加太子少保，封一等威毅伯，赐双眼花翎。五年(1866)，调补湖北巡抚。光绪元年(1875)，授河东河道总督。二年(1876)，调山西巡抚。七年(1881)，迁陕甘总督。次年，补两广总督。十年(1884)，署礼部尚书。同年，调两江总督，兼办理通商事务大臣。十五年(1889)，晋太子太保。十六年(1890)，卒于官。赠太傅，赐金治丧，命江宁将军致祭，谥忠襄。著述有《曾忠襄公批牍》《曾忠襄公奏议》《曾文正公大事记》《宗圣志》《曾子家语》《抚鄂批札》《曾忠襄公抚鄂公牍》《鸣原堂论文》，修《山西通志》《湖南通志》等。

查该员石本清,才具明练,办事老成,前在塔城同知任内办理一切,诸臻妥协,边情、土俗最为熟悉,以之调补疏勒直隶州知州,实堪胜任,人地亦极相宜,且核与变通章程相符,等情。详请具奏前来。

臣查该员石本清,老成稳练,办事实心,合无仰恳天恩俯念要缺需员,准以塔城直隶厅抚民同知石本清调补疏勒直隶州知州员缺,洵于地方有裨。如蒙俞允,该员系由直隶州借补同知,今请调补直隶州知州,衔缺相当,毋庸送部引见。该员前在同知任内并无参罚案件。谨会同陕甘总督臣杨昌濬,恭折具奏。伏乞皇上圣鉴,训示。再,所遗塔城直隶厅抚民同知,系繁、疲、难三项要缺,应请扣留外补。合并声明。谨奏。①

是日,公又会衔伊犁将军长庚、陕甘总督杨昌濬奏报官犯游春泽欠缴银两请予援免一事,下部议。曰:

窃查官犯游春泽,经前伊犁将军锡纶等以浮开捏报等情参革查办,前护抚臣魏光焘逐款查无浮冒,惟瞻德城工有银三千五百余两无着,经刑部比照监守自盗仓库钱粮一千两以上例,拟斩监候。除四川、江南钞产变抵外,尚短银一千六百余两,令仍依限监追,复经户部以删除惠远城工员役薪工银一百六十八两,瞻德城工员役薪工银二百八十八两,台卡官兵粮饷、津贴等项行查银一万一千九百二十八两零,删除银五万八千三百一十二两零。又,工部核减惠远城工料银二百八十两,并饬该官犯声覆完缴,等因。于光绪十七年十月二十七日覆奏,奉旨:依议。钦此。钦遵咨行到臣。当经转饬遵办。

旋据伊犁、迪化两府查明,游春泽伊犁新疆寓所并无资财,屡次勒追欠银,赤贫如洗,无力完缴,饬催行查各款,据游春泽申诉,前款内以台卡为最巨,伊犁自光绪八年收还,将军金顺即督饬各领队,暨已故总

---

① 台北故宫博物院藏:《军机及宫中档》,文献编号:408002918。又,中国第一历史档案馆藏:《录副奏折》,档号:03-5322-108。

兵刘宏发陆续安设台卡，南路查界大臣即由是路行走。该官犯于八年十二月始委办善后，并未经理其事。其余零款，当日经手亦非一人，早俱星散。金顺去任时，奏明伊犁善后报销未奉部覆各案，携卷北上，自行清厘。该官犯卸差日久，无案可稽，实属无从清理。诘问再三，供词如一。光绪二十八年八月十六日，恭逢恩诏，据藩、臬两司循例详办前来。

臣查例载：侵盗仓库钱粮入己数在千两以上拟斩监候之犯，遇赦准予援免，各等语。该官犯游春泽于瞻德城工报销之款查无着落，比例拟斩监候，究与实在监守自盗有间。应追银两，原籍任所家产早已查抄罄尽，监追数年，无力措缴。事犯在二十年正月初一日以前，恭逢恩诏，应请照例准予援免，并豁免追赃，以示矜恤。

至奉行查各款，游春泽或未承办，或经手不止一人。将军金顺行抵肃州开缺，前陕甘总督臣谭钟麟曾奏称，金顺报销，无人清理支款，即有浮冒，无从着追，欲出入针孔符合，势有不能。是金顺报销原难逐一推求，早邀圣明洞鉴。即魏光焘办理此案，行查伊犁，亦据覆片纸无存。游春泽沥陈无从清理，委属实情。臣维金顺立功边陲，积劳病故已历年所，一切用款自应照案准销，以清金顺身后之事。

是否有当？除分咨户、刑、工各部外，谨会同伊犁将军臣长庚、陕甘总督臣杨昌濬，恭折具奏。伏乞皇上圣鉴，饬部核议施行。谨奏。①

同日，公又会衔陕甘总督杨昌濬附片奏请周茂春补授拜城县知县，下部闻。曰：

再，署拜城县知县张熙载撤任遗缺，查有同知衔候补通判周茂春堪以委署。据新疆布政使饶应祺、镇迪道兼按察使衔丁振铎会详前来。除由臣批饬给委外，谨会同陕甘总督臣杨昌濬，附片具奏。伏乞

---

① 台北故宫博物院藏：《军机及宫中档》，文献编号：408002919。又，中国第一历史档案馆藏：《录副奏折》，档号：03-7416-023。

圣鉴。谨奏。①

同日,公又会衔陕甘总督杨昌濬附片奏报参将彭桂馥病故缘由,下部闻。曰:

再,臣据署抚标中军参将汤咏山详:据济木萨营中军守备陈天荣申报:该营参将彭桂馥因寒触发旧伤,旋中风痰,医药罔效,于光绪二十一年正月二十七日在任病故,等情。详请核办前来。臣覆核无异。相应奏明开缺,容俟另行拣员请补。

除将该故员原领参将札付及委员承查嫡亲印、甘各结咨部查照外,谨会同陕甘总督臣杨昌濬,附片具陈。伏乞圣鉴,训示。谨奏。②

三月初三日,公为御赐恩赏具折谢皇太后恩,曰:

窃臣准兵部咨行:内阁抄出光绪二十年十月初一日奉上谕:朕钦奉慈禧端佑康颐昭豫庄诚寿恭钦献崇熙皇太后懿旨:本年六旬庆辰,皇帝率天下臣民胪欢祝嘏,前经特沛恩纶,延釐中外。兹当庆典届期,着加恩赏赉,所有近支王公及王公、蒙古王公、御前行走、乾清门行走、御前侍卫、大学士、各部院尚书、左都御史、各省将军、都统、总督、巡抚、提督,着各赏大寿字一张、大缎二匹、帽纬一匣,等因。钦此。旋由差弁赍捧到臣。当即望阙叩头,谢恩祗领。

钦惟皇太后泰符翊运,益算凝厘,慈云遍覆乎八埏,萝图辑瑞;爱日长承乎九陛,华祝胪欢!臣忝绾封圻,适当边塞,地依葱雪,昔原禹甸之要荒;殿启椒风,渥荷尧门之锡羡。鸿畴洒翰,建五福以居先;凤

---

① 台北故宫博物院藏:《军机及宫中档》,文献编号:408002919-0-A.又,中国第一历史档案馆藏:《录副奏片》,档号:03-5322-109。
② 台北故宫博物院藏:《军机及宫中档》,文献编号:408002924-0-A.又,中国第一历史档案馆藏:《录副奏片》,档号:03-5902-081。

掖承筐,经七裏而耀采! 复拜猩绫之锡,弥增蝉珥之辉,恩赉骈蕃,感深鳌戴! 臣惟有勉循职任,冀济时艰,毳幕毡裘,俾同游于寿寓;龙堆雁碛,亦渐辟为乐郊!

所有微臣感激下忱,谨缮折叩谢天恩。伏乞皇太后圣鉴。谨奏。①

同日,公又为御赐恩赏具折谢恩,曰:

窃臣准兵部咨行:内阁抄出光绪二十年十月初一日奉上谕:朕钦奉慈禧端佑康颐昭豫庄诚寿恭钦献崇熙皇太后懿旨:本年六旬庆辰,皇帝率天下臣民胪欢祝嘏,前经特沛恩纶,延釐中外。兹当庆典届期,着加恩赏赉,所有近支王公及王公、蒙古王公、御前行走、乾清门行走、御前侍卫、大学士、各部院尚书、左都御史、各省将军、都统、总督、巡抚、提督,着各赏大寿字一张、大缎二匹、帽纬一匣,等因。钦此。旋由差弁赍捧到臣。当即望阙叩头,谢恩祗领。

钦惟我皇上瑞起珍符,运绵宝箓,椒闱称庆,合万国以胪欢;芝陛颁恩,溥八埏而介景。臣忝膺疆寄,翘切嵩呼,九如晋颂乎葩经,金萱益算;五福首推乎箕范,奎藻邀荣! 璀璨三英,承袭而彰施有耀;葳蕤万缕,振缨而预感何量! 稠叠鸿施,篆铭蚁结! 臣惟有勉图固圉,慎守安边,治戒丝棼,防筹绳度。涵濡有日,渐通声教于狉獉;熙昊同风,咸易睢盱为凫藻!

所有微臣感激下忱,谨缮折叩谢天恩,伏乞皇上圣鉴。谨奏。②

是日,公又为御赐恩赏具折谢皇太后恩,曰:

窃臣据赍呈贡品委员寄到钦奉慈禧端佑康颐昭豫庄诚寿恭钦献崇熙皇太后恩赏寿字一方、蟒袍一件、活计一匣。臣当即望阙叩头,谢

---

① 台北故宫博物院藏:《军机及宫中档》,文献编号:408002920.又,中国第一历史档案馆藏:《录副奏折》,档号:03-5323-083.
② 台北故宫博物院藏:《军机及宫中档》,文献编号:408002921.又,中国第一历史档案馆藏:《录副奏折》,档号:03-5323-066.

恩祗领。钦惟皇太后泽敷禹甸,庆辑尧门,爱日舒长,衍萱龄于花甲;慈晖布濩,沛芝诏以林壬!

臣忝绾疆圻,叠蒙高厚,晋阶承荫,已邀逾格隆施;钦羡赐绯,复荷频番殊宠。景宸章之璀璨,翰洒鸾笺;欣寿寓之延长,畴敷鸿范。诗咏丝纶之什,藻绣成袍;礼详呅悦之仪,兰纫杂佩!恩荣叠被,感戴弥深!臣惟有殚竭愚诚,勉供职任,风宣西极,渐驯殊域于象胥;日永南山,长祝皇家之燕喜!

所有微臣感激下忱,谨缮折叩谢天恩。伏乞皇太后圣鉴。谨奏。①

同日,公又为御赐恩赏具折谢恩,曰:

窃臣据赍呈贡品委员寄到钦奉慈禧端佑康颐昭豫庄诚寿恭钦羡崇熙皇太后恩赏寿字一方、蟒袍一件、活计一匣。臣当即望阙叩头,谢恩祗领。钦惟皇上萝图辑瑞,兰膳承颜,景介璇闱,应钩钤之朗曜;恩浓玉陛,颁纶绋以罩孚。

臣虔效华封,频邀蕃锡,晋阶资而承门荫,已荷殊荣;叨宸翰而忝上珍,深惭逾分!乃复天章炳耀,俾云汉以维昭,皇极诞敷,与河山而并寿。仿姚室帷裳之制,采绣五纹;本唐家鱼袋之遗,佩纫七宝。鸿施渥被,蚁结曷胜!臣惟有惕虑衣袽,拊循旂旄,户兼屯戍,辟瓯脱于龙沙;运转秦阶,听铙歌于驿堠。

所有微臣感激下忱,谨缮折叩谢天恩。伏乞皇上圣鉴。谨奏。②

三月初六日,公奏报光绪二十年回部贡金情形,下部闻。曰:

窃照新疆色勒库尔之南回部坎巨提,向来按年进贡沙金,循例奏明赏给缎匹在案。兹据喀什噶尔道黄光达申:据坎巨提头目摩韩美德

---

① 台北故宫博物院藏:《军机及宫中档》,文献编号:408002922. 又,中国第一历史档案馆藏:《录副奏折》,档号:03-5323-065.
② 台北故宫博物院藏:《军机及宫中档》,文献编号:408002923. 又,中国第一历史档案馆藏:《录副奏折》,档号:03-5323-067.

拿星呈到光绪二十年分进贡沙金一两五钱,遵将例赏大缎二匹发给该头目祗领。恳请具奏前来。

臣覆查无异,除将沙金咨送内务府呈进外,理合恭折具陈。伏乞皇上圣鉴。谨奏。①

同日,公又代奏马亮到任日期并谢恩一事,曰:

窃臣据头品顶戴记名副都统署伊犁镇总兵马亮呈称:接奉行知:伊犁镇总兵张俊现奏明署理喀什噶尔提督篆务,所遗总兵员缺,饬令署理,等因。遵于光绪二十一年二月十七日准张俊委署镇标中营游击段文彬,将总兵银印、文卷赍送前来。当即恭设香案,望阙叩头谢恩,祗领任事。

伏念奴才吉林世仆,樗栎庸材,叠荷隆施,累保今职,愧涓埃之未效,正惶悚以难名!兹令权摄总兵,又属伊犁边要,内极种类之屡杂,外与俄境相毗连,弹压巡防,在在关重,惟有矢慎矢勤,遇事禀商将军、巡抚臣认真经理,不敢以暂时摄篆稍涉因循,以期仰答高厚鸿慈于万一!

所有到任接印日期并感激下忱,呈请代奏叩谢天恩前来。理合据情代奏。伏乞皇上圣鉴。谨奏。②

三月十八日,公致函总理衙门曰:

窃照本部院于光绪二十年十月二十四日,在新疆省城由驿具奏派拨马队护解枪械进京,交喀什噶尔提督董福祥行营,以资应用而备调遣一折,前已钞录折稿咨呈在案。兹于本年十二月三十日准兵部火票

---

① 台北故宫博物院藏:《军机及宫中档》,文献编号:408002924。
② 台北故宫博物院藏:《军机及宫中档》,文献编号:408002924-1。又,中国第一历史档案馆藏:《录副奏折》,档号:03-5903-045。

递回原折,奉朱批:该衙门知道,单并发。钦此。除钦遵咨行外,相应恭录咨呈,为此咨呈贵衙门,谨请鉴照施行。①

三月二十二日,公开单奏报新疆防营官兵光绪二十年下半年数目情形,下部闻。曰:

> 窃新疆马步营旗、炮队,各台、局、卡、义学实在数目,截至光绪二十年六月底止,业经分别奏咨在案。兹据新疆粮台详称:自二十年七月初一日起至十二月底止,遵照标营章程,挑并步队一旗,招募马队二哨,又抚标中营左旗马队一旗,由草地护送毛瑟枪进京,交喀什噶尔提督董福祥行营备用,即将该旗改为行粮,作为董福祥亲兵马队,并添帮带旗官一员,额外私夫、马夫三名,半额马一匹,裁撤罗布淖尔步队一营。实存行粮章程马队八旗、步队四营、开花炮队一哨,标营章程马队四十七旗二哨、步队二十四营一十八旗一哨、开花炮队五哨。共额设统领、营、旗、哨官三百九十五员,巡查一百三十员,营书、弁勇二万五千八百五十一名,火勇一千八百三十一名,额外火夫、私夫、马夫、车夫、棚夫六千五百九十八名,并各台、局、卡、义学,缮具清单,详请奏咨前来。
>
> 臣覆查无异,所有新疆防营员弁勇丁、各台、局、卡、义学自光绪二十年七月初一日起至十二月底止实在数目,谨缮清单,恭呈御览。伏乞皇上圣鉴,饬部立案施行。谨奏。②

同日,公又开单奏报光绪二十年办结就地正法各案情形,下部闻。曰:

> 窃查新疆奏定章程:凡强盗抢夺及情罪重大人犯获案讯明后,皆准就地正法,摘由汇报,历经遵办在案。兹查光绪二十年春夏秋冬四季办结强盗抢夺及决不待时重大各案共十二起,据各地方官勘验,获

---

① 台北"中央研究院"近代史所藏:《外交档案》,馆藏号:01-25-042-01-006。
② 台北故宫博物院藏:《军机及宫中档》,文献编号:408002925。又,中国第一历史档案馆藏:《录副奏折》,档号:03-5996-013。

犯审拟，解经各该管直隶州、府、道提讯明确，咨由兼臬司覆核转详。臣细核案情，参考律例，分别斩决、枭示，批令在于犯事地方正法。其强抢案内军流徒犯，向系南北两路调发。此等匪徒均难安分屯垦，已批饬酌量监禁，系带铁杆，以示惩创。谨将各案摘由开单，恭呈御览。

所有光绪二十年分办结就地正法各案，照章摘由汇报缘由，谨恭折具陈。伏乞皇上圣鉴，训示，施行。谨奏。①

是日，公又奏报审拟民人苏有才斗殴毙命一案，下部议。曰：

窃查前据库车直隶同知刘人佺详报客民苏有才戳伤赵忠伦越日身死一案，当经臣批饬审拟去后。兹据该厅审明议拟，解经阿克苏道李宗宾提讯，咨由镇迪道兼按察使衔丁振铎核转前来。

臣覆加查核，缘苏有才籍隶甘肃秦州，先年出关，与已死赵忠伦同乡熟识。光绪二十年七月间，苏有才与赵忠伦在和阗州会遇，商允结伴回家，行至阿克苏，复邀其同乡张复元，共雇一车，沿途并无嫌隙。九月二十六日傍晚，投歇库车厅洪玉昌店内。赵忠伦出外买食酒饭，苏有才等伙同检点行李。定更时，苏有才因行路困乏，卧炕吸食洋烟。赵忠伦酒醉回店，持其被褥，冒向炕上分掷，尘土散漫。苏有才负气，携取烟具、卧褥，移往上面空房，转身收取零物，盛入火食木箱。赵忠伦斥其假爱干净，苏有才分辩，彼此揪扭。张复元劝解。移时，苏有才仍复进房搬箱外走。赵忠伦带酒生气，用脚抛踢，木箱落地，遗出箱内小刀什物。苏有才弯身拾取，斥骂赵忠伦不应恃醉撒刁。赵忠伦举脚连踢。维时苏有才拾获小刀在手，退近墙根，一时情急，用刀吓戳一下，不期适伤赵忠伦小腹。张复元赶拢喝阻。店主洪玉昌趋至问明，报厅验讯取辜，医治罔效，延至二十八日下午，赵忠伦因伤殒命。投约复报，验讯通详，由厅议拟，解道提讯，咨由兼臬司核明转详，臣覆核

---

① 台北故宫博物院藏：《军机及宫中档》，文献编号：408002926。又，中国第一历史档案馆藏：《录副奏折》，档号：03-7365-053。

无异。

查律载：斗殴杀人者，不问手足、他物、金刃并绞监候，等语。此案该犯苏有才与赵忠伦结伴同行，口角争殴，用刀戳伤赵忠伦越日身死，事犯在光绪二十年正月初一日以后，不在八月十六日恭逢恩诏查办之列，自应按律问拟。苏有才合依"斗殴杀人者不问手足、他物、金刃并绞"律，拟绞监候，秋后处决。见证张复元、店主洪玉昌均救阻不及，请免置议。无干省释，尸棺饬属领埋，凶器小刀案结销毁。

除全案供招咨部外，所有斗殴毙命，按律定拟缘由，谨恭折具陈。伏乞皇上圣鉴，饬部核覆施行。谨奏。①

三月二十六日，公开单奏报光绪二十年十二月分新疆雨水粮价情形，曰：

窃照光绪二十年十一月分各厅州县粮价并得雪情形，业经臣奏报在案。兹据新疆布政使饶应祺详称：光绪二十年十二月分，镇迪道属镇西得雪，积地三寸；奇台得雪，积地一寸；吐鲁番、哈密、库尔喀喇乌苏、迪化、昌吉、阜康、绥来微雪。伊塔道属塔尔巴哈台得雪，积地五寸；精河得雪，积地一寸；绥定微雪。南路玛喇巴什得雪，积地八寸；莎车得雪，积地三寸；温宿得雪，积地二寸；乌什、英吉沙尔、疏勒、疏附、拜城得雪，积地一寸；喀喇沙尔、库车、和阗、叶城、于阗微雪。宁远并未得雪。

至通省粮价，吐鲁番、镇西、哈密、库尔喀喇乌苏、精河、喀喇沙尔、玛喇巴什、温宿、昌吉、绥来、绥定、拜城等厅州县俱与上月相同，余均略有增减。汇详请奏前来。理合恭折具陈，并缮粮价清单，敬呈御览。

---

① 台北故宫博物院藏：《军机及宫中档》，文献编号：408002927。又，中国第一历史档案馆藏：《录副奏折》，档号：03-7317-012。

伏乞皇上圣鉴。谨奏。①

同日,公又会衔陕甘总督杨昌濬奏报恳恩免扣文武微员养廉缘由,下部闻。曰:

窃臣准户部咨:前奏筹饷紧要,恩准将光绪二十一年一年外省文武大小官员养廉核扣三成,归军需动用。嗣陕西巡抚鹿传霖、陕甘总督杨昌濬以文武微员养廉无多,缺分清苦,奏准免扣,关外如何办法,应飞咨新疆巡抚酌量情形,奏报核办,等因。饬据布政使饶应祺详覆:新疆地处极边,文武微员缺分最为瘠苦,请将文职、笔帖式、藩司及兼臬司各首领并各属佐贰杂职、武职都司以下各官三成廉银,奏免核扣,等情。前来。

臣维新疆文武微员缺分瘠苦,尤非关内可比。现在甘肃既援陕西成案奏准免扣,新疆事同一律。所有前项三成养廉银两,应恳恩准免其核扣,以示体恤,出自鸿施!除咨部外,谨会同陕甘总督臣杨昌濬,恭折具陈。伏乞皇上圣鉴,训示。谨奏。②

是日,公又奏报审拟缠民巴海殴毙毛拉一案,下部议。曰:

窃查前据署迪化县知县刘兆松详报缠民巴海殴伤毛拉越日身死一案,当经臣批饬审拟去后。兹据接署该县知县刘澄清审明议拟,详由迪化府知府潘效苏解经镇迪道兼按察使衔丁振铎覆审勘转前来。

臣亲提覆鞫,缘缠民巴海籍隶温宿州,佣工度日。光绪十六年,来至省城,受雇迪化县底驿,充当马夫。已死马拉亦于十七年受雇号内

---

① 台北故宫博物院藏:《军机及宫中档》,文献编号:408002928。又,中国第一历史档案馆藏:《录副奏折》,档号:03-6944-020。

② 台北故宫博物院藏:《军机及宫中档》,文献编号:408002929。又,中国第一历史档案馆藏:《录副奏折》,档号:03-6133-005。

喂马，彼此交好无嫌。二十年七月十三日下午，巴海牵马九匹赴东街旷地溜走，适由缠民托呼大饭馆门首经过，瞥见毛拉在内买面食毕。巴海因一人难以照料，喊令毛拉分牵帮溜，毛拉推辞不允。巴海斥其偷懒，毛拉回詈巴海并非雇主，不应将其管教。巴海遂与争吵，毛拉生气扑向抓殴，巴海情急闪避，顺取饭馆门外板凳，从旁吓殴一下，不期凳脚殴伤毛拉囟门。托呼大闻声赶拢喝阻，查看毛拉受伤，雇车送至驿号，延医调治罔效，至十五日早，毛拉因伤殒命。投约报验，获犯讯详。据报犯病医治痊愈，议拟解府，详由镇迪道兼按察使衔提审勘转，臣覆鞫无异。

查律载：斗殴杀人者，不问手足、他物、金刃并绞监候，等语。此案巴海因喊令毛拉帮同溜马不允，口角争斗，用凳殴伤毛拉囟门越日身死，事犯在光绪二十年正月初一日以后，不在八月十六日恭逢恩诏查办之列，自应按律问拟。巴海合依"斗殴杀人者不问手足、他物、金刃并绞"律，拟绞监候，秋后处决。托呼大救阻不及，应毋庸议。无干省释。凶器木凳，案结销毁。

除全案供招咨部外，所有审明斗殴毙命，按律定拟缘由，谨恭折具陈。伏乞皇上圣鉴，饬部核覆施行。谨奏。①

四月初一日，公会衔陕甘总督杨昌濬开单奏销光绪十一年至十六年新疆驿站经费情形，下部议。曰：

窃新疆驿站自光绪十一年八月初一日改设起至十五年底止支发银两，业经并入养廉、俸工案内造报。十六年分支发经费，另案奏销。叠准部咨：新疆驿站钱粮，十五年以前仅据咨销，并未按限具题。各年支过工料等银，应扣六分减平；倒马皮脏变价及小建银两，曾否扣存报拨，买补倒马日期、毛片、口齿，均未开造；截旷银两亦未扣除，且仍有

---

① 台北故宫博物院藏：《军机及宫中档》，文献编号：408002930。又，中国第一历史档案馆藏：《录副奏折》，档号：03-7317-019。

长支、未支银数，均与立案不符，应令更造题销，等因。并将十六年分经费各册发还。饬据布政使饶应祺详覆：前项六分减平银两，业经按年核扣，列入库款作收；倒马皮脏变价系由买补马价内，每匹扣除五钱小建银两，均于给领时按数扣除，并未另款提存，无从报拨。倒马一项，新疆原设塘站、军台系按三分报倒。自改设驿站，部议准报二分。

查关外现设驿马，较旧例所载，核减不少，戈壁长途，昼夜驰递，马匹最易疲瘦。各属岁倒之数牵匀计算，实不止二分。若再于二分内扣除截旷，则赔贴愈多，不足以示体恤。况历年已久，官经数任，其倒补日期及毛片、口齿无从查考。长支一项，现已补扣，列册作收；未支一项，系各属应领之款，已陆续补发。造具总、散清册，详请具奏前来。

臣覆查前项驿站经费，委系实支实报，并无冒滥，理合缮具简明清单，恭呈御览，仰恳天恩俯准，饬部一律核销，并免造买补倒马日期及毛片、口齿清册，以清积案，出自鸿施！

除将清册送部并饬司将十七年起赶紧造销外，所有请销光绪十一年八月初一日起至十五年底止并十六年分支发通省驿站银两各缘由，谨会同陕甘总督臣杨昌濬，恭折具奏。伏乞皇上圣鉴，训示。再，此案改题为奏。合并声明。谨奏。①

四月初八日，公为恩赏福、寿等件具折谢恩，曰：

窃臣据赍呈贡品委员寄到光绪二十年十一月十三日恩赏臣"福、寿"字二方、镶玉如意一柄、蟒袍一件、大卷八丝缎二匹。当即恭设香案，望阙叩头谢恩祗领。钦惟我皇上景介霞觞，际隆仪之备举；膏覃露沸，荷优赉以频仍。臣忝抚北庭，适当西徼，呼嵩称祝，未随金阙之班；倬汉为章，远赉玉关以外。衍福畴于箕范，皇极诞敷；溥寿寓于萝图，天庥洊至。玦枝温润，从心而挥麈何殊；黻藻辉煌，竟体而委蛇可咏。

---

① 台北故宫博物院藏：《军机及宫中档》，文献编号：408002938。又，中国第一历史档案馆藏：《录副奏折》，档号：03-6636-140。

取茧丝于八绩,拟豹饰于三英。逾分恩施,莫名感悚!臣惟有勉循职任,殚竭愚忱,惕时事之艰难,绸缪牖户;赖深仁之沦浃,绥靖边陲!

所有微臣感激荣幸下忱,谨缮折叩谢天恩。伏乞皇上圣鉴。谨奏。①

同日,公又为御赏福、寿等件具折谢皇太后恩,曰:

窃臣据赍呈贡品委员寄到光绪二十年十一月十三日恩赏"福、寿"字二方、镶玉如意一柄、蟒袍一件、大卷八丝缎二匹。当即恭设香案,望阙叩头谢恩祗领。钦惟皇太后德遍坤舆,运绵鼎箓,式徽音于玉册,万国胪欢;庆盛典于瑶觥,九霄渥泽!前已叠承高厚,兹复重被恩施,翰洒弯笺,荫福林于六幕;筹添鹤算,溥寿宇于八纮。旃檀嵌龙辅之珍,吉祥称愿;黼藻焕雉裳之采,绚烂成丈。大帛逾常,备章身之一袭;抽丝綦密,增新制于七襄。凡兹懋赏所颁,弥切深铭以惕!臣惟有抚绥屯牧,慎因边防,雁户归诚,仰仁天而熙洽;鸿畴介景,庇爱日以舒长!

所有微臣感激荣幸下忱,谨缮折叩谢天恩。伏乞皇太后圣鉴。谨奏。②

是日,公又为恩赏福字一方具折谢恩,曰:

窃臣赍折差弁回省,奉到年节恩赏福字一方,当即恭设香案,望阙叩头祗领。伏念臣忝绾疆符,适当戎索,寒逾黍谷,愧无邹律以回春;荣被芝泥,仰荷羲文之启泰。钦惟我皇上道隆埏埴,政察璇玑,纪正朔

---

① 台北故宫博物院藏:《军机及宫中档》,文献编号:408002931.又,中国第一历史档案馆藏:《录副奏折》,档号:03-5324-102.

② 台北故宫博物院藏:《军机及宫中档》,文献编号:408002932.又,中国第一历史档案馆藏:《录副奏折》,档号:03-5324-104.

于春王，釐延首祚；衍洪畴于夏后，福锡毫端。采绚龙笺，共识颁来。日下光腾，凤藻更忻。恩渥天涯，歌杨柳于浑羌；熙台抃舞，咏条枚于周雅。圣泽涵濡，渥荷鸿施，弥殷鳌戴！臣惟有勉图固圉，泌虑安边，惭非建福之金提，尚幸销声于铁勒。尘清蒲类，体皇极以诞敷；颂上华封，祝宸躬之纯嘏！

所有微臣感激荣幸下忱，谨缮折叩谢天恩。伏乞皇上圣鉴。谨奏。①

四月十九日，公会衔陕甘总督杨昌濬、喀什噶尔提督张俊奏请谷振杰等借补参将等缺，下部议。曰：

窃新疆喀什噶尔提属和阗营参将张宗本，前经臣奏请借补阿克苏镇属乌什协副将，旋准兵部咨，所遗和阗营参将员缺，应即拣员请补，等因。又，抚标、镇标、参将、都司、守备各缺均经奏准作为题缺，亟应拣员请补，各专责成。兹查有留新疆尽先补用总兵喀什噶尔提标前营游击现署和阗营参将谷振杰，朴实稳练，夙著战功，堪以借补所署和阗营参将员缺。

留新疆尽先补用提督现署抚标中军参将汤咏山，晓畅戎机，朴实勇敢，堪以借补所署抚标中军参将员缺。参将衔留新疆尽先补用游击刘清和，勤干有为，堪以借补巴里坤城守营都司员缺。补缺后补用都司留陕甘督标尽先补用守备抚标左营前哨千总徐彪，操防勤奋，堪以请补阿克苏镇标中营左旗守备员缺。补缺后补用都司留疆尽先补用守备王春森，年壮才明，堪以请补伊犁镇标左营左旗守备员缺。

该员等在新疆出力有年，营务熟悉，以之请补各缺，均堪胜任。合无仰恳天恩俯准以谷振杰等五员请补参将、都司、守备各员缺，以裨营伍。如蒙俞允，并恳饬部发给札付。徐彪、王春森二员，应照乌鲁木齐

---

① 台北故宫博物院藏：《军机及宫中档》，文献编号：408002933. 又，中国第一历史档案馆藏：《录副奏折》，档号：03-5324-103.

补防守备例，毋庸送部引见。其请补参将谷振杰、汤咏山，都司刘清和三员，俟防务大定，即行给咨送部引见，以符定制。再，查谷振杰于光绪十七年经兵部议覆，准以总兵借补喀什噶尔提标前营游击，尚未到任，兹和阗营参将员缺仍请以总兵借补。所遗提标前营游击员缺，由臣另行拣员请补。

除饬取该各员履历清册咨部查照外，谨会同陕甘总督臣杨昌濬、署喀什噶尔提督臣张俊，恭折具奏。伏乞皇上圣鉴，训示。谨奏。①

同日，公又开单奏报续办官犯犯事全案及到配日期一事，下部议。曰：

窃臣准刑部咨开：光绪二十年八月十六日恭逢恩诏：军流徒罪官犯，事犯在正月初一日以前，无论到配已、未满三年，抄录犯事全案、到配日期，汇疏具题，等因。当经臣将新疆省光绪十九年十二月以前到配官犯马仲麓等十一名开单奏咨在案。兹据镇迪道兼按察使衔丁振铎续造解发新疆效力官犯五名犯事全案及到配日期清册前来。

臣查官犯已革知县杨霈霖、已革副将李洪贵、已革游击毛隆和、已革副将阳肇祥、已革云骑尉世职方世禧，各于本年二月先后到配。臣随饬迪化县分别看管，酌派苦差。各官犯等均尚循分守法，力图自新。杨霈霖年近六旬，中途患病，精力渐就衰惫。察其痛自悔艾，最可矜悯。各该官犯虽到配未久，而事犯俱在二十年正月初一日以前，例准查办，谨录犯事案由及到配日期开单，恭呈御览，伏候恩施。

除将全案清册咨送刑部外，所有恭逢恩诏续办到配官犯缘由，谨恭折具奏。伏乞皇上圣鉴，训示。谨奏。②

---

① 台北故宫博物院藏：《军机及宫中档》，文献编号：408002934. 又，中国第一历史档案馆藏：《录副奏折》，档号：03-5904-064.

② 台北故宫博物院藏：《军机及宫中档》，文献编号：408002935. 又，中国第一历史档案馆藏：《录副奏折》，档号：03-7402-012.

是日，公又奏报审拟缠民阿不都拉故杀人命一案，下部议。曰：

窃前据署宁远县知县周仪详报缠民阿不都拉故杀回民哈沄身死一案，当经臣批饬审拟去后。兹据该县审明议拟，详由代理伊犁府知府骆恩绶，解经伊塔道英林提讯，咨由镇迪道兼按察使衔丁振铎核转前来。

臣覆加查核，缘缠民阿不都拉籍隶宁远县，佣工度日，与已死回民哈沄素识，先无嫌怨。阿不都拉受雇汉民杨添祥家佣工。杨添祥磨坊后院与哈沄住房后院仅隔一墙，墙上坍塌缺口一处。光绪二十年五月十九日午后，哈沄之妻哈蓝氏偕妹阿妮赴后院出恭，阿不都拉窃从墙缺窥看。哈蓝氏等回向其父哈金有告知，哈金有走至杨添祥家，将阿不都拉斥责一顿，并嘱杨添祥管束。杨添祥因阿不都拉不知安分，次日辞退。

二十三日下午，阿不都拉至杨添祥家算帐，顺便搬取行李。维时杨添祥出外拉麦未回。傍晚时，阿不都拉复从后墙经过，听闻哈蓝氏等又在后院说笑。阿不都拉伸头向望，哈蓝氏瞥见喊骂。哈沄外归，闻知气忿，赶寻阿不都拉，斥骂不应屡次戏侮。阿不都拉分辩，互相争吵。哈沄生气，举拳扑殴，阿不都拉趁势将哈沄揪按倒地，骑压身上，抽出身带小刀，戳伤哈沄左胳膊，划伤左肩甲。哈沄用手夺刀，阿不都拉又戳伤其左脑䐃、左手心。哈沄愈肆辱骂。阿不都拉触起因被哈沄家斥责、经杨添祥辞工之嫌，一时忿恨，起意致死，复用刀狠戳哈沄左右肋、心坎、胸膛等处，并向其咽喉横抹一下，哈沄当即身死。哈金有闻声趋救，阿不都拉趁隙逃避。投约报验，获犯讯详，由县议拟，解府详道提讯，咨由兼臬司核明转详，臣覆核无异。

查律载：故杀人者斩监候，等语。此案该犯阿不都拉因先被哈沄之父哈金有斥责之嫌，复被哈沄詈骂争殴，临时起意，用刀戳抹哈沄左右肋、胸膛、心坎、咽喉等处身死，伤多且重，实属故杀，自应按律问拟。阿不都拉合依故杀人者斩监候律，拟斩监候，秋后处决，照例先行刺字。杨添祥因阿不都拉滋事辞退，哈金有以理向斥，均无不合，应请免议。杨添祥短欠凶犯工资已饬算明，同行李交犯属具领。无干省释。尸棺饬埋，凶器小刀供弃免起。是否允协？

除全案供招咨部外，所有审明故杀毙命按律定拟缘由，谨恭折具陈。伏乞皇上圣鉴，饬部核覆施行。谨奏。①

同日，公又会衔伊犁将军长庚、陕甘总督杨昌濬附片奏报委令李滋森等署理通判等缺，下部闻。曰：

再，伊塔道英林现经伊犁将军臣长庚派赴巴尔鲁克山查勘界务等事。该处距伊犁甚远，该道督饬所属刑名、钱粮、屯田、水利及卡伦、通商事宜，政务殷繁，碍难兼顾。查有二品顶戴遇缺尽先题奏道李滋森，堪以暂行代理。并据新疆布政使饶应祺、镇迪道兼按察使衔丁振铎会详称：署霍尔果斯通判瞿盛庆卸署遗缺，查有候补知县杨敬熙，堪以委署，等情。前来。

除由臣分别饬遵外，谨会同伊犁将军臣长庚、陕甘总督臣杨昌濬，附片具陈。伏乞圣鉴。谨奏。②

五月初一日，公开单奏报光绪二十一年正月分新疆雨水粮价情形，曰：

窃照光绪二十年十二月分各厅州县粮价并得雪情形，业经臣奏报在案。兹据新疆布政使饶应祺详称：光绪二十一年正月分，镇迪道属镇西、哈密、迪化得雪，积地一尺；阜康得雪，积地四寸；昌吉、绥来、奇台得雪，积地二寸；库尔喀喇乌苏微雪。伊塔道属塔尔巴哈台得雪，积

---

① 台北故宫博物院藏：《军机及宫中档》，文献编号：408002936. 又，中国第一历史档案馆藏：《录副奏折》，档号：03-7317-020.
② 台北故宫博物院藏：《军机及宫中档》，文献编号：408002935-0-A. 又，中国第一历史档案馆藏：《录副奏片》，档号：03-5324-093.

地七寸;精河、绥定、宁远微雪。其余各属并未得雪。

至通省粮价,镇西、精河、库车、英吉沙尔、温宿、莎车、昌吉、绥定、叶城等厅州县俱与上月相同,余均略有增减。汇详请奏前来。理合恭折具陈,并缮粮价清单,敬呈御览。伏乞皇上圣鉴。谨奏。①

同日,公又会衔陕甘总督杨昌濬奏请知县朱燨补授奇台县知县,下部议。曰:

窃据新疆布政使饶应祺、镇迪道兼按察使衔丁振铎会详称:奇台县知县刘澄清请补精河直隶厅同知,经部覆准,于光绪二十年七月初四日奉旨,按行文例限计算,应以二十年九月二十日接到部文之日作为开缺日期。所遗奇台县知县系冲、繁、难三项要缺,业经扣留外补在案,应即拣员请补,以重职守。查北路旧有各缺,经前抚臣刘锦棠奏准援照甘肃变通章程,知县要缺一项,初任、候补并拣发委用以及到省在后各员,均准通融拣选题补。其试用人员,无论正佐各官,如遇要缺,一并准其请补。又于新疆补缺章程内声明:凡留甘尚未引见人员,先经随营当差,择其人地相宜之缺,准其酌补,各等语。

今奇台县知县要缺,查有同知衔留甘补用知县朱燨,现年四十七岁,湖南善化县人,由俊秀于光绪二年投效恪靖行营。三年十一月初一日,在湖北协黔捐局报捐监生;克复新疆吐鲁番满汉两城案内汇保,四年二月初四日奉上谕:着以主簿分省补用。钦此。是年十二月十八日,在贵州驻渝黔捐局加捐以县丞双月选用。新疆南北两路一举荡平案内汇保,六年正月三十日奉上谕:着免选本班,以知县留甘补用。钦此。新疆六载边防案内汇保,十年十月初四日奉上谕:着赏加同知衔。钦此。十一年六月二十四日,到省候补。新疆城署各工案内汇保候补缺后,以直隶州知州补用,经部议准,十八年十月初八日具题,奉旨:依

---

① 台北故宫博物院藏:《军机及宫中档》,文献编号:408002937.又,中国第一历史档案馆藏:《录副奏折》,档号:03-5944-044.

议。钦此。

查该员朱燨年壮才明，实心任事，在新疆年久，边情最为熟悉，以之请补斯缺，实堪胜任，人地亦极相宜，等情。详请具奏前来。

臣查该员朱燨才具明敏，办事勤能，合无仰恳天恩俯念要缺需员，准以同知衔留甘补用知县朱燨补授奇台县知县要缺，洵于地方有裨。如蒙俞允，俟奉部覆，即行给咨送部引见，以符定制。谨会同陕甘总督臣杨昌濬，恭折具陈。伏乞皇上圣鉴，训示。谨奏。①

是日，公又会衔伊犁将军长庚附片奏报请饬棍噶扎拉参仍回新疆缘由，旋得旨允行。曰：

再，棍噶扎拉参呼图克图嘉穆巴图多普，前请由新疆八音沟驰赴甘肃洮州新寺诵经，恭祝皇太后六旬万寿、皇上圣寿，当经伊犁将军臣长庚会同臣附奏，奉旨：着照所请。钦此。钦遵知照，旋据具报于光绪二十年六月十九日起程在案。兹准旧土尔沪特东部落盟长郡王巴雅尔呈称：该呼图克图向在关外办理防剿，安辑流民，蒙古各部均受其福。现呼图克图进关，日久未回，土尔沪特及额鲁特各头目咸深盼望。呈请奏催速回，等因。前来。

臣查棍噶扎拉参呼图克图嘉穆巴图多普曾在新疆有年，熟习边情，屡著劳绩，各蒙古及哈萨克部落同深爱敬，洵足以化导愚民，隐泯边患。现计诵经事宜已敬谨完竣，相应请旨饬下陕甘总督臣杨昌濬，催令棍噶扎拉参呼图克图嘉穆巴图多普仍回新疆八音沟新寺，以安众心。谨会同伊犁将军臣长庚，附片具奏。伏乞皇上圣鉴，训示。谨奏。②

---

① 台北故宫博物院藏：《军机及宫中档》，文献编号：408002939. 又，中国第一历史档案馆藏：《录副奏折》，档号：03-5324-117.

② 台北故宫博物院藏：《军机及宫中档》，文献编号：408002938-0-A.

【案】此奏片旋于是年五月二十九日得旨允行，《清实录》曰：

> 己亥，谕军机大臣等：电寄杨昌濬，陶模奏，棍噶札拉参于上年六月间由八音沟驰赴洮州新寺诵经，为日已久，现据土尔沪特及额鲁特各头目呈请，催令速回等语。即着杨昌濬催令棍噶札拉参，仍回新疆八音沟新寺，以安众心。①

同日，公又附片奏报请准即补知县童廷选改就教职，下部闻。曰：

> 再，据同知衔即选知县童廷选禀称：现年六十岁，湖南新化县人，由附生中式光绪元年乙亥恩科举人。二年，进京覆试，旋呈明吏部，以拣选知县注册。八年，投效甘肃武威军，于关内戍防在事出力案内经前陕甘总督臣谭钟麟汇保，十三年十二月十五日奉上谕：着以知县归部即选。钦此。新疆城、署各工案内经前护臣魏光焘保加同知衔，经部议题，十八年十月初八日奉旨：依议。钦此。均接奉行知在案。自维才识疏庸，难膺民社，恳请奏改教职，等情。前来。
>
> 臣查举人出身知县，如情愿改教，例准请改。该员童廷选文理优长，品亦端正，堪胜司铎之任，相应恳恩准将同知衔即选知县童廷选以原品改就教职，归部即选，仍留同知衔，饬部注册，出自鸿施。谨附片具奏。伏乞圣鉴，训示。谨奏。②

同日，公又会衔陕甘总督杨昌濬、喀什噶尔提督张俊附片奏报请准护理总兵张宗本改为署理缘由，下部闻。曰：

---

① 《德宗景皇帝实录（五）》，卷之三百六十八，光绪二十一年五月，第818页，中华书局，1987。

② 台北故宫博物院藏：《军机及宫中档》，文献编号：408002938-0-C.又，中国第一历史档案馆藏：《录副奏片》，档号：03-5324-118。

再，乌什协副将张宗本前经臣奏请护理阿克苏镇总兵员缺，迄今年余，整顿营伍及办理一切事宜，诸臻妥善，拟请改为署理，以专责成。除咨部外，谨会同陕甘总督臣杨昌濬、署喀什噶尔提督臣张俊，附片具奏。伏乞圣鉴，训示。谨奏。①

五月十一日，公奏陈培养人才勉图补救缘由，曰：

窃维海防事起，议和议战，众论纷然。臣愚以为国之强弱视人才为转移，人才不足，不但和与战均无可恃，即幸而战胜，亦无益于根本。自古用人，文武并重，文有科目，武有营伍。立法之初，未尝不善，积久必生，仕途日益杂，民生日益困，人才日益不可恃，臣窃伤之。夫所用非所养，所养非所用，古今同慨。人才不养于平日而欲招致于临时，虽伊吕复生，无能为力。今日者创巨矣，痛深矣，善于谋国者不以胜而志满，不以败而气沮，艰难困苦之时，正圣主激励奋兴之日。《易》曰："穷则变，变则通。"天下事所当变通者不止一端，而人才其尤亟，非惩前毖后、破除一切拘牵之习，无以作天下之士气而收实效于将来。臣不揣愚昧，敬就管见所及，略举其概，为我皇上陈之。

一、国子监宜先整饬也。京师为首善之地，太学为育才之所，教法未修，何以得士？臣以为宜敕督抚、学政，选择举人、贡生之敦行力学者及大臣子弟蒙恩荫者，入监肄业，略仿周官师氏、保氏之法，宋儒程、朱学校之议，胡瑗经义治事之规，治经务通大义，治事必达时务；祭酒司业，当择学行兼优、众所推服者，久于其任，教以致君泽民之道，修己治人之方，择学业有成者，上其名于朝。凡部院需人、督抚请拣，皆于是选取之成效既著，复取堪为人师者，令分教于天下，庶学官不为虚设，士子皆有实行。治平之基实在于此。至纳粟入监，系明景泰间秕政，沿至今日，流弊实多。所多有捐纳贡、监生旧例，拟请一律停止。

---

① 台北故宫博物院藏：《军机及宫中档》，文献编号：408002938-0-D. 又，中国第一历史档案馆藏：《录副奏片》，档号：03-5904-097.

一、汰考生，减中额，以慎科名也。学术不明士鲜，实行徇俗滥取，安望得人？迩来应考人多，作弊愈巧，条例虽密，仍属具文。天下事惟简可以御繁，学臣岁、科试，轮流校艺，抉择易精。乃乡试之前又录遗才，复将岁科试不取者概行送考，试卷过多，考官校阅难遍，或潜使子弟、幕友，随入襄理，余如弥封誊录，弊端尤多。拟请敕礼部定议，各省学政于岁、科两试，悉心衡校，考列三等及新生未经岁试者，均勿录送乡试。如此则考官得从容评阅，文理平常之士不至徒劳跋涉，吏役可减，经费可省，宿弊可除，真才可得，一举而数善备焉。臣伏读乾隆九年八月上谕：从来为治之道，贵乎核实一切；因循姑息之习，皆当痛除。近者士风之嚣一至于此，而好谀之人、浮薄之士尚言，国家人文日盛，以冀开恩科、广解额者，往往有之，初不以士习之邪正、人品之醇疵为念。嗣后若有以加科、广额为请者，必加以违制之处分，着为令。至于议减中式之额，则非众所乐闻，或言士子类皆寒素，专借科目为进身之阶；或言一习举业，则不能更为农商，谋生无计。甚至有言士心失望，或妄生议论，或别出事端者，此皆毫无识见之人，不知为政之体，要国家科目岂为养老恤贫而设乎？若有造言生事者，是身投宪纲，国法具在，何能逃于天壤哉？夫国家旁求俊乂，本欲量能授官以熙庶绩，若一味滥取广收，如何可得真才实济，等因。钦此。圣训煌煌，允宜万世遵守。

臣窃思所贵乎读书者，欲人人为忠臣孝子也。若徒事虚文，虽人尽登科，有何裨益？今日士习益陋，宜援照乾隆年间裁减中额旧案，将乡、会试中额各减数成，俾知科名非可幸邀，学问必益加奋。至考试之法，亦宜变通，时文必不能废，而浮靡之诗赋宜裁。策问贵乎通今，而禁言时事之条例宜改，庶几明体达用，人才自蒸蒸日上矣。

一、定小试年限以端蒙养也。夫进德修业，本与词章科第无涉。宋儒程颢谓子弟轻俊只教以经学，念书勿令作文字。程颢以少年登科为不幸，朱子谓俗儒记诵词章之习，其功倍于小学而无用。盖童子气血未定，养其良知，良能导以孝弟忠信尚虑不及，若令作文干禄，纵获科名,憯未见道,处则无益乡里,仕则贻误民生。拟请饬部明定限制,凡年未及冠者,概不准应府、县试,庶培养深厚,远大可期。

一、停捐例以清仕途也。天下大弊在官多,官有限而后补之官无限,于是有筮士一二十年而不得一事者。及其有事,则久困之余,难言志节。文官则剥民蚀帑,武官则侵饷缺额,几乎相习成风矣。且入官既易,则谋为官者日多,士不安于学校,农不安于畎亩,工商不安于廛肆。或谋捐纳,或求保举,或幸获科名,纷纷扰扰,皆有不可终日之势。其托足宦途者,莫不仰给于有事之官。官之应酬愈繁,其操守愈难信。民俗之敝,士习之偷,官箴之败,军实之臕,皆由于此。科目、劳绩、捐纳三途,弊实相等,而捐班其较著也。人以为报捐者皆殷实,而不知贫人反居大半。在四民中一无所能,谋生无计,称贷入官,本已行同商贾,乃竟有为商贾所不忍为者。虽捐班不尽无才,然源既未澄,流何由清? 安得以一二人有才概诸人人耶! 督抚虽有甄别之权,犹之纵狼入羊群,责牧人以调驯狼性,势必不能。既悬其格以招之,安得尽人而刻之? 此弊不除,小民因此藐视官长,强邻因此非笑中华,一旦祸发,再掷千万金,亦难平定。饮鸩止渴,利害昭然。明知理财为第一难事,遽议停捐,鲜不谓妄然。近年捐例所入,岁不过一百数十万两,此后恐日见其少,留此区区无补于贫,徒贻后患,非计之得也。拟请皇上断自宸衷,将捐例概敕停止;一面将内外冗员及宦官等大加裁汰,凡用度之无关国计民生及内务府织造衙门各项费用可裁则裁,可减则减,所省当不只一百数十万,而官常以饬,民志以定,邻国亦当钦服,不战制胜之策,莫先于此。至劳绩保举之滥,弊尤百出,新定部章较严,臣不再赘陈。

一、各部院堂司官宜练习政事也。自部务权归书吏,而司官绝少真才。臣所闻惟刑部司官尚有明白例案者,此外但能润色文稿,便称有才。堂官随时更调,成案山绩,虽有过人之资,势难遍览。书吏名为年满更易,实则无异世业,故部务莫昧于官莫熟于吏舞文弄法、贿赂公行一事也。欲准欲驳,皆有案可引,堂司官即再三斟酌,仍不免堕其彀中。夫弃为后稷,契为司徒,终身不迁,用能庶积咸熙。后世人才逊古,政事愈繁,责任不专,治效奚彰?臣愚以为尚书、侍郎升迁宜不出本部,一部堂官六员,本近于冗,苟有悬缺,不妨兼摄司员。应令娴习例案,分类经管。各员有履历可稽,非若奸胥之诡托姓名莫可究诘。各部本有则例,足资援引,一切旧案,概可弗用。倘遇疑难堂官不能决者,奏明请旨,不必定凭故纸,仍入胥吏掌握。臣见户部山西司每奏一案,必以活字板印行,积久成帙,名曰:陕曹奏牍。始自光绪九年,各部倘皆仿行,则准驳之故,人人可以检察,不但舞弊者有所顾忌,堂司官练达事理,所益尤多。

一、旗兵宜破除积习以固根本也。各省驻防旗兵向称忠勇,承平日久,习于骄惰,无异闲民。值海氛不靖,朝廷选择将才,广招新勇,内地旗兵罕闻、征调废弛情形,已在圣明洞鉴。夫运用枪炮各法,必学习二三年,方能心手相应。以精械付粗人,旬日间便成废物。新勇皆市井无赖,而宿将愿招募者为其能耐苦耳。驱不教之卒,御精娴技艺之敌,徒恃耐苦二字,作万一或胜之想,臣实不知其可,而慨然于旗兵之急宜精练也。练技艺、练攻守,须自练筋骨始。旗兵不执他役,原属格外优待,然同治以来,湘楚诸军,土木各工,皆责成勇丁,无碍战事,盖精力愈劳愈出,筑垒挖濠,系行军本分。请敕各将军、都统,除实力训练外,遇有台叠、城濠、渠堤等事,应借资兵力者,令旗兵一体帮作。又,各省防军练勇分扎要隘,均有护送饷差、缉捕盗贼之责,较旗兵苦乐悬殊。兵法首重地理,断无株守城垣可称有用之师者。宜将各省驻防旗兵酌抽数成,出屯要道,归督抚兼辖,绳以汉人军法,于护饷、缉捕等事分任办理,以资练习。旗兵无忽招忽散、入会传教诸弊,果能悉成劲旅,则绿营可减,饷项亦可稍节。值此时势日棘,愈蹉跎愈难致力。满蒙官员为国家世仆,为汉人表率,使人人知宴安鸩毒之非,克自振作,一二十年后,满蒙人才不亚于乾隆以前,天下幸甚。

一、文武大员宜勤以率属也。属员之贤否,视上官之好尚为转移,彼溺于声色、货利者,无论矣。即或怡情金石,寄兴诗词,多一嗜好必多一懈弛,而属员之勤政者怠矣。又如将军、提镇舍马坐轿,水师将领离船住屋,身耽安逸,何以督率弁兵?并有武员学为诗画,自鸣高雅,其于戎务废弛必多。应请旨通行禁止,乃令于应事之余,纵观经史,激发忠诚;涉猎近今地理、政书,讲究新译水陆兵法,期于实用有裨。夫人才不择地而生,各省大员果能破除情面,屏斥浮文,于吏治、营务切实讲求,需以岁月,当有可观。此亦造就人才之一端也。

一、禁食洋烟,宜自士大夫始也。天下人才半坏于烟,士为四民之首,不先立戒,何以责民?官为民之表率,倘有嗜好,何以服众?请敕各督抚、学政遍谕教官廪生,嗣后童生吃烟者,不准保送府县试;诸生吃烟者,不准乡试,并不准补廪;报优举人吃烟者,不准会试。如有蒙混,从严惩办;并请敕在京各部院堂官、在外将军、督抚,查察有瘾官弁,悉命回籍戒烟。查各国洋人均不吃烟,中华士大夫高谈学问,侈言攘夷,于烟尚不如岛族,耻孰甚焉!

一、分设算学、艺学科目以裨时务也。《周官》有九数之教,《曲礼》判六工之名,力必专精,诣乃深造。近年定算学取士之例,先由总理各国事务衙门考试算学后,送入顺天乡闱,同试诗文,华实兼收,非唐代明算科所得比。然习算之士罕来应试,其故有二,缘《九章》难于八股,算书中足资问难而非切用者,反覆穷究,皓首难尽究之。制器者只须略知几何、重学,而算家一切考据辩难,可弗遍习。今定例以算学及格物测量、机器制造、水陆军法、船炮、水雷、公法条约、各国史事,一律考试,安有如此奇才,一人而兼众长乎?徒令知难者逡巡不前,轻于尝试者仍蹈空言无补之病,未尽善者一也。合众人而衡,文或百无一取,或十取四五。令考算学者乡试,卷面另编字号,每二十名取中一名,定额不得过三名。倘诸生文理均优,反因考算而限于定额,未尽善者二也。拟请分算学、艺学为二门,试算学者兼天文及地理测绘,试艺学者以矿学及制造船炮之学为主,由总理各国事务衙门于秋闱之前严密三试之,择优录送顺天乡试,分编算学、艺学字号,增加中额,以广招徕。臣更有请者,算、艺与诗文、试帖兼习之,未必兼精。定章令习算者并考诗文，不过借此以塞文士之口，徒徇俗情，仍归敷衍。近时保举、捐纳，庸人皆可得官，独于稍有实用者，必多方以靳之。可否专设算、艺二科，钦派大臣特试，仿照翻译举人、进士之例，不必兼试诗文，庶专门名家，各得自见。

一、水军、陆军急需文武兼通之才，宜破格鼓励也。天津、闽粤设立水陆各学堂，本系因时制宜，而臣工犹或泥《海国图志》旧说，谓"守外洋不如守海口，守海口不如守内河"，以学习船炮为多事。如果船炮不必习，敌人果何恃而横行海上乎？夫沿海万里，防不胜防，必有海军数大枝，海口方能联络，各岸防军亦可酌减。惟驾驶兵轮，法至精密，海道沙线，固应熟悉，尤须知算学、汽学，乃可司机；能测七政恒星，乃可司舵。非独武夫不足任，即才智之士亦罕臻此诣。拟请敕各督抚督令水师学堂学生勤习天文、海道、御风布阵、修造汽机、演放水雷诸法，期于能言能行，每若干年奏派海军提镇，率领学生驾驶练船，游历外洋，途中亲试各生所学专门之技是否纯熟，分记等第；到外洋时，由驻洋大臣按名试以水军兵法各论，果能清通，奏明作为水军秀才，送办理海军南北洋大臣再加考试，择其优者为水军举人；并请敕各督抚督令武备学堂学生勤习西国整散阵法、测算、遥击、挖沟、交衮、马步起伏及明暗台垒、测绘地图、管理军械各事，每若干年奏派司道分内外场校阅技艺，条封兵法。果能精熟，作为陆军秀才，送南北洋大臣再加考试，择其优者为陆军举人，仍钦派王大臣覆校水军、陆军各举人，择最优者作为进士。如文理较长，明白治体，量授文职，与文进士一体优待，上下毋欺，真才自出。臣又查武备水师学堂章程，本尚周密，近闻有将少年不能读书者滥行送入，何能确收实效？应由该管大臣严行遴选，无论旗汉文武官员及士民子弟，须明白谨慎，文理清通，方准留学。凡文字、算学等，择关系武备者设课，其余概勿教学，免致分心。沿海海边各省择要增设水师，武备学堂一律办理，以时宣讲"圣谕""广训"及"朱子""小学"等浅近切要之书，启发忠君爱国之忱。至旧有武科，得人本少，若辈恃有顶戴，往往武断乡曲，转难约束。倘谓弓矢无益而改习火器,则家家可置枪炮,流弊尤甚,似应将旧例武科一律停止。

一、各省操法宜变通也。水师武备学堂非三四年所能见效,宜令各营先将新式后门枪炮及西人水陆操法择要学习。今各督抚亦有知西人治军之善者,以经费不尽合例未能一意讲求,且大阅时仍须合操旧法,武弁既惮其勤劳,文员尤多所訾议,譬如乡村富人延师课子,其子既畏读书之难,旁观亦谓不必效寒士攻苦,且谓其子聪明,足傲文士。一旦入文场,始悔学之未至。今之讲求洋务者何以异是?拟请敕明白中外情形大臣,参考德、英诸国兵法,舍短取长,酌定简明章程,认真教练。近来炮火猛烈,城垣难御,外洋各国将旧有城郭撤毁,专事沟堑暗垒及升降不定之炮。盖攻法变,则守法不能不变。各处紧要地方不可专恃高城大台;亦宜令知兵大臣,筹画设险之法,预为演习。

一、工艺为富强之基,宜加意考求也。古之教者,合道与艺为一;唐虞之世,爻斨与皋夔同列朝班,诚以有裨。国家之事,虽至微细,必授以专官,俾求精造。惟枢机之运、炼冶之纯,悉本于算学、重学、化学、汽学,历世传授,方能以器制器,断非一知半解所能窥见奥穷。各省机器、军械、船政、电报各局委员多未学习,间或卤莽涉猎,究难洞达精微。今各国往往遣王子赴他国学习工艺、兵法,用以深远,可以想见。国家创办幼童出洋之举,行之已二十余年,而成效尚未大著者,一则官场视为鄙事,办理仍等具文;一则专门之学,本非一蹴可及;况所派子弟多未读书,文义不明,难资重用。拟请敕总理各国事务衙门,察核历次奏定章程,切实推广,选择满汉勋旧子弟已读《孝经》、四书略知大义者,送同文馆,教以浅近"九数",视其性之所近,咨明驻洋大臣,分送各国书院、机厂、矿局,于制器、驾船、兵法、商务、矿务、农政、水法,殚精肄习。其水陆学堂、船政、机器各局优等学生,亦酌遣出洋,再加历练,务期各擅一艺。回华后,派充诸局所委员,庶几驾轻就熟,成效益彰。今日致富之要,当与地争利,勿与民争利。当栽培工商,以敌洋货;而杜漏卮,勿搜括税厘,以病民而自病。此矿务、商务、工艺所当竭力研求,以冀渐收力权者也。至添购兵舰,似可暂缓。以此财用培植工艺,俟学业有成后,或购或造,较有把握。

一、大小臣工宜力戒自欺也。世变之奇,有先圣所不及料者,而士大夫犹以不谈洋务为高。夫不谈洋务可也,不知彼并不知己不可也。今我政事因循,上下粉饰,吏治、营务久为邻国所窃笑,明明不如人,而论事者动发大言,自谓出于义愤,不知适以长庸臣之怠傲,蔽志之聪明。一二有识者,畏受訾嗷,或曲为附和,或甘于缄默,绝无古名臣交相警戒之风。平日视危为安,视弱为强,文武骄惰,莫由觉悟。一旦有事,不肯平心体察,谬托正论,务虚名而买实祸,诚可为痛哭流涕者也。事前既莫知不如人,事后众论,仍莫肯直认不如人,甘心自画,又安望有自强之一日?拟请敕总理各国事务衙门,选择同治以来办理洋务奏折、文牍,翻译各国政务诸书,呈备御览,并刊发各衙门、各处书院,俾天下士大夫洞悉中外情形,晓然于朝廷为天下万姓多方斡旋不得已之苦衷,庶人人知耻知难,愈恐惧愈发愤,人才以策厉而愈出,易危为安,转弱为强,机实在此。

以上十三条,略知事务者类能言之,特为尝为皇上切实敷陈耳。当此危疑震撼之时,舆论孔多,泥古者谨守旧章,忧时者竞谈新法,然积习实不能不改,而变法亦未敢轻言。臣只就事所可行者,为救弊补偏之计,非激扬士类,则虚文相市,可与共安乐而不可与济艰危;非精究洋务,则成法虽高,可以制土寇而不可以备强敌。环海各国,以中华为鱼肉,皆由我之痼疾久中于腹心,而肢体之痿痹随之。彼日本于三十年前为英、美所败,纳币行成,因惧而奋,遂成强国。我诚能发愤自强,合群策群力,急起直追,何事不可勉为?若仍缚于成例,淆于浮议,不以全力赴之,虽勉行,十之八九亦无济于事。伏乞皇上俯纳刍荛,迅饬内外各大臣悉心核议,实力实行,以振人心而扶危局。臣尤伏愿皇上鉴天灾之屡警,念民困之莫苏,知外患之难弭,励精图治,日新又新,默究理乱之根源,旷览宇宙之大势,敕军机处、总理各国事务衙门王大臣等,各矢公忠,绸缪未雨,集思广益,共济艰难;各部院堂司官精白一心,综核名实,使胥吏毋上下其手,以坏法度;将军、督抚、提镇各率其属,懔然于朝政之严明,寡欲清心,杜绝请托,用人理财,一秉至公。自朝廷以致百执事,毋使勤而终怠,毋狃目前而忘远虑。上有卧薪尝胆之大臣,下有断齑画粥之志士,贤才争奋,庶政修明,四境绥安,远人宾服,实天下臣民所旦夕仰望者也。

微臣远处西陲,于海防近事未得其详。念时局之日艰,愧献言之已晚,冒昧上陈,敬效愚者千虑之一。伏乞皇上圣鉴,训示。谨奏。①

闰五月初一日,公开单奏报光绪二十一年二月分新疆雨雪粮价情形,曰:

窃照光绪二十一年正月分各厅州县粮价并得雪情形,业经臣奏报在案。兹据新疆布政使饶应祺详称:光绪二十一年二月分,镇迪道属镇西、库尔喀喇乌苏得雪,积地一尺;昌吉得雪,积地四寸;迪化、阜康得雪,积地三寸;绥来、奇台得雪,积地二寸。伊塔道属塔尔巴哈台得雨,入土四寸;精河得雨,入土三寸;绥定、宁远微雨。南路拜城得雪,积地三寸,余未得雨雪。

至通省粮价,镇西、精河、库车、乌什、玛喇巴什、温宿、和阗、昌吉、绥定等厅州县俱与上月相同,余均略有增减。汇详请奏前来。理合恭折具陈,并缮粮价清单,敬呈御览。伏乞皇上圣鉴。谨奏。②

同日,公又会衔伊犁将军长庚、陕甘总督杨昌濬、喀什噶尔提督张俊奏报叶福祥等借补游击等缺,下部议。曰:

窃伊犁镇属游击、都司、守备各缺,均经奏准作为题缺,亟应拣员

---

① 中国第一历史档案馆藏:《录副奏折》,档号:03-5325-050。又,邵之棠编:《皇朝经世文统编》,卷三十一,内政部四,用人。
② 台北故宫博物院藏:《军机及宫中档》,文献编号:408002940。又,中国第一历史档案馆藏:《录副奏折》,档号:03-6946-001。

请补,各专责成。兹查有补用副将留陕甘尽先推补参将叶福祥,熟悉边情,办事稳练,堪以借补伊犁镇标右营游击员缺;副将衔补用参将留新疆尽先补用游击周得金,素著战功,堪以借补绥定城守营都司员缺;留陕甘尽先补用都司何振元,勤干有为,堪以借补伊犁镇标中营左旗守备员缺。

该员等在新疆出力有年,营务熟悉,以之借补各缺,均堪胜任,合无仰恳天恩俯准以叶福祥、周得金、何振元三员分补游击、都司、守备各缺,以裨营伍。如蒙俞允,并恳敕部发给札付。何振元应照乌鲁木齐补放守备例,毋庸送部引见。其借补游击叶福祥、借补都司周得金二员,应俟防务大定,即行给咨送部引见,以符定制。

除饬取该员等履历清册咨部外,谨会同伊犁将军臣长庚、陕甘总督臣杨昌濬、署喀什噶尔提督臣张俊,恭折具奏。伏乞皇上圣鉴,训示。谨奏。①

同日,公又奏报审拟缠民斯拉木殴毙人命一案,下部议。曰:

窃前据代理疏勒直隶州知州杨其澍详报缠民斯拉木殴伤艾买提身死一案,当经批饬审拟去后。兹据署该州知州危兆麟覆讯拟议,解经喀什噶尔道黄光达提讯,咨由镇迪道兼按察使衔丁振铎核转前来。

臣覆加查核,缘缠民斯拉木籍隶疏勒州,务农度日,与已死艾买提素识无嫌。艾买提向充牌素巴特庄管水头目。光绪二十年三月间,艾买提与庄众商议,按户派夫,挑浚公渠,约定二十三日动工。是日下午,斯拉木因挑挖疲倦,坐地歇息。艾买提在渠督工瞥见,斥其懒惰。斯拉木分辩,艾买提用柳条向斯拉木身上殴打,并未成伤。斯拉木即将派分地段修竣,艾买提走至,复称他段尚有要工,喊令斯拉木同往相帮。斯拉木不甘,答欲略歇片时再去。艾买提混骂,又举柳条向殴,斯

---

① 台北故宫博物院藏:《军机及宫中档》,文献编号:408002941.又,中国第一历史档案馆藏:《录副奏折》,档号:03-5906-080.

拉木避走，艾买提赶上，将斯拉木左右额角殴伤。斯拉木情急，顺用锄背架格回殴一下，不期致伤艾买提偏右倒地。经在渠工作之买买提依敏等赶拢喝阻，将艾买提抬回，医治罔效，是晚因伤殒命。投约报经前署州潘时策诣验，未及详报病故。杨其澍代理，讯供通详。危兆麟接署，据报犯病调治痊愈，覆审议拟，解道提讯，咨由兼臬司核明转详，臣覆核无异。

查律载：斗殴杀人者，不问手足、他物、金刃，并绞监候，等语。此案该犯斯拉木在工修渠，因被艾买提督催詈殴，一时情急，顺用锄背架格，适伤艾买提偏右身死，事犯在光绪二十年正月初一日以后，不在八月十六日恭逢恩诏查办之列，自应按律问拟。斯拉木合依"斗殴杀人者，不问手足、他物、金刃并绞"律，拟绞监候，秋后处决。见证买买提依敏等救阻不及，请免置议。艾买提殴人成伤，业已被殴身死，应毋庸议。无干省释。尸饬领埋，凶器铁锄案结销毁。是否允协？

除全案供招咨部外，所有斗殴毙命，按律定拟缘由，谨恭折具陈。伏乞皇上圣鉴，饬部核覆施行。谨奏。①

同日，公又会衔陕甘总督杨昌濬附片奏请将候补县丞邹子鸿暂行革职，下部闻。曰：

再，蓝翎候补县丞借补奇台县巡检邹子鸿，前经札委试办省城南山铜矿，历时数年，迄无起色，且有亏挪成本及被商民控告欠发碳价、运脚情事。除饬司查明实数分别办理外，相应请旨将该员邹子鸿暂行革职，并拔去翎枝，以便勒限监追。谨会同陕甘总督臣杨昌濬，附片具奏。伏乞圣鉴，训示。谨奏。②

---

① 台北故宫博物院藏：《军机及宫中档》，文献编号：408002942.又，中国第一历史档案馆藏：《录副奏折》，档号：03-7317-032.
② 台北故宫博物院藏：《军机及宫中档》，文献编号：408002938-0-G.又，中国第一历史档案馆藏：《录副奏片》，档号：03-9643-025.

是日，公又会衔伊犁将军长庚、陕甘总督杨昌濬附片奏报拣员署理佐领等缺情形，下部闻。曰：

再，古城满营镶红镶蓝旗佐领都城额、防御怀塔奔，前因不能约束兵丁，经臣一并奏请开缺。又，镶黄正白旗防御琦彻图年老告休，奏请开缺以原品休致。均奉旨允准在案，应即分别委署，各专责成。都成额所遗镶红镶蓝旗佐领员缺，查有尽先补用佐领正黄正红旗防御金文布，堪以署理。怀塔奔所遗镶红镶蓝旗防御员缺，查有尽先即补佐领凤琳，堪以署理。琦彻图所遗镶黄正白旗防御员缺，查有尽先即补佐领全福，堪以署理。其金文布递遗防御员缺，查有补用防御左翼蒙古四旗骁骑校多印，堪以署理。递遗骁骑校员缺，查有尽先即补骁骑校前锋校喜奎，堪以署理。

除咨部外，谨会同伊犁将军臣长庚、陕甘总督臣杨昌濬，附片具陈。伏乞圣鉴。谨奏。①

同日，公又附片奏请奖叙练兵出力参领文隆一事，下部闻。曰：

再，臣于上年五月具奏神机营管解枪械官兵回京折内，声明派委队官护军参领文隆，酌带队兵二名，前往古城满营，教习操练。现在已届一年，饬迪化府知府潘效苏前赴该营，按旗阅看。旋据禀覆：各旗兵丁操演洋枪，均能命中；各项阵法，亦有可观。臣查参领文隆随同记名副都统护军参领德克津布，运解枪械出关，尚无贻误。兹率队兵教习满营操练，业著成效，应即传给车辆，并酌发口分、行装银两，饬令回京，可否饬部酌议奖叙以资鼓励之处，出自鸿施！

除该营学习操练兵丁饬由城守尉克蒙额督率各佐领认真操演外，

---

① 台北故宫博物院藏：《军机及宫中档》，文献编号：408002938-0-H. 又，中国第一历史档案馆藏：《录副奏片》，档号：03-5905-081.

谨附片具陈。伏乞圣鉴,训示。谨奏。①

同日,公又会衔陕甘总督杨昌濬、喀什噶尔提督张俊附片奏请副将张宗本等暂缓引见,下部闻。曰:

再,准补阿克苏镇属乌什协副将张宗本、抚属玛纳斯协副将张清和、喀什噶尔提属回城协副将周添才,均经兵部议令送部引见后,再行给予札付,等因。在案。自应遵照办理,以符定章。惟张宗本等分任总兵、副将之责,整顿营伍,均能认真,现值边防紧要,未便遽易生手,相应恳恩饬部先给该各员札付,俟防务大定,再行给咨送部引见,出自鸿施。

谨会同陕甘督臣杨昌濬、署喀什噶尔提臣张俊,附片具陈。伏乞圣鉴,训示。谨奏。②

是日,公又会衔伊犁将军长庚、陕甘总督杨昌濬、接办塔尔巴哈台参赞富勒铭额、喀什噶尔提督张俊附片奏报,委令谭用宾署理副将遗缺缘由,下部闻。曰:

再,伊犁镇属塔尔巴哈台协副将张怀玉因病请假就医。所遗副将员缺,查有提督衔留新疆尽先补用总兵谭用宾,朴实勇敢,办事勤能,堪以委署。除给委并咨部外,谨会同伊犁将军臣长庚、陕甘总督臣杨昌濬、接办塔尔巴哈台参赞臣富勒铭额、署喀什噶尔提督臣张俊,附片具陈。伏乞圣鉴,训示。谨奏。③

---

① 台北故宫博物院藏:《军机及宫中档》,文献编号:408002938-1.又,中国第一历史档案馆藏:《录副奏片》,档号:03-5996-021.
② 台北故宫博物院藏:《军机及宫中档》,文献编号:408002938-0-J.又,中国第一历史档案馆藏:《录副奏片》,档号:03-5905-082.
③ 台北故宫博物院藏:《军机及宫中档》,文献编号:408002938-0-K.又,中国第一历史档案馆藏:《录副奏片》,档号:03-5905-083.

闰五月初七日，公会衔陕甘总督杨昌濬开单奏报新疆七载防戍保案行查文职核奖一事，下部议。曰：

窃臣等奏覆查明新疆七载防戍文职捐保案据及更正底衔，共三十七员。旋准吏部咨开：内与例章不符者十五员，应照章将全案驳回，俟更正到部，再行办理。光绪二十年十二月十四日具奏，奉旨：依议。钦此。臣等遵将不符各员照章分别改奖，并据前次经部行查之知县黄廷珍、县丞朱运丁声覆前来。

相应缮具清单，恭呈御览。仰恳天恩俯准，饬部将全案一律给奖，以示鼓励而免向隅。谨合词恭折具陈。伏乞皇上圣鉴，训示。再，此折系臣模主稿。合并声明。谨奏。①

闰五月十九日，公开单奏报光绪二十一年三月分新疆雨水粮价情形，曰：

窃照光绪二十一年二月分各厅州县粮价并得雨雪情形，业经臣奏报在案。兹据新疆布政使饶应祺详称：光绪二十一年三月分，镇迪道镇西得雪，积地六寸；库尔喀喇乌苏得雨，入土三寸；昌吉、绥来得雨，入土二寸；阜康得雨，入土一寸；迪化、奇台微雨。伊塔道属塔尔巴哈台、精河得雨，入土四寸；绥定、宁远微雨。南路拜城得雨，入土二寸；库车得雨，入土一寸；乌什、英吉沙尔、温宿、疏勒、疏附、叶城、于阗微雨，余未得雨雪。

至通省粮价，镇西、哈密、精河、库车、昌吉、绥定、宁远、叶城、于阗等厅县俱与上月相同，余均略有增减。汇详请奏前来。理合恭折具

---

① 台北故宫博物院藏：《军机及宫中档》，文献编号：408002943。又，中国第一历史档案馆藏：《录副奏折》，档号：03-6031-089。

陈,并缮粮价清单,敬呈御览。伏乞皇上圣鉴。谨奏。①

同日,公又会衔陕甘总督杨昌濬奏报请将新操武员张志文留于新疆补用,下部闻。曰:

> 窃维兵法视时势为变通,蹈常袭故向所称为劲旅者,或至渐成弩末。新疆自经戡定,马步操演仍沿湘、楚诸军之旧。臣到任后,窃欲参用各种新式步法、阵法及枪炮测准、挖沟筑垒诸法,惟人情惮于谋新,难与虑始,因咨商北洋大臣李鸿章,先后由武备学堂选派教习花翎补用都司尽先补用守备张志文等前来新疆,以资试办;并募成威远炮队一哨,归张志文管带,均经奏明在案。现在抚标及提镇各标,饬同各教习以次教练,各营弁勇罔不按时演习,以期渐臻娴熟,良由该守备操法既悉核要,办理复能认真也。
> 臣查花翎补用都司尽先补用守备张志文,材艺优长,兼明书算,现虽官阶较小,充其才识所至,实属不可多得之员,相应恳恩准将该守备留于甘肃新疆候补,以储边才而备擢用,并恳俯准俟各教习均著成效,由臣分别请奖,以示鼓励,出自鸿施!
> 除开具各衔名清折咨部存记外,谨会同陕甘总督臣杨昌濬,恭折具陈。伏乞皇上圣鉴,训示。谨奏。②

是日,公又奏报审拟民人张钰详挟嫌谋命一案,下部议。曰:

> 窃前据署迪化县知县刘兆松详报客民张钰详即张坤,挟嫌谋杀何沨仪身死,并杀伤张益平复一案,当经臣批饬审拟去后。兹据署该县

---

① 台北故宫博物院藏:《军机及宫中档》,文献编号:408002944。又,中国第一历史档案馆藏:《录副奏折》,档号:03-6946-029。
② 台北故宫博物院藏:《军机及宫中档》,文献编号:408002945。又,中国第一历史档案馆藏:《录副奏折》,档号:03-5996-022。

知县刘澄清议拟,详由迪化府知府潘效苏提讯,解经镇迪道兼按察使衔丁振铎审转前来。

臣亲提覆鞫,缘张钰详原籍山西邠州,先年出关,与已死何沨仪暨受伤平复之张益均同乡熟识。光绪七年,张钰详受雇陕商韦耀开设之恒益公铺内帮伙。十一年冬歇业,韦耀仍令帮收外债。十三年五月,韦耀有事旋陕,因在省城五道巷置买店房一所,托张钰详经手修葺,计用工料银六百两。十四年七月,韦耀来新,算明交清。迨后韦耀病故,店房遂交其胞侄韦成德经管,张钰详即在各处帮工。至十九年二月,复与张益伙开太和堂药铺,甫经数月,张益见张钰详出银较少,时相口角,商同算帐分伙。张益独自另开广德堂药铺。张钰详因与有隙。是年十二月间,张钰详寻向韦成德声称,从前代修店房尚有外债未清,须再核算归还。韦成德闻知气忿,即称张钰详先年帮管恒益公铺事,亦有长支银两,彼此争执。二十年正月,各以前情控县。该署县刘兆松屡次传讯,因两造簿据均不实在,谕饬商总何沨仪、刘寿亭等查明,禀覆核断。何沨仪等查悉张钰详帐属子虚,韦成德亦系借词搪抵,即与刘寿亭呈递公禀。张钰详意欲何沨仪处给银两,走向恳求。何沨仪据理斥责,张钰详愈加忿憾。五月十二日,该县差催复审。张钰详自知情虚,起意将何沨仪杀死泄愤。

十三日上午,张钰详身藏小刀,走至南关何沨仪家,诡称邀请进城商议讼事。何沨仪立起让坐,张钰详乘其不防,用小刀狠戳何沨仪胸膛,声喊倒地。铺伙郑光明趋救,张钰详乘间携刀逃逸,何沨仪随即身死。张钰详走至南街,由广德堂经过,触起与张益分伙旧嫌,念杀人总须偿命,不如将张益一并杀死,遂径至铺内,向张益迎面作揖。张益回礼,张钰详用刀戳去。张益举手回格,致伤其右臂膊,正欲逃避。张钰详揪住胸衣,又连戳伤其胸膛、右乳、腹肚等处。张益用衣扭刀喊救。铺伙张宝光等赶拢,将张钰详抱住夺刀,捆缚投约送县。维时,何沨仪之妻何钟氏赴县喊报,刘兆松押犯,分别诣验讯详、卸事。刘澄清到任,据报犯病医治就痊,提集犯证覆讯,据供前情不讳,解府详经臬司审明转解,臣覆审无异。

查律载:谋杀人造意者,斩监候。又,谋杀人伤而未死,造意者绞监候。又,《名例》载:二罪俱发,以重者论,各等语。此案该犯张钰详向韦成德讹索,因被商总何沨仪公禀斥责有嫌,起意谋杀泄怨,藏刀前往何沨仪家,乘其不防,戳伤胸膛殒命。复因与张益分伙有隙,并谋杀害,迭戳未死,情殊残毒。该犯身犯二罪,一斩一绞,均系监候,自应从重问拟。张钰详除谋杀人未死绞监候轻罪不议外,合依"谋杀人造意者斩监候"律,拟斩监候,秋后处决,照例先行刺字。虽据供亲老丁单,应照例毋庸留养。见证郑光明救阻不及,应与公平具禀并无不合之刘寿亭均毋庸议。张钰详、韦成德帐项均不实在,已由县断结立案,杜绝后累。无干省释。尸领饬埋,凶刀案结销毁。是否允协?

除全案供招咨部外,所有审明挟嫌谋命,一死一伤,按律定拟缘由,谨恭折具陈。伏乞皇上圣鉴,饬部核覆施行。谨奏。①

同日,公又会衔伊犁将军长庚、陕甘总督杨昌濬附片奏报委令成寿署理骁骑校员缺缘由,下部闻。曰:

再,据古城城守尉克蒙额呈称:右翼蒙古四旗骁骑校双喜感受风寒,医药罔效,于光绪二十一年五月二十八日在任病故,等情。臣覆查无异,相应奏明开缺,另行拣员请补。现遗右翼蒙古四旗骁骑校员缺,查有正黄正红旗年满部缺笔帖式成寿,堪以委署。除给委并咨部外,谨会同伊犁将军臣长庚、陕甘总督臣杨昌濬,附片具奏。伏乞圣鉴。谨奏。②

---

① 台北故宫博物院藏:《军机及宫中档》,文献编号:408002946。又,中国第一历史档案馆藏:《录副奏折》,档号:03-7317-035。
② 台北故宫博物院藏:《军机及宫中档》,文献编号:408002938-0-A。又,中国第一历史档案馆藏:《录副奏片》,档号:03-5905-133。

同日，公又附片奏请更正总兵谭宝元等保案，下部议。曰：

再，据记名总兵谭宝元禀称，该员于荡平金积堡案内由蓝翎把总保尽先拔补千总，并换花翎，加守备衔；荡平西宁府城案内，误由守备保补用游击；克复乌鲁木齐等城案内，由游击保尽先补用参将，又将"宝元"误缮"宝源"。新疆南北路一举荡平案内，由参将保尽先推补副将；新疆五次剿平边寇案内，由副将保记名总兵，均将"宝元"缮作"宝源"。又，据副将衔留陕西尽先补用参将刘星辉禀称，该员于克复甘肃灵州案内，由把总保尽先拔补千总，并戴蓝翎；荡平金积堡案内，误由都司保留陕西归标尽先补用游击；关陇肃清案内，由游击保留陕西尽先补用参将，并加副将衔；新疆五次剿平边寇案内，复由副将保请勇号。又，据留甘尽先补用参将文福基禀称，该员于克复陕西绥德州等处案内，由外委保补用千总，并戴蓝翎；陕西全境肃清案内，误由守备衔千总保尽先补用守备；关陇肃清案内，由蓝翎守备保补用都司，将"福基"缮作"福田"；新疆南北路一举荡平案内，复由花翎游击衔都司保留甘补用游击；新疆六载边防案内，由游击保留甘尽先补用参将。请附奏递减更正，各等情。前来。

臣覆核无异，合无仰恳天恩俯准将谭宝元于荡平西宁府城案内由守备准保游击，改为由守备衔千总保以都司补用；克复乌鲁木齐等城案内由游击准保参将，改为由都司保以游击尽先补用；新疆南北路一举荡平案内由参将准保副将，改为由游击保以参将尽先推补；五次剿平边寇案内，由副将准保总兵，改为参将保以副将尽先补用，并将各案内所缮"宝源"改为"宝元"；刘星辉于荡平金积堡案内由都司准保游击，改为由蓝翎千总保以守备留于陕西，归标尽先补用；关陇肃清案内由游击准保副将衔参将，改为由守备保以都司，仍留原省尽先补用，并加游击衔；五次剿平边寇案内由副将准保盛勇巴图鲁勇号，改为由游击衔都司仍给勇号；文福基于陕西全境肃清案内由守备衔千总准保守备，改为由千总保以守备尽先补用；关陇肃清准保都司案内所缮"福田"改为"福基";新疆南北路一举荡平案内由花翎游击衔都司准保游击,改为由都司保以游击留甘补用。饬部分别递减更正。其刘星辉于荡平金积堡案内所给三品封典,仍照案注册,以实官阶,出自鸿施。除咨部外,谨附片具陈。伏乞圣鉴,训示。谨奏。①

是日,公又会衔陕甘总督杨昌濬附片奏报饬令石本清迅赴本任,下部闻。曰:

再,疏勒直隶州知州员缺,前请以塔城直隶厅同知石本清调补,经部覆准在案,应即饬赴本任,以专责成。署乌什直隶厅同知周鼎铭卸署遗缺,查有候补直隶州知州易寿崧,堪以委署。据新疆布政使饶应祺、镇迪道兼按察使衔丁振铎会详前来。

除由臣批饬分别给委外,谨会同陕甘总督臣杨昌濬,附片具陈。伏乞圣鉴。谨奏。②

六月十七日,公致电军机处曰:

甘肃回氛日急,驿路梗阻。陕西、新疆回族叵测,董福祥各营恐尚不敷,况马队仍多回子。与其糜烂而谋大举,不如早以全力图之。可否代奏?乞邸宪、堂宪钧酌。陶模。霰。③

六月十九日,公开单奏报光绪二十一年四月分新疆雨水粮价情形,曰:

窃照光绪二十一年三月分各厅州县粮价并得雨雪情形,业经臣奏

---

① 台北故宫博物院藏:《军机及宫中档》,文献编号:408002938-0-E.又,中国第一历史档案馆藏:《录副奏片》,档号:03-5905-132.
② 台北故宫博物院藏:《军机及宫中档》,文献编号:408002938-0-F.又,中国第一历史档案馆藏:《录副奏片》,档号:03-5326-093.
③ 中国第一历史档案馆藏:《电报档》,档号:2-02-12-021-0870.

报在案。兹据新疆布政使饶应祺详称：光绪二十一年四月分，镇迪道属镇西、库尔喀喇乌苏、迪化、绥来得雨，入土四寸；昌吉得雨，入土三寸；奇台得雨，入土二寸；阜康微雨。伊塔道属塔尔巴哈台得雨，入土六寸；精河、绥定、宁远微雨。南路乌什、拜城得雨，入土一寸；英吉沙尔、疏勒、莎车、疏附、叶城微雨，余未得雨。

至通省粮价，镇西、喀喇沙尔、乌什、英吉沙尔、玛喇巴什、温宿、和阗、昌吉、宁远等厅州县俱与上月相同，余均略有增减。汇详请奏前来。理合恭折具陈，并缮粮价清单，敬呈御览。伏乞皇上圣鉴。谨奏。①

同日，公又会衔陕甘总督杨昌濬奏报援案预估光绪二十二年新疆等处新饷情形，下部议。曰：

窃查光绪二十一年饷数，上年经部指拨银二百五十二万两。兹届估拨二十二年新饷之期，饬据布政使饶应祺议覆新疆抚标、提标、阿克苏、巴里坤两镇标应需俸饷银一百五十六万两，军装、器械银十万两，地方例支、杂差、车脚、口分银五万两，古城旗营经费银六万五千两，司库例支不敷银十八万八千两，善后经费银七万两；伊犁镇标俸饷银二十四万六千两，军装、器械银二万两，善后经费银六万四千两；塔尔巴哈台协标俸饷、军装、器械、驿站经费银十二万七千两，善后经费银三万两。共需银二百五十二万两，均系实需款项，万难核减。

惟现值时事多艰，款项支绌，自应勉图节省，以纾饷力。前项应拨饷数，除抚、提、镇、协各标俸饷、旗营经费司库例支不敷，并塔城驿站经费共银二百一十八万六千两，仍难议减外，其余制办军装、器械、地方例支、杂差、车脚、口分并善后经费等项银三十三万四千两，拟酌减银十万两，将来能否敷用，尚难逆计。倘实有不敷，届时再行酌办。共

---

① 台北故宫博物院藏：《军机及宫中档》，文献编号：408002948。又，中国第一历史档案馆藏：《录副奏折》，档号：03-6947-044。

计实需银二百四十二万两。详请具奏前来。

　　查新疆饷数，光绪二十年分经臣核减银四万二千两，兹复酌减银十万两，计光绪二十二年分新疆、伊犁、塔尔巴哈台共需银二百四十二万两，相应恳恩饬部照数指拨，由甘肃藩司统收分发，以济要需。此外喀什噶尔沿边帕米尔等处调札马步营旗加给行粮及转运等项经费，部议由新疆防军存款、司库历年用存常饷银内动拨，容俟察看情形，酌量抽回，借资节省。至新疆司库、伊塔道库、塔尔巴哈台同知库应否照案提拨银两，另款封存，并恳饬部核议。

　　所有预估光绪二十二年分新疆等处饷数各缘由，谨会同陕甘总督臣杨昌濬，恭折具奏。伏乞皇上圣鉴，训示。谨奏。①

　　是日，公又会衔陕甘总督杨昌濬、喀什噶尔提督张俊奏报副将萧元亨因病开缺等情，下部闻。曰：

　　窃巴里坤镇总兵员缺，光绪十八年经臣奏请以头品顶戴记名提督哈密协副将萧元亨署理，历时数年，尚无贻误。上年该员因感风寒，牵引旧伤，迭请开缺回籍，当以防务需人，饬令在任调治。兹据呈称：边荒医药缺乏，年余以来，气血愈加亏损，两臂疼痛，饮食起居，诸多不便，恳请开缺回籍，等情。前来。

　　臣查该员早岁投入湘军，转战数省，屡受重创，现在年齿日增，旧伤时发，委系实情，相应恳恩开去哈密协副将本缺，由臣另行请补，并令交卸巴里坤镇总兵署篆，以便回籍就医。所遗总兵员缺，例应请旨简放。惟边防紧要，未便稍松，仍请由臣会同督臣，由外拣员暂行接署，出自鸿施！

　　除咨部外，谨会同陕甘总督臣杨昌濬、署喀什噶尔提督臣张俊，恭

---

① 台北故宫博物院藏：《军机及宫中档》，文献编号：408002949。又，中国第一历史档案馆藏：《录副奏折》，档号：03-6637-124。

折具陈。伏乞皇上圣鉴,训示。谨奏。①

同日,公又会衔陕甘总督杨昌濬附片奏报请准镇迪道丁振铎暂缓引见缘由,下部闻。曰:

再,升补镇迪道兼按察使衔丁振铎前经吏部议覆:该员于光绪十八年大计保荐卓异,尚未引见,应令给咨赴部,等因。臣维镇迪道兼管全疆刑名、驿传事务,最关紧要,当经奏请暂缓引见,先行饬赴本任,光绪十九年十二月十七日奉朱批:着照所请,吏部知道。钦此。钦遵转行在案。兹据丁振铎详称:接奉陕甘总督杨昌濬行知:准吏部以卓异咨催赴部引见,应请委员接替,以便交卸北上,等情。

臣查该员到任已久,自应照例送部引见,惟现值甘肃回匪不靖,镇迪道所属哈密等处防务紧要,加以吐鲁番正在设立领事,中俄交涉,事务尤繁。该道有分巡兼理通商之责,未便遽易生手,致滋贻误,合无仰恳天恩俯念边疆需员,仍照十九年奏案,准其暂缓引见,出自鸿施。除咨部外,谨会同陕甘总督臣杨昌濬,附片具陈。伏乞圣鉴,训示。谨奏。②

同日,公又会衔陕甘总督杨昌濬附片奏报色勒库尔地震情形,曰:

再,据莎车直隶州知州潘震禀报:光绪二十一年闰五月十三日辰刻,色勒库尔地方忽然地震,簸动异常,约计一时之久。未刻,又震一次。十四、十五两日,尤不时震动。该处旧堡基址、垛口均经损毁,西面倒缺两处,长三四丈不等,并坏炮台三座。其余营房、局屋、粮仓坍

---

① 台北故宫博物院藏:《军机及宫中档》,文献编号:408002947。又,中国第一历史档案馆藏:《录副奏折》,档号:03-5906-053。
② 台北故宫博物院藏:《军机及宫中档》,文献编号:408002947-0-A。又,中国第一历史档案馆藏:《录副奏片》,档号:03-5323-034。

塌无存，军装、粮料多被压坏，堡内及附近各庄民房倾倒不少，等情。前来。当即饬司移道迅即委员，会同该州前往履勘。前项倒塌各工程如何修理，被灾各户如何赈恤，由道咨司，详候核办。

除俟详覆至日再行奏明办理外，所有色勒库尔地震大概情形，谨会同陕甘总督臣杨昌濬，附片具陈。伏乞圣鉴，训示。谨奏。①

是日，公又会衔陕甘总督杨昌濬附片奏报新疆军台改设驿站缘由，下部闻。曰：

再，塔尔巴哈台南路旧设军台，前经护抚臣魏光焘奏明改设驿站，归地方官经管，所需经费经户部议准，每年由塔城协标节省银两内，提归藩库银四千两。旋经塔尔巴哈台参赞大臣富勒铭额奏明，前项军台于光绪二十年六月初一日饬交该处同知接管，拨给马一百匹、驼八只，等因。饬据布政使饶应祺、兼按察使衔镇迪道丁振铎会详：该处南路旧设军台十处，现拟裁减一处，改设九驿，共驿书九名、马夫三十七名、驿马七十四匹，需用经费照依南北两路驿站章程，每年实需库平银四千三百二十余两，遇闰加银三百五十余两，尽前项提归藩库银四千两支发，其不敷之数由例支项下发给，按年汇销。至军台原交驼马，除拨交改设各驿外，计剩马二十六匹，由该同知照例变卖；剩驼八只，照实变价，一并解司备拨。详请奏咨前来。

臣覆核无异，除将改设各驿名及程途里数、应支经费开单咨送兵、户二部外，谨会同陕甘总督臣杨昌濬，附片具陈。伏乞圣鉴，饬部立案施行。谨奏。②

---

① 台北故宫博物院藏：《军机及宫中档》，文献编号：408002947-0-B。又，中国第一历史档案馆藏：《录副奏片》，档号：03-9313-067。
② 台北故宫博物院藏：《军机及宫中档》，文献编号：408002947-0-C。又，中国第一历史档案馆藏：《录副奏片》，档号：03-7138-069。

同日，公又会衔伊犁将军长庚、陕甘总督杨昌濬附片奏请李滋森迅赴本任，曰：

再，伊塔兵备道英林前经伊犁将军臣长庚派赴巴尔鲁克山查勘界务等事，当经臣奏请以尽先题奏道李滋森代理在案。现在英林查勘事件业已告竣，应即饬回本任，以专责成。除由臣檄饬遵照外，谨会同伊犁将军臣长庚、陕甘总督臣杨昌濬，附片具陈。伏乞圣鉴。谨奏。①

同日，公又会衔陕甘总督杨昌濬附片奏请柳葆元等署理通判，下部闻。曰：

再，署哈密直隶厅通判刘承泽卸署遗缺，查有知府用补用同知候补知县柳葆元，堪以委署；昌吉县知县李凌汉调省遗缺，查有候补知县萧兆龙，堪以委署。据新疆布政使饶应祺、镇迪道兼按察使衔丁振铎会详前来。除由臣批饬分别给委外，谨会同陕甘总督臣杨昌濬，附片具陈。伏乞圣鉴。谨奏。②

六月二十四日，军机处来电曰：

奉旨：陶模电悉。甘省回氛猖獗，西宁被围，匪踪窜至平番河州，围仍未解，已派董福祥往剿，并添派马心胜、牛师韩两军倍道赴甘。惟关外回族众多，深恐乘机蠢动，着陶模督饬各营将领认真防范，毋任蔓延勾结。钦此。③

---

① 台北故宫博物院藏：《军机及宫中档》，文献编号：408002949-0-A. 又，中国第一历史档案馆藏：《录副奏片》，档号：03-5906-052.
② 台北故宫博物院藏：《军机及宫中档》，文献编号：408002949-0-B. 又，中国第一历史档案馆藏：《录副奏片》，档号：03-5328-033.
③ 中国第一历史档案馆藏：《电报档》，档号：1-01-12-021-0438.

七月初一日，公致电军机处曰：

奉"敬"电谕旨，钦遵认真防范。新疆人心尚安，惟甘凉空虚，虑贼西窜，拟商督臣、提臣在提、镇各标挑选步队一营一旗、马队两旗，派记名总兵赵有正统带进关扼扎，相机办理，乞代奏。陶模。东。①

七月十一日，公开单奏报光绪二十一年五月分新疆雨水粮价情形，曰：

窃照光绪二十一年四月分各厅州县粮价并得雨情形，业经臣奏报在案。兹据新疆布政使饶应祺详称：光绪二十一年五月分，镇迪道属镇西得雨，入土五寸；迪化得雨，入土三寸；库尔喀喇乌苏、昌吉、奇台得雨，入土二寸；阜康、绥来得雨，入土一寸；吐鲁番、哈密微雨。伊塔道属塔尔巴哈台、精河得雨，入土三寸；绥定、宁远微雨。南路玛喇巴什得雨，入土六寸；拜城得雨，入土四寸；喀喇沙尔、库车、乌什、英吉沙尔、温宿、莎车、疏附、叶城、于阗微雨，余未得雨。

至通省粮价，吐鲁番、精河、乌什、温宿、疏勒、昌吉、阜康、绥来、绥定、疏附等厅州县俱与上月相同，余均略有增减。汇详请奏前来。理合恭折具陈，并缮粮价清单，敬呈御览。伏乞皇上圣鉴。谨奏。②

同日，公又奏报新疆第九次遵办新海防捐输恳饬核奖一事，下部议。曰：

窃照新疆新海防捐输，自光绪十九年七月初一日起，截至二十年正月底止，业经臣作为第八次捐输奏请核奖在案。兹据新疆布政使饶应祺详称：自光绪二十年二月初一日起，截至七月底止，先后据各捐生

---

① 中国第一历史档案馆藏：《电报档》，档号：2-02-12-021-0891。
② 台北故宫博物院藏：《军机及宫中档》，文献编号：408002950。又，中国第一历史档案馆藏：《录副奏折》，档号：03-6948-032。

报捐实官共四名,计收正项库平银七百五十九两二钱,分别填发正实收给予收执,所收捐银另款存储,听候提拨。其随收饭银、照费、填过副实收及各捐生履历清册,一并赍解。详请奏咨换给执照,等情。前来。

臣覆核无异,合无仰恳天恩准将新疆第九次新海防捐输饬部分别核奖,以资鼓励。除将清册、副实收、饭银、照费咨送吏部、户部、国子监外,谨恭折具陈。伏乞皇上圣鉴,训示。谨奏。①

七月十六日,军机处来电曰:

奉旨:甘肃回氛甚炽,关内防营不敷调拨,着陶模于新疆各营内抽调数营旗及开花炮队驰赴河州,归董福祥调遣,其月饷即由甘肃开支。钦此。②

七月十九日,总理各国事务衙门来函曰:

光绪二十一年六月初五日,准法国施大臣照称:咸丰八年五月定立和约十三款,末节内载:向来所有或写或刻奉禁天主教各明文,无论何处,概行革除,等语。而光绪十六年复刻《大清律例》,仍有禁止天主教之件,应请按照约章,转饬将光绪十六年《大清律例》一书及所有同载者,一体销毁,等因。嗣又由法国施大臣交出《大清律例刑案统纂集成》一书,云系光绪十八年新刻,内有禁止邪教等语。当经检阅,系坊间刊刻,并非官书,不足为据。查各国通商条约内开:天主教原以劝人行善为本,凡奉教之人皆全获保佑身家。其会同礼拜、诵经等事,概听其便。凡按第八款备有盖印执照,安然入内地传教之人,地方官务必

---

① 台北故宫博物院藏:《军机及宫中档》,文献编号:408002951.又,中国第一历史档案馆藏:《录副奏折》,档号:03-6136-047.

② 中国第一历史档案馆藏:《电报档》,档号:1-01-12-021-0461.

厚待保护。向来所有或写或刻奉禁天主教各明文,无论何处,概行宽免,等因。嗣又于同治九年刑部奏请续纂《大清律例》,已于《礼律》祭祀门内载明,凡奉天主教之人,其会同礼拜、诵经等事,概听其便,皆免查禁。所有从前或写或刻奉禁天主教各明文,概行删除等语,并将原书内所载传习天主教一条注明"删除"字样,刑部呈进全书,此例久已奏准删除各在案。又查该书凡例内载:其有从前例款、此次修辑所不登者,皆经奏准删除,毋得以曾经通行仍复援引,等语。禁止天主教律例既经刑部于同治九年奏准删除,自不得再行登入,当经咨行步军统领衙门,谕禁各书坊,务将坊刻之《大清律例刑案统纂集成》书内禁止邪术门所载西洋人在内地传习天主教一条,并上层所载禁习西教各节一律销毁在案。兹于七月十二日,复准法国施大臣照称:此种坊刻律例等书,不独京中发卖,中国各省亦有出售者,希照饬令各省一体销毁,等语。相应咨行贵大臣,查照条约、部章,饬令各府州县地方出示晓谕各城厢书坊,将坊刻律例书内所载禁习天主教各节一律查明销毁,以符约章可也。①

八月初一日,公会衔陕甘总督杨昌濬、喀什噶尔提臣张俊奏请李金良借补英吉沙尔营参将,下部议。曰:

> 窃新疆喀什噶尔提属英吉沙尔营参将周添才,前经臣奏请借补回城协副将,旋准兵部咨:所遗英吉沙尔营参将员缺,应令迅拣合例人员请补,等因。臣查该处东连叶尔羌,西南紧接奈曼布鲁特,弹压巡防,最关紧要,非干练有为之员,难资得力。查有总兵衔留甘尽先即补副将喀什噶尔提标城守营中军守备李金良,夙著战功,办事勤奋,在新疆带队有年,边情最为熟悉,以之借补斯缺,洵堪胜任,合无仰恳天恩准以李金良借补英吉沙尔营参将员缺,实于边防有裨。如蒙俞允,并恳

---

① 台北"中央研究院"近代史所藏:《外交档案》,馆藏号:01-12-009-02-022。

敕部先给署劄，俟防务大定，即行给咨送部引见，以符定制。

再，该员于光绪十九年经部覆准以副将借补提标城守营中军守备，现在计俸未满，兹英吉沙尔营参将员缺，仍请以副将借补。所遗提标城守营中军守备，由臣另行拣员请补。除饬取履历清册咨部外，谨会同陕甘督臣杨昌濬、署喀什噶尔提臣张俊，恭折具陈。伏乞皇上圣鉴，训示。谨奏。①

同日，公又会衔陕甘总督杨昌濬、喀什噶尔提督张俊奏报暂委黄万鹏署理巴里坤总兵，下部闻。曰：

窃照署巴里坤镇总兵哈密协副将萧元亨因病呈请开去本缺，并交卸署篆，经臣奏明所遗总兵员缺由外拣员暂行接署在案。查巴里坤地面辽阔，实为新疆重镇，现值甘肃回氛不靖，亟应委员接署，以免疏虞。适前署喀什噶尔提督阿克苏镇总兵黄万鹏交卸提篆进省，臣查该员精力尚健，关外情形亦极熟悉，堪以署理巴里坤镇总兵员缺。

除檄委并咨部查照外，谨会同陕甘总督臣杨昌濬、署喀什噶尔提督臣张俊，恭折具奏。伏乞皇上圣鉴。谨奏。②

是日，公又会衔陕甘总督杨昌濬附片奏请展延回子郡王年班缘由，下部闻。曰：

再，臣准理藩院咨：续添新疆回子王公等年班班次，二十年系哈密回子亲王沙木胡索特，二十一年轮应吐鲁番回子郡王玛木特，二十二年轮应库车回子郡王阿密特，二十三年即以阿克苏回子郡王衔贝勒哈

---

① 台北故宫博物院藏：《军机及宫中档》，文献编号：408002954。又，中国第一历史档案馆藏：《录副奏折》，档号：03-5907-070。
② 台北故宫博物院藏：《军机及宫中档》，文献编号：408002955。又，中国第一历史档案馆藏：《录副奏折》，档号：03-5907-071。

的尔来京该班,二十四年即令拜城回子辅国公爱玛特来京该班;并准咨催本年年班应饬该回部郡王依限来京,各等因。事关年班盛典,自应饬令起程,以符例制。惟现值甘肃回氛未靖,道途时梗,若令冒险前进,窃恐按限既未能抵京,疏虞更在所难免。且吐鲁番所属缠民良莠不齐,难保关内回匪不隐相勾结,得该部郡王就近弹压,于边防亦属有裨。

相应恳恩俯准将吐鲁番回子郡王玛木特应行光绪二十一年年班展至二十二年,依限赴京作为正班,毋庸补行二十一年班,并将各回子王公年班以次递展一年,计二十三、四、五等年以库车、阿克苏、拜城回子王公等三人分年该班,自二十六年起再以哈密回子亲王为始,按班轮转,出自鸿施。谨会同陕甘总督臣杨昌濬,附片具陈。伏乞圣鉴,训示。谨奏。①

八月初八日,公代奏总兵黄万鹏接任日期并谢恩一事,曰:

窃臣据署新疆巴里坤镇总兵本任阿克苏镇总兵黄万鹏呈称:接奉行知:署巴里坤镇总兵哈密协副将萧元亨因病呈请开去副将本缺,并交卸署任。所遗总兵篆务,奏请以万鹏署理,遵即由省驰赴巴里坤。七月二十七日,准萧元亨委署中军游击谭正南,将光字二十二号银印一颗并文案、卷宗等件赍送前来。当即恭设香案,望阙叩头谢恩,祗领任事。

伏念万鹏戎行久历,知识毫无,蒙授阿克苏镇总兵,于今五载;忝权喀什噶尔提篆,倏逾一年。兹复重任叠膺,弥觉抚衷增愧!查巴里坤为新疆东路枢纽,不容稍有疏虞。值甘肃回匪狡猾,尤必严为防范。惟有倍加振刷,力矢愚诚,遇事禀商抚臣、提臣,认真办理,不敢以暂时委署稍涉因循,以期仰答高厚鸿慈于万一!

---

① 台北故宫博物院藏:《军机及宫中档》,文献编号:408002954-0-A。

所有到任接印日期并感激下忱，呈请代奏叩谢天恩前来。理合恭折据情代奏。伏乞皇上圣鉴。谨奏。①

八月十四日，公开单奏报光绪二十一年闰五月分新疆雨水粮价情形，曰：

窃照光绪二十一年五月分各厅州县粮价并得雨情形，业经臣奏报在案。兹据新疆布政使饶应祺详称：光绪二十一年闰五月分，镇迪道属奇台得雨，入土六寸；镇西得雨，入土四寸；迪化、绥来得雨，入土一寸；吐鲁番、哈密、库尔喀喇乌苏、昌吉、阜康微雨。伊塔道属精河、塔尔巴哈台、绥定、宁远微雨。南路玛喇巴什得雨，入土六寸；拜城得雨，入土四寸；疏勒、疏附得雨，入土二寸；喀喇沙尔、库车、乌什、英吉沙尔、温宿、莎车、和阗、叶城、于阗微雨。

至通省粮价，镇西、精河、喀喇沙尔、库车、乌什、温宿、昌吉、绥来、绥定等厅州县俱与上月相同，余均略有增减。汇详请奏前来。理合恭折具陈，并缮粮价清单，敬呈御览。伏乞皇上圣鉴。谨奏。②

同日，公又会衔陕甘总督杨昌濬奏报副将曾松明呈请开缺缘由，下部闻。曰：

窃照新疆省城城守协副将员缺，光绪十五年经前护抚臣魏光焘奏准以头品顶戴题奏提督曾松明借补，自莅任以来，尚无贻误。兹据呈称：副将现年六十有四，气血日衰，百病杂出，延医诊治，迄未痊可。当兹防务紧要，自维力实难支，恳请开缺回籍就医，等情。前来。

---

① 台北故宫博物院藏：《军机及宫中档》，文献编号：408002956。又，中国第一历史档案馆藏：《录副奏折》，档号：03-5332-011。
② 台北故宫博物院藏：《军机及宫中档》，文献编号：408002953。又，中国第一历史档案馆藏：《录副奏折》，档号：03-6953-031。

臣覆加查核，委系实情，相应恳恩俯准开缺，以便回籍调养。所遗省城城守协副将员缺，由臣另行拣员请补，以重职守。除咨部查照外，谨会同陕甘总督臣杨昌濬，恭折具奏。伏乞皇上圣鉴，训示。谨奏。①

是日，公又会衔陕甘总督杨昌濬奏报抽调马步前赴安西肃州防剿一事，下部闻。曰：

窃照甘肃自循化撒拉回子肇乱，河州、狄道、西宁等处回民先后蠢动，势日蔓延。臣以甘、凉两府系兰州迤西沃壤，肃州又为关内外枢要，该各处有事，则甘省军务更形棘手，新疆东路亦属可虞。正拟抽拨营旗前往助剿，适准督臣杨昌濬咨商前来。查新疆回民甚众，良莠不齐，若就近抽调，窃恐兵力单薄，根本空虚，难保彼族不因而生心，致有勾结煽动之患。当商署喀什噶尔提臣张俊，派阿克苏镇标中营游击补用总兵赵有正步队一营，改为新军中营；署伊犁镇标城守营都司补用副将魏其德步队一旗，改为新军前旗；署提标莎车协中军都司补用提督陈国民马队一旗，改为新军左旗；护理提标城守营中军守备补用都司张守祥马队一旗，改为新军右旗，合计步队一营一旗、马队二旗，均归赵有正统带，先后开拔进关。

又，查安西、玉门等属原设营兵无多，并派补用提督牛允诚所带定边马队一旗，改为定边中旗；玛纳斯协左营都司补用参将陶廷相马队一旗，改为定边左旗；署塔城协前旗守备补用都司陈泗海马队一旗，改为定边右旗，合计马队三旗，均归牛允诚统带，先后开拔前进。

惟程途甚远，到防需时，贼势、军情时有变易。顷接督臣来电：深闻贼酋计议，有如事不成，当效白彦虎故辙，直窜新疆，等语。查董福祥、牛师韩各军，指日进剿，倘贼势穷蹙，并力西窜，安西南山歧路甚多，并无须由肃州大道，各路均应严防，牛允诚马队三旗尚虑不敷分

---

① 台北故宫博物院藏：《军机及宫中档》，文献编号：408002957. 又，中国第一历史档案馆藏：《录副奏折》，档号：03-5911-072.

布。现饬赵有正马步四营旗分扎肃州地面，东为甘、凉声援，万一贼势由小路窜出，则移师西转，以为牛允诚接济。似此东西兼顾，于甘、新两省均属有裨。

至各马步派赴安西、肃州等处系属离省，应照光绪十九年驻防喀什噶尔沿边营旗章程，从本年十月初一日起，暂支行粮，并添设棚夫，以示体恤。赵有正、牛允诚酌给统费，俾资办公。一俟事竣回防，仍支坐粮、统费、棚夫概行停止。往返需用、运费，据实造销。饬据布政使饶应祺具详前来。

相应缮具清单，恭呈御览。所有抽调马步前赴安西、肃州防剿各缘由，谨会同陕甘总督臣杨昌濬，恭折具陈。伏乞皇上圣鉴，训示。谨奏。①

同日，公又会衔伊犁将军长庚、陕甘总督杨昌濬奏请钟锦署理骁骑校员缺，曰：

再，据古城城守尉克蒙额呈称：镶红镶蓝旗骁骑校福隆阿感受风寒，医药罔效，于光绪二十一年七月二十三日在任病故，等情。臣覆查无异，相应奏明开缺，另行拣员请补。现遗镶红镶蓝旗骁骑校员缺，查有正黄正红旗催总钟锦，堪以委署。

除给委并咨部外，谨会同伊犁将军臣长庚、陕甘总督臣杨昌濬，附片具陈。伏乞圣鉴。谨奏。②

同日，公又附片奏报新疆马步防营部署情形，曰：

再，甘肃回氛猖獗，新疆防务以省城为根本，哈密尤属东路门户，

---

① 台北故宫博物院藏：《军机及宫中档》，文献编号：408002958。
② 台北故宫博物院藏：《军机及宫中档》，文献编号：408002953-0-A。又，中国第一历史档案馆藏：《录副奏片》，档号：03-5911-071。

现委补用游击焦生有,就省城城关招募马队一旗,并调驻札阿克苏新字营步队一营、抚标炮队一哨回省,以备调遣。哈密厅城除现驻协营步队一营、马队一旗外,并调该营分驻七克腾木右旗马队一旗、署古城营游击罗平安步队一营、署吐鲁番营中军守备周升朝马队一旗,前赴该厅,择要扼扎。此后应否加添马步,容俟察看情形,再行办理。谨附片陈明。伏乞圣鉴。谨奏。①

是日,公又附片奏请潘效苏办理哈密、安西防务一事,曰:

再,哈密、安西防务关重,非遴委妥员会同各将领随时商办,不足以昭周密。查有盐运使衔遇缺题奏道迪化府知府潘效苏,才识闳通,素明韬略,向在陕甘总督左宗棠行营办事多年,营务最为熟悉,应饬前往哈密,办理新疆东防马步各军营务处事宜。

所有迪化府日行事件,暂委署迪化县知县刘澄清代拆代行,以重公务。谨附片陈明。伏乞圣鉴。谨奏。②

八月二十六日,公奏报中外臣工条陈时务情形,曰:

窃臣于光绪二十一年七月十五日承准军机大臣字寄:光绪二十一年闰五月二十七日,钦奉上谕:自来求治之道,必当因时制宜,况当国事艰难,尤应上下一心,图自强而弭隐患。朕宵旰忧勤,惩前毖后,惟以蠲除痼习、力行实政为先,叠据中外臣工条陈时务,详加披览,采择施行。如修铁路、铸钞币、造机器、开矿产、折南漕、减兵额、创邮政、练陆军、整海军、立学堂,大抵以筹饷、练兵为急务,以恤商、惠工为本源,

---

① 台北故宫博物院藏:《军机及宫中档》,文献编号:408002958-0-A.又,中国第一历史档案馆藏:《录副奏片》,档号:03-5911-072。
② 台北故宫博物院藏:《军机及宫中档》,文献编号:408002958-0-B.又,中国第一历史档案馆藏:《录副奏片》,档号:03-5911-073。

皆应及时举办。至整顿厘金、严核关税、稽察荒田、汰除冗员各节,但能破除情面,实力讲求,必于国计、民生两有裨益。着各直省将军、督抚将以上诸条各就本省情形,与藩、臬两司暨各地方官悉心筹画,酌度办法,限文到一月内分晰覆奏。当此创巨痛深之日,正我君臣卧薪尝胆之时,各将军、督抚受恩深重,具有天良,谅不至畏难苟安,空言塞责。原折、片均着抄给阅看。将此由四百里各谕令知之。钦此。等因。

伏念臣以菲材,受恩最渥,值此时势艰虞,曷敢不殚竭愚忱,以冀涓埃裨补。惟是新疆情形与内地不同,戈壁荒寒,无多物产,俄商既未榷税,如仅榷华商,则影射生端,徒滋辇辖,是以臣于光绪十八年奏准,将土货厘金概行裁免,是新疆并无厘金可征。营制虽改防为标,而一切章程仍照营勇办法,新疆孤悬塞外,幅员万里,平日已不敷分布,近因甘回叛乱,调兵分防哈密、安西、肃州等处,不得不暂时添募,应俟平定后酌量裁减。是新疆目前尚无可裁之兵。夫议裁绿营,亦以其狃于积习耳。

自光绪十九年调派洋操教习西来,臣督饬各营依次习练,虽未能悉改旧章,而运用枪炮诸法,弁勇间有领悟。惟火器不能一律,亦势使之。然向来绿营参用鸟枪不多,近来湘、楚各军火器不过三四成,耗费已增于旧,若概用后膛新械,固将弁所甚愿。惟操演枪炮所需药弹及修理各费,又将倍蓰,平日限于财力,临时安得不拉杂?购用艰难情形不独新疆为然也。和阗金矿暨迪化、温宿铜、铁诸矿,前抚臣及臣先后勘采,只因矿学乏人,沙漠长途,转运薪粮,所费尤巨,历年亏累,无从报销。光绪十九年十二月,奉上谕商办和阗金矿,遵即会同陕甘督臣杨昌濬,札委嘉峪关洋弁比利时国人游击衔林辅臣、候选巡检施再萌,裹粮往勘,从罗布淖尔以南纵横二千余里,旷无人烟,山谷幽邃,察看稽迟,叠据禀报,尚无端绪。容俟该委员等回省,详询情形,再行覆奏。

新疆屯垦,自安插遣犯,招徕流氓,厚给牛工、籽种,为款颇巨,乃旋垦旋逃,迄无成效,良以农事最苦,非退卒、游民所乐为。嗣后惟有责成地方官,加意抚循,招徕土户,逐渐垦辟,宽定升科年限,务期岁有增加。惟地广人稀,非剋期所能奏效。

臣复详阅大学士徐桐①、广西按察使胡燏棻②等各条奏,或意在剔除时弊,或意在步武泰西,言之极为恳切。世变日棘,非更法无以自强,臣于本年五月十一日具奏培养人才、勉图补救一折,意亦同此。笫更法非难,更法而无弊为难。今日帑藏空竭,岂容以罗掘之余,轻率从事?夫不知我之所以失者,不足语于彼之所以得也;不惩既往之弊者,不足与于将来之利也。臣谨就臣所奏各条,推广其意,约举四端:

一曰核实用材。伏读上谕"卧薪尝胆"等语,凡在臣下敢不激发天良,于艰难困苦中屏绝浮华,力行实政,以仰副我皇上宵旰忧勤至意。臣闻西人丰于实事,俭于浮文,虽官府仪卫,亦甚简略。华人办理洋务,他无所得,而侈靡先之。各局总办、提调委员或要津属托,或亲故攀援,虚领薪资,徒滋弊窦。目前如诸臣所奏,将铁路、开矿诸政一一

---

① 徐桐(1819—1900),字豫如,号荫轩、仲琴,汉军正蓝旗人。道光三十年(1850),中式进士,改庶吉士。咸丰二年(1852),授翰林院编修。次年,任武英殿纂修。八年(1858),充文渊阁校理,任顺天乡试同考官。十年(1860),任实录馆协修。同治元年(1862),补实录馆纂修、上书房行走。次年,升实录馆汉总纂。三年(1864),转翰林院侍讲,署日讲起居注官、教习庶吉士。五年(1866),任汉日讲官。次年,充侍讲学士。七年(1868),任侍读学士。九年(1870),补太常寺卿,署都察院左副都御史。次年,迁内阁学士,兼礼部右侍郎。十二年(1873),兼署户部左侍郎、工部左侍郎。光绪元年(1875),任实录馆副总裁。是年,充顺天恩科乡试副考官。二年(1876),转吏部右侍郎。三年(1877),补都察院左都御史。四年(1878),擢礼部尚书,兼署吏部尚书。次年,加管理三库大臣,加太子少保衔。八年(1882),任翰林院掌院学士,兼管八旗官学。次年,补国史馆正总裁,兼会试正考官。十年(1884),调吏部尚书,兼兵部尚书,并任上书房总师傅。十四年(1888),兼武乡试正考官。次年,升协办大学士,兼会典馆正总裁,晋太子太保衔,署工部尚书、户部尚书。二十年(1894),兼署礼部尚书。二十二年(1896),升补大学士,管吏部事务。是年,调体仁阁大学士。二十六年(1900),自缢身亡。著有《治平宝鉴》行世。

② 胡燏棻(?—1906),字芸楣、云楣,安徽泗州人,浙江萧山,监生。同治三年(1864),中举,捐候选郎中,补刑部奉天司行走。八年(1869),任刑部奉天司主稿。十三年(1874),中式进士,改翰林院庶吉士。光绪二年(1876),授广西灵川县知县。五年(1879),署直隶大顺广道。八年(1882),署直隶天津道。十二年(1886),实授直隶天津道。十五年(1889),署长芦盐运使。十七年(1891),迁调广西按察使。次年,署广西布政使。二十一年(1895),升补顺天府尹。二十三年(1897),兼任顺天乡试监临,稽查左翼宗学。次年,以候补侍郎充考试大臣,并任总理衙门行走。二十七年(1901),署工部右侍郎兼管钱法堂事务,襄办京畿善后营务事宜。次年,调刑部右侍郎。三十一年(1905),兼署工部左侍郎。三十二年(1906),补礼部右侍郎、邮传部右侍郎。同年,卒于任。

举行，恐闲员、游士滥厕其间，更不知伊于胡底。自后各项人员应请先行考核，事非素习，毋许滥竽，浮冒开支，概行删汰，庶费不虚掷，效可渐收矣。

一曰破格储材。算艺取士，应加额分科，水、陆学生必兼通文武，出洋人员宜如何端品而矢忠爱之忱，奉使大臣宜如何稽察而任考试之责，不拘文武，惟视所能，臣前折亦经详细陈明。曩时出洋学生可用者，亦多只以拘于资格，令素未谙习之员驾乎其上，全局因之不振。嗣后水陆将弁不谙各国兵法者，各局、所监督委员不谙制造各学者，皆当逐渐更易，即以优等学生充之。旧例武科，无裨军事，徒害乡间，急当罢行，断不可改习火器，致滋流弊。西人弁兵之长在明于制器、用器之理及兵法、舆地各书，必须入学堂肄业，师友观摩，并非但知施放枪炮已也。草野武夫既乏新书、奇器，又不便聚徒讲贯，性惰椎鲁，难习韬钤。今议者欲改试枪炮，势必家置火器，后患更难设想。应于沿江、沿海设立武备水师学堂，即以此为武学，秀才、举人，于此拔之；都、守、千、把于此取之。果能实力栽培，分布各处，足敷干城之用，西北诸省无庸遍设武学。至于各项武备工艺、考试优劣，苦无深通此事之大臣以为试官。阅进士康有为所陈，"近支王公妙年英迈者，宜令入学堂学习"。洵为储材要计。臣以为既学洋务，在华不若出洋，地远谊疏则瞻徇少，见多识广则学业精。此即各国致强之本，应即请旨办理，以为士民表率。

一曰推行宜渐。论时事者急求富强，然理财当静不当扰，农、商二业疲困已极，取民之数无可再增。臣生长江浙之间厘金最旺之地，目击商民由富而贫，由贫以至于赤贫，皆由厘金累之。委员、司巡稍不如意，即指为偷漏，勒罚十倍至二三十倍不等。若辈囊橐得自侵匿者多，得自勒索者亦不少。今议者欲尽括此数为公家应得之款，并以收数最巨之年为定额，抑知正项既增，委员、司巡之私入能禁乎？立法从宽尚流于刻，如此不留余地，名为惠商，实则病商。议者又欲以比较数目按月报部，不知吏胥以报部为良法，外官视报部为弊政。往年户部所定钱粮征信册之类,汗牛充栋,孰能检阅?外官虑受驳斥,或贿吏胥以求省事。前大学士阎敬铭致仕还家,深知其非。厘金繁琐,若亦如此办理,徒为吏胥增一利薮,为小民加一番剥削耳。天下合例之案卷日多,天下守法之廉吏日少,其弊可以想见。夫良民孰不畏官,但愿无留难需索,本自乐输。商人每业皆有首领,市廛每岁出纳货物,成本若干、应税若干,人所共知,或令公举一二正人在会馆包缴厘金,一切局卡、委员、浮费、丛弊似可悉除。惟各处情形不同,应由地方官斟酌办理。至于开垦荒地,亦难急切,民果见利,无劳督促;废地不垦,自有苦衷。如江苏之吴江、震泽,往往富人视田为累,甘心送人,他处更可类推。经理垦荒,有司之责,若考成太严,猾者必借此邀功,以荒报熟。曩年陕西延安、绥德、鄜州各属,曾有此弊,累民殊甚。要之事不通筹,动多窒碍。司农岁入较之于古未尝不富,然民气渐凋,度支日绌,嘉庆、道光年间已有银荒之患。各国通商后,每岁漏卮数千万,中国银根已竭,无论如何整顿扩充,断未能一时复原。纷纷立法,谋利愈急,累民愈甚,欲无累民,舍开矿无他术。然自办则亏折立见,延洋员则驾驭殊难,急宜于京师及滨临江海之区设立矿务学堂,加意讲求,矿学既明,派赴各国矿厂阅历考证,然后还勘各省五金诸矿,一一开采,庶有实效。人人知宝藏,自在不借搜括,民心亦可稍安,人才得地利兴,方有成本;以行钞铸币,方可自设制造各厂;能自制造,方可将兵器归于一律,方可令铁轨、钢舰左宜右有。若不按次序,杂然并兴,果有富人承办固善,否则专恃借贷,势必利归人而害仍在己,不可不深长思也。

一曰根本宜急。臣按:《大学》先论本末,后言生财。终斥务财用之,非孟子"先仁义而后利",使孔孟再生,必议变法,必不专言富强。夫有弊当革,有利当兴,不求富强,而富强自致,是谓王道。急欲富强而竞谋功利,是谓杂霸。朝野上下,堂堂言利。北宋之覆辙,宜惩忧贫而勤茧丝,同舟且成敌国,遑论海外?臣非阻挠洋务者也。窃意更张不可少缓,而根本急宜先治,根本莫要于取士用人,人才之所以不振,皆由考试太滥,捐纳太广,保举太多,名成年长,境穷志污,教无从教,劾不胜劾。日日言破除情面,而终无由破除;日日言实事求是,而终不得实效。此病根之所在也。不治病根,但学西法,聚阘茸嗜利之辈,以期富强,只于旧法外增一法,不得谓之变法;且于积习外增一积习,不得谓之祛积习。夫东、西洋各国之所以自立者,在法亦在人。试令各国亦学我之取士、用人,则彼所谓富强不过四五年而衰弱矣。

又,试令岛族纳士归诚,取其已富之财、已强之兵,令我阘茸嗜利之辈往治之,不过一二年而弊端百出矣。今日之败,酿之甚久,痈疽已发,杂治更危。当静查其病所由来,求对病之药,庶无疗根解毒而徐收其效。我皇上惩前毖后,以蠲除痼习,力行实政为先,诚大有为之机也。臣窃谓天下有汉以来之痼习,纳资得官是也;有唐以来之痼习,诗赋取士是也。昔程子以馆阁清选为名实未正,以增设解额为利诱之法。朱子论科举之弊,其说尤多,甚至谓"若要恢复,须罢三十年科举"。盖庠序之教宜广,而选举之制贵严。今滥取滥保,名为得士,实则害政。捐班则况而愈下捐,至于武职,更无论矣。

今年不能停止则明年,明年不能则后年,捐班之弊,实较洋债为重。各省匪类日滋,甚或猖狂叛逆,岂尽民之无良,大半由官吏激成之。官吏岂乐为不肖,大都由学术未正、仕途拥挤酿成之。多取一游士,即多伤一分元气。每年收百余万之捐资,将来即偿以千百倍之脂膏。兴言及此,能弗寒心!急宜抑其浮嚣,归之农亩,停止分发一二十年,官少政清,得良有司以抚民,则黎庶悉敦本业;得良有司以弭盗,则营勇亦可议裁。至于农桑诸务,西人皆设学讲求,而华人概从卤莽。此亦根本所当急者。

臣反覆筹思,窃以为欲求富强,必以崇节俭、广教化、恤农商为先;欲新政治,必以变士习、减中额、汰内外冗官为先。伏乞皇上宸衷独断,于根本之病先行清理,然后安内攘外之策纲举目张矣。微臣迂谬之识,非敢故为高论,诚恐急功近利,效未见而害更大。因与布政使臣饶应祺、镇迪道兼按察使衔臣丁振铎再三商榷,意见相同,谨恭折覆奏,是否有当？伏乞皇上圣鉴,训示。谨奏。①

同日,公又开单奏报光绪二十一年上半年营旗兵马等数目情形,下部闻。曰：

窃新疆马步营旗、炮队、各台、局、卡、义学实在数目,截至光绪二十年十二月底止,业经分别奏咨在案。兹据新疆粮台详称：自二十一年正月初一日起至六月底止,实存行粮章程马队八旗、步队四营、开花炮队一哨,标营章程马队四十七旗二哨、步队二十四营一十八旗一哨、开花炮队五哨,共额设统领营、旗、哨官三百九十五员,巡查一百三十员,营书、弁勇二万五千八百五十一名,火勇一千八百三十一名,额外火夫、私夫、马夫、车夫、棚夫六千五百九十八名,并各台、局、卡、义学,缮具清单,详请奏咨前来。

臣覆核无异。所有新疆防营、员弁勇丁、各台、局、卡、义学自光绪二十一年正月初一日起至六月底止实在数目,谨缮清单,恭呈御览。伏乞皇上圣鉴,饬部立案施行。谨奏。②

九月二十八日,公开单奏报光绪二十一年六月分新疆雨水粮价情形,曰：

窃照光绪二十一年闰五月分各厅州县粮价并得雨情形,业经臣奏报在案。兹据新疆布政使饶应祺详称：光绪二十一年六月分,镇迪道属迪化、阜康得雨,入土六寸；镇西、库尔喀喇乌苏得雨,入土四寸；昌吉得雨,入土三寸；绥来、奇台得雨,入土二寸；哈密、吐鲁番微雨。伊

---

① 中国第一历史档案馆藏：《录副奏折》,档号：04-01-02-0108-003.又 04-01-02-0108-007.
② 台北故宫博物院藏：《军机及宫中档》,文献编号：408002959.又,中国第一历史档案馆藏：《录副奏折》,档号：03-5758-029.

塔道属塔尔巴哈台、精河得雨，入土一寸；绥定、宁远微雨。南路拜城得雨，入土四寸；疏勒、疏附得雨，入土一寸；喀喇沙尔、库车、乌什、英吉沙尔、玛喇巴什、温宿、莎车、和阗、叶城、于阗微雨。

至通省粮价，镇西、塔尔巴哈台、库车、乌什、和阗、宁远等厅州县俱与上月相同，其余均有增减。汇详请奏前来。理合恭折具陈，并缮粮价清单，敬呈御览。伏乞皇上圣鉴。谨奏。①

同日，公又奏报考核钱粮整顿厘金各节情形，曰：

窃准兵部火票递到军机大臣字寄：光绪二十一年六月初六日，奉上谕：户部奏，需饷孔殷，谨陈办理情形一折。览奏，均悉。现因偿款过巨，息借洋款，每年筹还本息约须一千五六百万两；各路防军又未能尽撤，需饷亦繁，亟需预为奏备。该部所拟考核钱粮、整顿厘金各节，皆属切实可行，着各直省将军、督抚查照该部所拟，认真妥办，据实具奏。又，裁减制兵一条，拟令各省挑留精壮三成，其余老弱一概裁撤。着该督抚各就地方情形，悉心妥筹，核实裁汰，奏明请旨办理。该将军、督抚皆受国厚恩，务当体念时艰，共矢公忠，力图补救不得瞻徇迁就，畏难苟安，仅以一奏塞责，是为至要。该部另单所陈各条，除停放米折一项本日已有旨令八旗都统议奏外，其监斤加价、裁减局员薪费、重抽烟酒税厘各条，并着各该将军、督抚一体实力举行，妥速筹办，以期有裨急需。原折、单均着抄给阅看。将此谕知户部，并由四百里各谕令知之。钦此。并准户部抄单咨行，各等因。到臣。

饬据布政使饶应祺、镇迪道兼按察使衔丁振铎详覆：新疆僻处边陲，与内省情形不同，有为户部原议所有、新疆未经举办者，有为新疆所有、揆之时势万难裁减者。如裁减制兵一节，新疆建设行省，改勇为标，以官带勇，定额二万五千余名，悉仿内地防营之制，本与制兵不同。

---

① 台北故宫博物院藏《军机及宫中档》，文献编号：408002961。又，中国第一历史档案馆藏：《录副奏折》，档号：03-6964-006。

现值甘肃回氛不靖,节次抽调营旗前赴肃州、玉门等处,以资防御,后路兵力单薄,又不能添募填札,是定额尚属不敷,碍难更行议减,须俟防务大定,再行酌量办理。此制兵急难裁减之实在情形也。

又,考核钱粮一节,新疆赋税以南路各属为多,年清年款,并无蒂欠。北路地气苦寒,安插各户逃亡不少,故荒地迄未尽辟,拟责成各属于应完正赋按年征收,未垦各地,设法招垦,以期钱粮日有起色。至灾缓分数、完欠、考成,由司认真稽查,核实举报。如有隐匿,即行严参。此考察钱粮之实在情形也。

又,裁减局员薪费一节,新疆向设台局,仅粮台、善后、军装等项名目及各属保甲、牛痘、义学并沿边通商卡伦,叠次裁并,所支薪粮已经减少,此后如有可以归并、可以酌减者,当随时酌办,以期节省。此局员薪费现难裁减之实在情形也。

又,重抽烟酒厘税并加监价各节,新疆百货厘税业经奏请停止,土药虽照章征收,究属无几。至一切杂烟及坊肆烧酒,行销无多,容俟设法试办。食监一项,边疆地多斥卤,随处可取,价值极贱,从前并未收税,今亦无从议加。此厘税刻难兴旺之实在情形也。

窃维各省利源出于地方,新疆饷源协自邻省,故他省以兴利为筹饷,新疆惟有以节饷为理财,是以前次估拨二十二年新饷,议由军装、善后等项极力节省,减拨银一十万两,其封存十八万五千两应否提拨,悉听部核。现在甘回变乱,遵旨严为防范,调赴肃州等处营旗,应加行粮,添募马步新勇需用月饷及军火、运价等项,均由历年余存饷项内暂行挪用,以支边局。此外如有可节之费、可兴之利,仍当悉心酌核,妥拟详办,等情。前来。臣覆核无异,理合恭折覆奏。伏乞皇上圣鉴,训示。谨奏。①

是日,公又会衔陕甘总督杨昌濬、喀什噶尔提督张俊奏请张志文补授

---

① 中国第一历史档案馆藏:《录副奏折》,档号:03-6031-162. 又,陶模:《陶勤肃公奏议遗稿·新疆四》,民国十三年(1924)兰州宣德堂刊本。

开花炮队守备,下部议。曰:

窃新疆喀什噶尔提标城守营开花炮队守备员缺,业经奏准作为题缺,亟应拣员请补,以专责成。查有花翎补缺后补用都司留甘新尽先补用守备张志文,熟谙炮法,堪以请补。合无仰恳天恩俯准以张志文补授喀什噶尔提标城守营开花炮队守备员缺,以裨营伍。如蒙俞允,并恳恩饬部发给札付。该员应照乌鲁木齐补放守备例,毋庸送部引见。

除饬取履历清册咨部外,谨会同陕甘总督臣杨昌濬、署喀什噶尔提督臣张俊,恭折具陈。伏乞皇上圣鉴,训示。谨奏。①

同日,公又会衔陕甘总督杨昌濬附片奏请汤咏山等署理副将等缺,下部闻。曰:

再,新疆省城城守协副将曾松明因病呈请开缺回籍调养,业经臣具奏在案。所遗副将员缺,查有新疆补用提督请补抚标中营参将现署该营参将汤咏山,久历戎行,才识练达,堪以委署。递遗抚标中营参将员缺,查有卸任吐鲁番营游击焦大聚,年强才裕,堪以委署。除分别给委外,谨会同陕甘总督臣杨昌濬,附片具陈。伏乞圣鉴。谨奏。②

十月初四日,军机处来电曰:

奉旨:陶模着署理陕甘总督,即着迅速赴任。饶应祺署理新疆巡抚,新疆藩司着陶模派员护理。钦此。③

---

① 台北故宫博物院藏:《军机及宫中档》,文献编号:408002960.又,中国第一历史档案馆藏:《录副奏折》,档号:03-5909-007.
② 台北故宫博物院藏:《军机及宫中档》,文献编号:408002960-0-B.又,中国第一历史档案馆藏:《录副奏片》,档号:03-5909-008.
③ 中国第一历史档案馆藏:《电报档》,档号:1-01-12-021-0567.

十月十七日,公致电军机处曰:

迭准甘州提督张永清电,永昌被围,标兵挫折,嘱代奏请加派大军进剿,兼出新疆急援。现派赵有正率马队四营旗往援。新疆经添募营旗,人心惊恐,驿路久阻,新疆折报拟由蒙古台站行走,请饬科布多等处接递,乞代奏。陶模。霰。①

十月二十日,军机处来电曰:

奉旨:陶模电悉。甘州紧急,该抚派四营旗往援,实为力顾大局。此后折报取道蒙古,自是正办。惟台站安设不易,是否可行?当令科、乌等处照案举办。陶模现署甘督,疏通饷道为第一要义,如能再带数营入关,沿路剿抚,更资得力,着该抚捔酌妥办。钦此。②

十月二十五日,公会衔陕甘总督杨昌濬奏闻阜康县知县田鼎铭因病出缺一事,下部闻。曰:

窃准总统甘军新疆喀什噶尔提督臣董福祥咨称:总理甘军营务处阜康县知县田鼎铭,于光绪二十一年六月十九日在直隶保定府营次病故,等因。饬据布政使饶应祺详称:田鼎铭年四十七岁,原籍甘肃通渭县,寄籍安西直隶州,附生,投效军营,历经保捐花翎同知衔分省归候补班前尽先补用知县。十五年,留省候补。十七年,代理疏附县知县。是年六月,奏补阜康县知县,经部覆准。新疆城署各工案内汇保俟补缺后,以直隶州知州在任候补。十八年五月,派赴坎巨提,会同英员更立摩韩美德拿星为坎巨提头目。新疆七载防戍案内汇保俟补直隶州知州后,以知府在任候补,并俟得直隶州后,加知府顶戴。二十年,随

---

① 中国第一历史档案馆藏:《电报档》,档号:2-02-12-021-1098。
② 中国第一历史档案馆藏:《电报档》,档号:1-01-12-021-0587。

同董福祥进京祝嘏，旋派赴甘肃招募队伍，督带赴京。兹复随同回甘剿办回匪，于途次病故，应请具奏，等情。前来。

臣覆查无异，谨会同陕甘总督臣杨昌濬，恭折具陈。伏乞皇上圣鉴。所遗阜康县知县系冲、繁、难三项要缺，例应扣留外补。再，此案改题为奏。合并声明。谨奏。①

同日，公又会衔陕甘总督杨昌濬奏报绥来县客回谋变拿获多名地方安谧，并奖恤出力官绅及阵亡武弁一事，旋得旨允行。曰：

窃查本年春、夏间，甘肃河州、西宁回匪相继煽乱，蔓延日广。新疆各属客、土回民甚多，讹言屡起。臣揣必有奸回潜来勾结，密饬地方文武加意稽查，并出示晓谕。九月初五日，忽据玛纳斯协副将张清和、署绥来县知县高敬昌禀报：九月初四日酉刻，据城关乡约投称：闻有逆回托菖等暗约城乡客回，定于是晚起事。该营县密为防备，分派兵役，逐段严查。三更时，突有回匪数十人分执刀械，在城内放火，余党在城外呐喊，希图扑城。该副将等各拨兵役，护守城垣、衙署、仓库；派中营左哨千总推补游击候补都司曹喜，督率兵役，分起捕拿。该匪拼死抵御，拒伤兵役七名。副哨长把总王崑山、勇丁李良有、罗道威均受伤阵亡。各兵役奋勇直前，枪矛齐施，当将首逆托菖、安起沄格毙，轰杀伙贼四名，余匪纷纷逃匿。是晚回绅从九衔马玉章、蓝翎把总吴启山、团首监生陆福纬、附生赵寅卿，望见城内火光，知有变故，各带民团前往，力保关厢，故外贼未能拦入。

初五日黎明，该营、团清查城关，并分赴四乡搜捕，探闻余匪退至南山、石窑等处，麕聚盘踞，杀毙汉人数名，尚图纠众复举，等情。臣札派守备董大荣、游击焦生有，各带马队一旗驰往，续派总兵徐学功马步两营同往协捕。该匪知官军齐集，望风潜窜。据营、县、民团先后拿获

---

① 台北故宫博物院藏：《军机及宫中档》，文献编号：408002962。又，中国第一历史档案馆藏：《录副奏折》，档号：03-5908-099。

逆匪马见因、马得菖、马伏溃、马逞、苏力儿、苏得苞、马添刚、马万裁、赵伏海、刘僧层、虎益、麻阿浑、小撒拉阿浑等十三名，均认助逆抗拒不讳。

九月初七日，省城保甲局闻绥来有警，在南关外查获逆回马浸河、马层二名，讯出该犯等先与绥来逆首互通声息，约期九月初九日在省谋反接应。臣分饬附省各营、厅、县悬立重赏，陆续拿获杨进裁、杨幅菖、马五十一、张萌海、王进层等五名，供认听从马浸河等分起纠人谋叛，并马浸河等于初四日晚潜至绥来，探听消息，等语。情形均属确凿。臣先后批饬就地正法，将首逆托菖等枭首示众，以昭炯戒。逸犯马进裁、马娃子等尚未弋获，业经通饬各州、厅、县一体缉拿严办，地方如常安谧，堪以上慰宸廑。惟现在甘肃回氛未靖，新疆唇齿相依，各处寄居客回良莠不齐，防范不易。臣仍严饬各属，编查保甲，举办民团，以期消弭隐患。

此次绥来回匪滋事，该回绅、团首捕拿逆匪，不遗余力，洵属有裨大局，拟请将从九衔马玉章以州吏目归部，遇缺即选；蓝翎把总吴启山请免补把总，以千总补用；监生陆福纬请以巡检归部，不论双单月遇缺即选；附生赵寅卿请以县丞归部，不论双单月尽先前选用；推补游击候补都司曹喜带队剿捕，奋勇争先，亦属异常出力，请免补都司，以游击留新疆补用，并请加参将衔，用示鼓励。阵亡、受伤勇丁，照例恤赏造报。把总王崑山临阵捐躯，应请饬部优恤，以慰忠魂。谨会同陕甘总督臣杨昌濬，恭折具奏。伏乞皇上圣鉴，训示。施行。谨奏。①

【案】此折于是年十一月二十八日得旨允行，《光绪朝上谕档》曰：

光绪二十一年十一月二十八日，内阁奉上谕：陶模奏，绥来县客回谋变，拿获首要多名正法，请将出力官绅及阵亡武弁分别奖恤一折。

---

① 台北故宫博物院藏：《军机及宫中档》，文献编号：408002963。

本年九月间，新疆绥来县逆回托菖等在城内放火起事，经该营县分派兵役捕拿，当将首逆托菖、安启沄格毙，先后搜获余匪，拿获正法，地方如常安谧。办理尚为迅速。从九品衔马玉章着以州吏目归部，遇缺即选；蓝翎把总吴启山着免补把总，以千总补用；监生陆福纬着以巡检归部，不论双单月遇缺即选；附生赵寅卿着以县丞归部，不论双单月尽先前选用；候补都司曹喜着免补都司，以游击留于新疆补用，并加参将衔。阵亡把总王崑山着交部从优议恤。余着照所议办理，该部知道。钦此。①

是日，公又会衔陕甘总督杨昌濬附片奏报委令罗经史署理绥来县知县，下部闻。曰：

再，署绥来县知县高敬昌业经饬回宁远县本任。所遗绥来县员缺，查有候补知县罗经史，堪以委署。据新疆布政使饶应祺、镇迪道兼按察使衔丁振铎会详前来。除由臣批饬给委外，谨会同陕甘总督臣杨昌濬，附片具奏。伏乞圣鉴。谨奏。②

同日，公又会衔陕甘总督杨昌濬附片奏报饬令知县黄袁仍回本任，下部闻。曰：

再，署迪化县知县刘澄清卸署遗缺，应饬该县知县黄袁仍回本任，以专责成。据新疆布政使饶应祺、镇迪道兼按察使衔丁振铎会详前来。除由臣批饬给委外，谨会同陕甘总督臣杨昌濬，附片具奏。伏乞

---

① 中国第一历史档案馆编：《光绪朝上谕档》第21册第476页，广西师范大学出版社，1996。
② 台北故宫博物院藏：《军机及宫中档》，文献编号：408002962-0-A. 又，中国第一历史档案馆藏：《录副奏片》，档号：03-5332-158.

圣鉴。谨奏。①

同日,公又会衔伊犁将军长庚、陕甘总督杨昌濬附片奏报饬令知县高敬昌即回本任,下部闻。曰:

再,署绥来县知县宁远县知县高敬昌应即饬回本任,以重职守。据新疆布政使饶应祺、镇迪道兼按察使衔丁振铎会详前来。除由臣批饬给委外,谨会同伊犁将军臣长庚、陕甘总督臣杨昌濬,附片具奏。伏乞圣鉴。谨奏。②

是日,公又会衔陕甘总督杨昌濬附片奏报都司徐广学积劳病故缘由,下部闻。曰:

再,臣据署迪化城守协副将汤咏山申:据署抚标右营游击徐积诚呈称:前署该营游击实任迪化城守协中军都司徐广学,于光绪二十一年四月十六日在喀什噶尔防次积劳病故,等情。转请核办前来。臣覆核无异,相应奏明开去该故员都司实缺,另行拣员请补。除将原领札付及委员承查嫡亲印、甘各结咨部外,谨会同陕甘总督臣杨昌濬,附片具陈。伏乞圣鉴。谨奏。③

十一月初一日,公奏报叩谢天恩并缕陈下情缘由,曰:

窃臣于光绪二十一年十月二十八日由俄电,钦奉谕旨:陶模着署

---

① 台北故宫博物院藏:《军机及宫中档》,文献编号:408002962-0-B.又,中国第一历史档案馆藏:《录副奏片》,档号:03-5908-098.
② 台北故宫博物院藏:《军机及宫中档》,文献编号:408002962-0-C.又,中国第一历史档案馆藏:《录副奏片》,档号:03-5332-157.
③ 台北故宫博物院藏:《军机及宫中档》,文献编号:408002963-0-A.又,中国第一历史档案馆藏:《录副奏片》,档号:03-5908-097.

理陕甘总督,即着迅速赴任。饶应祺署理新疆巡抚,新疆藩司着陶模派员护理。钦此。跪诵之余,罔知所措!伏念臣猥以凡植,遭际圣朝,叠邀宠遇之隆,荐授封疆之重。计到新疆巡抚本任,倏历四年,自惭才不足以济时,德不足以服众,方拟上章乞退,借免愆尤,乃复忝摄兼圻,益增惶悚!

窃谓臣子任事,欲求其心之所安,必揣其力之所及,苟或稍逾乎量,即已自涉于欺。总督任重事艰,甘肃又值回民之变,以臣署理斯篆,譬未谙海道沙线,顾欲扬帆驾舵于惊涛骇浪之中,其不能济亦明矣。惟现在甘、凉一路文报不通,董福祥诸军进剿河湟未知已否得手,际此生灵涂炭,宵旰忧勤,臣亦何敢畏葸不前,邻于规避?拟拣抽马步,率带进关,应如何分别剿抚,容俟查看情形,再行酌办。仍恳皇上迅拣贤能前来接替,庶于大局有裨。刻值大雪封途,各处抽调营旗,动辄千数百里,一俟就绪,即行起程。

所有叩谢天恩并缕陈下情各缘由,谨恭折具奏。伏乞皇上圣鉴。再,此折理应专差赍京,因道途梗阻,改由科布多台站转递。合并声明。谨奏。①

十一月初六日,公开单奏报光绪二十一年七月分新疆雨水粮价情形,曰:

窃照光绪二十一年六月分各厅州县粮价并得雨情形,业经臣奏报在案。兹据新疆布政使饶应祺详称:光绪二十一年七月分,镇迪道属迪化得雨,入土七寸;阜康得雨,入土六寸;昌吉得雨,入土三寸;绥来得雨,入土二寸;奇台得雨,入土一寸;镇西、哈密、库尔喀喇乌苏微雨。伊塔道属塔尔巴哈台得雨,入土八寸;精河得雨,入土四寸;绥定、宁远微雨。南路库车、乌什、英吉沙尔、温宿、疏勒、莎车、拜城、疏附、叶城

---

① 台北故宫博物院藏:《军机及宫中档》,文献编号:408002973。又,中国第一历史档案馆藏:《录副奏折》,档号:03-5333-020。

微雨,余未得雨。

至通省粮价,镇西、库尔喀喇乌苏、库车、乌什、玛喇巴什、温宿等厅州县俱与上月相同,余均略有增减。汇详请奏前来。理合恭折具陈,并缮粮价清单,敬呈御览。伏乞皇上圣鉴。谨奏。①

同日,公又奏报和阗一带金矿详细情形,下部闻。曰:

窃臣于光绪十九年十二月二十二日准军机大臣字寄:光绪十九年十一月十九日,奉上谕:前据许景澄奏新疆和阗一带金矿旺聚,并详述游历洋人测探情形,当令总理各国事务衙门议奏。兹据该衙门奏称,和阗产金之盛,据许景澄原奏图说,核以近日新疆测绘舆图,大致相同。克里雅城毗连帕米尔诸处边疆重地,绸缪未雨,宜在机先,若照漠河金厂章程办理得宜,自可浚利源于不竭,请饬妥议办理,等语。着杨昌濬、陶模按照所奏各节,会商办法,妥议具奏。总理各国事务衙门折均着抄给阅看。将此各谕令知之。钦此。遵旨寄信前来。旋准总理各国事务衙门咨送奏稿、图说、游记、漠河金厂章程等件到新。复接督臣杨昌濬电称:嘉峪关通商洋弁比利时国人游击衔林辅臣可以派往。臣随电嘱该洋弁取道敦煌、阳关,由碛路西进,并遴委候选巡检施再萌,赍带图说、案卷,驰赴蒲昌海南岸,于二十年四月中会齐入山,幽谷郁盘,探求濡滞,至二十一年九月,始由疏勒还抵省垣。

臣屡次面询,备悉回疆金矿名在和阗,实距和阗甚远。其山脉起自尼蟒依东行,伏于白龙堆纚属三千余里,金沙多产涧谷之交。汉人罕涉此境,缠回呼山曰塔克,蒲昌西南至和阗,塔克以百数。各国游人皆指为昆仑,缠回呼河曰达里雅,呼金矿曰阿腾亢,昆仑北麓达里雅以十数,惟卡墙和阗最大;阿腾亢以千数,惟阔帕与索尔戛克最著,即公牍所称小金厂、大金厂者也。大金厂广袤四五十里,其新旧、水旱井穴

---

① 台北故宫博物院藏《军机及宫中档》,文献编号:408002965。又,中国第一历史档案馆藏:《录副奏折》,档号:03-6964-012。

错若繁星,今有人掘劚者仅百余处。其矿丁自六七百至千人不定,皆和阗诸邑无业缠回。阔帕小金厂井穴矿丁数减过半,他山各矿人又递少,较大、小二厂不及十分之一,或八九人合穿一峒,或一家独占数窟。其法风簸、水淘、辘轳畚揭,旋兴旋废,作辍无恒。其利每穴每日得金屑分厘,或兼旬无所获,劌斫累世,利孔成虚。欲裕边储,必舍旧图新,庶无害贫民生计。创始之道不外官办、商办、中法、西法、购机器、延矿师诸大端。然绝域外垂,形隔势閡,人才、库帑二者胥穷;盈缩乘除,未操胜算。微臣愚见,不敢贸然鸠工,熟筹全局,有七难焉。际此公私交困,仰屋兴嗟,百术钩稽,窘同画饼。谋益上而不损下,莫如求地利于矿人。

微臣向持此见,如拜城、达阪城之铜,喀喇沙尔之铅,噶斯山等处之金,济木萨之铁,迪化之石油,均经开探。无如戈壁错杂,转运艰辛,人工倍昂,百物奇贵,所费溢于所得,或亏累罢弃,无从报销;或勉强支持,终忧折耗。天下事皆言易行难。西人羡称矿产,良由习惯。大役能集巨资,材艺既精,舟车又速,坐忘百载经营之苦,竞诩一时获利之方。中国地势、人事未能遽臻利便,各省试办矿政,半属徒劳。新省瘠区,尤未易议,若照漠河章程,遽抛三四十万成本,以邀难必之利源,边臣皆无是胆略。此官办之难也。海滨有公司合股之策,农部颁官督商办之章,众力共擎,洵为良法。然新疆本乏富绅,尤少硕贾,农商流寓,罕有恒心。偶得赢余,长歌入塞。和阗去江海一万余里,较漠河之有轮帆以利行程者,形势判若霄壤。况缠回语言、文字、衣服、器用种种不同,汉人既挟赀而来,孰肯与他族为伍?矿丁又复粗鲁,莫识远谋,西人游记谓阔帕矿金有大似胡桃,或如鸽蛋、如马首者,实百十年来所仅有。倘常若此,缠回当尽以淘金为生矣。今回民小康之家率望金山而裹足。此商办之难也。

驻俄使臣许景澄致总理各国事务衙门信函,谓西国有听民请照赴挖,缴官给值而征其税,则又于常例之外别事变通。臣将此说告之查矿委员,令到彼察看。委员抵山麓,矿丁谣传发给衣食赀本,纷纷走集。迫遣译者问以请照征税之事,即哄然四散,莫有应者。是否民性之不驯,抑亦办理之未善,相离窎远,未能周知。遍询众人,咸谓矿丁拮据,终年仅免枵腹,严栖穴处,殆无人状。如令纳税办理,更属为难。旧例和阗州岁征课金五百两,于阗县课金二百九十余两,因矿丁无从查收,向来摊入钱粮数内,官吏方愧无法以苏民困。是故回疆南山中外经济家指为金穴,在和阗农民或且视为祸根。今若不顾严酷,师匠人操切之政,按名囊括,每年或可增入银数千两至万余两,无补度支。而渔夺敛怨,微臣心有所不忍。矿丁麕集兽散,山径纷歧,窜匿伏行,穷于捕逐,将如何广设卡伦,披沙求金?微等毫末,潜藏妙手,巧不胜防,将如何设法搜检?西人于此谅别有权术,臣之见闻,又有未逮。此变通征税之难也。

宝藏不能大兴,固由中法之未尽善;矿学家言,率资机器,轧磨镕炼,所用多钢铁重大之物,或由上海轮舟运至湖北登陆,或由俄国铁路运至撒麻耳干卸载,距矿所仍远,内地商车力难任重。前陕甘督臣左宗棠在兰州设织呢局,别制大车,载运机器,途径村落,或拆毁门垣以过,不久即亏本废弃。新疆路程倍于甘省,如俄国乌拉岭金厂机架高大,恍同楼屋,当以何术挽致?此不难于购机而运机之难也。

西国治矿获富,端赖专门名家,然精于格致化分者,在欧洲亦不多觏,中华尤未易招延。前年奉文查看矿山,臣虑矿师求聘需时,性多骄贵,矿政果否创立,又未可预期,电商督臣先行派员察视大概。洋弁林辅臣尝屡次自荐,愿办矿务,曾在安西州试挖铅苗。臣以为该洋弁纵未能程巧致功,当必有片长薄技,因即就近调往。迫差还,询以矿学、化学,殊欠明晓,犹嫌入山疲困,恨无优差以偿其劳。想材愈高者,气亦愈傲,必有深知洋务之大员,方能驾驭。而西北仕途罕谈洋务,臣与司道均属门外。阅许景澄信函称:但虑办理之不善,不患经费之难供。窃意非久游外洋者,孰能确有把握?应恳天恩,就出使大臣中择任边疆,庶可收借材之效而垂利赖于无穷,否则虽有精明洋匠,仍苦莫能驱策。此延矿师难而更难于用矿师之人也。

觅矿必入深山，无论中法、西法，均以通道为先。新疆省城至于阗县六十四驿五千三百八十二里，皆与矿山无涉。金矿多在县治迤东，须取道蒲昌海僻径，由吐鲁番西南十九程而至海南之卡克里克，折西八程至卡墙，为达矿山之要地，又西十二程以至于阗县，合于《汉书》"傍南山西行之南道，荒芜沙碛，断绝人烟"。平治道途，创建驿舍，所费当又不赀。是犹山外干路耳。若山间枝路，无不龙嵷崔巍，绳引悬度，欲兴矿政，并宜开通，断非四五年所能竣事。此辟路置邮之难也。董劝百工，首资饩廪；负担千里，倍耗银钱。自委员启程，时臣饬各属备办米薪、器用，分遣司事，沿途存储递送，吏民苦之。而委员入山愈深，仍虑供支不继，还省后即以此事为言。

臣查蒲昌海西北境塔里木河滨，经前护抚臣魏光焘及臣先后派员招徕户口，辟治草莱，阡陌新成，仓庾无几，加以盐泽泥淖，南山窊隆，登降坎坷，转输劳悴，必将蒲昌海西南卡墙河左右就有水草处，度地募农，为日后矿局购粮之本。惟沙漠土壤，华离不连，地旷人稀，迁移鲜愿。酾渠筑室，经画维艰。臣与司道诸臣商议矿务，所赅者众。屯垦一事，当陆续勉筹，俾大漠之中间有小邑，将来匠工于役，菽粟可求。然千岁穷荒，未易数年成聚。此垦田积谷之难也。

余若择地建局，则有用人庀材之难；分汛缉奸，则有增兵加费之难。棘手滋多，未可枚举。尝闻西国罕在不通轮舶、不设铁轨之处兴矿务者。臣于光绪十九年四月十八日议覆编修胡景桂条陈折内，曾略述新疆开矿竭蹶情形。本年八月二十六日，遵旨覆奏条陈时务折内，请于沿江、沿海设立矿务学堂，诚以求其在我，莫此为急，庶几由近及远、由易入难，若夫雄材大略，何地不可有为？微臣知识庸愚，动虞窒碍，亦未便讳而不言。南山各矿金沙虽将淘尽，而金璞则深藏尚多。今值理财乏术之秋，倘有远识者于难中生易，或可建策兴办。微臣夙夜期望，犹之盲不忘视，跛不忘走，深顾利民裕国，而非甘心含糊，以一覆了事，贻笑外人也。

伏乞皇上饬下总理各国事务衙门及出使外洋各大臣，详加考核，悉心酌议,边陲幸甚！至和阗西境,阻于莎车葱岭,距帕米尔尚远。惟南逾昆仑,可由阿克塞成达英属之条拜提即土伯特。据洋弁林辅臣禀称:阿克塞成等处产金亦旺,似可划昆仑南坡借给英人开矿,而坐收租息。臣查彼处遐荒无人,势难设官,听其自然,又虞侵越,应否由后藏分明界限,请饬总理各国事务衙门一并筹议。

除抄录查矿委员禀稿、舆图咨送军机处、总理各国事务衙门外,谨将和阗一带金矿详细情形恭折具陈。伏乞皇上圣鉴,训示。谨奏。①

是日,公又附片奏报官犯游春泽家财尽绝情形,下部闻。曰:

再,臣前因官犯游春泽无力完缴欠银,恭逢恩诏,循例陈请援免,经户部会同刑部议覆:该官犯亏欠银数不在不准援免之列,应饬原籍四川、寄籍江南及伊犁差次,查明有无资材寄顿,如实系家产尽绝,取具该管官印结,奏请豁免,等因,具奏。奉旨:依议。钦此。钦遵咨行照办。臣遵即分咨并饬查去后。兹据新疆布政使饶应祺转行绥定、迪化二县,查明该官犯游春泽伊犁新疆寓所自经查抄,实系家产尽绝,并无资材寄顿,取具各该县印结,呈请奏咨前来。

臣覆查无异,除将切结咨送户部汇办外,谨附片具陈。伏乞圣鉴。谨奏。②

同日,公又附片奏报卡克里克设立营局一事,下部闻。曰:

再,罗布淖尔西北四百余里之都纳里地方,于光绪十九年经臣奏筑蒲昌城,移屯营及抚辑招徕局驻焉。该营局所辖东西二千余里,南

---

① 台北故宫博物院藏:《军机及宫中档》,文献编号:408002964。又,中国第一历史档案馆藏:《录副奏折》,档号:03-9531-067。
② 台北故宫博物院藏:《军机及宫中档》,文献编号:408002966-0-A。又,中国第一历史档案馆藏:《录副奏片》,档号:03-5333-027。

北一千余里，程途辽远，时虑鞭长。查淖尔西南一百四十里至卡克里克有古城颓垣，周约十五里，即汉楼兰故国，《西域传》所谓负水担粮送迎汉使者也。今委员查看，间有可耕之土，背水面山，形势爽垲，东南戈壁，距敦煌、阳关一千三百里，西抵于阗县一千七百余里，南通青海、西藏，居碛路之要冲，为矿山之孔道，亟宜应时变通，于卡克里克分设屯防局，委员经理，招募业农贫户，择地垦荒，备日后开矿转运之基。

现值河湟回乱，恐匪党或由番地阑入，应于各要隘布置卡汛、添札营哨，以备不虞。所需招户川资、牛工、籽种、建屋、修路、创驿站、增勇丁各费，容办有端绪后，咨部立案。合将拟议情形先行附片陈明。伏乞圣鉴。谨奏。①

是日，公又会衔伊犁将军长庚附片奏请李滋森调署伊塔道缺，下部闻。曰：

再，伊塔道英林业经奏明调署镇迪道兼按察使衔篆务，所遗伊塔道员缺，查有二品顶戴遇缺尽先题奏道李滋森，堪以委署。除由臣缴饬遵照外，谨会同伊犁将军臣长庚，附片具奏。伏乞圣鉴。谨奏。②

同日，公又附片奏请丁振铎护理布政使员缺，曰：

再，新疆布政使饶应祺奉旨署理新疆巡抚，所遗布政使员缺，应即派员护理。查有镇迪道兼按察使衔丁振铎，堪以护理。递遗员缺，查有伊塔道英林，堪以调署。英林未到任以前，所有镇迪道兼按察使事务仍由丁振铎暂行兼理。

---

① 台北故宫博物院藏：《军机及宫中档》，文献编号：408002864-0-A. 又，中国第一历史档案馆藏：《录副奏片》，档号：03-5555-050.
② 台北故宫博物院藏：《军机及宫中档》，文献编号：408002964-0-B. 又，中国第一历史档案馆藏：《录副奏片》，档号：03-5333-026.

除分别饬遵外,谨附片具陈。伏乞圣鉴。谨奏。①

十一月初九日,公开单奏报新疆先后抽调马步添募营旗一事,下部闻。曰:

窃臣于光绪二十一年八月具奏甘肃回匪不靖,调补用总兵赵有正、补用提督牛允诚,率带马步,分扎肃州、玉门,并于省城、哈密分别布置。嗣因永昌被围,复经电奏派赵有正马步四营旗前往援剿,各在案。查新疆额设营旗只有此数,当兹有事之秋,欲外为甘省援助,内防匪类潜滋,非抽调无以为移缓就急之谋,非添募不免有顾彼遗此之虑。经臣察看情形,随时办理。综计先后抽调步队四营一旗、马队十旗、炮队一哨,添募步队一营二旗三哨、马队三营四旗另四十名,或择要扼扎,或饬令填防,务使声势相联,足资防剿。一俟甘肃军务平靖,或仍回防地,或分别撤留,届时再行酌办。

除添募马步起支薪粮日期按季造报外,所有营旗数目、驻扎处所,理合汇缮清单,恭折具陈。伏乞皇上圣鉴,饬部立案施行。谨奏。②

同日,公又奏请黄袁升补英吉沙尔直隶厅同知,下部议。曰:

窃据新疆布政使饶应祺、镇迪道兼按察使衔丁振铎会详称:英吉沙尔直隶厅同知李庆棠因病开缺回籍,系光绪十九年四月二十四日奉旨行文,按例限计算,应以是年七月十一日接到部文之日作为开缺日期。所遗英吉沙尔直隶厅同知系冲、繁、难三项要缺,应即拣员请补,以重职守。查南路新设各缺,经前抚臣刘锦棠奏准由外拣补一次,以

---

① 台北故宫博物院藏:《军机及宫中档》,文献编号:408002964-0-C.又,中国第一历史档案馆藏:《录副奏片》,档号:03-5333-025。
② 台北故宫博物院藏:《军机及宫中档》,文献编号:408002966.又,中国第一历史档案馆藏:《录副奏折》,档号:03-6137-057。

后出缺援照甘肃变通章程办理。查章程内开:丞、倅、州、县以及佐杂各要缺,将现任各员按照应升官阶内无论有无升案,并是否到任实授以及试俸、历俸未经期满各员,准择其人地相宜者,一律升调。又定例:现任人员保举以何项官阶用及以何项官阶补用,凡系指定官阶应归候补班内补用人员,除应升之别项缺出,仍准照例升用。如遇所保指定之项缺出,准归于候补班内请补,概不得仍行请升。各等语。

今英吉沙尔直隶厅同知要缺,于现任人员内逐加拣选,查有在任候补直隶州知州迪化县知县黄袁,年五十三岁,湖南善化县人,由附贡生于同治十二年在湖南援防捐局报捐盐运司经历,指分广东,加盐课司提举升衔,并免赴部验看。是年十一月,经湖南抚臣验看给咨。十三年五月十四日,到省试用,旋经前陕甘总督臣左宗棠因该员前在军营效力,于克复乌鲁木齐等城案内汇保,光绪三年九月初五日奉上谕:黄袁着免补本班,以知县仍留广东,归候补班前尽先补用。钦此。六年,复奉委赴甘肃,侦探军务,于十二月十八日抵湖南原籍,便道省亲,适于七年正月二十一日丁母忧。九年四月二十一日,服满起复,经刘锦棠札调出关,随营差遣。六载边防案内汇保,十年十月初四日奉上谕:着俟补缺后,以直隶州知州在任候补,并赏戴花翎。钦此。是年,委办臣营总理文案事务。十一年,留省候补,八月十七日禀到。十二年,奏准留于新疆委用,十三年,奏补叶城县知县,是年九月初一日,经部覆准,照例以奉文准补之日作为直隶州知州到省候补日期。十四年十一月二十七日,到叶城县本任。十六年,奏请调补迪化县知县,经部覆准。是年九月十五日,交卸叶城县事。十月二十九日,接署疏附县篆务。十七年四月二十七日,交卸疏附县事。八月二十二日,到迪化县本任。新疆城署各工案内汇保请俟补直隶州知州后,以知府在任候补,经部议准。十八年十月初八日具题,奉旨:依议。钦此。十九年三月十八日,交卸迪化县事。八月初一日,接署和阗直隶州篆务。新疆七载防戍案内汇保请俟归知府班后加三品衔,并加一级,旋经部议请加一级,核准注册,所叙之加衔应改为俟离任归知府班后,准加盐运使衔。是年十二月初二日具奏,奉旨:依议。钦此。二十年八月初八日,交卸和阗州事。二十一年十月十七日,仍回迪化县本任。

　　查该员黄袁宅心和厚,办事精详,在新疆年久,边情熟悉,历任各缺,办理一切,诸臻妥协,以之请补斯缺,实堪胜任,人地亦极相宜,等情。详请具奏前来。

　　臣查该员黄袁老成稳练,办事勤能,合无仰恳天恩俯念要缺需员,准以在任候补直隶州知州迪化县知县黄袁升补英吉沙尔直隶厅同知员缺,洵于地方有裨。如蒙俞允,俟奉部覆,并案给咨,送部引见,以符定例。谨恭折具陈。伏乞皇上圣鉴,训示。再,所遗迪化县知县系冲、繁、难三项要缺,应请扣留外补。至该员各任内并无参罚案件。合并声明。谨奏。①

是日,公又奏请缓征新疆镇西被灾各属粮草情形,曰:

　　窃新疆本年入夏以来,先后据镇西厅、阜康县禀报被旱,莎车州禀报被水,呼图壁巡检禀报被蝗,当以为时尚早,批饬各地方官传谕各户补种各色杂粮,如有收获,将来牵匀计算,或不至成灾。其或被灾较重,以此弥补分数,亦可轻减去后。嗣据该各厅、州、县、巡检禀称:补种前项杂粮,或未抽穗即就黄萎,或虽经刈割而颗粒不实,等情。前来。

　　饬据布政使饶应祺详称:先后饬据各印委结报:镇西厅大泉、西渠、东渠、石人子、奎素、李家沟、柳沟、楼坊沟、板坊沟、二十里庄、红旗沟、西大墩、沙山子被旱地八千七百四十七亩五厘,额征粮六百五十石一斗二升;莎车州卡筠庄、卡木沙庄、庆木都庄被水地二千三百三十一亩六分四厘,额征粮六十四石三斗五合七勺,草六千七百八十五斤一两七钱六分;呼图壁芳草湖、桑家渠被蝗地一万一千一百二亩七分,额

---

① 台北故宫博物院藏《军机及宫中档》,文献编号:408002967。又,中国第一历史档案馆藏:《录副奏折》,档号:03-5333-024。

征粮四百五十四石七斗二升五合。以上三属本年应征粮草，拟请一律蠲免。阜康县头工、三工台、五工梁、七十东、八运、土墩子、二道河被旱地一万七千四百九十六亩二分二厘，额征粮九百七十七石八斗五升九合四勺，内拟请蠲免粮六百七十一石七斗二合七勺。其余三百六石一斗五升六合七勺，拟请缓至来年秋后带征，等情。

臣覆查无异，除饬加意抚恤，并来春应否接济另案汇办外，所有镇西、阜康、莎车、呼图壁被灾地亩，合无仰恳天恩准将应征粮草分别蠲缓，以纾民力，俟奉谕旨，饬司敬刊誊黄，遍行晓谕，以广皇仁而示体恤。谨恭折具陈。伏乞皇上圣鉴，训示。谨奏。①

【案】此折旋于是年十二月初六日得旨允行，《光绪朝上谕档》载曰：

光绪二十一年十二月初六日，内阁奉上谕：陶模奏，查明各属被灾地亩，请将应征粮草分别蠲缓一折。甘肃新疆镇西等厅州县本年被旱、被水、被蝗，地亩成灾，若将应征粮草照常征收，民力实有未逮，加恩着照所请。所有镇西厅大泉、西渠、东渠、石人子、奎素、李家沟、柳沟、楼坊沟、板坊沟、二十里庄、红旗沟、西大墩、沙山子被旱地八千七百四十七亩零，额征粮六百五十石零；莎车州卡筠庄、卡木沙庄、庆木都庄被水地二千三百三十一亩零，额征粮六十四石零、草六千七百八十五斤零；呼图壁芳草湖、桑家渠被蝗地一万一千一百二亩零，额征粮四百五十四石零。着一律蠲免。阜康县头工、三工台、五工渠、七十东、八运、土墩子、二道河被旱地一万七千四百九十六亩零，额征粮九百七十七石零，内着蠲免粮六百七十一石零。其余三百七十石零，着缓至来年秋后带征，以纾民力。余着照所议办理。该抚即刊刻誊黄，遍行晓谕，务使实惠均沾，毋任吏胥舞弊，用副轸念灾区至意！该部知

---

① 台北故宫博物院藏：《军机及宫中档》，文献编号：408002968. 又，中国第一历史档案馆藏：《录副奏折》，档号：03-9480-001.

道。钦此。①

十一月十五日，公奏报展缓新疆本届计典一事，下部闻。曰：

窃照新疆自设行省以来，历次恭逢计典，均因实缺人少不敷例额，奏准展缓在案。兹光绪二十一年又已届期，经吏部题奉谕旨，行令遵照，应即钦遵办理，以副朝廷澄叙官方至意。惟新疆实缺道、府、丞、倅、州、县历俸已满三年者仅只数人，尚未引见，其余非因事调省，即调署别缺，且有未经到任者，按照十五人准荐一人之例，实属不敷。至佐杂、教职人数尤少，照例应毋庸议。据新疆布政使饶应祺、镇迪道兼按察使衔丁振铎详请奏缓前来。

臣覆查无异，合无仰恳天恩俯准展至下届再行举办，倘有干六法人员，仍当随时参劾，以免贻误地方。谨恭折具奏。伏乞皇上圣鉴，训示。谨奏。②

同日，公又会衔伊犁将军长庚开单奏报拣放古城满营防御等缺情形，下部议。曰：

窃古城满营镶白正蓝旗防御庆福病故遗缺，经臣奏明另行拣员请补，奉旨允准钦遵转行在案。兹据古城城守尉克蒙额在与应升暨尽先人员内逐加考验，拟具正、陪，并造清册，呈请奏补前来。臣覆加拣选，所有该满营镶白正蓝旗防御员缺，应以补用防御现署该旗防御实缺骁骑校倭仁布拟正，镶红镶蓝旗云骑尉世职忠赐拟陪。其递遗骁骑校员缺，应以五品蓝翎补骁骑校后补用防御现署该旗骁骑校镶黄正白旗前锋校阿勒锦图拟正，镶黄正白旗五品军功尽先即补骁骑校恩骑尉恩祥拟陪。理合缮具清单，恭呈御览，仰恳天恩简放防御一员、骁骑校一

---

① 中国第一历史档案馆编：《光绪朝上谕档》第 21 册第 487—488 页，广西师范大学出版社，1996。

② 台北故宫博物院藏：《军机及宫中档》，文献编号：408002969。又，中国第一历史档案馆藏：《录副奏折》，档号：03-5333-065。

员,以实营伍。

除咨部外,谨会同伊犁将军臣长庚,恭折具陈。伏乞皇上圣鉴,训示。谨奏。①

同日,公又附片奏请刘澄清接署同知员缺,下部闻。曰:

再,库车直隶厅同知刘人佺请假遗缺,应即委员接署,以重职守。查有准补精河直隶厅同知刘澄清,堪以委署。据新疆布政使饶应祺、镇迪道兼按察使衔丁振铎会详前来。除批饬给委外,谨附片具奏。伏乞圣鉴。谨奏。②

同日,公又附片奏请准刘兆栋留新差遣并暂缓赴引一事,下部闻。曰:

再,定例在部投供候选各官,如因公出差,遇轮选到班时,照例拟选,俟差竣回京,附于月选官后,补行引见,等语。兹查有尽先选用知县刘兆栋,年壮才明,办事勤慎,经臣委办新疆电报总局事务,甚属得力,未便遽易生手令其赴部投供。查光绪十七年十二月台湾抚臣邵友濂③奏留候选知县沈锡蕃在台湾差遣,照例轮选,奉朱批:着照所请,该部知道。钦此。该员刘兆栋事同一律,合无仰恳天恩俯准援照成案,

---

① 台北故宫博物院藏:《军机及宫中档》,文献编号:408002970.又,中国第一历史档案馆藏:《录副奏折》,档号:03-5909-023.
② 台北故宫博物院藏:《军机及宫中档》,文献编号:408002969-0-A.又,中国第一历史档案馆藏:《录副奏片》,档号:03-5333-067.
③ 邵友濂(?—1901),名维埏,字筱春、小村,一字攸枝,浙江余姚人。先以监生遵例捐官,签分工部。同治元年(1862),以本部员外郎尽先补用。四年(1865),中式乙丑补行辛酉、壬戌两科乡试举人。翌年,会试不售。十年(1871),补工部虞衡司员外郎。十三年(1874),补总理各国事务衙门汉章京。次年,出使俄罗斯。光绪四年(1878),以道员充头等参赞,随崇厚赴俄谈判归还伊犁,并襄办通商事务。五年(1879),署理俄罗斯钦差大臣。八年(1882),补授江苏省苏松太道。九年(1883),中法战争,襄办台湾防务。次年,中法约成,以功劳卓著赏一品封典。十二年(1886),补授河南按察使,旋因病开缺。十三年(1887),迁台湾首任布政使。十五年(1889)因感受湿热,请假内渡就医,随补授湖南巡抚,兼署湖南提督。以忧免。十七年(1891),母忧服阕,补授台湾巡抚,以礼未终,准由沈应奎护理,旋莅任。二十年(1894),调署湖南巡抚,与张荫桓同为钦差大臣,出使日本乞和,和谈决裂。回国后,署湖南巡抚。因病开缺,二十一年(1895),俄皇尼古拉斯二世加冕,为副使往贺。次年归国,后因病免,回籍调理。二十七年(1901),卒于里。有主纂《余姚县志》行世。

将尽先选用知县刘兆栋留于新疆差遣,免其赴部投供,遇轮选到班时,照例拟选,俟选缺后,再由差次送部,附于月选官后,补行引见,先行饬部注册。

除饬取详细履历清册咨部查照外,谨附片具奏。伏乞皇上圣鉴,训示。谨奏。①

同日,公致电军机处曰:

领事议在省过年,明春赴吐,吐离省五站,在省在吐,利害相等,民情尚便。惟领事住省应照行抽税,请持前议与商。模十七交卸,腊初起程。模。删。②

十一月二十一日,公开单奏报起程日期并酌带营旗数目情形,下部闻。曰:

窃臣钦奉电旨,署理陕甘总督,并奉旨:如能再带数营进关,沿途剿抚,更资得力,等因。钦此。当于叩谢天恩折内声明,俟营旗抽调就绪,即行起程在案。兹于光绪二十一年十一月十七日,谨将甘肃新疆巡抚关防并王命旗牌、文案、卷宗等件派员赍送署抚臣饶应祺接管任事。臣定于十二月初四日由省起程,长途冰冻,年内计可行过哈密。近接甘州来电:凉州南山仍有贼踞,西宁围尚未解。臣以官军正在进剿,难保该匪不聚众西窜,现由抚、提、镇标拣抽步队二营一旗、马队二营三旗、炮队一哨,随同东进,以便沿途相机剿抚。仰仗朝廷威福,如臣未入关,西宁河狄渐就敉平,当将所带马步酌留几成,暂驻肃州、甘州等处,无庸概赴兰州,盖远道行师,劳费实甚,不得不察看情形酌量

---

① 台北故宫博物院藏:《军机及宫中档》,文献编号:408002969-0-B.又,中国第一历史档案馆藏:《录副奏片》,档号:03-5333-066.
② 中国第一历史档案馆藏:《电报档》,档号:2-02-12-021-1132.

办理也。

窃维甘肃自循化逆回煽乱,遂至河湟糜烂,蔓延甘凉,征兵远及数省,文吏暗于治体,未能预遏乱萌;武员畏缩成风,不肯向前杀贼。浩劫之遭,不必尽关气数。臣现择办事可靠文武员弁,或派充统带营、旗、哨官,或令随营差遣,如所过各属有溺职太甚者,拟于各员内遴选,随时更换。诚以吏治、戎政关系甚重,消弭祸乱,莫急于此!

所有恭报交卸、起程日期并缮陈马步营旗数目清单各缘由,谨恭折具奏。伏乞皇上圣鉴,训示。再,此折仍用甘肃新疆巡抚关防。合并陈明。谨奏。①

同日,公又奏请将潘效苏开去知府本缺,下部闻,曰:

窃臣于光绪二十一年八月因甘肃回匪煽乱,哈密、安西防务关重,奏请以盐运使衔遇缺题奏道迪化府知府潘效苏办理东防营务。数月以来,调度布置,悉协机宜,现臣带队进关,需人助理,该员潘效苏器识闳达,文武兼资,甘肃河州、狄道、循化等属系其服官旧地,民情、地势最为熟悉,相应恳恩开去该员迪化府知府本缺,以道员归甘肃新疆补用;饬令带队随臣进关,办理行营营务处事宜,以资得力。所遗迪化府知府系冲、繁、难三项要缺,应请扣留外补。其迪化府篆务,暂委候补知府张开鉴代理。

除咨部外,谨恭折具奏。伏乞皇上圣鉴,训示。谨奏。②

是日,公又附片奏报刊刻行营木质关防缘由,曰:

再,臣此次进关,凡紧要折报及一应文件须于行次随时办理,兹刊就木质关防一颗,文曰"署理陕甘总督新疆巡抚行营关防",以便印发

---

① 台北故宫博物院藏:《军机及宫中档》,文献编号:408002975。又,中国第一历史档案馆藏:《录副奏折》,档号:03-5909-056。
② 台北故宫博物院藏:《军机及宫中档》,文献编号:408002974。又,中国第一历史档案馆藏:《录副奏折》,档号:03-5334-004。

而免稽延。到任后,再行请销。除咨部查照外,谨附片具奏。伏乞圣鉴。谨奏。①

十一月二十七日,公致函总理衙门曰:

窃照驻吐鲁番俄领事官照称:据俄属安回米尔巴乌监禁哈密数年,请饬释放,并将监禁缘由示覆,等情。到本部院。据此,查米尔巴乌系米尔开里木之子,米尔开里木先世系安集延人,其母系喀什噶尔人。米尔开里木生长喀什噶尔,生子米尔巴乌。从前安集延匪首帕夏牙胡普叛踞南疆,米尔开里木带领米尔巴乌相从,助逆毒害百姓,凶杀多人。华军收复各城,米尔开里木父子复随安集延匪首窥犯边界。光绪十年潜匿喀什噶尔境内,经受害民人拿获,解经前新疆爵部院刘审明,因情罪重大一并重办。维时驻喀什噶尔俄领事官声请知照驻京公使,曾经两次咨呈贵衙门,照会驻京俄使有案。米尔开里木父子收禁哈密厅监内。光绪十六年三月十六日,米尔开里木病故,经米尔巴乌照料殓理,具结存卷。该犯父子生长喀什噶尔,犯事在安集延尚未归俄保护之先,自应归中国办理。惟查米尔巴乌前随其父为匪年未二十,一切罪过多系其父米尔开里木所作。米尔开里木在监身死,罪所应得。米尔巴乌情罪稍轻,现已监禁多年,既据俄领事官代恳释放,应饬哈密厅将米尔巴乌解交吐鲁番领官验收,由吐鲁番厅会同备文送至沿边俄卡官收领,转解回国,交俄官严加管束,永不准再入中国界内,致滋事端。除分咨外,相应咨呈。为此咨呈贵衙门,谨请鉴照施行。②

同年,公附片奏报副将张怀玉等堪胜总兵缘由,曰:

再,新疆巴里坤镇总兵员缺,所辖地面极广、责任之重,不在伊犁各镇下。自光绪十五年徐占彪开缺后,历今三任,均系由外委署,殊不

---

① 台北故宫博物院藏:《军机及宫中档》,文献编号:408002987-0-0.又,中国第一历史档案馆藏:《录副奏片》,档号:03-5909-058.
② 台北"中央研究院"近代史所藏:《外交档案》,馆藏号:01-17-053-03-020.

足以重职守。臣于各武员中留心察看,干练精明,善于调度,以头品顶戴补用提督塔城协副将张怀玉为最;素娴战略,沉毅有为,以头品顶戴补用提督乌什协副将现署阿克苏镇总兵张宗本为最优。该二员资格甚深,均堪胜专阃之任。谨附片胪陈,以备采择。伏乞圣鉴。谨奏。①

是岁,清廷命谭钟麟为两广总督,兼署广州将军;魏光焘擢云南巡抚,嗣后调陕西巡抚;饶应祺为甘肃新疆巡抚。

是年,谭钟麟七十四岁,李鸿章七十三岁,杨昌濬六十九岁,张之洞五十九岁,魏光焘五十九岁,饶应祺五十九岁。

---

① 中国第一历史档案馆藏:《录副奏片》,档号:03-5910-050.

第四编　陕甘总督时期

光绪二十二年至光绪二十六年(1896—1900),62—66岁

光绪二十二年　1896年　六十二岁

正月,清政府命李鸿章前往德、法、英、美各国聘问;四月,中俄签订《中俄密约》;六月,中日订立《中日通商行船条约》;是岁,清政府设立邮政;设立铁路总公司,命盛宣怀督办。同年,清廷命饶应祺为新疆巡抚。

正月初二日,公奏报行抵哈密整练队伍即行东进一事,曰:

窃臣于光绪二十一年十一月二十一日恭报交卸新疆巡抚印务并起程日期,由科布多台站驰奏在案。旋于十二月初四日带队起程,初五日宿迪化县属之芨芨槽,夜遇大风,帐棚多被刮破,臣与诸将士露立风中,天明始整队徐行。嗣是日日有风,时作时止。臣近年入冬即苦咳嗽,至是又兼气喘,军士亦多病咳。十一日,至吐鲁番,修补帐棚,停留二日。行过镇西厅所属之车毂泉、一碗泉等处,水泉缺乏,军士负冰而行,仍不敷食饮,因将队伍分作数起行走,俾得勉敷炊汲。二十七、八等日,先后抵哈密,军士病咳尚未全愈,臣气喘尤甚,所幸已交春令,或可不至增剧。现闻西宁贼势尚盛,其麕聚永安、大通营一带者,皆属河湟悍贼。该处北通甘州,西由青海番地可径达关外。此时东路各军进剿,西窜自在意中。臣所带各营旗多系湘、楚、皖、蜀诸军旧部,操

法、阵法各自不同，拟在此暂停数日，督饬各将领合队操演，俾彼此相习，于战事较有把握。惟马步仅二千余人，兵力尚嫌单薄，万一贼众我寡，或由前路咨调营旗，或就近另行添募，届时相机办理。

至新疆南北两路已处处设防，吐鲁番回部郡王玛木特、哈密回部亲王沙木胡索特现正办理团练，臣接见勉以大义，点阅缠勇，酌加犒赏。该回王等感戴朝廷厚恩，忠义奋发，与地方文武商办防务，亦极和衷。臣所过地方，民情均属安谧，知关圣廑，谨以附陈。

所有微臣行抵哈密，整练队伍，即行东进各缘由，理合恭折驰奏，伏乞皇上圣鉴。谨奏。①

二月初六日，公为颁赏御书福字一方具折谢恩，曰：

窃臣于光绪二十二年二月初三日在肃州途次奉到恩赏"福"字一方，当即恭设香案，望阙叩头祗领。伏念臣猥以轻材，忝膺疆寄，整军入塞，方虞豹略未娴；吹律迎韶，喜值龙章锡羡！钦维皇上德光金镜，治阐珠囊，迈轩运以登三，衍箕畴而备五。宸翰与星辰并焕，行看甲洗银河；奎文偕日月齐辉，快睹兵销玉塞！自天赐祉，伏地增惭！臣惟有激励军心，布扬圣德，颂一人之福禄，击壤而台乐登春；靖四境之烽烟，奏凯则尘清函夏！

所有微臣感激荣幸下忱，理合恭折叩谢天恩。伏乞皇上圣鉴。谨奏。②

二月十九日，公奏报行抵甘肃加拨马步防剿一事，曰：

窃臣前由新疆省城行抵哈密日期业经由驿驰奏，旋于光绪二十二

---

① 台北故宫博物院藏：《军机及宫中档》，文献编号：408002976。又，中国第一历史档案馆藏：《录副奏折》，档号：03-6032-006。
② 台北故宫博物院藏：《军机及宫中档》，文献编号：408002977。又，中国第一历史档案馆藏：《录副奏折》，档号：03-5339-043。

年正月十二日率队东进,二月十二日抵甘州。接据各路文电,北大通营及永安营一带,悍回尚负隅抗拒。该匪多由河、湟窜聚,杀戮汉民,较各处尤惨,不痛加剿除,实无以伸天讨、快人心,为长治久安之计。查距甘州府城二百一十里之扁都口,最为扼要,贼若由此口窜出,不特甘、凉、安、肃四郡完善之区被其躁躏,势必蔓延关外,新疆且从此多事。是此股悍贼非痛剿,未可议抚。

该处距甘州不远,自应钦遵上年所奉电旨,沿途剿抚,未敢稍涉规避。因饬臣所带督标亲军正中、副中步队两营,前、后、左、右马队四营旗,营务处马队一旗、炮队一哨,于二月十八日开赴扁都口等处,严为防范;仍咨商甘州提臣董福祥、陕西抚臣魏光焘,拨队夹击,以期稳慎。臣料理就绪,即赴兰州接印,以便筹办一切。其进驻扁都口及永昌协副将刘璞①诸军未可漫无节制,并饬归臣营务处盐运使衔候补道潘效苏调遣,俾一事权。

所有加拨马步防剿北大通一带悍回,保固西路缘由,理合恭折驰奏。伏乞皇上圣鉴,训示。再,臣所过哈密、安西各厅州县,民情安帖,饬办防堵,均能认真,足纾宸廑。谨奏。②

三月初八日,公奏报到任日期并谢恩一事,曰:

窃臣钦奉谕旨,署理陕甘总督,先后将交卸新疆抚篆及行抵哈密、甘州各日期奏明在案。嗣于光绪二十二年二月二十三日由甘州按站东进,三月初六日抵甘肃省城。初七日,准督臣杨昌濬委员赍到陕甘总督银印一颗、王命旗牌、文案、卷宗等件,当即望阙叩头谢恩,祗领任

---

① 刘璞,生卒年不详,陕西旬阳县人,由武童效力军营,积功历保尽先副将。光绪七年(1881),补甘肃肃镇海营协副将,旋即丁忧。九年(1883),服满起复,赴部引见。十年(1884),赴甘,管带甘军后营,随同提督雷正绾出关,驻扎奉天营凤凰城一带防堵。十三年(1887),遣撤回甘,驻扎平凉府。十六年(1890),借补督标左营参将。十八年(1892),补靖远营协副将。二十二年(1896),署凉州镇总兵。二十四年(1898),擢河州镇总兵。二十五年(1899),丁忧开缺。
② 台北故宫博物院藏:《军机及宫中档》,文献编号:408002978。

事。伏念臣渥蒙宠遇,忝摄师干,闻命以来,时深惭惧!比于谢恩折内屡陈下情,早邀圣鉴。现在西宁等处逆回如何分别剿抚,董福祥、魏光焘自必权衡至当,仰纾宵旰忧勤。其善后事宜头绪纷繁,应由督臣经理,然非筹拨巨款,又得实心爱民之员分任其事,办理诸多棘手。臣向患咳嗽,入春即已,现近夏令,嗽既未痊,喘复增剧,似此日形衰惫,即竭蹶以图,窃恐上无以副委任之隆,下无以起凋残之众。应仍恳恩另拣贤能署理,以裨大局。至目前应办事件,自当与各文武和衷商榷,期无贻误,仰答高厚鸿慈于万一!

所有微臣到任接印,叩谢天恩,并覆陈下悃各缘由,谨恭折具奏。伏乞皇上圣鉴,训示。再,臣经过永昌、平番所属各站,多被回匪蹂躏,满目疮痍,深堪悯恻!应与河湟等处一并设法赈抚。附省一带近得时雨,麦苗青葱,民情亦尚安帖。臣所刊署理陕甘总督新疆巡抚行营木质关防应即请销。合并声明。谨奏。①

三月十六日,公致电军机处曰:

"咸"电敬悉。模三月初七接印,探闻湟贼分股西窜,虑肃州、安西、敦煌、玉门兵单,饬现扎永安营北大通之道员潘效苏各营分队出山,赴安、肃一带扼堵。安、敦、玉先有新疆派来马队两营一旗及本地土勇,暂资防守。再,查河州抚局虽定,民心未安;西宁撤回,时抚时叛;青海窜贼虽经董福祥、魏光焘派队进剿,奈沿途粮草均被贼烧,远道采运,万分艰难,刻难了局,乞代奏。陶模。铣。②

三月十八日,军机处来电曰:

奉旨:阅长庚电,与昨电略同。贼如窜喀喇沙尔,该将军即应扼守

---

① 台北故宫博物院藏:《军机及宫中档》,文献编号:408002980. 又,中国第一历史档案馆藏:《录副奏折》,档号:03-5340-042.
② 中国第一历史档案馆藏:《电报档》,档号:2-02-12-022-0076.

珠勒都斯,以固伊犁门户。现在河湟军务未竣,董福祥、魏光焘能否出关,尚未可定,已派邓增、张成基等马队数营,跟踪追剿。至新疆将弁张俊,素称勇往,能否调赴北路防截,着斟酌电奏。钦此。①

三月十九日,公致电军机处曰:

"巧"电敬悉。河州抚局粗定,董福祥能用,马安良暂可无虞。西宁邓镇战功卓著,假以事权,尚可震慑全湟。惟令进剿青海,则力有未逮。安西一带,现饬潘效苏各营驰往堵御。潘在大通,电线中断,尚无起程信息。论董、魏两军,董军较胜。董赖有何得彪②、何建威、张铭新诸人,何得彪受伤未愈,何建威只恃所部狄道人与回深仇故能得力,建威人亦衰老。新疆尚无大股悍贼窜往,本省兵力尚可堵御,暂毋庸添派他军,致内地转形空虚。至剿办青海窜贼,人少则无济,人多则无粮。河西四郡百姓目前转运粮草,车骡倒坏极多,若增大军赴青海,虽重价雇运,亦难凑集,民力尤难支持。晓夜筹思,实无良策,容与魏光焘、董福祥熟商奏覆。请代奏。陶模。皓。③

三月二十七日,公开单报闻光绪二十一年十二月分甘省雨水粮价情形,曰:

窃查接管卷内,光绪二十一年十一月分粮价并得沾雪泽情形,业经前督臣具折奏报在案。兹查十二月分兰州等八府六直隶州属具报得沾雪泽,自一二寸至二三寸不等。正值隆冬之际,获此沃泽,土脉含

---

① 中国第一历史档案馆藏:《电报档》,档号:1-01-12-022-0050。
② 何得彪(1841—1901),甘肃平番县人。同治三年(1864),由武童投效左宗棠军营,历保都司加游击衔,赏振勇巴图鲁名号。光绪二十年(1894),随董福祥赴京,驻防河西坞。二十一年(1895),接统甘军前军,以功保升副将,赏换博多欢巴图鲁名号。同年,保总兵,赏穿黄马褂。关内外肃清,赏头品顶戴记名提督。二十二年(1896),署陕西河州镇总兵。二十三年(1897),借补甘肃中卫协副将。二十五年(1899),补授福建汀州镇总兵。二十七年(1901),奉调开拔回甘,卒于途。
③ 中国第一历史档案馆藏:《电报档》,档号:2-02-12-022-0080。

濡，民情欣慰。

至通省粮价，现在回氛尚未肃清，大兵云集，以致到处粮价仍有增长，不能平减。据藩司曾龢①具详请奏前来。臣覆核无异，理合恭折具奏，并缮粮价清单，恭呈御览。伏乞皇上圣鉴。谨奏。②

同日，公又奏报陕甘续发第六案茶票情形，下部闻。曰：

窃照甘省试办茶务，自光绪十九年起至二十一年止，计第五案，共发甘、陕、宁茶票四百二十三张，计引二万一千一百二十道，业经前陕甘总督臣杨昌濬将办理情形专折奏明，并奉准部覆遵行在案。兹查接管卷内，据兰州道黄云③详：据东、西、南各商请领第六案新票，自光绪二十二年正月起，扣至二十四年十二月止，仍遵照向章，掣档输销，试办三年，共请发甘、陕、宁茶票四百二十七张，较上次多增四票，计引二万一千三百二十道，预缴课银四万二千六百四十两，本应照上届办理，惟据称各商以回匪滋扰，各处引地蹂躏不堪，数月以来，茶无销售，帐不能收，且道路时虞梗塞，拨汇维艰，资本悬搁，受累殊深，恳将每票预缴课银一百两，限于今岁分作四季呈缴。其余欠缴课银五十两，仍随厘并缴，等情。当经前督臣照数填发，并先行咨部查照在案。旋因卸

---

① 曾龢(1839—1901)，字和淑、怀清，满洲正白旗人。咸丰十一年(1861)，捐任户部笔帖式。同治五年(1866)，任工部学习行走。七年(1868)，以记名军机章京，补工部主事。十一年(1872)，补工部屯田司主事。光绪元年(1875)，升工部营缮司员外郎中，旋补军机章京。五年(1879)，调工部都水司郎中，掌水司印钥。次年，任则例馆提调，兼则例馆总纂官，并总理各国事务衙门兼行章京。八年(1882)，补河南道监察御史。九年(1883)，调陕西督粮道，署陕西按察使。十二年(1886)，署陕西布政使。十三年(1887)，授陕西按察使。十四年(1888)，署陕西布政使。二十年(1894)，调补甘肃布政使。次年，总理甘肃全省防练各军营务事宜，加头品顶戴。二十四年(1898)，擢湖北巡抚，以莠言乱政、擅请变法褫职。二十七年(1901)，卒。宣统元年(1909)，开复原官原衔。

② 台北故宫博物院藏：《军机及宫中档》，文献编号：408002981。又，中国第一历史档案馆藏：《录副奏折》，档号：03-6956-027。

③ 黄云(1837—?)，字仙裳，湖南省衡州府清泉县人，监生。同治三年(1864)，奉委会办六安团练。九年(1870)，加道衔。十一年(1872)，补滁州直隶州知州。次年，升凤阳府知府。光绪三年(1877)，署太平府知府。次年，调补庐州府知府。十六年(1890)，迁甘肃兰州道。二十年(1894)，授甘肃按察使。三十一年(1905)，署理甘肃布政使。同年，调补山东按察使。

事在即,未及具奏,移交到臣。

查陕、甘、新疆三省,地广人稀,销茶固少,加以各处私茶虽经屡次严禁,卒难尽绝。新疆尤有晋私偷漏,俄私倒灌,种种侵销,以致官茶未能畅旺,茶务急难复额。从前所定一案三年,前后牵搭,虽逾限制,惟行销尚能接续,引数有增无减。现在发过第六案新票,仍饬兰州道转谕各商,遵照定章,再行试办三年,至光绪二十四年发票之期,容臣察看情形,能否酌为定额,随时举办。

除咨陕西、新疆各抚臣暨通饬所属一体严禁私茶,以畅官引,并咨部查照外,所有陕、甘续发第六案茶票情形,理合恭折具奏。伏乞皇上圣鉴,训示。谨奏。①

是日,公又奏报核销嘉峪关光绪二十一年分收支各项银两数目情形,下部闻。曰:

窃查接管卷内,据嘉峪关监督安肃道何福堃②详称:该关于光绪二十年由江汉关拨到银两收支数目,业经详请奏咨核销在案。今查光绪二十一年分,收到江汉关拨借经费银九千两,并旧管项下存储二十年分支剩备闰银四百七十四两九钱六分,共银九千四百七十四两九钱六分。除支一年各官役薪工银八千三百五两四钱六分,驻兰翻译、委员薪水银九百三十两,共银九千二百三十五两四钱六分,实在支剩银二百三十九两五钱,全数归还十八年分借用厘款外,连前十九年分还过银二百三十五两六钱九分三厘二毫,共归还银四百七十五两一钱九分三厘二毫,下欠未还银三百七十二两八钱一分六厘七毫四丝,应俟随后照议,按年分还。再,旧提存第三十二、三、四、五、六、七、八等结收

---

① 台北故宫博物院藏:《军机及宫中档》,文献编号:408002980。又,中国第一历史档案馆藏:《录副奏折》,档号:03-6507-027。

② 何福堃,生卒年不详。字受轩,山西灵石人,光绪三年(1877),中式进士,改庶吉士,授编修。十八年(1892),补甘肃安肃道。二十四年(1898),迁甘肃臬司。二十六年(1900),署甘肃藩司。次年,护理陕甘总督。有《午阴清舍诗草》梓行。

获进口正、子洋税银二百八十四两三钱八厘五毫,并自光绪二十年十一月初十日第三十九结起至二十一年十一月初九日第四十二结止共四结,收获进口正、子洋税银三百六两一钱五厘六毫,共银五百九十两四钱一分四厘一毫,实储道库,造具细数清册,详请奏咨前来。

臣覆核无异,除将清册分送总理衙门及部、科核销外,理合恭折具奏。伏乞皇上圣鉴。谨奏。①

三月二十八日,军机处来电曰:

奉旨:前谕董福祥驻西宁,魏光焘顾河州,办法本有次第,乃魏光焘争功冒进,董福祥瞻顾不前,以致抚者复叛,剿者逸出,西陲骚然。魏光焘所谓一了百了者安在?陶模既抵署任,着将零星各营速即裁并。董福祥着专办剿抚事宜,进扎西宁,所有甘兵统归节制调度。魏光焘着回驻河州,专顾河狄、循化、米拉一带,并分防各隘,毋任再有窜逸。邓增素称勇往,着统带所部及陶模、魏光焘现派出关各营,迅速起程,会商饶应祺,跟踪追剿。张俊着带喀防兵勇迅赴北路,堵截会剿。至粮料、车驮,着陶模饬地方官速办,毋误军行。钦此。②

三月二十九日,公致电军机处曰:

"俭"电敬悉,应即分别知照钦遵办理。再,河湟本属一气,两手经理,转存推诿,似不如令魏光焘回陕,所部交董福祥,汰弱留强,以一事权。青海连日无信,邓增等只能在近口数百里裹粮探剿。现在添练马队,骤难远行。潘效苏各营因北大通叛回不肯就抚,会同甘、新各军进剿,已将各回堡一律荡平,杀贼甚多,模催令速赴肃北、安西一带,以顾

---

① 台北故宫博物院藏:《军机及宫中档》,文献编号:408002982。又,中国第一历史档案馆藏:《录副奏折》,档号:03-6396-018。
② 中国第一历史档案馆藏:《电报档》,档号:1-01-12-022-0056。

西路。甘州、肃北、安西之南山均有贼踪,凡有官军处,尚不窜扰。惟径路甚多,深虞旁逸。新疆现无贼踪,张俊似可缓动。甘省去年添募营旗,未经奏明者尚多,现分饬次第裁撤;宁夏十营,亦可酌裁。饷需正绌,本年除常饷外,前督臣尚未奏明添拨,现已查核补奏。甘省军政纷如乱丝,撒拉回最狡,董已派马安良往戡,则半剿半抚,亦可就绪。粮道当勉力筹办。祈代奏。陶模。艳。①

三月三十日,公致电军机处曰:

青海通新疆之路与肃州、嘉峪关路不同,贼若窜安西南山,或走罗布淖尔,或走哈密不定,喀什提督不宜先赴北路。闻贼现在祁连山南,统名野牛沟。廿三日,援及抚彝厅南二百余里之黄塔峡,经提督罗平安会同甘标往剿,贼改窜高台南之顺德堡及肃州南之毛见茨沟。河西四郡一律戒严。魏抚派张星元五营往堵,弁勇病疲。廿八,由凉起身。潘道诸营在北大通剿贼尚隔一大山,东路援军未能速至,安肃空虚可虞。此时派兵入青海,断难拦截,只能尾追。安肃郡县其实更急,且大军赴青海,后路车粮转运万难,完善之地不困于贼而困于差徭,内地空虚生变,不能不虑。目前兵力布置甘州、安肃、敦煌、南山,力保郡县,已非容易。贼在青海番地,族类不同,水草缺乏。逆贼犯戒,当亦不少,只须邓增等数营至海边张声势,一面扼守各属南山,令贼走罗布淖尔,派回子将领到彼,半剿半抚,较之蹂践郡县,其补略小。两害相形取其轻者。至贼之出窜,虽湘军能痛剿,亦自不免。且窜贼不仅湟回,却不能专怪魏抚。可否代奏,乞酌示。陶模。晦日。②

四月初一日,公奏请陈昌调补皋兰县知县,下部议。曰:

窃查接管卷内,据甘肃布政使曾鉌、署按察使周绥会详称:皋兰县

---

① 中国第一历史档案馆藏:《电报档》,档号:2-02-12-022-0096。
② 中国第一历史档案馆藏:《电报档》,档号:2-02-12-022-0098。

知县张祥会准补固原直隶州知州,所遗系省会首邑最要缺,应即拣员调补。查例载:各省首府、首县缺出,于通省正途人员内拣选调补。又,省会首邑要缺,无论原缺应题、应调,均准于现任正途人员内酌量调补。其例准声明之项,毋庸逐件扣驳,等语。今皋兰县知县系冲、繁、疲、难附省首邑,地方紧要,政务殷繁,非精明干练之员,不足以资治理。

该司等在于通省现任正途知县内悉心遴选,查有高台县知县陈昌,年五十五岁,四川铜梁县进士,由分部主事改就知县。光绪九年八月,选授安化县知县,调补高台县知县,十五年五月十七日到任。查该员才猷练达,吏治勤能,久任繁剧,措施裕如,以之调补皋兰县知县,实堪胜任,人地亦极相宜。会详请奏前来。

督臣杨昌濬未及核办,列入移交。臣到任未及三月,例不加考。惟既据该司等声称该员陈昌才猷练达,吏治勤能,合无仰恳天恩俯念首邑要缺治理需人,准以高台县知县陈昌调补皋兰县知县,期于地方有裨。如蒙俞允,该员衔缺相当,毋庸送部引见。前在各任并无参罚案件。谨恭折具陈。伏乞皇上圣鉴,训示。所遗高台县知县系冲、繁、疲应调要缺,俟奉准部覆,再行拣员请调。合并声明。谨奏。①

同日,公又奏请苏保国署理两当县知县,下部议。曰:

窃查接管卷内,据甘肃布政使曾鉌、署按察使周绶会详称:两当县知县苏重熙调补山丹县知县,所遗员缺业已截缺报部。查各省升调遗缺出,例用各项候补并进士即用及委用、试用、大挑、议叙、捐纳、截取、进士、举人各项人员。又,新例:道府以至未入流,无论何项到班,仍以五缺计算,等语。甘省知县升调遗一项,自停止变通章程后,上次碾伯县缺出,以海防新例候补尽先知县宋昇平准补在案。其次宁远县知县

---

① 台北故宫博物院藏:《军机及宫中档》,文献编号:408002983。又,中国第一历史档案馆藏:《录副奏折》,档号:03-5340-091。

缺,以曾任实缺应升之候补知县沈瑞霖请补;隆德县知县缺,以正途出身新海防例捐纳试用知县程德音请署。均经先后奉准部覆。

今两当县知县一缺,甘省现无新海防例、新班先等项花样人员,照例过班,接用各项班次应插之分缺间无人,轮应截取进士;试用到班插补之分缺先人员未足一年,应行扣补前先截取进士亦无人,惟查有截取进士正班知县苏保国一员,例得请署。查该员年四十三岁,云南建水县人,由进士截取即用知县,签掣甘肃。光绪二十年正月初四日,到省试用,年满照例甄别留省补用在案。该员谨慎安详,留心吏治,以之请署两当县知县,实堪胜任,与例亦相符。会详请奏前来。

前督臣杨昌濬未及核办,列入移交。臣到任未及三月,例不加考。惟既据该司等声称该员苏保国谨慎安详,留心吏治,合无仰恳天恩俯准以该员苏保国请署两当县知县,实于地方有裨。如蒙俞允,该员衔缺相当,毋庸送部引见,仍俟试署年满,如果称职,另请实授。该员未经委署,并无参罚案件。谨恭折具陈。伏乞皇上圣鉴,训示。谨奏。①

是日,公又奏请杨培之调补武威县知县,下部议。曰:

窃查接管卷内,据甘肃布政使曾鉌、署按察使周绥会详称:武威县知县彭福孙捐升郎中,业已截缺报部。查定例:各省州县应调缺出,俱令于现任人员内拣选调补。又,调补州县以上官员,必历俸三年,方准拣选题补。选授、补授之员以到任之日起,署事之员至实授后,亦准以到任之日起,俱扣至具题到部之日计算,如已满三年堪胜繁剧者议准,各等语。

今武威县知县系冲、繁、疲、难附郭最要应调之缺,地杂民番,营屯满汉,抚循弹压,责任匪轻,非勤能果敢之员,不足以资治理;于通省现任人员内逐加遴选,查有崇信县知县杨培之,现年五十二岁,直隶天津

---

① 台北故宫博物院藏:《军机及宫中档》,文献编号:408002984.又,中国第一历史档案馆藏:《录副奏折》,档号:03-5340-089。

县举人,庚辰科会试后大挑一等,奉旨以知县用,签分甘肃。光绪十年四月到省,补授崇信县知县,十八年十一月十七日到任,试署年满,请准实授,现调署通渭县事。查该员悃愊无华,尽心民事,虽现任偏僻,才能治剧,以之调补武威县知县,实堪胜任,人地亦极相宜。会详请奏前来。

督臣杨昌濬未及核办,列入移交。臣到任未及三月,例不加考。惟既据该司等声称该员杨培之悃愊无华,尽心民事,合无仰恳天恩俯念要缺需员,准以崇信县知县杨培之调补武威县知县,期于地方有裨。如蒙俞允,该员衔缺相当,毋庸送部引见。谨恭折具陈。伏乞皇上圣鉴,训示。再,该员在各任内并无参罚案件。至所遗崇信县知县系简缺,甘省现有应补人员,应请扣留外补。合并声明。谨奏。①

四月初四日,公致电军机处曰:

西事上烦圣廑,莫名悚惶!现在实情有不敢不上陈,住河州回众信服董福祥,供办粮料,本省河狄军粮藉得移为赈济难民,归耕不少。米拉沟亦已平定,人心少安。董赴湟中,有王钺安在河州,何建威在狄道,足资弹压。若移魏光焘驻河州,湘军为甘军所轻,诸将不能融洽,恐无益有损。河湟军事统归董节制,佐以邓增酌留湘军数营,当可办妥。青海近无信息,窜贼小股约三四十人在抚彝高台南之饮牛沟,大股至安西之南山常家口,约二万人,闻欲窜罗布淖。现在署甘州提督张永清带二营旗,兴模所派罗平安一营在梨园山内堵御。玉门、安西、敦煌分布防军五营旗,兵力太单,勉强守城,不能进剿。潘效苏自北大通开拔,张星元自凉州起程,计抵敦煌尚须二十余日。西宁距敦煌三十五站,未易赶及,邓增出关,无补西宁,有损湟中。窃意内地精贼大半就抚,其愚者挈眷西奔,铤而走险,未克尽诛,已电商饶应祺,如果贼

---

① 台北故宫博物院藏:《军机及宫中档》,文献编号:408002985.又,中国第一历史档案馆藏:《录副奏折》,档号:03-5340-090.

窜罗布淖，一面扼要备战，一面派回子将领相机收抚，安插隙地。饶抚已派队入罗布淖，新疆大局或可无害。喀什逼近俄界，提督未可轻动。愚见当否？乞代奏。陶模。支。①

四月初五日，公奏报恳请添拨光绪二十二年军饷并补拨上年短欠银数情形，下部议。曰：

窃前陕甘督臣杨昌濬因去岁回匪扰乱，防剿均关紧要，陆续招募兵勇，需用浩繁，于常年防饷外两次奏请添拨军饷银二百万两，内初次奉拨银一百二十万两，除收到山西、四川两省拨款并甘肃藩库封存、减平、裁省满营支存子药夫口粮、粜粮变价等项银八十七万三千六百五十两四钱八分三厘外，尚不敷银三十二万六千三百四十四两五钱一分七厘，已于二次请拨银八十万两折内声明请拨足数在案。嗣准部覆，由甘肃司库节省项下提用银一十四万八千两，仍不敷银一十七万八千三百四十四两五钱一分七厘，现已遵照部议，由存粮变价内陆续收回银二万九千四百二十两八分四厘，又已报未解存粮变价银五万二百六十四两四钱九分五厘，亦作收回计算，实不敷银九万八千六百五十九两九钱三分八厘，仍应在存粮内变价抵款。无如各属仓粮奉准截留二十万石，以备赈济，未便再令变价，致形空匮，以致初次所拨一百二十万两之数仍有不敷。至二次请拨银八十万两，只奉拨司库秋拨实存及兵饷待支款内银五十万两，尚短拨银三十万两。

以上二十一年，除赈款、车价另蒙估拨外，两次共请拨银二百万两，内计实收银一百六十万两之谱，尚有粮价已报未解五万余两在内。连去岁防军新饷，分收银九十二万两零，二共银二百五十余万两，为数不为不多。惟甘省军务自去年三月循化滋事起，前督臣派募防练各军、青海办事大臣添募马步队土勇，每月共需银十余万及二十余万两

---

① 中国第一历史档案馆藏：《电报档》，档号：2-01-12-022-0102。

不等。八月以来，每月需银三十余万两。截至十二月底止，通共需银三百余万两。除实收奉拨并防军新饷照数支发外，计尚不敷银四十余万两。此二十一年军饷不敷之实在情形也。

本年河狄虽已收抚，防营尚难全撤，而西宁一带剿抚犹未大定，各军饷项刻不容缓；加之采办军火，制造器械，犒赏获胜之士卒，恤养伤亡之勇丁，在在需款。臣酌量缓急，力求节省，已将东南路各属城防土勇分次裁撤。现在威定右营步队、卓泥营马队、洮防春字营、镇夏前营，均经陆续裁遣，豫凯一军亦已奉旨调豫遣散。其旧存、新添各军行、坐粮饷并采办赏恤各费，虽设法撙节，尚属不少。此二十二年军饷不敷之实在情形也。

现经藩司督同粮台委员，通盘计算，委实无款可筹，若不预请酌拨的款，窃恐贻误非细，应恳于常年防饷之外，再请添拨本年军饷的款银一百二十万两，并前请拨饷银八十万两内少拨银三十万两，二共请拨银一百五十万两，以备军需而清垫款。统俟军务平定，核实造销。再，上年奉拨变卖粮价一款，尚不敷银九万余两，可否另拨的款以符原拨一百二十万两之数，抑或仍在本年收获额粮内变价足数之处，据藩司曾鉌详请奏咨，等情。前来。

臣查甘省军兴以后，帑藏告竭，现虽将营勇分别裁并，无如河湟抚回时虞反覆，贼党又出窜青海，分扰抚彝、高台、安肃各属之南境，处处戒严；西路防练各军尚嫌单薄，断不能一时遣散，前经奉拨之饷实在不敷支用。合无仰恳天恩俯准饬部添拨本年军饷的款银一百二十万两，并补发上年第二次奉拨短少银三十万两，以济急需。其变卖粮价内不敷银两，可否仰恳天恩一并拨补，抑应在本年征粮内变抵之处，伏候圣裁。

再，臣由新疆起程，酌带马步入营旗、炮队一哨，应支行粮暨转运各费，已由新疆发至本年二月底止，三月即归甘肃发给，每月计需银二万余两。此目前新增之款，容俟汇案具奏。

所有拟请添拨军饷并补拨上年所短银数各缘由，谨恭折驰陈。伏乞皇上圣鉴,训示。谨奏。①

同日,公又附片奏报甘肃用兵动支额粮一事,下部闻。曰:

再,据甘肃新疆总粮台布政使曾龢详称:甘省此次军需,先因分路进剿,大军骤集,继以招抚流亡,安插难民,需用军粮、赈粮,至急且巨,难于各处设局就地筹办,而甘省地处边徼,素鲜盖藏,一时采买实难集事,当饬兰州、巩秦、甘凉、宁夏各厅、州、县、县丞先就仓储额征粮石,除留备地方常年应供外,其余上下色各粮,均经酌量提拨,运交粮局,用顾急需,所需脚费按照时价开支。惟现行楚军行粮饷章,原本只发现银,不支粮料,无如军行无定,前敌近贼之处,委系无从采买,势不能不动用额粮,并不能不由远道运济。此项动支额粮,现已酌中定价,由各营应支月饷内按照津贴四成章程扣收还款,仍俟军务大定,粮价扣清,汇总存司,以备拨用。详请奏咨前来。臣覆核无异,谨附片具陈。伏乞圣鉴,饬部查照立案,施行。谨奏。②

是日,公又附片奏请王钺安署理河州总兵,下部闻。曰:

再,新授陕西河州镇总兵何建威③现在统带马步各营旗,驻扎狄道一带,弹压地方,未能遽赴新任。河州镇员缺紧要,查有记名提督宁夏镇总兵王钺安,堪以署理,俾专责成而重防务。除檄委并分饬遵照外,

---

① 台北故宫博物院藏:《军机及宫中档》,文献编号:408002986.又,中国第一历史档案馆藏:《录副奏折》,档号:03-6138-113。
② 台北故宫博物院藏:《军机及宫中档》,文献编号:408002987-0-M.又,中国第一历史档案馆藏:《录副奏片》,档号:03-6138-114。
③ 何建威(?—1898),甘肃洮阳人。光绪六年(1880),经陕甘总督左宗棠札委招募靖远左军,随赴京疏浚直隶顺天永定上游河务,事竣,送部引见,以参将发往甘肃补用。九年(1883),经督臣谭钟麟札委帮带督标练军步队。十七年(1891),经督臣杨昌濬奏补督标左营参将。因籍隶本府,调补陕西西宁陕营参将。二十一年(1895),经陕抚张汝梅札委管带抚标前、中两旗,赴甘剿办回乱,随经董福祥奏保总兵,并加提督衔。同年,简放河州镇总兵。二十三年(1897),调补肃州镇总兵。二十四年(1898),卒于军。

谨附片具奏。伏乞圣鉴。谨奏。①

四月十三日,公致电军机处曰:

青海现无贼踪,多在安、肃各属。南山初八日有贼数千,扑玉门迤南之昌马山口,经管带新疆定远马队提督牛允诚率队迎剿,鏖战半日,毙贼百余名,兵丁阵亡一人,伤六人,余贼逃回番地。兵少山深,未能穷追,再由他口攻扑,未可预料。窃计贼伙虽众,大局或可无害。除分檄严防外,乞代奏。陶模。元。②

四月十四日,公奏核甘肃光绪二十二年新旧秋审人犯侯平儿等各案情形,下部闻。曰:

窃据署甘肃按察使周缳会同布政使曾鉌、兰州道黄云详称:前准部咨奏准变通章程内开:甘肃应入秋审新旧人犯,迅即饬属造具案由清册,送由臬司核明罪犯轻重,分别实、缓,将应勘人犯停止解省,该督即将拟定实、缓清册奏明,咨部覆核。应入情实人犯,请旨即行处决;缓决可矜人犯,照前次变通章程,分别减等、发配,等因。奉旨:依议。钦此。钦遵咨行到司。当经移行各道、府、直隶州,通饬所属各厅、州、县一体遵办在案。

兹查得光绪二十一年原办新事及旧事秋审情实人犯内,奉旨已勾之陇西县斩犯张幅娃仔、秦安县斩犯成统业二名,均经饬令处决,并未及奉到部覆先经反狱格毙之河州绞犯马三莽、斩犯马黑必卜、斩犯萧外力以及反狱不从被殴身死之斩犯杜祁有城四名,均经拟议,详请具奏,已奉部覆在案。又,反狱守法不从被殴受伤平复、奉旨减等拟流之

---

① 台北故宫博物院藏:《军机及宫中档》,文献编号:408002987-0-N。又,中国第一历史档案馆藏:《录副奏片》,档号:03-5913-040。
② 中国第一历史档案馆藏:《电报档》,档号:2-02-12-022-0113。

斩犯王尕受一名，业经饬令造册，请牌发配。又，原办旧事秋审情实二次奉旨已勾、未及奉到部覆，先经越狱逃脱之西宁县斩犯马尕有仔一名，现已拿获另行拟议详办外，又原办缓决人犯内文县绞犯老马即马薛绑一名，业经病故另详请咨外；又原办缓决三次限满应行援免释放之华亭县绞犯曹潞一名，业经饬令释放；已奉部覆应入本年新事秋审先经反狱格毙之碾伯县斩犯扎马胡塞、绞犯马良伏二名，已经详请具奏在案。又，已奉部覆应入本年新事秋审先因劫狱守法不从现已病故之狄道州斩犯宁瀿芒，并劫狱守法未从应行减等之绞犯田汪苣二名另详办理外。

以上统共一十二起，计一十四名，俱应于本年秋审内开除。其尚有原办新事秋审情实人犯内奉旨牢固监候之安化县县绞犯刘蒿㳘、隆德县斩犯摆苏儿，与原办缓决之文县绞犯邢均、化平厅斩犯郑㦤发、通渭县绞犯董炭儿、肃州绞犯李沅淳，共六起，计犯六名，仍应分别实、缓，汇入本年旧事秋审册内办理。并有已奉部覆应入光绪二十二年新事秋审宁州绞犯侯平儿、隆德县绞犯马增幅、中卫县绞犯王终、洮州厅绞犯张代哇仔、静宁州斩犯王盅桦、宁州绞妇李氏，共六起，计犯六名。以上统共一十二起，计犯一十二名，遵照变通章程，人犯停止解勘，照依该犯等情罪，酌拟实、缓，分晰新旧，汇造年贯、案由清册，呈请具奏前来。

臣覆核无异，除赍到册籍咨部核办外，谨缮折由驿驰陈。伏乞皇上圣鉴，饬部核覆施行。尚有原办旧事秋审服制情实，奉旨永远监禁之礼县斩犯马汶有一名，据报病故业经请咨外，甘省并无应入朝审人犯。其现入秋审内，亦无祖、父、子、孙阵亡应行声叙之案。此案本立循旧具题，因遵照部议变通章程办理，是以改题为奏。合并陈明。谨奏。①

---

① 台北故宫博物院藏《军机及宫中档》，文献编号：408002987。又，中国第一历史档案馆藏：《录副奏折》，档号：03-7265-023。

同日，公又附片奏报华阳营都司辛仲武病故一事，下部闻。曰：

再，据督标中军副将汤仁和呈：据督标左营把总辛汝奎禀称：把总之父辛仲武系汉中镇属华阳营都司，去岁因患腿疾，请假回籍调理，渐次就痊，今春复又感冒风寒，医药罔效，于光绪二十二年二月初一日病故，等情。随即委员查验属实，取具该故员原领都司札付，及委员承查印、甘各结，呈赍核办前来。

臣覆核无异，相应奏明请旨开缺。除将赍到札付、印、甘各结咨送兵部外，所遗华阳营都司员缺，陕甘现有应补人员，容臣另拣请补。理合附片具陈。伏乞圣鉴，训示。谨奏。①

是日，公又附片奏报谢永谦发往新疆充当苦差一事，下部闻。曰：

再，上年经贵州抚臣崧骏②咨解发往新疆充当苦差官犯谢智夫即谢永谦到甘，时值河狄逆回猖獗。旋据该革员具禀：自以熟悉戎务，恳请留营效力，以赎前愆，等情。当经前督臣杨昌濬据情奏请暂留营试用，以观后效，等因。兹据署皋兰县知县姚世贞详称：该革员谢智夫带勇防护河州渡口，辄敢硁诈行旅，被控撤回，该革员又复在省任意妄为，滋生事端，实属怙终不悛，难期后效，等情。前来。

臣覆查无异，除将该革员谢智夫仍行发往新疆充当苦差以符原

---

① 台北故宫博物院藏：《军机及宫中档》，文献编号：408002987-0-J。又，中国第一历史档案馆藏：《录副奏片》，档号：03-5913-066。

② 崧骏（1832—1893），字雪帆、振青、镇青，瓜尔佳氏，满洲镶蓝旗官学生。咸丰七年（1857），捐纳兵部九品笔帖式。九年（1859），中式举人，充兵部七品笔帖式。同治二年（1863），补兵部主事。三年（1864），升兵部员外郎。五年（1866），兼理茶库员外郎。六年（1867），晋兵部郎中。同年，放广东高州府知府。九年（1870），调补山东济南府知府。十年（1871），转山东沂州府知府。光绪元年（1875），升山东督粮道，加盐运使衔。五年（1879），迁广西按察使。七年（1881），授直隶布政使。十一年（1885），擢漕运总督。十二年（1886），补授江苏巡抚。十四年（1888），调补浙江巡抚。十五年（1889），兼署浙江提督。十九年（1893），卒于任。

案，并行甘臬司委员饬解外，理合附片陈明。伏乞圣鉴。谨奏。①

同日，公又附片奏报河州营都司王忠孝病故等情，下部闻。曰：

　　再，据署陕西汉中镇总兵龙得胜呈称：调署华阳营都司河州城守营都司王忠孝，得患风寒病症，医治未愈，于光绪二十二年三月初一日在任病故，等情。呈报前来。臣覆查无异，相应奏明请旨开缺。

　　除查取该故员原领札付及委员承查印甘各结送部外，所遗都司员缺，陕甘现有应补人员，容臣另行拣员请补，理合附片陈明。伏乞圣鉴。谨奏。②

同日，公又附片奏报官兵收复北大通情形，曰：

　　再，臣正拜折间，据探报董福祥派道员张成基、副将马安良等，已将北大通收复。又据续探，官军实只得大通营一城，四乡各堡仍系悍回麕聚。查回性反复，悬揣情形，诸多可虑，臣已飞饬潘效苏会同诸将领，进山分札，以资防剿。谨附片具奏。伏乞圣鉴。谨奏。③

四月二十一日，公致电军机处曰：

　　十一日，牛允诚派勇入昌马山，百廿里遇贼，击毙百余名，生擒二名，贼又退数十里，伪四元帅刘姓派人乞降，唯贼众满万，无地可插，只罗布淖有隙地，相距绝远，难以资遣。如玉门不收抚，势必分股猛扑，又虑兵单，当饬潘效苏与诸将相机酌办。邓增现行至平番县，距前敌

---

① 台北故宫博物院藏：《军机及宫中档》，文献编号：408002987-0-K。又，中国第一历史档案馆藏：《录副奏片》，档号：03-6138-129。
② 台北故宫博物院藏：《军机及宫中档》，文献编号：408002987-0-L。又，中国第一历史档案馆藏：《录副奏片》，档号：03-5913-067。
③ 台北故宫博物院藏：《军机及宫中档》，文献编号：408002987-0-P。

尚远,倘关外事机尚顺,邓增可无须出关。湘军多已三役,抚贼太多,回情不亲,现商董福祥相机妥办。宁夏将军十营实驻无用之地,似可先裁五六成。倘云回情叵测,则不止宁夏一处。①

四月二十二日,公奏报请准彭福孙请改同知留甘补用缘由,下部闻。曰:

窃州县为亲民之官,吏治之得失、地方之安危系焉。甘肃回匪屡叛,民气凋伤,休养生息当以整饬吏治为先。臣自新疆入关,访查甘肃文武员弁,贤否不一,容再随时察看、分别举劾外,兹查有武威县知县彭福孙,抚驭得宜,民情爱戴。其举办团练及供支来往兵差,结已奉公,无一毫扰累,亦无一事违误。似此实心实政,诚为牧令中不可多得之员。惟该员已由知县捐升郎中,光绪二十二年正月二十日接准部咨,准其离任开缺在案。臣到任后,与藩、臬两司勤谘吏治,皆以该员清勤详慎,素得民心,与臣在关外平素所闻大致相同。又据署甘肃甘凉道王效②禀称:该员在武威县任内,值地方多事,办理一切,悉臻妥善,阖县绅民闻其开缺,联名具呈恳留,等情。前来。

臣查该员彭福孙,年五十二岁,江苏长洲县人,由刑部主事中式光绪五年顺天乡试举人。十二年,遵海防例改捐知县。十三年五月,部选甘肃秦安县知县,六月初二日引见,奉旨补授。七月,报捐同知升衔,十二月二十日到任,历署皋兰、武威等县知县。二十年十月二十三日,调补武威县。二十一年十一月十六日,在部库遵例报捐郎中双月选用。二十二年正月二十日,奉部文离任开缺。臣以甘省吏治之不饬已非一日,现在时局艰难,人心不靖,招徕抚辑,正需才孔急之时,该员

---

① 中国第一历史档案馆藏:《电报档》,档号:2-02-12-022-0120。
② 王效,生卒年不详。光绪十一年(1885),以吏部主事补军机处额外章京。十二年(1886),充军机处章京。后补江西道监察御史。二十年(1894),放甘肃凉州府知府。二十二年(1896),署甘凉道。

年富力强,循声卓著,正宜力图报效,共济时艰。查郎中与外官同知直隶州系属对品,合无仰恳天恩,俯念吏治需人,准以捐升郎中开缺知县彭福孙改为同知直隶州,仍留甘肃补用,并请俟补缺后,再行送部引见,实于吏治有裨。

臣为整顿地方起见,谨恭折具奏。伏乞皇上圣鉴,训示,施行。谨奏。①

同日,公又开单奏报补报甘省添募各军情形,曰:

窃臣自履署任,清厘积牍,查有去岁陆续招募、添改各营旗,虽经前督臣杨昌濬随时具奏,其中不无遗漏,当饬甘肃布政使曾龢详晰查报。兹据详称:遵查去年甘肃回匪不靖,河湟一带相率蠢动,东扰海城,西窜甘凉,旧有营旗不敷防剿,所有陆续添募各军暨城防土勇,均经叠次详奏在案。惟贼势流窜无常,即军情瞬息立变,一经改动,案牍即有参差,招募既多,奏报不无遗漏。有已经奏明立案后,因该军所部足敷调遣并未招募者;有未经奏明立案,因防剿实在吃紧,从权酌量饬招成旗、成哨者;又有因贼踪逼近、防剿在急,未及奏明将旧有之军量为添改者。彼时均因军务倥偬,案牍纷繁,未及即时详请奏明。刻下贼氛稍靖,所有漏未奏报各军,理合逐一查明,开具清单,详请补行奏咨立案前来。

臣覆核无异,惟查前敌剿抚事宜,办理粗有头绪。各军分驻要隘,仍资镇压,未便遽行裁撤。此外城防土勇及不得力营旗,现已分别接续裁减,以期节省饷需,容另行汇案具奏。

所有前次漏未奏报各军,除咨明户、兵二部查照外,谨缮补清单,

---

① 台北故宫博物院藏:《军机及宫中档》,文献编号:408002989。又,中国第一历史档案馆藏:《录副奏折》,档号:03-5914-013。

恭呈御览，相应恭折驰陈。伏乞皇上圣鉴，饬部立案施行。谨奏。①

是日，公又奏报遣撤营勇并酌给恩饷缘由，下部闻。曰：

窃查甘省去岁军兴，经前督臣杨昌濬随时奏明添募营勇，并调各军协同剿办。现在军事渐定，准户部咨：奏奉谕旨，饬令裁撤营勇，以节饷需，等因。当即转饬遵办去后。兹据甘肃新疆总粮台布政使司曾龢详称：查湘军、甘军、陕军各有专饷，应由各军自行办理外，如豫凯一军七营两哨调自河南，全胜一军三营旗募自汉中，其余添募各营亦系客籍多土著少，总缘甘省土旷人稀，应募无几，即间有入伍者，均属狄河难民。目下次第遣散，若将应发月饷截至裁撤之日止，恐此辈勇丁素无恒业，所得月饷不免随时耗费，一经裁遣，不特盘费无出，抑且度日无资，朝为战士，夕就流离，似不足以示体恤。本台再三酌议，拟援去岁北洋定章：凡回防之勇由陆路撤回者，给予口粮一月，以作川资。甘省概系陆道，距湘、距豫动至数千余里，遣散之勇又与撤还有别，应即查明撤勇原籍地方道路远近，酌给口粮，或一月或月半，极远以两月为止；其籍隶湖南者，由甘省发给一半，下余饷银解由陕省、湖北分给；其籍隶河南者，解由陕西、河南分给；其籍隶汉中者，省中秦州分给；其籍隶河狄者，查实系难民，亦准给半月口粮，俾资归农。如此分别办理，庶士卒均沾实惠，即沿途亦藉免骚扰，等情。详请奏咨前来。

臣覆查招勇易集，散勇最难，远道遣归，非于正饷之外酌给口粮，诚虑沿途乏资，或致逗遛生事。除照详酌准并令将续裁营旗随时详报另办，并咨明户部查照立案外，所有酌给散勇口粮缘由，理合恭折具陈。伏乞皇上圣鉴。谨奏。②

---

① 台北故宫博物院藏：《军机及宫中档》，文献编号：408002991. 又，中国第一历史档案馆藏：《录副奏折》，档号：03-5759-068.

② 台北故宫博物院藏：《军机及宫中档》，文献编号：408002988. 又，中国第一历史档案馆藏：《录副奏折》，档号：03-5561-050.

同日，公又奏请知县赵鋐留省补用，下部闻。曰：

再，臣前由新疆酌带马步营旗入关，并随带文武员弁，已于恭报起程折内奏明在案。嗣臣行抵甘州，派候补道潘效苏督率马步营旗，迳驻北大通一带办理防剿，即派所带员弁随潘效苏行营差遣。惟有留甘肃新疆候补班前尽先补用知县赵鋐，随臣抵省，委办一切，俱臻妥协，合无仰恳天恩俯准以知县赵鋐留于甘肃补用，借收得人之效。如蒙俞允，并请俟补缺后，再行送部引见。其余在营员弁应否留省，容臣另行查明奏请外，谨附片具陈。伏乞圣鉴，训示。谨奏。①

同日，公又会衔西宁办事大臣奎顺附片奏报健字营勇支给行粮缘由，下部闻。曰：

再，查上年湟回变起，郡城吃紧，经西宁办事大臣臣奎顺饬千总李致中在贵德厅等处，招集汉番马步勇丁共二百六十余员名，于八月内成军来郡，在大南川一带接仗，屡战获胜，深资得力，因令将总兵陈孟魁所招土勇归并成营，照土勇坐粮章程支给，名曰健字营。嗣随西宁镇总兵邓增②前赴西南川，攻剿贼庄，每战奋勇杀贼。所支口粮不敷，准自十二月成营之日起支行粮，以资鼓励。现因追剿青海窜贼，改步为骑，饬赴丹噶尔，带同蒙、番各兵，相机防剿。又，臣奎顺会商前署西宁道陈嘉绩，饬募马队一旗，以备战守，兼顾运道，派守备米万荣管带。

---

① 台北故宫博物院藏：《军机及宫中档》，文献编号：408002987-0-H。又，中国第一历史档案馆藏：《录副奏片》，档号：03-5341-010。

② 邓增（1843—1905），字锦亭，广东新会人，武童。咸丰十一年（1861），赏给六品军功，旋换五品顶戴。同治二年（1863），保以把总尽先拔补，并赏戴蓝翎。次年，赏换花翎。五年（1866），保以都司留福建尽先补用，加游击衔。同年，再保游击，晋参将衔。九年（1870），保参将。次年，保升副将。十一年（1872），保总兵衔，加伊博德恩巴图鲁勇号。次年，保以总兵记名简放。光绪二年（1876），保以提督记名简放，并赏穿黄马褂。六年（1880），晋头品顶戴。十一年（1885），署伊犁镇总兵，旋实授。十五年（1889），调补甘肃西宁镇总兵。二十二年（1896），迁陕西固原提督。三十一年（1905），卒于任。三十三年（1907），附祀左宗棠专祠。

本年二月,该署道交卸篆务,仍归新任西宁道联魁①钤辖,改委都司刘作铭接带,应支行饷,该道自行请领,并由臣奎顺先后咨明在案。前督臣杨昌濬未及核办,应即据实会奏立案。

除咨户、兵二部查照外,理合会同西宁办事大臣臣奎顺,附片具陈。伏乞圣鉴,饬部立案施行。谨奏。②

是日,公又附片奏报请准遣勇回豫发放川资缘由,下部闻。曰:

再,豫凯一军马步七营、炮队两哨,去岁来甘助剿,调赴碾伯平成驿一带,扼守西宁后路。现在该军遵旨回豫遣散,于本年三月十九、二十等日先后到省,原带军械均交署碾伯县余承曾点收具报。其格林炮、子药等项,亦经交由省城军装局照数收储。该军月饷应即截至三月底止照常发给。惟该军七营两哨,均系河南士卒,此次带回原省遣散,路遥日久,费用无资,甚恐沿途逗遛,骚扰滋事,拟即援照北洋定章:回防之勇,陆路撤回者,给予口粮一月,以作川资。甘省距河南概系陆路,计程必须四十余日,方能行抵省会。扣至四月初一日起至五月十五日止,发给该军一月半口粮作为路费。其银解由陕省给予半月,下余一月兑由河南发给,以昭核实。据甘肃布政使司曾铄详请奏咨,并附呈点收军械清折前来。

---

① 联魁(1849—?),字星樵、星乔,满洲镶红旗人,贡生。同治三年(1864),充神机营文案委员。光绪元年(1875),保即选笔帖式。三年(1877),选礼部笔帖式。同年,保兵部候补主事,加四品衔。五年(1879),保兵部候补员外郎、兵部候补郎中。六年(1880),赴科布多差遣。八年(1882),充职方司帮掌印。十一年(1885),补海军衙门章京。同年,充水操内学堂提调、兵部捷报处章京、饭银处监督、则例馆提调、会典馆纂修。十三年(1887),升兵部郎中,掌职方司印钥。十六年(1890),掌武选司印钥。十八年(1892),授总理海军事务衙门帮总办。是年,放甘肃甘凉道,晋三品衔。二十一年(1895),署甘肃布政使。同年,调补甘肃西宁道。二十三年(1897),署西宁办事大臣。是年,调安徽安庐和滁道。二十四年(1898),迁安徽按察使。二十八年(1902),署安徽藩司。二十九年(1903),实授安徽布政使,护理安徽巡抚。三十一年(1905),擢甘肃新疆巡抚。宣统元年(1909),授会办盐政大臣。

② 台北故宫博物院藏:《军机及宫中档》,文献编号:408002987-0-I.又,中国第一历史档案馆藏:《录副奏片》,档号:03-5759-071.

臣覆核无异,除将清折咨送军务处及咨明户部查照外,谨附片具陈。伏乞圣鉴。谨奏。①

同日,公又附片奏请孙金彪署理固原提篆,曰:

再,陕西固原提督雷正绾奉旨开缺回籍,以西宁镇总兵邓增补授。邓增现奉谕旨,带队出关,未能即赴新任。陕、甘两省武职大员除现在前敌诸将领外,实无可以署理斯缺之人。查有陕西汉中镇总兵孙金彪②,勇略兼优,臣所素悉,且其读书有年,文理通达,与遇事难以函牍相商者有别。该员现在山东烟台带队,刻值海疆防务稍松,相应请旨饬下北洋大臣、山东巡抚另拣妥员接办,饬孙金彪迅即赴陕署理提篆,一俟邓增到任,即令前赴汉中镇本任,以重职守,于陕、甘两省军务均有裨益。

谨会同护理陕甘巡抚布政使臣张汝梅③,附片具奏。伏乞圣鉴,训示。谨奏。④

四月二十三日,公开单奏报光绪二十二年正月分甘省雨水粮价情形,曰:

窃查接管卷内,光绪二十一年十二月分粮价并得霑雪泽情形,业

---

① 中国第一历史档案馆藏:《录副奏片》,档号:03-6139-010。
② 孙金彪(?—1906),江苏苏州府元和县(一说苏州府吴江县)人。武生。咸丰十年(1860),任枪船首领。同治元年(1862),以军功补千总。七年(1868),以出兵河南剿捻功升参将,加博奇巴图鲁名号。十年(1871),出兵甘肃,保以记名提督,赏穿黄马褂。光绪三年(1877),出兵新疆,统领嵩武军。次年,加头品顶戴。十三年(1887),调补陕西汉中镇总兵。同年,任山东烟台海口防营统领,归李鸿章节制调遣。二十五年(1889),赴京陛见。次年,任武毅右军先锋队右翼长。二十七年(1901),调湖南永州镇总兵。二十九年(1903),办理苏州营务。三十一年十二月初七日(1906年1月1日),卒于任。
③ 张汝梅(?—1902),河南开封府密县人,监生,赏励勇巴图鲁名号。咸丰八年(1858),保加同知衔。次年,晋知府衔。同治元年(1862),河南军营办理营务,保升按察使衔。光绪六年(1880),赏云骑尉。十五年(1889),补广西右江道。十七年(1891),迁山西按察使,署山西布政使。二十一年(1895),实授陕西布政使。次年,护理陕西巡抚。二十三年(1897),调补山东巡抚。二十八年(1902),卒。著有《梦花居文存》行世。
④ 中国第一历史档案馆藏:《录副奏片》,档号:03-5914-014。

经据折奏报在案。兹查本年正月分,兰州等八府六直隶州属具报得霑雪泽,自一二寸至五六寸,深透不等。正值春耕布种之际,获此沃泽,土脉含濡,民情欣慰。

至通省粮价,现在回氛尚未肃清,大兵云集,以致到处粮价仍有增长,不能平减。据藩司曾鉌具详请奏前来。臣覆核无异,理合恭折具奏,并缮粮价清单,恭呈御览。伏乞皇上圣鉴。谨奏。①

同日,公又代奏王钺安接署河州镇篆谢恩一事,曰:

窃臣据署陕西河州镇总兵本任甘肃宁夏镇总兵王钺安呈称:总兵奉委署理河州镇总兵员缺,当即起程,于本年三月二十六日驰抵河州,准前署总兵李良穆移送钦颁同字三十七号陕西河州总兵官银印一颗并文案、卷宗前来。遵即恭设香案,望阙叩头谢恩,祗领任事。

俯念总兵长安武士,知识毫无,渥被殊恩,补授甘肃宁夏镇总兵,复署陕西河州镇总兵篆务,涓埃未报,惶悚实深!查河州控制番夷,汉回杂处,现值烽烟甫静,弹压抚绥,均关紧要。自维椪昧,深惧弗胜,惟有勉竭驽骀,督率将弁,实力巡防,借弭隐患,以冀稍酬高厚鸿慈于万一!

所有接署河州镇篆日期并感激下忱,呈请代奏叩谢天恩前来。理合恭折代陈。伏乞皇上圣鉴。谨奏。②

是日,公又奏请杨增新等补授知县,下部议。曰:

窃据甘肃布政使曾鉌、署按察使周绶③会详称:渭源县知县刘藜光

---

① 台北故宫博物院藏:《军机及宫中档》,文献编号:408002993。又,中国第一历史档案馆藏:《录副奏折》,档号:03-5957-028。
② 台北故宫博物院藏:《军机及宫中档》,文献编号:408002992。又,中国第一历史档案馆藏:《录副奏折》,档号:03-5914-057。
③ 周绶(1830—1897),湖南平江县人。光绪十年(1884),以道员发往湖北补用。十四年(1888),以捐助海防银两得奖叙。十七年(1891),捐巨资赈灾,交军机处存记。十八年(1892),补授陕西潼商道。二十一年(1895),署甘肃按察使。二十三年(1897),卒于任。

调补海城县知县,宁朔县知县傅维祐调补西宁县知县,均奉部覆准,业经签掣次序报部在案。查各省升调遗缺出,例用各项候补进士、即用、委用、大挑、议叙、捐纳、截取进士、举人各项人员。又,道府以至未入流,无论何项到班,仍以五缺计算,等语。甘省知县升调遗一项,自停止变通章程后,已用至本班捐纳试用知县程德音准署隆德县知县止,其次两当县缺以本班截取进士知县苏保国请署,尚未奉准部覆。今签掣第一之渭源县缺,甘省现无郑工、新班先各项花样人员,照章过班接用各项班次,应插用之分缺间拔贡本班先均无人;轮用分缺先有人,到省日期与缺分同月,比照甄别人员计算下月补缺之例,应行扣补。轮应本班拔贡到班无人,进士即用尽先有人未足一年,亦应扣补,应以进士即用本班科分甲第名次在先之杨增新①一员,例得请补。

查该员年三十九岁,云南蒙自县举人。光绪己丑科会试,中式二百九十五名贡士,殿试三甲第一百二十五名,引见奉旨以知县签掣甘肃,光绪十五年九月二十日到省。嗣丁忧,起复来甘,委署中卫县知县,交卸无误。查该员年强才裕,任事实心,以之请补渭源县知县,与例相符,实堪胜任。

其签掣第二之宁朔县缺,例用各新班花样及插班暨先用班次或无人、或未限满,均与前同。杨增新抵积拔贡正班,应接用孝廉方正本班前先本班均无人,复应各项候补进士即用相间轮补到班。上次宁远县缺系用曾任实缺应升知县,此次应以进士即用知县本班科分甲第、名

---

① 杨增新(1859—1928),字鼎臣,云南蒙自县人。光绪十四年(1888),由监生中本省乡试举人。十五年(1889),中式进士,以知县即用,签分甘肃,九月到省。十九年(1893),署中卫县知县。二十二年(1896),补渭源县知县。同年,署河州知州,正值回乱初平,捕除匪徒,抚辑流氓,减差徭,薄赋税,兴学校,筑城堡,民皆怀德畏威。二十六年(1900),充甘肃提学使兼武备学堂总办,经前陕甘总督魏光焘奏保,传旨嘉奖。二十七年(1901),保知府,并戴花翎。二十八年(1902),赴部引见。二十九年(1903),补甘肃庆阳府知府。三十年(1904),丁本生母降服忧,经督臣崧蕃奏留委办甘肃文武各学堂事宜。三十一年(1905),就近起复,于顺直赈捐案内遵例捐升道员。三十三年(1907),由甘管解协饷出关,经新疆巡抚联魁奏留新疆委用,充新疆法政、陆军两学堂总办,兼督练公所参议官。三十四年(1908),补授阿克苏道。宣统三年(1911),迁镇迪道兼提法使。民国成立后,任新疆都督兼民政长。民国十七年(1928),遇刺身亡。著有《补过斋文牍》《补过斋日记》《读易笔记》《读老子笔记》《阴符经补注》等行世。

次在先之张庭武请补。查该员年三十三岁,河南安阳县举人,光绪己丑科会试,中式一百十九名贡士。十六年庚寅,补行殿试三甲第七十三名,引见奉旨以知县签掣甘肃,光绪十七年三月初十日到省,现署大通县知县。该员年富才明,留心吏治,以之请补宁朔县知县,与例相符合,人地亦极相宜。会详请奏前来。

臣到任未及三月,例不加考。惟既据该司等省城该员杨增新年强才裕,任事实心;张庭武年富才明,留心吏治,合无仰恳天恩俯念员缺紧要,准以杨增新补授渭源县知县,张庭武补授宁朔县知县,期于地方有裨。如蒙俞允,该员等系以知县请补知县,衔缺相当,毋庸送部引见。该二员署任内均无参罚案件。谨恭折具陈。伏乞皇上圣鉴,训示。谨奏。①

同日,公又附片奏报拣员委署知县各缺情形,下部闻。曰:

再,准补固原直隶州知州张祥会例应给咨赴引,惟现在湟中军务尚未大定,该州属汉少回多,抚驭急须得人,应饬该员先行赴任,暂缓引见,以顾地方。平番县知县郑业启调省遗缺,查有大挑试用知县陈兆康,堪以委署。渭源县知县刘藜光撤省遗缺,查有通渭县知县杨宸漢,堪以调署。张掖县知县喻炎丙丁忧遗缺,查有高台县知县陈昌,堪以调署。所遗高台县知县员缺,查有即用知县张心镜,堪以委署。大通县知县史文光调省遗缺,查有即用知县张庭武,堪以委署。崇信县知县调署通渭县知县杨培之调省,所遗通渭县员缺,查有候补知县邬绪棣,堪以委署。金县知县姬恺臣撤省遗缺,查有候补知县谢租植,堪以委署。据藩、臬两司会详前来。除批饬分别给委外,理合附片陈明。

---

① 台北故宫博物院藏:《军机及宫中档》,文献编号:408002986。又,中国第一历史档案馆藏:《录副奏折》,档号:03-5341-081。

伏乞圣鉴。谨奏。①

同日，公又附片奏报拣选额勒珲等接署副将员缺，下部闻。曰：

再，署陕西潼关协副将正任商州协副将张世才经臣调省察看。所遗副将员缺，查有该协正任副将现署商州协副将额勒珲，应即饬赴本任，以专责成。所遗商州协副将员缺，查有记名提督留甘补用总兵马心胜，堪以委令前往接署。除分饬遵照外，理合附片具陈。伏乞圣鉴。谨奏。②

是日，公又附片奏报总兵汤彦和因病请假调治，下部闻。曰：

再，已革陕西河州镇总兵汤彦和③，去岁六月内在双城集接仗溃退一案，经前督臣杨昌濬据实参劾，奉旨革职留营，带罪自效。嗣该带镇南中营，驻防狄道之沙泥站，因病奉檄交卸，进省就医，现尚未痊，乞假回籍养病，等情。前来。

臣查该革员历年戎马，积受风寒，触发旧疾，自属实情，可否给假回籍调治之处，恭候恩裁。谨附片陈明。伏乞圣鉴。谨奏。④

同日，公又附片奏请开除郎永清守备底缺，下部闻。曰：

再，臣接准陕西固原提督臣雷正绾咨：据统带达春左右两营马队

---

① 台北故宫博物院藏：《军机及宫中档》，文献编号：408002987-0-A.又，中国第一历史档案馆藏：《录副奏片》，档号：03-5341-082。
② 台北故宫博物院藏：《军机及宫中档》，文献编号：408002987-0-B.又，中国第一历史档案馆藏：《录副奏片》，档号：03-5914-052。
③ 汤彦和，生卒年不详。湖南省湘潭人，同治初，以武童投效湘军。陕北肃清案内，交军机处记名，以提督遇缺尽先题奏，旋加札福孔阿巴图鲁勇号。同治十二年（1873），署甘肃灵武营参将。光绪十五年（1889），署甘肃新疆巴里坤镇总兵。十八年（1892），补授陕西河州镇总兵。二十二年（1896），因病告假。
④ 台北故宫博物院藏：《军机及宫中档》，文献编号：408002987-0-C.又，中国第一历史档案馆藏：《录副奏片》，档号：03-5914-052。

补用总兵郎永清呈称：前于光绪九年四月内借补陕西提属西凤营中军守备员缺，因久在防所，未能赴任，现已保归总兵、副将两项补用，所有借补西凤营中军守备底缺应行开除，以便归总兵、副将两班序补。由提咨请核办前来。

臣覆核无异，合无仰恳天恩俯准将该员郎永清借补陕西提属西凤营中军守备底缺开除，以便归总兵、副将两班序补。所遗守备员缺，陕甘现有应补人员，容臣另行拣员请补。理合附片具陈。伏乞圣鉴，训示。谨奏。①

同日，公又附片奏报守备吴占元病故并请旨开缺，下部闻。曰：

再，查接管卷内，据署甘肃宁夏镇总兵李泰山呈称：镇属洪广营守备吴占元前于光绪二十一年三月内因在任得患劳症，由营请假回皋兰县原籍，调治罔效，于是年十二月二十九日在籍病故，等情。由籍报营转报前来。前督臣杨昌濬未及核办卸事，兹准移交，臣覆查无异，相应请旨开缺。

除饬取该故员原领札付及委员承查印、甘各结另咨送部外，所遗守备员缺，甘省现有应补人员，容臣另拣请补。谨附片具陈。伏乞圣鉴。谨奏。②

是日，公又附片奏报中军守备承恩病故情形，下部闻。曰：

再，臣接准陕西固原提督臣雷正绾咨称：前据静宁营中军守备承恩禀称年老患病，恳请开缺回旗调养等情，当经咨请前督臣杨昌濬委

---

① 台北故宫博物院藏：《军机及宫中档》，文献编号：408002987-0-D.又，中国第一历史档案馆藏：《录副奏片》，档号：03-5914-059。
② 台北故宫博物院藏：《军机及宫中档》，文献编号：408002987-0-Q.又，中国第一历史档案馆藏：《录副奏片》，档号：03-5914-053。

令该营千总潘迎春就近接署,一面由提委员前往查看属实,并以该守备承恩病势增剧,已于交卸后即由营起程前来。正核办间,适据长武营守备黄荣贵禀称:静宁营守备承恩于三月初一日带病行抵长武地方,初二日未刻即行病故等情。由提咨请核办前来。

臣覆核无异,相应请旨开缺。除查取该故守备原领札付及委员承查印、甘各结另咨送部外,所遗静宁营中军守备员缺,陕甘现有应补人员,容臣另拣请补。理合附片具陈。伏乞圣鉴。谨奏。①

同日,公又附片奏报游击师建荣病故开缺情形,下部闻。曰:

再,据西宁镇总兵官邓增呈称:镇标右营游击师建荣得患疫症,医治罔效,于光绪二十二年二月十三日在任病故,等情。呈请核办前来。臣覆查无异,相应奏明请旨开缺。除查取该故员原领札付及委员承查印、甘各结另咨送部外,所遗游击员缺,甘省现有应补人员,容臣另拣请补。谨附片具陈。伏乞圣鉴。谨奏。②

同日,公又附片奏报请准革员何守谦留甘帮办营务,下部闻。曰:

再,据统领镇西马步各营甘肃西宁镇总兵邓增呈称:现因带兵出关剿办窜贼,营务需员差遣,查有已革奉天盖平县知县何守谦,前以东省倭人构难,失陷县城,发往新疆效力赎罪,奉文赴戍,路出兰州,正值回氛未靖,玉关道阻。伏念新疆与甘肃同为效力之地,总兵深知该革员朴诚可用,若饬发来营,随同出关,堪资臂助,等情。前来。

臣维议法原情,爰书每从宽典;肆肯观过,圣世本无弃材。查革员

---

① 台北故宫博物院藏:《军机及宫中档》,文献编号:408002987-0-R。又,中国第一历史档案馆藏:《录副奏片》,档号:03-5914-054。
② 台北故宫博物院藏:《军机及宫中档》,文献编号:408002997-0-A。又,中国第一历史档案馆藏:《录副奏片》,档号:03-5914-055。

何守谦盖平一役，实因援绝势穷，以致城池被陷，其情尚有可原，兹奉旨发往新疆，适邓增出关剿贼，留营自效，必应愧励，以赎前愆。臣见该军需员孔急，除批准赴营并咨吏、兵二部查照立案外，理合附片具陈。是否有当？伏乞圣鉴，训示。谨奏。①

四月二十四日，公致电军机处曰：

督标亲军副中营提督罗平安会同新疆马队提督牛允诚、总兵彭礼堂等，于十五日进玉门、昌马山南一百四十里之流沙坡等处追缴，贼伙万余据山死拒。十七日，我军分路猛进，更番迭战，自卯至午，毙贼千余，阵亡哨官三员、勇丁三十余名，受伤七十余名。次日，贼酋已遣使乞降，不料十八日三更，有悍贼数千，回山包抄。十九黎明，拼命扑营。我军奋勇堵御，贼败退两次，又复回扑。弁勇力战，毙贼六七百名，我军伤亡数名。合计牛、罗、彭等兵勇仅一千人，竭力拒守，势难久持，饶抚派来范提督如松等止能防守安西。现潘效苏等率督标正中营及马队四旗才出关驰往援助，邓增已由凉州西进。惟甘、凉间电线去年被毁，文报传说不一，候探确信再报，敬乞代奏。陶模。敬。②

四月二十五日，公致电军机处曰：

顷接玉门报，十九日各营接仗获胜，擒斩逆目马三等，乞降者二千余名，尚有刘四等率党遁走荒山，拟廿二日分队搜捕。查安、玉一带向少回民，降回无从安插；移徙他处，汉民不服。若辈本非善类，十八日诈降，希图陷害官兵，必待战败而乞降，并非诚心悔过。模拟饬诸将除妇女老小及未战先降者免死外，其余强悍狡贼分别正法，刑期无刑，用

---

① 台北故宫博物院藏：《军机及宫中档》，文献编号：408002997-0-B. 又，中国第一历史档案馆藏：《录副奏片》，档号：03-5914-056.
② 中国第一历史档案馆藏：《电报档》，档号：2-02-12-022-0125.

弭后患。又,抚州厅属黎园山南野牛沟泉地尚有贼伙数千,藏匿山谷。甘州兵单,邓增行至该处,似可留办此股窜贼。又,碾伯山南有冶诸麻纠众复叛,已商董福祥剿办。再,廿二日钦奉电旨已钦遵转行矣,均乞代奏。陶模。径。①

四月二十七日,公开单奏报光绪二十二年二月分甘省雨水粮价情形,曰:

窃照本年正月分粮价并得霑雪泽情形,业经具折奏报在案。兹查二月分,兰州等八府六直隶州属具报得霑雪泽,自一寸至五六寸不等。正值春耕之际,获此沃泽,土脉含滋,实于农田有裨。

至通省粮价,因现在大兵尚未全撤,军用犹繁,一时未能平减,较上月仍有增长。据藩司曾鉌具详请奏前来。臣覆核无异,理合恭折具奏,并缮粮价清单,恭呈御览。伏乞皇上圣鉴。谨奏。②

同日,公又会衔署甘肃提督张永清奏报请以双禄升补嘉峪关营游击员缺,下部议。曰:

窃查前准兵部咨覆,肃州镇属嘉峪关营游击李正鲁,准其升补督标右营参将。所遗嘉峪关营游击员缺,系第四轮第九缺,轮用应补人员。该省现无应补人员,应以应升人员抵补,迅即拣选请补,等因。当经前督臣转行遵照在案。旋据督标中军副将汤仁和详称:遵于合例应升人员内拣选得督标中营都司双禄,朴诚老练,熟悉营务,堪以升补,等情。移交臣核办前来。

查嘉峪关营为新疆门户,巡防稽查,最关紧要,非精明谙练之员,难期胜任。既据该副将查看得该员双禄熟悉营务,实堪胜任,合无仰恳天恩俯念员缺紧要,准以督标中营都司双禄升补嘉峪关营游击员

---

① 中国第一历史档案馆藏:《电报档》,档号:2-02-12-022-0128。
② 台北故宫博物院藏:《军机及宫中档》,文献编号:408002996。又,中国第一历史档案馆藏:《录副奏折》,档号:03-6957-030。

缺，俾期得力。如蒙俞允，甘省现有军务，应请饬部先给署札，俟军务大定，即行给咨送部引见，以符定制。

除查取该员履历送部外，所遗督标中营都司员缺，容臣另行拣选请补。谨会同署甘肃提督臣张永清，合词恭折具陈。伏乞皇上圣鉴，训示。再，臣到任未及三月，例不注考。合并声明。谨奏。①

是日，公又奏报请以罗运甓等署理知县缘由，下部议。曰：

窃据甘肃布政使曾鉌、署按察使周绶会详称：礼县知县雷文渊、伏羌县知县晋荣二员告病开缺，业经签掣次序报部在案。查各省知县病、故、休三项缺出，例用各项候补、进士、即用、郑工、海防、试用、大挑、议叙、捐纳、正途、曾任实缺应升知县各项人员。又，道府以至未入流，无论何项到班，仍以五缺计算，等语。甘省知县病、故、休一项自停止变通章程后，已补至大挑知县钱广恩准署镇番县止。今签掣第一之礼县缺，甘省现无郑工、新班先各项花样人员，照例过班接用各项班次，应跟接大挑、试用、应插之分缺间无人，应以新海防例候补班尽先知县罗运甓一员，到省名次在先，例得请署。

查该员年四十八岁，江西武宁县人，由俊秀投效楚军，攻克西昌、冕宁等处逆巢、建南肃清案内，保以从九品选用，加捐州判。克复清黄等城案内保举免选本班，以知县签掣省分，归候补班补用，遵例补缴捐免保举银两，签掣甘肃。光绪十年八月初四日到省试用，年满照例甄别，留省补用。关内防军出力案内保俟补缺后以同知用，遵新海防例，报捐候补班本班尽先补用。嗣奉部覆，坐十一月二十日按限减半扣算，应以十二月十七日作为新班到省日期，前委署安定县知县交卸无误。该员安详谨饬，办事认真，以之请署礼县知县，与例相符，堪以胜任，仍俟试署年满，如果称职，另请实授。

---

① 台北故宫博物院藏：《军机及宫中档》，文献编号：408002994。又，中国第一历史档案馆藏：《录副奏折》，档号：03-5914-051。

其签掣第二之伏羌县缺,各新班花样无人,同前礼县缺已补、候补班前之员,次应候补正班到班正途出身及曾任实缺无人,曾任实缺应升班内有候补知县李瑞征及毛目县丞在任候补知县蔡世德二员,同于光绪十三年八月初七日行文,照限减半,均以是年九月初九日作为到省日期,比照坐日相同,签掣先后,已将李瑞征掣得第一,自应以李瑞征请补。查该员年五十一岁,山东肥城县人,由内阁供事议叙从九品双月选用,因恭修《实录全书》庆成议叙,以巡检分发省分,归议叙候补班前尽先即补,并加六品升衔。光绪六年,签掣甘肃,咨补同心城巡检,于关外异常出力员弁案内保以县丞在任候补。十一年九月,升补董志原县丞,关内七载戍防案内保以知县在任候补。嗣丁母忧,服满起复,领照赴甘,十七年七月初二日到省,照例以广西十三年原保升阶奉文之日作为到省日期。该员才具明练,任事细心,以之请补伏羌县知县,与例相符,人地亦极相宜。会详请奏前来。

臣到任未及三月,例不加考。惟既据该司等省城该员罗运甓安详谨饬,办事认真;李瑞征才具明练,任事细心,合无仰恳天恩俯念员缺紧要,准以罗运甓署礼县知县,李瑞征补伏羌县知县,实于地方有裨。如蒙俞允,该员等均系以知县署补知县,衔缺相当,毋庸送部引见。该二员历奉差委,均无参罚案件。谨恭折具奏,伏乞皇上圣鉴,训示。谨奏。①

五月初二日,公致电军机处曰:

"感""俭"电谕旨已钦遵矣。窜贼由玉门、昌马西走安西州之南山,经潘效苏饬督标各马步会同新疆派来副将宋贤声、提督范如松等分守要隘。廿五日,有逆贼千余扑州南九十里之踏实城。宋、范两营出五成队迎击,自午至申,毙贼数千,我军伤哨官一员、勇丁三名,已派

---

① 台北故宫博物院藏:《军机及宫中档》,文献编号:408002995。又,中国第一历史档案馆藏:《录副奏折》,档号:03-5341-083。

参将金兰益、徐春先马队两旗由昌马赴踏实助剿。其各处乞降回子及逃出胁从男女闻有及千余名,不便悉诛,郡县地方万难安插,电商饶抚,斟由隍关沙碛分起押解罗布淖安插。赈粮各项,需款甚巨,当须从长计议,敬乞代奏。①

五月初五日,公致电军机处曰:

回贼刘四伏一股窜踞盐池湾,在敦煌东南山内四站纠合番子,分股四出,飘忽似流寇。安、敦、玉处处可通,官军东西驰逐,应接不暇。现有窜至大道掳掠伤人者,已严饬各营上紧防剿。又,野牛沟之贼于廿八日分窜肇州南山,金佛与已调湘军张星元两营往堵。邓增现抵甘州,抚彝南山亦有贼踪,邓增似宜驻甘州、肃州适中之地,筹办此股。模喘病已愈,又患目疾,勉力筹办,不敢稍懈,敬乞代奏。陶模。歌。②

五月初七日,公会衔甘肃提督董福祥奏报官军会攻北大通营城获胜情形,并择尤保奖出力员弁一折,曰:

窃去年回匪窜扰甘凉,臣模奏派总兵赵有正统带新军马步四营旗,入关防堵,进札山丹。时河湟悍回麇集北大通营一带,据为巢穴。正月间,统带连胜军总兵刘璞、统带镇南等营总兵易顺胜约同赵有正,由扁都口、老虎沟分路进剿。

十四日,赵有正及甘标毅武后营游击黄文新等督率马步,悬军深入,收复永安营城,连夜锐进,攻围北大通营城。管带新军前营步队副将魏其德肉薄先登,中枪阵亡;管带新军左旗马队提督陈国明及黄文新皆受重创,阵亡哨官四员、勇丁五十二名。我军亦杀贼四百余,击毙贼酋刘伏等二名,贼众丧胆。其时易顺胜等以山路崎岖失期未至,贼见官军无后继之师,纠众七八千,倾城猛扑。赵有正率孤军冲突,鏖战

---

① 中国第一历史档案馆藏:《电报档》,档号:2-01-12-022-0133。
② 中国第一历史档案馆藏:《电报档》,档号:2-02-12-022-0136。

数日,退守永安。

二十九日,刘璞偕参将朱万荣等带队往援,深山乏粮,赵有正即于是日全师还察汉俄博营。正月杪,臣模在安西途次得信,饬令坚守,以待大军会剿。二月中旬,臣模行抵甘州,即派行营总理营务处甘肃补用道潘效苏等率亲军马步诸营,仍由扁都口进北大通,会同甘军剿办。臣福祥先已饬令甘军营务处分省补用道张成基统带左军马队等营,副将张铭新统带镇南、靖洮马步等营,副将马安良等由西宁进规北大通。

二月初八,逾冰达坂,击退凭河悍贼,乘胜渡河,将北大通营城克复,追至大小沙沟,连破二堡,阵斩一千余名,生擒逆目三名、余匪二百余名,一并正法。其余贼堡林立,马安良遣人谕令投诚,适臣福祥檄调张成基、马安良回札古鄢驿,各贼堡仍复抗拒,无就抚之意。查北大通营城在大通河北岸,城以西沙碛荒滩,向无庄村;城以东河北有八大回庄:曰小沙沟庄,曰大沙沟庄,曰牙豁庄,曰大庄,曰旱台庄,曰黄田庄,曰全沟台庄,曰俄博庄。河南有二大回庄:曰瓜喇庄,曰阴田庄,共计十大回庄,每庄各有附近小堡。张铭新等既攻克大、小沙沟二庄,而牙豁庄为刘伏老巢,贼尤强悍。

三月初四日,张铭新约同赵有正,出其不意,五鼓进攻。张铭新率队由东北,赵有正由西南,两军夹击,立破其巢。因陈胜移攻大庄,赵有正率所部在堡前诱战,张铭新绕出贼后,奋力攻击。该逆腹背受敌,势不能支。遂将大庄攻克。旱台庄贼见我军连克二庄,不战而溃。计三庄共杀贼一千余人,此外尚有五大庄,惟黄田负山面河,堡墙坚厚,环开枪孔,攻击最难。初八日,潘效苏会同记名副都统奇克伸布①等,驻扎大通营城,议定先剿黄田庄悍贼,次及南北两岸各庄之贼。

---

① 奇克伸布(1838—?),字健亭,京城镶红旗蒙古恩成佐领下人,马甲,赏霍隆武巴图鲁勇号。同治元年(1862),以军功保尽先骁骑校。十年(1871),借补宁夏驻防左翼正白旗满洲骁骑校。次年,保尽先防御,加佐领衔。十三年(1874),补防御,保尽先佐领。光绪三年(1877),保尽先协领。四年(1878),加副都统衔。八年(1882),借补宁夏驻防镶白旗蒙古佐领。十年(1884),以副都统记名。二十三年(1897),擢宁夏满营镶黄正白两旗协领。二十五年(1899),补福州副都统。次年,调正白旗汉军副都统。二十七年(1901),调补京口副都统。

十一日，统带督标亲军正、中马步等营副将焦大聚率马步六营旗驰赴旱台庄，扎营未毕，黄田庄贼攻我不备，蜂拥而来。我军坚持不动，贼愈逼愈近，枪伤筑营勇丁数人。时河滩、山上遍地皆贼，焦大聚、易顺胜分路出队，焦大聚派总哨记名总兵易盛富率中哨步队，由中路进，前哨、左哨步队由山左边进，后哨、右哨步队由山右边进；前营管带参将周升朝、左营旗管带参将徐春先、右旗营管带参将金兰益、后营管带游击周得金，各率马队，从右边河滩包抄。焦大聚自率亲兵马队督剿，从山坳横截而出；易顺胜率镇南右营，总兵张玉魁率镇夏左营，都司陈松泉率武毅后营，守备陈香庆率庆字营，都司陈明山率正威右营各步队，都司许春廷率霆字营马队分路策应，布置已定。易盛富先由旱台庄后将山下磨房内匿贼围杀净尽，逾沟上山，左、右步队奋勇齐进，由高压下，枪炮齐施；右边河滩马队横扫而前，贼势不支，纷纷败入堡内。我军步队跟追而入，立将黄田庄攻克。该逆从堡内窜出，马队迎头截杀，内外夹击，横尸遍地，又乘势将黄田庄东北二里许之全沟台庄攻克。两庄共毙贼千余名，扑河奔窜，淹毙者无算。日暮收队。焦大聚复于夜间带队搜杀黄田庄外匿匪六十余名，至是河北只俄博、河南只瓜喇、阴田三庄未下。

奇克伸布与潘效苏商议，乘此机会分道进攻，为一鼓荡平之计。张铭新、赵有正渡河，先攻瓜喇庄，次及阴田。焦大聚、易顺胜先攻俄博庄，再渡河会攻阴田。议既定，张铭新、赵有正于十二日天未明，带队齐集河干，以马渡步，进距瓜喇庄二里许，晓雾弥漫，贼未及觉。张铭新率步队攻西北，饬参将王时应率甘军前旗马队截贼出走之路，赵有正率新军中营、前营，朱万荣率毅武中营各步队，攻东南；左旗管带游击李喜恩、右旗管带都司张守祥、毅武后营帮带守备胡弼英，各率马队，拦贼去路，合力围攻，不一时许，立将瓜喇庄攻克，杀贼三百余名。其由堡内逸出者，又经马队截杀数十名。

焦大聚等于十二日黎明率队由黄田进攻俄博庄，马步各营仍分三路夹击，克之。焦大聚复乘胜连克庄外诸小堡，杀贼三百余名。是日奇克伸布、潘效苏率开花炮队,循河北岸东进,行数里,见隔河瓜喇庄礼拜寺火起,人声沸天;又行十余里,至阴田庄。对岸庄贼倾巢出,排集河边拒敌,势将渡河北窜。因饬管带开花炮队守备胡得贵、军功张得元,隔河轰击,毙贼数十人。适瓜喇、俄博之军先后齐集,焦大聚率周得金、周升朝等凫水而南,合力围杀,毙贼二百余人。该逆纷纷投河溺毙。各军还攻入堡,立将阴田庄攻克,即下令于南北两岸山上搜杀三日,共杀四百余人,收抚老弱男妇三千余人。通计十庄逆回,斩杀三千余名,淹毙者以数千计,禽斩逆目包明、马元等八十余人,夺获器械、马匹无算。我军亦阵亡勇丁二十余名,受伤一百余名。

查大通营城河南北大十庄回匪著名凶悍,与上五庄多巴一带逆回互为犄角,去年窜扰甘凉所属永昌、山丹诸县,攻陷民堡数十,南山一带几无净土。臣福祥派队将北大通营城收复,业经电奏在案。各将士仰仗天威,先后会攻北大通附近各回庄,痛加剿洗,一律肃清,实足快人心而伸天讨。

此次在事出力员弁,合无仰恳恩施,准臣模、臣福祥开单择尤保奖,并查明阵亡弁勇,汇报请恤,以示激励。所有官军会攻北大通营城、连克附近十庄各缘由,理合会同署新疆巡抚布政使臣饶应祺,恭折由驿驰奏。伏乞皇上圣鉴,训示,遵行。

再,臣模于三月十八日接到奇克伸布、潘效苏等禀报攻克各庄情形,当以臣福祥节制前敌各军,咨请主稿具奏。臣福祥以三月内攻克各贼堡新疆将士之力较多,嘱臣模主稿,往返咨商,致延时日。合并声明。谨奏。①

同日,公又会衔新疆巡抚布政使饶应祺附片奏报新军前旗改营日期一事,下部闻。曰:

再,臣模去岁抽调伊犁镇标城守营都司补用副将魏其德步队一

---

① 台北故宫博物院藏:《军机及宫中档》,文献编号:408002997.

旗,改为新军前旗,归总兵赵有正统带入关,已于光绪二十一年八月十四日在新疆巡抚任内奏明在案。嗣新军进驻山丹,因北大通贼势吃紧,赵有正禀称兵力尚单,请奖魏其德一旗添募成营,当即批准,适臣模奉命进关,途中接据赵有正禀报:光绪二十一年十一月二十七日奉文添募,于十二月初五日成营,时值军书旁午,漏未奏报,理合会同署新疆巡抚布政使臣饶应祺,将新军前旗添募成营日期附片驰陈。伏乞圣鉴,饬部立案施行。谨奏。①

五月初七日,军机处来电曰:

奉旨:陶模电悉。刘四伏一股纠合番子,四出剽掠,着饬各军赶紧雕剿;野牛沟一股亦经分窜,即着邓增暂驻甘州、肃州适中之地,将此股剿除,毋稍松劲。钦此。②

五月初八日,公致电军机处曰:

"阳"电谕旨,已钦遵转行。初一日,各营搜剿安西州南之九工地方,追杀二十余里,至尖山岭,毙马贼六十余名,生擒八名。初二日,贼纠大股约战,三更出队,督标马队参将徐春先、金兰益奋勇陷阵,自卯至午,毙贼千计,追杀四十里,我军阵亡弁勇数名,带伤四十余名,容查确再奏。现饬合力搜剿余贼,并谕令如能擒获刘逆,且破格重赏。再,凉州南山亦有零匪,已商副都统依楞额会同凉州镇派队搜剿,敬乞代奏。陶模。庚。③

五月十三日,公开单奏报光绪二十二年三月分甘省雨水粮价情形,曰:

窃照本年二月分粮价并得霑雪泽情形,业经具折奏报在案。兹查

---

① 陶模:《陶勤肃公奏议遗稿》,民国十三年(1924)兰州宣德堂刊本。
② 中国第一历史档案馆藏:《电报档》,档号:1-01-12-022-0080。
③ 中国第一历史档案馆藏:《电报档》,档号:2-02-12-022-0137。

本年三月分，兰州等八府六直隶州属具报得霑雨泽，自二三寸至五六寸，深透不等。正值禾苗出土之际，获此渥泽，土脉滋润，实于农田有裨。

至通省粮价，现因回氛尚未一律平靖，大兵仍未全裁，以致到处粮价仍有增长，不能平减。据布政使曾鉌具详请奏前来。臣覆核无异，理合恭折具奏，并缮粮价清单，恭折御览。伏乞皇上圣鉴。谨奏。①

同日，公又奏报甘肃各属光绪二十一年下忙征收银两数目情形，下部闻。曰：

窃查甘肃各属光绪二十一年上忙征收银数，业经前督臣杨昌濬具折奏报在案。所有二十一年下忙征收银数，据甘肃布政使曾鉌详称：查甘肃各属光绪二十一年额征并秦州等处新垦地丁，共银二十八万九千七百七十六两七钱七厘，内除皋兰县等处水冲地亩请明豁免并荒地无从征收外，现垦熟地应征银二十一万三千二百五十两一钱六分九厘六毫。前上忙已完银一十万三百一十七两二钱四分三厘六毫，内除河州、狄道州、沙泥州判、平远县等四处，流抵次年正赋起存银六千二百九十两六钱五分七厘外，实已完银九万四千二十六两五钱八分六厘六毫，内除留支经杂、驿站银三万四千三百四十六两九分四厘外，应解起运正项银五万九千五百四十九两九钱一分七厘六毫，内除海城县被贼抢劫地丁银一千一百两，又除耗羡银一百三十两四钱三分五厘、盐误银一百两，实起运银八百六十九两五钱六分五厘外，共应征地丁起运银五万八千六百八十两三钱五分二厘六毫、杂赋银一百三十两五钱七分五厘，均经解清，业于上忙册内造报。

其未完地丁正、杂银一十一万二千九百三十二两九钱二分六厘，内除泾州、固原州、宁州、合水县、宁灵厅、西固州同等处二十一年秋灾

---

① 台北故宫博物院藏：《军机及宫中档》，文献编号：408002998。又，中国第一历史档案馆藏：《录副奏折》，档号：03-6958-011。

案内请明蠲缓并豁免银五百五十二两六钱六厘,又除静宁州、庄浪县丞、宁州等处上忙册内漏除荒芜多列、现垦并留支铺司工食银六十二两五钱七分二厘,并河州上忙册内漏造已完银七十五两二分二厘,又除河州、狄道州、沙泥州判、海城县、平远县、金县、渭源县、岷州、固原州、硝河城州判、洮州厅、永昌县等十二处被贼地方奏准蠲免银一万五千七百一十六两六钱三分六厘,缓征银一千三百二十两二钱五厘外,止该未完银九万五千二百五两八钱八分五厘。又收上忙后续报垦熟应归下忙升科银三百六十五两二钱三分六厘,又收陇西县上忙册内多除荒芜少造、现垦起运并课程闰月银二十一两四钱八分四厘,共未完银九万五千五百九十二两六钱五厘。今下忙已完银九万五千一百二十六两二钱八厘四毫,内除存留经杂驿站等银三万六千六百七十三两三钱一分外,实应解司起运正杂银五万八千四百五十二两八钱九分八厘四毫,均已解清。未完银四百六十六两三钱九分六厘六毫,现在应饬催征,俟报征清完,归入下届带征册内造报。由该司造具总、散各册,详请具奏前来。

臣覆核无异,除将清册咨送户部查核外,所有甘省各属光绪二十一年下忙征收银两数目,理合恭折具陈。伏乞皇上圣鉴,训示。谨奏。①

是日,公又奏报裁撤营勇起数开单报部情形,下部闻。曰:

窃照甘肃自上年军兴,陆续添募营旗及各属土勇,因其时军情甚紧,地广兵单,召募不能不多。逮河狄肃清,防务稍松,前督臣杨昌濬将后路土勇各营、旗、哨酌量分别遣散,适值交卸,未及汇案奏明,移交到臣。旋接准部咨:奉旨甘肃添募营勇量加裁撤,以节饷需,等因。臣随查看各路情形,权其缓急,查询营伍强弱,或行撤换,或即裁并,稍资

---

① 台北故宫博物院藏:《军机及宫中档》,文献编号:408002999.又,中国第一历史档案馆藏:《录副奏折》,档号:03-6254-039.

节省,仍于紧要地方匀拨酌留。核计前后撤去各营、旗、哨共已三十余起,所有饷项均经总粮台截清。兹据甘肃布政使曾鉌开单具详前来。

臣覆核无异,当此军需浩繁,筹款不易,早裁一营旗,即早纾一日饷力。此外尚有未截饷各起营旗,俟查明日期,再行据实奏报。除将清单咨送户、兵二部外,所有前后已裁马步各营勇起数缘由,理合恭折具陈。伏乞皇上圣鉴。谨奏。①

同日,公又附片奏报甘肃泾州等处光绪二十一年被灾暨应蠲缓银粮、草束各数目情形,下部闻。曰:

兹据藩司曾鉌详称:西固州同应造前项册籍迄未催到,其余三处已据本管道府覆勘结报,内除张掖县当时被水地亩不及十分之一,例不成灾,毋庸蠲缓,暨宁灵厅冲刷成河地亩提归豁案外,计宁灵厅南乡周家庙方、尹家桥方、高闸儿方等处被水淹没夏禾地二千六百九十九亩八分六厘,均系成灾十分,应征二十一年地丁正银二十两九千五分八厘、耗羡银三两一钱四分四厘、正粮二百九十六石七斗八升八合八勺、耗羡粮四十四石五斗一升八合三勺、草一千一百五十九束六分一厘,照例请蠲十分之七,应蠲正银一十四两六钱七分一厘、耗羡银二两二钱一厘、正粮二百七石七斗五升二合二勺、耗羡粮三十一石一斗六升二合八勺、草八百一十一束七分三厘。其余三分正银六两二钱八分七厘、耗羡银九钱四分三厘、正粮八十九石三升六合六勺、耗羡粮一十三石三斗五升五合五勺、草三百四十七束八分八厘,缓作三年带征。

又,固原直隶州北乡三营、红城子、黑城子镇等处被雹打伤秋禾地二百二十五顷四十亩,均系成灾五分,应征二十一年地丁正银一百六十一两二钱一分、耗羡银二十四两一钱八分二厘,照例请蠲十分之一,应蠲正银一十六两一钱二分一厘、耗羡银二两四钱一分八厘二毫。其

---

① 台北故宫博物院藏:《军机及宫中档》,文献编号:408002999。又,中国第一历史档案馆藏:《录副奏折》,档号:03-5760-005。

余九分正银一百四十五两八分九厘,耗羡银二十一两七钱六分三厘八毫,缓作二年带征,以纾民力而广皇仁,等情。呈请具奏前来。

臣覆核无异,谨附片具陈。伏乞圣鉴,饬部查照施行。谨奏。①

同日,公会衔甘肃提督董福祥、陕西巡抚魏光焘致电军机处曰:

五日奉电旨:魏光焘回陕西本任,湘军统归董福祥节制调遣,等因。钦此。查甘肃军务现只巴燕戎格之卡尔冈一隅未下。窜贼之在玉门、安西者,均经搜剿势蹙。模与福祥、光焘函电互商,湘军远役已久,自应先行分别裁留,以节饷项,拟将拨赴安宁之右军五营留两营,交道员潘效苏统带防剿。龙恩思前军五营、汤秀斋左军五营仍留巴燕戎格,会剿卡尔冈贼巢。共余马步炮队二十营旗,概行调回陕西,分别遣撤。所留巴燕戎格之十营,俟卡尔冈事竣,亦即调陕裁遣。彼此意见相同,即已咨行办理,求代奏。陶模、董福祥、魏光焘。元。②

五月十五日,公会衔甘肃新疆巡抚布政使饶应祺、伊犁将军长庚、喀什噶尔提督张俊奏报官军堵剿回众获胜情形暨奖恤在事出力文武员弁及阵亡弁勇一事,曰:

窃臣应祺前闻西宁回贼有纠股出窜之信,当即电商臣模与伊犁将军臣长庚、喀什噶尔提督臣张俊妥筹布置,意见相同,业将派队驰赴前敌以备防剿情形驰报在案。四月初三、四,探闻巨股回贼由王子营窜近安玉。臣应祺以安玉为新疆门户,当饬东路各营加意严防。惟查安玉与敦煌南山一带东通青海、西宁,西至罗布淖尔,绵延数千里,隘口纷杂,防不胜防。正虑兵力太单,不敷分布,忽于四月初七日据驻防玉

---

① 台北故宫博物院藏:《军机及宫中档》,文献编号:408002999-1.又,中国第一历史档案馆藏:《录副奏片》,档号:03-7106-022.

② 中国第一历史档案馆藏:《电报档》,档号:2-02-12-022-0140.

门提督牛允诚电称,贼已窜至距玉门百二十里之昌马,该处堡民求救甚急,即于所部马队两旗中挑带四哨,飞驰赴援。

初八日清晨,悍贼千余骑径昌马。该提督整队进至秦庄,迎头截击,鏖战六七点钟之久,纵横决荡,枪槊连环,毙贼数百十名,阵斩黄旗贼目马茂效即马老侬一名,生擒八名,受伤不计其数,夺获骡马六匹、军械多件。贼遂败窜入山。我军阵亡一名,受伤二名。讯据获贼供称:自西宁出窜时,大小男妇七八万,分为三股,沿途冻饿,死者甚众。此股系伪元帅刘四伏、副目马吉等所领,尚有二万余,因闻昌马粮多,挑精壮枪手千余骑,意图攻踞昌马,搜掠粮食,再奔沙玛,不意官军猛击,不能前进,等语。此初八日牛允诚首先接仗,以少击众,立获奇捷之实在情形也。

初九日,牛允诚复督队进至秦庄。贼已退匿盐池湾,始知官军队伍不多,意欲纠股报复。臣应祺先于初七夜电调副将谢典礼马队一旗、彭礼堂马队一营、罗平安步队一营,已抵昌马。初十日,贼率大股出拒,闻我军增多,遂不敢战,又退入八十里之法驼坡,负隅自固。十一日,牛允诚等因山路险窄,大队不能齐进,挑选奋勇并枪手八十名,入山跟探,至距昌马百二十里之苏节泉遇贼。我军精骑冲突,枪发无虚,毙贼百余,生擒二名。贼仍窜伏。臣应祺以贼众不能尽歼,刊发剿抚兼施简明告示,宣布朝廷威德,贼众纷纷解体。惟四伏自知罪在不赦,分遣悍党,把截山口,阻众投诚。牛允诚遂于十五日拔队,十六日扎流沙坡,十七日出队至扁博沟,贼万余抗拒,牛允诚督队由右,谢典礼继之;彭礼堂由左,罗平安继之,分路抢进,枪炮雷轰,自卯至午,再接再厉,毙贼逾千,阵斩贼目马夹二,生擒回目马三司付。贼遂披靡,我军亦阵亡哨弁三名,勇丁三十余人,受伤七十余人。谢典礼当收回众二百余,内有回目韩金元,均送昌马分别安置。此十一至十七连日合军进剿再获大胜之实在情形也。

贼经叠次大创,众志愈离,刘四伏缓众投诚,乘机设诈,阳谓彼亦愿投,并遣人来营请示。牛允诚固心知其叵测,亦阳与定期,讵是夜三更,悍贼数千扑营大噪。我军严备肃队凭垒,近者辄被枪伤,相持至黎明,贼猛扑数次,我军奋勇杀出,毙贼七八百,贼始败窜。乘势穷追二十余里,贼众分匿山谷。我军跟踪搜剿,复擒斩三百余名,刘四伏乘间率悍党逃走,投出男妇五千余人。此十八、十九复获大胜收抚回众之实在情形也。

  伏思此股回贼,河湟凶逆均萃其中,在西宁既未投诚,其杰悍自可想见。沿途虽死亡不少,而出关尚二万有余,若使得踞昌马,一经饱腾,岂可复制?初八日之战,牛允诚以百余骑当千余贼;十七、八、九日之战,合罗平安、彭礼堂、谢典礼马步共五营旗千一百余人,而除守坐营外,战者仅八九百耳,而以当万数千之贼,闻者皆为心危,或以轻进言,或以被围告。而该提督等鸷勇无前,摧坚挫锐,竟能叠获奇胜,保守玉关,此实仰赖皇上福威,非臣愚意料所及此也。

  现在首逆逃窜,逆党尚需剿除,值此用人之际,所有异常出力将士,自应先行酌保数员,以为奋勇杀贼者劝。留新疆尽先补用提督利勇巴图鲁牛允诚,以少击众,胆识兼优,洵足挫凶锋而作士气,请仍以提督交军机处存记,遇有提镇缺出,开列在前,并赏给头品顶戴;留新疆尽先补用提督腾奇初克巴图鲁罗平安、头品顶戴遇缺简放总兵奇臣巴图鲁彭礼堂、总兵衔尽先补用副将绥勇巴图鲁谢典礼,闻警赴援,果勇尚义,均能力顾大局,懋著战功。罗平安请赏给头品顶戴,彭礼堂请以提督留新疆尽先补用,谢典礼请免补副将以总兵留新疆尽先补用;留甘补用副将邹玉春、补用副将喻春福,均请赏给勇号;副将衔补用参将罗福宏,请免补参将,以副将尽先补用,并赏给勇号;补用守备拔补千总王广山,请免补守备,以都司尽先补用,并赏戴花翎;游击衔留新疆补用都司谢泽龙,请免补都司,以游击尽先补用,并赏加副将衔;补用千总拔补把总王朝清,请免补千总,以守备尽先补用,并赏戴花翎都司衔。

  除将各该员履历咨部查核外,其余在事出力文武员弁及阵亡弁勇,合无仰恳天恩俯准臣查明履历,再行分别请给奖恤,以昭激励。所有堵剿西宁窜回叠次获胜各缘由，谨会同伊犁将军臣长庚、喀什噶尔提督臣张俊，恭折合词由驿驰奏。伏乞皇上圣鉴，训示，施行。再，此折系臣应祺主稿。合并声明。谨奏。①

五月十六日，公奏参文员黄炳辰并请旨革职，曰：

窃维设官分职，无论正佐，均宜恪守官箴。其有贪劣不职者，自应随时严参，不容姑待。兹查有捐升道员分发四川试用前甘肃古浪县知县黄炳辰，貌似有才，心实贪酷，于征收额粮擅定折色六成，勒令农民每石交银二两六钱，浮收过倍。农民纳本色粮过四成者，竟令退粮补银，或拒而不收，多方留难。其征收草束亦全改折色，每束勒取钱九十文。审理词讼，借城工为名，动辄科罚钱百数十千不等，悉饱私囊。更倚监生张应龙为腹心、蠹役俞廷秀为爪牙，恫喝鱼肉，无所不至；滥用非刑，鞭背辄以千计，种种贪酷，直堪发指！经前督臣杨昌濬查明撤任。该令工于谋画，托人赴直隶海防捐局报捐道员，指分四川，希图规避。

又查有五品衔开缺皋兰县红水县丞查德朗，性情浮躁，行为贪鄙，初任布政司照磨，遇事招摇，甚滋物议。及升补红水县丞，值回匪不靖，招募土勇，任意虚冒，纵庇勇丁，强伐民树一千余株。其衙署马厩需用麦豆，辄令百姓供应。信任劣生张希孔等，借修理卡房，苛派民钱五百串，以致民怨沸腾。撤任后并不听从查办，自请修墓开缺，尤属异常狡猾。据布政使曾鉌、署按察使周缦会详揭参前来。

臣查该两员贪虐之尤，一则援例捐升，一则借词回籍，若不立予纠参，何以儆官邪而苏民困？相应请旨将捐升道员分发四川试用前甘肃古浪县知县黄炳辰、五品衔开缺皋兰县红水县丞查德朗，一并革职，永不叙用，俾奸巧之徒稍知警戒。

---

① 台北故宫博物院藏：《军机及宫中档》，文献编号：408006247。

除饬司将该两员贪婪各款照例查办,并将劣生、蠹役分别惩处外,
理合恭折具奏。伏乞皇上圣鉴,训示。谨奏。①

【案】此折旋于是年六月初八日得旨允行,《光绪朝上谕档》载曰:

光绪二十二年六月初八日,内阁奉上谕:陶模奏,特参贪劣不职各
员一折。捐升道员分发四川试用前甘肃古浪县知县黄炳辰,貌似有
才,心实贪酷;开缺皋兰县红水县丞查德朗,性情浮躁,行为贪鄙。均
着革职,永不叙用,以惩贪劣。该部知道。钦此。②

同日,公又会衔署甘肃提臣张永清奏报请以李向荫升补西宁右营守
备,下部议。曰:

窃臣接准部咨:西宁镇标右营守备袁盈发病故,遗缺系第四轮第
一缺,应用尽先人员,行令拣员请补,等因。当经檄饬西宁镇遵照去
后。兹据该镇呈称:拣选得镇属喇课营千总李向荫可以升补,并以喇
课营向在哆吧上五庄适中之地,去年逆回连日围攻营城,势甚岌岌,该
弁督率军民,防守堵御,营城得以无失,实属奋勇可嘉;平日操练兵卒,
供职尤勤,以之升补斯缺,洵堪胜任。呈请核办前来。

臣覆查无异,第核与请补定章稍有未符,惟现在军务尚未大定,即
据该镇声称防守营城极为得力,兹当用人之际,不得稍予变通,借资鼓
励。合无仰恳天恩,俯准以李向荫升补西宁镇标右营守备员缺。如蒙
俞允,应请饬部先给署札,俟甘省军务平定,即行给咨送部引见,以符
定制。

除饬取该员履历清册送部外,谨会同署甘肃提臣张永清,合词恭

---

① 台北故宫博物院藏:《军机及宫中档》,文献编号:408003002.又,中国第一历史档案馆藏:
《录副奏折》,档号:03-5342-027.

② 中国第一历史档案馆编:《光绪朝上谕档》第22册第131页,广西师范大学出版社,1996.

折具陈。伏乞皇上圣鉴,训示。再,臣到任未及三月,例不加考。合并声明。谨奏。①

是日,公又会衔署甘肃提督臣张永清奏报请以刘延功补凉州镇标守备,下部议。曰:

窃查甘肃凉州镇标左营守备李元成,经前督臣杨昌濬奏请借补三泉营游击员缺,奉部覆准在案。其所遗凉州镇标左营守备员缺系第四轮第三缺,轮用预保人员。该省预保无人,应以拣发班内人员抵补,等因。行令遵照去后。兹据护理凉州镇总兵章凤先呈称:查有补用守备凉州镇标前营千总刘延功,营务谙练,办事可靠,以之请补,与例相符,合无仰恳天恩俯准以该员请补凉州镇标左营守备员缺,俾资得力。如蒙俞允,该员系两次俸满曾经引见人员,应请饬部发给实授札付,以符定制。

除饬取该员履历清册另咨送部,并所遗千总升缺容另拣员请拔外,谨会同署甘肃提督臣张永清②,合词恭折具陈。伏乞皇上圣鉴,训示。再,臣到任未及三月,例不加考。合并陈明。谨奏。③

同日,公又附片奏请刘辅军等调署副将等缺,下部闻。曰:

再,延榆绥镇属定边协副将刘连升撤任遗缺,查有记名总兵延榆绥镇镇标右营游击刘辅军,堪以调署。递遗游击员缺,查有升用总兵

---

① 台北故宫博物院藏:《军机及宫中档》,文献编号:408003001.又,中国第一历史档案馆藏:《录副奏折》,档号:03-5915-018.
② 张永清(1843—1909),河南南阳府舞阳县人,武生出身。同治元年(1862),经张之万派充豫军大营营务处,管带亲军。二年(1863),以军功赏六品顶戴。次年,保以外委尽先拔补。四年(1865),保以把总尽先补用。七年(1868),保以千总补用,先戴蓝翎。同年,保以守备尽先补用,加都司衔,并赏换花翎。八年(1869),保河南尽先都司。十年(1871),保以游击尽先题补。次年,晋副将衔。光绪二年(1876),先保参将,旋保副将,予正二品封典,加力勇巴图鲁勇号。六年(1880),保以总兵交军机处记名简放,晋头品顶戴。十九年(1893),补甘肃凉州镇总兵。次年,署甘肃提督。二十九年(1903),调补甘肃宁夏镇总兵。宣统元年(1909),因病出缺。
③ 台北故宫博物院藏:《军机及宫中档》,文献编号:408003000.又,中国第一历史档案馆藏:《录副奏折》,档号:03-5915-020.

留陕甘尽先补用副将韦得胜，堪以委署。除分饬遵照外，理合附片具奏。伏乞圣鉴。谨奏。①

五月二十五日，公奏请邓朝卿补授清水县知县，下部议。曰：

窃据甘肃布政使曾鉌、署按察使周绶会详称：清水县知县高蔚霞调补永昌县缺，奉部覆准，业将截缺月分及毋庸掣签缘由详咨在案。查各省升调遗缺出，例用各项候补进士即用、委用、大挑、议叙、捐纳、截取、进士、举人各项人员。又，道府以至未入流，无论何项到班，仍以五缺计算，等语。甘省知县升、调、遗一项，自停止变通章程后，已补至本班捐纳试用知县程德音准署隆德县知县止，其次两当县缺以本班截取进士知县苏保国请署，其次渭源县缺以进士即用知县杨增新抵补，其次宁朔县缺以进士即用知县张庭武请补，均未奉准部覆。

今清水县知县缺，甘省现无郑工新班先各项花样人员，照章过班，接用各项班次轮应委用班及大挑班，前先委用、前先大挑均无人，应插用分缺先，郑工分缺先亦无人，只有海防分缺先补用知县邓朝卿一员扣限已满，例得请补。查该员年六十三岁，江西金溪县监生，投效楚军，克复杭州等城案内，保以从九品选用；克复武康、德清等县案内，保以主簿选用，加捐县丞，指分甘肃试用；克复巴燕戎格、河州等城案内，保以知县留甘补用；关陇肃清案内，保俟补缺后，以同知尽先补用；克复阶州番匪案内，赏戴花翎。光绪八年，请咨赴部引见，领照赴甘，十一月初四日到省，试用年满甄别，留省补用在案。十八年，委署海城县知县，交卸无误。嗣遵新海防例报捐分缺先补用，部覆坐二十一年正月二十日按限减半扣算，应以二月十七日作为新班到省日期。查该员历练老成，勤求吏治，以之请补清水县知县，实堪胜任，与例亦属相符。会详请奏前来。

---

① 台北故宫博物院藏：《军机及宫中档》，文献编号：408003000-0-A. 又，中国第一历史档案馆藏：《录副奏片》，档号：03-5915-015。

臣到任未及三月，例不加考。惟既据该司等声称该员历练老成，勤求吏治，合无仰恳天恩，准以邓朝卿请补清水县知县，期于地方有裨。如蒙俞允，该员以知县请补知县，衔缺相当，毋庸送部引见。该员历奉差委并无参罚案件。谨恭折具奏。伏乞皇上圣鉴，训示。谨奏。①

同日，公又奏报审拟狄道州监犯随同官兵格毙匪徒等情，下部议。曰：

窃查接管卷内，前据署狄道州知州黄焘详称：光绪二十一年闰五月初七日，逆回纠聚悍党五千余人扑攻城垣，该州同、吏目督率防勇、民团，登陴防堵。是日上午，突有在城寄居生理之回民马三秃等，因监犯马来个是其同教，起意乘变劫狱同反，分持刀械，打开监门进内，砍殴禁卒杨进才等受伤，将回犯马来个刑具扭脱，逼胁汉民宁潬茫、田汪菖入伙同反未从。适值该州与吏目廖葆泰、都司奎文闻警，率领兵团，驰往捕拿。马三秃等同马来个出监拒捕，经宁潬茫等随同官兵将马三秃等登时格毙，等情。当经前督臣杨昌濬因彼时城围未解，饬司查明详办去后。兹据署甘肃按察使周绥详：据兰州府知府胡孚骏饬据署狄道州知州黄焘覆审拟详，由司覆核详办前来。

臣覆加查核，缘田汪菖籍隶阶州，因听从宁潬茫谋杀雇工李老汉身死，将宁潬茫审依造意为首拟斩监候，田汪菖为从拟绞监候，业经前督臣杨昌濬具题，尚未接准部覆，与殴伤马有成身死案内拟绞亦未接准部覆之马来个先后收禁在监。光绪二十一年闰五月初七日，西乡逆回纠聚悍党五千余人围攻城垣，该州督同署吏目廖葆泰会营，率领兵勇登陴防堵。是日上午，突有在城居住生理之回民马三秃、马麻五、马拜克、马三娃、马董董、马的个、马满拉、田路、孤麻、马董家堡、马漤伏、与老四、赵野故、赵牙儿、赵二不都、赵四五、马黑人、马古麻、马格的禄、马七十三、马舍巴、马六儿、马麻儿、马党儿、马受二、马白套、马四个

---

① 台北故宫博物院藏：《军机及宫中档》，文献编号：408003005。又，中国第一历史档案馆藏：《录副奏折》，档号：03-5342-022。

等，因囚禁在狱之马来个是其同教，商谋乘变劫狱同反，共二十六人，分持刀械，打开监门，砍殴禁卒杨进才等受伤倒地，将马来个刑具毁脱，并砸断宁潆芒、田汪菖镣铐，逼胁入伙。宁潆芒、田汪菖均未允从。适该州与吏目廖葆泰、都司奎文督率兵役团丁赶到，马三秃等同监犯马来个一齐出监拒捕。宁潆芒、田汪菖看见兵役走来，随即拔取笼木跟出监外，随同兵役奋力格捕，将马三秃等同马来个登时格毙。经该州勘验，讯供禀报，并将宁潆芒、田汪菖仍旧收禁。嗣据报称：该犯宁潆芒在监患病，提禁外监，医治罔效，于十月二十八日病故，即委金县知县姬恺臣验讯，填格录供，取结详报，批饬核入正案拟办。兹据该州查验，禁卒杨进才等伤俱平复，遵提覆鞫，各供前情属实，案无遁饰。

查例载：在监斩绞重囚如有因变逸出自行投归者，均照原犯罪名各减一等发落。又，律载：断罪无正条，援引他例比附减等定拟。又，律载：罪人持仗拒捕，被捕者格杀勿论。又，贼自外入劫狱力不能敌者，官役免罪，各等语。

此案斩犯宁潆芒、绞犯田汪菖因回匪马三秃等乘变劫狱同反，被胁不从，随同官兵将马三秃等登时格毙，遍查律例，并无恰合专条。查在监斩绞重囚因变逸出自行投归，照原犯罪名减一等之例，系指该犯自行投归者而言。今宁潆芒、田汪菖被匪逼胁同反不从，随同官兵击捕兼毙多贼，较之守法未逃者情更可原。若仅照例减等拟流，自觉漫无区别，应请比照将宁潆芒、田汪菖于在监斩绞重囚因变逸出自行投归，照原犯罪名减一等例上酌量再减一等，拟杖一百，徒三年。宁潆芒业已病故，应毋庸议。田汪菖发配，折责安置，免入本年秋审办理。兵役、团丁闻警驰拿，格毙贼匪马三秃等二十七人。查马三秃等乘变劫狱同反，本属罪人，迨经官兵擒拿，又复持杖拒捕，应依"罪人持杖拒捕，被捕者格杀勿论"律，予以勿论。马来个犯罪拟绞，不知在监守法，辄又随贼抗拒官兵，实属罪无可逭，虽已身死，仍应割取首级，枭示监门，俾昭炯戒。

禁卒杨进才等均各受伤，力不能敌。宁潆芒因病提禁外监身死，究明看役人等并无凌虐情毙，应与讯无违用药方之医生毛恩敏均免置议。该署秋道州知州黄焘、吏目廖葆泰、都司奎文，于回匪乘变劫狱，未能先事预防，均有应得之咎。惟登时将贼尽数格毙，无一漏网，功过尚足相抵，应请免议。

除全案供招咨部外，所有此案议拟缘由，理合恭折具陈。伏乞皇上圣鉴，饬部核覆施行。谨奏。①

是日，公又奏报特参武员刘连升请旨革职缘由，曰：

窃维陕甘营务积习甚深，非随时甄别，不足以儆贪劣而肃戎行。臣履任后，访得陕西延绥镇属定边协副将刘连升，于请领火药、铅丸私行变价入己，复于沿途索支运费；平日在营，不事操防，恣意赌博，实属贪劣不职。正饬查间，据陕西延绥镇总兵蒋云龙②禀揭款迹，呈请撤参前来。

核与臣查访无异。似此贪劣武员，未便稍涉姑容，除先行撤任委员接署外，相应请旨将花翎头品顶戴记名提督借补陕西延绥镇属定边协副将喀勒春巴图鲁刘连升即行革职，并撤销勇号，拔去翎枝，以儆贪劣而肃戎行。所遗副将员缺，陕甘现有应补人员，容臣另拣请补。谨恭折具陈。伏乞皇上圣鉴，训示，施行。谨奏。③

【案】此奏旋于是年六月初七日得旨允行，《光绪朝上谕档》载曰：

光绪二十二年六月初七日，内阁奉上谕：陶模奏，特参贪劣武员一折。记名提督借补陕西定边协副将刘连升，于请领火药、铅丸，私行变

---

① 台北故宫博物院藏：《军机及宫中档》，文献编号：408003003。又，中国第一历史档案馆藏：《录副奏折》，档号：03-5915-012。
② 蒋云龙，生卒年不详，湖南人，武童出身。光绪十六年（1890），以功补陕西延榆绥镇总兵。二十三年（1897），奉旨开缺赴引。二十四年（1898），补副将。二十九年（1903），补授浙江处州镇总兵。三十年（1904），署理江西南赣镇总兵。三十一年（1905），除南赣镇篆。三十四年（1908），因弹压不力酿成巨案，被参革职。
③ 台北故宫博物院藏：《军机及宫中档》，文献编号：408003004。又，中国第一历史档案馆藏：《录副奏折》，档号：03-5915-011。

价入己,复于沿途索支运费;平日不事操防,实属贪劣不职。刘连升着即行革职,并撤销勇号,拔去翎枝,以肃戎行!余着照所议办理,该部知道。钦此。①

同日,公又附片奏请将马彦春以都司守备降补,下部闻。曰:

再,查上年五月海城县逆回作乱,经前督臣杨昌濬派委补用副将马彦春前往查办。该员随同前甘肃提臣李培荣,设计诱擒首犯李倡发处斩,不为无功。讵马彦春恃功骄妄,借端骚扰良回。据平庆泾固化道祝维城揭禀前来。

臣查马彦春本系海城县回民,虽经获贼有功,辄敢借端骚扰良回,未便曲予姑容,相应请旨将花翎留陕甘尽先补用副将笃勇巴图鲁马彦春以都司、守备降补,仍留营效力,以示薄惩而策后效。谨附片具陈。伏乞圣鉴,训示。谨奏。②

五月三十日,公致电军机处曰:

安西之贼痛剿后,贼酋刘四伏盘聚深山,掳蒙番畜牲,图窜敦煌,又分党散窜各口,牵我兵力。朱允诚等跟追刘逆,宋贤馨等赴敦迎截,罗平安、焦大众等分追散窜之贼,屡有斩获。因粮运艰难,贼踪飘忽,骤难殄灭,凉州满汉兵搜剿南山,小有斩获。邓增由甘州派队入野牛沟,讵治逆一股已闻信西窜咸门之青头山。现电嘱邓增驰赴兰州,并饬潘效苏派队回玉堵剿。至西宁惟剩卡尔冈一股,渐可就绪,乞代奏。③

---

① 中国第一历史档案馆编:《光绪朝上谕档》第22册第131页,广西师范大学出版社,1996。
② 台北故宫博物院藏:《军机及宫中档》,文献编号:408003004-0-A。
③ 中国第一历史档案馆藏:《电报档》,档号:2-02-12-022-0158。

六月二十六日,公开单奏报光绪二十二年四月分甘省雨水粮价情形,曰:

窃照本年三月分粮价并得霡雨泽情形,业经具折奏报在案。兹查四月分,兰州等八府六直隶州属具报得霡雨泽,自一二寸至四五寸不等,正值禾苗滋长之际,获此沃泽,土脉滋润,实于农田有裨。

至通省粮价,现因军事尚未告竣,采供军赈,以致到处粮价仍有增长,不能平减。据布政使曾鉌具详请奏前来。臣覆核无异,理合恭折具奏,并缮粮价清单,恭呈御览。伏乞皇上圣鉴。谨奏。①

同日,公又奏报甘省光绪二十一年分各属蠲缓钱粮借支廉俸等银情形,下部闻。曰:

窃据布政使曾鉌、署按察使周绶会详称:案查雍正五年蠲免湖北咸宁、蒲圻等县钱粮案内奉上谕:各省藩库皆有酌留银两备用,因湖北并无存剩银两,是以未曾酌留。今既有蠲免之州县,恐俸饷、公用等项一时或有不敷。现在湖南藩库有存储银三十万,着将银十万两拨解湖北布政使司,再将两淮盐课银拨二十万,以十万解送湖南补项,以十万解送湖北备用。湖北既有银二十万两,则公项需用可以动支,俟征收还项之时,即充藩库酌留之数,等因。钦此。又,例载:各州县偶遇灾歉缓征,所收地丁正耗银两不敷坐支俸廉、役食及驿站、工料,必须借领者,令其备具印文,声明不敷银款数目,申详藩司。该司核明实无本款,方准借给,一俟带收本款钱粮,勒限解还归款。又,直省动支银两,无论何款,数在五百两以上者,即专案奏明办理,各等语。

甘肃省自遭兵燹,正、耗钱粮未能复额,坐支多有不敷,于光绪九年分案奏定各官廉费征不敷支者,提用厘金银两;驿站、工料征不敷支

---

① 台北故宫博物院藏:《军机及宫中档》,文献编号:408003007.又,中国第一历史档案馆藏:《录副奏折》,档号:03-6959-022.

者,动用兵饷款,均由司给发在案。今光绪二十一年各属地方不靖,蠲免钱粮者,循化厅等九属;缓征钱粮者,固原州等十四属。所有廉费、俸工、驿站、工料等银,有向来并无留支全赴司领者,有向来全归留支不赴司领者,有留支不敷赴司补领者,此次全归留支者,即有征收应入流抵、留支补领者,或不敷更多,均应循例由司借支,以资办公。

该司等综核统计,除全赴司领及征留已足并从前不敷有案、补发有章各数毋庸牵算外,计河州借支养廉、公费银一千八十两,俸公银一千九百一十五两零,驿站、工料银三百四十八两零;狄道州借支养廉、公费不敷银一千五十余两,俸工银八百四十三两零,驿站、工料银一千七百一十四两零;海城县借支养廉、公费不敷银二百八十余两,驿站、工料银五百二十两零;平远县借支驿站、工料银四百六十一两零;金县借支驿站、工料征留不足银一百五十二两零;永昌县借支驿站、工料征留不足银三十七两零。以上共借支银八千四百余两,已在于耗羡、驿站、扣留兵饷三款内分别借支,随时给发具领。由该司等开折,详请奏咨前来。

臣覆核无异,除分咨户、兵二部查照外,谨恭折具奏。伏乞皇上圣鉴,饬部立案施行。谨奏。①

是日,公又会衔开缺陕西提臣雷正绾奏请徐得林补授汉中镇左营游击,下部议。曰:

窃查前准兵部咨开:陕西汉中镇标左营游击员缺,系题补第三轮第三缺,轮用拣发人员,行令拣员请补,等因。当经转饬遵照去后。兹据署汉中镇总兵龙得胜拣选得归陕拣发游击汉中城守营都司徐得林,才具精敏,营务练达,呈请酌补前来。

臣查拣发游击汉中城守营都司徐得林,熟悉营务,办事勤能,以之

---

① 台北故宫博物院藏:《军机及宫中档》,文献编号:408003009。又,中国第一历史档案馆藏:《录副奏折》,档号:03-6255-024。

请补汉中镇标左营游击员缺,洵堪胜任,亦与轮缺章程相符,合无仰恳天恩俯念员缺紧要,准以该员徐得林补授陕西汉中镇标左营游击员缺,可期得力。如蒙俞允,该员系曾经引见之员,应请饬部发给实授札付,以符定制。

除查取履历清册另咨送部,所遗陕西汉中镇标城守营都司员缺,陕甘现有应补人员,容另拣员请补外,谨会同开缺陕西提臣雷正绾,合词恭折具奏。伏乞皇上圣鉴,训示。谨奏。①

同日,公又附片奏报黄文新带队搜贼溺毙一事,下部闻。曰:

再,臣接准署甘肃提臣张永清咨称:管带甘防毅武后营凉州镇属镇羌营游击黄文新,率队入山搜贼,于五月十六日行至黑河上游,策马渡河,被水冲倒。迫兵丁赶救,业经气绝,等情。咨请核办前来。臣查该故员黄文新,从戎已久,屡立战功,前因进攻北大通城,腿受矛伤,犹未全愈。此次带队入山搜贼,竟因渡河冲倒,被溺身亡,实属因公殒命,殊甚悯惜!

除汇案另行奏请赐恤,并查取该故员原领札付另文咨送兵部查销外,相应先行请旨开缺。其所遗游击员缺,陕甘现有应补人员,容臣另拣请补。理合附片具陈。伏乞圣鉴。谨奏。②

---

① 台北故宫博物院藏:《军机及宫中档》,文献编号:408003008.又,中国第一历史档案馆藏:《录副奏折》,档号:03-5916-054.
② 台北故宫博物院藏:《军机及宫中档》,文献编号:408003007-0-A.又,中国第一历史档案馆藏:《录副奏片》,档号:03-5916-056.

同日,公又附片奏报游击杨德明剿贼身故一事,下部闻。曰:

再,臣据肃州镇总兵田在田①呈称:肃标中营游击兼带练军之杨德明②,率队出关,驻防赤金一带。五月二十五日,突有零匪从山窜出。该游击督队截剿,身受石伤,登时吐血,仍复带伤进山追捕,致石伤益剧,随即转回。六月初十日,方抵肃城,即行身故,等情。呈请核办前来。臣查杨德明,从戎年久,屡立战功,现因剿贼受伤殒命,殊堪悯惜!

除俟汇案奏请赐恤,并饬查取原领札付另咨送部外,相应先行请旨开缺。其所遗肃州镇标中营游击员缺,陕甘现有应补人员,容臣另拣请补。理合附片具陈。伏乞圣鉴。谨奏。③

是日,公又附片奏报拣员署理副将等缺情形,下部闻。曰:

再,甘肃西宁镇总兵员缺,前奉旨以何美玉补授。臣查西宁回乱初平,弹压抚绥,最关紧要,邓增现已带队赴肃州,何美玉本系甘军统领,自应饬赴新任,以重职守。又,署陕西河州镇属洮岷协副将任清鸿

---

① 田在田(1830—1912),字象乾,山东曹州府巨野县人。咸丰元年(1851),中武举人。二年(1852),中式一甲第一名武进士(武状元),加头等侍卫。旋获胜保举荐,加副将衔。六年(1856),补授直隶大名镇开州协副将。八年(1858),升山西太原镇总兵。十一年(1861),加提督衔。同治元年(1862),被劾落职。九年(1870),调赴金陵办理营务。光绪二年(1876),署四川重庆镇总兵。五年(1879),补四川重庆镇总兵。二十年(1894),调补甘肃肃州镇总兵。二十三年(1897),交卸回籍修墓。三十四年(1908),加太子少保。宣统元年(1909),赏都统。民国元年(1912),卒于田家公馆。

② 杨德明(1846—1892),湖南湘潭县人。咸丰七年(1857),投效湘军果字营,随援江西。八年(1858),以克服崇仁县暨抚州府两城案内赏给军功,保外委。十年(1860),随同进援四川,保把总。同年,保千总,升守备。同治元年(1862),保都司,并赏戴花翎。二年(1863),升游击,晋参将。同治三年(1864),迁副将,加总兵衔。是年,署理华阳都司事务。七年(1868),赏克勇巴图鲁名号。十年(1871),保总兵。十一年(1872),署理提标前营游击,改委管带豫军强营。光绪六年(1880),赏给三代一品封典。是年,委署化平营都司。九年(1883),署梨桥营都司。同年,署龙德营守备。十四年(1888),署陕西固原提标后营游击。十六年(1890),署理肃州镇标左营游击。十八年(1892),调署肃州镇标中营游击。同年,借补甘肃肃州镇标中营游击。二十二年(1896),因伤殒命。

③ 台北故宫博物院藏:《军机及宫中档》,文献编号:408003007-0-B.又,中国第一历史档案馆藏:《录副奏片》,档号:03-5916-055。

调省遗缺,查有尽先补用副将巩昌营游击李临湘,熟悉边防,办事勤慎,堪以署理。所遗巩昌营游击员缺,查有补用游击张登瀛,堪以委署。除分饬遵照外,理合附片具陈。伏乞圣鉴。谨奏。①

同日,公又附片奏报拣员调署知府遗缺情形,下部闻。曰:

再,新授甘肃甘凉道明保现已到省,应饬赴新任;署甘凉道凉州府知府王傚,应仍回本任,各专责成。又,宁夏府知府惠荣撤任遗缺,查有现署凉州府知府候补知府罗镇嵩,堪以调署。据藩、臬两司会详前来。除分别檄饬遵照外,理合附片陈明。伏乞圣鉴。谨奏。②

六月二十七日,军机处来电曰:

奉旨:两旬未得陶模电报,究竟青头山一股剿办若何? 盐池湾一股已歼除否? 不得以关内粗定稍形松劲! 着该署督严饬诸将,实力迏取。至甘省所募零星防勇,着即裁撤。现在甘库存银若干? 着查明实数具奏。钦此。③

六月二十八日,公会衔开缺陕西固原提督臣雷正绾奏请李士贞补授固原提标后营守备,下部议。曰:

窃臣前准兵部咨开:陕西提标后营守备侯松龄,准其调补长武营守备。所遗陕西提标后营守备员缺,仍作为第二轮第二缺,应用尽先人员,行令拣员请补,等因。当经转移遵照去后。兹准陕西固原提督

---

① 台北故宫博物院藏:《军机及宫中档》,文献编号:408003007-0-A.又,中国第一历史档案馆藏:《录副奏片》,档号:03-5916-057。
② 台北故宫博物院藏:《军机及宫中档》,文献编号:408003009-0-A.又,中国第一历史档案馆藏:《录副奏片》,档号:03-5343-068。
③ 中国第一历史档案馆藏:《电报档》,档号:1-01-12-022-0105。

雷正绾咨：实拣选得尽先补用守备同州汛千总李士贞，在固年久，营务熟悉，堪以请补。咨请核办前来。

臣查尽先补用守备同州汛千总李士贞，年强才裕，办事勤能，虽尽先名次在该员之先者尚有张心广、杨正邦、余绍详、胡青云、张高亮、赵士林、夏鸣谦、张善、章志杰等九员，均与此缺人地不甚相宜，未便迁就请补。该员李士贞尽先守备名列第十，尚在部定章程二十名以内，核与奏定按名指实章程相符，以之请补斯缺，洵堪胜任，人地亦极相宜，合无仰恳天恩俯念员缺紧要，准以该员李士贞请补陕西固原提标后营守备员缺，可期得力。如蒙俞允，该员系曾经引见之员，毋庸再行送部，应请饬部发给实授札付，以符定制。

除饬取该员履历清册另咨送部外，谨会同开缺陕西固原提督臣雷正绾，合词恭折具奏。伏乞皇上圣鉴，训示，施行。谨奏。①

同日，公又奏销嘉峪关征收俄税情形，下部闻。曰：

窃照嘉峪关新设俄国陆路口岸，征收税项，遵照部议，扣足四结，专折奏咨一次。兹查光绪二十一年五月初九日止，第四十结届满，业经先后造册奏咨。今自二十一年五月初十日起至二十二年四月初九日止第四十四结止，又届四结期满。其第四十一结、四十二结、四十三结、四十四结征收税银，已节次分别奏咨在案。所有十一次四结内共旧管、新收除提火耗每两一分二厘外，征收内地正、子税银四百六十八两五钱七分六厘一毫，又开除提入光绪二十一年满年经费银三百六两一钱五厘六毫，实储税银一百六十二两四钱七分五毫。据该关监督何福堃造具清册，详请奏咨前来。

臣覆核无异，除册分送总理衙门及部、科查照外，理合恭折具奏。

---

① 台北故宫博物院藏：《军机及宫中档》，文献编号：408003011.又，中国第一历史档案馆藏：《录副奏折》，档号：03-5916-066.

伏乞皇上圣鉴。谨奏。①

是日，公又奏请将肃州管狱、有狱各官分别惩处缘由，曰：

窃据肃州直隶州知州廖振乔禀：据吏目黄照报称：光绪二十二年四月二十三日夜三更时，拟绞监犯李沅淳因禁卒、更夫均患时疫睡卧，乘间扭断镣铐，扳损笼木，穴墙越垣逃逸。当经该州勘验，即会督营汛及该吏目分途追拿未获。卷查监犯李沅淳系因伙窃事主王曰卿家衣物，图脱拒捕，刃伤事主平复案内，审依"伙贼携赃先遁，后逃之贼被追，拒捕伤人未死"例，拟绞监候，业经具题，奉准部覆，已入秋审缓决二次之犯。

臣查监狱重地，自应严密防范，以免疏脱。今该吏目黄照专司狱务，既知禁卒、更夫均患病证，并不加派妥役小心看守，以致监禁重犯乘间穴墙，脱狱逃逸，实非寻常疏忽可比。且恐刑禁人等另有松刑贿纵、事后捏病各情弊，当饬藩、臬两司将吏目黄照先行撤任，仍提同刑禁人等到省审办。据藩、臬两司详请奏参前来。相应请旨将管狱官肃州直隶州吏目黄照先行革职拿问，并将疏于防范之有狱官肃州直隶州知州廖振乔一并敕部议处。

除饬令购线勒限，严缉逸犯务获，并审明有无松刑贿纵、事后捏饰各情弊，分别录供详办，限满无获另行严参外，所有监禁绞犯乘间越狱脱逃缘由，理合恭折具陈。伏乞皇上圣鉴，训示。谨奏。②

【案】此折旋于是年七月二十三日得旨允行，《光绪朝上谕档》载曰：

光绪二十二年七月二十三日，奉旨：这所参疏防绞犯越狱脱逃之

---

① 台北故宫博物院藏：《军机及宫中档》，文献编号：408003010。
② 台北故宫博物院藏：《军机及宫中档》，文献编号：408003006。又，中国第一历史档案馆藏：《录副奏折》，档号：03-7398-012。

管狱官甘肃肃州直隶州隶目黄照,着即革职拿问,交陶模提同刑禁人等,严讯有无松刑贿纵情弊,按律惩办。有狱官肃州直隶州知州廖振乔,着一并交部议处,仍勒限将逸犯李沅淳严缉,务获究办。该部知道。钦此。①

同日,公又附片奏请将县丞彭年革职审办缘由,下部闻。曰:

再,甘肃候补县丞彭年行为贪鄙,性嗜赌博,绅商子弟多被诱骗。正查办间,适据生员蒋英之祖母蒋王氏以彭年设局诱赌、荡尽家产等情,赴臣衙门控告。当批藩、臬两司转饬兰州府提案讯明,从严参办去后。兹据藩、臬两司会详请参前来。相应请旨将蓝翎同知衔甘肃候补县丞彭年先行革职,归案审办。理合附片具陈。伏乞圣鉴,训示。谨奏。②

同日,公又附片奏报裁撤粮台护运营勇情形,下部闻。曰:

再,甘肃新疆总粮台上年因省城防堵,道路戒严,招募兰防粮运步队一营,专司护台押运,于光绪二十一年八月初一日成军,经前督臣杨昌濬于十一月初三日附奏在案。兹据布政使曾铄详称:现在河湟剿抚事宜渐次就绪,省防解严,转运稍松,前募之粮运营应即裁撤,以节縻费,所支口粮截至光绪二十二年五月底止。惟该台经理粮饷、军装,前往后继,为数尚多,看守押运,均关紧要,拟请在于裁撤营内,暂挑留勇丁一哨,以资防护。其正、副哨弁、亲兵、什长、勇夫等项薪粮,仍照楚军营制坐饷章程,自六月初一日起支造报。俟军务大定,再行酌办。详请奏咨立案,等情。前来。臣覆核无异,除咨部外,理合将裁营留哨

---

① 中国第一历史档案馆编:《光绪朝上谕档》第22册第165页,广西师范大学出版社,1996。
② 台北故宫博物院藏:《军机及宫中档》,文献编号:408003006-0-A.又,中国第一历史档案馆藏:《录副奏片》,档号:03-5343-073.

缘由，谨附片具陈。伏乞圣鉴。谨奏。①

是日，公又附片奏报兰州茶商承领新票一事，下部闻。曰：

再，光绪二十二年轮发第六案茶票，经前督臣杨昌濬先发过甘陕宁茶票四百二十七张，计引二万一千三百二十道，移由臣具折奏明在案。旋据兰州道转据各茶商呈恳加发前来。臣查茶务屡准部咨，有以后承领新票只准加多、不准减少等语，当即核准在于各商原存六成票根内加发票三十张，计引一千五百道，并饬照章预缴二分课银三千两，由道解存藩库。其余欠缴一分茶课，随厘并缴，仍请作为第六案官茶，掣档轮销，俾归画一，借裕饷需。

除咨明户部及湖南巡抚查照外，谨附片陈明。伏乞圣鉴。谨奏。②

同日，公又附片奏报拣员委署知县遗缺情形，下部闻。曰：

再，洮州同知王南薰撤任遗缺，查有署狄道州知州赵谦，堪以调署。递遗狄道州知州员缺，查有崇信县知县杨培之，堪以调署。会宁县知县谢宝文因病请假遗缺，查有大挑试用知县祝兰祥，堪以委署。署礼县知县张鋆因病请假遗缺，查有请补礼县知县罗运甓，应饬先行赴任。署平凉县知县刘廷璜撤任遗缺，查有候补知县赵光矩，堪以委署。据藩、臬两司会详前来。除批饬分别给委外，理合附片陈明。伏乞圣鉴。谨奏。③

---

① 台北故宫博物院藏：《军机及宫中档》，文献编号：408003010-0-A。又，中国第一历史档案馆藏：《录副奏片》，档号：03-6140-024。
② 台北故宫博物院藏：《军机及宫中档》，文献编号：408003010-0-B。又，中国第一历史档案馆藏：《录副奏片》，档号：03-6508-009。
③ 台北故宫博物院藏：《军机及宫中档》，文献编号：408003011-0-A。又，中国第一历史档案馆藏：《录副奏片》，档号：03-5343-076。

同日，公又附片奏报同知陈端瀛等年满甄别情形，下部闻。曰：

再，查例载：道府以至未入流，毋论何项劳绩，凡系初任人员保归候补班次，应以到省之日起试看一年，期满甄别补用。又，补缺后以各项升阶补用人员，一经得有实缺，即以现官准补之日作为候补到任日期，扣足一年，与在省候补者一律出具考语，按班叙补，各等语。历经遵办在案。

兹查甘肃补用同知陈端瀛，于光绪二十年十月二十日引见，二十一年三月初五日领照到省。今自到省之日起，连闰扣至二十二年二月初五日，试看一年期满。又，在任候补直隶州知州泰安县知县刘至顺，于光绪二十一年二月十七日到任，前于新疆防戍案内保俟候补缺后，以直隶州知州补用。自光绪二十年二月初九日奉旨准补泰安县知县，按限扣至是年三月十一日到省之日起，作为直隶州到省在任候补，扣至二十一年三月十一日，试看一年期满。又，在任候补知县打拉池县丞朱世楷，于光绪十四年三月十三日到任，前关陇肃清案内保俟候补缺后以知县补用，自光绪十三年八月三十日奉文准补打拉池县丞，即以是年八月三十奉文作为到省之日起，以候补知县在任候补，扣至十四年八月三十日试看一年期满。由甘肃布政使曾鉌、署按察使周绶验看加考，详请甄别具奏前来。

臣查陈端瀛老成稳练，堪以繁缺同知留省，照例补用；刘至顺守洁才优，堪以直隶州知州在任候补；朱世楷勤干耐劳，堪以知县在任补用。除将该各员履历清册咨部查照外，理合附片具奏。伏乞圣鉴。谨奏。①

六月二十九日，公致电军机处曰：

二十七日电谕旨钦遵。青须山窜匪，邓增派队搜剿无踪，闻刘四

---

① 台北故宫博物院藏：《军机及宫中档》，文献编号：408003011-0-B．又，中国第一历史档案馆藏：《录副奏片》，档号：03-5343-077．

伏窜匿敦煌西南色尔腾海左右,焦大聚、牛允诚等轮流裹粮往追,仅遏零匪,山深路远,辄因难行而返,贼又飘忽。甘、凉、安、肃、新疆、青海处处须防,关内外饷项难支。查贼伙旧皆商民,铤而走险,饶应祺议遣弁持谕,寻踪招降,未得确信。仍饬各营戒备,得信再报。五月中,玉门所收降回回,已押解罗布淖安插矣。去岁所募零星营哨,计土勇已裁十之八,防勇已撤三之二,兵饷、车价现需甚多,正在具奏请拨。至司库存款,除估定应与外省扣存三成俸廉、百货厘金及零星各项,共实存银四十四万零,与亏缺之数相抵,不敷尚巨,求代奏。陶模谨复。艳。①

七月初一日,公致电军机处曰:

去夏海城县回乱,前督虽未痛剿,已诛多名。现回众安帖,事隔一年,不便再扬其波。缉拿余匪则可,剿洗则万不可。该处绅民造谣又欲痛剿,人情汹汹。所称匪类,不免信口诬指;所控官长贿纵,亦无实据。汉人以尽杀回民为快,虽有冤者,莫以为冤。固原、平凉一带回族无算,万一激变,不堪设想! 采浮议则应剿,论理势则难保无流弊。如要办,必须董福祥亲往,禁止谣言,安抚良回,设法擒拿逸犯方可。倘董奏请往办,务恳请旨饬该提督妥慎公平,切勿卤莽为要。陶模。先。②

七月初二日,公致电军机处曰:

夏初添拨甘省兵饷,原冀军事早竣,节省估计,只请百五十万,内除填还去岁亏欠,实仅百万。现遵部文裁兵节饷,所撤各营均须找清饷银,发给恩饷。暂留各军万难全撤,致生他变。通盘细核,截至

---

① 中国第一历史档案馆藏:《电报档》,档号:2-02-12-022-0174。
② 中国第一历史档案馆藏:《电报档》,档号:2-02-12-022-0176。

底,连常年新饷计算,约亏五十万之谱。各军饷装、各属赈粮转运脚价,去岁共拨十万,下余不敷,概系设法垫支。截至目下,亦亏三十万零。以上两项,势不得不据实奏恳续拨,竟此军需。查甘库实存应拨各项,仅有四十余万,拟即就近请估。不敷之数,仍求另拨的款。除将详细情形驰奏外,拟求先行代奏,乞示复。陶模。冬。①

七月初四日,军机处来电曰:

奉旨:陶模电悉。甘省军需,已饬部酌量筹拨。至该省藩库,三月册报存银尚多,何以止数月来遽至竭蹶?所留各军仍当酌撤,以节虚糜。至海城等处逸匪,当饬董福祥亲往查办,务期除莠安良,以靖余孽。钦此。②

七月初八日,公奏报甘肃赈款用罄请准续拨缘由,下部闻。曰:

窃维去岁回乱,自循化以讫河狄、西宁,蹂躏地方,几成焦土,生民涂炭,惨不堪言。前督臣杨昌濬于是年九月初五日,奏拨司库新草变价银十六万两,驿站扣留银四万两,各属变价未尽粮二十万石,截留新海防及筹饷新捐两项银两,并函请各省劝募善捐,悉备赈抚之用,声明事靡有定,款仍不敷,容随时察核续请,已邀恩允在案。仰见皇上轸恤残黎,不忍一夫失所至意,莫名钦感!自开赈以来,先后在河州、西宁设立总局,每一处贼氛稍平,赈抚即难稍缓,分局渐设渐多,银粮愈用愈广。难民流离初归,所有屋舍、牛粮、籽种荡然无存,必须一一筹给,约计待赈丁口不下十五六万。现虽军事渐平,而西宁府属如大通县,北大通、哆巴一带难民,归庄尤多,东作失时,力难自给,一律接赈,需费更繁。现又增关外抚回男女数千人,亦须筹给口食,前请之粮本二

---

① 中国第一历史档案馆藏:《电报档》,档号:2-02-12-022-0175。
② 中国第一历史档案馆藏:《电报档》,档号:1-01-12-022-0108。

十万石,迨奉文时,各属事前续梟不少,经户部将此款分拨军饷内动用,致前请赈粮短绌数万石。其截留两项捐款仅一万七千余两,各省善捐六万余两,阅时已久,而赈务方殷,银两、粮石早已告罄,刻不及待。经藩司在库存制钱项下先行挪用四万二千余串,若不亟为续筹,不独挪款无着,赈事更难为继,拟请仍在司库所存十九、二十两年待支兵饷款内各提银五万两,库存制钱项下提用钱五万串。此外仍照前案请将二十二年分新海防及筹饷新捐银两截留一年,俾资救济而还挪项。据甘肃布政使曾鉌等会详请奏前来。

臣伏查此次被兵之区,实非水旱偏灾可比。前请动拨各款赈济,为日太长,难民太众,委实不敷,不能不续筹添拨,用以推广皇仁。合无仰恳天恩俯准将本省司库所存十九、二十两年待支兵饷款内各提银五万两,司库存储制钱项下提用钱五万串,并将本年新海防及筹饷新捐银仍截留一年,以便接赈而救残黎。俟赈事告竣,即造册请销。

除咨明户部查照外,所有恳请续拨赈抚银钱缘由,理合恭折驰陈。伏乞皇上圣鉴,训示。谨奏。①

同日,公又奏报恳请拨补不敷军饷,并添拨运费情形,下部议。曰:

窃甘省自去岁军兴以来,需饷浩繁,前督臣杨昌濬两次请拨银一百七十万两,内有存粮变价抵算银九万余两,实收一百六十万两之谱,连上年常饷九十二万两,共合二百五十余万两。截至二十一年年底止,除西军八营杈枪一旗系照奏案在四分减平内支饷不计外,已用银三百余万两,实亏银四十余万两,曾于本年四月初五日请饷折内奏明在案。原冀军务早竣,用费可省,故撙节估计请添本年军饷银一百五十万两。无如归还旧欠,仅剩一百余万,供支数月,又将罄尽。叠接部咨裁营节饷,业已次第遵办,惟撤营甚难,稍形操切即滋事端,既须找

---

① 台北故宫博物院藏:《军机及宫中档》,文献编号:408003013。又,中国第一历史档案馆藏:《录副奏折》,档号:03-5602-024。又,《灾赈档》,档号:02-10041。

清存饷,又应发给恩饷,欲省此后之款,断不能惜目前之费。刻下极力删并月饷,约已减半。所留支领行饷之邓增、潘效苏、马福禄等所部各营,尚难遽改坐饷。湟属遗孽及安、肃一带南山零匪迄未剿除尽净,深恐乘虚窜扰,转劳兵力。盖有求省而不能多省者。此军饷不敷,必须再请拨补之实在情形也。

更有转运脚价一项,前督臣杨昌濬初请二十万,本属从简核估,蒙准十万,原不敷用。此项多系州县垫发,分起报领。臣前请拨饷时到任不久,尚未深悉底蕴,近核册报,始知去岁迄今已用银四十万两有奇。期间若董军、湘军、陕军、豫凯军粮饷、器械不绝于道,而本省一百十余营旗之军粮、各属之赈粮皆由异地采办、转输,动逾千里,加以干戈纷扰,膏秣价昂,较诸平时雇值或相倍蓰。此又运费不敷之实在情形也。

以上两项,现经藩司督同粮台委员,连本年奉拨常饷统作已收,通盘合算,军饷截至年底、运费截至六月,实亏银八十余万两,若不据实吁请,设有贻误,关系非轻,应恳再请添拨的款银八十万两,俾得还挪款而济急需,不敷尾数即以存粮变价弥补。据藩司曾鉌详请奏拨前来。

臣详加查核,军饷之亏,亏自去年;运费之亏,今年较巨。现在军务渐定,运费当可大减。惟所亏八十余万两,实系刻不容缓之款,明知库帑奇绌,何敢妄请增添?第事关大局,不得不据实陈明。合无仰恳天恩,饬部添拨军饷、运费银八十万两,以应要需。现查甘库有实存、新收百货厘金、扣存三成养廉等款银四十四万余两,尚可就近拨用,下短三十余万,再由户部另行指拨,仍俟军务平定,汇案核实造销。

所有恳请拨补不敷军饷并添拨运费缘由,理合恭折驰陈。伏乞皇上圣鉴,训示。谨奏。①

---

① 台北故宫博物院藏:《军机及宫中档》,文献编号:408003012.又,中国第一历史档案馆藏:《录副奏折》,档号:03-6140-020.

七月初十日，公致电军务处、军机处曰：

牛允诚等驻扎敦煌县西南一百四十里之南湖，即古阳关。六月十五日，探闻刘四窜匿迤西三站之安南坝回，各营疾追。十九日辰刻，追及于坝西八十里之野马泉。贼党千余据山俯击。牛与宋、范各将分道进攻，自申至亥，鏖战四时，杀贼四五百，毙逆目马吉，余贼西窜。二一日，选健骑追一百六十里，至一碗泉，贼复据险死拒，自申至戌，战三时，逆目刘三新率男妇六百余乞降，刘四率数十骑遁走荒山。昏夜不能穷追，官军伤亡五十余名，冒暑夜走，沙碛少水，马匹多毙，不能不拔回。刘四素恃马吉为谋主，今马吉已诛，无能为矣。仍饬严加侦探。又，玉门南山之冶逆闻已就抚，容查明再报，敬乞代奏。①

七月十二日，军机处来电曰：

奉旨：饶应祺等电悉。关外剿抚粗定，刘四伏残匪谅易薙除。该将士等触暑穷追，良深轸念！然总以擒获首逆为要，毋得迟留。至冶逆能否就抚？王黑娃逃往何处？着陶模饬邓增妥速办理，勿贻后患。钦此。②

七月十三日，公致电军机处曰：

奉初四电旨，海城等处逸匪，当饬董福祥亲往查办，等因。钦此。窃查该处汉人好造谣言，恐董军前往，无知者谣传剿洗，莠回窜走，良回惊疑，有碍事机。现邓增在肃，不能遽赴固原提督本任，倘令董署固原提督，较为妥当。惟董系固原人，为地方起见，似不妨从权，可否之

---

① 中国第一历史档案馆藏：《电报档》，档号：2-02-12-022-0184.
② 中国第一历史档案馆藏：《电报档》，档号：1-01-12-022-0113.

处,敬请代奏。陶模。元。①

同日,公奏报甘肃省光绪二十二年夏秋禾苗被灾大概情形,曰:

窃查甘肃各属自春徂夏,雨泽应时,收成可期中稔,惟间有禀报被雹、被水之区,当即饬司分别移行该管道、府、直隶州确查妥办。兹据藩司曾鉌将各属被灾大概情形详请具奏前来。臣查秦州直隶州属之秦安县、清水县、徽县,平凉府属之静宁州,庆阳府属之宁州,固原直隶州,阶州直隶州属之成县,巩昌府属之会宁县、安定县,兰州府属之河州、皋兰县,凉州府属之平番县各地方,均于本年四、五、六等月先后被雹、被水,损伤禾苗,轻重不一。其中间有淹毙人口、牲畜、冲塌房屋、水磨、桥梁、道路之处。小民终岁勤劳,正值夏禾结实,秋禾滋长,忽遭灾伤,殊堪悯恻!先已饬委该管道、府、州督同各地方官,亲往逐细覆勘,分别借给口粮,并给籽种,补种杂粮。是否不致成灾,统俟秋成查明,另行汇办。

惟秦州直隶州属之礼县南乡并西路蒲、王家庄等二十七村庄,于四月初七日午后雷雨大作,冰雹成块,禾苗尽为所伤,且山水陡涌,汇流入峡,淹毙男女大小二十三丁口,牛、马、驴、羊三百余只;西宁府属之碾伯县河南教场庄,于五月初十日未刻雨雹交加,将地内田禾一律打断;又,该县城乡各庄堡于六月初四日复降冰雹,各庄田禾被打,皆已折断;阶州直隶州属之白马关东乡花庙子于五月十三日午时陡降雹雨,厚至尺余,东北至鸡关山,西南至史家河三十余里,夏禾全没,秋禾包谷受伤,加以连日大雨,田地冲淌甚多;循化厅属鸿、灵二族于六月初四日午时有声自西北来,风势狂猛,雨雹大如鸡卵,合族四十余里禾稼尽行伤损,田地半作沟渠;兰州府属之金县东北乡于六月初五日申刻天降冰雹,其大如卵,积地五寸有余,长有六十里及九十里者,禾苗

---

① 中国第一历史档案馆藏:《电报档》,档号:2-02-12-022-0186。

概被打伤。

　　以上五厅、州、县地方被灾较重,均经饬司移行该管道、府、直隶州,并另委员确切覆勘,动用仓粮,急为赈济。内碾伯县、循化厅两处被难,赈务犹未停止,令将灾赈一并接续办理,仍饬由地方官赶紧先发籽种,劝谕农民乘时补种杂粮,以冀晚收,稍资补救而免失所。

　　所有淹毙人口早经地方官捐棺殓埋,冲塌房屋亦经饬令查明芎干,照例给予银两,及时修盖,以资栖止;并令将冲坏桥梁、道路赶紧修理,水冲田地、磨座,查明能否修复,钱粮应如何分别蠲缓,统俟各属结报到日再行汇核办理外,合将甘省本年夏秋禾苗被灾大概情形,谨恭折具奏。伏乞皇上圣鉴,训示。谨奏。①

　　同日,公又奏报预估光绪二十三年分甘肃关内实需军饷数目情形,下部议。曰:

　　窃臣前准部咨:将光绪二十三年应需饷项迅速分晰奏估,以凭汇拨,等因。当即行司去后。兹据甘肃布政使曾鉌详称:遵查甘肃关内协饷,自光绪十四年起,每年奉拨银一百一十八万两。嗣经先后议减银二十三万七千八百余两,仍奉部提存司库,每年只准按九十四万余两,撙节开支。前此地方平定,尚可勉资敷衍,惟自去岁甘肃回匪变乱,筹办防剿,需饷更巨,虽于常饷外节次另请添拨,军饷仍多不敷。所有二十三年甘肃关内应需常饷,拟请照旧仍按一百一十八万两如数指拨,准予全数开支,免其提存。一俟军需、善后一律藏事,仍即遵照提存,以符定章。此外宁夏、凉州、庄浪三满营并青海王公等饷需,自光绪十四年起,每年奉部专拨银二十二万两。数年以来,满营生齿日繁,原拨饷银实难核减,并请仍照二十二万两协拨。详请具奏前来。

　　臣查关内饷项,历年核减,已属有绌无赢。军兴以来,费用骤增,

---

① 台北故宫博物院藏:《军机及宫中档》,文献编号:408003014。又,中国第一历史档案馆藏:《录副奏折》,档号:03-9368-010。

近虽军事渐平,人心未固,旧设防营不敷分布,尚须将得力之营酌留数起,以资震慑。明年饷需本难预定,当此筹款竭蹶之际,惟有力期撙节,设法补苴,相应吁恳天恩准将二十三年分关内应需军饷饬部照旧指拨银共一百四十万两,以济要需。俟防务如常,仍即遵照提存,以符定章。

所有预估甘肃关内光绪二十三年分实需军饷数目缘由,谨恭折驰陈。伏乞皇上圣鉴,训示。遵行。谨奏。①

是日,公又附片奏报拣员署理副将等缺情形,下部闻。曰:

再,前因西路军务吃紧,经前督臣杨昌濬檄调署凉州镇总兵刘璞统带马步各营,赴前敌防剿。所遗总兵篆务,委镇标右营游击章凤先暂行护理,业经奏明在案。现在西路军务渐定,该员刘璞堪以仍赴凉州镇总兵署任,以专责成。又,署凉州镇属永昌协副将萧得荣,应饬交卸,另候差委。遗缺查有凉州镇标右营游击章凤先,堪以署理。除分饬遵照外,理合附片陈明。伏乞圣鉴。谨奏。②

同日,公又附片奏闻臬司丁体常呈请陛见一事,曰:

再,巩秦阶道丁体常③于光绪二十一年九月初十日奉旨补授甘肃

---

① 台北故宫博物院藏:《军机及宫中档》,文献编号:408003015.又,中国第一历史档案馆藏:《录副奏折》,档号:03-6140-032.
② 台北故宫博物院藏:《军机及宫中档》,文献编号:408003015-0-A.又,中国第一历史档案馆藏:《录副奏片》,档号:03-5916-076.
③ 丁体常(1841—1909),字慎五,贵州大定府平远州附贡生。同治六年(1867),任刑部陕西司行走。后请假回籍。九年(1870),以军功赏戴花翎。光绪四年(1878),加盐运使衔。七年(1881),署山西太原府知府。九年(1883),署山西大同府知府、潞安府知府。是年,署山西河东道。十一年(1885),迁山西河东道、署山西按察司使,赏二品顶戴。十二年(1886),丁忧,回籍守制。十五年(1889),服满起复,补甘肃巩秦阶道。二十一年(1895),升补甘肃按察使。二十四年(1898),擢甘肃布政使。同年,调补广东布政使。二十九年(1903),署广西巡抚,监临广西乡试,晋头品顶戴。宣统元年(1909),卒于任。

按察使。彼时前督臣杨昌濬以河湟回乱未平,该道所属汉回各民惊疑莫定,奏请暂留巩秦阶道任所,俾资镇慑在案。兹查军务渐次告竣,该处汉回相安。据该升臬司呈请交卸,以便赴都陛见前来。除檄委候补道常祥前往接署外,相应附片陈明。伏乞圣鉴。谨奏。①

七月十五日,军机处来电曰:

奉旨:陶模电悉。前因该署督有请令董福祥亲赴海城之奏,是以饬令驰往办理,仍谕以勿徇浮言,转致激变。今该署督复有此奏,殊属前后矛盾! 所请毋庸议。钦此。②

七月十九日,公致电军机处曰:

接玉门报:逆目刘四伏已在罗布淖尔拿获,关外似可肃清。又,甘州报:南山之南尚有零匪,已饬会同蒙番设法剿抚,敬乞代奏。③

七月二十九日,公会同提督董福祥致电军务处、军机处曰:

冶逆就抚后,王黑娃一股窜入南山一带。潘效苏派队由玉门进山,并派弁押带冶逆作向导,分途追捕;邓增派队由肃州进山,贼匿青海西北柴达木雪山内,各队连夜掩进。十四日天明围攻,阵毙悍骑十余名,贼长跪乞降,收抚王黑娃等百七十余人,拟一律解赴罗布淖安插。现在关外肃清,惟甘州南山谷地尚有匪匪不多,责成地方营旗搜捕,当易竣事。邓增拟即奏请陛见,模等商酌,固原、海城逸匪,现在奉

---

① 台北故宫博物院藏:《军机及宫中档》,文献编号:408003015-0-B.又,中国第一历史档案馆藏:《录副奏片》,档号:03-5343-104.
② 中国第一历史档案馆藏:《电报档》,档号:1-01-12-022-0114.
③ 中国第一历史档案馆藏:《电报档》,档号:2-02-12-022-0192.

旨查办,着派他将前往,仍恐回众惊疑,可否请旨饬令邓增先赴固原提督本任,就近查办,不动声色,较为妥密。所有剿抚情形,另行具奏,合先电呈大概,伏乞代奏。陶模、董福祥。艳。①

八月初七日,公奏报特参蔡世德等庸劣不职文员一事,曰:

窃维吏治之得失,地方之安危系焉。其有庸劣不职者,自应随时严参。兹查有在任候补知县高台县毛目县丞蔡世德,情性乖张,因修理衙署,擅派民钱,复创设差局,任意科敛,致交卸后民有余怨。试用通判李附枝,工于牟利,前办河州厘金,收报不实,以致群相效尤,厘务减色。候补知县柏以丽,性情粗鄙,前署海城县事,详报命案,任意欺饰。准调海城县知县刘藜光才具平庸,前在渭源县任内,值河州回乱,张皇失措,毫无布置,幸贼未攻城,不致失守。候补县丞王荣德,遇事侵欺,代行营领饷,借词干没,业经查追有案。以上五员均属劣迹昭著,据布政使曾鉌、署按察使周缓会详揭参前来。

相应请旨将在任候补知县高台县毛目县丞蔡世德、同知用甘肃试用通判李附枝、同知衔甘肃候补知县柏以丽、蓝翎甘肃补用县丞王荣德四员一并革职。同知衔准调海城县知县刘藜光系进士出身,文理尚优,请以教职归部铨选,以儆庸劣而肃官方。如蒙俞允,所遗海城县知县、毛目县丞两缺,甘省现有应补人员,拟请扣留外补。合并声明。所有特参庸劣不职文员,理合恭折具陈。伏乞皇上圣鉴,训示。谨奏。②

【案】此折旋于是年八月十九日得旨允行,《光绪朝上谕档》载曰:

光绪二十二年八月十九日,内阁奉上谕:陶模奏,特参庸劣不职文

---

① 中国第一历史档案馆藏:《电报档》,档号:2-02-12-022-0201。
② 台北故宫博物院藏:《军机及宫中档》,文献编号:408003019。又,中国第一历史档案馆藏:《录副奏折》,档号:03-5345-009。

员一折。甘肃在任候补知县高台县毛目县丞蔡世德，性情乖张，修理衙署，擅派民钱；创设差局，任意科敛。试用通判李附枝，工于牟利，前办河州厘金，收报不实。候补知县柏以丽，性情粗鄙，前署海城县任内详报命案，任意欺饰。候补县丞王荣德，遇事侵欺，代行营领饷，借词干没。均着即行革职。准调海城县知县刘荣光，才具平庸，前在渭源县任内，值河州回乱，毫无布置。惟文理尚优，着以教职归部铨选。余着照所议办理，该部知道。钦此。①

同日，公又奏请刘至顺调补张掖县知县，下部议。曰：

窃据甘肃布政使曾龢、署按察使周绶会详称：张掖县知县喻炎丙丁忧，业已截缺报部。所遗系冲、繁、疲三项要缺，例应在外调补。查例载：州县应调缺出，俱令于现任人员内拣选调补。又，调补州县必历俸三年以上，方准拣选题调，如年限未满，不得以人地相需为词。如试俸未满、试署未满及试署已满未请实授，并历俸未满年限，应令逐层捐免，方准请调。如未捐免，均不准于折内声明违例保题，等语。今张掖县知县系附郭最要应调之缺，地界边墙，事繁任重，且有驻扎重兵，弹压抚绥，均关紧要，非精明练达之员，不足以资治理。

兹于通省现任人员内逐加遴选，均与此缺人地不宜，惟查有秦安县知县刘至顺，年五十三岁，江苏上海县举人，于光绪六年大挑一等，以知县用，签分甘肃，遵例截留，旋经咨取。十年十二月初十日到省，新疆防戍案内保俟补缺后，以直隶州知州用，补授秦安县知县，二十一年二月十七日到任，试署年满，呈请实授在案。查该员练达勤能，尽心民事，在甘有年，于该处风土民情最为熟悉，前署宁夏、张掖等县，办理诸臻妥协，以之调补张掖县知县，实堪胜任，人地极其相宜。会详请奏前来。

---

① 中国第一历史档案馆编：《光绪朝上谕档》第 22 册第 184 页，广西师范大学出版社，1996。又，《德宗景皇帝实录（六）》，卷三百九十四，光绪二十二年八月，第 142 页，中华书局，1987。

臣查该员刘至顺守洁才优，办事稳练，合无仰恳天恩俯念要缺需员，准以秦安县知县刘至顺调补张掖县知县，实于地方有裨。如蒙俞允，衔缺相当，毋庸送部引见。该员在各任内并无参罚案件。谨恭折具陈。伏乞皇上圣鉴，训示。再，该员试署年满，本在张掖县开缺以先，而呈请实授在后，历俸亦未满三年，已饬照例逐层捐免。所遗秦安县知县系简缺，甘省现有应补人员，应请扣留外补。合并声明。谨奏。①

是日，公又奏报续裁马步营旗改支坐饷缘由，下部议。曰：

窃查甘肃去岁军兴，添募马步营旗暨各属城防土勇，为数颇多，需饷甚巨。嗣因防务渐松，陆续酌裁营勇，截清饷项，共三十余起，业于本年五月十三日汇奏在案。五月以来，仰赖皇上威福，西路迭报肃清，所有前敌营旗及城防土勇，随察其地方关要兴否、营武强弱若何，或拨留防守，或量行遣撤，或改支坐饷、练饷。核计前后裁减营勇六十三起，改营成旗九起，改支坐饷二十八起，改归练饷六起，共一百零六起，分晰截饷日期，由甘肃布政使曾铄开单详请奏咨立案前来。

臣覆加查核，此次裁勇改饷起数不少，借可节省帑项。惟边疆辽阔，军务虽平，人心未定，仍须新旧防军分要驻扎，庶足以资镇护。臣前随带入关亲军，仍拟酌调回省，借资得利，并有现支行饷、未能遽改坐饷各营旗，一俟统筹就绪，饬司查明留防马步营旗数目，再行分别裁留，据实奏报。

除将清单咨送户、兵二部外，所有续行裁减马步营旗及改归坐饷、练饷各起数目缘由，理合恭折具陈。伏乞皇上圣鉴。谨奏。②

---

① 台北故宫博物院藏：《军机及宫中档》，文献编号：408003017.又，中国第一历史档案馆藏：《录副奏折》，档号：03-5345-010.
② 台北故宫博物院藏：《军机及宫中档》，文献编号：408003016.又，中国第一历史档案馆藏：《录副奏折》，档号：03-5917-034.

同日，公又附片奏报添募威定新左营土勇一事，下部闻。曰：

　　再，本年四月以后，裁减营旗，为数不少，并经臣与董福祥、魏光焘函商，议将驻防河州太子寺等处总兵叶占魁所统永定一军遣散，仍以河狄兵单预饬统带威定军本任。河州镇总兵何建威添募精壮土勇一营，择要填扎，编为威定新左营，业于五月二十日开招，六月初一日成军起饷。所有叶占魁所统永定一军已饬裁撤，截至七月二十九日止，另加恩饷一月，以便遣散。除另文咨部外，谨附片陈明。伏乞圣鉴。谨奏。①

同日，公又附片奏报都司周秀峨开缺回籍一事，下部闻。曰：

　　再，据西宁镇总兵邓增呈称：镇属威远营都司周秀峨以先人坟墓年久倾塌，恳请开缺回籍修理，等情。自应准如所请，俾遂孝思，相应请旨开缺。除查取该员原领扎付另咨送部外，其所遗威远营都司员缺，甘省现有应补人员，容臣另拣请补。谨附片具陈。伏乞圣鉴。谨奏。②

是日，公又会衔开缺陕西固原提督臣雷正绾附片奏报陕西弁互相对调缘由，下部议。曰：

　　再，准兵部咨开：陕西河州镇属兰州城守营守备员缺，准以尽先都司河州城守营千总周迪升借补。该员本兰州府河州人，系属本府，例应回避，令即拣员对调，等因。臣查有陕西固原提属西安城守协右营

---

① 台北故宫博物院藏：《军机及宫中档》，文献编号：408003016-0-A。又，中国第一历史档案馆藏：《录副奏片》，档号：03-5917-035。
② 台北故宫博物院藏：《军机及宫中档》，文献编号：408003017-0-A。又，中国第一历史档案馆藏：《录副奏片》，档号：03-5917-036。

守备周嘉谟,系湖南宁乡县人,堪以调补兰州城守营中军守备。所遗西安城守协右营守备员缺,即以周迪升调补,均属人地相宜,与例亦极符合,合无仰恳天恩俯准以周迪升、周嘉谟二员互相对调。如蒙俞允,周嘉谟系引见回任之员,应请饬部先行换劄;周迪升俟准部覆,即给咨送部引见,以符定制。

除查取周嘉谟履历清册至日另咨送部外,谨会同开缺陕西固原提督臣雷正绾,合词附片具陈。伏乞圣鉴,训示。谨奏。①

同日,公又附片奏请将补用知府余起鸿先行革职,下部闻。曰:

再,据署皋兰县知县姚世贞禀报:本年七月二十日,据余起昌喊称伊嫡长兄余起鸿,因父殁争分家产未遂,雇倩多人,强搬寓所灵柩、衣物,致伊生母张氏、庶母陈氏均被殴伤。维时另有遣散营勇乘间拥进,行强劫夺,伊继母余石氏亦被殴伤,等情。经该县前往勘验属实,登时拿获夏得华、曾茂林、王有得、李玉山并余起鸿到案,余俱逃跑。经臣批饬臬司转饬兰州府,迅即提犯,审明孰是余起鸿雇倩、孰是乘间劫殴,分别照例详办,并令严拿在逃各犯务获究报外,查余起鸿曾保同知衔分省尽先补用知县,自应先行参革,归案审办。据藩臬两司会详请奏前来。

相应请旨将同知衔分省尽先补用知县余起鸿先行革职,以便归案审办。谨附片具陈。伏乞圣鉴,训示,施行。谨奏。②

同日,公又附片奏报添募景字三营一事,下部闻。曰:

再,查升授陕西固原提督邓增,前由西宁率队出关会剿,呈请添募马步三营,以厚兵力。所招马队景字左、右二营,以守备杨占元、都司

---

① 台北故宫博物院藏:《军机及宫中档》,文献编号:408003017-0-B.又,中国第一历史档案馆藏:《录副奏片》,档号:03-5917-039.
② 台北故宫博物院藏:《军机及宫中档》,文献编号:408003019-0-A.又,中国第一历史档案馆藏:《录副奏片》,档号:03-5345-011.

陈正魁分带；景字中营步队一营，以都司王翰文帮带。均系就地招募，于本年四月初九日点验成军，起支行饷，陆续开拔西进，于六月初三日行抵肃州，具报前来。

臣覆查无异，除将挑募景字马队三营成军起饷日期咨部立案外，谨附片陈明。伏乞圣鉴。谨奏。①

是日，公又附片奏请将劣员王植山即行革职，下部闻。曰：

再，知县用分省即补县丞王植山，在驻防甘肃巴燕戎格之新疆抚标练军提督苏贵兴营次办理文案，屡向所辖各营需索银物，稍不遂意，即扬言禀撤，恐吓多端；又在营贩货图利，一味贪婪。据各该营管带张宗文、贺福春等揭禀前来。经臣委查属实，未便稍涉姑容，相应请旨将知县用分省即补县丞王植山即行革职，驱逐回籍，不准投效别营，以示惩儆而肃军政。谨会同署新疆抚臣饶应祺，附片具陈。伏乞圣鉴，训示。谨奏。②

八月初九日，公开单奏报光绪二十二年五月分甘省雨水粮价情形，曰：

窃照本年四月分粮价并雨泽情形，业经奏报在案。兹查五月分兰州等八府六直隶州属具报得霑雨泽，自一二寸至三五寸不等。正值夏禾结实之际，获此沃泽，土脉滋润，实于农田大有裨益。

至通省粮价，现因军事渐平，新粮间有登场，各属渐已平减。据藩司曾鉌具详请奏前来。臣覆核无异，理合恭折具陈，并缮粮价清单，恭

---

① 台北故宫博物院藏：《军机及宫中档》，文献编号：408003016-0-B。又，中国第一历史档案馆藏：《录副奏片》，档号：03-5917-038。
② 台北故宫博物院藏：《军机及宫中档》，文献编号：408003019-0-B。又，中国第一历史档案馆藏：《录副奏片》，档号：03-5917-037。

呈御览。伏乞皇上圣鉴。谨奏。①

同日,公又奏报审拟越狱逃犯拿获正法等情,下部闻。曰:

窃查前据署西宁县知县萧承恩详称:光绪二十一年七月二十一日,该县回匪数千在附近村庄放火。该典史张承宗于监犯收封后,即同该令随同道、府上城防守,不料是夜五更时分,在监拟斩回犯马尕有仔乘间扭断镣铐,扳折木笼,越狱逃逸。经禁卒查知,报由该县会营勘明,督同典史、兵役追拿未获。适准部咨奉旨将所勾马尕有仔着即处决,钦此。经前督臣杨昌濬附奏请参,并行司转饬西宁府就近提审详办,仍令勒限严缉逃犯,务获究报去后。

旋于光绪二十一年十一月十六日奉旨:这所参疏防越狱之管狱官甘肃西宁县典史张承宗,着革职拿问,交杨昌濬提同刑禁人等,严讯有无松刑贿纵情弊,按律惩办。有狱官署西宁县知县萧承恩,据称监犯越狱时,适值回匪近城,登陴防守,未能兼顾,是否属实?着查明核办,仍勒限严缉逃犯马尕有仔,务获究办。余着照所议办理,该部知道。钦此。钦遵行司转饬遵照在案。嗣据报称,禁卒王长全于讯供后在监病故。饬由西宁府委员验报,批令核入正案拟办。复据该县典史张承宗探闻逃犯马尕有仔逃匿哆巴贼堡,禀经湘军营务处勒令投诚回目捆送到案,提同刑禁人等,讯明议拟,由西宁府详经甘臬司转详前来。

臣覆加确核,缘马尕有仔系西宁县回民,因图财谋杀小功堂弟马应林身死犯案,审依"功服以下尊长图谋卑幼财产,杀害卑幼之命,照平人谋杀"拟斩,解勘具题,发回监禁,入于光绪二十年秋审情实,恭逢恩诏停勾,仍入二十一年秋审情实之犯。是年七月二十一日傍晚,典史张承宗带回刑书张发进监收封,验明镣铐完固,收入北监笼内,锁闭

---

① 台北故宫博物院藏:《军机及宫中档》,文献编号:408003018. 又,中国第一历史档案馆藏:《录副奏折》,档号:03-9368-026.

监门走出。时因东关逆回放火烧毁民房，上城随同道、府并同城文武，督率兵役防守。

是夜五更时候，更夫、禁卒进房睡歇。该犯起意乘间潜逃，随将镣铐扭断，扳毁笼柱，用断镣挖开监墙钻出，由西北墙角拔去墙上棘茨，逾墙出外，从西门水道逃逸。更夫朱生云出房支更，瞥见北面监房外墙有挖开洞口，知系该犯脱逃，喊同禁卒季登甲、王长全，查找无踪，告知刑书张发，禀经该县驰回，会营勘讯，督同典史、兵役追拿未获，详经前督臣奏参。维时已先奉旨将所勾马尕有仔着即处决，钦此。复经前督臣以西宁回乱未平，行令西宁府就近提讯刑禁人等有无松刑贿纵情弊，一面勒限严缉逃犯务获，分别审办。旋据报明，禁卒王长全在监患病，医治罔效，于光绪二十二年二月初九日病故。由府委员验讯详报，批饬核入正案办理。复于二月二十二日经已革典史张承宗访闻，该犯马尕有仔逃匿哆吧贼堡，禀经湘军营务处勒令投诚回目捆送到案，经该府提同研讯，分别议拟，详由臬司转详到臣。经臣覆核无异。

查例载：罪囚越狱，仅止一人，乘间穿穴逾墙逃脱，原犯斩候应入情实者，改为立决。又，监犯越狱，狱卒依法看守，偶致疏脱，并无贿纵情弊者，依律减囚罪二等治罪，各等语。此案马尕有仔因图财谋杀功堂弟马应林身死拟斩，入于秋审情实。该犯在监并不安分守法，胆敢乘间越狱逃脱，现既被获，自应按例问拟。马尕有仔应如该司等所拟，合依"罪囚越狱，仅止一人，乘间穿穴逾墙逃脱，原犯斩候应入情实者改为立决"例，拟斩立决。惟该犯于脱逃后已奉旨予勾，自未便稍稽显戮，当由臣批饬先行正法，俾昭炯戒。

禁卒季登甲、王长全疏脱斩犯，虽经拿获，究已逾四个月限外，且系他人捕得，即称并无贿纵情弊，咎实难辞，亦应按例问拟。禁卒季登甲、王长全均合依"监犯越狱狱卒果系一时疏忽，并无贿纵情弊，依律减囚罪二等"例，于马尕有仔斩罪上减二等，各拟杖一百，徒三年。王长全业已病故，应毋庸议。季登甲定地充徒，至配折责拘役。更夫朱生云并不小心巡逻，致犯逃脱，应请照不应重杖八十律，拟杖八十，折责发落。刑书张发向不在监值宿,应免置议。王长全因病身死,禁卒、医生讯无凌虐、误治情弊,亦应免议。典史张承宗疏脱斩犯一名,捕获在四个月疏防限外,现已革职,仍应照例拟徒。惟当时该县正值回匪临城,该典史随同文武上城防守,核与寻常疏脱越狱监犯者情形稍有不同,且探知该逃犯躲在哆吧贼堡,未经投诚以先,不敢往拿,虽获在限外,究与不实力上紧缉拿者又自有别,可否免其治罪,应听候部议。至该县印官萧承恩实因回匪围城,登陴守御,未能兼顾,并无捏饰,应请免议。

除全案供招咨部外,所有审明监犯马尕有仔越狱脱逃,于四个月限外拿获,先行正法,禁卒于取供后在监病故,按例议拟缘由,理合恭折具陈。伏乞皇上圣鉴,饬部核覆施行。谨奏。①

是日,公又会衔开缺固原提督臣雷正绾附片奏报请将知州程敏达等暂行革职缘由,下部闻。曰:

再,准总统甘军甘肃提督董福祥咨:据海城县贡生杨凤鸣、平远县绅民任永等禀控:署固原直隶州知州程敏达、署海城县知县柏以丽、署平远县知县闵同文、陕西提标左营游击颜咸吉,借乱渔利,纵贼殃民等情,抄粘原禀,请饬查办,等因。臣查此案先据该贡生等以前情赴臣衙门具控,核其情节重大,当将各该牧令、游击先后撤任。正查办间,适董福祥咨同前由,即饬藩、臬两司遴委道府大员前往确查,以昭慎重。据藩、臬两司会详请奏前来。

除前署海城县候补知县柏以丽业经臣另案奏参外,仍应请旨将前署固原直隶州候补知州程敏达、前署平远县候补知县闵同文、陕西提督左营游击颜咸吉暂行革职,与柏以丽一并归案查办,俟查覆至日再行奏明,分别办理。谨会同开缺固原提督臣雷正绾,附片具陈。伏乞

---

① 台北故宫博物院藏:《军机及宫中档》,文献编号:408003020。又,中国第一历史档案馆藏:《录副奏折》,档号:03-7398-014。

圣鉴,训示。谨奏。①

八月十二日,公开单奏报光绪二十二年六月分噶生粮价雨泽情形,曰:

窃照本年五月分粮价并得霑雨泽情形,业经具折奏报在案。兹查六月分兰州等八府六直隶州属具报得霑雨泽,自一二寸至五六寸不等,正值秋禾长发之际,获此沃泽,实于农田大有裨益;间有被雹、被水之处,已饬查勘另办。

至通省粮价,现因军事渐平,新粮间有上市,较上月多已平减。据藩司曾鉌具详请奏前来。臣覆核无异,理合恭折具奏,并缮粮价清单,恭呈御览。伏乞皇上圣鉴。谨奏。②

同日,公又会衔开缺陕西提督臣雷正绾奏请陈元萼补授定边协副将,下部议。曰:

窃照陕西延绥镇属定边协副将刘连升参革遗缺,经部咨覆系题补第二轮第二缺,应用尽先人员,行令迅拣请补,等因。臣即在于尽先人员内拣选得记名简放总兵前陕西洮岷协副将陈元萼,谋略素优,战功卓著,曾任实缺副将,办理诸臻妥协,以之请补斯缺,实堪胜任。合无仰恳天恩俯念员缺紧要,准以该员陈元萼补授陕西延绥镇属定边协副将员缺,可期得力。如蒙俞允,俟接准部覆后,即行给咨送部引见,以符定制。

除该员履历清册俟查取至日另咨送部外,谨会同开缺陕西提督臣

---

① 台北故宫博物院藏:《军机及宫中档》,文献编号:408003020-0-A.又,中国第一历史档案馆藏:《录副奏片》,档号:03-5346-015.
② 台北故宫博物院藏:《军机及宫中档》,文献编号:408003021.又,中国第一历史档案馆藏:《录副奏折》,档号:03-9368-027.

雷正绾,合词恭折具陈。伏乞皇上圣鉴,训示。谨奏。①

是日,公又附片奏报游击杨玉周开缺回籍一事,下部闻。曰:

再,臣据西宁镇总兵何美玉②呈称:所属贵德营游击杨玉周离家年久,先人坟墓迄未修理,恳请开缺回籍修墓,俾遂孝思,等情。前来。相应请旨将贵德营游击杨玉周照例开缺。除查取该员原领札付另咨送部外,所遗游击员缺,甘省现有应补人员,容臣另拣请补。谨附片具陈。伏祈圣鉴。谨奏。③

同日,公又附片奏报游击刘复胜病故日期一事,下部闻。曰:

再,准署甘肃提督臣张永清咨报:提属洪水营游击刘复胜得患时症,医治罔效,于光绪二十二年七月初一日病故,咨请核办前来。臣覆查无异,相应奏明请旨开缺。除查取该故员原领札付及承查印、甘各结另咨送部外,所遗洪水营游击员缺,陕甘现有应补人员,容臣另拣请补。谨附片具陈。伏乞圣鉴。谨奏。④

同日,公又附片奏报都司张得胜病故日期一事,下部闻。曰:

再,据西宁镇总兵邓增呈称:镇属镇海协营中军都司张得胜得患时症,医治罔效,于光绪二十二年五月二十九日在任病故,等情。呈请核办前来。臣覆查无异,相应奏明请旨开缺。除查取该故员原领札付

---

① 台北故宫博物院藏:《军机及宫中档》,文献编号:408003022.又,中国第一历史档案馆藏:《录副奏折》,档号:03-5917-066.
② 何美玉(1843—1898),甘肃固原州人。同治九年(1870),投效董福祥军营,历保千总、守备、都司、参将。光绪二年(1876),随军出关,收复乌鲁木齐等城。四年(1878),保总兵。八年(1882),解甲回籍。二十一年(1895),再入董福祥军营,剿办河湟民乱,保提督记名简放。二十二年(1896),补授西宁镇总兵。二十四年(1898),因旧伤复发,卒于任。
③ 台北故宫博物院藏:《军机及宫中档》,文献编号:408003022-0-A.又,中国第一历史档案馆藏:《录副奏片》,档号:03-5917-067.
④ 台北故宫博物院藏:《军机及宫中档》,文献编号:408003022-0-B.又,中国第一历史档案馆藏:《录副奏片》,档号:03-5917-069.

及委员承查印、甘各结另咨送部外，所遗都司员缺，甘省现有应补人员，容臣另拣请补。谨附片具陈。伏乞圣鉴。谨奏。①

八月二十五日，公会衔西宁办事大臣奎顺、甘肃提督董福祥致电军机处曰：

西宁事定，福祥于十九日、奎顺于二十四日先后到省。福祥所部二十营拟留十二营旗分拨驻扎，月饷现可发至十月止，以后每月约需坐粮银二万之谱，由模另请添拨，俟明年秋收后酌裁。惟现撤之勇不尽甘人，应酌道路之远近，发给行饷，是否有当？候旨遵行，乞代奏。陶模、奎顺、董福祥。有。②

九月初一日，公开单奏报光绪二十二年七月分甘省雨水粮价情形，曰：

窃照光绪二十二年六月分粮价并得霡雨泽情形，业经具折奏报在案。兹查七月分兰州等八府六直隶州属具报得霡雨泽，自一二寸至四五寸，深透不等。正值秋禾结实之际，获此沃泽，实于农田大有裨益。

至通省粮价，现在军事渐定，新粮幸获登场，虽间有增长之处，大致均已渐减。据藩司曾鉌具详请奏前来。臣覆核无异，理合恭折具奏，并缮粮价清单，恭呈御览。伏乞皇上圣鉴。谨奏。③

同日，公又会衔开缺陕西提督臣雷正绾奏请雷洪春补授西凤营守备，下部议。曰：

窃臣前准兵部咨开：陕西提属西凤营中军守备郎永清开缺归总兵

---

① 台北故宫博物院藏：《军机及宫中档》，文献编号：408003022-0-C. 又，中国第一历史档案馆藏：《录副奏片》，档号：03-5917-068。
② 中国第一历史档案馆藏：《电报档》，档号：2-02-12-022-0212。
③ 台北故宫博物院藏：《军机及宫中档》，文献编号：408003023. 又，中国第一历史档案馆藏：《录副奏折》，档号：03-9368-034。

副将两班序补，所遗守备员缺系部推之缺，应用尽先人员，行令拣员请补，等因。当经移行遵照去后。兹准陕西提督臣雷正绾拣选得补缺后补用都司尽先拔补守备提标右营千总雷洪春，营伍晓畅，征防著绩，且在陕年久，于凤陇一带情形尤为熟悉。咨请酌补前来。

臣查该员雷洪春年力富强，办事勤干，以之请补斯缺，洵属人地相宜，亦与定章符合。合无仰恳天恩俯念员缺紧要，准以该员雷洪春请补陕西提属西凤营中军守备员缺，以期得力。如蒙俞允，俟接准部覆后，即行给咨赴部引见，以符定制。

除该员履历清册咨送兵部查照外，谨会同开缺陕西提督臣雷正绾，合词恭折具陈。伏乞皇上圣鉴，训示。谨奏。①

是日，公又开单奏报照章惩办甘肃省光绪二十二年春夏二季情重盗匪，下部闻。曰：

窃照甘肃地处边疆，汉、番、回、撒，种类不一，往往勾结为匪，骑马持械，抢劫为生，甚至逞凶拒捕，伤毙事主，情势均属凶暴，向系照依刑部通行，随时就地正法，按季汇报。兹查光绪二十二年春夏二季分，据中卫县、皋兰县、秦州、平罗县先后报获盗匪向八一、林长清、李进川、朱凤起、张新亭、黄礼沅、龙定喜即龙老三、王怔青即王老幺、线孝贤、魏剋洸、魏进工、姬司濇、王化城到案，均经批司移饬该管道府讯供禀办。旋据该管宁夏、兰州等府、巩秦阶道先后审拟禀办前来。

查该盗匪向八一、林长清、李进川、朱凤起、张新亭、黄礼沅、龙定喜即龙老三、王怔青即王老幺、线孝贤、魏剋洸、魏进工、姬司濇十二犯，或起意图财谋杀，或结伙持械强劫，逞凶拒捕，伤毙事主，均系情罪重大，法无可贷。经前督臣暨臣批司核覆，实属情真罪当。除线孝贤、王怔青即王老幺、魏剋洸、朱凤起四犯在监病故，及被捕受伤在押、因

---

① 台北故宫博物院藏：《军机及宫中档》，文献编号：408003024。又，中国第一历史档案馆藏：《录副奏折》，档号：03-5917-113。

伤身死均毋庸议外，先后批饬将该犯向八一、林长清、李进川、朱凤起、张新亭、黄礼沅、龙定喜即龙老三、魏进工、姬司潸九犯就地正法，分别传首犯事地方，悬竿示众，俾昭炯戒。其王化城虽听从上盗，惟中途畏惧先逃，核其情罪较轻，已令照章锁击杆礅，以示惩儆。据署甘肃按察使宁夏道周绶详请具奏前来。

除仍批饬严缉各案逸盗务获究报外，所有甘肃省光绪二十二年春夏二季分情重盗匪照章就地惩办缘由，谨开具籍贯、案由清单，恭折具陈。伏乞皇上圣鉴，饬部查照施行。谨奏。①

同日，公又附片奏报守备谢得胜病故情形，下部闻。曰：

再，臣据陕甘督标中军副将汤仁和呈称：督标左营守备谢得胜患病，医治不愈，于本年六月十一日身故。取具嫡亲承查印、甘各结、原领陕西阳平关营千总旧劄，并声明补授督标左营守备尚未接劄，等情。转请核办前来。臣覆核无异，相应请旨开缺。

除札付、印甘各结咨送兵部查照外，所遗守备员缺，陕甘现有应补人员，容臣另拣请补。理合附片具陈。伏乞圣鉴。谨奏。②

同日，公又会衔甘肃学政刘世安附片奏报杜正泽捐资助学等情形，下部闻。曰：

再，查例载：凡捐修城垣、衙署及各公所并军需等项银至千两以上者，请旨建坊，给予"急公好义"字样，由地方官给银三十两，听本家自行建坊，等语。兹据西和县知县蔡如苏详称：该县旧有水南书院，年久

---

① 台北故宫博物院藏：《军机及宫中档》，文献编号：408003025。又，中国第一历史档案馆藏：《录副奏折》，档号：03-7369-019。
② 台北故宫博物院藏：《军机及宫中档》，文献编号：408003024-0-A。又，中国第一历史档案馆藏：《录副奏片》，档号：03-5346-104。

失修，并以肄业士子膏火缺资，正拟筹办，即据本邑花翎衍圣公百户职衔杜正泽捐钱五千串，充作书院修理、膏火之用。由该县取结造册，赍府详司，核明转详前来。

臣查该花翎衍圣公百户职衔杜正泽，家仅小康，一闻义举，即慨然捐助书院膏火经费钱至五千串，实属高义可风，有裨文教，计以钱合银在三千两以上，核与建坊之例相符，合无仰恳天恩俯准西和县花翎衍圣公百户职衔杜正泽由该县给银建坊，给予"急公好义"字样，以昭激劝而资表扬。

除册结咨部外，谨会同甘肃学政臣刘世安，附片具奏。伏乞圣鉴，训示。谨奏。①

是日，公又附片奏报派员查办海城逸匪情形，曰：

再，臣于本年八月初四日承准总理各国事务衙门电寄：奉上谕：陶模、董福祥电悉。据报关内外肃清，大局已定，惟安插悍众，收捕残匪，应责成派出各员妥慎经理。邓增著赴固原提督本任，所有海城逸匪，即着该提督就近查办，毋使漏网。一俟办理完竣，地方平靖，即着速行驰奏，以慰廑怀，等因。钦此。除安插悍众、收捕残匪，应遵旨责成派出各员妥慎经理外，查该提督邓增带队驻防肃州一带，已移行遵照赴任，并将海城逸匪就近妥为办理，毋使漏网，以靖地方。容俟该提督到任后办理完竣，即行驰奏，上慰宸廑。谨先附片陈明。伏乞圣鉴。谨奏。②

九月初三日，军机处来电曰：

奉旨：陶模、饶应祺驰奏关外肃清折已悉。触暑遄征，将士用命，

---

① 台北故宫博物院藏：《军机及宫中档》，文献编号：408003024-0-B.又，中国第一历史档案馆藏：《录副奏片》，档号：03-7162-077.
② 台北故宫博物院藏：《军机及宫中档》，文献编号：408003024-0-C.又，中国第一历史档案馆藏：《录副奏片》，档号：03-5917-114.

所请奖叙均即照准,俟关内全境敉平奏到,再行一并宣示。将此谕饬应祺知之。钦此。①

九月十九日,公会衔尚书衔甘肃提督董福祥奏请奖叙会剿北大通等处出力员弁,曰:

窃臣模、臣福祥于五月初七日将剿办北大通营等处情形由驿驰奏,赍回原折,光绪二十二年六月初三日,钦奉上谕:览奏,均悉。所有出力将弁,准其择尤保奖,毋许冒滥;阵亡弁勇并着汇报请恤,等因。钦此。钦遵在案。查北大通营一带山水深阻,为悍贼老巢,与哆巴诸堡互相犄角。哆巴上五庄诸处甫经戡定,该处逆回勾结逸匪,誓死抗拒,势极猖獗。督标亲军暨新军各营旗远道数千里,赴甘剿办,时甫届春初,苦寒未解。该将士等未及休息,会同甘军分道深入,出没于山谷崎岖之境,驰骤于严天风雪之中,卒能扫荡坚巢,力摧蹶逆,使甘凉完善之地得以安堵无虞。此次擒斩之多、赴机之速,非将士用命,曷克臻此?仰荷皇仁录及征劳,特许甄叙。比将谕旨宣示,各营无不感激踊跃,益加奋勉。兹据各营旗统领开具清单请奖前来。

臣等严加覆核,务期核实甄录,不敢稍有冒滥。除将各员弁履历行取咨部查核,并千总以下各弁均系前敌打仗尤为出力,邀免填注考语,谨缮清单,恭呈预览,合无仰恳天恩俯准照单给奖,以示鼓励。谨恭折具陈。伏乞皇上圣鉴,训示,施行。再,此折系臣模主稿。至此次臣福祥所统各军出力员弁,统归西宁肃清案内另行开单,分别奏咨。合并声明。谨奏。②

同日,公又附片奏请将潘效苏等二员记名简放缘由,曰:

再,北大通营城附近回堡林立,周围一百余里遍地皆贼。督标营

---

① 中国第一历史档案馆藏:《电报档》,档号:1-01-12-022-0130。
② 陶模:《陶勤肃公奏议遗稿》,民国十三年(1924)兰州宣德堂刊本。

务处甘肃新疆补用道潘效苏督饬各营旗,深入贼丛,相机进攻,为一鼓荡平之计,复亲带开花炮队,击毙多贼,两日之间,各大回庄劲垒坚巢一律剿洗净尽,虽由将士用命,戮力同心,亦潘效苏忠勇奋发,调度有方,故能神速若此也。

统带督标亲军正中马步等营副将焦大聚,以河北黄田庄为悍贼坚巢,首先率队攻扑,阵毙千余人,黄田庄既下,其余各庄贼众均已胆寒,遂乘势连破全沟台、俄博诸庄,军威所至,如摧枯拉朽,大通河南北贼堡悉平,此次战功实该副将之力居多。

臣模暨署新疆抚臣饶应祺于八月初三日曾报关外肃清折内,业经随保盐运使衔甘肃新疆候补道潘效苏请以道员交军机处存记,并赏给二品顶戴;总兵衔留新尽先补用副将焦大聚请免补副将,以总兵遇缺尽先简放。九月初三日,钦奉电旨照准在案。

此次攻克北大通踞匪及附近一带回堡,该二员战绩尤为卓著,合无仰恳天恩俯准,将潘效苏仍请以道员交军机处存记,遇有缺出,开列在前,请旨简放,并赏给清字勇号;焦大聚请以提督交军机处记名简放,以示优异。谨附片具陈。伏乞圣鉴,训示,施行。谨奏。①

九月二十三日,公会衔头品顶戴尚书衔甘肃提督董福祥、副都统衔西宁办事大臣奎顺奏请奖叙肃清关内外出力文武等员,曰:

窃自上年三月间循化撒回借争教滋事,河州逆回马永琳等乘机煽乱,省城及东南一带处处戒严。五月初间,海城逆首李倡发父子复勾结河回马匪匪、赵百祥等,戕官谋反,一时碾伯、巴燕戎格各属回匪闻风响应,至六月而全湟骚动,于是韩文秀等据西宁府城东三关,刘四伏等据北川,马大头三三据西川,包良、刘伏等据北大通一带,各拥众数万,四出焚掠,屠杀汉民至十数万,凶焰甚张。

---

① 陶模:《陶勤肃公奏议遗稿》,民国十三年(1924)兰州宣德堂刊本。

时甘防将卒悉赴河湟，前督臣杨昌濬以海城势关全局，陕甘唇齿相依，急调统带陕标马队守备张绍先，随同前甘肃提督李培荣等，飞速进剿，兼旬之间，即就扑灭，由是东道畅通。臣奎顺暨前督臣杨昌濬商派总兵邓增等，率师攻拔街子工、果什滩诸贼巢，以解循化之围；派副将何建威等率师与狄道州知州黄焘、吏目廖葆泰，内外夹攻，以解狄道之围；派总兵牛师韩①等率师收抚平戎驿贼，以解西宁之围。当时贼众兵单，不敷策应，虽迭经惩创，势未少衰，并有另股回匪窜陷永昌、山丹各村堡，甘凉道梗，文报不通。

十月初四日，谕旨饬臣模署理督篆，日久始由俄境探得电信，迅即抽调营旗，踏冰东进，遵旨疏通饷道。臣福祥奉命驰援河州，于九月间率总兵王钺安、副将马安良、参将张铭新等马步营旗，驰抵狄道，六战皆捷，遂解河围，诛马永琳父子及闵伏英、马匡匡等，并搜斩逆党四百余名，于是河州悉平。臣福祥遂派道员张成基带马队三营，由循化关拉沟一带西进，相机剿抚；遵旨添派游击何得彪带马步四营往援西宁。陕西巡抚臣魏光焘今年正月提师抵湟，与臣奎顺会商，先剿东三关踞匪，遂诛逆首韩文秀等，荡平北川，以进图多巴之贼。臣奎顺派所部合邓军及臣福祥甘军，会剿下孙堡等处，并连解大通县及喇课汛城围，遂乘胜济师，以进图上、下五庄之贼。臣福祥复派队渡大通河，出达坂山；臣模派督标亲军副将焦大聚、新军总兵赵有正等先后由甘州扁都口，南逾祁连山，以进图北大通之贼。

二月初一日，甘军、邓军会克上、下五庄。初七日，甘军进攻北大通营，复其城。十一日，多巴贼斩其酋马大头三三，诣湘军，乞降。三月十二日，焦大聚等会同甘军连破北大通各大回庄，收其余众，安插大

---

① 牛师韩（1846—1895），安徽省颍州府涡阳县人。咸丰八年（1858），以六品军功投效皖军。十年（1860），赏戴花翎。十一年（1861），保千总。同治元年（1862），保守备。次年，保都司。四年（1865），保升游击，加副将衔，赏信勇巴图鲁勇号。六年（1867），保副将，加达春巴图鲁勇号。七年（1868），保总兵，晋提督衔。十一年（1872），晋头品顶戴。光绪元年（1875），补河南归德镇总兵。十五年（1889），署河北镇总兵。十七年（1891），丁父忧，回籍守制。二十年（1894），迁甘肃宁夏镇总兵。二十一年（1895），卒于任。

通河南,俾与汉民别居,无相混杂。此各军剿办河湟各处之实在情形,均经先后奏明在案。

维时元恶既诛,而巴燕戎格之撒回马成林等复勾串米拉沟逆目冶诸麻,纠合水地川、甘都塘、卡尔冈三堡回众复叛,扰及南川;而逆目刘四伏等胁众从水峡窜出七八万人,由青海柴达木间道蔓延关外,势甚猖獗。臣奎顺会商魏光焘及臣福祥,各派马队,裹粮跟追。臣奎顺并飞饬蒙古王公派蒙番各兵,合力堵击。时湘军分统总兵龙恩思收复札什巴城,并克水地川九庄,廓清四十余里。适魏光焘于四月初十日奉电旨赴陕西巡抚本任,臣福祥到湟接办剿抚事宜,先后督饬诸军攻下东湾、生地沟、化力坡、甘都塘、卡尔冈诸贼巢,捕诛马成林、冶诸麻等,并搜戮湟中逸匪三千余名,安插抚回及汉民之流亡失所者,俾各复业,于是西宁全境亦告底定。

时关外之贼警报叠至,臣等钦遵电谕,令邓增移札肃州一带,力保关内完善之区;复电商署新疆巡抚臣饶应祺,饬道员潘效苏率督标亲军,重复出关,会同新军提督牛允诚等,严堵安西、敦煌、玉门、南山各隘口,分头截击,阵斩数千,乞抚者五六千人。该匪攻扑技穷,窜走荒碛,冻饿毙者又数万人。刘四伏等率死党由色尔腾海西遁大漠。臣模电商饶应祺派队至罗布淖尔,据险设伏。七月中,刘逆至罗布淖尔东南之和儿昂地方,一鼓就擒,于是成股之贼悉经扑灭,关内关外及青海全境一律肃清。惟南山番地穷严荒谷,间有零星残匪鼠窃偷生,已责成甘州、肃州防军各按地段,设法搜拿,不至大烦兵力矣。

臣等伏查,此次逆回构乱,啸聚数十万人,蹂躏地方,纵横至数千余里,仰仗天威远赫,次第削平,而各军将士冒镝冲锋,擒渠扫穴,奔走于酷暑严寒之际,出入于穷荒瘴疠之中,实属奋不顾身,异常出力。至后路防军、台局员弁、守城之文武、团练之绅民、各省押运饷械之委员、各路赈抚难民之官吏,或严防要隘,或力守危城,或冒险转输,或招徕流散,均能力持大局,不避艰辛。除湘军另由魏光焘专案奏奖,河州、西宁及青海、关外各案由臣等分别另行具折请奖,并历次阵亡员弁另案办理外,其余出力文武员弁、勇丁及上年循化、狄道、西宁解围诸保案业经奉旨准择尤保奖,并交臣模查覆酌保者,均拟归入此次汇案核实,开单请奖。

臣等公同商酌,拟以前敌后路分作两起恳恩奖叙,以示鼓励而旺激劝。所有关内外及青海一律肃清,恳将前后在事出力文武员弁暨青海蒙古王、贝勒等分别请旨奖叙各缘由,谨会同陕西巡抚臣魏光焘、署理新疆巡抚布政使臣饶应祺,合词恭折由驿五百里驰奏。伏乞皇上圣鉴,训示。再,此折系臣模主稿。合并声明。谨奏。①

【案】此折于光绪二十二年十月初五日得旨允行,《光绪朝上谕档》载曰:

光绪二十二年十月初五日,内阁奉上谕:陶模、董福祥、奎顺等奏,甘肃关内外及青海回匪一律肃清,由五百里驰奏一折。上年三月间,甘肃循化撒回滋事,河州逆回马永琳等乘机煽乱,海城逆首复有聚众戕官之事,由是碾伯、巴燕戎格各属回匪闻风响应,全湟骚动,特派董福祥、魏光焘督师入甘,认真剿办。董福祥所统各营极为得力,九月间驰抵狄道,六战皆捷,遂解河州之围,诛逆回马永琳等。旋由循化米拉沟一带进援西宁,彼时魏光焘已提师抵湟,与奎顺会商,先剿西宁东三关踞逆,遂诛逆首韩文秀等,荡平北川,进攻多巴,连解大通县及喇谋汛城围。董福祥复派队渡大通河,出达坂山,会同陶模所派副将焦大聚等军,先后进攻北大通之贼。本年二月,克上下五庄,复北大通城。多巴之贼斩其酋马大头三三,诣湘军乞降。维时巴燕戎格之撒回马成林等勾串米拉沟逆目冶诸麻,纠合回众,扰及南川;逆目刘四伏等从水峡窜出,由青海柴达木蔓延关外。董福祥等各派马队跟追,并由奎顺饬青海蒙番各兵合力堵击,先后攻下诸贼巢,捕诛马成林冶诸麻等。

---

① 台北故宫博物院藏:《军机及宫中档》,文献编号:408003026。

朝廷谕令将邓增一军移扎肃州,复电饬饶应祺派道员潘效苏各军,严堵安西、敦煌、玉门、南山各隘口,分投截击,擒刘四伏于罗布淖尔东南之和儿昂地方,于是关内外及青海全境一律肃清。

此次逆回构乱,啸聚数十万人,蹂躏地方数千里,在事将帅督饬诸军,擒渠扫穴,次第削平,实属异常出力。董福祥运筹决策,调度有方,迅奏肤功,勋劳懋著,着赏加太子少保衔,并赏给骑都尉世职。奎顺防守西宁,并会剿青海等处窜匪,办理迅速,着赏穿黄马褂,并交部从优议叙。陶模征兵筹饷,不遗余力,着补授陕西总督。饶应祺剿办关外逸匪,不致蔓延,着补授新疆巡抚。魏光焘攻克苏家堡多巴等处贼巢,叠挫凶锋,亦属著有勤劳,着交部从优议叙,用示朝廷论功行赏之至意!钦此。①

同日,公又附片奏报筹商河湟善后事宜情形,曰:

再,甘肃汉回错处,综稽民数,本汉少而回多,汉弱而回强。自入我朝二百余年,不遵正朔,屡征屡叛,习若性成。此次屠杀焚掠之惨,尤为酷烈,特以族类繁众,诛不胜诛,而剿办过严,又恐牵动大局。臣等谨遵迭次谕旨,剿抚兼施,除其巨憝,宥其胁徒,以广皇仁而重生命。惟是关内新抚之众,实无多旷土可以分别安插,势不得不仍令与汉民错处其间,而仇隙既深,猜疑益甚,欲令释其嫌怨,相睦相亲,实非急切所能见效。计惟有慎择廉直明练之地方官,抚绥开导,徐与渐摩,久之庶可相安于无事。现在反侧初定,不能不摄以兵威,拟于回乱甫平之区,如狄道、河州、西宁、循化、巴燕戎格、大通及碾伯之米拉沟等处,酌留防营,以资镇慑。俟半年之后,再酌量情形,分别留遣。

至抚辑赈恤事宜,河州粗已就绪。其未尽归业者,容再招徕。此外用兵地方新经安抚者,汉民固待赈孔急,即回民亦糊口无资,已通饬

---

① 中国第一历史档案馆编:《光绪朝上谕档》第22册第237—238页,广西师范大学出版社,1996。又,《德宗景皇帝实录(六)》卷三百九十六,光绪二十二年十月,第170—171页,中华书局,1987。

地方官清查户口，筹款赈给，务使遭难黎民不至流离失所，以求仰副朝廷子惠元元之至意。所有臣等筹商善后大概情形，理合附片陈明。伏乞圣鉴，训示。谨奏。①

【案】此奏片旋于是年十月初五日得旨允行，《光绪朝上谕档》载曰：

光绪二十二年十月初五日，内阁奉上谕：甘肃一省，汉回错处，同隶骈幪，皆我赤子。朝廷抚育兆民，断无歧视，只因地方官不善拊循，于汉回交涉事件未能持平办理。其汉民、回民之奸黠者，又遇事生风，借端互煽，猜疑既久，嫌怨愈深，遂致燎原之祸，一发而不可遏。朝廷安良除暴，不得已而用兵，迫至一律肃清，而地方之蹂躏，民户之凋残，已不知凡几矣。兴言及此，良用恻然！着陶模选择廉正明练之地方官，抚绥开导，勤求民隐，遇有汉回争执之事，专论是非，不分汉回，务当酌理准情，持平办理。所有被兵地方并着分别查勘，筹款抚恤，务俾汉回各得其所，永远相安，用示一视同仁、安抚黎庶至意。钦此。②

九月二十六日，公奏请黄绍梓补授抚彝通判，下部议。曰：

窃据甘肃布政使曾鉌、署按察使周绶会详称：抚彝通判曾道贯丁忧遗缺，业已截缺报部，例应拣员请补。查例载：道、府、同知、直隶州、通判、知州缺出，如系选缺，遇丁忧、参革等项所遗，应用候补、记名、委用、试用各项人员。又，外补道府以至佐杂请补，应归月选之缺；候补一项，除知县外，其余各项候补人员，无论曾任、初任，均令题咨补授，毋庸请署，等语。甘省通判一项，自停止变通章程后，上次盐捕通判缺出，以候补班前通判熊振盘酌补。今抚彝通判缺，查有劳绩保举本班

---

① 中国第一历史档案馆藏：《军机处随手登记档》，档案编号：03-0289-2-1222-269。
② 中国第一历史档案馆编：《光绪朝上谕档》第22册第237页，广西师范大学出版社，1996。又，《德宗景皇帝实录（六）》，卷三百九十六，光绪二十二年十月，第169—170页，中华书局，1987。

尽先补用通判黄绍梓一员,例得请补。

该员年五十岁,顺天大兴县人,祖籍浙江山阴县,由监生报捐通判,分发甘肃试用,并加盐提举衔,投效来甘,于收复肃州案内保以本班尽先补用,于同治十二年二月十七日引见,是年六月十九日到省,试用年满,甄别留用在案。该司等查该员黄绍梓,才具稳练,办事安详,前署灵台县知县,办理一切,诸臻妥协,以之请补抚彝通判员缺,与例相符,实堪胜任。会详请奏前来。

臣查该员黄绍梓,悃愊无华,办事稳慎,合无仰恳天恩俯准以该员黄绍梓补授抚彝通判,实于地方有裨。如蒙俞允,该员衔缺相当,毋庸送部引见。该员并无参罚案件。谨恭折具陈。伏乞皇上圣鉴,训示。谨奏。①

同日,公又奏请陈兆康署理崇信县知县,下部议。曰:

窃据甘肃布政使曾龢、署按察使周绶会详称:崇信县知县杨培之调补武威县知县,所遗员缺业已截缺报部。查各省升、调、遗缺出,例用各项候补并进士即用及委用、试用、大挑、议叙、捐纳、截取进士、举人各项人员。又,新例:道府以至未入流,无论何项到班,仍以五缺计算,等语。甘省知县升、调、遗一项,自停止变通章程后,已用至本班捐纳知县程德音准补隆德县知县为止;其次两当县知县缺,以截取进士知县苏保国请署;渭源县知县缺,以进士即用知县杨增新抵补;宁朔县知县缺,以进士即用知县张庭武请补;清水县知县缺,以海防分缺先用知县邓朝卿请补,均尚未奉准部覆。今崇信县知县一缺,甘省现无郑工新班先各项花样人员,照例过班接用大挑正班。

查大挑班内科分在先之王璠,因病请假回籍,应行扣补。惟查有大挑试用知县陈兆康,科分在先,例得请署。查该员年五十四岁,河南

---

① 台北故宫博物院藏:《军机及宫中档》,文献编号:408003027.又,中国第一历史档案馆藏:《录副奏折》,档号:03-5347-044.

罗山县举人。光绪六年,大挑一等,以知县用,签分甘肃,领照回籍。嗣经奉文咨取赴甘,于十一年四月二十九日到省,试用年满,甄别留月在案。历署靖远、西宁等县,现署平番县知县,办理一切,诸臻妥协。该司等查该员陈兆康,安详稳练,办事细心,以之请署崇信县知县,与例相符,实堪胜任,会详请奏前来。

臣查该员陈兆康年强才裕,办事勤能,合无仰恳天恩俯准以该员陈兆康请署崇信县知县,实于地方有裨。如蒙俞允,衔缺相当,毋庸送部引见;仍俟试署年满,如果称职,另请实授。该员各任内并无参罚案件。谨恭折具陈。伏乞皇上圣鉴。谨奏。①

是日,公又奏请赵谦补授河州知州员缺,下部议。曰:

窃据甘肃布政使曾铄、署按察使周绥会详称:河州知州俞志敬告病,业已截缺报部。所遗系繁、疲、难三项要缺,例应由外请补。查例载:州县应调缺出,俱令于现任人员拣选调补,如无合理堪调之员,知州准以候补人员请补。又,知州题调要缺,或调或补,准酌量具题。又,军营异常劳绩保奏以何项官员补用者,归于候补班内补用,各等语。今河州知州一缺,汉回杂处,政务繁难,现在军事甫定,抚绥、弹压、招徕、安集,在在均关紧要,非精明稳练、熟悉地方情形之员,不足以资治理。

该司等在于对品应调人员内逐加遴选,非现居要缺,即人地未宜,惟查有候补知州赵谦,年五十六岁,湖南湘乡县人,由文童投效江南军营,克复金陵省城案内保以从九品不论单双月即选。同治八年,投效甘肃军营,克复巴燕戎格及河州肃清案内,保免选本班以县丞留甘补用;又于关陇肃清案内保以通判归候补班前补用。又,新疆南北两路一举荡平案内保以知州留甘补用。光绪八年,请咨赴部验放。是年九

---

① 台北故宫博物院藏:《军机及宫中档》,文献编号:408003029。又,中国第一历史档案馆藏:《录副奏折》,档号:03-5347-045。

月二十二日，领照到省，年满甄别留用在案。嗣经丁忧，服满起复，仍赴原省补用。前署狄道州知州，现署洮州知州，办理一切，胥臻妥协。查该员精明稳练，办事认真，在甘有年，于该处风土、民情最为熟悉，以之请补河州知州，人地极其相宜，与例亦符。会详请奏前来。

臣查赵谦年强才裕，办事慎勤，合无仰恳天恩俯准以该员赵谦补授河州知州，实于地方有裨。如蒙俞允，衔缺相当，毋庸送部引见。该员在各署任并无参罚案件。谨恭折具陈。伏乞皇上圣鉴，训示。谨奏。①

同日，公又奏请杨宸谟调补玉门县知县，下部议。曰：

窃据甘肃布政使曾龢、署按察使周绶会详称：准调玉门县知县黄家模丁忧遗缺，业已截缺报部，自应拣员调补。查定例：各省州县应调缺出，俱令于现任人员内拣选调补。又，调补州县以上各员，必历俸三年，方准拣选题补。如历俸未满年限，应令捐免，方准请调，各等语。今玉门县知县系冲、繁二项边缺，地处关外，政务殷繁，非精明练达之员，不足以资治理。

该司等在于现任应调人员内逐加遴选，惟查有通渭县知县杨宸谟，年四十五岁，湖北云梦县人，由附生报捐监生，加捐县丞双单月选用，于光绪八年经前督臣谭钟麟扎调来甘，于关外各军异常出力案内保免选本班，以知县归部尽先选用，遵例在甘报捐知县，指分甘肃试用，于关内防军案内赏加同知衔。又，剿办贵德番匪改奖案内保俟补缺后以直隶州知州补用。十八年，赴部验看。旋在京遵新海防例加捐分缺先补用，并免试用，由吏部带领引见，奉旨：照例发往，钦此。遵即领照赴甘，于十八年八月初九日到省，补授通渭县知县，二十年六月初九日到任，遵新海防例捐免试俸、历俸在案。现调署渭源县事。查该

---

① 台北故宫博物院藏：《军机及宫中档》，文献编号：408003028. 又，中国第一历史档案馆藏：《录副奏折》，档号：03-5347-042.

员年强才裕,任事实心,且在甘有年,于边地风土民情最为熟悉,调补玉门县知县,实堪胜任,人地亦极相宜。会详请奏前来。

臣查杨宸谟才具开展,办事勤能,以之调补玉门县知县,实于地方有裨,合无仰恳天恩俯准该员杨宸谟调补玉门县知县。如蒙俞允,衔缺相当,毋庸送部引见。该员于各任内并无参罚案件,谨恭折具陈。伏乞皇上圣鉴,训示。至所遗通渭县知县系简缺,甘省现有应补人员,应请扣留外补。合并声明。谨奏。①

同日,公又附片奏报祝维城调署宁夏道缺情形,下部闻。曰:

再,署宁夏道胡宗淮调省遗缺,查有平庆泾固化道祝维城②,曾任宁夏府知府,熟悉情形;堪以调署。递遗平庆泾固化道员缺,该处汉回杂处,事务较繁,查有候补道徐锡祺,堪以署理。除分别檄饬遵照外,谨理合附片具奏。伏乞圣鉴,谨奏。③

是日,公又附片奏报道员江汇川捐赈请为父母建坊一事,下部闻。曰:

再,臣前据陕西凤邠盐法道江汇川④具禀:甘肃西宁、河州等处被

---

① 台北故宫博物院藏:《军机及宫中档》,文献编号:408003028-1.又,中国第一历史档案馆藏:《录副奏折》,档号:03-5918-015.

② 祝维城(1835—?),江西铅山县人,廪生。咸丰十一年(1861),取辛酉科拔贡。同治二年(1863),朝考二等,以七品小京官签掣工部,任都水司行走。五年(1866),实授七品小京官。次年,捐免历俸,作为额外主事。八年(1869),取军机章京。十年(1871),充辛酉科会试弥封官。光绪二年(1876),传补军机章京。四年(1878),因回疆肃清,加军功一级。七年(1881),补硝磺库主事。因恭校列圣御制诗文集、列圣圣训,加四品衔。同年,以员外郎遇缺即补。十年(1884),充方略馆纂修官。次年,兼总理各国事务衙门行走,充军机处帮办领班、方略馆收掌官。十二年(1886),补虞衡司员外郎,保送考试御史。十四年(1888),补虞衡司郎中,捐免历俸,保送堪胜繁缺知府。十五年(1889),保以道员即选,充方略馆帮提调兼帮总纂官。同年,充军机处领班、方略馆提调兼帮总纂官。旋补授广东广州府遗缺知府。十八年(1892),补授甘肃宁夏府知府。次年,选甘肃平庆泾固化道。二十二年(1896),调署宁夏道。

③ 台北故宫博物院藏:《军机及宫中档》,文献编号:408003027-0-A.又,中国第一历史档案馆藏:《录副奏片》,档号:03-5347-046.

④ 江汇川(?—1907),湖北郧阳人,廪贡生。曾署训导。光绪二年(1876),发往陕西,以道员候补。历署陕西富平、安定、宁陕等处,所至有政声。嗣补授陕西凤邠盐法道。二十四年(1898),署陕西按察使。三十三年(1907),卒。

灾，难民待赈孔殷。该道克承先志，捐助银一千两，呈请饬收，等情。当经转行遵照去后。兹据甘肃布政使曾鉌详称：前项捐款已于光绪二十一年十二月二十三日照数兑收，储库备用。查例载：士民人等捐资助赈银至千两以上者，请旨建坊，给与"乐善好施"字样，由地方官给银三十两，听本家自行建坊，等语。该道捐助银一千两，核与建坊例相符。详请核奏前来。

臣查江汇川克遵父母遗命，报捐巨款，赈济灾黎，洵属见义勇为，深堪嘉尚！相应请旨俯准为已故从一品封职江爌、江萧氏照例建坊，给与"乐善好施"字样，以示旌扬而昭激劝。除咨部查照外，谨附片具陈。伏乞圣鉴，训示。谨奏。①

同日，公又附片奏报游击钟本起病故情形，下部闻。曰：

再，臣据陕甘督标中军副将汤仁和呈称：督标后营游击钟本起患病，医治不愈，于本年七月十三日身故，取具嫡亲承查印、甘各结，并声明原领游击札付俟查取至日，另行呈缴，等情。前来。臣覆核无异，相应请旨开缺。除印、甘各结咨送兵部查照外，所遗游击员缺，陕甘现有应补人员，容臣另拣请补。理合附片具陈。伏乞圣鉴。谨奏。②

同日，公又附片奏报游击刘宗璋病故情形，下部闻。曰：

再，臣接准陕西提督臣雷正绾咨开：署西安城守协副将提标右营游击刘宗璋，于光绪二十二年八月十二日在署任内因病身故，等情，前来。臣覆查无异，除所遗西安城守协篆务由臣另行委员接署外，相应

---

① 台北故宫博物院藏：《军机及宫中档》，文献编号：408003027-0-B. 又，中国第一历史档案馆藏：《录副奏片》，档号：03-5561-130。
② 台北故宫博物院藏：《军机及宫中档》，文献编号：408003028-0-A. 又，中国第一历史档案馆藏：《录副奏片》，档号：03-5918-018。

奏明请旨开去提标右营游击员缺，仍一面查取该故员原领札付及委员承查印、甘各结，另咨送部。所遗陕西提标右营游击员缺，陕甘现有应补人员，容臣另拣请补。理合附片陈明。伏乞圣鉴。谨奏。①

是日，公又附片奏报都司杨春华病故情形，下部闻。曰：

再，臣据署甘肃凉州镇总兵刘璞呈称：署镇属俄卜岭营游击镇标前营都司杨春华，于本年八月十二日在署任病故，等情，前来。臣覆查无异，相应请旨开缺。除查取该故员原领札付及委员承查印、甘各结另咨送部外，所遗凉州镇标前营都司员缺，陕甘现有应补人员，容臣另拣请补。理合附片陈明。伏乞圣鉴。谨奏。②

同日，公又附片奏请舒秀松接署副将篆务缘由，下部闻。曰：

再，署陕西提属西安城守协副将提标右营游击刘宗璋病故日期，业经附片奏报在案。其所遗西安城守协副将篆务，亟应委员接署，以重职守。查有统带陕西抚标马队副将衔留陕甘补用参将舒秀松，熟悉营务，办事稳练，堪以署理。除移行遵照外，理合附片陈明。伏乞圣鉴。谨奏。③

同日，公又附片奏报查拿知府刘策解甘一事，曰：

再，已故候补府经历宋德宾前控分省补用知府刘策哄骗伊女做

---

① 台北故宫博物院藏：《军机及宫中档》，文献编号：408003028-0-B.又，中国第一历史档案馆藏：《录副奏片》，档号：03-5918-017.
② 台北故宫博物院藏：《军机及宫中档》，文献编号：408003028-0-C.又，中国第一历史档案馆藏：《录副奏片》，档号：03-5918-016.
③ 台北故宫博物院藏：《军机及宫中档》，文献编号：408003028-1-A.又，中国第一历史档案馆藏：《录副奏片》，档号：03-5918-019.

妾,致伊妻气忿身死,宋德宾又复服毒自尽一案,经前督臣杨昌濬奏结,奉准部覆行令遵照去后。兹据宋德宾之子宋扬声屡次赴臣衙门控称:刘策实系哄骗伊姊做妾,伊母气忿身死。后捏作继室,伊父实因问官袒逼,屈抑未伸,以致忿恨服毒毙命,等情,前来。核与前督臣奏结之案大相径庭。臣复再四访询,刘策所娶宋德宾之女确有哄骗情事。其宋德宾究系如何服毒致毙?是否问官袒逼?自非仍提全案人证,再行切实究明,另行拟办,不足以昭公允。

查刘策系原任云贵总督刘岳昭①之侄,自革职后不知何往,案证人等亦已星散,应咨明该革员原籍湖南抚臣及各省督抚臣转饬查拿解甘,并查传原日案内人证到案审办。其承审各员,请俟此案讯明,如果实有袒逼,再当分别从严参办。相应附片具奏。伏乞圣鉴,训示。再,此案两造均系湖南人,虽宋德宾死于非命,前任督臣未能切实严办,而宋德宾子女屡赴各衙门持刀诟骂,实属不成事体。访查有宋德宾同乡在此候补闲居者,暗中挑唆,以致毫无忌惮,容臣查察得实,随案附参,以为怂恿逞刁者戒。合并陈明。谨奏。②

九月二十九日,公会衔甘肃提督董福祥致电军机处曰:

奉"沁"电旨钦遵,肃清折十月初四、五日到,系实在情形。南山零匪,据张永清报,九月初又捕斩三十余名,刻下大雪塞途,决无大股藏匿。河州被难汉民仇视回民,时有谣言。本年河州庄稼无多,加以水

---

① 刘岳昭(1824—1883),字荩臣,湖南湘乡人。咸丰初年,以文童投效湘军。六年(1856),从萧启江援江西,转战积功,累擢以知县用,领果后营。七年(1857),以克临江府城,擢同知。次年,赏戴蓝翎,旋换花翎。十年(1860),加按察使衔,赏鼓勇巴图鲁名号。次年,晋布政使衔。同治二年(1863),补云南按察使。次年,迁云南布政使。五年(1866),擢云南巡抚。七年(1868),补授云贵总督。十一年(1872),以云贵总督兼署云南学政。次年,滇省肃清,赐黄马褂。光绪元年(1875),以入觐迁延褫职。九年(1883),卒。湘抚庞际云疏,请复原官。赠光禄大夫。著有《滇黔奏议》存世。

② 台北故宫博物院藏:《军机及宫中档》,文献编号:408003029-0-A.又,中国第一历史档案馆藏:《录副奏片》,档号:03-5347-043.

淹虫伤,民食益艰。现筹冬赈,设法安抚,可无他虞。各路防军势难多裁,正会商择要布置。邓增于廿日由省东行,于十月初十日接印,乞代奏。陶模、董福祥。艳。①

十月初二日,军机处来电曰:

奉旨:董福祥朴实勇敢,所部各营亦多骁健,着于议留十二营外,再留八营,以资镇慑,并着认真操练,勿稍疏懈。甘省前募多营,不免冗滥,着陶模再加删汰,腾出饷糈,以供董福祥全军之用。河州冬赈,着及时举办。至汉民仇视回民,尤应持平开导,勿再生衅为要。钦此。冬。②

十月初三日,公会衔甘肃提督董福祥、西宁办事大臣奎顺致电总理衙门、军务处曰:

总署、军务处钧鉴:"艳"电谕旨钦遵。甘回一律肃清,正拟会衔驰奏。关外肃清,已由饶应祺主稿具奏矣。各营或撤或留,容会商,次第筹办。乞代奏。江。③

十月初五日公会衔甘肃提督董福祥、西宁办事大臣奎顺致电总理衙门、军务处曰:

总署、军务处钧鉴:"江"电谕旨钦遵。全湟肃清,已会衔驰奏,于初四日拜发。关内外全境已肃清,现正拟稿会奏,藉纾圣廑。敬乞代

---

① 中国第一历史档案馆藏:《电报档》,档号:2-02-12-022-0222.
② 中国第一历史档案馆藏:《电报档》,档号:2-03-12-022-0001.
③ 喇秉德、马小琴编:《青海回族史料集》第464页,青海人民出版社,2002。

奏。歌。①

同日,军机处来电曰:

奉旨:昨据陶模、董福祥、奎顺驰奏关内外肃清折,已有旨分别加恩,并将迭次保案照准宣示矣。此时善后事宜最要者,曰戎政,曰吏治。甘营习气已深,董福祥现留二十营得胜之兵,务当随时训练,于无事时常作有事之想。至全标兵丁尤须汰弱留强,分扎要隘,以壮声势。甘省吏治颓靡已极,此次回乱由地方官审断不公而起,着陶模慎择廉明忠信之吏,持平劝导,戢回民顽犷之气,化汉民仇视之心,毋信谣言,毋持偏见,以期长久相安。该督等受恩深重,其和衷协力,慎勉为之。钦此。歌。②

十月十三日,公开单奏报甘省光绪二十二年二麦约收分数情形,曰:

窃直省二麦收成分数,例应按年具奏。兹据甘肃布政使曾鉌将光绪二十二年甘肃所属各府、厅、州、县二麦约收分数查明详报前来。臣覆加查核,约收八分者,陇西县一处;约收七分有余者,通渭县等九处,约收七分者,会宁县等三处;约收六分有余者,渭源县等十六处;约收六分者,皋兰县等十七处;约收五分有余者,平凉县等九处;约收五分者,河州等二十五处。以上八府六直隶州所属,通盘牵算,约收六分有余。至河州、狄道、西宁、大通、循化、碾伯、巴燕戎格、洮州等厅州县被难百姓,或归业复逃,或归不及耕,地亩多半无收,应续请蠲缓。所开分数系仅就零星收获之区而言,若以一州一县合计,尚有不成分数者。其各属间有被雹、被水之区,已饬令该管府州亲诣查勘,另行汇案

---

① 喇秉德,马小琴编:《青海回族史料集》第464页,青海人民出版社,2002。
② 中国第一历史档案馆藏:《电报档》,档号:2-03-12-022-0010。

办理。

所有甘省本年二麦约收分数,理合恭折具奏,并缮清单,恭呈御览。伏乞皇上圣鉴。谨奏。①

同日,公又奏报提督雷正绾被参各节,并革职开缺一事,曰:

窃臣于本年二月十三日承准军机大臣字寄:光绪二十一年正月二十四日,奉上谕:有人奏甘肃逆回煽乱,实由提臣首祸,请饬查办一折。据称循化争教之始,杨昌濬咨请雷正绾统带所部前赴河州驻扎,逮循化告急,该提督并不出河州一步,以为声援,任听兵丁在城骚扰。回目马彪派人赴雷营求示晓谕,以安众心,雷正绾即将所派头目二人斩首,回民因而大噪。当河回事发,该提督就地募勇,回民之黠者冒名入伍,甫经招募,旋即叛去,军械反为贼用。雷正绾年逾七十,嗜好甚深,任听所部虚冒缺额,该提督从中分润,各等语。着陶模按照所参各节确切查明,据实具奏,毋稍徇隐。原折着抄给阅看。将此谕令知之。钦此。遵旨寄信前来。

臣伏查上年三月初间,循化撒回起事,河州一带回匪蠢然思动。前督臣杨昌濬电调雷正绾带队驰赴河州弹压。三月二十五日,雷正绾抽带马步抵河。五月十八日,八坊回变,勾引撒回,屡次攻城。该提督分派队伍,出城迎击,自五月至九月,接战十余次,叠获胜仗,特以兵单贼众,未能大挫凶锋,而困守危城。时逾半载,卒获保全,其劳亦未可尽没。

原奏称循化告急,该提督并不出河州一步,以为声援,任听兵丁在城骚扰,强索回民食物,价值不肯付足一节。查循化告急,该提督派游击余魁龙、哨长罗俊儒带队,随同总兵汤彦和进攻白庄;派游击刘宗璋率马队,随同邓增进攻果什滩等处。五月十七日,罗俊儒战殁,均有案

---

① 台北故宫博物院藏:《军机及宫中档》,文献编号:408003030。又,中国第一历史档案馆藏:《录副奏折》,档号:03-6727-052。

可证,并非坐视循围不救。至河州城内向无回民,其兵丁强索回民食物。遍行查访,实无其事。

原奏又称回目马彪赴兰州督署求发告示,以安众心,并派头目二人赴雷营求示晓谕。杨昌濬误听人言,延不给示,雷正绾并将所派二人斩首,回民因而大噪。指此为首祸之由,此则传闻失实之辞。臣入关后,博访人言,又检阅案卷,杨昌濬于三月、四月两次刊发告示,晓谕汉回人等毋听谣言,解释嫌怨,并谕饬回绅马骐、马苇禄等,开导河州回众,并无马彪求发告示、雷正绾将马彪所派头目斩首之事。回民同姓名者甚多,西宁、大通等处均有马彪,河州有马如彪,亦均无派人求示之事。四月十五日,河州东乡琐南坝回匪起事,雷正绾责成该教头人祁道和将起事人犯马得旺、杨梅环捆送。嗣又拿获郑安保、谈牙古二名,均经讯明正法。原奏所称杀其头目,或即以此致讹。

原奏又称雷正绾就地募土勇两营,回民之黠者冒名入伍,甫经招募,旋即叛去,军械反为贼用一节。查该提督抽带马步各队到河,只七百余名。四月间,招募回兵六哨,以回目马福寿、马苇禄、马骐、马如麟、马万福、马占奎等六人,分带各一百名,发给矛杆四十余件,驻扎城外,意在以回制回,为羁縻收抚之计。五月十八日,八坊回变,全境骚然,该提督深恐回兵暗与贼通,不敢发给口粮,因而星散。现在马占奎尚带一旗,归提臣董福祥差遣,其余亦无叛逆确据。然雷正绾以提督大员不能镇慑奸民,忽招忽散,毫无成算,久为回民所藐视。其才具平庸,已可概见。

原奏又称雷正绾任听所部虚冒饷额,从中分润,前带十旗赴河,例需勇丁三千六百人,其实不过千人一节。查前督臣杨昌濬电请雷正绾带队驰赴河州,雷正绾咨称抽调马步勇丁七百余名,先后抵河,分扎城中。原参所称虚冒缺额,虽无实据。然近年以来,各处统兵大员竞尚浮华,广通声气,以结纳馈赠为能,以伺候夤缘为事,而于士卒之强弱、军械之利钝,漠然不动于其心。雷正绾平日所为亦不免沾染近时习气,故一遇有事,即难振作。其平昔营武之废弛,可想而知。惟该提督往年战功尚在人口,身膺专阃三十余年,闻其四川原籍服官处所,并无广置产业、厚积赀财等事,似较之专事肥己者稍有区别。现该提督业已奉旨革职开缺,应否恳恩从宽议处,出自圣裁。

所有遵旨饬查缘由,谨恭折据实覆陈。伏乞皇上圣鉴,训示。谨奏。①

是日,公又奏报密陈游击崔岳被参缘由,曰:

窃臣于光绪二十二年二月初二日承准军机大臣字寄:正月十四日奉上谕:据董福祥奏,崔岳所带回勇从未出力,即其教下人亦谓其居心叵测。近又散布谣言,惑乱兵众,以致西宁愈加戒严,请饬裁撤,等语。回情狡诈异常,崔岳所部既不得力,又复造谣惑众,自应即行裁撤。惟西宁逆焰尚张,此项回勇遽行遣散,勾结滋患,亦不可不豫为虑及,应如何妥为遣散之处,着陶模体察情形,斟酌办理,毋致别滋事端,是为至要!将此由四百里谕令知之。钦此。

臣查崔岳以武生投效军营,同治、光绪年间,随大军剿办回匪、番匪,历保游击。光绪十九年五月二十七日,前督臣杨昌濬委带武毅左旗马队,尚无贻误。上年回匪乱起,提督李培荣困于西宁之平戎驿。十一月,总兵牛师韩由安定率兵驰援。十三日,牛师韩派队入大峡,贼数千围之。鏖战一日,毙贼数百名,贼众由此胆寒。副将汤仁和等率马队由碾伯驰赴大峡,分路进剿,贼遂纷纷溃退。崔岳因乘机说降,贼目韩文秀、包良等惩于十三日之败,又恐大兵继至,遂于十六日诣李培荣营中乞降。十八日,崔岳随同李培荣、汤仁和由小峡直抵西宁,城围遂解。此系当时实在情事。

窃查平戎驿回匪,虽未经大创,然自崔岳说降之后,大、小峡之路遂通,与马安良之招抚河回,其用意大致相等,虽有争功之心,并无造

---

① 台北故宫博物院藏:《军机及宫中档》,文献编号:408003032.

谣惑众之事。崔岳旋于今年二月初一日病故,所遗武毅左旗马队,杨昌濬委其侄黎园营都司崔金魁接带,驻扎皋兰县西乡之漫坪,尚称得力。现经臣与董福祥商派崔金魁带勇四十名,前赴固原,随同邓增查办海城逸匪。

此项回勇以后应否遣散,容臣随时斟酌办理外,所有查明崔岳所带回勇,并无造谣惑众缘由,谨恭折密奏。伏乞皇上圣鉴,训示。谨奏。①

同日,公又附片奏报拣员调署兰州知府等缺,下部闻。曰:

再,兰州府地处省会,政务纷繁,时有发审案件,知府胡孚骏慈祥有余,刚断不足。查有巩昌府知府周景曾,才识闳通,办事勤敏,堪以调署。所遗巩昌府知府员缺,事务较简,即以胡孚骏调署,借收易地得人之效。平凉府知府庞玺调省遗缺,查有泾州直隶州知州贾勋,堪以调署。递遗泾州直隶州员缺,查有候补直隶州知州张鹤年,堪以委署。署河州知州、灵州知州查之屏调省遗缺,查有请补渭源县知县杨增新,堪以委署。巴燕戎格通判方传获调省遗缺,查有请补清水县知县邓朝卿,堪以委署。文县知县高继陈撤任遗缺,查有候补知县冯椿荫,堪以委署。署玉门县知县李清济病故遗缺,查有候补知县萧庆祥,堪以委署。署平远县知县闵同文撤任遗缺,查有请补伏羌县知县李瑞征,堪以委署。据藩、臬两司先后会详前来。除批饬分别给委外,理合附片具奏。伏乞圣鉴。谨奏。②

同日,公又附片奏请何得彪等署理总兵等缺情形,下部闻。曰:

再,现署河州镇总兵王钺安系正任宁夏镇总兵,应即驰赴本任,以

---

① 台北故宫博物院藏:《军机及宫中档》,文献编号:408003031.又,中国第一历史档案馆藏:《录副奏折》,档号:03-5760-036.
② 台北故宫博物院藏:《军机及宫中档》,文献编号:408003032-0-A.又,中国第一历史档案馆藏:《录副奏片》,档号:03-5347-067.

重职守。所遗河州镇总兵员缺，查有统带甘军正右营尽先补用副将何得彪，谋勇兼优，战功卓著，堪以委署。又，署西宁镇属镇海协副将杨志胜应行调省遗缺，查有甘肃提属永固协副将朱祥兴，堪以调署。递遗永固协副将员缺，查有统带镇南等营补用副将马安良，勇敢有为，办事谨慎，堪以署理。除分饬遵照外，谨理合附片陈明。伏乞圣鉴。谨奏。①

是日，公又附片奏报青海大臣奎顺勤劳卓著一事，曰：

再，上年春间，循化撒回滋事，湟中回匪蜂起，西宁郡城孤悬贼窟之中。西宁办事大臣奎顺电奏，添募土勇十三起、马队两旗，并调集番兵，严密布置，使各处回逆不得联为一气。秋冬之间，贼屡率大股悍党扑城，该大臣督令在郡各军，前后大、小数十战，均能以少击众，力挫凶锋，并迭次分兵出城，攻破上下丹麻及拉树马厂诸逆堡。该大臣半年以来，昼夜登陴守御，严风冻雪，未尝少休，实属奋不顾身，力全危局。二月间，贼窜青海，该大臣檄调蒙番各兵，扼要堵截。贼屡战不得逞，由柴达木窜出关外荒碛之地，不但青海得以保全，并甘凉一带大路亦不至再有惊扰。其谋画之周详，尤为有功边徼，裨益全局。臣深悉该大臣勤劳卓著，不敢壅于上闻，谨附片具陈。伏乞圣鉴，训示。谨奏。②

十月十七日，军机处来电曰：

奉旨：董福祥奏已悉。前谕留兵二十营，原为镇压地方起见，着陶模等通盘筹计，裁一营冗勇，即补一营精兵，务期迅速添足廿营，不可

---

① 台北故宫博物院藏：《军机及宫中档》，文献编号：408003032-0-B. 又，中国第一历史档案馆藏：《录副奏片》，档号：03-5918-031。
② 中国第一历史档案馆藏：《录副奏片》，档号：03-5918-008。

各分畛域！钦此。①

十月二十一日，公致电军机处曰：

奉"筱"电谕旨，钦遵。已咨董提督添足廿营饷需，当即饬司核议，请拨董拟减作十六营发给行饷。本省新旧各营旗，模钦遵节次谕旨，裁减一百四十余起，奏咨在案。现存营无多，分布各府、厅、州、县及边境要隘，裁撤过急，深虞滋事，另将详细情形恭折具陈。伏乞代奏。陶模。个。②

十一月初一日，公开单奏报光绪二十二年八月分甘肃省雨水粮价情形，曰：

窃照光绪二十二年七月分粮价并得霈雨泽情形，业经具折奏报在案。兹查八月分兰州等八府六直隶州属具报得霈雨泽，自一二寸至五六寸，深透不等。正值秋禾成熟之际，获此沃泽，实于农田大有裨益。

至通省粮价，现在军事平定，新粮多已登场，虽间有增长之处，大致均已减落。据藩司曾铄具详请奏前来。臣覆核无异，理合恭折具奏，并缮粮价清单，恭呈御览。伏乞皇上圣鉴。谨奏。③

同日，公又奏报恳恩收回成命，另简贤员一事，未邀允行。曰：

窃臣恭阅邸抄：本年十月初四日奉上谕：陶模着补授陕甘总督。钦此。跪诵之下，感愧莫名！当即恭设香案，望阙叩头谢恩。伏念臣

---

① 中国第一历史档案馆藏：《电报档》，档号：1-01-12-022-0143.
② 中国第一历史档案馆藏：《电报档》，档号：2-02-12-022-0230.
③ 中国第一历史档案馆藏：《朱批奏折》，档号：04-01-25-0561-026. 又，中国第一历史档案馆藏：《录副奏折》，档号：03-9368-049.

庸才薄植，叠荷殊恩，本无济世之宏谟，谬荷封疆之重寄。上年十月二十八日，钦奉署理陕甘总督之命，当于谢恩折内缕陈下情，维持河湟小丑未就敉平，虽明知才力不及，而下顾生灵之涂炭，上维宵旰之忧勤，惟有勉竭血诚，委身图报。幸仗朝廷威福，巨魁、逆党以次削平。此皆统军诸将仰承庙算，剿抚兼施，未及一年，悉行戡定。臣实无劳之可录，更无功之可言。乃荷丝纶叠沛，节钺真除，高厚生成，虽顶踵捐糜，岂足仰酬万一！然臣闻古人之事君也，重在勿欺，苟不顾力小任重之讥，即不免负职旷官之咎。甘省边防重地，现当大难初平，流亡者未尽复业，反侧者未尽洗心，加以民心之浮动，吏治之卑靡，财务之萧条，营伍之废弛，事事必期整顿，即在在须费经营，而刚柔缓急之间，非得宏通强干、不顾毁誉之员，不足以挽颓风而维大局。

臣自忖才识庸疏，一筹莫展。近因思虑过度，心血大亏，夜不成寐。每遇一事，过辄遗忘。入冬以来，加以气喘，接见僚属，恒苦气弱力微，言不尽意，似此衰惫之躯，俾膺重任，倘有贻误，臣一身固不足惜，而关系大局实非浅鲜。再四筹思，惟有吁恳圣明收回成命，另简贤能，以重疆寄。臣非敢故为谦让，实以才力所限，不能不委曲自陈于君父之前。

合无仰恳天恩，许臣来京陛见，冀遂积年犬马之私，而皇上亦可鉴臣衰惫情形，实非出于矫饰。谨将微臣感激悚惧下忱，恭折驰陈。伏乞皇上圣鉴，训示。谨奏。①

是日，公又奏报校阅光绪二十二年各营官兵秋操情形，曰：

窃照陕甘督标并兰州城守六营马步守兵，向系春秋二季合操。云岁河湟贼氛肆扰，防、练各军征调频仍，经前督臣杨昌濬檄饬暂缓办理。现在军务告蒇，适届秋操之期，仍应依期合操，以符定制。臣于九

---

① 中国第一历史档案馆藏：《朱批奏折》，档号：04-01-13-0387-001.又，中国第一历史档案馆藏：《录副奏折》，档号：03-5348-102.

月二十八日率同司道,亲临教场校阅。各营官兵操演香山、远战等阵,队伍整肃,器械鲜明,进止如法;施放连环枪炮并喷筒、火弹,稳练有准;比较刀矛、藤牌,亦属便捷。所练马队合队操演,马上放枪,极其灵便。臣择其技勇出众者,分别奖赏,以示鼓励;仍严饬各营将弁一体认真操练,实力讲求,务期一兵得一兵之用,庶不致饷有虚糜,以冀仰副圣主整饬戎行至意!

所有微臣校阅光绪二十二年省标秋操情形,理合恭折具陈。伏乞皇上圣鉴。谨奏。①

同日,公又奏请叶森升补永昌县知县,下部议。曰:

窃据甘肃布政使曾铄、署按察使周绶会详称:永昌县知县高蔚霞病故,业已截缺报部。查定例:州县应调缺出,俱令于现任人员拣选调补,如无堪调之员,以候补并即用人员酌补。如无人,准于应升人员内拣选题升,各等语。今永昌县知县系冲、繁、疲三项要缺,地处冲要,政务殷繁,非老成干练之员,不足以资治理。

该司等在于现任应调及候补即用人员内酌量拣选,非现居要缺,即人地未宜,惟查有俸满保荐之补用知县隆德县庄浪县丞叶森,年五十八岁,安徽黟县人,由国史馆供事恭修实录全书告成,保以典史不论双单月归议叙班间用,尽先选用。同治八年,选授皋兰县典史,九年七月到任,报捐县丞在任候选;关外南北两路肃清案内,保俟补缺后以知县补用;查办西宁积年番案出力,保以县丞在任遇缺即补典史。三次俸满,均经保荐候升。嗣升补庄浪县丞,照章过班咨部注册在案。历署东乐、红水、陇西县丞并沙泥州判,办理一切,悉臻妥协。查该员谙练老成,尽心民事,在甘年久,于地方风土、民情最为熟悉,以之升补永昌县知县,实堪胜任,人地亦极相宜。会详请奏前来。

---

① 中国第一历史档案馆藏:《朱批奏折》,档号:04-01-19-0069-003.又,中国第一历史档案馆藏:《录副奏折》,档号:03-5996-129.

臣查叶森年强才裕，办事勤能，合无仰恳天恩俯念要缺需员，准以隆德县庄浪县丞叶森升补永昌县知县，期于地方有裨。如蒙俞允，俟准部覆，照例给咨送部引见。该员历任各缺并无参罚案件，谨恭折具陈。伏乞皇上圣鉴，训示。至所遗庄浪县丞系要缺，例应由外拣补。合并声明。谨奏。①

同日，公又附片奏请李士贞补授陕西提标后营守备，下部议。曰：

再，臣接准兵部咨开：陕西提标后营守备员缺以尽先守备提属同州汛千总李士贞请补。查尽先守备名次在该员之前者，尚有朱墀清一员，折内漏未声叙，行令查明，覆奏到日，再行核办，等因。当即转咨查覆去后。兹准开缺陕西提臣雷正绾咨开：查得尽先守备朱墀清向在陕西抚标供差，于固原营务、地方不甚相宜，应仍以李士贞请补。前来。

臣覆查无异，合无仰恳天恩俯准仍以该员李士贞补授陕西提标后营守备员缺，可期得力。如蒙俞允，该员系曾经引见之员，毋庸再行送部，应请饬部发给实授札付，以符定制。除该员履历清册咨送兵部查照外，谨附片陈明。伏乞圣鉴，训示。谨奏。②

是日，公又附片奏报都司马余盛与张绳祖对调一事，下部议。曰：

再，臣接准部咨：议覆甘肃凉州镇属岔口营都司员缺，准以留甘尽先游击马余盛借补。查是缺都司驻扎凉州府平番县，该员系狄道州人，距籍在五百里以内，例应回避，应令拣员对调，等因。臣查有甘肃提属察汉俄博营都司张绳祖，系安西州人。该员年力强壮，勤干耐劳，

---

① 中国第一历史档案馆藏：《朱批奏折》，档号：04-01-13-0387-031.又，中国第一历史档案馆藏：《录副奏折》，档号：03-5348-103.
② 中国第一历史档案馆藏：《朱批奏片》，档号：04-01-17-0159-084.又，中国第一历史档案馆藏：《录副奏片》，档号：03-5918-106.

堪以调补岔口营都司。所遗察汉俄博营都司员缺,即以马余盛调补,均属人地相宜。

合无仰恳天恩,俯准以马余盛、张绳祖二员互相对调。如蒙俞允,查该员张绳祖前于骑都尉学习期满,曾经引见,应请饬部换给实授札付;马余盛应请先给署劄,俟防务告蒇,再行赴部引见,以符定制。除查取该员张绳祖履历清册另咨送部外,谨附片具陈。伏乞圣鉴,训示。谨奏。①

同日,公又附片奏报守备刘延功与丁启祥对调一事,下部议。曰:

再,臣接准部咨:甘肃凉州镇标左营守备员缺,准以补用守备凉标前营千总刘延功补授。查是缺守备驻扎凉州府城,该员系凉州府人,籍隶本府,例应回避,应令拣员对调,等因。臣查有肃州镇属沙州营守备丁启祥,系湖南永定县人,该员年力强壮,办事勤能,堪以补调凉标左营守备。所遗沙州营守备员缺,即以刘延功调补,均属人地相宜,与例亦符。

合无仰恳天恩俯准以刘延功、丁启祥二员互相对调。如蒙俞允,应请饬部先给该员等署劄,俟防务告蒇,再行赴部引见,以符定制。除查取该员丁启祥履历清册另咨送部外,谨附片具陈。伏乞圣鉴,训示。谨奏。②

十一月初七日,公开单奏报请免西宁等处新旧钱粮税课一事,曰:

窃查去岁甘肃回匪叛乱,蹂躏地方,百姓流杂失业,经前督臣杨昌

---

① 中国第一历史档案馆藏:《朱批奏片》,档号:04-01-17-0159-086。又,中国第一历史档案馆藏:《录副奏片》,档号:03-5918-108。
② 中国第一历史档案馆藏:《朱批奏片》,档号:04-01-17-0159-085。又,中国第一历史档案馆藏:《录副奏片》,档号:03-5918-107。

濬将循化等厅、州、县、州判各属应征光绪二十一年正杂钱粮、草束、税课并历年旧欠奏请蠲缓在案。兹据甘肃布政使曾鉌、署按察使周绥会详称：甘省此次回乱，自去年三月迄于本年七月，始臻肃清。其间早平之处既受害至深，临贼之区或重被蹂躏，甚至收抚既定，一再复乱，百姓死亡之余，流离颠沛，虽经随时招集资遣，多已耕种失时，更有归而复逃之事。其幸而归田播种者，正望收获，又遭冰雹，疮痍满目，沟壑是虞！方谋赈不暇，实不能再事催科。

去年请蠲者循化厅等九属，请缓者固原州等十四属。今年情形又变换不同，该司等悉心体察，河州、狄道州、沙泥州判遭难特重，西宁县、大通县被困甚久，碾伯县、米拉沟抚而复判，正当播种之时，陡遇雹灾，恰值成熟之会，巴燕戎格厅抚定最迟，循化厅首难之地，又遇雹佐。计八厅、州、县、州判，内碾伯一县去年系请蠲旧缓新，余属本在通蠲之列，所有八属光绪二十二年额征及碾伯二十一年未完正杂钱粮，草束及各项税课，应请一概蠲免。其中惟河州就抚回民有力愿纳，自应照收，以示区别。狄道、沙泥二十一年流抵二十二年之银，请再流抵二十三年正赋。碾伯县事前已完旧欠粮石，亦请流抵二十三年正赋。其被扰一隅之洮州厅北乡二十二年应征及二十一年未完丁折银两，庄浪、茶马厅二十一年未完屯粮，甘州提督二十二年及二十一年全未完课金，西宁府二十二年未完当、牙、畜税银两，亦请普律蠲免。共请蠲免正、杂银二万一千四百余两，正、耗粮六万六千五百余石，草八十一万二千九百余束，课金四十八两，分晰开具清折，会详请奏前来。

臣覆核该司等所详，均系实在情形，合无仰恳天恩俯准将河州等各属新旧正杂钱粮、草束及各税课一律蠲免。除由司将所请各处通饬停征，俟奉到恩旨，再行敬谨刊刷誊黄，遍行晓谕，务使胥吏无所侵欺，百姓同霑闿泽，以苏民困而广皇仁！此外各属钱粮能否照常全完，应再由司察核详办。

除本年被雹、被水各属容勘明汇案另请蠲缓外，所有西宁、河州等处被兵后民力艰难，应恳蠲免新旧正杂钱粮、草束、税课各缘由，谨缮具清单,恭折赍呈御览。伏乞皇上圣鉴,训示。谨奏。①

【案】此奏旋于是年十一月二十日得旨允行,《光绪朝上谕档》载曰:

光绪二十二年十一月二十日,内阁奉上谕:陶模奏,甘肃西宁、河州等处被兵之后,民力艰难,本年复被冰雹,请蠲免钱粮、草束等项,开单呈览一折。甘肃省上年被匪蹂躏地方,百姓流离颠沛,耕种失时。本年复有冰雹,被伤之处,疮痍满目,深堪悯恻!若将应征钱粮、草束等项照常征收,民力实有未逮。加恩,着照所请。所有河州、狄道州、沙泥州判、西宁县、大通县、碾伯县、米拉沟、巴燕戎格厅、循化厅九属应征二十二年额征及碾伯县二十一年未完正杂钱粮、草束及各项税课,均着一概蠲免。河州、狄道、沙泥二十一年流抵二十二年之银,着再流抵二十三年正赋。碾伯县事前已完旧欠粮石,亦着流抵二十三年正赋。洮州厅北乡二十二年应征及二十一年未完丁折银两,庄浪茶马厅、贵德厅二十一年未完屯粮,甘州提督二十二年及二十一年未完课金,西宁府二十二年未完当、牙、畜税银两,亦着一体蠲免,以恤灾黎。该督即照单开各厅州县应行蠲免暨流抵各数目,详细刊刻誊黄,遍行晓谕,务使实惠均霑,毋任吏胥舞弊,用副轸念黎民至意!余着照所议办理,该部知道,单并发。钦此。②

同日,公又奏报酌定应留勇数拟支银两情形,下部闻。曰:

窃臣模前奉电旨:董福祥朴实勇敢,所部各营亦多骁健,着于议留十二营外,再留八营,以资镇慑,并着认真操练,勿稍玩懈。甘肃前募多营,不免冗滥,着陶模再加裁汰,腾出饷糈,以供董福祥全军之用,等

---

① 中国第一历史档案馆藏:《朱批奏折》,档号:04-01-35-0111-015.又,中国第一历史档案馆藏:《录副奏折》,档号:03-6256-036.
② 中国第一历史档案馆编:《光绪朝上谕档》第22册第315页,广西师范大学出版社,1996.

因。钦此。业将存营无多,裁撤过急,深虞滋事等情电请军务处代奏在案。

查甘省幅员辽阔,甫经肃清,现存马队十数营旗、步队四十余营旗,分布通省实已不敷。惟当时事艰难,部库竭蹶,不能不于无可裁减之中再行删并,免致仰屋兴嗟。兹饬总粮台悉心核议,拟将所存勇营并作马队二十旗、步队四营二十六旗,共五十营旗,均支坐饷,其余弁勇一律遣散。此五十营旗内有青海大臣马队两旗,西宁、循化步队两营,应各就其地驻扎,其余两营四十四旗择要分防。除西宁、河州以至平番归董福祥所部驻防不计外,自平番西抵安西二十余里,左靠南山,右邻沙漠,险隘要口,不可胜数,更兼安肃所属山内伏莽未尽,民间时有谣传,应以马队七旗、步队一营十旗按段扼扎,由平番而东过兰省直至泾州千数百里,为转运冲途,护送饷装,保卫省垣,关系全局,应驻马队四旗、步队一营八旗,各按汛地防守巡逻,以期严密。

至固原、海城、平远一带回多汉少,去夏之乱,不无漏网,且本系提督重镇,前连环、庆,后达黄河,夙称形胜之区,苦于无勇可以多拨,仍旧将马队三旗、步队四旗支持其间,余仅剩马步各四旗,只可分扎宁夏、甘南两路,聊壮声威。各标虽有练军十五旗,城市、村落汉回互杂,不得不仍循旧案,团扎训练,以补各路防军之不足。

如此勉强布置,较三十旗之旧章加增二十营旗,约短饷银二十九万两之谱。统计常年新饷,关内应分湘平银一百一十八万两,除过提存杂支只剩九十二三万两,而额兵二万余名,练军十五旗,亦须仰给于此。前项短饷实在无可腾挪,思维再四,惟有请将二十三年分新饷四分减平湘平银二十万两准予支用,不敷九万余两再由司库竭力凑补,况西军八营暨权枪一旗饷项,本经奏明在减平银内开支,今西军亦在五十旗之中,挹彼注兹,通融酌办,可免另请部拨之难。据办理总粮台藩司曾鉌详请具奏前来。

臣详加查核,现在甘省情形,军务虽平,民情尚未大定,仅留防勇马步五十营旗,实不为多,应增之饷即在减平项下支给,亦属万不得已，合无仰恳天恩俯准饬部立案，将来人心大定，汉回均各安谧，仍当照旧减作三十旗，免致糜费。此次所裁营旗名目并五十营旗驻扎处所，正值严冬，办理未便迫促，应俟陆续部署完竣，分别开单奏报。

除董军十六营行饷另行附片奏请外，所有酌定应留勇数拟支四分减平银两缘由，理合恭折驰陈。伏乞皇上圣鉴，训示。谨奏。①

是日，公又奏报光绪二十一年分甘肃关内厘捐收支银钱一折，下部闻。曰：

窃照光绪二十年收支百货厘金数目，业经奏咨在案。兹据厘金总局司道详称：光绪二十一年正月起连闰至十二月底止，关内各局卡一切收支款目汇为一宗，百货厘金通共新收银一十六万三千九百九十七两六钱三分九厘，合之旧管共银二十九万三千四百九十八两四钱一厘六毫六丝，以批解藩库为大宗。其次粥厂、粮价、车价、保甲并厘金各局卡薪工、局费，总共解支银二十九万三千四百九十八两四钱一厘六毫六丝，以出抵入，并无余存。至盐厘、土药，加抽糖厘收支数目，另案造报，等情。造具总、散清册，详请奏咨前来。

臣覆核无异，除清册送部外，合无仰恳天恩饬部查照，准将光绪二十一年已支之款照册核销，以清款目。再，局费开支前准部咨，不准逾收数十分之一。惟甘省边地辽阔，路径纷歧，非多设分卡不能杜绕越偷漏之弊。局卡书巡万难裁减，故局费不能照一成之例开支。去年河湟回匪叛乱，四出滋扰，各处居民均行逃避，商货停运，河州、渭源、狄道、碾伯、丹噶尔各局卡先后禀请停支，通省厘金异常减色，已饬各局卡将所支薪工、局费一概核减，务求撙节。合并声明。

所有甘肃省光绪二十一年分收支百货厘金数目，谨恭折具奏。伏

---

① 中国第一历史档案馆藏：《朱批奏折》，档号：04-01-03-0012-023.又，中国第一历史档案馆藏：《录副奏折》，档号：03-5760-045.

乞皇上圣鉴,训示。谨奏。①

同日,公又附片奏报甘省上年各局卡抽收糖厘银数情形,下部闻。曰:

再,前准户部咨:甘肃省征收红、白蔗糖,于照章完厘外,每斤加抽二成厘金,另款汇存造报,等因。当经转行遵办在案。兹据税厘总局司道详称:甘肃省自光绪二十一年正月起连闰至十二月底止,各局卡收获糖厘款目汇为一宗,计新收二成厘银三百六十五两一钱二分三厘,合之旧管共银四百六两五钱八分六厘,照数专款存储,听候指拨。查甘肃土药向归货厘局卡兼收,其应支薪工即系统支,并未分别,故糖亦照土药章程,仍在货厘项下开支。所有收获二成糖厘银数,造册详请奏咨前来。

臣覆核无异,除饬司仍按年列册报查,并饬各局卡认真经征,实收实报,以裨厘务外,谨附片具陈。伏乞圣鉴,饬部查照。谨奏。②

同日,公又附片奏报甘省光绪二十一年各局卡收支盐厘银数情形,下部闻。曰:

再,前准户部咨:甘省征收土药厘金银两,应自光绪十六年起,按年据实造报,不得并入百货厘捐款内开支,以免牵混,并将所收银两专款存储,听候指拨,等因。遵办在案。兹据税厘总局司道详称:甘肃省自光绪二十一年正月起连闰至十二月底止,关内各厘局卡收支土药款目汇为一宗,计新收银一万二千八十八两五钱八分三厘,业已如数解交藩库,专款存储,听候指拨,造具四柱清册,并声明土药厘金向归百

---

① 中国第一历史档案馆藏:《朱批奏折》,档号:04-01-35-0574-003.又,中国第一历史档案馆藏:《录副奏折》,档号:03-6508-049.
② 中国第一历史档案馆藏:《朱批奏片》,档号:04-01-35-0574-005.又,中国第一历史档案馆藏:《录副奏片》,档号:03-6508-051.

货厘局兼收,应支薪工仍在货厘项下开支。所有二十一年收获土药厘银,已由甘肃藩司照数搭解户部衙门查收,等情。详请奏咨前来。

臣查甘省地处边陲,向无洋药到境,本地虽有栽种罂粟者,亦属无多,故收厘有限。兹据税厘总局将光绪二十一年分所收土药厘银一万二千八十八两五钱八分三厘,如数解交藩库,由甘肃藩司搭解户部衙门查收在案,仍饬司按年列册报查,并饬各局卡认真抽收,以裨厘务。再,甘肃省因去岁回匪叛乱,商贾稀少,以致土药厘金更形短绌。合并声明。谨附片具陈。伏乞圣鉴,饬部查照。谨奏。①

是日,公又附片奏报请饬暂拨甘肃董军行饷情形,下部议。曰:

再,准甘肃提督董福祥咨称:十月二十二日,奉军务处电开:"效"电悉,先募足十六营,即照办仍给行粮一节,务须斟酌妥定,毋致彼此参差。军务处遵旨电知,等因。奉此,除钦遵外,理合咨明,等情。准此,旋经董福祥将募补十六营仍须按照行粮发饷各缘由,会同臣模恭折陈奏在案。查董军驻防之西宁、大通、循化、巴燕戎格、碾伯、河州等各厅州县,均系被难之区,粮料、柴草皆由残黎从远道贩运而至,价较平时倍蓰,人马费用自然加增。提臣董福祥因虑征调不时,迁移靡定,行粮饷章长夫较多,自不至临事迟误。此董军募补十六营不能不按行粮发饷之实在情形也。

至甘省酌留之马步防勇四营四十六旗,散布四方,与董军团扎疮痍之区者不同,需费自省,且驻扎皆有定处,无移徙之劳。设有调遣,军装一切例由地方官代为转输,虽与董军同在一省,而日费之多寡,行止之劳逸,各有不同。臣与藩司随时将以上各情晓谕,当不致启彼此参差之见。此酌留之营旗可照坐粮发饷之实在情形也。

惟十六营行饷每月约五万金,以一岁计须银六十万两。至甘省前

---

① 中国第一历史档案馆藏:《朱批奏片》,档号:04-01-35-0574-004.又,中国第一历史档案馆藏:《录副奏片》,档号:03-6508-050.

募多营,谨遵谕旨,再加删汰,约计前后裁撤营旗共一百四十余起。现酌留四营四十六旗,布置全省要隘,实属万无可减,即以四分减平银二十万两,蒙恩允拨,归入二十三年不足防饷内应用,所短尚多。

其董军十六营行饷,甘省裁撤营旗饷内实在无可腾挪,拟将常年遵照部咨提存之十八万两,恳恩饬部暂拨为董军目前行饷之用,尚短四十二万两,应请饬部核议,如何指拨以应急需之处,谨附片具陈。伏乞圣鉴,训示。谨奏。①

同日,公又附片奏报甘省光绪二十一年搭解土药厘银数目情形,下部闻。曰:

再,据甘肃厘金总局司道详称:光绪二十一年正月起连闰至十二月底止,甘肃各局卡收支盐厘款目汇为一案,计旧管、新收并减平共合银五万一千四百四十九两五钱七分一厘五毫,一解藩库光绪二十年分实存盐厘银三万八十五两七钱二分二厘五毫,一解藩库光绪二十二年分实存减平银一百三十三两五分六厘,一解藩库本年盐厘银一万七千四百八十三两四分九厘,一解藩库本年支发局费扣获四分减平银一百四十四两一钱四分四厘,又支发盐厘局卡薪工、局费银三千六百三两六钱。以上共开除银五万一千四百四十九两五钱七分一厘五毫,以出抵入,并无余存。理合造具收支清册,并将各处产销盐斤、收厘章程、易银市估及委员职名均于册内声叙明晰,暨遵照部文另造市估细册,一并详请奏咨前来。

臣覆核无异,惟查光绪二十一年甘省回乱,四出劫掠,百姓纷纷迁徙,虽东南各路稍通,而商贩仍属不前,以致盐厘收数异常短绌,所支局费核与定章相符。合无仰恳天恩饬部准将光绪二十一年已支之款照册核销,以清款目。除将清册送部查核外,谨附片具陈。伏乞圣鉴,

---

① 中国第一历史档案馆藏:《朱批奏片》,档号:04-01-03-0182-006.又,中国第一历史档案馆藏:《录副奏片》,档号:03-6141-058.

训示。谨奏。①

十一月初十日,公会衔西宁办事大臣奎顺、甘肃提督董福祥开单②奏报西宁全境肃清遵保出力员弁情形,下部议。曰:

窃臣福祥前奉六月十九日电旨:董福祥驰奏,入山搜剿及攻克卡尔冈各情形,均悉。该提督力疾遄征,调度合宜,深堪嘉尚!迭次出力将弁,着俟西宁全境肃清,择尤酌保,等因。钦此。当经钦遵恭录咨行去后。旋以西宁全境一律肃清,于九月初四日会同奏明在案。伏查西宁辖境,东南为巴燕戎格、循化,以达河州,北为大通县,再北则为北大通,以达甘凉。西出水峡,则为青海,回番杂处,山水阻深。

上年三月,循化撒回韩努力以争教起衅,围攻厅城,未及解围,而西宁逆酋韩文秀遂起,初扰巴燕戎格,又回窜西宁,由是西川之哆巴,北川之苏家堡,南川之羊毛沟,东川之沙沟、新庄附城之东关,皆为贼巢穴,四出杀掠,时来攻城。大通县城被围,北大通营城失守,而河州之回亦起。官军往援,西宁贼扼之于小峡口,又潜由碾伯,以绕出官军之后,意在夹攻。牛师韩一军初战甚力,而军无纪律,漫以玩生,未几,而牛师韩亦卒。及官军既进解西宁之围,贼又款之于东关,而恣意肆行如故。

河州既定,臣福祥因派道员张成基先行,总兵何得彪及马安良等继进,会合臣奎顺及邓增等各军,破贼于申中、羊毛沟及沙沟、树儿湾等处,又破之于后子河、长宁堡,解北川营城之围,又进解大通县城之围。黑林堡为贼坚巢,力战而克,又破贼于北大通,复其城堡。臣模适派道员潘效苏、总兵焦大聚,由扁都口踵至,会攻各庄踞匪,平之。是时,陕西巡抚臣魏光焘率所部湘军亦至,诛逆首韩文秀,毁东关,攻克

---

① 中国第一历史档案馆藏:《朱批奏片》,档号:04-01-35-0574-006.又,中国第一历史档案馆藏:《录副奏片》,档号:03-6470-069.

② 此折所附清单查无下落,待考。

苏家堡,围哆巴,贼困而乞抚,议犹未定,于是臣福祥始奉命移军西宁。

是时,循化逆首冶诸麻既抚而复叛,盘踞米拉沟,而巴燕戎格之逆首马成林应之。马成林踞卡尔冈,而水地川、中原、三庄、甘都塘之贼又相率从之,皆恃其险阻,谓自昔官军所不能至也。水峡败贼又出窜于青海,扰及蒙部地方。臣福祥既破贼于东湾,循山而进,及至西宁,会商搜剿,擒获冶诸麻及马成林等并逆首韩努力,诛之。

数月之间,次第底定,将士冲锋蹈险,不惮其劳,或穷历深山,手足皆裂,或并日而食,遇寇必追,此皆仰仗天威,故得人人用命。升任西宁镇总兵邓增闻贼所至,必亲往督战,每战必身先士卒,奋迅无前,力保危城,以待援军之至。而各厅县以弹丸之地支拄其间,兵力既单,民食又缺,阅数月之久而皆有以自全,则地方文武及防营之劳亦不可没也。据各该营及地方官先后呈报前来。

臣等公同覆核,委系异常出力。除湘军应由魏光焘自行陈奏外,谨开具清单,恭呈御览。其有于河州汇案尚未奉到部覆者,底衔皆注明拟保,以期核实。咨保各员,仍照章开单咨部,合无仰恳天恩照准给奖。

所有西宁全境肃清遵旨汇保出力员弁各缘由,谨合词恭折具陈。伏乞皇上圣鉴,训示,施行。再,此折系臣福祥主稿,合并声明。谨奏。①

同日,公又会衔西宁办事大臣奎顺、甘肃提督董福祥附片奏请将汤彦和等开复原官缘由,曰:

臣陶模、臣奎顺、臣董福祥跪奏,再,已革头品顶戴,赏穿黄马褂花翎记名提督陕西河州镇总兵札福孔阿巴图鲁汤彦和、已革头品顶戴花翎记名提督云骑尉世职多托哩巴图鲁潘长清,均因上年救援河州遇贼

---

① 台北故宫博物院藏:《军机及宫中档》,文献编号:408003033。

败于双城,即经前督臣杨昌濬奏参革职。已革花翎头品顶戴记名提督西林巴图鲁洮岷协副将前署河州镇总兵李良穆,因驻扎白塔寺延不进兵,直至河州解围始行赴任,经臣福祥奏参奉旨革职。已革花翎提督衔留陕甘尽先补用总兵杨宝林,因杨昌濬参其在峡口失利,经部议以革职。已革花翎头品顶戴总兵衔两江补用副将伊清阿巴图鲁陈宗蕃,因甘肃学臣刘世安①参其接统援河各营在省置妾,经杨昌濬查明,奏参革职。已革花翎记名提督西林巴图鲁李泗益,因前在喀什噶尔办理回城稽查局务,于缠民呈缴逆财尾数漏未声报,擅行动用,于光绪十七年经前新疆巡抚臣刘锦棠奏参革职。

汤彦和等一案,旋经臣福祥查覆,光绪二十一年十一月二十一日奉上谕:前次援剿河狄各军既据确切详查,该将士尚能奋勇冲锋,鏖战三昼夜,旋因子药、粮食罄尽以致败退,尚属情有可原。汤彦和业经革职留营潘长清等姑免置议,等因。钦此。陈宗蕃聘定邓姓之女在先,接统老湘营在后,经杨昌濬于原案声明;李泗益漏报逆财尾数系购办衣履,散给贫民,并未侵匿入己,亦经刘锦棠原案声明;汤彦和于被议后仍带队驻扎通道之沙泥站,是时河州未定,防务最为紧要,该革员时方患病,犹日事操防,不敢少懈,遏贼出窜,后路赖以无惊。迨河州既平,始禀请交卸,又经臣模覆奏,蒙恩准给假回籍调理;潘长清并经杨昌濬奏请,赏还原职。奉朱批:所请着毋庸置议。臣等亦何敢言!

惟该革员与汤彦和均系刘锦棠旧部,叠著战功,弃置未免可惜。李良穆由白塔寺渡河进驻何家堡,即于是日攻破魏家堡,悍贼三面来犯,与潘长清等并力抵御,又与陈宗蕃会合齐进,为甘军声应,以解河州之围。杨宝林初驻平番,又驻平戎驿,遇贼姚房及河滩、沙沟、东营子、杨起铺,大小十余战,皆能制胜。及被议后,又与李泗益先后来营。李泗益随同攻克东湾、生地沟、化力坡等处,杨宝林随同攻克甘都塘、

---

① 刘世安(1852—1898),字静皆,汉军镶黄旗人。光绪十五年(1889),中式一榜第三名进士(探花),授翰林院编修。十七年(1891),充陕西乡试主考官。十九年(1893),任顺天乡试同考官。二十年(1894),授甘肃学政。二十三年(1897),回广州驻防省亲。二十四年(1898),卒于广州。

卡尔冈等处，均属异常奋勉。

合无仰恳天恩俯准将汤彦和、潘长清、李良穆、杨宝林、陈宗蕃、李泗益均各开复原官原衔，并赏还翎枝、顶戴、勇号，汤彦和并请赏还黄马褂，潘长清并请赏还世职，以示鼓励，出自逾格鸿慈！谨合词附片具陈。伏乞圣鉴，训示。再，此件系臣福祥主稿。合并声明。谨奏。①

是日，公又会衔西宁办事大臣奎顺、甘肃提督董福祥附片奏请奖叙张汝梅等员情形，下部闻。曰：

臣陶模、臣奎顺、臣董福祥跪奏，再，自上年河湟事起，头品顶戴陕西布政使张汝梅、甘肃布政使曾𬭼，皆相与一心，力图共济。张汝梅时在护理巡抚任内，即派拨永兴、永定等军入甘助剿，月饷仍由陕拨解。及臣福祥过陕，以饷需为虑，张汝梅语臣勿急，当与曾𬭼竭力任之。自是每有所需，必多方接济，虽部款未到，皆不以为辞，臣福祥得以一意行军，毫无留滞，则张汝梅、曾𬭼之力也。

花翎二品顶戴三品衔署甘肃按察使宁夏道周绶与花翎兰州道黄云，共办城防，严于议察，奸细无不被获，立时究办，民心以定。黄云又总理全省营务，数次带队出城搜剿。狄道之贼闻臣福祥军至，急断氵邑桥，欲凭之以拒。该道自省驰至，立具皮筏数百，使军得以速济。贼计乃无所施。西宁道联魁于本年二月到任，其时城围虽解，而各路窜贼尚多，该道联络各营，分投搜捕。及后议抚，汉民纷纷又不愿回民复留其地。该道督率所属，定地迁居，各路擒送首要，皆随时讯明正法，民心以安。此又西宁一隅所赖以镇定者。

张汝梅拟请交部从优议叙，曾𬭼拟请赏给头品顶戴，周绶拟请俟升开缺后，赏给头品顶戴。黄云拟请赏给二品顶戴，联魁拟请在任以外任应升之缺升用，可否恳恩照准，出自鸿施！谨合词附片具陈。伏

---

① 中国第一历史档案馆藏：《朱批奏片》，档号：04-01-12-0582-039.又，中国第一历史档案馆藏：《录副奏片》，档号：03-5919-014.

乞圣鉴，训示，施行。再，此件系臣福祥主稿。合并声明。谨奏。①

同日，公又附片奏报白遇道请交军机处记名缘由，下部闻。曰：

再，臣福祥行营总理营务翰林院编修记名道白遇道，器识闳远，精力兼人，而治行尤为不苟。上年臣军度陇，贼势正炽，众议缓行，该员独劝臣急进，由是贼皆夺气。米拉马营之役，众方竞进，而该员独谓敌人未可轻。贼果拒之于东湾，非以全力注之，几不得进，山行险远，士卒俱困，而该员日据鞍马，夜治簿书，意独勤勤无倦，前后捕治首要凡数千人，该员皆悉意钩稽，期无枉纵，持躬严正，人不敢干以私。臣福祥之所以得迅赴事机，而军无怨讟，大率皆该员之力也。合无仰恳天恩，准将该员白遇道以道员交军机处记名，遇有缺出，开列在前，请旨简放，并赏加布政使衔，以示优异。谨附片具陈。伏乞圣鉴，训示。谨奏。②

十一月十四日，总理各国事务衙门来函曰：

俄民阿布都喀有玛阿布都罗福被告杀毙华民胡色英犹苏弗一事，本衙门于前于上年五月二十五日，据俄使照会咨行贵抚查明办理，嗣于十月十一日接准复称：据阿克苏道详查，此案乌什同知只知阿布都哈依木为华民，并不知其为俄民，犯罪之人例应收押看管，独审三次，似无不合。嗣因俄领事认为俄民，未用刑讯，即解喀什噶尔道会审，领事并未将犯解回俄属拟办，遽行省释，等因。当经照复俄署使，嘱其转饬俄领事，将该犯照例惩办，并咨复贵抚各在案。旋于十月二十四日

---

① 中国第一历史档案馆藏：《朱批奏片》，档号：04-01-12-0582-041.又，中国第一历史档案馆藏：《录副奏片》，档号：03-5919-018.
② 中国第一历史档案馆藏：《朱批奏片》，档号：04-01-16-0254-009.又，中国第一历史档案馆藏：《录副奏片》，档号：03-5919-016.

复准咨称：据喀什噶尔道详复：向来会办交涉案件，必须会商拟结。驻喀俄总领事会审前案，独自拟稿，未允画押，等情。核阅该道屡次所呈办法，均尚公允。现在俄如将该犯解回办罪，则乌什厅误行收押提审，亦可量予惩处，等因。前来。

本衙门正在核办间，即据俄巴署使照称：本署大臣满准该同知实为无心之误，初不知被告为俄民，又其距喀什噶尔窎远，人命重案，分应先行审讯。然既查出该犯实籍，该同知当按约知会俄总领事会审。乃据俄总领事来文，并未见其如斯办理，竟将该犯在乌什监狱收押，直至总领事自行讨取此人。乌什同知屡加惨刑，断不能以该同知所行为有理而合约章，请咨行贵抚严行申饬在事各员，每遇缉拿审讯，未确知身隶何属之人犯及在中国被告犯罪之俄民，务必格外慎重，确守约章，用敦两国和好。至阿布都喀有玛阿布都罗福一犯，并无如阿克苏道所禀释放，而经驻喀总领事解送俄国理刑衙门照例惩办，即希见复，等语。本衙门查此案乌什同知办理自无不合，现在既经俄总领事将该犯解送俄国理刑衙门，如何惩处之处，应俟判定罪名，知照本衙门，再行知照。惟嗣后遇有交涉案件，务饬地方官确守约章，妥慎办理，免致徒滋口实而烦辩论。除照复俄巴署使外，相应钞录来照，咨复贵抚查照可也。①

十一月十七日，公奏报甘肃各属光绪二十二年上忙征收银两数目情形，下部闻。曰：

窃查甘肃各属光绪二十一年上、下忙征收银数，业经奏报在案。所有二十二年上忙征收银数，据藩司曾铄详称：查甘省光绪二十二年额征并新垦地丁起、存、正、杂共银二十八万五千五百五十三两九钱二厘，内除皋兰县、沙泥州判、洮州厅、华亭县、平番县、宁夏县、灵州、中

---

① 台北"中央研究院"近代史所藏：《外交档案》，馆藏号：01-17-044-04-028。

卫县、宁灵厅、西固州同等处水冲地亩请明豁免并荒地无从征收外，实应征收正、杂银二十一万六百五十两八钱六分四厘六毫。今上忙已完银一十万一千九百七十三两七钱一分六厘，内已完存留经杂驿站银三万九千八百一十两二钱二分五厘照数留支外，已完起运银六万二千三十五两一钱九分三厘、杂赋银一百二十八两二钱九分八厘，均已解司内，已造入光绪二十二年秋拨册内银一万一千六百九十三两三钱九分九厘，候造入光绪二十三年春拨册内银五万四百七十两九分二厘。未完地丁正、杂银一十万八千六百七十七两一钱四分八厘六毫，内地丁起运银七万四千一百一十九两六钱八分五厘，存留经杂银一万八百七十两五钱一分六厘，存留驿站银二万三千二两六钱六分一厘六毫、杂赋银六百八十四两二钱八分六厘，应归入下忙案内一并核办，造具总、散各册，并声明此项上忙册籍惟平远县、花马池州同两处征完若干，屡经催提，并未报司有案，随详另揭迟延，等情。详请具奏前来。

臣覆核无异，除将清册、揭帖咨送户部查核外，所有甘省各属光绪二十二年上忙征收银两数目，理合恭折具陈。伏乞皇上圣鉴。谨奏。①

同日，公又奏报请将都司周大馥革职审办缘由，曰：

窃据甘肃西宁镇总兵何美玉、西宁道联魁会禀：据大通县属北川等庄堡绅民钱维纶等联名控称：北川营都司周大馥于去岁贼匪猖獗时，奉准挑留民丁三百七十名，作为励勇一旗，照土勇章程给饷，防守营城。闻其缺额颇多，各庄堡自练民勇保护。所需药械一切俱系民捐民办，该都司周大馥借民勇之名冒作五百一十名，禀经西宁镇详准，酌发食粮并盐菜、钱文侵吞入己，各等情。由该镇道呈请奏参查办前来。

臣维此次甘肃回乱，添募营旗，各该管带官难保一无虚冒。臣到任后，随时访察，终鲜实据。兹查该都司周大馥，不惟所带勇丁被控缺

---

① 中国第一历史档案馆藏：《朱批奏折》，档号：04-01-35-0111-019. 又，中国第一历史档案馆藏：《录副奏折》，档号：03-6256-046。

额,且将民间自练团勇冒领粮饷,实为法所难容,若不一并查追,从严惩办,何以儆贪冒而肃军纪!

除由臣批饬将该都司撤任,行令西宁镇道委员押解并传原告钱维绔等随同赴省发交谳局究办外,相应请旨将花翎尽先补用副将借补西宁镇属北川营都司励勇巴图鲁周大馥,先行革职,拔去翎枝,撤销勇号,以便归案审办。谨恭折具奏,伏乞皇上圣鉴,训示,施行。谨奏。①

是日,公又奏报请续拨甘军四营行饷银两缘由,下部议。曰:

窃准甘肃提督董福祥咨称:十一月初八日,承准总署电寄:奉旨:董福祥奏,已募十六营,发给行粮,即着照办,仍着随时招募精壮,足二十营,以期得力。钦此。咨行前来。臣查甘军已成之十六营,必须支给行粮,不敷饷数请旨饬拨各情形,业于本年十一月初七日具奏在案。兹奉谕旨令足二十营,应即添募精壮,再加四营,约计每月须添行饷一万二千余两,以一年计,应增银十五万两之谱。甘省饷糈屡经腾挪挹注,实已无可再省。至司库各款自此次军兴以来,一再提拨,搜索一空。此四营行饷银十五万两,应如何指拨,惟有仰恳天恩俯准,饬部随同前准十六营饷项,一律另拨的款,以应亟需。

所有续请甘军四营行饷缘由,理合恭折驰陈。伏乞皇上圣鉴,训示。谨奏。②

同日,公又附片奏报马队驻防及枪队成军起饷日期一事,下部闻。曰:

再,查河狄一带军务虽已肃清,现值改撤营旗,恐游勇流匪逗留滋

---

① 中国第一历史档案馆藏:《朱批奏折》,档号:04-01-08-0133-002.又,中国第一历史档案馆藏:《录副奏折》,档号:03-7390-063.
② 中国第一历史档案馆藏:《朱批奏折》,档号:04-01-03-0182-004.又,中国第一历史档案馆藏:《录副奏折》,档号:03-6142-001.

事,当饬副将张绍先就地招募马队一旗,名曰"督标永定马队",驻扎河州太子寺一带,认真巡防。又,署左营守备朱应龙兼带督标左翼马队,驻防省城。臣查捍卫城垣,马不如步,因饬该守备将马队裁遣,另募步队一旗,名曰"督标新操枪队"。据甘肃总粮台布政使曾鉌详称:张绍先马队于光绪二十二年九月初一日成军起饷,朱应龙枪队于九月初六日成军起饷,等情。前来。臣覆核无异,除咨明户、兵各部查照外,理合附片具陈。伏乞圣鉴,训示。谨奏。①

同日,公又附片奏报请饬指拨甘军添募各营饷项一事,下部议。曰:

再,准提臣董福祥单开:原统甘军马步十四营,前奉督办军务处核准总统、分统薪水、公费、长夫、营务文案,局所洋枪匠官、兽医、车驮、喂养、柴薪等项经费,每大建月准支银七千五十余两,小建月支银六千八百七十余两,历经按月开支在案。今该提臣遵旨招足二十营,照章应添分统一员,并添六营车驮、柴薪。至匠医人等,亦须酌加,原定十四营经费自不敷用,应如何加增之处,拟恳天恩仍饬督办军务处核定数目,行令户部随同该军专饷指拨的款,以济要需。除照原单分咨督办军务处暨户部、兵部、工部查核办理外,谨附片具陈。伏乞圣鉴。谨奏。②

是日,公又附片奏请将守备许春廷革职,下部闻。曰:

再,蓝翎尽先补用守备许春廷经前督臣杨昌濬于去岁委带霆字营马队,防堵黄城滩一带,本年进剿北大通出力,经臣奏保免补守备,以

---

① 中国第一历史档案馆藏:《朱批奏片》,档号:04-01-03-0012-005.又,中国第一历史档案馆藏:《录副奏片》,档号:03-5760-051.
② 中国第一历史档案馆藏:《朱批奏片》,档号:04-01-03-0182-005.又,中国第一历史档案馆藏:《录副奏片》,档号:03-6142-002.

都司留甘尽先补用,加游击衔。旋因军务告竣,即饬遣撤。该守备仅将弁勇正饷发讫,其恩饷、夫价、杂费延不发给。据各弁勇联名赴臣衙门控告,该守备闻知,即自首认咎。当即委员按名查算,一律点发清楚。惟事前延不发给,究属迹近侵欺,相应请旨将蓝翎尽先补用守备许春廷即行革职,拔去翎枝,并请饬部将许春廷保案注销,不准投效军营,以示惩儆。谨附片具陈。伏乞圣鉴,训示。谨奏。①

同日,公又附片奏报防军步队勇夫暂免裁减缘由,下部闻。曰:

再,查甘肃防军旧章,步队每旗于光绪十年奉部裁去长夫九名,十四年郑工案内又裁子药夫二十四名,十七年裁撤各省勇营一成案内又裁亲兵四名、正勇二十四名。裁减过多,兵力自薄。甘省番回杂处,时虞反侧,全仗兵威弹压,与内地各省迥不相同,加之汉少回多,有事之时招募不易。去岁河湟变起,各路营旗仓卒募补,不免贻误。值此时艰,既裁之款何忍再行渎请,惟前督臣于事亟时业已一律添补足额,并未扣存,若明年仍复照裁,勇数既单,难期得力。合无仰恳天恩俯念甘省地方紧要,准将前项勇夫暂免裁减,以实营伍,并恳饬部立案施行。谨附片具陈。伏乞圣鉴,训示。谨奏。②

十一月二十四日,公奏报查明甘肃各属来春亟须接济缘由,曰:

窃臣准军机大臣字寄:光绪二十二年十月初三日,奉上谕:本年甘肃循化、河狄等处被兵,准令陶模于库存十九、二十两年待支兵饷各提银五万两、制钱五万串,截留新海防捐银一年,俾作赈务之需,小民谅

---

① 中国第一历史档案馆藏:《朱批奏片》,档号:04-01-17-0159-087.又,中国第一历史档案馆藏:《录副奏片》,档号:03-5919-001.
② 中国第一历史档案馆藏:《朱批奏片》,档号:04-01-03-0012-010.又,中国第一历史档案馆藏:《录副奏片》,档号:03-5760-052.

可不致失所。惟念来春青黄不接之时，民力未免拮据，着传谕该督体察情形，如有应行接济之处，即查明据实覆奏，于封印以前奏到，候朕于新正降旨加恩。将此谕令知之。钦此。仰见圣主轸念民瘼，无微不至，跪诵之下，钦感难名！当即钦遵饬查去后。

兹据藩司曾龢详称：遵查甘省此次被兵甚重，地方辽阔，难民众多，先后筹拨银五十余万两，现已罄尽，赈务迄不能停。被害最深之河州、狄道州、沙泥州判、西宁县、大通县、碾伯县、巴燕戎格厅、循化厅及被扰一隅之洮州厅、庄浪厅、贵德厅等属，二十二年正赋、杂税业已分晰开折详奏，恳恩蠲免。其民力之拮据，实异寻常，不但来春青黄不接应行接济，今冬之无衣无食，亦非亟筹赈抚不可。前奉电旨河州赈抚，着及时举办。随即钦遵挪款，拣员飞采粮石，迅办续赈。旋据西宁、大通一带纷纷请筹冬赈春抚，亦经匀拨仓粮暂救，目前苦于银粮两绌，势成无米之炊，殊深焦灼！

其夏禾被水、被雹之礼县、秦安县、静宁州、清水县、碾伯县、宁州、阶州、固原州、徽县、成县、循化厅、会宁县、河州、皋兰县、金县、平番县、安定县等十七属，业将情形详请奏报在案。内除碾伯、循化、河州灾民归入被兵案内赈抚外，其余被灾各属由各该地方官查明极贫、次贫，或借放社粮，或捐廉给赈，当不至于失所。此外秋禾水、旱、雹、霜各灾，尚有固原州、环县、宁夏县、宁朔县、中卫县、东乐县丞等六属，情形轻重不一。夏秋两案被灾究有几分，钱粮应否蠲缓，因各属造到册结诸多疏漏不合，未能及时汇案出详，现在飞查赶办。

至水、雹灾区来春应否接济之处，查甘省于此等偏灾，皆由地方官察核酌请，或再借社、义粮石，或由外筹款接济，向未请动正项银粮。但本年被兵之余，偏灾又复迭见，地方在在艰难，迥非从前可比，能否撙节不请正项，届时再行据实详办。除续赈急待巨款容另专案请奏外，所有被兵各属来春亟需接济，暨各处水、雹灾案大概情形，先行详请具奏前来。臣覆加查核，委系实在情形，理合恭折覆陈。伏乞皇上圣鉴,训示,施行。谨奏。①

同日,公又奏报密陈陕西巡抚魏光焘被参一事,曰:

窃臣于光绪二十二年五月十七日承准军机大臣字寄:五月初二日,奉上谕:有人奏,疆臣拥兵欺饰,请饬查办一折。据称陕西巡抚魏光焘驻札多巴一带,捏报胜仗,一意主抚,以致回众窜入青海。今年正月间,逆回以八骑前来窥探,该抚闻风惊溃,军械、粮饷委弃一空,等语。着陶模按照所参各节,确切查明,据实具奏,毋稍徇隐。原折着抄给阅看。将此谕令知之。钦此。遵旨寄信前来。

臣查陕西抚臣魏光焘所部湘军,于今年正月初间抵湟,会同邓增剿洗西宁府城东三关踞匪。时北川一带回逆经邓增及张成基等先己剿平数堡,又闻湘军大队继至,遂相率惊奔,湘军因乘势踏平苏家堡等处回庄,北川一带逆匪自此廓清,湘军实不为无功。正月十五日,魏光焘派令各军,会同邓增进攻多巴。十七日,后军副将罗吉亮、马队游击魏荣斌逼近堡城,贼前队数十人被发涂面,口衔短刀,手持长矛,突来猛扑,后军因之惊溃。邓增及湘军炮队吴元恺合兵进击,贼始败退入堡。魏光焘以罗吉亮恇怯失机,旋即撤换。正月二十七、二月初三等日,贼倾巢猛扑,各军合力进战,斩获甚众,终以堡城坚固,猝难攻克。官军每战整队交锋,必如墙以进,而贼党出队,皆零星跳走,随时挖亢避炮,倏起倏伏,枪炮不能多中。湘军因潜设地雷轰击,将队伍退站二三里,正待燃放,而贼已将地雷挖去,人遂传为笑谈。其实并非因战败而退。原参称正月间,逆回玩视湘军,以八骑前来窥探。魏光焘闻风惊溃,军械、粮饷委弃一空,或即此两事风传所致。

二月初九日,魏光焘亲至多巴督战,其时上五庄等处贼堡已经邓增攻破,贼势穷促。至二月十一日,该匪等遂斩其逆首多名,呈缴马

---

① 中国第一历史档案馆藏《朱批奏折》,档号:04-01-05-0302-014。又,中国第一历史档案馆藏《录副奏折》,档号:03-9389-010。

械,诣湘军乞降。魏光焘饬将堡城平毁。此系当时实在情事。原参称其观望因循,一意主抚,究非确论。窃查此次河湟煽乱,其良回被协不得已而从逆者不下数十万人,万不能一律歼除,曲从汉民之欲。董福祥之剿办河回,亦终归于抚局。河狄汉民以回众未经大创,怨及于董福祥,与魏光焘之受谤大致相同。

原参又称逆回窜入青海,皆魏光焘不密为防范所致。臣查青海之贼,由苏家堡、上五庄一带窜出者甚多,实不止多巴一处,然亦幸而窜走穷荒,若闯入内地,则完善之区重遭蹂躏,其祸更有不堪设想者。巴燕戎格所属撒回抚而复叛。三月十五日,湘军分统总兵龙恩思①等率兵至札什巴城,抚定黑城回众。三月下旬,魏光焘添派后军分统徐有礼等会平水地川诸贼堡。四月初八日,龙恩思约同徐有礼等进攻甘都塘,徐有礼等因雨雪失期,龙恩思由水地川独进,不能取胜。次日,徐有礼等与贼接仗,亦以地险收队,贼大股纷来追逼,湘军设伏以待,贼至,发枪击之,转而获捷,毙贼多名,乘胜毁贼庄数处。时湘军营务处知府严金清率马队追青海窜贼,董福祥亲至西宁接办军务,魏光焘奉旨回陕,湘军遂无战事。

臣观魏光焘之用兵也近拙,然自多巴经湘军平毁后,董福祥派兵搜捕余逆,无敢抗违者,故湟回之受创较甚。董福祥之用兵也近巧,然自河回收抚后,一时逆党并未大加惩创,故河回之隐患较深。惟魏光焘所部将领实不如董福祥所用何得彪、马安良等为得力。此其大较也。臣博访人言,悉心察核,不敢不据实以闻。

---

① 龙恩思(？—1903),湖南湘乡县人。咸丰间,投效湘军。同治五年(1866),随大学士左宗棠大军入粤,克复嘉应州城,嗣复随军入陕、入甘。七年(1868),克复绥德州城。十年(1871),攻克金积堡,由把总递保副将,赏给额勇巴图鲁号。光绪二年(1876),率军肃清关陇。四年(1878),荡平新疆南北各城,奏保总兵。二十年(1894),回籍,适驻湖湘劳田土匪滋事,督率本籍团练,平靖匪乱,蒙恩赏给正一品封典。二十一年(1895),随同魏光焘赴甘,统领武威前军,攻克苏家堡,奏保提督,赏换法丰阿巴图鲁号,统领陕西抚标永胜马步各军,督办苍龙河、龙洞渠两处河工。二十三年(1897),署陕西汉中镇总兵。二十八年(1902),以伤病复发,回籍就医。二十九年(1903),卒于籍。

所有查明抚臣被参各缘由，谨恭折密奏。伏乞皇上圣鉴，训示。谨奏。①

十一月二十五日，公开单奏报光绪二十二年九月分甘省雨水粮价情形，曰：

窃照本年八月分粮价并得霑雨泽情形，业经具折奏报在案。兹查本年九月分兰州等八府六直隶州属具报得霑雨泽，自一寸起至三四寸止。正值秋禾收获之际，获此沃泽，实于农田有裨。

至通省粮价，因新粮登场后分数不同，存销亦异，是以较上月互有增减，大致尚称平稳。据藩司曾鉌具详请奏前来。臣覆核无异，理合恭折具奏，并缮粮价清单，恭呈御览，伏乞皇上圣鉴。谨奏。②

同日，公又奏请詹廷镛调补高台县知县，下部议。曰：

窃据甘肃布政使曾鉌、署按察使周绶会详称：高台县知县陈昌调补皋兰县知县，业已截缺报部。查州县应调缺出，例应于现任人员内拣选调补。又，大挑知县借补要缺佐贰，例准扣满三年，酌调繁缺知县，各等语。今高台县知县系冲、繁、疲三项要缺，地界边墙，为出关要道，方域辽阔，羌番错居，非精明练达之员，不足以资治理。

该司等在于通省现任简缺知县内逐加遴选，均与此缺不宜，惟查有大挑知县借补肃州王子庄要缺州同詹廷镛，年五十二岁，贵州遵义县人，由副贡中式同治癸酉科举人，庚辰科会试大挑一等，以知县用，签掣甘肃，光绪九年正月到省，年满甄别补用，借补肃州王子庄州同，

---

① 中国第一历史档案馆藏：《朱批奏折》，档号：03-01-13-0386-019. 又，中国第一历史档案馆藏：《录副奏折》，档号：03-6142-015.
② 中国第一历史档案馆藏：《朱批奏折》，档号：04-01-25-0561-025. 又，中国第一历史档案馆藏：《录副奏折》，档号：03-9369-016.

十九年三月到任,已满三年。查该员练达安详,尽心民事,现官肃州州同,毗连高台,于该处风土民情最为熟悉,以之调补高台县知县,实堪胜任,人地亦极相宜。会详请奏前来。

臣查詹廷镛心地慈祥,办事稳慎,仰恳天恩俯念要缺需员,准以肃州王子庄州同詹廷镛调补高台县知县,期于地方有裨。如蒙俞允,该员系以知县借补州同,今请调补繁缺知县,衔缺相当,毋庸送部引见。再,该员任内并无参罚案件。谨恭折具陈。伏乞皇上圣鉴,训示。至所遗肃州王子庄州同系要缺,例应由外拣补。合并声明。谨奏。①

是日,公又会衔陕西固原提臣邓增奏请赵桢隆升补华阳营都司,下部议。曰：

窃查陕西汉中镇属华阳营都司辛仲武病故遗缺,经部咨覆系题补第三轮第九缺,轮用应升人员,行令迅拣请补,等因。当经转饬遵照去后。兹据署汉中镇总兵龙得胜拣选得俸满汉中镇属留坝营守备赵桢隆,年强才明,营伍练达。呈请升补前来。

臣查俸满尽先补用都司汉中镇属留坝营守备赵桢隆,戎行久历,勤奋耐劳,以之升补斯缺,实堪胜任,亦与轮缺章程相符。合无仰恳天恩俯念员缺紧要,准以该员赵桢隆升补汉中镇属华阳营都司员缺,可期得力。如蒙俞允,俟接准部覆后,即行给咨送部引见,以符定制。

除查取履历清册另咨送部,所遗汉中镇属留坝营守备员缺,陕甘现有应补人员,容另拣员请补外,谨会同陕西固原提臣邓增,合词恭折具奏。伏乞皇上圣鉴,训示。谨奏。②

---

① 中国第一历史档案馆藏：《朱批奏折》,档号：04-01-13-0366--26. 又,中国第一历史档案馆藏：《录副奏折》,档号：03-5349-095.
② 中国第一历史档案馆藏：《朱批奏折》,档号：04-01-17-0160-002. 又,中国第一历史档案馆藏：《录副奏折》,档号：03-5919-051.

同日,公又附片奏报张锡光暂缓送部引见,下部闻。曰:

再,前准兵部咨:陕西河州镇属洮岷协副将员缺,以甘肃提标前营游击张锡光拟补,应令给咨赴部引见,等因。当即转饬遵照去后。兹准署甘属提臣张永清咨开:查该员现尚办理防务,一时遽难更易,且查洮岷地方界连狄河一带,现虽军务已平,防范尤不宜稍懈。该员前带毅武营驰剿西宁、循化回逆,颇称得力,可否仰恳天恩俯准将拟补洮岷协副将张锡光暂缓送部引见,先行饬部发给署劄,令其赴任,以重地方,俟防务大定,再行给咨赴部引见之处,出自逾格鸿施!谨附片具陈。伏乞圣鉴,训示。谨奏。①

同日,公又附片奏报副将额勒珲病故开缺情形,下部闻。曰:

再,准陕西提臣邓增咨开:潼关协副将额勒珲得患病症,医治罔效,于本年十月初十日在任病故,等情。咨请核办前来。臣覆查无异,相应奏明请旨开缺。除饬取该故员原领札付及委员承查印、甘各结另咨送部,并查有升用提督记名总兵宁夏镇属灵州营参将卢万德,练习营务,朴实勤慎,已委令前往署理外,所遗潼关协副将员缺,陕甘现有应补人员,容臣另拣请补。理合附片具陈。伏乞圣鉴,训示。谨奏。②

是日,公又附片奏报请准都司蒋占魁等员暂缓引见,下部闻。曰:

再,西宁镇属白塔营都司蒋占魁经前督臣杨昌濬因去岁回乱猝起,地方紧要,先饬赴任。臣以现在大乱虽平,而弹压防维未敢稍懈,

---

① 中国第一历史档案馆藏:《朱批奏片》,档号:04-01-17-0159-088。又,中国第一历史档案馆藏:《录副奏片》,档号:03-5919-052。
② 中国第一历史档案馆藏:《朱批奏片》,档号:04-01-17-0159-075。又,中国第一历史档案馆藏:《录副奏片》,档号:03-5919-054。

咨请兵部先给札付，以重职守。兹准部覆，应令奏明办理，等因。臣查甘肃武员未经给劄先饬赴任者，尚有宁夏镇属灵武营守备柴殿魁、玉泉营守备黄得福两员。各该处均系蒙番杂居，汉回交错，现值防营裁减之际，该员等一时遽难赴引，可否仰恳天恩俯准将该员蒋占魁、柴殿魁、黄得福等先行饬部发给札付，以重地方，仍俟防务大定，再行给咨赴部引见之处，出自鸿慈！理合遵照部咨，附片具奏。伏乞圣鉴，训示。谨奏。①

同日，公又附片奏请更正周见恒保案，下部闻。曰：

再，前准兵部咨开：尽先补用参将周见恒于堵剿晋省窜匪案内，由把总保免补千总，以守备尽先补用。检查此案，并无该员之名，究于何案内保奖？行令查明报部，再行核办，等因。当经转饬查覆去后。兹据督标中军副将汤仁和呈：据现署督标中营都司周见恒禀覆：前于同治八年在山西省随同官军堵剿窜匪出力，蒙由把总保免补千总，以守备尽先补用，旋即请假回籍。后投入蜀军，于攻克肃州东关暨克复肃州城垣关陇一律肃清案内加保都司、游击，兹奉饬查，想系原保单内遗漏，恳请递改前来。

臣覆查该员周见恒，前由把总保免补千总以守备尽先补用之案，既系原保单内遗漏，自应依次递改更正，以昭核实。合无仰恳天恩俯准将该员周见恒前由守备保以都司补用之案改为以千总补用，由都司保以游击补用之案改为以守备补用，由游击保以参将尽先补用之案改为以都司尽先补用，饬部更正注册，以实官阶。

再，该员早经归标，现已委署督标中营都司，应请即以都司留于陕甘尽先补用。合并陈明。除咨部查照外，理合附片具陈。伏乞圣鉴，

---

① 中国第一历史档案馆藏：《朱批奏片》，档号：04-01-17-0159-089。又，中国第一历史档案馆藏：《录副奏片》，档号：03-5919-055。

训示。谨奏。①

同日,公又附片奏报喻经魁病故情形,下部闻。曰:

再,据肃州镇总兵田在田禀称:镇标右营游击喻经魁患病日久,医治罔效,于光绪二十二年十月二十七日在任病故,等情。前来。臣覆查无异,相应请旨开缺。除查取该故员原领札付及委员承查印、甘冬结另咨送部外,所遗肃州镇标右营游击员缺,陕甘现有应补人员,容臣另拣请补。理合附片具陈。伏乞圣鉴,训示。谨奏。②

十二月初四日,公奏报甘省需款甚急,应请饬部再行筹拨一事,下部议。曰:

窃查甘肃此次回乱,筹办赈抚,为日本长,需款最巨。前于光绪二十一年八月请动司库新草变价、驿站扣留银二十万两,各属变价未尽仓粮十五六万石。二十二年四月,复请动用待支兵饷十万两、库存钱五万串,两次截留捐项银一万六七千两及各省义捐银十一二万两,并提臣董福祥派令抚回赔交银十万两、粮一千一百万斤。综计银、粮不为不多,无如地广灾重,难民众多,贼踪往复窜扰,赈济非只一次。房具资费既难照依成例,加赈月分亦难拘定日期。河狄粗有眉目,随即专意湟中,喘息方定,又复流离。缘河狄回势最强,汉民被乱最甚,故墟焦土,寸椽俱无。祸乱粗平,惊心未定。前此资遣抚辑,在公家虽费尽经营,而难民暂顾口食,无暇图复旧业。且谣言时起,不免四散走避,故领资食赈已逾半年,而田里荒芜,无从整理。一议停赈,流离更

---

① 中国第一历史档案馆藏:《朱批奏片》,档号:04-01-17-0159-076.又,中国第一历史档案馆藏:《录副奏片》,档号:03-5919-056.
② 中国第一历史档案馆藏:《朱批奏片》,档号:04-01-17-0519-074.又,中国第一历史档案馆藏:《录副奏片》,档号:03-5919-053.

甚，不得已仍饬司派员采运粮石，查办续赈。旋奉电旨：河州冬赈，着及时举办，等因。钦此。复经臣会同董福祥，派委甘军营务处道员张成基、副都统奇克伸布等，前往河州督办赈抚事宜，镇以兵威，谣言或可少息，百姓或可相安。

惟前集经费五十六七万，现只存七百余两，准拨仓粮虽用未过半，终因道远，运价过于粮价，无法转输。计河州一属难民大小丁口不下二十万人，今岁冬赈，明年春抚，加以西宁府各属请赈者陆续而至，势难漠视。似此需款尚多，司库罗掘空虚，实在无可腾挪。据藩司曾鉌、署臬司周绶、兰州道黄云会详奏请添拨前来。

合无仰恳天恩俯准，饬部再筹拨的款银二十万两，并请将光绪二十三年新海防捐、筹饷新捐再行截留支用，以惠灾黎而广皇仁，出自逾格鸿施！除咨部外，所有再恳续拨赈抚银两缘由，理合恭折具陈。伏乞皇上圣鉴，训示，施行。谨奏。①

十二月初十日，公开单奏请蠲缓甘省被灾州县钱粮情形，下部闻。曰：

窃照甘肃省金县等州县光绪二十二年夏秋禾苗被雹、被水大概情形，业经臣奏奉朱批：知道了，各属被灾情形，即着查明，分别核办。钦此。当即钦遵行司照办去后。嗣据金县、岷州、陇西县丞等属续报秋灾，复经批司委勘。昨于奏覆奉旨查闻来春应否接济案内，亦经详细附陈在案。

兹据甘肃布政使曾鉌详称：计夏秋灾共一十五处，除碾伯县、河州汉民被灾钱粮应请归入被兵案内概行蠲免，毋庸重列，并宁远县冲压地亩不能垦复，另案题豁，暨环县瞎禾被雹分数，钱粮有无蠲缓，因覆勘册结未到，俟严催至日另案补办，及安化县、打拉池县丞、庄浪县丞、金县、沙泥州判、阶州、平凉县、海城县、岷州、陇西县丞等一十处，均勘

---

① 中国第一历史档案馆藏：《朱批奏折》，档号：04-01-02-0095-020. 又，中国第一历史档案馆藏：《录副奏折》，档号：03-5602-050.

不成灾,毋庸蠲缓外,惟固原州并河州回民被雹成灾地亩六分至十分不等,共应蠲正、耗银三十四两一分六厘三毫,共应蠲正、耗粮一十五石九斗七升五抄,共应缓正、耗银三十两九钱九分一厘二毫,共应缓正、耗粮九十一石五斗七升六合九勺五抄。汇开清折,呈请奏恳天恩准予蠲缓,以纾民力。至成灾不成灾各贫户,有散给钱文者,有酌发粮石者。宁远县压毙人口,除埋土内无从施给棺木,冲倒庄房,碍难修复,已令迁居近堡,妥为安置,均不致失所。所给钱文、粮石,或由各该地方官捐廉办理,或动用社、义各仓存粮,均未请领专款,应请免开细数,等情。前来。

臣覆核无异,除批司分饬被灾各属随时察看,如来春民力拮据,立行接济,即行禀请筹款抚恤,毋任失所外,理合恭折具奏,并开具清单,恭呈御览。伏乞皇上圣鉴,饬部查照施行。谨奏。①

十二月十八日,公奏报请免扣凉庄二满营官兵支款缘由,下部闻。曰:

窃前督臣准户部议覆:查凉庄二满营防剿官兵奏调原折,与此次原单人数歧异,应令查明声覆。至所支行粮,既系照宁夏满营调驻通州支销章程,应将原营支款分别截扣提存,等因。当经转行遵照去后。兹据甘肃布政使曾铄详称:准凉州副都统依楞额、庄浪城守尉英秀先后咨覆,奉查人数歧异之处,已经造具官兵旗佐花名清册,详细声覆在案。

至原营支款饬令分别截扣提存一节,查凉庄满营奉调官兵,如同治年间调赴靖远、盐茶厅、庆阳等处防剿窜贼,奏派副都统带领官兵出关,征剿新疆等处回逆,皆支食行粮,并不截扣原营支款。此次奉调官兵值饷需不继,行装裹带,每兵仅给银二两,路途梗塞,百物昂贵,拮据情形实难殚述,况奉调后进剿武胜等处窜匪,生擒有贼,阵亡有人,似

---

① 中国第一历史档案馆藏:《录副奏折》,档号:03-7106-076.

非前调宁夏满营仅驻通州并未接仗者可比。且行粮以恤兵艰,坐饷以赡家口,往年十成饷项尚未截扣原营支款,今兵丁仅领五成饷干,如再截扣支款,实有冻馁之患。咨请将去岁奉调赴省防剿官兵原营支款,仍照同治年间奉调出征官兵支销旧案,免其分别截扣,以恤兵银而昭公允,各等因。前来。

经该司查凉庄奉调官兵人数歧异缘由,前据该满营造到官兵旗佐花名清册,业经详由前督臣咨送在案。兹准声覆官兵五成坐饷已甚拮据,若再截扣使至冻馁,并援引同治年间叠次出征未扣原营支款成案,请予免扣,由藩司详请具奏前来。

臣覆核无异,合无仰恳天恩俯准免扣凉庄二满营此次奉调官兵原营支款,以恤兵艰。除咨部查照外,谨恭折具陈。伏乞皇上圣鉴,饬部查照施行。谨奏。①

同日,公又开单奏报甘肃光绪二十二年秋禾约收分数情形,曰:

窃直省秋禾收成分数,例应按年具奏。兹据甘肃布政使曾鉌详:据兰州、巩昌、平凉、庆阳、甘州、凉州、宁夏、西宁八府并秦州、阶州、固原、泾州、肃州、安西六直隶州并所属各县将光绪二十二年分秋禾约收分数开折,详请核奏前来。

臣覆加查核,约收八分者,武威县一处;约收七分有余者,秦安县等二处;约收七分者,通渭县等六处;约收六分有余者,金县等十三处;约收六分者,皋兰县等八处;约收五分有余者,渭源县等十五处;约收五分者,陇西县等二十三处。以上八府六直隶州所属,通盘牵算,约收五分有余。

再,查各处除岷州、洮州、循化、丹噶尔、巴燕戎格、西宁、大通、红水县丞八厅、州、县、县丞向不种植秋禾外,其河州、狄道州、沙泥州判、

---

① 中国第一历史档案馆藏:《朱批奏折》,档号:04-01-03-0182-002.又,台北故宫博物院藏:《军机及宫中档》,文献编号:136590.

碾伯县四处,因去岁被难后百姓未尽归业,秋禾大半未种,实属不成分数,业已另案请蠲钱粮。

至固原、环县、宁夏、宁朔、中卫、东乐县丞等六州、县、县丞秋禾有被水、旱、霜、雹,均经先后饬令该管道府亲诣查勘,是否不致成灾,容俟另案汇办。理合恭折具奏,并缮具清单,恭呈御览。伏乞皇上圣鉴。谨奏。①

是日,公又开单奏报甘肃各属夏秋禾苗被灾情形,下部闻。曰:

窃照甘省秦安等州县光绪二十二年夏秋禾被雹、被水情形,业经臣奏奉朱批:知道了。即着饬属查明灾情轻重,妥为抚恤,毋任失所。钦此。当即钦遵行司照办去后。嗣据固原州、环县、宁夏县、宁朔县、中卫县、东乐县丞等属先后具报秋禾水、旱、雹、霜各灾等情,复经批司饬勘,并于奏覆奉旨查问来春应否接济案内亦经详细附陈在案。

兹据甘肃布政使曾鉌详称:计夏秋灾共二十二处,除碾伯县、循化厅、河州三处被灾钱粮已归入被兵案内概行蠲免,毋庸重列,并礼县、环县二处夏秋禾苗被雹、被霜分数,钱粮有无蠲缓,均因覆勘册结未到,俟严催至日,另案补办,其秦安县、静宁州、清水县、阶州、徽县、成县、会宁县、皋兰县、平番县、安定县、东乐县丞等十一处均勘不成灾,毋庸蠲缓外,惟中卫县、宁州、固原州、金县、宁夏县、宁朔县等六处被雹、被水、被旱成灾地亩十分至六分不等,共应蠲正、耗银九十六两六钱二分,共应蠲正、耗粮一千九石八斗四升一合二勺,应蠲草二千四百束四分七厘,共应缓正、耗银三百二十九两五钱,共应缓正、耗粮五百二十八石四斗九合二勺,应缓草一千四十八束七分九厘。开具清折,呈请奏准蠲缓,以纾民力。至成灾不成灾,各贫民有散给钱文者,有酌发粮石者,间有淹坏人口、冲毙牲畜及刷倒房屋、桥道之处,亦经随时

---

① 中国第一历史档案馆藏:《朱批奏折》,档号:04-01-23-0212-033.又:台北故宫博物院藏:《军机及宫中档》,文献编号:136594。

掩埋、修复，均由各该州捐廉抚恤，或动用社粮，并未请领正款，应请免开细数，等情。前来。

臣覆核无异，除批司分饬被灾各属随时察看，如来春民力拮据，应行接济，即禀请筹款抚恤，毋任失所外，理合恭折具奏，并开具清单，恭呈御览。伏乞皇上圣鉴，饬部查照施行。谨奏。①

同日，公又附片奏报甘肃海城县仓库被劫情形，下部议。曰：

再，准户部咨：前署海城县知县柏以丽接收前任惠福钱粮交代案内，册造开除被贼劫去银一千一百两，又被焚仓粮六十余石，均系仓库正款，究应归何人赔补还款，应令查明声覆核办，等因。当经转行遵照去后。兹据布政使曾鉌详称：查二十一年五月初七日，海城回匪戕官劫狱，焚毁豌豆二百余石，劫去库存地丁银一千一百两、捐款银一百八十两，业已委勘确实，详经前督臣杨昌濬专折奏报在案。前案开除被焚豌豆止六十九石二斗四升三勺，尚有被焚已估未支兵粮豌豆一百六十六石二斗一升二合八勺，已于接署知县杨廷槐接收柏以丽交代案内续列开除，正符原奏二百余石之数。知县惠福猝遇盗贼，身被戕杀，室家同死，衣物荡然，实属无从赔补。

查例载：仓库财物若猝遇盗贼劫夺，事出不测而有损失者，委官保勘核实，显迹明白，免罪不赔，等语。此项银、粮委系叛匪戕官所失，前经委勘明白，例应免赔。应请奏恳天恩饬部免其原奏被劫之捐款银一百八十两，系开办筹饷新捐时捐生张烂等报捐储库，该县正拟解银请奖，同时被劫。款虽无着，而该捐生实已呈交在官，未便置之不议，致令向隅。可否仍准奖叙，并请随案奏请饬部核覆，等情。前来。

臣覆查无异，相应请旨饬部将海城县被劫库存地丁银一千一百两、被焚豌豆二百余石照例准免赔补，并劫去捐生张烂等报捐存库银

---

① 中国第一历史档案馆藏：《朱批奏折》，档号：04-01-35-0111-040。又，台北故宫博物院藏：《军机及宫中档》，文献编号：136595。

两应否仍准给奖之处，一并核覆，俾有遵循。为此，附片具陈。伏乞圣鉴，训示。谨奏。①

同日，公又附片奏报新添夫马照支并酌减金县等夫马一事，下部闻。曰：

再，甘肃东路各属驿站并关外安西、玉门等州县军塘，于光绪十九年经前督臣杨昌濬奏请增加夫马，岁支工料一切，议由厘金项下支发造报，奉部覆准在案。在前督臣系为慎重邮传迅速驰递起见，无如现值饷需奇绌，厘金异常减色，不能不量为核减，以资撙节。

臣体察情形，斟酌繁简，查关外安西、玉门地处沙漠，程站太长，情形与内地不同；皋兰县地当省会，差务较繁，均难议减；海城、平远两县原额本少，所增无几，地方又极瘠苦，所有新添夫马等项仍请照支外，其余金县、安定、会宁、静宁、隆德、固原、平凉、泾州等八州县只递东路直达陕境文报，道鲜分歧，里数略少，拟从光绪二十二年七月初一日起，将新添夫马酌减一半，仍留一半，较十九年以前原额已属增多，自可无虞贻误。当经饬司遵办去后。兹据藩、臬两司查明金县等州县，于光绪十九年共添马六百四十五匹、夫三百二十二名半，已遵照自本年七月初一日起减去一半，计减去一半马三百二十一匹、夫一百六十名半，岁可节省银一万一千六百二十两二钱。开具细数清折，会详请奏前来。

臣覆核无异，除将裁减新添一半夫马细数开折咨部外，谨附片具陈。伏乞圣鉴，训示。谨奏。②

---

① 中国第一历史档案馆藏：《朱批奏片》，档号：04-01-35-0839-076.又，台北故宫博物院藏：《军机及宫中档》，文献编号：136593.
② 台北故宫博物院藏：《军机及宫中档》，文献编号：136591.

是日，公又附片奏报札委曾鉌总理全省防练各军，曰：

> 再，甘肃军务虽平，而防务不宜稍懈，所有防、练各军营务仍需逐一整顿，非有明干大员认真经理，不足以收实效。查甘肃布政使曾鉌，器识闳通，不辞劳怨，堪以总理甘肃全省防、练各军营务事宜。除札委并刊发关防外，理合附片具陈。伏乞圣鉴。谨奏。①

十二月二十一日，公开单奏报光绪二十二年十月分甘省雨水粮价情形，曰：

> 窃照本年九月分粮价并得霑雨雪情形，业经具折奏报在案。兹查十月分兰州等八府六直隶属具报得霑雪泽，自一二寸至三四寸不等。正值冬麦发生之际，获此雪泽，土脉含濡，民情极为欣慰。
>
> 至通省粮价，虽新粮登场已久，而各属丰歉不同，存销又异，较上月多有增长。据藩司曾鉌具详请奏前来。臣覆核无异，理合恭折具奏，并缮粮价清单，恭呈御览。伏乞皇上圣鉴。谨奏。②

同日，公又开单奏请奖叙各省筹解协饷出力各员，下部议。曰：

> 窃前准部咨：钦奉谕旨：甘肃关内外饷银关系紧要，经户部分别饷数，请饬依限报解。该将军、督抚严饬各该司道，按照部拨数目，埽数筹解，如能依限解清，即由陕甘总督奏请奖叙，等因。钦此。历经钦遵办理在案。兹查光绪二十一年由部指拨协甘饷银四百八十万两，俱已掃数清解。臣维关内外防军林立，分拨饷糈原系计口授食，协拨偶有不济，军食既难充足，加之去岁回匪变乱，各路军饷尤不容一刻稍缓。值此时艰，无论何省，饷源均竭，而各省关藩、运司道咸能力顾大局，埽数清解，实于甘省大有神益，业经臣迭次分咨各省查取应叙职名前来。

---

① 中国第一历史档案馆藏：《朱批奏片》，档号：04-01-03-0065-024. 又，台北故宫博物院藏：《军机及宫中档》，文献编号：136592.

② 中国第一历史档案馆藏：《朱批奏折》，档号：04-01-25-0561-027. 又，台北故宫博物院藏：《军机及宫中档》，文献编号：136764.

合无仰恳天恩俯照成案奖叙,以示鼓励。

查现任两广总督前闽浙总督兼福州将军谭钟麟、调署两江总督湖广总督张之洞、四川总督鹿传霖、护理湖广总督湖北巡抚谭继洵①、前任江苏巡抚奎俊②、现任江苏巡抚赵舒翘③、河南巡抚刘树棠、升任湖

---

① 谭继洵(1823—1901),字子实,号敬甫,湖南浏阳人,附生。道光二十九年(1849),中举。咸丰九年(1859),中式进士。同治元年(1862),充户部广西司主事。十一年(1872),补户部山西司员外郎。十三年(1874),升户部山东司郎中。同年,充坐粮厅监督。光绪三年(1877),放甘肃巩秦阶道。九年(1883),迁甘肃按察使。十年(1884),晋甘肃布政使。十五年(1889),擢湖北巡抚。二十年(1894),署理湖广总督。二十四年(1898),以其子谭嗣同一案罢职,递籍管束。二十七年(1901),卒于浏阳。

② 奎俊(1843—1916),字乐峰,瓜尔佳氏,满洲正白旗人。光绪初,由花翎充工部屯田司郎中。五年(1879),放福建延建邵道,加三品衔。十四年(1888),授福建兴泉永道。同年,升福建按察使。十五年(1889),署福建布政使。同年,调补山西布政使。十七年(1891),擢山西巡抚。十八年(1892),补授江苏巡抚,兼理江南织造。二十年(1894),兼管江西新关税务监督。二十一年(1895),调补陕西巡抚。二十三年(1897),署江苏巡抚。二十四年(1898),授四川总督。二十六年(1900),兼署成都将军。二十九年(1903),补理藩院尚书、正白旗蒙古都统。同年,兼署都察院左都御史、刑部尚书。三十年(1904),充经筵讲官。三十一年(1905),授吏部尚书。翌年,任总管内务府大臣。宣统三年(1911),授弼德院顾问大臣。民国五年(1916),卒。谥悫靖。

③ 赵舒翘(1847—1901),字展如,号琴舫,陕西长安县人。同治九年(1870),补廪生。十二年(1873),中举人。十三年(1874),中式进士。光绪六年(1880),充汉提牢。七年(1881),补直隶司主事。八年(1882),升陕西司员外郎。同年,转福建司主事。九年(1883),补湖广司郎中。十二年(1886),放安徽凤阳府知府。十七年(1891),迁浙江温处道。十九年(1893),升浙江按察使。同年,授浙江布政使。二十一年(1895),擢江苏巡抚。二十三年(1897),调刑部左侍郎,兼礼部左侍郎。二十四年(1898),授刑部尚书、总理各国事务衙门行走。二十五年(1899),充军机大臣上学习行走、刑部尚书,兼理顺天府府尹事务。二十七年(1901),因《辛丑条约》中有"惩办首祸诸臣"而被杀。著有《提牢备考》《慎斋文集》《慎斋别集》《温处盐务记略》等行世。

巡抚前署湖北布政使陈宝箴①、升任江西巡抚前安徽布政使德寿②、前安徽巡抚福润、升任山西巡抚前布政使胡聘之③、护理陕西巡抚布政使张汝梅、前江苏布政使现任安徽巡抚邓华熙④等，公忠体国，畛域无分。臣忝任边圻，幸赖饷项无缺，得以稍免陨越，不敢不上达宸聪。应如何从优议叙之处，臣未敢擅拟，伏候圣裁。至各司道等请奖职名，谨缮清

---

① 陈宝箴（1831—1900），字右铭，江西义宁州（修水）人，附生。咸丰元年（1851），中式举人。九年（1859），保候选知县。同治三年（1864），保候选直隶州同知。翌年，保知府。十一年（1872），保候补道员，加盐运使衔。光绪元年（1875），署湖南辰永沅靖兵备道，晋二品衔。六年（1880），补河南河北道。八年（1882），迁浙江按察使。十二年（1886），发往广东差委。次年，赴河南办理河工。十六年（1890），授湖北按察使。同年，署湖北布政使。二十年（1894），调补直隶布政使。二十一年（1895），擢湖南巡抚。二十四年（1898），以滥保匪人革职。二十六年（1900），卒于籍。

② 德寿（1837—1903），字静山，满洲镶黄旗人，翻译生员，景山官学满洲教习。咸丰六年（1856），捐笔帖式。十一年（1861），充内务府笔帖式。同治元年（1862），委署主事。三年（1864），以堂委署理主事。次年，任堂主事，加员外郎衔。五年（1866），补慎刑司员外郎，加道衔。七年（1868），任广储司员外郎，调补苏州织造。十二年（1873），补都虞司员外郎，同年，调补广西浔州府知府。光绪三年（1877），补监督。五年（1879），升江南盐巡道。次年，兼署江安督粮道。十年（1884），补两淮盐运使。十二年（1886），调补浙江盐运使。十五年（1889），授四川按察使。次年，兼署布政使。十八年（1892），迁安徽布政使。二十年（1894），署理安徽巡抚，旋补贵州巡抚。二十一年（1895），调补湖南巡抚、江西巡抚。二十四年（1898），调江苏巡抚。次年，转广东巡抚，署两广总督。二十九年（1903），升授漕运总督。是年，卒于任。

③ 胡聘之（1840—1912），字蕲生，湖北天门人。咸丰九年（1859），取举人。同治四年（1865），中式进士，改庶吉士。七年（1868），授翰林院编修。八年（1869），充国史馆协修。十年（1871），任武英殿协修。十三年（1874），充会试同考官、武英殿纂修、功臣馆纂修。光绪元年（1875），补实录馆纂修、起居注协修。二年（1876），补江南道监察御史。同年，充甘肃乡试副考官。三年（1877），转四川道监察御史。四年（1878），调河南道监察御史。五年（1879），授京畿道监察御史、工科给事中。六年（1880），授内阁侍读学士。是年，补太常寺少卿。十五年（1889），调补太仆寺少卿。同年，充四川乡试正考官。十六年（1890），迁顺天府府尹。十七年（1891），充顺天乡试监临，署理都察院左副都御史。同年，补授山西布政使。十八年（1892），护理山西巡抚。次年，调补浙江布政使。二十一年（1895），擢山西巡抚。二十六年（1900），卸职。民国元年（1912），卒。有《山右石刻丛编》四十卷行世。

④ 邓华熙（1826—1916），字小赤、筱赤、小石，广东顺德县人，附生。咸丰元年（1851），中式举人。六年（1856），捐刑部行走。同治元年（1862），充实录馆校对官。六年（1867），补刑部山西司郎中。光绪二年（1876），授江南道监察御史。四年（1878），放云南大理府知府。七年（1881），调补云南府知府，加盐运使衔。十一年（1885），护理盐法道。十三年（1887），迁云南迤南道。同年，升云南按察使。十五年（1889），升湖北布政使。十六年（1890），调补江苏布政使。二十年（1894），署理漕运总督。二十二年（1896），擢安徽巡抚。二十五年（1899），补授山西巡抚。翌年，调补贵州巡抚。二十八年（1902），创办贵州大学堂。二十九年（1903），以病辞归。宣统三年（1911），权篆广州咨议会事务。民国五年（1916），卒于籍。平生工书画，著有《邓和简公奏议》《说文择录》等行世。

单,恭呈御览。伏乞皇上圣鉴,训示。谨奏。①

是日,公又开单密陈陕、甘、新疆提镇、司、道、府各官考语一事,曰:

窃照定例:各省提、镇、司、道、知府等官,由督抚于年终出具切实考语,密行陈奏。现届年终,自应循例办理。伏维提督、总兵有整饬戎行之责,藩、臬、道、府为表率庶司之官,应即严加考核,以期吏治、军政均有裨益。臣自本年三月莅任以来,于甘省文武各员随时察看,闻见所及,颇得底蕴。至新疆文武各员,臣在巡抚任将近四载,现离新未久,其人材贤否,舆论得失,早经详悉。陕西一省,臣曾任藩司,从前文武各员尚知一二。其续来者,文员则饬该省现任藩、臬随时查看,出考呈核,遇便详询;武员为臣专辖,随事察访,并复于接阅公牍留心考证。其操守之廉否,才具之优劣,亦均得其梗概。

除未经莅任或到任未满三月及署事人员例不注考外,谨就现任各员出具切实考语,密缮清单②,恭呈御览。伏乞皇上圣鉴。谨奏。③

同日,公又奏报川、楚、陕三省会哨事竣,边界安谧情形,曰:

窃照川、楚、陕三省连界地方,向派提督、总兵分年会哨,事竣会奏,历经遵办在案。兹据署汉中镇总兵龙得胜禀称:于光绪二十二年十月初一日在川、陕交界之渔渡坝滚龙坡与四川重庆镇委员太平营游击金占魁两相见面会哨。其白马关会哨一事,适因秋雨过多,山路被水冲塌,难以行走,恐致迟误,一面札委署略阳营游击詹仁就近代会。兹詹仁于十一月初一日在陕、甘交界之白马关,与河州镇委员署阶州

---

① 中国第一历史档案馆藏:《朱批奏折》,档号:04-01-13-0386-004.又,台北故宫博物院藏:《军机及宫中档》,文献编号:136765.
② 清单待考。
③ 中国第一历史档案馆藏:《朱批奏折》,档号:04-01-13-0386-021.又,台北故宫博物院藏:《军机及宫中档》,文献编号:136766.

营游击刘保南晤面会哨。

又，据陕安镇总兵姚文广呈称：于十月十七日在陕、楚交界之莲花寺，与署湖北郧阳镇总兵樊国泰觌面会哨。又，据署河州镇总兵王钺安呈称：河州地方甫经安抚，仍须随时弹压，未能亲往会哨，循例饬委署洮岷协副将李临湘、署阶州营游击刘保南，各前往代会。兹该署副将李临湘于十月二十日在川、甘交界之哈南寨马尾墩，与署四川松潘镇总兵况文榜见面会哨；该署游击刘保南于十一月初一日在陕、甘交界之白马关，与汉中镇委员署略阳营游击詹仁见面会哨。并据各该镇声称：沿途各处匪类潜踪，行旅、居民极为安谧，各等情。前来。

臣查川、楚、陕三省边界，犬牙相错，山深菁密，户鲜人稀，奸宄易于匿藏，盘诘巡防，最关紧要，自应严饬各镇总兵督率所属各营，随时随地，认真稽查，务使丑类潜消，闾阎安谧，不得因现在地方无事稍涉疏懈，以期仰副圣主绥靖边圉之至意！

所有各镇会哨事竣，边界安谧情形，理合循例恭折具奏。伏乞皇上圣鉴。谨奏。①

同日，公又附片奏请将朱廷芳等员留陕甘序补缘由，下部闻。曰：

再，查有提督衔记名总兵署河州镇属循化营参将朱廷芳、补用副将署凉州镇标右营游击董南斌、补用副将署肃州镇标左营游击孔嘉实、尽先副将署凉州镇属三眼井营都司郑得华、留新疆推补副将尽先参将署凉州镇属俄卜岭营游击陈玉亭、补用参将署西宁镇属永安营游击赵玉生、副将衔尽先参将署西宁镇属威远营都司朱西成等七员，均随征陕甘有年，历著战功，且于边防情形熟悉，现经臣分别委署各缺，若以原官、原衔留于陕甘补用，实于营务有裨。合无仰恳天恩俯准将朱廷芳等七员一并留于陕甘序补，以资得力。除饬取该员等履历清册

---

① 中国第一历史档案馆藏：《朱批奏折》，档号：04-01-03-002-2836。又，台北故宫博物院藏：《军机及宫中档》，文献编号：136767。

咨送兵部查照外，理合附片具陈。伏乞圣鉴，训示。谨奏。①

是日，公又附片奏请刘兆梅等署理知府员缺缘由，下部闻。曰：

> 再，新授宁夏府知府胡景桂现已到省，应即饬赴新任，以专责成。庆阳府知府调补西宁府知府胡砺锋饬赴新任，所遗庆阳府知府员缺，查有候补知府刘兆梅，堪以委署。调署循化同知实任贵德同知欧阳乐清俸满调署遗缺，查有准补循化同知黄森，饬赴新任。阶州直隶州知州朱宗祥请假遗缺，查有候补直隶州知州李钟展，堪以委署。署抚彝通判文祺调省遗缺，查有候补知县史文光，堪以委署。
>
> 署清水县知县袁范调省遗缺，查有实缺巴燕戎格通判方传获，堪以调署。署山丹县事准补碾伯县知县宋昇平、准补两当县知县苏保国均饬赴本任，所遗山丹县知县员缺，查有现署碾伯县知县余丞曾，堪以移署。署伏羌县知县钱镜南调省遗缺，查有准调山丹县知县苏重熙，堪以调署。武威县知县彭福孙引见遗缺，查有署西宁县候补知县萧承恩，堪以调署。所遗西宁县知县员缺，查有署大通县事请补宁朔县知县张庭武，堪以调署。所遗大通县知县员缺，查有候补知县王宝镛，堪以委署。徽县知县张若金撤任遗缺，查有候补知县胡应奎，堪以委署。据藩、臬两司会详前来。除批饬分别给委外，理合附片陈明。伏乞圣鉴。谨奏。②

同日，公又会衔陕西抚臣魏光焘、陕西提臣邓增附片奏请吴云伍署理商州协副将情形，下部闻。曰：

> 再，署陕西提属商州协副将马心胜准陕西巡抚臣魏光焘咨揭，应即饬令交卸，留陕造办报销。所遗副将员缺，臣查有补用副将陕西抚

---

① 中国第一历史档案馆藏：《朱批奏片》，档号：04-01-17-0160-017. 又，台北故宫博物院藏：《军机及宫中档》，文献编号：138770.

② 中国第一历史档案馆藏：《朱批奏片》，档号：04-01-13-0386-020. 又，台北故宫博物院藏：《军机及宫中档》，文献编号：136768.

标右营游击吴云伍,熟悉营务,办事勤奋,堪以委署。除给委并分咨外,谨会同陕西抚臣魏光焘、陕西提臣邓增,合词附片具陈。伏乞圣鉴。谨奏。①

是年,谭钟麟七十五岁,李鸿章七十四岁,杨昌濬七十岁,张之洞六十岁,魏光焘六十岁,饶应祺六十岁。

光绪二十三年　1897 年　六十三岁

正月,中英签订《中英滇缅境界及通商修正条约》。四月,中比签订《卢汉铁路借款合同》。十月,德国占领胶州湾。十一月,俄舰入侵旅顺。

同年,清廷命李鸿章为武英殿总裁;康有为上书变法。

正月十三日,总理各国事务衙门来函曰:

光绪二十二年十月二十五日,接准文称:遵旨筹办和阗金矿,请由天津调派专门矿务学徒,携带小机器一具,出关查勘试办,等因。本衙门当即行文北洋大臣,迅拣熟谙矿务人员,克期前往,听候委勘。旋据北洋大臣复称:武备学堂及大学堂、中学堂肄业学生、学徒均无专习矿学之人,如欲延请洋员,则开平矿局所请洋员薪费每年约六千余两之数,若聘往新疆,势须加倍,川资往来亦巨,碍难擅代延聘,等因。前来。查新疆开矿,事系创办,自非延精于矿学之洋员,不足以资得力。惟每岁薪费若干,理合酌定约略之数,以便代为延聘。相应咨行贵抚即行核定,咨达本衙门,以凭办理可也。②

正月十九日,公奏请分别变通另拨饷银缘由,下部议。曰:

窃准户部咨开:议覆陕甘总督臣奏拨董军饷银一折,光绪二十二

---

① 中国第一历史档案馆藏:《朱批奏片》,档号:04-01-17-0160-016.又,台北故宫博物院藏:《军机及宫中档》,文献编号:136769.

② 台北"中央研究院"近代史所藏:《外交档案》,馆藏号:01-11-025-01-003.

年十二月初八日奉旨：依议。钦此。抄录原奏咨令钦遵办理前来。臣查原奏内称：董军二十营，岁需新饷仍归无着。此库藏奇绌，筹款万难。各省关均有认还洋债要需，亦属无从指拨。惟查甘肃新饷提存甘肃司库银三十一万八千两，除该督奏请拟拨十万八千两，暂供董军一六营目前行饷外，尚应存银十三万八千两。臣等公同商酌，拟俟各省关于来年新饷解到，即由该督照数陆续提供董军行饷之需。其新疆司库提存之二十七万七千两，仍照奏案存储，以备缓急，不得率行动用。此外董军尚短银四十三万二千两，应令于甘省酌留增募马步营内核实裁汰，腾挪的饷，就近供支，仍令酌核奏明办理。至甘省二十二、三两年征存粮石变价应有若干，能否足供饷需，应一并查明奏报，各等语。

臣查董军二十营行饷，并现经督办军务处核定，该军薪公等项约需银十万两上下，合共岁需银八十五万两。除遵照部议将甘肃新饷提存甘肃司库银三十一万八千两全数提供董军行饷外，仍不敷银五十三万数千两，较前所短更巨。部咨饬在甘省酌留增募马步营旗内核实裁汰，腾饷供支。在部臣以库藏奇绌、筹款为难，各省关均有认还洋债要需，无从指拨，本系实在情形。臣非不知仰体时艰，极力裁供，但甘省当未乱以前，历有防军三十旗，大乱甫平，即经臣先后裁去增募营旗一百四十余起。目下连旧有及酌留供只五十营旗，较前所增只二十营旗。缘军务甫靖，反侧者未尽洗心，流亡者未尽复业，加以各处尚在搜捕漏匪，回族众多，人心惶恐，势不能不周密布置，暂资镇摄。叠据各府厅州县禀请，将现札防军暂缓裁撤前来。

臣察看情形，均属实在，拟俟一年后，民心安贴，伏莽稍清，自当陆续遗留，仍复旧时原设三十旗之额，断不敢日久虚縻饷项。况查所留二十营旗，岁只需坐饷银二十余万两，纵使全数裁腾，亦仍不敷董军所短五十余万之数。惟部中筹拨本极艰难，臣与司道等再三筹商，拟再裁六、七旗，亦只能腾出银十万两之谱，尚不敷董军饷银四十三万会两。臣晓也嗣维，无法再腾，仍应吁请天恩，饬部设法指拨；抑臣再有请者，查董军二十营，现系团札一处，与臣所部营旗分札处所宽狭不同,支饷又异,如果另有征调,固毋庸再事更张,倘专为甘省防务起见,似可酌量变通,或于二十营内酌改若干旗,或酌支坐饷,分别散札,则节省较多。臣亦可于所留营旗内再加裁遣,遗出防地,即以董军分拨填补,庶几饷力可纾,且于地方大有裨益。愚昧之见,伏乞圣裁。

再,甘省二十一、二两年各属仓粮,除拨作赈抚动用外,屡次奉准变价抵饷银二十五万余两,因粜变甚难,尚未能如数抵拨。现将应粜粮石划出,仅余粮三十余万石,应留备地方缓急,不能专恃为供饷之用。其二十三年额粮尚未征收,刻难预拟粜变。合并陈明。

除咨部外,谨将遵旨酌核现时情形,再于酌留营旗内极力裁减,腾饷无多,不敷甚巨,应请分别变通另拨各缘由,恭折驰陈。伏乞皇上圣鉴,训示,并饬部迅速核议,施行。谨奏。①

同日,公又奏报甘肃关内马步练军光绪二十一年分支扣饷数情形,下部闻。曰:

窃查前准户部咨开:甘肃省裁勇练兵系属因时制宜,并非承平旧制,所有开支薪水亦非常例动支,应令专案奏请,以免牵混,等因。所有光绪二十年分练军饷项细数清册,前已奏销在案。兹据甘肃布政使曾鉌详称:遵查甘肃关内马步练军光绪二十一年分薪公、口粮等项,共实支银一十三万三千六百两九钱四分八厘,内扣收过粮价及四分减平银二万三百七十六两五钱六分六厘,理合分别造具细数清册,详请具奏。前来。

臣覆核无异,除将赍到册籍分送部、科外,理合恭折具陈。伏乞皇上圣鉴,饬部核销,施行。谨奏。②

---

① 中国第一历史档案馆藏:《朱批奏折》,档号:03-01-03-0183-016.又,台北故宫博物院藏:《军机及宫中档》,文献编号:137068。
② 中国第一历史档案馆藏:《朱批奏折》,档号:04-01-03-0183-017.又,台北故宫博物院藏:《军机及宫中档》,文献编号:137066。

是日，公又附片奏报存粮变价接济饷需情形，下部闻。曰：

再，臣前奏请拨补军饷运费银八十万两，经户部议由甘肃司库拨用银四十四万两、江海关道拨解银二十万两，不敷准由该省存粮变价提用，等因。于光绪二十二年八月初一日具奏，本日奉旨：依议，钦此。咨行到臣。当经转饬遵照去后。兹据藩司曾鉌详称：遵查各属存粮，除被难之区无粮可粜外，其河东各属额粮本少，以之供支兵糈，所余无多，惟河西之甘凉、肃州一带尚多可变之粮，当即先行通饬粜变。

查部中屡以时估为衡，饬令比照时估变价，不得再以例价为请。无如甘省地方辽阔，多系陆路山程，平昔粮运本极艰难，现在河湟被难，到处脚价昂贵，乏食之区，久经告匮，而积滞之处并不流通，盖挽运太难，本无富商大贾为此贩运懋迁之举。若各就本地零售，所销能有几何？且粮石入仓，无论如何加谨收储，一经隔年，断不能色味毫无改变。况粜粮之地并无水旱之灾，忽然开仓卖粮，市估亦必立形减落，是仓粮出粜势不能与时价相同。屡据各州县禀陈前情，虽严札一再甲饬，而情形实在为难，非空文所能相强，故事将半年，报粜者不过万石。似此迟滞艰涩，军饷何能拨补？再四筹思，惟有就各属存粮色样照时估核减价值，使售买者稍获微利，庶几从速多销，以济饷需之急，等情。详恳奏请立案前来。

臣覆核无异，谨附片具陈。伏乞皇上圣鉴，饬部查照，立案施行。谨奏。①

正月二十七日，公开单奏报光绪二十二年十一月分甘省雨水粮价情形，曰：

窃照光绪二十二年十月分粮价并得霑雪泽情形，业经据折奏报在

---

① 中国第一历史档案馆藏：《朱批奏片》，档号：04-01-35-1040-049。又，台北故宫博物院藏：《军机及宫中档》，文献编号：137068。

案。兹查十一月分兰州等八府六直隶州属具报得霑雪泽,自一二寸至二三寸不等。正值冬麦出土之际,获此雪泽,实于农田有裨。

至通省粮价,因各属分数不同,存储亦异,较上月多有增长。据藩司曾铄具详请奏前来。臣覆查无异,理合恭折具奏,并缮粮价清单,恭呈御览。伏乞皇上圣鉴。谨奏。①

同日,公又开单奏报请免甘肃光绪十四年至二十年积欠情形,下部议。曰:

窃据甘肃布政使曾铄详称:查例载:内外臣工奏恳加恩蠲免历年积欠,钦奉谕旨交议者,即遵照历届成案,将五年以前实欠在民丁漕、正耗、芦课、学租、牙、杂、当税以及出借仓粮、籽种、牛具等项悉予豁免,仍以已入奏销之数为断,由各该督抚将历年实欠在民若干、缓征若干详悉查明,据实奏豁,等语。甘肃省查自光绪十五年恭逢恩诏,将十三年以前旧欠赋税豁免后,及今又届十年,民间欠、缓各项数已不少,虽随时饬属带征,而所报续完为数无几,诚以地处边荒,番回丛杂,军旅之事层见叠兴,百姓元气未苏,复遭颠沛,其困穷凋敝之状实属蒿目伤心! 此次变乱之后,已将河湟各属新旧赋税请免在案。

当贼焰初张,邻疆且为戒严,本省无不惊扰。所在百姓或练团自卫,或挈眷迁移,新赋已属勉完,旧欠实难兼纳。该司一再察核,应请援照例案,将通省自光绪十四年起至二十年止,按照已入奏销实数,计民欠及缓征共地丁正耗银一万三千八百七十八两四厘七毫、正耗粮三万一千六百一十七石一合九勺七抄、盐课银四百四十九两四钱九分九厘、课税银四钱一分九厘、草三十三万六千六百二十四束四分三厘六毫,一并奏恳豁免,以纾民力,等情。前来。

臣查甘省地处边徼,民情困苦,岁额钱粮总难扫数清完,加以近年

---

① 中国第一历史档案馆藏:《朱批奏折》,档号:04-01-25-0564-019。又,台北故宫博物院藏:《军机及宫中档》,文献编号:137456。

军旅迭见,户口流离,新赋既难于催科,旧欠实无从追比。覆核该司所详,委系实在情形,合无仰恳天恩俯准将宁远县等属光绪十四年起至二十年止民欠及缓征地丁正、耗银粮、盐课、草束一律豁免,俟奉到恩旨,再行敬谨刊刷誊黄,遍行晓谕,务使胥吏无所侵欺,百姓同霑闿泽,庶皇仁广被而民困可苏!

除将请豁钱粮各属细数分年造具清册咨送户部查核外,谨另缮具清单,恭呈御览。伏乞皇上圣鉴,训示。谨奏。①

是日,公又为上年冬季御赏福字具折谢恩,曰:

窃臣赍折差弁回甘,捧到恩赏"福"字一方,钦颁到臣。当即恭设香案,望阙叩头祗领。伏念臣边符谬领,岁琯新更,建树无闻,年华虚掷。神驰北极,正殷恋阙之忱;春满东郊,忽荷自天之宠。辉腾凤藻,参义画以延禧;彩绚龙笺,备箕畴而锡羡。钦瞻墨宝,益懔丹忱!臣惟有勉效涓埃,冀酬高厚。荣襃一字,仰九五福有极之归;气靖三边,上亿万年无疆之颂!

所有微臣感激荣幸下忱,谨缮折叩谢天恩。伏乞皇上圣鉴。谨奏。②

同日,公又奏请杜绍勋调补张掖县知县,下部议。曰:

窃据甘肃布政使曾铄、署按察使周绶详称:张掖县知县喻炎丙丁忧遗缺,前请以秦安县知县刘志顺调补。兹奉部驳:刘志顺捐免实授在出缺之后,并无捐免试俸案据,行令另行拣选。自应遵照办理。查知县应调缺出,例应于现任人员内拣选调补。又,大挑知县借补要缺

---

① 中国第一历史档案馆藏:《朱批奏折》,档号:04-01-35-0112-013.又,台北故宫博物院藏:《军机及宫中档》,文献编号:137455.
② 中国第一历史档案馆藏:《朱批奏折》,档号:04-01-13-0388-071.

佐贰，例准酌调繁缺知县。今张掖县知县系附郭最要之缺，地界边墙，事繁任重，且为出关要道，弹压抚绥，均关紧要，非精明练达、熟悉地方情形，不足以资治理。

该司等在于通省现任人员内逐加遴选，均与此缺人地不甚相宜。惟查有大挑知县借补阶州西固州同杜绍勋，年五十岁，湖北潜江县附生，同治庚午科举人，光绪庚辰科会试后，大挑一等，以知县签掣甘肃，六年九月到省。十年，借补阶州西固州同，七月二十七日到任。试署年满，呈请实授。查该员历练老成，克勤民事，在甘有年，于甘省风土民情最为熟悉，现任西固州同，办理一切诸臻妥协，以之调补张掖县知县，实堪胜任，人地亦极相宜。会详请奏前来。

臣查杜绍勋心地慈祥，办事稳练，拟恳天恩俯念要缺需员，准以阶州西固州同杜绍勋调补张掖县知县，实于地方有裨。如蒙俞允，该员系以知县借补州同，今请调补繁缺知县，衔缺相当，毋庸送部引见。该员任内并无参罚案件。谨恭折具陈。伏乞皇上圣鉴，训示。至所遗阶州西固州同系要缺，例应由外拣补。合并声明。谨奏。①

同日，公又奏请蔡如苏调补海城县知县，下部议。曰：

窃据甘肃布政使曾鉌、署按察使周绶详称：海城县知县刘藜光改教遗缺，应另由外拣调。查州县应调缺出，俱令于现任人员内拣选调补。今海城县知县系繁、疲、难三项要缺，该处汉回杂居，民俗浮动，当叛逆戕官之后，非精明谙练、任事强干之员，不足以资整饬。

该司等在于通省现任人员内逐加遴选，惟查有西和县知县蔡如苏，年三十八岁，江西南昌县人，由附生报捐主事，改捐知县。光绪十六年三月，签掣甘肃西和县知县，十七年二月初二日到任。查该员年壮才明，尽心抚字，虽任偏僻，而才堪治繁，以之调补海城县知县，实堪

---

① 中国第一历史档案馆藏：《朱批奏折》，档号：04-01-13-0388-065.又，台北故宫博物院藏：《军机及宫中档》，文献编号：137449.

胜任,人地亦极相宜。会详请奏前来。

臣查蔡如苏才具练达,办事勤能,拟恳天恩俯念要缺需员,准以该员蔡如苏调补海城县知县,实于地方有裨。如蒙俞允,该员以知县调补知县,衔缺相当,毋庸送部引见。该员任内并无参罚案件。谨恭折具陈。伏乞皇上圣鉴,训示。至所遗西和县知县系简缺,甘省现有应补人员,请扣留外补。合并声明。谨奏。①

是日,公又代奏王钺安到任日期并谢恩一事,曰:

窃臣据甘肃宁夏镇总兵王钺安呈称:总兵前在署河州镇任内接奉照会,饬回宁夏镇总兵本任,当即交卸河州镇篆,起程赴任,于光绪二十二年十二月十三日准前署总兵李泰山移送同字三十五号宁夏镇总兵官银印一颗并文案、卷宗前来。遵即恭设香案,望阙叩头谢恩,祗领任事。伏念总兵驽骀下乘,西陲庸材,仰邀特达之知,畀以专阃之任,抚衷循省,悚惕弥深!查宁夏地处边塞,总兵责任匪轻,举凡整顿营伍,绥辑兵民,以及戢匪筹边,在在均关紧要。自维椎昧,深惧弗胜,惟有殚竭血诚,勤修职守,以期仰答高厚鸿慈于万一!

所有总兵到任日期并感激下忱,呈请代奏叩谢天恩前来。理合恭折代陈。伏乞皇上圣鉴。谨奏。②

同日,公又附片奏请将学政刘世安捐赈移奖其父一事,下部议。曰:

再,据藩司曾鉌详称:前准甘肃学政刘世安报捐赈银一千两,照例应请旨建坊,惟刘世安至性纯笃,声明移奖其父花翎副都统衔卓异广

---

① 中国第一历史档案馆藏:《朱批奏折》,档号:04-01-13-0388-070.又,台北故宫博物院藏:《军机及宫中档》,文献编号:137450.
② 中国第一历史档案馆藏:《朱批奏折》,档号:04-01-0161-017.又,台北故宫博物院藏:《军机及宫中档》,文献编号:137451.

州驻防镶白正蓝旗协领刘绍基,请从一品封典。该司核与筹饷新捐章程二品实职虚衔人员捐请从一品封典例减银数有盈无绌,且建坊与封典同一答其急公好义之忱,应恳推广办理,以昭激劝,等情。详请具奏前来。

臣查刘世安报捐巨款,赈济灾黎,可否以例请建坊改为其父花翎副都统衔卓异广州驻防镶白正蓝旗协领刘绍基给予从一品封典,出自鸿慈!除咨部外,谨附片具陈,伏乞圣鉴,训示。谨奏。①

同日,公又附片奏报董福祥捐纳银两情形,下部议。曰:

再,甘肃兰山书院肄业举人每届会试按名给公车盘费银二十四两,向系在于前武威县绅士户部郎中张振麟原捐生息款内照数开支。近年应试人多,前款息银本不敷用。兹据甘肃藩司曾鉌详:准兰州道黄云咨:转准甘肃提督董福祥捐送湘平银一千两,请发商生息,作为兰山书院会试赴京盘费,等情。当经照数兑收,转饬府县选择殷实妥商承领认息,以备支用。详请奏明立案,并以董福祥系一品大员,捐此千金,嘉惠士林,应如何奖叙之处,仍应随案请旨,以彰义行,各等情,前来。

臣覆核无异,理合附片具陈。伏乞圣鉴,训示,并请饬部立案施行。谨奏。②

是日,公又附片奏报游击马继祖病故情形,下部闻。曰:

再,据肃州镇总兵田在田禀报:该镇属靖远营游击马继祖得患痨

---

① 中国第一历史档案馆藏:《朱批奏片》,档号:04-01-35-0701-086.又,台北故宫博物院藏:《军机及宫中档》,文献编号:137447.
② 中国第一历史档案馆藏:《朱批奏片》,档号:04-01-35-1087-084.又,台北故宫博物院藏:《军机及宫中档》,文献编号:137448.

疾,调治未愈,于光绪二十二年十一月初一日病故,请核办前来。臣覆查无异,相应奏明请旨开缺。除查取该故员原领札付及承查印、甘各结至日另咨送部外,所遗游击员缺,陕甘现有应补人员,容臣另拣请补。谨附片具陈。伏乞圣鉴。谨奏。①

同日,公又附片奏报都司宝勋病故情形,下部闻。曰:

再,据督标中军副将汤仁和呈称:西宁镇属碾伯营都司宝勋得患喘证,调治不愈,于光绪二十二年十一月初五日在省寓病故,委员查取原领札付及嫡亲、医生并承查钤、甘各结,一并呈请核办前来。臣覆查无异,相应请旨开缺。除札付、印、甘各结咨送兵部外,所遗碾伯营都司员缺,陕甘现有应补人员,容臣另拣请补。理合附片陈明。伏乞圣鉴。谨奏。②

正月二十八日,公会衔甘肃提督董福祥开单奏报派员查办河州逸匪情形,曰:

窃自上年河州底定,仍按名捕诛首要,未敢少事姑容。及臣福祥奉命移驻西宁,由是始止,然亦所余无几。至西宁后,闻贼众有畏罪而逃至河州者,又有投入官军作为乡导,从之东下,沿途逃窜,因而闯入河州者。不办则汉民疑惧,办则又恐操之过急,抚回因是不安。正筹议间,适奉电寄谕旨,饬办河州冬赈。臣模当即钦遵派委准补灵州知州前署河州知州查之屏、候选知州王秉章等前往举办,并饬藩司曾鉌筹发赈款,因会同派委道员张成基、副都统奇克伸布,率同总兵马安良、副将马伏保、卫守备马福录及从九品苗兴勃等,驰往河州,以办理善后抚辑为名,令会同署河州镇总兵何得彪,严密访查,实系从前稔恶

---

① 台北故宫博物院藏:《军机及宫中档》,文献编号:137453。
② 台北故宫博物院藏:《军机及宫中档》,文献编号:137454。

者,悉数擒拿,仍不得扰累良回;又调总兵何建威驻军其地,以资弹压。据张成基等禀报:先后拿获马如彪等六十余名,实系著名积匪,经汉回绅民控告有案者,督同署河州知州杨增新讯明,随时正法。谨开具清单,恭呈御览。饬令认真搜捕,务尽根株,并劝回民殷实之家,酌量捐资助赈,以慰汉民之意。俟捐有成数,再由臣模归入赈款案内核实具报。现在汉回相信,地方亦均安静,堪以上慰宸廑。

除海城办理情形容臣等另案具奏外,所有派员查办河州逸匪各情形,谨合词恭折具陈。伏乞皇上圣鉴,训示。再,此折系臣福祥主稿。合并声明。谨奏。①

二月初四日,公会衔甘肃提督董福祥开单奏请奖叙拿获海城逸匪员弁,曰:

窃光绪二十二年八月初四日承准总理各国事务衙门电寄:奉旨:陶模、董福祥电悉。邓增著赴固原提督本任。所有海城逸匪,着该提督就近查办,毋使漏网!一俟办理完竣,地方平靖,即着速行驰奏,以慰廑怀,等因。钦此。时邓增带队驻防肃州一带,当经臣模咨行遵照,赶紧赴任妥办,已附片奏明在案。兹准邓增咨称:到任后,遵即遴委补用总兵郎永清、游击崔金魁,授以机宜,并告以此次查办与当时剿办不同,总宜不动声色,逸匪悉数就擒,毋任一名漏网,仍传谕该处汉回公正绅耆,令将确实逸匪,随时指告拿办去后。旋据郎永清等转据海城、平远汉回各绅迭次指告,拿获马永才等一百二十名,均经逐一讯明,皆系去年随同逆首马筐筐谋反,焚堡戕官,劫掠杀人,抗拒官军,当时未能获办之犯,确系漏网逸匪,当饬先后正法,传首犯事地方,悬竿示众,该处汉回绅民同声称快。现在地方极为静谧,堪以上慰宸廑!

除由臣等仍咨提督邓增随时访查,如再有逃外潜回实在逸匪,即

---

① 台北故宫博物院藏:《军机及宫中档》,文献编号:408003034。又,台北故宫博物院藏:《军机及宫中档》,文献编号:137258。

饬严拿承办，以期除逆务尽，毋留余孽，以仰副皇上眷顾西陲、靖绥地方之至意！再，此次员弁绅民实力从事，拿获逸匪一百二十名之多，地方毫无惊扰，不无微劳足录，合无仰恳天恩俯准由臣等择尤请奖，以示鼓励，出自逾格鸿慈！

谨会同山西提督臣邓增，合词恭折具陈，并缮办过各逸匪名籍清单，恭呈御览。伏乞皇上圣鉴，训示。再，此折系臣陶模主稿。合并声明。谨奏。①

二月十二日，公开单奏报光绪二十二年十二月分甘省雨水粮价情形，曰：

窃照二十二年十一月分粮价并得霑雪泽情形，业经据折奏报在案。兹查十二月分，兰州等八府六直隶州属具报得霑雪泽，自一二寸至二三寸不等，正值隆冬之际，获此沃泽，土脉含濡，实于农田有裨。

至通省粮价，各属新粮登场已久，分数不同，存销亦异，其价较上月多有增长。据藩司曾鉌具详请奏前来。臣覆核无异，理合恭折具奏，并缮粮价清单，恭呈御览。伏乞皇上圣鉴。谨奏。②

同日，公又奏报密保武职大员缘由，曰：

臣维图治以求才为先，而折冲御侮之才尤为当今时势所急。数十年来，武臣彪起，然经先年督抚保荐之员，往往年老志衰，难膺重寄。近年将士之中临敌致果、打仗出力者，实不乏人，然或胆力有余而才略不足，求其能胜专阃大员之任，甚属寥寥。迩来军务保案累百盈千，朝廷岂暇一一别其材器？惟有督抚随时随事，就近察核保奏，以备皇上

---

① 台北故宫博物院藏：《军机及宫中档》，文献编号：137371。
② 台北故宫博物院藏：《军机及宫中档》，文献编号：408003035。又，台北故宫博物院藏：《军机及宫中档》，文献编号：137815。

量才简用,庶足以清阃茸而济时艰。

臣查有头品顶戴记名提督腾奇初克巴图鲁罗平安,四川人,随前巴里坤镇总兵徐占彪转战关陇,克复肃州,洊保今职。臣于光绪二十一年冬,派令统带亲军副中营马步队进关,该提督派所部马队随焦大聚赴北大通,自率步队扼扎甘州,防贼他窜。适西宁窜贼由青海扰及安山、玉门之南山,闻信即驰赴关外,会同牛允诚合力堵剿。四月十八、十九等日扁博沟之役,我军穷追入险,贼绕我后路,势将被围。时已天黑,罗平安谓:若俟天明,贼见官军人少,贼气愈壮,我军殆矣。因黑夜就地势挖濠,筑短墙以守。天明,贼四面猛扑,我军伏地放枪,贼屡扑不动,中枪死者无算。贼酋刘四伏率党西窜,余众乞降。其时,官军不及千人,而贼实逾万。该提督静以待动,卒获全胜,关外地方不致被贼蹂躏,实赖此一战之功。

又,记名提督胡松额巴图鲁焦大聚,江南人,少入湘军,随刘松山援剿直东捻匪,进规关陇,骁勇素著,炮子洞腹不死,尤为众所推许。臣进关时,派令统带亲军正中营马步队进规北大通。三月初,潘效苏等驻扎大通营城,时贼扬言求抚,心怀叵测。焦大聚率队赴旱田庄外修筑营垒,为犄角之势。贼乘我不备,四面合围。焦大聚令众伏地不动,俟贼逼近,始命发枪。贼众披靡。各军闻信驰援,乘胜逐北,逐将各回庄一律荡平。是役也,焦大聚实为功首。

又,提督衔记名总兵前洮岷协副将阿尔杭阿巴图鲁陈元萼,江西人,少随杨岳斌立功江南,旋来关陇,积功至总兵,补授洮岷协副将。丁忧,起复来甘。前年回匪滋事,前督臣杨昌濬派赴循化抚谕撒回,只身驰往,至河州,雷正绾留守州城。该副将督率土勇,出城击贼,屡获胜仗。河州危城得保,实赖该副将之力。

又，现署凉州镇总兵永昌协副将爽勇巴图鲁刘璞，陕西人，少随多隆阿①、曹克忠②征剿回逆，转战关陇，洊升副将，补授永昌协副将。前年夏，回逆肆扰。该副将带队扼守平番、碾伯一带，与贼鏖战多次，救出难民甚众，平番当四面要冲，为河西各郡屏蔽，赖该副将之力，贼不敢窥伺平番。有功大局，实非浅鲜。

臣观罗平安才气开展，谋勇兼全；焦大聚沉静有度，朴实勇敢；陈元萼勇敢善战，胆识坚卓；刘璞久历行阵，属悉韬钤。该四员年岁均在五十左右，正值有为之时，合无仰恳天恩量予简用，以励戎行。谨缮折密陈。伏乞皇上圣鉴，施行。谨奏。③

是日，公又奏报署臬司周绥病故日期，并所遗宁夏道员缺请旨简放，曰：

窃据署甘肃皋兰县知县姚世贞详：据署甘肃按察使实缺宁夏道周绥家人杜升禀称：家长现年六十八岁，湖南平江县人，由山西潼商道调补甘肃宁夏道，于光绪二十一年闰五月初二日到甘，适值回氛猖獗，奉委督办省城城防。嗣蒙委署甘肃按察使，于是年十月十二日到任。昨

---

① 多隆阿(1818—1864)，字礼堂，满洲正白旗人。咸丰二年(1852)，以军功授骁骑校。四年(1854)，补防御，加佐领。次年，晋协领。六年(1856)，升副都统衔，授行营翼长，赏图尔格齐巴图鲁名号。九年(1859)，调补福州副都统。十一年(1861)，赏云骑尉，晋都统衔。同年，补正红旗蒙古都统，转荆州将军。同治元年(1862)，授钦差大臣，督办陕西军务，封骑都尉。次年，调西安将军。三年(1864)，卒于任，谥忠勇。赠太子太保、一等轻车都尉、一等男爵。

② 曹志忠(1840—1916)，湖南湘乡县人。咸丰五年(1855)，以武童投效湖北水师中营。七年(1857)，以军功保把总，戴蓝翎。八年(1858)，保千总，加守备衔。十年(1860)，保升都司。次年，晋游击，赏戴花翎。同治元年(1862)，先保参将，再迁副将。三年(1864)，保以总兵记名简放，加劲勇巴图鲁名号。五年(1866)，保提督衔。次年，管带霆庆中营，赏芬臣巴图鲁勇号。九年(1870)，保记名提督。光绪三年(1877)，管带霆庆中营。次年，封建威将军。六年(1880)，统带楚军庆祥等营。八年(1882)，率师渡台驻防台北基隆。十年(1884)，赏穿黄马褂。十二年(1886)，统领凯字等营。十四年(1888)，带营助剿彰化土匪。十九年(1893)，署理福建陆路提督。二十七年(1901)，署福建漳州镇总兵，暂统福强全军。二十九年(1903)，署福建水师提督，统领常备军右镇暨长门各营台差务。三十年(1904)，实授福建水师提督。同年，调补湖南提督。民国五年(1916)，卒。

③ 台北故宫博物院藏：《军机及宫中档》，文献编号：137809。

因感冒风寒，服药罔效，于二十三年二月初二日在署任内病故。由县转报前来。

臣查周绶老成谙练，前在湖北襄办军务，为前抚臣胡林翼①所倚重，自履臬司署任，耿介不苟，治狱严明，办理城防、保甲，认真督饬，始终不懈，一病不起，殊为可惜！除饬司道督同府县将该署司身后事宜妥为照料外，所遗宁夏道系冲、繁、难三项要缺，相应请旨迅赐简放，以重职守。谨恭折具陈。伏乞皇上圣鉴，训示。谨奏。②

同日，公又奏报核拟李沅淳越狱脱逃一案，下部议。曰：

窃查前据肃州直隶州知州廖振乔禀报拟绞监犯李沅淳在监越狱脱逃一案，经臣将管狱、有狱各官具奏请参，奉旨：这所参疏防绞犯越狱脱逃之管狱官甘肃肃州直隶州吏目黄照，着即革职拿问，交陶模提同刑禁人等，严讯有无松刑贿纵情弊，按律惩办；有狱官肃州直隶州知州廖振乔，着一并交部议处，仍勒限将逸犯李沅淳严缉，务获究办，该部知道。钦此。钦遵行司饬将已革吏目黄照及刑禁人等提省，发委兰州府审办，并饬严拿逸犯，务获究报去后。兹查例限已逾，犯未弋获。据署兰州府知府周景曾督同局员，讯明议拟，由藩、臬两司会核转详前来。

臣覆加确核，缘黄照籍隶顺天大兴县，由监生报捐州吏目，分发甘

---

① 胡林翼(1812—1861)，字润芝，号贶生，湖南益阳县人。道光十五年(1835)，中举。十六年(1836)，中式进士，改庶吉士。十八年(1838)，授翰林院编修。翌年，充国史馆协修。二十年(1840)，任会试同考官、江南乡试副考官。次年，丁父忧，回籍终制，改捐中书。二十六年(1846)，以知府分发贵州补用。二十八年(1848)，署安顺府知府。三十年(1850)，署镇远府知府。同年，调署思南府知府，赏戴花翎。咸丰元年(1851)，补贵州黎平府知府。四年(1854)，升贵州贵东道，补四川按察使。同年，调补湖北按察使。五年(1855)，迁湖北布政使，署湖北巡抚。六年(1856)，擢湖北巡抚。八年(1858)，加太子少保。是年，丁母忧。十一年(1861)，卒于任。授太子太保、骑都尉。谥文忠。著有《读史兵略》《胡文忠公奏议》《大清一统舆图》《宦黔书牍》《长沙府益阳县箴言书院志》《弟子箴言》《抚鄂书牍》《抚鄂批札》等行世。

② 台北故宫博物院藏：《军机及宫中档》，文献编号：408003036。又，台北故宫博物院藏：《军机及宫中档》，文献编号：137810。

肃。光绪十三年，补授肃州吏目，十四年四月到任。赵怀春、张文治、曾培守籍隶肃州，充当该州刑书、禁卒、更夫。监犯李沅淳因纠窃得赃拒捕，刃伤事主王曰卿平复，拟绞收监，奉部覆准入于秋审缓决二次。光绪二十二年四月二十三日晚，黄照带同刑书赵怀春进监收封查验，监犯李沅淳刑具完固，收入内监木笼，如法封锁，谕令禁卒、更夫小心看守防范。黄照转身回署，赵怀春亦自回房办公。是夜，禁卒张文治因患头痛在房睡宿，更夫曾培守提灯在墙外巡更。四更时，天起大风，曾培守支持不住，亦回内监小房歇避，不料困乏睡熟。该犯李沅淳乘间扭断镣铐，拔落笼木，用断镣挖开监墙出外，从外南墙上拨开棘茨，越墙逃逸。更夫曾培守五更醒起，查看李沅淳不见，喊起禁卒张文治，禀知该吏目黄照，转报该州廖振乔勘讯，差缉通禀，经臣奏参奉旨将黄照革职查办拿问，仍提同刑禁人等，严讯有无松刑贿纵情弊，按律惩办，等因。行司提省，饬府督同局员，提讯刑禁更夫人等，坚供实系一时失于防范，并无松刑贿纵情弊，并据已革吏目黄照供亦无异，自应先行拟结。

查例载：监犯越狱，狱卒果系依法看守，一时疏忽，偶致脱逃，并无贿纵情弊，审有确据者，依律减囚罪二等治罪，等语。此案禁卒张文治于监禁重地并不加意防范，致令绞犯李沅淳乘间越狱脱逃，虽讯无松刑贿纵情弊，惟疏忽之咎难辞。张文治合依"监犯越狱，禁卒如法看守，一时疏忽，偶致脱逃，并无贿纵情弊，审有确据，依律减囚罪二等"例，于李沅淳绞罪上减二等，拟杖一百，徒三年，定地折责充徒。更夫曾培守并不小心巡逻，应请酌照不应重律，杖八十，折责革役。刑书赵怀春既未在监值宿，并无看守之责，应请免议。管狱官已革肃州吏目黄照于羁禁绞犯未能先事预防，致令脱逃，兹逾四个月限外，犯未弋获，应照例留于该地方协缉。有狱官肃州直隶州知州廖振乔失防越狱绞犯一名，现准部咨议以革职留任，仍应照例留任督缉。均俟限满有无弋获，再行分别办理。逸犯李沅淳仍饬严缉，获日另结。

除全案供招咨部外，所有监犯越狱脱逃，逾限未获，提讯刑禁人等并无松刑贿纵情弊,按例分别核拟缘由,是否允协?理合恭折具陈。伏乞皇上圣鉴,饬部核覆施行。谨奏。①

同日,公又奏请议恤甘军亡故官兵,下部议。曰:

窃查甘肃循化撒回滋事,河州、狄道、西宁、碾伯等处回匪相继叛乱,攻城破堡,荼毒生灵,兼又分党四扰。官军营汛、团练随时分路堵剿,所有阵亡伤故员弁兵勇叠据先后报请恤赏前来。除官弁业经专案奏恤及各军勇丁照章恤赏不计外,其余均经札饬粮台查明汇办去后。现值全省肃清,据甘肃总粮台藩司曾龢查明,阵亡伤故员弁兵丁计一百二十九员名,先行造具死事月日、地址清册,请作为第一次详恳具奏前来。

臣查该员弁兵丁等,或临阵捐躯,或受伤殒命,或因公遇害,均属忠义可嘉,合无仰恳天恩饬部照例分别议恤,以彰忠荩而慰幽魂!除尚有未经报到阵亡伤故员弁以及殉难民妇孺人等容再查明另案具奏并清册分咨吏、礼、兵三部外,谨恭折驰陈。伏乞皇上圣鉴,训示。谨奏。②

是日,公又奏报仍请以本班尽先补用通判黄绍梓补授抚彝通判,下部议。曰:

窃查抚彝通判曾道贯丁忧遗缺,前请以劳绩本班尽先通判黄绍梓请补。旋准部覆,黄绍梓归于劳绩试用先班内,不应补此丁忧遗缺,等因。当经行司遵办去后。兹据甘肃藩、臬两司会详称:遵查黄绍梓系

---

① 台北故宫博物院藏:《军机及宫中档》,文献编号:408003037.又,台北故宫博物院藏:《军机及宫中档》,文献编号:137817。
② 台北故宫博物院藏:《军机及宫中档》,文献编号:408003039.又,台北故宫博物院藏:《军机及宫中档》,文献编号:137816。

由收复肃州案内保以本班尽先补用,并无"仍归试用原班"字样,正与军营异常劳绩保以本班尽先并无"前补"字样,亦归候补班内补用之例相符,似未便转作试用,致使偏枯。且甘省通判除黄绍梓外,更无合例堪补之员。今抚彝通判一缺,仍以黄绍梓请补。

查该员年五十一岁,顺天大兴县人,祖籍浙江山阴县,由监生报捐通判,分发甘肃试用,于收复肃州案内出力,保以本班尽先补用。同治十二年二月十七日引见,是年六月十九日到省,试用年满,甄别留省补用在案。该司等查该员黄绍梓,才具稳练,办事安详,前署灵台县知县,办理一切,诸臻妥协,以之请补抚彝通判员缺,与例相符,实堪胜任,人地亦极相宜。会详复请具奏前来。

臣查该员黄绍梓,悃愊无华,办事稳慎,合无仰恳天恩俯念员缺紧要,仍准以该员黄绍梓补授抚彝通判,洵于地方有裨。如蒙俞允,衔缺相当,毋庸送部引见。该员并无参罚案件。谨恭折具陈。伏乞皇上圣鉴,训示。谨奏。①

同日,公又附片奏报酌定罂粟征税新章缘由,下部闻。曰:

再,甘肃各属民间栽种罂粟本干例禁,前督臣杨昌濬因筹办海防军饷,奏准仿照陕西章程,按亩抽税,议定每亩川原地征银一钱、山坡地征银六分,业经饬属遵办在案。兹查两年来各属征解税银,为数甚少,于饷需仍属无济。现经臣酌定新章,自光绪二十三年起,按水地一亩征税银三钱,川原旱地一亩征税银二钱,山坡旱地一亩征税银一钱二分。其不种罂粟之地,概不征税,仍是隐寓抑制之意,于小民并无所伤,于饷需或可稍裕。其余一切悉照旧章办理,仍严禁不准借端扰累。至罂粟多系零星种植,查勘、造册等事不无需费,拟请于所收税银内酌提一成,以资津贴,而杜侵渔。

---

① 台北故宫博物院藏:《军机及宫中档》,文献编号:408003038.又,台北故宫博物院藏:《军机及宫中档》,文献编号:137812。

除饬藩司通饬各属一体遵办外,谨附片具陈。伏乞圣鉴,饬部查照立案,施行。谨奏。①

同日,公又附片奏请黄云先行兼署臬司,曰:

再,署甘肃按察使宁夏道周绥病故。所遗臬司员缺,应暂委兰州道黄云先行兼署,俾有责成。除檄饬遵照外,理合附片陈明。伏乞圣鉴。谨奏。②

是日,公又附片奏报营都司黄怀德病故一事,下部闻。曰:

再,据肃州镇总兵田在田呈报:镇属桥湾营都司黄怀德因旧伤复发,医治罔效,于光绪二十二年十一月十五日病故,呈请核办前来。臣覆查无异,相应奏明请旨开缺。除查取该故员原领札付并承查印、甘各结至日另咨送部外,所遗都司员缺,陕甘现有应补人员,容臣另拣请补。谨附片陈明。伏乞圣鉴。谨奏。③

同日,公又附片奏报都司武林病故日期一事,下部闻。曰:

再,据署凉州镇总兵刘璞呈报,该镇属新城营都司武林得患病证,医治未愈,于光绪二十二年十一月十七日病故,呈请核办前来。臣覆查无异,相应奏明请旨开缺。除查取该故员原领札付及委员承查印、甘各结另咨送部外,所遗都司员缺,陕甘现有应补人员,容臣另拣请

---

① 台北故宫博物院藏:《军机及宫中档》,文献编号:408003038-0-A.又,台北故宫博物院藏:《军机及宫中档》,文献编号:137818.
② 台北故宫博物院藏:《军机及宫中档》,文献编号:408003036-0-A.又,台北故宫博物院藏:《军机及宫中档》,文献编号:137811.
③ 台北故宫博物院藏:《军机及宫中档》,文献编号:408003039-0-A.又,台北故宫博物院藏:《军机及宫中档》,文献编号:137814.

补。谨附片具陈。伏乞圣鉴。谨奏。①

二月二十八日，公会衔陕西抚臣魏光焘、陕西提臣邓增、甘肃提臣张永清奏报变通陕甘武职补缺章程一事，下部议。曰：

窃查前准兵部议定武职轮补章程：一缺、二缺尽先，三缺预保；四缺、五缺尽先，六缺拣拨；七缺、八缺尽先，九缺应升、应补，十缺捐输。另议每一轮第一缺，由部咨取旗员拟补。又，提镇除准借补副将、参将外，其副将只准借补参将，参将借补游击，游击借补都司，都司借补守备，守备借补千总，千总借补把总，各等因。历经遵照在案。臣查陕甘自同治初年军兴以后，候补武职较各省尤众。上年回匪乱起，由军功保举比前又益加增。此项人员若比循资按格照班次请补，非守候十余年不能到班，而现在陕甘两省所出武官额缺，臣于候补人员中留心查看，凡合例人员多系年力就衰，不敢遽任以地方之事，所以未及奏补者职是之故。夫老其才以待用，以之处文员则可，以之处武职，则实有难言。平日既鲜读书，又无别项差事可以糊口，饥困日久，无以养其廉耻，更何以作其忠忱？将才之优劣不系乎资格之浅深，武员以劳绩递保至提镇者实繁，有徒论其才具，实有不堪为参将、游击者。官阶有定，而才具各有短长，若不稍为变通，则上无以副国家养士之心，亦下无以收人地相宜之效。

臣恭查光绪二十二年十月初六日承准总理各国事务衙门电寄谕旨：此时善后事宜最要者，曰戎政，曰吏治，等因。钦此。伏念时势多艰，将才尤重。陕甘界连边徼，回番杂处，种类繁多，鉴覆辙于前，不能不预防于后。微臣忝任兼圻，亟思得人而任，以期责效将来，再四思维，按班轮补章程行于陕甘两省，殊多窒碍，合无仰恳天恩俯念今昔情

---

① 台北故宫博物院藏：《军机及宫中档》，文献编号：408003039-0-B. 又，台北故宫博物院藏：《军机及宫中档》，文献编号：137813.

形不同，准将陕甘两省武职补缺照新疆现行章程，不论何项班次，只论衔缺相当，人地相宜，变通奏补。仍照前直隶督臣曾国藩奏定尽先人员章程，提督、总兵借至副将、参将、游击止，副将、参将、游击借至都司、守备止，都司、守备借至千、把总止。其拣发、补用等项人员，仍准一体酌量补用。至旗员如何拟补，应由部核议。如此变通办理，实于营伍、地方裨益匪浅，俟三四年后察看情形，再当奏请规复旧章。

是否有当，谨会同陕西抚臣魏光焘、陕西提臣邓增、署甘肃提臣张永清，合词恭折具陈。伏乞皇上圣鉴，训示。谨奏。①

同日，公又开单奏报甘肃省光绪二十二年秋、冬二季分情重盗匪案由一事，下部闻。曰：

窃照甘肃地处边疆，汉、番、回、撒，种类不一，往往勾结为匪，骑马持械，抢劫为生，甚至逞凶拒捕，伤毙事主，近复有游勇肆行劫掠情事，均属凶暴，仍应按照刑部通行，随时就地正法，按季汇报。兹查光绪二十二年秋、冬二季分，据碾伯县、平番县、固原直隶州先后报获盗匪邓金魁、胡碧达、罗宋宗、李茂林、萧老六到案，均经批司委员并饬该管道讯供禀办，旋据该委员庄浪茶马同知等及平庆泾固化道先后审拟禀办前来。

查该盗匪邓金魁、胡碧达、罗宋宗、李茂林、萧老六五犯，均系游勇，或结伙持械，拦路劫杀；或起意图财害命；或捆殴事主，强行搜劫，均系情罪重大，法无可贷，经臣批司核覆，实属情真罪当，已先后批饬将该犯邓金魁、胡碧达、罗宋宗、李茂林、萧老六五犯就地正法，分别传首犯事地方，悬竿示众，以昭炯戒。据署甘肃按察使宁夏道周绶详请具奏前来。

除仍饬严缉各案逸盗务获究报外，所有甘肃省光绪二十二年秋、

---

① 台北故宫博物院藏：《军机及宫中档》，文献编号：408003040。又，台北故宫博物院藏：《军机及宫中档》，文献编号：138099。

冬二季分情重盗匪照章就地惩办缘由,谨开具籍贯、案由清单,恭折具陈。伏乞皇上圣鉴,饬部查照施行。谨奏。①

是日,公又奏请将义捐劝办人员分别表奖一事,下部议。曰:

窃查甘省此次遭乱难民筹备赈款,于动拨正项银粮外,并经前督臣杨昌濬奏明,仿照南省善捐之法劝办,如有捐及千两者,照乐善好施之例请旨建坊,用昭激劝。当经刊刻捐簿,函致各省督、抚、司、道,广为劝募。兹据藩司曾鉌详称:先后接准四川、广东、山东、江苏、安徽、江西、浙江、广西、云南、贵州、湖北、河南、陕西、新疆等十五省陆续解到义捐银一十三万六千有奇。得此巨款助赈,殊非小补。各省大小官员慷慨好施,其劝办之员亦有劳可录,若不分别表奖,不足以酬善举而励将来。除捐及千两者仍照奏案另请建坊,其余官员、商民零星捐资,似亦未便没其好义之忱,拟请旨于各省集捐之地修建总坊,仍用"乐善好施"字样,将所有捐户一并提名于上。其劝办出力之员,亦拟比照顺直赈捐及户部商借章程,劝办至一万两以上者,请照寻常劳绩保奖一员;不及一万两者,仍毋庸议,各等情。详请具奏前来。

臣覆核无异,相应奏明请旨。倘蒙俞允,即饬藩司查开捐资,并咨取劝办各衔名,分别办理,以示奖劝。谨恭折具陈。伏乞皇上圣鉴,训示。谨奏。②

同日,公又奏请免扣河湟文武各官三成养廉一事,下部闻。曰:

窃照前准户部通行:光绪二十三年分外官应支养廉,文职自府经

---

① 台北故宫博物院藏:《军机及宫中档》,文献编号:408003045.又,台北故宫博物院藏:《军机及宫中档》,文献编号:138101.

② 台北故宫博物院藏:《军机及宫中档》,文献编号:408003044.又,台北故宫博物院藏:《军机及宫中档》,文献编号:138102.

历县丞以下，武职自都司、守备以下，仍照全数开支。其文职州、县以上，武职参将、游击以上，照案再行核扣三成，汇总拨用，等因。当经行司遵照办理去后。兹据藩司曾鉌详称：遵查甘肃此次军务，西宁一道全被蹂躏，兰州所属狄河为甚，剿抚之后，难民归农已迟，商货懋迁更寡，布帛、薪粮、盐䜴、刍豆，其价无不倍于曩时，文武各官日用资斧在在支绌，若再将养廉核扣三成，实无以资其办公。拟请将西宁一属及狄道州、河州官员除府经历、都司以下微员本未核扣外，其文自青海大臣下至州县，武自西宁、河州二镇下至参将、游击，应支二十三年分养廉银两，一体免其核扣三成，合计共请免扣银五千六百一十一两八钱，于部中通计百万之数，所捐无多，而于难后各官办公之资，所裨甚巨。开折详请具奏前来。

臣覆加查核，委系实在情形。合无仰恳天恩准照所请，饬部免予核扣，以示体恤。谨恭折具陈。伏乞皇上圣鉴，训示，施行。谨奏。①

同日，公又会衔陕西提督臣邓增奏请陈松泉补授西固营都司，下部议。曰：

窃臣前准兵部咨：陕西河州镇属西固营都司蒋怀德病故，遗缺系题补第三轮第三缺，轮用预保人员，该省预保无人，应过班用第六缺拣发班内人员请补，等因。臣随在于留陕甘候补、拣发都司人员内逐加遴选，查有留陕甘拣发都司陈松泉，久历戎行，办事勤奋，以之请补斯缺，实堪胜任，亦与轮缺章程相符。合无仰恳天恩俯念员缺紧要，准以该员陈松泉请补西固营都司员缺，可期得力。如蒙俞允，俟接准部覆后，即行给咨送部引见，以符定制。

除查取该员履历清册另咨送部外，谨会同陕西提督臣邓增，合词

---

① 台北故宫博物院藏：《军机及宫中档》，文献编号：408003043。又，台北故宫博物院藏：《军机及宫中档》，文献编号：138106。

恭折具陈。伏乞皇上圣鉴,训示。谨奏。①

是日,公又奏报祝维城呈请回籍修墓一事,下部闻。曰:

窃据本任平庆泾固化道调署宁夏道祝维城禀称:现年六十岁,江西铅山县拔贡,在京供职,由记名知府补授广东广州府遗缺知府,后丁忧开缺,服满起复。光绪十八年四月二十九日奉上谕:甘肃宁夏府知府员缺,着祝维城补授。钦此。是年十一月十八日到任,因升授平庆泾固化道请咨赴引,领凭回甘。二十年十一月十八日,在省接印。十二月初三日,到平庆泾固化道本任。嗣经调署宁夏道,于二十二年十月十九日到宁夏道署任。兹接家书,因连年本籍山水涨发,祖墓多被冲损,急须回籍修理,恳请具奏开缺前来。

臣查该道祝维城于本任平庆泾固化道及调署宁夏道各任内,办理一切,尚属认真。兹因祖墓被水冲损,呈请回籍修理,核其情词恳切,实系出于至诚,应请准其开缺,以遂孝思。

除将宁夏道员另行委员接署外,谨恭折具陈。伏乞皇上圣鉴,训示。再,所遗平庆泾固化道员缺,此次应请扣留,容臣由外拣员请补。合并声明。谨奏。②

同日,公又附片奏报都司王嘉谟病故情形,下部闻。曰:

再,前准兵部咨开:陕西固原提属商州协中军都司员缺,由部题准以尽先都司王嘉谟拟补,饬令依期给咨赴引,等因。当经转咨遵照去后。兹准提臣邓增咨覆:查王嘉谟系陕西延安府定边县人,屡饬原籍

---

① 台北故宫博物院藏:《军机及宫中档》,文献编号:408003041. 又,台北故宫博物院藏:《军机及宫中档》,文献编号:138100。
② 台北故宫博物院藏:《军机及宫中档》,文献编号:408003042. 又,台北故宫博物院藏:《军机及宫中档》,文献编号:138105。

访询,迄无踪迹,嗣闻其人已于光绪十七年九月间病故。该员未经投标,无从查报,等情。前来。

臣覆核无异,相应奏明请旨开缺。其所遗商州协中军都司员缺,陕甘现有应补人员,容臣另拣请补。合并声明。谨会同陕西固原提臣邓增,合词附片陈明。伏乞圣鉴,训示。谨奏。①

同日,公又附片奏请将都司陈香庆革职查办一事,下部闻。曰:

再,升用都司候补守备陈香庆,经前督臣杨昌濬委带庆字营,归总兵易顺胜统辖,防堵永昌县黄城滩一带。嗣经臣访闻,陈香庆办事巧滑,工于作伪,饬将该营遣散,并饬易顺胜就近点名发饷。旋据易顺胜禀称:点验陈香庆营勇缺额至二百余名之多,因将所冒勇饷扣缴。讵陈香庆因此怀恨,乘易顺胜交卸来省,纠众至易顺胜寓中哗闹,复捏写多人姓名,将易顺胜诬讦。

臣查陈香庆劣迹多端,实属军营败类。除饬司先行查讯外,相应请旨将升用都司候补守备陈香庆即行革职,以便按例究拟,从严惩办,以肃戎行。谨附片具陈。伏乞圣鉴,训示,施行。谨奏。②

是日,公又附片奏请更正参将王金和姓氏一事,下部闻。曰:

再,前准兵部咨开:补用参将王金和履历册载,系于攻克乌鲁木齐、吐鲁番等城出力案内经前督臣左宗棠保奏,光绪六年正月三十日奉上谕:留黔尽先补用游击王金和,着免补游击,以参将仍留原省补用。钦此。检查此案,原保单内有黄金和保奖以参将仍留原省补用姓

---

① 台北故宫博物院藏:《军机及宫中档》,文献编号:408003040-0-A. 又,台北故宫博物院藏:《军机及宫中档》,文献编号:138119。
② 台北故宫博物院藏:《军机及宫中档》,文献编号:408003040-0-B. 又,台北故宫博物院藏:《军机及宫中档》,文献编号:138104。

氏不符,应令查明报部,再行核办。当经前督臣杨昌濬转行查覆去后。嗣准署甘肃提臣张永清咨:据管带甘标练军左旗改留陕甘补用参将王金和呈称:前于攻克乌鲁木齐、吐鲁番等城案内保奖以参将补用,摆奉行知,实系姓王名金和,原保单内名字虽同,而以王误为"黄",想系当时笔误。当经据情咨部更正去后。旋准部咨,以该员系五品以上人员,应令奏明更正,等因。

臣查留陕甘补用参将王金和,实系原保单内笔误为"黄金和",合无仰恳天恩俯准饬部更正注册。除该员履历清册前已送部外,谨附片具陈。伏乞圣鉴。谨奏。①

同日,公又附片奏报宁羌守备马宽病故一事,下部闻。曰:

再,臣据署陕西汉中镇总兵龙得胜呈称:汉中镇属宁羌营守备马宽因痰疾复发,服药罔效,于光绪二十二年十二月二十日在任病故。呈请核办前来。臣覆查无异,相应奏明请旨开缺。除查取该故员原领札付及委员承查印、甘各结另咨送部外,所遗守备员缺,陕甘现有应补人员,容臣另拣请补。理合附片具陈。伏乞圣鉴。谨奏。②

三月初二日,公代奏奎顺亲母病故开缺守制一事,曰:

窃臣接准西宁办事大臣奎顺咨称:亲母迎养任所,于光绪二十三年二月二十二日在署病故,咨请代奏开缺,俾得扶榇回旗守制,并援照

---

① 台北故宫博物院藏:《军机及宫中档》,文献编号:408003042-0-A.又,台北故宫博物院藏:《军机及宫中档》,文献编号:138103.
② 台北故宫博物院藏:《军机及宫中档》,文献编号:408003042-0-B.又,台北故宫博物院藏:《军机及宫中档》,文献编号:138107.

光绪十七年西宁办事大臣萨凌阿①丁忧守制成案,将西宁办事大臣关防派员赍送总督衙门兼理,其日行事件亦照案委西宁镇总兵代拆代行,等情。前来。

臣查西宁办事大臣奎顺亲母在署病故,可否仰恳天恩俯准开缺,扶榇回旗守制,并简派西宁办事大臣以重职守之处,伏候命下。遵行。谨缮折代奏。伏乞皇上圣鉴,训示。谨奏。②

同日,公又附片奏请联魁兼护西宁办事大臣,曰:

再,西宁办事大臣奎顺现准咨报丁忧,业经据情代奏。查西宁距省较远,该处蒙番众多,事务繁重,现虽地方一律平静,然非就近有员管理,不足以资慎重。臣查西宁道联魁,精明干练,熟悉边情,以之兼护斯缺,实于地方有裨。除由臣咨饬遵照,并将奎顺送到关防暂发交联魁敬谨启用外,仍恳天恩俯念员缺紧要,迅赐简放,以重职守。谨附片具陈。伏乞圣鉴,训示。谨奏。③

是日,公又附片奏请徐庆璋即赴新任,下部闻。曰:

再,新授庆阳府知府徐庆璋现已到省,应即饬赴新任以专责成。梁州府知府王儆请假遗缺,查有候补知府张大镛,堪以委署。敦煌县知县严泽调省遗缺,查有即用知县张元溁,堪以委署。礼县知县罗运甏请假遗缺,查有候补知县王兆鼎,堪以委署。丹噶尔同知承绪请假

---

① 萨凌阿,生卒年不详,吉林乌拉正蓝旗英春佐领下披甲,奇车博巴图鲁。同治十一年(1872),由委防御补吉林镶黄旗骁骑校。光绪四年(1878),简放乌鲁木齐副都统。五年(1879),署理乌鲁木齐都统。六年(1880),授乌鲁木齐领队大臣,后调补西宁办事大臣。十七年(1891),丁忧回旗守制。
② 中国第一历史档案馆藏:《朱批奏折》,档号:04-01-13-0388-069。又,台北故宫博物院藏:《军机及宫中档》,文献编号:138050。
③ 台北故宫博物院藏:《军机及宫中档》,文献编号:138051。

遗缺,查有候补知州黄翰章,堪以委署。据藩、臬两司先后会详前来。除批饬分别给委外,理合附片陈明。伏乞圣鉴。谨奏。①

三月二十一日,公奏报审明已革循化厅主簿陈庆麟一案,下部闻。曰:

窃查前督臣杨昌濬任内承准军机大臣字寄:光绪二十一年五月十六日,奉上谕:本日有人奏,撒匪生变,始因争教涉讼,地方官有索费情事,遂致激而生变,等语。着该督确切查明,先将办理不善之员从严参办,毋稍徇纵,等因。当经前督臣将兼护厅事循化厅主簿陈庆麟奏参革职,并声明俟提省讯明确情,再行从严参办。是年八月初四日,奉朱批:着照所请,该部知道。钦此。经前督臣饬兰州府移提人卷来省审办去后。时值军务吃紧,未能即时解省。嗣据署循化厅同知欧阳乐清将原保土司韩起忠、韩膺录及要证韩六个、韩七十二押解到省,并据该革员陈庆麟自行投案,由署兰州府知府周景曾督同局员审拟,详经布政使曾钺、署按察使周绥会同核转前来。

臣覆加查核,缘已革主簿陈庆麟,江苏通州人,由安定县典史升补循化厅主簿,光绪十七年十月初三日到任。二十年二月间,该厅街子工老教撒目韩奴力与新教撒目韩老四争教起衅,互相纠众焚掠,经该管土司韩起忠等开导不听,牒请已故前任循化厅同知长赟屡次差传未到。八月间,韩奴力差人赴厅禀求免罪未准,复遣其党韩七十二、韩伏元、韩舍木素赴府恳求,经西宁府将韩七十二等发回该厅看管讯办。九月间,长赟会营带领兵勇,将老教撒目韩奴力并其党韩新庄、韩已连及韩一素夫四人,新教撒目韩老四并其党韩五十八、韩星庄、韩老山卜、韩五麦目五人先后拿获到案。正在讯办间,适有河州回目马国良约允上四工土司韩起忠、下四工土司韩膺录,具状保领韩奴力、韩老四等出外调处,经长赟于十一月十八日批准保释。

① 台北故宫博物院藏:《军机及宫中档》,文献编号:138065。

二十一日，长赟病故。陈庆麟奉委兼护厅篆，讵韩奴力、韩老四仍复寻仇焚杀。陈庆麟虑酿大祸，正拟禀请派员查办间，十二月初六日，韩奴力忽遣其党韩老三即羊牙子，手执回经一本进城，声言老教势大，汉、回不必惊慌，定要讨取厅官准其免罪印谕，始敢解散息事。陈庆麟因其有意挟制，立即差拿责押。十三日，韩老三在押患病，经后随叛伏诛之韩五十六等保领回家，至二十七日病故。维时韩奴力等初只争教互斗，后竟焚掠汉民村堡，狄河各回相继变乱，经杨昌濬派兵剿办，并委已故前署西宁道陈嘉绩查明韩奴力等究系何任保释时贼已临城，不及调卷细查，仅凭外间传闻之词禀覆，谓在陈庆麟任内保释，并以韩老三系顶经老民，被陈庆麟杖毙，因将陈庆麟参革，饬委兰州府胡孚骏审办。胡孚骏移提人卷未到，旋即交卸。该署府周景会到任，准署循化厅欧阳乐清牒解前来。

经该府督同局员逐一研审，陈庆麟坚称，韩奴力等实于二十年十一月十八日经长赟批准保释，二十一日长赟病故伊始兼护厅篆，并无保释韩奴力等之事。韩老三虽执有经卷，实系诈降回匪，并非老民因其来城恐吓、挟制，将其拿获责押。嗣因患病取保，在家病故，委非杖毙，亦无受贿激变之事。调阅该厅看管人犯号簿，与供相符，案无遁饰。据该署府周景曾分别议拟，详由两司核转到臣。经臣覆核无异，应请拟结。

此案已革循化厅主簿陈庆麟兼护厅篆，其于拿获争教滋事之撒目韩奴力等，看管后复准保外，致酿巨祸，虽讯系已故长赟任内之事，并非陈庆麟私擅保释，惟于韩老三执经进城恐吓挟制，既经拿获责押，自应随时禀请批示办理，仍辄任叛党韩五十六等保释，虽死逾旬余，非由杖毙，亦无受贿情事。但以其党滋事扰乱，未能预防，究属办理不善，业已参革，请免重议。土司韩起忠、韩膺录在长赟任内保领韩奴力等出外，其时仅止争教，反迹未露，且其子韩腊月保亦拘押在禁，因韩奴力系老教头目，众所遵服，是以连新教头目韩老四一并保出。令其调处，原为弭祸起见。迨至次年春间，韩奴力等愈肆猖獗，率众围城，其子韩腊月保经西宁道,提讯正法,实非该土司等意料所及,应请免议。要证韩六个、韩七十二虽均为韩奴力余党,惟现在军务肃清,胁徒罔治,自应免科。未到人证,免传省累。

除全案供招咨部外,所有审明拟结缘由,是否有当。理合恭折具陈。伏乞皇上圣鉴,训示。谨奏。①

同日,公又奏报嘉峪关光绪二十二年分收支各项银两数目情形,下部闻。曰:

窃据嘉峪关监督安肃道何福堃详称:该关于光绪二十一年由江汉关拨到银两,收支数目业经详请奏咨核销在案。今查光绪二十二年分收到江汉关拨借经费银九千两,并旧管项下存储洋税银五百九十两四钱一分四厘一毫,共银九千五百九十两四钱一分四厘一毫。除支一年各官役薪工银八千二百九十五两四分、驻兰翻译委员薪水银九百三十两,共银九千二百二十五两四分,实在支剩银三百六十五两三钱七分四厘一毫,全数归还十八年分借用厘款外,连前十九、二十一两年分还过银四百七十五两一钱九分三厘二毫,共归还银八百四十两五钱六分七厘三毫,下欠未还银七两四钱四分二厘六毫四丝,应俟随后照议在于支剩款内归还清楚。再,提存自光绪二十一年十月初十日第四十三结起至二十二年十月初九日第四十六结止,共四结,收获进口正、子洋税银三百一十三两三钱三分一厘五毫,实储道库,造具细数清册,详请奏咨前来。

臣覆核无异,除将清册分送总理衙门及部、科核销外,理合恭折具奏。伏乞皇上圣鉴。谨奏。②

---

① 台北故宫博物院藏:《军机及宫中档》,文献编号:408003047。又,台北故宫博物院藏:《军机及宫中档》,文献编号:138493。
② 台北故宫博物院藏:《军机及宫中档》,文献编号:408003048。又,台北故宫博物院藏:《军机及宫中档》,文献编号:138491。

是日，公又奏报续行裁减马步营旗土勇并分别改支坐饷、练饷各起数目情形，下部闻。曰：

> 窃自光绪二十一年甘肃军兴，节次添募马步营旗并各属城防土勇，为数颇多，需饷甚巨。嗣因军事将平，陆续裁减营旗，截至二十二年七月底止，于八月初七日奏咨在案。兹据甘肃布政使曾鉌详称：自八月初一日起至十二月底止，裁减马步营旗土勇并行饷改支坐饷，营改为旗，以及前次由练添募为营，今仍改归练军，计共六十二起，开单分晰截饷改支坐饷、练饷日期，详请奏咨立案前来。
>
> 臣覆核无异，除饬该司查明现留防军马步数目再行分别裁减，以节饷需，另行奏报，并将此次清单咨送户、兵部查照外，所有续行裁减马步营旗土勇并非别改支坐饷、练饷各起数目缘由，理合恭折具陈。伏乞皇上圣鉴。谨奏。①

四月初一日，公开单奏报光绪二十三年正月分甘省雨水粮价情形，曰：

> 窃照光绪二十二年十二月分粮价并得霑雪泽情形，业经据折奏报在案。兹查本年正月分兰州等八府六直隶州属具报得霑雪泽，自一二寸至二三寸不等，正值春耕布种之初，获此沃泽，土脉滋润，实于农田有裨。至通省粮价，或与上月相同，或较上月稍有增长。据藩司曾鉌具详请奏前来。臣覆核无异，理合恭折具奏，并缮粮价清单，恭呈御览。伏乞皇上圣鉴。②

同日，公又会衔甘肃学政翰林院编修刘世安奏报甘肃书籍缺乏，拟请

---

① 台北故宫博物院藏：《军机及宫中档》，文献编号：408003046.又，台北故宫博物院藏：《军机及宫中档》，文献编号：138429.

② 台北故宫博物院藏：《军机及宫中档》，文献编号：408003049.又，台北故宫博物院藏：《军机及宫中档》，文献编号：138914.

咨取各处局印官书,曰:

> 窃臣等接准部咨,屡以整顿书院、推广学校为培植人才之计。甘肃地当边徼,士子专攻时文,见闻狭隘,有志之士苦于无力购求书籍,于古今中外大经大法因革损益之端以及天文、地舆、算数、器艺一切格致之学,素少研求,习非所用,无补时艰,甚非国家作育人才之本意。方今时局不同,需才甚急,非大兴学校无以为求才之本,非广购书籍无以为兴学之资,惟有购置古今中外有用书籍,藏之书院,朝夕浏览,识见既扩,才智渐生,风气一开,则学校之兴,人才之盛,必有进而益上者。
>
> 甘省自军兴以来,库储、外款提用一空,整顿书院,费既苦于不赀;推广学校,法又难于骤变。臣等再四商酌,惟有仰恳天恩,准由臣等咨取京都官书局、同文馆及各省局印官书,并翻译外洋各种书籍,择其有裨实用者,设法运送来甘,以备士子观览,庶几人知乡学,即可为培植人才之基。所需书价为数非细,甘省瘠苦之区,非他省可比,拟恳圣恩免其措缴,以惠士林。
>
> 是否有当?谨合词恭折具陈。伏乞皇上圣鉴,训示。再,此折系臣模主稿,合并声明。谨奏。①

是日,公又会衔甘肃提臣张永清奏请崔金魁借补镇羌营游击,下部议。曰:

> 窃臣前准兵部咨:甘肃凉州镇属镇羌营游击员缺作为第五轮第七缺,轮用尽先人员,行令拣员请补,等因。臣即在于尽先合例人员内逐加拣选得副将衔尽先补用参将甘肃提属梨园营都司崔金魁,年强才裕,办事勤慎,以之借补斯缺,洵堪胜任,亦与部章相符。合无仰恳天

---

① 台北故宫博物院藏:《军机及宫中档》,文献编号:408003054。又,台北故宫博物院藏:《军机及宫中档》,文献编号:138913。

恩俯念员缺紧要，准以崔金魁借补镇羌营游击员缺，以期得力。如蒙俞允，俟接准部覆，即行给咨送部引见，以符定制。

除该员履历清册俟查取至日另咨送部外，所遗梨园营都司员缺，陕甘现有应补人员，容臣另行拣员请补。谨会同署甘肃提臣张永清，合词恭折具陈。伏乞皇上圣鉴，训示。谨奏。①

同日，公又会衔甘肃提臣张永清奏请邓咸林借补贵德营游击，下部议。曰：

窃臣前准兵部咨：甘肃西宁镇属贵德营游击员缺作为第五轮第八缺，轮用尽先人员请补，等因。当经转行拣员请补去后。兹据西宁镇总兵何美玉呈称：贵德营游击员缺设处极边，毗连番族，汉回交错，汛地较宽，非精明干练之员，难期得力。查有留甘尽先补用参将镇标前营都司邓咸林，熟悉边情，操防勤奋，前值回乱，该员带队打仗，颇著战功，呈请借补前来。

臣查留甘尽先补用参将西宁镇标前营都司邓咸林，奋勉有为，战功卓著，以之借补斯缺，洵堪胜任，且与轮缺章程相符，合无仰恳天恩俯念员缺紧要，准以邓咸林借补西宁镇属贵德营游击员缺，可期得力。如蒙俞允，查邓咸林系曾经引见回任之员，应请饬部发给札付，以符定制。

除查取该员履历清册另咨送部外，所遗西宁镇标前营都司员缺，陕甘现有应补人员，容臣另拣请补。谨会同署甘肃提臣张永清，合词恭折具陈。伏乞皇上圣鉴，训示。谨奏。②

---

① 台北故宫博物院藏：《军机及宫中档》，文献编号：408003052。又，台北故宫博物院藏：《军机及宫中档》，文献编号：138918。
② 台北故宫博物院藏：《军机及宫中档》，文献编号：408003053。又，台北故宫博物院藏：《军机及宫中档》，文献编号：138919。

同日,公又奏请姬恺臣调补永昌县知县,下部议。曰:

窃据甘肃布政使曾龢、兼署按察使黄云详称:永昌县知县高蔚霞病故遗缺,前请以隆德县庄浪县丞叶森升补。兹奉部驳,叶森保荐到部日期在出缺之后,核与升补之例不符,行令另行拣选。自应遵照办理。查知县应调缺出,例应于现任人员内拣选调补。今永昌县知县员缺,地处冲要,政务殷繁,非老成干练之员,不足以资治理。

该司等在于通省现任合例人员内逐加遴选,惟查有金县知县姬恺臣,年五十八岁,河南南阳县人,由监生投效军营,历保以州判留甘俟补缺后以知县补用;遵例报捐过班以知县请咨引见,领照赴甘,于光绪十六年十一月十八日到省,复捐本班尽先,试署金县知县,十九年三月初六日到任。试署年满,呈请实授。兼署臬司黄云到任未及三月,例不加考。藩司曾龢查该员姬恺臣,阅历渐深,谙悉民事,且在甘有年,于该处风土民情极为熟悉,以之调补永昌县知县,实堪胜任,人地亦极相宜。会详请奏前来。

臣查该员姬恺臣年力正强,办事勤勉,合无仰恳天恩俯念要缺需员,准以金县知县姬恺臣调补永昌县知县,实于地方有裨。如蒙俞允,该员系以实缺知县调补知县,衔缺相当,毋庸送部引见。再,该员任内并无参罚案件。谨恭折具陈。伏乞皇上圣鉴,训示。至所遗金县知县系简缺,甘省现有应补人员,应请由外拣补。合并声明。谨奏。①

是日,公又奏请窦金声署理通渭县知县,下部议。曰:

窃据甘肃布政使曾龢、兼署按察使黄云详称:通渭县知县杨宸谟调补玉门县知县,所遗通渭县员缺业已截缺报部,自应由外拣补。查各省知县升调遗缺出,例应以一缺题补各项候补并进士即用人员,以

---

① 台北故宫博物院藏:《军机及宫中档》,文献编号:408003050。又,台北故宫博物院藏:《军机及宫中档》,文献编号:138921。

一缺题补各项委用人员,以一缺题补各项试用人员。又,新海防遇缺先以次花样,照章以五缺计算,如皆无人,即接用各项班次。又,各项本班先人,例应于各本班到班先用一人。又,劳绩候补知县,例应先行题署。甘肃知县升调遗一项,自停止变通章程后,已用至第二轮第一试用大挑知县陈兆康准署崇信县知县止。今通渭县知县缺,甘省现无新海防遇缺先以次花样人员,照章过班接用各项班次,试用后应插之分缺间无人,轮用候补班先之员。

兹查有新例候补尽先知县窦金声,到省签掣第一,例得请署。查该员年五十四岁,江苏无锡县人,由俊秀投效军营,报捐州判候选;于克复吐鲁番城案内保以知县分省尽先前补用,并加五品衔,请咨赴部验看签掣;甘肃遵新海防例捐归候补班尽先,以光绪二十二年六月十八日作为新班到省。兼署臬司黄云到任未及三月,例不加考;藩司曾鉌查该员窦金声,谙练老成,留心吏治,以之请署通渭县知县,实堪胜任,与例亦符,会详请奏前来。

臣查该员窦金声,年强才裕,办事勤能,合无仰恳天恩俯准以窦金声试署通渭县知县,实于地方有裨。如蒙俞允,衔缺相当,毋庸送部引见,仍俟试署期满,如果称职,另请实授。该员并无参罚案件。谨恭折具陈。伏乞皇上圣鉴,训示。谨奏。①

同日,公又附片奏请准姚协赞自行建坊缘由,下部闻。曰:

再,臣前据陕西督粮道姚协赞禀称:甘肃被兵各属难民众多,满目疮痍,待赈尤亟。该道遵其祖父承烈、父宗培两代遗命,捐寄陕平银四千两,呈请饬收,等情。当经转行去后。嗣据甘肃布政使曾鉌详称:前项捐款已于光绪二十二年六月十三日照数兑收储库,归入赈款动用。查例载:士民人等捐资助赈银至千两以上者,请旨建坊,给与"乐善好

---

① 台北故宫博物院藏:《军机及宫中档》,文献编号:408003051.又,台北故宫博物院藏:《军机及宫中档》,文献编号:138924。

施"字样,听本家自行建坊,等语。该道捐银四千两,核与建坊之例相符。详请核奏前来。

臣查姚协赞克承先志,报捐巨款,洵堪惠济灾黎,相应仰恳天恩俯准该道姚协赞为其已故祖父承烈、父宗培照例自行建坊,给与"乐善好施"字样,以示旌奖。谨附片具陈。伏乞圣鉴,训示。谨奏。①

同日,公又附片奏请张世才署理金塔副将,下部闻。曰:

再,肃州镇属金塔协副将刘仁和禀请开缺回籍修墓,业经臣附奏在案。所遗员缺紧要,自应先行拣员接署,以重边防。查有陕西提属正任商州协副将张世才,堪以署理。除给委外,理合附片奏明。伏乞圣鉴。谨奏。②

是日,公又附片奏报提督董福祥捐资助赈一事,得旨。曰:

再,海城、平远一带漏网逸匪,前奉谕旨查办,业已办理完竣,地方静谧,经臣会同甘肃提督董福祥奏明在案。该处从前逃出难民,现皆陆续还乡归业,惟各该难民遭难流离,情形困苦,非急筹赈济,无以慰来归而资耕食。臣与藩司等正筹办间,适提臣董福祥惓怀桑梓,情愿捐助银一万两,请由司派员前往散给,不敢邀请奖叙,等情。当经饬司遵照,现已散给完竣。据甘藩司曾鉌详请具奏前来。

臣维甘肃提督董福祥慨捐巨款,赈济乡间,实属急公好义,虽称不敢邀奖,未便壅于上闻,合无仰恳天恩俯赐传旨嘉奖,以资观感,并请敕部查明立案。再,此项银两系提臣董福祥自愿捐散难民赈济之需,

---

① 台北故宫博物院藏:《军机及宫中档》,文献编号:408003050-0-A.又,台北故宫博物院藏:《军机及宫中档》,文献编号:138915。
② 台北故宫博物院藏:《军机及宫中档》,文献编号:408003050-0-B.又,台北故宫博物院藏:《军机及宫中档》,文献编号:138925。

应请毋庸造册报销。合并陈明。谨附片具陈。伏乞圣鉴,训示。谨奏。①

【案】此案旋于是年四月二十四日得旨,《光绪朝上谕档》载曰:

光绪二十三年四月二十四日,内阁奉上谕:陶模奏,提督捐款济赈,请旨嘉奖等语。甘肃海城、平远一带,兵燹后难民流离失所,提督董福祥捐银一万两,赈济乡间,洵属好义急公,深堪嘉尚。董福祥着交部从优议叙。钦此。②

同日,公又附片奏报查明殉难官生张联甲等履历一事,下部议。曰:

再,前准吏部议覆甘肃环县从前殉难之增生张联甲,照九品官殉难例,先行议赠盐运司知事衔,荫一子以县主簿注册候选。又,清水县阵亡之廪生王相治、增生马营选、附生祁廷献、生员任开第等四名,应均照举贡生员打仗阵亡按官员伤亡例,先行议给云骑尉世职,袭次完时,毋庸给予恩骑尉。又,殉难贡生邢丕承照八品官殉难例,先行议赠布政司都事衔;廪生刘介眉、宋象贤、增生景圣化、马文瑞、邢卓、马乾、生员马炯如等七名,均应照九品官殉难例,先行议赠盐运司知事衔。以上八名仍各荫一子,以县主簿注册铨选。又,殉难之州同衔罗纬应照州同衔殉难例,先行议赠知州衔,系属虚衔,照例毋庸给荫。仍令查明该故生等出身履历报部,查核相符,再行分别准其承袭、承荫,等因。当经行据藩司饬据各该县查造各该故生出身履历册籍送部核办去后。

兹准部覆:核计此案已逾二年定限,应令查照定章,声叙请恤原案并逾限缘由,奏明办理。至生员马烟如,该督咨文内系马炯,核与原册

---

① 台北故宫博物院藏:《军机及宫中档》,文献编号:408003050-0-C.又,台北故宫博物院藏:《军机及宫中档》,文献编号:138927。

② 中国第一历史档案馆编:《光绪朝上谕档》第23册第86页,广西师范大学出版社,1996。

不符，应一并查明声覆，等因。复行据藩司曾龢详称：查附生张联甲等从前殉难阵亡，经前督臣左宗棠列作第九、第十两次汇案请恤，光绪十九年三月，奉部题准，行令查取各该生等出身履历。旋据前署环县知县袁范、前署清水县知县王长于二十年六月、二十一年二月先后查造到司。因所造履历与司案诸多不符，屡经驳饬另造，于二十二年九月始克查明详咨，册造原赍年月本在二年限内，往返驳查稽延，致逾一年有余。至清水殉难生员实系马炯如，前奉部文作为马炯如，而赍送履历详文内脱去"如"字，误成马炯，实因互有舛错，并非另有其人，一并声明。详请附奏前来。

臣覆核无异，谨附片具陈。伏乞圣鉴，饬部查照办理施行。谨奏。①

同日，公又附片奏销仓谷简册缘由，下部闻。曰：

再，据藩司曾龢详称：甘肃仓谷奏销，自光绪九年起至十三年止，按年造赍简明册籍，叠奉户部题驳未准。积至光绪二十年，前司沈晋祥②竭力督催，始将十四年分之册分别总、散，详细造报，虽案声请十三年以前免造细册，仍未奉部核准。在部臣考核细密，原系慎重仓储。无如边省凋敝，从前承平时吏事本逊他省。迨同治初年，军务繁兴，地方遍遭蹂躏，一切文卷非失守被毁，即逃散抛遗。虽自光绪九年起规

---

① 台北故宫博物院藏：《军机及宫中档》，文献编号：408003051-0-A. 又，台北故宫博物院藏：《军机及宫中档》，文献编号：138926.

② 沈晋祥(1837—？)，浙江归安县人，由监生报捐员外郎，投效军营。同治六年(1867)，以功保免选本班，以直隶州知州分发省分，归候补班补用，并加知府衔。十二年(1873)，赴部呈请分发，指省山西，是年十一月到省。光绪三年(1877)，于练军操防出力案内保俟补缺后，以知府用。同年八月，补保德直隶州知州。五年(1879)，于办理赈务出力保俟补缺归知府班后，加盐运使衔，旋经调补绛州直隶州知州。八年(1882)，署平定直隶州知州。九年(1883)，补授山西蒲州府知府。十年(1884)，署太原府知府。十二年(1886)，署冀宁道，六月交卸，回太原府本任。十三年(1887)，补授山西冀宁道，嗣两次署理山西按察使。十五年(1889)，迁湖南按察使，旋即入都陛见。同年，接准总理各国事务衙门电信，暂护湖南巡抚。十六年(1890)闰二月十七日交卸，仍回臬司本任。十七年(1891)，擢甘肃布政使，是年，进京陛见。

复旧制,而变通已久,各属官吏罕明例章,近今一切例案尚难望其如式,何况积年已过之事,官经累任,吏多生手,且自造送十四年册籍后,又值地方多事,该司到任将及两年,一再严催,谨将十五年分造办齐全。其十三年以前细册迄无一处办到,非各牧令敢于抗违,实以事过境迁,终难明晰。若仍一意追求,势必新旧积压,永无了期,应请附奏恳将光绪九年至十三年止仓谷奏销,免取细册,仍照前赍简册核销,等情。前来。

臣覆加查核,委系实在情形。除将赍到十五年分销册另案具题,并请将十四年分一并核销外,相应请旨饬部将光绪九年至十三年止仍按咨送简明总册查核准销,免造详细册籍,俾清积牍。谨附片具陈。伏乞圣鉴,饬部查照施行。谨奏。①

是日,公又附片奏报守备胡锦荣病故情形,下部闻。曰:

再,臣据西宁镇总兵何美玉呈称:镇标中营守备胡锦荣得患喘症,调治未愈,于光绪二十三年二月初七日在任病故,呈请核办前来。臣覆查无异,相应奏明请旨开缺。除查取该故员原领札付及委员承查印、甘各结另咨送部外,所遗西宁镇标中营守备员缺,陕甘现有应补人员,容臣另拣请补。理合附片具陈。伏乞圣鉴,训示。谨奏。②

同日,公又附片奏请将副将刘仁和开缺等情,下部闻。曰:

再,据肃州镇总兵田在田呈:据镇属金塔协副将刘仁和禀称:屡接家书,因连年原籍雨水过多,致祖茔多被冲刷,恳请开去金塔协副将本

---

① 台北故宫博物院藏:《军机及宫中档》,文献编号:408003051-0-B.又,台北故宫博物院藏:《军机及宫中档》,文献编号:138916.
② 台北故宫博物院藏:《军机及宫中档》,文献编号:408003058-0-A.又,台北故宫博物院藏:《军机及宫中档》,文献编号:138917.

缺,以便回籍修理,等情。前来。臣覆查无异,相应奏明请旨开缺。除查取该员原领札付另咨送部外,其所遗金塔协副将员缺,陕甘现有应补人员,容臣另拣请补。谨附片陈明。伏乞圣鉴。谨奏。①

同日,公又附片奏请副将张锡光即赴本任,曰:

再,拟补陕西河州镇属洮岷协副将张锡光现已接奉署劄,应即饬赴本任,以专责成。除给委外,理合附片陈明。伏乞圣鉴。谨奏。②

是日,公又附片奏请以林毓琛升补武威远营都司,下部议。曰:

再,臣前准兵部咨:甘肃西宁镇属威远营都司员缺系题补第四轮第九缺,轮用应补世职人员。该省现无世职应补人员,应以应升人员抵补,等因。当经转行拣补去后。兹据西宁镇总兵何美玉呈称:镇属威远营都司员缺,查有俸满镇标后营守备林毓琛,晓畅营伍,办事精敏,堪以升补。呈请核办前来。

臣查俸满守备林毓琛,久历戎行,办事奋勉,以之升补斯缺,实堪胜任,亦与轮缺章程相符。合无仰恳天恩俯念员缺紧要,准以俸满守备林毓琛升补西宁镇属威远营都司员缺,可期得力。如蒙俞允,查该守备林毓琛系俸满引见人员,应请饬部发给札付,以符定制。

除查取该员履历清册另咨送部外,所遗西宁镇标后营守备员缺,陕甘现有应补人员,容臣另拣请补。谨会同署甘肃提臣张永清,合词附片具奏。伏乞圣鉴,训示。谨奏。③

---

① 台北故宫博物院藏:《军机及宫中档》,文献编号:408003057-0-C.又,台北故宫博物院藏:《军机及宫中档》,文献编号:138920.

② 台北故宫博物院藏:《军机及宫中档》,文献编号:408003057-0-B.又,台北故宫博物院藏:《军机及宫中档》,文献编号:138922.

③ 台北故宫博物院藏:《军机及宫中档》,文献编号:408003057-0-A.又,台北故宫博物院藏:《军机及宫中档》,文献编号:138923.

四月初二日，公奏报董军行饷改供坐饷缘由，下部议。曰：

窃准户部咨开：议覆臣前奏提臣董福祥所部各营不敷饷项，恳请分别设法另拨一折，谓现在各路防勇均支坐饷，董军既属防营，并非另有征调。自宜改支坐粮，分别散札。惟该提督所部二十营系奉谕旨添募，如难遽拟裁改，惟有仍将该督挑留防、练各军，再行酌量裁撤，等因。于光绪二十三年二月十九日具奏，奉旨：依议。钦此。钦遵咨行前来。

臣查甘肃军务甫平，仅于旧有防、练各军之外酌留二十营旗，原以地方反侧未安，不能不周密布置，暂资镇慑，今既饬令再行裁腾，亟应遵照办理。第查董军二十营行饷、薪公，岁需银八十余万两，前奏除部议甘肃新饷提存甘肃司库银三十一万八千两提供董军外，尚不敷银五十余万两，为数过多，纵将挑留各营旗全数裁撤，所短仍巨。至绿营、制兵，现当遵奉谕旨另行酌裁，惟一时碍难多汰，并须遵照原奏酌给裁兵银粮，以资生计。约计腾饷无多，尚不能截定时日，即难抵作董军目前饷需，而董军二十营系奉谕旨添募，自未便遽请裁减。际此时局日艰，本省既罗掘早空，部中又无款可拨，在微臣亟应竭力筹画，挹此注彼，断不敢稍存推诿。在提臣公忠素抱，必能仰体时艰，力求撙节。

臣与藩司等再四商酌，董军二十营，部咨既谓现无征调，惟有请按坐粮支饷，岁可省银三十余万两，尚不敷董军坐饷银二十余万两。臣拟于防、练各军内极力裁遣，以腾出之饷尽数供支董军坐粮之需。倘或仍形不足，再当设法另筹，以期上慰宸廑。董军既支坐粮，所有该提督岁需薪工，并恳饬部按坐粮章程核议匀拨，稍资节省。抑臣更有请者，臣部防、练各军各有分驻巡防要隘，兹既为董军腾饷，分别裁撤，则所遗防地未免遽形空虚，应请由臣随时咨明提臣拨队填札，以重防务。

除咨提臣董福祥查照外，合将董军二十营行饷极力裁汰腾挪，不敷仍巨，拟恳酌量变通改供坐粮，以便匀支各缘由，谨恭折具陈。伏乞皇上圣鉴，训示，并请饬部查照施行。谨奏。①

同日，公又奏报核拟甘肃光绪二十三年新旧秋审人犯赵农保仔等各案，下部议。曰：

窃据兼署甘肃按察使黄云会同布政使曾铄、兰州道黄云详称：前准部咨奏准变通章程内开：应入秋审新旧人犯，迅即饬属造具案由清册，送由臬司核明罪犯轻重，分别实缓，将应勘人犯停止解省，该督即将拟定实缓清册奏明，咨部覆核。应入情实人犯，请旨即行处决、缓决；可矜人犯，照前次变通章程，分别减等发配，等因。奉旨依议。钦此。钦遵咨行到司，当经移行各道、府、直隶州通饬所属一体遵办在案。

兹查得光绪二十二年原办旧事秋审缓决人犯，内肃州绞犯李沅渟一名越狱脱逃，业经拟议，详请具奏；又，原办新事秋审情实人犯，奉旨勾决之静宁州斩犯王蛊桦、宁州绞妇李氏二名，均经饬令处决，讫。以上统共三起，计犯三名，俱应于本年秋审册内开除。其尚有原办旧事秋审人犯内原拟情实、二次奉旨牢固监候之安化县绞犯刘蕢浚，又原办情实、二次奉旨改缓之隆德县斩犯摆苏儿二名，与原办缓决之文县绞犯邢均、化平厅斩犯郑懊发、通渭县绞犯董炭儿、宁州绞犯侯平儿、隆德县绞犯马增幅、中卫县绞犯王终、洮州厅绞犯张代哇子九名，仍应分实、缓，汇入本年旧事秋审册内办理，并有已奉部覆应入光绪二十三年新事秋审大通县绞犯赵农保仔、平凉县绞犯朱冻至儿、镇原县绞犯王添益、绞犯吴跟娃、伏羌县绞犯彭泗泽、秦州直隶州绞犯曹苏家娃、陇西县绞犯刘腥娃共七名。以上统共一十六起，计犯一十六名，遵照变通章程，人犯停止解勘，照依该犯等情罪，酌拟实缓，分晰新旧，汇造年贯、案由清册，呈请具奏前来。

---

① 台北故宫博物院藏：《军机及宫中档》，文献编号：408003055.又，台北故宫博物院藏：《军机及宫中档》，文献编号：138492.

臣覆核无异,除赍到册籍咨部该办外,谨缮折由驿驰陈。伏乞皇上圣鉴,饬部核覆施行。此外,甘省并无应入朝审人犯。其现入秋审各犯,亦无祖、父、子、孙阵亡应行声叙之案。此案本应循旧具题,因遵照部议变通章程办理,是以改题为奏。合并陈明。谨奏。①

四月二十二日,公开单奏报光绪二十三年二月分甘省雨水粮价情形,曰:

窃照本年正月分粮价并雪泽情形,业经奏报在案。兹查二月分兰州等八府六直隶州属具报得需雪泽,自一二寸至三四寸不等。正值春耕之际,获此沃泽,实于农田有裨。

至通省粮价,或与上月相同,或较上月稍有增减。据藩司曾鉌具详请奏前来。臣覆核无异,理合恭折具奏,并缮粮价清单,恭呈御览。伏乞皇上圣鉴。谨奏。②

同日,公又奏报校阅光绪二十三年各营官兵春操情形,曰:

窃照陕甘督标并兰州城守六营马步守兵向系春、秋二季合操,兹届本年春操之期,仍应依期合操,以符定制。臣于三月二十七日率同司道,亲临教场校阅。各营官兵操演香山、速战等阵,队伍整肃,器械鲜明,进止如法;施放连环枪炮、喷筒、火弹,比较刀矛、藤牌,亦属便捷。所练马队合队操演,马上放枪以及员弁枪靶,均灵便有准。臣择其技勇出众者分别奖赏,以示鼓励,仍严饬各营将弁一体认真操练,实力讲求,务期一兵得一兵之用,庶不致饷有虚糜,以冀仰副圣主整饬戎

---

① 台北故宫博物院藏:《军机及宫中档》,文献编号:408003056。又,台北故宫博物院藏:《军机及宫中档》,文献编号:138665。

② 台北故宫博物院藏:《军机及宫中档》,文献编号:408003057。又,台北故宫博物院藏:《军机及宫中档》,文献编号:139457。

行至意!

所有微臣校阅光绪二十三年省标春操情形,理合恭折具陈。伏乞皇上圣鉴。谨奏。①

是日,公又奏销光绪二十年分关防内防军收支各款情形,下部议。曰:

窃查前准部咨:甘肃关内外军饷自光绪十一年起均归甘肃藩司统收分拨,所有关内十一年起至十九年止收支各款,业经造册具奏核销在案。兹据甘肃布政使曾铄详称:关内二十年应分新饷,除拨归司库支发标、练各军等项另册造销,湖北尚欠短平饷银八十八两零外,计防军饷项共收银九十一万三千六百一十九两零,又收马步各旗报缴旷银一千八十余两,又收制造、军火、军装、采买各项扣回平余银五百二十两零。通共各项实收湘平银九十一万五千二百二十余两。

计支马步各旗薪粮、马干银四十一万六千三百余两,买补倒马价银二千五百余两,又发火药局委员薪水、书识、护兵口粮、配造工料及各匠工价、房租银三万二千七百九十余两,採买、军械、物料等项银二万七千八百五十九两零。

又,新募武毅新左旗马队、督标镇南中旗步队两旗,小口粮钱合银二千七百八十余两。通共各款实支银四十八万二千二百五十余两。又奉部饬提二十年存储银一十八万六千四百一十两,又提存裁撤镇东步队一旗二十年应支口粮银一万七千九百九十余两,又提存裁撤关内防军子药夫二十年应支口粮银一万三千五百九十余两。

又,部议裁减关内防军步队各旗亲兵正勇内,除肃西左、右二旗原裁亲兵八名、正勇四十八名,经前督臣于光绪十九年五月初四日奏明添募足额外,实在原裁亲兵正勇二十年应支口粮银一万九千八百八十两零。

以上四款,均经另册列收存储。统计支销拨存共湘平银七十二万一

---

① 台北故宫博物院藏:《军机及宫中档》,文献编号:408003056-1.又,台北故宫博物院藏:《军机及宫中档》,文献编号:139459.

百三十余两,实存湘平银一十九万五千八十余两,列入下届接续开支造报。所有二十年分关内防军收支各款造具细数清册,呈请具奏前来。

臣逐加覆核,收支各款均属相符,支发各项皆系实用实销,委无浮冒,相应吁恳天恩俯准饬部核销,以清款目,除将清册分送户、兵、工三部外,理合恭折具陈。伏乞皇上圣鉴,训示。谨奏。①

同日,公又会衔甘肃提臣张永清奏请金造补授肃州镇标右营游击,下部议。曰:

窃臣前准兵部咨:甘肃肃州镇标右营游击员缺系题补第六轮第二缺,轮用尽先人员,行令拣员请补,等因。臣随在于尽先合例人员内逐加拣选,实拣选得尽先补用游击甘肃凉州镇属永昌协营中军都司金造,年力富强,办事勤敏,且该员尽先游击业已到班,以之请补斯缺,实堪胜任,亦与部章符合。合无仰恳天恩俯念员缺紧要,准以该员金造补授肃州镇标右营游击,可期得力。如蒙俞允,俟接部覆后,即行给咨赴部引见,以符定制。

除查取该员履历清册另咨送部外,所遗永昌协营中军都司员缺,陕甘现有应补人员,容臣另拣请补。谨会同署甘肃提臣张永清,合词恭折具陈。伏乞皇上圣鉴,训示。谨奏。②

同日,公又奏销甘肃关内外光绪二十年分转运脚价等项经费情形,下部议。曰:

窃甘省关内外每年运解新饷脚价、委员川资、鞘匣等项,遵照部议即由新饷内划提银四万两,另款开支;又,陕甘养电经费并岁修银两,前经奏明请于划提新饷银四万两内,除开支转运脚价等项外,所余银

---

① 台北故宫博物院藏:《军机及宫中档》,文献编号:408003058.又,台北故宫博物院藏:《军机及宫中档》,文献编号:139452。
② 台北故宫博物院藏:《军机及宫中档》,文献编号:408003061.又,台北故宫博物院藏:《军机及宫中档》,文献编号:139455。

两尽数拨支，奉旨允准，历经遵办。截至十九年底止，业经造册奏咨核销，实存湘平银三万六千六百九十余两。

二十年转运经费仍照前案由新饷内提银四万两，又收支发脚价等项照章扣回平余银二百七十余两，合共管、收实存湘平银七万六千九百六十余两。自二十年正月起至年底止，由泾州属之瓦云驿接运新饷及搭解各款至兰州省城，复由兰州转运新疆，脚价及员弁盘费、口粮、骡价，并添制鞘匣、纸张、绳索、工价等项，共发过湘平银二万八千二百九十余两；又拨发甘肃电报局二十年养电经费、薪水各项湘平银一万五百五十五两，又拨发陕西电报局二十年分养电经费湘平银一千二十六两，除拨发陕甘电报局各项经费银两应咨由总办各省电线太常寺少卿盛宣怀列收，另将支用细数造报请销外，统计开支拨发共湘平银三万九千八百七十余两，实在存湘平银三万七千八十余两，另款存储，归入下届开支造报。据甘肃布政使曾鉌造具总、散清册，详请具奏前来。

臣覆查无异，合无仰恳天恩饬部查照核销。除将各册分送户、兵、工三部外，理合恭折具奏。伏乞皇上圣鉴，训示。谨奏。①

是日，公又奏报王凤鸣丁忧开缺请赐简放一事，曰：

窃臣据新授新疆伊犁镇总兵王凤鸣②呈报：光绪二十三年四月十四日，在兰州省城途次接到家信，知亲父殿元于本年三月十三日在安

---

① 台北故宫博物院藏：《军机及宫中档》，文献编号：408003060.又，台北故宫博物院藏：《军机及宫中档》，文献编号：139462.

② 王凤鸣(1835—?)，安徽凤阳人。同治元年(1862)，自备资斧，带领团练马队，在江苏高邮投效楚胜营，充马队哨长，以迭次打仗出力，经漕运总督吴棠赏给六品顶戴。二年(1863)，在江苏海州及邳宿南岸地方，并攻克郯境长城、孙疃，肃清沂州案内，经漕运督吴棠咨保以外委归淮扬镇标尽先拔补。三年(1864)，保千总，戴蓝翎。四年(1865)，保守备，换花翎。同年，经僧格林沁奏报都司。十一月，经钦差大臣曾国藩、皖抚乔松年汇保游击。六年(1867)，保副将，赏靖勇巴图鲁名号。七年(1868)，经左宗棠等奏报总兵，并赏给三代一品封典。同年，保提督，请旨简放，赏换绷武巴图鲁名号。十年(1871)，赏穿黄马褂。十一年(1872)，晋头品顶戴。十三年(1874)，署巴里坤镇总兵。光绪二年(1876)，交卸镇篆。三年(1877)，随金顺，加三等军功。九年(1883)，借补玛纳斯协副将。十二年(1886)，调补哈密协副将。二十一年(1895)，擢伊犁镇总兵。二十四年(1898)，丁忧开缺，回籍守制。三十一年(1905)，经长庚奏赴伊犁差委。

徽凤阳县原籍病故。总兵系属亲子，例应丁忧，呈请开缺回籍守制，等情。前来。臣查该总兵王凤鸣既经丁忧，例应开缺回籍守制，所遗伊犁镇总兵员缺，应请旨迅赐简放，以重职守。

除咨新疆抚臣查照外，理合恭折具陈。伏乞皇上圣鉴，训示。谨奏。①

同日，公又附片奏报参将张国祥病故开缺情形，下部闻。曰：

再，据署陕西汉中镇总兵龙得胜呈称，该镇所属宁陕营参将张国祥得患痰疾，医治罔效，于光绪二十三年二月二十五日在任病故，等情。前来。臣覆查无异，相应奏明请旨开缺。除札付及印、甘各结另咨送部外，所遗宁陕营参将员缺，陕甘现有应补人员，容臣另拣请补。谨附片具陈。伏乞圣鉴。谨奏。②

同日，公又附片奏报守备杨有发病故开缺情形，下部闻。曰：

再，臣据延榆绥镇总兵蒋云龙禀称：署定边协营都司延安营正任守备杨有发，于本年正月二十九日在署任病故，等情。前来。相应奏明请旨开缺。除饬取该故员嫡亲、医士承查印、甘各结及原领延安营守备札付另文送部外，所遗延安营守备员缺，陕甘现有应补人员，容臣另拣请补。理合附片陈明。伏乞圣鉴。谨奏。③

是日，公又附片奏请联魁兼办西宁善后，曰：

再，查西宁善后、赈抚一切事宜，经西宁道联魁接办后，措施悉当，

---

① 台北故宫博物院藏：《军机及宫中档》，文献编号：408003059。又，台北故宫博物院藏：《军机及宫中档》，文献编号：139458。
② 台北故宫博物院藏：《军机及宫中档》，文献编号：408003059-0-A。又，台北故宫博物院藏：《军机及宫中档》，文献编号：139463。
③ 台北故宫博物院藏：《军机及宫中档》，文献编号：408003059-0-B。又，台北故宫博物院藏：《军机及宫中档》，文献编号：139456。

现虽冬赈春抚先后竣事,而清理叛产,安插难民,抚回未尽,事宜尚多。适接部咨:光绪二十三年三月十五日奉上谕:西宁办事大臣着联魁署理。钦此。理应遵照交卸道篆,前赴署任。惟该处善后关重,联魁办理妥协,未便遽易生手,致滋贻误。据甘肃布政使曾鉌具详请奏前来。

相应请旨仍饬署西宁办事大臣联魁就近兼办善后一切事宜,俾昭妥善而竟全功。除咨联魁查照外,谨附片具陈。伏乞圣鉴,训示。谨奏。①

同日,公又附片奏报拣员委署西宁道篆情形,下部闻。曰:

再,甘肃按察使丁体常现已陛见回省,应即饬赴本任。西宁道联魁奉旨署理西宁办事大臣,所遗西宁道印务,查有候补道胡宗涟,堪以委署。升授宁夏道胡景桂应即饬赴新任,该道在宁夏府任内整顿渠务,深资得力,未便遽易生手,仍令暂行兼摄府事,俾竟全功。除分别檄饬遵照外,理合附片陈明。伏乞圣鉴。谨奏。②

同日,公又附片奏报两当等县恤案逾限一事,下部闻。曰:

再,前准吏部议覆甘肃两当县从前阵亡之从九张海鹏、张大鹏,又金县阵亡之学正刘鏋,均照四品官以下阵亡例,先行议给云骑尉世职,袭次完时,各给予恩骑尉,世袭罔替。又,中卫县阵亡之廪生孙绳祖照举贡生员打仗阵亡按官员伤亡例,先行议给云骑尉世职,袭次完时,毋庸给予恩骑尉;又陇西县殉难之文生马绍曾照九品官殉难例,先行议赠盐运司知事衔,荫一子以县主簿注册候选,仍令查明该故员生出身

---

① 台北故宫博物院藏:《军机及宫中档》,文献编号:408003057-0-D.又,台北故宫博物院藏:《军机及宫中档》,文献编号:139460。
② 台北故宫博物院藏:《军机及宫中档》,文献编号:408003057-0-E.又,台北故宫博物院藏:《军机及宫中档》,文献编号:139461。

履历,报部查核相符,再行分别准其袭荫,等因。当经行据藩司饬据各该县,查造各该故员生出身履历册籍送部查核去后。

兹准部覆:核计此案已逾二年定限,应令查照定章声叙请恤原案并逾限缘由,奏明办理,等因。复行据藩司曾鉌详称:查从九张海鹏等从前阵亡殉难,经前督臣谭钟麟及顺天府先后汇案请恤,光绪十九年五月奉部题准,行令查取各该员生出身履历。旋据两当县知县苏重熙、前署中卫县知县吕恕、陇西县知县江昌燕、金县知县姬恺臣于二十年十一月、十二月、二十一年四月、十一月先后查造到司。因所造履历与司案诸多不合,屡经驳饬另造,于二十二年九月始克查明详咨,册造原赍年月。惟金县有逾限期,其余均在二年限内。往返驳查,致逾一年有余,并非无故迟延。详请附奏前来。

臣覆核无异,谨附片具陈。伏乞圣鉴,饬部查照办理,施行。谨奏。①

是日,公又附片奏报拣员委署西宁府篆等缺,下部闻。曰:

再,西宁府知府胡砺锋病故遗缺,查有调署循化厅本任贵德厅同知欧阳乐清,堪以委署。署静宁州知州潘力谋调省遗缺,查有试用同知洪翼,堪以委署。署平番县知县陈兆康调省遗缺,查有即用知县阮士惠,堪以委署。署皋兰县知县姚世贞病故遗缺,查有现署高台县事尽先即用知县张心镜,堪以调署。递遗高台县知县员缺,查有试用知县卢求古,堪以委署。张心镜未到任以前,皋兰县篆务应饬在省灵州知州查之屏暂行代理。据藩、臬两司会详前来。除批饬分别给委外,理合附片陈明。伏乞圣鉴。谨奏。②

---

① 台北故宫博物院藏:《军机及宫中档》,文献编号:408003060-0-A.又,台北故宫博物院藏:《军机及宫中档》,文献编号:139464.
② 台北故宫博物院藏:《军机及宫中档》,文献编号:408003059-0-B.又,台北故宫博物院藏:《军机及宫中档》,文献编号:139453.

同日，公又附片奏请田玉广即赴本任，曰：

再，升补陕西固原提属西安城守协副将田玉广赴引事竣，应即饬赴本任，以重职守。除给委外，谨附片陈明。伏乞圣鉴。谨奏。①

四月二十六日，公会衔陕西提臣邓增奏请岳尊岱升补汉中华阳营都司，下部议。曰：

窃臣前准兵部咨：陕西汉中镇属华阳营都司员缺系题补第三轮第九缺，轮用应升人员请补。经臣奏请以陕西汉中镇属留坝营守备赵桢隆升补。旋准部覆：该员已由部拟补陕安镇属孝义城守营都司员缺，所请升补华阳营都司之处，自毋庸议。其陕西华阳营都司员缺，仍令另拣合例应升人员请补，等因。当经转行拣补去后。兹据署陕西汉中镇总兵龙得胜呈称：华阳营都司设处深山，防务关重，必得熟习地方情形之员方资整顿，查有俸满镇属定远营分防瓦石坪汛守备岳尊岱，年强才明，营伍练达，堪以升补。呈请核办前来。

臣查该守备岳尊岱，年力正强，办事勤敏，以之升补斯缺，实堪胜任，亦与部章相符，合无仰恳天恩俯念员缺紧要，准以该员岳尊岱升补陕西汉中镇属华阳营都司员缺，可期得力。如蒙俞允，俟接准部覆后，即行给咨送部引见，以符定制。

除履历清册另咨送部外，谨会同陕西提臣邓增，合词恭折具陈。伏乞皇上圣鉴，训示。谨奏。②

同日，公又会衔宁夏将军臣宗室钟泰、甘肃提臣张永清、陕西提臣邓增

---

① 台北故宫博物院藏：《军机及宫中档》，文献编号：408003061-0-A.又，台北故宫博物院藏：《军机及宫中档》，文献编号：139454.

② 台北故宫博物院藏：《军机及宫中档》，文献编号：408003063.又，台北故宫博物院藏：《军机及宫中档》，文献编号：139240.

奏报裁撤甘肃制兵二成节省银粮情形,下部闻。曰:

窃臣于本年三月十六日承准军机大臣字寄:光绪二十三年三月初四日奉上谕:户部奏,冗兵耗财过巨,亟宜大加裁汰一折。近因库款支绌,各省亦筹解维艰,是裁减兵勇一事,事机所迫,势在必行。各直省将军、督抚奉到此旨,统限一月内,将裁减兵勇若干、节省饷银若干切实覆奏。所留兵勇务当精选训练,赈抚地方。至所裁兵勇应酌给遣饷、银米之处,并着体察情形,奏明办理。原折着抄给阅看,等因。钦此。遵旨寄信前来。

仰见皇上于裁兵截饷之余,仍寓慎重地方之至意!谨当钦遵大加裁减,上纾宸廑,断不敢瞻徇情面,意存见好,亦未便过事操切,贻误地方。当与藩、臬司道再四商酌,窃维甘肃地处边陲,自前岁猝遭回乱,年余始就平定,各厅州县人民非惨被焚杀,即闻风惊避。现虽渐次归业,而大难之后贫窭不堪,均经奏明筹款赈抚。今春始一律播种,计此时相距秋成为期尚远,目下粮价多未平减,若一时裁减过众,转恐易滋事端。除河州镇本标及所属循化、保安、起台、临洮各营,并西宁镇统辖地方从前被难较重,民兵情形困苦,拟请缓至二十四年秋季再行议裁外,其余各处截至本年夏季底止,拟请酌量先裁二成,仍按名酌给遣饷银粮一季,以资生计。

所留八成仍当切实训练,暂资赈抚,容俟来年再当斟酌营汛紧要、偏僻、地方情形,酌量再裁,另行具奏。计督标、甘肃提标、凉州、肃州、宁夏三镇及固原提督所辖驻甘各营汛并河州镇所属兰州城守营、洮岷协营、巩昌营,存营马、步、守兵共一万七千五百四十四名。此次裁减二成,计裁各兵三千五百九名。其各标营马兵营马本未复旧,仅有骑操马匹,尚不敷用,未能裁汰。惟固原驻甘所辖之秦州、利桥两营属及化平一营、硝河一汛并宁夏全镇,尚是每兵一马,共有马四百四十二匹,计裁二成,共应裁马八十九匹。以满年核算,计节省饷干草折共银四万二千六百六十两一钱一分,节省兵粮、马料共粮二万一千六百八十六石六斗,节省草一万二千九百六十束。所裁各兵三千五百九名,按名照原支口分,给予一季银粮作为遣资,共计应支给遣银一万五百七十一两,遣粮五千三百一石五斗。

至甘省旧有、新添各勇营,自上年军务肃清后,已陆续裁遣,随时专案奏报。现时所存各勇营均驻防要隘,容再体察情形,竭力裁减,随时具奏。其陕西各绿营应裁兵丁,俟陕藩司议详至日,再行核办。新疆勇营由抚臣饶应祺另行奏明办理外,所有酌裁甘肃绿营兵丁,节省银粮及酌给裁兵遣饷银粮各数目,据甘藩司曾鉌具详前来。

臣覆核无异,除将清册分咨户、兵二部外,谨会同宁夏将军臣宗室钟泰、署甘肃提臣张永清、陕西提臣邓增,合词恭折具陈。伏乞皇上圣鉴,训示,施行。谨奏。①

是日,公又会衔甘肃提臣张永清奏请白文治升补洪水营游击,下部议。曰:

窃臣前准兵部咨:甘肃提属洪水营游击刘复胜病故遗缺,经部掣定作为第五轮第九缺,轮用应升人员,行令拣员请补,等因。臣随在于俸满合例应升人员内详加拣选,实拣选得花翎尽先参将俸满甘肃提标后营都司白文治,年力正强,操防勤奋,且在甘年久,于地方营伍情形熟悉,以之升补斯缺,洵堪胜任,亦与部章相符,合无仰恳天恩俯念员缺紧要,准以该员白文治升补甘肃提属洪水营游击,可期得力。如蒙俞允,俟接准部覆后,即行给咨送部引见,以符定制。

除查取该员履历清册另咨送部外,所遗甘肃提标后营都司员缺,陕甘现有应补人员,容臣另拣请补。谨会同署甘肃提臣张永清,合词

---

① 台北故宫博物院藏:《军机及宫中档》,文献编号:408003062。又,台北故宫博物院藏:《军机及宫中档》,文献编号:139242。

恭折具陈。伏乞皇上圣鉴,训示。谨奏。①

同日,公又会衔甘肃提督董福祥附片奏报甘肃改并营旗缘由,下部闻。曰:

再,上年十月间,河湟军务大定,甘肃提督董福祥来省,商将所部二十营减作十二营旗,并以所部勇丁曾经出力不忍多裁,且恐裁撤过急,另滋事端,因将西宁镇何美玉所带之甘军副中营、署河州镇本任宁夏镇王钺安所带之甘军副前营、署循化参将朱廷芳所带之甘军副右营各步队,拨归督臣管辖。从十一月初一日起,按照坐粮章程,由臣所部防军内支饷,旋将何美玉所带一营裁减成旗。

现董福祥既遵旨添足二十营,部咨令将督臣所部营旗极力裁并,腾饷供支。复经臣商允于前拨三营旗内,以何美玉一旗、朱廷芳一营仍拨还董福祥统辖,饷项截至本年四月底止,归臣所部防军内支给报销。自五月初一日起,由董福祥二十营饷内给领造报,俾清界限。至原拨之甘军副前营步队,现经王钺安由河州带赴宁夏,驻防窎远,未便收还,仍归并臣部防军内,按月支饷,容臣随后察酌情形,分别裁留,以资节省。据甘肃粮台布政使曾鉌详请具奏前来。

臣覆核无异,谨会同甘肃提督董福祥,附片陈明。伏乞圣鉴,饬部查照施行。谨奏。②

同日,公又附片奏报发给阵亡勇丁恤银情形,下部闻。曰:

再,查甘省于光绪二十一年春间,河湟、海城逆回相继变乱,各军

---

① 台北故宫博物院藏:《军机及宫中档》,文献编号:408003064. 又,台北故宫博物院藏:《军机及宫中档》,文献编号:139241.
② 台北故宫博物院藏:《军机及宫中档》,文献编号:408003062-0-A. 又,台北故宫博物院藏:《军机及宫中档》,文献编号:139244.

分路进剿，血战年余，始得渐次荡平。阵亡文武官弁兵勇为数甚多，应得恤、赏等项业经奏明在案。内除各标弁兵照例另案办理外，所有湘军、甘军由各该总统自行核发。其余阵亡勇丁恤银，据甘肃新疆总粮台布政使曾龢详：蒙前督臣杨昌濬批令，援照前督臣左宗棠剿办逆回章程，不分马步，每名准给银三十两，团勇、番丁每名准给银二十两，核较《军需则例》所定数目约减过半，遵即照办，随报随发。比及二十二年秋间，业已发过银三万余两。旋因库款支绌，详由臣批令折半给发，迄今又发银九千五百余两。通计发过恤赏银四万数千两。

现在军务肃清，各营旗裁撤十之七八，各该家属正在纷纷领恤搬柩，且有各营旗官当时漏列补报之案，经臣查明给发，一时尚难截数。所有发过阵亡勇丁恤赏银数章程大概情形，详请奏咨立案，等情。前来。

臣覆核无异，除咨明户、兵二部查照外，理合附片陈明。伏乞圣鉴，饬部立案施行。谨奏。①

五月十一日，公会衔陕西抚臣魏光焘、陕西固原提臣邓增奏报裁减陕西绿营兵丁数目情形，下部闻。曰：

窃臣钦奉谕旨，饬令裁减兵勇，等因。当即钦遵先将甘肃绿营兵丁酌裁二成，声明勇营随时裁遣，由驿驰奏在案。臣查固原提标驻陕各营及延榆绥、陕安、汉中各镇，从前额设马步守兵二万四千八百九十五名，现实存营兵八千二百二十名，不及原额三分之一。陕省幅员辽阔，各处巡防、护送、稽查、弹压，在在均关紧要，委属无可裁减。

惟际此时艰，诚如圣谕"事机所迫，势在必行"，不得不于无可裁减之中力求节省，兹亦援照甘省截至本年六月底止，先汰二成，自七月初一日起，即照减定数目支放，仍酌给裁兵银粮一季，以资生计。其余所

---

① 台北故宫博物院藏：《军机及宫中档》，文献编号：408003062-0-B. 又，台北故宫博物院藏：《军机及宫中档》，文献编号：139243.

留各兵,容俟来年再与陕西抚臣察酌情形,分别裁遣。除西安城守协营兵丁前于同治三年奏请改勇,仅存制兵一十五名,与抚标制兵改勇外,仅存制兵八十二名,均拨商州防堵,奉文只开不补,应请毋庸议裁。

其抚标及西安城守协营所改勇丁,应由抚臣魏光焘酌核具奏外,计督臣所辖固原提标驻陕各营及延榆绥、陕安、汉中各镇,按二成共裁减马步守各兵一千六百四十三名,每年节省银二万三千二两二钱八分,节省兵粮、马料三千九百一十二石五斗七升四合,节省草一万三千四百四十四束八分。所裁各兵一千六百四十三名,按名照原支口分,给予一季银粮作为遣资,计应支给遣银五千七百五十两五钱七分,遣粮八百九十五石二斗。据陕西布政使张汝梅具详请奏前来。

臣覆核无异,除将清册咨送户、兵二部外,所有裁减陕西省绿营兵丁、节省银粮及酌给裁兵遣饷银粮各数目,理合会同陕西抚臣魏光焘、陕西固原提臣邓增,合词恭折具奏。伏乞皇上圣鉴,训示。谨奏。①

同日,公又奏报甘肃各属光绪二十二年下忙征收银两数目情形,下部闻。曰:

窃查甘肃各属光绪二十二年上忙征收银数,业经奏报在案。所有二十二年下忙征收银数,据甘肃布政使曾鉌详称:查甘肃各属光绪二十二年额征并秦州等处新垦地丁共银二十八万五千五百五十三两九钱二厘,内除皋兰县等处水冲地亩已请蠲免并荒地无从征收外,现垦熟地应征银二十一万六百五十两八钱六分四厘六毫,前上忙已完银一十万一千九百七十三两七钱一分六厘,内已完存留经杂、驿站银三万九千八百一十两二钱二分五厘,照数留支已完起运银六万二千三十五两一钱九分三厘,杂赋银一百二十八两二钱九分八厘,均已解司,造入二十二年秋拨并二十三年春拨册内讫。未完地丁正杂银一十万八千

---

① 台北故宫博物院藏:《军机及宫中档》,文献编号:408003065.又,台北故宫博物院藏:《军机及宫中档》,文献编号:139532。

六百七十七两一钱四分八厘六毫，又上忙后续垦升科地丁正杂银九百八十五两四钱三分二厘，二共未完银一十万九千六百六十二两五钱八分六毫，内除河州、狄道、沙泥州判、洮州厅等处被兵并金县等处禾苗被灾、皋兰县西乡马家湾回民逃亡无着地丁正杂银一万六千九百三十六两四分九厘外，止该未完银九万二千七百二十六两五钱三分一厘六毫。

今下忙已完银九万一千四百三十九两一钱五分六厘，内存留经杂、驿站银三万一千三百五十一两三钱九分五厘，照数留支已完起运银五万八千七百七十一两一钱二分三厘，又收海城、平远二县征到二十一年奉文流抵二十二年地丁起运银七百二十九两三钱四分九厘，共银五万九千五百两四钱七分二厘，又已完杂赋银五百八十七两二钱八分九厘，均已解司，内造入二十三年春拨册内银一万五千五十三两七厘，候造入二十三年秋拨册内银四万五千三十四两七钱五分四厘；未完银一千二百八十七两三钱七分五厘六毫，现在严饬催缴，俟报征清完，归入下届带征册内造报。由该司造具总、散各册，详请具奏前来。

臣覆核无异，除将清册咨送户部查核外，所有甘省各属光绪二十二年下忙征收银两数目，理合恭折具陈。伏乞皇上圣鉴，训示。谨奏。①

五月十六日，公会衔总统甘军甘肃提督董福祥开单奏报续办河狄逸犯等名目情形，曰：

窃臣等前派道员张成基、副都统奇克伸布，率同总兵马安良、副将马伏保、卫守备马福禄及从九品苗兴勃等驰赴河州，查获逸匪马如彪等六十余名，先后讯明正法，并谕令殷实回民捐资助赈，于本年正月二十八日恭折奏明在案。续据张成基等禀报：拿获马荣即果园满拉等三

---

① 台北故宫博物院藏:《军机及宫中档》，文献编号:408003066.又,台北故宫博物院藏:《军机及宫中档》，文献编号:139533.

十余名,均系著名首要,叠次围城破堡,烧毁民房,残害多人之犯。仍督同署河州知州杨增新,随时讯明正法,谨开具清单,恭呈御览。

河州、狄道一带逸匪歼除略尽,惟恭查乾隆四十六年办理撒拉番回一案,奉上谕:此等番回在各处煽惑愚人,妄言祸福,甚至设立掌教、总掌教之名,以致无知回民被其愚惑入教,指挥听令。现在逆番苏四十三等即其余党竟敢率众抗拒官兵,总由当日养痈贻患所致,然尚因旧教与新教相争不致合为一事,若听其仍存掌教之名,俾回众悉听其号令,设彼总掌教者肆为不法,更何事不可为?此事关系甚大,不可不设法妥办,早为消弭,等因。钦此。

臣等查河狄回民既众,习其教者向有四大门宦之称,曰穆扶提、曰华寺、曰白庄、曰红门。此外又有毕家场、张门之属,皆各自为教以始。传教者之子孙世世为掌教,又各于其始传教者之墓所立庙作亭,于其冢上名曰拱拜,与他处礼拜寺又有不同。掌教者既世传其教,其众皆世世奉之,岁时有馈,婚丧有告,出入必请命以行,遇有饮食,皆争食其余以为幸。途中或望其去后,犹掬其尘土顶礼者久之。其愚至于如此。由是掌教者得肆其奸诈,始则贪利,继则无所不为而乱端起矣!诸门宦之中以穆扶提、华寺为尤盛。穆扶提则马维翰掌之,而华寺之中又分为老教、新教。老教则马永琳掌之,新教则马如彪掌之。华寺之拱拜在河州之八坊,而穆扶提之拱拜则在狄道,皆碧瓦朱甍,地连数顷。华寺之拱拜创于前明,尤为僭侈。前年马永琳起事,即自毁其拱拜之门楼,诬为汉民所毁,激变其众,而马维翰之众应之,至今汉民犹为切齿。马如彪既于上年十二月伏诛,而前年师入河州,马永琳亦先经伏法,独马维翰尚漏网。本年二月,因查办逸匪,亦数其罪而诛之,平毁其拱拜,穆扶提之教以绝,而华寺之拱拜如故,当谕以设立掌教之非,而华寺拱拜为此次肇乱之阶,尤不可以不毁。因饬马安良、马伏保、马福禄等督率回众自行拆毁。各该员等均隶回籍,皆能力矢公忠,踊跃从事,已于四月底一律平毁净尽。据张成基等禀报前来。

臣等覆查无异,臣模当饬地方官遴选公正回民为其众素所信服者,立为乡约,由官给谕承充,以资表率。凡回民诵经须入礼拜寺,不准诵习别经,并不准于拱拜中礼拜,违者惟该乡约是问。诸掌教之名一概禁革,并由臣等会衔撰就简明告示,分饬各属晓谕遵办,冀回民从此各安本分,不至再为邪说所迷。前谕回民捐资助赈,已由马安良等再三开导,陆续捐集银一十万两,均已收齐,容归入赈款案内核实开报。逸匪有逃至远乡者,仍饬报明地方官立案,获日再办。良莠既办,流民复业者多。张成基等当于五月初一日撤局,未尽事宜即交由地方官妥为经理。

所有续办逸匪并拆毁回民拱拜,禁革掌教名目各缘由,谨合词恭折具陈。是否有当?伏乞皇上圣鉴,训示。再,此折系臣福祥主稿。合并声明。谨奏。①

五月十九日,公开单奏报光绪二十三年三月分甘省雨水粮价情形,曰:

窃照本年二月分粮价并得霑雪泽情形,业经具折奏报在案。兹查本年三月分兰州等八府六直隶州属具报得霑雨泽,自一二寸至三四寸不等。正值禾苗出土之际,获此沃泽,土脉滋润,实于农田有裨。

至通省粮价,或与上月相同,或较上月稍有增减。据布政使曾鉌具详请奏前来。臣覆核无异,理合恭折具奏,并缮粮价清单,恭呈御览。伏乞皇上圣鉴。谨奏。②

同日,公又奏请常祥补授道员,下部议。曰:

窃照甘肃平庆泾固化道祝维城告请开缺回籍修墓,所遗员缺经臣奏奉部覆,准由外拣员请补。查例载:道、府、同知、直隶州知州、通判、知州,凡系应归候补班补用者,均无论应题、应调、应选之缺,令该督抚

---

① 台北故宫博物院藏:《军机及宫中档》,文献编号:408003067.又,台北故宫博物院藏:《军机及宫中档》,文献编号:139651。
② 台北故宫博物院藏:《军机及宫中档》,文献编号:408003069.又,台北故宫博物院藏:《军机及宫中档》,文献编号:140001。

酌量才具,择其人地相宜者,悉准补用,等语。今平庆泾固化道系冲、难二项中缺,查有甘肃题奏道现署巩秦阶道常祥,到省名次在先,堪以酌补。该员现年六十五岁,镶红旗蒙古祥禧佐领下人,由翻译生员补授理藩院笔帖式。咸丰四年,考补陕甘总督衙门笔帖式,六年期满,经前督臣乐斌①以该员堪膺地方之选,送部引见,奉旨发往原省,照例用。同治五年,奏补西宁县知县,因筹办军饷出力,保以直隶州知州遇缺尽先即补。击退逆回案内保以知府用,嗣以历年筹防出力,保请免补知府,以道员仍留甘肃补用。哈密军务告竣,保请遇有陕甘道员缺出题奏,旋奉部议,应改为遇有甘肃道员缺出,无论应题、应调、应选之缺,题补、奏补。嗣丁母忧,服满起复,经钦派王大臣验放,光绪七年十二月二十六日到省。旋丁父忧,回旗守制。经神机营奏赴山海关总理营务,十一年四月服满起复。十三年正月奉旨撤防,即于是年五月仍行回省。

臣查该道老成稳练,心地光明,在甘年久,历任笔帖式、知县各实缺,于吏治、民情最为谙悉,现署巩秦阶道,办理一切,极臻妥善,以之请补平庆泾固化道,实堪胜任,人地亦极相宜,合无仰恳天恩俯准以常祥补授平庆泾固化道员缺,实于地方有裨。该道署任被并无参罚案件。谨恭折具陈。伏乞皇上圣鉴,训示。谨奏。②

是日,公又奏请燕起烈调补西宁府知府,下部议。曰:

窃据甘肃布政使曾龢、按察使丁体常会详称:西宁府知府胡砺锋

---

① 乐斌(？—1875),觉罗氏,满洲正黄旗人。道光年间,充印务参领。二十二年(1842),补正红旗蒙古副都统。同年,授乌里雅苏台参赞大臣。二十六年(1846),署正蓝旗满洲副都统。是年,充武职六班大臣、值年旗大臣。二十八年(1848),任值年旗大臣。二十九年(1849),补盛京副都统。咸丰元年(1851),擢乌鲁木齐都统,署理盛京将军。二年(1852),兼署正黄旗满洲都统。三年(1853),授绥远城将军。同年,调补成都将军。四年(1854),兼署四川总督。六年(1856),授陕甘总督。光绪元年(1875),卒于任。

② 台北故宫博物院藏:《军机及宫中档》,文献编号:408003071。又,台北故宫博物院藏:《军机及宫中档》,文献编号:139997。

病故，业已截缺报部，所遗系冲、繁、疲、难四项最要缺，该处诸番罗列，回撒杂居，任重事繁，向称难治，非精明干练之员，实难胜任。查同治元年前督臣沈兆霖①奏准西宁道、府二缺，此后但使人地相宜，无论满、汉人员，均准酌量调补。惟同时道、府二员内必须有满洲、蒙古一人，不得皆用汉员，等语。今西宁道联魁系满洲旗人，则西宁府缺应于汉员内拣调。

该司等逐加遴选，查有甘州府知府燕起烈，年五十六岁，湖南桃源县拔贡，考取七品小京官，签分刑部，二次期满，作为额外主事；三次期满，作为候补主事，补授提牢厅江苏司主事，题升河南司员外郎，再升江西司郎中，历充秋审处总办、坐办、律例馆提调，保送以御史用。光绪十四年京察一等，以道府用，补陕西道监察御史。十五年十一月，奉旨补授甘肃甘州府知府，十六年六月到任。臬司丁体常到任未及三月，例不加考。藩司曾龢查该员器识明通，抚循尽力，在甘有年，于该处风土民情最为熟悉，以之调补西宁府知府，实堪胜任，人地亦极相宜。会详请奏前来。

臣查该员燕起烈，心地慈祥，办事勤慎，合无仰恳天恩俯念边缺紧要，准以燕起烈调补西宁府知府，以裨地方。如蒙俞允，系对品调补，毋庸送部引见。该员任内并无参罚案件。所遗甘州府知府系冲、繁、疲三项要缺，应请旨迅赐简放，以重职守。谨恭折具陈。伏乞皇上圣

---

① 沈兆霖(1801—1862)，字朗亭、尺生，号雨亭，浙江钱塘人。道光十六年(1836)，中式进士，选庶吉士。十八年(1838)，授翰林院编修。翌年，充云南乡试副考官。二十年(1840)，任四川乡试正考官。同年，简提督陕甘学政。二十五年(1845)，补国子监司业。次年，授翰林院侍讲、上书房行走。二十七年(1847)，补日讲起居注官、咸安宫总裁。二十九年(1849)，升侍讲学士、南书房行走。咸丰元年(1851)，补詹事府詹士，充江西乡试正考官、顺天乡试副考官。同年，授内阁学士兼礼部侍郎衔、文渊阁直阁。二年(1852)，兼署兵部右侍郎、吏部右侍郎，稽查中书科事务，充各直省乡试覆试阅卷大臣、殿试读卷官、江南乡试正考官，授江西学政。三年(1853)，因病解职。五年(1855)，署吏部左侍郎、兵部右侍郎、工部右侍郎，兼管钱法堂事务，补南书房行走。六年(1856)，升吏部右侍郎，转工部右侍郎，兼管钱法堂事务。同年，授户部左侍郎，兼管三库事务，授经筵讲官。九年(1859)，擢都察院左都御史。同年，充考试大臣。十年(1860)，署户部尚书，兼充考试大臣。同年，授兵部尚书，调补户部尚书。十一年(1861)，授军机大臣上行走。同治元年(1862)，署陕甘总督。同年，平乱还师，道遇山洪，溺命。赠太子太保，谥文忠。著有《沈文忠公集》《韵辨附文》《沈文忠公自订年谱》等行世。

鉴，训示。谨奏。①

同日，公又奏报查明海城等处士民控案情形，下部议。曰：

窃前准总统甘军甘肃提督董福祥咨：据海城县贡生杨凤鸣、平远县绅民任永等禀控：前署固原直隶州知州程敏达、署海城县知县柏以丽、署平远县知县闵同文、陕西提标左营游击颜咸吉，借乱渔利，纵贼殃民，等情。当经臣奏请暂行革职，一面饬司另委妥员前往确查去后。兹据候补知府张大墉、候补知县史文光、靖远县知县储英翰驰赴固原，按照原禀逐一查明，呈由布政使曾鉌、兼署按察使黄云议拟，会详请奏前来。

臣查贡生杨凤鸣、任永等分隶海城、平远各县，归固原直隶州兼辖。光绪二十一年五月初间，海城逆回纠众为乱，戕官劫狱，窜扰平远一带，经前督臣杨昌濬调拨陕西抚标马队，会同固原提标左营游击颜咸吉所带马队，跟踪追剿，迭获胜仗，并经颜咸吉购觅回民高阿訇、铁河州作为眼线，诱擒逆首李万耿、马伏先后正法，地方渐安。该州奉文查办余匪，陆续拿获五十二名，讯明供证确凿，登时正法三十二名，并监毙七名，内有杨芝彦、马贵、余阿訇、杨如云、马天才、买万成、李三娃子即李三幸子、马元祥、白布立、李麻儿、罗一约、李文富、杨保成十三名，或因挟嫌妄拿，或因供词狡展，当由该州分别禁押，发回查讯。

该绅民等以未悉数骈诛，心怀不甘，并以柏以丽前往海城署任未能严办回匪、提标左营游击颜咸吉于贼初起之时未能登时带兵往剿，且以不应收留高阿訇、铁河州在营作为眼线，旋又纵去，至闵令委署平远，时在海城逆匪已平之后到任，办理善后，查拿余匪，因恐兵役搜捕滋事，阻止驻扎该处马队，不必往拿，自传回绅苏灏、李国栋进署，谕拿

---

① 台北故宫博物院藏：《军机及宫中档》，文献编号：408003072。又，台北故宫博物院藏：《军机及宫中档》，文献编号：139994。

余匪，送县惩办。惟时汉民庙宇被贼焚毁，适奉前任固原州匡翼之谕令该回绅等派资赔修，该回绅等乘查办之便，兼筹赔修之费。嗣因交到贼匪内有马保龙、马保虎、苏文有、李昌太、罗生明、白凤义、马科智、马达五子、马明成九名，讯无从逆实据，交保看管，另候讯办，不期于光绪二十二年五月十八日一并乘间潜逃，旋经闵令拿获马明成、马科智、马达五子三人，其余逃逸无踪，以致汉民心疑贿纵。此程敏达、柏以丽、闵同文、颜咸吉被杨凤鸣等控指借乱渔利、纵贼殃民之所由来也。

兹经委员查讯，该原告等得悉前情。其从前所获尚未讯明之杨芝彦等十三名，现亦查讯明确。除杨如云、马天才、余阿訇、买万成、李麻儿五名实系从贼焚掠，当时漏网，法无可逭，已饬就地正法外，其杨芝彦、马元祥、白布立、马贵、罗一约、李文富、杨保成、李三娃子即李三幸子八名，均系安分良回，委未从贼，亦均递籍取保释放。至颜游击雇用回民高阿訇、铁河州充作眼线，于诱擒逆首正法后即行遣去。高阿訇等查系良民，且又诱擒逆首有功，颜咸吉并无贿纵情事。闵同文任内取保逃脱之马保龙等九名，内经自行拿获马明成等三名，解送固原，归入前次奉旨查办逸匪案内，讯明正法。其余马保龙等六名，现未弋获，是否真正从逆，尚不可必。回绅苏灏等奉谕赔修庙宇，虽经摊派，并未收取分文。原控前署固原直隶州知州程敏达、前署海城县知县柏以丽、署平远县知县闵同文、陕西提标左营游击颜咸吉等，现经委员查讯，均无借乱渔利、纵贼殃民各情事，自应分别拟结。

除前署海城县候补知县柏以丽经臣另案参革，应毋庸议外，其程敏达、闵同文应请开复暂行革职处分，仍以原班候补。惟闵同文任内尚有在保逃脱，未及讯定供罪马保龙等六犯，不能无疏忽之咎，其应得处分听候部议。固原提标左营游击颜咸吉兼带练军马队，当海城逆回初起，不即带兵驰往，本属咎有难辞，但其时循化乱起，提督雷正绾已将标练各军抽调七成队伍，赴河州防剿，固原城守空虚，该游击所部不及百人，未便置之不顾，且李旺堡一役，力解贼围，擒斩首要，得以荡平余党，厥功亦不可没，现准部咨开缺，足以示惩，应请仍予开复原职，另候补用。

贡生杨凤鸣等怀疑妄控,本应坐诬,第念该士民等均遭回匪杀戮之惨,情尚可原。惟访查杨凤鸣平日恃衿好讼,此次列名具控之任永等又系杨凤鸣一人怂恿所致,应请将杨凤鸣衣顶斥革,以示薄惩。其余概请从宽免究。回绅苏灏、李国栋虽遵谕派捐,现已查明并未收取,应毋庸议。平远疏脱各犯系在保潜逃,已饬现署县李瑞征提讯保户人等有无贿纵,并差拿在逃之马保龙等务获,讯明有无从逆各情,另行分别办理。

是否允协?合将查明拟议缘由,谨恭折具陈。伏乞皇上圣鉴,训示,施行。谨奏。①

同日,公又会衔甘肃提督张永清奏请何得彪借补中卫协副将,下部议。曰:

窃臣接准兵部咨:甘肃宁夏镇属中卫协副将李泰山开缺回籍修墓,遗缺系题补第二轮第二缺,应用尽先人员,行令拣员请补,等因。臣查中卫副将一缺,地处边隅,汉回错杂,必须久历戎行、勇敢有为之员,方足以资镇摄,查有记名留甘简用总兵现署河州镇总兵博多欢巴图鲁何得彪,久历行阵,历著战功,此次河湟军务,随董福祥带队前驱,裹创血战,尤为出力,以之借补斯缺,实于营伍、地方均有裨益,亦与部章相符。合无仰恳天恩俯念边圉重地,员缺紧要,准以该员何得彪借补中卫协副将,以期得力。如蒙俞允,俟接准部覆后,再行给咨送部引见,以符定制。

除查取该员履历清册咨部外,谨会同署甘肃提臣张永清,合词恭

---

① 台北故宫博物院藏:《军机及宫中档》,文献编号:408003073。又,台北故宫博物院藏:《军机及宫中档》,文献编号:139999。

折具陈。伏乞皇上圣鉴，训示。谨奏。①

是日，公又代奏新授总兵罗平安叩谢天恩一事，曰：

窃据统领督标亲军记名提督新授陕西延榆绥镇总兵腾奇初克巴图鲁罗平安呈称：平安在肃州防次接奉行知内开：光绪二十三年四月十四日，内阁奉上谕：陕西延榆绥镇总兵员缺，着罗平安补授。钦此。谨即恭设香案，望阙叩头谢恩。伏念平安蜀中下卒，陇上从征，久领偏师，屡忝前茅之选；叠邀宠遇，愧无建树之才。兹复仰殊恩，遽膺专阃，实宠荣之逾格，非梦想所敢期！平安现在带队驻防肃州一带，拟俟督臣派委接替有人，即行趋赴阙廷，跪聆圣训。所有感激荣幸下忱，伏乞据情代奏叩谢天恩，等情。前来。理合恭折代陈。伏乞皇上圣鉴。谨奏。②

同日，公又附片奏请准总兵罗平安暂缓陛见等情，曰：

再，记名提督新授陕西延榆绥镇总兵罗平安，现统带督标亲军马步各营旗，驻防肃州及关外玉门一带，深资得力。前年冬随臣入关，先分兵助剿北大通，复率队驰赴关外，堵截西宁窜匪，一战获胜，地方得免蹂躏，实为勇敢善战之军。南山零匪现已搜剿殆尽，第该处为关内外咽喉，地关紧要，防务仍不宜稍懈。臣饬该总兵率所部马步分扎严防，未便遽易生手，拟恳天恩俯准罗平安暂缓陛见，并暂缓赴延榆绥镇总兵新任，以重防务。

至开缺总兵蒋云龙，应饬交卸送部引见。所遗之缺查有提督衔记

---

① 台北故宫博物院藏：《军机及宫中档》，文献编号：408003070。又，台北故宫博物院藏：《军机及宫中档》，文献编号：139996。

② 台北故宫博物院藏：《军机及宫中档》，文献编号：408003068。又，台北故宫博物院藏：《军机及宫中档》，文献编号：139998。

名总兵陈元礨,久历戎行,威望素著,堪以署理。除檄委外,谨附片具陈。伏乞圣鉴,训示。谨奏。①

同日,公又附片奏请柴典汉等十九员留陕甘补用,下部闻。曰:

再,武员在营出力,才堪任使,自应随时奏明,分别改留,以资差遣。兹查有提督衔留新疆候补总兵柴典汉、总兵衔遇缺推补副将赵自新、尽先补用副将金恒林、副将衔尽先补用参将唐文治、升用副将尽先推补参将苏正德、副将衔尽先补用参将蒋光昇、补用参将张明举、副将衔尽先补用游击潘庆余、尽先补用游击孙凤高、补用游击汪复友、游击衔尽先即补都司师玉英、游击衔尽先补用都司饶定国、留新疆尽先补用都司胡得贵、尽先补用都司刘定开、尽先补用都司钱宝林、都司衔尽先补用守备刘洪章、都司衔尽先守备蒋斌臣、尽先补用守备陈春生、尽先补用守备王国玉等十九员,均随征陕甘有年,历著战功,且于边防情形熟悉,若以原官原衔留于陕甘补用,实于营务有裨。据延榆绥镇总兵蒋云龙、署凉州镇总兵刘璞、督标中军副将汤仁和先后呈请具奏前来。

臣覆查无异,合无仰恳天恩俯准将柴典汉等十九员一并留于陕甘差遣委用。除饬取柴典汉等履历清册另咨送部外,理合附片具陈。伏乞圣鉴,训示。谨奏。②

五月二十五日,公会衔陕西巡抚魏光焘开单奏请奖叙拿获要犯在事出力员绅,曰:

窃臣光焘前因汉中府属洋县会匪高彦发等在于西乡洋县交界之

---

① 台北故宫博物院藏:《军机及宫中档》,文献编号:408003068-0-A.又,台北故宫博物院藏:《军机及宫中档》,文献编号:140000.
② 台北故宫博物院藏:《军机及宫中档》,文献编号:408003070-0-A.又,台北故宫博物院藏:《军机及宫中档》,文献编号:139995.

黄老山聚党滋事,经署洋县知县张鹏翼率团剿捕,大概情形电奏陈明。旋奉电旨:西乡、洋县界连川楚,会匪虽已扑除,余匪仍当搜净,即饬地方官妥速办理,毋得粉饰因循,钦此。等因。当即钦遵转饬遵办在案。伏思汉南一带与川、陇、楚毗连,向为匪徒出没之区,民情浮动,最易煽惑;拜会结盟,几成风气。匪首高彦发籍隶洋县,入会有年,与楚汪、姚滨、梅老夭等到处勾结,扰害讹抢,割筋剜眼,无恶不作。迭饬严拿,迄未弋获。

上年,陕安道景星①、汉中府知府常裕②先后赴任。臣光焘同藩、臬两司筹商办法,谕令清查保甲,整顿团练,以孤匪势而便捕拿。该道、府亦能实力图维,督饬洋县认真查办,并谕饬该县团练附生李春勃密为戒备,不惜重赏购线侦探。该匪等知捕拿严紧,阴派匪党四出煽诱,约期起事。李春勃侦知报县,高彦发已于十二月初五日啸聚三四百人,在洋县、西乡交界之黄老山玉泉庙旧寨竖旗踞守。是日,匪党曾姓抢夺乡民瞿官记钱米,经团绅石联魁将曾姓捆缚送县。高彦发率众夺犯,与团丁互斗,各有杀伤;旋复至红瓦铺、鹅巷子、张家院、葛条坝等处,抢掳焚杀,烧毁瓦草房一百余间;有邓连城之妻邓毛氏被匪强奸,大骂不从,致被断臂剖腹而死,并将其生未弥月之婴孩杀毙。又,民妇

---

① 景星(? —1910),名月汀,满洲镶白旗人,索绰络氏,二品荫生,恩赏举人。同治六年(1867),选工部主事。十一年(1872),加道衔。光绪四年(1878),补工部都水司员外郎。十二年(1886),补誊录。十三年(1887),升工部都水司郎中,掌司务厅印钥。十四年(1888),充节慎库监督。同年,放江苏苏松常镇太粮储道。二十年(1894),充文案翼长。二十二年(1896),调补陕西陕安道。二十三年(1897),补长芦盐运使。二十四年(1898),授山西按察使,调山东按察使。同年,迁河南布政使。二十五年(1899),护理河南巡抚。二十六年(1900),擢江西巡抚,转湖北巡抚。同年,授福州将军。翌年,兼管闽场船政,管理闽海关税务。三十三年(1907),授资政院协理大臣。三十四年(1908),充禁烟大臣。宣统二年(1910),卒于任。

② 常裕(1847—?),蒙古正黄旗双星佐领下人,廪贡生。光绪二年(1876),中式顺天乡试,挑取誊录,报捐员外郎。五年(1879),签分吏部。十年(1884),补考功司员外郎,历署稽勋司、文选司掌印。十三年(1887),保御史。十四年(1888),保升道府。十七年(1891),补坐粮厅监督。二十一年(1895),补授陕西汉中府知府,次年六月到任。二十三年(1897),经陕抚魏光焘保升道员。二十五年(1899),赴部,未及引见,闻讣丁母忧。二十八年(1902),服满起复,赴部引见,发往陕西,以道员补用。三十年(1904),补授凤邠盐法道。三十二年(1906),署陕西按察使。三十四年(1908),补吏部左丞。同年,调补贵州按察使。宣统元年(1909),因病告假。宣统三年(1911),补授四川提法使。

邓刘氏、郑曾氏均被砍伤，另有卖花生之不知姓名一人被匪掳逼入伙不允，杀以祭旗。逆迹昭彰，势甚凶悍！当经张鹏翼飞禀请兵，一面调集各团，饬李春勃督带堵剿。

初六、初七等日，与匪接仗，互有胜负。初八日夜，该令与李春勃定计四面围攻，派武生牟鸿烈由山后、把总宋世韬等由东路、武生石联魁等由西路，各带团丁，攀藤附葛以登，约于山顶会合，并派万龙铺等团扼守西乡县桑园铺匪党来援之路。该令同李春勃督率团丁壮勇，由正面进击。维时该府禀经汉中镇、道所派参将徐万银等星驰将到，该令即函知接应。

初九日黎明，匪众下山猛扑，开放枪炮，声震山谷，团勇并力奋击。正鏖战间，牟鸿烈等已由山巅袭毁其寨，匪乃抵死抗拒。迫各团前后奋呼夹击，贼势不支，纷纷溃败，楚汪自戕毙命。登时拿获匪首高彦发、要匪梅老夭即梅添沅、劁骟匠即醮世材、翟怃奎、翟汶蓂、孙有志、傅汶得、田藏溃、伙匪冯沄会、张汰真、高纪保、蔡荀娃十二名，阵毙六十三名，堕崖、扑涧死者四十二名；夺获伪帅旗二面、抬枪十一杆、鸟枪三十六杆，刀矛无算；阵亡团丁王石娃、何玉林、李维高、强作刚、杨裕荣五名，带伤团丁壮勇六十二名。余匪窜至西乡县境者，亦经该县民团截拿，格毙者四名，扑崖及自戕者又四名；被匪杀毙平民邓满娃一名，拒毙团丁徐明孝、张永铭二名。余匪逃散无踪。姚蓂逃至西乡龙门河地方，亦经署汉中镇龙得胜派令防营哨官熊世再差弁胡文光等追获，同高彦发等均解经该府县讯据供认不讳。禀经臣等以匪首高彦发、要匪梅老夭、劁骟匠、翟怃奎、翟汶蓂、孙有志、傅汶得、田藏溃、姚蓂九犯，或为首倡乱，或听从入会，劫杀拒敌，均属罪大恶极，批令就地正法，与自戕之楚汪枭首犯事地方，悬杆示众，以彰国法而快人心。

冯沄会、张汰真二犯平日尚未犯案，此次亦未随同谋乱劫杀，但已听从入会，均属不法，例应拟军，按章以大练锁击巨石，不拘年限。高纪保、蔡荀娃二犯虽未入会，惟被胁上寨，听从打杂做饭，亦非善类，此照洋盗案内被胁在船为匪服役例，问拟满徒，仍照章锁系巨石五年，均俟限满,察看办理,同冯沄会等二犯照章分别刺字。其余被胁无辜者,均分别递籍保释。所有善后抚恤,前已饬汉中厘局拨银二千两,并饬委候补知府刘本植前往,会同该府县查勘办理。兹据覆称:业将被烧房屋、伤害人口同阵亡带伤各团勇并出力团丁分别恤赏,由县核实造报,应请作正开销;仍令严拿逸匪,务获另办,并出示晓谕,凡愚民被其诱胁买受飘布者,悉令呈缴,予以自新,俾安反侧。现在地方一律安谧。

查此案该匪等竖旗踞寨,焚杀抢掠,拒杀团丁,逆状已著,经该县张鹏翼率团剿捕,数日内即行扑灭,擒获首要各犯正法,不致蔓延滋扰。该管、道、府先授机宜,密饬戒备,鼓励团勇,除此积年巨患,办理尚属迅速,应请给奖,以昭激劝。由藩司张汝梅、臬司李有棻会详请奏前来。

臣等覆查洋县匪首高彦发等积年巨恶,去冬纠党滋事,盘踞焚杀,几成燎原之势,幸剿捕迅捷,悉予歼除,现虽地方安静,仍令该管镇、道、府督饬各属,整顿保甲,及各防营随时严密巡缉,以消奸宄而靖地方。至此次该员弁团绅等会同办理,刻日蒇事,不致蔓延滋害,尚称得力。伏读光绪十七年六月钦奉上谕:地方文武拿获哥会首犯,一面严行惩办,一面准将出力各员弁照异常劳绩随案奏请给奖,等因,钦遵在案。自应遵照择尤请奖,以示鼓励。谨开具清单,恭呈御览,合无仰恳天恩俯准给奖,以劝将来。其余出力团长,由臣光焘已分别赏给功牌。再,邓毛氏以青年穷妇抗节捐躯,核其死事情形,实为惨烈,并可悯恻,准予旌表,以慰幽魂而维风化。卖落花生一人被害亦惨,容饬查明姓氏另办。

除查取各员绅等履历送部查核外,所有捕获会匪首要各犯分别惩办,地方一律安靖,并请将出力员绅从优奖励各缘由,谨合词恭折具陈。伏祈皇上圣鉴,训示。再,此折系臣光焘主稿,因派员详查并搜捕余匪及筹办善后,是以具奏稍迟。合并声明。谨奏。①

五月二十八日,总理各国事务衙门来函曰:

光绪二十三年五月二十五日,准俄署使巴布罗福照称:据塔尔巴哈台俄领事报称:塔城同知桂荣准铺户私出钱帖,俄商受亏,请转行新疆巡抚,径饬该同知将私帖收回,规复前时圜法,等因。前来。本衙门查银钱周转,于商民贸易生计攸关,既有妥便旧章,自未可任意改动,相应钞录来照咨行贵抚查照,转饬该同知严禁私帖,维持商局,并将办理情形咨复本衙门,以凭照复可也。②

六月初三日,公奏报甘肃马步营旗第五次裁并一事,下部闻。曰:

窃查甘省前因军务添募马步营旗,于肃清后经臣节次裁减,已截至光绪二十二年十二月底止,先后具奏在案。兹据甘肃布政使曾鉌将二十三年正月初一日起至四月底止复又陆续裁撤、归并马步各营旗并由营改旗、由行饷改支坐饷,计共二十四起,分晰截饷日期,开单详请奏咨立案,并声明已撤及酌裁马步各勇丁,均于遣散时照章加给恩饷,各等情。前来。

臣覆核无异,除仍饬该司查明现留防军马步数目,再行察酌情形,极力裁减,以节饷需,另行奏报,并将此次清单咨送户、兵二部查照外,所有第五次裁撤、归并马步各营旗并由营改旗、由行饷改支坐饷各起数目缘由,理合恭折具陈。伏乞皇上圣鉴。谨奏。③

---

① 台北故宫博物院藏:《军机及宫中档》,文献编号:408003074。又,台北故宫博物院藏:《军机及宫中档》,文献编号:139933。
② 台北"中央研究院"近代史所藏:《外交档案》,馆藏号:01-17-054-03-015。
③ 台北故宫博物院藏:《军机及宫中档》,文献编号:408003077-0。又,台北故宫博物院藏:《军机及宫中档》,文献编号:140076。

同日，公又奏报查明董福祥所部二十营本年不敷行饷并请饬部筹拨缘由，下部议。曰：

窃准户部咨开：议覆臣前奏提臣董福祥军饷极力裁腾，不敷仍巨，拟改坐饷匀支一折，于光绪二十三年五月初七日具奏，奉旨：依议。钦此。钦遵抄录原奏咨行前来。臣查户部原奏内称：董福祥所部二十营系奉旨令其募足，开支行饷，未便率请改坐粮。惟董福祥一军饷需，臣部前已拨给银三十一万八千两，加以该督前请裁部下防勇六七旗，腾出银十万两，合计已有四十余万。其不敷之饷，据称拟于防、练各军内极力裁遣腾饷，供支不足，再当设法另筹，究竟尚能裁遣若干、腾饷若干以及另筹若干，如果实有不敷，俟该督切实奏明，再由臣部酌量筹拨，各等语。

臣查该军饷项，前与董福祥再四函商，该提臣深知筹款艰难，奏明先成十六营，自本年正月起，岁约需行饷银五十八万两。嗣奉谕旨，添募四营，一俟董福祥招足咨会，即按行饷起支。本年约再加行饷银六万两，并岁需薪工等项，除董福祥自请停止车驼喂养、柴薪银六万二千余两外，仍需银三万两之谱。合计本年截至十二月底止，实共需银六十七万两。又，董福祥于去年军务完竣裁并十三营旗，由甘肃粮台从十一月起至十二月底止，共支过坐粮饷银并招募经费六万九千四百余两，应归该军支饷项下扣算。连前统计，本年实需饷银七十三万九千四百余两，除已奉部指拨本年甘肃新饷封存银三十一万八千两，内应划除本年子药夫银一万四千余两，实止拨银三十万三千余两，尚不敷实银四十三万六千余两。臣前奏裁防勇六七旗，能腾出银十万两，现在甘肃防军所留不多，地方辽阔，民情浮动，非此实无以重防务而资镇摄。臣受恩深重，际此时艰，不得不兼筹并顾，通盘计算，或极力再裁，或另行筹画，亦只能腾挪银十万两左右，合前裁腾之十万两，共能腾银二十万两，实在仍不敷银二十三万六千余两。据藩司曾铄具详前来。合无仰恳天恩，饬部照数筹拨的款，免误要需。

再，董福祥所部各营饷项，甘省裁撤营旗业经全数挹注，以后并无腾挪之款。所有董福祥应需光绪二十四年分专饷，拟请由该提臣自行奏拨。合并声明。

除咨部外，合将遵照部议查明董福祥所部二十营本年行饷实在不敷数目，恳请筹拨缘由，谨恭折具奏。伏乞皇上圣鉴，训示，施行。谨奏。①

是日，公又会衔甘肃提督张永清奏报总兵田在田开缺回籍一事，曰：

窃臣承准军机大臣字寄：光绪二十三年四月十二日奉上谕：甘肃肃州镇总兵田在田，著陶模悉心察看，如竟不能胜任，即行据实参奏，毋稍迁就，等因。钦此。钦遵察看得该总兵田在田，现在年老力衰，于边地重镇似非所宜。正在核办间，适据该总兵以屡接家书，本籍雨水过多，先人坟墓被水冲刷，呈恳奏请开缺回籍修理前来。察其情词恳切，尚无捏饰。

查该总兵资望最深，虽精力已衰，难胜边镇之任，然在任两年，尚无贻误，合无仰恳天恩俯准甘肃肃州镇总兵田在田开缺回籍修墓，出自鸿慈！所遗肃州镇总兵员缺紧要，应请旨迅赐简放，以重职守。谨会同署甘肃提臣张永清，合词恭折覆陈。伏乞皇上圣鉴，训示，施行。谨奏。②

【案】此折旋于是年六月十八日得旨允行，《光绪朝上谕档》载曰：

光绪二十三年六月十六日，内阁奉上谕：陶模奏，总兵呈请开缺修

---

① 台北故宫博物院藏：《军机及宫中档》，文献编号：408003075。又，台北故宫博物院藏：《军机及宫中档》，文献编号：140075。
② 台北故宫博物院藏：《军机及宫中档》，文献编号：408003076。又，台北故宫博物院藏：《军机及宫中档》，文献编号：140077。

墓,据情代奏一折。甘肃肃州镇总兵田在田,着准其开缺。钦此。①

同日,公又会衔陕西提督邓增附片奏请曹儁补授宁羌营守备,下部议,曰:

再,臣接准兵部咨:陕西汉中镇属宁羌营守备马宽病故遗缺,应用期满武进士人员,行令照章拣选请补,等因。臣在于期满武进士人员内逐加遴选,实拣选得分发陕甘督标效力期满武进士曹儁,年力富强,枪靶有准,以之请补斯缺,实堪胜任,亦与部章相符。合无仰恳天恩俯念员缺紧要,准以曹儁补授汉中镇属宁羌营守备员缺,可期得力。如蒙俞允,该员系引见分发人员,毋庸送部,应请饬部发给实授札付,以符定制。

除饬取该员履历清册送部外,谨会同陕西提臣邓增,合词附片具陈。伏乞圣鉴,训示。谨奏。②

同日,公又会衔甘肃提督张永清附片奏请郭怀佐补授中军都司,下部议。曰:

再,臣前准兵部咨:甘肃西宁镇属镇海协营中军都司张得胜病故,遗缺轮用捐输。因该省捐输无人,应过班作为第五轮第一缺,轮用尽先人员,行令拣员请补,等因。臣在于尽先合例人员内逐加拣选,实拣选得尽先都司哈拉库图尔营守备现署镇海协营中军都司郭怀佐,年力正强,勤慎耐劳,于西宁情形最为熟悉,且现署斯缺,整顿营伍,诸臻妥协,虽尽先名次在先尚有苏朋林、杜濡、董胜、康学义等四员,或现属要缺,或带队驻防,均未便请补,自应以该员郭怀佐请补斯缺,实于地方

---

① 中国第一历史档案馆编:《光绪朝上谕档》第23册第141页,广西师范大学出版社,1996。
② 台北故宫博物院藏:《军机及宫中档》,文献编号:408003076-0-A。又,台北故宫博物院藏:《军机及宫中档》,文献编号:140079。

有神,亦与轮缺部章相符。合无仰恳天恩俯念员缺紧要,准以该员郭怀佐补授西宁镇海协营中军都司员缺,可期得力。如蒙俞允,俟接准部覆后,即行给咨赴部引见,以符定制。

除饬取该员履历清册另咨送部外,所遗哈拉库图尔营守备员缺,甘省现有应补人员,容臣另拣请补。谨会同署甘肃提臣张永清,合词附片具陈。伏乞圣鉴,训示。谨奏。①

是日,公又附片奏报何建威署理肃州镇篆,曰:

再,甘肃肃州镇总兵田在田呈请开缺回籍修墓,业经臣另折奏明请旨在案。所遗总兵篆务,亟应委员接署,以重职守。查有正任河州镇总兵何建威,戎行久历,勇敢有为,堪以委署。除分饬遵照外,谨附片具陈。伏乞圣鉴。谨奏。②

六月二十三日,公开单奏报光绪二十三年四月分甘省雨水粮价情形,曰:

窃照本年三月分粮价并得霑雨泽情形,业经具折奏报在案。兹查四月分兰州等八府六直隶州属具报得霑雨泽,自一二寸至三四寸不等,正值禾苗滋长之际,土脉滋润,实于农田有神。

至通省粮价,或与上月相同,或较上月稍有增减。据藩司曾鉌具详请奏前来。臣覆核无异,理合恭折具奏,并缮粮价清单,恭呈御览。伏乞皇上圣鉴。谨奏。③

---

① 台北故宫博物院藏:《军机及宫中档》,文献编号:408003076-0-B.又,台北故宫博物院藏:《军机及宫中档》,文献编号:140080.
② 台北故宫博物院藏:《军机及宫中档》,文献编号:408003076-0-C.又,台北故宫博物院藏:《军机及宫中档》,文献编号:140078.
③ 台北故宫博物院藏:《军机及宫中档》,文献编号:408003076-1.又,台北故宫博物院藏:《军机及宫中档》,文献编号:140625.

同日,公又奏报停止津贴兵勇粮价缘由,下部闻。曰:

窃查甘省光绪二十一年军务吃紧,粮价奇贵,进剿前敌各军异常出力,当经前督臣杨昌濬于二十一年十月十五日奏请援案津贴四成粮价,以励军心,仰蒙圣恩照准,士卒同深感戴。维时,甘省旧有防军并添募勇营以及调甘助剿之豫、凯、永、定等军,共马步一百数十营旗,日需粮料甚巨,按四成粮价津贴,人马并计,约共需银二十三万余两。值此饷项艰难,筹措匪易,亟应设法撙节。当与藩司再四熟商,先尽前敌营旗照章发给,仍查明各营旗有无战事,分别久暂,以定起止。至于距贼稍远与夫堵遏要隘等军,虽同系前敌,同支行粮,究与冲锋陷阵者有间,自未便一例办理,以滋糜费。现计已发过各军津贴四成粮价银三万七千三百余两,其余无论营旗已撤、未撤,拟请一律停发,稍资节省。据总粮台布政使曾龢详请奏咨立案前来。

臣覆核无异,除将发过各营旗津贴四成粮价银数开折咨送户部外,所有其余已撤、未撤各军津贴拟请一律停止缘由,理合恭折具奏。伏乞皇上圣鉴,饬部立案施行。谨奏。①

是日,公又奏请戴福禄借补督标后营游击,下部议。曰:

窃臣前准兵部咨:陕甘督标后营游击员缺轮用捐输,该省捐输无人,应过班作为第六轮第一缺,轮用尽先人员,行令拣员请补,等因。臣随在于尽先合例人员内逐加拣选,实拣选得副将衔留陕甘尽先补用参将戴福禄,于咸丰年间投营充伍,叠次出征剿贼,获保斯职。前曾补授临洮营都司,嗣经推补甘肃巴里坤镇标左营游击,旋因巴里坤镇改隶新疆,分省开缺另补。该员在甘年久,于甘省营伍、地方情形极为熟悉,以之借补斯缺,实堪胜任,亦与定章相符,合无仰恳天恩俯念员缺

---

① 台北故宫博物院藏:《军机及宫中档》,文献编号:408003077.又,台北故宫博物院藏:《军机及宫中档》,文献编号:140622.

紧要，准以该员戴福禄借补督标后营游击，以裨营伍。如蒙俞允，俟接准部覆后，即行给咨送部引见，以符定制。

除饬取该员履历清册咨部外，理合恭折具陈。伏乞皇上圣鉴，训示。谨奏。①

同日，公又会衔甘肃提督张永清奏请朱应龙补授肃州镇属靖逆营游击，下部议。曰：

窃准兵部咨开：肃州镇属靖逆营游击员缺系题补第六轮第三缺，轮用预保人员，该省预保无人，应以第六缺拣发班内人员题补，行令迅拣请补，等因。臣查靖逆营游击员缺，地处关外，西路通衢，弹压稽查，最关紧要，非精明强干之员，难期胜任。随于归拣发班补用人员内逐加遴选，查有留陕甘拣发补用游击新疆吐鲁番营中军守备朱应龙，年力富强，办事稳练，以之请补斯缺，实堪胜任，亦与部章相符，合无仰恳天恩俯念要缺需员，准以该员朱应龙补授肃州镇属靖逆营游击员缺，俾期得力。如蒙俞允，俟接准部覆后，即行给咨赴部引见，以符定制。

除查取履历清册另咨送部，所遗吐鲁番中军守备员缺，咨由新疆抚臣拣员请补外，谨会同署甘肃提督臣张永清，恭折具陈。伏乞皇上圣鉴，训示。谨奏。②

同日，公又代奏新授总兵焦大聚叩谢天恩一事，曰：

窃臣据统领督标亲军记名提督新授新疆伊犁镇总兵胡松额巴图

---

① 台北故宫博物院藏：《军机及宫中档》，文献编号：408003080。又，台北故宫博物院藏：《军机及宫中档》，文献编号：140626。
② 台北故宫博物院藏：《军机及宫中档》，文献编号：408003081。又，台北故宫博物院藏：《军机及宫中档》，文献编号：140628。

鲁焦大聚呈称：大聚在安定防次接奉恭录行知，准兵部咨开：光绪二十三年五月十九日奉上谕：伊犁镇总兵员缺，着焦大聚补授。钦此。谨即恭设香案，望阙叩头谢恩。伏念大聚江南下卒，陇右从征，忝领偏师，叠邀优叙。兹复恭膺简命，擢镇伊犁，马革图功，久愧涓埃之未报；虎符宠佩，益惭高厚之宏施！跪诵之余，感衔无地！大聚现带队驻防安定一带，拟俟督臣派委接替有人，即行趋赴阙廷，跪聆圣训。所有感激荣幸下忱，恳祈据情代奏叩谢天恩，等情。前来。理合恭折代陈。伏乞皇上圣鉴。谨奏。①

是日，公又奏请姚钧署理西和县知县，下部议。曰：

窃据甘肃布政使曾龢、按察使丁体常会详称：甘肃西和县知县蔡如苏调补海城县知县，所遗西和县知县系简缺，奉准由外请补。查知县升调所遗选缺，例应以一缺题补、各项候补并进士即用人员，以一缺题补各项委用人员，以一缺题补各项试用人员。又，劳绩保举候补知县，例应先行题请署理，俟试署称职，另请实授。甘省升、调、遗知县前已用至候补前先为止，今此一缺应用候补正班。

查有候补知县姚钧，年五十五岁，安徽桐城县人，由监生报捐未入流选用。同治十年，加捐州判，指分甘省试用。关陇肃清案内，保俟州判补缺后，以知县用。光绪三年，加捐同知衔。克复吐鲁番城案内，保免补本班，以知县留甘补用。荡平新疆南北两路案内，保俟补缺后再行送部引见，以光绪六年三月初三作为到省日期，察看期满，甄别补用。历署秦安、宁朔、正宁等县，办理一切，胥臻妥协。臬司丁体常到任未及三月，例不加考；藩司曾龢查该员稳练安详，办公妥慎，以之请署西和县知县，与例相符，实堪胜任，人地亦极相宜。会详请奏前来。

臣查该员姚钧老成谨慎，办事克勤，合无仰恳天恩俯准以该员姚

---

① 台北故宫博物院藏：《军机及宫中档》，文献编号：408003079。又，台北故宫博物院藏：《军机及宫中档》，文献编号：140631。

钧署理西和县知县，实于地方有裨。如蒙俞允，俟奉准部覆后，再行给咨送部引见；仍俟试署期满，如果称职，另请实授。该员前在各署任内并无参罚案件。谨恭折具陈。伏乞皇上圣鉴，训示。谨奏。①

同日，公又附片奏报拣员委署知州等缺情形，下部闻。曰：

再，新授凉州府知府庆恕现已到省，应即饬赴新任，以专责成。秦州直隶州知州张珩卓异俸满，并案赴引遗缺，查有本任灵州知州查之屏，堪以委署。肃州直隶州知州廖振乔调署遗缺，查有候补同知吴人寿，堪以委署。本任岷州知州署宁州知州惟曾病故遗缺，查有安化县知县陈庆骧，堪以调署。所遗安化县知县，查有候补知县钱镜南，堪以委署。署贵德厅同知张晖旸调省遗缺，查有现署巴燕戎格通判准补清水县知县邓朝卿，堪以调署。所遗巴燕戎格通判员缺，查有徽县知县张若金，堪以调署。署金县知县谢祖植请假回省就医遗缺，查有另补同知叶克信，堪以委署。据藩、臬两司先后会详前来。除批饬分别给委外，理合附片陈明。伏乞圣鉴。谨奏。②

同日，公又附片奏报永安大通二营官兵停支津贴一事，下部闻。曰：

再，西宁镇属永安营、大通营两城于光绪二十一年七月先后失守，二十二年春克复后，经臣遴员署理该两营游击，并饬各将弁兵照旧安设，计永安营照旧设游击一员、千总一员、把总二员、经制外委三员、额外马步守兵二百名；大通营照旧设游击一员、千总一员、把总二员、经制外委五员、额外马步守兵二百三名。应需廉俸、饷粮、公费等项，员

---

① 台北故宫博物院藏：《军机及宫中档》，文献编号：408003078. 又，台北故宫博物院藏：《军机及宫中档》，文献编号：140620.
② 台北故宫博物院藏：《军机及宫中档》，文献编号：408003078-0-A. 又，台北故宫博物院藏：《军机及宫中档》，文献编号：140630.

弁自到任之日起，兵丁自招募入伍之日起，饬司照例分别支给。因念该两营城地处荒僻，甫经收复，诸物昂贵，不能不酌加津贴，以示体恤。臣已饬司于例支外每官一员月加银一两八钱，每兵一名月加银九钱，随同正饷一律核发，现已截至本年六月底止，即行停给，以节糜费。据藩司曾龢详请奏咨立案前来。谨附片具陈。伏乞圣鉴，饬部查照，以便造销。谨奏。①

是日，公又附片奏报请准甘省免办骡头等情，下部闻。曰：

再，前准上驷院咨：现在御用骡头渐致缺乏，查陕西岷州卫二十四寺喇嘛等，例应间年贡马。彼地素系产骡之区，奏明准令改进贡骡，并饬陕甘总督仿照直隶采骡成案，选办身大、性良、口轻、善走骡十数头，限五月内送京，归圈排演应差，等因。当经转行遵照去后。兹据藩司曾龢详：据署岷州知州奎绂转据护理圆觉寺僧纲司后一世桑介禀称：圆觉等二十四寺于咸丰年间进贡后，同治初年回匪变乱，各寺院经像焚毁无存，僧人逃窜。数十年来，缺未全补，寺院亦未修复，加以前年河回复乱，扰及番地，僧众相继流亡，情形实为困苦。今奉文改贡骡头，实系无力呈进，且岷地向不产骡，更难措办。惟有恳请展缓，俟地方元气稍复，再行照案分进马匹，以图报效，等情。由司委查属实，并称甘省各属实无产骡最盛之区，民间驾车所用非牛即马，市中间有商车用骡者，皆属短小，难供御用。若求身大、性良、口轻、善走之骡，实无其选。详请咨奏前来。

臣覆查该司所详，均系实在情形，合无仰恳天恩俯准甘省免其采办骡头，并免岷州卫二十四寺改进骡头，仍恳展缓贡马，以恤番情而纾民力，出自逾格鸿施！除咨明上驷院及理藩院查照外，谨附片具陈。

---

① 台北故宫博物院藏：《军机及宫中档》，文献编号：408003077-0-A. 又，台北故宫博物院藏：《军机及宫中档》，文献编号：140629。

伏乞圣鉴,训示。谨奏。①

同日,公又附片奏请准新授总兵焦大聚暂缓陛见,曰:

再,记名提督新授新疆伊犁镇总兵焦大聚,现统带督标亲军马步营旗,驻防安定一带。该处汉回杂处,为四路通衢,巡防最关紧要。该总兵前在北大通扫荡回堡,立功最伟,旋复调剿关外敦煌等处窜匪,亦经迅速奏功。臣以省城重地,防范宜周,因将该总兵调回,分扎东路要隘。数月以来,防务认真,地方安谧,洵为得力之军,未便遽行更替。合无仰恳天恩俯准焦大聚暂缓陛见,并暂缓赴伊犁镇总兵新任,以裨地方。除咨明伊犁将军、新疆抚臣查照外,谨附片具陈。伏乞圣鉴,训示。谨奏。②

同日,公又附片奏报陈万言等期满甄别情形,下部闻。曰:

再,查定例:各省捐纳道、府、州、县,凡系应行试看人员,以到省之日起予限一年,期满详加察看,出具切实考语,分别繁、简补用。又,道、府、州、县无论何项劳绩保归候补班次人员,试看一年期满,甄别补用,各等语。历经遵办在案。兹查有甘肃试用道陈万言,自光绪二十二年四月十七日到省之日起,扣至二十三年四月十七日,试看一年期满;又,花翎同知衔直隶州用甘肃候补知县潘远曜,自光绪二十一年十一月二十八日到省之日起,扣至二十二年十一月二十八日,一年届满。由藩、臬两司出具考语,详请甄别具奏前来。

臣查陈万言年壮才明,办事勤敏,堪以道员留省,照例补用;潘远

---

① 台北故宫博物院藏:《军机及宫中档》,文献编号:408003077-0-B.又,台北故宫博物院藏:《军机及宫中档》,文献编号:140623。
② 台北故宫博物院藏:《军机及宫中档》,文献编号:408003079-0-A.又,台北故宫博物院藏:《军机及宫中档》,文献编号:140633。

曜年强才裕,办事勤能,堪以知县留省,照例补用。除将该各员履历清册咨部查照外,谨附片具陈。伏乞圣鉴。谨奏。①

是日,公又附片奏报请准刘殿甲补授都司员缺,下部议。曰:

再,臣前准兵部咨:陕甘督标中营都司员缺系题补第四轮第八缺,应用尽先人员,行令拣员请补,等因。臣在于尽先合例人员内拣选得留陕甘尽先补用都司宁夏镇属同心城营守备刘殿甲,年强才裕,勤于操防,以之请补斯缺,洵堪胜任。惟名次在该员之前者,除郭怀佐业经请补镇海协营都司员缺外,尚有苏朋林、杜濡、董胜、康学义、文辉祥、陈克昆、马占彪等七员,或现居要缺,或人地未宜,未便迁就请补,拟恳天恩俯念员缺紧要,准以该员刘殿甲补授督标中营都司,以期得力。如蒙俞允,俟接准部覆后,即行给咨送部引见,以符定制。

除饬取该员履历清册送部外,所遗同心城营守备员缺,陕甘现有应补人员,容臣另拣请补。谨附片具陈。伏乞圣鉴,训示。谨奏。②

同日,公又会衔陕西提督邓增附片奏请房献廷补授守备员缺,下部议。曰:

再,臣前准兵部咨开:陕西延榆绥镇属麻地沟营守备徐步蟾拟补甘肃提标前营游击,遗缺系题补第二轮第六缺,轮用拣发人员,行令迅拣合例人员请补,等因。当经转饬拣补去后。兹据督标中军副将汤仁和查有留陕甘拣发补用守备房献廷,年力富强,营伍谙练,具呈请补前来。臣覆当堂考验,该守备房献廷年力正强,枪靶有准,以之请补斯缺,实堪胜任,亦与部章相符。合无仰恳天恩俯念员缺紧要,准以该员房献廷补授陕西延榆绥镇属麻地沟营守备,可期得力。如蒙俞允,俟

---

① 台北故宫博物院藏:《军机及宫中档》,文献编号:408003078-0-B.又,台北故宫博物院藏:《军机及宫中档》,文献编号:140627.
② 台北故宫博物院藏:《军机及宫中档》,文献编号:408003080-0-A.又,台北故宫博物院藏:《军机及宫中档》,文献编号:140621.

接准部覆后,即行给咨送部引见,以符定制。

除饬取该员履历清册另咨送部外,谨会同陕西提臣邓增,合词附片具陈。伏乞圣鉴,训示。谨奏。①

同日,公又会衔甘肃提督张永清奏请赵希魁借补西宁镇标守备,下部议。曰:

再,臣前准兵部咨:甘肃西宁镇标右营守备员缺系题补第四轮第一缺,轮用尽先人员。该督请以喇课营千总李向荫升补,与例不符,仍令迅拣尽先合例人员请补,等因。臣随在于尽先合例人员内逐加拣选得游击衔留甘尽先补用都司赵希魁,年力正强,营务谙练,以之借补斯缺,洵堪胜任,亦与定章相符,合无仰恳天恩俯念员缺紧要,准以该员赵希魁借补西宁镇标右营守备,以期得力。如蒙俞允,俟接准部覆后,再行给咨送部引见,以符定制。

除查取该员履历清册咨部外,谨会同署甘肃提臣张永清,合词附片具陈。伏乞圣鉴,训示。谨奏。②

七月初三日,公会衔陕西抚臣魏光焘奏报知府张衍熙呈请开缺回籍一事,下部闻。曰:

窃臣等承准军机大臣字寄:四月十二日奉上谕:陕西凤翔府知府张衍熙,着陶模、魏光焘悉心察看,如竟不能胜任,即行据实参奏,毋稍迁就。将此各谕令知之。钦此。遵旨寄信前来。臣等钦遵正行司委

---

① 台北故宫博物院藏:《军机及宫中档》,文献编号:408003081-0-A.又,台北故宫博物院藏:《军机及宫中档》,文献编号:140624。
② 台北故宫博物院藏:《军机及宫中档》,文献编号:408003081-0-B.又,台北故宫博物院藏:《军机及宫中档》,文献编号:140632。

员查办间,旋据藩司张汝梅、臬司李有棻①准盐法道江汇川咨:据凤翔府知府张衍熙详称,该员现年六十五岁,山东进士,由刑部郎中截取引见,奉旨以繁缺知府选用。光绪二十年六月,选授斯缺,是年十二月到任,迄今两年有余,办理一切公事,尚无贻误。不意于本年四月间阴雨过多,感冒风寒,两腿酸软,难于步履。若贪恋贻误,获咎匪轻,且腿疾一时难以就愈,恳请开缺回籍调养,等情。具详前来。

臣等查该员履任两年,虽公事尚无贻误,而年力就已衰颓,现又感患腿疾,刻难速痊,自行呈请开缺,应即准如所请。除循例具题外,相应仰恳天恩俯准该员张衍熙开缺回籍,以资调理。

至所遗凤翔府知府系简缺,归选后第二次出缺,轮应外补,应俟部覆至日,再行拣员请补。合并声明。谨合词恭折覆陈。伏乞皇上圣鉴,训示。谨奏。②

七月十三日,公奏报甘省添扣二分减平款目,下部闻。曰:

窃臣准户部咨:议覆御史宋伯鲁③奏请添扣各项减平以裕利源一

---

① 李有棻(1841—1906),字芗垣,江西萍乡人,优廪生。同治十二年(1873),拔贡,报捐内阁中书。光绪二年(1876),选玉牒馆汉誊录官。三年(1877),充收掌官、校对官。同年,保湖南补用知府。八年(1882),署沅州府知府。十年(1884),补授湖北襄阳府知府。同年,署安陆府知府、武昌府知府。嗣保升道员。十七年(1891),授广东高廉钦道。二十年(1894),迁陕西按察使。翌年,署陕西布政使,督办新甘转运局兼制造事宜。二十四年(1898),擢陕西布政使。二十五年(1899),护理陕西巡抚。同年,丁母忧,回籍终制。二十六年(1900),督办江西全省团练。二十八年(1902),授江宁布政使。同年,护理两江总督,兼护理南洋通商大臣、两淮盐政。其间,创办《秦报》、两江师范学堂。三十年(1904),授江西铁路总办。三十二年(1906),卒于任。赠太子少保。著有《养闲轩诗钞》《卧云草堂文存》等行世。
② 台北故宫博物院藏:《军机及宫中档》,文献编号:408003082.又,台北故宫博物院藏:《军机及宫中档》,文献编号:140608.
③ 宋伯鲁(1854—1932),字芝栋、芝洞、芝钝、子钝。晚年又号钝叟,别号九嵕山樵、瓶园老人、心太平轩老人。陕西省醴泉县人。光绪十年(1884),中举。十一年(1885),中式进士,改庶吉士。十四年(1888),授编修。同年,任国史馆协修官。十七年(1891),充顺天乡试同考官。二十年(1894),任山东乡试副考官。二十二年(1896),补山东道监察御史。戊戌政变(1898)后,遣回原籍,致力诗画,颇存矩矱。民国二十一年(1932),卒。著有《画人轶闻》《清画家诗史》《新疆建置志》《新疆山脉志》《西辕琐记》《海棠仙馆诗集》《焚余草》《己亥谈时》《知唐桑艾录》等行世。

折,光绪二十三年五月十二日具奏,奉旨:依议。钦此。飞咨到臣。当经恭录饬司遵照办理去后。兹据藩司曾鉌详称:查部议内开:各省自本年七月起,无论藩、运、道库及各局处所额支旗绿各营俸薪、饷干、米折、养赡并各项经费、津贴、薪费、口粮暨一切正杂各款,凡支库平者,每两核扣六分,统按二两平发给。其由旗绿各营内挑练之兵所支饷糈,本较额兵为优,亦应核扣六分减平,以归一律。至各省勇饷多系开支湘平,当此整顿营勇之时,自未便再行核减。第查各处防饷,间或以库平支给,未免稍有参差,亦令自本年七月起,无论旧有防勇、新添练勇以及学习洋操各军,凡饷项开支库平者,照数核扣四分,统按湘平发给。计各项减平扣出银数若干,应令按半年报部一次,专款存储,留备臣部拨还洋款,无论何项,不得擅行动支。其从前减平各案扣存六分、四分各数,并令照案分别解部及报部候拨,毋得径行截留应用,仍将各该省各项减平一年约扣数目先行专案奏报,毋稍迟延,等因。

伏查甘省文武俸廉等项,每年约共扣减平银二万八千余两,系按六分扣除,无可添扣。惟有司库并总粮台支发旗绿各营兵饷、米折、练兵月饷、马干、粮料、草折、文职、祭祀、土司俸禄、喇嘛衣单、孤贫口粮、犒赏番目、西宁供应以及各项津贴经费、西宁王公俸银、新旧酬赏、京职衔米折、兵饷、译字喇嘛工食等项银两,前此系按四分减平,每年约共扣银二万八千余两。今奉文添扣二分减平,每年约共添扣一万四千余两。遵议自光绪二十三年秋季七月扣起,另款收储,按半年报部一次,听候提拨。其旧有之六分、四分减平银两,仍照案分别造册详报。此外甘省新旧防饷等项皆已核扣四分,统按湘平发给,仍另行扣存,并无以库平开支之项,毋庸再议核减,等情。开具添扣二分减平各项款目清折,详请奏报前来。

臣覆核无异,除将清折送部外,所有甘省每年约扣减平银数,理合恭折先行奏报。伏乞皇上圣鉴,敕部查核施行。谨奏。①

---

① 台北故宫博物院藏:《军机及宫中档》,文献编号:140790.

同日，公又奏请将李瀛即行革职并驱逐回籍，下部闻。曰：

> 窃维厘税为筹饷大宗，不容稍有弊混。兹查有甘肃候补直隶州知州李瀛，丁忧起复，由湖南原籍来甘，路过陕西，经善后局司道委令解运凉州满营军械。讵该员借此多索车辆，勾通商人，装载洋布等货至二十余车之多，一路偷漏厘金。行至兰州，将货物藏匿城外湖广义园，经东门厘卡委员查获，禀经司道饬委皋兰县知县覆查属实，禀揭前来。
>
> 臣查李瀛在甘年久，曾充厘局委员，历署泾州、阶州、固原直隶州，素称精明。此次见利忘义，竟敢包揽私货，行同市侩，实属胆大妄为，未便稍事姑容。除饬局将漏厘商人照章处罚外，相应请旨将甘肃候补直隶州知州李瀛即行革职，驱逐回籍，以肃官方。理合恭折具陈。伏乞皇上圣鉴，训示。谨奏。①

是日，公又会衔新疆抚臣饶应祺、新疆喀什噶尔提督张俊奏请展缓举办新疆本届应行军政，下部闻。曰：

> 窃臣前准兵部咨开：定例绿营武职五年一次军政，今查自光绪十八年军政以后至光绪二十三年，又届军政之年，题明通行内外各衙门，遵照例章，画一办理，以肃戎政，等因。当经分别咨行陕西抚臣、新疆抚臣及各提、镇转饬遵照去后。兹准新疆抚臣饶应祺咨称：本届军政本应照例举行，惟新疆抚、提、镇标、路各营旗员弁各缺尚未一律请补齐全，其中署任居多，间有实缺到任者，历俸多未满五年，且西北沿边地方族类纷歧，时虞滋事，边防紧要，调考维艰，势难照章办理，咨请奏缓前来。
>
> 臣覆核无异，合无仰恳天恩俯准将新疆本届军政暂行展缓，俟下届再行照例举办，以符定制。除陕、甘二省军政尚未准抚臣及各提臣

---

① 台北故宫博物院藏：《军机及宫中档》，文献编号：408003083。又，台北故宫博物院藏：《军机及宫中档》，文献编号：140791。

咨覆，容俟覆到再行奏明办理外，所有新疆本届军政据咨恳请展缓缘由，谨会同新疆抚臣饶应祺、新疆喀什噶尔提督臣张俊，合词恭折具陈。伏乞皇上圣鉴，训示。谨奏。①

七月十九日，公开单奏报光绪二十三年五月分甘省雨水粮价情形，曰：

窃照本年四月分粮价并雨泽情形，业经奏报在案。兹查五月分兰州等八府六直隶州属具报得霑雨泽，自一二寸至三四寸不等。正值夏禾结实之际，获此沃泽，土脉滋润，实于农田大有裨益。间有被雹之处，已饬查勘另办。

至通省粮价，或与上月相同，或较上月稍有增减。据藩司曾鉌具详请奏前来。臣覆核无异，理合恭折具奏，并缮粮价清单，恭呈御览。伏乞皇上圣鉴。谨奏。②

同日，公又奏销办理玉树屯不大番案经费情形，下部闻。曰：

窃查光绪二十年五月间，法国游历士吕推被玉树囤不大番族戕害一案，钦奉谕旨：此事关系中外交涉，必应迅筹了结，免生枝节，等因。钦此。前督臣杨昌濬、西宁办事大臣奎顺当以事关重要；即遴委西宁镇标前营都司邓咸林、分省补用县主簿龚应榜前往查办。西宁去囤不大一路黄沙戈壁，野番时出劫掠，须多带马步队及向导、通事人等，以资护卫、指使。所用薪粮、料草、津贴、口食、脚价等项，前督臣奏准在于甘肃百货厘金项下动支，并声明共用若干，刻难定准，统俟事竣核实造销在案。

---

① 台北故宫博物院藏：《军机及宫中档》，文献编号：408003084。又，台北故宫博物院藏：《军机及宫中档》，文献编号：140792。
② 台北故宫博物院藏：《军机及宫中档》，文献编号：408003085。又，台北故宫博物院藏：《军机及宫中档》，文献编号：141130。

旋据甘肃布政使曾鉌详称：邓咸林等在西宁选募马勇四十骑、步勇二十名，以候补参将钟青云为带兵官，附生江定澜办理文案，各带跟役及翻译、书职、通事人等，于光绪二十年九月十三日起程赶行，十月二十二日抵南柴达木地方，因闻野番出巢寻抢，骑步单薄，添募蒙番二十名。时已大雪封山，异常寒冷，过诺门罕山十数站，杳无人烟，鸟道崎岖，行卧雪窖，冻毙通事、勇丁三名，倒毙骑马数匹。十二月十七日，始抵囤不大地方。

查囤不大即玉树之迭达族居各族之中，相距西宁实计三千二百九十余里。邓咸林等深入该地，未敢躁切，诱掖奖励，百计千方，幸将正凶、赃物拿获。迨欲解犯转回，该囤不大番族始悟事体重大，商集众番，谋为杀官夺犯之举。邓咸林等情急，设法往向别族雇觅番兵二百名，保护押解。及抵南柴达木，适值内地回叛，口外番贼乘间抢夺。行至汪什代克地方，被伤通事、跟役三名；端朶答尔地方阵亡马勇二名，受伤勇丁七名，要犯洋赃勉力保护，于二十一年八月十三日到丹噶尔厅时，西宁、多巴一带回氛正炽，大道梗阻，因将洋赃寄厅，柴达木所雇蒙番一律遣归。邓咸林等押犯由小道于九月十四日回抵西宁销差。除人犯经前督臣杨昌濬、西宁办事大臣奎顺会衔奏办，赃物及赔赃银两亦经先后委员解交总理衙门查收转交外，所有查办此案官员、书役薪水、盘费、工食、骑骡、驮马、脚价、勇丁行粮以及亡故、受伤恤赏、养伤等项银两，已遵由百货厘金项下随时动支。据邓咸林等事竣报由藩司按照军需例章核计，实共应销银一万三千二百九十八两七钱四分，造册详请具奏前来。

臣查法员吕推被戕，案关中外交涉，委员、勇丁、通事、向导、书役人等查拿赃犯，计程六千余里，往返经年，迥非寻常番案可比。一切支款委系实用实销，毫无冒滥。合无仰恳天恩俯念番案异常艰险，饬部查照核销。除将清册分送总理衙门及户、兵二部外，理合恭折具陈。

伏乞皇上圣鉴,训示。谨奏。①

是日,公又奏销嘉峪关征收俄税情形,下部闻。曰:

窃照嘉峪关新设俄国陆路口岸,征收税项,遵照部议扣足四结专折奏咨一次。兹查光绪二十二年四月初九日止第四十四结届满,业经先后造册奏咨。今自二十二年四月初十日起,至二十三年四月初九日第四十八结止,又届四结期满;其第四十五结、四十六结、四十七结、四十八结征收税银,已节次分别咨明在案。所有十二次四结内共旧管、新收,除提火耗每两一分二厘外,征收内地正、子税银六百三两七钱八分八厘八毫,又开除提入光绪二十二年满年经费银三百一十三两三钱三分一厘五毫,实储税银二百九十两四钱五分七厘三毫。据该关督何福堃造具清册,详请奏咨前来。臣覆核无异,除清册分送总理衙门及部科查照外,理合恭折具奏。伏乞皇上圣鉴。谨奏。②

同日,公又奏请黄翰章补授岷州知州,下部议。曰:

窃据甘肃布政使曾鉌、按察使丁体常会详称:岷州知州惟曾病故,遗缺系第二次,应行留补。查选缺知州病故,所遗例应先尽候补班前酌补一人,次将候补正班酌补一人。应用候补时,先尽科甲出身人员,科甲不合例,或人地不宜,方准以别项候补请补。甘省知州一项,前此宁州缺出,以候补班前知州姚长龄酌补在案。

今岷州一缺应酌补候补正班,是班内并无正途出身人员,惟查有候补知州黄翰章,年五十五岁,云南宝宁县人,由文童投效本省军营,

---

① 台北故宫博物院藏:《军机及宫中档》,文献编号:408003088.又,台北故宫博物院藏:《军机及宫中档》,文献编号:141131.
② 台北故宫博物院藏:《军机及宫中档》,文献编号:408003088.又,台北故宫博物院藏:《军机及宫中档》,文献编号:141124.

历保以知州分省尽先补用,签掣甘省。光绪三年六月,领照到省,期满甄别补用。前署环县知县,现署丹噶尔同知,办理一切,悉臻妥协。臬司丁体常到任未及三月,例不加考。藩司曾铄查该员笃实精详,留心吏治,以之请补岷州知州,与例相符,实堪胜任,人地亦极相宜。会详请奏前来。

臣查该员黄翰章老成谨慎,办事安详,合无仰恳天恩俯准以该员黄翰章补授岷州知州员缺,实于地方有裨。如蒙俞允,系以知州请补知州,衔缺相当,毋庸送部引见。该员历署各缺并无参罚案件。谨恭折具陈。伏乞皇上圣鉴,训示。谨奏。①

同日,公又会衔甘肃提张永清奏请章凤先升补金塔协副将,下部议。曰:

窃臣接准部咨:肃州镇属金塔协副将员缺系题补第二轮第三缺,轮用预保。查该省预保无人,应以第六缺拣发人员题补,等因。臣查金塔协副将员缺,设处肃州北路要道,毗连蒙番,缉捕巡防,均关紧要,非精敏强干、熟悉地方情形之员,难期胜任。随在于归拣发班补月人员内拣选得补用副将现署永昌协副将凉州镇标右营游击章凤先,久历戎行,精明稳练。该员在甘年久,于该处地方情形最为熟悉,且历次委护凉州镇总兵篆务及署永昌协副将员缺,办理营务,诸臻妥协,以之请补斯缺,实堪胜任,亦与部章相符。合无仰恳天恩俯念员缺紧要,准以该员章凤先补授金塔协副将员缺,可期得力。如蒙俞允,俟接准部覆后,即行给咨送部引见,以符定制。

除饬取该员履历清册送部查核外,所遗凉州镇标右营游击员缺,甘省现有应补人员,容臣另拣请补。谨会同署甘肃提臣张永清,恭折

---

① 台北故宫博物院藏:《军机及宫中档》,文献编号:408003090。又,台北故宫博物院藏:《军机及宫中档》,文献编号:141134。

具陈。伏乞皇上圣鉴,训示。谨奏。①

是日,公又奏报光绪二十二年分甘肃关内收支百货厘金情形,下部闻。曰:

窃照光绪二十一年收支百货厘金银两数目,业经咨奏在案。兹据厘金总局司道详称:光绪二十二年正月起至十二月底止,关内各局卡百货厘金收支款目汇为一宗,通共新收银一十九万三千六百七十二两八钱四分九厘八毫四丝,以批解藩库为大宗,其次粥厂、车价并厘金、各局卡薪工、局费,总共解支银一十九万三千六百七十二两八钱四分九厘八毫四丝,以出抵入,并无余存。至盐厘、土药、加抽糖厘,另案造报,等情。造具总散清册,详请奏咨前来。

臣覆核无异,除清册送部外,合无仰恳天恩,饬部查照,准将光绪二十二年已支之款照册核销,以清款目。再,查西宁、渭源、河州、狄道、碾伯、丹噶尔各局卡厘金,前因回逆猖獗,商货停运,无从抽收,二十一年内先后禀请停止,兹二十二年虽已一律开办,然兵燹后凋残太甚,商货滞销,一时难望起色。前奉部饬征收厘金、开支局费章程向不准逾收数十分之一,等因。惟甘肃为极边辽阔之地,山径纷歧,若非扼要处所设立局卡,不能遏绕越而杜偷漏,是以开支局费不能照一成之数。合并声明。

所有甘肃省光绪二十二年分收支百货厘金数目,谨恭折具奏。伏乞皇上圣鉴,训示。谨奏。②

同日,公又附片奏报光绪二十二年分收支盐厘情形,下部闻。曰:

再,据甘肃厘金总局司道详称:光绪二十二年正月起至十二月底

---

① 台北故宫博物院藏:《军机及宫中档》,文献编号:408003089.又,台北故宫博物院藏:《军机及宫中档》,文献编号:141125。
② 台北故宫博物院藏:《军机及宫中档》,文献编号:408003086.又,台北故宫博物院藏:《军机及宫中档》,文献编号:141126。

止，甘肃各局卡收支盐厘款目汇为一案，计新收并减平共银二万四千八百五十两三钱五分六厘八毫，已先后解交藩库银二万一千五百二十三两九钱五分六厘八毫。又，支发盐卡薪工、局费银三千三百二十六两四钱。以上共开除银二万四千八百五十两三钱五分六厘八毫，以入抵出，并无余存。理合造具收支清册，并将各处产销盐斤收厘章程、易银市估及委员职名均于册内声叙，仍遵照部咨，另造市估细册，一并详请奏咨前来。

臣覆核无异，合无仰恳天恩饬部，准将光绪二十二年已支之款照册核销，以清款目。除将清册送部查核外，谨附片具陈。伏乞圣鉴，训示。谨奏。①

同日，公又附片奏报甘省光绪二十二年收支土厘情形，下部闻。曰：

再，前准户部咨：甘省征收土药厘金银两，应自光绪十六年起，按年据实造报，不得并入百货厘捐款内开支，以免牵混；并将所收银两专款存储，听候指拨，等因。遵办在案。兹据税厘总局司道详称：甘肃省自光绪二十二年正月起至十二月底止，关内各厘局、卡收支土药款目汇为一宗，计新收银一万四千一百四十二两一钱六分二厘，业已如数解交藩库，专款存储，听候指拨，造具四柱清册，并声明土药厘金同归百货厘局兼收，应支薪工仍在货厘项下开支。所有二十二年收获土药厘银，已由甘肃藩司照数搭解户部衙门查收，等情。详请奏咨前来。

臣查甘省地处边陲，向无洋药到境，本地虽有栽种罂粟，然自用者多，贩运者少，故收厘有限。兹税厘总局将光绪二十二年分所收土药厘银一万四千一百四十二两一钱六分二厘如数解交藩库，由甘肃藩司搭解户部衙门查收在案，仍饬司按年列册报查，并饬各局卡认真抽收

---

① 台北故宫博物院藏：《军机及宫中档》，文献编号：408003087-0-A．又，台北故宫博物院藏：《军机及宫中档》，文献编号：141132．

以裨厘务外,谨附片具陈。伏乞圣鉴,饬部查照。谨奏。①

是日,公又附片奏报甘省光绪二十二年加抽二成糖厘情形,下部闻。曰:

再,前准户部咨:甘肃省征收红、白蔗糖,于照章完厘外,每斤加抽二成厘金,另款汇存造报,等因。当经转行遵办在案。兹据税厘总局司道详称:甘肃省自光绪二十二年正月起至十二月底止,各局卡收获糖厘款目汇为一宗,计新收二成厘银三百三十五两四分,已照数批解藩库,专款存储,听候指拨。造册详请奏咨前来。

臣覆核无异,除饬司仍按年列册报查,并饬各局卡认真经征,实收实报,以裨厘务外,谨附片具陈。伏乞圣鉴,饬部查照。谨奏。②

同日,公又会衔甘肃提督张永清奏请将参将秀昌即行革职,下部闻。曰:

再,臣准署甘肃提督张永清咨称:提标中营参将秀昌性好嬉游,营务毫未整饬,且于丁忧期内买民女范氏为妾,并将已故跟役王二之妻卖银入己,实属有玷官箴。咨请核办前来。经臣先行撤委查办在案。臣查秀昌行止轻浮,既不能整理营务,复又悖礼妄为,不顾廉耻,未便稍事姑容,相应请旨将甘肃提标中营参将秀昌即行革职,以肃戎政而儆效尤。

所遗参将员缺,甘肃现有应补人员,应由臣拣员请补。合并声明。

---

① 台北故宫博物院藏:《军机及宫中档》,文献编号:408003087-0-B. 又,台北故宫博物院藏:《军机及宫中档》,文献编号:141133.

② 台北故宫博物院藏:《军机及宫中档》,文献编号:408003087-0-C. 又,台北故宫博物院藏:《军机及宫中档》,文献编号:141129.

谨会同甘肃提督臣张永清,合词附片具陈。伏乞圣鉴,训示。谨奏。①

同日,公又附片奏请谭应春等署理副将,下部闻。曰:

再,署宁夏镇属中卫协副将程文胜年满遗缺,查有现署督标左营参将正任河州镇属循化营参将谭应春,堪以署理。递遗督标左营参将员缺,查有河州镇标中军游击韩廷芝,堪以署理。除分饬遵照外,理合附片具奏。伏乞圣鉴。谨奏。②

七月二十六日,公奏报援案预估光绪二十四年分甘肃关内新饷情形,下部议。曰:

窃臣前准部咨,将光绪二十四年应需饷项迅速分晰奏估,以凭汇拨,等因。当经行司遵照去后。兹据甘肃布政使曾鉌详称:遵查甘肃关内应需饷项,自光绪十四年起,每年奉拨银一百一十八万两,嗣经先后议减二十三万七千八百余两,饬令提存司库,每年仅开支银九十四万余两。迨东海用兵,征兵筹饷,甘库历年封存各款奉部提拨甚多,至二十一年河湟军兴,调募客、土各军二百数十营旗,需饷浩繁,屡请加拨,遂将以前封储各款扫数动用无存,库藏早已空虚,亟应力求撙节。无如地方虽已肃清,民情尚易浮动,仍须重兵镇摄,实非旧章马步三十旗足敷分布,防军较多于前,则饷项自难核减,所有甘肃应需光绪二十四年常饷,拟请照旧仍按一百一十八万两,如数指拨,并请全数动支,俾免竭蹶。一俟防军裁减复旧,再行分案提存,以资节省。此外宁夏、凉州、庄浪、西宁、青海等处俸饷,亦自光绪十四年起每年奉部专拨银

---

① 台北故宫博物院藏:《军机及宫中档》,文献编号:408003089-0-A.又,台北故宫博物院藏:《军机及宫中档》,文献编号:141127。
② 台北故宫博物院藏:《军机及宫中档》,文献编号:408003089-0-B.又,台北故宫博物院藏:《军机及宫中档》,文献编号:141128。

二十二万两。数年以来，满营生齿日繁，原拨饷银时形不敷，实难再减，请仍照旧专拨银二十二万两，免致匮乏，各等情。详请具奏前来。

臣查关内饷项历年核减，已觉有绌无赢。此次军兴而后，防务仍不敢松懈，未便过事裁汰，贻误边陲。然当此筹款艰难，亦不敢遽请加拨，惟有吁恳天恩准将二十四年甘肃关内军饷饬部照旧指拨银一百一十八万两，各满营及青海俸饷亦照旧指拨银二十二万两，合共指拨银一百四十万两，应请尽数撙节动支，一俟防务如常，仍即照数提存，以符定章。

所有援案预估甘肃关内光绪二十四年分实需军饷及满营、青海俸饷各数目缘由，谨恭折驰奏。伏乞皇上圣鉴，训示。遵行。谨奏。①

同日，公又附片奏报购运军械动用经费情形，下部闻。曰：

再，甘肃前年河湟军务骤起，添募勇营，苦无制胜军火，经前督臣杨昌濬电致两江督臣代购后膛车炮十尊，格林炮五尊，毛瑟、格拉司、来福马步枪四千五百支，铜帽火八百万颗，并炮弹、枪弹、粗细洋药数十万斤，共合各价湘平银一十七万一千六百余两。又加水陆运脚、解员川资以及包皮、绳索等项湘平银二万二千余两，总共湘平银一十九万三千六百余两，内除老河口以西运费外，业已一律在于江苏、两淮协甘新饷内扣抵清楚，经两江督臣及臣先后奏咨在案。惟前项军火价值、运费，当时并未另请专款。查各省协拨甘新饷项，系关内外常年计口授食之需，虽一时就近扣抵，仍不能照数筹还，当经饬司在于二十一、二两年添拨军饷项下，撙节匀挪，将以上湘平银一十九万三千六百余两分别归款。兹据甘肃新疆总粮台布政使曾鉌开具购运外洋军火并支发现存各数目清单，详请奏咨前来。

臣覆查无异，除将清单咨送总理衙门及户、兵、工部查照外，合无

---

① 台北故宫博物院藏：《军机及宫中档》，文献编号：408003091. 又，台北故宫博物院藏：《军机及宫中档》，文献编号：141066.

仰恳天恩饬部立案，以便造销。谨附片具陈。伏乞皇上圣鉴，训示。谨奏。①

是日，公又奏明甘肃省光绪二十三年夏、秋禾苗被灾情形，曰：

窃查甘肃各属自春徂夏，雨泽应时，收成可期中稔，惟间有禀报被雹、被水之区，当即饬司分别移行该管道、府、直隶州确查妥办。兹据藩司曾鉌将各属被雹、被水大概情形详请具奏前来。臣查兰州府属之金县、沙泥州判，平凉府属之平凉县、庄浪县丞，庆阳府属之安化县、环县，固原直隶州属之海城县、打拉池县丞各地方，均于本年四、五、六等月先后被雹、被水，损伤禾苗、罂粟，轻重不一。小民终岁勤劳，正值夏禾结实，秋禾滋长，忽遭灾伤，殊堪悯恻！先已饬委该管道府州，督同各地方官亲往，逐细覆勘，分别借给口粮、籽种，令其补种杂粮，是否不致成灾，统俟秋成查明，另行汇办。

惟兰州府属之河州东南乡各社，会于六月初七、八、九等日午后，雷雨交作，冰雹猛降，大如鸡卵，小如桐子，积地约五六寸不等，夏禾多被打伤。巩昌府属之宁远县西乡梁家湾、大大沟两处，于六月二十二、三等日大雨滂沱，昼夜不断，山水暴溢，土山冲倒，冲压庄房三十三家，伤毙男女大小八十七丁口、牲畜数十头。固原直隶州之东乡白家塬、官堡台等处，于五月十二、十九等日，狂风大作，雷雨交加，中带冰雹，形如弹子，打伤白家塬等七庄夏秋禾苗，其官堡台等处三十八庄夏禾亦被打伤不少；又该州南乡牛营子等七庄于六月初九日忽然狂风雷雨，中带冰雹，将夏秋禾苗、烟苗均被打伤罄尽。阶州直隶州之叠石里、黑沟等处，于六月初九日忽下冰雹，斜长五十余里，南北宽二十余里，共计大小六十三村庄，夏麦有全行打毁者，有被伤过半者。西宁府

---

① 台北故宫博物院藏：《军机及宫中档》，文献编号：408003091-0-A. 又，台北故宫博物院藏：《军机及宫中档》，文献编号：141067.

属碾伯县之硖口堡等十七庄,于七月初三、初六等日午后忽降雨雹,打伤禾稼,冲坏地亩。

以上五州县地方被灾较重,均经饬司移行该管道、府、直隶州,并另委员确切覆勘,动用仓粮,分别赈济,仍饬由地方官赶紧先发籽种,劝谕农民乘时补种杂粮,以冀晚收稍资补救而免失所。所有压毙人口、冲倒房屋,早经饬令从优抚恤,并令查明压倒房屋若干,照例给予银两,及时修盖,以资栖止。水冲田地,查明能否修复,钱粮应如何分别蠲缓,统俟各属结报到日,再行汇核办理外,合将甘省本年夏秋禾苗被雹、被水大概情形,恭折具奏。伏乞皇上圣鉴,训示。谨奏。①

八月初一日,公会衔总统甘军甘肃提督董福祥开单奏报河州等案文武各员请照原保给奖一事,下部议。曰:

窃臣等接准吏部咨开:查此次西宁肃清案内,据陕甘总督陶模、西宁办事大臣奎顺、甘肃提督董福祥奏保异常出力文职,原开共二百十员,于光绪二十二年十二月初四日钦奉朱批交议;又,上年八月二十五日,甘肃提督董福祥奏,汇保河州解围,单开请奖文职九十五员;又,上年十月初五日,前陕甘总督杨昌濬、西宁办事大臣奎顺奏保西宁各军攻克逆堡屡获胜仗,开单请奖文职十八员,均系奉旨交议之件,应即钦遵核办。惟查前后请奖各员概未将详细履历送部,无从查核。正在办理,据给事中吴光奎奏参,钦奉谕旨:着该部从严核议,等因。钦此。查西宁保案列为异常,是否皆系攻城杀贼异常出力之员,并未逐一分叙,未免无所区别。统计前后所保各员,除随折奏奖外,开单文职尚有三百二十余员,而核与例章不符者竟至二百二十余员,事不出乎一省,时则经历年余,随意保奖,漫无限制,拟先将全案驳回,并将各案员数切实删减,分别异常、寻常,另核请奖,分晰劳绩,备具各该员详细履历

---

① 台北故宫博物院藏:《军机及宫中档》,文献编号:408003092.又,台北故宫博物院藏:《军机及宫中档》,文献编号:141065.

奏明到部,再行照章办理。

另片奏,西宁全境肃清迭次出力保奖,开复顶翎已革山西平阳府通判张心泰等分别请奖,除何其坦、耿士伟二员保案应请即行撤销外,至张心泰等五员核实删减,并将劳绩等次详细声叙,应令查明俟覆奏到日,再行办理,等因。于本年二月初九日具奏。复接准兵部咨开:查此次西宁肃清单开各员,声明拟保底衔多在河州案内保奖,系属层迭加保,亦未将所立功绩、在何案内分晰注明,笼统保至八百数十员,人数过多。其奏请开复之已革千总雷雨瑞等三员,并未将被参原案详细声叙,请饬详细分晰劳绩,核实删减。其已在河州案内列保者,此次全境肃清案内应行删除,覆奏报部,再行核办。另片奏,所保已革河州镇总兵汤彦和等六员分别请奖。核其获咎情节均属甚重,所请开复,应毋庸议,等因。于本年二月十四日具奏,先后知照前来。

臣等伏思部臣所议,系为按照例章,本应恪遵,曷敢再行渎请?惟查部臣所列多系光绪二十年八月二十九日奏定获匪保举章程,其原奏条款内曾声明"军营打仗出力者,不在此例"。又,查光绪二十二年八月初四日奏定例保限制,其原片内称嗣后军械处、总理衙门襄办典礼及军营打仗、大工合龙,仍照旧例办理。是军营打仗出力与获匪及寻常例保原有不同,定例甚明,毋庸强合也。从前关陇用兵,每遇奏捷,凡保免补、免选、分省、留省以及越级请升者,无不仰荷天恩饬部一律注册。此次循化逆回肇变,而西宁、河狄应之,旬月之间,聚众数十万人,蔓延数千余里,河州被围既久,而西宁城厢以外及所属之循化、巴燕戎格、大通等厅县又处处皆贼。米拉、马营、甘都、塘卡尔、冈水、地川为贼老巢,山路阻深,最为险绝,又自昔用兵所未至之地,将士冲风冒雪,与之力争,未及期年,扫除殆尽,地方平静,民得归耕。此皆仰赖天威,故得人人用命。臣等何功?尚蒙优奖,而将士诸人自随折所保外,多至今未进一阶,当亦圣明之所深念。

各营将士其隶臣模所部者二十余营,隶臣福祥所部及调归节制者三十余营,隶西宁办事大臣奎顺所部者三营,隶陕西提督邓增所部者五营，通共七十余营。西宁所保奏咨文武共二千余人，尚有守城出力及带队打仗之地方官在内，合之则见其多，其实每营所保尚不及十分之一也。申中一役，已奉旨准其保奖而未曾开保。北大通一役，所保者新疆数营，而其余又未开保，故凡臣等所保皆择其叠次出力者列之，非擒斩一贼、攻克一堡即予以优列也。臣等前此随折保奖各员皆奉特旨允准，此次汇保各员皆系攻城杀贼，擒斩要逆，与随折诸人无异，只以员数较多，不能同时并列。河州汇保以其时正在接仗，未及核办，出奏稍迟，然诸人先于河州出力，后又于西宁出力，非河州列保西宁即不应列保。从前保案如此者甚多，皆得以拟保作为底衔，可从则俱从，应驳则俱驳，于定例原无出入，且显然两案与层递加保者亦有不同。上年关内外一律肃清，臣等当经具奏，拟请以前敌、后路分作两起请奖，将来自应照办。此次西宁所保同系前敌，其后路出力之文武员弁均未开列，且自逆回事起，凡关内关外前后出力者，实计旧存、新募防营土勇及奉调客军不下二百余起，西宁所保只七十余营，此外应请奖叙之员亦均未羼入此案。臣等受恩深重，具有天良，亦何敢稍涉冒滥！

现在库款支绌，时事多艰，军务早一日肃清，庶几宵旰之廑早一日可慰。使必听其蔓延三数省，延宕五六年，然后从而收拾，始足以为功则尤，臣等之愚所不敢出。此臣等再三商酌，河州一案武职人员既经兵部核准及分别行查，文职自未便两歧。前陕甘总督臣杨昌濬、西宁办事大臣奎顺会保西宁一案为数无多，应均恳天恩饬部仍照原保核奖。其西宁一案除开复之文职何其坦、耿士伟二员，武职汤彦和、潘长清、李良穆、杨宝林、陈宗藩、李泗益等六员，遵照部议删除；知府衔补用同知甘肃优贡试用知县姚世贞业经病故，应请注销外，其余各员谨酌量删改，开具清单，恭呈御览。合无仰恳天恩饬部核准，出自逾格鸿施！

至各文员履历现在均已造齐，应先送部；武职履历尚未汇齐，请饬部先行注册，俟汇齐再行补送。河州案内兵部行查各员，由臣福祥另案奏明办理。除咨吏、兵二部外，谨会同署西宁办事大臣臣联魁，合词恭折具陈。伏乞皇上圣鉴,训示。再,此折系臣福祥主稿。合并声明。谨奏。①

八月二十四日,公奏报办理甘省本年乡试情形,曰:

窃甘省本年丁酉科乡试,臣照例于八月初六日入闱监临。其应调同考官八员,于进士、举人出身之实缺知县内考取准调皋兰县知县陈昌、环县知县杜翴、平罗县知县李含菁、镇番县知县钱广恩、秦安县知县刘至顺、陇西县知县江昌燕六员,余遵照道光十年通行章程,在候补人员内考取即用知县汤霖、即用知县黄国琦二员,文理优长,堪以派充分校。

应试士子共二千四百九十五名,三场完竣,已将朱卷封送内帘。十七日,接试翻译。计驻防士子一十九名,照例点进贡院,随诣内帘恭领钦命题目,严密缮刊,散给士子。十九日出场,内、外帘一律整齐严肃。除将翻译试卷一十九本逐一弥封钤印,即日委员解交礼部外,所有原奉钦命翻译题目,敬谨封固,附折恭缴。臣于二十日出闱,仍留提调官兰州道黄云、监试官巩秦阶道赵时熙,在闱内稽查弹压,并饬督标中军副将汤仁和在贡院门外巡逻稽查,以昭严密。

所有甘肃乡试三场完竣,接试翻译,均各肃静暨房考兼用候补人员缘由,理合恭折具奏。伏乞皇上圣鉴。谨奏。②

九月初一日,公开单奏报光绪二十三年六月分甘省雨水粮价情形,曰:

窃照本年五月分粮价并得霑雨泽情形,业经据折奏报在案。兹查

---

① 台北故宫博物院藏:《军机及宫中档》,文献编号:408003093。又,台北故宫博物院藏:《军机及宫中档》,文献编号:141317。
② 台北故宫博物院藏:《军机及宫中档》,文献编号:408003094。又,台北故宫博物院藏:《军机及宫中档》,文献编号:141561。

六月分兰州等八府六直隶州属具报得霑雨泽,自一二寸至二三寸不等。正值秋禾长发之际,获此沃泽,实于农田有裨。间有被雹、被水之处,业经另案专折奏报。

至通省粮价,或与上月相同,或较上月稍有增减。据藩司曾鉥具详请奏前来。臣覆核无异,理合恭折具奏,并缮粮价清单,恭呈御览。伏乞皇上圣鉴。谨奏。①

同日,公又开单奏报照章惩办甘肃省光绪二十三年春夏情重盗匪,下部闻。曰:

窃照甘肃地处边疆,汉、番、回、撒,种类不一,往往勾结为匪,骑马持械抢劫为生,甚至逞凶拒捕,伤毙事主,近来复有游勇肆行劫掠,情势均属凶暴,仍应按照刑部通行,随时就地正法,按季汇报。兹查光绪二十三年春夏二季分,据皋兰县、宁灵厅、宁朔县先后报获盗匪汪七十四、刘汉娃子、汪张成、马有高即马小河州、马有幅即马大河州、张怔三、张得功、郭进沅、王逢山、宋盈中、孟全德即孟老八、王金礼即王什长、马德胜、李登棋到案,均经批饬该管府讯供详办。旋据兰州府、宁夏府先后覆审拟议详办前来。

查该盗匪汪七十四、马有高、马有幅、张怔三、张得功、郭进沅、宋盈中、孟全德、王金礼、马德胜、李登棋等十一犯,多系游勇,或结伙持械,拦路劫杀;或拒杀事主,搜劫家财,均系情罪重大,法无可逭,经臣批司核覆,实属情真罪当,已先后批饬将该犯汪七十四等分别就地正法,同割取监毙首盗马呀呀子首级,一并悬竿示众,俾昭炯戒。刘汉娃子、汪张成讯系被胁勉从在场,并未动手,情节较轻,亦令照章锁系杆礅,均俟限满察看,另行办理。王逢山系闻拿投首,且又供出伙盗张得功、郭进沅藏匿处所,立时拿获,应照例减等,酌拟系带杆礅。惟另有

---

① 台北故宫博物院藏:《军机及宫中档》,文献编号:408003100.又,台北故宫博物院藏:《军机及宫中档》,文献编号:142052.

伙窃天东家烟土、拒伤事主身死之案,首犯谢保良等未获,饬令暂行监禁,仍令严缉盗首谢保良、乔得功等,获日再办。据甘肃按察使丁体常详请具奏前来。

除仍批饬严缉各案逸盗务获究报外,所有甘肃省光绪二十三年春夏二季分情重盗匪照章就地惩办缘由,谨开具籍贯、案由清单,恭折具陈。伏乞皇上圣鉴,饬部查照施行。谨奏。①

是日,公又奏请阮士惠补授永昌县知县,下部议。曰:

窃据甘肃藩、臬两司详称:永昌县知县高蔚霞病故遗缺,前以庄浪县丞叶森请升,奉部议驳。嗣以金县知县姬恺臣请调,复奉部咨姬恺臣试俸尚未期满,核与调补之例不符,行令再行拣选,等因。自应遵照另拣。查知县应调缺出,无合例堪调之员,例准以候补并进士即用人员酌补。今永昌县知县系三项要缺,地处冲要,政务殷繁,非老成干练之员,不足以资治理。现在简缺合例知县仅止一人,与此缺不甚相宜。该司等在于候补即用人员内逐加遴选,查有即用知县阮士惠,年四十三岁,陕西山阳县廪生。光绪元年乙亥科,中式本省乡试举人,考取汉教习,俸满引见以知县用。十八年壬辰科会试,中式贡士,殿试三甲,朝考三等,引见奉旨以知县即用,签分甘肃,即于是年十二月十八日到省,前署靖远县知县,现署平番县知县,均无贻误。该司等查该员阮士惠稳练精详,留心吏治,以之请补永昌县知县,实堪胜任,人地亦极相宜。会详请奏前来。

臣查该员阮士惠心地慈祥,办事勤敏,合无仰恳天恩俯准以该员阮士惠补授永昌县知县,实于地方有裨。如蒙俞允,该员以知县请补知县,衔缺相当,毋庸送部引见。再,该员各署任内并无参罚案件。谨

---

① 台北故宫博物院藏:《军机及宫中档》,文献编号:408003098。又,台北故宫博物院藏:《军机及宫中档》,文献编号:142048。

恭折具奏。伏乞皇上圣鉴,训示。谨奏。①

同日,公又代奏新授河州总兵刘璞谢恩一事,曰:

窃臣据署凉州镇总兵新授陕西河州镇总兵爽勇巴图鲁刘璞呈称:于光绪二十三年七月二十四日接到行知:光绪二十三年六月十六日奉上谕:陕西河州镇总兵员缺,着刘璞补授。钦此。当即恭设香案,望阙叩头谢恩。伏念刘璞关中下士,知识庸愚,早岁从戎,未建奇勋,于塞上频年镇摄,幸摧逆焰于湟中。正惭悚之方深,忽宠荣之下逮,自天颁命,伏地怀惭! 容俟禀商督臣委员接代署篆,即行驰诣阙廷,跪聆圣训。

所有感激下忱,谨先呈请据情代奏,叩谢天恩,等情。前来。理合恭折代陈。伏乞皇上圣鉴。谨奏。②

同日,公又代奏调补肃州总兵何建威谢恩一事,曰:

窃臣据调补肃州镇总兵何建威呈称:窃总兵前在狄道州防次,先蒙奏委署理肃州镇总兵篆务,正启程赴任间,旋又接到行知内开:光绪二十三年六月十六日奉上谕:何建威着调补肃州镇总兵。钦此。钦遵当将防务交卸清楚,由狄道起程。八月初五日,行抵肃州。初十日,准前任总兵田在田委署中军游击戴福禄赍送印信、文卷前来。遵即恭设香案,望阙叩头谢恩,祗领任事。前任总兵田在田亦于是日交卸讫。

伏念总兵一介武夫,毫无知识,前此仰邀特简,擢任河州镇总兵。兹复蒙恩调补肃州镇总兵,迭荷宠荣之下逮,实为梦想所难期! 闻命

---

① 台北故宫博物院藏:《军机及宫中档》,文献编号:408003099.又,台北故宫博物院藏:《军机及宫中档》,文献编号:142049.
② 台北故宫博物院藏:《军机及宫中档》,文献编号:408003096.又,台北故宫博物院藏:《军机及宫中档》,文献编号:142050.

之下,感惭交集!肃州地处极边,蒙番杂处,且为关陇门户,举凡防卫地方,巡缉匪类,在在均关紧要。总兵惟有勉竭驽骀,力矢勤慎,以期仰答高厚鸿慈于万一!

所有总兵接印任事日期,并感激下忱,恳请据情代奏叩谢天恩前来。理合据情恭折代奏。伏乞皇上圣鉴。谨奏。①

是日,公又会衔陕西固原提督邓增奏请郎永清借补定边协副将,下部议。曰:

窃查陕西延榆绥镇属定边协副将员缺,前经臣请以记名总兵前陕西洮岷副将陈元萼补授,经部议覆该员丁忧开缺,服满后并未照章请咨赴部,所保记名总兵亦未造送履历,遽行请补该省之缺,核与定章不符,应毋庸议。其定边协副将员缺,仍令拣尽先合例人员请补,等因。臣随在于尽先人员内拣选得补用总兵留陕甘尽先补用副将郎永清,河南商邱县人,由武童于同治元年投入陕甘骁捷豫营效力,节次打仗出力,历保补用总兵留陕甘尽先补用副将,借补西凤营守备。去岁三月,经臣奏请开去守备底缺,归总兵、副将班内序补,奉旨允准在案。该员久历戎行,精明稳练,以之借补斯缺,实堪胜任,亦与部章相符,合无仰恳天恩俯念员缺紧要,准以该员郎永清借补陕西定边协副将员缺,以期得力。如蒙俞允,俟奉准部覆后,即行给咨送部引见,以符定制。

除查取该员履历清册另咨送部外,谨会同陕西固原提臣邓增,恭折具陈。伏乞皇上圣鉴,训示。谨奏。②

同日,公又附片奏报游击陈义请开底缺缘由,下部闻。曰:

再,臣接准陕西固原提督臣邓增咨:据管带精选左旗步队记名提

---

① 台北故宫博物院藏:《军机及宫中档》,文献编号:408003097.又,台北故宫博物院藏:《军机及宫中档》,文献编号:142051.
② 台北故宫博物院藏:《军机及宫中档》,文献编号:408003095.又,台北故宫博物院藏:《军机及宫中档》,文献编号:142047.

督肃州镇标左营游击陈义呈称：于咸丰初年投效粤军，转战江、皖、陕、甘等省，历保至记名提督。同治十年，借补肃州镇标左营游击，因久在防所带队，未能赴任，恳请将肃州镇标左营游击底缺开除，归提督、总兵班内委用，以资报效，等情。造具履历清册，由提咨请核办前来。

臣查该员在固原带队年久，深资得力，一时遽难赴任，合无仰恳天恩俯准将该员陈义借补肃州镇标左营游击底缺开除，以便归提督、总兵班内委用。

除将该员履历清册咨送兵部外，所遗肃州镇标左营游击员缺，陕甘现有应补人员，容臣另行拣员请补。理合附片具陈。伏乞圣鉴，训示。谨奏。①

同日，公又会衔甘肃提督张永清附片奏请范正心补授西宁镇标守备，下部议。曰：

再，臣接准兵部咨：西宁镇标中营守备员缺系题补第四轮第九缺，轮用应补世职人员，令即拣员请补，等因。臣即在于曾经引见期满之云骑尉人员内，详加考选得督标中营云骑尉世职范正心，年力强壮，枪箭合式，以之请补斯缺，实堪胜任，亦与定章相符，合无仰恳天恩俯念员缺紧要，准以该世职范正心补授西宁镇标中营守备，以期得力。如蒙俞允，该世职系已经引见之员，应请饬部发给实授札付，以符定制。

除查取该世职履历清册送部外，谨会同署甘肃提臣张永清，附片具陈。伏乞圣鉴，训示。谨奏。②

是日，公又附片奏报红水营守备郑治因病出缺一事，下部闻。曰：

再，据署凉州镇总兵刘璞呈称：署大靖营中军守备正任红水营守

---

① 台北故宫博物院藏：《军机及宫中档》，文献编号：408003095-0-A.又，台北故宫博物院藏：《军机及宫中档》，文献编号：142054。

② 台北故宫博物院藏：《军机及宫中档》，文献编号：4080030950-0-B.又，台北故宫博物院藏：《军机及宫中档》，文献编号：142053。

备郑治因旧病复发,调治未愈,于光绪二十三年六月二十九日在署任病故,等情。前来。臣覆核无异,相应请旨开缺。除查取该故员原领札付及医、亲承查印、甘各结另咨送部外,所遗凉州镇属红水营守备员缺,陕甘现有应补人员,容臣另拣请补。理合附片具陈。伏乞圣鉴。谨奏。①

九月十七日,公开单奏报光绪二十三年七月分甘省雨水粮价情形,曰:

窃照光绪二十三年六月分粮价并得霑雨泽情形,业经具折奏报在案。兹查七月分兰州等八府六直隶州属具报得霑雨泽,自一二寸至二三寸不等。正值秋禾结实之际,获此沃泽,实于农田有裨。间有被雹、被水之处,已饬查勘另办。

至通省粮价,或与上月相同,或较上月略有增减。据藩司曾鉌具详请奏前来。臣覆核无异,理合恭折具奏,并缮粮价清单,恭呈御览。伏乞皇上圣鉴。谨奏。②

同日,公又为钦颁方略具折谢恩,曰:

窃臣准吏部咨:奉旨颁发《钦定平定陕甘新疆回匪方略》③一部,经驻京提塘官寄到。臣当即恭设香案,望阙叩头祗领。钦维皇上恩周八表,福被九垓,当轩策之初膺,尚檀车之肆伐。时则岑陬部落,敢倚天

---

① 台北故宫博物院藏:《军机及宫中档》,文献编号:408003095-0-C.又,台北故宫博物院藏:《军机及宫中档》,文献编号:142055.
② 台北故宫博物院藏:《军机及宫中档》,文献编号:408003106.又,台北故宫博物院藏:《军机及宫中档》,文献编号:142296.
③ 《钦定平定陕甘新疆回匪方略》,320卷,清代官修。恭亲王奕䜣领衔监修,另以世铎、李鸿藻、翁同龢、刚毅、钱应溥、额勒和布、张之万、孙毓汶、徐用仪和许庚身为总裁官,参与撰写者一百五十七人。是书撰于光绪十四年,二十二年藏事。前有光绪之《序》、奕䜣等进《钦定平定陕甘新疆回匪方略表》。卷首1卷,刊载咸丰、同治之"圣训"、诗文,正文记事内容自咸丰五年(1855)八月始,至光绪十四年(1888)九月止,记述剿办西北回民暴动以及击溃阿古柏之全程。

骄;葱雪退荒,未归戎案,致有北方之念,转廑西顾之忧。我皇上圣武维扬,神机默运,用扫除夫余孽,张挞伐于六师;草践龙庭,俾羽箭不传青海;花开雁塞,知春风已度玉关。纪裴岑之丰碑,悉收瓯脱;划乌孙之旧界,免启觟张。

凡先朝未竟之贻谋,皆皇上纂成之丕业,开明堂而受贺,大告武成;召太史以策勋,诞敷文德。搜麟台之事实,付蠹管而抎扬;叙来赫濯,声威光争日月;摹写师贞,将帅气壮山河。慰列祖在天之灵,加圣母宫中之膳。从知西戎即叙,两阶之干羽常新;行看东壁腾辉,满纸之琳琅焕彩。宝书忽颁于天上,钥舞已遍于人寰,奉为典谟,被诸歌咏。

臣自惭下乘,谬领兼圻,未竭张华建策之劳,又乏韩愈平准之纪,恭承宠命,无任悚惶! 惟有缅中兴御侮之才,兵略愿储为武库,广盛世同文之化,声教不闲于流沙。所有微臣感激下忱,谨缮折叩谢天恩。伏乞皇上圣鉴。谨奏。①

是日,公又奏报王廷鈖恳请回籍省亲一事,曰:

窃臣接准甘肃副考官翰林院编修臣王廷鈖函称:廷鈖本年奉旨典试甘闱,现经事竣,应即入都恭覆恩命,惟廷鈖母亲在陕西蒲城县原籍,廷鈖供职词曹,未得迎养,久疏定省,拟俟差旋至陕,自备资斧,便道回籍省亲,请代奏请假两个月,一俟假满即行进京恭覆恩命,等因。臣查向来各省考官于试事完竣后请假省亲,均蒙恩准,今编修臣王廷鈖因母亲在籍,自备资斧,由陕回籍省亲,尚属顺便。

合无仰恳天恩赏假两个月,准其回籍省亲,以遂孝思。理合恭折代奏。伏乞皇上圣鉴,训示。谨奏。②

---

① 台北故宫博物院藏:《军机及宫中档》,文献编号:408003105.又,台北故宫博物院藏:《军机及宫中档》,文献编号:142299.
② 台北故宫博物院藏:《军机及宫中档》,文献编号:408003102.又,台北故宫博物院藏:《军机及宫中档》,文献编号:142279.

同日,公又奏报甘肃加抽土药税厘情形,下部闻。曰:

窃臣前准户部咨会:具奏内地土药出产日盛,拟另筹征收之法,以广利源一折,光绪二十三年四月二十八日奉旨:依议。钦此。抄录原奏,行令钦遵办理前来。臣查甘肃屡经兵燹,地多旷废,钱粮迄未复额,土药所产无多。初定章程:每生土药百斤,抽税厘银五十两。商贩嫌其过重,多方绕越,几至毫无征收。嗣复体察情形,改湿浆三百斤,合干土百斤为一担,仍抽银五十两,较前所收略增,然岁犹不满二万两。本年经臣于按亩征收地税内分别加抽,委员会同印官,认真办理,均经先后奏准在案。

查甘肃所产稀浆土药,每百两只值银七八两上下,以一百斤为一担,计稀浆土药一千六百两,合成本银一百一二十两。若如部咨抽收银六十两,是所征税厘几逾成本一半,迨至贩往他处,为日稍久,稀浆百斤仅成干土三十余斤。商贩折耗过多,相率裹足,所以前有改湿浆三百斤为干土一百斤之请,意在宽以招徕,或可徐图增益。夫土药产自畎亩,民间吃者甚众,除自用外,有余方出售卖,一闻税厘加重,或严密固藏,或零星潜贸,势不能按户而搜,遍人而索,因又有按亩加征地税之请。

如部咨所议,设立总局,在出产土烟繁盛处所,略仿洋药税厘并征之法,所筹何尝不善?但土药种植畸零,甘省本无总汇之区,断不能处处设局,致滋繁费,似不如就现在所办,贩运者仍由各局卡认真抽厘,种植者就地按亩征税,或可无甚隐漏。值此时局艰难,苟能于帑项稍有所裨,敢不竭力筹画!奈限于地势、人力,无论如何整顿,断难如税务司原折所开约略之数。臣与厘金总局司道再四筹商,惟有吁恳仍照奏定现办章程,将贩运出境土药湿浆三百斤合成干土一百斤,原抽厘银五十两外,加抽银十两,以符部咨每百斤六十两之议,仍由甘省起运,地方之第一局卡全数收清,随时填票,黏贴印花,所过本省境内再不重抽。如运至他省,另有他省照章办理,统俟年终分别汇总开报。

据甘肃布政使曾龢、按察使丁体常、厘金总局兰州道黄云具详请奏前来。理合恭折覆陈。伏乞皇上圣鉴,训示。谨奏。①

同日,公又奏请常祥补授平庆泾固化道员,下部议。曰:

窃查甘肃平庆泾固化道祝维城修墓遗缺,前以遇缺题奏道常祥奏补,奉朱批:吏部议奏。钦此。旋准吏部以候补前道员常祥系由现任知县历保道员候补,并非应升之阶,照例试看一年甄别方准补用,该员并无甄别之案,与例不符,应令该督按限拣员更补等因议奏,奉旨:依议,钦此。钦遵咨行前来。自应遵照另拣。惟甘肃候补道员除常祥外虽尚有人,而与此缺人地皆不相宜。常祥于光绪七年归道员验放到省,其时甘省犹是变通章程。迨十七年奉文停止变通,漏未将其甄别,实系堪以原官留用之员,且平庆泾固化一道自同治年间安插回众,升固原为直隶州,增设化平厅、平远县,改设海城县及分防州判、县丞、巡检等缺以来,政务日多,巡察綦难,从前虽定为中缺,现在实无异繁要。常祥既与此缺人地相宜,应可比照缺系繁要,人地实在相需,与例稍有未符,应令据实陈明之例,仍请以常祥补授此缺。

查常祥现年六十六岁,系镶红旗蒙古祥禧佐领下人,由翻译生员考授理藩院笔帖式。咸丰四年,补陕甘总督衙门笔帖式,期满以知县保留甘肃,历署礼县、宁朔、高台等知县,补西宁知县,调赴哈密军营,筹办军饷出力,保以直隶州知州即补;击退回逆出力,保以知府补用;历年筹防出力,保以道员仍留甘肃补用,开去西宁县底缺;哈密军务告竣,保准无论应题、应调、应选之缺题补、奏补,并换二品顶戴。丁母忧,回旗守制,服满赴部起复,验放领照,光绪七年十二月二十六日到省。九年正月,丁父忧回旗,奏调赴山海关海防军营差遣。十一年四月,服满起复。十三年正月撤防,五月二十三日离营回省,两署兰州

---

① 台北故宫博物院藏:《军机及宫中档》,文献编号:408003104.又,台北故宫博物院藏:《军机及宫中档》,文献编号:142297.

道,现署巩秦阶道,均无参罚案件。

　　臣查该道老成稳练,心地光明,前后在甘四十年,历任知县、道员,措置悉臻妥协,以之请补平庆泾固化道,人地相需,实堪胜任。若但因其漏办甄别,遽从弃置,恐非郑重地方、慎拣贤员之道。除附片另补甄别外,理合填注原考,仰恳天恩俯念地方今昔情形不同,准照据实陈明之例,以甘肃遇缺题奏道常祥补授平庆泾固化道员缺,实于地方有裨。如蒙俞允,该道系验放道员请补道缺,衔缺相当,并非题升人员,照例毋庸送部引见。

　　所有道员人地相需,附补甄别,比例据实陈明,仍请准补缘由,谨恭折具陈。伏乞皇上圣鉴,饬部核覆。如实与例章不合,即请将此缺归部铨选。再,常祥现年六十六岁,前奏误书六十五岁。合并声明。谨奏。①

是日,公又奏报查明甘军光绪二十四年不敷饷数情形,下部议。曰:

　　窃准户部咨:议覆董福祥所部二十营二十四年应需饷项一片,光绪二十三年七月十五日具奏,奉旨:依议。钦此。钦遵转行到臣。据原奏内称:董福祥所部马步二十营二十四年分行饷,自应预为拨定,免误供支。二十四年分甘肃新饷仍按四百八十万拨给,内有节省封存各款关内外应银七十余万两,本年关内两次裁腾二十万,来年仍可裁腾,并计将及百万,请旨饬下陕甘总督饬司查明二十四年董福祥部下实需军饷若干、杂支若干,除照数拨供外,尚应封存某款若干,一并查明奏报,等语。

　　臣查前因本年关内防饷不敷,奏蒙恩准于常饷外,加添新饷减平银二十万两。嗣经两次裁腾,并拟另行筹画,仍由关内拨出银二十万两,补足董军之饷。其所裁系添募之勇,所腾系外加之饷,且须另筹合

---

① 台北故宫博物院藏:《军机及宫中档》,文献编号:408003101。又,台北故宫博物院藏:《军机及宫中档》,文献编号:142276。

凑,并非常饷内有余可腾旧额,防军能以裁减也。兹饬据甘藩司查明二十四年分系有闰之年,董福祥所部马步二十营十三个月,约需行饷银七十八万两,又约需杂支四万两,共八十二万两。现经户部指拨二十四年新饷减平并关内外节省封存,共银七十九万五千两,内应除关内未提子药夫银一万四千两,实拨银七十八万一千两。如各省、关解足无欠,尚不敷银三万九千两。惟甘省大乱甫平,人情浮动,只存旧额防军三十旗,酌留先经添募之勇六、七营旗,较诸同治年间军务后留防营数不及三分之一,勉强分布,颇形单弱。且准户部咨称:原令裁老弱而裕饷源,并非裁劲旅而松防务,应于得力弁勇加意操练,以固边防,等因。现存弁勇均尚得力,揆度时势,断难再裁,而明年常饷业已拨定,即此额外六、七营旗之饷,尚须设法另筹,实无从再为腾拨,更无从提款封存。

所有不敷董军饷项三万九千两,应请在于二十四年分甘省应行解部款内全数抵兑,以归简便。理合恭折覆陈。伏乞皇上圣鉴。谨奏。①

同日,公又附片奏报甄别年满道员常祥情形,下部闻。曰:

再,查定例:无论何项出身,何项劳绩,凡系初任人员保归候补班次,均扣足一年,甄别补用。至由曾任各官保举,并非应升之阶候补,亦令该督详加试看,等语。兹查有甘肃遇缺题奏道常祥,现年六十六岁,系镶红旗蒙古祥禧佐领下人,由笔帖式历保留甘遇缺题奏道员。光绪十三年五月二十三日二次起复回省,扣至十四年五月二十三日,早已试看一年期满。其时甘省系属变通章程,漏未将其甄别,自应补行办理。

臣查该道常祥老成稳练,心地光明,堪以道员留甘照例补用。理

---

① 台北故宫博物院藏:《军机及宫中档》,文献编号:408003103.又,台北故宫博物院藏:《军机及宫中档》,文献编号:142275.

合附片具陈。伏乞圣鉴。谨奏。①

同日，公又附片奏报王南薰报缴不清勒限严追一事，下部闻。曰：

再，撤任甘肃洮州厅同知王南薰前办理番案，有经手已领未发土勇、番兵口食库平银一千余两、仓斗粮一千余石，屡饬清算报缴，乃该员一味支吾，实属意存延抗。兹据甘肃布政使曾鉌、按察使丁体常会详前来，相应请旨将撤任洮州厅同知王南薰先行摘去顶戴，勒限三个月，饬令缴清。如逾限不缴，或缴不足数，再行分别从严参办，以重款项而儆贪劣。除咨明吏、户二部查照外，谨附片具陈。伏乞圣鉴，训示。谨奏。②

是日，公又附片奏报守备马全禀请开缺缘由，下部闻。曰：

再，据陕安镇总兵姚文广呈：据留镇标供差都司衔宁夏镇属石空寺堡守备马全禀称：前次请假回籍修墓事竣，适值胞叔得患脚疾，朝夕需人扶掖，禀准就近留归陕安镇标供差，以便为叔医治。讵料缠绵数载，迄未愈可，现复转成瘫废。胞叔无嗣，侄亦犹子，未忍远离，惟员缺未便久悬，致旷职守，理合恳请开缺以都司衔尽先守备仍留陕安镇标供差，借资侍养，等情。呈请核办前来。

臣覆查无异，自应准如所请，以遂孝思，合无仰恳天恩俯准开去马全宁夏镇属石空寺堡守备员缺，仍以都司衔尽先守备留陕安镇标候补，俾令就近侍养。其所遗守备员缺，甘省现有应补人员，容臣另拣请

---

① 台北故宫博物院藏：《军机及宫中档》，文献编号：408003101-0-A. 又，台北故宫博物院藏：《军机及宫中档》，文献编号：142277.
② 台北故宫博物院藏：《军机及宫中档》，文献编号：408003101-0-B. 又，台北故宫博物院藏：《军机及宫中档》，文献编号：142278.

补。除查取原领札付送部外,理合附片具陈。伏乞圣鉴,训示。谨奏。①

十月初四日,公开单奏报甘省本年二麦约收分数情形,曰:

窃查直省二麦收成分数,例应按年具奏。兹据甘肃布政使曾鉌将光绪二十三年甘肃所属各府厅州县二麦约收分数查明详报前来。臣覆加查核,约收八分有余者,靖远县等二处;约收八分者,会宁县等二处;约收七分有余者,金县等十处;约收七分者,皋兰县等八处;约收六分有余者,渭源县等十七处;约收六分者,伏羌县等十二处;约收五分有余者,红水县丞等十七处;约收五分者,河州等十二处。

以上八府六直隶州所属通盘牵算,约收六分有余。至各属间有被雹、被水之区,应俟查勘汇报至日,再行照例蠲缓,并尚有各属归业难民虽已布种有收,而实无力输将,亦拟另案奏请豁缓,俾纾民力,合先将甘省本年二麦约收分数缮折具奏,并缮清单,恭呈御览。伏乞皇上圣鉴。谨奏。②

同日,公又奏报审拟职官彭年被控一案,下部闻。曰:

窃查前据皋兰县民妇蒋王氏,以伊孙生员蒋英被彭年设局诱赌、荡尽家产等情,赴臣衙门控告。臣查彭年系甘肃候补县丞,平日行为贪鄙,性嗜赌博,绅商子弟多被诱骗,亟应严行参办,当经附奏请旨将蓝翎同知衔甘肃候补县丞彭年,先行革职,归案审办,光绪二十二年八月十八日,奉朱批:着照所请,该部知道。钦此。当即钦遵转饬遵照

---

① 台北故宫博物院藏:《军机及宫中档》,文献编号:408003103-0-A.又,台北故宫博物院藏:《军机及宫中档》,文献编号:142298.

② 台北故宫博物院藏:《军机及宫中档》,文献编号:408003110.又,台北故宫博物院藏:《军机及宫中档》,文献编号:142619.

去后。

兹据署兰州府知府周景曾讯明：已革甘肃候补县丞彭年与皋兰县生员蒋英，并尚有张镒恒、王槐旺、彭厚庵、徐大、许典森、马子久等，于光绪二十一年六、七两月内，不记日期，先后赌过两次，蒋英输银五百一十三两，彭年赢银五百一十三两，余均并无输赢，各等语。至彭年被控设局诱赌及绅商子弟多被诱骗各节，严诘再三，彭年以聚赌在被控一年以前人皆星散，恃无质证，坚不承认。即所供同赌之张镒恒等饬差查传，或业以病故，或早经他往，未便再事追求，致滋拖累。兹就到案原、被告，分别议拟，由臬司丁体常会同藩司曾鉌核详请奏前来。

臣查此案已革甘肃候补县丞彭年，与皋兰县生员蒋英两次同场赌博，系光绪二十一年六、七月间之事，经蒋英祖母蒋王氏于二十二年六月内始行控发，虽彭年坚不承认设局诱赌、诱骗各重情，惟与蒋英赌博赢钱，查讯已确，即罪无可辞。已革甘肃候补县丞彭年应请照赌博官员有犯革职枷责例，枷号两个月，杖一百，现已革职，仍照例的决，不准折赎。生员蒋英同场赌博，厥罪惟均。第其祖母出名告发，应照律听如罪人身自首法，仍按输钱者据实出首免罪、仍追所输之钱给还之例，将生员蒋英依例免罪。所输银两在于彭年名下照数追还，仍革去生员，以示薄惩。张镒恒等或已病故，或早他往，应请分别免议、免拿，俾杜纷扰。除咨部查照外，谨恭折具陈。伏乞皇上圣鉴，训示，施行。谨奏。①

是日，公又奏请将甘肃河湟军需用款饬部先行立案一事，下部闻。⊇：

窃据甘肃新疆总粮台布政使曾鉌详称：甘省自光绪二十一年春间，河湟、海城逆回相继变乱，蔓延二千余里。征军云集，节节防剿。统计主客各军暨各路土勇、番勇三百余起，各提镇协标兵尚不在内。

---

① 台北故宫博物院藏：《军机及宫中档》，文献编号：408003109。又，台北故宫博物院藏：《军机及宫中档》，文献编号：142630。

除甘、湘两军专饷外,甘省应发之正饷、恩饷、小口粮、军火、军装、恤赏、养伤、津贴、粮价、各统领统费、标兵津贴、各台局薪工、经费等项,二十一、二两年总共约支湘平银六百三十六万余两。至赈抚汉回灾民,本系奉拨专款,与军需隔别,且又头绪繁多,自应另办。惟尚有转运脚费一项,军需与赈务互相牵杂,为数颇巨,由各厅州县随时报明,厘剔清查,尚须时日,应请随后分案办理。兹先将军需用款汇开总数简明清单,呈请先行奏咨立案,等情。前来。

臣覆核无异,除将清单咨送户部查照外,理合恭折具陈。伏乞皇上圣鉴,并请饬部立案施行。谨奏。①

同日,公又奏报校阅光绪二十三年省标各营官兵秋操情形,曰:

窃照陕甘督标并兰州城守营马步守兵,向按春秋二季合队操演,前将本年春操校阅情形恭折陈奏在案。兹值秋操之期,臣于九月二十、二十二等日率同司道,亲临校场阅视。各营官兵操演香山、连战等阵,队伍整齐,器械鲜明,进止如法;施放连环枪炮并喷筒、火弹,俱稳练可靠;比较刀矛、藤牌,亦殊便捷。所练马队合队操演,马上放枪,以及员弁枪靶均灵便有准。臣择其技艺出众者,分别奖赏,以示鼓励;仍严饬各营将弁一体认真操练,务期精益求精,不致虚糜饷项,以冀仰副圣主整饬戎行、修明武备至意。

所有臣校阅光绪二十三年省标秋操情形,理合恭折具陈。伏乞皇上圣鉴。谨奏。②

同日,公又奏报拟请暂停分发甘肃候补人员,下部议。曰:

窃照甘肃省前因文职候补人数众多,补缺无期,曾于光绪十七年

---

① 台北故宫博物院藏:《军机及宫中档》,文献编号:408003108.又,台北故宫博物院藏:《军机及宫中档》,文献编号:142627.
② 台北故宫博物院藏:《军机及宫中档》,文献编号:408003111.又,台北故宫博物院藏:《军机及宫中档》,文献编号:142620.

奏准停止分发一年，限满后照常分发。计五六年来，各官补除者有限，继至者实繁。现计候补道府同通州县一百余员，佐贰杂职二百余员。甘省地广缺少，差事无多。道、府两项，十数年或未得补，同、通、直隶州或数年仅补一二人，州、县每年所补不过一成，佐、杂则不过二一分之一。即各项差使亦难遍及，是徒有候补之名而无从政之实，流品固多淆杂，需次亦形苦累。若再听其源源而来势必拥滞愈甚，在素励廉隅之士或能固穷自守，其中材以下负累日深，营求日亟，流弊不可胜言，于澄清吏治之道大有妨碍。

臣与司道再四熟商，拟请援照停止分发成案，除各项正途并曾任实缺之应补及丁忧起复各员仍分别掣签发省、回省外，相应请旨敕部将捐纳指省劳绩保举自道府以至未入流，凡未经赴部人员，一律停止分发甘肃，二年内有先经保留捐指甘肃未及分发者，应请准其改发他省，免缴离省改指捐款，以示体恤。仍俟停止二年限满，再行察看情形，酌核办理。据甘肃布政使曾鉌、按察使丁体常会详请奏前来。谨恭折具陈。伏乞皇上圣鉴，训示。谨奏。①

是日，公又附片奏请军饷车脚仍照章程造销一事，下部闻。曰：

再，据甘肃布政使曾鉌、按察使丁体常会详称：窃查甘肃自光绪十二年裁撤里车，分设官局，凡寻常需用车辆，皆以民价招雇。此次河湟军兴，全省骚动，大军云集，需车繁多，民间车辆不特价值倍蓰，且多散失弃置。派员四出寻觅，仍难济事。复向邻省协雇，并搭用驮骡，始克勉应急需。此项车骡断非平时民价所能办，曾将为难情形于请加按军饷、车脚案内呈请、附奏在案。

兹当造销之际，该司等综核支过各军饷、械并赈粮、车价，自光绪二十一年三月起至二十二年十二月凯撤止，每三套大车一辆载重八百

---

① 台北故宫博物院藏：《军机及宫中档》，文献编号：408003107. 又，台北故宫博物院藏：《军机及宫中档》，文献编号：142628.

斤,每百里实需价银二两四钱;每驮骡一头载重二百斤,每百里实需价银六钱。各军剿速趱程,车脚呫嗟莫办,若不议给守候、回空,立致贻误,故议定每起车骡守候五日,大车每辆日给银六钱,驮骡每头日给银一钱五分,回空各减一半。凡此加增开支,确系实用实销,毫无浮冒。当时军情紧急,惟求供支无缺,实不敢稍事拘泥,致误大局。据实会详请奏前来。

臣覆查该司等所详,委系实在情形,合无仰恳天恩俯念此次军务饷粮运脚实在为难,准照所定加增价值章程,核实造报请销,并恳敕部立案。除咨明户、兵、工各部查照外,谨附片具陈。伏乞圣鉴,训示。谨奏。①

同日,公又附片奏报拣员委署同知员缺情形,下部闻。曰:

再,庄浪茶马同知赵人龙撤省遗缺,查有丹噶尔同知承绪堪以调署。署张掖县知县陈昌调帘遗缺,查有本任平凉县知县唐受桐堪以委署。西和县知县蔡如苏撤省遗缺,查有候补同知王开斌堪以委署。署永昌县知县余重基调省遗缺,查有平番县知县郑业启堪以调署。据藩、臬两司会详前来。除分别批饬给委外,理合附片陈明。伏乞圣鉴。谨奏。②

同日,公又附片奏请巩秦阶道赵时熙即赴本任,曰:

再,新授巩秦阶道赵时熙现当文闱监试差竣,应即饬赴本任,以专

---

① 台北故宫博物院藏:《军机及宫中档》,文献编号:408003107-0-A.又,台北故宫博物院藏:《军机及宫中档》,文献编号:142622.
② 台北故宫博物院藏:《军机及宫中档》,文献编号:408003107-0-B.又,台北故宫博物院藏:《军机及宫中档》,文献编号:142623.

责成。除给委外,理合附片陈明。伏乞圣鉴。谨奏。①

是日,公又附片奏报甄别试用期满各员情形,下部闻。曰:

再,前奉部咨,道、府、同、通、州、县,无论何项劳绩保奏归入候补班人员,以到省之日起,予限一年,详加察看,出具切实考语,分别繁、简补用,等因。遵办在案。兹查甘肃尽先即补知府张大镛,自光绪二十二年四月二十七到省之日起,扣至二十三年四月二十七日,试看一年期满。又,知府衔甘肃军功候补班前先补用直隶州知州符瑞,自光绪二十二年八月十九到省之日起,扣至二十三年八月十九日,试看一年期满。又,留甘候补班前尽先补用知县赵鋐,自光绪二十二年六月初八到省之日起,扣至二十三年六月初八日,试看一年期满。由甘肃藩、臬两司出具考语,详请甄别具奏前来。

臣查张大镛办事稳练,熟悉边情;符瑞才具开展,勤干耐劳;赵鋐年壮才明,志趣向上,均堪以原官留省,照例补用。除将各员履历清册咨部查照外,谨附片具奏。伏乞圣鉴。谨奏。②

同日,公又会衔陕西固原提督邓增附片奏请准雷振亨补授守备员缺,下部议。曰:

再,汉中镇属宁羌营守备员缺,前经臣奏请以分发督标效力期满武进士曹俊补授,旋准兵部议覆:查曹俊由部掣发甘肃投标效力,俟有甘肃省守备缺出,照章序补。今请补陕西省守备之缺,核与定章不符,应毋庸议。其陕西宁羌营守备员缺,仍令迅拣陕西省到标期满在前之

---

① 台北故宫博物院藏:《军机及宫中档》,文献编号:408003108-0-A。又,台北故宫博物院藏:《军机及宫中档》,文献编号:142621。
② 台北故宫博物院藏:《军机及宫中档》,文献编号:408003108-0-B。又,台北故宫博物院藏:《军机及宫中档》,文献编号:142626。

武进士请补,以符定章,等因。前来。

臣随在于陕西省武进士人员内拣选得分发陕西固原提标效力期满武进士雷振亨,年力正强,办事勤奋,该员于光绪三年分发陕西提标效力,早经期满,且到标在前,以之请补斯缺,实堪胜任,亦与定章相符。合无仰恳天恩俯准以该员雷振亨补授宁羌营守备员缺,以期得力。如蒙俞允,该员系引见分发人员,应请饬部发给实授札付,以符定制。

除查取履历清册送部查核外,谨会同陕西固原提臣邓增,合词附片具陈。伏乞圣鉴,训示。谨奏。①

同日,公又附片奏报守备苏朋林病故出缺一事,下部闻。曰:

再,据宁夏镇总兵王钺安呈称:镇标左营守备苏朋林因染患时疾,医治罔效,于光绪二十三年五月二十七日病故,委员查验属实,取具该故员原领守备札付及承查印、甘各结,呈赍核办前来。臣覆查无异,相应奏明请旨开缺。

除札付印、甘各结咨送兵部外,所遗宁夏镇标左营守备员缺,甘省现有应补人员,容臣另拣请补。理合附片具陈。伏乞圣鉴。谨奏。②

是日,公又附片奏报守备师大运病故出缺一事,下部闻。曰:

再,据肃州镇总兵何建威呈称:肃州镇标中营守备师大运得患劳疾,医药罔效,于光绪二十三年九月初八日在任病故,等情。前来。臣覆查无异,相应请旨开缺。

---

① 台北故宫博物院藏:《军机及宫中档》,文献编号:408003111-0-A.又,台北故宫博物院藏:《军机及宫中档》,文献编号:142625.
② 台北故宫博物院藏:《军机及宫中档》,文献编号:408003111-0-B.又,台北故宫博物院藏:《军机及宫中档》,文献编号:142624.

除查取该故员原领守备札付及委员承查印、甘各结另咨送部外，所遗肃州镇标中营守备员缺，甘省现有应补人员，容臣另拣请补。理合附片陈明。伏乞圣鉴，训示。谨奏。①

十月初五日，军机处来电曰：

奉旨：昨据陶模、董福祥、奎顺驰奏关内外肃清折，已有旨分别加恩，并将迭次保案照准宣示矣。此时善后事宜最要者，曰戎政，曰吏治。甘营习气已深，董福祥现留二十营得胜之兵，务当随时训练，于无事时常作有事之想。至全标兵丁，尤须汰弱留强，分扎要隘，以壮声势。甘省吏治颓靡已极，此次回乱由地方官审断不公而起，着陶模慎择廉明忠信之吏，持平劝导，戢回民顽犷之气，化汉民仇视之心，毋信谣言，毋持偏见，以期长久相安。该督等受恩深重，其和衷协力，慎勉为之！钦此。②

十月十七日，军机处来电曰：

奉旨：董福祥奏已悉。前谕留兵二十营，原为镇压地方起见，着陶模等通盘筹计，裁一营冗勇，即补一营精兵，务期迅速添足廿营，不可各分畛域。钦此。③

十月二十六日，公开单奏报光绪二十三年八月分甘省雨水粮价情形，曰：

窃照光绪二十三年七月分粮价并得霑雨泽情形，业经据折奏报在案。兹查八月分兰州等八府六直隶州属具报得霑雨泽，自一二寸至二

---

① 台北故宫博物院藏：《军机及宫中档》，文献编号：408003111-0-C.又，台北故宫博物院藏：《军机及宫中档》，文献编号：142629.
② 中国第一历史档案馆藏：《电报档》，档号：1-01-12-023-0051.
③ 中国第一历史档案馆藏：《电报档》，档号：1-01-12-023-0057.

三寸不等。正值秋禾成熟之际，获此沃泽，实于农田有裨。

至通省粮价，或与上月相同，或较上月稍有增减。据藩司曾鉌具详请奏前来。臣覆核无异，理合恭折具奏，并缮粮价清单，恭呈御览。伏乞皇上圣鉴。谨奏。①

同日，公又会衔青海大臣联魁开单奏报请奖肃清甘肃关内外出力文武员弁，下部议。曰：

窃臣前于光绪二十二年九月二十三日会奏关内外及青海回匪一律肃清折内，声明前后在事出力文武员弁勇丁并前督臣杨昌濬奏报循化、狄道、西宁解围及河州战守将士人等，业经奉旨准择尤保奖并交臣查明具奏者，均拟归入肃清案内开单，分别前敌、后路，恳恩奖叙在案。臣查此次回匪构乱，啸聚数十万人，蹂躏地方千有余里，仰仗天威赫濯，次第削平，所有董福祥所部甘军、魏光焘所部湘军、前督臣所部各军及臣由新疆抽调来甘各营旗与青海大臣所部各军，剿办河湟、防堵甘、凉、肃，追剿青海窜贼各情形，均经先后详细奏报有案，未便再事敷陈。湘军及关外各军，由魏光焘、饶应祺先后专案请奖。甘军劳绩尤多，臣与董福祥熟商，亦由该提督自行专案请奖。其应归微臣请奖之员弁，散处各属，查取履历，往返驳诘，动多耽延，是以时逾一载，始能核定。

窃念各军将士奔走于酷暑严寒之际，出入于穷荒瘴疠之中，皆能冒镝冲锋，叠著劳绩。至后路防军台局员弁、守城之文武、团练之绅民、押运饷械之委员、赈抚难民之官吏，或严守要隘，或力保危城，或冒险转输，或招徕流散，亦皆力任艰难，维持大局，其功均不可没，兹一并汇入肃清案内，分别前敌、后路，核实开具清单，恳恩奖叙，以示朝廷有功必赏之至意。惟前年军兴以来，约计旧有、新募防营、土勇不下二百

---

① 台北故宫博物院藏：《军机及宫中档》，文献编号：408003115。又，中国第一历史档案馆藏：《录副奏折》，档号：03-6965-028。

余起,加以地方文武官绅、乡团、番勇,凡前敌、后路出力人员,实属录不胜录,经臣严加考核,减之又减,不敢稍涉冒滥,上负国家慎重名器之心。而懋赏酬劳又非此不足为鼓励人才之具,合无仰恳天恩俯准照单给奖,以示激励,出自逾格鸿施。

除千总以下各弁照例另单咨部奖叙,并各员弁履历清册造齐送部查核外,谨会同署青海大臣联魁,恭折具陈。伏乞皇上圣鉴,训示。谨奏。①

是日,公又奏报甘肃关内马步练军光绪二十二年分支扣饷项情形,下部闻。曰:

窃查前准户部咨开:甘肃省裁勇练兵系属因时制宜,并非承平旧制。所有开支薪水亦非常例动支,应令专案奏销,以免牵混,等因。所有光绪二十一年分练军饷项细数清册,前已奏销在案。兹据甘肃藩司曾鉌详称:遵查甘肃关内马步练军光绪二十二年分薪公、口粮等项,共实支银一十四万四千九十九两三钱四分,内扣收过粮价及四分减平银共二万九百九两三钱一分九厘,分别造具细数清册,详请具奏前来。

臣覆核无异,除将赍到册籍分送部科外,理合恭折具陈。伏乞皇上圣鉴,敕部核销,施行。谨奏。②

同日,公又会衔甘肃提督张永清奏请师玉春借补提标中营参将,下部议。曰:

窃臣接准部咨:甘肃提标中营参将员缺系题补第一轮第十缺,轮

---

① 台北故宫博物院藏:《军机及宫中档》,文献编号:408003112.又,中国第一历史档案馆藏:《录副奏折》,档号:03-6033-007.
② 台北故宫博物院藏:《军机及宫中档》,文献编号:408003114.又,中国第一历史档案馆藏:《录副奏折》,档号:03-6643-020.

用捐输人员。该省捐输无人,应作为第二轮第一缺,饬令迅拣尽先人员请补,等因。臣查甘肃提标中营参将一缺,为标营领袖,表率群僚,经理粮饷,事繁责重,非精明廉干之员,难期胜任。随在于曾任实缺尽先人员内逐加遴选,查有记名总兵宁夏镇标左营游击师玉春,才具练达,办事慎勤,且在甘年久,于地方营伍情形最为熟悉,以之借补斯缺,实堪胜任,亦与部章相符。合无仰恳天恩俯念员缺紧要,准以该员师玉春借补甘肃提标中营参将,以期得力。如蒙俞允,俟接准部覆后,即行给咨赴部引见,以符定制。

除饬取该员履历清册送部查核外,所遗宁夏镇标左营游击员缺,甘省现有应补人员,容臣另拣请补。谨会同署甘肃提臣张永清,合词恭折具陈。伏乞皇上圣鉴,训示。谨奏。①

同日,公又附片奏报奖叙道员祝维城一事,曰:

再,光绪二十一年河湟变起,逆回马筐筐等勾结东路回民,乘机作乱。五月初间,遂有海城戕官劫狱之事,平庆泾固化道祝维城闻信,即电请前督臣杨昌濬飞饬各处防营,分路捉堵,并调陕西游击张绍先马队两营,星驰剿办。该道代备马掌、草料,以速其行。时马筐筐、李昌发等焚劫村堡,其势甚张。张绍先率队急驰一百八十里,出其不意,击毙多人,匪党立时溃散,变乱粗定。张绍先马队奉调赴河,而海城、平远一带空虚,谣言四起。该道复电禀请前督臣杨昌濬,饬驻防平凉之镇南右营,酌拨两哨速往海城防堵。至则马筐筐等纠集余党,逆焰复然。帮带曹松林再战于黄羊坪,贼始奔溃,窜入河州。该道复派人搜诛逆匪家属多名,张示晓谕,以释良回疑惧之心。又填发护票,使回众驮骡脚户得以外出贸易,显以拯其穷乏,即隐以消其乱萌。其布置陇东一切事宜,审慎周详,所以戡乱于已成而弭祸于未著者,实于大局裨

---

① 台北故宫博物院藏:《军机及宫中档》,文献编号:408003113.又,中国第一历史档案馆藏:《录副奏折》,档号:03-5921-035.

益不浅。

该道现已开缺，本无希冀奖叙之心，但臣既有所知，不敢壅于上闻，所有平庆泾固化道祝维城前年办理甘肃东路事宜可否传旨嘉奖之处，出自天恩。谨附片陈明。伏乞圣鉴，训示。谨奏。①

是日，公又附片奏报请将李锦恒即行革职，曰：

再，据宁夏镇总兵王钺安呈称：前带宣威中旗马队副将李锦恒，平日于营伍毫无整顿，所部马勇类多老弱充数，并有私行假退、悬缺不补、希图侵冒情事。实属贪庸不职，未便稍事姑容，相应请旨将留甘尽先推补副将李锦恒即行革职，并不准投效他营，以示惩儆而肃戎行。谨附片具奏。伏乞圣鉴，训示。谨奏。②

【案】此奏片旋于是年十一月二十日得旨允准，《光绪朝上谕档》载曰：

光绪二十三年十一月二十日，内阁奉上谕：陶模奏，副将贪庸不职，请旨革职，等语。甘肃尽先副将李锦恒营务废弛，所部马勇，类多老弱充数，并有悬缺不补、希图侵冒情事，着即行革职，并不准投效各路军营，以示惩儆。嗣后各营如查有空额，即行从严惩办，毋稍宽纵！该部知道。钦此。③

同日，公又附片奏请将王运元等即行革职，曰：

再，臣查有花翎知府衔甘肃候补直隶州知州王运元，遇事钻营，不

---

① 陶模：《陶勤肃公奏议遗稿》，民国十三年（1924）兰州宣德堂刊本。
② 台北故宫博物院藏：《军机及宫中档》，文献编号：408003113-0-A. 又，中国第一历史档案馆藏：《录副奏片》，档号：03-5921-104。
③ 中国第一历史档案馆编：《光绪朝上谕档》第23册第327页，广西师范大学出版社，1996。

顾行止,前与甘肃试用典史惠熙因买物馈送,抗不清价,彼此控揭数年。惠熙形同市侩,专以古玩等器勾结官场,乘间渔利,不遂所欲,则挟制多端,均为仕途败类。又,前办省城东岗镇厘卡委员甘肃候补按司狱郭炽昌,承办厘务,不知认真稽查,任听书巡需索滋弊,若罔闻知,实属有忝厥职。据甘肃布政使曾鉌、按察使丁体常、税厘总局兰州道黄云先后详请奏参前来。臣覆核无异,均未便稍事姑容,相应请旨将花翎知府衔甘肃即补直隶州知州王运元、甘肃试用典史惠熙、甘肃候补按司狱郭炽昌即行革职,以清仕途而示惩儆,王运元并请拔去翎枝,与惠熙一并驱逐回籍。谨附片具陈,伏乞圣鉴,训示。谨奏。①

【案】此奏片旋于是年十一月二十日得旨允准,《光绪朝上谕档》载曰:

光绪二十三年十一月二十日,内阁奉上谕:陶模奏,参劾属员,请旨惩儆,等语。甘肃花翎候补直隶州知州王运元,遇事钻营,不顾行止;试用典史惠熙,行同市侩,营私渔利;候补按司狱郭炽昌,承办厘务,任听书巡需索。均着即行革职,王运元并着拔去翎枝,与惠熙一并驱逐回籍。该部知道。钦此。②

同日,公又附片奏报丁酉武闱事竣日期一事,曰:

再,本年举行丁酉正科武闱乡试,臣率同甘肃布政使曾鉌、甘肃按察使丁体常、提调兰州道黄云、监试候补道陈万言,于十月初五日开考,将宁夏、凉州、庄浪驻防各满营旗生、马甲、前锋及合省民籍武生、武监生、兵生马步箭、弓刀石逐一秉公校阅。连日天气晴明,场规整肃,于十三日外场试竣,当将骑射技勇娴熟诸生分别密记双、单"好"。

---

① 台北故宫博物院藏:《军机及宫中档》,文献编号:408003113-0-B。又,中国第一历史档案馆藏:《录副奏片》,档号:03-5352-078。
② 中国第一历史档案馆编:《光绪朝上谕档》第23册第327页,广西师范大学出版社,1996。

十四日,点入内场,默写武经。复与司道择骑射精熟、弓力挽强、刀石合式、默经无误者,详慎比较,照额取中旗生八名、民籍武生五十名,共五十八名,于十五日揭晓。

除恭疏具体并敬缮题名录随本进呈外,所有武闱事竣日期,谨附片陈明。伏乞圣鉴。谨奏。①

是日,公又附片奏报刘兆梅等期满甄别情形,下部闻。曰:

再,准部咨:道、府、同、通、州、县,毋论何项劳绩保奏归入候补班人员,以到省之日起,予限一年,详加察看,出具切实考语,分别繁简补用,等因。历经遵办在案。兹查三品衔候补班前尽先补用知府刘兆梅,于光绪二十一年三月初七日到省,连闰扣至二十二年二月初七日,试看一年期满。又,候部知州李笃庆于光绪四年三月初六日到省,扣至五年三月初六日,早已试看一年期满,因时值甘省系属变通章程,漏未甄别,今应补办。由藩、臬两司出具考语,详请具奏前来。

臣查刘兆梅才识闳通,办事勤敏;李笃庆年强才裕,办事慎勤,均堪以原官留省照例补用。除将各该员履历清册送部外,理合附片具陈。伏乞圣鉴。谨奏。②

十一月初七日,公奏报甘省各属光绪二十三年上忙征收银两数目情形,下部闻。曰:

窃查甘肃各属光绪二十二年上下忙征收银数,业经奏报在案。所有二十三年上忙征收银数,据藩司曾鉌详称:查甘省光绪二十三年额

---

① 台北故宫博物院藏:《军机及宫中档》,文献编号:408003114-0-A.又,中国第一历史档案馆藏:《录副奏片》,档号:03-7301-066.
② 台北故宫博物院藏:《军机及宫中档》,文献编号:408003115-0-A.又,中国第一历史档案馆藏:《录副奏片》,档号:03-5352-079.

征收并新垦地丁起存正、杂共银二十八万五千五百五十三两九钱二厘，内除皋兰县、沙泥州判、洮州厅、华亭县、平番县、宁夏县、灵州、中卫县、宁灵厅、西固州同等处水冲地亩请明豁免并荒地无从征收外，实应征收正、杂银二十一万一千七百二十四两二分九厘六毫，今上忙已完银一十万三千二百八十八两六钱三分一厘，内已完存留经杂、驿站银四万五百四十二两七钱一厘照数留支外，已完起运银六万二千五百三十三两六钱四分一厘、杂赋银二百一十二两二钱八分九厘，均已解司，内已造入光绪二十三年秋拨册内银一万四百二十四两一钱八分八厘，候造入光绪二十四年春拨册内银五万二千三百二十一两七钱四分二厘。未完地丁正杂银一十万八千四百三十五两三钱九分八厘六毫，内地丁起运银七万四千六百七十四两四钱六分三厘，存留经杂银一万一千九十六两一钱六分，存留驿站银二万二千六十四两一钱三分六厘六毫，杂赋银六百两六钱三分九厘，应归入下忙案内一并核办。造具总、散清册，详请具奏前来。

  臣覆核无异，除将清册咨送户部查核外，所有甘省各属光绪二十三年上忙征收银两数目，理合恭折具陈。伏乞皇上圣鉴。谨奏。①

同日，公又奏报董福祥军饷业由粮台收支清楚，下部闻。曰：

  窃查前准户部咨称，光绪二十二年十月以后，提督董福祥所部各营一切收支饷项，务遵督办处原咨，照章造具细数清册，送部核销，以昭核实而重饷款，等因。臣查自光绪二十二年十一月初一日起至二十三年年底止，董福祥所部各营由甘肃粮台先后发过库平银六十三万二百九十一两四钱八分四厘八毫，除奉部饬拨光绪二十三年分甘肃新饷提存库平银二十九万二千二百三十两一钱四分四厘，甘肃司库常年存储各款库平银七万六千六百六十二两三钱三分七厘九毫二丝，陕西藩

---

① 台北故宫博物院藏：《军机及宫中档》，文献编号：408003116.又，中国第一历史档案馆藏：《录副奏折》，档号：03-6257-013.

库土药厘金库平银一十六万四百四十一两五钱五分五厘,全行动支外,其余尚不敷银十万九百五十七两四钱四分七厘八毫八丝,已由甘肃裁勇腾饷内一律拨发清楚,应照部咨由该提臣造报请销。其二十四年分董福祥所需饷项,奉部指拨,应照案随时支发。据办理粮台甘肃藩司曾鉌详请具奏前来。

臣覆核无异,除清单咨送督办军务处及户、兵、工部查核外,理合恭折具奏。伏乞皇上圣鉴。谨奏。①

是日,公又附片奏请免扣陕西提属潼关协营裁兵原借粮石,下部闻。曰:

再,查陕西提属潼关协营裁减二成兵丁,内马兵三十名、步兵二十四名、守兵六十名,上年曾援成案借支潼关厅仓市斗粮一百五十六石,每石例价银一两四钱二分九厘,议从本年秋季起,分作四季扣还归款,共应扣价银二百二十二两九钱二分四厘。讵未及扣期,该兵丁等先已奉裁退伍,情形极其艰窘,实属无力缴还。据署潼关协副将卢万德呈由陕西固原提督邓增咨请核办到臣。经臣批饬署陕西布政使李有棻,查明属实,详请具奏前来。

合无仰恳天恩俯念裁兵困苦,准将原借粮石应扣价银免其缴还,以示体恤,出自鸿慈!除咨部外,谨附片具陈。伏乞圣鉴,训示。谨奏。②

十一月二十七日,公开单奏报光绪二十三年九月分甘省雨水粮价情形,曰:

窃照本年八月分粮价并得霑雨泽情形,业经据折奏报在案。兹查

---

① 台北故宫博物院藏:《军机及宫中档》,文献编号:408003117.又,中国第一历史档案馆藏:《录副奏折》,档号:03-6143-010。
② 台北故宫博物院藏:《军机及宫中档》,文献编号:408003116-0-A.又,中国第一历史档案馆藏:《录副奏片》,档号:03-5921-097。

九月分兰州等八府六直隶州属具报得霡雨泽,自一二寸至二三寸不等,正值秋禾收获之际,获此沃泽,实于农田有裨。

至通省粮价,或与上月相同,或较上月稍有增减。据藩司曾鉌具详请奏前来。臣覆核无异,理合恭折具奏,并缮粮价清单,恭呈御览。伏乞皇上圣鉴。谨奏。①

同日,公又奏报甘肃马步营旗第六次裁撤拨归各起数目情形,下部闻。曰:

窃查甘肃前因军务添募马步营旗,于肃清后经臣节次裁减,已截至光绪二十三年四月底止先后具奏在案。兹据甘肃粮台布政使曾鉌将二十三年五月初一日起至十月底止复又陆续裁撤拨归马步各营旗共计十三起,分晰截饷日期,开单详请奏咨立案,并声明裁撤马步各勇丁均于遣散时照章加给恩饷,等情。前来。臣覆核无异,查现在所留马步防军为数无多,业已分札要隘,以资防守,此后能否再行裁撤,容臣察酌情形,另行奏明办理。

除将此次清单咨送户、兵二部查照外,所有第六次裁撤拨归马步营旗各起数目缘由,理合恭折具陈。伏乞皇上圣鉴。谨奏。②

是日,公又奏请赏假调理缘由一事,曰:

窃臣自维庸陋,无补时艰,渥荷圣恩,悉膺疆寄。自任新疆巡抚、陕甘总督,忽忽七年,愧涓埃之未报,实兢惕以时深!从前精力尚强,能耐劳苦。新疆著名寒冷,臣历任五载,虽间患咳喘,不甚为苦。今年体气更衰,稍触风寒,即患气喘,尚幸随治随愈,未敢上渎宸聪。惟本年十月初五以后,连日赴校场考阅武闱骑射,早出晚归,不觉风寒侵入

---

① 台北故宫博物院藏:《军机及宫中档》,文献编号:408003119。又,中国第一历史档案馆藏:《录副奏折》,档号:03-6966-025。
② 台北故宫博物院藏:《军机及宫中档》,文献编号:408003120。又,中国第一历史档案馆藏:《录副奏折》,档号:03-5921-113。

肌骨,复患咳喘,加以喘气较前增剧,寝食因之顿减。虽延医调治,第恐一时不能速痊,合无仰恳天恩,俯准赏假一月,俾得赶紧调理,出自逾格鸿慈。

至于一切公事仍当照常办理,不敢稍涉疏懈。一俟调理全愈,即当随时销假,上慰宸系。谨缮折具陈。伏乞皇上圣鉴,训示,施行。谨奏。①

同日,公又奏报查明甘肃折价尚无浮收等情,下部闻。曰:

窃臣前准户部咨:议覆给事中庞鸿书奏江、浙等省征收地丁条银折价与市价悬殊,请饬酌减一折,拟令各省督抚督同司道,各就本地完纳情形,暨向来征收章程,查明地丁折钱较市价大有浮多者,即行酌量议减。至各州县征收粮石,遇有厘毫尾零之数,或按一分计算,亦系官吏营私舞弊,并令一概严行禁止。又准部咨:江西奏请减征丁漕钱价、奏解四国洋款一片内称:江西因银价减贱,令征钱各州县每地丁一两减征钱一百文,于减征之外每两随正加解钱价平余银七分,应由各省督抚查照江西成案,各就本地情形,酌量一体仿办,各等因。当经行司遵办去后。

兹据藩司曾铄详称:查甘省地瘠民贫,通省地丁仅二十余万两,现在荒芜地亩尚多,征收本未足额,访察各属花户,措银维艰,向多以钱折交,每两酌加火耗、解费仍按银价涨落,随时增减,曾经迭次严饬各属不准稍有浮多,历来办理相安,尚无浮收之弊。甘南一带州县并有照价折收赔贴、火耗、解费之处,各属情形不同,势难一律核减,转使州县更增赔累。惟有随时严加查察,倘于火耗、解费之外再有浮收者,即当一面核减,一面严行参办,以示惩儆。至收粮收银,遇有合勺厘毫零数,仍按一升一分计算扣收。此弊诚难保其必无,自当遵照部饬一律

---

① 台北故宫博物院藏:《军机及宫中档》,文献编号:408003122.又,中国第一历史档案馆藏:《录副奏折》,档号:03-5353-120。

严禁,以恤民艰。惟各属征收地丁,按照市价,查无实在浮多,自难责令加解钱价平余,各等情。详请具奏前来。

臣维甘肃地处边陲,官民困苦,地丁额征甚少,虽以钱折收并无浮多,合无仰恳天恩俯准照旧办理,毋庸议减,并免加解钱价平余,以示体恤。

除仍饬司随时严察,倘各州县有地丁折收浮多者,即行据实详请参办,并严禁征收粮银不准以合勺厘毫之数算成一升一分加收,俾除积弊外,谨据实恭折具陈。伏乞皇上圣鉴,训示,并请饬部查照施行。谨奏。①

同日,公又奏报甘肃各军光绪二十一、二两年收支情形,下部闻。曰:

窃查甘肃关内防军收支饷项,自光绪十一年起均归甘肃藩司统收分拨,所有十一年起至二十年止收支各款,业经造册具奏核销在案。兹据甘肃粮台布政使曾鉌详称:甘肃自二十一年春间河湟、海城等处逆回相继变乱,全省震动,旧有防、练各旗为数无多,不足以资防剿,经前督臣杨昌濬、西宁青海大臣臣奎顺分别奏请调募土、客各军二三百起,暨臣由新酌带关外各营旗,进关助剿,于二十二年秋间一律肃清。所有支发各军正、杂各款总数,已于本年十月初四经臣开单奏咨立案。

统计此次军需收支各款,内先先后四次收到添拨库平饷银四百万两,申合湘平银四百一十六万六千余两,内短收存粮变价抵饷银二十三万二千余两,实收银三百九十三万四千余两。又收二十年防军报销饷册实存项下湘平银一十九万五千八十余两,又收二十一、二两年关内应分新饷内每年照案动支银九十六万二千两,共银一百九十二万四千两。又收湖北补解二十年分新饷短平银八十余两,又收二十一、二两年关内外新饷减平支剩银二十八万一千三百余两,又收采办军需物

---

① 台北故宫博物院藏:《军机及宫中档》,文献编号:408003118。又,中国第一历史档案馆藏:《录副奏折》,档号:03-6257-037。

料例扣一分平余银三千一百余两,共收湘平银六百三十三万八千二百余两。

除支二十一、二两年马步各营旗哨二百五十起行坐薪粮、马干、正恩饷银五百二十七万八千二百五十余两,又支制造前敌、后路各营旗哨领用军装、军火、工料银三十四万三千五百六十余两,又支由两江代采外洋军火价值银一十九万三千六百八十两零,又支各提镇协标弁兵津贴、盐菜银一十六万二千七百一十余两,又支招募马步各营旗哨官弁勇夫、马匹、小口粮、料草银一十二万六千九百八两零,又支阵亡勇丁恤赏银七万二百九十余两,又支各局台员书薪公并护勇口粮银三万七千八百八十余两,又支前敌马步各营旗津贴四成粮价银三万七千二百八十余两,又支受伤勇丁养伤银三万三千一百四十余两,又支各马队倒马例价银二万三千四百六十余两,又支凉州、庄浪两满营官兵薪饷、盘费银二万三千一百三十余两,又支各军统领统费银一万六千九十两零,又支制造机器局匠工并采买物料等项价值银一万一千八百四十余两,又支复设永安、大通二营官弁兵丁加支津贴银二千七百六十两零,又支各军阵毙马价银二千三百四十余两,又支总理营务处兰州道黄云所辖委员薪公银一千三百七十余两,又支皋兰、河州、循化等厅州县安设腰站夫马、工料、站价银八百五十余两,又支火药局房租银一百九十余两,又支总理营务处甘肃布政使曾鉌所部差弁、书识、马勇薪工、口粮银一百五十余两,共支湘平银六百三十六万五千九百余两,以收抵支,不敷银二万七千七百余两。此项不敷之数暂在扣存截旷银内随时挪支,仍俟抵饷未收之存粮变价银二十三万二千余两补收足数,即行提还归款。其余剩银二十万四千四百余两,归入转运脚价,收支造报。

至于西军八营镇南中旗饷项,遵照奏案,将两年新饷减平支剩银二十八万一千三百余两全数动支之外,尚不敷银十七万三千余两,统由添拨军饷内随时拨补,已于销册满收满支以上收支各款,自光绪二十一年正月初一日起,截至二十二年十二月底止,造具细数清册,详请具奏前来。臣覆加查核，收支各款均属相符，皆系实用实销，委无浮冒，相应吁恳天恩俯准饬部核销，以清款目。

除将清册分送户、兵、工部外，理合恭折具陈。伏乞皇上圣鉴，训示。谨奏。①

是日，公又附片奏请仍准姚钧署理西和县知县，下部闻。曰：

再，甘肃西和县知县员缺经臣奏请以候补知县姚钧先行署理。旋准吏部咨开：该员系未经赴部之员，折内声称由候选未入流加捐州判指分甘肃试用，行查户部捐案有无核准，据户部覆称，并未声叙系在何省、何项捐输，何次案内报捐，无从检查，应令详细声覆到部，再行核办，等因。当经饬据藩司曾鉌、臬司丁体常转据该员姚钧禀称：由监生在陕西十七次捐米合银案内奏准以未入流不论双单月选用，奉部填发执照；复在西征粮台分设之甘捐局遵米折章程加捐州判指省甘肃试用，经该台填给甘字六十六号实收。因初办甘捐，尚未列有次数，彼时军务倥偬，捐后随营供差，未能赴部换照，嗣后浮保知县仍留原省补用，等情。由司查验执照、实收，均相符合，会详请奏前来。

臣覆查无异，相应请旨饬下吏部查明捐案，仍准以候补知县姚钧署理西和县知县，以裨地方。除咨部查照外，谨附片具陈。伏乞圣鉴，训示。谨奏。②

同日，公又附片奏请刘钰署理副将员缺，下部闻。曰：

再，署陕西延榆绥镇属定边协副将刘辅军调省察看遗缺，查有陕西提属庆阳营游击刘钰，朴实干练，堪以委署。又，督标中军副将汤仁和请假遗缺，查有记名简放总兵现署督标后营游击宁夏镇标左营游击

---

① 台北故宫博物院藏：《军机及宫中档》，文献编号：408003121. 又，中国第一历史档案馆藏：《录副奏折》，档号：03-6143-047.
② 台北故宫博物院藏：《军机及宫中档》，文献编号：408003118-0-A. 又，中国第一历史档案馆藏：《录副奏片》，档号：03-5353-121.

师玉春，明白干练，堪以委署。递遗督标后营游击员缺，查有补用副将留甘补用参将黎锦春，安详谨饬，堪以委署。又，署陕西提属商州协副将抚标右营游击吴云伍请假遗缺，查有提督衔留甘补用总兵程文胜，老成稳练，堪以委署。除先后檄饬遵照外，理合附片奏明。伏乞圣鉴。谨奏。①

同日，公又附片奏报裁撤各军恩饷情形，下部闻。曰：

再，前准户部咨开：附奏遣散各军酌定开支恩饷章程一片，光绪二十二年十月二十五日奉旨：依议。钦此。并刷印原片咨行前来。查原片内称：恩饷本为体恤勇丁，非为官弁而设，拟将此次关内外遣散各军，凡营哨官于正饷外，给予一月薪水，不给公费。其各军统领于裁撤之日即停薪公，等语。当经臣钦遵转饬遵照去后。兹据甘肃粮台布政使曾鉌详称：查此次甘省办理河湟军务，遣撤各军应给恩饷，前经详蒙奏准，距甘道里最远者，给两个月，稍次者一个半月，邻省一个月，籍隶本省者半个月。本系仿照近时各省遣勇办法，并未将统领、营哨各官另行提出，仍一律照章给发。计自二十一年正月起至二十二年十一月十八奉文日止，业将添募勇营裁撤八九。又，自奉文起截至二十二年年底止，仅续裁靖循中旗、镇夏右旗两旗。其在先遣撤之统领营宫，或回原籍，或投他省，早经星散。今已事隔日久，如果到处行查，按名追缴，窃恐徒滋纷扰，于款项无裨。

复查甘省此番用兵，正值东海大役之后，饷项奇绌，屡奉檄饬，随事核实，格外撙节。该台于一切支发，破除情面，省而又省，即如恩饷一项，虽有奏案，亦加严核。凡距贼较远始终未经接仗以及前敌溃退、登时遣散各营旗，概予扣发，有销册可查。又，各军勇丁空日旷银，无论何项事故，不时查明核扣，故截旷银有十万余两之多，亦经造册报

---

① 台北故宫博物院藏：《军机及宫中档》，文献编号：408003118-0-B.又，中国第一历史档案馆藏：《录副奏片》，档号：03-6033-015。

部。以上两款所省实已不少,所有新奉部章应行追缴二十二年裁撤各营旗统领营、哨各官已领之恩饷,内除甘省饷章哨弁本无公费并未浮支外,统计不过万余金,概系奉文之先随撤随支,实在无从着追。至奉文后续裁之两旗,只差数十金,未便划出,致涉一案两歧。详请附奏前来。

臣覆核无异,合无仰恳天恩俯念各该统领、营哨各官皆系会经出力,裁撤时所领恩饷多在未奉部章以前,现在均已他往,恳免追缴,以示体恤,出自鸿慈。谨附片具陈。伏乞圣鉴,训示,并请饬部查照。再,二十三年正月起,凡有遣撤营旗,已将统领营官恩饷一律扣除。合并陈明。谨奏。①

是日,公又附片奏请核减甘省当商额税情形,下部闻。曰:

再,臣前准户部通行:查中外典当获利较厚,税额独轻,拟自光绪二十三年起无论何省,每座按年纳税银五十两,查明座数,分晰造册报部,等因。当经转行遵办去后。兹据甘肃布政使曾鉌详:据各道、府、厅、州、县转据各该当商禀称:甘肃各当商资本少者仅二三千串,多亦止五六千金,从未有及万两者,每年获利细微,与繁富省分实有天壤之别,在商等食毛践土,亦愿勉助时艰。无如本小利薄,若将每年当税概增为五十两,输将不及,实有闭歇之虞,恳请核减,等情。该司查甘肃地瘠民穷,前此每当商奉饬捐银二百两,请准减收一半,已甚竭蹶。兹再以五十两税额按年勒征,则闭歇之虞信非虚语。一再筹酌,拟将每年每当五十两当税减为二十五两,仍遵部议,查明预交旧税数目,于新税内分年扣除。如此酌量减纳,商力或可勉支,课税亦稍有增益。详请具奏前来。

臣维甘肃地方瘠苦,本与他省迥殊,向年当商额税五两,今骤增十

---

① 台北故宫博物院藏:《军机及宫中档》,文献编号:408003120-0-A。又,中国第一历史档案馆藏:《录副奏片》,档号:03-6143-048。

倍之多，该各商力难照纳，系属实在情形。合无仰恳天恩俯准饬部查照核减，以恤商艰而重课税。除奉准后饬司查明典当座数，分晰造册报部立案外，谨附片具陈。伏乞圣鉴，训示。谨奏。①

十二月初四日，公开单奏报甘省光绪二十三年秋禾约收分数情形，曰：

窃直省秋禾收成分数，例应按年具奏。兹据甘肃布政使曾鉌详：据兰州、巩昌、平凉、庆阳、甘州、凉州、宁夏、西宁八府并秦州、阶州、固原、泾州、肃州、安西六直隶州，并所属各厅、州、县、州同、州判、县丞，将光绪二十三年分秋禾约收分数开折，详请核奏前来。

臣覆加查核，约收七分者，武威县等三处；约收六分有余者，隆德县等十二处；约收六分者，通渭县等八处；约收五分有余者，金县等十五处；约收五分者，皋兰县等三十一处；约收四分者，沙泥州判一处；约收三分有余者，河州一处；约收三分者，狄道州一处。以上八府六直隶州所属通盘牵算，约收五分有余。

再，查各属除岷州、洮州、循化、丹噶尔、巴燕戎格、西宁、大通、红水县丞八处向不种植秋禾外，其河州、狄道州、沙泥州判、碾伯县四处秋禾虽有薄收，而屡经贼扰，民业迄未尽复，现拟另案请蠲钱粮。

至固原等处禾苗有被水、旱、霜、雹，均经先后饬令该管道府亲诣查勘，是否不致成灾，容俟另案汇办。理合恭折具奏，并缮具清单，恭呈御览。伏乞皇上圣鉴。谨奏。②

---

① 台北故宫博物院藏：《军机及宫中档》，文献编号：408003120-0-B.又，中国第一历史档案馆藏：《录副奏片》，档号：03-6509-029.
② 台北故宫博物院藏：《军机及宫中档》，文献编号：408003123.又，中国第一历史档案馆藏：《录副奏折》，档号：03-6728-008.

同日，公又奏报查明甘省被灾地方分别办理情形，曰：

窃承准军机大臣字寄：光绪二十三年九月三十日，奉上谕：甘肃金县等处被水、被雹，经该督委员查勘，即着迅速办理，并将来春应否接济之处一并查明，于封印前奏到，候旨施恩。将此谕令知之。等因。钦此。仰见圣主轸念民瘼，无微不至，跪诵之下，钦感难名！当即钦遵饬查去后。

兹据布政使曾鉌详称：查甘省本年入春以来，雨泽未甚愆期，收成尚称中稔，惟安化县、环县、庄浪县丞、打拉池县丞、金县、固原州、河州、沙泥州判、海县、平凉县、宁远县、阶州、碾伯县等十三处，夏秋禾苗被水、被雹，先经详请奏报在案。此外，续据禀报秋禾被雹之金县、岷州、陇西县丞等处均经先后委勘，轻重不一，其间被灾较重之处，小民不免拮据，已饬令各该地方官借给社粮，以资接济；并令捐廉抚恤，不致流离失所。其应征钱粮应否蠲缓，现已一并汇案，另请奏明办理。

至来春应否接济，尚未据被灾各属一律查报，甘省于此等偏灾向系届时由各地方官查核酌请，或由外筹款调剂，并未请动正项钱粮，自当照案随时酌办，等情。详请具奏前来。臣覆查无异，理合恭折覆陈。伏乞皇上圣鉴。谨奏。①

是日，公又奏报知州金承荫等期满甄别情形，下部闻。曰：

再，前奉部咨：道、府、同、通、州、县，无论何项劳绩保奏归入候补班人员，以到省之日起，予限一年，详加察看，出具切实考语，分别繁简补用，等因。遵办在案。兹查花翎留甘补用直隶州知州金承荫，自光绪二十一年十一月初六到省之日起，扣至二十二年十一月初六日，试看一年期满。又，候补知县林寿钧自光绪二十二年十月十四到省之日

---

① 台北故宫博物院藏：《军机及宫中档》，文献编号：408003124。又，中国第一历史档案馆藏：《录副奏折》，档号：03-5602-067。

起,扣至二十三年十月十四日,试看一年期满。由甘肃藩、臬两司出具考语,详请甄别具奏前来。

臣查金承荫年力富强,办事果敢;林寿钧年壮才明,办事静细,均堪以原官留省照例补用。除将各员履历清册咨部查照外,谨附片具奏。伏乞圣鉴。谨奏。①

同日,公又附片奏请查之屏等署理知州等缺,下部闻。曰:

再,新授宁夏府知府崇俊②现已到省,应即饬赴新任,以专责成;署秦州直隶州知州查之屏撤委遗缺,查有在省静宁州知州朱铣堪以委署;署肃州直隶州知州吴人寿撤委遗缺,查有分发直隶州知州何庆衍堪以委署;古浪县知县董云标调省遗缺,查有现署渭源县知县杨宸谟堪以调署;递遗渭源县知县员缺,查有即用知县汤霖堪以委署;宁夏县知县王树槐请假遗缺,查有环县知县杜翶堪以调署;递遗环县知县员缺,查有在省金县知县姬恺臣堪以委署;调署宁州知州安化县知县陈庆骧丁忧遗缺,查有合水县知县巢凤冈堪以调署;递遗合水县知县员缺,查有候补知县张光烈堪以委署;平凉县知县赵先矩请假遗缺,查有候补知县张时熙堪以委署;署通渭县知县乌绪棣调省遗缺,查有即用知县黄国琦堪以委署。据藩、臬两司先后会详前来,除批饬给委外,理合附片陈明。伏乞圣鉴。谨奏。③

---

① 台北故宫博物院藏:《军机及宫中档》,文献编号:408003124-0-A。又,中国第一历史档案馆藏:《录副奏片》,档号:03-5353-084。

② 崇俊(1847—1909),满洲正白旗人,由监生捐纳笔帖式,旋补中国铸印局主事,升补祠祭司员外郎,题升工部宝源局监督。光绪十七年(1891),京察一等,记名以道府用。同年,补授江西九江府知府。二十年(1894),丁母忧,回旗守制。二十三年(1897),补授甘肃宁夏府知府。二十五年(1899),兼护宁夏道。三十年(1904),调补兰州府知府。三十二年(1906),署理安肃道。三十四年(1908),署甘凉道。宣统元年(1909),因病出缺。

③ 台北故宫博物院藏:《军机及宫中档》,文献编号:408003124-0-B。又,中国第一历史档案馆藏:《录副奏片》,档号:03-5353-083。

十二月初十日，公奏报查明西陲善后情形，曰：

窃臣承准军机大臣字寄：光绪二十二年九月十六日奉上谕：有人奏，西陲善后吃紧，急宜预为布置一折。此次湟回变乱，各路收纳降匪甚多，自应先事豫防，以为建威销萌之计。折内所称：目前情形尚有可危者四端，请于现时裁撤营旗中酌留数十营，分布要隘。着陶模、董福祥体察情形，斟酌办理。原折均着抄给阅看。将此谕令知之。等因。钦此。遵旨寄信前来。仰见我皇上惩前毖后、廑念西陲之至意，跪聆之下，钦悚莫名！

伏查去年九月间，河湟回匪甫就肃清，人心未定，彼时汉回猜忌，时有谣言，疑虑惊惶，在所不免。然已抚之回实无暗购枪械、广为啸聚之事。原奏所称：洮河桥头查获河回所运西洋子药四驮，督标左旗马队在甘草店缉获八坊奸细一名，下书约期十月初三、五等日，同时齐反，等语。查去年六月间，有洮州回民脚夫马进良驮货由洮河桥头经过，被该处兵役查出内有火药一箱，计重五十斤，送经署狄道州杨培之，讯据脚夫马进良供称：伊为卸署洮岷协副将任清鸿所雇，驮物赴省，不知内装火药。移准任清鸿覆称：确系营中用剩火药，价雇洮州本地良回脚夫马进良，运省缴销，并非该脚夫自带，等语。当时禀报有案。嗣复饬据前统威定军总兵何建威查明无异，实无洮河渡头另有查获河回所运西洋子药四驮之事，殆即以此传闻致讹。

去年夏秋间，河州时有谣传，有谓某人下书至某处，约定某月某日起事，不一而足。臣密为防范，往往届期并无其事。彼时各处稽查严密，遇有形迹可疑回民盘获查讯，亦所时有，并无供有下书约反确据。去年十月至今，已一载有余，各处尚属安静，唐汪川一路，商旅照常往来，不闻阻绝，河州难民亦无复向省城迁徙者。

又，原奏所称张家川回民有回目李德昌为之赈抚，李德昌年逾七十，设早晚病殁，其子皆弱，恐不能慑服同类。查李德昌去年业已病殁，其子附生李占鹏袭其余望，尚能与同类相安。该处回民均称静谧，并无购买马匹络绎于途之事。甘肃提督董福祥去冬奉旨募练专营,分札河湟一带。臣复酌留得力防营,驻扎东、西各路要隘,均经奏明在案。现在饷项奇绌,只能就现有营旗分布防范,以安人心。

甘省地方辽阔,大难甫平之后,不容稍有疏懈。臣惟有随时体察情形,咨商提督臣妥为办理,以仰副朝廷先事预防、建威销萌之至意。谨恭折据实覆奏。伏乞皇上圣鉴,训示。再,提臣董福祥现已进京陛见,故未列衔。合并陈明。谨奏。①

同日,公开单勘明甘省各属夏、秋禾苗被灾情形暨应蠲缓钱粮一事,下部闻。曰:

窃照甘省金县等州县光绪二十三年夏秋禾苗被雹、被水大概情形,业经臣奏奉朱批:知道了。各属被灾情形,即着查明,分明核办。钦此。当即钦遵行司照办去后。嗣据金县、岷州、陇西县丞等属续报秋灾,复经批司委勘,昨于奏复奉旨查问来春应否接济案内,亦经详细附陈在案。

兹据甘肃布政使曾鉌详称:计夏秋灾共一十五处,除碾伯县、河州汉民被灾钱粮应请归入被兵案内,概行蠲免,毋庸重列,宁远县被水冲压地亩不能垦复,另案题豁,暨环县夏禾被雹分数,钱粮有无蠲缓,因覆勘册结未到,俟严催至日另案补办,及安化县、打拉池县丞、庄浪县丞、金县、沙泥州判、阶州、平凉县、海城县、岷州、陇西县等一十处,均勘不成灾,毋庸蠲缓外,惟固原州并河州回民被雹成灾地亩六分至十分不等,共应蠲正、耗银三十四两一分六厘三毫,共应蠲正、耗粮一十五石九斗七升五抄,共应缓正、耗银三十两九钱九分一厘二毫,共应缓正、耗粮九十一石五斗七升六合九勺五抄。汇开清折,呈请奏恳天恩准予蠲缓,以纾民力。至成灾不成灾,各贫户有散给钱文者,有酌发粮

---

① 台北故宫博物院藏:《军机及宫中档》,文献编号:408003125。

石者,宁远县压毙人口深埋土内,无从施给棺木;冲倒庄房,碍难修复,已今迁居近堡,妥为安置,均不致失所。所给钱文、粮石,或由各该地方官捐廉办理,或动用社、义各仓存粮,均未请领正款,应请免开细数,等情。前来。

臣覆核无异,除批司分饬被灾各属随时察看,如来春民力拮据,应行接济,即行禀请筹款抚恤,毋任失所外,理合恭折具奏,并开具清单,恭呈御览。伏乞皇上圣鉴,饬部查照施行。谨奏。①

是日,公又开单奏报请蠲免甘省狄道州等被灾各属钱粮、草束情形,曰:

窃查甘肃河湟等处前年被兵甚重,民力实在艰难,经臣将循化等厅州县应征光绪二十二年正杂钱粮,草束、税课并历年旧欠奏蒙天恩一律蠲免在案。兹据甘肃布政使曾鉌、按察使丁体常会详称:此次甘肃被难各属,业经连年请蠲钱粮并叠办赈抚,二十三年赋税宜可照常征收,当经通饬催科。乃叠据被难各厅州县申称,各该地方前遭兵燹,流亡虽渐归案,困苦骤难复苏,加以本年雨雹为灾,收成歉薄,新旧正杂钱粮有全无完纳者,有完纳未清者,按限比催,实无起色,先后恳请蠲免前来。

该司等详加察核,系属实在情形。所有狄道州、巴燕戎格厅二属正赋、杂税全未征收;河州一属回民已征,汉民未征;循化厅正赋全无征收,杂税催征不齐;碾伯、大通二县正赋催征不齐,杂税未能全征;西宁县、沙泥州判正赋、杂税催征不齐;平番县本年杂税未能征齐,旧欠正、杂未能催征;洮州厅北乡录麻回民并祁家寨新、旧正赋无征;贵德厅康、杨、李三屯回民新、旧正赋无征;平远县旧欠正、杂无征;庄浪县、茶马厅旧欠正赋无征。又,甘州提督本年课金无征,西宁府本年杂税

---

① 台北故宫博物院藏:《军机及宫中档》,文献编号:408003127。

催征不齐。又，平罗县历年积欠马厂地租银两为数无多，从前屡次请蠲案内漏未列入，兹查明一并请免。计新旧正杂共请蠲银一万九千二百二十六两六分四厘，共请蠲粮三万六千三百四十一石一斗三合七勺，共请蠲草二十八万四千二百五十八束三分二厘七毫，请蠲课金二十四两。当此帑项支绌，本不宜轻议免征，而民困实在未苏，不得不再为申请。分晰开折，会详请奏前来。

臣覆核该司等所详，均系实在情形，合无仰恳天恩俯准将狄道州等属新、旧、正、杂钱粮，草束及各项税课一律蠲免。除由司将所请各处通饬停征，俟奉到恩旨，再行敬谨刊刷誊黄，遍行晓谕，务使胥吏无所侵欺，百姓同霑闾泽，以苏民困而广皇仁！

至平原县今春搜捕余匪，百姓颇觉惊扰，播种间有失时，本年钱粮据该县申称，察看情形，约可征及六分，其余四分请缓至明年带征，等语。因未据指定细数，应于忙册内登叙，此次请蠲折内未经开列，合并陈明。

除固原州等处本年被雹、被水成灾应请分别蠲缓钱粮已另案具奏外，所有甘肃狄道州等处被难后民困未苏，应恳蠲免光绪二十三年分新旧正赋、钱粮、草束、税课各缘由，谨缮具清单，恭折赍呈御览。伏乞皇上圣鉴，训示。谨奏。①

【案】此折于十二月二十三日得旨允行，《光绪朝上谕档》载曰：

光绪二十三年十二月二十三日，内阁奉上谕：陶模奏，甘肃狄道州等处地方民困未苏，请蠲免钱粮、草束等项，开单呈览一折。甘肃各属自遭兵燹后，民困未苏，本年复被雨雹，收成歉薄，若将应征钱粮、草束等项照常征收，民力实有未逮，加恩着照所请，所有狄道州、巴燕戎格厅、河州、循化厅、碾伯、大通二县、西宁县、沙泥州判、平番县、洮州厅、

---

① 台北故宫博物院藏：《军机及宫中档》，文献编号：408003126。又，中国第一历史档案馆藏：《录副奏折》，档号：03-6257-033。

贵德厅、平远县、庄浪、茶马厅各属正赋、杂税、甘州提督课金、西宁府杂税、平罗县马厂地租，共应征新旧正、杂银一万九千二百二十六两零、粮三万六千三百四十一石零、草二十八万四千二百五十八束零、课金二十四两，均着一律蠲免，以纾民力。该督即照单开数目，刊刻誊黄，遍行晓谕，务使实惠均霑，毋任吏胥舞弊，用副轸念民艰至意！余着照所议办理，该部知道，单并发。钦此。①

十二月二十日，公开单奏报光绪二十三年十月分甘省雨水粮价情形，曰：

窃照本年九月分粮价并得霑雨泽情形，业经据折奏报在案。兹查十月分兰州等八府六直隶州属具报得霑雪泽，自一二寸至三四寸不等，正值冬麦发生之际，获此雪泽，土脉含濡，民情极为欣慰。

至通省粮价，或与上月相同，或较上月稍有增减。据藩司曾鉌具详请奏前来。臣覆核无异，理合恭折具奏，并缮粮价清单，恭呈御览。伏乞皇上圣鉴。谨奏。②

同日，公又奏报节年奏销各款请照原册准销情形，下部议。曰：

窃据甘肃藩司曾鉌详称：查甘肃省光绪九年至二十二年止，报过满营饷项、练军饷项、驿塘饷项、地丁考成、通收通支各案奏销，有已奉部驳诘者，有尚未奉覆文者。其所驳诘皆系总、散稍有未合，收、除偶有未明，节目微有未详，科则略有未符，更有今昔情形迥异，老案断难牵合之处。即如地丁银粮，乱后只能以现垦现荒为断，若必远较老额，则《赋役全书》四十年未能修正，且各属多经沦陷毁失，势必不能悬揣

---

① 中国第一历史档案馆编：《光绪朝上谕档》第23册第373页，广西师范大学出版社，1996。
② 台北故宫博物院藏：《军机及宫中档》，文献编号：408003133。又，中国第一历史档案馆藏：《录副奏折》，档号：03-6967-013。

吻合,遇有豁案,科则亦因之有异。

又如营员俸廉正支递食,先虽涉于笼统,后已胪列明白。又如甘标挑拣,少拨一名,系初练以额外能弁暂充,旋即由营更拨,并无可缴之粮,当时惟短于声明。又如西宁标兵由调防后改练,与挑练无异,本应归营另开,当时止漏列收、除。又如番案加支子药、口粮,旋即扣还,当时尽疏于声叙。又如兵马册向无花名,练军挑自原营,亦即省繁不造。其余各节大率类此。总之,各案奏效疏漏脱误,诚所不免,虚糜浮冒,可信必无。以此十余年积累重案,若必逐细更造,恐经年累月未能蒇事。即使更造,其间旧例未能强合,难保不遭复驳,驳而再登,登而又驳,岁月易逝,案积如山,官易吏更,端绪茫昧。且报销之事重在信实,既无浮冒,似可从宽,等情。详请具奏前来。

臣覆核无异,查臣前在新疆巡抚任内,曾将新疆自光绪四年起至十五年止银粮、草束、防军、善后各案奏销,奏请变通成例核销,业蒙俞允。今甘肃奏销各案,情形正复相同,拟恳援照新疆变通核销,请旨敕下户、兵、工各部,将甘肃自光绪九年起至二十二年止满饷、练饷、驿饷、地丁收支各案,均照原册核准核销,免再行查,以清积牍而便造报。

至节年奉驳豁案,多因科则有异,各属造报不能明白声覆,而田亩实在冲刷、坍塌,未能涸出垦复,应请一并饬部查照题奏原案核凖,俾免歧异。谨恭折具陈。伏乞皇上圣鉴,训示,施行。谨奏。①

是日,公又奏报川楚陕三省会哨情形,曰:

窃照川、楚、陕三省边界地方,向派提督、总兵分年会哨,事竣汇奏,历经遵办在案。兹据署汉中镇总兵龙得胜禀称:因本年秋雨过多,山路被水冲塌,难以亲往川陕交界会哨,循例饬委定远营游击贺大发就近前往代会。兹该游击贺大发于本年十月初一日在川陕交界之渔

---

① 台北故宫博物院藏:《军机及宫中档》,文献编号:408003131。又,中国第一历史档案馆藏:《录副奏折》,档号:03-6644-018.

渡坝滚龙坡，与署四川川北镇总兵吴奇忠①两相见面会哨，该署镇于十一月初一日在陕甘交界之白马关，与河州镇委员署阶州营游击刘保南晤面会哨。

又据陕安镇总兵姚文广禀称：于十月初十日在陕楚交界之莲花寺，与署湖北郧阳镇总兵樊国泰觌面会哨。又据署河州镇总兵何得彪呈称：河州地方军务甫定，刻下时有应办事宜，未能亲往会哨，循例饬委署阶州营游击刘保南就近代会。兹该署游击刘保南于十一月初一日在陕甘交界之白马关，与署汉中镇总兵龙得胜见面会哨。并据各该镇声称：沿途各处匪类潜踪，行旅、居民极为安谧，各等情。前来。

臣查川、楚、陕三省边界，犬牙相错，山深箐密，户尠人稀，奸宄易于藏匿，盘诘巡防，最关紧要，自应严饬各该镇总兵督率所属各营，随时随地，认真稽查，务使丑类潜消，间阎安堵，不得因现在地方无事稍涉疏懈，以期仰副圣主绥靖边围之至意！

所有各镇会哨事竣，边界安谧情形，理合循例恭折具奏。伏乞皇上圣鉴。谨奏。②

同日，公又奏请奖叙拿获逆犯出力文武各员，下部闻。曰：

窃维甘省自河湟军务平定后，诚恐游勇、会匪勾结滋事，屡经严饬地方文武随时认真稽查。光绪二十三年二月，据庆阳府知府徐庆璋

---

① 吴奇忠（1835—1898），贵州平越直隶州人，行伍出身。同治五年（1866），以功保蓝翎千总。六年（1867），保都司，赏换花翎。八年（1869），保升参将，加副将衔、健勇巴图鲁名号。九年（1870），保副将，留滇补用，晋总兵衔，赏三代一品封典。同年，借补云南镇雄营参将。十年（1871），保记名总兵。十一年（1872），保以提督记名简放。十二年（1873），借补云南督标中军副将，赏穿黄马褂。十三年（1874），改讷奇欣巴图鲁名号。同年，请假回籍修墓。光绪四年（1878），奉调入川，办理川边夷务，署四川茂功协副将。六年（1880），经丁宝桢留川差委。十年（1884），署四川松潘镇总兵。十六年（1890），署四川重庆镇总兵。十八年（1892），署四川松潘镇总兵。二十年（1894），署四川马边协副将。同年，署四川建昌镇总兵。二十二年（1896），署四川川北镇总兵。二十四年（1898），卒于军。

② 台北故宫博物院藏《军机及宫中档》，文献编号：408003128。又，中国第一历史档案馆藏：《录副奏折》，档号：03-6033-020。

禀:据安化县知县陈庆骧、合水县知县巢凤冈会禀称:二月初三日,访闻两县连界之柳村塬地方,有匪徒煽惑愚民,谋为不轨情事。正密查间,即据武生张彦雄等密报:有四川会匪刘二即刘天溃,与文在洪即文二皮及其子文潮琪,并唐三麻子即唐得奎、张三、文在治,制造枪炮、刀矛、旗帜,希图起事,闻被诱入伙者甚众。刘二自称伪王,封文在洪为伪元帅,文潮琪为伪总管,唐三麻子、张三、文在治各封伪统领、营官名目。文在洪之亲属不肯从逆,恐走漏消息,闭置土窑内,说俟起事时斩首祭旗。该亲属等遣人密嘱伊等出首,乞迅速拿获,等情。该府徐庆璋以刘二等既蓄意谋反,匪党必多,若待调兵前往,缓不济急,且恐玉石俱焚,激成大事。然又不宜过迟,当与庆阳营游击刘钰熟商,先散胁从,后拿首要。计议已定,即派干弁陈富贵、俞家鸿、徐锡类、彭福耀等持谕,分路张贴,并劝导有被诱从逆者各自首悔,一概不究,违者必杀无宥去后。

该府徐庆璋与游击刘钰督同安化县陈庆骧、合水县巢凤冈,带领兵役,立即驰往,沿路遇见男妇大小纷纷迁避,多方安慰,谕令回家。至文在洪住处,四面围捕。该匪等先已闻风逃跑。立将该逆等闭置土窑之亲属男女一律放出。该家属等哭诉前情,并引领兵役前往离该处十五里之黄家园土窑,起获刀矛、枪炮、旗布,并搜出刘二所藏书一本。查阅语多悖逆,当即焚毁。提讯该家属等供称,匪等向在山中老君庙聚议。该府等即督同兵役赶往,正值该匪等在彼约会起事,尚不过数十人,立即掩捕。该匪等放枪抗拒,兵役奋勇扑击,当场格毙文在治、张三并不知姓名伙党数人,生擒匪目文在洪、文潮琪、唐三麻子三名,余均窜散。

回署后,讯据文在洪、文潮琪、唐三麻子供认:听信匪首刘二说伊得有天书,言世界不好,允从谋反,制造枪炮、刀矛、旗布,约定二月初六日大举。刘二手下有千余人,必能成事,伊等伪封元帅、总管、统领、营官名目属实,不料尚未至期,即被官兵得信往拿,伊等与匪首刘二跑往老君庙,仍图聚议起事,因人尚无多,抗拒不敌被获,刘二现逃何处,实不知道各等供不讳。据实驰禀前来。经臣批饬先将文在洪、文潮琪、唐三麻子就地正法,传首示众。其余胁从皆不究治。仍饬赶紧严拿匪首刘二,务获惩办。该府等捐资,分派陈富贵、俞家鸿、徐锡类、彭福耀等赴邻省,带同眼线,四处访拿。直至九月二十九日,始据陈富贵在陕西周至县地方会同该县差役,将刘二拿获,押解前来。

经该府等提讯,据匪首刘二即刘天溃供称:四川阆中县人,幼习武艺,惯使刀矛,在外游荡度日,早入哥老会。光绪二十二年九月,来至合水县柳村塬地方,与寄居该处同乡文在洪、文潮琪、唐三麻子、文在治、张三先后认识,悄向他们商量,伊系会中头子,手下有千余人,并曾得有天书,言世界不好,不如造反,图个出身的话。文在洪等均各应允。大家凑些银钱,在僻处打造刀矛、枪炮,买布制旗。伊自称伪王,封文在洪等为伪元帅、总管、统领、营官名目,约定二十三年二月初六日起手,一面着人到处送信,令届期都来大举,不料先被文在洪的家小遣人出首,经官兵前来捕拿,那时伊手下人尚未到齐,就合已到的数十人,同文在洪们跑往老君庙山上商议动手,又被官兵赶来捕捉,伊等一齐抗拒,施放枪炮,人少抵挡不住,乘间逃走,沿路躲藏。到九月裏,至陕西周至县地方,被庆阳府派弁协同县裏兵役,拿获解案,等供。续经该府录供,禀经臣核明,刘二即刘天溃起意制械谋乱,罪大恶极,不容稍稽显戮,当即批饬凌迟处死,传首枭示;仍剀切示谕,凡胁从人等既免拿治,应各安分营生,不得再信邪说。现查该处一带,如常静谧。

臣查此次匪首刘二自称得有天书,啸聚谋乱,制藏军械,伪封文在洪等元帅等号,定期起事,虽经文在洪等家属密通信息,遣人出首,若非该府徐庆璋会同游击刘钰办理得法,迅赴事机,难保不蹂躏地方。今不烦兵力,消祸于事先,胁从尽行解散,首恶悉数擒诛,地方照常安静,其功实不可没!合无仰恳天恩,俯准将花翎三品衔甘肃庆阳府知府徐庆璋以道员不论双单月在任候选,庆阳营游击刘钰请以参将在任升补,并赏加副将衔;其随同办理之安化县知县陈庆骧、合水县知县巢凤冈、协获邻省匪首之陕西周至县知县易润芝,均不无微劳,应请饬部分别照例议叙。至分途持示，解散胁从，并出省拿盗之陈富贵、俞家鸿、徐锡类、彭福耀等，均属异常出力，俟查取各该员弁履历，另行酌量请奖，俾昭激励。据甘肃藩司曾铄、臬司丁体常会详请奏前来。

除咨部并饬该府、县、游击等造赍历册送部查核外，所有拿获谋逆首、从各犯，先后审明惩办，地方一律安谧，并请将在事出力文武员弁择尤酌量奖叙缘由，谨恭折具陈。伏乞皇上圣鉴，训示。谨奏。①

同日，公又会衔新疆巡抚饶应祺奏报覆陈关内外地方善后情形，曰：

窃臣承准军机大臣字寄：光绪二十三年二月二十一日奉上谕：御史宋伯鲁奏，回匪逆焰难熄，宜早设法筹办一折。据称河湟回匪去岁肃清后，仍有蠢动之势。善后之法首在迁徙，宜宽筹经费，给以资斧，徙诸关外，责以垦种；其次则严查保甲，等语。所奏是否可行，着陶模、饶应祺体察关内外地方情形，妥筹覆奏。原折均着抄给阅看。将此各谕令知之，等因。钦此。遵旨寄信前来。臣遵将原奏所称各节逐一查办，并一面咨商新疆抚臣饶应祺，统筹关内外善后情形，以为防患未然之计。

臣查河州汉回杂处，仇隙素深。去岁地方甫就肃清，难民归业者，往往因细事与回民争讼，辄捏呈劫夺重情，希图报怨。汉民见回民所有牲畜，辄指为乱中被抢原物，两相争执。据河州去冬词讼，月报讯结此等案件凡七十余起，实无归业难民仍遭回民抢劫之事。王钺安署河州镇总兵时，正值河回收抚之后，在任阅九月余，查拿漏网匪目，分防要隘，布置尚为严密。原奏称其部勇屡被该处回民用石驱逐，及用枪炮封城轰击，系属谣传。惟河州回众当日未经大创，汉民之被害者仇怨日深，迭次呈请剿办，回民因而生疑，谣言四起，故去腊初二日有八坊花寺教门聚议之事。守备马福禄等闻信潜往，擒拿新老教逆首马

---

① 台北故宫博物院藏：《军机及宫中档》，文献编号：408003130.

恩、马如麟等十七名,讯明正法。今春,道员张成基等复勒令回众交出著名桀恶逆目,诛戮多名。现在回民均尚安静,不至再有他虑。

至原奏称拔本塞源之法首在迁徙,回民实诸关外空地。查河州回众不下数十万,八坊地土尚属膏腴,不惟安土重迁,即筹此巨费,亦非易易。关外北路虽有隙土,概非沃壤;南路只罗布淖尔有空地,去岁玉门各营收西宁降回三千余口,经臣电商新疆抚臣饶应祺陆续解往罗布淖尔,择地安插。彼处大半沙碛,可耕之土甚稀,纵能将内地回民迁往,恐地瘠人繁,不敷赡养,仍不免流为盗贼。

关内、关外同隶版图,汉民、回民均属朝廷赤子,只视治之善与不善,不在地之迁与不迁。方今无谕留甘徙新,总不外责成地方文武,加意拊循,严为防范,以期怀德畏威,消患于未形。该御史所奏迁回一节,揆之情势,万不能行。商之新疆抚臣饶应祺,所见亦同。臣惟有随时体察情形,照原奏所称严查保甲之法,认真整顿,化汉回畛域之见,伸朝廷威惠之权,惩后惩前以仰副国家绥靖边陲之至意!

所有覆陈关内外地方善后各缘由,谨会同新疆巡抚臣饶应祺,恭折具奏。伏乞皇上圣鉴,训示。谨奏。①

是日,公又附片奏报学政夏启瑜延请幕友襄校试卷及其履历一事,曰:

再,学政延请幕友襄校试卷,例应查明具奏。兹准甘肃学政夏启瑜②咨报延请幕友四人:许晋康,江苏廪贡生;李自强,浙江增生;张志翔,江西附监生;张大澍,浙江附生。皆系学问优长、操守廉洁之士。臣覆加查核,并非甘肃人士,与延请阅卷之例相符。谨附片陈明。伏

---

① 台北故宫博物院藏:《军机及宫中档》,文献编号:408003132。
② 夏启瑜,生卒年不详,字伯瑾、同甫,浙江宁波鄞县人。光绪二十年(1894),中式进士。历任国史馆、翰林院编修。二十二年(1896),放陕甘学政。嗣补江西安吉知府等职,后旅居上海。善作文,创立四明文献馆,致力于乡邦文献的收集研究。工书法,以行书见长。

乞圣鉴。谨奏。①

同日,公又附片奏请将守备邓文贵即行革职,下部闻。曰:

　　再,查卸署陕西汉中镇属宁陕营守备邓文贵,于前任参将张国祥病故后,该守备护理参将印务,时有兵丁纵贿索费,该守备并不查禁,迹近包庇,经陕西抚臣魏光焘饬据现署宁陕营参将龙启祥查明属实,咨请核办前来。

　　臣查该卸署守备邓文贵,于兵丁纵贿索费,明知不禁,实属有心包庇,咎无可辞。除兵丁已饬严行革惩外,相应请旨将花翎尽先补用守备卸署宁陕营守备邓文贵即行革职,并拔去翎枝,以肃营政而儆效尤。谨附片具奏。伏乞圣鉴,训示。谨奏。②

同日,公又附片奏报守备熊得贵病故开缺一事,下部闻。曰:

　　再,臣据署督标中军副将师玉春呈称:凉州镇属松山营守备熊得贵得患喘疾,调治不愈,于光绪二十三年十一月初七日在省寓病故,经委员查取原领札付及嫡亲、医生并承查钤、甘各结,一并呈请核办前来。臣覆查无异,相应请旨开缺。

　　除札付、印、甘各结咨送兵部外,所遗松山营守备员缺,陕甘现有应补人员,容臣另拣请补。理合附片陈明。伏乞圣鉴。谨奏。③

是日,公又附片奏报请免更造绿营销册缘由一事,下部闻。曰:

　　再,据甘肃藩司曾鉌详称:绿营公费乱后仅支五成,先以支应总数造报,继复造送四柱清册,屡经户部驳还,并发咸丰年间旧册,饬令照

---

① 台北故宫博物院藏:《军机及宫中档》,文献编号:408003128-0-A. 又,中国第一历史档案馆藏:《录副奏片》,档号:03-7202-003。
② 台北故宫博物院藏:《军机及宫中档》,文献编号:408003128-0-B. 又,中国第一历史档案馆藏:《录副奏片》,档号:03-5923-010。
③ 台北故宫博物院藏:《军机及宫中档》,文献编号:408003128-0-C. 又,中国第一历史档案馆藏:《录副奏片》,档号:03-5923-011。

旧开造细册,等因。查绿营所领公费,向例以之开销常年药丸、车价一切,名目尚多。现在仅领公费一半,兵丁虽只四成有奇,无如物用昂贵异常,不敷甚巨。即如火药每百斤例价银三两八九钱不等,今则需十四五两;铅丸每百斤例价银六两,今则需十六七两;领饷车价每辆百里例价银三钱九分,今则需一两七八钱。他事之三倍、四倍者,不一而足。各营领此公费,不知如何撙拄弥缝,叠奉部文,随时严切移行,均以实在赔垫苦累、万难照造为词。

今昔情形迥异,若造册必按例价,无非删改牵合,转蹈不实之弊。再四思维,惟有据实详请附奏,请旨饬下户部将甘肃绿营公费照节年通收通支册内所造总数核销,免其改造细册,等情。前来。臣覆加查核,系属实在情形,理合附片具陈。伏乞圣鉴,饬部核准施行。谨奏。①

同日,公又附片奏请草束销册变通准销缘由一事,下部闻。曰:

再,据甘肃藩司曾铄详称:甘肃从前造送光绪九、十、十一等年草束收支动存册籍,因规复伊始,案牍残缺,办理致多不合,奉部驳诘,当时即拟一面登覆,一面改照兵马奏销,接造其次之册,正欲续送,适又奉文指摘,并将原册发还,遵即转饬详查,积久未能画一。前案未结,后案遂停,年年备造,案牍虚悬,今已造报至十九年矣。

若必更造前三年之册,则后八年之册尽成废纸。该司覆加察核,九、十、十一等年之册,通较各该年兵马奏销,并无多支之草,自可免其更造。其河东各属草束斤重不一,久已据实开报,起自何年,乱后无案可稽,事贵求实,制有因时,未便以数十年未修之《赋役全书》为定评。至草束变价银两,以若干草照若干价变若干银,自当以本案为凭,似不必以通收通支册相较论,盖通收册内只计收银之数,往往是年草已变而价未到,固不能一一吻合也。现在节年各案奏销已请奏明变通核

---

① 台北故宫博物院藏:《军机及宫中档》,文献编号:408003130-0-A。又,中国第一历史档案馆藏:《录副奏片》,档号:03-6644-019。

准,此案草束销册亦当并请照办,俾清积案,等情。前来。

臣覆加查核,委系实在情形。除将节年清册另文咨送户部外,相应请旨饬部将甘肃省光绪九年至十九年草束销册一体变通准销,以清积牍。为此,附片具陈。伏乞圣鉴,训示。谨奏。①

同日,公又附片奏报请奖恤回民马万德父子一事,下部闻。曰:

再,据碾伯县禀称:县属寺尔堡回民六品军功马万德,素称良善。光绪二十一年夏间,西宁逆回蜂起,冶家川阿浑冶主麻纠党百余人,往约马万德同叛。马万德不从,与寺尔堡居民数十人约同固守,赴省请兵救援,愿为向导,往前敌杀贼,半途为冶主麻邀击。其次子马五美死焉。嗣总兵牛师韩率豫凯军抵平番,马万德等约同十五会等处良回,赴营投效。牛师韩谕令回寺尔堡,承办粮石。二十三年四月十九日,冶主麻探知马万德在家,率领党羽,乘其不备,围烧马万德房屋,劫令从逆。马万德骂贼不屈。贼遂脔割其身,死极惨酷。马万德、马五美父子二人仗义死节,拟恳分别请恤,等情。臣复饬营务处甘肃藩司曾鉌覆查属实,详请具奏前来。

臣查该军功马万德父子,守志不夺,忠义可嘉,在回族中实罕其俦,亟应优予恤奖,以昭激劝。合无仰恳天恩饬部照例议恤,用慰幽魂而励末俗。除饬取事实册结分送部科外,谨附片具陈。伏乞圣鉴,训示。谨奏。②

是日,公又开单奏报密考陕甘新疆提、镇、司、道、府一事,曰:

窃照陕、甘、新疆提、镇、司、道、府等官,例应于年终出具切实考

---

① 台北故宫博物院藏:《军机及宫中档》,文献编号:408003130-0-B.又,中国第一历史档案馆藏:《录副奏片》,档号:03-6144-008。
② 台北故宫博物院藏:《军机及宫中档》,文献编号:408003130-0-C。

语,密行陈奏。现届年终,自应循例办理。查甘肃提、镇、司、道、知府,臣莅任以来,随时察看,其人材贤否,舆论是非,见闻自较确切。至陕西、新疆文武各官,虽相距稍远,或证诸禀牍,或得自谘询,皆已略知底蕴。除三省提、镇内有统带防营未经到任以及署事人员例不注考外,谨将实任文武各员出具切实考语,密缮清单。恭呈御览。伏乞皇上圣鉴,训示。谨奏。①

十二月二十八日,军机处来电曰:

奉旨:董福祥现在移扎山陕督练兵勇,甘肃提督着张俊调署,喀什噶尔提督着张宗本署理,其阿克苏总兵着饶应祺派员按署。甘肃回乱初平,张俊到任后,着妥为弹压,择要驻扎,毋得专顾一隅。钦此。转电提督张俊。勘。②

是年,公颁布《劝谕陕甘通省栽种树木示》曰:

劝谕各属广种树木,预灾祲弭而兴地利事。照得《周礼》重虞衡之职,《孟子》论斧斤以时,自古体国经野,树艺与农工并重。近来东西洋各国无不讲求林文政,为致富之一策。盖树木蕃滋,有六利焉。

山岗斜倚,陂陀回环,古时层层有树,根枝盘互连络,百草天然成篱,凝留沙土,不随雨水而下。后世山木尽伐,泥沙塞川,不独黄流横溢,虽小川如灞、浐诸水,亦多淤塞溃决,故种树于山坡,可以免沙压而减水害,一利也。

平原旱地,大半荒废,生气毫无,泉源日窒。若有密树,则根深柢固,能收取山气,互相灌输,由近及远,土脉渐通,故种树于瘠土,可以

---

① 台北故宫博物院藏:《军机及宫中档》,文献编号:408003129.又,中国第一历史档案馆藏:《录副奏折》,档号:03-5355-047.
② 中国第一历史档案馆藏:《电报档》,档号:2-03-12-023-0615.

化碱为沃,引导泉流,二利也。

炎日熏蒸,易成旱暵,惟树叶披拂空中,能呼吸上下之气,故塞外沙漠,无树不雨,终年树木之区恒多时雨,衡以格致之理,种树于旷野,可以接洽霄壤,调和雨泽,三利也。

赤地童山,阴阳隔阂,其民多病而弱。惟树木之性,收秽气,吐清气,抚疏匝地,润泽长滋。种树遍于僻壤荒村,可以上迓天和,驱疫疠而养民病,四利也。

山峻地寒,阴瘴腾起,雨变为雹,伤败嘉禾。然雹随风至,势必斜行,凡田连阡陌者,每隔数亩,商同种树成一长排,可以阻风势而御冰雹。机炮日奇,飞空悬炸,各国深知城廓无用,皆撤毁垣墙,掘沟种树,环绕数重,以代坚壁。丛林高矗,混目迷形,测准易乖,飞丸多阻,可以设险而御弹,五利也。

"安邑种枣,富比列侯;襄阳收橘,岁易多缣。"试观《货殖》一书,大率羡称千树。与其博锱铢于异地,何若话桑麻于故乡,六利也。

以故中外通人纂富国策,首推树艺。去年,御史华辉奏称,开利源以种植为大端,有能增种至五万株以上者,官给奖赏。有无故伐树一株者,罚种两株,富民罚钱一千文,曾奉部咨通行在案。惟小民昧于远图,每谓树能害田,因噎废食,甚至不能播谷之荒地亦任其荒弃,不思酌量种树,以博无穷之利。

本部堂目击其弊,心实伤之,除通饬各厅、州、县遵照办理外,应再行劝谕,凡各属绅耆乡民,讲求树艺,有力者种嘉果美树,无力者种寻常易生之树。凡绕确地宜松柏,潮碱地宜椿、杞、白杨,山坡地宜榆、槐、枣、杏之类,各就土性,辨其所宜。除自有地土外,能无主官荒各地开种各项树木者,准其报明本管地方官立案,作为永业,免纳粮银。其有主荒地,自此次劝谕后,应勒令本主随时种植。如迟至五年尚未种植者,即以无主论,有人取以种植者听,勿许旧时地主出而阻挠。各该地绅民务须实力讲求,以兴美利,毋负本部堂谆谆教诲至意!①

是年,杨昌濬卒于籍,年七十一岁。谭钟麟七十六岁,李鸿章七十五岁,张之洞六十一岁,魏光焘六十一岁,饶应祺六十一岁。

---

① 张灏,张忠修编:《中国近代开发西北文论选》(下)第24—25页,兰州大学出版社,1987。

下册

光绪二十四年　1898 年　六十四岁

正月,康有为与翁同龢、李鸿章等谈变法,主张广借洋款;二月,清政府与汇丰、德华两银行签订借款合同;同月,中德订立《胶州湾租借条约》;三月,中俄订立《旅大租借条约》;四月,中英订立《九龙租借条约》,即《中英展拓香港界址专条》;同月,光绪帝颁布《定国是诏》,变法维新;五月,中英签订《威海卫租借专条》;八月,清政府内部发生政变,慈禧临朝训政,幽禁光绪帝。同年,法国占据广州湾;清政府开经济特科、行昭信股票;张之洞奏请于湖北设立农务、工艺学堂。

正月十六日,公奏报查明伊克昭盟碍难垦办一事,曰:

窃臣等前准军机大臣字寄:光绪二十三年四月初九日奉上谕:国子监司业黄思永①奏,内蒙古伊克昭、西乌兰布通二盟牧地纵横数千里,土田沃衍,河套东西尤属膏腴。山西缠金牧地,如令民多私垦,不如官为经营,请饬筹办,等语。着王文韶、陶模、胡聘之、魏光焘体察情形,详晰筹画,妥议具奏。原片着抄给阅看,将此各谕令知之。钦此。又准军机大臣字寄:光绪二十三年六月十五日,奉上谕:胡聘之奏,议开晋边蒙地,以兴屯利而固边防一折。晋边伊克昭、乌兰察布二盟旗地,川原饶沃,水陆交通。该抚胪陈兴屯之利约有四端,现拟办法,如设局、筹费、定租、驻兵各节,均着照所请办理。惟兴办屯田,固所以裕税课而重边防,亦须无碍蒙民生计,着胡聘之饬令派出查勘各员,晓譬伊克昭、乌兰察布二盟长,谕以朝廷兴办此举实为蒙民策安全,既议租以赡其身,复置兵以卫其地,该地方蒙民等自无不乐于从事之理。至西二盟壤地毗连数省,其与陕甘邻界者,可垦之地尚多,诚能一律开

---

①　黄思永(1842—1914),字慎之,号亦瓢,江苏江宁人。光绪六年(1880),中式庚辰科状元,授修撰。后补军机处章京、国子监司业,迁詹事府右春坊右中允,改左中允。二十四年(1898),因倡建股票、办铁路、开矿山,擢侍读学士,入直上书房,充日讲起居注官,授国子监祭酒。二十八年(1902),褫职。次年,聘为商部顾问。三十年(1904),创工艺局,旋开复原官原衔。民国三年(1914),卒于沪。

办,亦属有裨大局。着陶模、魏光焘各就地方情形,详细查勘,应如何陆续兴办之处,分别妥筹,奏明办理。将此各谕令知之。钦此。各等因。寄信前来。均经臣等钦遵先后行司遵照,并委延榆绥道马相如就近查勘,妥议详办去后。

兹据署陕西藩司李有棻、署臬司姚协赞①会详:准该道马相如覆称:遵查伊克昭盟蒙地,袤延千数百里,均系蒙古辖境,与内地毗连,非先咨会蒙员查明四至及蒙地是否可垦,与蒙民生计有无妨碍,难得实在。当即移行蒙古各旗及理事沿边各厅县,据实查覆。兹准据神木、宁夏两部郎暨准噶尔五胜郡王鄂套札萨各旗并沿边各厅县,陆续绘图咨禀前来,声明并无余地可垦。随经该道覆加查勘,核与各处查覆无异。

查伊克昭鄂尔多斯七旗均在河套内,其间五旗南界绵亘,与陕接壤。极东则准噶尔一旗,界连府谷县;迤西郡王札萨克二旗,界连神木县;再西则五胜一旗,界连榆林、怀远二县;极西则鄂套一旗,界连靖边、定边二县。此五旗边地归该道统辖,其准噶尔东界及达拉忒抗锦,系隶山西萨拉齐、河曲等厅县,鄂套西界又与甘肃花马池接壤,自晋边黄河畔起,迤逦至甘边横城口止,东西计长一千二百余里,东南则五六七百里不等。以地在河套内,形势愈北则愈狭,分计各旗之地,大小不一,而土田生殖不甚悬殊。其游牧之地,举多沙冈水渠,间有平壤仅足供牧放牲畜,无多闲地。

溯自画分游牧伙盘界限以来,伙盘内原准汉民种地,蒙人收租,凡有风沙、潦水、泥淖、草滩、柳朴、蒿柴等处,皆不堪耕种,而其可耕地亩,灌溉缺水,气候多寒,但宜糜麻,贱种,即遇丰年,收获所值无几;典

---

① 姚协赞(1846—1898),字衷廷,号馨圃,盛京承德县人。同治六年(1867),中举人。七年(1868),中式进士,选庶吉士。十年(1871),授翰林院编修。光绪二年(1876),充会试同考官,历补国史馆协修、纂修、总纂、提调、文渊阁校理。五年(1879),丁父忧。七年(1881),保以道府用,加五品衔。九年(1883),保升道员。同年,放甘肃巩秦阶道,晋二品衔。十五年(1889),丁母忧。十八年(1892),补山东兖沂曹济道。二十一年(1895),调补陕西督粮道。二十三年(1897),署陕西按察使。二十四年(1898),调河南按察使,未及赴任,卒。

种,无多余利。其所以典种之故,因北山瘠苦,蒙租较为轻减,边民借此营生,以故业不能舍,租亦不能增,与界连晋省之乌兰察布盟等处土田沃衍、生殖繁多者,大相径庭。今欲别筹开办,既无腴田可垦,末由藉以招徕,而汉民佃种年久,变易适滋纷扰。此不徒于公家无裨,且与蒙民生计有碍。再三筹度,垦办实属难行。该蒙、汉民人相安已久,似应听其自行耕牧,与租给汉民耕种,俾仍各安常业,将来生齿渐繁,亦可于沙冈、山沟等处垦种杂粮,以养其生,等情。前来。

臣等查两次钦奉谕旨开办蒙地,或借垦增课,代为经营;或设局、筹费、定租、驻兵,均为裕边固圉至计。当此财用支绌,外侮频乘,苟有可以举办之处,敢不悉心筹画,以求裨益大局?惟筹办屯垦必得土沃利饶,且于蒙民生计无碍,方为有济。兹据查覆,土瘠利薄,即有可种之地,皆为蒙民自种及佃给汉民租种,余皆蒙民牧放牲畜及不堪耕种之地,此外并无空闲地亩。既与晋边情形悬殊,势难一律开办,自不如听其自行耕牧,并租给汉民耕种,尚得照常安业,各遂其生。

所有臣等查明伊克昭盟蒙地瘠苦,碍难开垦缘由,谨合词恭折覆陈。伏乞皇上圣鉴。再,此折系臣光燕主稿。合并声明。谨奏。①

正月二十六日,公开单奏报光绪二十三年十一月分甘肃雨水粮价情形,曰:

窃照光绪二十三年十月分粮价并得霑雪泽情形,业经据折奏报在案。兹查十一月分兰州等八府六直隶州属具报得霑雪泽,自一二寸至二三寸不等。正值冬麦出土之际,获此雪泽,实于农田有裨。

至通省粮价,或与上月相同,或较上月稍有增长。据藩司曾钤具详请奏前来。臣覆查无异,理合恭折具陈,并缮粮价清单,恭呈御览。

---

① 台北故宫博物院藏:《军机及宫中档》,文献编号:408003134.又,中国第一历史档案馆藏:《录副奏折》,档号:03-9555-084.

伏乞皇上圣鉴。谨奏。①

同日，公又会衔西宁办事大臣联魁、陕西提督臣邓增、甘肃提督臣张永清奏报甘军移札委署总兵员缺一事，下部闻。曰：

窃光绪二十三年十二月二十四日承准军机大臣字寄：光绪二十三年十二月十一日奉上谕：督办军务王大臣奏请移札甘军，以资捍卫一折。山陕地方东近畿疆，西控关陇，形势最为扼要，董福祥声望素著，即着迅速添足二十营之数，分札大庆关、平阳府一带，认真督练，务成劲旅。以后甘省防务，着陶模实力整顿。刻下关内外一律肃清，果能就现有之营扼要驻札，足资镇摄，不得借口兵力单薄稍涉疏虞！将此各谕令知之。钦此。遵旨寄信前来。并准甘肃提督董福祥恭录咨行到臣，复以所部各营饬令陆续开拔，电请将在缺各员派委接替，以期迅速，等因。臣查署理河州镇总兵中卫协副将何得彪，现带甘军正右营步队；实任西宁镇总兵何美玉，现带甘军副中营步队。既准提臣调取，自须带队前往，所有各该总兵员缺紧要，亟应遴员接署，以重职守。

查有统带督标亲军正中营步队新疆伊犁镇总兵焦大聚，朴实稳练，夙著战功，堪以署理河州镇总兵员缺；统带督标亲军副中营步队陕西延榆绥镇总兵罗平安，胆识兼优，夙娴韬略，堪以署理西宁镇总兵员缺。并令各将所部正中、副中营带往填防，以昭慎重。其余防地，容臣设法布置，不敢稍涉疏虞，已另片附奏。

除分檄各该员遵照外，谨会同署西宁办事大臣联魁、陕西提督臣邓增、署甘肃提督臣张永清，合词恭折具陈。伏乞皇上圣鉴。谨奏。②

---

① 台北故宫博物院藏：《军机及宫中档》，文献编号：408003137。又，中国第一历史档案馆藏：《录副奏折》，档号：03-6968-020。
② 台北故宫博物院藏：《军机及宫中档》，文献编号：408003135。又，中国第一历史档案馆藏：《录副奏折》，档号：03-6045-040。

是日,公又会衔甘肃提臣张永清奏闻总兵何建威在任病故并请旨简放,曰:

> 窃臣据署肃州镇标中军游击张绍先呈称:肃州镇总兵何建威前因感冒风寒,触发旧伤,增患痰嗽,日甚一日,医药罔效,于光绪二十三年十二月二十二日在任病故,当同阖城文武亲往验视无异,呈请委员接署,等情。并据该道州同时禀报前来。臣查肃州镇总兵何建威,结发从戎,历在甘肃打仗出力,战功卓著。去岁蒙恩调补肃州镇总兵,莅任以来,筹办边防,整顿营务,不遗余力,地方赖以乂安,实为武职中不可多得之员。兹因伤病举发,加患痰嗽,遽尔溘逝,不胜悼惜!所遗肃州镇总兵员缺,地处边疆,关系紧要,亟应委员接署,以重操防。臣查有升用提督现署金塔协副将正任陕西商州协副将张世才,久历戎行,办事勤干,堪以就近先行护理。
>
> 除给委外,所有肃州镇总兵员缺,应恳天恩迅赐简放,以重职守。谨会同署甘肃提臣张永清,合词恭折具奏。伏乞皇上圣鉴,训示。谨奏。①

【案】清廷于光绪二十四年二月二十二日谕令陈元夢补授肃州镇总兵,《光绪朝上谕档》载曰:

> 光绪二十四年二月二十二日,内阁奉上谕:甘肃肃州镇总兵员缺,着陈元夢补授。钦此。②

---

① 台北故宫博物院藏:《军机及宫中档》,文献编号:408003136。又,中国第一历史档案馆藏:《录副奏折》,档号:03-5923-080。
② 中国第一历史档案馆编:《光绪朝上谕档》第24册第54页,广西师范大学出版社,1996。

同日，公又开单奏报各省关筹拨光绪二十二年协甘新饷依限解清并援案奖叙出力员弁一折，下部议。曰：

窃前准部咨：钦奉谕旨：甘肃关内外饷银关系紧要，经户部分别饷数，请饬依限报解，该将军、督抚严饬各该司道，按照部拨数目，扫数筹解，如能依限解清，即由陕甘总督奏请奖叙，等因。钦此。历经钦遵办理在案。兹查光绪二十二年由部指拨协甘饷银四百八十万两，俱已扫数解清。臣维甘肃关内外所需饷项皆系计口授食，协拨偶有不齐，军食既难充足，况当甘肃军务甫竣，裁营清饷尤不容一刻稍缓，各省关司道竭力代筹，源源接济，关内外得免匮乏，实属宏济艰难，亟应照章请奖，以酬劳绩。前经分咨各省查取应叙职名前来，合无仰恳天恩俯照成案奖叙，俾示鼓励。

查福州将军裕禄①、闽浙总督兼署福州将军边宝泉②、两江总督刘坤一、湖广总督张之洞、前四川总督鹿传霖、护理湖广总督湖北巡抚谭继洵、前江苏巡抚赵舒翘、河南巡抚刘树棠、湖南巡抚陈宝箴、江西巡抚德寿、前安徽巡抚福润、山西巡抚胡聘之、前护理陕西巡抚现升山东巡抚张汝梅等，公忠体国，畛域无分。

臣忝任边圻，幸赖饷项无缺，得以稍免陨越，不敢不上达宸聪。河

---

① 裕禄（约1844—1900），字寿山，喜塔腊氏，满洲正白旗人，监生。咸丰七年（1857），任刑部笔帖式。同治元年（1862），任刑部主事、清档房堂主事。二年（1863），升刑部员外郎。三年（1864），迁刑部郎中。六年（1867），擢直隶热河兵备道。次年，升安徽按察使，署安徽布政使。十一年（1872），实授安徽布政使，署安徽巡抚。十三年（1874），升补安徽巡抚。光绪十年（1884），署两江总督。次年，署湖广总督、湖北巡抚。十三年（1887），调补湖广总督，署两江总督、办理通商事务大臣。十五年（1889），调补盛京将军、奉天府丞。二十年（1894），加尚书衔。二十一年（1895），调补福州将军。次年，兼船政大臣。二十三年（1897），调四川总督。二十四年（1898），入军机，旋兼镶蓝旗汉军都统，补礼部尚书，兼总理衙门上行走。同年，调补直隶总督，兼北洋大臣。二十六年（1900），卒于任。

② 边宝泉（1831—1898），字廉溪，号润民，汉军镶红旗人。同治二年（1863），中式癸亥恩科进士，授编修、乡试会试考官、户科给事中等职。十一年（1872），补浙江道监察御史，迁户科给事中。光绪三年（1877），升陕西督粮道，再迁陕西布政使。九年（1883），擢陕西巡抚。十一年（1885），调补河南巡抚。十三年（1887），因病解任。二十年（1894），补授闽浙总督，兼船政大臣。二十一年（1895），兼署福州将军。二十四年（1898），卒于任。赠太子少保。

南抚臣刘树堂督饬司道,经理协拨甘饷,已及三年,提前赶解,不遗余力,可否加恩赏给三代正一品封典,其各省将军、督抚臣一并交部从优议叙之处,伏候圣裁。至各司道等请奖职名,谨缮清单,恭呈御览。伏乞皇上圣鉴,训示。谨奏。①

同日,公又奏请将河湟文武养廉免扣三成,下部闻。曰:

窃照前准户部通行:光绪二十四年分外官应支养廉,文职自府经历、县丞以下,武职自都司、守备以下,仍照全数开支。其文职州、县以上,武职参将、游击以上,照案再行核扣三成,汇总拨用,等因。当经行司遵照办理去后。

兹据藩司曾鉌详称:遵查甘肃西宁一道、兰州所属之狄道河州,前经兵燹,蹂躏已甚,物价倍于曩时,文武各官资斧在在支绌,曾将二十三年分该处文武各官养廉详请奏准免其核扣在案。兹奉前因,查河湟地方虽已平靖,而民气难复,百物依旧腾贵,文武各官甚为拮据,拟将西宁一属及狄道州、河州官员除府经历、都司以下本未核扣外,其余文自青海大臣以下,武自西宁、河州二镇以下各官应得二十四年分养廉银两,仍一体免其核扣三成,合计共请免扣银五千六百一十一两八钱,于部中通扣之数所减无多,而于各官办公之资所裨甚巨。相应援案开折,详请具奏前来。

臣覆加查核,委系实在情形。合无仰恳天恩准照所请,饬部乃免核扣,以示体恤。谨恭折具陈。伏乞皇上圣鉴,训示,施行。谨奏。②

是日,公又附片奏报酌添马步营勇巡防缘由,下部闻。曰:

再,甘肃提督董福祥所统甘军一十六营,原札河州、西宁、平番、大

---

① 台北故宫博物院藏:《军机及宫中档》,文献编号:408003136.又,中国第一历史档案馆藏:《录副奏折》,档号:03-5356-071。

② 台北故宫博物院藏:《军机及宫中档》,文献编号:408003138.又,中国第一历史档案馆藏:《录副奏折》,档号:03-6645-052。

通、循化、碾伯等处，刻已次第开拔东往，各该处顿形空虚。甘省幅员辽阔，绵亘四万千里，汉回错杂之地甚多，此次军务敉平，仅留三十余营、旗、哨，早经相地分札，一时碍难抽拨，自非添募多营，不足以资分布。第时值艰难，需饷甚巨，未敢遽行渎请。惟河州、西宁最关紧要，该两处正、署总兵均经提臣董福祥令其带队前往，经臣奏委总兵焦大聚、罗平安分往接署，并将省城附近原驻督标二营分饬带往填札。所遗省城大路一带防务，臣与司道再四熟商，酌添步勇一旗、马勇一旗，扼要分札，以重巡防。所添无多，于防务稍资周密，已饬从本年二月初一日起，分别募齐具报。应需饷项，即于司库勇饷截旷银内随时动支造销，不另请拨。

其余甘军所遗防地，另由臣设法布置，万不敢稍涉疏虞，以仰副圣主慎重边陲、防患未然之至意！谨附片具陈。伏乞圣鉴，训示。谨奏。①

同日，公又附片奏报委令戴福禄署理金塔副将员缺，下部闻。曰：

再，署肃州镇属金塔协副将正任陕西商州协副将张世才，护理肃州镇总兵印务，经臣另折奏明在案。所遗金塔协副将员缺，亟应委员接署，以专责成。臣查有准补督标后营游击戴福禄，熟悉营务，办事平稳，堪以署理。除檄饬遵照外，理合附片陈明。伏乞圣鉴。谨奏。②

同日，公又附片奏报请将刘和顺等留陕甘补用，下部闻。曰：

再，武弁在营出力，材堪任使，自应随时奏明，分别改留，以备差

---

① 台北故宫博物院藏：《军机及宫中档》，文献编号：408003136-0-A.又，中国第一历史档案馆藏：《录副奏片》，档号：03-6033-030.
② 台北故宫博物院藏：《军机及宫中档》，文献编号：408003136-0-B.又，中国第一历史档案馆藏：《录副奏片》，档号：03-5923-082.

遣。兹查有留川尽先补用都司刘和顺、留新疆补用守备补缺后补用都司新疆抚标右营千总王大兴、花翎尽先补用守备延绥镇标效力期满武举冯三秀、留新疆守备衔尽先拔补千总胡立成等四员,均随征陕甘有年,力著战功,且于边防、营伍情形最为熟悉,若以原官原先留于陕甘按班序补,实于营务有裨。据前延绥镇总兵蒋云龙、前肃州镇总兵何建威先后呈请具奏前来。臣覆查无异,合无仰恳天恩附准将刘和顺等四员一并留于陕甘差遣委用。

除王大兴履历清册前已送部,此次应请毋庸造送,刘和顺、冯三秀、胡立成三员历册随折送部外,理合附片具陈。伏乞圣鉴,训示。谨奏。①

是日,公又附片奏报副将汤仁和禀请开缺回籍,下部闻。曰:

再,陕甘督标中军副将汤仁和前经请假交卸遗缺,臣已委记名简放总兵现署督标后营游击宁夏镇标左营游击师玉春先行接署奏明在案。兹据该副将汤仁和禀称:自弱冠从戎,迄今三十余载,祖墓久缺修理。近接家信云,去年原籍雨水过多,坟茔坍塌愈甚,修理刻不宜缓,恳请开缺回籍整修,等情。前来。臣覆查无异,相应奏明请旨开缺。

除查取该员原领札付另咨送部外,其所遗陕甘督标中军副将员缺,陕甘现有应补人员,容臣另拣请补。谨附片陈明。伏乞圣鉴。谨奏。②

是日,公又附片奏报都司范德元禀请开缺回籍,下部闻。曰:

再,据凉州镇属安远营都司范德元禀称:自同治六年随前督臣左

---

① 台北故宫博物院藏:《军机及宫中档》,文献编号:408003136-0-C.又,中国第一历史档案馆藏:《录副奏片》,档号:03-5923-084.
② 中国第一历史档案馆藏:《录副奏片》,档号:03-5923-081.

宗棠入关,转战秦陇,至今三十余载,屡接家信,原籍地方频遭水患,祖墓多被冲刷,恳请开缺回籍修理,以遂乌思,等情。前来。臣覆查无异,相应请旨开缺。

除查取该员原领札付另咨送部外,所遗安远营都司员缺,甘省现有应补人员,容臣另拣请补。理合附片具陈。伏乞圣鉴,训示。谨奏。①

同日,公又附片奏报都司周俊邦病故出缺,下部闻。曰:

再,据署延绥镇总兵官陈元礶呈:据神木营参将杨廷弼呈称:镇羌堡都司周俊邦得患痰壅、气喘等症,调治未愈,于光绪二十三年十月初七日在任病故,并查取该故员原领札付及委员承查嫡亲印、甘各结,呈赍核办前来。臣覆核无异,相应奏明请旨开缺。

除札付、印、甘各结咨送兵部外,所遗镇羌堡都司员缺,陕甘现有应补人员,容臣另拣请补。理合附片具陈。伏乞皇上圣鉴,训示。谨奏。②

是日,公又附片奏报挪款垫发董军饷项缘由,下部闻。曰:

再,甘肃提督董福祥所部援甘各军光绪二十二年十月以前所有应需饷项,奉部拨有专款供支,业经该提臣自行开单奏报,由督办军务处核明准销,内有不敷湘平折合库平银三万五千二百九十八两四钱六分七厘,未经部中补拨。提臣因需饷甚急,已由甘肃粮台挪款垫发,原议俟随后照数请拨归还,迄今日久,尚在悬欠。提臣各军现奉旨调赴陕西大庆关、山西平阳府一带督练,前项不敷之饷仍应请旨指拨还垫。惟目下库帑奇绌,部中亦筹拨艰难。臣与藩司曾鉌再四商酌,拟由司

---

① 中国第一历史档案馆藏:《录副奏片》,档号:03-5733-060。
② 中国第一历史档案馆藏:《录副奏片》,档号:03-6645-056。

库无论何款内照数匀拨，作为补给提臣尾饷，以清借欠而免耪辘，容俟归入拨供提臣军饷项下，另款开报。据藩司曾鉌详请附奏前来。除咨户部外，谨附片具陈。伏乞圣鉴。谨奏。①

同日，公又附片奏销甘营节年原册缘由，下部闻。曰：

再，甘肃驻防马步各营旗支领薪粮、马干、买补倒马、制造火药、军装、采买物料、薪水、口食、工价、房租一切杂支，及收运各省关拨解协饷盘费、骡脚、鞘匣、绳索、脚价等项用款，自光绪七年起至二十年止，均经前督臣分别饬令开单造册报部，请销在案。内有事隶工部者，只准销光绪七、八两年开单造报各款，其余历年造送清册，均以前案尚未办结，未便越次核办等因，将原册发回。事隶兵部者，自七年起至二十年止，迭经议驳，除二十年分清册存部外，其余清单、清册悉数发回更造前来，当经转饬遵办去后。

兹据甘肃粮台布政使曾鉌详称：覆查甘肃防军运饷请销各款，七、八两年系开单造报及奉议驳，业经分款登覆，并另具细数清单送部有案。九年以后均系遵照奏明立案条款，并察酌甘省物价情形，核实撙节开支，造具细数清册，分年请销。所有事隶户部核销各款，除九、十两年并十一年正、二、三三个月前粮台造报解运饷装委员弁勇盘费一款由兵部划出，令归户部核销外，其余已经一律准销。惟兵、工两部应行核销之款，至今悬阁十余年之久，经前督臣杨昌濬于光绪十七年十一月十四日具奏饬部核销，十八年正月十四日奉到朱批：着照所请，该部知道。钦此。行司钦遵在案。乃兵、工两部仍照前次议驳，又将原册发还。现在又隔数年，销案愈阁，积重更深。

查上次甘肃新疆总粮台久经裁撤，原日经手人员星散无存，此项自光绪七、八两年至十一年三月止，原报奉驳单册无从责令登覆；十一

---

① 台北故宫博物院藏：《军机及宫中档》，文献编号：408003137-0-A．又，中国第一历史档案馆藏：《录副奏片》，档号：03-6645-056。

年四月以后俱系照章支发,并无浮冒。若牵合例章,更改造报,转非核实办事之道,详请奏咨仍照原册核销,等情。前来。

臣覆加查核,委系实在情形,合无仰恳天恩俯准饬下兵、工二部,各照节年原册准销,以清积案。除将清册、清单分送兵、工二部查照外,理合附片陈明。伏乞圣鉴,训示。谨奏。①

二月初四日,公奏报甘军借饷请饬山西解甘还款,曰:

窃查甘肃提督董福祥所统甘军各营驻札甘肃时应需饷项,截至光绪二十三年年底止,业由甘肃粮台一律支发清楚,经臣奏明在案。所有该军光绪二十四年估需行饷,先经户部议,由各省关应解甘肃新饷四百八十万内节省封储平余项下匀挪供支。嗣因钦奉谕旨,饬令提臣董福祥添足二十营,移札大庆关、平阳府一带,复经部议将二十四年甘军行饷库平银八十万两,改于山西及河东道应解甘肃新饷内划拨,径解该军粮台兑收,奉旨允准亦在案。

现查甘军驻甘各营,经提臣董福祥檄调并饬添募各营一律开拔,需费甚巨,势不能从山西协饷省分远道拨济,致有迟误,必应由甘省设法筹借,方速师行;并据藩司详称,已准提臣董福祥咨同前由。臣与藩司再四筹酌,甘省别无存款可借,只得于各省关解到未分新饷项下挪借湘平银二十万两,合库平银十九万二千两,以资添募开拔各费之用,仍应于山西省及河东道划拨甘军二十四年行饷八十万内先行照数提解,归甘还借,庶便分拨,免误要需。据甘肃新疆粮台布政使曾鉌详请具奏前来。

合无仰恳天恩饬下山西抚臣迅速在于划拨甘军二十四年行饷项下先行照数提解甘省,俾清挪借而重饷需。除分咨户部暨山西抚臣、

---

① 台北故宫博物院藏:《军机及宫中档》,文献编号:408003137-0-B.又,中国第一历史档案馆藏:《录副奏片》,档号:03-6144-030.

甘肃提臣查照外，理合恭折具陈。伏乞皇上圣鉴，训示，施行。谨奏。①

同日，公又奏报甘省筹办矿务情形，曰：

窃臣承准军机大臣字寄：光绪二十二年正月三十日奉上谕：自上年与日本订约以来，内外臣工多以广开矿产为方今济急要图，当通谕各直省将军、督抚体察各省情形，酌度办法具奏。昨据总理各国事务衙门、户部会奏，议准御史王鹏运②请开矿务一折，已依议行矣。着各直省将军、都统、督抚俟部文到日，详议切实章程，即行覆奏。总之，开办矿务以金银矿产为最先，各该省如能实力访查，确有金银矿地，设法兴办，自较煤矿等项得款为巨。其各振刷精神，实力奉行，毋得畏难苟安，仍蹈从前锢习。将此由四百里谕令知之。钦此。遵旨寄信前来。当经钦遵转饬遵办去后。

窃维矿学，别有专门，必有人精于此学，然后审查山脉，辨别石质，可免得不偿失。毋论官办、商办，自可开致富之基。臣身任疆圻，受恩深重，敢不竭力筹画，以冀稍裨国用？无如甘省素乏知矿之人。从前原有安西、敦煌南北山金厂，早已因乱废辍，屡饬照旧开采，仍以沙空苗竭奏明停免课金。嗣于大通县乙思门庆地方试办，岁征课金六十余两，奏明后不数年，金少课绌。复移採于甘州之野牛沟，岁课减为二十四两，得金仍不敷所费。

臣不敢因难而止，复于司道博访周谘，有谓肃州南山之金佛寺、红

---

① 台北故宫博物院藏：《军机及宫中档》，文献编号：408003139. 又，中国第一历史档案馆藏：《录副奏折》，档号：03-6144-027.

② 王鹏运（1849—1904），字幼霞、佑遐，号半塘、鹜翁等，广西临桂县人。同治九年（1870），中式举人，捐内阁中书。十三年（1874），任内阁中书行走。光绪二年（1876），充国史馆校对官，补内阁中书。十年（1884），署内阁侍读。十三年（1887），实授内阁侍读，同年，任会典馆纂修官、总纂官，加四品衔。十七年（1891），考取御史，晋三品衔。十九年（1893），授江西道监察御史，兼巡城御史。二十年（1894），升掌江西道监察御史，兼稽查北新仓。后补礼部掌印给事中。三十年（1904），客卒苏州。著有《袖墨集》《虫秋集》《味梨集》《鹜翁集》《蜩知集》《校梦龛集》《庚子秋词》《春蛰吟》各一卷，晚年删定为《半塘定稿》《半塘剩稿》。

水坝，西宁府属之金羌滩、果子滩、羊肠沟，兰州府属之黄石坪等处矿产可开，饬司选派委员分途查勘试办。旋据先后禀覆：金佛寺虽有旧矿，浮面金沙早经淘挖殆尽，以下大石分隔，有无金沙，殊难悬揣。红水坝、黄石坪矿在深峒，发苗不旺，施工甚难。惟金羌滩、果子滩、羊肠沟等处金苗较好，檄令原勘委员甘肃试用通判宋之章，切实开办。维时西宁、平靖被难汉回众多，在彼召集流亡，贷给资本，置办器具，相地采挖，权作以工代赈。共计三千余人，贷过资本一万余串，议定得金作价归本，旋归旋借。为期已逾一年，核计仅敷人工食用各费，尚有亏本无从追缴者，一时碍难征课，应俟再办一年后，察度实在情形，另行定章，奏明办理。

窃查甘省玉关内外非无矿可开，第能识矿产、精于勘炼者，实无其人，致办理终鲜实效。若不亟图变计，另筹办法，仍不能收矿产之利。窃念黑龙江漠河金厂早著成效，当有熟习矿务、精于查看化分之人，合无仰恳天恩，饬下直隶总督由黑龙江漠河或天津学堂选派一二员，带领工匠，酌带器具来甘，遍历各山，寻觅佳矿，招商开采，庶不致坐失大利，冀有成效。据藩司曾鉌、臬司丁体常会详请奏前来。谨恭折覆陈，伏乞皇上圣鉴，训示，施行。谨奏。①

二月十五日，公开单奏报光绪二十三年十二月分甘省雨水粮价情形，曰：

窃照二十三年十一月分粮价并得霑雪泽情形，业经据折奏报在案。兹查十二月分兰州等八府六直隶州属具报得霑雪泽，自一二寸至二三寸不等，正值隆冬，获此沃泽，土脉含濡，实于农田有裨。

至通省粮价，或与上月相同，或较上月稍有增减。据藩司曾鉌具详请奏前来。臣覆核无异，理合恭折具奏，并缮粮价清单，恭呈御览，

---

① 台北故宫博物院藏《军机及宫中档》，文献编号：408003140。又，中国第一历史档案馆藏：《录副奏折》，档号：03-9644-018。

伏乞皇上圣鉴。谨奏。①

同日,公又奏报续恳赏假调理缘由,曰:

窃臣前因咳喘甚剧,于光绪二十三年十一月二十七日奏请赏假调理,本年正月二十九日,差弁赍回原折,奉朱批:着赏假一个月。钦此。圣慈逾格,感戴难名!伏念臣年逾六十,精力渐衰。入春以来,咳嗽略愈,满拟二月初旬可以销假,无如气喘仍未就痊。昨值上丁祭祀,勉襄典礼,拜跪之下,气促难支,几致不能成礼。近日延见僚属,言论稍多,更觉心神恍惚,目眩头昏。医者谓非静坐调养,不易复元。合无仰恳天恩,俯准再行赏假一月,俾上紧调理。一俟春深,天气加暖,病体稍愈,即随时销假,断不敢久耽安逸,自外生成。所有微臣叩谢天恩并续恳赏假缘由,理合恭折具陈。伏乞皇上圣鉴,训示。谨奏。②

是日,公又为御赏福字具折谢恩,曰:

窃臣赍折差弁回甘,捧到恩赏福字一方,当即恭设香案,望阙叩头谢恩祇领。钦维皇上璧府凝辉,球图会极,紫气拂金花之纸,云榜璇题;彤廷瞻玉藻之旒,露垂镂管。兹以青阳律转,乃蒙丹宸恩颁,捧自日边,犹带御炉之馥;传来天语,如承华衮之褒!叨圣眷之弥隆,拓皇图而即叙。臣惟有勉躯朽钝,冀答涓埃,效雍容于扬拜赓歌,恒诵鸳鸯之什;被声教于绥荒侯甸,咸轮鹈鲽之忱!所有微臣感激荣幸下忱,谨缮折叩谢天恩。伏乞皇上圣鉴。谨奏。③

同日,公又开单奏报惩办甘肃省光绪二十三年秋、冬二季分情重盗匪,

---

① 台北故宫博物院藏:《军机及宫中档》,文献编号:408003140-1.又,中国第一历史档案馆藏:《录副奏折》,档号:03-6969-021.
② 台北故宫博物院藏:《军机及宫中档》,文献编号:408003141-1.又,中国第一历史档案馆藏:《录副奏折》,档号:03-5357-036.
③ 台北故宫博物院藏:《军机及宫中档》,文献编号:408003143.又,中国第一历史档案馆藏:《录副奏折》,档号:03-5357-037.

下部闻。曰：

窃甘肃地处边疆，汉、番、回、撒种类不一，往往勾结为匪，骑马持械抢劫为生，甚至逞凶拒捕，伤毙事主，近来复有游勇肆行劫掠，情势均属凶暴，均应按照刑部通行，随时就地正法，按季汇报。兹查光绪二十三年秋冬二季分，据皋兰县、中卫县、洮州厅、华亭县、平番县、灵州等属先后报获盗匪孔迎蠢、赵城淋、孔骗淋、柯哈娃即柯复仓、蓝折良儿即马折良儿、马香顺、马黑娃儿、马四个子、马伏成即马脚户、糟六十五、师㵎英、潘沄先、童有秀、刘喜成、郑书匠即郑百川、惠喜成、吴有、余贵芳、李老五等十九犯到案，均经批饬该管府并同城同知讯供详办，旋据兰州府、宁夏府、巩昌府、平凉府、凉州府、茶马厅同知先后覆审议拟禀办前来。

查该盗匪孔迎蠢、柯哈娃、蓝折良儿、马香顺、马黑娃儿、马四个子、马伏成、糟六十五、师㵎英、潘沄先、童有秀、刘喜成、郑书匠、惠喜成等十四犯，多系回民游勇，或结伙持械，拦路劫杀，或捆殴事主，搜劫财物，均系情罪重大，法无可逭，经臣批司核覆，实属情真罪当，已先后批饬将该犯孔迎蠢等分别就地正法，同割取病故首盗马瞎东娃首级，一并悬竿示众，俾昭炯戒。赵城淋、孔骗淋、吴有、余贵芳、李老五等均讯系被胁勉从在场，并未动手，情节较轻，亦令照章锁系杆礅，均俟限满察看，另行办理。据甘肃按察使丁体常详请具奏前来。

除仍批饬严缉各案逸盗务获究办外，所有甘肃省光绪二十三年秋、冬二季分情重盗匪照章就地惩办缘由，谨开具籍贯、案由清单，恭折具陈。伏乞皇上圣鉴，饬部查照施行。谨奏。①

同日，公又代奏罗平安署西宁镇篆谢恩，曰：

窃臣据署甘肃西宁镇总兵本任陕西延绥镇总兵腾奇初客巴图鲁

---

① 台北故宫博物院藏：《军机及宫中档》，文献编号：408003141.又，中国第一历史档案馆藏：《录副奏折》，档号：03-7371-020.

罗平安呈称：平安奉委署理西宁镇总兵员缺，当即由防次带队起程，本年正月十八日驰抵西宁，准前任总兵何美玉移送钦颁同字三十六号西宁总兵官银印一颗，并文案卷宗前来。遵即恭设香案，望阙叩头谢恩，祗领任事。

　　伏念平安西蜀武士，知识毫无，渥荷殊恩，补授陕西延绥镇总兵。兹复署西宁镇总兵印务，涓埃未报，惶悚实深！查西宁控制番夷，汉、回杂处，现值军务甫平之后，弹压抚绥，在在均关紧要，自维梼昧，深惧弗胜，惟有勉竭驽骀，督率将弁实力操防，借弭隐患，以冀稍酬高厚鸿慈于万一！

　　所有接署西宁镇印日期并感激下忱，呈请代奏叩谢天恩前来。理合恭折代陈。伏乞皇上圣鉴。谨奏。①

是日，公又代奏焦大聚委署河州总兵谢恩，曰：

　　窃臣据署陕西河州镇总兵本任新疆伊犁镇总兵瑚松额巴图鲁焦大聚呈称：大聚奉委理河州镇总兵员缺，当即由防次带队起程，本年正月十五日驰抵河州，二十二日准前署总兵何得彪移送钦颁同字三十七号河州总兵官银印一颗，并文案卷宗前来。遵即恭设香案，望阙叩头谢恩，祗领任事。

　　伏念大聚江南武士，知识毫无，渥荷殊恩，补授新疆伊犁镇总兵。兹复署河州镇总兵印务，涓埃未报，惶悚实深！查河州控制番夷，汉、回杂处，现值军务甫平之后，弹压抚绥，在在均关紧要，自维梼昧，深惧弗胜，惟有勉竭驽骀，督率将弁实力操防，借弭隐患，以冀稍酬高厚鸿慈于万一！

　　所有接署河州镇印日期并感激下忱，呈请代奏叩谢天恩前来。理

---

① 台北故宫博物院藏：《军机及宫中档》，文献编号：408003142。又，中国第一历史档案馆藏：《录副奏折》，档号：03-5923-134。

合恭折代陈。伏乞皇上圣鉴。谨奏。①

同日,公又附片奏报黄增广等呈请开缺回籍,下部闻。曰:

再,臣据宁夏镇总兵王钺安呈称:据镇属平罗营参将黄增广禀称:因感冒风寒,牵发昔年随征各省所受重伤,虽经医治,刻难就痊,恳请开缺回籍调理。又据广武营游击金永清禀称:出征在任,匆匆三十余载,祖墓早已缺修,近年屡被山水冲刷,坍塌愈甚,修理尤不宜缓,恳请开缺回籍整修,各等情。由镇呈请核办前来。

臣覆查无异,相应一并请旨开缺。除查取黄增广原领札付另行咨送,金永清札付随折送部外,其所遗平罗营参将、广武营游击各员缺,陕甘现有应补人员,容臣另拣请补。谨附片具陈。伏乞圣鉴,训示。谨奏。②

同日,公又附片奏请注销王南薰原参之案,下部闻。曰:

再,撤任甘肃洮州厅同知王南薰前因办理番案有经手已领未发兵勇口食银粮,屡饬报缴,一味抗延,经臣于光绪二十三年九月十七日奏请先行摘去顶戴,勒限缴清。十一月十二日奉朱批:着照所请,该部知道。钦此。当即钦遵转饬依限催缴去后。兹据甘肃布政使曾鉌、按察使丁体常会详称:该员王南薰将原欠库平银一千九百八十六两二分九厘、仓斗粮一千二百七十二石一升,均于限内陆续措缴清楚,呈请核奏前来。

臣查该员王南薰始虽抗缴,继仍依限缴清,尚知愧奋,相应请旨将

---

① 台北故宫博物院藏:《军机及宫中档》,文献编号:408003144.又,中国第一历史档案馆藏:《录副奏折》,档号:03-5923-120.
② 台北故宫博物院藏:《军机及宫中档》,文献编号:408003144-0-A.又,中国第一历史档案馆藏:《录副奏片》,档号:03-5923-122.

撤任洮州厅同知王南薰原参摘去顶戴之案饬部注销,以资观感。除咨明吏、户二部查照外,谨附片具陈。伏乞圣鉴,训示。谨奏。①

二月十八日,军机处来电曰:

奉旨:董福祥驰奏,请再添募十营等语。董福祥一军,昨经军机督办处王大臣奏准于二十营外又添五营,已足敷用,毋庸再添。马安良着准其调赴平阳,仍着陶模将河州一带妥为布置,慎重弹压。其军驮等项着准其照例开销。钦此。巧。②

三月十六日,公奏报裁撤总粮台改设新饷一事,下部闻。曰:

窃查光绪二十一年三月间,甘省循化河狄回匪叛乱,日益蔓延,前督臣杨昌濬添募新军,征调援军,所需饷械、粮料、柴草转运、支发,事极纷繁,请于省城设立甘肃新疆总粮台,添设军装各局,省外巩昌、安定、狄道、平番、碾伯、河州、白塔寺等处,各设采运、车骡等局,均于是年八月初一日起,分别派员经理,经督臣杨昌濬于九月二十一日奏咨在案。又臣二十二年率师入关,分兵进剿北大通一带逆匪,复在甘州设饷装总局,永固分设粮局,支应前敌军需一切。旋因军务次第平定,饬将省外原设巩昌等处各局先后裁并。所有裁撤日期已于二十一、二两年报销册内分别声明,各在案。

现查甘肃关内外业已肃清,其二十一、二两年军需用款亦于二十三年十一月二十七日奏咨核销,刻下事务稍减,亟应力求撙节。据甘肃总粮台布政使曾鉌将原设甘肃新疆总粮台,截至光绪二十四年二月底止即行裁撤,月需薪工等费一律停止。原设护勇一百名,操练精熟,

---

① 台北故宫博物院藏:《军机及宫中档》,文献编号:408003144-0-B. 又,中国第一历史档案馆藏:《录副奏片》,档号:03-5357-035.
② 中国第一历史档案馆藏:《电报档》,档号:2-03-12-024-0146.

正当省城兵单之际，散之未免可惜，拟请归并新操枪队，照常操练，以备调遣。惟军务虽平，所有常年统收、分拨甘肃关内外新饷及现存防军薪粮、军火一切事宜，头绪尚繁，不能乏员经理，拟请仍旧改设新饷所，酌派委员、书识，即于三月初一日起接续经管，仍由藩司随时综核，俾专责成。

至甘肃省城军装、火药两局，最关紧要，拟请暂免裁撤。其机器、制造两局，应归并军装局办理。其余省城采办军粮，并省外原设平番、甘州各局，已于二十三年三月暨冬、腊两月先后裁撤，容俟汇册造报。据甘肃藩司曾鉌详请具奏前来。

除咨明户、兵、工各部暨新疆抚臣查照外，所有裁撤甘肃新疆总粮台改设新饷所，并归并裁撤各局，稍资节省缘由，谨恭折具陈。伏乞皇上圣鉴，训示，施行。谨奏。①

同日，公又奏报覆陈甘省裁汰节饷情形，曰：

窃臣承准军机大臣字寄：光绪二十三年十一月二十五日奉上谕：目下欲图自强，自以修明武备为第一要义。惟是出入两款不敷甚巨，前经谆谕各该省将军、督抚，严杜厘金中饱，汰除练兵冗数。旋据陆续覆奏，并未将厘金中饱之数和盘托出，所裁兵勇亦未确查空额。着即严饬在事各员厘剔弊端，力除中饱，尤须正己率属，以期大法小廉。应如何认真综核，集成巨款，是在该将军、督抚等激发天良，认真整顿，应即详细确实覆奏。如有知兵之员为该将军、督抚等素所深悉者，并准其保奏，以备干城之选。将此由四百里通谕知之。钦此。嗣又叠奉二十三年十二月二十五日、二十四年正月初四日及三十日上谕，谆谆以理财用人、裁冗剔弊诸端，反复诰诫，以图制治保邦之长策。臣跪聆之下，昼夜筹维，既不敢敷衍以塞责，复不敢操切以愤事。谨就甘肃现在

---

① 台北故宫博物院藏：《军机及宫中档》，文献编号：408003145.又，中国第一历史档案馆藏：《录副奏折》，档号：03-6144-060.

情形，先拟切实办法敬为我皇上缕晰陈之。

查甘肃山多地瘠，承平之时，本属入不敷出。同治年间，遍遭回乱，无几完善之区。朝廷募十数万之师，糜数千万之饷，十余年而始定。由是制兵而外，必须防勇分驻弹压，费饷更巨。平靖将二十载，民气尚未复原，粮赋亦未如额，光绪二十一年又有河湟回逆之变。仰仗皇上威福，不二年即就肃清。本省添募以及外省调援各军，所费国帑又数百万。臣到任后，叠次裁撤，仍按昔年防练之数，酌留三十余营、旗、哨，分布要隘。实缘甘省所辖纵横俱三千余里，分札实不见多。提臣董福祥所部十六营奉旨移札大庆关、平阳府一带，遗出防地空虚，臣须拔队填札，为防患未然之计。

至防营定章，告假即须募补，中间空日口粮算缴归公，名曰截旷。各营旗每年准假若干名，截缴旷银皆已据实报部，若空额之弊从来禁令綦严，断不敢明知故纵。但经查处空额、侵吞欺饰者，轻则撤委，重则参办，并追缴空额之饷充公。臣现复通行，重申禁令，嗣后如有空额者，即由臣酌量先以军律从事，追出侵吞之款，据实报缴，庶几畏法止贪，此风自息。甘肃出入各款，每年皆报部有案，入款则以外省协饷为大宗，次则本省征收地丁、银粮、杂税及百货厘金等项。除向有定额者无可筹增外，惟厘金本无定数，所设数十局、卡员役众多，不能保无弊混中饱之事，从前立有杜弊章程：凡各局卡收厘，填用四联大票，一给商民收执，一存局卡备查，一赍总局稽核，一交上下经过局卡，截裁赍局校对。如有受贿卖放，责成经过上下局、卡查出倍罚，并将舞弊者治罪。立法亦极严明。现复经臣严饬总局，切实督察，犯者撤参惩办。或有收数较往年异常畅旺者，从优奖勉。似此励惩兼施，中饱或可渐除。各局卡多一分收数，即少一分中饱，容俟随时汇核，前后比较，有无中饱，自不难和盘托出。臣私心窃揣，总期较前数年能多收银五六万两上下，方为毋负圣主兴利剔弊至意。

本省出款除防勇、练军两大宗外，次则文武官员俸廉、公费、役食、驿站等项，皆有定额，近年文武养廉核扣三成，驿站新添夫马、工料，亦经臣酌减奏明在案,余均照章减成支发。再次则省城粮台、军装、火药、保甲各局委员薪水,粮台现经奏明裁撤,略可节省。军装、火药各局为全省军火要件,所关省城。保甲、稽查,匪类则有攸归。各省皆有,势难一律裁撤;委员、巡役屡经核减,人数只敷办公,并无冗滥,所支薪工费款非巨。

至通省厘金局卡虽多,然甘省山路纷歧,若非酌设分卡,商贩必多绕越。倘一经裁并,省费少而所失更多。至各厘局只有委员司巡,并无总办绅董虚糜经费之事。甘省额设绿营、制兵,稽查盗贼、赌博、护解人犯等事,习为故常,久未讲究战阵,诚如圣谕本在可裁之列。惟甘省督标及各提、镇、协属原设制兵五万七千五百余名,已经叠次裁减,现只剩一万七千七百余名。陕西各提、镇、协属原设制兵二万四千八百余名,现已只剩六千五百余名。去岁于奏请裁减二成折内声明,俟本年再行察看营汛繁要、偏僻、地方情形,酌量再裁在案。现奉谕旨,以裁兵节饷为今日万不可缓之图。第裁兵必须裁官,有官而无兵,与无官同,现已仰遵谕旨,查明经制之兵,何处可以归并,何处可以全裁,移行各提镇迅速确查,一并裁兵若干名、官若干员。兵则仍按上年奏案,截至何时为止,另给一季粮饷,以资另谋生计;官则另行调补。合计陕、甘共裁官兵若干,能省银粮若干,容当续行奏闻。臣约计陕、甘两省此次连官裁并,节省粮饷、草束,至多亦不过省出银一十万两左右。惟甘省制兵大率累世充当,与他省情形不同,不裁故属糜饷,裁急又虞生事,不能不从容办理,免生枝节。是否有当,伏乞圣裁。

现值时局孔艰,需才尤亟,朝廷特降求贤之诏,臣虽愚昧,亦知以人事君之义,容俟悉心访察,如有其人,谨当胪列实政成效,出具切实考语,随时保荐,以仰副我皇上拔擢真才至意。伏念甘肃回番杂处,反复无常,不能不借防营镇慑,每年耗饷数十万之多。臣自惭才短,无补时艰,惟有仰遵圣训,正己率属,遇事认真筹画,但有可裁者裁之,可省者省之,随时具奏,断不敢稍涉迁就,有负圣恩。

除咨部外,合将遵奉叠次谕旨谨拟切实办法情形先行恭折覆陈。

伏乞皇上圣鉴，训示。谨奏。①

是日，公又奏报拟留马安良暂缓东调，曰：

窃臣承准总理各国事务衙门来电：本年二月十八日奉旨：马安良②着准其调赴平阳，仍着陶模将河州一带妥为布置，慎重弹压。钦此。仰见皇上于征调营伍之际，仍寓慎重边陲之意。跪读之下，钦感莫名！臣查马安良东调之举，提臣董福祥先经电商于臣，臣欲留彼弹压巨众，旋奉谕旨饬调马安良赴平阳，臣即钦遵办理；一面札饬该员迅即束装东上，一面与董福祥函商马安良起行后妥为布置之策。昨接董福祥覆函，谓所以调彼之故，原为马安良当日有随同报效之语。今既留于地方有益，何敢固执己见，应请具折奏留，此间军事原不倚仗伊，等语。臣接阅来信，再三审度，窃念东方固属紧要，西顾亦未免多虞。马安良素为汉回信服，以之钤束回众，实于甘肃地方有益。

今董福祥既与臣意见相同，合无仰恳天恩，俯准马安良仍令带队驻扎河州，暂缓东调，以资弹压。臣不胜惶悚待命之至！谨恭折具奏。伏乞皇上圣鉴，训示。施行。谨奏。③

【案】此折于是年三月二十八日得旨允行，清廷令董福祥遵照办理，《清实录》：

又谕：电寄陶模：据奏留马安良驻扎河州等语。陇西回患甫平，马安良素为汉回所信服，着准其留札，以资钤束，并谕董福祥遵照办理

---

① 中国第一历史档案馆藏：《录副奏折》，档号：03-5761-010.
② 马安良（1855—1920），字翰如，原名七五，回族，甘肃河州人。光绪年间，以军功拔游击，补参将，升伊犁镇总兵。三十四年（1908），补授巴里坤镇总兵。宣统元年（1909），调补甘肃宁夏镇总兵。民国时期，迁甘肃提督，加北洋陆军大将军衔，遂拥兵自重，操纵甘省军政。后被迫下野。民国九年（1920），病逝。
③ 台北故宫博物院藏：《军机及宫中档》，文献编号：408003146.又，中国第一历史档案馆藏：《录副奏折》，档号：03-5923-133.

矣。洮州番族蠢动,着马安良驰往妥办,总以持平解散为要。电寄董福祥:马安良现经陶模奏留,已允所请矣。马安良一军在该提督部下,不过偏裨,在河州则为重镇,朝廷权衡轻重,是以准其留驻甘肃。该提督与陶模函商妥协,想不致胶于成见。所募营旗,即着另派营官管带赴直。①

同日,公又会衔西宁办事大臣联魁附片奏报委令马安良办理番案,旋获允行。曰:

> 再,臣拟留记名总兵马安良带队,仍驻河州弹压回众,已另折具奏。查甘肃边境所辖番族,种类颇多,愚而喜争,最易生事,往往彼此聚众械斗,酿成衅端,非得熟悉番情之员威惠兼施、秉公查办,两造断难允服。马安良生长河州,于番情最为熟谙,前因循化厅所属狼家、双朋两番族械斗案件积年相持不下,经臣派令马安良前往查办完结。现复据报:有洮州厅所属买吾、黑错两番族因事龃龉,将有动众之势,臣又檄饬马安良酌带队伍,赶往查办。谨会同署西宁办事大臣联魁,附片陈明。伏乞圣鉴。谨奏。②

【案】此片于是年三月二十八日得旨允行,《清实录》:

> 又谕:电寄陶模:……洮州番族蠢动,着马安良驰往妥办,总以持平解散为要。电寄董福祥:马安良现经陶模奏留,已允所请矣。③

同日,公又奏报拣员委署甘凉道等缺情形一片,下部闻。曰:

> 再,现奉部咨:甘肃甘凉道明保调补奉天奉锦山海道,应饬交卸前

---

① 《德宗景皇帝实录(六)》卷四百十六,光绪二十四年三月,第456页,中华书局,1987。
② 台北故宫博物院藏:《军机及宫中档》,文献编号:408003146-0-A。
③ 《德宗景皇帝实录(六)》,卷四百十六,光绪二十四年三月,第456页,中华书局,1987。

赴新任。所遗甘凉道员缺,即委凉州府知府庆恕暂行兼护。庆阳府知府徐庆璋升授甘凉道遗缺,查有候补知府张大镛堪以委署。新授平凉府知府瑞寿现已到省,应即饬赴新任,现署平凉府知府贾勋仍饬回泾州直隶州本任。安西直隶州知州董麟病故遗缺,查有在省肃州直隶州知州廖振乔堪以调署。宁夏盐捕通判熊振盘调省遗缺,查有候补知县徐光兴堪以委署。秦安县知县刘至顺调省遗缺,查有准调张掖县知县杜绍勋堪以调署。宁远县知县沈瑞霖病故遗缺,查有即用知县朱远缮堪以委署。署贵德同知邓朝卿请假遗缺,查有候补通判张作霖堪以委署。署张掖县知县唐受桐请假遗缺,查有即用知县张心镜堪以委署。署徽县知县胡应奎调省遗缺,查有候补知县赵鋐堪以委署。署玉门县知县萧庆祥请假遗缺,查有准调高台县知县詹廷镛堪以调署。据藩、臬两司先后会详前来。除批饬分别给委外,理合附片陈明。伏乞圣鉴。谨奏。①

是日,公又附片奏报裁官并汛大概情形,下部闻。曰:

再,陕甘两省绿营兵丁叠经裁减,所剩不过十之二三,而大小员缺迄未减少。此次遵旨裁并,拟将各营员缺一并酌量裁减,已另折具奏。窃维督臣所辖二提八镇分驻两省,其余分防营汛,散处辽远,现已移饬各提镇,察酌所属营汛繁简偏要,分别裁并,一俟就绪,即行据实奏报。惟裁官必须另补,各该员弁多系曾在军营出力,若裁而不补,迹近废弃,未免可惜。拟请将现在所出武职大小员缺,无论应归外拣、部选,一并暂请缓补,将来即以所裁缺之官按缺抵补,庶不致弃置闲散,寒将士之心。至各营实缺员弁有应行送部引见者,现值裁留未定之际,并恳饬部暂缓调取,统俟裁留已定,再行分别奏明办理。是否有当,谨附

---

① 台北故宫博物院藏:《军机及宫中档》,文献编号:408003146-0-B。又,中国第一历史档案馆藏:《录副奏片》,档号:03-5358-055。

片具陈。伏乞圣鉴,训示。谨奏。①

三月二十三日,公开单奏报光绪二十四年正月分甘省雨水粮价情形,曰:

窃照光绪二十三年十二月分粮价并得霑雪泽情形,业经据折奏报在案。兹查本年正月分兰州等八府六直隶州属具报得霑雪泽,自一二寸至三四寸不等。正值春耕布种之初,获此沃泽,土脉滋润,实于农田有裨。

至通省粮价,或与上月相同,或较上月稍有增减。据藩司曾鉌具详请奏前来。臣覆核无异,理合恭折具奏,并缮粮价清单,恭呈御览。伏乞皇上圣鉴。谨奏。②

同日,公又奏报审拟已革都司周大馥侵冒饷粮一案,曰:

窃前据甘肃西宁镇总兵何美玉、西宁道联魁会禀:据大通县属北川等庄堡绅民钱维纶等联名控称:北川营都司周大馥于光绪二十一年贼匪猖獗时,奉准挑留民丁三百七十名,作为励勇一旗,缺额侵饷颇多,各庄堡自练民勇保护,周大馥冒作余丁五百一十名,支领食粮并盐菜钱文,侵吞入己,各等情。经臣于光绪二十二年十一月十七日奏请先行革职,并一面批行西宁镇、道委员将该都司周大馥及其侄周松林、哨弁郭丽泉、李向玉、营书张志诚押解到省;并据声称案内应讯之郭少卿、李景夏均已闻风逃逸,当即饬司检齐粮台支发饷粮帐目,同赴省投到之原告钱维纶等,先行一并发府审办,并饬将周大馥随身行李封存

---

① 台北故宫博物院藏:《军机及宫中档》,文献编号:408003144-0-C.又,中国第一历史档案馆藏:《录副奏片》,档号:03-5923-134.
② 台北故宫博物院藏:《军机及宫中档》,文献编号:408003148.又,中国第一历史档案馆藏:《录副奏折》,档号:03-6970-021.

备抵。旋奉到二十二年十二月初一日朱批：周大馥着先行革职，严行审办，等因。钦此。当经转饬遵照去后。兹据署兰州府知府周景曾督同谳局委员即用知县朱远缮、大挑知县朱海审明，按例议拟，详由布政使曾鉌、按察使丁体常会同覆审转解前来。

臣亲提研鞫，缘周大馥籍隶湖南湘阴县，咸丰年间投效军营，由勇目历保花翎尽先补用副将、励勇巴图鲁。光绪十三年，借补北川营都司。二十一年三月，循化撒回变乱，北川近接循化，百姓惊惶，周大馥即谕各堡绅民钱维纶等举办团练。钱维纶等称无经费，周大馥令其先向各铺商借垫，随后代为禀请发款归还，钱维纶等信允，共练民勇一千三百余名，置备军火、旗帜共用钱一千余串，均在各商铺借款垫发。

五月间，贼信渐紧，周大馥自请招勇防守。具禀后，因道梗未奉批回。六月间，贼信愈紧，周大馥即在难民中先招勇一百七十名，分作三哨：左哨派本营把总郭丽泉管带，右哨派本营经制李向玉管带。周大馥自带中哨，并派在逃之官亲郭少卿经理粮饷出入，营书张志诚造办文册；又谕钱维纶等在团练内挑选壮丁五百一十名作为余丁，一并训练协防。因未允给口粮，钱维纶等亦未挑选。六月内，贼匪扑营数次，周大馥带勇督团与贼接仗，先后阵亡团勇数十名。至十月间，始奉前督臣批准招勇一旗，计三百七十人作为励勇，照章给发薪饷。周大馥遂于十一月初一日添招二百名，始足一旗。至领饷时，周大馥忆及原系五月内具禀，即嘱令郭少卿捏作闰五月初一日招足成军，领支饷银；又借前禀挑选余丁名目，恳准给发盐菜、口粮，又将阵亡团勇捏作励勇，造册详请恤赏。

正批饬覆查，既据钱维纶等查知，联名禀控，西宁镇、道转禀，经臣奏参革职，提省饬司检同粮台支发饷粮帐目，一并发府审办，并将周大馥行李饬令封存备抵。计审出周大馥侵吞缺额勇饷并虚领余丁盐菜、口粮，共湘平银九千五百七十二两三钱四分一厘。传同钱维纶等三面环质，实系周大馥嘱令郭少卿捏冒侵吞入己，郭丽泉等均无知情听从虚冒分赃等弊。当将周大馥发县，勒限监追。嗣据陆续缴到湘平银九千三百七十五两，又于行李内查封银一百五十六两八钱七分，又扣抵应领添制励勇号衣、军火银四十两四钱七分一厘。计于一年限内扫数全完。逸犯郭少卿等屡缉无获，应先拟结。

查例载：监守盗仓库钱粮入己，数在一千两以上者，拟斩监候，勒限一年追完。如限内全完，死罪减二等发落，等语。此案已革北川营都司周大馥因回乱招勇缺额，并捏冒挑选余丁，一共侵吞粮饷合湘平银九千五百七十二两三钱四分一厘，按例罪应斩候。惟其侵吞入己之银已于一年限内如数全完，仍应照例减等问拟。周大馥合依"监守盗仓库钱粮入己，数在一千两以上一年限内全完，死罪减二等"例，拟杖一百，徒三年，系职官，请从重发往军台效力赎罪。把总郭丽泉、经制李向玉、营书张志诚、伊侄周松林，讯无知情听从侵冒分赃，应与伸诉得实之绅民钱维纶等均请免议。逸犯郭少卿等仍饬严缉，获日另结。呈缴银两，解司储库备用。伤亡团勇，应饬查明造册，到日核给恤赏。至原借团练经费，应饬该绅民等自行捐款归还，不得向公中请领。

除供招咨部外，所有审明已革北川营都司侵冒饷粮，按例定拟缘由，理合恭折具陈。伏乞皇上圣鉴，训示，施行。谨奏。①

是日，公又奏报嘉峪关光绪二十三年分收支各项银两数目一折，下部闻。曰：

窃据嘉峪关监督安肃道何福堃详称：该关于光绪二十二年由江汉关拨到银两，收支数目业经详请奏咨核销在案。今查光绪二十三年分收到江汉关拨借经费银九千两，除支一年各官役薪工银六千三百九十五两四分，找发洋扦手薪工、盘费及迎获俄商车价等项银八百四十两，驻兰翻译委员薪水银九百三十两，共银八千一百六十五两四分外，实在支剩银八百三十四两九钱六分，内归还十八年分借用厘款尾数银七

---

① 台北故宫博物院藏：《军机及宫中档》，文献编号：408003150。又，中国第一历史档案馆藏：《录副奏折》，档号：03-7401-021。

两四钱四分二厘六毫四丝,连前十九、二十一、二十二三年还遇银八百四十两五钱六分七厘三毫,共银八百四十八两九厘九毫四丝,已照数归还清楚,实在剩银八百二十七两五钱一分七厘三毫六丝,留备本年开支经费。又提存自光绪二十一年十月初十日第四十三结起,至二十三年十月初九日第五十结止,共八结,收获进口正、子洋税银九百一十一两七分八厘八毫,实储道库,造具细数清册,详请奏咨前来。

臣覆核无异,除将清册分送总理衙门及部科核销外,理合恭折具奏。伏乞皇上圣鉴。谨奏。①

同日,公又奏报沈瑞霖病故遗缺等情,下部议。曰:

窃据甘肃布政使曾鉌、按察使丁体常详称:宁远县知县沈瑞霖病故遗缺,应归光绪二十三年十二月分截缺,系简缺,业将开缺日期及例不掣签缘由详咨在案,自应照例按班请补。查例载:知县告病、病妨、休致三项缺出,准其以一缺题补各项候补并进士即用人员,以一缺题补本班大挑举人。又,大挑人员借补中简、佐贰,于大挑本班到班时,即按科分名次先后调还,不得将其次之员挽补,各等语。

甘省病、故、休知县,前已用至第二轮候补知县李瑞征准补伏羌县知县止。今此缺轮应大挑到班,查有己丑科大挑知县借补阶州白马关简缺州判雷正鸣,科分在先,例应调还。该员雷正鸣现年五十九岁,四川富顺县人,由附生中式光绪元年乙亥科本省乡试举人。三年,考取宗室汉教习。十五年,己丑科大挑一等,以知县用,签掣甘肃,于是年七月二十六日到省,年满甄别,仍以知县留省补用,旋经借补白马关州判,十九年三月初三日到任,试署年满,呈准实授。本司等查该员雷正鸣,老成稳慎,办事精详,现经调署西固州同,办理一切,诸臻妥协,以之调还知县,实堪胜任,人地亦极相宜。会详请奏前来。

---

① 台北故宫博物院藏:《军机及宫中档》,文献编号:408003151-1.又,中国第一历史档案馆藏:《录副奏折》,档号:03-6646-050.

臣查该员雷正鸣年强才裕,办事稳慎,合无仰恳天恩俯准以该员补还宁远县知县,实于地方有裨。如蒙俞允,该员系以知县借补白马关州判,今请补还宁远县知县,衔缺相当,毋庸送部引见。

再,该员任内并无参罚案件。谨恭折具陈。伏乞皇上圣鉴,训示。至所遗白马关州判系简缺,甘省现有应补人员,应请扣留外补。合并声明。谨奏。①

同日,公又奏报陕甘续发第七案茶票情形,下部闻。曰:

窃照甘省试办茶务,以票代引,前于光绪二十二年先后发过陕、甘、宁第六案茶票四百五十七张,计引二万二千八百二十道,经臣将办理情形先后奏明在案。兹据兰州道黄云详:转据东、南、西各商禀称:商等前领第六案茶票,此时虽未运齐销罄,若不豫先续领,诚恐难于接售,缘领票赴湖,入山采茶,装到泾阳成封,然后运至陕、甘、新疆,程途既远,为日颇多,恳请将第七案新票先期给领,并以各处引地前遭回匪滋扰,现虽平定,销售仍不甚畅,兼以从前赊欠茶帐之人逃亡殆尽,无从追讨,资本亏折,受累已深,仍恳援照上届俯准变通,将每票豫缴课银一百两限于今岁分作四季呈交,以纾商力,其余照章随厘并缴,各等情。

臣覆加查核,尚系实在情形,当经批准照办,并饬遵照部咨每案承领新票,只准加多、不准减少去后。旋据呈请加发前来,经臣酌量核准,在于各商原存六成悬票根内加发二成,计七案,共发过甘、陕、宁票五百四十九张,较上案增发票九十二张,计引二万七千四百二十道,豫缴二分课银五万四千八百四十两,限令今岁分作四季呈缴,由道解存藩库。其余欠缴一分茶课银五十两,随厘并缴,仍饬遵照向章,掣档轮销,以免挽越。据兰州道详请具奏前来。

---

① 台北故宫博物院藏:《军机及宫中档》,文献编号:408003147.又,中国第一历史档案馆藏:《录副奏折》,档号:03-5359-044.

臣查陕、甘、新疆地广人稀,河湟适当兵燹之后,引地虽宽,销茶本少,加以私茶屡经严禁,迄未尽绝,新疆尤有晋私偷漏,俄私倒灌,种种侵销,以致官茶未能十分畅旺,茶务仍难复额。惟此次较上案加领新票九十二张,试办略有起色。

除饬兰州道转谕各商遵照定章仍再试办三年,俟届二十七年发票之期,容臣察看情形,能否酌为定额,随时举办,并咨陕西、新疆各抚臣暨通饬所属一体严禁私茶,以畅官引,仍咨部查照外,所有陕甘续发第七案茶票情形,理合恭折具奏。伏乞皇上圣鉴,训示,施行。谨奏。①

是日,公又会衔陕西固原提督邓增、甘肃提臣张永清,奏请韩廷芝补授永昌协副将等情,下部议。曰:

窃臣前准部咨:拟补甘肃凉州镇属永昌协营副将韩廷芝系甘肃人,例应回避本省,应令照章在于兼辖省分拣员对调,等因。臣查有陕西河州镇属洮岷协营副将张锡光,系湖南永定县人,该员年力正强,战功夙著,堪以调补甘肃永昌协营副将。所遗陕西洮岷协副将员缺,即以韩廷芝调补,均属人地相宜,与例亦符,合无仰恳天恩俯准将韩廷芝、张锡光互相对调。如蒙俞允,俟接到部覆后,再行给咨赴部引见,以符定制。

除查取该二员履历清册另行送部外,谨会同陕西固原提督邓增、署甘肃提臣张永清,合词恭折具陈。伏乞皇上圣鉴,训示。谨奏。②

同日,公又附片奏报守备凌维翰病故出缺,下部闻。曰:

再,准陕西提臣邓增咨称:秦州营守备凌维翰得患病证,医治罔效,于光绪二十四年正月初五日病故。咨请核办前来。臣覆查无异,

---

① 台北故宫博物院藏:《军机及宫中档》,文献编号:408003151。又,中国第一历史档案馆藏:《录副奏折》,档号:03-7130-060。
② 台北故宫博物院藏:《军机及宫中档》,文献编号:408003149。又,中国第一历史档案馆藏:《录副奏折》,档号:03-5924-036。

相应请旨开缺。除查取该故员原领札付及承查印、甘各结另咨送部外,所遗守备员缺,陕甘现有应补人员,容臣另拣请补。谨附片具陈。伏乞圣鉴。谨奏。①

同日,公又附片奏报都司曹潾病故出缺,下部闻。曰:

再,据署凉州镇总兵刘璞转据庄浪协副将永明呈称,本营中军都司曹潾患病,调治未愈,于光绪二十四年正月三十日在任病故,等情。呈请核办前来。臣覆核无异,相应奏明请旨开缺。

除查取该故员原领札付及委员承查印、甘各结至日另咨送部外,所遗庄浪协副将都司员缺,甘省现有应补人员,容臣另拣请补。理合附片陈明。伏乞圣鉴。谨奏。②

是日,公又附片奏报都司唐滋生病故出缺,下部闻。曰:

再,据署臣标中军副将师玉春呈称:陕西提属利桥营都司唐滋生得患寒疾,医治罔效,光绪二十四年正月初十日在省病故,等情。呈请核办前来。臣覆查无异,相应请旨开缺。除查取原领札付另文咨送,并承查印、甘各结随折送部外,所遗都司员缺陕甘现有应补人员,容臣另拣请补。谨附片具陈。伏乞圣鉴。谨奏。③

同日,公又附片奏请奖励捕获首逆各员缘由,下部闻。曰:

再,前捕获庆阳府属合水等县谋逆首从各犯,审明惩办,地方安静,奏请将在事出力文武员弁分别奖叙,并声明分途持示,解散胁从,

---

① 台北故宫博物院藏:《军机及宫中档》,文献编号:408003149-0-A。又,中国第一历史档案馆藏:《录副奏片》,档号:03-5924-039。
② 台北故宫博物院藏:《军机及宫中档》,文献编号:408003149-0-B。又,中国第一历史档案馆藏:《录副奏片》,档号:03-5924-038。
③ 台北故宫博物院藏:《军机及宫中档》,文献编号:408003149-0-C。又,中国第一历史档案馆藏:《录副奏片》,档号:03-5924-037。

出省拿盗之陈富贵等均属异常出力,俟查取履历,另行酌量请奖,于本年二月初八日奉朱批:徐庆璋等均着照所请奖励,该部知道。钦此。当经分行遵照去后。兹据庆阳府知府徐庆璋详赍陈富贵等履历,恳请核奖前来。

臣覆查此案匪首刘二等蓄意谋反,制藏军械,纠集多人,希图大举。虽先期破获,若非陈富贵等前往解散胁从,复出省拿获首盗,几至元恶漏网,难免不扰害地方,实属出力较著。合无仰恳天恩俯准将五品军功陈富贵以把总归标尽先拔补,监生县主簿衔俞家鸿以县主簿归部候选,附生徐锡类以县主簿归部候选,文童彭福曜以未入流归部候选,俾昭激劝。

除履历咨部外,理合附片具陈。伏乞圣鉴,训示。再,文童彭福曜,"曜"字前奏误书作"耀"。合并陈明。谨奏。①

三月二十八日,军机处来电曰:

奉旨:陶模奏留马安良驻扎河州等语。陇西回患甫平,马安良素为汉回所信服,着准其留扎,以资钤束,并谕董福祥遵照办理矣。洮州番族蠢动,着马安良驰往妥办,总以持平解散为要。钦此。勘。②

闰三月十一日,公奏报筹办昭信股票大概情形,下部闻。曰:

窃臣于光绪二十四年二月初二日接准户部咨开:议覆右中允黄思永奏筹借华款请造股票一折,钦奉上谕:在京自王公以下,在外自将军、督抚以下,无论大小文武,现任、候补、候选官员,均领票缴银,为商民倡。地方商民愿借者,即将部定章程先行出示,并派员剀切劝谕,不

---

① 台北故宫博物院藏:《军机及宫中档》,文献编号:408003147-0-A.又,中国第一历史档案馆藏:《录副奏片》,档号:03-5359-045.
② 中国第一历史档案馆藏:《电报档》,档号:2-03-12-024-0269.

准稍有勒索,等因。钦此。当即钦遵分别咨行遵照,并与司道公同筹议。臣先缴银五千两,藩司曾龢先缴银三千两,臬司丁体常先缴银二千两。各道及府、厅、州、县自应酌令出借,为商民倡,约共可缴借银一十万两左右。惟员缺大小,在任久暂,情形各有不同,借银即多寡不一,应请由外妥定章程办理,庶无滞碍。

　　至绅商、士民酌借股款,业经查照部章,在于省城设立昭信分局,并于各属就近檄饬厘局委员,会同各地方官,妥速劝办,务在晓以大义,激发天良。各听量力出借,懔遵谕旨,不准稍有苛派勒索。已饬司先行刊发印收,随时填用。俟户部颁到股票,再行换给。第所借数目多寡,一时尚难预定。甘肃屡遭兵燹,实非他省可比。若待逐渐报借、始行汇缴,未免过于迟缓。臣与司道再三熟商,先拟设法挪银二十万两,听候拨用,前经电达户部在案。应由劝借股款项下陆续收还,有余另行报拨。

　　再,甘省候补文员类多贫乏,武职俸廉较少,亦鲜殷实之员。容臣与司道体察劝办,统俟办有端绪,再行详细续陈。除咨部查照外,谨恭折具陈。伏乞皇上圣鉴,训示。谨奏。①

同日,公又奏报核拟甘肃光绪二十四年新旧秋审人犯郭蛋儿等各案,下部闻。曰:

　　窃据甘肃按察使丁体常会同布政使曾龢、兰州道黄云详称:前准部咨奏准变通章程内开应入秋审新旧人犯,迅即饬属造具案由清册,送由臬司核明犯罪轻重,分别实缓,将应勘人犯停止解省,该督即将拟定实缓清册奏明咨部覆核,应入情实人犯请旨即行处决、缓决,可矜人犯照前次变通章程分别减等、发配,等因。奉旨:依议。钦此。钦遵咨行到司,当经移行各道、府、直隶州通饬所属一体遵办在案。

---

① 台北故宫博物院藏:《军机及宫中档》,文献编号:408003154.又,中国第一历史档案馆藏:《录副奏折》,档号:03-5615-027.

兹查得光绪二十三年原办旧事秋审情实二次奉旨改缓应行查办留养之隆德县斩犯摆苏儿一起一名，业经奉文饬令枷责，留存养亲讫。又，原办新事秋审缓决人犯内大通县绞犯赵农保子一起一名，业经据报病故。又，奉准部覆，应入本年新事秋审人犯内陇西县绞犯李首荃一起一名，亦据报病故。以上三起，计犯三名，除另详请咨并于本年秋审册内开除外，其尚有原办旧事秋审人犯内原拟情实三次奉旨牢固监候之安化县绞犯刘薔洝，又原办缓决之文县绞犯邢均、化平厅斩犯郑懊发、通渭县绞犯董炭儿、宁州绞犯侯平儿、隆德县绞犯马增幅、中卫县绞犯王终、洮州厅绞犯张代哇仔、平凉县绞犯朱冻至儿、镇原县绞犯王添益、绞犯吴跟娃、伏羌县绞犯彭泗泽、秦州直隶州绞犯曹苏家娃、陇西县绞犯刘腥娃等，共十四起，计犯十四名，仍应分别实缓，汇入本年旧事秋审册内办理。

并有已奉部覆应入光绪二十四年新事秋审泾州直隶州绞犯郭蛋儿、高台县绞犯马盉秀、陇西县绞犯吴二城、隆德县绞犯叶生冀、伏羌县绞犯李福浍、皋兰县绞犯方三有仔、陇西县绞犯康二儿、隆德县绞犯王增复、绞犯杨涎谦、宁夏县绞犯郑交其、会宁县绞犯蔺冬冬、灵州绞犯杨泩、伏羌县绞犯马遂荃、平罗县绞犯马怀得、安化县绞犯王佐义、阶州直隶州绞犯刘耀德、陇西县绞犯张沄来、平凉县绞犯袁苌葆、平番县绞犯贾沅汰、永昌县绞犯杨月、安化县绞犯高溃庭、平罗县绞犯刘克发、清水县绞犯王三姓葆、秦安县绞犯伏团商户、安化县斩犯白锁儿、皋兰县斩犯赵八十五即赵飞、山丹县绞犯寇破连仔等，共二十七起，计犯二十七名。

以上新旧统共四十一起，计犯四十一名，遵照变通章程，人犯停止解勘，照依该犯等情罪，酌拟实缓，分晰新旧，汇造年贯、案由清册，呈请具奏前来。

臣覆核无异，除赍到册籍咨部核办外，谨缮折由驿驰陈。伏乞皇上圣鉴，饬部核覆施行。此外，甘省并无应入朝审人犯。其现入秋审各犯，亦无祖父子孙阵亡应行声叙之案。此案本应循旧具题，因遵照部议变通章程办理,是以改题为奏。合并陈明。谨奏。①

是日,公又会衔甘肃提臣张永清奏请将总兵何建威照例议恤,下部闻。曰:

窃臣据安肃道何福堃、署肃州镇标中营游击张绍先等禀称:已故肃州镇总兵何建威,自同治初年效力戎行,历在甘省各属冲锋夺隘,战功卓著。去岁调补肃州镇,莅任以来,因防务紧要,日夜孜孜求治,整顿营伍,筹备边防,兵民相处翕然,地方赖以安堵。平日接见属员,恒以时局艰难,激励将士共期振作,虽在任止有四月,而营伍益见起色。兹因感冒触发旧伤,遽尔溘逝,兵民莫不伤感。福堃等同城,目睹不胜恻然!应否照总兵军营立功后积劳病故例奏请议恤之处,呈请核办前来。

臣查何建威束发从戎,历在甘省南路剿捕回匪,颇著战绩。光绪六年,经前督臣左宗棠札委招募恪靖左军,随同赴都,疏浚直隶顺天永定上游河务,事竣送部引见,奉旨以参将发往甘肃补用。九年二月到省,经前督臣谭钟麟札委帮带督标练军步队。十七年,经前督臣杨昌濬奏补督标左营参将,因籍隶本府,调补陕西宁陕营参将,接准部覆,饬令前赴本任。二十一年,甘肃回匪倡乱,经护陕西抚臣张汝梅札委管带抚标前、中两旗,赴甘剿办海城一带回匪,又经前督臣杨昌濬檄调改援狄河。该总兵不避艰险,奋勇争先,攻坚夺垒,勤劳懋著,经甘肃提督董福祥随折保奏以总兵记名简放,并加提督衔。是年十二月,蒙恩简放河州镇总兵。去岁,调补肃州镇总兵,感激图报,出于至诚。

计在营三十余年,身经百战,鳞伤遍体。去岁莅任后,联络文武,军民相洽,实镇将中不可多得之员。臣以边防得人,正资倚赖,不意伤病举发,遽尔物故,不胜悼惜!可否仰恳天恩俯准,将已故提督衔肃州

---

① 台北故宫博物院藏:《军机及宫中档》,文献编号:408003153。又,中国第一历史档案馆藏:《录副奏折》,档号:03-7371-034。

镇总兵何建威照总兵军营立功后病故例赐恤之处,出自逾格鸿施!谨会同署甘肃提臣张永清,合词恭折陈恳。伏乞皇上圣鉴,训示。谨奏。①

同日,公又附片奏请恤赏查案阵亡各员缘由,下部闻。曰:

再,光绪二十年五月间,法国游历士吕推被玉树囵不大番族戕害,遴委西宁镇标前营都司邓咸林等,选募勇丁、通事、跟役,前往该处查办。行至察汉诺们罕,冻毙通事、勇丁三名,缉获要犯、赃物,回至南尕端答尔等处地方,突遇强番,纠众夺犯抢赃,阵亡、受伤马勇、通事、跟役一十二名。前于光绪二十三年七月十九日请销动用经费折内奏明,并将前项阵亡、冻毙、受伤马勇、通事、跟役先给恤赏、养伤银两,于送部册内声明俟另案汇请议恤在案。兹准部覆,所有给发恤赏、养伤银两,应俟请恤到日,再行核办,等因。当经转饬遵照去后。

兹据甘藩司曾龢详称:查前项阵亡马勇谈玉隆、杨升禄二名,系比照乡勇阵亡例,各恤赏银二十五两;冻故马勇刘哇、通事张连升、王延年等三名系比照乡勇随同出征病故例,各恤赏银八两;受头等伤马勇宋吉元、王得胜等二名系比照土兵受伤例,各恤赏银一十五两;受二等伤马勇韩增寿、杜有成、何生祥、通事陈罗义等四名系比照土兵受伤例,各恤赏银一十二两五钱;受三等伤马勇萧占荣、刘子寿、沙顺成、跟役卜元魁等四名系比照土兵受伤例,各恤赏银一十两。共该恤赏银一百九十四两,照章七折,实该银一百三十五两八钱。虽于本案经费册内分别造报,仍应补具各该勇丁籍贯、年岁、死伤地址、月日、受伤部位、等第清册,详请奏咨恤赏,等情。前来。

臣覆核无异,除将清册分送总理衙门暨户、兵部查照外,谨附片具

---

① 台北故宫博物院藏:《军机及宫中档》,文献编号:408003155。又,中国第一历史档案馆藏:《录副奏折》,档号:03-5924-049。

奏。伏乞圣鉴，饬部准其恤赏，施行。谨奏。①

同日，公又附片奏报拨款照发董军制办银两，下部闻。曰：

再，准督练甘军甘肃提督董福祥咨称：该军光绪二十三年饷项已归甘肃粮台支发，尚有是年制办帐棚等项，共需湘平银四万八百一两，仍应由甘给领，以昭画一，请由山西在于解还甘省二十万两内照数划扣存备，就近领用，等因。当经饬据藩司曾鉌查明甘军饷项，截至二十三年底止，既归甘省拨支，此项制办银两亦应并由甘省司库照发，应请即由山西省在于解还甘军借用甘库二十万两内照数划扣，仍归甘省作为供支甘军二十三年制办帐棚之项，造报请销。所有制办细数应仍由提臣董福祥自行并案造销，俾清界限，等情。详请附奏前来。

臣覆核无异，除分咨户部、甘省提臣、山西抚臣查照外，谨附片具陈。伏乞圣鉴。谨奏。②

闰三月十六日，公开单奏报光绪二十四年二月分甘肃雨水粮价情形，曰：

窃照本年正月分粮价并得霑雪泽情形，业经据折奏报在案。兹查二月分，兰州等八府六直隶州属具报得霑雨泽，或一二寸至二三寸不等。正值春耕之际，获此沃泽，实于农田有神。惟省城附近一带雨水略少。

至通省粮价，或与上月相同，或较上月稍有增减。据藩司曾鉌具详请奏前来。臣覆核无异，理合恭折具奏，并缮粮价清单，恭呈御览。

---

① 台北故宫博物院藏：《军机及宫中档》，文献编号：408003155-0-A. 又，中国第一历史档案馆藏：《录副奏片》，档号：03-7266-021。
② 台北故宫博物院藏：《军机及宫中档》，文献编号：408003154-0-A. 又，中国第一历史档案馆藏：《录副奏片》，档号：03-6145-014。

伏乞皇上圣鉴。谨奏。①

同日，公又奏报校阅省标官兵春操情形，曰：

窃照陕甘督标并兰州城守营向按春、秋二季合队操演，期于有勇知方，以收实效。兹值本年春操之期，臣于闰三月初三、初四等日率同司道，亲临教场，阅视各营官兵，并在省防练各旗操演香山、远战等阵并新练德国操法，队伍整肃，器械鲜明，进止如法，奇正相生；施放连环枪炮、喷筒、火弹，俱皆稳练；比较刀矛、藤牌，亦殊便捷。所练马队合队操演，马上放枪以及员弁枪靶，均灵便有准。臣择其技艺出众者，分别奖赏，以示鼓励；仍严饬各营将弁一体认真操练，务期精益求精，庶不致饷有虚縻，以仰副圣主整饬戎行、修明武备至意！所有臣校阅光绪二十四年省标春操情形，理合恭折具陈。伏乞皇上圣鉴。谨奏。②

是日，公又奏请李笃庆补授静宁知州，下部议。曰：

窃据甘肃藩、臬两司会详称：静宁州知州朱铣劳绩保升，奉准部覆业已截缺报部，该缺系繁、疲、难三项题调要缺，例应由外拣调。查定例：州、县应调缺出，俱令于现任人员内拣选调补。又，知州题调要缺，或调或补，例准酌量具题。又，曾经到省人员保举升阶仍留原省补用，例准俟补缺后，再行送部引见，各等语。

今静宁州知州地居冲要，政务殷繁，非干练肆应之员，不足以资治理。本省简缺知州二员皆未到任，例不合调。该司等在于应补人员内逐加遴选，查有候补知州李笃庆，年五十四岁，顺天大兴县人，由监生

---

① 台北故宫博物院藏：《军机及宫中档》，文献编号：408003155-1。又，中国第一历史档案馆藏：《录副奏折》，档号：03-6971-017。
② 台北故宫博物院藏：《军机及宫中档》，文献编号：408003156。又，中国第一历史档案馆藏：《录副奏折》，档号：03-5997-033。

报捐双月同知,投效甘肃军营,保戴蓝翎,改捐通判,分发甘肃试用。同治九年六月赴部验放,十月初一日缴照到省,试用一年期满,甄别留省补用在案。嗣经调赴关外行营差遣,于克复吐鲁番案内出力,保免补本班,以知州仍留甘肃补用。光绪四年三月初六日,作为知州到省,历署岷州、陇西、崇信等州县,各任内均无参罚案件,业以知州补办甄别留用在案。该司等查该员李笃庆阅历渐深,谙悉民事,在甘有年,于该处风土民情最为熟悉,以之请补静宁州知州,实堪胜任,人地亦极相宜。会详请奏前来。

臣查该员李笃庆年强才裕,办事稳慎,合无仰恳天恩俯念要缺需员,准以候补知州李笃庆补授静宁州知州,实于地方有裨。如蒙俞允,俟奉准部覆,再行给咨送部引见,以符定制。谨恭折具陈。伏乞皇上圣鉴,训示。谨奏。①

同日,公又奏请陈昌升补丹噶尔同知,下部议。曰:

窃据甘肃藩、臬两司会详称:丹噶尔同知承绪劳绩保升,奉准部覆,业已截缺报部。该缺系边要调缺,例应由外拣调。查定例:知县以上应调缺出,例应对品改调,如无可调之员,准以属员内历俸三年以上者,循例请升,等语。今丹噶尔同知要缺,地临边徼,居杂蒙番,弹压抚循,均关紧要,非谙练勤干之员,不足以资治理。本省对品简缺同知仅只一员,与此缺人地不宜,未便迁就改调。

该司等在于通省实缺知县内逐加遴选,查有皋兰县知县陈昌,年五十七岁,四川铜梁县进士,由分部主事改就知县。光绪九年八月,选授安化县知县,调补高台县知县,再调皋兰县知县,历俸早满三年,各任内均无参罚案件。该司等查该员陈昌文理优长,矜平躁释,且在甘年久,边情最为熟悉,以之升补丹噶尔同知,实堪胜任,人地亦极相宜。

---

① 台北故宫博物院藏:《军机及宫中档》,文献编号:408003157.又,中国第一历史档案馆藏:《录副奏折》,档号:03-5360-038.

会详请奏前来。

臣查陈昌安详谨饬,恂愊无华,合无仰恳天恩俯念要缺需员,准以皋兰县知县陈昌升补丹噶尔同知,实于地方有裨。如蒙俞允,俟接准部覆,再行给咨送部引见,以符定制。谨恭折具奏。伏乞皇上圣鉴,训示。至所遗皋兰县知县,系省会首县最要缺,例应扣留外补。合并声明。谨奏。①

同日,公又奏请吴人寿补授贵德同知,下部议。曰:

窃据甘肃藩、臬两司会详称:贵德同知欧阳乐清劳绩保升,奉准部覆,业已截缺报部。该缺系繁、疲、难三项题调最要缺,例应由外拣调。查定例:知县以上应调缺出,例应对品改调。又,同知题调要缺,或调或补,例准酌量具题。又,循化、贵德两厅同知缺出,无论满洲、汉员,但得人地相宜,例准酌量拣选升补,各等语。今贵德同知员缺,地居边疆,番回错杂,抚治弹压,最关紧要,非精明强干、熟悉边情之员,实难胜任。本省对品简缺同知仅只一员,与此缺人地不宜,未便迁就改调。

该司等在于候补人员内逐加遴选,查有候补同知吴人寿,年五十九岁,江西都昌县人,由文童保举从九,捐升同知,分发广东,年终甄别革职;投效甘肃新疆军营,攻剿出力,历保开复原官,免缴捐复银两,仍以同知留甘,俟补缺后送部引见,并加知府衔,于光绪七年八月二十六日作为到省日期,试看期满,甄别留用在案。历署贵德、洮州同知、肃州知州等缺,各任内均无参罚案件。该司等查该员吴人寿整饬地方,不避劳怨,在甘有年,于该处风土民情最为熟悉,以之请补贵德同知,实堪胜任,人地亦极相宜。会详请奏前来。

臣查该员吴人寿年健才明,办事果敢,合无仰恳天恩俯念要缺需员,准以候补同知吴人寿补授贵德同知,实于地方有裨。如蒙俞允,俟

---

① 台北故宫博物院藏:《军机及宫中档》,文献编号:408003158。又,中国第一历史档案馆藏:《录副奏折》,档号:03-5360-041。

奉准部覆,再行给咨送部引见,以符定制。谨恭折具陈。伏乞皇上圣鉴,训示。谨奏。①

是日,公又奏请苏重熙升补灵州知州,下部议。曰:

窃据甘肃藩、臬两司会详称:灵州知州查之屏劳绩保升,奉准部覆,业已截缺报部。该缺系三项要缺,例应由外拣调。查定例:州、县应调缺出,俱令于现任人员内拣选调补。如无可调之员,准以属员内历俸三年以上者循例请升,各等语。今灵州知州员缺,汉回杂处,政务殷繁,非精勤干练之员,不足以资治理。本省简缺知州二员,例不合调。

该司等在于通省实缺知县内逐加遴选,查有山丹县知县苏重熙,年六十七岁,山东淄川县廪生,应同治三年甲子科乡试,中式本省举人,考取咸安官教习,俸满以知县用,签分甘肃,于光绪九年十一月到省,补授两当县知县,十五年十二月到任。十八年大计,卓异保荐,嗣经调补山丹县知县。补行二十一年大计,卓异保荐。历俸早满三年,各任内均无参罚案件。该司等查该员苏重熙经术湛深,拊循有法,在甘年久,于地方情形尚为熟悉,以之升补灵州知州,实堪胜任,人地亦极相宜。会详请奏前来。

臣查该员苏重熙老成练达,素著循声,合无仰恳天恩俯念要缺需员,准以山丹县知县苏重熙升补灵州知州,实于地方有裨。如蒙俞允,俟接准部覆,再行给咨送部引见,以符定例。谨恭折具陈。伏乞皇上圣鉴,训示。至所遗山丹县知县系繁要缺,例应扣留外补。合并声明。谨奏。②

---

① 台北故宫博物院藏:《军机及宫中档》,文献编号:408003159. 又,中国第一历史档案馆藏:《录副奏折》,档号:03-5360-040.

② 台北故宫博物院藏:《军机及宫中档》,文献编号:408003160. 又,中国第一历史档案馆藏:《录副奏折》,档号:03-5360-039.

同日，公又附片奏报请准旌奖李黄氏缘由，下部闻。曰：

> 再，查甘肃前年被兵，筹赈劝募，各省义捐，曾经奏明如有捐及千两者，照例请旨建坊，给予"乐善好施"字样在案。陕西省原捐共计一万三千八百余两，内有捐逾千两之督粮道姚协赞、捐及千两之盐法道江汇川，业经先后奏请建坊，奉旨允准。兹据甘藩司曾铢查明，陕西按察使李有棻曾遵母命，慨捐银一千两，未便没其好善之忱。详请核奏前来。
>
> 臣查李有棻克遵母命，报捐赈款，数及千金，核与建坊之例相符，合无仰恳天恩俯准李有棻为其母一品命妇李黄氏照例在于原籍自行建坊，给与"乐善好施"字样，以示旌奖。谨附片具陈。伏乞圣鉴，训示。谨奏。①

闰三月二十四日，公会衔西宁办事大臣联魁、甘肃提督董福祥奏请奖励青海肃清保案文职人员，下部议。曰：

> 窃臣等接准吏部咨开：青海一律肃清出力文职照章分别准驳。所有单开请奖之候选笔帖式刘世琳，请免选本班，以知县分省补用，并加同知衔。查该员原捐笔帖式系在两淮商捐何次案内报捐，应令查晰声覆具奏，再行核办。理藩院题署主事选补理藩院司务拟保同知衔锡拉绷阿，请在任以知县归劳绩班尽先选用。查锡拉绷阿所保知县非司务应升之项，核与奏定章程不符，应令另核奏明请奖。理藩院候补笔帖式拟保补缺后遇缺即补主事并加同知衔麟岱，请仍俟补笔帖式后，免补主事，作为本院候补员外郎，遇缺即补。同知衔理藩院笔帖式拟保遇缺即补主事瑞森，请免补主事，作为本院候补员外郎，遇缺即补。该二员所请均系越级保升，核与奏定章程不符，应令另核奏明请奖。六

---

① 台北故宫博物院藏：《军机及宫中档》，文献编号：408003160-0-A.又，中国第一历史档案馆藏：《录副奏片》，档号：03-5563-032.

品军功文童拟保选用从九品并加六品衔张鉴，请免选本班，以县丞分省尽先补用，并加提举衔；文童拟保从九品胡清绶，请免补本班，以县丞分省补用。均属坐衔不符，应令查明声覆具奏核办，等因。议奏，奉旨：依议，钦此。恭录咨行前来。当即分饬各该员遵照。

兹查前于攻克逆堡案内拟保主事麟岱、瑞森，选用从九品张鉴等三员，现经吏部核准。第该员等复于青海肃清案内出力，自未便没其微劳，拟请仍照原保给奖，以示鼓励；胡清绶于西宁肃清案内亦经吏部议准以典史分省补用，其青海出力之案，拟请仍照原保免补本班，以县丞分省补用；锡拉绷阿所请知县既非应升，拟改请在任以抚民同知遇缺即选；刘世琳现已捐升同知，拟改请交部从优议叙。

又，吏部咨查之攻克逆堡案内留甘补用主簿喻振声，请免补本班，以县丞仍留原省补用。该员履历内尚未声叙留甘补用之案系何年月日奉旨，应令查明覆奏，再行核办。兹据该员禀称：列保时正在前敌，无由得知，致与前保底衔未符，拟请更正以蓝翎选缺后补用州判，不论双单月选用主簿喻振声，请免选本班，以州判分省归候补班尽先补用，以昭核实。合无仰恳天恩，可否照拟奖叙，出自鸿施！

除饬取喻振声另造履历咨部外，所有遵照部咨声覆改奖缘由，谨会同甘肃提督董福祥，恭折具陈。伏乞皇上圣鉴，训示。再，此折系臣联魁主稿。合并声明。谨奏。①

同日，公又会衔董福祥、奎顺附片奏请奖励补用道严金清，得旨曰：

臣董福祥、臣陶模、臣奎顺跪奏：再，湘军营务处补用道严金清前经由陕西巡抚臣魏光焘派往带队，由水硖出口，尾追窜匪，深资得力。随后臣福祥、臣奎顺又饬该员复往青海柴达木一带，会同捕擒逆目邢蔓仓等，著有微劳，前会奏湘军出力人员，自应抚臣魏光焘专案请奖。

---

① 台北故宫博物院藏：《军机及宫中档》，文献编号：408003152.又，中国第一历史档案馆藏：《录副奏折》，档号：03-5360-062.

惟该员严金清,臣福祥、臣奎顺会饬复往办理,均能妥协,自应由臣等吁恳天恩,可否以道员记名请旨简放,并请赏加二品顶戴,出自逾格鸿施!谨合词附片具陈。伏乞圣鉴,训示。再,此件系臣奎顺主稿,合并声明。谨奏。①

四月初三日,公开单奏报光绪二十四年三月分甘肃雨水粮价情形,曰:

窃照本年二月分粮价并得霑雪泽情形,业经据折奏报在案。兹查本年三月分,兰州等八府六直隶州属具报得霑雨泽,自一二寸至二三寸不等,间有未经得雨之处。正值禾苗出土之际,地土颇形干燥,兵望甘霖渥沛,庶于农田有裨。

至通省粮价,或与上月相同,或较上月稍有增减,据藩司曾鉌详请具奏前来。臣覆核无异,理合恭折具奏,并缮粮价清单,恭呈御览。伏乞皇上圣鉴。谨奏。②

同日,公又奏请何庆衍补授安西知州,下部议。曰:

窃据甘肃藩、臬两司会详称:安西直隶州知州董麟病故,所遗系冲、繁、难三项边要缺,业经扣留截缺,例应由外拣选。查定例,安西直隶州知州系边远要缺,应于对品人员内拣选调补。又,直隶州题调要缺,或调或补,例准酌量具题。该省如有记名分发人员,应先尽酌量请补,内有非正途出身者,统归候补,酌量补用,等语。今安西直隶州一缺,边关屏蔽,西路咽喉,地方紧要,政务殷繁,非干练肆应之才,不足以资治理。本省对品简缺知州一员,与此缺人地不宜,未便迁就改调。

该司等在于各项候补人员内逐加遴选,查有并非正途出身之记名

---

① 台北故宫博物院藏:《军机及宫中档》,文献编号:408003152-0-A。
② 台北故宫博物院藏:《军机及宫中档》,文献编号:408003164。又,中国第一历史档案馆藏:《录副奏折》,档号:03-6971-032。

分发直隶州知州何庆衍,年四十岁,湖南道州人,由难荫生给予六品顶戴,引见以主事即补,加捐员外郎衔。光绪七年,补授兵部职方司主事,兼车驾司行走。十年,经堂官保送记名分发,以直隶州知州用,签掣甘肃,于二十一年二月十九日到省,系曾任京官保送以应升之外官候补,例不甄别,现署肃州直隶州。该司等查该员何庆衍,年力富强,讲求吏治,在甘三年,边情渐熟,以之请补安西直隶州知州,实堪胜任,人地亦极相宜。会详请奏前来。

臣查何庆衍年壮才明,办事勤慎,拟恳天恩俯念要缺需员,准以分发直隶州知州何庆衍补授安西直隶州知州,实于地方有裨。如蒙俞允,该员系以分发直隶州请补直隶州知州,衔缺相当,毋庸送部引见。再,该员署任内现无参罚案件。谨恭折具陈。伏乞皇上圣鉴,训示。谨奏。①

是日,公又奏请张心镜补授正宁县知县,下部议。曰:

窃据甘肃藩、臬两司会详称:正宁县知县董维墀病故,业经扣留截缺,自应照例按班请补。查例载:知县病、故、休三项缺出,准其以一缺题补各项候补并进士即用人员,分班相间轮补,各本班到班时,各先用本班先一人,与题补、升调所遗同;以一缺题补本班大挑举人,等语。甘省病、故、休知县缺出,前此请以雷正鸣调还之先,系以候补知县李瑞征准补伏羌县知县。今正宁县一缺,轮该即用相间到班应先用、即用先之员。查有新海防尽先即用知县张心镜,年四十二岁,江苏青浦县人,由进士即用知县签掣甘肃,光绪十九年四月到省,因缴照逾限,降三级调用,送部引见,奉旨仍发原省,以原官补用;应得降三级调用处分,俟补官日改为降三级留任,钦此。二十一年二月回甘缴照,旋遵新海防例,报捐本班尽先即用,奉文以二十一年六月十八日作为新班

---

① 台北故宫博物院藏:《军机及宫中档》,文献编号:408003161。又,中国第一历史档案馆藏:《录副奏折》,档号:03-5360-121。

到省日期,历署高台、皋兰等县,均无贻误。该司等查该员张心镜,清慎持躬,勤求民隐,以之请补正宁县知县,堪以胜任,与例亦符。会详请奏前来。

臣查该员张心镜,年壮才明,宅心正大,历署各缺,诸臻妥协,合无仰恳天恩准以该员张心镜补授正宁县知县,实于地方有裨。如蒙俞允,该员以知县请补知县,衔缺相当,毋庸送部引见。再,该员各署任内并无参罚案件。谨恭折具奏。伏乞皇上圣鉴,训示。谨奏。①

同日,公又奏报病尚未痊请开缺调理一事,曰:

窃臣于光绪二十四年二月十五日奏请续假一月,闰三月初八日差弁赍回原折,奉朱批:着再赏假一月。钦此。叠承恩眷,无任悚惭。际此时艰,理宜勉力销假,借图报称,何敢再事妄渎!惟是微臣犬马之姿日益衰颓,初意入春和暖,诸病可以渐愈。现自三月以来,咳嗽虽有间断,而气喘仍未稍痊,接见僚属,言语稍多,气便上升,喘不可支,加以历年塞外积受风寒,所有腰酸、脚痛等恙,循环叠起,两月之久,未见轻减。

伏念臣知识庸愚,抚躬自省,实不胜封疆之任。前于光绪二十二年十一月初一日恭谢天恩折内,曾附陈下悃,恳另简贤能,以重疆寄,未得仰邀恩允。其时甘省甫就肃清,民心尚未大定,臣不敢固执成见。今时阅二载,仰赖朝廷威福,汉回业已相安。第一切整军、饬吏、理财、决狱,事务殷烦,若以衰病之躯托言报效,安心卧治,酿祸将来,深恐挽救无及。微臣夙夜思维,事多负疚,不能不据实陈明。合无仰恳天恩,俯念微臣病体衰颓,不胜重任,准其开缺,俾免贻误。容即访求良医,赶紧调治,一俟病痊,当泥首宫门,求赏差使,再图报效。

所有微臣假期已满,病尚未痊,恳恩开缺调理缘由,谨恭折具奏。

---

① 台北故宫博物院藏:《军机及宫中档》,文献编号:408003163.又,中国第一历史档案馆藏:《录副奏折》,档号:03-5360-120。

伏乞皇上圣鉴,训示。谨奏。①

同日,公又附片奏请韩廷芝兼署副将篆务,下部闻。曰:

再,署督标中军副将借补甘肃提标中军参将师玉春现因被控撤任,所遗中军副将印务,查有现署督标左营参将永昌协副将韩廷芝,熟悉营务,办事实心,堪以暂行兼署。除檄饬遵照外,谨附片具奏。伏乞圣鉴。谨奏。②

是日,公又会衔陕西提督臣邓增附片奏报饬令副将忠寿即赴本任,下部闻。曰:

再,新授陕西固原提属潼关协副将忠寿现已由京到省,应即饬赴本任,以专责成。除檄饬遵照外,谨会同陕西提督臣邓增,附片具陈。伏乞圣鉴。谨奏。③

---

① 台北故宫博物院藏:《军机及宫中档》,文献编号:408003162.又,中国第一历史档案馆藏:《录副奏折》,档号:03-5360-119.
② 台北故宫博物院藏:《军机及宫中档》,文献编号:408003161-0-A.又,中国第一历史档案馆藏:《录副奏片》,档号:03-5924-154.
③ 台北故宫博物院藏:《军机及宫中档》,文献编号:408003161-0-B.又,中国第一历史档案馆藏:《录副奏片》,档号:03-5924-155.

四月二十日,公会衔甘肃学政臣夏启瑜奏请变通武科,敬抒管见缘由,下部议。曰:

窃臣叠准兵部咨:会议荣禄①、高燮曾②等请设武备特科,并黄槐森③改试洋枪各节,备录两次,议覆奏稿,行令各省熟察情形,各抒所见,陆续奏咨,等因。前来。窃维武科改制系为造就人材起见,创法之始必须预防流弊,审慎出之,部咨所谓汇集众长,权衡一是,洵切当之谕也。原奏至为周详,惟取中武生始挑入学堂,及武童生在家自行操

---

① 荣禄(1836—1903),字仲华,号略园,瓜尔佳氏,满洲正白旗人。咸丰二年(1852),封骑都尉,兼云骑尉。八年(1858),充工部主事,转员外郎。次年,任户部银库员外郎。十年(1860),补道员。十一年(1861),任神机营大臣。次年,补文案处翼长。同治三年(1864),拔营翼长。次年,授神机、健锐两营马队专操大臣、神机营威远队专操大臣,管理健锐营事务,加副都统衔。五年(1866),署正蓝旗蒙古副都统,充正蓝旗专操大臣。同年,实授正蓝旗蒙古副都统,转镶白旗满洲副都统。七年(1868),补左翼总兵。同年,管理沟渠河道事务。十年(1871),署工部左侍郎,改工部右侍郎,兼管钱法堂事务。十二年(1873),调户部左侍郎管理三库事务,兼署吏部左侍郎。十三年(1874),补授正蓝旗护军统领、左翼监督、总管内务府大臣。光绪元年(1875),兼署步军统领、镶蓝旗蒙古副都统。三年(1877),授步军统领、镶黄旗护军统领。四年(1878),充紫禁城值年大臣、都察院左都御史。同年,授工部尚书。十三年(1887),补镶蓝旗蒙古都统。次年,任领侍卫内大臣,兼署镶蓝旗汉军都统。十五年(1889),任扈从凤舆大臣、专操大臣、稽查内七仓大臣、管理右翼幼官学大臣,署镶红旗汉军都统。十七年(1891),调西安将军。二十年(1894),任步军统领。次年,转兵部尚书。二十二年(1896),擢协办大学士、玉牒馆副总裁。次年,任经筵讲官。二十四年(1898),补文渊阁大学士,管理户部事务。同年,署直隶总督兼办理通商事务大臣、北洋大臣。同年,兼任军机大臣上行走、管理兵部事务。二十五年(1899),任文渊阁领阁事,充正蓝旗满洲都统,兼崇文门正监督。次年,任内大臣,管理户部事务。二十七年(1901),晋太子太保,升文华殿大学士。次年,兼崇文门副监督。二十九年(1903),卒于任。赠太傅,封一等男爵,谥文忠。有《武毅公事略》《荣文忠公集》《荣禄存札》等行世。

② 高燮曾(1841—1917),名楠忠,号理臣,湖北孝昌人。咸丰八年(1858),中举。同治十三年(1874),中式进士,改庶吉士。光绪二年(1876),入散馆,授翰林院编修。十一年(1885),授山西学政。十六年(1890),任河南道监察御史。十八年(1892),任掌广西道监察御史,办理稽察西仓事务。二十年(1894),充巡城御史。次年,授吏科给事中。二十二年(1896),转巡城给事中。同年,任兵科掌印给事中。二十四年(1898),擢内阁侍读学士。二十五年(1899),补顺天府府丞。民国六年(1917),病卒。

③ 黄槐森(1829—1902),字作銮,号植亭,广东香山人。咸丰十一年(1861),中举人。司治元年(1862),中式进士,改庶吉士,授编修。后历任山东道御史、云南道刑科给事中。光绪元年(1875),任给事中郎官。次年,补直隶大顺广道,旋丁内艰,回籍终制。服满起复后,补四川川北道,转云南迤东道。十六年(1890),升贵州按察使,护理贵州巡抚。十八年(1892),调补广西布政使,护理广西巡抚。二十一年(1895),擢云南巡抚。次年,调补广西巡抚。二十七年(1901),开缺回籍。二十八年(1902),病卒。

演等情，再三详酌，似宜量为变通。

臣查西人选兵之制，既建武备学堂以储心腹干城之用，必先由文法学堂学习书数，考有文凭，方能与于此选，故西国之兵，无一人不知书。其将领尤才识过人，数娴韬略。我之大弊，在文武分途，无论甲科行伍，大都目不识丁，专恃幕友，弊端百出。今议改制，而童试之初不问读书识字与否，只重枪炮，则游勇匪徒皆得徼倖于一试，其弊当更有甚于未改制之先者。进身之始，既未能正本清源，俟取中武生后，方令入学堂，肄习格致、地舆、兵法之学，是犹未经学步而欲其驰也。臣以为宜仿西人文法学堂之意，民间子弟愿应武试者，报由州县官查明身家清白、质性驯良者，先行局试，必须文理粗通，方许送入学堂，作为学生，则初基端正，庶免莠民混入。此原奏之宜变通者一也。

时局益艰，日后文事亦将更张，势必倍难于旧制，如武试仍由学臣考试，恐材力不能兼顾。既设学堂，所有总、分教习等员学问较专，久于其任，品评优劣，不敢大违公论；日课、月试，每季、每岁累次合考，以屡列上等者为优，较之仅凭一日之短长者当更可信。至于水陆武事，判然不同，西人皆分门专习。今我议改法，但统言之曰：武生不分别水陆两途，是只以枪炮弋取衣顶，上与下皆不知储为何军之材，所取安能适用？

臣窃以为水军、陆军当于童时分途肄习，沿江、沿海诸省兼设水师学堂。其水军学生由华洋教习督练天文、海道、御风、布阵、鱼雷、汽机诸法，阅若干年，奏派提镇大员，会同洋教习驾驶练船，游历外洋，亲试各生所学专门之技是否纯熟，详记分数。复由本省督抚试以水军兵法各论，亦详记分数。总核两项分数并优者，作为水军秀才，咨送办理海军大臣或南北洋大臣，再加考试，择其优者为水军举人。其陆军学生入武备学堂，由教习督练马步、枪炮、整散、起伏、测算、遥击、沟垒、工程、绘图、治械各事，阅若干年，奏派司道会同教习，分场校试技艺，详记分数。复由督抚试以陆军兵法各论，亦详记分数。总核内外场分数并优者，作为陆军秀才咨送兵部或南、北洋大臣，再加考试，择其优者为陆军举人。仍钦派大员覆校水军、陆军各举人,最优者作为进士,习之专,择之精,待之荣,庶可得济时之彦。此原奏之宜变通者二也。

西人弁兵之所以精强,不仅在枪炮,而在明于兵法、舆地、各国水陆军制及创械、用械之理,非久居学堂讲习,必不能表里贯通。原奏章程准武童在家自行操演,未经挑入学堂之武生,亦准令回籍自行学习。黄槐森又奏称:由士子购买洋枪,如此是任令犷悍之徒卤莽从事,既无中西名师益友之指授,又无各国新书奇器之观摩,所能勉强习用者,惟枪弹一事,从此假公济私,漫无限制。虽于枪杆刻姓名,比邻具结,州县存案,徒增骚扰而已。况在上者惟求应试人多,在下者人人托名习武,隐济其奸。号称改变武科,于西国善法未得皮毛,转致家家购置火器,先召变法之祸。臣愚以为生童在家操演及自买枪炮二事断不可行,习武者必令入学堂,所用枪炮必由教习委员经管,非在学堂时不得私蓄。此原奏之宜变通者三也。

抑臣更有说者,凡议变法不得脱去旧日科臼,便多窒碍。今仍拘执旧章,欲处处有武童生应试,以饰观瞻,不得不令自买枪炮,在家操演,委曲迁就,诚属无可如何之事。然值此时艰,更张一政,只期足用,不必贪多,期于得真材,不必假名器以为悦人之具。窃意内而畿辅、外而沿边险要及濒临江海各省,建造武备水师学堂,秀才、举人选于斯,参、游、都、守取于斯,果有十余省得力之学堂,尽足备二十余省之用。创办伊始,不妨暂停一两科,从容学习,将来中选者,即令得官,免因蹭蹬改节若泥。定各省旧有中额,绌于财力,不能尽设学堂,则有自行操演之弊;纵能尽设学堂,而仓猝举行,难得良师教习,终归有名无实。此宜核实酌办,无庸袭前例以徇俗情者也。

至旧日武生武举,应准投营效力,量材录用。无论新章能否通行,旧例武科应一律停止,以归画一。微臣梼昧之言,是否有当。合无仰恳天恩饬部核议,施行。所有变通武科,敬抒管见缘由,谨会同甘肃学政臣夏启瑜,恭折具陈。伏乞皇上圣鉴。谨奏。①

同日,公又奏报甘肃提标孳生马厂三次三年期满遵例考成,下部闻。曰:

窃查甘凉孳生马厂,前于光绪十八年造办考成后,适值二十一年河湟回乱,凉州镇标原牧头、二群马匹先后倒毙,及全行被抢无存,经前督臣杨昌濬随时奏明在案。兹查甘州提标头群马厂,自光绪十八年六月起,扣至二十一年六月,又届三次三年期满,时因军务尚未肃清,未及举办,现已一律平定,自应循例办理,先经臣委员赴厂查验印烙,并令分晰造册去后。兹准署甘肃提督臣张永清咨:将甘标头群马厂孳生儿骡马匹数目并经牧官兵姓名照例声明叙赏,造册咨送核办前来。

臣查定例:孳生马匹,派员经理牧放,不论儿骡马,三年三匹取孳生马驹一匹,此外多孳少孳,应视每厂牧马之多寡,定以孳生分厘之成数。如应取驹百匹者,以十匹为一分、一匹为一厘。若于额取之外多孳生三分以上者,牧长、牧副均以应升之缺即用,牧兵赏银四两。至各员弁等应行议叙及兵丁等给赏之处,如已满三年,仍照例办理。其未满三年者,照历来均齐成案,应请免议,等语。

甘州提标原设头群孳马二百四十四,自光绪十八年六月底止造办考成后,扣至二十一年六月底止,又届三年均齐限满,原设并孳生共大小儿骡骟马四百三十三匹,内骟马七十六匹不在取驹之内核算外,其应取驹儿骡马三百五十七匹,内除十六、十七、十八等三年产获儿骡马九十三匹,未至取驹之年,十九年一岁应取驹儿骡马二百六十四匹,按例应孳生儿骡马驹三十四,二十年一岁旧管应取驹儿骡马二十四匹,二共应取驹儿骡马二百八十八匹,按例应孳生儿骡马驹三十二匹;二十一年一岁旧管应取驹儿骡马二百八十八匹,再加十七年产获应取驹

---

① 台北故宫博物院藏:《军机及宫中档》,文献编号:408003167.又,中国第一历史档案馆藏:《录副奏折》,档号:03-5615-053.

儿骡马二十四匹，二共应取驹儿骡马三百一十二匹，按例应孳生儿骡马驹三十五匹，再加十八年产获儿骡马驹四十五匹，未至取驹之年，俟下届另算外。今查甘提标五营，自十八年七月初一日起至二十一年六月底止，共产获孳生儿骡马驹一百三十四匹，内除依额应孳生儿骡马驹九十七匹外，多孳生儿骡马驹三十七匹，照例合算，系在三分以上。除将应行叙赏弁兵开单咨部分别核办，并前提臣周达武①、李培荣②及现署提臣张永清稽查均未满三年，毋庸议叙外，其总理孳马提属大马营游击沈福清，经牧已满三年，应请照例加二级。至牧兵例给赏银，司库建、旷现在无款可支，应请在于兵饷款内动支造报；取获马驹，应俟下届三年期满，再行照例办理。

除送到清册分送户、兵二部外，所有甘州提标头群马厂三次三年期满循例考成缘由，理合恭折具奏。伏乞皇上圣鉴，训示，施行。谨奏。③

是日，公又奏请核销征进各军饷装等款一事，下部闻。曰：

窃查前次河湟军兴，大军云集，运送饷装，所需车骡甚多，脚价必须加增，方期无误，曾将车骡载重斤数并每百里实需加增价值以及守

---

① 周达武（1813—1894），字梦熊，号渭臣，湖南长沙府宁乡县人。咸丰四年（1854），以武童从军，因功赏六品顶戴，拔补把总。五年（1855），升千总，赏戴蓝翎。六年（1856），迁守备。次年，补都司。八年（1858），升授游击，换花翎。九年（1859），擢参将。十年（1860），充提官，加总兵衔。同年，实授总兵。同治元年（1862），晋提督衔，赏质勇巴图鲁名号，调四川建昌镇总兵，署四川提督。次年，代理四川提督。四年（1865），调补贵州提督。七年（1868），加博奇巴图鲁勇号，赏穿黄马褂。十二年（1873），封骑都尉。光绪元年（1875），因病回籍调理。三年（1877），补授甘肃提督。二十年（1894），卒。赠尚书衔。

② 李培荣（1841—？），云南大关厅人。同治初，以武童投效军营，在贵州、四川等省打仗出力，历保尽先外委、千总、守备、都司，先后补署茂州营外委、绥宁协黔彭营右司把总。同治四年（1865），保游击。七年（1868），保升参将，赏给胜勇巴图鲁勇号，加副将衔。同年，保副将，晋总兵衔。光绪元年（1875），保总兵仍留山东尽先题补，加提督衔。六年（1880），督办雷波夷务。七年（1881），补四川松潘镇总兵。九年（1883），署四川提督。十二年（1886），迁甘肃肃州镇总兵。二十年（1894），擢甘肃提督。

③ 台北故宫博物院藏：《军机及宫中档》，文献编号：408003165. 又，中国第一历史档案馆藏：《录副奏折》，档号：03-6052-054.

候、回空各给喂养银两数目经臣附片奏请饬部立案，以便造册请销。光绪二十三年十一月二十七日奉朱批：着照所请，该部知道。钦此。当经转行遵照去后。兹据藩司曾鉌将各车局、各州县陆续供过征进各军军装、辎重脚价并守候、回空喂养银两及转运各省协拨饷装脚价，暨添设静宁、安定各局局费、工食等项，造具总、散清册，计自光绪二十一年五月起，至二十二年十二月大军凯撤止，实用过银二十八万六千六百七十二两三钱二分一厘二丝，内动用山西藩司解到车价银六万两，河东道解到车价银四万两，本省杂差车价支剩银八万一千二百二十两四钱六分四厘八毫，不敷银一十万五千四百五十一两八钱五分六厘二毫二丝，系在新添军饷项下借动应用，应请拨还，并声明此次造销系征进转运脚价，其前敌应用及赈粮脚银，容俟另案办理，等情。详请奏咨前来。

臣覆核该司造齐各项脚价银两，均系实用实销，毫无冒滥，除将清册送部外，相应请旨饬部照册核销。再，此项脚价不敷银两，系在添拨军饷项下借垫应用，应如何筹拨还款，并恳饬部核议。遵行。谨恭折具陈。伏乞皇上圣鉴，训示。谨奏。①

五月初九日，公奏报甘肃各属光绪二十三年下忙征收银两数目情形，下部闻。曰：

窃查甘肃各属光绪二十三年上忙征收银数，业经奏报在案。所有二十三年下忙征收银数，据甘肃布政使曾鉌详称：查甘肃各属光绪二十三年额征并秦州等处新垦地丁共银二十八万五千五百五十三两九钱二厘，内除皋兰县等处水冲地亩，已请蠲免，并荒地无从征收，及皋兰县西乡马家湾回民逃亡无着银两外，现垦熟地并宁州等处二十三年上忙续垦升科，共应征银二十一万一千七百二十四两二分九厘六毫。

---

① 台北故宫博物院藏：《军机及宫中档》，文献编号：408003166. 又，中国第一历史档案馆藏：《录副奏折》，档号：03-6146-004.

前上忙已完银并收沙泥州判二十一年存留驿站,奉文流抵二十三年起存正赋共银一十万三千二百八十八两六钱三分一厘,内已完存留经杂、驿站银四万五百四十二两七钱一厘,已完起运银六万二千五百三十三两六钱四分一厘,杂赋银二百一十二两二钱八分九厘,均经解司造入光绪二十三年秋拨并二十四年春拨册内,讫。

未完正、杂银一十万八千四百三十五两三钱九分八厘六毫,又上忙后续垦升科地丁起存银一千二百三十四两九分,二共未完银一十万九千六百六十九两四钱八分八厘六毫,内除河州、狄道州、洮州厅等处被兵并固原州禾苗被灾地丁正、杂共银一万五千九百二两六钱五分一厘三毫外,止该未完银九万三千七百六十六两八钱三分七厘三毫。今下忙已完银九万二千八百一十四两二钱三分七厘七毫,内已完存留经杂、驿站并存留课税、地税、年例、盘缠、脚价银三万一千五百一十四两一钱八分三厘,已完起运银六万七百九十六两七钱五分六厘七毫,已完杂赋银五百三两二钱九分八厘,均已解司,内造入二十四年春拨册内银一万六千八百一十一两六钱八分四厘,候造入二十四年秋拨册内银四万四千四百八十八两三钱七分七毫。未完银九百五十二两五钱九分九厘六毫,内起运银九百二十二两八钱,存留驿站银二十九两七钱九分九厘六毫。现在严饬催缴,俟报征清完,归入下届带征册内造报,由该司造具总、散各册。详请具奏前来。

臣覆核无异,除将清册咨送户部查核外,所有甘省各属光绪二十三年下忙征收银两数目,理合恭折具陈。伏乞皇上圣鉴。谨奏。①

同日,公又奏请改拨甘肃关内外新饷银两一事,下部议。曰:

窃臣准两江督臣刘坤一咨开:准户部咨:续借英、德商款,已将苏州、淞沪等处货厘鄂岸、皖岸等处盐厘改归税务司赫德代征拨还。所

---

① 台北故宫博物院藏:《军机及宫中档》,文献编号:408003168.又,中国第一历史档案馆藏:《录副奏折》,档号:03-6259-027.

有在前项货厘、盐厘内协甘饷需,以后无款协拨,应请自行奏咨另拨,并黏单内开苏省牙厘、淞沪捐厘两局,每年各协甘肃新饷银六万六千六百六十六两零,又鄂岸盐厘内每年约解银六万余两,皖岸盐厘内每年约解银三万余两,各等因。当即饬司查明光绪二十四年分甘肃新饷,江苏省原拨银二十万两,除抵兑陕西省应还英、德洋款已由陕解银六万两,并江苏省径解甘库银六万四千一百九十七两八分,共收银一十二万四千一百九十七两八分外,尚欠未解银七万五千八百二两九钱二分。

又,两淮盐运司原拨银二十万两,除抵兑陕西省应还英、德洋款已由陕解银三万两,并两淮径解甘库银四万两,共收银七万两外,尚欠未解银一十三万两。计江、淮两处应解银二十四年新饷内,共欠银二十万五千八百二两九钱二分。查此项新饷为甘肃关内外各军计口授食之需,部中按年指拨的款,本不容分毫短少,甘肃提督董福祥所部甘军东调应需行饷,亦由山西并河东道协甘新饷内划拨银八十万两,除将关内外应提、封储各款银两尽数作抵外,尚不敷银五万余两,遵奉部饬由甘肃司库例存各款内匀拨,已属罗掘为难。今江、淮两处本年新饷又复停解,此后各军饷项不敷支发,实于关内外大局关系甚巨。据藩司曾鉌详请具奏改拨前来。

合无仰恳天恩俯念甘新饷需紧要,饬部迅将本年江、淮两处欠解银二十万五千八百二两九钱二分,另行改拨的款,解甘备支,以符原数而免缺乏。除咨部外,谨恭折具陈。伏乞皇上圣鉴,训示,施行。谨奏。①

是日,公又奏报甘肃光绪二十四年夏禾被旱大概情形,下部闻。曰:

窃查甘省地方,去冬雪泽甚少。今年自春徂夏,雨泽愆期,虽经各

---

① 台北故宫博物院藏:《军机及宫中档》,文献编号:408003169。又,中国第一历史档案馆藏:《录副奏折》,档号:03-6646-079。

属设坛祈祷,间得小雨,多未深透,凡夏禾之种植山原者已形枯萎,水地亦不甚畅茂。四月中、下两旬,各属间有禀报得雨者,农民始补种秋禾,但望续沛甘霖,民食或尚可接济。就甘省全局论,西路甘、凉、肃一带气候较迟,旱象尚浅;东路平、庆、泾、固,南路巩、秦、阶各府州被旱,各有轻重不同;北路宁夏府向赖河渠引水灌田,今河流浅少,未能一律沾溉。至罂粟一物,更不耐旱,山原地亩亦均枯萎。现已饬属迅速查明被灾轻重,俟查报至日,分别核明应否停征钱粮,豁免地税,再行奏请恩施。据藩司曾鉌详请先将夏禾被旱大概情形具奏前来。理合恭折具陈。伏乞皇上圣鉴,训示。谨奏。①

同日,公又附片奏请截留新海防捐缘由,曰:

再,据甘肃藩、臬、司、道详称:窃查前次办理河湟一带善后赈抚事宜,需款本巨,除请拨正帑外,并将甘省光绪二十一、二、三等年新海防捐及筹饷新捐先后请准按年全数截留,提拨济用。无如地广日久,款仍不敷,虽由外设法挪借,勉应急需,而现正清厘报销,亟须弥补还款,司库无可筹措,再四思维,惟有仍请将甘省光绪二十四年分新海防捐及筹饷新捐再行截留一年,以资挹注,等情。由藩、臬、司、道会详请奏前来。

臣覆加查核,委系实在情形,合无仰恳天恩俯准将前项捐款再行截留一年,俾完赈事而便造报。谨附片具陈。伏乞圣鉴,训示。谨奏。②

---

① 台北故宫博物院藏:《军机及宫中档》,文献编号:408003170.又,中国第一历史档案馆藏:《录副奏折》,档号:03-9370-001.
② 台北故宫博物院藏:《军机及宫中档》,文献编号:408003168-0-A.又,中国第一历史档案馆藏:《录副奏片》,档号:03-5603-028.

五月十六日，公开单奏报光绪二十四年闰三月分甘肃雨水粮价情形，曰：

窃照本年三月分粮价并得霑雨泽情形，业经据折奏报在案。兹查本年闰三月分，雨水甚缺，农民望泽孔殷。臣督同文武僚属设坛祈祷，虽据兰州等八府六直隶州属先后具报得霑雨泽，自一二寸至二三寸不等，正值禾苗滋长之际，于农田不无裨益。惟各属间有并未得雨及得雨未经深透之处，地土仍形干燥，急盼甘霖叠降，方冀有秋，已将甘省被旱大概情形另折具奏。

至通省粮价，或与上月相同，或较上月稍有增减。据藩司曾鉌开折详请具奏前来。臣覆核无异，理合恭折具陈，并缮粮价清单，恭呈御览。伏乞皇上圣鉴。谨奏。①

同日，公又代奏新授总兵陈元莩谢恩，曰：

窃据署陕西延榆绥镇总兵新授甘肃肃州镇总兵陈元莩呈称：元莩接奉行知内开：光绪二十四年二月二十二日奉上谕：甘肃肃州镇总兵员缺，着陈元莩补授，钦此。谨即恭设香案，望阙叩头谢恩。伏念元莩豫章下士，樗栎庸材，权镇边疆，涓埃未报，兹复渥荷殊恩，真除专阃，自天颁命，伏地怀惭！容俟禀商督臣委员接代署篆，即行趋赴阙廷，跪聆圣训。

所有感激荣幸下忱，祈据情代奏叩谢天恩，等情。前来。理合恭折代陈。伏乞皇上圣鉴。谨奏。②

---

① 台北故宫博物院藏：《军机及宫中档》，文献编号：408003175.又，中国第一历史档案馆藏：《录副奏折》，档号：03-6973-012。
② 台北故宫博物院藏：《军机及宫中档》，文献编号：408003173.又，中国第一历史档案馆藏：《录副奏折》，档号：03-5926-015。

是日，公又奏报审拟余起鸿率众强搬父柩一案，下部议。曰：

窃查前据署皋兰县知县姚世贞禀称：光绪二十二年七月二十日，据已故原任秦州直隶州余泽春次子余起昌喊控伊嫡长兄余起鸿，因父殁索分家财未遂，雇倩多人，强搬寓所灵柩、衣物，致伊生母张氏、庶母陈氏均被殴伤。维时，另有遣散营勇乘间混进，行强劫夺，伊继母亦被殴伤，等情。当经姚署令驰往勘验，获犯讯供，起赃给领，禀经臣将余起鸿奏参革职，并行司饬府提审详办，仍令严缉逸犯，务获究报去后。该前府胡孚骏未及讯详卸事，接署府周景曾到任准交。正集讯间，即据皋兰县于八月十八日续获刘新堂一名到案，讯据供认伊与在逃之王明德等一共六人，乘间混进，伊扛伤余石氏，各抢皮箱一口，携至前院，被余起鸿挡住，各将皮箱丢弃逃跑等情不讳。讵该犯于被获之时已经畏罪潜服洋烟，于讯供后移时毒发殒命，验无别故，禀经臣批饬核入正案详办，并经该署府访闻，甘肃试用巡检李昕、甘肃试用典史杜汝镖牵涉在内，呈由臣咨部斥革，传同一干人等，由署兰州府知府周景曾讯明，分别议拟，解经甘肃布政使曾鉌、按察使丁体常会同覆审转详前来。

臣覆加确核，缘余起鸿籍隶浙江遂安县，寄居湖南善化县；刘炳山、李玉山、王有得、夏得华分隶湖南湘潭、浏阳、善化、四川巴州等州县。余起鸿先在湖南协黔局报捐县丞，后于剿平新疆南路边寇案内出力，保以知县分省补用；刘炳山、李玉山、王有得、夏得华均各小贸营生，先未为匪，与余起鸿俱相认识。余起鸿之父余泽春，前任甘肃秦州直隶州。嫡妻方氏，即余起鸿生母，早故；继妻石氏，妾张氏、陈氏，各生子女。余泽春先因母故丁忧开缺，嗣经服满起复，来甘候补，光绪二十一年在省病故，柩停在寓。二十二年五月间，余起鸿来向余石氏说要搬送父柩回湖南安葬，余石氏等均未应允。余起鸿又向索分家财，余石氏等亦未答应。余起鸿即起意将父柩、衣物强行搬出，暂寄孝义祠内，然后再劝余石氏等偕归湖南，谅必允从。七月十九日，往向孝义祠内寄居素好之甘肃试用典史杜汝镖商借房屋,厝放柩物,杜汝镖当即应允;复往向素好之甘肃试用巡检李昕,托其照料父柩,李昕亦即允诺;又雇不识姓名抬夫十六人,抬送父柩,雇刘炳山、李玉山、王有得、夏得华、魏三五人前往帮忙,雇梁升、曾茂林轿车二辆,往孝义祠运送行李,均约定七月二十日早前来,并未提及强搬情由。

届期各人到齐,只杜汝镖未至。余起鸿带领刘炳山、李玉山、王有得、夏得华、魏三五人走进余石氏房内,余石氏尚未起炕,指令刘炳山拿取板箱一只,李玉山等各拿皮箱一只,令其装上轿车。余起鸿即一面喝令抬夫将父柩用绳络住,套入抬杠。余张氏赶出喊骂,并用鞭杆向余起鸿殴打,余起鸿用手格回,致鞭杆击伤余张氏额颅。余张氏拉住抬杠不放,余起鸿喝令抬夫起行,致棺木撞跌,余陈氏倒地,在地上磕伤右膝。即令李昕随同灵柩照料送赴孝义祠内厝放。是时,李玉山等各将皮箱装车吆走。刘炳山拿出板箱,走至前院,失手落地,将箱碰散,倾出银包。刘炳山见财起意,窃取两包,李玉山等转身进来,瞥见银包,亦各起意窃取。李玉山、魏三各拿两包,王有得、夏得华各拿一包,均各跑走。

又,其时游勇刘新堂、王明德、柳老五、杜兴、白连升、金祥发路过闻闹,探知前情。刘新堂即起意乘间抢些财物,邀允王明德等一齐混进,直至余石氏房内大家搬抢,经余石氏上前拉夺,被刘新堂用拳殴伤右乳、右臂膊、右肐肘,各劫皮箱一只,刚至前院,余石氏跟追喊拿,余起鸿瞥见挡住,刘新堂等均各弃箱而逸。经余起鸿之弟余起昌报经皋兰县姚署令驰诣勘验,饬差先后拿获余起鸿、刘炳山、李玉山、王有得、夏得华、梁升、曾茂林到案,并两次起获原赃衣箱、银包,给余石氏认领。查拿魏三等逃逸无踪,禀经臣将余起鸿奏参革职,行司饬府,提审详办。该前府胡孚骏未及讯详卸事,该署府周景曾到任,接准移交。正集讯间,旋据皋兰县续获刘新堂一名到案,该犯先自畏罪潜服身带洋烟,讯供后移时毒发殒命,验无别故,禀经臣批饬核入正案详办。李昕、杜汝镖经该署府访闻,呈请咨部斥革。旋即提齐一干,讯供通报,批饬覆鞫。兹据该署府查明,逃犯魏三等屡缉无获,余石氏伤早平复,提犯研讯,分别议拟,解由藩、臬两司覆审转详到臣,经臣覆核无异。

查例载:同居卑幼将引他人强劫己家财物,依各居亲属引强盗卑幼犯尊长,以凡人论斩。又律载:窃盗赃一百二十两以上,绞监候;一百两,杖一百、流二千里,各等语。此案已革分省补用知县余起鸿因继母余石氏等不允搬柩回南并分给家财起意,雇倩多人,强行搬寄,意欲挟制偕归,即所应雇之人亦未商谋强劫,究与实在将引他人强劫己家财物情形不同。至游勇刘新堂等混入行劫,并拒殴余石氏致伤,实非余起鸿意料所及,亦与盗己家财物他人殴伤之律有间。遍查律例,并无恰合专条,自应酌量减等问拟。

余起鸿除鞭杆回击致伤庶母张氏、磕伤庶母陈氏均止拟徒轻罪不议外,应请于"同居卑幼将引他人强劫己家财物,依各居亲属引强盗卑幼犯尊长以凡人论斩"罪上量减一等,拟杖一百、流三千里,系职官,从重发往新疆,充当苦差。刘炳山、李玉山、王有得、夏得华受余起鸿之雇,搬运余起鸿家箱只,既未谋盗在先,自未便照强盗科罪。即窃取板箱内倾出银两,亦与同谋上盗行窃有间。惟所窃银两刘炳山、李玉山已在一百二十两以上,王有得、夏得华已至百两,亦应酌量分别减等问拟。刘炳山、李玉山应请于"窃盗赃一百二十两以上绞"罪上量减一等,各拟杖一百、流三千里,递籍定地,折责充徒,仍各照例刺字。已革甘肃试用巡检李昕为余起鸿押送父柩,已革甘肃试用典史杜汝镖为余起鸿受寄柩物,虽讯系碍于情面难却,并不知强搬情由。惟先未查明,究属非是,且另有唆人争讼、代作词状之事,业经咨革,请免再议。车夫梁升、曾茂林得受雇价,装运衣箱,讯无别情,均毋庸议。余泽春所遗资财,应饬查明按股均分,以杜后衅。刘新堂乘间行劫伤人,罪应斩候,已于尚未到案之先潜自吞服洋烟,讯供后毒发身死,验讯并无别故,亦毋庸议。受雇抬柩不识姓名十六人,应免查拘。逸犯魏三等饬缉,获日另结。

除全案供招咨部外,所有审明已革分省补用知县余起鸿率众强搬父柩、衣物,致刘炳山等乘间窃劫,拒伤余石氏平复,按例分别减等定拟缘由,理合恭折具陈。伏乞皇上圣鉴,训示,饬部核覆施行。谨奏。①

同日,公又会衔甘肃提督臣张永清奏请张绳祖调补庄浪营都司,下部议。曰:

窃臣接准部咨:甘肃凉州镇属庄浪协营都司员缺轮用预保,该省预保无人,应以第六轮第六缺拣发人员题补,饬令迅即拣员请补,等因。当经转饬遵照去后。兹据署凉州镇总兵刘璞呈称:庄浪协营设处西路冲途,巡防最关紧要,非精明强干、熟悉地方情形之员,难期胜任,查有凉州镇属岔口营都司张绳祖,年富才明,诚实可靠。该员前在俄博营都司任内屡次带队侦探贼情,护运军粮,不避艰苦,若以该员调补庄浪协营都司,实于营伍地方有裨。呈请核办前来。

臣查庄浪协营都司员缺地处冲要,本不在裁减之列,亟需拣员调补,以重操防。该员张绳祖勤干耐劳,于西路营伍、地方情形最为熟悉,以之调补斯缺,实堪胜任。合无仰恳天恩俯念员缺紧要,准以该员张绳祖调补庄浪协营都司,俾资得力。如蒙俞允,该员以都司调补都司,衔缺相当,毋庸送部引见,仍请饬部换给实授札付,以符定制。至所遗凉州镇属岔口营都司员缺,仍请照章作为第六轮第六缺,由外在于拣发人员内另行拣员请补。

除查取该员履历清册另咨送部外,谨会同署甘肃提督臣张永清,合词恭折具陈。伏乞皇上圣鉴,训示。谨奏。②

---

① 台北故宫博物院藏:《军机及宫中档》,文献编号:408003171。又,中国第一历史档案馆藏:《录副奏折》,档号:03-7371-065。
② 台北故宫博物院藏:《军机及宫中档》,文献编号:408003172。又,中国第一历史档案馆藏:《录副奏折》,档号:03-5926-014。

同日，公又奏报嘉峪关征收俄税并造册报销一事，下部闻。曰：

窃照嘉峪关新设俄国陆路口岸，征收税项，遵照部议扣足四结，专折奏咨一次。兹查光绪二十三年四月初九日止，第四十八结届满，业经先后造册奏咨。今自二十三年四月初十日起至二十四年闰三月初九日第五十二结止，又届四结期满；其第四十九结、五十结、五十一结、五十二结征收税银，已节次分别咨明在案。所有十三次四结内共旧管、新收，除提火耗每两一分二厘外，征收内地正、子税银九百六十八两三钱五分三厘五毫。又，开除提入光绪二十三年满年经费银五百九十七两七钱四分七厘三毫，实储税银三百七十两六钱六厘二毫。据该关监督何福堃造具清册，详请奏咨前来。臣覆核无异，除册分送总理衙门及部、科查照外，理合恭折具奏。伏乞皇上圣鉴。谨奏。①

是日，公又附片奏请姚焱等照例建坊，下部闻。曰：

再，查甘肃前年被兵筹赈，劝募各省义捐，曾经奏明如有捐及千两者，照例请旨建坊，给予"乐善好施"字样在案。兹据甘肃藩司曾铄详称：查有陕西泾阳县绅士分部行走郎中姚焱、甘肃候补知县姚五经等，遵父母遗命，曾捐助河州赈银一千两，由陕甘抚臣魏光焘咨经臣饬司兑收，已归入赈款项下动用。虽据称不敢邀奖，然未便没其好善之忱，详请核奏前来。

臣查姚焱等克承先志，慨捐巨款，赈济灾民，核与建坊之例相符，合无仰恳天恩俯准姚焱等为其已故父候选道姚惠及其母姚吕氏照例在于原籍自行建坊，给与"乐善好施"字样，以示旌奖而昭激劝。谨附片具陈。伏乞圣鉴，训示。谨奏。②

---

① 台北故宫博物院藏：《军机及宫中档》，文献编号：408003174.
② 台北故宫博物院藏：《军机及宫中档》，文献编号：408003174-0-A.又，中国第一历史档案馆藏：《录副奏片》，档号：03-5563-049.

同日，公又附片奏报拣员补署通判等缺情形，下部闻。曰：

　　再，新授平庆泾固化道王会英现已到省，应饬赴新任。西宁府知府燕起烈①已奉文准调。新授甘州府知府诚瑞亦已到省，应饬各赴新任。凉庄理事通判舒隆阿病故遗缺，查有试用通判文祺堪以委署。署灵州知州姚长龄调省遗缺，查有署洮州厅事准补河州知州赵谦堪以调署。递遗洮州同知员缺，查有宁夏盐捕通判熊振檠堪以调署。抚彝通判黄绍梓丁忧遗缺，查有候补知县余人驹堪以委署。署阶州直隶州知州李钟辰撤任遗缺，查有候补直隶州知州符瑞堪以委署。署狄道州事准调武威县知县杨培之，应饬赴调任。所遗狄道州知州员缺，即以现署武威县候补知县萧承恩署理；萧承恩未到署任以前，委候补知州潘力谋暂行代理。

　　署海城县知县杨廷槐调省遗缺，查有候补知县王树堂堪以委署。平罗县知县李含菁调省遗缺，查有准调西宁县知县傅维祜堪以调署。署西宁县事准补宁朔县知县张庭武应饬赴本任，所遗西宁县知县员缺，查有礼县知县罗运甓堪以调署；所遗礼县知县员缺，查有试用知县余重基堪以委署。隆德县知县程德音回籍省亲遗缺，查有候补知县易策谦堪以委署。署清水县知县方傅获回巴燕戎格厅本任，所遗清水县知县员缺，查有候补知县袁范堪以委署。正宁县知县董维埼病故遗缺，查有候补知县王开甲堪以委署。据藩、臬两司先后会详前来。除分别檄饬遵照外，谨附片陈明。伏乞圣鉴。谨奏。②

---

① 燕起烈（1842—1901），字舜钦，号旸谷，湖南桃源县人，附生。咸丰十一年（1861），考取拔贡。同治元年（1862），以七品小京官分刑部。同年，告假。五年（1866），销假。七年（1868），丁父忧。十二年（1873），捐免历俸期满。光绪三年（1877），保候补主事。五年（1879），充刑部提牢。七年（1881），补刑部江苏司主事。九年（1883），升刑部河南司员外郎。十一年（1885），迁刑部江西司郎中。十四年（1888），授陕西道监察御史。十五年（1889），充巡城御史，巡视北城。同年，放甘肃甘州府知府。二十三年（1897），调补西宁府知府。二十七年（1901），卒于任。著有《燕甘州集》存世。

② 台北故宫博物院藏：《军机及宫中档》，文献编号：408003174-0-B。又，中国第一历史档案馆藏：《录副奏片》，档号：03-5362-044。

同日，公又附片奏报拣员委署副将等缺，下部闻。曰：

　　再，甘肃提属永固协副将朱祥兴请假回籍修墓，所遗副将印务，臣查有甘州城守营参将清辅，勤慎有为，堪以委署。所遗参将员缺，查有留甘尽先补用副将许元荣，年强才裕，堪以委署。除分别给委外，理合附片具奏。伏乞圣鉴，谨奏。①

是日，公又附片奏报参将师玉春病故出缺，下部闻。曰：

　　再，据兼署督标中军副将韩廷芝呈称：卸署督标中军副将准补甘肃提标中营参将师玉春得患痈疽病证，调治不愈，于光绪二十四年闰三月十六日在省寓病故，委员查验属实，取具承查并嫡亲、医生、印甘各结及该故员原领宁夏镇标左营游击札付，呈赍核办前来。
　　臣覆查无异，相应奏明请旨开缺。除札付、印、甘各结咨送兵部外，所遗甘肃提标中营参将员缺，甘肃现有应补人员，容俟营汛裁并就绪，再行拣员请补。谨附片具陈。伏乞圣鉴。谨奏。②

六月初九日，公开单奏报光绪二十四年四月分甘肃雨水粮价情形，曰：

　　窃照本年闰三月粮价并得霑雨泽情形，业经据折奏报在案。兹查本年四月分兰州等八府六直隶州属具报得霑雨泽，或一二寸、或三四寸不等。正值禾苗吐穗之际，农田待泽犹殷，间有并未得雨及得雨未经深透之处，夏禾业已受伤，所冀甘霖叠降，得以补种秋禾，借资接济。
　　除饬司查明被旱各属夏灾轻重情形另行奏报外，至通省粮价，或与上月相同，或较上月稍有增减，据藩司曾鉌开折详请具奏前来。臣

---

① 台北故宫博物院藏：《军机及宫中档》，文献编号：408003172-0-A。又，中国第一历史档案馆藏：《录副奏片》，档号：03-5926-017。
② 台北故宫博物院藏：《军机及宫中档》，文献编号：408003172-0-B。又，中国第一历史档案馆藏：《录副奏片》，档号：03-5926-016。

覆核无异，理合恭折具陈，并缮粮价清单，恭呈御览。伏乞皇上圣鉴。谨奏。①

同日，公又奏报力疾销假缘由，曰：

窃臣前因假期已满，病尚未痊，恳恩开缺调理，本年五月二十四日差弁赍回原折，奉朱批：着再赏假一个月，毋庸开缺。钦此。跪聆之下，感悚莫名！臣前在塞外积受风寒，每年咳喘之疾，冬发春愈。今年交夏以后，气喘仍未稍痊，病体难支，恳恩开缺。原因封疆重寄，非阘冗之才、衰病之躯所能胜任，乃荷圣恩逾格，优予假期，闻命自天，汗颜无地！现在时值盛夏，气喘等证叠经设法医治，较前稍觉轻减，而精神气血一时尚未复元。

今年甘省雨泽愆期，米粮腾贵，各属叠报成灾，前已将大概情形奏明在案。目下正筹款购运粟、麦，办理平粜，借资民食。臣忝任封疆，受恩深重，值此时间，急宜勉强支持，力图报效，稍分朝廷西顾之忧。倘此后仰托福庇，病体渐次就痊，将来交冬或不致触寒再发，则犬马之报，自当矢之终身，以期仰答高厚生成于万一！所有微臣力疾销假缘由，谨缮折具陈。伏乞皇上圣鉴。谨奏。②

是日，公又奏报预估光绪二十五年分甘肃关内军饷及满营俸饷一事，下部议。曰：

窃臣前准部咨：奏拨光绪二十四年分甘肃新饷案内，声明光绪二十五年应需饷项，应于二十四年春间先行详估奏报，以凭核办，等因。当经行司遵照去后。兹据甘肃布政使曾鉌详称：遵查甘肃关内应需饷项，自光绪十四年起，每年奉拨银一百一十八万两，嗣经先后议减银二

---

① 台北故宫博物院藏：《军机及宫中档》，文献编号：408003179。又，中国第一历史档案馆藏：《录副奏折》，档号：03-6974-007.

② 台北故宫博物院藏：《军机及宫中档》，文献编号：408003176。又，中国第一历史档案馆藏：《录副奏折》，档号：03-5363-008.

十三万七千八百余两,饬令提存司库,每年仅开支银九十四万余两。

伏念甘省回乱甫平,非有重兵镇慑,不足以消隐患而靖人心,扼要分防,实非旧章马步三十旗足敷分布,且自董福祥一军开拔东上,防地空虚,又经奏准添募马、步队各一旗,而所调之安、宁、靖、洮、镇南步队一旗四哨,自四月起至年底止,腾出饷银三万七百余两,又奉部电饬拨补董军添募五营之饷,而遗出防地仍须由甘添队填札。是甘省但有增益之防军,并无加添之饷项,左支右绌,竭蹶时形。

所有二十五年甘肃关内应需军饷,拟请照旧仍拨银一百一十八万两,内有应对存银二十万余两,暨新疆节省提存甘库银一十万两,是否仍须拨归董军专饷,听候户部核饬。其安、宁等一旗四哨腾出之饷,拟请来年免其提拨,俾甘肃旧存、新募各军稍资挹注,冀收士马饱腾之效。此外宁夏、凉州、庄浪、西宁、青海等处俸饷,自光绪十四年起每年奉部专拨银二十二万两。近年以来,满营生齿日繁,原拨饷银时形不足,亦属万难再减,请仍照旧专拨银二十二万两,各等情。详请具奏前来。

臣查关内饷项,历年核减,已属不敷支用。且军兴后,防务关紧,酌留营旗未便过事裁汰,贻误边陲。当此筹款艰难之际,亦不敢遽请加拨,惟有吁恳天恩准将二十五年关内应需饷项、各满营及青海俸饷,饬部照旧,共指拨银一百四十万两,免致亏乏。

除咨部外,所有预估光绪二十五年分甘肃关内实需军饷及满营、青海俸饷各数目缘由,理合恭折具陈。伏乞皇上圣鉴,训示。遵行。谨奏。①

同日,公又奏请符瑞补授阶州知州,下部议。曰:

窃据甘肃藩、臬两司详称:阶州直隶州知州朱宗祥病故遗缺,业经

---

① 台北故宫博物院藏:《军机及宫中档》,文献编号:408003177。又,中国第一历史档案馆藏:《录副奏折》,档号:03-6147-020。

扣留截缺，自应照例按班酌补。查定例：道、府、同知、直隶州缺出，本省留补二次，送部归选一次。如系选缺遇病故所遗，应先尽候补班前酌补一人，次将候补正班酌补一人。又，道、府以至佐杂请补选缺各项候补人员，无论曾任、初任，均令题咨补授，毋庸请署，各等语。甘省自停止变通章程后，前次阶州区望濂降调开缺，由本省留补一次。此次朱宗祥病故出缺，尚应留补一次。现无应补遇缺先以次花样人员，自应依病故所遗先尽候补班前酌补。

该司等在于是班内逐加察酌，惟查有军功候补班前先补用直隶州知州符瑞，年五十五岁，陕西平利县人，由文童投效甘肃新疆各军营，历保花翎知府衔，以直隶州知州留甘，归军功候补班前先补用，历署新疆库尔喀喇乌苏、喀喇沙尔直隶同知等缺。嗣经丁忧起复，引见领照赴甘，于光绪二十二年八月十九日到省，试看年满甄别留省补用在案。该司等查该员符瑞练达勤明，才堪治剧，以之酌补阶州直隶州知州员缺，与例相符，实堪胜任。会详请奏前来。

臣查符瑞年强才裕，勤干有为，合无仰恳天恩准以该员符瑞补授阶州直隶州知州，实于地方有裨。如蒙俞允，该员系以直隶州知州请补直隶州知州，衔缺相当，毋庸送部引见。再，该员前在新疆历署各缺，并无参罚案件。谨恭折具陈。伏乞皇上圣鉴，训示。谨奏。①

同日，公又代奏邓增升授陕西提督谢恩并吁恳陛见，曰：

窃臣接准陕西固原提督臣邓增咨开：窃增一介武夫，知识浅陋。光绪二十二年，由西宁镇总兵蒙恩升授陕西提督，正拟陈请陛见，叩谢天恩，维时湟回西窜，旋奉督队出关追剿之命，幸而玉宇澄清，诸军凯撤。复于是年八月十三日钦奉温旨，着赴陕西提督本任，就近查办海城逸匪。迁延日久，未觐天颜。虽圣德宽广，如天翰浩，而臣心愧悚，

---

① 台北故宫博物院藏：《军机及宫中档》，文献编号：408003178.又，中国第一历史档案馆藏：《录副奏折》，档号：03-5363-010.

无地自容！兹赖皇威远震，余孽尽歼，当武士投戈之时，正臣子恋阙之日！谨沥下情，咨请代奏，吁恳天恩陛见，以遂就瞻，等因。前来。

查提臣邓增久处边陲，威望素著，整饬营务，并办理地方一切，悉臻妥协。此次吁请入觐，出于至诚，可否仰邀天恩准其入都陛见，谨候圣裁！理合恭折据情代奏。伏乞皇上圣鉴，训示。谨奏。①

是日，公又附片奏报张家骥等期满甄别情形，下部闻。曰：

再，查定例：各省捐纳道、府、州、县，凡应行试看人员，以到省之日起，予限一年，期满详加察看，出具切实考语，分别繁简补用。又，道、府、州、县毋论何项劳绩保归候补班次人员，试看一年期满，甄别补用，各等语。历经遵办在案。

兹查有甘肃试用知县张家骥，自光绪二十二年十二月初四到省之日起，扣至二十三年十二月初四日，试看一年期满。又，甘肃补用通判张作霖，自光绪二十一年正月二十到省之日起，至是年六月十四日闻讣丁忧止，计连闰在省五个月零二十四日；又自二十三年十一月十三起复回省之日起，连闰扣至二十四年四月十九日止，前后接算，试看一年期满，均例应甄别。又，甘肃补用知县叶祖沆，自光绪八年正月十五作为到省之日起，扣至九年正月十五日，早已试看一年期满，今应补办甄别。由藩、臬两司出具考语，详请具奏前来。

臣查张家骥年强才裕，办事勤慎；张作霖性情朴实，办事谙练；叶祖沆老成练达，办公无误。均堪以原官留省，照例补用。除将各员履历清册送部外，理合附片具陈。伏乞圣鉴。谨奏。②

---

① 台北故宫博物院藏：《军机及宫中档》，文献编号：408007700．又，中国第一历史档案馆藏：《录副奏折》，档号：03-5926-054．

② 台北故宫博物院藏：《军机及宫中档》，文献编号：408003178-0-A．又，中国第一历史档案馆藏：《录副奏片》，档号：03-5363-011．

同日,公又附片奏请照新章发给杂差车骡一事,下部闻。曰:

再,甘肃前办河湟军务,需用车辆,因按旧章给价,雇觅甚难,故议大车每辆百里请加为二两四钱,守候每日六钱;驮骡每头百里加为六钱,守候每日一钱五分,回空各减一半,业经奏奉朱批:着照所请,该部知道。钦此。钦遵已将支用车价银两细数,专案造册请销在案。

兹据藩司曾鉌详称:现在军事虽平,车价迄未减落,缘二十一年之变,毁弃车骡不少,人工、粮料日益昂贵,民力未纾,无资蓄养。目下杂差雇用,皆系外来商车,有时需车稍多,更难雇觅。若仍照旧章给价,鲜有应者,外间既无款赔垫,竭蹶情形,殊难枚举。拟请一应杂差所需车骡,按照前次加价,酌量减少,每三套大车,一辆载重八百斤,每百里减为给银一两八钱;驮骡每头载重二百斤,每百里减为给银四钱五分;守候、回空一概不支,俟办理二三年后,再行察酌情形,详请规复旧章,俾免靡费。至车价一项,原定提用司库停止所车牛夫口粮银一万二千两,百货厘金银一万三千两,每年应先尽此撙节动支造报。如实在不敷,仍请由厘金项下续行提用,作正报销。由甘藩司呈请附奏前来。

臣覆加察核,委系实在情形,合无仰恳天恩俯准甘省一应杂差车骡,按照此次拟减价值支给请销,俟数年后再行规复旧例,以免赔累而示体恤,出自鸿慈。谨附片具陈。伏乞圣鉴,训示。谨奏。①

同日,公又附片奏请将冯椿荫即行革职,下部闻。曰:

再,蓝翎同知衔甘肃候补知县冯椿荫,行为邪僻,居心险刻,前署清水县事,声名本属平常,且访闻该员曾诳娶孀妇费赵氏,压令为妾,致赵氏不甘,先毒其子女,后自服烟,一时连毙三命,其事甚惨,经臣委查属实。据藩、臬两司详请核办前来。未便稍涉姑容,相应请旨将蓝

---

① 台北故宫博物院藏:《军机及宫中档》,文献编号:408003168-0-B.又,中国第一历史档案馆藏:《录副奏片》,档号:03-6147-011.

翎同知衔甘肃候补知县冯椿荫即行革职,并拔去翎枝,以示惩儆而肃官方。谨附片具陈。伏乞圣鉴,训示。谨奏。①

六月十二日,总理各国事务衙门来函曰:

光绪二十四年五月十九日,本衙门具奏与刚果国换约一折,本日奉朱批:依议。钦此。遵于本月二十二日缮就华、洋文约章,由本爵大臣李鸿章与该国使臣余式尔在本衙门画押互换,相应刷印原折,恭录谕旨,并附刻专款二条,咨行贵督查照可也。②

七月十八日,公奏报董军饷项由豫协甘新饷改解,下部闻。曰:

窃臣准户部咨开:提臣董福祥续添五营饷项,虽系甘肃回队,不能尽责甘省供支,议将甘肃腾出回队饷银三万七百余两,裁兵节饷案内每年节存银四万二千六百余两,一并提解提臣董福祥行营交收,奏奉谕旨:依议。钦此。恭录咨行前来。当即饬司遵照去后。

兹据甘肃布政使曾鉌详称:遵查董福祥续添五营,调去甘肃回勇步队一旗四哨,自光绪二十四年四月初一日起至年底止,按原领坐饷计算,共应腾出月饷湘平银三万七百一十七两八钱二分,以九六折合库平银二万九千四百八十九两一钱七厘,系有着之款。至甘省裁减二成兵丁节饷案内,原报每年应存银四万二千六百六十两一钱一分,系自二十三年秋季裁减起,除发过春、夏二季及赏发秋季遣饷外,应存无多,不敷指拨之数,二十四年分为期尚早,亦未结提有款,惟五营驻防近畿,需饷孔殷,自不能不先其所急,拟将甘肃裁兵节饷照案先行筹垫一年银四万二千六百六十两一钱一分,连甘省腾出回勇一旗四哨旧

---

① 台北故宫博物院藏:《军机及宫中档》,文献编号:408003179-0-A.又,中国第一历史档案馆藏:《录副奏片》,档号:03-5363-009.
② 台北"中央研究院"近代史所藏:《外交档案》,馆藏号:01-21-057-01-020.

饷,共库平银七万二千一百四十九两二钱一分七厘。

查董福祥添募五营,由甘借支过两月行饷,并购办、盘费等项湘平折合库平银三万七千八十七两八钱七分二厘,应照数划扣还款外,实应拨解库平银三万五千六十一两三钱四分五厘。由甘肃至直隶,程途遥远,委解维艰,请由河南应协甘肃本年新饷内照数抵拨改解,较为便捷,等情。详请奏咨前来。

臣覆核无异,除咨户部、河南抚臣刘树堂、提臣董福祥查照外,理合恭折具陈。伏乞皇上圣鉴。谨奏。①

同日,公又奏报商令张俊校阅宁夏等处军营,曰:

窃臣前接总理各国事务衙门来电,钦奉谕旨:甘肃提督着张俊调署。甘肃回乱初平,张俊到任,着妥为弹压,择要驻扎,毋得专顾一隅,等因。钦此。仰见皇上因地择人,慎重边圉,下怀莫名钦感!当即电咨遵照。维时,提臣尚在喀什噶尔提督本任,交卸后,车行入关。臣即咨请顺道将肃州、甘州、凉州各提、镇、协标及防、练各军认真校阅在案。兹张俊于七月初一日行抵省城,臣将屡奉谕旨饬令整顿营务等事面与商酌,提臣亦深以整军经武为当时要图,毅然引为己任,然应如何整顿方能切实有效,非将通省营伍一律阅视,分别优劣,仍属无从着手。

提臣张俊公忠素著,皇上倚畀方殷,臣拟商令提臣再往宁夏、河州、西宁各镇及陕西提属驻甘防、绿各营旗,周历校阅,俟校毕赴任后,应如何整顿,择要驻扎,不至专顾一隅,谨当遵旨拟议,另行会奏。合先恭折具陈。伏乞皇上圣鉴,训示。谨奏。②

---

① 台北故宫博物院藏:《军机及宫中档》,文献编号:408003180.又,中国第一历史档案馆藏:《录副奏折》,档号:03-6148-001。
② 台北故宫博物院藏:《军机及宫中档》,文献编号:408003181.又,中国第一历史档案馆藏:《录副奏折》,档号:03-5927-001。

是日，公又会衔陕西巡抚魏光焘、陕西固原提督邓增附片奏报委令龙恩思署理汉中镇篆缘由，下部闻。曰：

再，署陕西汉中镇总兵龙得胜署事期满，应另委员接署，以资整顿。臣查有统领陕西抚标永胜等旗记名提督龙恩思，朴实廉谨，勇略兼优，堪以委署。除檄饬遵照外，谨会同陕西巡抚臣魏光焘、陕西固原提督臣邓增，合词附片陈明。伏乞圣鉴。谨奏。①

同日，公又附片奏报请准提臣张俊回籍省墓，得旨：着赏假一个月。曰：

再，现准提臣张俊咨称：提督自从戎出塞，迄今二十余年，先人坟墓久缺展省，现奉旨调署甘肃提督，圣恩高厚，自当勉竭愚诚，以图报称，本不敢以一己私情上渎宸听，惟甘肃本桑梓之邦，现既奏令阅视宁夏等处防、绿各营队伍，该处距原籍平远县、寄籍灵州均不甚远，拟恳奏乞天恩赏假一月，便道回籍省墓，稍尽乌私。等因前来。

合无仰恳天恩俯准该提臣赏假一月，便道回籍省墓，俾遂孝思。谨附片具奏。伏乞圣鉴，训示。谨奏。②

八月初一日，公开单奏报光绪二十四年五月分甘省雨水粮价情形，曰：

窃照本年四月分粮价并雨泽情形，业经奏报在案。兹查五月分兰州等八府六直隶州属具报得霈雨泽，自一二寸至六七寸深透不等。正值大旱后，夏禾多已受伤，补种秋禾，获此沃泽，实于农田大有裨益。

---

① 台北故宫博物院藏：《军机及宫中档》，文献编号：408003181-0-A. 又，中国第一历史档案馆藏：《录副奏片》，档号：03-5927-003.
② 台北故宫博物院藏：《军机及宫中档》，文献编号：408003181-0-B. 又，中国第一历史档案馆藏：《录副奏片》，档号：03-5927-002.

惟间有被雹、被水之处,已饬查勘另办。

至通省粮价,或与上月相同,或较上月稍有增减。据藩司曾鉌开折详请具奏前来。臣覆核无异,理合恭折具陈,并缮粮价清单,恭呈御览。伏乞皇上圣鉴。谨奏。①

同日,公又奏请免提学堂经费缘由,下部闻。曰:

窃臣前准户部咨:议覆御史徐士佳②奏请核减地丁折征制钱数目,暨另加带征学堂经费一折,光绪二十四年五月二十一日具奏,奉旨:依议。钦此。并抄录原奏,行令钦遵办理前来。臣查原奏内开:拟令征收地漕,折纳制钱。各省除照上年通行奏案减征民间丁漕钱文及提出归公、凑还洋款不计外,均按现在征收丁漕,折纳钱数,每银一两,每米一石,各提出制钱五十文,另款存储,以为学堂经费之用,庶提解之数较少,办理不致为难。惟此系专指业已征收在官者而言,其有因此项名目并借口办公不敷,向民间多索丝毫者,即随时查明奏参,不得徇隐,等因。具见部臣特恐以此累民,令由已征在官之钱折款内提取,斟酌审慎,用意良厚,事苟可行,亟应遵办。

无如甘肃边疆瘠苦,与腹地迥不相同,额征并无漕米,地丁为数甚少。各州县间有听民以钱折纳,所收并无浮多,若勉强提取,势必转取于民。诚如部臣所言,贻百姓无穷之累。所以前次奉文加解钱价平余,经臣奏准免办在案。此次提取学堂经费,事同一律。据甘肃藩司具详前来。仍应仰恳天恩,俯念甘肃州县折征并无浮多,免予提取学堂经费,以示体恤。除开办学堂另行议拟具奏外,谨恭折具陈。伏乞

---

① 台北故宫博物院藏:《军机及宫中档》,文献编号:408003182.又,中国第一历史档案馆藏:《录副奏折》,档号:03-9370-030.

② 徐士佳,生卒年不详,江苏江阴人。同治九年(1870),中举。光绪三年(1877),中式进士,改吏部主事。十二年(1886),充会试收卷官、军机章京。十七年(1891),补吏部文选司主事。二十一年(1895),改吏部验封司员外郎。二十四年(1898),充会试监试官、考试拔贡监试官、浙江道监察御史、武会试监试官。二十六年(1900),调督理街道监察御史。次年,转兵科给事中。三十年(1904),升兵科掌印给事中。宣统元年(1909),授广东高雷阳道。同年,调补直隶热河道。

皇上圣鉴，训示。谨奏。①

是日，公又奏请张作霖补授抚彝通判，下部议。曰：

窃据甘肃布政使曾鉌、按察使丁体常会详称：抚彝通判黄绍樟丁忧开缺，业已截缺报部，应即拣员请补。查定例：选缺通判如系丁忧所遗，应将候补班前与候补正班酌量补用，先尽记名分发人员请补。如无人，始准以各项候补酌补，等语。今抚彝通判一缺，甘省现无记名分发人员，应以各项候补酌量请补。

该司等在于候补前正两班人员内逐加遴选，查有候补通判张作霖，年五十七岁，湖南宁乡县人，由俊秀报捐监生，加捐县丞归部选用，因襄办营务，于关陇肃清案内保以通判留甘补用，于光绪二十年请咨赴部引见，二十一年正月二十日到省，旋丁父忧，回籍守制，二十三年十一月十三日起复回省，业经甄别留用在案。该司等查该员张作霖，老成敦厚，任事勇往，以之酌补抚彝通判员缺，与例相符，实堪胜任。会详请奏前来。

臣查该员张作霖年强才裕，勤奋耐劳，合无仰恳天恩俯准以该员张作霖补授抚彝通判，实于地方有裨。如蒙俞允，该员以通判请补通判，衔缺相当，毋庸送部引见。谨恭折具陈。伏乞皇上圣鉴，训示。谨奏。②

同日，公又奏请将李钟辰即行革职，下部闻。曰：

窃查署理阶州直隶州花翎四品顶戴甘肃候补同知直隶州李钟辰，

---

① 台北故宫博物院藏：《军机及宫中档》，文献编号：408003185.又，中国第一历史档案馆藏：《录副奏折》，档号：03-6260-022.

② 台北故宫博物院藏：《军机及宫中档》，文献编号：408003183.又，中国第一历史档案馆藏：《录副奏折》，档号：03-5927-070.

自到任以来,遇事粉饰,去岁该州地方被雹,贫民乏食,禀准赈粮,稽迟不发,收成以歉报丰;词讼案件,听信官亲丁役,颠倒是非,经该管巩秦阶道赵时熙委员查明,咨由藩、臬两司会详核办前来。

臣查李钟辰罔恤民瘼,听断糊涂,实属溺职太甚,除行司撤任外,相应请旨将花翎四品顶戴甘肃候补同知直隶州李钟辰即行革职,并拔去翎枝,以为庸劣不职者戒。谨恭折具陈。伏乞皇上圣鉴,训示。谨奏。①

同日,公又会衔甘肃提督张永清奏请徐占鳌升补永昌营都司,下部议。曰:

窃臣前准部咨:甘肃凉州镇属永昌协营都司员缺,掣定作为第五轮第九缺,轮用应升人员,饬令迅拣请补,等因。当经转饬遵照去后。兹据署凉州镇总兵刘璞呈称:永昌协营都司设处西路冲途,巡防、护运,均关紧要,非精明干练之员,难期胜任。查有凉州镇标后营守备徐占鳌,熟悉营伍,诚实可靠,堪以升补斯缺,呈请核办前来。

臣查永昌协营都司员缺,地当冲要,本不在裁并之列,亟应拣员请补,以重操防。该员徐占鳌年强才裕,办事奋勉,于西路营伍、地方情形最为熟悉,以之升补斯缺,洵堪胜任。拟恳天恩俯念员缺紧要,准以该员徐占鳌升补永昌协营中军都司,俾资得力。如蒙俞允,即行给咨赴部引见,以符定制。

除查取该员履册另咨送部外,所遗凉州镇标后营守备员缺,陕甘现有应补人员,容臣另拣请补。谨会同署甘肃提督臣张永清,合词恭折具陈。伏乞皇上圣鉴,训示。谨奏。②

---

① 台北故宫博物院藏:《军机及宫中档》,文献编号:408003187.又,中国第一历史档案馆藏:《录副奏折》,档号:03-5364-143。
② 台北故宫博物院藏:《军机及宫中档》,文献编号:408003186.又,中国第一历史档案馆藏:《录副奏折》,档号:03-5927-068。

是日,公又奏销光绪二十三年分甘肃关内厘捐局卡收支一事,下部闻。曰:

窃照光绪二十二年收支百货厘金银两数目,业经奏咨在案。兹据厘金总局司道详称:光绪二十三年正月起至十二月底止,关内各局卡百货厘金收支款目汇为一宗,通共新收并扣获局费减平银二十一万六千三百五十二两五钱五分五厘,以批解藩库为大宗。其次粥厂、车价并厘金、各局卡薪工、局费,总共解支银二十一万六千三百五十二两五钱五分五厘,以出抵入,并无余存。至盐厘、土药,加抽糖厘,另案造报,等情。造具总、散清册,详请奏咨前来。

臣覆核无异,除清册送部外,合无仰恳天恩饬部查照,准将光绪二十三年已支之款照册核销,以清款目。至前奉部饬征收厘金,开支局费章程向不准逾收数十分之一,等因。惟甘肃为极边辽阔之地,山径分歧,若非扼要处所设立局卡,不能遏绕越而杜偷漏,是以开支局费不能照一成之数。再,二十三年百货厘金收数,较二十二年分尚数有盈。合并声明。

所有甘肃省光绪二十三年分收支百货厘金数目,谨恭折具奏。伏乞皇上圣鉴,训示。谨奏。①

同日,公又附片奏报甘肃各局卡收支盐厘数目情形,下部闻。曰:

再,据甘肃厘金总局司道详称:光绪二十三年正月起至十二月底止,甘肃各局卡收支盐厘款目汇为一案,计新收盐厘共银二万八千一百三十两八钱九分五厘六毫,又扣获支发局费减平银一百六十六两三钱二分。以上新收并减平共银二万八千二百九十七两二钱一分五厘六毫,已解藩库银二万四千八百四两四钱九分五厘六毫,又解藩库支

---

① 台北故宫博物院藏:《军机及宫中档》,文献编号:408003184。又,中国第一历史档案馆藏:《录副奏折》,档号:03-6647-074。

发局费扣获减平银一百六十六两三钱二分,又支发盐卡薪工、局费银三千三百二十六两四钱。

以上共开除银二万八千二百九十七两二钱一分五厘六毫,以出抵入,并无余存。造具收支清册,并将各处产销盐斤收厘章程、易银市估及委员职名均于册内声叙,仍遵照部咨,另造市估细册,一并详请奏咨前来。

臣覆核无异,合无仰恳天恩饬部准将光绪二十三年各局卡已支之款照册核销,以清款目。除将清册送部查核外,谨附片具奏。伏乞圣鉴,训示。谨奏。①

同日,公又附片奏报甘肃各局卡收支糖厘数目情形,下部闻。曰:

再,前准户部咨:甘肃省征收红、白蔗糖,于照章完厘外,每斤加抽二成厘金,另款汇存造报,等因。当经转行遵办在案。兹据税厘总局司道详称:甘肃省自光绪二十三年正月起至十二月底止,各局卡收获糖厘款目汇为一宗,计新收二成厘银三百七十五两二钱三分三厘,已照数批解藩库,专款存储,听候指拨。造册详请奏咨前来。

臣覆核无异,除饬司仍按年列册报查,并饬各局卡认真经征,实收实报,以裨厘务外,谨附片具陈。伏乞圣鉴,饬部查照。谨奏。②

是日,公又附片奏报甘肃各局卡征收土药厘银数目情形,下部闻。曰:

再,前准户部咨:甘省征收土药厘金银两,应自光绪十六年起,按年据实造报,不得并入百货厘捐款内开支,以免牵混;并将所收银两专

---

① 台北故宫博物院藏:《军机及宫中档》,文献编号:408003184-0-A。又,中国第一历史档案馆藏:《录副奏片》,档号:03-6647-074。
② 台北故宫博物院藏:《军机及宫中档》,文献编号:408003184-0-B。又,中国第一历史档案馆藏:《录副奏片》,档号:03-6510-095。

款存储,听候指拨,等因。遵办在案。兹据税厘总局司道详称:甘肃省自光绪二十三年正月起至十二月底止,关内各厘局、卡收支土药款目汇为一宗,计新收银一万九千三百九十两四钱三分六厘,业已如数解交藩库,专款存储,听候指拨,造具四柱清册,并声明土药厘金向归百货厘局兼收,应支薪工仍在货厘项下开支。所有二十三年收获土药厘银,已由甘肃藩司照数汇解户部衙门查收,等情。详请奏咨前来。

臣查甘省地处边陲,向无洋药到境。本地虽有栽种罂粟,然自用者多,贩运者少,故收厘有限。兹税厘总局将光绪二十三年分所收土药厘银一万九千三百九十两四钱三分六厘如数解交藩库,由甘肃藩司汇解户部衙门查收在案。仍饬司按年列册报查,并饬各局卡认真抽收,以裨厘务外,谨附片具陈。伏乞圣鉴,饬部查照。谨奏。[1]

同日,公又附片奏报请准马相如照例建坊,下部闻。曰:

再,查甘省被兵,筹赈劝募,各省义捐,曾经奏明如有捐及千两者,照例请旨建坊,给予"乐善好施"字样在案。兹据甘肃布政使曾鉌详称:查明陕西省原捐赈银内有陕西延榆绥道马相如前在署按察使任内曾捐银一千两,未便没其好善之忱,请为其故父二品封职马登朝、故母二品命妇殷氏在原籍地方自行建坊,给予"乐善好施"字样,俾沐旌扬而昭激劝,等情。呈请具奏前来。

臣核与定例相符,合无仰恳天恩俯准马相如为其故父母在于原籍自行建坊,给予"乐善好施"字样,俾增荣宠而光泉壤。谨附片具陈。伏乞圣鉴,训示。谨奏。[2]

---

[1] 台北故宫博物院藏:《军机及宫中档》,文献编号:408003184-0-C.又,中国第一历史档案馆藏:《录副奏片》,档号:03-6510-094.

[2] 台北故宫博物院藏:《军机及宫中档》,文献编号:408003185-0-A.又,中国第一历史档案馆藏:《录副奏片》,档号:03-5563-084.

同日，公又会衔甘肃学政夏启瑜附片奏报请准蔡金贵照例建坊，下部闻。曰：

> 再，查例载：凡捐修城垣、衙署及各公所并军需等项银至千两以上者，请旨建坊，给与"急公好义"字样，由地方官给银三十两，听本家自行建坊，等语。兹据藩司曾鉌转据署清水县知县袁范详称：该县绅士升用都司留直补用守备蔡金贵，自营假归，遵父遗命捐银一千两，请于本邑王家堡、刘家堡、张家川三处各设义学一处，教育童蒙，现已将银转发绅商，承领生息，为各该处延师修脯之费，由该县取结造册赍司，核明转详前来。
>
> 臣查该守备蔡金贵克承先志，慷慨捐资，于本邑设学延师，课入子弟，实属不忘桑梓，高义可风，核其所捐银数，与建坊之例相符，合无仰恳天恩俯准为清水县绅士升用都司留直补用守备蔡金贵之父已故四品封职蔡一成照例建坊，给与"急公好义"字样，以昭激劝而资表扬。除册结咨部外，谨会同甘肃学政臣夏启瑜，附片具奏。伏乞圣鉴，训示。谨奏。①

是日，公又附片奏报请准吴占胜等员留陕甘补用一事，下部闻。曰：

> 再，臣接准兵部咨开：提督衔遇缺尽先题奏总兵吴占胜、尽先补用参将何玉澄、尽先补用都司姜青云等三员，并未奏明留省，咨请收标，未便率准，应由该督奏明留省后，再行归班序补，等因。兹查提督衔遇缺尽先题奏总兵吴占胜、尽先参将何玉澄、尽先都司姜青云等三员，均随征陕甘有年，历著战功，且于边防情形极其熟悉。若以原官原衔留于陕甘补用，实于营务有裨，合无仰恳天恩俯准，将吴占胜等三员一并

---

① 台北故宫博物院藏：《军机及宫中档》，文献编号：408003185-0-B。又，中国第一历史档案馆藏：《录副奏片》，档号：03-5563-083。

留于陕甘差遣委用。理合附片具陈。伏乞圣鉴,训示。谨奏。①

同日,公又附片奏报请将革弁陈香庆驱逐回籍,曰:

再,升用都司候补守备陈香庆前管带庆字营,经臣饬委总兵易顺胜点名遣散,据禀缺额两百余名,并以陈香庆纠众至寓哗闹,复捏写多人姓名诬讦,经臣奏参革职审办,旋奉朱批:着照所请,兵部知道。钦此。当即钦遵转饬审办。兹据署兰州府知府周景曾审明:陈香庆原带庆字步队一营,开赴永昌黄城滩防堵,归总兵易顺胜统辖。平日勇丁本系足额,嗣因调赴北大通剿贼,营勇率多伤亡。北大通收复后,仍回黄城滩驻扎。其时受伤勇丁不能同往,留住北大通养伤。二十二年军务平定,各勇丁纷纷告假,一时未能募齐,而易顺胜奉文猝往点散,仅就在营勇数计算,未得原留北大通养伤勇丁并计,亦未将假勇未补悬额划除,以致禀报该营缺额至二百余名之多,将饷扣缴。迨后养伤勇丁咸来领饷,陈香庆无款赔垫,带领各勇至易顺胜寓中恳求补领,即经易顺胜查明,仍请领按名散发清楚。彼时陈香庆等仅用言争论,尚非纠众哗闹,亦无缺额冒饷情事。至捏写多人姓名,将易顺胜诬讦,实因怀挟前嫌,一时气忿所致,核其诬揭各款,均属无关紧要,各等情。由藩、臬两司提审无异,转详核奏前来。

臣查陈香庆虽无缺额冒饷、纠众哗闹各重情,惟察其平日办事巧滑,劣迹多端,此次又捏名诬讦,实属形同无赖,业经奏参革职,仍应驱逐汇集,不准在甘逗留,以免生事而昭惩儆。理合附片具陈。伏乞圣鉴,训示。谨奏。②

----

① 台北故宫博物院藏:《军机及宫中档》,文献编号:408003186-0-A.又,中国第一历史档案馆藏:《录副奏片》,档号:03-5927-069.
② 台北故宫博物院藏:《军机及宫中档》,文献编号:408003186-0-B.又,中国第一历史档案馆藏:《录副奏片》,档号:03-5364-144.

同日，公又附片奏报拣选常祥等署理甘凉道等缺，下部闻。曰：

> 再，新授甘肃甘凉道白遇道①经督练甘军甘肃提督董福祥奏请留办营务，奉旨允准。所有甘凉道员缺紧要，亟应委员署理，以重职守。臣查有甘肃候补道常祥，堪以委署。又，署静宁州知州洪翼调省遗缺，查有中卫县知县卢世堃，堪以调署。递遗中卫县知县员缺，查有皋兰县知县陈昌，堪以调署。所遗皋兰县知县员缺，查有委署狄道州尚未赴任之候补知县萧承恩，堪以调署。其狄道州知州员缺，查有前委代理之候补知州潘力谋，堪以委署。据藩、臬两司会详前来。除分别檄饬遵照外，谨附片陈明。伏乞圣鉴。谨奏。②

八月初二日，公开单奏报甘肃省光绪二十四年各属夏禾被灾情形，曰：

> 窃查甘肃各属自春徂夏，雨泽愆期，业将夏禾被旱大概情形奏报在案。乃自五月下旬以后，大雨时行，又苦霪潦，先后据阶州、文县、礼县、环县、皋兰县、成县、固原州、碾伯县、宁州、泾州、西固州同、海城县、静宁州、大通县、丹噶尔厅、西宁县、巴燕戎格厅、靖远县、中卫县、永昌县、平远县、金县、安定县、宁灵厅、宁夏县、宁朔县等二十六属禀详申报被旱、被雹、被水及地动倾陷，禾苗、罂粟枯槁、冲没城垣、衙署、仓廒、桥梁，民房多有坍塌，人口、牲畜间有淹毙，恳请蠲缓、抚恤，各等情。经臣随时批司飞行该管道、府、州亲诣被灾处所，覆勘受伤轻重分

---

① 白遇道（1836—1926），字悟斋、五斋、心悟，号慎旃、完谷山人，陕西高陵县人。同治九年（1870），中举。十三年（1874），中式进士，授翰林院编修。光绪五年（1879），丁父忧，回籍终制。十年（1884），回京，仍供职翰林院。十一年（1885），充山东乡试副考官。十五年（1889），赴陕讲学。二十一年（1895），经乌鲁木齐提督董福祥奏请调赴军营，办理营务。二十三年（1897），随董部入卫京师。二十四年（1898），补授甘肃甘凉道。三十二年（1906），署理甘肃按察使。三十四年（1908），署理巩秦阶道。宣统元年（1909），请假回籍修墓。民国十五年（1926），卒于籍。著有《高陵县续志》《课馆诗赋偶存》《三节通稿》《养正山房文稿》《训蒙草》《重订泾野子内篇》《摩兜坚斋汲古集联》《白悟斋时墨辑》《安贫改过斋杂著》《游目散编》《完谷山人寐语抄存》等行世。

② 台北故宫博物院藏：《军机及宫中档》，文献编号：408003183-0-A. 又，中国第一历史档案馆藏：《录副奏片》，档号：03-5927-071.

数,将应蠲、应缓钱粮数目据实造册,联衔结报,并令一面筹款将被灾贫民、淹毙人口、坍塌房屋先行赶紧分别抚恤,以免失所。因各属被灾先后不一,地方远近不同,尚未据一律造册结报前来。

就情形而论,旱灾以阶、文为最,雹灾以固原、西固为重,水灾以碾伯、丹噶尔、宁灵为大,而巴燕戎格之地动倾陷尤为非常之灾。今夏雨大且久,山溪到处盈溢灌泻,各川汇入黄流,水势汹涌,为数十年所未见。除受旱甚轻,收成尚能中稔,应请毋庸开报外,其受旱虽轻,而夏收极其歉薄,仍饬令统俟秋收如何,再行查办,以重民瘼。至罂粟一物,到处因旱枯槁,或为雨雹所伤,收割较上年不过二三成,间有全无所收者,应一并俟各属查覆结报到齐,秋后分别汇办。据甘肃藩司开具本年各属被旱、被雹、被水详细情形清折,呈请具奏前来。臣覆核无异,理合缮具清单,恭呈御览。伏乞皇上圣鉴,训示。谨奏。①

同日,公又会衔陕甘提臣邓增、甘肃提臣张永清奏报陕甘裁兵节饷一事,得旨:裁兵一事,总宜察酌地方情形,可裁则裁,不可勉强从事,致贻后患。此案着再通盘筹画,据实奏明办理。曰:

窃臣前奏裁兵节饷,谨拟切实办法折内,声明连官弁一并酌裁,当即移行各提镇,察看所属营汛紧要、偏僻地方情形,迅速核办。臣已先饬督标及兰州城守营,共裁兵二百二十名,以为之倡。截至本年闰三月底止,仍另给遣饷银粮一季,俾别谋生计。复饬再裁督标后营一营弁兵,并与陕、甘两提臣往返函商,亦各拟先裁提标后营弁兵。计督标后营游击一员、守备一员、千总二员、把总四员、经制六员、马步兵一百三十八名;陕西提标后营游击一员、守备一员、千总一员、把总三员、经制五员、马步守兵八十九名;甘肃提标后营都司一员、守备一员、千总一员、把总四员、经制六员、马步兵二百四十八名。拟全行裁除,兵则

---

① 台北故宫博物院藏:《军机及宫中档》,文献编号:408003189.又,中国第一历史档案馆藏:《录副奏折》,档号:03-9370-027。

拟截至本年九月底止，仍另给一季遣饷银粮，官则俟钦奉谕旨允准后，再饬撤回，俾昭慎重。有实缺者，遇有缺出，即按官阶随时还补，拟请不拘班次、轮次。其未还补以前，仍按从前原缺给予半分俸廉，以示体恤。合共督标、陕、甘两提标所裁官兵，每岁约共节省银一万四千一百二十余两、粮料五千四百四十石有零、草四万三百余束。

至陕甘各镇、协均处边要，情形与督、提标不同。提、镇所属分防营汛散处各道、府、厅、州、县并要隘地方，兵丁屡经裁减，现存不及原额十分之三，而防守城垣，稽查贼盗、赌博以及护解人犯、协拿逃匪等事，仍系武营弁兵专责，防营现亦无多，皆系团扎训练，即间有散札分防，并不能分任绿营弁兵之事。一旦裁除殆尽，汛地顿形空虚，不免宵小、匪徒乘隙为患，且虞勾结滋事。据各提、镇先后咨禀前来。均属实在情形。裁兵原图节饷，而地方所关甚巨，势不能不权其轻重缓急。除督标及陕、甘两提标所裁官兵岁省银粮、草束饬司造册报存外，其余各镇、协并所属分防各营汛，容臣察酌情形，再行次第办理，俾昭妥慎。是否有当，合将先裁督标、陕甘两提标各后营员弁、兵丁岁省银粮、草束数目缘由，谨会同陕甘提臣邓增、署甘肃提臣张永清，合词恭折具陈。伏乞皇上圣鉴，训示。谨奏。①

是日，公又附片奏请截留闽关协甘饷银，下部闻。曰：

再，臣承准军机大臣字寄：光绪二十四年六月初十日，钦奉谕旨：国家讲求武备，非添设海军、筹造兵轮，无以自强之计，着各将军、督抚遵照单开指拨数目，无论何款，准其移缓就急，如数拨解，不准托词延宕！仍于接奉此旨十日内先行电奏，以慰廑系，等因。钦此。臣查抄单内开甘肃五万两，臣维制备船炮，实为目前要图。甘肃虽地瘠款绌，自当竭力筹解，以顾大局。

---

① 台北故宫博物院藏：《军机及宫中档》，文献编号：408003788。又，中国第一历史档案馆藏：《录副奏折》，档号：03-5762-016。

惟距闽辽远，委解维艰，因与司道熟商，拟由闽关协甘饷内截留银五万两，俾应急需，当即电请总署代奏，并电致福州将军照数留用。兹准该将军覆电，已遵办。等因前来。除咨部外，谨附片陈明。伏乞圣鉴。谨奏。①

同日，公又附片奏请奖叙翻译官茂连等员，下部闻。曰：

再，臣咨准总理各国事务衙门抄发奏定章程，派充翻译官，每届三年，如无贻误，照章给予奖励一次，等因。甘肃前因翻译需员，经前督臣杨昌濬、青海大臣奎顺于光绪二十年七月间电请总理衙门拣派同文馆英文副教习同知衔分发洋务省分候补班前先补用知县茂连、法文副教习五品衔户部笔帖式遇缺即补主事阎海明，来甘差遣。该员等于光绪二十年十一月初五日到甘供差起，扣至二十三年十一月，已满三年，勤慎供差，遇有翻译事件，均能悉心办理，毫无贻误，自应援照总理衙门定章给予奖叙，英文翻译茂连可否免补知县，以直隶州知州分省，仍归候补班前先补用，并赏加知府衔；法文翻译阎海明可否免补主事，作为本部员外郎无论满蒙题选咨留，遇缺即补，以示鼓励，出自恩施！除咨明总理衙门并查取该员等履历送部外，理合附片具奏。伏乞圣鉴，训示。谨奏。②

同日，公又附片奏请饬催江淮协甘饷项，下部闻。曰：

再，光绪二十四年江淮协甘新饷，前因该处货厘、盐厘改归税务司代缴，抵还洋款。准两江总督臣刘坤一咨明，以后无款拨济。经臣饬

---

① 台北故宫博物院藏：《军机及宫中档》，文献编号：408003188-0-A. 又，中国第一历史档案馆藏：《录副奏片》，档号：03-6647-060.
② 台北故宫博物院藏：《军机及宫中档》，文献编号：408003188-0-B. 又，中国第一历史档案馆藏：《录副奏片》，档号：03-5364-091.

司查明江淮两处协饷,除拨解抵兑外,尚欠解银二十万五千八百二两九钱二分,奏请饬部改拨的款。旋接户部来咨:江苏、两淮承协本年甘饷,应取给于货厘、盐厘者,前奏已悉数筹款补足,自应照旧拨解,以符原案,等因。正咨请拨解间,又接两江督臣刘坤一咨开:此次部指拨补各款,其中本省之项,或业经拨作还款,或目前尚难截数;外省之项,亦属允解寥寥,均不能恃为的款。所有江淮协甘饷项,仍请咨部另拨,以归简便而重饷需,前来。

复经饬司遵照。兹据藩司曾鉌详称:查明江苏省经前次截数奏咨改拨后,又续收两次抵拨银六千四百一十三两三钱四分二厘,现准报交号商协同庆、蔚丰厚汇解。苏、沪两厘局闰三月初十日以前解存银一万七千两,容俟解到列收外,计实欠未解银五万二千三百八十九两五钱七分八厘,两淮运司并无续解之款,仍欠解银一十三万两,合计江、淮两处应解光绪二十四年甘肃新饷实共欠银一十八万二千三百八十九两五钱七分八厘,实为甘肃关内外计口授食之需,一经短缺,即不敷分拨,关系匪轻。呈请奏咨另拨前来。

合无仰恳天恩俯念甘、新饷需紧要,饬部迅将本年江、淮两处欠解银一十八万二千三百八十九两五钱七分八厘,另行改拨的款,解甘备支,以符原数而免匮乏。除咨部外,谨附片具陈。伏乞圣鉴,训示。谨奏。①

八月十二日,公开单奏报光绪二十四年六月分甘省雨水粮价情形,曰:

窃照本年五月分粮价并得雨分寸及受旱情形,业经奏报在案。兹查六月分兰州等八府六直隶州属具报得霑雨泽,自三四寸至八九寸,深透不等。虽夏禾受旱歉收,而现值秋禾滋长之际,获此沃泽,实于农田大有裨益。其间被旱、被雹、被水之处,业已另案专折具奏。

---

① 台北故宫博物院藏:《军机及宫中档》,文献编号:408003188-0-C.又,中国第一历史档案馆藏:《录副奏片》,档号:03-6647-059.

至通省粮价,或与上月相同,或较上月稍有增减。据藩司曾鉌具详请奏前来,臣覆核无异,理合恭折具奏,并缮粮价清单,恭呈御览。伏乞皇太后、皇上圣鉴。谨奏。①

同日,公又奏报核销赈济河湟难民用过银粮情形,下部议。曰:

窃据甘肃布政使曾鉌、按察使丁体常、兰州道黄云详称:查光绪二十一年河湟变乱,蹂躏一十九属,一面剿抚,一面请款收赈难民,圯广创巨,更有一再受祸之处,先后接续,自光绪二十一年闰五月起至二十三年七月,赈务始克停止。现在清厘报销,实属入不敷出,计节次请拨过本省驿站扣留薪草变价,十九、二十两年兵饷,制钱易银,甲午科考官路费,二十一、二、三、四等年新海防捐、筹饷新捐,陕西抵解江海关提款,连陕西筹解提督董福祥河狄抚辑经费,并各省官商义捐及河州两次回捐叛产变价,共银八十五万八千一百六十二两六钱九分八厘;请拨过各属仓粮二十万石,实赈过河州、狄道、沙泥、皋兰、洮州、岷州、固原、海城、平远、硝河城、西宁、大通、碾伯、循化、巴燕戎格、丹噶尔、平番、永昌、山丹等十九厅、州、县、州判,难民男女大小四十一万六千一百六十四丁口,实用过赈银、房费、牛具、埋葬、毡衣、路费、粮价、运脚、薪工、杂支等项银一百一十五万八千二百一十三两八钱六分九厘,实用过赈粮、籽种粮三十六万六千九百一十二石四斗二升七合五勺,内动用所拨仓粮仅四万余石,其余惟采买为多,更资助于回捐及羊本、义仓、社仓各种粮石。缘各属仓储只甘凉较多,其时道梗不能拨运,且一款两用,尚需变价济饷,故不得不採运资助。统计出入,所拨仓粮二十万石,尚余一十五万六千三百八十七石二斗四升,而不敷银三十万五十一两一钱七分,事后将未用之粮在于有粮各属分数划提,按其时市估,照案减二成粜变得银一十四万一千九百一十二两二钱三分,以

---

① 台北故宫博物院藏:《军机及宫中档》,文献编号:408003194。又,中国第一历史档案馆藏:《录副奏折》,档号:03-9370-032。

之抵补外，实不敷银一十五万八千一百三十八两九钱四分八毫。其房具资费并加赈月分，摊拘例章情形，业经详请奏明在案。事求实济，义属变通。今若比例逐细造册，则凿枘龃龉，处处窒碍。

伏查直隶及晋边，每届赈务报销，均系开具清单，请免造册，历蒙恩准有案。甘肃此次筹赈，于干戈扰攘之中，更非水旱偏灾可比，自应援照办理，以期核实。至不敷银两，因三次续请赈银二十万，仅奉拨到九万两，以致缺欠如此之多。当时需用紧要，不能不设法挪垫，现在筹还甚难，只有再由各属仓粮内请拨十八万石，陆续变价还款。第各属仓粮须俟兵粮供剩，乃能出粜，恐非三四年所能蒇事，而借垫之中有急切不能久待者，惟有将甘肃新海防捐、筹饷新捐，除二十四年业经准截外，再请截留二十五、六两年，俾资弥补。究竟粮价若干、捐款若干，事先难指定数有余、不足，统俟将来清算。如此筹画，诚觉迂缓套搭，然舍此无以为谋，故为此不得已之请。所有出入各款，只有撙节删除，并无虚冒浮滥。该司道等一再悉心勾稽，确系实用实销，开具清单，详请奏销，并据声明此项赈银出入皆系库平，并无减平银两。又，原拨尚余之粮，事后虽经划提粜变，而价银犹未解清，应俟解清后，再将各属粮数价值开折，详咨查核前来。

臣覆加察核，均属实在情形，所用各项皆系实用实销，并无虚冒浮滥。合无仰恳天恩饬部照案准销，免造细册，并准如拟分款筹还，以归简当而免虚悬。除将清单送部外，理合恭折具陈。伏乞皇太后、皇上圣鉴，训示。谨奏。①

是日，公又奏报拟裁庄浪宁夏同通员缺，下部议。曰：

缺臣钦奉电传：七月十四日上谕：国家设官分职，各有专司，京外大小各官旧制相沿，不无冗滥；各省不办运务之粮道，向无盐场，仅管

---

① 台北故宫博物院藏：《军机及宫中档》，文献编号：408003191. 又，中国第一历史档案馆藏：《录副奏折》，档号：03-5603-059.

疏销之盐道。此外如各省同、通、佐贰等官，有专管水利、盐捕并元地方之责者，即着查明裁汰。至各省设立办公局、所，名目烦多，无非为位置闲员地步，着各督抚将现有局、所中冗员一律裁撤净尽，并将候补、分发、捐纳、劳绩等项人员严加甄别裁汰，限一月办竣覆奏，等因。钦此。当经转行迅速遵办。

臣查甘肃省并未设有粮道、盐道各缺，惟有凉州府庄浪茶马同知，现在茶务、马政久成空名，所管经征番贡粮石仅数百石，即所管供支报恩寺喇嘛衣单、口粮并平成、松山两驿，事本无多，且与平番县同城、古浪县连界，皆可分别归并经理。又，宁夏盐捕通判向无地方之责，从前平、庆、宁、泾四府州盐课归该通判催收汇解。同治初年之乱，盐务废弛，平定后仅惠安堡一处盐务，责成该通判经理。该处尚有货厘分局，亦可就近兼办。

以上二缺，均在应行裁汰之列。其裁汰后番粮、盐务一切应如何分别归并，容督同司道妥筹办理，随时咨部立案。此外，有无员缺可裁，及局、所中有无冗员可撤，并候补、分发、捐纳、劳绩等项人员应如何严行甄别、裁汰，请宽期督同司道，查明赶办，续行奏报，断不敢推诿因循，空言搪塞，致干咎戾。据藩、臬司道会详前来。

相应请旨将凉州庄浪茶马同知、宁夏盐捕通判二缺，先行裁汰。其实缺茶马同知赵人龙、盐捕通判熊振槃二员，并请照例归为裁缺即用，不入班次补用。合并陈明。除咨部外，谨恭折具陈。伏乞皇太后、皇上圣鉴，训示，施行。谨奏。①

同日，公又奏请仍以陈昌升补丹噶尔同知，下部议。曰：

窃查丹噶尔同知承绪劳绩保升遗缺，前请以皋兰县知县陈昌升补，旋经吏部覆奏：该员陈昌系循例请升之员，该省虽无卓异应升合例

---

① 台北故宫博物院藏：《军机及宫中档》，文献编号：408003191-1. 又，中国第一历史档案馆藏：《录副奏折》，档号：03-5365-048.

之员，按照定例应以各项劳绩应升人员拣选升用，该督折内并未将各项劳绩应升人员声明有无不合例事故，及是否人地不宜，遽请以循例应升皋兰县知县陈昌升补之处，碍难核议。其丹噶尔同知要缺，应令该督在于各项劳绩应升人员内拣选升补，如不合例，或人地不宜，详细声明，再行请补。等因。光绪二十四年五月十八日奉旨：依议。钦此。钦遵咨行前来。当经行司遵照去后。

兹据甘肃藩、臬两司会详称：查丹噶尔同知系属要缺，对品之简缺同知人地不宜，未便迁就，改调卓异、应升之员皆未引见，回任未能合理，亦无劳绩在任应升之员。惟有仍以循例应升之皋兰县知县陈昌请升。查该员年五十七岁，四川铜梁县进士，由分部主事改就知县。光绪九年八月，选授安化县知县，调补高台县知县，再调皋兰县知县，历俸早满三年，各任内均无参罚案件。该司等查该员陈昌文理优长，矜平躁释，在甘年久，边情熟悉，以之升补丹噶尔同知，实属人地相宜，仍会详请奏前来。

臣查陈昌安详谨饬，恫愊无华，合无仰恳天恩俯念员缺紧要，仍准以皋兰县知县陈昌升补丹噶尔同知，实于地方有裨。如蒙俞允，俟接准部覆，再行给咨送部引见，以符定制。谨恭折具陈。伏乞皇太后、皇上圣鉴，训示。至所遗皋兰县知县系省会首县最要缺，例应扣留外补。合并声明。谨奏。①

同日，公又开单奏报请奖肃清海城出力各员，下部议。曰：

窃光绪二十一年剿平海城逆回在事出力各员，经前督臣杨昌濬开单奏请奖励，是年十二月二十四日奉朱批：该部议奏。单并发。钦此。经部议令查照获匪章程，查明出力之员何员尤为出力，何员其次出力，详晰奏覆，再行核办。等因。具奏。光绪二十二年四月初二日，奉旨：

---

① 台北故宫博物院藏：《军机及宫中档》，文献编号：408003192。又，中国第一历史档案馆藏：《录副奏折》，档号：03-5365-049。

依议。钦此。钦遵咨行前来。当经转饬遵照去后。嗣据平庆泾固化道查明,分别开折,另拟请奖前来。

臣覆查前次海城回逆滋事,势甚猖獗,稍迟即滋蔓难图,幸赖地方文武各员会督团练,星驰堵击,得以迅速扫平,均属出力较著。兹饬据查明,分别尤为出力、其次出力各员,并经臣酌量删减,仍缮具清单,恭呈御览。合无仰恳天恩饬部照准给奖,俾昭激劝。

除各该员履历前已咨部应请毋庸造送外,理合恭折覆陈。伏乞皇太后、皇上圣鉴,训示。谨奏。①

是日,公又附片代递平凉知县唐受桐折奏,曰:

再,叠奉电传谕旨:州县等官条陈事件,应由督抚将原封代递,不准稍有抑格,等因。钦此。当经遵办转饬去后。兹据甘肃平凉府平凉县知县唐受桐赍呈折奏一件,请代递前来。理合遵旨将原封附片代陈。伏乞圣鉴。谨奏。②

同日,公又开单奏报照章惩办本年春夏情重盗匪,下部闻。曰:

窃甘省地处边疆,汉、番、回、撒种类不一,往往勾结为匪,骑马持械抢劫为生,甚至逞凶拒捕,伤毙事主,情势极其凶暴,均应按照刑部通行,随时就地正法,按季汇报。兹查光绪二十四年春、夏二季分,据河州、华亭县、静宁州、皋兰县、镇原县等属先后报获盗匪虎七十一、刘玉成、曾胡郎、王四十九、马何加、李康娃、邓世兴、张玉贵、胡喜、曾世荣、王珍、赵第元、陈进财、李应林、刘来子、马福通、李伏受仔、马三十

---

① 台北故宫博物院藏:《军机及宫中档》,文献编号:408003193。又,中国第一历史档案馆藏:《录副奏折》,档号:03-5365-050。

② 台北故宫博物院藏:《军机及宫中档》,文献编号:408003192-0-A。又,中国第一历史档案馆藏:《录副奏片》,档号:03-5735-106。

六、马舍木素、董荃得、周桐、田遂娃、邓洸法、崇来保等二十四犯到案，均经批饬该管府州讯供详办。旋据兰州府、平凉府、泾州直隶州先后复审拟议禀办前来。

查该盗匪虎七十一、刘玉成、曾胡郎、邓世兴、张玉贵、胡喜、曾世荣、王珍、赵第元、陈进财、马福通、李伏受仔、马三十六、马舍木素、董荃得、周桐、田遂娃十七犯，或结伙持械，连劫杀人，或捆殴事主，搜劫财物，均系情罪重大，法无可逭，经臣批司核复，实属情真罪当，已先后批饬将该犯虎七十一等分别就地正法，枭首示众，俾昭炯戒。王四十九、马何加、李康娃、李应林、刘来子、邓洸法、崇来保等均讯系被胁勉从，临时畏惧先遁，或事后分赃，或闻拿投首，情节不无可原，除刘来子业已在监病故外，饬令照章分别锁系杆礅，均俟限满察看，另行办理。据甘肃按察使丁体常详请具奏前来。

除仍批饬严缉各案逸盗务获究办外，所有甘肃省光绪二十四年春、夏二季分情重盗匪照章就地惩办缘由，谨开具籍贯、案由清单，恭折具陈。伏乞皇太后、皇上圣鉴。饬部查照施行。谨奏。①

同日，公又附片奏报委令金恒林署理副将员缺，下部闻。曰：

再，甘肃西宁镇属镇海协副将杨志胜调省遗缺，查有记名总兵金恒林，素娴韬略，久历戎行，堪以委署。除檄饬遵照外，谨附片具陈。伏乞圣鉴。谨奏。②

是日，公又附片奏报开除都司何永协员缺，下部闻。曰：

再，臣准署甘肃提督臣张永清咨开：提属永固协营都司何永协前经请假，十月回籍葬亲，今假满尚未回营。现值整饬营务之际，自未便

---

① 台北故宫博物院藏：《军机及宫中档》，文献编号：408003190. 又，中国第一历史档案馆藏：《录副奏折》，档号：03-7372-022.
② 台北故宫博物院藏：《军机及宫中档》，文献编号：408003192-0-B. 又，中国第一历史档案馆藏：《录副奏片》，档号：03-5928-030.

悬缺以待,应请开除员缺,等情。前来。臣覆查无异,详请奏明请旨开去永固协营中军都司何永协员缺,以重营伍。

除查取该员原领札付,俟至日另咨送部外,所遗甘肃提属永固协营中军都司员缺,陕甘现有应补人员,容臣另拣请补。谨附片陈明。伏乞圣鉴。谨奏。①

同日,公又附片奏报都司白天保病故出缺,下部闻。曰:

再,臣据署甘肃凉州府平番县知县阮士惠呈报:宁夏镇属兴武营都司白天保于本年四月间请假回籍措资,旋即患病,医调未愈,于七月十八日在籍病故。所有病故日期同原领札付一并呈赍核办,等情。前来。臣覆查无异,相应请旨开缺。

除札付咨送兵部查销外,所遗甘肃宁夏镇属兴武营都司员缺,陕甘现有应补人员,容臣另拣请补。理合附片陈明。伏乞圣鉴。谨奏。②

八月二十七日,公开单奏报光绪二十四年七月分甘省雨水粮价情形,曰:

窃照本年六月分粮价并得霑雨泽情形,业经据折奏报在案。兹查七月分兰州等八府六直隶州属具报得霑雨泽,自三四寸至八九寸不等,正值秋禾结实之际,获此沃泽,实于农田大有裨益。惟各属间有被旱、被雹、被水,容饬查勘,另案汇办。

至通省粮价,或与上月相同,或较上月稍有增减。据藩司曾鉌具详请奏前来。臣覆核无异,理合恭折具奏,并缮粮价清单,恭呈御览。

---

① 台北故宫博物院藏:《军机及宫中档》,文献编号:408003191-0-A.又,中国第一历史档案馆藏:《录副奏片》,档号:03-5928-031.
② 台北故宫博物院藏:《军机及宫中档》,文献编号:408003191-0-B.又,中国第一历史档案馆藏:《录副奏片》,档号:03-5928-032.

伏乞皇太后、皇上圣鉴。谨奏。①

同日，公又开单奏报查明甘省光绪二十四年二麦约收分数情形，曰：

窃查直省二麦收成分数，例应按年具奏。兹据甘肃布政使曾鉌将光绪二十四年甘肃所属各府、厅、州、县二麦约收分数查明，详报前来。臣覆加查核，约收八分者，两当县一处；约收七分者，西和县等二处；约收六分有余者，岷州等十一处；约收六分者，沙泥州判等十一处；约收五分有余者，狄道州等十五处；约收五分者，皋兰县等四十处。

以上八府六直隶州所属通盘牵算，约收五分有余。至各属被旱、被雹、被水之区，业经另案奏报，容俟覆勘会齐，钱粮如何蠲缓，再行照例办理。理合先将甘省本年二麦约收分数，缮折具奏，并缮清单，恭呈御览。伏乞皇太后、皇上圣鉴。谨奏。②

是日，公又会衔陕西提臣邓增奏请韩谦补授盐茶营都司，下部议。曰：

窃臣前准兵部咨开：陕西提属盐茶营都司员缺，前以尽先都司丁朝瑞拟补，因限满并未请咨赴部，自应照章开缺，所遗都司员缺系题补第四轮第三缺，轮用预保无人，应过班用第六缺拣发班内人员请补，等因。当经移行遵照去后。兹准陕西提臣邓增拣选得留陕拣发补用都司韩谦，营伍练达，材技优长，且在固原有年，该处地方情形尤为熟悉，咨请酌补前来。

臣查盐茶营都司员缺，系不在应行裁并之列，自应照章请补，以实营伍。该员韩谦熟悉营务，办事勤能，以之请补斯缺，洵堪胜任，亦与

---

① 台北故宫博物院藏：《军机及宫中档》，文献编号：408003200. 又，中国第一历史档案馆藏：《录副奏折》，档号：03-9370-042.
② 台北故宫博物院藏：《军机及宫中档》，文献编号：408003197. 又，中国第一历史档案馆藏：《录副奏折》，档号：03-9370-043.

轮缺章程相符。合无仰恳天恩俯念员缺紧要，准以该员韩谦补授陕西提属盐茶营都司员缺，以期得力。如蒙俞允，俟接准部覆后，即行给咨送部引见，俾符定制。

除饬取该员历册另咨送部外，谨会同陕西提臣邓增，合词恭折具陈。伏乞皇太后、皇上圣鉴，训示。谨奏。①

同日，公又开单奏报请奖查办甘肃海城一带逸匪文武员绅，下部议。曰：

窃臣前于光绪二十三年二月初四日奏报查办海城逸匪折内声明，请将在事出力员弁绅民择尤请奖，是年三月初一日奉朱批：准其酌保，毋许冒滥。钦此。当即钦遵咨行去后。兹准陕西提臣邓增咨称：查海城一带逸匪漏网已经两年，东窜西匿，拿办非易，若操之过切，固虑激生变端，倘失之稍宽，尤恐留为民害。拣派文武各员及地方绅民，不动声色，设法购线，共获逸匪百余名，悉数骈诛，地方毫无惊扰，伏莽亦已潜除，实由承办各员不避嫌怨、拿办迅速所致。论大致似与战功有间，论筹办实较打仗尤难，开具各员弁绅衔名清折，请按异常劳绩从优给奖，等因。前来。

臣覆查拟保文武员绅，皆属在事出力较著，实无冒滥，谨开具清单，恳恩俯准照给奖叙，以昭激劝。除各员弁绅履历清册咨送吏、兵各部查核外，理合恭折具陈。伏乞皇太后、皇上圣鉴，训示，施行。谨奏。②

同日，公又奏请徐光兴补授海城县知县，下部议。曰：

窃据甘肃藩、臬两司会详称：海城县知县蔡如苏开缺回籍修墓，奉

---

① 台北故宫博物院藏：《军机及宫中档》，文献编号：408003198。又，中国第一历史档案馆藏：《录副奏折》，档号：03-5928-068。

② 台北故宫博物院藏：《军机及宫中档》，文献编号：408003199。又，中国第一历史档案馆藏：《录副奏折》，档号：03-5928-066。

准部覆，业已截缺报部，自应由外请补。查知县应调缺出，现任无合例堪调之员，例准以候补人员酌补。又，曾任实缺应升知县保归候补班者，无论题调、选缺，均准酌量补用，各等语。今海城知县系繁、疲、难三项要缺，该处汉回杂居，风俗浮动，非精明谙练之员，不足以资治理，现任简缺人员均与此缺不甚相宜。

该司等在于候补合例人员内逐加遴选，查有曾任实缺应升候补前先知县徐光兴，年五十三岁，湖北汉阳县阴生，在国子监肄业，考取州判。同治七年，选授广西安平土州判，九年五月到任。十一年，奉调来甘差遣。西宁肃清案内，保以知县仍留原省补用；关陇肃清案内，保以开缺仍以知县改留甘肃，归候补班前先补用，俟补缺后再行送部引见。以光绪四年六月初二日作为到省日期，系曾任实缺人员，例不甄别，历署安化县、盐捕通判各缺，均无贻误。该司等查该员徐光兴谙练朴诚，尽心民事，以之请补海城县知县，实堪胜任，人地亦极相宜，会详请奏前来。

臣查该员徐光兴年强才裕，办事稳练，在甘年久，历署各缺，诸臻妥协，合无仰恳天恩，准以徐光兴补授海城县知县，实于地方有裨。如蒙俞允，俟奉准部覆，再行给咨送部引见，以符定例。谨恭折具陈。伏乞皇太后、皇上圣鉴。谨奏。①

是日，公又奏请苏重熙升补灵州知州，下部议。曰：

窃查灵州知州查之屏劳绩保升遗缺，前请以山丹县知县苏重熙升补，旋经吏部覆奏，该员苏重熙卓异未经引见，系循例请升之员。该省虽无卓异应升合例之员，按照定例，应以各项劳绩应升人员拣选升用，该督折内并未将各项劳绩应升人员声明有无不合例事故，及是否人地不宜，遽请以循例应升山丹县知县苏重熙升补之处，碍难核议。其灵

---

① 台北故宫博物院藏：《军机及宫中档》，文献编号：408003195.又，中国第一历史档案馆藏：《录副奏折》，档号：03-9365-134.

州知州要缺，应令该督在于各项劳绩应升人员内拣选升补，如不合例，或人地不宜，详细声明，再行请补。等因。光绪二十四年五月十八日奉旨：依议。钦此。钦遵咨行前来。当经行司遵照去后。

兹据甘肃藩、臬两司会详称：遵查灵州知州系属要缺，对品之简缺知州二员皆未到过本任，例不合调，卓异应升之员皆未引见，回任未能合例，亦无劳绩在任应升之员。惟有仍以循例应升之山丹县知县苏重熙请升。查该员年六十七岁，山东淄川县廪生，同治三年甲子科举人，考取咸安宫教习，俸满以知县用，签分甘肃，于光绪九年十一月到省。补授两当县知县，十五年十二月到任。十八年，大计卓异保荐，嗣经调补山丹县知县。补行二十一年大计，卓异保荐，历俸早满三年，各任内均无参罚案件。该司等查该员苏重熙经术湛深，抚循有法，在甘年久，于地方情形最为熟悉，以之升补灵州知州，实堪胜任，人地亦极相宜，仍会详请奏前来。

臣查该员苏重熙老成练达，素著循声，合无仰恳天恩俯念员缺紧要，仍准以山丹县知县苏重熙升补灵州知州，实于地方有裨。如蒙俞允，俟接准部覆，再行给咨送部引见，以符定例。谨恭折具陈。伏乞皇太后、皇上圣鉴，训示。至所遗山丹县知县系繁要缺，例应扣留外补。合并声明。谨奏。①

同日，公又附片奏请甘省当税减半征收情形，下部闻。曰：

再，甘省典当，本小利薄。从前每座岁征税银五两，今加至五十两，商力实属难支，经臣附片奏请减为二十五两，旋奉朱批：户部知道。钦此。当即钦遵转饬在案。兹准部咨，以加税系通行各省遵办之案，碍难两歧，仍令饬商照数完纳，等因。复经行令遵照去后。兹据藩司曾鉌详称：加征当税以助饷需，如果事可勉行，亟应遵饬照加，无如甘

---

① 台北故宫博物院藏：《军机及宫中档》，文献编号：408003196。又，中国第一历史档案馆藏：《录副奏折》，档号：03-9365-135。

省地瘠民贫,叠经兵燹,实与他省情形不同,即此减半征税。时越一年,屡次催提,尚多未能完足,商情竭蹶,闭歇堪虞,呈请奏恳天恩仍准每座每年减为二十五两,以恤商艰,等情。前来。

臣查各省腴瘠不同,当本亦大小各别。甘肃边陲寒苦,商力碍难,委系实在情形。此次当税减为二十五两,仍较从前额定五两已加五倍之多,合无仰恳天恩俯准仍照前请减半征收,俾纾商力。谨附片具陈。伏乞圣鉴,训示,并请饬部查照。谨奏。①

同日,公又附片奏陈甘省改移各驿道一事,下部议。曰:

再,甘肃省城递送北路宁夏一带文报,向由皋兰递经西路平番,由茶马同知所管平城、松山等驿以达中卫,再递宁夏。道路迂远,往往迟误。查由皋兰县迤北水埠河一路,径递较为便捷。现在茶马同知员缺业经奏裁,其所管平城、松山两驿,自应酌量移设。饬据藩、臬两司委员会同各该地方官勘明,议拟详复:查省城至宁夏驿道,向自皋兰所属之兰泉驿,经西路沙井驿、平番属之苦水驿、红城驿、在城驿、庄浪茶马厅属之平城驿、松山驿、红水县丞属之宽沟驿、白墩子驿、三眼井驿,以达中卫县属之营盘驿,共计程五百三十里。今勘明从兰泉驿迤北由水埠河经六墩子,过小黄崖,越一条山,而达中卫,计程四百二十里,所有省城递送宁夏公文,若改由水埠河递送,诚为便捷。惟该处向无驿站,应请酌量移设。

查庄浪厅属之平城驿额马一十三匹、夫六名半,松山驿额马一十三匹、夫六名半,红水属之白墩子驿额马一十八匹、夫九名,宽沟驿额马一十三匹、夫六名半,三眼井驿额马一十三匹、夫六名半,共马七十匹,夫三十五名,拟请将平城驿移设水埠河,酌拨马十四匹、夫七名,松山驿移设六墩子,酌拨马一十四匹、夫七名,归皋兰县经管;白墩子驿

---

① 台北故宫博物院藏:《军机及宫中档》,文献编号:408003196-0-A.又,中国第一历史档案馆藏:《录副奏片》,档号:03-6510-102.

移设小黄崖，酌拨马一十八匹、夫九名，三眼井驿移设一条山，酌拨马一十八匹、夫九名。查一条山虽系靖远县地界，惟距县城二百二十里，鞭长莫及，而其地与红水犬牙相错，距红水之宽沟城仅九十里，应与小黄崖同归红水县丞经管。其红水之宽沟一驿尚有递送省城、宁夏文报，仍应照旧安设。惟并无别路公文，驿事较简，应酌量裁减，宽沟驿应减为马三匹、夫一名半。平城、松山两驿既裁，其西路与宁夏往来文报，查平番与小黄崖相距一百二十五里，应由平番径递小黄崖，以圻简便。小黄崖、一条山因多径递西路来往公文，不能不多拨夫、马；皋兰之兰泉驿向来分递东路金家崖、南路摩云驿、西路沙井驿、东北路蔡家河四路公文。今添设正北水埠河一路，原有夫马不敷应用，应拨添兰泉驿马三匹、夫一名半，以昭公允。似此量移变通，仍止用马七十匹、夫三十五名，不增费，不绕道，而于递送公文大有裨益。开具改移各驿道里细数清折，呈请具奏前来。

臣覆查无异，除将清折送部查核外，谨附片具陈。伏乞圣鉴，饬部核覆施行。谨奏。①

是日，公又会衔陕西提督臣邓增附片奏报周胜友借补静宁营守备，下部议。曰：

再，臣前准兵部咨开：陕西固原提属静宁营守备员缺系部推之缺，应用尽先人员，行令迅拣请补，等因。当经移行遵照去后。兹准陕西提臣邓增咨称：查静宁营守备员缺，设处冲途，操防、护运，最关紧要，非营务谙练之员，不足以资整理，兹拣选得留陕甘尽先都司会宁营千总周胜友，营务晓畅，且本任千总之缺地接静宁，于该处情形向称熟悉，咨请酌办前来。

臣查静宁营守备员缺，系不在应行裁并之列，应即照章请补，以实

---

① 台北故宫博物院藏：《军机及宫中档》，文献编号：408003196-0-B.又，中国第一历史档案馆藏：《录副奏片》，档号：03-7138-096.

营伍。该员周胜友年力正强,办事稳练,以之借补斯缺,洵堪胜任,亦与部章相符,合无仰恳天恩俯念员缺紧要,准以该员周胜友借补陕西提属静宁营守备员缺,以期得力。如蒙俞允,俟接准部覆后,即行给咨赴部引见,以符定制。

除饬取该员履历清册另咨送部外,谨会同陕西提督臣邓增,合词附片具奏。伏乞圣鉴,训示。谨奏。①

九月初一日,公会衔西宁办事大臣联魁、甘肃提督董福祥奏报遵照部议另核请奖缘由,下部议,曰:

窃准吏部咨:遵议臣等前保青海一律肃清案内麟岱一员,系补缺后遇缺即补主事理藩院候补笔帖式所请免补主事作为本院候补员外郎遇缺即补,系属层递加保,核与定章不符,应令另核奏明请奖,等因。于光绪二十四年六月初二日具奏,奉旨:依议。钦此。恭录知照前来。

臣等伏查麟岱前经派赴青海随剿窜匪,复令安插抚回,往返数月,露宿风餐,倍形艰苦,实属异常出力。当因该员先已保有补缺后主事升阶,是以此案拟请仍俟补笔帖式后免补主事,作为本院候补员外郎遇缺即补。兹奉部驳,自应遵照另核请奖,拟请将该员麟岱免补笔帖式,作为本院候补主事遇缺即补,以示鼓励。合无仰恳天恩俯准照拟给奖,出自鸿施!

所有另核请奖缘由,谨会同甘肃提督董福祥恭折具陈。伏乞皇太后、皇上圣鉴,训示。再,此折系臣联魁主稿,合并声明。谨奏。②

九月十五日,公奏报裁汰陕省冗缺闲员情形,曰:

窃臣光煮本年七月十八日接准电寄钦奉谕旨:各省不办运务之粮

---

① 台北故宫博物院藏:《军机及宫中档》,文献编号:408003198-0-A. 又,中国第一历史档案馆藏:《录副奏片》,档号:03-5928-069。

② 台北故宫博物院藏:《军机及宫中档》,文献编号:408003201. 又,中国第一历史档案馆藏:《录副奏折》,档号:03-5365-116。

道、向无盐场仅管疏销之盐道,均着裁缺,归各藩司、巡守道兼理。此外,如同、通、佐贰等官,有但兼水利、盐捕并无地方之责者,均属闲冗,即着查明裁汰。至各省设立办公局所,名目烦多,叠经谕令裁并,着各督抚懔遵前旨,将现有各局所中冗员一律裁撤净尽,并将候补、分发、捐纳、劳绩等项人员严加甄别裁汰,等因。钦此。当即钦遵咨商臣模,一面行司遵照筹议,详办去后。

伏查陕西督粮、盐法二道,虽无运务、盐场,惟粮道有分守西安、乾、鄜等府州地方之责,盐道亦有分巡凤、邠等府州地方事务,稽查属员,审转案件,均关紧要,粮道更有征放旗营兵粮专责,应请毋庸议裁。其西安清军同知,乾州直隶州州判,华州州判,长安、咸阳、三原、凤翔各县县丞共七员缺,并无地方之责,应请一并裁撤。清军同知所司水利、盐捕等事,应归西安府兼理;制造火药、典守军械等事,应另派员弁经管。其余乾州、华州各州判、长安等县各县丞原办事件,应均责成各该州县兼理;所裁各官廉俸、役食等项,应以奉准裁缺之日一律停支,并饬将关防、印信呈缴送销。其裁缺实任各员,西安府清军同知闻昌寿、乾州直隶州州判王鸿宾、华州州判崔耀山、长安县县丞秦书绅、咸阳县县丞黄光彩、三原县县丞王健、凤翔县县丞林似锦,应均以裁缺奉文之日作为留省日期,各按本班,不入班次,遇有缺出,先尽补用。如一时无应得之缺,暂予委署;其愿赴部候选者,亦准其不入轮次,遇缺选用,仍咨部听候核覆遵行。

又,查陕省规模素狭,局所无多,前已叠经裁并,兹复遵将水利、棉桑、纺织各局分别归并农、工、商局办理,又将制造局裁撤;所留善后、厘税等局,均系事繁责重,实难裁撤。又,陕省官方尚属整饬,间有庸劣不职者,皆已随时参劾。其候补、分发、捐纳、劳绩各项人员,惟有认真考核,仍随时分别办理,以肃吏治。据藩司李有棻、署臬司江汇川会详前来。

臣等覆查无异,往返函商,意见相同。除咨部外,所有遵旨裁汰冗缺缘由，谨合词恭折具陈。伏乞皇太后、皇上圣鉴，训示，施行。谨奏。①

十月初二日，公开单奏报光绪二十四年八月分甘肃雨水粮价情形，曰：

窃照本年七月分粮价并得需雨泽情形，业经据折奏报在案。兹查八月分兰州等八府六直隶州属具报得需雨泽自三四寸至八九寸，深透不等。正值秋禾成熟之际，获此沃泽，实于农田有裨。至通省粮价，或与上月相同，或较上月稍有增减。据藩司曾鉌具详请奏前来。臣覆核无异，理合恭折具奏，并缮粮价清单，恭呈御览。伏乞皇太后、皇上圣鉴。谨奏。②

同日，公又奏报校阅省标各营官兵秋操情形，曰：

窃照陕甘督标并兰州城守营向按春、秋二季合队操演，期于有勇知方，以收实效。兹值本年秋操之期，臣于九月十九、二十一等日，督同司道，亲临校场，阅视各营官兵并在省防练各旗，操演湘军行营阵式，并新练德国操法，队伍整肃，器械鲜明，进止如法，奇正相生；施放连环枪炮，俱皆稳练；比较刀矛，亦殊便捷。所练马队合队操演，马上放枪，以及员弁枪靶，均灵便有准。臣择其技艺出众者，分别奖赏，以示鼓励；仍严饬各营将弁一体认真操练，务期精益求精，以仰副圣主整饬戎行、修明武备至意！所有臣校阅光绪二十四年省标秋操情形，理合恭折具陈。伏乞皇太后、皇上圣鉴。谨奏。③

---

① 台北故宫博物院藏：《军机及宫中档》，文献编号：408003202. 又，中国第一历史档案馆藏：《录副奏折》，档号：03-5365-157.
② 台北故宫博物院藏：《军机及宫中档》，文献编号：408003205. 又，中国第一历史档案馆藏：《录副奏折》，档号：03-9371-011.
③ 台北故宫博物院藏：《军机及宫中档》，文献编号：408003204. 又，中国第一历史档案馆藏：《录副奏折》，档号：03-5762-037.

是日，公又会衔陕西提臣邓增、甘肃提臣张永清，奏报请免裁督提各标后营官兵，下部闻。曰：

窃臣于光绪二十四年八月初二日由驿具奏拟裁督标、陕甘两提标各后营员弁兵丁一折，九月初二日奉到朱批：裁兵一事总宜察酌地方情形，可裁则裁，不可勉强从事，致贻后患。此案着再通盘筹画，据实奏明办理。钦此。仰见皇太后、皇上于裁兵节饷之际，仍寓格外慎重之意，下怀曷胜钦感！

伏思绿营官兵额设已数百年，平日防守城堡，稽查盗贼，护解人犯，协拿逃匪，是其专责，且人皆土著，有事时自卫桑梓，未必尽属无用。值此库储拮据，朝廷屡饬裁兵节饷，臣不敢不再三斟酌，前已于谨拟切实办法详细覆陈折内声请从容办理在案。因迟之又久，拟先将督标、陕甘两提标各后营员弁兵丁请旨裁汰，今我皇太后、皇上明见万里，洞察下情，着臣再行察酌地方情形，通盘筹画。臣跪诵之下，感激莫名！

窃维陕甘绿营官兵自同治以来，迭遭寇乱，屡次裁汰，已不及从前额设十分之三，而一切差遣、巡防事未减少，一旦裁除殆尽，汛地顿形空虚，诚不能无所顾虑。该制兵等大率累世充当，视兵粮为恒业，概令别谋生计，必有流离失所者。目今民食益艰，人心浮动，裁之所省无多，不如留之，尚可收尺寸之用。通盘筹画，陕、甘两省原额制兵八万二千余名，现只剩二万四千余名，分营分汛，辖境在数千里之遥，所支粮饷不及客勇之半，即使极力裁减，究于饷需无大裨益。而回番杂处地方，关系甚大，臣再四踌躇，所有臣前奏拟裁督标、两提标各后营及各提镇现存官兵。合无仰恳天恩，俯念陕、甘两省均处边要，一律免其裁汰。臣当咨行各提镇，转饬各营汛员弁切实整顿，期一兵得一兵之用，庶不致虚糜饷糈，以仰副皇太后、皇上慎重边圉、体恤时艰之至意！

谨会同陕西提臣邓增、署甘肃提臣张永清，合词恭折覆陈。伏乞皇太后、皇上圣鉴,训示。遵行。谨奏。①

同日,公又奏请将候补人员再停分发一年,下部议。曰:

窃臣前以甘肃省候补人员拥挤,奏请将捐纳、劳绩道府以至未入流暂停分发,奉部议覆,自奉旨之日起,准其停止分发甘肃一年,俟一年期满,仍照常验看分发,等因。光绪二十三年十二月十九日奉旨:依议。钦此。当经转行遵照去后。

兹据布政使曾鉌、按察使丁体常会详称:甘省停止分发自奉旨之日起,不计闰扣至光绪二十四年十二月十九日停止,一年之限转瞬届满,而候补各员之请补得缺者甚属寥寥,正佐大小各官尚系三百余员,拥挤如旧,差事无多,一经停止限满,必源源而来,则拥挤愈甚,苦累更复不堪,固穷者不可数觏,似于官常、吏治大有妨碍。该司等一再酌核,拟恳仍将捐纳、劳绩道府以至未入流,自光绪二十四年十二月二十日起,再行停止分发一年,以期逐渐疏通。至各项正途签掣人员并曾任实缺应补分发原省人员,仍请照常分发。其有先经指分保留尚未分发到省各员,准其该发他省,免缴离省等项银两,以示体恤,呈请具奏前来。

臣覆加查核,委系实在情形,合无仰恳天恩俯准饬部照请核覆,俟此次停止限满后,由臣察看情形,再行奏明办理。为此,恭折具陈。伏乞皇太后、皇上圣鉴,训示。谨奏。②

同日,公又会衔甘肃提臣张永清奏请朱应龙调补肃州中营游击,下部议。曰:

窃臣前准兵部咨:肃州镇标中营游击员缺,掣定作为第五轮第六

---

① 台北故宫博物院藏:《军机及宫中档》,文献编号:408003203.又,中国第一历史档案馆藏:《录副奏折》,档号:03-5928-125.
② 台北故宫博物院藏:《军机及宫中档》,文献编号:408003206.又,中国第一历史档案馆藏:《录副奏折》,档号:03-5366-124.

缺，轮用拣发人员，应令拣员请补，等因。当经移行遵照去后。兹准署甘肃提臣张永清咨称：肃州镇标中营游击员缺，设近边关，为镇属各营领袖，事务较繁，并有经管兵马钱粮总汇之责，非精敏干练、熟悉情形之员，不足以资治理。查有准补肃州镇属靖逆营游击朱应龙，年强才裕，营伍历练。咨请调补前来。

臣查肃州镇标中营游击事繁任重，拣发班内人员无多，详加遴选，皆与此缺不甚相宜，未便迁就请补。查准补肃州镇属靖逆营游击朱应龙，精明稳练，办事慎勤，以之调补，洵堪胜任。虽核与轮章稍有未符，惟人地实在相需，合无仰恳天恩俯念员缺紧要，准以该员朱应龙调补肃州镇标中营游击员缺，以资得力。如蒙俞允，该员前请补靖逆营游击，尚未赴引，应俟此次调补接准部覆，再行并案给咨送部引见，以符定制。

除查取该员履历清册另咨送部外，所遗肃州镇属靖逆营游击员缺，仍照部章作为第五轮第六缺，在于拣发人员班内另行拣员请补。谨会同署甘肃提臣张永清，合词恭折具陈。伏乞皇太后、皇上圣鉴，训示。谨奏。①

是日，公又会衔陕西提督邓增附片奏请黄玉芳补授西凤营守备，下部议。曰：

再，查陕西提属西凤营守备员缺系部推之缺，轮用尽先人员。前请以尽先守备提标右营千总雷洪春补授，经部议驳，饬令另拣合例人员请补，等因。当经移行遵照去后。兹准陕西固原提督臣邓增另拣得留陕甘尽先补用守备提标中营千总黄玉芳，在陕年久，营伍熟悉，堪以请补。咨请核办前来。

臣查尽先补用守备陕西提标中营千总黄玉芳，年强才裕，办事勤

---

① 台北故宫博物院藏：《军机及宫中档》，文献编号：408003207. 又，中国第一历史档案馆藏：《录副奏折》，档号：03-5928-118.

能,以之请补斯缺,洵堪胜任,与例亦符。合无仰恳天恩俯念员缺紧要,准以该员黄玉芳请补陕西提属西凤营守备员缺,可期得力。如蒙俞允,该员系曾经引见之员,请饬部发给实授札付,以符定制。

除该员履历清册送部外,谨会同陕西提督臣邓增,附片具陈。伏乞圣鉴,训示。谨奏。①

同日,公又会衔陕西提督邓增附片奏请李士贞调补秦州中军守备,下部议。曰:

再,臣前准兵部咨:陕西固原提属秦州营中军守备员缺系部推之缺,应用尽先人员,饬令拣员请补,等因。当经移行遵照去后。兹准陕西固原提督臣邓增咨开:秦州营中军守备有经理兵马钱粮之责,必得精明强干之员,方期胜任。查有提标后营守备李士贞,晓畅戎机,办事精敏,堪以调补。咨请核办前来。

臣查该守备李士贞勤敏有为,熟悉营务,曾经两署秦州守备,均无贻误,以之调补,实堪胜任,人地亦极相宜。合无仰恳天恩俯念员缺紧要,准以该守备李士贞调补秦州营中军守备员缺,以期得力。如蒙俞允,该员以守备调补守备,衔缺相当,毋庸送部引见,仍请饬部换给实授札付,以符定制。

除该员履历清册另咨送部外,所遗提标后营守备员缺,陕甘现有应补人员,仍请作为尽先,由臣另拣请补。谨会同陕西提督臣邓增,合词附片具奏。伏乞皇太后、皇上圣鉴,训示。谨奏。②

同日,公又附片奏报请将王彦清保案递改,下部议。曰:

再,前准兵部咨开:拟补甘肃西宁镇属北川营都司王彦清,先经陕

---

① 台北故宫博物院藏:《军机及宫中档》,文献编号:408003207-0-A.又,中国第一历史档案馆藏:《录副奏片》,档号:03-5928-119.
② 台北故宫博物院藏:《军机及宫中档》,文献编号:408003207-0-B.又,中国第一历史档案馆藏:《录副奏片》,档号:03-5928-120.

甘总督杨昌濬奏请借补陕西下马关营守备,调补甘肃红崖堡守备。嗣于光绪二十三年正月由部拟补甘肃北川营都司,令送部引见,亲赍履历册,声叙于克复狄道州出力案内。经前署陕甘总督穆图善奏,同治十年三月二十八日奉上谕:着免补都司,以游击尽先即补。钦此。又于河州解围案内,经甘肃提督董福祥奏,光绪二十二年十月十五日奉上谕:着免补游击,以参将尽先补用,并加副将衔。钦此。查该员续保游击之案系在借补守备之前,何以借补守备履历内并未声叙?显系有意隐匿,希图取巧,自应照章将续保游击之案注销。其续保参将之案如何递改,应由该督奏明办理,等因。当经转饬遵照。

臣查该员王彦清前由尽先都司借补下马关营守备,调补红崖堡守备,系在续保游击之后,自应照依部章,遵将游击注销。其续保参将加副将衔之案,拟恳天恩俯准递改以游击尽先即补,并加副将衔,饬部更正注册,以实官阶。除咨部查照外,理合附片具陈,伏乞圣鉴,训示。谨奏。①

是日,公又附片奏报请由赣鄂拨解昭信股票银两,下部闻。曰:

再,前准部咨具奏续筹卢汉铁路用款,拟划拨各省昭信股票银两一折,光绪二十四年七月二十九日奉旨:依议。钦此。计抄原奏内开:指拨甘肃银十万两,饬令赶紧照数汇解上海通商银行,转交卢汉铁路总公司兑收应用,等因。当经转饬遵照去后。

兹据甘肃藩司曾鉌详称:查此项指拨昭信股票银十万两,为数甚巨,汇解不便。查江西、湖北两省尚有应协甘肃光绪二十四年未解新饷,拟请将奉拨股票库平银十万两内由江西省拨银五万二千两、湖北省拨银四万八千两,就近解交上海通商银行,转交卢汉铁路总公司兑收应用,以期便捷,仍请作抵江西、湖北两省报解新饷,由甘肃收存股

---

① 台北故宫博物院藏:《军机及宫中档》,文献编号:408003207-0-C.又,中国第一历史档案馆藏:《录副奏片》,档号:03-5928-121.

票项下提收还款,等情。呈请奏咨前来。

除分咨户部、湖广督臣、江西抚臣、卢汉铁路总公司查照外,谨附片具奏。伏乞圣鉴。谨奏。①

同日,公又附片奏报王学伊等期满甄别情形,下部议。曰:

再,查例载:道府以至未入流,凡系应行试看人员,以到省之日起,试看一年,期满甄别补用。又,初任人员保归候补班次,扣足一年,甄别补用,各等语。历经遵办在案。兹查有试用直隶州知州王学伊,于光绪二十三年八月二十一日到省,今自到省之日起,连闰扣至二十四年七月二十一日,试看一年期满,例应甄别。又,在任候补知县安化县董志原县丞陈问淦,于光绪二十一年三月十八日到任,先于玉树番案内出力,保以知县在任候补,自光绪二十年二月三十日奉旨,按限计算,应自是年三月二十八日作为知县到省之日起,扣至二十一年三月二十八日,试看一年期满,补行甄别。由甘肃藩、臬两司加考,详请甄别具奏前来。

臣查王学伊年壮才明,志趣向上,堪以原官留省照例补用;陈问淦年强才裕,供职勤能,堪以知县在任候补。除该各员履历清册咨部查照外,理合附片具奏。伏乞圣鉴。谨奏。②

同日,公又附片奏报拣员委署副将等缺,下部闻。曰:

再,署理督标左营参将兼署督标中军副将韩廷芝,应饬交卸左营参将事务,改为署理中军副将,并饬准补督标左营参将杨志胜前赴本

---

① 台北故宫博物院藏:《军机及宫中档》,文献编号:408003206-0-A.又,中国第一历史档案馆藏:《录副奏片》,档号:03-9659-069.
② 台北故宫博物院藏:《军机及宫中档》,文献编号:408003206-0-B.又,中国第一历史档案馆藏:《录副奏片》,档号:03-5366-125.

任,各专责成。又,署理宁夏镇属中卫协副将谭应春署事期满,应行调省,遗缺查有总兵衔留陕甘补用副将督标前营游击孟根和,年强才裕,熟悉营务,堪以委署。所遗督标前营游击员缺,暂饬署理督标后营游击留甘补用参将黎锦春先行兼署。除分饬遵照外,谨附片具奏。伏乞圣鉴。谨奏。①

是日,公又附片奏报开除沈福清等游击等缺,下部闻。曰:

  再,臣接准甘肃提督臣张永清咨开:提属大马营游击沈福清请假送柩回籍,南古城堡守备胡培锦请假回籍葬亲。该二员假期久满,尚未回营,现值整顿营伍之际,员缺未便久悬,咨请开除各该员底缺,以重营务,等情。前来。臣覆核无异,相应奏明请旨将甘肃提属大马营游击沈福清、南古城堡守备胡培锦各员缺一并开除。

  除查取各该员札付另咨送部外,所遗甘肃提属大马营游击、南古城堡守备各员缺,甘肃现有应补人员,容臣另拣请补。理合附片具陈。伏乞圣鉴,训示,施行。谨奏。②

同日,公又附片奏报都司毛熙隆病故出缺,下部闻。曰:

  再,据署陕西汉中镇总兵官龙得胜呈称:镇属阳平关营都司毛熙隆得患痢疾,医药罔效,于光绪二十四年七月二十一日因病身故,呈请核办前来。臣覆查无异,相应请旨开缺。所遗阳平关营都司员缺,陕甘现有应补人员,容臣另拣请补。除该故员原领札付及承查印、甘各

---

  ① 台北故宫博物院藏:《军机及宫中档》,文献编号:408003203-0-A.又,中国第一历史档案馆藏:《录副奏片》,档号:03-5928-122。
  ② 台北故宫博物院藏:《军机及宫中档》,文献编号:408003203-0-B.又,中国第一历史档案馆藏:《录副奏片》,档号:03-5928-123。

结，俟查取至日另咨送部外，谨附片陈明。伏乞圣鉴。谨奏。①

十月十七日，军机处来电曰：

奉旨：闻甘肃各种矿产甚富，自来未经开采，着陶模拣派妥员，认真踏勘，毋令货弃于地，转为外人垂涎，仍将办理情形随时具奏。钦此。②

十月二十二日，公开单咨呈总理衙门曰：

于光绪二十四年八月初二日由驿附奏甘肃供差翻译委员分省补用知县茂连等已满三年，请援照定章奖叙一片，当经抄稿咨呈，并于折内声明履历查取另送在案。兹于本年九月初二日由驿递回原片，奉朱批：着照所请，该衙门知道。钦此。当即钦遵转行去后。旋据同知衔分发洋务省分候补班前先补用知县茂连、五品衔户部笔帖式遇缺即补主事阎海明各造赍履历清册，呈请分送前来。除分咨外，相应咨呈。为此合咨呈贵衙门，谨请鉴照施行。③

同日，公致函总理衙门曰：

照本督部堂光绪二十四年八月初二日，由驿附奏甘肃供差翻译委员分省补用知县茂连等已满三年，拟请援照定章给予奖叙一片，已抄录片稿咨呈在案。兹于本年九月初二日由驿递回原折，奉朱批：着照所请，该衙门知道。钦此。除钦遵咨行外，相应恭录咨呈。为此合咨

---

① 台北故宫博物院藏：《军机及宫中档》，文献编号：408003203-0-C. 又，中国第一历史档案馆藏：《录副奏片》，档号：03-5928-124。
② 中国第一历史档案馆藏：《电报档》，档号：1-01-12-024-0222。
③ 台北"中央研究院"近代史所藏：《外交档案》，馆藏号：01-30-001-08-001。

贵衙门，谨请钦遵查照施行。①

十月二十八日，公开单奏报光绪二十四年九月分甘省雨水粮价情形，曰：

窃照本年八月分粮价并得霑雨泽情形，业经据折奏报在案。兹查九月分兰州等八府六直隶州属具报得霑雨雪，自一寸至二三寸不等。秋禾已收获登场，时交冬令，获此沃泽，土脉含濡，民情极为欣慰。

至通省粮价，或与上月相同，或较上月稍有增减。据藩司曾鉌具详请奏前来。臣覆核无异，理合恭折具奏，并缮粮价清单，恭呈御览。伏乞皇太后、皇上圣鉴。谨奏。②

同日，公又奏报甘肃关内外光绪二十一、二两年分转运新饷脚价等款，下部闻。曰：

窃甘肃关内外每年运解新饷脚价、委员川资、鞘匣等项，遵照部议即由新饷内划提银四万两，另款开支。又，陕甘养廉经费并岁修银两，前经奏明请于划提新饷银四万两内，除开支转运脚价等项外，所余银两尽数拨支，奉旨允准，历经遵办。截至二十年底止，业经造册奏咨核销，实存湘平银三万七千八十余两。

二十一、二两年每年仍照前案，由新饷内提银四万两，又收二十一年支发脚价等项照章扣回平余银三百五十余两，二十二年支发脚价等项扣回平余银二百七十余两，合共管、收实存湘平银一十一万七千七百一十余两。自二十一年正月起至二十二年年底止，由陕西省城并泾州属之瓦云驿接运新饷及搭解各款至兰州省城，复由兰州转运关外应分新饷，及搭解各款至新疆省城脚价及员弁盘费、盐菜、口粮、骡脚并添制鞘匣、纸张、绳索、工价等项，共发过湘平银六万四千六百九十余

---

① 台北"中央研究院"近代史所藏：《外交档案》，馆藏号：01-30-001-08-002.
② 台北故宫博物院藏：《军机及宫中档》，文献编号：408003209. 又，中国第一历史档案馆藏：《录副奏折》，档号：03-9371-034.

两;又拨发甘肃电报局二十一、二两年养电经费湘平银三万九千五百八十余两,陕西电报局二十一、二两年养电经费湘平银二千一百三十余两,共发过湘平银四万一千七百二十余两。应咨由督办各省电线事宜大理寺少卿盛宣怀列收,另将支用细数造报请销外,统计开支拨发湘平银一十万六千四百二十余两,实在存湘平银一万一千二百九十余两,另款存储,归入下届开支造报。据甘肃布政使曾鉌造具总、散清册,详请具奏前来。

臣覆查无异,合无仰恳天恩饬部查照核销。除将各册分送户、兵、工三部外,理合恭折具奏。伏乞皇太后、皇上圣鉴,训示。谨奏。①

是日,公又奏报光绪二十一、二两年甘肃办理河湟军需转运脚价等款,下部闻。曰:

窃查光绪二十一、二两年甘肃办理河湟军需造报收支一切正杂各款,前已具奏请销,并于折内声明转运脚价一项,军需与赈务互相牵杂,俟军、赈两事各支运脚数目厘剔清楚,分案办理在案。兹据甘肃布政使曾鉌详称:现在军、赈两项均已分清,除赈抚款项另案造报外,所有军需转运脚价等项银两,自应专案造报,以清款目。

查旧管项下,共存湘平银七万三千二十三两五钱一分五厘七毫四丝。新收新饷案内二十一、二两年关内外饷内应提封存湘平银五十二万一千一百六两二钱二分六厘,新添军饷案内续收仓粮变价库平申湘平银一十六万八千五百五两三钱一分三厘五毫三丝,扣收前敌各军支用额粮作价湘平银三千六百五两二钱八分一厘,转运军粮、军火脚价并采用口袋、包裹、物料扣回平余湘平银四千九百六十四两二钱六分九厘,共收湘平银六十九万八千一百八十一两八分九厘五毫三丝。开除支发各厅、州、县并各粮局转运军粮脚价并采用口袋共湘平银四十

---

① 台北故宫博物院藏:《军机及宫中档》,文献编号:408003210。又,中国第一历史档案馆藏:《录副奏折》,档号:03-6648-027。

二万七千六百六十三两七钱六分,由陕制运军装、军火、脚价、包裹、物料湘平银六万八千二百三十四两二钱九分四厘,由陕押运军装、军火员弁盘费、骡脚湘平银六百八十三两二钱八分,拨支司库支发文职各官廉俸应分二十一、二两年新饷库平申湘平银一十一万五千九百一十六两六钱六分六厘,借拨司库支发供应进征官军及转运各省协拨饷装、车骡、脚价库平申湘平银一十万九千八百四十五两六钱八分三厘,共请销支发湘平银七十二万二千三百四十三两六钱八分三厘;实存湘平银四万八千八百六十两九钱二分二厘二毫七丝,应归入下届开支具报。造具总、散清册,详请具奏前来。

臣覆加查核,委系实用实销,并无浮冒,相应吁恳天恩俯准核销,以清款目。除清册分送户、兵、工部外,理合恭折具陈。伏乞皇太后、皇上圣鉴,训示。谨奏。①

同日,公又奏报甘肃各属光绪二十四年分上忙征收银两数目情形,下部闻。曰:

窃照甘肃各属光绪二十三年上、下忙征收银数,业经奏报在案。所有二十四年上忙征收银数,据藩司曾鉌详称:查甘省光绪二十四年额征地丁起存正、杂银二十八万八千七百九十七两五分一厘,连秦州等处新垦地丁银九百七十九两六钱五分六厘,共银二十八万九千七百七十六两七钱七厘,内除皋兰县、沙泥州判、洮州厅、华亭县、平番县、宁夏县、灵州、中卫县、宁灵厅、西固州同等处水冲地亩豁免银五十九两七钱二分五厘九毫,又除皋兰县西乡马家湾回民逃亡无着银三十五两七钱三分一厘,又除各属荒地无从征收银七万三千二百八十五两八钱六分一厘五毫外,实应征正、杂银二十一万六千三百九十五两三钱八分八厘六毫。又收渭源县等处光绪二十四年上忙续垦升科起运银

---

① 台北故宫博物院藏:《军机及宫中档》,文献编号:408003208。又,中国第一历史档案馆藏:《录副奏折》,档号:03-6648-028.

一百七十八两七钱九分九厘,二共应征银二十一万六千五百七十四两一钱八分七厘六毫。

今上忙已完银一十一万四千五十二两二钱八分二毫,又收狄道州征到奉文流抵二十四年起存银四千九百五十一两七钱,二共已完银一十一万九千三两九钱八分二毫。统计系在四分以上,内已完存留经杂、驿站银四万四千五百三十七两九钱九分九厘二毫,照数留支。已完起运银七万四千一百七十九两五钱八分一厘,均已解司,内已造入光绪二十二年秋拨册内银三千九百一十三两六钱七分四厘,造入二十四年秋拨册内银一万六千二百四十九两二钱五分九厘,候入二十五年春拨册内银五万四千一十六两六钱四分八厘,已完杂赋银二百八十六两四钱亦已解司,内已造入光绪二十四年秋拨册内银三十一两一钱七分九厘,候入二十五年春拨册内银二百五十五两二钱二分一厘。未完地丁正、杂银九万七千五百七十两二钱七厘四毫,内未完地丁起运银六万四千九百七十八两七钱五分三厘,未完存留经杂银一万三十五两五钱五分九厘,未完存留驿站银二万一千九百九十四两二钱六厘四毫,未完杂赋银五百六十一两六钱八分九厘,应归下忙案内一并核办。造具总、散清册,详请具奏前来。

臣覆核无异,除将清册咨送户部查核外,所有甘省各属光绪二十四年上忙征收银两数目,理合恭折具奏。伏乞皇太后、皇上圣鉴。谨奏。①

同日,公又奏报甘肃关内马步练军光绪二十三年分支扣饷项,下部闻。曰:

窃前准户部咨开:甘肃省裁勇练兵系属因时制宜,并非承平旧制,所有开支薪水亦非常例动支,嗣后应令专案奏销,以免牵混,等因。所

---

① 台北故宫博物院藏:《军机及宫中档》,文献编号:408003211.又,中国第一历史档案馆藏:《录副奏折》,档号:03-6261-036.

有光绪二十二年分练军饷项细数清册,前已奏销在案。兹据甘肃藩司曾鉌详称:遵查甘肃关内马步练军光绪二十三年分薪公、口粮等项,共实支银一十八万三千八百七十六两三钱三分,内扣收过粮价及四二分减平银共二万七千四百三两五钱七分七厘,分别造具细数清单,详请具奏前来。

臣覆核无异,除将册籍分送部、科外,理合恭折具陈。伏乞皇太后、皇上圣鉴,饬部核销施行,谨奏。①

是日,公又会衔甘肃提臣张永清奏请李正鲁调补提标中营参将,下部议。曰:

窃臣前准兵部咨:甘肃提标中营参将员缺系题补第二轮第三缺,轮用预保,该省预保无人,应以第六缺拣发人员抵补,行令迅即拣员请补,等因。臣查甘肃提标中营参将一缺,为标营领袖,事繁任重,非精敏干练之员,不足以资治理,遵于拣发班内详加遴选,或衔缺未当,或人地不宜,未便迁就请补。

兹查有现署斯缺之准补督标右营参将留陕甘补用总兵李正鲁,夙著战功,熟悉营务,以之调补,洵堪胜任,虽核与轮章稍有未符,惟人地实在相需。合无仰恳天恩俯念员缺紧要,准以该员李正鲁调补甘肃提标中营参将,以期得力。如蒙俞允,该员前经升补督标右营参将,尚未赴引,应俟此次调补核准后,即行给咨送部引见,以符定制。

除查取该员履历清册另咨送部外,所遗督标右营参将员缺,仍请照依部章,在于拣发班内拣员抵补。谨会同署甘肃提臣张永清,合词恭折具陈。伏乞皇太后、皇上圣鉴,训示。谨奏。②

---

① 台北故宫博物院藏:《军机及宫中档》,文献编号:408003213.又,中国第一历史档案馆藏:《录副奏折》,档号:03-6148-107。
② 台北故宫博物院藏:《军机及宫中档》,文献编号:408003212.又,中国第一历史档案馆藏:《录副奏折》,档号:03-5929-048。

同日，公又会衔陕西抚臣魏光焘、陕西提臣邓增附片奏请将沈勋照等劣员一并革职，曰：

再，臣准陕西抚臣魏光焘咨：据西安城守协副将田玉广呈称：协标中军都司沈勋照，不知自爱，饬令清查营厂、牧地，借端勒罚，任意营私，由抚臣先行撤任。又，准陕西提臣邓增咨：据潼关协副将忠寿禀称：另案撤任三要司营守备雷天禄，于所部兵丁应领加米银两，听人作弊，嗣被告发，仍复代为弥缝，实属有乖职守。先后咨请核办前来。

臣查沈勋照贪妄不职，雷天禄庸劣无能，均未便稍事姑容，相应奏明请旨将蓝翎游击衔西安城守协中军都司沈勋照、花翎尽先补用游击潼关协属三要司营守备雷天禄一并革职，并拔去翎枝，以示惩儆。

至所遗都司、守备各缺，陕甘现有应补人员，容臣分别另拣请补。谨会同陕西抚臣魏光焘、陕西提臣邓增，合词附片具陈。伏乞圣鉴，训示。谨奏。①

【案】此案旋于是年十一月二十二日得旨允行，《光绪朝上谕档》载曰：

光绪二十四年十一月二十二日，内阁奉上谕：陶模奏，特参庸劣武弁等语。蓝翎游击衔西安城守协中军都司沈勋照贪劣不职，花翎尽先补用游击潼关协属三要司营守备雷天禄庸劣无能，均着一并革职，拔去翎枝，并不准投效各路军营，以示惩儆！余着照所议办理，该部知道。钦此。②

同日，公又附片代奏提臣张俊销假等情，曰：

再，调署甘肃提臣张俊前恳由臣代奏请假一月，便道回籍省墓，旋奉朱批：张俊着赏假一个月，钦此。当经转咨遵照去后。时提臣张俊

---

① 台北故宫博物院藏：《军机及宫中档》，文献编号：408003212-0-A. 又，中国第一历史档案馆藏：《录副奏片》，档号：03-5929-050。
② 中国第一历史档案馆编：《光绪朝上谕档》第24册第578页，广西师范大学出版社，1996。

业已出省,前往宁夏一带阅视防绿营伍。兹准咨称:于校阅后遵旨旋里,展省先茔。现在省墓事竣,假期已满,拟即由固原等处一律校阅回省,应请代奏销假,等因。前来。理合据情附片代陈。伏乞圣鉴。谨奏。①

是日,公又附片奏报委令黄云兼署臬司篆务,曰:

再,西宁办事大臣奎顺现已由省赴任,联魁应即交卸,仍回西宁道本任。新授甘肃布政使丁体常应即赴新任,以专责成。所遗臬司篆务,应饬兰州道黄云暂行兼署。除分别给委外,谨附片具奏。伏乞圣鉴。谨奏。②

同日,公又附片奏报委令丁体常经理各军营务,曰:

再,总理甘肃全省防练各军营务甘肃布政使曾龢奉旨升授湖北巡抚,现正交卸起程进京。所遗营务事宜,仍应派委大员认真经理。查有新授布政使丁体常,老成稳慎,堪以派委。除札饬外,理合附片具陈。伏乞圣鉴。谨奏。③

同日,公又附片奏请嘉奖候补知府牛瑗,曰:

再,据甘肃藩司曾龢详称:各省捐集甘肃义赈案内,查有籍隶甘肃四川候补知府牛瑗,援助银一千两,照章应请建坊,屡经咨川饬询,据称不敢邀奖,再四恳辞。经川省查明四川劝办甘赈内,有三万数千两

---

① 台北故宫博物院藏:《军机及宫中档》,文献编号:408003213-0-A.又,中国第一历史档案馆藏:《录副奏片》,档号:03-5929-049。
② 台北故宫博物院藏:《军机及宫中档》,文献编号:408003213-0-B.又,中国第一历史档案馆藏:《录副奏片》,档号:03-5367-087。
③ 台北故宫博物院藏:《军机及宫中档》,文献编号:408003213-0-C.又,中国第一历史档案馆藏:《录副奏片》,档号:03-5367-089。

系牛瑗经手凑集,并不敢请叙,咨由臣行司查明,呈请核办前来。

臣查籍隶甘肃四川候补知府牛瑗,眷怀桑梓,慷慨从心,于甘省义捐劝办三万余两之外,又自捐银一千两,洵属慕义急公。虽据称不敢受奖,未便没其好善之忱,合无仰恳天恩俯赐传旨嘉奖,以资观感!谨附片具陈。伏乞圣鉴,训示。谨奏。①

十一月十九日,公开单奏报甘肃光绪二十四年秋禾约收分数情形,曰:

窃直省秋禾收成分数,例应按年具奏。兹据甘肃布政使曾鉌详称:兰州、巩昌、平凉、庆阳、甘州、凉州、宁夏、西宁八府并秦州、阶州、固原、泾州、肃州、安西六直隶州并所属各厅、州、县、州同、州判、县丞,将光绪二十四年秋禾约收分数开折核奏前来。

臣覆加查核,约收八分者,镇番县一处;约收七分者,安定县等九处;约收六分有余者,沙泥州判等十处;约收六分者,金县等七处;约收五分有余者,安化县等十三处;约收五分者,皋兰县等三十二处。以上八府六直隶州所属通盘牵算,约收五分有余。

再,查各属除岷州、洮州厅、循化厅、丹噶尔厅、巴燕戎格厅、西宁县、大通县、红水县丞等八处向不种植秋禾外,其皋兰县等处禾苗有被水、旱、冰雹,均经先后饬令该管道府亲诣查勘,是否不致成灾,容另案汇办。理合恭折具陈,并缮具清单,恭呈御览。伏乞皇太后、皇上圣鉴。谨奏。②

同日,公又奏报旌恤殉难妇女苏杜氏等,下部议。曰:

窃查甘肃从前自军兴以来,所有阵亡、伤亡员弁以及被害殉难士庶、妇女,节经分列二十二次,由各前督臣先后汇奏在案。兹据甘肃藩

---

① 台北故宫博物院藏:《军机及宫中档》,文献编号:408003208-0-A.又,中国第一历史档案馆藏:《录副奏片》,档号:03-5367-088。

② 台北故宫博物院藏:《军机及宫中档》,文献编号:408003214.又,中国第一历史档案馆藏:《录副奏折》,档号:03-9372-017。

司续行查明甘肃阶州、清水二州县从前被害殉难妇女苏杜氏等三口，造具死事实迹清册，详请具奏前来。

臣查该妇女等或被执而完贞，或临危而全节，均属节烈可嘉，允宜上邀旌恤。除将清册咨送礼部外，合无仰恳天恩饬部照例给恤，以慰幽魂！谨缮折具陈。伏乞皇太后、皇上圣鉴，训示。谨奏。①

是日，公又会衔甘肃提督张永清奏请胡弼英署理新城都司，下部议。曰：

窃臣前准兵部咨：凉州镇属新城营都司员缺，掣定作为第五轮第七缺，轮用尽先人员，行令拣员请补，等因。当经移行遵照去后。兹准署甘肃提督臣张永清拣选得尽先都司甘肃提属山丹营千总胡弼英，征防著绩，练达营伍，堪以请补。咨请核办前来。

臣查甘肃提属山丹营千总胡弼英，戎行久历，办事勤能，以之请补斯缺，洵堪胜任，亦与轮章相符。合无仰恳天恩俯念员缺紧要，准以该员胡弼英请补新城营都司，以期得力。如蒙俞允，即行给咨赴部引见，以符定制。

除查取履历清册另咨送部外，谨会同署甘肃提督臣张永清，合词恭折具陈。伏乞皇太后、皇上圣鉴，训示。谨奏。②

同日，公又会衔甘肃提督张永清奏报西宁镇总兵何美玉因病出缺，并请旨迅赐简放一折，曰：

窃臣接准督练甘军甘肃提督董福祥咨开：据帮带副中营都司刘有

---

① 台北故宫博物院藏：《军机及宫中档》，文献编号：408003217。又，中国第一历史档案馆藏：《录副奏折》，档号：03-5563-121。
② 台北故宫博物院藏：《军机及宫中档》，文献编号：408003215。又，中国第一历史档案馆藏：《录副奏折》，档号：03-5930-030。

胜申称：管带副中营正任甘肃西宁镇总兵何美玉在营积劳患病，医治罔效，于光绪二十四年十月初二日病故，等情。查该员何美玉久经战阵，历保记名提督。光绪二十二年三月，蒙恩简放西宁镇总兵，是年七月到任，二十四年正月奉调来营。兹因积劳病故，深堪悯惜！其身后一切，应饬该帮带妥为照料。所有因病出缺日期，咨请循例奏报，等因。前来。

臣覆核无异，相应请旨开缺。所遗西宁镇总兵员缺，应恳天恩迅赐简放，以重职守。谨会同署甘肃提督臣张永清，合词恭折具奏。伏乞皇太后、皇上圣鉴，训示。谨奏。①

【案】此折旋于是年十二月十四日得旨，清廷命覃修纲补授西宁镇总兵，《光绪朝上谕档》载曰：

光绪二十四年十二月二十四日，内阁奉上谕：甘肃西宁镇总兵员缺，着覃修纲补授。钦此。②

同日，公又奏请汤霖补授碾伯县知县，下部议。曰：

窃据甘肃藩、臬两司会详称：碾伯县知县宋昇平病故，业经扣留截缺，自应照例按班请补。查例载，知县病、故、休三项缺出，准其以一缺题补各项候补并进士即用之员，以一缺题补本班大挑人员，等语。甘省病、故、休知县前已用至第三轮即用先知县张心镜准补正宁县知县为止，今碾伯县一缺，应用即用正班。

查有进士即用知县汤霖，年四十四岁，湖北黄梅县人，由进士即用知县签掣甘肃，于光绪十六年十二月到省，因劝办顺直赈捐出力，保加

---

① 台北故宫博物院藏：《军机及宫中档》，文献编号：408003219.又，中国第一历史档案馆藏：《录副奏折》，档号：03-5930-034.
② 中国第一历史档案馆编：《光绪朝上谕档》第24册第69页，广西师范大学出版社，1996.

同知衔。二十年四月,闻讣丁忧回籍,旋以服满在部呈请起复。二十二年十二月,缴照回省。二十三年,委署渭源县知县。该司等查该员汤霖笃实勤明,留心吏治,以之请补碾伯县知县,堪以胜任,与例亦符。会详请奏前来。

臣查该员汤霖实心任事,恒愊无华,合无仰恳天恩准以该员汤霖补授碾伯县知县,实于地方有裨。如蒙俞允,该员以知县请补知县,衔缺相当,毋庸送部引见。再,该员署任内并无参罚案件。谨恭折具奏。伏乞皇太后、皇上圣鉴,训示。谨奏。①

是日,公又会衔甘肃提臣张永清奏请丁启祥补授安远营都司,下部议。曰:

窃前准部咨:甘肃凉州镇属安远营都司员缺,系题补第六轮第二缺,轮用尽先人员,行令拣员请补,等因。当经转饬遵照去后。兹据署凉州镇总兵刘璞呈称:拣选得蓝翎尽先都司凉州镇标左营守备丁启祥,才具明敏,营伍谙练,陈请酌补前来。

臣查该员丁启祥年强才裕,办事勤能,且尽先名次在前,以之请补斯缺,洵堪胜任,与例亦符。合无仰恳天恩俯念员缺紧要,准以该员丁启祥请补安远营都司,俾资得力。如蒙俞允,即行给咨送部引见,以符定制。

除查取该员履历清册另咨送部外,所遗凉州镇标左营守备员缺,甘肃现有应补人员,容臣另拣请补。谨会同甘肃提臣张永清,恭折具陈。伏乞皇太后、皇上圣鉴,训示。谨奏。②

---

① 台北故宫博物院藏:《军机及宫中档》,文献编号:408003216.又,中国第一历史档案馆藏:《录副奏折》,档号:03-5368-070。
② 台北故宫博物院藏:《军机及宫中档》,文献编号:408003218.又,中国第一历史档案馆藏:《录副奏折》,档号:03-5930-027。

同日,公又附片奏请将守备张太清即行革职,下部闻。曰:

　　再,臣查署凉州镇属土门堡守备花翎尽先补用都司张太清,于距土门堡不远沙窝地方有行劫雇主财物、拒毙男妇大小一家四命之案,虽经古浪县访闻获犯讯办,而该员事前既毫无防范,事后犹意图讳饰,实属昏庸溺职,未便稍涉宽容。据署凉州镇刘璞呈请奏参前来。
　　相应请旨将花翎尽先补用都司署凉州镇属土门堡守备张太清即行革职,拔去翎枝,以示惩儆。谨附片具陈。伏乞圣鉴,训示。谨奏。①

同日,公又会衔甘肃提臣张永清附片奏请张国良补授红水营守备,下部议。曰:

　　再,臣前准部咨:甘肃凉州镇属红水营守备员缺,系题补第四轮第十缺,轮用捐输人员。该省捐输无人,应作为第五轮第一缺,轮用尽先人员,饬令迅拣请补,等因。当经移行遵照去后。兹准署甘肃提臣张永清咨称:查有都司衔留甘尽先补用守备张国良,年力精强,营伍熟练,堪以请补,咨请核办前来。
　　臣查该员张国良年强才裕,办事勤能,以之请补斯缺,洵堪胜任,亦与轮章相符。合无仰恳天恩俯念员缺紧要,准以该员张国良补授凉州镇属红水营守备,俾资得力。如蒙俞允,即行给咨送部引见,以符定制。
　　除查取该员履历清册另咨送部外,谨会同署甘肃提臣张永清,合词附片具陈。伏乞圣鉴,训示。谨奏。②

---

① 台北故宫博物院藏:《军机及宫中档》,文献编号:408003218-0-A.又,中国第一历史档案馆藏:《录副奏片》,档号:03-5930-031。
② 台北故宫博物院藏:《军机及宫中档》,文献编号:408003218-0-B.又,中国第一历史档案馆藏:《录副奏片》,档号:03-5930-028。

是日,公又附片奏请胡景桂暂缓北上赴任,曰:

　　再,甘肃宁夏道胡景桂奉旨升授山东按察使,应进京陛见。惟查宁夏渠工水利为民命所关,胡景桂自任宁夏府及升授宁夏道,于所属渠务严加整顿,剔除积弊,百姓深受其惠。现正责令胡景桂督修宁夏、中卫各渠洞,须俟春融方能兴工,非两三月不能蒇事,可否仰恳天恩暂留胡景桂借资熟手?俟渠洞各工办理就绪,再饬令交卸北上之处,出自逾格鸿施!谨附片具陈,伏乞圣鉴,训示。谨奏。①

同日,公又附片奏报知府燕起烈尚能胜任一事,曰:

　　再,臣承准军机大臣字寄:光绪二十四年三月十三日奉上谕:甘肃西宁地方回乱初平,安抚事宜,关系紧要,调补西宁府知府燕起烈,着陶模悉心察看,如不能胜任,或人地不宜,即行据实覆奏,毋稍迁就。将此谕令知之。钦此。遵旨寄信前来。

　　臣查西宁回乱已靖,安抚事宜亦经办理就绪。该府与本管道同驻一城,并有西宁办事大臣总理蒙番事务,知府能督同厅县与百姓休养生息,即属无忝职守。调补西宁府知府燕起烈,虽无出群之才,惟心地慈祥,办事谨慎,履任已经数月,臣悉心察看,尚能胜任,人地亦属相宜。谨据实覆陈。伏乞圣鉴,谨奏。②

同日,公又附片奏报委令张作霖等署理知县等缺,下部闻。曰:

　　再,请补贵德同知吴人寿现已奉部覆准,应即饬赴新任,以专责

---

① 台北故宫博物院藏:《军机及宫中档》,文献编号:408003216-0-A。又,中国第一历史档案馆藏:《录副奏片》,档号:03-5368-071。
② 台北故宫博物院藏:《军机及宫中档》,文献编号:408003216-0-B。又,中国第一历史档案馆藏:《录副奏片》,档号:03-5368-072。

成。循化同知黄森请假遗缺,查有现署贵德同知候补通判张作霖堪以酌署。碾伯县知县宋昇平病故遗缺,查有分缺先补用知县周凤勋堪以署理。署金县知县叶克信调省遗缺,查有候补知县刘立诚堪以委署。据藩、臬两司先后会详前来。除批饬给委外,谨附片陈明。伏乞圣鉴。谨奏。①

是日,公又附片奏报拣员委署总兵员缺,下部闻。曰:

再,署陕西延榆绥镇总兵甘肃肃州镇总兵陈元骘调甘另有差委,遗缺查有前署汉中镇总兵之记名提督龙得胜,素娴韬略,勇敢有为,堪以委署。又,陕西固原提属西安城守协副将田玉广奉调赴京遗缺,查有副将衔留甘补用参将舒秀松,年力正强,操防勤奋,堪以署理。除檄行遵照外,谨附片具陈。伏乞圣鉴。谨奏。②

同日,公又附片奏请将守备陈克昆开缺,下部闻。曰:

再,臣据署陕西延榆绥镇总兵陈元骘呈称:镇标左营守备陈克昆前经请假回籍修墓,今假满尚未回营,现值整饬营伍之际,未便员缺久悬,应请开除,等情。前来。臣覆查无异,相应奏明请旨开去陈克昆延榆绥镇标左营守备员缺。

除查取该员原领札付至日另咨送部外,所遗延榆绥镇标左营守备员缺,陕甘现有应补人员容臣另拣请补。谨附片陈明。伏乞圣鉴。谨奏。③

---

① 台北故宫博物院藏:《军机及宫中档》,文献编号:408003216-0-C.又,中国第一历史档案馆藏:《录副奏片》,档号:03-5368-073。
② 台北故宫博物院藏:《军机及宫中档》,文献编号:408003219-0-A.又,中国第一历史档案馆藏:《录副奏片》,档号:03-5930-032。
③ 台北故宫博物院藏:《军机及宫中档》,文献编号:408003215-0-A.又,中国第一历史档案馆藏:《录副奏片》,档号:03-5930-029。

同日，公又附片奏报守备洪茂兰病故开缺，下部闻。曰：

> 再，臣据署标督标中军副将韩廷芝呈称：卸任凉州镇属宁远堡守备洪茂兰在省寓感冒风寒，触发旧伤，医药罔效，于光绪二十四年十月二十七日病故，呈请核办前来。臣覆查无异，相应奏明请旨开缺。
>
> 除查取该故员原领守备札付及承查印、甘各结另咨送部外，所遗凉州镇属宁远堡守备员缺，甘肃现有应补人员，容臣另拣请补。谨附片陈明。伏乞圣鉴。谨奏。①

十一月二十九日，公开单奏报光绪二十四年十月分甘省雨水粮价情形，曰：

> 窃照本年九月分粮价并得霶雨雪情形，业经据折奏报在案。兹查十月分兰州等八府六直隶州属具报得霶雪泽，自一二寸至三四寸不等。正值冬麦发生之际，获此沃泽，土脉含濡，民情极为欣慰。
>
> 至通省粮价，或与上月相同，或较上月稍有增减。据藩司丁体常具详请奏前来，臣覆核无异，理合恭折具奏，并缮粮价清单，恭呈御览。伏乞皇太后、皇上圣鉴。谨奏。②

同日，公又奏报查明被灾各属筹办赈抚情形，曰：

> 窃臣承准军机大臣字寄：光绪二十四年十月初三日奉上谕：甘肃碾伯、宁州、大通各州县被旱、被水、被雹，经该督查勘抚恤，小民谅可不致失所。惟念来春青黄不接之时，民力未免拮据，着传谕该督体察

---

① 台北故宫博物院藏：《军机及宫中档》，文献编号：408003215-0-B. 又，中国第一历史档案馆藏：《录副奏片》，档号：03-5930-033.
② 台北故宫博物院藏：《军机及宫中档》，文献编号：408003223. 又，中国第一历史档案馆藏：《录副奏折》，档号：03-9372-026.

情形,如有应行接济之处,即查明据实覆奏,务于封印以前到,俟朕于新正降旨加恩。将此谕令知之。等因。钦此。仰见圣主轸念民瘼,无微不至,跪诵之下,钦感难名！当即钦遵饬查去后。

兹据布政使丁体常详称:查甘省本年春间,雨泽愆期,夏田大半受旱,间有虫伤,既而冰雹、大雨,山河涨发冲决,更有地动倾陷之处。据报夏灾者,有阶州、文县、礼县、环县、皋兰县、成县、固原州、碾伯县、宁州、泾州、西固州同、海城县、静宁州、大通县、丹噶尔厅、西宁县、巴燕戎格厅、靖远县、中卫县、永昌县、平远县、金县、安定县、宁灵厅、宁夏县、宁朔县等二十六属;续报秋灾者,有大通县、巴燕戎格厅、平番县、平罗县、河州、武威县、洮州厅等七属,统由该管道府州覆勘结报,或地亩冲失蠲豁,或成灾分别蠲缓,或薄收但请缓征,现已分晰汇案,另请奏明办理。

所有各属被灾贫民,已由各地方官随时饬发社、义仓粮,并捐廉抚恤,尚不致流离失所。至来春应否接济,尚未据被灾各属一律查报。甘省于此等偏灾,向系届时由各地方官察核酌请,或再借社、义粮石,或由外筹款调剂,并未请动正项银粮,自当照案临时酌办,等情。详请具奏前来。臣覆查无异,理合恭折覆陈。伏乞皇太后、皇上圣鉴。谨奏。①

是日,公又为免扣三成养廉具折谢恩,曰:

窃臣接准户部咨开:光绪二十四年十月十九日,奏奉慈禧端佑康颐昭豫庄诚寿恭钦献崇熙皇太后懿旨:户部奏,请将京外文武各员俸廉照案再行接扣一年,等语。文武官员所得俸廉,借以养赡身家,若将核扣三成之案视为成例,逐年接扣,实不足以示体恤。该部所请将京官文职四品以上、武职三品以上俸银,外官文职州、县以上,武职参、游

---

① 台北故宫博物院藏:《军机及宫中档》,文献编号:408003222.又,中国第一历史档案馆藏:《录副奏折》,档号:03-5372-027.

以上养廉再行接扣一年之处,着无庸议。钦此。钦遵咨行到甘。

伏念臣等或职司民社,或身历戎行,重荷生成,久铭恩于丹悃;虚糜爵禄,常抱愧于素餐!兹乃特奉温纶,全颁厚糈,廉泉让水,胥叨大泽之汪涵;廪粟俸钱,亦系深宫之寤寐。自天锡祐,率土胪欢。臣等惟有竭尽愚诚,冀酬高厚,统寅寮而拜赐,协恭共勉和衷;体申命以遵行,食禄敢忘敬事!

所有臣等感激下忱,谨率同文武僚属叩谢天恩缘由,理合恭折具奏。伏乞皇太后、皇上圣鉴。谨奏。①

同日,公又奏请开缺养病。曰:

窃臣前于光绪二十三年冬季、本年夏间屡以咳喘未痊,奏蒙一再赏假,并着无庸开缺。圣恩高厚,有加无已!臣自顾何人,际此时艰,敢不勉竭驽骀,以图报称?无如一交冬令,即触发旧恙,始咳继喘,冬至节后,气喘弥甚,艰于行动。微臣犬马之齿六十有四,精力就衰,虽设法调治,而边地难得良医,不惟咳喘不能轻减,且又添患怔忡,心神恍惚,夜不成寐。

窃念陕甘地方辽阔,一切察吏、整军、理财、决狱诸大端,事繁任重,关系非轻。微臣既衰病若此,倘不据实陈明,勉强支持,设有贻误,负咎益深。再四思维,惟有仰恳天恩准臣开缺调理,一俟病痊,仍当泥首官门,求赏差使,断不敢久耽安逸,自外生成!

所有微臣咳喘复发兼患怔忡,恳请开缺调理缘由,理合恭折具陈。伏乞皇太后、皇上圣鉴,训示。谨奏。②

---

① 台北故宫博物院藏:《军机及宫中档》,文献编号:408003220.又,中国第一历史档案馆藏:《录副奏折》,档号:03-5368-105.
② 台北故宫博物院藏:《军机及宫中档》,文献编号:408003221.又,中国第一历史档案馆藏:《录副奏折》,档号:03-5368-106.

十二月初二日,公开单奏报勘明甘肃各属夏秋禾苗被灾情形,曰:

窃照甘肃阶州等厅州县本年夏禾被旱、被雹、被水详细情形,业经臣开具清单,奏奉朱批:知道了。被灾处所,着派妥员查勘抚恤,毋任失所,单并发,钦此。当即钦遵行司照办去后。兹据布政使丁体常详:据该管道府州先后结称:覆勘得阶州、文县、礼县、环县、成县、宁州、西固州同、海城县、静宁州、大通县、丹噶尔厅、西宁县、平远县、金县、安定县等一十五处夏田被灾,秋禾中稔,均尚不致成灾,钱粮毋庸蠲缓。其皋兰县、固原县、碾伯县、泾州、巴燕戎格厅、靖远县、中卫县、永昌县、宁灵厅、宁夏县、宁朔县等十一属,夏田实已成灾六分至十分不等,钱粮应请照例分别蠲缓;或收成仅及五分,民力拮据,应请缓征;或地亩被冲,应请蠲豁一年,另办垦复。又,自七月下旬以后秋灾期内,据大通县详报:作士图山庄于八月十三日雨后山崩,冲压田地颇多。巴燕戎格厅详报,窝麻宁束台等庄于八月二十一、二等日,山地崩裂,塌陷庄房、田地、粮食等项,均俟覆勘另办。平番县详报:于七月二十一、二等日,大雨河涨,北乡、南乡秋禾被冲,覆勘成灾六分。平罗县禀报:大雨渠决,南长渠等处秋禾被淹,覆勘成灾十分,均应请分别蠲缓。河州两次禀详:北乡秋收仅及五分,覆勘属实,应请缓征。又,地方甫遭兵燹,绝户颇多,一时实难复额,应请蠲豁一年。武威县详报:黄渠、杂渠秋收较薄,民力拮据,覆勘属实,应请缓征。洮州厅详报:录麻叛产一时无人领垦,覆勘属实,应请蠲豁一年。

计各属夏、秋雨灾,共应蠲豁正、耗银二千六百一十二两二钱九分九厘九毫,共应蠲豁正、耗粮七千六百五石四斗二升二合七勺五抄,共应蠲豁草二万七千一百三十九束九分六厘二毫,共应缓征银二百六十九两八钱六分六厘八毫,共应缓征粮四千八百八石五斗七升二合五勺四抄,共应缓征草一万二千九百四十六束三分六厘五毫。其靖远、平罗二县事前已完正、耗共银一百六十九两六钱二分四厘,应请流抵二十五年正赋。汇开清折,呈请奏恳天恩准予蠲缓、流抵,以纾民力。至各属被灾贫民,随时饬发社、义仓粮,并由各地方官捐廉抚恤,均未请领正款,应请免开细数,等情。前来。

臣覆核无异,除批司分饬被灾各属随时察看,如来春民力拮据,应行接济,即行禀请筹款抚恤,毋任失所外,理合恭折具奏,并缮具清单,恭呈御览。伏乞皇太后、皇上圣鉴,饬部查照施行。谨奏。①

【案】此折旋于是年十二月二十五日得旨允行,《光绪朝上谕档》载曰:

光绪二十四年十二月十五日,内阁奉上谕:陶模奏,甘肃各属本年夏秋禾苗被灾,请蠲缓银粮、草束,开单呈览一折。甘肃各属自遭兵燹后,民困未苏,本年复被雨雹,收成薄歉,若将应征银粮、草束等项照常征收,民力实有未逮,加恩着照所请!所有皋兰县、固原州、碾伯县、泾州、巴燕戎格厅、靖远县、中卫县、永昌县、宁灵厅、宁夏县、宁朔县等十一属,应征正、耗银二千六百一十两零、粮七千六百五石零、草二万七千一百束零,均着一律豁免。其应缓征银二百六十九两零、粮四千八百八石零、草一万二千九百束零,均准抵来年正赋,以纾民力。该督即照单开数目,刊刻誊黄,遍行晓谕,务使实惠均霑,毋任吏胥舞弊,用副朝廷轸念民艰至意!余着照所议办理,该部知道,单并发。钦此。②

同日,公又奏报查明张俊五营营制饷章,下部闻。曰:

窃臣接准调署甘肃提督喀什噶尔提督臣张俊咨开:提督奉军机大臣字寄:光绪二十四年十一月十六日奉上谕:现在张俊署理甘肃提督,着陶模每年筹拨银十万两,解交该提督,招募五营,拣派营哨各员,就

---

① 台北故宫博物院藏:《军机及宫中档》,文献编号:408003224。又,中国第一历史档案馆藏:《录副奏折》,档号:03-9372-021。
② 中国第一历史档案馆编:《光绪朝上谕档》第24册第609—610页,广西师范大学出版社,1996。

地认真训练,遇有征调,再行按照行粮发给。将此各谕令知之。钦此。遵旨寄信前来。维时,提督正在固原校阅营伍,随即驰回省城,钦遵办理。拟招募肃军中、左、右、后步队四营,肃军前营马队一营,合符五营之数,按照坐粮章程核算,计马步五营,除闰岁需银一十三万一千二百一十七两二钱四分。此项银两拟请饬司随时拨解,以便散放。如有征调,再照湘军行粮章程核办。所需军装、子药、帐房暨制办旗帜、号衣经费,另案请领奏报外,兹开具营制、饷章数目清折,咨请分别奏咨立案,等因。前来。除将清折照抄送部外,谨恭折代奏。伏乞皇太后、皇上圣鉴,饬部立案施行。谨奏。①

是日,公又奏请将张俊营饷饬部改拨,下部议。曰:

窃臣承准军机大臣字寄:光绪二十四年十月十六日奉上谕:现在张俊署理甘肃提督,着陶模每年筹拨银十万两,解交该提督,招募五营,拣派营哨各员,就地认真训练,遇有征调,再行按照行饷发给。将此各谕令知之。钦此。遵旨寄信前来。臣即钦遵一面恭录转咨该提督遵照办理,一面行司照数筹拨解交去后。

兹据甘肃布政使丁体常详称:遵查甘库历年积储各款,前因办理河湟军需,拨供军饷,早已动用无存。本年新饷应行封储银两,又奉部指拨董福祥甘军,专饷不归甘库经理。至司库常年例存及候拨之款本属无多,而本年一年之内历奉部饬,以划拨甘军专饷银八十万两一款,除将关内外封存各项悉数作抵外,尚有多拨之项由司库例存款内补发银五万九百余两;又以甘军续添回队五营,不敷行饷由司库裁兵节饷款内指拨银四万二千六百两;又筹拨福建制造兵轮经费银五万两。司库极力腾挪,业已搜罗殆尽。近又奉文拨解甘军不敷饷项银八万两,将宁夏两案造销余款以及秋拨册存悉数提用。此外河湟赈需不敷甚

---

① 台北故宫博物院藏:《军机及宫中档》,文献编号:408003225. 又,中国第一历史档案馆藏:《录副奏折》,档号:03-6149-018.

巨,亦经奏咨有案,一时尚难弥补。库藏奇绌,谅在圣明洞鉴之中。

惟提臣张俊奉旨招募五营,饬由甘库每年筹拨银十万两,事关练兵要政,无论如何竭蹶,自应钦遵筹拨,以顾要需。而无米之炊,不特每年之十万无可措筹,即目前之十万亦无从挹注,思维再四,惟有暂于司库收存本年各省关解到未分新饷项下,挪垫银十万两,俾资招募。但此项新饷系关内外各军计口授食之需,未便丝毫短欠。所有提臣张俊招募五营由新饷内挪垫银十万两,并以后每年该军应需饷项详请奏咨迅赐指拨的款,等情。前来。

臣覆核该司所详,委系实在情形,合无仰恳天恩饬部迅赐指拨归款,并请将提臣张俊以后每年应需饷项另行改拨,以免贻误。除咨部外,理合恭折具陈。伏乞皇太后、皇上圣鉴,训示。谨奏。①

同日,公又附片奏报饬部议拨张俊军装经费,曰:

再,臣钦奉谕旨,饬令提督张俊招募五营,着臣每年筹拨银十万两,解交该提督支用,臣即饬司筹拨。旋据藩司丁体常详称:查明司库实无存款,拟在于本年各省关解到未分新饷项下,先行借拨,暂应急需,仍恳饬部指拨解还,经臣另折具奏在案。兹准提督臣张俊咨明,拟招募马步五营,除闰岁需银一十三万一千二百一十七两二钱四分,并声明所需军装、子药、帐房暨制办旗帜、号衣经费,另案请领,等因。现亦经臣据情代奏。然核计除借拨之十万两外,每年尚不敷银三万一千二百一十七两二钱四分,遇闰尚须照加。

至所需军装、子药、帐房等项,臣拟于甘省库存项下尽所有者,酌量拨给,如尚不敷,及旗帜、号衣皆须该提督自行制办,所需经费虽无定数,均无款支拨,拟恳天恩饬部归入臣前奏请拨还十万两折内,一并

---

① 台北故宫博物院藏:《军机及宫中档》,文献编号:408003226。又,中国第一历史档案馆藏:《录副奏折》,档号:03-6149-015。

议拨,庶免贻误。谨附片具陈。伏乞圣鉴,训示。谨奏。①

同日,公又附片代奏提臣张俊赴京陛见情形,曰:

再,接准调署甘肃提督臣张俊咨开:承准总理各国事务衙门来电:奉旨:张俊着来京陛见。前谕令招募五营,仍着该提督拣派妥员,招募足额,认真训练。钦此。提督现已遵照前奉上谕,拟募马步五营,编立营名,并开具营制、饷章清折,咨请奏咨在案。兹经拣派营哨各员分起招募,一俟招募足额,即饬驻扎平凉、泾州等处,认真训练,以期上副朝廷整军经武至意。提督定于十一月十九日,由甘肃省起程,遵旨赴京陛见。咨请代奏前来。谨附片代奏。伏乞圣鉴。谨奏。②

十二月十九日,公会衔陕西提臣邓增奏请朱焘补授利桥营都司,下部议。曰:

窃臣前准部咨:陕西提属利桥营都司员缺,系题补第四轮第九缺,轮用世职应补人员,迅即拣员请补,等因。当经移行遵照去后。兹准陕西提臣邓增咨开:查有骑都尉世职朱焘,到标年久,操防熟悉,人亦明敏,咨请酌补前来。

臣查骑都尉世职朱焘年富力强,操防勤奋,以之请补,洵堪胜任,亦与部章相符。合无仰恳天恩俯念员缺紧要,准以骑都尉世职朱焘补授陕西提属利桥营都司员缺,以资得力。如蒙俞允,该员现已期满,例应赴引,俟接准部覆后,一并给咨送部引见,以符定制。

除查取履历清册另咨送部外,谨会同陕西提臣邓增,合词恭折具

---

① 台北故宫博物院藏:《军机及宫中档》,文献编号:408003226-0-A.又,中国第一历史档案馆藏:《录副奏片》,档号:03-6149-016。

② 台北故宫博物院藏:《军机及宫中档》,文献编号:408003225-0-A.又,中国第一历史档案馆藏:《录副奏片》,档号:03-6149-017。

陈。伏乞皇太后、皇上圣鉴,训示。谨奏。①

同日,公又开单②奏报陕、甘、新疆提、镇、司、道、府等官年终密考,曰:

窃照陕、甘、新疆提、镇、司、道、府等官,例应于年终出具切实考语,密行陈奏。现届年终,自应循例办理。查甘肃提、镇、司、道、知府,经臣随时察看,其人材贤否,舆论是非,见闻自较确切。至陕西、新疆文武各官,虽相距稍远,或证诸禀牍,或得自咨询,皆已略知底蕴。

除三省提、镇内有统带防营未经到任以及署事人员例不注考外,谨将实任文武各员出具切实考语,密缮清单,恭呈御览。伏乞皇太后、皇上圣鉴,训示。谨奏。③

是日,公又会衔甘肃提臣张永清奏请邹洪胜升补宁夏左营游击,下部议。曰:

窃臣前准兵部咨:甘肃宁夏镇标左营游击员缺系题补第六轮第九缺,轮用世职,该省并无世职应补人员,即以应升人员题补,等因。当经转饬遵照去后。兹据宁夏镇总兵王钺安呈称:查有副将衔尽先游击宁夏镇标后营都司邹洪胜,久历戎行,营伍练达,呈请升补前来。

臣查该都司邹洪胜年力正强,操防勤奋,以之升补,洵堪胜任,人地亦极相宜,合无仰恳天恩俯念员缺紧要,准以邹洪胜升补宁夏镇标左营游击,可期得力。如蒙俞允,俟接准部覆后,即行给咨送部引见,以符定制。

除饬取该员历册另咨送部外,谨会同署甘肃提臣张永清,合词恭

---

① 台北故宫博物院藏:《军机及宫中档》,文献编号:408003227。又,中国第一历史档案馆藏:《录副奏折》,档号:03-5932-013。
② 司道等官考语清单查无下落,待考。
③ 台北故宫博物院藏:《军机及宫中档》,文献编号:408003229。又,中国第一历史档案馆藏:《录副奏折》,档号:03-5371-066。

折具陈。伏乞皇太后、皇上圣鉴,训示。谨奏。①

同日,公又会衔新疆抚臣饶应祺、新疆提臣张宗本、陕西抚臣魏光焘、陕西提臣邓增、甘肃提臣张永清奏报拣员对调金塔协副将各缺,下部议。曰:

窃臣先后接准兵部咨开:查借补甘肃宁夏镇属中卫协副将何德彪、请补甘肃肃州镇属金塔协副将章凤先,均系籍隶甘肃,例应回避,应令照章在于兼辖省分拣员对调,等因。臣查有新疆哈密协副将金兰益,系浙江嘉兴县人。该员朴实耐劳,战功夙著,堪以调补甘肃宁夏镇属中卫协副将。所遗新疆哈密协副将员缺,即以何德彪调补。又查有陕西延榆绥镇属定边协副将郎永清,系河南商邱县人。该员久历戎行,朴诚勇敢,堪以调补甘肃肃州镇属金塔协副将。所遗延榆绥镇定边协副将员缺,即以章凤先调补。均属人地相宜,与例亦符。合无仰恳天恩俯准将何德彪与金兰益、章凤先与郎永清互相对调。如蒙俞允,俟接准部覆后,再行给咨赴部引见,以符定制。

除查取各该员履历清册另咨送部外,谨会同新疆抚臣饶应祺、署新疆提臣张宗本、陕西抚臣魏光焘、陕西提臣邓增、署甘肃提臣张永清,合词恭折具奏。伏乞皇太后、皇上圣鉴,训示。谨奏。②

同日,公又会衔甘肃提臣张永清奏请易庆安补授平罗营参将,下部议。曰:

窃臣前准部咨:甘肃宁夏镇属平罗营参将员缺系题补第二轮第二

---

① 台北故宫博物院藏:《军机及宫中档》,文献编号:408003228.又,中国第一历史档案馆藏:《录副奏折》,档号:03-5932-012。
② 台北故宫博物院藏:《军机及宫中档》,文献编号:408003231.又,中国第一历史档案馆藏:《录副奏折》,档号:03-5932-011。

缺,轮用尽先人员,行令拣员请补,等因。当经转饬拣补去后。兹据宁夏镇总兵王钺安呈称:查有留陕甘尽先补用参将现署平罗营参将易庆安,才具明练,晓畅戎机,堪以请补,呈请核办前来。

臣查该参将易庆安年力正强,夙著战功,现署斯缺,整顿营伍,尚属认真,且尽先名次在前,以之请补,洵堪胜任,亦与轮章相符。合无仰恳天恩俯念员缺紧要,准以易庆安补授宁夏镇属平罗营参将员缺,可期得力。如蒙俞允,俟接准部覆后,即行给咨送部引见,以符定制。

除饬取该员履历清册送部外,谨会同署甘肃提臣张永清,恭折具陈。伏乞皇太后、皇上圣鉴,训示。谨奏。①

是日,公又奏报川、楚、陕三省会哨情形,曰:

窃照川、楚、陕三省边界地方,向派提督、总兵分年会哨,事竣汇奏,历经遵办在案。兹据署汉中镇总兵龙恩思、陕安镇总兵姚文广禀称:各因四川省大足县会匪滋事,防范宜严,未克分身亲往汉中镇,委定远、略阳二营游击前往代会。该定远营游击贺大发于本年十月初一日在川、陕交界之渔渡坝滚龙坡,与四川川北镇委员太平营游击徐其中两相见面会哨;署略阳营游击赵谦士于十一月初一日在陕甘交界之白马关,与河州镇委员署阶州营游击唐连升晤面会哨;陕安镇委代理白土营游击丁添祥,于十月初十日在陕楚交界之莲花寺,与署湖北郧阳镇总兵樊国泰觌面会哨。

又据署河州镇总兵焦大聚呈称:河州地方安抚未久,仍须随时弹压,未能亲身会哨,委阶州、文县二营游击、都司,就近前往代会。该署阶州营游击唐连升于十一月初一日在陕甘交界之白马关,与汉中镇委员署略阳营游击赵谦士见面会哨;文县营都司崇喜于是月二十日在川

---

① 台北故宫博物院藏:《军机及宫中档》,文献编号:408003230. 又,中国第一历史档案馆藏:《录副奏折》,档号:03-5932-008.

甘交界之哈南寨马尾墩,与署四川松潘镇总兵况文榜①见面会哨。并据各该镇声称:各该员等经过各处,匪类潜踪,行旅、居民极为安谧,各情。前来。

臣查川、楚、陕三省边界犬牙交错,山深箐密,户鲜人稀,奸宄易于藏匿,盘诘巡防,最关紧要,自应严饬各该镇总兵督率所属各营,随时随地,认真查察,务使丑类潜消,闾阎安堵,不得因现在地方无事稍涉疏懈,以期仰副圣主绥靖边圉之至意!所有各镇委员会哨事竣,边界安谧情形,理合恭折具陈。伏乞皇太后、皇上圣鉴。谨奏。②

同日,公又附片奏报请准丁体常暂缓赴任,曰:

再,臣接准吏部咨开:光绪二十四年十一月初八日,内阁抄出初七日奉上谕:甘肃布政使着岑春煊③调补,丁体常着调补广东布政使,均着即赴新任,毋庸来京请训。钦此。当即钦遵转饬遵照。臣查丁体常于十月二十四日到甘肃布政使本任,为时未久,正在清厘司库交代一切,此时臬司印务系以兰州道黄云奏委兼署,藩司事繁任重,一时乏员

---

① 况文榜(1833—1906),贵州镇远县人。咸丰元年(1851),由行伍出身,以攻打永安州出力,赏给六品顶戴。二年(1852),补外委,升把总。三年(1853),补千总,赏戴蓝翎。六年(1856),补授四川督标右营守备,加都司衔,并换花翎。七年(1857),保都司,升游击。八年(1858),保参将、晋副将。九年(1859),补四川阜和协副将。十年(1860),加锐勇巴图鲁名号。同年,保总兵。同治三年(1864),以总兵记名简放,晋提督衔。五年(1866),请假随营就医。七年(1868),保提督记名简放。光绪十六年(1890),署督标中军副将。二十年(1894),护理四川提督。二十二年(1896),署四川松潘镇总兵。二十七年(1901),署四川川北镇总兵。三十二年(1906),病卒。
② 台北故宫博物院藏:《军机及宫中档》,文献编号:408003232.又,中国第一历史档案馆藏:《录副奏折》,档号:03-6034-003。
③ 岑春煊(1861—1933),原名春泽,字云阶,号西林,广西西林人。光绪十一年(1885),中式举人,选工部主事,升郎中。十五年(1889),以五品京堂候补。十八年(1892),补光禄寺少卿。同年,转太仆寺少卿。二十年(1894),署大理寺卿。二十四年(1898),放广东布政使。同年,调甘肃布政使。二十六年(1900),迁陕西巡抚。次年,调补山西巡抚。二十八年(1902),补广东巡抚。同年,署四川总督。二十九年(1903),署两广总督。三十二年(1906),擢云贵总督。三十三年(1907),调补四川总督。同年,授邮传部尚书、两广总督。民国元年(1912),主张共和,组建国民公党,任名誉总理。次年,反袁,各省讨袁军大元帅。二次革命失败后,流亡南洋。五年(1916),任护国军都司令、军务院副抚军长。七年(1918),任广东护法军政府主席。次年,通电辞职,隐居上海。二十二年(1933),病逝。著有《乐斋漫笔》等行世。

接代,丁体常碍难即赴新任,臣拟电商广东督抚臣转饬岑春煊赶紧来甘,丁体常俟岑春煊抵省接印后,再饬迅赴广东藩司新任,俾重公事而免纷更。是否有当?谨附片具陈。伏乞圣鉴,训示。谨奏。①

同日,公又附片奏报委令张廷楫署理安肃道篆,下部闻。曰:

再,安肃道何福堃升授甘肃按察使,应即请旨陛见。所遗安肃道印务,查有二品衔甘肃候补道张廷楫,久历边陲,器识闳远,堪以署理。又,甘肃西宁道联魁升授安徽按察使,亦应请旨陛见。所遗西宁道印务,查西宁府知府燕起烈心地慈祥,办事勤慎,堪以暂行兼护。除分别给委外,谨附片具奏。伏乞圣鉴。谨奏。②

是日,公又附片奏报请将梁东魁开缺留籍养亲一事,下部闻。曰:

再,臣准两广督臣谭钟麟咨:据署两广督标中军副将黄培松呈:据甘肃西宁镇标后营都司梁东魁禀称:都司籍隶广东肇庆府鹤山县,前于光绪二十二年十月由甘禀蒙给假回籍修墓,现在修墓事竣,本应回甘供职,惟念亲母翁氏年已八旬,老而多病,风烛堪虞,家无次丁,乏人侍奉,都司恋亲情切,不忍远离,请咨甘开缺留籍养亲,以遂乌私,等情。咨请照办,并附送该员亲供一纸、原领札付一张前来。相应奏玥请旨开去梁东魁甘肃西宁镇标后营都司员缺,以便在籍养亲。

除亲供存查、札付咨缴兵部查销外,所遗西宁镇标后营都司员缺,甘肃现有应补人员,容臣另拣请补。理合附片陈明。伏乞圣鉴。

---

① 台北故宫博物院藏:《军机及宫中档》,文献编号:408003232-0-A.又,中国第一历史档案馆藏:《录副奏片》,档号:03-5371-067.
② 台北故宫博物院藏:《军机及宫中档》,文献编号:408003232-0-B.又,中国第一历史档案馆藏:《录副奏片》,档号:03-5371-068.

谨奏。①

同日，公又附片奏报副将张世才丁忧开缺，下部闻。曰：

再，据护理甘肃肃州镇总兵陕西商州协副将张世才呈称：顷接电寄家信，惊悉生母罗氏于光绪二十四年十一月二十三日在湖北汉阳县原籍病故。副将系属亲子，例应丁忧，呈请委员接署镇印，开去本任商州协副将员缺，以便回籍守制，等情。前来。除檄饬补授肃州镇总兵陈元萼迅速前赴本任，以重职守外，相应请旨开去张世才陕西商州协副将员缺。

除查取原领副将札付至日另咨送部查销外，其所遗陕西商州协副将员缺，陕甘现有合例人员，容臣拣选请补。谨附片陈明。伏乞圣鉴。谨奏。②

同日，公又附片奏报饬令陈元萼即赴新任，下部闻。曰：

再，补授肃州镇总兵陈元萼现已交卸延榆绥镇署印，新授督标中军副将色本已经到省，调补洮岷协副将韩廷芝业已交卸督标中军副将署印，应即饬令各赴本任，以专责成。除给委外，理合附片具奏。伏乞圣鉴。谨奏。③

是日，公又附片奏报请准韩廷芝暂缓赴部，下部闻。曰：

再，调补陕西洮岷协副将韩廷芝现已交卸督标中军副将署印，应照例给咨赴部引见。惟查洮岷地方汉回错杂，兼辖番境，番民愚而且

---

① 台北故宫博物院藏：《军机及宫中档》，文献编号：408003230-0-A. 又，中国第一历史档案馆藏：《录副奏片》，档号：03-5932-014.
② 台北故宫博物院藏：《军机及宫中档》，文献编号：408003230-0-B. 又，中国第一历史档案馆藏：《录副奏片》，档号：03-5932-010.
③ 台北故宫博物院藏：《军机及宫中档》，文献编号：408003231-0-A. 又，中国第一历史档案馆藏：《录副奏片》，档号：03-5932-007.

悍，往往与同类稍有龃龉，即械斗滋事，必得熟悉番情之员随时弹压得宜，方易寝事。韩廷芝往来番地有年，于番情极称熟谙，臣已先饬前赴本任，责令妥为弹压，俾臻静谧。可否仰恳天恩俯准将调补洮岷协副将韩廷芝暂缓赴部引见，先行饬部发给札付，以重地方之处，出自逾格鸿施！谨附片具陈。伏乞圣鉴，训示。谨奏。①

同日，公又会衔甘肃提臣张永清附片奏报请准张善补授守备员缺，下部议。曰：

> 再，臣前准部咨：甘肃肃州镇标中营守备员缺，掣定作为第五轮第七缺，轮用尽先人员，行令拣员请补，等因。兹查有留陕甘尽先补用守备甘肃提属永固协营千总张善，年强才裕，办事勤能，以之请补斯缺，洵堪胜任，于例亦符。合无仰恳天恩俯念员缺紧要，准以张善补授肃州镇标中营守备，可期得力。如蒙俞允，俟接准部覆后，即行给咨送部引见，俾符定制。
> 除饬取该员履历清册另咨送部外，谨会同署甘肃提臣张永清，附片具陈。伏乞圣鉴，训示。谨奏。②

是年，谭钟麟七十七岁，李鸿章七十六岁，张之洞六十二岁，魏光焘六十二岁，饶应祺六十二岁。

光绪二十五年　1899年　六十五岁

是岁，清廷命李鸿章考察各国治河新法及通商各埠商务，嗣后署理两广总督；谭钟麟兼署广东巡抚，旋以病归；袁世凯为山东巡抚；魏光焘为陕

---

① 台北故宫博物院藏：《军机及宫中档》，文献编号：408003231-0-B. 又，中国第一历史档案馆藏：《录副奏片》，档号：03-5932-006.
② 台北故宫博物院藏：《军机及宫中档》，文献编号：408003228-0-A. 又，中国第一历史档案馆藏：《录副奏片》，档号：03-5932-009.

甘总督。同年,康有为创立保皇会;中法签订《中法互订广州湾租借条约》。

正月二十六日,公为御赏福字一方具折谢恩,曰:

> 窃臣赍折差弁回甘,奉到恩赏"福"字一方,当即恭设香案,望阙叩头谢恩祗领。钦惟皇太后圣略函令,母仪轶古,迓真祥于金辇,锡纯嘏于璇宫。我皇上上禀慈谟,躬崇孝治,受兹介福,聿符瑞鼎之占;临此下民,共享春台之乐!兹以青阳律转,乃蒙丹宸恩颁,荷天语之褒题,荣叨一字;拓皇图而式廓,庆被三边!锡祜自天,感铭无地!臣惟有益持勤慎,勉效涓埃,夙夜从公,矢犬马驰驱之志;雍容鸣盛,诵鸳鸯福禄之诗!所有微臣感激荣幸下忱,理合恭折叩谢天恩。伏乞皇太后、皇上圣鉴。谨奏。①

同日,公又开单奏报光绪二十四年十一月分甘省雨水粮价情形,曰:

> 窃照光绪二十四年十月分粮价并得霑雪泽情形,业经据折奏报在案。兹查十一月分,兰州等八府六直隶州属具报得霑雪泽,自一二寸至四五寸不等,正值冬麦出土之际,获此雪泽,实于农田有裨。
>
> 至通省粮价,或与上月相同,或较上月稍有增减。据藩司丁体常具详请奏前来。臣覆查无异,理合恭折具奏,并缮粮价清单,恭呈御览。伏乞皇太后、皇上圣鉴。谨奏。②

---

① 台北故宫博物院藏:《军机及宫中档》,文献编号:408003233.又,中国第一历史档案馆藏:《录副奏折》,档号:03-5372-124。
② 台北故宫博物院藏:《军机及宫中档》,文献编号:408003239.又,中国第一历史档案馆藏:《录副奏折》,档号:03-9373-014。

是日，公又会衔宁夏将军副都统色普征额①奏报办理甘省通商、民教情形，曰：

窃臣等接准吏部咨：光绪二十四年十一月二十二日奉上谕：向来沿海、沿江通商省分交涉事务本繁，及内地各省亦时有教案应行核办。各直省将军、督抚往往因事隶总理衙门，不免意存诿卸；总理衙门亦以事难悬断，未便径行，以致往还转折，不无延误。嗣后各直省将军、督抚均着兼总理各国事务大臣，仍随时与总理衙门王大臣和衷商办，以期中外一气相生，遇事悉臻妥洽，钦此。又承准军机大臣字寄：十一月二十六日奉上谕：近来各国交涉事件日益纷繁，昨已谕令各省将军、督抚兼总理各国事务大臣，以便因应，此后遇有交涉细故，应就各该省地方情形，斟酌妥协，即行办理，不得概从延诿。其实在关系重要事件，必须商明总理衙门方能定议者，亦即随时据实电咨，切勿含糊掩饰，以致往还转辗，徒费周章。各该将军、督抚等身膺疆寄，责在治民，自当以守土为重，爱民为先，不得以孟浪为率作兴事之谋，亦不得以推诿为取巧卸过之地。朝廷宵旰忧劳，勤求治理，外省政事，惟疆臣是赖。该大臣等明体达用，虑远防微，必能共体时艰，仰副朝廷为国为民之苦衷也！将此通谕知之。钦此。遵旨寄信前来。

仰见皇上因时制宜，权衡至当。复详加诰诫，力杜推延，寓为国为民之意于慎重交涉事务之中，下怀莫名钦感！臣等谨当懔遵两次谕旨办理。伏查甘省仅嘉峪关设通商口岸一处，交涉事务尚不甚繁。各国教士在各厅州县传教，近年日渐增多，间有与百姓口角龃龉，经臣等随时严饬该地方官持平办理，民教尚属相安。至若各国来甘游历之人，行踪靡定，不惮跋涉之苦，无论穷乡僻壤，峻岭崇山，单骑即往。甘省

―――――

① 色普征额（？—1907），赫舍里氏，满洲正蓝旗人。咸丰十一年（1861），以军功保蓝翎长、前锋校。同治三年（1864），选副前锋校。七年（1868），保副前锋参领。光绪四年（1878），升委前锋参领。九年（1883），补副前锋参领。十一年（1885），升前锋参领。十七年（1891），加副都统衔。十八年（1892），委署健锐营左翼长。二十年（1894），兼管水操兵丁事务。二十一年（1895），迁宁夏副都统。二十四年（1898），兼署宁夏将军。二十六年（1900），擢宁夏将军。三十三年（1907），卒。

土、番、回、撒,民类庞杂,万一护送稍疏,深虞匪徒劫害。臣等已严饬各地方文武随时设法,多派可靠兵役,接替保护。

去冬,曾有德国游历赫尔德乐行抵番境被番匪诈抢之案,现已勒令地方文武赔赃完结,咨明总理衙门先行销案。此后益当谨遵圣训,虑远防微,遇有交涉细故,即行斟酌妥协办理。其关系重要之件,亦即随时据实电咨总理衙门定议商办,总期事臻妥洽,断不敢推诿延误,上烦宸系!

所有遵旨兼总理各国事务大臣及甘省通商、民教交涉各情形,理合恭折具陈。伏乞皇太后、皇上圣鉴。再,此折由臣模主稿,合并声明。谨奏。①

同日,公又奏陈甘省办理矿务困难缘由一事,下部闻。曰:

窃臣钦奉光绪二十四年十月十七日电传上谕:闻甘省各种矿产甚富,自来未经开采,着陶模拣派妥员,认真踏勘,毋令货弃于地,转为外人垂涎,仍将办理情形随时具奏。钦此。钦遵在案。伏查甘省各属旧称产麸金者,若兰州之皋兰、金县,阶州之文县,甘州之洪水营,肃州之金佛寺,自明以前历经开采,数百年来,利孔已罄。国朝乾隆中,安西州属马莲井及敦煌县属沙州营金矿较著,其时有矿丁二千余名,岁收课金三百九十余两。嘉庆以后,得金日微,叠次请减额课,积久至于无课;失业之民多转徙甘州、祁连山、南乙思、门庆、野马川等处,淘取金

---

① 台北故宫博物院藏:《军机及宫中档》,文献编号:408003240.

沙。道光三年，因矿丁中藏匿匪类，前督臣那彦成①奏明封禁，然塞口穷民仍私往开采。同治时，金苗渐绌，加以兵荒，官私各矿悉归堙废。光绪十年，前督臣谭钟麟议定征收大通县金课每年二十四两，由商民纠赀承办，本少利微，动辄亏负。

臣到任之初，以为开自然之利源，舍攻矿外无他术，即委分省候补直隶州知州刘国宗等，携带银粮，往甘州梨园营山内开办金矿，半年之久，以出金极少不敷经费而罢；同时委试用通判宋之章招集河湟被难汉回约三千余人，作为矿丁，自平番县西北庄浪河上游金羌滩办起，插帐荒沙，四出寻求，数月而金羌滩之金尽；徙帐于西宁县北境凉州南山中求之，又数月而金尽；复徙帐于大通县西北永安营北山中求之。去年累徙至野马川、野牛沟、黑河脑等处，距开办之处千有余里，矿丁忽来忽去，随时增减无定，间有转还金羌滩各处，爬罗旧穴。计其所获，大率优者每人日得生金数分，绌者或兼旬乌有。委员发给衣粮、器械赀本，原议陆续偿还再定额课，乃办理已及二年，矿丁或仅免冻饿，或

---

① 那彦成（1764—1833），字绎堂、东甫、韶九，号韶允，章佳氏，满洲正白旗人，大学士阿桂孙。乾隆五十四年（1789），中式进士，选庶吉士。五十五年（1790），授翰林院编修。次年，充侍讲。五十七年（1792），升侍读，入直南书房。同年，补国子监祭酒。五十九年（1794），补詹事府詹事、日讲起居注官。是年，授内阁学士，兼礼部侍郎衔。嘉庆元年（1796），充尚书房行走。翌年，授崇文门副监督，兼正黄旗蒙古副都统。三年（1798），充军机大臣上行走、工部右侍郎。四年（1799），转户部左、右侍郎，兼镶白旗满洲副都统、翰林院掌院学士、教习庶吉士。同年，擢工部尚书，授实录馆总裁、镶白旗汉军都统、总管内务府大臣，并赏戴花翎。五年（1800），以纵贼，罢军机、书房一切使。六年（1801），降翰林院侍讲、少詹事。同年，充顺天乡试副考官。七年（1802），补内阁学士兼礼部侍郎衔、教习庶吉士，兼正蓝旗汉军副都统、正红旗满洲副都统。同年，署广东巡抚。八年（1803），署吏部左侍郎，迁礼部尚书，总理太常寺、鸿胪寺、乐部。九年（1804），擢军机大臣，兼镶黄旗汉军都统。同年，署陕甘总督，调补两广总督。十年（1805），补伊犁领队大臣。十二年（1807），补喀喇沙尔办事大臣、西宁办事大臣。十三年（1808），补江南河道副总河、二等侍卫，加太子少保衔。十四年（1809），调补叶尔羌办事大臣，转喀什噶尔参赞大臣，晋头等侍卫，加兵部侍郎衔。同年，补授陕甘总督。十八年（1813），加都统衔，戴双眼花翎。是年，调补直隶总督。二十一年（1816），丁母忧。二十三年（1818），授翰林院侍讲、侍读。次年，补侍读学士，历詹事府詹事、日讲起居注官、仓场侍郎。二十五年（1820），授理藩院尚书，调补吏部尚书、镶黄旗蒙古都统，兼理乐部。道光元年（1821），授翰林院掌院学士、刑部尚书、正蓝旗满洲都统，兼阅兵大臣。同年，充顺天乡试副考官。二年（1822），补陕甘总督，署理吏部尚书。五年（1825），调补直隶总督。七年（1827），授钦差大臣，晋太子太保。十一年（1831），诏斥误国肇衅，褫职。十三年（1833），卒，赐尚书衔，谥文毅。著有《那文毅公奏议》《阿文成公年谱》《平番奏议》《得荫堂集》《重修易州安河记》《予告三品卿衔前太子少保吏部尚书梅庵铁公神道碑》等行世。

不能自赡。所借公款尚无由取偿,更安望征收课金,开广利源? 此甘省久办金矿迄无成效之实情也。

迨十月中,钦奉谕旨,谆谆以认真踏勘为训。复叠准统辖铁路矿务总局大臣咨询情形,均即转行印委各员切实探察。据各印委先后禀覆,有谓自古无矿质者,有谓矿硐已经废弃、深险未能悬揣者,间有边隅产矿之所,或与番民、喇嘛寺院、坟地相接,或为蒙民牧地,风气未开,恃众阻挠,难以理喻。惟肃州及敦煌县之南山一带尚有金沙,倘招商试办,亦须官借工本,一时未能征课。余若安西州、循化厅之铅矿,僻在穷荒,核其运脚成本,较之购自湖北省,尚不合算。镇番县等处煤矿虽旺,而无大宗销路,迥非开平近海之厂可比。采办各商仅供临近居民之用,不能扩为利薮。

臣曩在新疆,屡兴矿役,得不偿失。访求利弊有年,深知外人开矿必在通轮舶、铁道之处方获大利,故里海之煤油,美利加之金山,富厚甲于天下。我内地金矿以漠河为最,因有半年可通船运耳。甘肃矿地多在万山之中,崎岖鸟道,不能通车,驮负衣粮、器用,脚价倍蓰;机器重大,尤难运致。雪岭相望,寒瘴凝冽,人畜皆易病毙。冬季、春初,冰冻罢工,耗费既巨,程功尤艰。此地势之有以限之也。

矿人旧法,掘井从事,以及泉为至深,仍不过大地之浮面;西国矿学家言,测算地质某层某层至十数重,其矿苗或平夹于两重之间,或如线而斜穿于多重之内,机器凿探辄数百千丈。我本昧于矿学,差以毫厘,即与矿苗相左,故华人所谓无矿之区,外人率羡为佳矿,彼所指在地质数百千丈之下,固无地非矿而不可以中土旧法论者也。

夫用旧法搜采,其善者岁养矿丁千计,公中虽无余利,在古人视之,已为大利,无如今所欲求之利,人人期什伯于古,求利既欲争胜于西人,施功安得不参用西法? 矿学家测算之术,甘肃士子绝无讲习。至于化学鉴别,更属茫然,故遇五金杂糅之矿,提炼时多烧成废渣、烟气,既乏其才,奚从得利? 此人事之有所未能也。

边省开矿之难,大率类此。使不问地势、人事,冒昧兴作,急于见功,粉饰一时,冀以塞责,实非微臣之所忍为! 窃维实事求是,要在推求事理之根源。臣愚拟恳圣恩饬下濒临江海各省,酌设矿务学堂,培植专门之才,再往外洋矿厂中阅历工作,艺成还华,先于运道便利之处开办各矿,由易及难,似迂而捷,俟矿学高才生足资差遣,即行咨调来甘,令将全省山谷川源周遍履勘,通盘测算,何地、何矿,择最善处,购机开采,其事当有把握,庶不以求财者耗材而致富有基矣。梼昧之见,谨据实胪陈,是否有当? 伏乞皇太后、皇上圣鉴,训示。谨奏。①

同日,公又会衔陕西固原提臣邓增奏请王少林补授河州镇标都司,下部议。曰:

窃臣前准部咨:陕西河州城守营都司员缺系题补第三轮第八缺,轮用尽先人员,行令拣员请补,等因。当经转饬遵照去后。兹据署河州镇总兵焦大聚呈称:查河州城守营都司职司城守,所辖关汛最为辽阔,该处汉、番、回、土错杂其间,弹压稽查,在在关重,非熟悉边情、明干有为之员,难期胜任。兹拣选得花翎副将衔留陕甘尽先补用参将现署镇标右营游击王少林,晓畅戎机,精明强干,且在甘年久,边情、营伍最为熟悉。呈请借补前来。

臣查参将王少林年壮才明,战功素著,以之借补,洵属人地相宜,亦与部章符合。合无仰恳天恩俯念员缺紧要,准以该员王少林借补陕西河州镇标城守营都司,以期得力。如蒙俞允,俟奉准部覆后,即行给咨赴部引见,以符定制。

除查取该员履历清册另咨送部外,谨会同陕西固原提臣邓增,合词恭折具陈。伏乞皇太后、皇上圣鉴,训示。谨奏。②

---

① 台北故宫博物院藏:《军机及宫中档》,文献编号:408003237.又,中国第一历史档案馆藏:《录副奏折》,档号:03-9645-010.
② 台北故宫博物院藏:《军机及宫中档》,文献编号:408003234.又,中国第一历史档案馆藏:《录副奏折》,档号:03-5932-085.

是日，公又奏报遣戍官犯患病成废应否收赎一事，下部闻。曰：

窃查凉州左翼协领得敦，因管理粮饷不实不尽，经凉州副都统依楞额①奏奉谕旨，着革职，永不叙用，发往军台效力赎罪。前由凉州委员夔胜押解到兰，该官犯即以从前在营左腿曾受矛伤，途次感受风寒，伤病举发，禀请拨医调治前来。经臣行司饬县上紧医调务痊起解，嗣因调理稍愈，催令力疾起程，讵行未数站，病复增剧，几濒于危。据管解委员夔胜呈明，仍饬解回省垣，设法医治。

现据报称：医治数月，毫无功效，左腿已拘挛，不能动履。复饬据兼署按察使兰州道黄云檄委署皋兰县知县萧承恩、候补知县史文光前往，会验得已革凉州左翼协领得敦，左腿盘屈，伸缩维艰，起卧需人扶掖，且又现患咳嗽、气逆等证，面目浮肿，年近七十，气血日衰，难期全愈，实系已成废疾，恳请收赎，取具切实甘结，加具印结，由司详请核奏前来。

臣查例载：各省审拟具体案内人犯，果有老小废疾，该督抚察明，取结具题，照律收赎。其到部人犯，有告称年老及在中途成废疾者，查明实系老疾，亦得收赎，各等语。今发往军台效力赎罪之已革凉州左翼协领得敦，老病交加，腿已成废，业经委验属实，核与收赎之例相符。惟系官犯，应否准其收赎，应请旨饬部核覆，遵行。除将印、甘各结送部外，理合恭折具陈。伏乞皇太后、皇上圣鉴，训示。谨奏。②

同日，公又奏请张作霖补授巴燕戎格通判，下部议。曰：

窃据甘肃布政使丁体常、兼署按察使黄云会详称：巴燕戎格通判

---

① 依楞额（？—1899），达呼尔布库尔氏，满洲镶红旗人，黑龙江齐齐哈尔城驻防，余丁出身，赏额腾额巴图鲁名号。同治三年（1864），充委骁骑校。五年（1866），升杭州副都统。十一年（1872），调补黑龙江布特哈正黄旗佐领。十二年（1873），加副都统衔。光绪四年（1878），署伊犁额鲁特领队大臣。七年（1881），实授额鲁特领队大臣。十五年（1889），署伊犁锡伯营领队大臣。二十年（1894），管带神机营、右骁骑营内火器营。二十一年（1895），授凉州副都统。二十五年（1899），卒于任。

② 台北故宫博物院藏：《军机及宫中档》，文献编号：408003236.又，中国第一历史档案馆藏：《录副奏折》，档号：03-7418-039.

方传获病故开缺，业已截缺报部，应即拣员请补。查定例：道、府、同知、直隶州、通判、知州，如系题调要缺，无论何项出缺，或调或补，准由该督抚酌量具题。又，道、府、同知、直隶州、通判、知州，如系奉旨命往，或督抚题明留于该省候补，无论应题、应调、应选之缺，酌量才具，择人地相宜者，悉准补用，各等语。

今巴燕戎格通判地居边徼，回番杂处，抚绥弹压，在在均关紧要，非精明干练、熟悉边情之员，不足以资治理。该司等于对品应调暨知县应升人员内逐加遴选，非现居要缺，即人地未宜。惟查有候补通判张作霖，年五十七岁，湖南宁乡县人，由俊秀报捐监生，加捐县丞归部选用。因襄办营务，于关陇肃清案内保以通判留甘补用。光绪二十年，请咨赴部引见。二十一年正月二十日到省，旋丁父忧，回籍守制。二十三年十一月十三日，起复回省，业经甄别留用在案。前署贵德同知，现署循化同知，措置裕如，均无贻误。藩司丁体常、兼署臬司黄云虽到任均未满三月，惟在臬司、兰州道任内，查得该员张作霖稳练老成，番情熟悉，以之请补巴燕戎格通判，实堪胜任，人地亦极相宜。会详请奏前来。

臣查该员张作霖年健才明，办事勤奋，合无仰恳天恩俯准以该员张作霖补授巴燕戎格通判，实于地方有裨。如蒙俞允，该员以通判请补通判，衔缺相当，毋庸送部引见。再，该员各署任内并无参罚案件。理合恭折具陈，伏乞皇太后、皇上圣鉴，训示。谨奏。①

同日，公又会衔陕西提臣邓增奏请张绍先借补宁陕营参将，下部议。曰：

窃臣前准部咨：陕西汉中镇属宁陕营参将员缺系题补第一轮第八缺，应用尽先人员，行令拣员请补，等因。臣查宁陕营参将一缺，地处

---

① 台北故宫博物院藏：《军机及宫中档》，文献编号：408003235。又，中国第一历史档案馆藏：《录副奏折》，档号：03-5372-125。

深山，稽查弹压，责任匪轻，非老成勤慎、办事明决之员，不足以资镇抚。查有总兵衔尽先补用副将陕西河州镇标左营中军守备，现署肃州镇标中营游击张绍先，年强才裕，供职勤能，前在河湟办理军务，有谋有勇，颇著战功，以之请补斯缺，实于营伍、地方均有裨益，亦与部章相符。合无仰恳天恩俯念员缺紧要，准以该员张绍先借补宁陕营参将，以期得力。如蒙俞允，俟接准部覆后，即行给咨送部引见，以符定制。

至所遗河州镇标左营守备员缺，陕甘现有应补人员，容臣另拣请补。除饬取该员履历清册另咨送部外，谨会同陕西提臣邓增，合词恭折具陈。伏乞皇太后、皇上圣鉴，训示。谨奏。①

是日，公又附片奏请开去洪瑞守备底缺，下部闻。曰：

再，臣接准督练甘军甘肃提督董福祥咨：据管带甘军正前营补用副将陕甘督标前营守备洪瑞禀称：前于光绪二十五年海防肇衅，奉调募勇赴京，旋复率队回甘，剿办回匪。兹又带营驻扎直隶防所，一时自难回任，员缺未便久悬，恳请开去督标前营守备底缺，以便在防专心训练，等情。咨请核办前来。

臣复核无异，相应请旨开去洪瑞守备底缺。除仍咨取该员原领札付送部查销外，所遗督标前营守备员缺，陕甘现有应补人员，容臣另拣请补。谨附片具陈。伏乞圣鉴，训示。谨奏。②

同日，公又附片奏报查明甘地不宜设口岸，下部闻。曰：

再，臣承准军机大臣字寄：光绪二十四年十一月十九日奉上谕：前

---

① 台北故宫博物院藏：《军机及宫中档》，文献编号：408003238. 又，中国第一历史档案馆藏：《录副奏折》，档号：03-5932-084.
② 台北故宫博物院藏：《军机及宫中档》，文献编号：408003238-0-A. 又，中国第一历史档案馆藏：《录副奏片》，档号：03-5932-082.

据总理各国事务衙门议覆黄思永条陈请各省广设口岸,等语。当于本年六月间谕令各将军、督抚悉心筹度,推广口岸,详定章程,迅速具奏。现在各省多未奏到,着各将军、督抚从速妥筹办法,即行奏明办理。将此各谕令知之,等因。钦此。臣查前奉光绪二十四年六月二十三日推广口岸、展拓商埠之旨,当即钦遵行司移道饬属一体查明核办。兹据各属查明呈由各道汇复前来。

臣与两司详加察核,甘省地当边徼,所属各厅州县实无商贾辐辏之区,虽安肃道所管嘉峪关地方因系通新疆陆路,形势扼要,早经安设口岸,然商务迄不见旺,每岁征收关税寥寥无几,入不敷出,其余再无形势扼要可以推广口岸、展拓商埠之处。理合附片据实覆奏。伏乞圣鉴。谨奏。①

同日,公又会衔甘肃提臣张永清附片奏报请准王万清借补守备员缺,下部议。曰:

再,臣准兵部咨:甘肃提属南古城堡守备员缺系题补之缺,轮至第五轮第十缺,应用捐输人员,该省捐输无人,应以第六轮第一缺,轮用尽先人员抵补,行令拣员请补,等因。当经移行遵照去后。兹准署甘肃提臣张永清咨称:南古城堡守备员缺设在沿边,蒙番杂处,巡防弹压,最关紧要,非老成稳练之员,不足以资整理,兹拣选得现署该营守备之参将衔留陕甘尽先补用游击王万清,才具明干,熟悉边情。咨请借补前来。

臣查该员王万清年力正强,操防勤奋,前在西宁、循化等处剿贼,颇著战功,以之借补斯缺,洵堪胜任,亦与部章相符。合无仰恳天恩俯念员缺紧要,准以该员王万清借补甘肃提属南古城堡守备员缺,以期得力。如蒙俞允,俟接准部覆后,即行给咨赴部引见,俾符定制。

---

① 台北故宫博物院藏:《军机及宫中档》,文献编号:408003235-0-A。又,中国第一历史档案馆藏:《录副奏片》,档号:03-6649-044。

除查取该员履历清册另咨送部外，谨会同署甘肃提臣张永清，合词附片具奏。伏乞圣鉴，训示。谨奏。①

是日，公又附片奏报游击彭永清病故开缺，下部闻。曰：

再，臣据督标中军副将和色本呈：据已故西宁镇标左营游击彭永清之子彭得福禀称，伊父彭永清于光绪二十四年三月间因病请假交卸，回省调治，延至十二月二十一日，在省寓病故，等情。呈请核办前来。臣覆查无异，相应奏明请旨开缺。

除该故员原领札付并嫡亲承查钤、甘各结送部外，所遗西宁镇标左营游击员缺，陕甘现有应补人员，容臣另拣请补，谨附片陈明。伏乞圣鉴。谨奏。②

同日，公又附片奏请更正方振海保案，下部闻。曰：

再，留陕甘尽先补用参将方振海，前于攻克肃州城垣在事出力，经前督臣左宗棠汇入关陇肃清案内保奏，光绪二年二月初四日奉上谕：千总方镇海着以守备尽先补用。钦此。因前后历保各案俱系"振海"，此案笔误"镇海"，呈经臣咨部更正。兹准部覆，查系五品以上人员，未便据咨办理，应仍令奏明再行更正，等因。前来。

臣查留甘尽先补用参将方振海，实系原保单内笔误为"镇海"，合无仰恳天恩俯准饬部更正注册。理合附片具陈。伏乞圣鉴，训示。谨奏。③

---

① 台北故宫博物院藏：《军机及宫中档》，文献编号：408003234-0-A. 又，中国第一历史档案馆藏：《录副奏片》，档号：03-5932-083。

② 台北故宫博物院藏：《军机及宫中档》，文献编号：408003234-0-B. 又，中国第一历史档案馆藏：《录副奏片》，档号：03-5932-086。

③ 台北故宫博物院藏：《军机及宫中档》，文献编号：408003233-0-A. 又，中国第一历史档案馆藏：《录副奏片》，档号：03-5923-081。

二月十三日,公开单奏报光绪二十四年十二月分甘省雨水粮价情形,曰:

窃照光绪二十四年十一月分粮价并得霑雪泽情形,业经具折恭报在案。兹查十二月分,兰州等八府六直隶州属具报得霑雪泽,自二三寸至四五寸不等。正值隆冬,获此沃泽,土脉含濡,民情欣慰。

至通省粮价,或与上月相同,或较上月稍有增减。据藩司丁体常具详请奏前来,臣覆核无异,理合恭折具奏,并缮粮价清单,恭呈御览。伏乞皇太后、皇上圣鉴。谨奏。①

同日,公又奏请刘至顺调补山丹县知县,下部议。曰:

窃据甘肃布政使丁体常、兼署按察使黄云会详称:山丹县知县苏重熙准升灵州知州,所遗系冲、繁、疲三项要缺,例应由外调补。查定例,州县应调缺出,俱令于现任人员内拣选调补。又,调补州县以上官员,必历俸三年以上,方准拣选题调,各等语。今山丹县知县系应调要缺,地处冲要,政务殷繁,非精明练达之员,不足以资治理。

该司等在于现任知县内逐加遴选,查有秦安县知县刘至顺,年五十六岁,江苏上海县举人,于光绪六年大挑一等,以知县用,签分甘肃,截留回籍,奉文咨取,十年十二月初十到省,历署宁夏、张掖等县。新疆防戍案内保俟补缺后,以直隶州知州用,准补秦安县知县,二十一年二月十七日到任,试署年满,呈请实授。现计历俸已满三年。该司等查该员才长心细,勤求民隐,在甘年久,情形极熟,以之调补山丹县知县,实堪胜任,人地亦极相宜。会详请奏前来。

臣查该员刘至顺年健才明,有为有守,合无仰恳天恩俯念要缺需员,准以秦安县知县刘至顺调补山丹县知县,实于地方有裨。如蒙俞

---

① 台北故宫博物院藏:《军机及宫中档》,文献编号:408003242。又,中国第一历史档案馆藏:《录副奏折》,档号:03-9373-016。

允,该员以知县调补知县,衔缺相当,毋庸送部引见。再,该员各任内并无参罚案件。谨恭折具陈。伏乞皇太后、皇上圣鉴,训示。至所遗秦安县知县系简缺,拟请扣留外补。合并声明。谨奏。①

是日,公又奏请将副将喻东高即行革职,曰:

窃臣屡奉谕旨,饬令整顿营伍,以备缓急,前经咨请提臣张俊周历校阅奏明在案。兹查有驻防中卫县属之宁安堡一带宣威中旗步队管带官花翎总兵衔留甘尽先补用副将喻东高,平日于营务并不实力整顿,经提臣张俊前往点验队伍,复不齐整,老弱颇多。臣即先行撤委,另派员接带整理,令其汰去老弱,募补精壮,以资操防。惟现值讲求武备之际,如该管带喻东高之懈弛营务,一味敷衍,未便稍事宽容,相应请旨将花翎总兵衔留甘尽先补用副将喻东高即行革职,并拔去翎枝,以肃戎政而儆效尤。

至统辖该旗之宁夏镇总兵王钺安,既已失察在前,复不整饬于后,情同故纵,亦难辞咎,应请旨饬部照例议处。除咨部外,理合恭折具陈。伏乞皇太后、皇上圣鉴,训示,施行。谨奏。②

【案】此折于是年三月初四日得旨允行,《光绪朝上谕档》载曰:

光绪二十五年三月初四日,内阁奉上谕:陶模奏,特参懈弛营务之管带官,请旨革职一折。甘肃宣威中旗步队管带官花翎总兵衔留甘尽先补用副将喻东高,平日于营务并不实力整顿,经提臣张俊前往点验队伍,复不齐整,老弱颇多,实属懈弛!喻东高即行革职,并拔去翎枝。

---

① 台北故宫博物院藏:《军机及宫中档》,文献编号:408003241.又,中国第一历史档案馆藏:《录副奏折》,档号:03-5373-030.
② 台北故宫博物院藏:《军机及宫中档》,文献编号:408003244.又,中国第一历史档案馆藏:《录副奏折》,档号:03-5932-127.

统辖该旗宁夏镇总兵王钺安,既已失察在前,复不整饬于后,亦难辞咎! 王钺安着交部照例议处,以肃戎政。钦此。①

同日,公又会衔陕西提臣邓增奏报请以蒋松林升补镇安营游击缘由一折,下部议。曰:

> 窃臣准兵部咨:陕安镇属镇安营游击员缺系题补第三轮第九缺,轮用应升人员,应令迅拣请补,等因。当经移行遵照去后。兹准陕西固原提臣邓增咨开:查有花翎尽先游击靖远协营中军都司蒋松林,营伍谙练,人亦明敏,堪以升补,咨请核办前来。
>
> 臣查该都司蒋松林,年强才裕,办事勤能,前于都司初次俸满引见回任,照例应升,以之升补斯缺,洵堪胜任,人地亦极相宜,并与轮章符合。合无仰恳天恩俯念员缺紧要,准以该员蒋松林升补陕安镇属镇安营游击,可期得力。如蒙俞允,俟接准部覆后,即行给咨送部引见,以符定制。
>
> 除饬取该员履历清册另咨送部外,谨会同陕西提臣邓增,合词恭折具陈。伏乞皇太后、皇上圣鉴,训示。谨奏。②

同日,公又开单奏报惩办甘省光绪二十四年秋、冬情重盗匪,下部闻。曰:

> 窃查甘肃地处边疆,汉、番、回、撒,种类不一,加以游勇、会匪往往勾结,骑马持械,肆行劫掠,甚至逞凶拒捕,伤毙事主,情势极其凶暴,均属法无可贷,历经查照刑部通行随时审明,批饬就地正法。其有情尚可原之犯,亦经酌量系带杆礅,按季汇报。兹查光绪二十四年秋、冬

---

① 中国第一历史档案馆编:《光绪朝上谕档》第23册第70页,广西师范大学出版社,1996。
② 台北故宫博物院藏:《军机及宫中档》,文献编号:408003246。又,中国第一历史档案馆藏:《录副奏折》,档号:03-5932-126。

二季分,据正宁县、皋兰县、河州等属先后报获盗匪徐洪顺、杨春山、唐炳南、唐玉廷、胡占奎、唐长庆、谢兴顺、林寿春、崔尕喜、张江湖、杨仲祥即杨学保才等十一犯到案,均经臣批饬各该管府讯供详办。旋据庆阳府、兰州府先后复审议拟禀办前来。

查该盗匪徐洪顺、杨春山、唐玉廷、谢兴顺、林寿春、崔尕喜、张江湖七犯,均系结伙持械,伤毙事主,搜劫财物,情罪重大,法无可贷,经臣批司核复,实属情真罪当,难稽显戮,已先后批饬将该犯徐洪顺等七犯分别就地正法,枭首示众,俾昭炯戒。伙盗唐炳南、杨仲祥已据报明于讯供后在监病故,应毋庸议。至胡占奎、唐长庆,或讯系听纠行劫,临时畏惧落后;或被逼同往,在场并未动手。所犯较轻,情甚可悯,亦饬令照章分别锁系杆墩,照例责惩。据兼署甘肃按察使兰州道黄云详请具奏前来。

除仍批饬严缉各案逸盗务获究办外,所有甘肃省光绪二十四年秋、冬二季分情重盗匪照章就地惩办缘由,谨开具籍贯案由清单,恭折具陈。伏乞皇太后、皇上圣鉴,饬部查照施行。谨奏。①

是日,公又奏请杨宸谟调补皋兰县知县,下部议。曰:

窃据甘肃布政使丁体常、兼署按察使黄云会详称:皋兰县知县陈昌奉准升补丹噶尔同知,所遗系省会首邑最要缺,应即拣员调补。查例载:各省首府、首县缺出,于通省正途人员内拣选调补。如实无合例堪调,或人地不宜,始准于折内详细声明,以各项出身人员内遴员调补。又,现任要缺之员,有必须更调者,查系由三项要缺更调四项要缺,及最要之缺更调附省首邑者,委非另有不合事故,即行议准,各等语。今皋兰县知县系冲、繁、疲、难附省首邑,地方紧要,政务殷繁,非精明干练、肆应闳通之员,不足以资治理。

---

① 台北故宫博物院藏:《军机及宫中档》,文献编号:408003243。又,中国第一历史档案馆藏:《录副奏折》,档号:03-7373-018。

该司等在于通省现任正途知县内悉心拣核，非年力稍逊，即人地未宜。复于应调人员内逐加遴选，惟查有玉门县知县杨宸谟，年四十八岁，湖北云梦县人，由附监生报捐县丞归部选用，于光绪八年经前督臣谭钟麟札调来甘当差；于关外各军异常出力案内保免选本班以知县归部尽先选用，遵例报捐指分甘肃试用，先行到省；于关内防军案内保加同知衔；又剿办贵德番匪案内，保俟补缺后以直隶州知州补用，请咨赴部，遵新海防例加捐分缺先补用，并免试用。十八年五月十六日引见，奉旨：照例发往。钦此。领照赴甘，是年八月到省，补授通渭县知县，二十年六月到任，遵例捐免试俸、历俸，调补玉门县知县，现调署古浪县知县。二十四年，大计卓异，尚未奉准部覆。该司等查该员才识明敏，振作有为，历任各缺，措置裕如，以之再调皋兰县知县省会要缺，实堪胜任，人地亦极相宜。会详请奏前来。

臣查该员杨宸谟才具阔通，办事勤敏，合无仰恳天恩俯念首邑要缺治理需人，准以玉门县知县杨宸谟调补皋兰县知县，期于地方有裨。如蒙俞允，该员以知县调补知县，衔缺相当，毋庸送部引见。

再，该员各任内并无参罚案件。谨恭折具陈。伏乞皇太后、皇上圣鉴，训示。至所遗玉门县知县系边要缺，俟奉准部覆，再行由外拣员请补。合并声明。谨奏。①

同日，公又奏报遵旨酌筹甘肃积谷、保甲、团练等事，曰：

窃臣叠奉皇太后、皇上谕旨，令将积谷、保甲、团练各事认真举办，并将筹办情形迅速具奏，各等因。钦此。遵即转饬各属切实举办在案。伏查甘省社仓积谷，曾于光绪四年量田劝捐，分储乡镇，设立社正

---

① 台北故宫博物院藏：《军机及宫中档》，文献编号：408003248。又，中国第一历史档案馆藏：《录副奏折》，档号：03-5373-026。

副,管理出纳,每年春借秋还,加一取息,变通朱子①小饥弛半息、大禩尽蠲之意,小歉则兼行平粜,大歉则更以子粮赈贷之官司,但司条教并不经手出入。当时原积本有十四万余石,河湟之乱,全省骚动,借出之粮至今未能如期收清,加以去岁夏旱秋潦,偏灾叠见,今春正饬属察看情形,开仓平粜,先求民食无缺乏之虞。若此时续劝积谷,民力实有未及,拟展缓一二年,俟民气稍纾,再行一体劝办。至各属额征粮石历年余存,除变价济饷、济赈外,约尚有粮三十余万石,官储民积,皆所以备不时之需。特甘省幅员辽阔,山路崎岖,转运之艰,其费或较粮价倍蓰耳。

至于保甲一事,举甲首、造户册、诘奸、禁暴、容隐、连坐,成法具在,本已举行,虽边疆民户畸零,不能如腹地之周密,要尚不失守望相助之意,是以前此遣散勇丁百十营旗,皆能平靖无事。平常盗窃案件亦尚不多,近更将明臣王守仁《十家牌式告谕》②再行申诫,各属实力奉行,以收靖盗安民之效。

惟团练一事,实有未便显然举办之势,盖甘肃各属汉回杂处,累世相仇,无论如何开导,始终莫解。回民赋性强悍,心复多疑,今若通饬汉人团练不及回人,则回人以为同属子民,官既显判亲疏,彼即益增疑忌,而汉人之无知者图快私愤,不顾大局,必至恃图挑衅,激成变端。倘令回民一律办团,理似持平,而势多窒碍,恐未见团练之益,先受团练之害。此甘省汉回情形与他省不同,只能于保甲一事认真举办,隐寓团练之意于保甲中,不必显言民团致生枝节也。

总之,天下事有治法无治人,苟得官绅皆贤,何事不可修举?然好官正绅实不多觏,臣惟有督同司道尽心劝勉,随时考校,以仰副朝廷怀保惠鲜之意。所有筹议积谷、保甲、团练各缘由,是否有当?理合恭折

---

① 即南宋理学家朱熹,首创社仓,赈济灾民。朱熹宣导设社仓,以官粟为本,岁或不幸小饥,则驰半息,大俊则尽,这就为"朱子社仓"。其原名"五夫社仓",初建于南宋乾道七年(1171),是他首创并命名的民办社仓,因社仓之址坐落在崇安县五夫里籍溪坊之凤凰巷内而得名。其旨在普惠于民,防止豪绅对农民高利剥削。为纪念朱熹之善,遂改为"朱子社仓"。

② 具体内容请参阅《王阳明全集》。

覆陈。伏乞皇太后、皇上圣鉴,训示。谨奏。①

同日,公又奏请王开斌署理循化同知,下部议。曰:

窃据甘肃布政使丁体常、兼署按察使黄云会详称:循化同知黄森病故,所遗系繁、疲、难三项要缺,例应由外拣调。查定例,道、府、同知、直隶州知州、通判、知州,如系题调要缺,无论何项出缺,或调或补,准该督抚酌量具题。又,劳绩保举候补道、府、同知、直隶州知州、通判、知州,甄别堪以繁简补用者,遇题调缺出,毋论曾任、初任,均准酌量补用。又,循化、贵德两厅同知缺出,无论满洲、汉员,但得人地相宜,悉准酌量拣选升调,各等语。

今循化同知员缺,地居边疆,番回杂处,抚绥弹压,最关紧要,非精明干练、熟悉边情之员,不足以资治理。该司等在于应调、应升人员内逐加遴选,非现居要缺,即人地未宜。惟查有劳绩保举候补同知王开斌,年五十五岁,湖南湘乡县人,由监生遵例报捐县丞选用。于广东肃清案内保以知县留江西候补,荡平新疆南北两路案内保以同知改留甘肃补用,请咨赴部验看,分发领照赴甘,光绪九年二月二十日到省,试看年满,甄别留用。筹办协饷案内保加知府衔,嗣经丁忧服满起复,于十八年三月初三日回省,历署庄浪厅同知、西和县知县等缺,均无贻误。该司等查该员王开斌老成稳练,熟悉番情,以之请补循化同知,实堪胜任,人地亦极相宜。会详请奏前来。

臣查该员王开斌年强才裕,办事认真,合无仰恳天恩俯念要缺需员,准以劳绩候补同知王开斌补授循化同知,实于地方有裨。如蒙俞允,该员以同知请补同知,衔缺相当,毋庸送部引见。再,该员各任内

---

① 台北故宫博物院藏:《军机及宫中档》,文献编号:408003245. 又,中国第一历史档案馆藏:《录副奏折》,档号:03-6679-010.

并无参罚案件。谨恭折具陈。伏乞皇太后、皇上圣鉴,训示。谨奏。①

是日,公又附片奏报拣员委署知州等缺情形,下部闻。曰:

再,新授庆阳府知府庆霖、新选大通县知县万钟骏均已到省,应饬各赴新任,以专责成。署阶州直隶州知州符瑞因病请假遗缺,查有候补直隶州知州章鹤年堪以委署。署玉门县知县准调高台县知县詹廷镛应饬前赴调任,所遗玉门县知县员缺,查有候补知县傅大恺堪以委署。靖远县知县储英翰调省遗缺,查有候补知县史文光堪以委署。据藩、臬两司先后会详前来。除批饬檄委外,理合附片陈明。伏乞圣鉴。谨奏。②

同日,公又附片奏报欧阳乐清等期满甄别情形,下部闻。曰:

再,查例载:道府以至未入流,凡系应行试看人员,以到省之日起,试看一年,期满甄别补用。又,初任人员保归候补班次,扣足一年,甄别补用,各等语。历经遵办在案。兹查有留甘尽先补用道欧阳乐清,由实任贵德厅同知俸满卓异开缺,入于即升班内升用,保以道员仍留原省尽先补用。应自光绪二十三年十二月二十八日作为道员到省之日起,连闰扣至二十四年十一月二十八日,试看一年期满,例应甄别。

又,遇缺尽先补用道刘兆梅,由甘肃候补知府保以道员仍留原省,遇缺尽先补用。应自光绪二十四年正月初五日作为道员到省之日起,连闰扣至是年十二月初五日,试看一年期满,例应甄别。又,留甘即补直隶州知州萧承恩,由知县补缺后以知州用保以直隶州知州仍留原省

---

① 台北故宫博物院藏:《军机及宫中档》,文献编号:408003247。又,中国第一历史档案馆藏:《录副奏折》,档号:03-5373-029。
② 台北故宫博物院藏:《军机及宫中档》,文献编号:408003247-0-A。又,中国第一历史档案馆藏:《录副奏片》,档号:03-5373-028。

补用。应自光绪二十四年正月初五日作为直隶州到省之日起,连闰扣至是年十二月初五日,试看一年期满,例应甄别。又,候补班前知县李锦荣,于光绪二十三年十二月二十六日到省,今自到省之日起,连闰扣至二十四年十一月二十六日,试看一年期满,例应甄别。又,补用知州王秉章,保以知州留甘补用,俟补缺后再行送部引见,应自光绪二十四年正月初五日,作为到省之日,连闰扣至是年十二月初五日,试看一年期满,例应甄别。又,补用知州宋之章,由通判保以知州仍留原省补用,应自光绪二十四年正月初五日作为知州到省之日起,连闰扣至是年十二月初五日,试看一年期满,例应甄别。由甘肃藩、臬两司加考,详请甄别具奏前来。

臣查欧阳乐清朴实稳练,有守有为;刘兆梅器局闳远,办事精明,均堪以道员留省照例补用;萧承恩老成练达,器识闳通,堪以直隶州知州留省,照例补用;李锦荣年强才裕,谨饬安详,堪以知县留省,照例补用;王秉章精明干练,朴实耐劳;宋之章年健才明,供职勤奋,均堪以知州留省照例补用。除将各员履历清册咨部查照外,理合附片具奏。伏乞圣鉴。谨奏。①

同日,公又附片奏报增补道府功过章程,曰:

再,臣钦奉迭次谕旨,饬令详定清讼章程,严核官吏功过,各等因。当经饬司钦遵办理。查甘省从前清讼事宜,历系遵照前直隶督臣曾国藩所定清理积案功过章程,刊发各属,实力奉行。嗣经督臣杨昌濬重加整饬,凡各属词讼,分别批审,自理起数,列载管、收、除、在册内,按月造报。每月能审结十之六七者,免其查议;能审结十之八九者,予记大功一次;若一月审结不及十分之五者,记大过一次;审结全完及未审结一起者,功过以次递加。倘因未能审结,将控案隐匿不报,或未结捏

---

① 台北故宫博物院藏:《军机及宫中档》,文献编号:408003247-0-B.又,中国第一历史档案馆藏:《录副奏片》,档号:03-5373-027.

报已结，冀图朦混者，一经查出，分别撤参。立法本已严明，现仍照章遵办。

臣又饬据藩、臬两司添拨严核准驳、严禁私押、访拿讼棍、酌定审限、禁佐杂擅受、杜差役需索各条，清源除弊，不外乎此，已行令各属实力办理；并复遵奉谕旨，增补道府功过章程，责成道府认真稽察，每月将所属词讼四柱清册汇送臬司，分别优劣，予以功过。果查有隐匿捏结及以上诸情弊，即据实详请撤参，庶督责皆严，而州县知所奋勉，或可冀图政平讼理，以仰副皇太后、皇上轸念民依之至意！谨附片具陈。伏乞圣鉴，训示。谨奏。①

是日，公又附片奏报提拨银款汇解董部，下部闻。曰：

再，臣接准户部咨开：甘肃提督董福祥所部甘军积年不敷饷项，饬在甘肃光绪二十四年秋拨册造听后指拨各款及宁夏满营马队销案内缴还，并振威军销案实存等款内拨给库平银八万两，俟该提臣备具印领，交由号商持投至日即行给发，并令将甘肃挪垫甘军光绪二十二年十月以前不敷银三万六千余两，设法通挪，归还原垫，即由甘省作正开销，以清款项，等因。当即转行遵照去后。

兹据甘肃布政使丁体常详称：遵将宁夏满营扣缴减平、平余等项全数提拨，又在光绪二十四年秋拨册造例存各款内动提花红、旗匾二成、茶厘停减节省四分、六分减平，以及地丁并候拨兵饷、罂粟、地税等银。又因秋拨册存不敷，动提二十四年续征候入二十五年春拨册报地丁，一共凑提库平银八万两，经号尚协同庆执持该提臣文领呈交前来。即饬司于光绪二十四年十二月二十六日发交该号商，照数承领，汇解交收讫。

至前甘肃总粮台垫发过甘军各营光绪二十二年十月以前不敷饷

---

① 台北故宫博物院藏：《军机及宫中档》，文献编号：408003245-0-A. 又，中国第一历史档案馆藏：《录副奏片》，档号：03-7227-021。

项湘平折合库平银三万五千二百九十八两四钱六分七厘,经臣于光绪二十四年正月二十六日附片奏准,即由甘肃司库毋论何款内照数拨补还垫,容饬归入拨供甘军军饷项下另款作正开报。合并陈明。除咨明户部暨提臣董福祥查照外,谨附片具陈。伏乞圣鉴。谨奏。①

同日,公又会衔甘肃提臣张永清附片奏请赵荆璞补授都司,下部议。曰:

  再,臣接准部咨:甘肃提属永固协营中军都司员缺,作为第六轮第七缺,轮用尽先人员,应令拣员请补,等因。当经移行遵照去后。兹准署甘肃提臣张永清咨称:永固都司系协属中军领袖,有经管兵、马、钱、粮之责,非拣选精明勤干之员,不足以资治理。兹查有尽先补用都司后补用游击提标右营守备赵荆璞,营伍谙练,办事安详,堪以请补,咨请核办前来。

  臣查该员赵荆璞在甘年久,于该处营伍、地方情形极熟,虽尽先名次在该员之前者尚有陈荣浦、陈又新、杜得润、王生吉、顾福升、陈锡坤、任新春、王忠美、陈鹤林、徐珍、王元,或现居要缺,或告假离营,或人地未宜。杜濡、兰廷贵、李海源、宋玉已因事撤省察看,均未便迁就请补。惟该员赵荆璞年力正强,操防勤慎,且现在甘标守备任内办理一切,诸臻妥协,以之请补斯缺,实属人地相需,亦与轮缺章程相符。合无仰恳天恩俯念员缺紧要,准以该员赵荆璞补授永固协营都司员缺,可期得力。如蒙俞允,俟接准部覆后,即行给咨送部引见,以符定制。

  除查取履历清册另咨送部,并所遗甘标右营守备员缺,陕甘现有应补人员,容臣另拣请补外,谨会同署甘肃提臣张永清,合词附片具

---

① 台北故宫博物院藏:《军机及宫中档》,文献编号:408003245-0-B.又,中国第一历史档案馆藏:《录副奏片》,档号:03-6152-012.

奏。伏乞圣鉴,训示。谨奏。①

同日,公又会衔陕西提臣邓增附片奏请陈正昌补授都司,下部议。曰:

再,臣接准部咨:陕西汉中镇属阳平关营都司员缺系题补,轮应捐输,无人应过班用第五轮第一缺尽先人员,行令拣员请补,等因。当经转饬遵照去后。兹据署汉中镇总兵龙恩思呈称:该都司设处边关,界连川陇,弹压稽查,最关紧要,非得干练之员,难资得力。查有镇标中营俸满守备留陕甘尽先补用都司陈正昌,稳练壮健,营伍娴熟,堪以请补,呈请核办前来。

臣查该员陈正昌年力正强,办事稳慎,以之请补斯缺,洵堪胜任,亦与轮章相符。虽尽先名次在该员之前者尚有杜濡,早已因事撤省察看,陈克昆甫经开缺,均未便迁就请补。拟恳天恩俯念员缺紧要,准以该员陈正昌补授阳平关营都司,以裨营伍。如蒙俞允,俟接准部覆后,即行给咨送部引见,以符定制。

除饬取该员履历清册另咨送部外,其所遗汉中镇标中营守备员缺,陕甘现有应补人员,容臣另拣请补。谨会同陕西提臣邓增,合词附片具陈。伏乞圣鉴,训示。谨奏。②

是日,公又附片奏请将姚长青开去底缺,下部闻。曰:

再,准陕西固原提督臣邓增咨开:提标左营守备姚长青,前曾请假回籍修墓,因假期将满尚未修竣,复又被水冲刷,以致仍形坍塌,从新修理,需日颇多,现值整顿营务,不敢久旷职守,恳请开去守备底缺,以

---

① 台北故宫博物院藏:《军机及宫中档》,文献编号:408003246-0-A.又,中国第一历史档案馆藏:《录副奏片》,档号:03-5932-125。
② 台北故宫博物院藏:《军机及宫中档》,文献编号:408003246-0-B.又,中国第一历史档案馆藏:《录副奏片》,档号:03-5932-124。

便将祖墓宽期修好,俾尽乌私,等情。转咨核办前来。

臣覆核无异,相应请旨开缺。除查取该员原领札付另咨送部外,其所遗陕西固原提标左营守备员缺,陕甘现有应补人员,容臣另拣请补。谨附片具陈。伏乞圣鉴。谨奏。①

三月初二日,公会衔西宁办事大臣奎顺奏请英林调补西宁道缺,下部闻。曰:

窃甘肃西宁道升任安徽按察使联魁遗缺,业已奉准部覆由外调补。查西宁地处边徼,蒙、番、回、撒杂处其间,控驭抚绥,关系甚重,非老成谙练、熟悉群情之员,不足以资镇抚。查同治元年,经前督臣沈兆霖奏准西宁道府二缺,此后但得人地相宜,无论满、汉人员,均准酌量调补。惟同时道府二员内必须有满洲、蒙古一人,不得皆用汉员,等语。今西宁府燕起烈系汉员,则西宁道缺应于实缺旗员内拣选调补。

臣查陕、甘两省在任道员,并无满洲、蒙古之人,实属无凭拣调。惟查有现任甘肃新疆伊塔兵备道英林,年五十二岁,镶黄旗满洲二甲喇本世管佐领下人,由二品荫生报捐同知。同治六年,投效甘肃军营,克复太子寺案内出力,保免补本班,以知府签掣省分,遇缺尽先前即补;于克复乌鲁木齐、达坂城各案内保免补知府,以道员分省,遇缺尽先题奏;又于新疆南路诸军五次剿平边寇案内保加二品顶戴。光绪十四年八月二十八日,委署伊塔道篆务,嗣经奏补斯缺。

臣查该员英林精明稳练,有守有为,莅任边要业已多年,办理一切,悉臻妥协。该员前随伊父玉通②在西宁办事大臣任内,于该处情形

---

① 台北故宫博物院藏:《军机及宫中档》,文献编号:408003246-0-C.又,中国第一历史档案馆藏:《录副奏片》,档号:03-5932-123.
② 玉通(?—1870),苏完呢瓜尔佳氏,满洲镶黄旗人。道光六年(1826),以闲散补世管佐领。十七年(1837),授印务章京。十九年(1839),升副参领。二十七年(1847),迁参领。二十八年(1848),补印务参领,授新营房营总。咸丰三年(1853),补副都统。同年,授喀拉沙尔办事大臣。六年(1856),调补乌里雅苏台参赞大臣。九年(1859),补科布多参赞大臣。同治元年(1862),充乌什帮办大臣。同年,补授西宁办事大臣。九年(1870),卒。

最为熟谙，若以之调补，实堪胜任。虽以边要调边要，与例本有未符，惟因两省无满、蒙之员，即新疆亦仅该道籍隶满洲，人地又极相需，自与寻常事例不合意涉迁就者不同，合无仰恳天恩俯准以甘肃新疆伊塔道英林调补甘肃西宁道，以重边围。

如英林实难准调，查有甘肃候补遇缺题奏道常祥，现年六十八岁，镶红旗蒙古祥禧佐领下人，由翻译生员补授理藩院笔帖式，考补陕甘总督衙门笔帖式，期满以知县保留甘肃，奏补西宁县知县，历因筹饷、击逆、筹防各案内出力，递保以道员仍留甘肃补用。因哈密军务告竣，保准无论应题、应调、应选之缺题补、奏补，于光绪七年十二月二十六日验放到省，前署兰州及巩秦阶道，现署甘凉道，均无参罚案件。

臣查该员常祥老成练达，久历边陲，且曾任西宁县知县，情形尤为熟悉，虽以调补之缺，而候补之人与例不符，惟英林而外即候补中亦仅该道籍隶蒙古，人地亦极相宜，可否请旨破格简放，以重地方。谨会同西宁办事大臣臣奎顺，合词恭折具陈。伏乞皇太后、皇上圣鉴，训示。谨奏。①

同日，公又奏报遵旨筹议甘省练兵情形，曰：

窃臣承准军机大臣字寄：光绪二十五年正月十二日奉上谕：练兵为当今要务，迭经谕令各直省将军、督抚，各就本省饷力，妥定章程，认真办理。该将军、督抚等受恩深重，自当共体时艰，力图振作，迅速举行。现在某省实能筹饷若干，练兵几营，何人统率，未据切实奏到，着各督抚懔遵历次谕旨，通筹妥议，限一月内迅即覆奏！督抚均有提督军务，兼理粮饷之责，提镇为专阃大员，兵事尤责无旁贷。所有此次练兵，有提督省分应责成提督统领通省各营，无提督省分应于各镇中遴选熟谙军事之员，总司营务，总以痛除缺额蚀饷为第一要义，然后申明

---

① 台北故宫博物院藏：《军机及宫中档》，文献编号：408003249。又，中国第一历史档案馆藏：《录副奏折》，档号：03-5373-071。

纪律,勤加训练,务期一兵得一兵之用,建威所以销萌,宵小既不至生心。即使地方有事,征调亦可以立应。该督抚仍不时校阅,赏罚严明,以节制之师为缓急之用,用副朝廷讲求武备、谆谆诰诫之意!将此由四百里各谕令知之。钦此。遵旨寄信前来。当即钦遵咨行在案。

  臣维今日时局多艰,精练大枝劲旅屯札一处,实目前急务。然兵不难练,而饷实难筹。甘肃全恃各省协济汇解,稍有愆期,即虞匮乏,加以甘军东调,每年封存减平等项提拨殆尽,司库愈形拮据,不能再筹加练之费。甘省蒙、番、回、撒,种类不一,往往因细故酿成巨案;各属幅员辽阔,险要颇多,历经各前督臣派拨营旗分驻巡防,为年已久,若欲稍为更动,则该处士民佥以非驻扎营旗,百姓断难安居,联名禀留。各前督臣循照旧辙,营旗数目及驻扎处所,历经按季造册咨部。现在绿营制兵屡裁,原驻防营愈难移动,向本就近归各提镇统领,彼此相隔甚远,既不能调集一处,自未便专归一人统领,转难遥制。臣与司道通筹妥议,亟应就本省现有营旗更番调操,以备缓急。

  查甘省现有防、练马步四十余营、旗、哨,合计只一万二千余人,分布数千里之遥,未便一时调集,拟请定章,除查明实在险要处所营旗暂不调动,咨行各提镇就近督饬,认真训练外,先择险要稍次、巡防较松之处所驻马步队,酌调十数营旗来省,驻扎城外校场,由臣亲督训练,严明赏罚,俟训练数月后,营伍整齐,技艺娴熟,即饬前往险要处所填防,换调该处营旗来省,如前教习,更番调练,此往彼来,庶巡防不致疏懈,训练可著成效。凡调省练熟填防后,仍咨行各提镇随时严督,如法操练,不使怠弛。甘省各提镇久历戎行,军事熟谙,臣更当剀切咨会,共体时艰,洁己率属,通饬管带各员,以痛除缺额蚀饷等弊为先,如有犯者,奏参重惩,以期力挽军营积习。愚昧之见。是否有当?理合赤折覆陈。伏乞皇太后、皇上圣鉴,训示,施行。谨奏。①

---

① 台北故宫博物院藏:《军机及宫中档》,文献编号:408003251。又,中国第一历史档案馆藏:《录副奏折》,档号:03-5998-024。

是日，公又奏报嘉峪关光绪二十四年分收支各项银两数目情形，下部闻。曰：

> 窃据嘉峪关监督署理安肃道张廷楫详称：该关于光绪二十三年由江汉关拨到银两收支数目，业经详请奏咨核销在案。今查光绪二十四年分收到江汉关拨借经费银九千两，并二十三年支剩银八百二十七两五钱一分七厘三毫六丝。除支一年各官役薪工银六千九百二十七两九钱六分、驻兰翻译委员薪水银九百三十两，共银七千八百五十七两九钱六分外，实在支剩银一千九百六十九两五钱五分七厘三毫六丝，照旧归入下年开支。又提存自光绪二十一年十月初十日第四十三结起，连闰至二十四年十二月初九日第五十五结止，共十三结，收获进口正、子税银一千九百四十八两五钱八分八厘八毫二丝，实储道库。造具细数清册，详请奏咨前来。
>
> 臣覆核无异，除将清册分送总理衙门及部、科外，惟该关洋税难期畅旺，所需经费亟应实力裁减，臣拟请于江汉关每年拨借银九千两内减拨银二千两，从光绪二十五年正月起，每年只拨江汉关银七千两。如实有不敷，再于历年支剩项下提支造报。合并陈明。谨恭折具奏。伏乞皇太后、皇上圣鉴。谨奏。①

同日，公又附片奏请准甘省缓办鼓铸制钱，曰：

> 再，臣承准军机大臣字寄：光绪二十四年十二月十五日奉上谕：现在京师制钱短少，亟应推广鼓铸，着各督抚一体查照办理。其分量以每文八分为准，将所铸钱样先行呈览，仍将铸造数目按季奏报，以备酌量提解，等因。钦此。臣查甘省自咸丰三年设宝巩局开铸当十大钱，因工匠、料物昂贵，旋即停止。

---

① 台北故宫博物院藏：《军机及宫中档》，文献编号：408003250. 又，中国第一历史档案馆藏：《录副奏折》，档号：03-6649-068。

光绪十三年,部咨催令筹款办铜,开炉鼓铸,规复制钱,经前督臣谭钟麟将铸钱所需工本太重,亏折必多,实不合算,奏准缓办在案。计自从前停铸以迄今日,已四十余年,甘省并无铜矿可采,必须由外购运,姑毋论铜价之高下若何,而运费之多,工匠之贵,更甚于昔。即使将钱分两减轻,每文以八分为准,约计每铸千钱,仍须二千工本。此中配贴颇巨,甘省各款提拨殆尽,实无余资可以把注。由藩司丁体常详恳附奏仍请缓办前来。

臣覆加查察,委系实在情形,合无仰恳天恩俯准暂从缓办,一俟物料、工运各价稍减,再行察酌开铸,以备提解。谨附片具陈。伏乞圣鉴。谨奏。①

三月十九日,公开单奏报光绪二十五年正月分甘省雨水粮价情形,曰:

窃照光绪二十四年十二月分粮价并得霑雪泽情形,业经据折奏报在案。兹查本年正月分,兰州等八府六直隶州属具报得霑雪泽,自一二寸至三四寸不等。正值东作将兴之际,获此沃泽,土脉滋润,实于农田有裨。

至通省粮价,或与上月相同,或较上月稍有增减。据藩司丁体常具详请奏前来。臣覆核无异,理合恭折具奏,并缮粮价清单,恭呈御览。伏乞皇太后、皇上圣鉴。谨奏。②

同日,公又奏报恳恩续假调理一事,曰:

窃臣前因咳喘复发,兼患怔忡,于光绪二十四年十一月二十九日

---

① 台北故宫博物院藏:《军机及宫中档》,文献编号:408003250-0-A.又,中国第一历史档案馆藏:《录副奏片》,档号:03-9535-019。

② 台北故宫博物院藏:《军机及宫中档》,文献编号:408003251-1.又,中国第一历史档案馆藏:《录副奏折》,档号:03-6983-023。

奏请开缺调理，二十五年正月十五日奉朱批：着赏假两个月，毋庸开缺。钦此。仰见圣恩高厚，宽给假期，钦感莫可言喻！臣当钦遵如期调理就愈，以图报称，自不敢重申前请，孤负生成。惟自入春以来，天气渐暖，咳嗽虽幸轻减，而气喘如故，怔忡之证亦未少瘳。大抵年逾六十，心血日耗。臣虽在假期之内，毋论巨细公事，仍系亲自核办，一时不易复元，惟有仰恳天恩再续假一个月，倘从此调理痊可，谨当如期销假，断不敢借病久延，上烦宸系！

所有微臣病尚未痊，恳请续假调理缘由，理合恭折具陈。伏乞皇太后、皇上圣鉴，训示。谨奏。①

是日，公又奏请张元溁补授碾伯县知县，下部议。曰：

窃据甘肃布政使丁体常、兼署按察使黄云会详称：碾伯县知县宋昇平病故一缺，前以即用知县汤霖请补，未奉部覆之先，于光绪二十四年十二月二十六日据兰州府转详：该员汤霖于是年十二月十三日报丁母忧。当于二十五年正月十七日详咨开缺扣留在案，自应另行拣员请补。

查定例：州县以上题奏补署，于未经接到题准奏准部文之先，遇有丁忧事故，其员缺仍以从前出缺之日按原班序补，等语。碾伯县一缺，宋昇平系二十四年八月二十九日病故，以病故本日作为出缺，前补之汤霖系病、故、休项下第三轮即用先之后进士即用正班人员，今仍按原出缺之日，以即用正班之员请补。

查有即用知县张元溁，科分、名次在先，例得请补。该员张元溁年四十九岁，陕西泾阳县人，由进士即用知县签掣甘肃，于光绪二十一年正月三十日到省，现署敦煌县知县。该司等查该员张元溁干练老成，留心民事，以之请补碾伯县知县，实堪胜任，与例亦符。会详请奏

---

① 台北故宫博物院藏：《军机及宫中档》，文献编号：408003253. 又，中国第一历史档案馆藏：《录副奏折》，档号：03-5374-052.

前来。

臣查该员张元漋心地慈祥,办事勤谨,合无仰恳天恩准以该员张元漋补授碾伯县知县,实于地方有裨。如蒙俞允,该员以知县请补知县,衔缺相当,毋庸送部引见。再,该员署任内并无参罚案件。谨恭折具奏。伏乞皇太后、皇上圣鉴,训示。谨奏。①

同日,公又奏报甘省盗案仍循定章办理,下部闻。曰:

窃臣接准部咨:奏奉懿旨:就地正法章程乃一时权宜,并未纂为定例,各省地方官惮于解勘,借图简便,草菅人命,恐所不免。除现有军务省分及实系土匪、马贼、会匪、游勇情节较重者,仍准就地正法外,其余寻常盗案,着一律规复旧制,等因。钦此。当经行司转饬照办。臣维就地正法章程,特为严惩强盗而设。甘省遵照办理,为年已久,除实在法无可贷者随时批饬正法外,其余情尚可原,分别拟以军、流、徒、杖,酌予年限,系带杆礅,历经按季开具籍贯、案由简明清单具奏在案。虽属变通成例,省辗转解勘之烦,而仍核其情节轻重,分别拟办,尚不失定律本意,并非概予骈诛也。

甘省回番杂处,视抢劫为常事,加以游勇、会匪往来勾结,非遵照正法章程讯明后立予处决,实无以靖地方而儆匪党。若辈凶顽成性,若果规复旧制,循例解勘,不特该匪翻供图延,希冀脱罪,且解省解道,长途往返,在在堪虞! 臣与司道悉心筹度,有不得不因地制宜仍吁请变通者。兹据兼署臬司黄云具详前来。

相应仰恳天恩俯念甘省情形不同,所有各属盗案仍准照章分别办理,俟数年后盗风稍息,再请规复旧制,是否有当? 理合恭折具陈。伏

---

① 台北故宫博物院藏:《军机及宫中档》,文献编号:408003254。又,中国第一历史档案馆藏:《录副奏折》,档号:03-5374-053。

乞皇太后、皇上圣鉴,训示。谨奏。①

同日,公又奏请周凤勋补授宁远县知县,下部议。曰:

窃据甘肃布政使丁体常、兼署按察使黄云会详称:补宁远县知县雷正鸣病故,业经扣留截缺,自应照例按班请补。查定例:知县告病、病故、休致三项缺出,准其以一缺题补各项候补并进士即用之员,以一缺题补本班大挑举人。又,银捐分缺先人员,于各项试用并捐纳正班到班,方准插用,各等语。甘省病、故、休知县已用至第三轮即用先为止,其次碾伯县缺以即用知县请补,所有宁远县缺轮应大挑到班,大挑先无人,应先插用分缺先之员。

查有新海防分缺先补用知县周凤勋,年四十七岁,湖北咸宁人,由廪生报捐训导,加捐知县,分发甘肃试用,引见领照赴甘,于光绪二十三年九月十六日到省;复遵新海防例,报捐分缺先补用免试用,奉文以二十三年十二月十七日作为新班到省,照章扣满一年,例不甄别,现经委署碾伯县知县。该司等查该员周凤勋勤于听断,稳练朴诚,以之请补宁远县知县,实堪胜任,与例亦符。会详请奏前来。

臣查该员周凤勋志趣向上,办事勤慎,合无仰恳天恩准以该员周凤勋补授宁远县知县,实于地方有裨。如蒙俞允,该员以知县请补知县,衔缺相当,毋庸送部引见。再,该员署任内并无参罚案件。谨恭折具奏。伏乞皇太后、皇上圣鉴,训示。谨奏。②

是日,公又会衔甘肃提臣张永清奏请吴鸿才补授桥湾都司,下部议。曰:

窃臣前准兵部咨:甘肃肃州镇属桥湾营都司员缺,掣定作为第五

---

① 台北故宫博物院藏:《军机及宫中档》,文献编号:408003252.又,中国第一历史档案馆藏:《录副奏折》,档号:03-7227-022。

② 台北故宫博物院藏:《军机及宫中档》,文献编号:408003255.又,中国第一历史档案馆藏:《录副奏折》,档号:03-5374-051。

轮第六缺，轮用拣发人员，行令拣员请补，等因。臣查桥湾营都司员缺设在关外，蒙番杂处，巡防、护运，均关紧要，非精明干练之员，难期胜任。兹拣得留陕甘补用都司、现署甘肃凉州镇属土门堡守备吴鸿才，久历边陲，操防勤奋，且在甘有年，于边情、营伍极为熟悉，以之请补斯缺，实属人地相宜，亦与轮缺章程相符。合无仰恳天恩俯念员缺紧要，准以吴鸿才请补桥湾营都司员缺，可期得力。如蒙俞允，俟接准部覆后，即行给咨送部引见，以符定制。

除查取该员履历清册另咨送部外，谨会同署甘肃提臣张永清，合词恭折具陈。伏乞皇太后、皇上圣鉴，训示。谨奏。①

同日，公又奏请舒秀松补授督标参将，下部议。曰：

窃臣接准部咨：陕甘督标右营参将李正鲁调补甘肃提标中军参将，所遗督标右营参将员缺，仍作为题补第二轮第六缺，用拣发人员，饬令迅拣请补，等因。兹拣选得副将衔留陕甘补用参将、现署西安城守协副将舒秀松，久历戎行，操防勤慎，堪以请补斯缺，并与例章相符。合无仰恳天恩俯念员缺紧要，准以该员舒秀松请补陕甘督标右营参将员缺，可期得力。如蒙俞允，俟接准部覆后，即行给咨赴部引见，俾符定制。除饬取该员履历清册另咨送部外，理合恭折具奏。伏乞皇太后、皇上圣鉴，训示。谨奏。②

同日，公又会衔陕西提臣邓增奏请首成钱补授中军都司，下部议。曰：

窃臣接准部咨：陕西固原提属西安城守协标左营中军都司员缺系

---

① 台北故宫博物院藏：《军机及宫中档》，文献编号：408003257．又，中国第一历史档案馆藏：《录副奏折》，档号：03-5932-180．

② 台北故宫博物院藏：《军机及宫中档》，文献编号：408003256．又，中国第一历史档案馆藏：《录副奏折》，档号：03-5932-176．

题补第五轮第二缺，轮用尽先人员，应令拣员请补。等因。当经移行遵照去后。兹准陕西固原提督臣邓增咨开：拣选得花翎尽先补用都司提标右营守备首成钱，营务谙练，勇敢有为，堪以请补。咨请核办前来。臣查首成钱虽尽先名次在后，而在前之杜濡、兰廷贵、李海源、宋玉缘事撤任，程鼎、王生吉例应回避本府，周迪升现在带队驻防要隘，张炳烜告假离营，康学义、文辉祥、陈锡坤、任新春、王忠美、徐珍、王元、牟彪、韩忠卿现居要缺；其董胜、陈正昌、田朝明、陈又新、马振麟、尹肇苹、张绍先、陈鹤林、赵荆璞、周衍喜、陈端谊、胡成福、周胜友、李占鳌，均于此缺不甚相宜，未便迁就请补。

该员首成钱年力正强，办事勤慎，且在陕年久，情形熟悉，历署游、都各缺，办理一切，诸臻妥协，以之请补斯缺，实属人地相需，亦与轮缺章程相符。合无仰恳天恩俯念员缺紧要，准以该员首成钱补授西安城守协标左营中军都司员缺，可期得力。如蒙俞允，俟接准部覆后，即行给咨送部引见，以符定制。

除查取该员履历清册另咨送部外，所遗陕西提标右营守备员缺，陕甘现有应补人员，容臣另拣请补。谨会同陕西提臣邓增，合词恭折具陈。伏乞皇太后、皇上圣鉴，训示。谨奏。①

是日，公又附片奏请更正崔凌云保案缘由，下部闻。曰：

再，臣前以甘肃肃州镇标右营千总崔凌云于关外诸军出力案内保以守备补用，误写"云凌"，咨部更正。旋准部覆，该员系五品以上人员，未便据咨办理，应令奏明再行更正，等因。当经转饬遵照去后。兹据护理肃州镇总兵张世才呈称：查千总崔凌云，原保时写作"云凌"，实系颠倒致误，并无别情。呈请奏明更正前来。

臣覆查无异，合无仰恳天恩俯准饬部更正注册。除该员履历清册

---

① 台北故宫博物院藏：《军机及宫中档》，文献编号：408003258。又，中国第一历史档案馆藏：《录副奏折》，档号：03-5932-183。

另咨送部外,理合附片具陈。伏乞圣鉴,训示。谨奏。①

同日,公又会衔陕西固原提臣邓增附片奏请习斌补授守备,下部议。曰:

> 再,臣接准部咨:陕西固原提属秦州营守备系部推之缺,应用尽先人员。该督请以提标后营守备李士贞调补,查李士贞系题缺守备,今调补应用尽先之推缺,核与轮缺章程不符,奏准仍令另拣请补,等因。当经移行遵照去后。兹准陕西固原提臣邓增咨开:另拣得都司衔尽先补用守备同州汛千总习斌,晓畅戎机,办事干练,且在甘有年,于地方、营伍最为熟悉。咨请奏补前来。
> 臣查秦州营设处甘南,为通川、陕要区,稽查弹压,最关紧要,非营伍谙练之员不足以资整理。该员习斌年壮才明,熟悉营务,以之请补斯缺,实堪胜任,人地亦极相宜,并与轮章相符。合无仰恳天恩俯念员缺紧要,准以习斌补授陕西固原提属秦州营守备,以资得力。如蒙俞允,俟接准部覆后,即行给咨送部引见,以符定制。除饬取该员履历清册另咨送部外,谨会同陕西固原提臣邓增,合词附片具陈。伏乞圣鉴,训示。谨奏。②

同日,公又会衔陕西提臣邓增附片奏请徐万银借补守备员缺,下部议。曰:

> 再,臣前准部咨:汉中镇属留坝营守备赵桢隆拟补孝义城守营都司,所遗留坝营守备准其扣留,应令迅拣尽先合例人员请补,等因。当

---

① 台北故宫博物院藏:《军机及宫中档》,文献编号:408003258-0-A.又,中国第一历史档案馆藏:《录副奏片》,档号:03-5932-182。
② 台北故宫博物院藏:《军机及宫中档》,文献编号:408003256-0-A.又,中国第一历史档案馆藏:《录副奏片》,档号:03-5932-181。

经转饬遵照去后。兹据署汉中镇总兵官龙恩思呈称：查留坝营守备员缺设处栈道，稽查防范，最关紧要，非精明干练之员，难以胜任。查有现署留坝营守备留陕甘尽先即补游击徐万银，精明强干，办事老成。呈请借补前来。

臣查该游击徐万银年力正强，操防勤奋，现署斯缺，办理妥洽，以之借补，实属人地相宜。合无仰恳天恩俯念员缺紧要，准以尽先游击，徐万银借补汉中镇属留坝营守备，可期得力。如蒙俞允，俟接准部覆后，即行给咨送部引见，以符定制。除饬取该员履历清册另咨送部外，谨会同陕西提臣邓增，附片具陈。伏乞圣鉴，训示。谨奏。①

是日，公又会衔甘肃提臣张永清附片奏请方振海借补都司员缺，下部议。曰：

再，臣前准兵部咨开：甘肃提属梨园营都司员缺系题补第五轮第十缺，轮用捐输人员。该省捐输无人，应过班以第六轮第一缺尽先人员题补，饬令迅拣请补，等因。当经移行遵照去后。兹准署甘肃提臣张永清咨开：查梨园营都司员缺，设处沿边，番回杂处，弹压稽查，均关紧要，必得精敏稳慎之员，方足以资治理。兹拣选得留陕甘尽先补用参将方振海，营伍谙练，才具开展，前年带队防堵梨园，甚称得力，于该处地方情形极为熟悉。咨请借补前来。

臣查该参将方振海操防勤奋，熟悉边情，以之借补斯缺，洵堪胜任，亦与轮章相符，合无仰恳天恩俯念员缺紧要，准以该员方振海借补甘肃提属梨园营都司员缺，以期得力。如蒙俞允，俟接准部覆后，即行给咨赴部引见，以符定制。除饬取该员履历清册另咨送部外，谨会同

---

① 台北故宫博物院藏：《军机及宫中档》，文献编号：408003256-0-B。又，中国第一历史档案馆藏：《录副奏片》，档号：03-5932-175。

署甘肃提臣张永清，合词附片具奏。伏乞圣鉴，训示。谨奏。①

同日，公又附片奏报饬令副将张锡光即赴调任，下部闻。曰：

再，调补甘肃凉州镇属永昌协副将张锡光，现已交卸洮岷协副将印务，应即饬赴调任，以专责成。除给委外，谨附片陈明。伏乞圣鉴。谨奏。②

同日，公又附片奏报王三捷恤案逾限一事，下部闻。曰：

再，前准吏部议覆甘肃第九次请恤案内，永昌县属在籍击贼阵亡文生王三捷等，各照官员伤亡例，先行各议给云骑尉世职，袭次完时，毋庸给予恩骑尉，自奉文之日起予限二年，仍应查明各故生入学年分、履历，报部查核相符，再行准其承袭。倘限内并不咨报，至限外始行查出补报者，应令将因何不依限咨报缘由另行奏明办理，等因。当经转行遵办去后。

兹据藩司丁体常详称：遵查此案于光绪十九年三月十九日题准，四月初二日行文，加以往返程限，统应扣至光绪二十一年七月二十二日限满。前于限内屡经行催，未据造送。迨至二十三年八月二十七日，据署永昌县知县余重基详称：遵查阵亡附生王三捷，由文童于道光二十二年考取第十九名附生。同治四年，充当团练，御贼殒命，嫡子大鹏早经病故，嫡长孙吉泰年已成丁，例应承袭。声明奉文之初吉泰因兵燹，逃外多年未归，今于二十二年回家，始行造送，以致有逾期限。

前司因同案行查之人尚未报齐，暂将清册存案，行令赶速查造，以

---

① 台北故宫博物院藏：《军机及宫中档》，文献编号：408003256-0-C. 又，中国第一历史档案馆藏：《录副奏片》，档号：03-5932-177.
② 台北故宫博物院藏：《军机及宫中档》，文献编号：408003257-0-A. 又，中国第一历史档案馆藏：《录副奏片》，档号：03-5932-178.

凭汇办。兹据该县覆称：同案饬查之各生田家丰、毛联奎二名后裔，逃难出外，至今未归；严用中、张联珠、张联星、张钟麟四名，彼时家属同时被难，有无后裔，无从明晰，应俟查实，另案办理。由司先将王三捷履历清册同未能依限咨报缘由，具详请奏前来。臣覆查无异，除清册送部外，理合附片具陈。伏乞圣鉴，饬部核覆施行。谨奏。①

是日，公又附片奏请改恩寿之母封典，下部闻。曰：

再，据甘肃藩司丁体常详称：各省捐集甘肃义赈案内，有陕西陕安道升授江西按察使恩寿②，前在四川夔州府任内报捐甘赈银一千两，照章应请旨建坊。惟恩寿至性纯笃，昨据牍恳请为移奖生母石氏请二品封典。该司核与筹饷新捐例减银数有盈无绌，且建坊与封典同一，答其急公好义之忱，应恩推广办理，以昭激劝，等情。详请具奏前来。

臣查前年前甘肃学政臣刘世安报捐赈款，改为其父绍基请给从一品封典，业已仰邀俞允，并奉部覆准在案。今升任江西按察使恩寿捐银助赈，事同一律，可否以例请建坊改为其母石氏给予二品封典，出自鸿慈！除咨部外，谨附片具陈。伏乞圣鉴，训示。谨奏。③

同日，公又附片奏报请予洪翼遇缺尽先补用，下部议。曰：

再，查定例：官员历任交代无亏缺、迟延者，准该督抚保奏试用候补人员，准其请至遇缺尽先补用，等语。兹查有甘肃试用同知洪翼，自

---

① 台北故宫博物院藏：《军机及宫中档》，文献编号：408003253-0-A. 又，中国第一历史档案馆藏：《录副奏片》，档号：03-5932-174.

② 恩寿，生卒年不详，字艺棠，索绰罗氏，满洲镶白旗人，监生出身。同治元年（1862），中举。十三年（1874），中式进士，充兵部行走。光绪九年（1883），补兵部员外郎，充武选司掌印，管理马馆监督。十一年（1885），选顺天武乡试题调官。十二年（1886），授杀虎口监督。十七年（1891），调补四川成都府知府。二十一年（1895），补授四川夔州府知府。二十三年（1897），升陕西陕安道。二十四年（1898），补授江西按察使。二十五年（1899），迁江宁布政使。二十七年（1901），擢漕运总督。同年，调补江苏巡抚。三十年（1904），补江淮巡抚。三十二年（1906），调补山西巡抚。三十三年（1907），补授陕西巡抚。次年，兼署西安将军。

③ 台北故宫博物院藏：《军机及宫中档》，文献编号：408003254-0-A. 又，中国第一历史档案馆藏：《录副奏片》，档号：03-5374-055.

光绪八年起至二十四年止,历署宁灵同知、西宁县知县、静宁州知州。该员于各署任内经手一切仓库、正杂、驿站、钱粮,均系依限交代清楚,并无亏短、迟延。经各后任接收造报有案,核与保奖之例相符。据甘肃藩司具详前来。臣覆核无异,合无仰恳天恩准将试用同知洪翼照例给予遇缺尽先补用,以示鼓励。除咨部查照外,谨附片具陈。伏乞圣鉴,饬部核议施行。谨奏。①

四月初四日,公奏报裁改马步营旗另募炮队土勇,曰:

窃查甘省地处边陲,幅员辽阔,番回错杂,屡启衅端。自光绪二十二年戡定后,所留队伍无多,以之分驻要隘,弹压巡防,恒虑未能周匝,欲添募则饷无可筹。嗣奉上谕:前因各省绿营、防营不免老弱充数,是以饬令裁汰,不但为节省饷需,亦冀并饷练兵,化弱为强,在此一举。乃近来各处偶有饥民聚众,或土匪滋事,即归咎于兵勇裁汰过多,不敷分布。殊不知州县壮役本为捕盗而设,即使弹压地方,稍资兵力,亦可由各州县自行招募勇丁,按照地方情形,酌定额数多寡。倘瘠苦州县经费不敷,亦可禀明该管上司,筹给津贴,各等因。钦此。仰见皇太后、皇上慎重地方、讲求武备之至意,下怀曷胜钦感!

臣维今昔情形略有不同,营旗之裁改增并,必当随时审度,斟酌损益,以求精实而慎防维。经臣饬将督标亲军左旗马队,截至光绪二十四年年底止,全数裁撤;宁夏镇所带甘军副前营步队,亦截至二十四年年底止,改营为旗。现饬将督标左、右两旗马队改并步队一旗,名曰督标亲军中旗步队,容俟改并就绪,再行裁清起止,汇册报部。

西宁本为边要,所属各厅兼管番族,缺皆瘠苦,势不能不酌量分别添设,前已饬西宁镇新练开花劈山炮队一哨,应请从光绪二十五年正月起照章支饷。现又咨请西宁办事大臣添募马队四十骑,并饬西宁所

---

① 台北故宫博物院藏:《军机及宫中档》,文献编号:408003254-0-B. 又,中国第一历史档案馆藏:《录副奏片》,档号:03-5374-054.

属循化、贵德、丹噶尔、巴燕戎格四厅，每厅各设土勇二十名，责令随时训练，以资镇慑，统俟报募齐全，起饷汇报。

饬据藩司查明前项裁改马步营旗省出饷项，以之作抵另募炮队、马队土勇支饷外，每年计尚节省银九千八百余两。本应悉数提存报拨，惟查关内每年部拨新饷，开支原有各防军薪粮不敷尚巨，应请将此项节省银两仍归防军案内汇总收支报销，借资弥补。据藩司丁体常开折详请具奏前来。

除将清折分送户、兵二部查核外，理合恭折具陈。伏乞皇太后、皇上圣鉴，训示，并请饬部立案施行。谨奏。①

同日，公又开单奏报酌量改奖前保文职员绅一事，下部议。曰：

窃臣前将查办甘肃海城一带漏网逸匪出力员绅开单奏请奖叙，奉朱批：该部议奏，单并发。钦此。旋准兵部议将武职按照寻常劳绩定章，分别改奖，奏奉谕旨允准，开具清单咨会到臣，遵即钦遵咨行在案。兹准吏部咨称：查前经该督奏报，在事出力员绅系于光绪二十三年三月初一日奉朱批准其酌保，今于二十四年九月二十三日，该督始行开单奏奖，核计已逾一年之限，所有请奖各员奏准照章撤销，等因。前来。

臣查海城一役虽系漏网逸匪，当以事隔两年，非东窜西匿，即冒荐为良，拿办稍欠妥慎，势又激成巨祸，幸赖文武员绅不动声色，设法购线，捕获要匪，悉数骈诛，地方毫无惊扰，伏莽亦已潜除。论事虽属寻常，论功实有裨大局，只因各员于事竣后或差委远出，或带队赴防，查取衔名、履历，未免稍有迟延。

至武职系同一案奏奖，业经兵部改按寻常劳绩议准，而文职竟令撤销，似觉功同赏异，实无以昭激劝而励将来。咨准陕西提臣邓增，请

---

① 台北故宫博物院藏：《军机及宫中档》，文献编号：408003259。又，中国第一历史档案馆藏：《录副奏折》，档号：03-5763-022。

仍援武职按寻常劳绩核准之案，酌量改奖前来。谨另开具清单，恭呈御览。相应仰恳天恩俯准照给奖叙，以免向隅。除咨吏部查照外，理合恭折具陈。伏乞皇太后、皇上圣鉴，训示，施行。谨奏。①

是日，公又奏报核拟甘肃光绪二十五年新旧秋审各案，下部议。曰：

窃据兼署甘肃按察使兰州道黄云，会同布政使丁体常详称：前准部咨，奏准变通章程内开：应入秋审新旧人犯，迅即饬属造具案由清册，送由臬司核明罪犯轻重，分别实、缓，将应勘人犯停止解省，该督即将拟定实、缓清册奏明，咨部覆核，应入情实人犯，请旨即行处决；缓决可矜人犯，照前次变通章程，分别减等、发配，等因。奉旨：依议。钦此。钦遵咨行到司。当经移行各道、府、直隶州，通饬所属一体遵办在案。

兹查得光绪二十四年，原办新事秋审情实奉旨已勾之山丹县绞犯寇破连仔、皋兰县斩犯赵八十五即赵飞、安化县斩犯白锁儿三起三名，均经奉文饬令处决，讫。又，原办缓决应行查办留养之高台县绞犯与盎秀、灵州绞犯杨洰、隆德县绞犯王增复三起三名，业经奉文饬令枷责，存留养亲，讫。又，原办缓决经部奏明奉旨减流之平番县绞犯贾汜汰一起一名，业经奉文饬令造册请牌发配。又，奉准部覆应入本年新事秋审人犯内，平远县斩犯张五十八一起一名，前已据报病故。

以上八起，计犯八名，除另详请咨并于本年秋审册内开除外，其尚有原办旧事秋审人犯内，原拟情实四次奉旨牢固监候之安化县绞犯刘蕾洝，又原办缓决之丈县绞犯邢均、化平直隶厅斩犯郑懊发、通渭县绞犯董炭儿、宁州绞犯侯平儿、隆德县绞犯马增幅、中卫县绞犯王终、洮州厅绞犯张代哇仔、平凉县绞犯朱冻至儿、镇原县绞犯王添益、绞犯吴跟娃、伏羌县绞犯彭泗泽、秦州直隶州绞犯曹苏家娃、陇西县绞犯刘腥

---

① 台北故宫博物院藏：《军机及宫中档》，文献编号：408003261。又，中国第一历史档案馆藏：《录副奏折》，档号：03-5374-078。

娃、泾州直隶州绞犯郭蛋儿、隆德县绞犯叶生嫫、伏羌县绞犯李幅浍、皋兰县绞犯方三有仔、陇西县绞犯康二儿、隆德县绞犯杨涎谦、宁夏县绞犯郑交其、会宁县绞犯兰冬冬、伏羌县绞犯马遂荃、平罗县绞犯马怀得、安化县绞犯王佐蚁、阶州直隶州绞犯刘耀德、陇西县绞犯张沄来、平凉县绞犯袁苾葆、永昌县绞犯杨月、安化县绞犯高溃庭、平罗县绞犯刘克发、清水县绞犯王三姓葆、秦安县绞犯伏团商户等共三十三起，计犯三十三名，仍应分别实、缓，汇入本年旧事秋审册内办理。

并有已奉部覆应入光绪二十五年新事秋审宁州绞犯李根葆、宁朔县绞犯赵明新、皋兰县绞犯王来娃仔、绞犯孙汶俊、化平直隶厅绞犯贾浍、靖远县绞犯刘未儿、伏羌县绞犯王丑豆、清永县绞犯何奉江、平罗县绞犯雍立本、绞犯徐三儿、阶州直隶州绞犯杨余娃仔即胡仲祥、武威县绞犯张洸湖、皋兰县绞犯李跃膛、静宁州绞犯马芒代仔、西和县绞犯王月萌仔、绞犯张虎娃仔、固原直隶州绞犯马荃居、安定县绞犯苏丑娃、山丹县绞犯陈洛赍、镇原县斩犯祁应兰、化平直隶厅斩犯黑苌年等共二十一起，计犯二十一名。

以上新旧统共五十四起，计犯五十四名，遵照变通章程，人犯停止解勘；照依该犯等情罪，酌拟实、缓，分晰新旧，汇造年贯、案由清册，呈请具奏前来。

臣覆核无异，除赍到册籍咨部核办外，谨缮折由驿驰陈。伏乞皇太后、皇上圣鉴，饬部核覆施行。此外，甘省并无应入朝审人犯。其现入秋审各犯，亦无祖、父、子、孙阵亡应行声叙之案。此案本应循旧具题，因遵照部议变通章程办理，是以改题为奏。合并陈明。谨奏。①

同日，公又附片奏报筹垫甘饷发交商号情形，下部闻。曰：

再，臣前准户部咨：提臣董福祥所部甘军应需光绪二十五年行饷，

---

① 台北故宫博物院藏：《军机及宫中档》，文献编号：408003260。又，中国第一历史档案馆藏：《录副奏折》，档号：03-7267-020。

奏拨甘肃腾出所调安宁等旗哨回队全年饷项银四万一千两,甘肃二十五年裁兵节饷银四万二千六百两,饬令按数提前拨解该军行营兑收,等因。当经咨行遵照去后。

兹据提臣董福祥以该军饷项缺乏,挪垫维艰,已在京都天成亨商号贷用库平银四万两,请由甘省所拨前项专饷内给发该商领收还款,并据天成亨商号呈交印领前来。臣查前项拨饷,款虽有着,然仍恃各省关解到新饷内源源扣解,一时本难如数。第念该军远驻畿疆,需饷孔急,既由京号借用,甘省自不能不设法筹垫给领归还,已饬司挪凑库平银四万两,于三月二十三日发交天成亨商号领收讫,容俟扣收还款。据藩司丁体常详请附奏前来。除咨明户部暨提臣董福祥查照外,理合附片具奏。伏乞圣鉴。谨奏。①

四月二十六日,公开单奏报光绪二十五年二月分甘省雨水粮价情形,曰:

窃照本年正月分粮价并得霡雪泽情形,业经据折奏报在案。兹查二月分,兰州等八府六直隶州属具报得霡雨雪,自一二寸至三四寸不等。正值春耕之际,获此沃泽,实于农田有裨。

至通省粮价,或与上月相同,或较上月稍有增减。据藩司丁体常具详请奏前来。臣覆核无异,理合恭折具奏,并缮粮价清单,恭呈御览。伏乞皇太后、皇上圣鉴。谨奏。②

同日,公又奏报甘肃各属光绪二十四年下忙征收银两数目情形,下部闻。曰:

窃查甘肃各属光绪二十四年上忙征收银数,业经奏报在案。所有

---

① 台北故宫博物院藏:《军机及宫中档》,文献编号:408003261-0-A.又,中国第一历史档案馆藏:《录副奏片》,档号:03-6152-072。
② 台北故宫博物院藏:《军机及宫中档》,文献编号:408003262.又,中国第一历史档案馆藏:《录副奏折》,档号:03-6984-034。

二十四年下忙征收银数，据甘肃布政使丁体常详称：查甘肃各属光绪二十四年额征并秦州等处新垦地丁共银二十八万九千七百七十六两七钱七厘，内除皋兰县等处水冲地亩请明豁免并荒地无从征收外，现垦熟地及渭源县等处续垦升科，共应征正、杂银二十一万六千五百七十四两一钱八分七厘六毫。前上忙已完银一十一万四千五十二两二钱八分二毫，又收狄道州征到奉文流抵二十四年起存银四千九百五十一两七钱，二共已完银一十一万九千三两九钱八分二毫，内已完存留、经杂、驿站银四万四千五百三十七两九钱九分九厘二毫，照数留支。已完起运银七万四千一百七十九两五钱八分一厘、杂赋银二百八十六两四钱，均经解司造入光绪二十四年秋拨并二十五年春拨册内讫。

未完地丁正、杂银九万七千五百七十两二钱七厘四毫，又未完上忙后续垦升科并河州招垦绝户地丁、起存正杂银一千四百四十两一钱七分三厘，二共未完银九万九千一十两三钱八分四毫，内除河州、洮州厅、泾州、固原州、平番县、宁夏县、宁朔县、中卫县、宁灵厅等处请准蠲缓地丁银二千三百五十八两七钱三分二厘外，止该未完地丁正、杂共银九万六千六百五十一两六钱四分八厘四毫。今下忙已完银九万五千二百一十三两一钱九分五厘八毫，又收河州征到光绪二十一年奉文流抵地丁、起存银五百七十七两五钱二分，二共已完银九万五千七百九十两七钱一分五厘八毫，内已完存留、经杂、驿站并存留、课税、地税、年例、盘缠、脚价银三万二千一百二十六两一钱三分五厘八毫，照数留支。

已完起运银六万三千一百五十四两九钱一厘、杂赋银五百九两六钱七分九厘，均已解司内，已造入光绪二十二年秋拨册内银一百七十四两二分，已造入光绪二十五年春拨册内银一万七千九百六十二两四钱九分一厘，候造入光绪二十五年秋拨册内银四万五千五百二十八两六分九厘。未完起运并存留、驿站银八百六十两九钱三分二厘六毫，现在严饬催缴，俟报征清完，归入下届带征册内造报。由该司造具总、散各册，详请具奏前来。

臣覆核无异，除将清册咨送户部查照外，所有甘省各属光绪二十四年下忙征收银两数目，理合恭折具陈。伏乞皇太后、皇上圣鉴。谨奏。①

是日，公又奏销甘肃关内外光绪二十三年分转运新饷脚价等项银两情形，下部闻。曰：

窃甘肃关内外每年运解新饷脚价、委员川资、鞘匣等项，遵照部议由新饷内划提银四万两，另款开支。又，陕甘养电经费岁修银两，前经奏明请于划提新饷银四万两内，除开支转运脚价等项外，所余银两尽数拨支，奉旨允准，历经遵办。截至二十二年底止，造册奏咨核销，实存湘平银一万一千二百九十余两。二十三年仍照前案，由新饷内提银四万两，又收二十三年支发脚价等项照章扣回平余银二百八十余两，共管、收实存湘平银五万一千五百七十余两，自二十三年正月起至十二月底止，由泾州属之瓦云驿接运新饷至兰州省城，复由兰州转运关外，应分新饷各款至新疆省城脚价及员弁、盘费、盐菜、口粮、骡脚并添制鞘匣、纸张、绳索、工价等项，共发过银二万九千二百五十余两。

又，拨发甘肃电报局二十三年养电经费银一万三千八百四十余两，陕西电报局二十三年养电经费银一千二十余两，共发过湘平银一万四千八百七十余两，应咨由督办电线事宜大理寺少卿盛宣怀列收。另将支用细数造报请销外，统计开支拨发湘平银四万四千一百二十余两，实存湘平银七千四百五十两零，另款存储，归入下届开支造报。据甘肃藩司丁体常造具总、散清册，详请具奏前来。

臣覆查无异，相应仰恳天恩饬部查照核销。除将各册分送户、兵、

---

① 台北故宫博物院藏：《军机及宫中档》，文献编号：408003263。又，中国第一历史档案馆藏：《录副奏折》，档号：03-6263-027。

工三部外,理合恭折具陈。伏乞皇太后、皇上圣鉴,训示。谨奏。①

同日,公又造报光绪二十三年关内防军收支各款,下部闻。曰:

窃查前准部咨:甘肃关内外军饷自光绪十一年起均归甘肃藩司统收分拨,所有关内十一年起至二十二年止收支各款,业经造册具奏核销在案。兹据甘肃布政使丁体常详称:查旧管项下,共存湘平银四万八千八百六十两九钱二分二厘二毫七丝;二十三年应分新饷除拨归司库支发标练各军,并划司库提存、封储各款另册造销外,计防军饷项实收湘平银五十九万一千五百四十一两零;又收马步各营旗报缴旷银二千六百六十二两零,又收配造药铅、火绳、军装等项、采买物料扣回平余银一百八十七两零,又收追缴已革北川营都司周大馥前带土勇缺额银五百七十二两零,又收前洮州同知王南薰呈缴经手未发防勇、番兵口粮银二千六十八两零,又收封存册内拨来四分减平银二十万两,又收新饷封存册内拨来旧防军子药夫口粮银一万三千五百九十三两零,又收司库提拨仓粮变价银一万七千七百一十六两零。通共实收湘平银八十二万八千三百四十三两零。

支发湘军武威右军左、右二营步队二十二年分新饷银二万三千一百二十四两零,又发甘军副中、右、前三营旗步队二十二年分薪饷银一万一千七百五两零,又发关内防军马步各营旗二十三年分薪饷银七十五万七千二十二两零,又发关内防军马队各营旗三成倒马价银五千九百六十一两零,又发永安、大通二营官兵加给津贴银二千二百二十九两零,又发各台局委员、书吏薪水、口食、护勇口粮银一万一千九百三十三两零,又发总理营务处委员、书识、差弁、马勇薪粮银二千三十四两零,又发火药局配造铅药、火绳、工料、房租银二万一千八百二十二

---

① 台北故宫博物院藏《军机及宫中档》,文献编号:408003265.又,中国第一历史档案馆藏:《录副奏折》,档号:03-6649-129。

两零,又发机器局修整军装、匠工口粮、采办物料银三千一百九十九两零,又发防军报销部饭食银一万八百六两零,又发督练甘军提臣董福祥行饷银八万二千七百三十四两零。通共实支发湘平银九十三万二千五百七十五两零。

实在项下,垫支不敷湘平银五万五千三百七十一两零,内由号商借垫银四万二千三百五十一两零,俟续收仓粮变价随时归还外,其余垫支不敷银一万三千一十九两零,已在各省预解到二十四年分三成新饷项下暂行拨用,应归入下届册内滚接造报。

所有二十三年分关内防军收支各款,造具细数清册,详请具奏前来。臣覆加查核,委系实用实销,并无浮冒,相应吁恳天恩俯准饬部核销,以清款目。除清册分送户、兵、工部外,理合恭折具陈。伏乞皇太后、皇上圣鉴,训示。谨奏。①

同日,公又奏报校阅省标各营官兵春操情形,曰:

窃查陕甘督标并兰州城守营,向按春、秋二季合队操演,期收实效。兹值本年春操之期,臣并将在省及附近旗队一律调集,于三月二十六、二十九、三十等日,督同司道,亲临教场阅视。各营官兵并防、练各旗操练湘军行营阵势,并新练德国操法,队伍整肃,器械鲜明,进止如法,奇正相生;施放连环枪炮,俱皆稳练;比较刀矛,亦殊便捷;马队合队操演,马上放枪以及员弁枪靶,均灵便有准。臣择其技艺出众者,分别奖赏,以示鼓励。仍严饬各营将弁一体认真操练,务期精益求精,期成劲旅,以仰副圣主整饬戎行、修明武备至意!

所有臣校阅光绪二十五年省标春操情形,理合恭折具陈。伏乞皇

---

① 台北故宫博物院藏:《军机及宫中档》,文献编号:408003264.又,中国第一历史档案馆藏:《录副奏折》,档号:03-6152-128.

太后、皇上圣鉴。谨奏。①

是日，公又会衔陕西抚臣魏光焘、陕西提臣邓增奏请徐有礼补授商州协副将，下部议。曰：

> 窃臣准兵部咨：陕西商州协副将系题补第二轮第七缺，轮用尽先人员，应令拣员请补，等因。查陕西商州协营设处南山，毗连楚豫，西接汉川，地方最关紧要，非精明干练、夙著战功之员，难期镇抚。臣即在于合例人员内逐加遴选，查有留陕甘记名简放总兵徐有礼，朴实勇敢，威望素著，以之借补斯缺，实堪胜任，亦与部章相符，合无仰恳天恩俯念员缺紧要，准以记名总兵徐有礼借补商州协副将，以期得力。如蒙俞允，俟接准部覆后，即行给咨赴部引见，以符定制。
>
> 除饬取该员履历清册另咨送部外，谨会同陕西抚臣魏光焘、陕西提臣邓增，合词恭折具陈。伏乞皇太后、皇上圣鉴，训示。谨奏。②

同日，公又奏报嘉峪关征收俄税并造册报销一事，下部闻。曰：

> 窃照嘉峪关新设俄国陆路口岸，征收税项，遵照部议，扣足四结，专折奏咨一次。兹查光绪二十四年闰三月初九日止第五十二结届满，业经先后造册奏咨。今自二十四年闰三月初十日起至二十五年三月初九日第五十六结止，又届四结期满。其第五十三结、五十四结、五十五结、五十六结征收税银，已节次分别咨明在案。所有十四次四结内共旧管、新收，除提火耗每两一分二厘外，征收内地正、子税银一千三百二十八两四钱七厘四毫，又开除提入光绪二十四年满年经费银一千

---

① 台北故宫博物院藏：《军机及宫中档》，文献编号：408003266。又，中国第一历史档案馆藏：《录副奏折》，档号：03-5998-052。

② 台北故宫博物院藏：《军机及宫中档》，文献编号：408003267。又，中国第一历史档案馆藏：《录副奏折》，档号：03-5933-055。

三十九两五钱六厘三毫二丝，实储税银二百八十八两九钱一厘八丝。据该关监督张廷楫造具清册，详请奏咨前来。

臣覆查无异，除册分送总理衙门及部、科查照外，理合恭折具奏。伏乞皇太后、皇上圣鉴。谨奏。①

同日，公又奏请议叙将军营阵亡伤故官兵，下部闻。曰：

窃查甘肃循化撒回滋事，河州、狄道、西宁、碾伯等处回匪相继叛乱，攻城破堡，荼毒生灵，兼又分党四扰各处，营汛、团练随时分路堵剿，所有阵亡、伤故员弁兵丁，前经汇作第一次奏请议恤在案。兹据甘肃布政使丁体常续行查明阵亡、伤故员弁兵丁，计六十六员名，造具死事月日、地址清册，请作为第二次详恳奏恤前来。

臣查该员弁兵丁等或临阵捐躯，或被冻殒命，或在营积劳亡故，均属忠义可悯，合无仰恳天恩饬部照例分别议恤，以彰忠荩而慰幽魂！除尚有未经报到阵亡、伤故员弁以及殉难绅民、妇女人等，容再查明另案具奏，并清册分送吏、礼、兵三部外，谨恭折具陈。伏乞皇太后、皇上圣鉴，训示。谨奏。②

是日，公又奏请豁免甘肃远年官员欠银，下部闻。曰：

窃臣前准部咨：汇题光绪二十四年办理二十三年分例办道光二十一年以前各直省文武各官，并咸丰七年以前借支养廉银两已、未完扣数目一案，计开甘肃省上届汇题案内各员未完银两，除豁免外，仍有未完共银一千四百四十九两八钱四厘。前据该督声称甘肃省未扣未完银两，除查有原籍、任所分别着追外，其试用知县王文治等三员未完共

---

① 台北故宫博物院藏:《军机及宫中档》，文献编号:408003269。
② 台北故宫博物院藏:《军机及宫中档》，文献编号:408003268。又，中国第一历史档案馆藏:《录副奏折》，档号:03-5933-056。

银四百一十三两四分八厘,据称各员早不在甘,籍隶何处,甘肃乱后案卷不全,无从查晰,等语。臣部查该三员未完前项银两,既系无从着追,应令该督自行奏明完结。今届汇题之期,未据该督奏报,仍令该督赶紧奏明完结。至有着各员未完银两,未据咨报完缴,殊属延玩,并令仍照咸丰九年单开之数严追报部,归入下届汇题案内办理,等因。当经行司遵办去后。

兹据藩司丁体常详称:遵查前项未完银一千四百四十九两八钱四厘,内系嘉庆十九年试用知县王文治未完银一百七十九两二钱一厘,道光十二年试用通判金崇培未完银二十三两八钱四分七厘,道光十三年降补礼县知县徐作霖未完银二百两。以上三员不知籍隶何处,早已无从着追,奉部行令奏明完结,自应遵照办理。此外,道光六年试用知县方登贤未完银一百五十两,道光十五年丁忧崇信县典史龙嗣兴未完银三十二两八分五厘,平凉县知县林向荣未完银三百五十四两六钱七分一厘,丁忧岷州知州王宠三未完银一百两,丁忧清水县知县马方钰未完银四百两。以上五员,从前部文指明旗籍,历经咨行查追,毫无影响,屈计各款皆系五六十年以前之事,岁月久远,人事变迁,亦实无从着追。

查内外官员应追借欠等项,查明家产尽绝无力完缴者,例准题豁。又,查湖北省咸丰六年以前各官未完借廉银,因迭遭兵燹,案卷毁失,无从着追,业经湖广总督于光绪二十年奏准豁免有案。甘肃迭遭兵燹,案卷多毁失不全,即各该员旗籍屡咨不复,或亦因年久亡故,家产尽绝,无从着追,详情一并奏豁完结,等情。前来。

臣覆核无异,合无仰恳天恩俯准将王文治等八员年远无着借廉银一千四百四十九两八钱四厘一并豁免完结,以广皇仁而清积案。除咨部查照外,理合恭折具奏。伏乞皇太后、皇上圣鉴,饬部核豁,施行。谨奏。①

---

① 台北故宫博物院藏:《军机及宫中档》,文献编号:408003270.又,中国第一历史档案馆藏:《录副奏折》,档号:03-6577-031。

同日,公又会衔陕西提臣邓增附片奏请朱得胜补授三要司营守备,下部议。曰:

再,臣接准部咨:陕西固原提属三要司营守备员缺,系题补第二轮第七缺,应用尽先人员,迅令拣员请补,等因。当经移行遵照去后。兹准陕西固原提督臣邓增咨开:拣选得蓝翎尽先补用守备秦州营千总朱得胜,营务熟悉,人亦老练。咨请酌补前来。

臣查朱得胜虽尽先名次在后,而在前之赵士林、哈元祥、刘承基、孙兰现居要缺,杨先庚丁母忧,张心广、杨正邦、余绍详、夏鸣谦、张善、章志杰、朱墀清、徐得元、苏正福、王志才、潘得胜、石凤鸣均于此缺不甚相宜,未便迁就请补。该员朱得胜年力正强,操防勤奋,且在陕年久,情形熟悉,以之请补斯缺,实堪胜任,人地亦极相宜,并与轮缺章程相符。合无仰恳天恩俯念员缺紧要,准以该员朱得胜补授三要司营守备,可期得力。如蒙俞允,俟接准部覆后,即行给咨送部引见,以符定制。除查该员履历清册另咨送部外,谨会同陕西提臣邓增,合词附片具陈。伏乞圣鉴,训示。谨奏。①

同日,公又会衔陕西提臣邓增附片奏请准方振兴升补守备,下部议。曰:

再,臣前准部咨:陕西汉中镇属略阳营守备签掣第五缺,按照新章应用应升人员,行令迅拣请补,等因。当经移行遵照去后。兹准陕西提臣邓增咨称:查有应升之陕安镇属紫阳营千总方振兴,年力精壮,营务熟悉,堪以请补。咨请核办前来。

臣查该千总方振兴年力正强,操防勤奋,前次六年俸满,业经引见回任照例应升之员,以之请补斯缺,不惟与部章相符,且于营伍、地方

---

① 台北故宫博物院藏:《军机及宫中档》,文献编号:408003268-0-A.又,中国第一历史档案馆藏:《录副奏片》,档号:03-5933-052.

均有裨益。合无仰恳天恩俯念员缺紧要,准以该千总方振兴升补略阳营守备员缺,以期得力。如蒙俞允,俟接准部覆后,即行给咨送部引见,以符定制。除饬取该员履历清册另咨送部外,谨会同陕西提臣邓增附片具陈。伏乞圣鉴,训示。谨奏。①

是日,公又附片奏报饬令岑春煊即赴新任,曰:

再,调补甘肃布政使岑春煊现已到省,应即饬赴新任,以专责成。广东布政使丁体常俟交卸甘肃藩篆后,即令迅赴广东藩司调任。除分别檄饬遵照并咨明广东督抚臣查照外,理合附片具奏。伏乞圣鉴。谨奏。②

同日,公又附片奏报派委岑春煊经理营务,曰:

再,总理甘肃全省防练各军营伍、甘肃布政使丁体常,奉旨调补广东布政使,现在交卸起程赴任。所遗营务事宜,仍应派委大员认真经理。查调补甘肃布政使岑春煊器识闳远,熟悉戎机,堪以派委。除札饬外,理合附片具陈。伏乞圣鉴。谨奏。③

同日,公又会衔甘肃提臣张永清附片奏请顾福升补授都司员缺,下部议。曰:

再,臣前准部咨:西宁镇标前营都司缺,掣定作为第五轮第八缺,

---

① 台北故宫博物院藏:《军机及宫中档》,文献编号:408003268-0-B.又,中国第一历史档案馆藏:《录副奏片》,档号:03-5933-057.
② 台北故宫博物院藏:《军机及宫中档》,文献编号:408003269-0-A.又,中国第一历史档案馆藏:《录副奏片》,档号:03-5376-024.
③ 台北故宫博物院藏:《军机及宫中档》,文献编号:408003269-0-B.又,中国第一历史档案馆藏:《录副奏片》,档号:03-5376-025.

轮用尽先人员,行令拣员请补,等因。臣在于尽先合例人员内逐加拣选,实拣选得留甘尽先补用都司顾福升,久历戎行,操防勤奋,虽尽先名次在前尚有杜濡早已撤任,陈克昆请假开缺回籍,陈正昌业经请补阳平关营都司,宋长升、张炳烜告假离营,陈又新、王生吉现居要缺,文辉祥、马如蛟已保游击,戴君虎、马占彪、程鼎已保参将均应过班,陈荣浦、杜得润与此缺人地不甚相宜,均未便迁就请补。惟该员顾福升现署河州城守营都司,整顿操防,甚属认真。河州与西宁相距不远,该员于该处地方、营伍情形极其熟悉,以之请补斯缺,实堪胜任,亦与轮章相符。合无仰恳天恩俯念员缺紧要,准以该员顾福升请补西宁镇标前营都司,可期得力。如蒙俞允,俟接准部覆后,即行给咨送部引见,以符定制。

除饬取该员履历清册另咨送部外,谨会同署甘肃提臣张永清,附片具陈。伏乞圣鉴,训示。谨奏。①

是日,公又附片奏报守备黄得福因病出缺,下部闻。曰:

再,臣据宁夏镇总兵王钺安呈称:镇属玉泉营守备黄得福得患口风病证,医药罔效,于光绪二十五年三月初四日在任病故,等情。呈报前来。臣覆查无异,相应奏明请旨开缺。

除饬取该故员原领札付及委员承查印、甘各结另咨送部外,所遗守备员缺,陕甘现有应补人员,臣另拣请补。谨附片具陈。伏乞圣鉴。谨奏。②

---

① 台北故宫博物院藏:《军机及宫中档》,文献编号:408003267-0-A.又,中国第一历史档案馆藏:《录副奏片》,档号:03-5933-051。
② 台北故宫博物院藏:《军机及宫中档》,文献编号:408003278-0-A.又,中国第一历史档案馆藏:《录副奏片》,档号:03-5933-053。

同日，公又会衔陕西固原提督邓增附片奏请陈龙书补授都司员缺，下部议。曰：

> 再，臣接准部咨：陕西固原提属利桥营都司员缺，系题补第四轮第九缺，轮用世职人员，今请以骑都尉朱焘补授。查朱焘系甘肃人，发营学习尚未期满赴部引见，请补陕西省都司之缺，与例不符，奏令另拣陕西省期满世职合例人员请补，等因。臣查有陕西汉中镇标学习期满骑都尉世职陈龙书，年力富强，从公勤慎，以之请补斯缺，洵堪胜任，亦与例章相符。合无仰恳天恩俯念员缺紧要，准以另拣陕西期满骑都尉世职陈龙书补授陕西提属利桥营都司员缺，以资得力。如蒙俞允，该员系曾经引见之员，毋庸再行送部，应请饬部发给实授札付，以符定制。除查取履历清册另咨送部外，谨会同陕西固原提督臣邓增，合词附片具奏。伏乞圣鉴，训示。谨奏。①

同日，公又附片奏报和色本等署理总兵等缺，下部闻。曰：

> 再，补授甘肃宁夏镇总兵田玉广，仍留武卫军差遣，一时未能赴任。所遗宁夏镇总兵印务，亟应委员署理，俾专责成。臣查有副都统衔督标中营副将和色本，笃实稳练，有守有为，堪以委署。递遗督标中军副将员缺，查有记名提督督标左营参将杨志胜，久历戎行，才猷卓著，堪以署理。又，署肃州镇属金塔协副将戴福禄署事期满遗缺，查有修墓事竣回省销假之永固协副将朱祥兴，老成练达，堪以署理。除分别檄饬遵照外，理合附片具奏。伏乞圣鉴。谨奏。②

---

① 台北故宫博物院藏：《军机及宫中档》，文献编号：408003267-0-B。又，中国第一历史档案馆藏：《录副奏片》，档号：03-5933-054。
② 台北故宫博物院藏：《军机及宫中档》，文献编号：408003267-0-C。又，中国第一历史档案馆藏：《录副奏片》，档号：03-5933-058。

另咨送部外,理合附片具陈。伏乞圣鉴,训示。谨奏。①

同日,公又会衔陕西固原提臣邓增附片奏请习斌补授守备,下部议。曰:

> 再,臣接准部咨:陕西固原提属秦州营守备系部推之缺,应用尽先人员。该督请以提标后营守备李士贞调补,查李士贞系题缺守备,今调补应用尽先之推缺,核与轮缺章程不符,奏准仍令另拣请补,等因。当经移行遵照去后。兹准陕西固原提臣邓增咨开:另拣得都司衔尽先补用守备同州汛千总习斌,晓畅戎机,办事干练,且在甘有年,于地方、营伍最为熟悉。咨请奏补前来。
>
> 臣查秦州营设处甘南,为通川、陕要区,稽查弹压,最关紧要,非营伍谙练之员不足以资整理。该员习斌年壮才明,熟悉营务,以之请补斯缺,实堪胜任,人地亦极相宜,并与轮章相符。合无仰恳天恩俯念员缺紧要,准以习斌补授陕西固原提属秦州营守备,以资得力。如蒙俞允,俟接准部覆后,即行给咨送部引见,以符定制。除饬取该员履历清册另咨送部外,谨会同陕西固原提臣邓增,合词附片具陈。伏乞圣鉴,训示。谨奏。②

同日,公又会衔陕西提臣邓增附片奏请徐万银借补守备员缺,下部议。曰:

> 再,臣前准部咨:汉中镇属留坝营守备赵桢隆拟补孝义城守营都司,所遗留坝营守备准其扣留,应令迅拣尽先合例人员请补,等因。当

---

① 台北故宫博物院藏:《军机及宫中档》,文献编号:408003258-0-A.又,中国第一历史档案馆藏:《录副奏片》,档号:03-5932-182.

② 台北故宫博物院藏:《军机及宫中档》,文献编号:408003256-0-A.又,中国第一历史档案馆藏:《录副奏片》,档号:03-5932-181.

业已归入二十三年报销案内接续造报在案。核计截至二十三年底止,统共实存湘平银九万一千九百七十七两八钱九分四厘,应即遵照部示,尽数提出,归还新饷垫款。尚不敷银八千余两,本应于二十四年秋拨册存款内提还,惟查前拨董军饷银八万两,因秋拨册存不敷提拨,已将是年续征地丁候入二十五年春拨册报银二万余两动用。是二十四年秋拨册内已属无款可提,而肃军借用新饷又未便日久悬宕,此项不敷银八千余两,拟请在于二十四年宁、凉、庄三满营并西宁青海大臣支剩饷项内尽数提还。倘尚有不敷,再于二十五年该满营支剩饷内凑补足数,以符前借新饷湘平银十万两之数。

至此外不敷银三万一千二百余两,及所需制办军装、旗帜、号衣等项经费,现在司库款项奇绌,并无余存,实属无从匀挪。肃军马步五营现已开拔晋京,所有前项不敷银两及军装、旗帜、号衣等项并以后所需行饷,应请由部一并另筹的款,就近供支,以资饱腾而免缺乏,各等情。详请奏咨前来。

臣覆加查核,委系实在情形,合无仰恳天恩饬部一并另行改拨。除咨明户部暨提臣张俊查照外,理合附片具奏。伏乞圣鉴,训示。谨奏。①

同日,公又附片奏报拣员署理同知等缺情形,下部闻。曰:

再,贵德同知吴人寿因病请假遗缺,查有请补循化同知王开斌堪以委署。署肃州直隶州知州何庆衍调省遗缺,查有试用直隶州知州王学伊堪以委署。平凉县知县张时熙调省遗缺,查有华亭县知县杨鼎新堪以调署;所遗华亭县知县员缺,查有镇番县知县钱广恩堪以调署;递遗镇番县知县员缺,查有准调玉门县知县现署古浪县事杨宸谟堪以调署;递遗古浪县知县员缺,查有候补知州宋之章堪以委署。署秦安县

---

① 台北故宫博物院藏:《军机及宫中档》,文献编号:408003265-0-A.又,中国第一历史档案馆藏:《录副奏片》,档号:03-6152-127。

知县杜绍勋调省遗缺，查有候补知县黄焘堪以委署。

固原直隶州知州张祥会撤任遗缺，查有现署皋兰县事即补直隶州知州萧承恩堪以调署；所遗皋兰县知县员缺，查有宁朔县知县张庭武堪以调署；递遗宁朔县知县员缺，查有教习知县宋运贡堪以委署；宋令未到任以前，委宁夏县知县杜翱暂行兼摄。署宁远县知县朱远缮调省遗缺，查有候补知县林寿钧堪以委署。平番县事准补永昌县知县阮士惠饬赴本任，所遗平番县知县员缺，查有候补知县杨廷槐堪以委署。新选隆德县知县潘龄皋现已到省，应即饬赴本任。署中卫县事准升丹噶尔同知陈昌调省，所遗中卫县知县员缺，查有候补知县王树枏堪以委署。据藩、臬两司先后会详前来。除批饬给委外，理合附片陈明。伏乞圣鉴。谨奏。①

五月二十二日，公开单奏报光绪二十五年三月分甘省雨水粮价情形，曰：

窃照本年二月分粮价并得霑雨雪情形，业经据折奏报在案。兹查三月分，兰州等八府六直隶州属具报得霑雨泽，自一二寸至三四寸不等。正值禾苗出土之际，获此沃泽，土脉滋润，实于农田有裨。

至通省粮价，或与上月相同，或较上月稍有增减。据藩司丁体常具详请奏前来。臣覆核无异，理合恭折具奏，并缮粮价清单，恭呈御览。伏乞皇太后、皇上圣鉴。谨奏。②

---

① 台北故宫博物院藏：《军机及宫中档》，文献编号：408003263-0-A．又，中国第一历史档案馆藏：《录副奏片》，档号：03-5376-023。
② 台北故宫博物院藏：《军机及宫中档》，文献编号：408003278．又，中国第一历史档案馆藏：《录副奏折》，档号：03-6985-013。

同日，公又奏报假期已满力疾销假，曰：

窃臣于光绪二十五年二月十九日奏恳天恩续假调理，五月初七日奉朱批：着再赏假一个月。钦此。鸿慈逾格，感激莫名！臣年逾六十，精力本衰，向患咳嗽、气喘诸证，入冬触寒即发，直至春夏天气和暖，始能渐次就愈。不期近年较昔增剧，兼患怔忡，现虽时届盛夏，仍未全愈。伏念微臣渥荷圣恩，畀以封疆重任，当此时艰孔亟，理应竭力从公，勉图报称，何敢以微躯宿恙屡渎宸聪！现拟一面设法调治，一面照常办理公事，不敢稍形疏懈，以仰副朝廷慎重边陲至意！

所有微臣病稍轻减，力疾销假缘由，理合恭折具陈。伏乞皇太后、皇上圣鉴，训示。谨奏。①

是日，公又开单奏报奖叙解清甘肃新饷各员，下部议。曰：

窃臣前准部咨：钦奉谕旨：甘肃关内外饷银关系紧要，经户部分别饷数，请饬依限报解，着该将军、督抚等严饬各该司道，按照部拨数目，扫数筹解。如能依限解清，即由陕甘总督奏请奖叙，等因。钦此。历经钦遵办理在案。兹查光绪二十三年甘肃新饷，户部照拨四百八十万两，各省俱已扫数完解。臣维甘肃关内外所需饷项，皆系计口授食，协拨稍有逾期，军食即难充足。各省关司道竭力代筹，源源解济，关内外得免匮乏，实属宏济艰难，亟应照章请奖，以酬劳绩。经臣分咨各省查取应叙职名前来。合无仰恳天恩俯照成案奖叙，以示鼓励。

查直隶总督前福州将军裕禄、两江总督刘坤一、湖广总督张之洞、刑部尚书前江苏巡抚赵舒翘、前署江苏巡抚现任四川总督奎俊、山西巡抚胡聘之、陕西巡抚魏光焘、前江西巡抚现任江苏巡抚德寿、安徽巡抚邓华熙、前河南巡抚现任浙江巡抚刘树堂等，公忠体国，畛域无分。

---

① 台北故宫博物院藏：《军机及宫中档》，文献编号：408003272。又，中国第一历史档案馆藏：《录副奏折》，档号：03-5377-026。

臣忝任边圻，幸赖饷项无缺，得以稍免愆尤，不敢不上达宸聪，应如何从优议叙之处，臣未敢擅拟，伏候圣裁！

至各司道等请奖职名，谨缮清单，恭呈御览。伏乞皇太后、皇上圣鉴，训示。再，四川省协拨甘肃关内外光绪二十三年新饷，业经悉数解清，所有应叙职名未准送到，请俟咨催查取至日，附片请奖。合并陈明。谨奏。①

同日，公又奏报筹还昭信股票本息银两，下部闻。曰：

窃查甘肃劝借昭信股票银两，前将筹办大概情形恭折具奏在案。计自设局开办起，截至本年三月底止，文武大小各官共缴借银十万两，各属绅商士民共缴银十二万二千五百两。除官员缴银业已准作报效移奖，奉部颁发章程，应另核办，毋庸给票外，其给票绅商士民散在各属，认借数目多寡不同，缴银迟速不一，起息日期难归一律，拟请照依部章，即以光绪二十五年二月为初年付息之期。凡于二十四年内缴齐者，各按缴银之日起，截至是年年底止，由各属遵照定期给息，裁回初年息票一万块；若系二十五年始行缴齐者，则应俟二十六年二月再行算付，以后按年分别付息，挨次裁回。至筹还此项股票，统计二十年本息约需银二十一万四千两，经部指拨之三成养廉现有银三万六千一百余两，勉敷初二、三、四、五、六等年还息之用。此外所短尚多，甘库异常支绌，的款实无从筹。

查光绪十四年甘肃筹借河南赈银三十万两，旋复转拨各省办赈，除节年拨还动用外，尚欠银十五万六千六百六十六两六钱六分七厘。原议分四年归还，今已逾十年，尚未还清，拟请以此项借款收作陆续应付昭信股票本息之用，计连三成养廉及收还借赈各银可得十九万二二七百余两，仍不敷银二万余两，数不甚巨，届时再由甘省设法筹补。至

---

① 台北故宫博物院藏：《军机及宫中档》，文献编号：408003273。又，中国第一历史档案馆藏：《录副奏折》，档号：03-6649-152。

奉部颁发绅商士民换领股票九百十张，计十万两，尚不敷股票二万二千五百两之数，应请由部按一百两一张，照数补发。据藩司丁体常先将各属绅商士民缴借银两总数并报效各官衔名银数，分别开具清折，详请奏咨前来。

臣覆核无异，相应请旨饬下河南、山东、山西、陕西四省，将前欠甘肃借拨赈款银两仍分年悉数解还，并恳饬部迅速补发股票，以便换给而昭信守。

除清折咨部外，所有甘肃官绅商民缴借昭信股票银数，另筹备还本息银两，并请补发股票各缘由，理合恭折具陈。伏乞皇太后、皇上圣鉴，训示。谨奏。①

同日，公又奏报甘州提标二群孳生马厂二次三年期满考成一事，下部闻。曰：

窃查甘提二群孳生马厂，前于光绪二十年造办考成后，扣至二十三年十月底止，又届二次三年期满，自应循例办理。先经臣委员赴厂查验印烙，并令分晰造册去后。兹准署甘肃提督臣张永清将甘标二群马厂孳生儿骡马匹数目并经牧官兵姓名，照例声明恤赏，造册咨送核办前来。臣查定例：孳生马匹，派员经理牧放，不论儿骡马，三年三匹取孳生马驹一匹，此外多孳少孳，应视每厂牧马之多寡，定以孳生分厘之成数。如应取驹百匹者，以十匹马为一分，一匹为一厘；若于额取之外多孳生一厘以至一分者，牧副纪录二次，牧兵赏银一两。至各员弁等应行议叙及兵丁等应行给赏之处，如已满三年，仍照例办理；其未满三年者，照历来均齐成案，应请免议，等语。

甘州提标原设二群孳马二百四十四，自光绪二十年造办考成后，扣至二十三年十月底止，又届三年均齐限满。原设并孳生共大小儿骡

---

① 台北故宫博物院藏：《军机及宫中档》，文献编号：408003275．又，中国第一历史档案馆藏：《录副奏折》，档号：03-6577-035．

马三百三十四,内除十八、十九、二十等三年产获儿骡马驹九十匹未至取驹之年,二十一年一岁应取驹儿骡马二百四十匹,按例应孳生马驹二十七匹;二十二年一岁,旧管应取驹儿骡马二百四十匹,再加十八年产获应取驹儿骡马十三匹,二共应取驹儿骡马二百五十三匹,按例应孳生马驹二十八匹;二十三年一岁,旧管应取驹儿骡马二百五十三匹,再加十九年产获应取驹儿骡马三十五匹,二共应取驹儿骡马二百八十八匹,按例应孳生马驹三十二匹,再加二十二年产获儿骡马驹四十二匹,未至取驹之年,俟下届另算外。今查甘州提标五营,自二十年十一月初一日起至二十三年十月底止,共产获孳生马驹一百一匹,内除依额应孳生马驹八十七匹外,多孳生马驹一十四匹,照例合算,系在一分以上。

除将应行叙赏弁兵开单另算,咨部分别核办,总理孳马甘肃提属大马营游击沈福清、接管总理之署游击陈锡坤、朱万荣、陈星沅及经牧甘标前营把总祁峰,接牧之右营把总李吉贵,均未满三年,毋庸议叙外,其署甘肃提臣张永清稽查已满三年,应请照例加一级。至牧兵例给赏银,司库建旷现在无款可支,应请在于兵饷款内动用造报。取获马驹,应俟下届三年期满,再行照例办理。

除送到清册分送户、兵二部查照外,理合将甘州提标二群马厂二次三年期满循例考成缘由,恭折具奏。伏乞皇太后、皇上圣鉴,训示,施行。谨奏。①

是日,公又会衔陕西抚臣魏光焘、陕西提臣邓增奏请清辅补授西安城守副将,下部议。曰:

窃臣接准部咨:陕西西安城守协副将员缺系题补第二轮第三缺,轮用预保。该省预保无人,应遇班用第六缺拣发人员,迅即拣员请补,

---

① 台北故宫博物院藏:《军机及宫中档》,文献编号:408003271。又,中国第一历史档案馆藏:《录副奏折》,档号:03-5373-030。

等因。臣查西安城守协副将员缺，设立省会，事务殷繁，非精明干练之员，不足以资展布。兹查有补用副将甘州城守营参将清辅，朴实稳练，有守有为，以之请补斯缺，实属人地相需，亦与轮缺章程相符。合无仰恳天恩俯念员缺紧要，准以该员清辅补授西安城守协副将，可期得力。如蒙俞允，俟接准部覆后，即行给咨送部引见，以符定制。

除查取该员履历清册另咨送部外，所遗甘州城守营参将员缺，陕甘现有应补人员，容臣另拣请补。谨会同陕西抚臣魏光焘、陕西提臣邓增，合词恭折具陈。伏乞皇太后、皇上圣鉴，训示。谨奏。①

同日，公又奏报仍恳饬销赈济河湟难民银粮，下部闻。曰：

窃臣准户部咨：议奏甘肃河湟被兵，支放各属赈银、房费、牛具、埋葬、毡衣、路费、粮价、运脚、薪工、杂支一案，除准销外，应行查银二十七万九百六十四两一钱一分一厘，内牛具费银、聚埋冢费系照何项成案办理，运粮脚价是否实在时价，散过青海蒙番茶、布、炒面、衣裤等银并无细数，大通县等处赈银按例定支数浮多，饬令逐一查明，奏咨声覆，再行查核，等因。当经行司遵照去后。

兹据藩司丁体常详称：遵查牛具费银、聚埋冢费，例内本无明文。甘肃省被水冲毙牲畜向系每户给银五钱。前次河湟军兴，牛具掳尽，较仅止冲毙耕牛者其情更惨，田地荒芜，非牛具无以为垦，是以每户连牛与具共酌给银七钱。其实当时牛价甚贵，物值尤昂，断非七钱银所能置备，不过按户给银，令其朋凑共买，通力合作，始克黾勉耕种。甘肃省淹毙人口埋葬银每大口二两，小口一两。今兵燹之余，横尸遍野，形骸尚具者，各掩一坏；其断体零肢尸骸不全者，广开坑井，聚埋丛冢，每冢尸骸或二三百具，或百数十具不等；就一冢而论，费固不少，若按口以计，所省实多。至赈粮、运脚均系实在时价，比之军粮运脚，有减

---

① 台北故宫博物院藏：《军机及宫中档》，文献编号：408003277。又，中国第一历史档案馆藏：《录副奏折》，档号：03-5933-092。

无增。此次运送军粮,每大车载重八百斤,百里给脚价银二两四钱,已经兵部核准;赈粮每大车载仓斗粮四石,约重八百斤,百里止给脚价银二两,缘赈粮之用较军粮为稍缓,是以竭力撙节,实未多开分毫。其青海两次赈款内之茶、布为数有限,乃所以赡王、贝子者,炒面之用犹赈粮也。其余衣裤、路费、折赈等事,均与内地相同,谨另开具细数清单,送部查核。大通等处赈银系因采运不继,兼行折赈之法,大口月赈粮一斗五升,折银五钱;小口月赈粮七升五合,折银二钱五分。盖当时粮价每石三两有余,若必须运粮给赈再加脚价,则所费更巨,是折赈较粮赈只有节省,实无浮多。采粮已照时价准销,此项折给之赈,似未便转以例价相绳。以上行查各款银二十七万九百六十四两一钱一分一厘,理合切实声覆,呈请奏咨前来。

臣覆核无异,合无仰恳天恩俯准饬部仍照原单核销,以清款目。再,前奏不敷银一十五万八千余两,声明当时设法挪垫,亟须筹还,请仍由各属仓储内拨粮十八万石,陆续变价归款,应俟各属粜变解价后,再一并清算造报。合并陈明。

除所开散过青海蒙番难民茶、布、炒面等银细数清单送部查核外,理合恭折具陈。伏乞皇太后、皇上圣鉴,训示。谨奏。①

同日,公又开单②奏请奖叙前保出力文员,下部议。曰:

窃光绪二十一年剿平甘肃海城逆回在事出力各员,经前督臣杨昌濬开单奏请奖励,旋经部驳议令查照获匪章程,查明出力之员何员尤为出力,何员其次出力,详晰奏复,再行核办,等因具奏,奉旨:依议。钦此。钦遵咨会到臣。遵即钦遵转饬查明,分别开单,仍恳天恩照准给奖,复经部议以逾限撤销,奏奉谕旨咨行前来。

---

① 台北故宫博物院藏:《军机及宫中档》,文献编号:408003279。又,中国第一历史档案馆藏:《录副奏折》,档号:03-5604-055。
② 此清单查无下落,待考。

臣维前次海城逆回滋事，势甚猖獗，稍迟即滋蔓难图，全赖地方文武各员会督团练，星驰堵击，得以迅速荡平。论事虽属一隅，论功实关全局。武职早经兵部议给奖叙，文职既已驳令分别尤为、其次出力，似与请保武职不无功同赏异之殊。若再因逾限一律撤销，似无以昭激劝而励将来。且查文职与武职系同时开单请奖，不过文职部驳奏复稍迟，核与实在开保逾限者情形有间，谨仍开具清单，恭呈御览。合无仰恳天恩俯准照给奖叙，以免向隅。除咨吏部查照外，理合恭折具奏。伏乞皇太后、皇上圣鉴，训示。谨奏。①

是日，公又会衔甘肃提臣张永清奏请康顺年补授靖逆营游击，下部议。曰：

窃甘肃肃州镇属靖逆营游击朱应龙，经臣奏请调补肃州镇标中营游击，遗缺拟请仍归拣发班内人员拣员请补，均奉部覆准在案。臣查靖逆营游击员缺，设处关外冲途，巡防、护运，均关紧要，非精明强干之员，弗克胜任。随在于拣发班补用人员内逐加遴选，查有留甘补用游击康顺年，年力正健，朴实耐劳，以之请补斯缺，实属人地相宜，亦与部章符合。合无仰恳天恩俯念要缺需员，准以该员康顺年补授肃州镇属靖逆营游击员缺，俾期得力。如蒙俞允，俟接准部覆后，即行给咨送部引见，以符定制。

除查取该员履历清册另咨送部外，谨会同署甘肃提臣张永清，合词恭折具陈。伏乞皇太后、皇上圣鉴，训示。谨奏。②

---

① 台北故宫博物院藏：《军机及宫中档》，文献编号：408003274。
② 台北故宫博物院藏：《军机及宫中档》，文献编号：408003276。又，中国第一历史档案馆藏：《录副奏折》，档号：03-5933-093。

同日，公又会衔陕西固原提臣邓增附片奏请准哈辉武补授守备员缺，下部议。曰：

>　　再，臣接准部咨：陕西固原提标左营守备员缺系题补第二轮第九缺，轮用世职应补人员，行令拣员请补，等因。臣查有陕西固原提标期满云骑尉世职哈辉武，年力强壮，差操勤奋，以之请补斯缺，洵堪胜任，亦与例章相符。合无仰恳天恩俯念员缺紧要，准以期满云骑尉世职哈辉武补授陕西固原提标左营守备员缺，以期得力。如蒙俞允，该员系曾经引见之员，毋庸再行送部，应请饬部发给实授札付，以符定制。
>　　除查取该员履历清册另咨送部外，谨会同陕西固原提臣邓增，合词附片具奏。伏乞圣鉴，训示。谨奏。①

同日，公又附片奏请江德禧补授守备员缺，下部议。曰：

>　　再，臣前准部咨：陕甘督标左营守备员缺系题补第四轮第七缺，轮用尽先人员，行令迅拣请补，等因。兹拣选得留甘尽先游击江德禧，戎行久历，朴实耐劳，堪以借补，并与轮章相符。合无仰恳天恩俯念员缺紧要，准以该员江德禧借补督标左营守备员缺，可期得力。如蒙俞允，俟接准部覆后，即行给咨赴部引见，以符定制。除饬取该员履历清册另咨送部外，理合附片具陈。伏乞圣鉴，训示。谨奏。②

是日，公又附片奏请章凤先署理守备员缺，下部闻。曰：

>　　再，署甘肃提属永固协副将清辅，应饬回甘州城守营参将本任。所遗永固协副将员缺，查有调补陕西定边协副将章凤先，明干有为，熟悉边情，堪以委令署理。除分别檄饬遵照外，理合附片具奏。伏乞圣

---

① 台北故宫博物院藏：《军机及宫中档》，文献编号：408003276-0-A。又，中国第一历史档案馆藏：《录副奏片》，档号：03-5933-088。
② 台北故宫博物院藏：《军机及宫中档》，文献编号：408003276-0-B。又，中国第一历史档案馆藏：《录副奏片》，档号：03-5933-090。

鉴。谨奏。①

同日,公又附片奏请分别奖励立功配勇,下部议。曰:

再,甘肃前因河湟等处逆回变乱势甚猖獗,省城及各州县城防戒严,经前督臣杨昌濬将皋兰县、平番县、西宁县、碾伯县、岷州、狄道州等属在配军流人犯,随时拨营充勇,责其自效,饬据各该州县造册送部。嗣河州、大通两州县亦援案,将在配军流人犯详请一并拨充营勇,各在案。臣查此次拨充营勇之皋兰等属在配军流人犯胡老即胡宝憎等一百八十二名,或防守堵御,或前敌截击,尚能戴罪图功。现既军务平靖,似应奏恳天恩一律酌奖,以示朝廷法外施仁。惟其中有在营阵亡、病故、脱逃及事竣由营遣回配所,仍安分守法,情形之不同,请奖自亦宜稍为区别。

行据臬司核议,以各充勇配犯在营病故本无可给奖,拟请仍照在配病故之例,由司分案详咨完结;在营脱逃亦有逃在出力之后,其先立功似不可没,拟请仍照在配脱逃之例,由司分案详缉,俟拿获后,准仍发往原配安置,免其逃罪。犯既充勇,该配所地方官无从管束,应免揭参。至由营遣回配所,仍安分守法者,先已随营效力,不无微劳,事后仍回配所,又安分守法,拟请援同治年间配勇免罪成案,恳恩免罪释回,以示矜恤。惟打仗阵亡,其情尤为可悯,似应按兵勇阵亡之例减半予恤,以示区别而慰幽魂,各等情。并将各犯勇犯事原案分别病故、脱逃、阵亡及事竣后遣回配所仍安分守法,汇造清册,详请奏咨前来。

臣覆核无异,合无仰恳天恩俯准分别办理给奖,并请饬部核覆施行。除清册送部外,谨附片具陈。伏乞圣鉴,训示。谨奏。②

---

① 台北故宫博物院藏:《军机及宫中档》,文献编号:408003276-0-C.又,中国第一历史档案馆藏:《录副奏片》,档号:03-5933-091。
② 台北故宫博物院藏:《军机及宫中档》,文献编号:408003271-0-A.又,中国第一历史档案馆藏:《录副奏片》,档号:03-6034-072。

同日，公又附片奏报守备盛如昇病故出缺，下部闻。曰：

　　再，准署甘肃提督臣张永清咨称：署永固协属硖口营都司凉州镇属大靖营守备盛如昇，旧病复发，调治未愈，于光绪二十五年四月十九日在署任病故，等因。咨请核办前来。臣覆查无异，相应奏明请旨开缺。

　　除查取该故员原领札付及承查印、甘各结另咨送部外，所遗凉州镇属大靖营守备员缺，甘省现有应补人员，容臣另拣请补。谨附片具陈。伏乞圣鉴。谨奏。①

是日，公又附片奏请崔金魁等暂缓引见，下部闻。曰：

　　再，借补甘肃凉州镇属镇羌营游击崔金魁、调补肃州镇标中营游击朱应龙、准补肃州镇标右营游击金造，奉部调取引见，本应遵照给咨赴部。惟查崔金魁管带武毅左旗马队，朱应龙管带督标新操枪队，金造管带志强旗步队，各有驻扎要地。该员等平时操防均属勤奋，现奉旨整顿营伍之际，一切训练事宜必须加紧督饬，未便遽易生手。合无仰恳天恩俯准将游击崔金魁、朱应龙、金造三员一并暂缓赴部引见，先行饬部发给署劄，以重营伍之处，出自逾格鸿施！谨附片具陈。伏乞圣鉴，训示。谨奏。②

---

　①　台北故宫博物院藏：《军机及宫中档》，文献编号：408003269-0-C. 又，中国第一历史档案馆藏：《录副奏片》，档号：03-5933-089.
　②　台北故宫博物院藏：《军机及宫中档》，文献编号：408003269-0-D. 又，中国第一历史档案馆藏：《录副奏片》，档号：03-5933-094.

六月十一日，公奏报援案预估光绪二十六年分甘肃关内军饷及各满营俸饷，下部议。曰：

窃臣前准部咨：奏拨光绪二十五年甘肃新饷案内，声明光绪二十六年应需饷项应于二十五年六月以前先行奏请估拨，等因。当经行司遵照去后。兹据甘肃布政使岑春煊详称：遵查甘肃关内应需饷项，自光绪十四年起，每年奉拨银一百一十八万两，嗣经先后议减银二十三万七千八百余两，饬令提存司库，每年仅开支银九十四万余两。迨东海用兵暨二十一、二两年办理本省军务，遂将历年封储各款先后饬提，支用罄尽。

至二十四年起，应提银两并应扣四分减平，合关外提存之款，共湘平折合库平银七十四万九千余两，奉部示尽数抵拨董军专饷，饬由山西、河东道两处协甘新饷内总拨库平银八十万两，径解董营交收，以致甘肃关内应摊实饷每年又亏银约五万两，虽已饬由司库例存款内提收应用，目前尚无的款可指。此外，董军所调安宁等旗回队每岁腾出饷银四万一千两，甘省裁兵节饷银四万二千六百两，并奉部饬拨解董军行饷，而甘肃二十三、四两年防军饷项，收支两抵，不敷尚巨。本年虽将防军马步营旗酌量裁改，省出饷项，以之作抵另募炮队、马队、土勇饷糈，每年计尚节省银九千八百余两，然以前项亏短并计，仍属挹注无几，左支右绌，竭蹶时形！值此时局多艰，万不敢续请加拨。惟甘省库款早已空虚，所有防、练马步各营旗既须调防换操，勤加训练，以备不虞，自未便再行裁汰，则饷项断难核减。

所有光绪二十六年甘肃关内应需新饷，拟请照旧仍拨银一百十八万两。此外宁夏、凉州、庄浪、西宁、青海等处俸饷，亦自光绪十四年起每年奉部专拨银二十二万两。今年以来，满营生齿日繁，原拨饷银，时虞不足，委属万难再减，并请仍照旧专拨银二十二万两，各等情。详请具奏前来。

臣查甘肃关内饷项，历年核减及提存减平各款，悉数专拨董军，甘库毫无存留,每年仅恃此为计口授食之需,万一解济逾期,即不免匮乏。而营旗实已较前减少,防地辽阔,关系匪轻,现又奏准循环调练,自未便再行裁汰,贻误边陲。再四思维,惟有吁恳天恩,准将二十六年甘肃关内军饷饬部照旧指拨银一百一十八万两,各满营及青海俸饷亦照旧指拨银二十二万两,合共指拨银一百四十万两,以资军用而免匮乏。

除咨部外,所有援案预估甘肃关内光绪二十六年分实需军饷及各满营青海俸饷各数目缘由,谨恭折具陈。伏乞皇太后、皇上圣鉴,训示。遵行。谨奏。①

七月二十日,公开单奏报光绪二十五年四月分甘省雨水粮价情形,曰:

窃照本年三月分粮价并得霑雨泽情形,业经据折奏报在案。兹查四月分兰州等八府六直隶州属具报得霑雨泽,自一二寸至三四寸不等。正值禾苗滋长之际,获此沃泽,土脉滋润,实于农田有裨。

至通省粮价,或与上月相同,或较上月稍有增减。据藩司岑春煊开具详情请奏前来。臣覆核无异,理合恭折具奏,并缮粮价清单,恭呈御览。伏乞皇太后、皇上圣鉴。谨奏。②

同日,公又奏请王树枏补授中卫县知县,下部议。曰:

窃据甘肃布政使岑春煊、兼署按察使黄云会详称:中卫县知县卢世堃大计参劾,遗缺业经详咨截缺,自应照例拣选请补。查定例:知县应调缺出,如现任无合例堪调之员,准以候补人员酌补。又,曾任实缺

---

① 台北故宫博物院藏:《军机及宫中档》,文献编号:408003280. 又,中国第一历史档案馆藏:《录副奏折》,档号:03-6153-030.
② 台北故宫博物院藏:《军机及宫中档》,文献编号:408003282. 又,中国第一历史档案馆藏:《录副奏折》,档号:03-6987-017.

知县革职开复归俟候补班者,无论题、调、选缺,均准酌量补用,各等语。今中卫县知县系冲、繁、疲三项调要缺,界连蒙古,政务纷繁,非精明谙练之员,不足以资治理,现任简缺人员均与此缺不甚相宜。

本司等在于候补人员内逐加遴选,查有曾任实缺开复同知衔留甘补用知县王树枏①,年四十一岁,直隶新城县进士,由主事报捐知县,选授四川青神县知县,调补铜梁县知县,因案革职开缺,委解甘肃军火,派往西宁前敌效力,于攻克北大通十大回庄案内保准开复原官原衔,并免缴捐复银两,留于甘肃补用,引见领照赴甘,于光绪二十四年正月初八日到省,系曾任知县人员,例不甄别。现经委署中卫县知县,并无贻误。藩司岑春煊到任未及三月,例不加考。兼署臬司换黄云查该员王树枏,精明练达,实心任事,以之请补中卫县知县,实堪胜任,与例亦符。会详请奏前来。

臣查该员王树枏才具干练,办事实心,合无仰恳天恩准以该员王树枏补授中卫县知县,实于地方有裨。如蒙俞允,该员以知县请补知县,衔缺相当,毋庸送部引见。再,该员署任内并无参罚案件。谨恭折具奏。伏乞皇太后、皇上圣鉴,训示。谨奏。②

---

① 王树枏(1852—1936),字晋卿,号陶庐,直隶新城县人,优贡生。光绪二年(1876),中举。十二年(1886),中式进士,充户部广西司行走,报捐知县。十三年(1887),补四川青神县知县。十四年(1888),充四川乡试同考官。同年,兼理眉州直隶州知州。次年,署四川彭山县知县。十六年(1890),署资阳县知县。十九年(1893),署新津县知县、富顺县知县。二十年(1894),调补铜梁县知县。同年,因案革职。二十一年(1895),调两江委办防务洋务文案。二十三年(1897),开复原官,留甘肃补用。二十五年(1899),保直隶州知州,补授中卫县知县。二十九年(1903),保以道员发往甘肃即补,并交军机处存记。三十年(1904),升补甘肃平庆泾固化道,署巩秦阶道。三十一年(1905),署理兰州道。三十二年(1906),迁甘肃新疆布政使,主持修纂《新疆图志》116卷。民国时参与编撰《清史稿》。民国二十五年(1936),卒。一生富收藏,尤多石刻精拓,精通经史,著述宏富,著书共53种685卷,内容涉及训诂、算数、舆地等方面。

② 台北故宫博物院藏:《军机及宫中档》,文献编号:408003283.又,中国第一历史档案馆藏:《录副奏折》,档号:03-5379-083.

是日，公又会衔甘肃提臣张永清奏请米万荣借补肃州游击，下部议。曰：

窃臣前准部咨：甘肃肃州镇标左营游击员缺系题补第六轮第七缺，轮用尽先人员，行令拣员请补，等因。臣即在于各营尽先人员内逐加拣选，查有总兵衔留陕甘尽先补用副将西宁镇标前营守备米万荣，久历戎行，朴实勇敢，且曾在关内外迭著战绩。肃州为西北咽喉要地，该员于该处营伍情形尚称熟谙，以之借补斯缺，实属人地相宜，亦与轮章班次相合。合无仰恳天恩俯念员缺紧要，准以尽先补用副将米万荣借补肃州镇标左营游击员缺，以期得力。如蒙俞允，俟接准部覆后，即行给咨送部引见，以符定制。

除饬取该员履历清册另咨送部外，所遗西宁镇标前营守备员缺，甘省现有应补人员，容臣另拣请补。谨会同署甘肃提臣张永清，合词恭折具陈。伏乞皇太后、皇上圣鉴，训示。谨奏。①

同日，公又奏报甘省光绪二十五年各属被灾大概情形，曰：

窃查甘肃各属自春徂夏，雨泽及时，收成可期中稔。惟间有禀报被雹、被水之区，当即饬司移行该管道、府、直隶州确查妥办。兹据藩司岑春煊将各属被灾大概情形开折，详请先行具奏前来。

臣查兰州府属之金县、平凉府属之隆德县、秦州直隶州属之秦安县、巩昌府属之安定县各地方，均于本年四、五等月先后被雹，所伤田禾无多，已令补种杂粮，统俟秋收如何，再行查明汇办。惟平庆泾固化道属之固原直隶州南关于五月初五日大雨冰雹，平地水深数尺，冲倒房屋一百五六十间，西南乡、阎家堡等二十九庄同日被雹，打伤禾苗殆尽；州府属之狄道州西、北、南等乡于五月初五日被雹，打伤夏禾轻重

---

① 台北故宫博物院藏：《军机及宫中档》，文献编号：408003284. 又，中国第一历史档案馆藏：《录副奏折》，档号：03-5934-020.

不一；平凉府属之华亭县所管殿底下等九庄于五月初五日急雨冰雹，打伤夏禾七、八、九、十分不等；平庆泾固化道属之化平厅所管化临、香水、圣谕、北面等四里于五月初五日被雹，打伤禾苗四、五、六、七分不等；兰州府属之渭源县南乡、郭家湾等处于五月十九日陡降冰雹，打伤夏禾；巩秦阶道属之洮州厅东乡、占武、陈马、四旗于五月二十一日大雨冰雹，打伤禾苗三、四、五分不等；甘州府属之张掖县逼近黑河马子堡等处，于五月二十七、八、九等日大雨，水涨河溜夺向东徙，沿河田地被水冲塌长约十里零、宽约三里零、地约五十六七顷。

以上七厅州县被灾较重，均经饬令该管道、府、州确切覆勘，先督同各该地方官查明被灾贫户，酌发社粮，以资糊口；一面赶紧借给籽种，劝谕农民乘时补种杂粮，以冀秋收，借资补救而免失所。钱粮应照章停征，所有冲倒房屋，查明间数，照例给予银两，及时修盖，俾资栖止；水冲田地，查明能否修复，钱粮应如何分别蠲缓，统俟各属结报齐全，再行汇核办理外，合先将甘省本年夏禾被雹、被水大概情形，恭折具奏。伏乞皇太后、皇上圣鉴，训示。谨奏。①

同日，公又开单奏报光绪二十五年五月分甘省雨水粮价情形，曰：

窃照本年四月分粮价并雨泽情形，业经奏报在案。兹查五月分兰州等八府六直隶州属具报得霑雨泽，自一二寸至四五寸深透不等。正值夏禾结实之际，获此沃泽，土脉滋润，实于农田大有裨益。惟间有被雹、被水之处，已饬查勘另办。

至通省粮价，或与上月相同，或较上月稍有增减。据藩司岑春煊开折详请具奏前来。臣覆核无异，理合恭折具陈，并缮粮价清单，恭呈

---

① 台北故宫博物院藏：《军机及宫中档》，文献编号：408003281。又，中国第一历史档案馆藏：《录副奏折》，档号：03-7107-045。

御览。伏乞皇太后、皇上圣鉴。谨奏。①

是日，公又奏报光绪二十四年分甘肃关内厘捐局收支银两数目情形，下部闻。曰：

窃照光绪二十三年收支百货厘金银两数目，业经奏咨在案。兹据厘金总局司道详称：光绪二十四年正月起连闰至十二月底止，关内各局卡百货厘金收支款目汇为一宗，通共新收并扣获局费减平银二十一万六千五百七十五两五钱二分七厘四毫，以批解藩库为大宗。其次粥厂、车价并厘金各局卡薪工、局费总共解支银二十一万六千五百七十五两五钱二分七厘四毫，以出抵入，并无余存。至盐厘、土药，加抽糖厘，另案造报，等情。造具总、散清册，详请奏咨前来。

臣覆核无异，除将清册另咨送部外，合无仰恳天恩饬部查照，准将光绪二十四年已支之款照册核销，以清款目。至前奉部饬征收厘金、开支局费章程向不准逾收数十分之一，等因。惟甘肃为极边辽阔之地，山径纷歧，若非扼要处所设立局卡，不能遏绕越而杜偷漏，是以开支局费不能照一成之数。合并声明。

所有甘肃省光绪二十四年分收支百货厘金数目，谨恭折具奏。伏乞皇太后、皇上圣鉴，训示。谨奏。②

同日，公又奏请黄国琦补授秦安县知县，下部议。曰：

窃据甘肃藩、臬两司会详称：秦安县知县刘至顺准调山丹县知县，所遗秦安县简缺知县业经扣留截缺，自应照例按班请补。查例载：知

---

① 台北故宫博物院藏：《军机及宫中档》，文献编号：408003282。又，中国第一历史档案馆藏：《录副奏折》，档号：03-6987-019。

② 台北故宫博物院藏：《军机及宫中档》，文献编号：408003286。又，中国第一历史档案馆藏：《录副奏折》，档号：03-6511-073。

县升、调、遗缺出,准其以一缺题补各项候补并进士即用人员,以一缺题补各项委用人员,以一缺题补各项试用人员。甘省升、调、遗知县一项,已用至第二轮第一相间之候补知县姚钧准署西和县知县止。今此一缺,轮应委用到班,委用先、委用均无人,次应试用之议叙到班,议叙先、议叙亦均无人,次应各项候补进士即用相间到班,上次系用候补,此次应间即用,仍先用即用先之人。

查有银捐即用尽先知县黄国琦,年四十五岁,系广西宣化县人,由进士即用知县签掣甘肃,光绪十七年五月到省。嗣遵新例捐即用本班先补用,奉文以二十一年六月十八日作为新班到省,委署通渭县知县,尚无贻误。藩司岑春煊到任未及三月,例不加考。兼署臬司黄云查该员黄国琦,年富才明,谨饬安详,以之请补秦安县知县,实堪胜任,与例亦符。会详请奏前来。

臣查该员黄国琦,年强才裕,办事慎勤,合无仰恳天恩准以该员黄国琦补授秦安县知县,实于地方有裨。如蒙俞允,该员以知县请补知县,衔缺相当,毋庸送部引见。再,该员属任内并无参罚案件。谨恭折具奏。伏乞皇太后、皇上圣鉴,训示。谨奏。①

同日,公又奏请姬恺臣调补玉门县知县,下部议。曰:

窃据甘肃布政使岑春煊、兼署按察使黄云会详称:玉门县知县杨宸谟准调皋兰县知县,所遗系冲、繁二项边远要缺,例应由外拣调。查定例:州县应调缺出,俱令于现任人员内拣选调补。又,调补州县以上官员,必历俸三年以上,方准拣选题调,各等语。今玉门县知县一缺,地当冲要,政务殷繁,非精明干练之员,不足以资治理。

该司等在于现任简缺知县内逐加遴选,查有金县知县姬恺臣,年五十九岁,系河南南阳县人,由监生投效军营,历保以州判俟补缺后以

---

① 台北故宫博物院藏:《军机及宫中档》,文献编号:408003288。又,中国第一历史档案馆藏:《录副奏折》,档号:03-5379-079。

知县用,遵例报捐过班,赴部引见,领照赴甘,于光绪十六年十一月到省,准补金县知县,十九年三月到任。二十三年,调署环县知县。历俸已满三年,任内并无参罚案件。藩司岑春煊到任未及三月,例不加考。兼署臬司黄云查该员姬恺臣,慷慨任事,不辞劳瘁,以之调补玉门县知县,实堪胜任,人地亦极相宜。会详请奏前来。

臣查该员姬恺臣年强才裕,办事勤能,合无仰恳天恩俯念要缺需员,准以金县知县姬恺臣调补玉门县知县,实于地方有裨。如蒙俞允,该员以知县调补知县,衔缺相当,毋庸送部引见。谨恭折具陈。伏乞皇太后、皇上圣鉴,训示。至所遗金县知县系简缺,甘省现有应补人员,应请扣留外补。合并声明。谨奏。①

是日,公又附片奏报臬司何福堃饬赴新任,下部议。曰:

再,新授甘肃按察使何福堃现已陛见回省,应即饬赴新任,以专责成。除檄饬遵照外,理合附片陈明。伏乞圣鉴。谨奏。②

同日,公又附片奏报志崇等各赴新任情形,曰:

---

① 台北故宫博物院藏:《军机及宫中档》,文献编号:408003285。又,中国第一历史档案馆藏:《录副奏折》,档号:03-5379-072。
② 台北故宫博物院藏:《军机及宫中档》,文献编号:408003285-0-A。又,中国第一历史档案馆藏:《录副奏片》,档号:03-5379-077。

再，新授甘肃宁夏道志崇①、安肃道和尔赓额②均已先后到省，应各饬赴新任，以专责成。除分别檄饬遵照外，谨附片具陈。伏乞圣鉴。谨奏。③

同日，公又附片奏报拣员署理通判等缺情形，下部闻。曰：

再，秦州直隶州知州张珩引见回省，应即饬回本任，以专责成。署巴燕戎格通判本任徽县知县张若金因病请假遗缺，查有候补知县邬绪棣，堪以署理。署循化同知张作霖撤任遗缺，查有候补知州程敏达，堪以署理。署安西直隶州知州廖振乔病故遗缺，查有另补同知叶克信，堪以署理；叶克信未到任以前，应饬现署敦煌县知县张元溁就近兼护。

署正宁县知县王开甲病故遗缺，查有即用知县万庆昌，堪以署理。山丹县知县准升灵州知州苏重熙因病请假，所遗山丹县知县员缺，查有请调山丹县秦安县知县刘至顺，应饬先行赴任。署海城县知县王树棠调省遗缺，查有署盐捕通判准补海城县知县徐光兴，应饬赴新任；所

---

① 志崇(1855—?)，富察氏，满洲镶黄旗德昌佐领下人，一品荫生。光绪十年(1884)，以文职签分工部员外郎学习行走，期满奏留。十五年(1889)，保郎中，遵例报捐花翎。同年，丁父忧。十七年(1891)，服满起复，补营缮司郎中。十八年(1892)，授木仓监督。二十二年(1896)，充督催所掌印。翌年，京察一等，以道府用。同年，保道员，并加三品衔。二十四年(1898)，补授甘肃宁夏道，次年到任。二十八年(1902)，因办理教案出力，经陕甘总督崧蕃奏保，加二品顶戴。三十三年(1907)，经陕甘总督升允保荐卓越。宣统三年(1911)，赴部引见，以应升之缺升用。

② 和尔赓额(1851—?)，字允修，满洲镶白旗人，翻译生员。同治五年(1866)，捐花翎。十三年(1874)，捐监生，指分户部，充誊录官。光绪元年(1875)，捐笔帖式。三年(1877)，选户部井田科笔帖式。四年(1878)，补户部宝泉局东厂大使。五年(1879)，捐五品顶戴。七年(1881)，保户部主事。十年(1884)，署军机章京。十二年(1886)，补军机章京。十四年(1888)，保以理事同知、通判用。十五年(1889)，授方略馆协修官，保户部员外郎。十六年(1890)，任户部福建司掌印，署湖广司印钥，保户部郎中。十七年(1891)，署户部四川司印钥。同年，升户部郎中。十八年(1892)，掌浙江司印钥。二十年(1894)，授方略馆收掌官，加三品衔。二十一年(1895)，充军机处北档房总办。次年，任南档房帮办、方略馆纂修官。二十三年(1897)，保以道府用。二十四年(1898)，署户部福建司印钥。同年，放甘肃安肃道。三十年(1904)，报捐二品顶戴。三十一年(1905)，赴新疆会查案件，旋授新疆镇迪道兼按察使衔，再署新疆布政使。同年，调补四川按察使。三十四年(1908)，署四川布政使。宣统二年(1910)，迁河南提法使。

③ 台北故宫博物院藏：《军机及宫中档》，文献编号：408003285-0-B.又，中国第一历史档案馆藏：《录副奏片》，档号：03-5379-075.

遗盐捕通判员缺，查有候补同知花金绶，堪以署理。署渭源县知县汤霖丁忧遗缺，查有候补知县姚五经，堪以署理。署丹噶尔同知黄翰章调省遗缺，查有灵台县知县王尧儒，堪以调署；所遗灵台县知县员缺，查有成县知县李鹜，堪以调署；递遗成县知县员缺，查有候补知县萧夫祥，堪以署理。署徽县知县赵鋐调省遗缺，查有平凉县知县唐受桐，甚以署理。据藩、臬两司先后会详前来。除分别批饬给委外，理合附片陈明。伏乞圣鉴。谨奏。①

是日，公又附片奏报军营酌量添购军火，下部闻。曰：

再，近年军营利器以新出各种后膛炮火为最，惟价值昂贵，限于经费，平时操演仍用前膛枪。甘省各营旗旧发枪械，运用已久，大都损坏，而军装局所存无多，不敷拨换。臣与司道商酌，必须酌量添购。适闻陕西抚臣魏光焘委员往沪购办军火，当即电托魏光焘转饬该委员代甘省购买前膛来福步枪二千杆、马枪一千杆，并枪用铜火帽三百万颗，共合价库平银一万五千一百两，拟俟运解到甘，核明水陆脚价，一并报请作正开销。据藩司岑春煊详请附奏前来。

除咨总理衙门、户、兵、工部及陕西抚臣查照外，理合附片陈明。伏乞圣鉴，饬部立案。谨奏。②

同日，公又附片奏报甘省各厘局卡收支土药厘金，下部闻。曰：

再，前准户部咨：甘省征收土药厘金银两，应自光绪十六年起按年据实造报，不得并入百货厘捐款内开支，以免牵混，并将所收银两专款存储，听候指拨，等因。遵办在案。兹据厘金总局司道详称：甘肃省自

---

① 台北故宫博物院藏：《军机及宫中档》，文献编号：408003285-0-C。又，中国第一历史档案馆藏：《录副奏片》，档号：03-5379-073。
② 台北故宫博物院藏：《军机及宫中档》，文献编号：408003270-0-C。又，中国第一历史档案馆藏：《录副奏片》，档号：03-6153-092。

光绪二十四年正月起连闰至十二月底止,关内各厘局卡收支土药款目汇为一宗,计新收银一万四千五百六十三两二钱五分五厘,业已如数解交藩库,专款存储,听候指拨。造具四柱清册,并声明土药厘金向归百货厘局兼收,应支薪工仍在货厘项下开支。所有二十四年收获土药厘银,已由甘肃藩司照数委解户部衙门查收,等情。详请奏咨前来。

臣查甘省地处边陲,向无洋药到境,本地虽有栽种罂粟,然自用者多,贩运者少,向本收厘有限,兼以去岁春夏缺雨,烟苗多被虫蚀,收成歉薄,由是土货愈昂,而脚价又重,外省客商贩稀少,故收数较二十三年微有短绌。至所收银两,业经厘金总局如数解交藩库,由甘肃藩司委解户部衙门查收在案。

除将清册另咨送部,仍饬各局卡认真抽收,以裨厘务外,谨附片具陈。伏乞圣鉴,饬部查照。谨奏。①

同日,公又附片奏报甘省各局卡征收糖厘银数情形,下部闻。曰:

再,前准户部咨:甘肃省征收红、白蔗糖于照章完厘外,每斤加抽二成厘金,另款汇存造报,等因。当经转行遵办在案。兹据厘金总局司道详称:甘肃省光绪二十四年正月起连闰至十二月底止,各局卡收获糖厘款目汇为一宗,计新收二成厘银三百六十九两八钱一分六厘,已照数批解藩库,专款存储,听候指拨。造具清册,详请奏咨前来。

臣覆核无异,除将清册另咨送部并饬司局仍按年列册报查,并令各局卡认真经征,实收实报,以裨厘务外,谨附片具陈。伏乞圣鉴,饬部查照。谨奏。②

---

① 台北故宫博物院藏:《军机及宫中档》,文献编号:408003270-0-A.又,中国第一历史档案馆藏:《录副奏片》,档号:03-6511-075.
② 台北故宫博物院藏:《军机及宫中档》,文献编号:408003270-0-B.又,中国第一历史档案馆藏:《录副奏片》,档号:03-6511-074.

是日,公又附片奏销甘省光绪二十四年各局卡盐厘收支数目情形,下部闻。曰:

再,据甘肃厘金总局司道详称:光绪二十四年正月起连闰至十二月底止,甘肃各局卡收支盐厘款目汇为一宗,计新收盐厘共银二万八千四百三十八两六钱一分三厘,又扣获支发局费减平银二百一十六两二钱一分六厘。以上新收并减平共银二万八千六百五十四两八钱二分九厘,已解藩库银二万四千八百三十五两一分三厘,又解藩库支发局费扣获减平银二百一十六两二钱一分六厘,又支发盐厘局卡薪工、局费银三千六百三两六钱。以上开除共银二万八千六百五十四两八钱二分九厘,以出抵入,并无余存。造具收支清册,并将各处产销盐斤、收厘章程、易银市估及委员职名均于册内声叙,仍遵照部咨另造市估细册,一并详请奏咨前来。

臣覆核无异,合无仰恳天恩饬部准将光绪二十四年各局卡已支之款照册核销,以清款目。除将清册送部查核外,谨附片具奏。伏乞圣鉴,训示。谨奏。①

同日,公又附片奏报盘查甘省藩库实无盈余一事,曰:

再,臣承准军机大臣字寄:光绪二十五年五月二十六日钦奉谕旨:四川、甘肃、陕西、山西等省各藩库,除本省开支暨额解京、协各饷外,库储是否尚有盈余,着查明具奏,等因。钦此。当即行司遵照去后。兹据甘肃布政使岑春煊详称:甘肃地处边疆,素称荒瘠,本省岁入各款开支尚属不敷,每年全恃请拨各省协饷源源接济,方免匮乏,故甘省并无外解京、协各饷。即有指定解部土药、税厘等款,为数无多,皆应随时提拨。现计一切支项,时虞不足,实无盈余,各等情。详请附奏前

---

① 台北故宫博物院藏:《军机及宫中档》,文献编号:408003286-0-A.又,中国第一历史档案馆藏:《录副奏片》,档号:03-6472-046.

来。臣覆加查核，委系实在情形。谨附片覆陈。伏乞圣鉴。谨奏。①

同日，公又附片奏请饬催川省补解饷项一事，曰：

再，四川省指拨光绪二十二年分甘肃新饷银九十八万两，内除先后六次解收银九十二万两，尚欠银六万两，叠经咨部转催筹解，迄今已逾三年，任催罔应。惟思此项银两系甘肃关内外各军计口授食之需，亏欠太久，势难再缓。甘库历年存款叠奉饬提，搜罗罄尽，实属无可腾挪，合无仰恳天恩俯准饬部严催川省迅速补解，以济饷需。据甘藩司详请奏咨前来。除咨明户部查照外，谨附片具陈。伏乞圣鉴，训示。遵行。谨奏。②

是日，公又附片奏报请开去张绍先游击底缺，下部闻。曰：

再，臣据总兵衔尽先补用副将卸署肃州镇标中营游击河州镇标左营守备张绍先禀称：于光绪二十五年五月十一日在署肃州镇标中营游击任内，接奉行知内开：光绪二十五年四月十二日奉上谕：张绍先着送部引见。钦此。遵将肃州镇标中营游击事务交卸清楚，由肃起程到省。除另文呈请给咨外，惟前在剿办河湟回匪立解河州、大通各城围案内出力，已保总兵衔尽先副将，自应将原补河州镇标左营守备底缺开除，以便归副将班内序补，禀请核办前来。

臣覆查无异，合无仰恳天恩俯准将张绍先原补河州镇标左营守备底缺开除，归副将班内序补。所遗守备员缺，陕甘现有应补人员，容臣

---

① 台北故宫博物院藏：《军机及宫中档》，文献编号：408003281-0-A. 又，中国第一历史档案馆藏：《录副奏片》，档号：03-6153-091。

② 台北故宫博物院藏：《军机及宫中档》，文献编号：408003281-0-B. 又，中国第一历史档案馆藏：《录副奏片》，档号：03-6153-093。

另拣请补。谨附片具陈。伏乞圣鉴,训示。谨奏。①

同日,公又附片奏请更正祁应元等保案衔名,下部议。曰:

再,臣前次奏保甘肃关内外及青海一律肃清出力各员,补送履历到部,经部核复祁酉源履历内系廪生,原保单内系岁贡生;祁应元、陈光德履历内系廪生,原保单内系岁贡生;刘象乾履历内系刘象谦,张漪清履历内系章漪清,均属官阶、坐衔、姓名不符,奏令查明覆奏,再行核办,等因。咨会到臣。经臣转行饬查去后。兹据甘肃布政使岑春煊查明详复:祁酉源、祁应元实系廪生,原保单内误为岁贡生;刘象谦原保单内误为象乾;章漪清原保单内误为张漪清,均系当时笔误,嗣于履历册内更正,造赉送部,漏未声明。至陈光德本系岁贡生,前赉履历册内缮作廪生,实系错误,现已另造履历,呈请送部,等情。前来。

臣查祁酉源、陈光德原保内均请以训导不论双单月选用,刘象谦、章漪清原保均请以主簿不论双单月选用,兹已饬据查明,祁酉源等官阶、坐衔、姓名实系一时缮错,并无别项情弊。臣覆核无异,合无仰恳天恩俯准饬部更正,仍照原奏议给奖叙,俾昭激劝。除陈光德另造履历清册咨送吏部查照外,谨附片具陈。伏乞圣鉴,训示。谨奏。②

同日,公又附片奏报张晖旸等期满甄别情形,下部闻。曰:

再,查例载:道府以至未入流,凡系应行试看人员,以到省之日起,严行考察,一年期满,甄别补用,等语。历经遵办在案。兹查有候补知府张晖旸,由同知保以知府仍留原省补用,应自光绪二十四年正月初

---

① 台北故宫博物院藏:《军机及宫中档》,文献编号:408003284-0-A。又,中国第一历史档案馆藏:《录副奏片》,档号:03-5934-021。

② 台北故宫博物院藏:《军机及宫中档》,文献编号:408003283-0-A。又,中国第一历史档案馆藏:《录副奏片》,档号:03-5379-074。

五日作为知府到省之日起,连闰扣至十二月初五日,试看一年期满,例应甄别。又,试用通判钟文海于光绪二十四年正月二十六日到省,自到省之日起,连闰扣至十二月二十六日,试看一年期满,例应甄别。又,试用直隶州知州封启云于光绪二十四年四月初四日到省,自到省之日起,扣至二十五年四月初四日,试看一年期满,例应甄别。又,补用直隶州知州余承曾由知县保以直隶州知州仍留原省即补,应自光绪二十四年正月初五日作为直隶州到省之日起,连闰扣至十二月初五日,试看一年期满,例应甄别。又,候补知县奚铭敬于光绪二十四年四月初四日到省,自到省之日起,扣至二十五年四月初四日,试看一年期满,例应甄别。由甘肃藩、臬两司出考,详请甄别具奏前来。

臣查张晖旸老成练达,办事慎勤,堪以知府留省照例补用;钟文海年力正强,供差稳慎,堪以通判留省照例补用;封启云年壮才明,留心吏治;余承曾历任繁要,才具稳练,均堪以直隶州知州留省照例补用;奚铭敬安详谨饬,才有可为,堪以知县留省补用。除将各员履历清册咨部查照外,理合附片具陈,伏乞圣鉴。谨奏。①

七月二十九日,公会衔陕西固原提督邓增开单②奏请奖叙平乱出力文武员绅,曰:

窃查甘肃固原州所属海城县地方,汉民少而回民多,回民强悍,性又反覆无常,素称难治。光绪二十一年,忽有戕官劫狱之变,经官军剿抚,事定后以当时逆匪未尽伏诛,恐其漏网,复萌故志,故奏请搜缉余匪一百余名,悉行正法惩办,不可谓不严。讵本年六月十七日晚,有回民冯老八、马三水,聚集匪党一百余人,头裹白布包巾,手执白布旗号,分持火枪、刀矛,从该县属大沟门、邹家堡焚杀起手,希图大举。经海

---

① 台北故宫博物院藏:《军机及宫中档》,文献编号:408003283-0-B.又,中国第一历史档案馆藏:《录副奏片》,档号:03-5379-076.

② 此折录副与清单二件均查无下落,待考。

城县徐光兴、盐茶营都司杨振清、景字前旗管带吕登科一面会带兵役前往捕拿,一面禀由陕西固原提臣邓增转电到兰。臣即电复提臣迅速加派队伍,前往剿办。正值夏麦收获之际,工作游民在彼觅食者众,勿任裹胁滋蔓,致难收拾,复飞饬附近各属地方文武,一律派队堵拿。

其时该逆匪等已将邹家堡墙攻破,抢掠银物,焚毁房屋,伤毙邹家数人,出由萧家湾、八兑坪、殷家坪、草厂等处,沿途焚杀,几成燎原之势。提臣派练军步队帮带洪隆廷、练军马队哨弁马观成,各率所部兵勇,驰往会剿;并饬郎永清率所部达春右旗马队,由北路马厂一带拦头迎击;派练军马队帮带朱柳林,率所部继之;再调驻防静宁之景字左旗马队陈正魁,率所部驰往策应。旋据吕登科报称:十八日,率所部景字前旗步队,会同盐茶营及县役、绅民李文道等,由关桥堡一带前进。十九日,行抵麻家坪,遇贼。贼即开枪抵拒,我军亦枪炮环击,哨弁赖鸿章奋勇上前,阵斩贼目一名。贼势不支,退奔山上。乘势追杀,枪毙悍贼数名,夺获旗械、马匹多件。天已昏黑,收队驻札,哨弁赖鸿章身受矛伤,勇丁带枪伤者二名。是夜,贼忽偷遁。次日,郎永清率所部遇贼于双河堡,即督队急进。贼亦列阵接仗。郎永清生擒两贼,枪毙多名,夺获马匹、刀矛多件。时值洪隆廷、马观成、朱柳林、陈正魁、吕登科等各队齐至,贼即披靡败走。我军分途跟追,至司瓦沟等处,不复见贼,而沿途抛弃贼械、马匹甚多,知已纷纷散匿。

查该匪等多系海城本籍,即有籍隶他属者,亦寄寓海城,为年已久。该处山深地僻,最易潜藏,若不搜拿严惩,净绝根株,恐兵退复出,仍复扰害地方。臣与提臣往返电商,令该处公正回绅作为眼线,随同弁勇四处查缉;复悬立重赏,指名捆献,庶真犯得以骈诛,良回不致波及。旋据各旗管带及地方文武选派兵役,协同回绅,先后报获伪元帅冯老八即冯百潮、伪坐帅马三水等首从共四十余名,电嘱提臣饬委固原直隶州会营审讯。据逆首冯老八供:海城县回民,自封为元帅。马三水供:固原州回民,自封为坐帅。均认同谋造反,纠约党类,发给白布包巾、白布旗号,分擒火枪、刀矛,先从素有仇隙之邹文典家破堡焚杀劫抢起手,一面裹胁人众,再图大举。不料由萧家湾等处一带劫杀后裹胁无多,遇官兵两次打仗失利,同党渐渐抛弃械物,各自逃散,伊等看大事难成,也就跑了。逆伙田文富等均供认听从谋反,沿途放火杀人劫抢后,与官兵打仗不利,大家都各逃散是实,各等供。

据此,提臣电商臣,以该逆首冯老八、马三水起意谋反,结党焚杀,实属罪大恶极,应即凌迟;田文富等随从谋反焚杀,亦属法不容诛,应即正法。均就近在固原地方,随时处决,一并传首枭示,以快人心而寒贼胆,经提臣先后照办电复在案。谨将处决首从各犯姓名、年岁、籍贯开具清单,恭呈御览。其余除被胁勉从,业经解散,应请免究外,至有名在逃各犯田百连等,仍饬设法严缉,务获另办,总期不留余孽,以奠边氓。现在地方尚属安堵,堪以上慰宸系!

臣查此次海城逆回滋事,变起仓卒,一日夜焚杀数村庄,势若燎原,幸赖提臣筹调迅速,悉协机宜,各将士踊跃赴功,不数日间元恶授首,余党骈诛,不致蹂躏蔓延,办理实属勤奋。提臣邓增官职较崇,臣未敢擅拟,其应如何奖叙之处,伏候圣裁。其余出力文武员绅,亦经提臣开折,注明实在劳绩,请保官阶,咨送到臣。经臣覆核委无冒滥,理合照缮清单,恭呈御览。仰恳天恩俯准给奖,以示鼓励。除咨部外,谨会同陕西固原提督臣邓增,合词恭折具奏。伏乞皇太后、皇上圣鉴,训示。施行。谨奏。①

同日,公又奏报审拟逆伦重犯李急详一案,下部闻。曰:

窃据西和县知县姚钧详报验讯民人李急详因疯刃伤伊父李起魁身死一案,臣以案关逆伦,当即批司饬据该县将犯医痊连人证、卷宗、亲身一并解省发府,督同审办。兹据署兰州知府周景曾督同该县姚钧审明议拟,详由兼署甘肃按察使兰州道黄云解勘前来。

① 台北故宫博物院藏:《军机及宫中档》,文献编号:408003288。

臣亲提复鞫，缘李急详籍隶西和县，务农度日；已死李起魁系李急详亲父。李急详平素侍奉李起魁，并无过犯。光绪二十四年间，李急详因感风寒，郁热未退，忽成疯迷病证，时发时愈，发时不省人事，经李起魁延医调治无效。因其并不滋事，央恳邻人李鱼盛、乡约李月桂，并令伊妻李邵氏及李急详之子李进子容隐，未经报官锁锢。二十五年三月十四日下午李急详与李起魁并李邵氏在房闲坐，忽觉心头烦躁，一时疯病复发，即持桌放菜刀出院跳舞。李起魁赶出，拦阻喝禁，被李急详用菜刀戳划其脐肚、左后胁、左乳，致伤倒地。经李邵氏随后赶出瞥见，喊同邻人李鱼盛，趋至上前，将李急详按住，夺下菜刀，用绳捆缚。维时李进子正在庄外磨房磨面，经李邵氏遣人唤回查看，李起魁当即因伤殒命。投约报经该县姚令验讯，该犯目瞪神呆，语无伦次。饬医诊视，患疯属实，即经该县通详。因案情重大，批司饬据该县姚令将犯医痊，连人证、卷宗亲身押解到省，发府督同审办。兹据兰州府督同姚令审拟，由司详解到臣。随提犯亲鞫，据供前情不讳。严诘该犯李急详，实系疯发无知，用菜刀戳划其父李起魁，致伤身死，并无起衅别故及装点、捏饰情弊。质之乡约、尸属、邻证，供俱相符，案无遁饰。

查律载：子殴杀父者，凌迟处死，又例载：子殴杀父之案，无论是否因疯，悉照本律问拟。若距省在三百里以外，即在省垣恭请王命，即行正法，仍将首级解回犯事地方枭示。又，疯病之人亲属、邻佑人等容隐不报，以致疯病之人杀人者，照知人谋害他人不即首报律，杖一百，各等语。

此案李急详因疯病复发，持刀跳舞，经其父李起魁拦阻喝禁，辄厎菜刀将李起魁戳划致伤身死，虽讯系疯发无知，究属行同枭獍，自应按律问拟。李急详合依"子殴杀父之案，无论是否因疯，悉照本律定拟；子殴杀父者，凌迟处死"律，拟凌迟处死。查该县距省在三百里以外，臣于审明后恭请王命，派委兼署臬司黄云、署臣标中军副将杨志胜，将该犯李急详绑赴市曹，凌迟处死，仍将首级解回犯事地方枭示，以昭炯戒。邻证李鱼盛虽讯系救阻不及，惟与乡约李月桂明知李急详染患疯病,辄因李起魁央恳,并不报官锁锢,致酿逆案,亦应按律问拟。李鱼盛、李月桂均合依"疯病之人亲属、邻佑容隐不报,以致杀人者,照知人谋害他人不即首报"律,拟各杖一百,折责发落;李月桂仍革役。李起魁于伊子患疯并不报官,亦干例议,业已身死,应与迫于夫命及祖命之尸妻李邵氏、尸孙李进子均毋庸议。无干省释,尸棺饬埋,凶器菜刀案结销毁。

除供招随折咨部外,所有审明逆伦重犯按律拟办缘由,理合恭折具奏。伏乞皇太后、皇上圣鉴,饬部查照施行。谨奏。①

是日,公又奏报查阅营伍情形,下部闻。曰:

窃臣前奉上谕:本年轮应查阅营伍,甘肃即派陶模认真查阅,等因。钦此。伏查练兵为目今第一要政,甘肃营伍,叠奉谕旨饬令认真整顿,经臣随时咨行各提镇于绿营,及所部防练各军切实督练,并经臣奏明随时更番调操在案。钦奉前因,亟应依期查阅。惟时臣正因病请假,嗣虽奏请销假,而病体尚未复元,本拟稍加调理即启程出巡,适洮州、循化等处番众频与西国教士龃龉,随时查办,尚未完结。近有海城县回众聚众谋反,业经会同陕西固原提臣邓增派队剿办,现虽事定,而甘省迭经回乱,民情如惊弓之鸟,往往因谣言疯传便起衅端。各属回族错居,有宜立即派队镇压者,有不宜遽行派队者。微臣驻扎省城,可随时与文武商酌,相机办理。若一经出省,各府州县距省城数百里、千余里不等,未能随处通电,恐有贻误;藩、臬两司到任未久,诸事时须面商。臣检查旧案,前督臣左宗棠、谭钟麟均有奏请暂缓巡阅之案。

所有微臣此次查阅营伍,拟援案恳请展缓办理。除仍咨行各提、镇将所部各营旗切实整饬,并由臣随时更番调操外,所有本年查阅营伍,拟请援案展缓缘由,理合恭折具陈。伏乞皇太后、皇上圣鉴,训示,

---

① 台北故宫博物院藏:《军机及宫中档》,文献编号:408003289。又,中国第一历史档案馆藏:《录副奏折》,档号:03-7320-023。

施行。谨奏。①

八月二十三日,公致函总理衙门曰:

查前据署甘肃循化同知张作霖、循化营参将谭应春会禀:据署俣安营都司钟贤耀禀称:英国教士僖德生夫妇在保安城外租赁民房,居住传教。本年五月二十三日,有麻巴、七庄、狼家三庄番众拥至教士寓所,口称自教士来此挖土取石,惹得天不下雨,泉水干了,牲口、人民、庄稼多不顺利,不如把他驱逐。纷纷扰扰,四面围定。都司闻信,即带弁兵前往,将僖德生夫妇设法引出,幸未受伤。维时,番子愈聚愈多,致将租住房屋门窗打毁,什物亦多被毁、被抢等情,到院。当经本督部堂批饬该处文武带同通事、兵役前往弹压查办,并令将僖德生夫妇接住循化厅城,好为劝慰。旋复据该厅、营禀称:番族仍欲聚众往寻教士不依,佥称教士不来保安,我们赔赃服法,若要再来,惟舍我们众命,以死相争,等语。查番族悍野好斗,不循礼法,窃恐酿成祸端,复托住省城之英国教士致函,请僖德生进省,多方劝慰,许以毁失各物代为严追,如追不足数,勒令估价赔缴,仍当重治该番众之罪;一面檄饬该厅、营等遵照办理,并令传谕该番目等严行约束,不准滋事。现据该厅、营等报明追缴各物开单前来。查核多不齐全,而僖德生所开毁失房屋、什物值银七千两之数,亦未尽确实。除仍严饬该厅、营赶紧查办妥结外,相应先行咨明。为此合咨贵衙门,谨请鉴照施行。再,僖德生系于光绪二十三年三月由芜湖英国领事官富美基函知监督芜湖新关徽宁池太广道,呈经安徽抚部院给照来甘游历,并无指定保安番地传教之文。传教与游历均应照约保护,惟既与该处番众因事滋闹,案未办结,自应暂缓前往。本督部堂经迭次劝阻,而僖德生仍坚欲往彼,应恳贵

---

① 台北故宫博物院藏:《军机及宫中档》,文献编号:408003290。又,中国第一历史档案馆藏:《录副奏折》,档号:03-6034-082。

衙门照会驻京英公使，迅饬偕德生留住省城，俟案结后再行妥酌办理，俾免衅端，是为至幸。合并声明。①

八月二十九日，公奏报光绪二十五年六月分甘省雨水粮价情形，曰：

窃照本年五月分粮价并得霑雨泽情形，业经据折奏报在案。兹查六月分兰州等八府六直隶州属具报得霑雨泽，自一二寸至三四寸不等，正值秋禾滋长之际，获此沃泽，实于农田有裨。其间有被雹、被水之处，业已另案专折具奏。现又据各属续报被雹、被旱情形，轻重不一，容查明附奏。

至通省粮价，或与上月相同，或较上月稍有增减。据藩司岑春煊具详请奏前来。臣覆核无异，理合恭折具奏，并缮粮价清单，恭呈御览。伏乞皇太后、皇上圣鉴。谨奏。②

同日，公又奏请符瑞补授肃州知州，下部议。曰：

窃据甘肃藩、臬两司会详称：肃州直隶州知州廖振乔病故，所遗系冲、繁、疲三项调要缺，业经详咨截缺，自应拣选请补。查定例：直隶州知州系题调要缺，无论何项出缺，或调或补，均准酌量具题补用，等语。今肃州直隶州一缺，地处边要，政务冲繁，非精勤练达之员，不足以资治理。对品简缺之员甫经到任，例不合调。

本司等在于候补人员内逐加遴选，查有候补班前先补用直隶州知州符瑞，现年五十六岁，系陕西平利县人，由文童投效甘肃、新疆各军营，历保花翎知府衔直隶州知州，留甘归军功候补班前先补用，历署新疆库尔喀喇乌苏、喀喇沙尔同知等缺，丁忧起复，引见来甘，于光绪二十二年八月到省，年满甄别留用在案。委署阶州直隶州，尚无贻误。

---

① 台北"中央研究院"近代史所藏：《外交档案》，馆藏号：01-12-223-02-003。
② 台北故宫博物院藏：《军机及宫中档》，文献编号：408003296。又，中国第一历史档案馆藏：《录副奏折》，档号：03-6988-038。

臬司何福堃到任未及三月，例不加考。藩司岑春煊查该员符瑞老成谙练，才具明敏，以之请补肃州直隶州知州，实堪胜任，与例亦符。会谘请奏前来。

臣查该员符瑞年健才明，办事勤干，合无仰恳天恩准以该员符瑞补授肃州直隶州知州，实于地方有裨。如蒙俞允，该员以直隶州知州请补直隶州知州，衔缺相当，毋庸送部引见。再，该员署任内并无参罚案件。谨恭折具奏。伏乞皇太后、皇上圣鉴，训示。谨奏。①

是日，公又会衔陕西提督邓增、甘肃提督张永清奏报总兵刘璞丁忧并请旨简放，曰：

窃臣据署甘肃凉州镇总兵陕西河州镇总兵刘璞呈称：本年八月初五日接到电信，惊悉继母龚氏于本年六月二十三日在陕西洵阳县原籍病故，总兵即于是在署任成服，呈请委员接署凉州镇总兵篆务，开去河州镇总兵员缺，以便回籍守制，等情。前来。

臣查该总兵既经报丁母忧，例应开缺回籍守制。其所遗现署凉州镇总兵员缺，除由臣委员前往接署，以便该总兵交卸回籍，另片附奏外，所有河州镇总兵员缺，相应请旨迅赐简放，以重职守。谨会同陕西提督臣邓增、署甘肃提督臣张永清，合词恭折具奏。伏乞皇太后、皇上圣鉴，训示，施行。谨奏。②

---

① 台北故宫博物院藏：《军机及宫中档》，文献编号：408003294。又，中国第一历史档案馆藏：《录副奏折》，档号：03-5380-116。
② 台北故宫博物院藏：《军机及宫中档》，文献编号：408003291。又，中国第一历史档案馆藏：《录副奏折》，档号：03-5934-110。

【案】是年九月二十二日，清廷令何秉鳌补授河州镇总兵，《光绪朝上谕档》载曰：

光绪二十五年九月二十二日，内阁奉上谕：陕西河州镇总兵员缺，着何秉鳌补授。钦此。①

同日，公又奏报请赐洮州寺名并给喇嘛口粮，下部议。曰：

窃据甘肃布政使岑春煊呈：据署洮州厅同知熊振槃详：据厅属垂弼胜德庆寺僧众体娃谷、马仓等禀称：已故棍噶札拉参呼图克图嘉穆巴图多普，于光绪十年十月间禀蒙西藏达赖喇嘛指在洮州垂弼胜地方建立庙宇，恭诵皇经，跪祝皇太后、皇上圣寿，十一年八月内动工兴修，先后荷蒙恩赏银七千两，谨已祇领在案。所有建造经堂、僧舍计一千一百三十九间，现已一律告成，僧众集五百余名，朝夕跪诵，保皇图于永固，祝圣寿之无疆。惟是寺名未请御赐，无以昭尊崇；僧众未领口粮，无以资养赡，仰乞转详，奏恳天恩赏给寺名，并求按名支给口粮，以便专心虔诵，报答皇恩，各等情。

经该司以建寺至一千余间，集僧至五百余名，核与请赐寺名、准给口粮之例相符，并拟请以五百名为定额。查西宁府各寺院喇嘛岁支口粮，多寡未能一律，兹拟酌中定议，每名请支粮一石二斗，合共岁需仓斗下色粮六百石，即由洮州厅征收番粮项下尽数开支，不敷另行指拨，按年造报请销，详请具奏前来。

臣覆核无异，合无仰恳天恩赏赐寺名，给予口粮，俾广皇仁而示荣宠。理合恭折具陈。伏乞皇太后、皇上圣鉴，训示。并乞饬下理藩院核议施行。谨奏。②

---

① 中国第一历史档案馆编：《光绪朝上谕档》第5册第280页，广西师范大学出版社，1996。
② 台北故宫博物院藏：《军机及宫中档》，文献编号：408003292.

同日，公又开单奏报惩办甘省光绪二十五年春夏二季分情重盗匪，下部闻。曰：

  窃查甘肃地处边疆，汉、番、回、撒种类不一，加以游勇、会匪往往勾结，骑马持械，肆行劫掠，甚至逞凶拒捕，伤毙事主，情势极其凶暴，均属法无可贷，历经查照刑部通行，随时审明，批饬就地正法。其有情尚可原之犯，亦经酌量系带杆礅，按季汇报。

  兹查光绪二十五年春夏二季分，据平番县、灵州、循化厅等属先后报获盗匪马五十二、马勒木赞、马勒核木、韩由士夫、马老七、任复沅、黄有福、刘升、却群、更登等十犯到案，均经臣批饬各该管府讯供详办。旋据凉州府、宁夏府、西宁府先后复审议拟，禀办前来。

  查该盗匪马五十二、马勒木赞、任复沅、黄有福、却群、更登六犯，均系结伙持械，伤毙事主，搜劫财物，情罪重大，法无可贷。经臣批司核复，实属情真罪当，难稽显戮，已先后批饬将该犯马五十二等六犯分别就地正法，枭首示众，俾昭炯戒。伙盗马勒核木、韩由士夫、马老七、刘升，或讯系听纠行劫，临时别故不行；或本系在外把风，闻喊先遁，均事后分受赃物，情节较轻。除刘升业已在监病故，应毋庸议外，余均饬令照章分别锁系杆礅，俟限满再行查看详办。据甘肃按察使何福堃呈请具奏前来。

  除批饬仍行严缉各案逸盗务获究办外，所有甘肃省光绪二十五年春夏二季分情重盗匪照章就地惩办缘由，谨开具籍贯、案由清单，恭折具陈。伏乞皇太后、皇上圣鉴，饬部查照施行。谨奏。①

是日，公又奏报请将道员承绪以同知降补，下部闻。曰：

  窃甘肃补用道承绪，由尽先补用知府实缺丹噶尔同知任内，因防

---

① 台北故宫博物院藏：《军机及宫中档》，文献编号：408003293。又，中国第一历史档案馆藏：《录副奏折》，档号：03-7374-006。

守城池出力,于西宁全境肃清案内保奏,请以道员在任候选,经部议覆,改为开去底缺,免补知府,以道员补用。旋遵章到省,现计一年期满。据藩、臬司详送验看甄别前来。

查定例:道府以至未入流,毋论何项劳绩保归候补班人员,如有才具未能胜任、尚堪造就者,应分别改补、降补,等语。今臣查看得该员承绪,才具中平,实难胜监司之任。惟尚堪造就,前在丹噶尔同知任内办事尚无贻误,自应照例降补,相应请旨将保举甘肃补用道承绪仍改以同知留于甘肃补用,并恳饬部查照。谨恭折具陈。伏乞皇太后、皇上圣鉴,训示。谨奏。①

同日,公又附片奏请降韩景亮一事,下部闻。曰:

再,甘肃在籍候选知县韩景亮,前因修理省城军装局,经前藩司曾鉌派赴番地,采购料木。旋访闻该员冒臣衔名,刊书匾额,用鼓乐送往番寺。臣颇疑有派累之事,委员密查,据称番地民人崇信僧目,该员送匾之意实图料木易于采办,不致受其欺骗,尚无别项情弊,禀复前来。

臣查该员韩景亮窃名送匾,虽用意尚属因公,惟不先事禀明,究属谬妄,相应请旨将在籍候选知县韩景亮降以从九品仍归部选用,以示惩儆。谨附片陈明。伏乞圣鉴,训示。谨奏。②

同日,公又附片奏请议叙解清协饷各员,得旨:鹿传霖着交部议叙,余着照所议办理。曰:

再,各省关解清光绪二十三年协甘新饷,前经奏请照章给奖折内

---

① 台北故宫博物院藏:《军机及宫中档》,文献编号:408003295. 又,中国第一历史档案馆藏:《录副奏折》,档号:03-5380-117。
② 台北故宫博物院藏:《军机及宫中档》,文献编号:408003295-0-A. 又,中国第一历史档案馆藏:《录副奏片》,档号:03-5380-119。

声明四川省应叙职名未准送到，俟查取至日再附片请奖在案，兹准四川督臣奎俊咨送应叙司道职名前来。臣查四川省协筹甘肃光绪二十三年新饷，为数甚巨，既已扫数解清，亟应照章请奖，以酬劳绩。前四川督臣现任江苏巡抚鹿传霖应如何从优议叙，臣未敢擅拟，伏候圣裁。

至四川布政使升任河南巡抚臣裕长①、前署四川布政使按察使文光，均请交部从优议叙。四川盐茶道张元普②请俟升缺后，赏给头品顶戴，以示鼓励。除咨明吏、户部查照外，理合附片具陈。伏乞圣鉴，训示，饬部核奖施行。谨奏。③

是日，公又附片奏报拨银筹补董部饷项情形，下部闻。曰：

再，光绪二十五年七月准户部咨：提臣董福祥覆陈报销案内不敷库平银一万三千余两，前经奏准在于甘肃省存储杂款内设法筹补，兹拟由山西省应协甘肃本年新饷内划拨库平银一万三千两，派员解赴该军行营交纳，作为晋省解甘之款，并由陕甘总督饬司在于本年奏拨丑造存储罂粟、地税、青海王公缺旷俸饷银内照数提出，抵作晋省解到新

---

① 裕长（？—1900），字寿泉，满洲正白旗人，监生。咸丰八年（1858），捐纳汉本房笔帖式。同治元年（1862），选铸印司事主事职衔，保升军机章京。四年（1865），补满档房堂主事。五年（1866），充玉牒馆纂修。同年，补仪制司员外郎。七年（1868），记名以御史用，掌仪制司印钥，加鸿胪寺少卿衔。八年（1869），保以道府用。翌年，补仪制司郎中，放天津府知府。十年（1871），调补大名府知府。十二年（1873），晋盐运使衔。光绪五年（1879），授承德府知府。九年（1883），升天津河间兵备道。十年（1884），授奉天府尹。十五年（1889），补授直隶布政使。二十年（1894），丁生母忧，回旗守制。二十三年（1897），补授四川布政使，转直隶布政使。二十四年（1898），补甘肃右政使，调补江宁布政使。同年，擢河南巡抚。二十五年（1899），兼署盛京将军、河东河道总督。二十六年（1900），补授湖北巡抚。同年，卒于任。
② 张元普（1839—？），浙江仁和人。咸丰十一年（1861），考取附贡生。同治元年（1862），中举。七年（1868），中式进士。光绪三年（1877），充总理各国事务衙门章京。七年（1881），补刑部广西司员外郎。八年（1882），升刑部广西司郎中。十年（1884），授山东道监察御史。次年，转云南道监察御史。十三年（1887），补户科给事中。十四年（1888），授刑科掌印给事中。十五年（1889），充会试内场监试。十六年（1890），充会试内帘监试。二十年（1894），迁四川盐茶道。二十五年（1899），署理四川按察使。二十七年（1901），因病开缺。
③ 台北故宫博物院藏：《军机及宫中档》，文献编号：408003293-0-A。又，中国第一历史档案馆藏：《录副奏片》，档号：03-5380-118。

饷列收,等因。当经转饬遵照去后。

兹据甘肃布政使岑春煊详称:现已遵由春拨册存罂粟、地税项下提拨库平银八千二百八两三钱六分一厘六毫二丝,青海王公缺旷俸饷项下提拨库平银四千七百九十一两六钱三分八厘三毫八丝,二共提拨库平银一万三千两,于七月二十九日作为筹补提臣董福祥报销不敷饷项开支,仍抵作山西省解到二十五年第三批新饷列收,存候摊拨。详请奏咨前来。臣覆核无异,除咨明户部、山西抚臣暨提臣董福祥查照外,理合附片具陈。伏乞圣鉴。谨奏。①

同日,公又附片奏报兑解清楚董部饷项银情形,下部闻。曰:

再,臣前准户部咨:提臣董福祥所部甘军现改武卫后军,应需光绪二十五年行饷,奏拨甘肃腾出所调安宁等旗哨回队全年饷项银四万一千两,甘肃二十五年裁兵截饷银四万二千六百两,共银八万三千六百两,前经饬司挪凑兑拨库平银四万两,已于光绪二十五年四月初四日附片奏明在案。

兹准提臣董福祥以所余库平银四万三千六百两,本应静候搭解,惟相去过远,诚恐缓不济急,且该军已由商号挪用实多,备具印领,交由商号协同庆执持请领。咨请饬司兑交商号承领清款,并据该商号呈交印领前来。臣查前项拨饷,原奉部拨共银八万三千六百两,除先已挪凑兑拨银四万两外,尚余库平银四万三千六百两,经臣饬司设法提前兑拨,于本年七月二十三日发交协同庆商号领收,计已悉数兑解清楚。据藩司岑春煊详请覆奏前来。除咨明户部暨提臣董福祥查照外,理合附片具奏。伏乞圣鉴。谨奏。②

---

① 台北故宫博物院藏:《军机及宫中档》,文献编号:408003293-0-B。又,中国第一历史档案馆藏:《录副奏片》,档号:03-6154-023。
② 台北故宫博物院藏:《军机及宫中档》,文献编号:408003293-0-C。又,中国第一历史档案馆藏:《录副奏片》,档号:03-6154-022。

同日,公又附片奏报永明等署理总兵篆务,下部闻。曰:

再,署甘肃凉州镇总兵正任河州镇总兵刘璞报丁母忧,开缺回籍守制,经臣另折具奏在案。所遗凉州镇总兵署篆,仍应委员署理,俾专责成。臣查有凉州镇属庄浪协副将永明,熟悉营务,办事公平,堪以接署。递遗庄浪协副将员缺,查有调补宁夏镇属中卫协副将金兰益,久历戎行,办事奋勉,堪以调署。除檄饬遵照外,理合附片陈明。伏乞圣鉴。谨奏。①

是日,公又附片奏报都司周宇龙病故开缺,下部闻。曰:

再,臣准署甘肃提臣张永清咨称:署甘肃提标前营游击之肃州镇属高台营都司周宇龙患病,调治未愈,于光绪二十五年七月初一日在署任病故,咨请核办前来。臣覆核无异,相应奏明请旨开缺。

除查取该员原领都司札付及委员承查印、甘各结至日另咨送部外,所遗高台营都司员缺,甘省现有应补人员,容臣另拣请补。理合附片具陈,伏乞圣鉴,训示。谨奏。②

同日,公又附片奏报饬属勘办各地灾情,曰:

再,本年甘肃金县等属夏禾被雹、被水,业将大概情形专折奏报在案。嗣据巴燕戎格厅报明东乡丁家湾、西乡下湾、北乡哈尔洞等庄,西宁县报明东、北二乡甘雷堡等处,大通县报明祁家堡等处,于七月初八、九等日,被雹打伤秋禾,轻重不一;皋兰县报明东、南两乡水车园等处,八月初六日被雹打伤秋禾七八分不等;白马关州判及环县各报明,

---

① 台北故宫博物院藏:《军机及宫中档》,文献编号:408003291-0-A。又,中国第一历史档案馆藏:《录副奏片》,档号:03-5934-111。
② 台北故宫博物院藏:《军机及宫中档》,文献编号:408003291-0-B。又,中国第一历史档案馆藏:《录副奏片》,档号:03-5934-112。

本年五、六月间仅得微雨,入伏后亢旱尤甚,秋禾枯槁,被灾较重,各等情。经臣随时行司飞饬各该管府州,确切查勘,分别照章停征,筹款抚恤,毋使失所;一面将成灾分数及蠲缓钱粮,据实联衔造册结报,应俟各属造报齐全,再行汇核办理。据藩司岑春煊详请附奏前来。谨先行附片具陈。伏乞圣鉴,训示。谨奏。①

同日,公又附片奏闻哨官钟桂亭自戕情形,曰:

再,本年七月二十九日,据总理营务处甘肃藩司岑春煊禀称:驻扎刘家峡之镇南后旗哨官游击钟桂亭被该处绅民孔宪兆等控告扰害地方各款,应行传讯。臣当即将该哨官撤交查办。该司先委营务委员候补知县黄家模讯明,所控各情只一二事属实,余均无确据。该司以所讯未能切实,改派署皋兰县知县张庭武、即用知县朱远缮,再行详审。乃未及三日,该游击在营务处亲兵棚内,用刀自刎咽喉身死。臣据报饬据臬司委员候补同知洪冀、候补直隶州余承曾相验,自戕属实,填赍格、结在案。

臣查该哨官钟桂亭,被人在营务处岑藩司衙门控告,例应撤交委审,乃未及详办,辄在该营务处亲兵棚内自行刎毙,是否该哨官畏罪情急自刎,希图抵赖,承审委员有无抑勒、逼迫情事,自不能不详细研审,以昭慎重。

除饬藩司岑春煊将原告人证、卷宗及看守弁兵移送臬司何福堃亲提研讯确情,另行议拟奏办外,理合先行附片具陈。伏乞圣鉴。谨奏。②

---

① 台北故宫博物院藏:《军机及宫中档》,文献编号:408003292-0-A.又,中国第一历史档案馆藏:《录副奏片》,档号:03-7107-061.
② 台北故宫博物院藏:《军机及宫中档》,文献编号:408003292-0-B.又,中国第一历史档案馆藏:《录副奏片》,档号:03-7320-040.

九月二十六日,公开单奏报光绪二十五年七月分甘省雨水粮价情形,曰:

窃照本年六月分粮价并得霡雨泽情形,业经据折奏报在案。兹查七月分兰州等八府六直隶州属具报得霡雨泽,自一二寸至三四寸不等。正值秋禾结实之际,获此沃泽,实于农田大有裨益。其各属续报被雹、被旱情形,已另案附奏。

至通省粮价,或与上月相同,或较上月稍有增减,据藩司岑春煊具详请奏前来。臣覆核无异,理合恭折具奏,并缮粮价清单,恭呈御览。伏乞皇太后、皇上圣鉴。谨奏。①

同日,公又奏报三年任满吁请陛见,曰:

窃臣自光绪二十二年十月蒙恩补授陕甘总督,受命以来,竭其驽骀之力,不敢以愚陋自安,仰赖朝廷威福,边境粃平,瞻念宫门,实无刻不萦寤寐! 计臣自光绪十七年获睹天颜,亲承训诲,及今已逾八载,蒲柳之姿,须发皆霜,已非旧质。

惟此犬马恋主之忱,常宛转于中而不能自已。兹值皇太后勤劳宵旰,垂念时艰,皇上圣体违和,深宫摄养,薄海臣庶,靡不馨香顶祝,以冀圣躬康复,上慰慈怀! 微臣远隔西陲,未亲颜色,吁苍穹而默祷,依丹阙以神驰。窃维视膳问安,子职之所宜循,亦臣道之所必尽,合无仰恳天恩准臣入都展觐,俾得躬聆慈训,面受宸谟,葵藿私衷,不胜翘企!

所有微臣期届述职,恭请陛见缘由,谨缮折具陈。伏乞皇太后、皇上圣鉴,训示。谨奏。②

---

① 台北故宫博物院藏:《军机及宫中档》,文献编号:408003298。又,中国第一历史档案馆藏:《录副奏折》,档号:03-6989-027。
② 台北故宫博物院藏:《军机及宫中档》,文献编号:408003297。又,中国第一历史档案馆藏:《录副奏折》,档号:03-5381-102。

是日，公又开单奏报甘省本年二麦约收分数情形，曰：

窃查直省二麦收成分数，例应按年具奏。兹据甘肃布政使岑春煊将光绪二十五年甘肃所属各府、厅、州、县二麦约收分数查明，详报前来。

臣覆加查核，约收九分者，秦安县一处；约收八分者，山丹县等三处；约收七分有余者，金县等四处；约收七分者，伏羌县等十处；约收六分有余者，沙泥州判等十七处；约收六分者，永昌县等六处；约收五分有余者，河州等十六处；约收五分者，皋兰县等二十三处。以上八府六直隶所属通盘牵算，约收六分有余。

至各属被雹、被水之区，业经另案奏报，容俟覆勘汇齐，钱粮如何蠲缓，再行照例办理。理合先将甘省本年二麦约收分数缮折具奏，并缮清单，恭呈御览。伏乞皇太后、皇上圣鉴。谨奏。①

同日，公又奏报校阅省标各营官兵及近省马步各旗队秋操情形，曰：

窃查陕甘督标并兰州城守营及在省并附近马步各旗队，平时由臣分期调操，循环校阅，仍按春、秋二季合队操演，期于有勇知方，俾收实效。兹值本年秋操之期，臣先行檄调附近马步各旗队一律晋省，连在省防、绿各营一并合操。臣于九月初六、初八、初九、初十、十一等日，督同司道亲临校场阅视，各营官兵并防、练各旗操演湘军行营阵式及新练德国操法，队伍整肃，器械鲜明，进止如法，奇正相生；施放连环枪炮，亦皆稳练；比较刀矛，亦殊便捷；马队合队操演，马上放枪以及员弁枪靶均灵便有准。臣择其技艺出众者，分别奖赏，以示鼓励。其技艺平常，枪靶不中，仍分别酌量惩处，勒限练习，另期再阅，总期精益求精，冀成劲旅，以仰副圣主整饬戎行、修明武备至意！

---

① 台北故宫博物院藏：《军机及宫中档》，文献编号：408003299.又，中国第一历史档案馆藏：《录副奏折》，档号：03-6729-078.

所有臣校阅光绪二十五年省标及近省马步各旗队秋操情形,理合恭折具陈。伏乞皇太后、皇上圣鉴。谨奏。①

同日,公又代奏署凉州镇总兵永明谢恩,曰:

窃臣据署甘肃凉州镇总兵庄浪协副将永明呈称:奉委署理凉州镇总兵员缺,即将庄浪协副将事务交代清楚,束装起程,于光绪二十五年九月初二日驰抵凉州,准前署总兵刘璞委中军游击王梓材赍送钦颁道字四十二号凉州总兵官银印一颗,并王命、旗牌、文案、卷宗等项前来。遵即恭设香案,望阙叩头谢恩,即于是日祗领任事。

俯念永明一介庸愚,满洲世仆,前此历受国恩,愧涓埃之未报;兹复委权镇篆,实悚惧之滋深!查凉州为西路重镇,地当冲要,隘口纷歧,巡缉操防,在在均关紧要,惟有勉竭愚诚,力图整饬,随时随事禀商督臣,妥为办理,万不敢以暂时权篆稍涉因循,以冀仰答高厚鸿慈于万一!

所有接署凉州镇印日期并感激下忱,呈请代奏叩谢天恩前来。理合恭折代奏。伏乞皇太后、皇上圣鉴。谨奏。②

是日,公又附片奏报请将候补知府蒋本艾等裁汰,下部闻。曰:

再,臣接准部咨:钦奉上谕:据张之洞称,查明历年奉差不销、久假不归、潜行离省回籍者,咨明吏部,不准再行到省,等语。着各该督抚一体查明办理,以杜冗滥而清仕途,等因。当即钦遵行司遵照查办。兹据甘肃藩司岑春煊、臬司何福堃查明,候补知府蒋本艾、候补前先直

---

① 台北故宫博物院藏:《军机及宫中档》,文献编号:408003300。又,中国第一历史档案馆藏:《录副奏折》,档号:03-6304-114。
② 台北故宫博物院藏:《军机及宫中档》,文献编号:408003301。又,中国第一历史档案馆藏:《录副奏折》,档号:03-5934-177。

隶州知州萧延庆、候补同知张铭鉴、候补知县刘沛霖、另补知县高心伯、候补知县周书、候补前先知县唐传柄、孝廉方正知县李南炳、候补先前知县杨星炳、大挑知县王璠、候补前先知县陈鸿章、分缺先用县丞王炳南、候补主簿胡文英、试用主簿林鹄年、分缺先用巡检胡瑞霖、试用巡检胡臣斌、俸满候升照磨习体刚等正、佐一十七员，或私自回籍，或回籍措资、修墓、省亲，或告病回籍，并有因事潜踪不知去向者，既均久未回省，应请一并裁汰，不准再来甘肃候补，以期疏通而杜冗滥。会详请奏前来。

臣覆核无异，除在省候补各员由臣督同司道随时考察，如有庸劣不职，自当据实奏参，不敢稍涉优容外，谨附片具陈。伏乞圣鉴，训示。谨奏。①

同日，公又附片奏请嘉奖总兵马安良等，得旨：马安良着传旨嘉奖，余着兵部议奏。曰：

再，臣前将剿办甘肃海城县回匪完竣情形业经专折奏报，并声明逃匪田百连等设法严缉务获另办在案。臣查甘肃回民最多，良莠不齐。此次在逃各犯内，惟田百连、田文魁、田五斤子极凶悍诡诈，窃恐潜匿他处，复萌故志，经臣悬立重赏，通饬各属文武于回民聚集之区密访查拿。九月初三日，据带队驻防河州记名总兵马安良禀报，海城县逃匪田百连等闻有潜匿河境、复图煽诱滋事之谣。当即派令帮带补用守备马忠孝，带领回勇，会同地方文武、兵役，购线密缉。田百连等知事已露，复行逃跑。马安良饬令弁勇分路跟追。八月三十日，马忠孝带勇追至狄道所属之白岘子山上，适与贼遇，该处四无居民，山路险峻，马忠孝督勇进擒。该贼等倚山抗拒，拾石乱掷，连伤勇丁数人。马忠孝开枪抵击，该匪田百连等均中枪跌崖，田文魁、田五斤子当即殒

---

① 台北故宫博物院藏：《军机及宫中档》，文献编号：408003301-0-A.又，中国第一历史档案馆藏：《录副奏片》，档号：03-5381-103.

命,田百连伤尚未死。马忠孝割取田文魁等首级二颗,同田百连一并押解到省。

臣亲提田百连,讯据供称:前在海城县,听从冯老八等谋反,沿途放火、杀人、劫抢后,与官兵打仗失利逃散,伊与田文魁、田五斤子逃至河州地方,隐匿姓名,在彼煽诱,事尚未成,官兵缉拿严紧,伊与田文魁等商允逃往张家川,另作计较。八月三十日,行至白岘子山上,官兵追来,伊等一齐抗拒,拾石乱掷,连伤勇丁数人,官兵开枪对击,伊与田文魁等俱中枪跌崖,田文魁等身死,官兵割取首级同伊一并解省,各等情。直认不讳。窃查田百连等为此次海城漏网逆匪,胆敢潜逃他处,阴图勾结,并敢拒伤捕勇,狂悖凶横,实属罪无可逭。查验田百连枪伤颇重,未便稽迟致逃显戮。臣即按照军法,饬令凌迟处死,同田文魁等首级一并枭示,以昭炯戒。

臣查花翎尽先补用守备马忠孝,奋勇拿贼,悉数就擒,实属有裨大局,拟恳天恩准其免补守备以都司尽先补用,并请赏加参将衔,以资激劝。至记名简放总兵马安良,前于河湟平定蒙恩赏穿黄马褂,嗣经臣奏准留该总兵带队驻扎河州,钤束回众,地方极其安谧。此次逃匪潜匿该处,复图煽诱滋事,该总兵选派弁勇,即时追获,解省伏诛,实属消患无形,厥功尤伟,拟恳传旨嘉奖,以示优异。除受伤捕勇由臣查明分别重赏外,谨附片具陈,伏乞圣鉴,训示。谨奏。①

同日,公又附片奏报长庆等署理副将员缺,下部闻。曰:

再,署延绥镇属定边协副将黄甫营游击罗恒丰据报病故,除将病故日期另片奏报外,所遗定边协副将员缺,亟应委员接署,俾专责成。臣查有延绥镇属波罗营参将长庆,心地明白,稳练有为,堪以署理。递遗波罗营参将员缺,查有延绥镇标城守营都司瑞祥,朴实稳练,操防

---

① 台北故宫博物院藏:《军机及宫中档》,文献编号:408003301-0-B.

力,堪以署理。除分饬遵照外,理合附片具陈。伏乞圣鉴。谨奏。①

是日,公又附片奏报都司朱桐因病开缺,下部闻。曰:

再,臣接准陕西固原提督臣邓增咨:据提属泾州营都司朱桐禀称:都司近因年老多疾,本年七月间复患疮证,迭经医治,迄未就痊。现值整顿营伍之际,不敢以病躯致滋贻误,恳请开缺回籍调理,等情。经提臣查验属实,咨请核办前来。

臣覆查无异,相应奏明请旨开缺。除查取该员原领札付另咨送部外,其所遗陕西固原提属泾州营都司员缺,陕甘现有应补人员,容臣另拣请补。谨附片具陈。伏乞圣鉴。谨奏。②

十一月初四日,公开单奏报光绪二十五年八月分甘省雨水粮价情形,曰:

窃照本年七月分粮价并得霑雨泽情形,业经据折奏报在案。兹查八月分兰州等八府六直隶州属具报得霑雨泽,自二三寸至四五寸不等,亦有仅得微雨,秋禾不无伤损,并有旱久又被霜摧殒者,容查明另行附奏。

至通省粮价,或与上月相同,或较上月稍有增减。据藩司岑春煊具详前来。臣覆核无异,理合恭折具奏,并缮粮价清单,恭呈御览。伏乞皇太后、皇上圣鉴。谨奏。③

---

① 台北故宫博物院藏:《军机及宫中档》,文献编号:408003300-0-A.又,中国第一历史档案馆藏:《录副奏片》,档号:03-5934-178.
② 台北故宫博物院藏:《军机及宫中档》,文献编号:408003300-0-B.又,中国第一历史档案馆藏:《录副奏片》,档号:03-5934-179.
③ 台北故宫博物院藏:《军机及宫中档》,文献编号:408003302.又,中国第一历史档案馆藏:《录副奏折》,档号:03-6990-040.

同日，公又会衔甘肃提臣张永清奏请何训忠补授西宁镇标游击，下部议。曰：

窃臣前准部咨：西宁镇标左营游击彭永清病故，遗缺系题补第七轮第三缺，轮用预保，该省预保无人，应以第六缺拣发人员题补，应令迅拣请补，等因。当经转饬遵照去后。兹据署西宁镇总兵罗平安呈称：遵即在于各营合例人员内逐加拣选，查有现署贵德营游击留陕甘拣发补用游击何训忠，老成历练，晓畅戎机，堪以请补。呈请核办前来。

臣查该员何训忠久历戎行，操防勤奋，以之请补斯缺，实堪胜任，亦与轮缺章程相符，合无仰恳天恩俯准以该员何训忠补授西宁镇标左营游击员缺，以期得力。如蒙俞允，俟接准部覆后，即行给咨赴部引见，以符定制。

除饬取该员履历清册送部外，谨会同署甘肃提督臣张永清，恭折具陈。伏乞皇太后、皇上圣鉴，训示。谨奏。①

是日，公又奏报甘省各属光绪二十五年上忙征收银两数目情形，下部闻。曰：

窃照甘肃各属光绪二十四年上、下忙征收银数，业经奏报在案。所有二十五年上忙征收银数，据藩司岑春煊详称：查甘省光绪二十五年额征地丁、起存正杂银二十八万四千五百九十二两一钱四分九厘，连秦州等处新垦地丁银九百六十一两七钱五分三厘，共银二十八万五千五百五十三两九钱二厘，内除皋兰县、沙泥州判、洮州厅、华亭县、平番县、宁夏县、灵州、中卫县、宁灵厅、西固州同等处水冲地亩豁免银七十九两一钱四分三厘五毫，又除皋兰县西乡马家湾回民逃亡无着银三

---

① 台北故宫博物院藏：《军机及宫中档》，文献编号：408003303. 又，中国第一历史档案馆藏：《录副奏折》，档号：03-5935-084.

十五两二分四厘,又除各属无从征收银七万七百四两一钱八分一厘九毫外,现垦熟地应征银二十一万四千七百三十五两五钱五分二厘六毫,内除洮州厅北乡录麻回地荒芜无从征收银一十七两三钱一分八厘外,止该应征银二十一万四千七百一十八两二钱三分四厘六毫,又收打拉池县丞续垦升科银一两二钱三分五厘,二共应征银二十一万四千七百一十九两四钱六分九厘六毫。

今上忙已完银一十一万五千五十八两五钱七分九厘,统计系在四分以上,内已完存留、经杂、驿站银四万二千一百四十九两五钱二分二厘,照数留支已完起运银七万二千六百四十九两六钱七分九厘,内已解银七万一千三百三十五两二钱九分二厘,内已造入二十五年秋拨册内银一万三千三百九两一钱一分八厘,候入二十六年春拨册内银五万八千二十六两一钱七分四厘,未解银一千三百一十四两三钱八分七厘。

已完杂赋银二百五十九两三钱七分八厘,均已解司,内已造入二十五年秋拨册内银一百一十六两七钱一分,候入二十六年春拨册内银一百四十二两六钱六分八厘,未完地丁正杂银九万九千六百六十两八钱九分六毫,内未完地丁、起运银六万七千三十四两二钱八分九厘,未完存留、经杂银一万三百三十一两九钱九分五厘,未完存留、驿站银二万一千七百四十两六钱三分五厘六毫,未完杂赋银五百五十三两九钱七分一厘,应归入下忙案内一并核办。其未解起运银两系已故前署正宁县知县王开甲迟延短解,已于交代案内详揭初参职名,一面勒限该家属赶紧清解,此案册内请免重复开揭。造具总、散清册,详请具奏前来。

臣覆核无异,除将清册咨送户部查核外,所有甘省各属光绪二十五年上忙征收银两数目,理合恭折具奏。伏乞皇太后、皇上圣鉴。谨奏。①

---

① 台北故宫博物院藏:《军机及宫中档》,文献编号:408003305. 又,中国第一历史档案馆藏:《录副奏折》,档号:03-6264-064.

同日，公又奏报第三次恳恩议恤甘肃各属节次御贼伤亡人员，下部议。曰：

窃查光绪二十一年甘肃循化撒回滋事，河湟一带回匪相继叛乱，肆行杀掠，官军各路堵剿，所有阵亡、伤故官兵业经查明汇册，先后分作两次奏准议恤，并于折内声明尚有未经报到阵亡伤故弁勇以及殉难绅民、妇孺人等，容再查明另案具奏在案。兹据甘肃布政使岑春煊查明，各属阵伤亡故并殉难、遇害民勇、绅民、妇孺人等，共计一万一千八百四十名口，造具花名、籍贯、死事、年月日期、地址清册，请作为第三次详恳奏恤前来。

臣查各属民勇及绅民、妇孺人等，或随同官军击贼阵亡，或因公遇害，或被执不屈，或惧辱自戕，均属忠节可嘉，合无仰恳天恩俯准饬部照例分别旌恤，以彰忠荩而慰幽魂！

除尚有未经报到民勇以及殉难绅民、妇孺人等，容再查明另案具奏，并将清册分送吏、户、礼、兵四部外，谨恭折具奏。伏乞皇太后、皇上圣鉴，训示。谨奏。①

同日，公又附片奏报拣员署理知州等缺情形，下部闻。曰：

再，署狄道州知州潘力谋调省遗缺，查有候补知州王秉章堪以委署；署金县知县刘立诚调省遗缺，查有准升丹噶尔同知陈昌堪以署理；宁灵同知方仰欧调省遗缺，查有试用同知洪翼堪以署理；会宁县知县恩端撤任遗缺，查有候补知县李支芳堪以署理；两当县知县苏保国请假遗缺，查有安化县知县孟滢堪以调署；递遗安化县知县员缺，查有候补知县潘远曜堪以署理；静宁州知州李笃庆撤任遗缺，查有教职试用知县王长堪以署理。据甘肃藩、臬两司会详前来。除分别檄饬遵照

---

① 台北故宫博物院藏：《军机及宫中档》，文献编号：408003307.又，中国第一历史档案馆藏：《录副奏折》，档号：03-5935-080.

外，理合附片陈明。伏乞圣鉴。谨奏。①

是日，公又附片奏报张廷楫等期满甄别情形，下部闻。曰：

再，查例载：道府以至未入流，凡系应行试看人员，以到省之日起，试看一年期满，甄别补用，等语。历经遵办在案。兹查有劳绩保留甘肃尽先补用道张廷楫，于光绪二十四年四月初三日到省，今自到省之日起扣至二十五年四月初三日，试看一年期满，例应甄别。又，尽先补用知县曹燿崐于光绪二十四年六月二十七日到省，今自到省之日起扣至二十五年六月二十七日，试看一年期满，例应甄别。由甘肃藩、臬两司加考，详请甄别具奏前来。

臣查张廷楫器识闳远，熟悉边情，堪以道员留省补用；曹燿崐年壮才明，办事勤慎，堪以知县留省补用。除将各该员履历清册咨部查照外，理合附片具陈。伏乞圣鉴。谨奏。②

同日，公又附片奏报甘肃各属查勘被灾分数情形，曰：

再，本年甘肃金县等属夏禾被雹、被水，并巴燕戎格厅等属秋禾被雹、被旱各大概情形，业经先后具折奏报在案。兹据合水县报明东乡东华池地方于七月二十八日猛被肃霜，秋禾受伤；阶州报明外纳、边寨等里久未落雨，秋禾已形亢旱，又于八月初八日复降冰雹，禾穗多半损折；平凉县报明东北乡合芦等里于八月初九日被雹打伤秋禾，灾伤颇重；安化县报明四乡、荔原等里屯所种秋禾始终未得透雨，忽于八月二十四、二十六等日又被严霜肃杀，晚禾颗粒无收；西固州同报明阁属秋

---

① 台北故宫博物院藏：《军机及宫中档》，文献编号：408003306-0-A. 又，中国第一历史档案馆藏：《录副奏片》，档号：03-5382-144.
② 台北故宫博物院藏：《军机及宫中档》，文献编号：408003306-0-B. 又，中国第一历史档案馆藏：《录副奏片》，档号：03-5382-145.

禾久未得雨,多已枯槁无收;文县报明入秋以来,雨泽愆期,半山、平川各地秋禾多已枯槁殆尽,各等情。经臣随时行司飞饬各该管道、府、州,确切查勘,分别照章停征,筹款抚恤,毋使失所;一面将成灾分数及蠲缓钱粮据实联衔造册结报,应俟各属造报齐全,再行一并汇核办理。据藩司岑春煊详请覆奏前来。谨附片具陈。伏乞圣鉴,训示。谨奏。①

同日,公又附片奏报游击罗恒丰病故开缺,下部闻。曰:

再,臣据署延榆绥镇总兵龙得胜呈称:署定边协副将黄甫营正任游击罗恒丰得患气冲之证,医治罔效,于光绪二十五年七月二十一日在署任病故,经委员查取原领札付及嫡亲、医生承查印、甘各结,一并呈请核办前来。臣覆查无异,相应请旨开缺。除札付、印甘各结咨送兵部外,所遗黄甫营游击员缺,陕甘现有应补人员,容臣另拣请补。理合附片陈明。伏乞圣鉴。谨奏。②

是日,公又会衔甘肃提督张永清奏请宋得元借补都司员缺,下部议。曰:

再,臣前准兵部咨:甘肃凉州镇标左营守备丁启祥,准其补授安远营都司。所遗凉州镇标左营守备员缺,系题补第六轮第二缺,轮用尽先人员,行令拣员请补,等因。当经转饬遵照去后。旋据署凉州镇总兵刘璞详称:拣选得花翎尽先补用都司凉州镇属蔡旗堡千总宋得元,营务谙练,老成可靠。恳请借补前来。

臣查该员宋得元,久历戎行,老成稳练,以之借补斯缺,实堪胜任,

---

① 台北故宫博物院藏:《军机及宫中档》,文献编号:408003305-0-A。又,中国第一历史档案馆藏:《录副奏片》,档号:03-7107-080。
② 台北故宫博物院藏:《军机及宫中档》,文献编号:408003307-0-A。又,中国第一历史档案馆藏:《录副奏片》,档号:03-5935-086。

亦与轮章相符,合无仰恳天恩俯念员缺紧要,准以该员宋得元借补凉州镇标左营守备员缺,可期得力。如蒙俞允,俟接准部覆后,即行给咨送部引见,以符定制。除查取该员履历清册另咨送部外,谨会同署甘肃提督臣张永清,附片具陈。伏乞圣鉴,训示。谨奏。①

同日,公又会衔陕西固原提督邓增附片奏请胡培补授守备员缺,下部议。曰:

再,臣前准兵部咨:陕西延榆绥镇标左营守备系题补第二轮第八缺,轮用尽先人员,行令拣员请补,等因。当经转饬遵照去后。兹据署延榆绥镇总兵龙得胜呈称:拣选得花翎都司衔尽先即补守备蔸州汛千总胡培,熟悉营务,勤慎操防,恳请酌补前来。

臣查该员胡培,久历戎行,操防勤慎,且尽先名次在前,以之请补斯缺,洵堪胜任,与例亦符,合无仰恳天恩俯念员缺紧要,准以该员胡培补授延榆绥镇标左营守备,俾资得力。如蒙俞允,该员系曾经引见之员,应请饬部发给实授札付,以符定制。除查取该员履历清册另咨送部外,谨会同陕西固原提督臣邓增,合词附片具陈。伏乞圣鉴,训示。谨奏。②

同日,公又会衔甘肃提督张永清附片奏请章应炯升补守备员缺,下部议。曰:

再,臣前准兵部咨:甘肃宁夏镇标前营守备员缺,系题补第五轮第九缺,轮用应升人员,应令拣员请补,等因。臣随在于俸满应升人员内拣选得卓异应升现署大靖营守备凉州镇标后营千总章应炯,年壮才明,办事

---

① 台北故宫博物院藏:《军机及宫中档》,文献编号:408003304-0-A.又,中国第一历史档案馆藏:《录副奏片》,档号:03-5935-081。
② 台北故宫博物院藏:《军机及宫中档》,文献编号:408003304-0-B.又,中国第一历史档案馆藏:《录副奏片》,档号:03-5935-079。

勤奋，以之请补斯缺，实堪胜任，亦与轮章相符。合无仰恳天恩俯念员缺紧要，准以卓异千总章应炯升补甘肃宁夏镇标前营守备员缺，俾资得力。如蒙俞允，该员系已经引见回任候升之员，毋庸再行送部，应请饬部发给实授札付，以符定制。除查取该员履历清册另咨送部外，谨会同署甘肃提督臣张永清，合词附片具陈。伏乞圣鉴，训示。谨奏。①

是日，公又会衔陕西提督邓增附片奏请将守备任新春与黄玉芳对调，下部议。曰：

再，臣接准陕西提臣邓增咨称：查得提属周至营守备任新春，人地不甚相宜，请与提属西凤营守备黄玉芳互相对调。咨请核办前来。臣查陕西提属周至营守备任新春既属人地不宜，应请调补西凤营守备。所遗周至营守备员缺，即以西凤营守备黄玉芳调补，庶人地各得其宜，于营伍方有裨益。合无仰恳天恩俯准以周至营守备任新春与西凤营守备黄玉芳相互调补，以期得力。如蒙俞允，俟接准部覆后，即行给咨送部引见，以符定制。除查取该员等履历清册另咨送部外，谨会同陕西提臣邓增，合词附片具陈。伏乞圣鉴，训示。谨奏。②

同日，公又附片奏报李临湘委署副将员缺，下部闻。曰：

再，河州镇属洮岷协副将韩廷芝经臣调省另有差委。所遗副将员缺，查有补用总兵正任巩昌营游击李临湘，久历戎行，操防勤奋，堪以委署。除檄饬遵照外，理合附片具奏。伏乞圣鉴。谨奏。③

---

① 台北故宫博物院藏：《军机及宫中档》，文献编号：408003304-0-C。又，中国第一历史档案馆藏：《录副奏片》，档号：03-5935-078。
② 台北故宫博物院藏：《军机及宫中档》，文献编号：408003303-0-A。又，中国第一历史档案馆藏：《录副奏片》，档号：03-5935-083。
③ 台北故宫博物院藏：《军机及宫中档》，文献编号：408003303-0-B。又，中国第一历史档案馆藏：《录副奏片》，档号：03-5935-082。

同日，公又会衔甘肃提督张永清附片奏请杨培源升补岔口营都司，下部议。曰：

> 再，臣前准兵部咨开：甘肃凉州镇属岔口营都司张绳祖调补庄浪协营都司，所遗岔口营都司员缺系题补之缺，仍作为第六轮第六缺，轮用拣发人员，应令拣员请补，等因。臣随在于拣发补用都司人员内考验得留陕甘拣发补用都司宁夏镇标左营千总杨培源，年力富强，操防勤奋，以之请补斯缺，实堪胜任，亦与轮章相符。合无仰恳天恩俯念员缺紧要，准以该员杨培源补授岔口营都司员缺，可期得力。如蒙俞允，俟接准部覆后，即行给咨送部引见，以符定制。除查取该员履历清册另咨送部外，谨会同署甘肃提臣张永清，附片具陈。伏乞圣鉴，训示。谨奏。①

十一月二十四日，公开单奏报光绪二十五年九月分甘省雨水粮价情形，曰：

> 窃照本年八月分粮价并得霑雨泽情形，业经据折奏报在案。兹查九月分兰州等八府六直隶州属具报得霑雨雪，自一二寸至三四寸不等。秋禾已收获登场，时交冬令，土脉含濡，民情极为欣慰。
>
> 至通省粮价，或与上月相同，或较上月稍有增减。据藩司岑春煊具详请奏前来。臣覆核无异，理合恭折具奏，并缮粮价清单，恭呈御览。伏乞皇太后、皇上圣鉴。谨奏。②

---

① 台北故宫博物院藏：《军机及宫中档》，文献编号：408003303-0-C.又，中国第一历史档案馆藏：《录副奏片》，档号：03-5935-085。
② 台北故宫博物院藏：《军机及宫中档》，文献编号：408003308.又，中国第一历史档案馆藏：《录副奏折》，档号：03-6991-030。

同日，公又奏报甘肃光绪二十四年关内防军收支各款情形，下部议。曰：

窃查前准部咨：甘肃关内外军饷自光绪十一年起，均归甘肃藩司统收分拨，所有关内十一年起至二十三年止收支各款，业经造册具奏核销在案。兹据甘肃布政使岑春煊详称：查旧管项下，垫支不敷湘平银五万五千三百七十余两。二十四年应分新饷，除拨归司库支发标、练各军并补发二十二年分新饷，及划司库提存封储各款另册造销外，计关内防军实收湘平银五十九万一千五百四十一两零。又收湖北补解二十二年新饷短平银一十九两八钱零，又收封存册内拨来旧防军子药夫本年连闰口粮湘平银一万四千七百四十五两零，又收防军马步各营旗报缴旷银二千二百四十余两，又收制办旗衣、配造铅药、火绳、军装等项采买物料扣回平余银一百八十余两，又收湖北补解二十二年新饷短平应扣四分减平银三两三钱零，又收司库提拨仓粮变价银四万二千三百五十余两。通共实收湘平银六十五万一千九十七两零。

支发关内防军马步各营、旗、哨、队二十四年分薪粮银六十三万三千五百三十八两零，又支发关内防军步队各营旗子药夫口粮银一万四千七百四十三两零，又支发关内添募督标亲军中、前二旗马步弁勇小口粮料草钱合湘平银八百九十八两零，又支发关内防军马队各营旗三成倒马例价银四千八百一十一两零，又支发各局所委员、书吏薪水、公费银四千二百八十余两，又支发各局护勇口粮银一千一百八两零，又支发总理营务处委员、书识、差弁、马勇薪粮银二千四百二十六两零，又支发制办军装、旗衣、配造铅药、火绳工料、房租银二万八百五十两零，又支发军装局并归并、制造机器、修整军装匠工口粮、采办物料银三千五百四十余两，又支发防军报销部饭食银五千七百一十五两零，又支发循、河、西、碾军务阵伤亡故官弁兵丁恤赏银四千三两零，又支发督练甘军提臣董福祥饷项银三万七百一十七两零，又补发二十三年报销垫用不敷银五万五千三百七十一两零。通共实支发湘平银七十八万二千一十六两零。

　　实在项下，垫支不敷湘平银一十三万九百一十两零。先由各省关预解到光绪二十五年未分三成新饷项下通挪借用银一十万两，又由号商借垫银三万九百一十八两零。第前项借垫银两为数甚巨，如通挪预解三成新饷虽属公款，究系关内外各军计口授食之资，万难久借，若非请拨的款，深恐供应不继，饥哗堪虞。即借用商款，亦应立待清还。相应将二十四年分关内防军收支各款造具细数清册，详请具奏核销，并请将不敷借垫银两一并恳恩饬部筹拨清款，等情。前来。

　　臣覆加查核，所有支款委系实用实销，并无浮冒；借垫各款，亦难日久悬宕，相应吁恳天恩俯准饬部核销，并将不敷借垫银两一并指拨的款，以便清还而维时局。除清册分送户、兵、工部，理藩院外，理合恭折具陈。伏乞皇太后、皇上圣鉴，训示。谨奏。①

是日，公又奏报甘肃关内外光绪二十四年分转运新饷脚价及电报局经费情形，下部闻。曰：

　　窃甘肃关内外每年运解新饷脚价、委员川资、鞘匣等项，遵照部议，由新饷内划提银四万两，另款开支。又，陕甘养电经费、岁修银两，前经奏明请于划提新饷银四万两内，除开支转运脚价等项外，所余银两尽数拨支，奉旨允准，历经遵办。截至二十三年底止，造册奏咨核销，实存湘平银七千四百五十两零。二十四年仍照前案由新饷内提银四万两，又收二十四年支发脚价等项照章扣回平余银二百四十余两，共管、收实存湘平银四万七千六百九十余两。自二十四年正月起至十二月底止，由泾州属之瓦云驿接运新饷至兰州省城，复由兰州转运关外应分新饷各款。至新疆省城脚价及员弁盘费、盐菜、口粮、骡脚，并添制鞘匣、纸张、绳索、工价等项，共发过银二万五千一百五十余两。

---

① 台北故宫博物院藏：《军机及宫中档》，文献编号：408003310。又，中国第一历史档案馆藏：《录副奏折》，档号：03-6155-032。

又拨发甘肃电报局二十四年养电经费银一万二千六百四十余两,陕西电报局二十四年养电经费银一千一百一十余两,共发过湘平银一万三千七百五十余两。应咨由督办电线事宜铁路总公司大臣盛宣怀照数列收,另将支用细数造报请销外,统计开支拨发湘平银三万八千九百一十余两,实存湘平银八千七百八十余两另款存储,归入下届开支造报。据甘肃藩司岑春煊造具总、散清册,详请具奏前来。

臣覆查无异,相应吁恳天恩饬部查照核销。除将各册分送户、兵、工部外,理合恭折具陈。伏乞皇太后、皇上圣鉴,训示。谨奏。①

同日,公又开单奏请奖叙解清协饷出力各员,下部议。曰:

窃臣前准部咨:钦奉谕旨:甘肃关内外饷银关系紧要,经户部分别饷数,请饬依限报解。着该将军、督抚等严饬各该司道,按照部拨数目,扫数筹解,如能依限解清,即由陕甘总督奏请奖叙,等因。钦此。历经钦遵办理在案。兹查光绪二十四年甘肃新饷,户部照拨四百八十万两,各省俱已扫数完解。臣维甘肃关内外所需饷项,皆系计口授食,协拨稍有逾期,军食即虞匮乏,幸赖各省关司道源源接济,方资饱腾,亟应照章请奖,以酬劳绩。经臣分咨各省查取应叙职名前来。合无仰恳天恩附照成案奖叙,以示鼓励。

---

① 台北故宫博物院藏:《军机及宫中档》,文献编号:408003309.又,中国第一历史档案馆藏:《录副奏折》,档号:03-6651-083.

至前福州将军现任直隶总督裕禄①、前福州将军现任盛京将军增祺②、两江总督刘坤一、湖广总督张之洞、陕西巡抚魏光焘、前署江苏巡抚现任四川总督奎俊、前江西、江苏巡抚现任广东巡抚德寿、前山西巡抚胡聘之、江西巡抚松寿③、安徽巡抚邓华熙、前河南巡抚现任浙江巡抚刘树堂等，督筹无误，实属公忠体国，畛域不分。臣忝列边圻，幸赖饷项无缺，得以少免愆尤，不敢不上达宸聪，应如何从优议叙之处，臣未敢擅拟，伏候圣裁。至各司道等请奖职名，谨缮清单，恭呈御览。伏

---

① 裕禄（1844—1900），字寿山，喜塔腊氏，满洲正白旗人，监生。咸丰七年（1857），任刑部笔帖式。同治元年（1862），任刑部主事、清档房堂主事。二年（1863），升刑部员外郎。三年（1864），迁刑部郎中。六年（1867），擢直隶热河兵备道。次年，升安徽按察使，署安徽布政使。十一年（1872），实授安徽布政使，署安徽巡抚。十三年（1874），升补安徽巡抚。光绪十年（1884），署两江总督。次年，署湖广总督、湖北巡抚。十三年（1887），调补湖广总督，署两江总督、办理通商事务大臣。十五年（1889），调补盛京将军、奉天府丞。二十年（1894），加尚书衔。二十一年（1895），调补福州将军。次年，兼船政大臣。二十三年（1897），调四川总督。二十四年（1898），入军机，旋兼镶蓝旗汉军都统，补礼部尚书，兼总理衙门上行走。同年，调补直隶总督，办理通商事务北洋大臣。二十六年（1900），卒于任。

② 增祺（1851—1919），字瑞堂，伊拉里氏，满洲镶白旗人。同治初年，充直隶包头军营前锋。七年（1868），署绥远城防营骁骑校。九年（1870），补镶白正蓝旗满洲骁骑校。十二年（1873），升镶黄正白旗满洲防御。同年，署密云驻防满洲佐领。光绪五年（1879），补副前锋章京。十二年（1886），授镶黄旗满洲佐领。翌年，总理黑龙江齐字营文案。十四年（1888），充东三省练兵行营总办文案。十五年（1889），迁镶黄正白满蒙二旗协领，加副都统衔。是年，署营务翼长。十六年（1890），授齐齐哈尔副都统。十七年（1891），督理绥化厅清丈事务。十九年（1893），督理巴彦苏苏清丈事务。二十年（1894），护理黑龙江将军。次年，会办黑龙江开荒事件，帮办黑龙江镇边事宜。二十三年（1897），擢福州将军。二十四年（1898），授船政大臣。同年，兼署闽浙总督。二十五年（1899），调补盛京将军。次年，补宁夏将军（未赴任）。二十九年（1903），承修永陵工程。三十三年（1907），调宁夏将军。是年，授正黄旗蒙古都统。三十四年（1908），补授广州将军。宣统二年（1910），兼署两广总督。次年，补正白旗蒙古都统，充弼德院顾问大臣，旋去职。民国八年（1919），卒。谥简悫。

③ 松寿（1849—1911），字鹤龄，佟佳氏，满洲正白旗人。同治初，捐纳笔帖式。五年（1866），充工部笔帖式。七年（1868），捐户部员外郎。光绪元年（1875），保郎中。四年（1878），授汉档房总办，加四品衔。七年（1881），授火药局总办。八年（1882），升工部郎中、制造库掌印。九年（1883），充清档房帮办、屯田司掌印。同年，充总理衙门章京。十年（1884），授虞衡司掌印、琉璃窑监督。十六年（1890），放陕西督粮道，晋二品衔。二十年（1894），兼署陕西按察使。二十一年（1895），署陕西布政使。同年，调补山东按察使。二十二年（1896），补江西按察使。是年，迁江宁布政使。二十四年（1898），擢江西巡抚。二十六年（1900），调补江苏巡抚。二十七年（1901），补河南巡抚。二十八年（1902），调工部左侍郎，署热河都统。同年，授正蓝旗蒙古副都统。二十九年（1903），授热河都统，加尚书衔。三十一年（1905），授兵部尚书。次年，调工部尚书，兼署兵部尚书，转镶蓝旗蒙古都统。三十三年（1907），调补闽浙总督，兼闽海关税务监督、船政大臣。同年，兼署福州将军。宣统元年（1909），会办福建盐政。三年（1911），卒于任。赠太子少保，谥忠节。

乞皇太后、皇上圣鉴,训示。谨奏。①

同日,公又奏报恳恩赏假一月一事,曰:

　　窃臣旧在西陲,肺、胃伤于寒气,每届冬令,必发咳嗽、气喘之证,曾经叠次请假调理在案。初只视为宿疾,不甚委顿,近来体气渐衰,每发弥重。今年十月中起,多痰多咳,尚可竭力支撑。乃交十一月后,偶或见风,咳喘愈甚,僚属接见,皆在内室,语言咯多则气促不能成声。十五日,强起见客,头晕脚软,咳喘不止。十六日,口吐鲜血十余次,连日医治,痰中犹带血丝。臣素无血证,遽增此疾,益觉心神恍惚,困惫难支。

　　臣前吁请陛见,蒙恩俞允,并有谕旨令魏光焘来甘接署。闻命之余,实深欣幸!正拟清厘一切,俟魏光焘抵任后,束装北上。今电探魏光焘陛辞出都,绕抵陕境,到甘尚需时日。臣病势增剧,深恐有误要公,再四思维,只得仰恳天恩俯准赏假一月,俾得赶紧调理;一面由臣电催魏光焘迅速来甘接署。臣病势稍轻,解期即当销假起程,入觐天颜,藉伸孺慕。臣在假期内,日行公事,暂委藩司岑春煊代折代行;紧要事件,仍由臣力疾经理,断不敢稍有贻误。

　　所有微臣喘疾大发,兼患咯血,请假调理缘由,谨恭折具陈。伏乞皇太后、皇上圣鉴,训示。谨奏。②

是日,公又会衔陕西固原提督邓增、甘肃提督张永清奏请陈政才等补授守备员缺,下部议。曰:

　　窃臣前准部咨:甘肃宁夏镇标左营守备系题补第五轮第六缺,陕甘督标前营守备系题补第六轮第六缺,陕西河州镇标左营守备系题补第三缺第六缺,均轮用拣发人员,先后行令迅拣请补,等因。臣随在于归拣发

---

① 台北故宫博物院藏:《军机及宫中档》,文献编号:408003312.又,中国第一历史档案馆藏:《录副奏折》,档号:03-5383-090。
② 台北故宫博物院藏:《军机及宫中档》,文献编号:408003311.又,中国第一历史档案馆藏:《录副奏折》,档号:03-5383-087。

班补用守备人员内,拣选得留陕甘拣发补用守备迪化城守协左旗左哨把总沈瑚,年强才裕,堪以请补宁夏镇标左营守备员缺;留陕甘补缺后补用都司拣发补用守备新疆抚标右营千总王大兴,操防勤奋,堪以请补督标前营守备员缺;拣发补用守备督标左营千总陈政才,年壮才优,堪以请补河州镇标左营守备员缺,均与轮缺章程相符。合无仰恳天恩俯准以沈瑚补授甘肃宁夏镇标左营守备员缺,王大兴补授陕甘督标前营守备员缺,陈政才补授陕西河州镇标左营守备员缺,以实营伍而重操防。如蒙俞允,俟接准部覆后,即行给咨送部引见,以符定制。

除查取该员等履历清册另咨送部外,谨会同陕西固原提臣邓增、署甘肃提臣张永清,合词恭折具奏。伏乞皇太后、皇上圣鉴,训示。谨奏。①

同日,公又会衔甘肃提督张永清附片奏请谈得魁借补守备员缺,下部议。曰:

再,臣接准部咨:甘肃西宁镇标前营守备员缺系题补第六轮第八缺,轮用尽先人员,应令迅拣请补,等因。臣随在于尽先人员内拣选得留陕甘尽先补用都司河州城守营千总谈得魁,年力正强,操防勤奋,以之借补斯缺,实堪胜任,亦与例章相符。合无仰恳天恩俯念员缺紧要,准以该员谈得魁借补西宁镇标前营守备,以期得力。如蒙俞允,俟接准部覆后,即行给咨送部引见,以符定制。除饬取该员履历清册另咨送部外,谨会同署甘肃提臣张永清,附片具陈。伏乞圣鉴,训示。谨奏。②

---

① 台北故宫博物院藏:《军机及宫中档》,文献编号:408003313。又,中国第一历史档案馆藏:《录副奏折》,档号:03-5936-052。
② 台北故宫博物院藏:《军机及宫中档》,文献编号:408003313-0-A。又,中国第一历史档案馆藏:《录副奏片》,档号:03-5936-055。

同日，公又附片奏请将柴典汉等留陕甘补用，下部闻。曰：

再，武员在营出力，材堪任使，自应随时奏明，分别改留，以备差遣。兹查有记名遇缺简放提督柴典汉、副将衔尽先补用参将谭巍生，又准兵部咨开尽先都司熊德慎、廖昇如等二员，并未奏明留省，咨请收标，未便率准，应令奏明留省后，再行归班序补，等因。臣查柴典汉、谭巍生、熊德慎、廖昇如等四员，均随征陕甘有年，历著战功，且于边防情形最为熟悉，若以原官原衔留于陕甘按班序补，实于营务有益。兹据署督标中军副将杨志胜先后呈请，具奏前来。

合无仰恳天恩俯准将柴典汉等四员一并留于陕甘差遣委用，除熊德慎、廖昇如履历清册前已送部，此次应请毋庸造送，柴典汉、谭巍生二员历册俟查取至日另咨送部外，理合附片具陈。伏乞圣鉴，训示。谨奏。①

是日，公又会衔甘肃提督张永清附片奏请胡立成补授守备，下部议。曰：

再，臣准兵部咨：甘肃凉州镇属大靖营守备系题补第六轮第七缺，轮用尽先人员，应令迅拣请补，等因。臣随在于尽先守备人员内逐一拣选，查有留陕甘尽先补用守备胡立成，虽尽先名次在后，惟该员本北洋武备学堂学生，臣在新疆巡抚任内咨调出关，历在迪化、阿克苏等处教习新操。嗣随队入关，于攻克北大通十大回庄时颇为得力。军务平定后，委带格林炮队，兼充教习。该员素娴德国枪炮之法，粗知测量、算术，教练兵勇，实力讲求，现值推广洋操，实为甘省不可少之员，以之请补一缺，于边陲营伍不无裨益。

该员年壮才明，办事勤奋，且班次本系尽先，业经奏留注册，即甘

---

① 台北故宫博物院藏：《军机及宫中档》，文献编号：408003313-0-B. 又，中国第一历史档案馆藏：《录副奏片》，档号：03-5936-054.

省营伍情形亦极熟悉，请补斯缺，实堪胜任，于例亦符。合无仰恳天恩俯念员缺紧要，准以胡立成补授大靖营守备缺，俾资得力。如蒙俞允，俟接准部覆后，即行给咨赴部引见，以符定制。除查取该员履历清册另咨送部外，谨会同署甘肃提臣张永清，合词附片具陈。伏乞圣鉴，训示。谨奏。①

同日，公又附片奏请准建坊奖励总兵李乾善举，下部闻。曰：

再，据甘肃布政使岑春煊详称：兰州府属狄道州旧系临洮府狄道县。前明嘉靖中，兵部员外郎杨继盛以言事商为狄道县典史，与诸生讲学，捐俸建道统祠，祀古圣贤。狄道士民感念杨继盛之德政，醵金立庙，名曰：忠悯祠与道统祠，并归地方官绅岁时致祭，数百年不衰。经回乱后，两祠皆毁于兵火。狄道州绅士总兵李乾捐银一千四百余两，重建道统、忠悯两祠，并修理文庙殿墙、火药局、河堤等工，于去年三月起至本年九月底止一律完竣，凡十阅月之久，该总兵往来亲督，劳苦不辞，呈请核奖，以励善举，等情。由地方绅士禀由该管道府州核转前来。

臣查例载：士民人等捐修桥、路各工银至千两以上者，请旨建坊，给与"乐善好施"字样，等语。该总兵李乾慨捐巨款，修理地方祠庙、药局、河堤等工，出力、出资，始终不倦，洵属见义勇为，有裨风化，核其捐银与请旨建坊之例相符，合无仰恳天恩俯准建坊，给与"乐善好施"字样，以昭激劝。除册结分送礼、工二部查核外，谨附片具陈。伏乞圣鉴，训示。谨奏。②

---

① 台北故宫博物院藏：《军机及宫中档》，文献编号：408003313-0-C.又，中国第一历史档案馆藏：《录副奏片》，档号：03-5936-053.
② 台北故宫博物院藏：《军机及宫中档》，文献编号：408003309-0-A.又，中国第一历史档案馆藏：《录副奏片》，档号：03-7433-065.

同日，公又附片奏请改拨两淮缓解甘饷，下部议。曰：

> 再，准两江总督臣刘坤一咨：据两淮盐运使江人镜①详：两淮每年应协甘肃新饷银二十万两，皆由鄂、湘、西、皖四岸分成摊解，自将鄂、皖两岸盐厘改归税务司代征抵债后，该两岸摊解各款均无所出，所有应解光绪二十五年甘饷，已解过银九万两，尚欠银一十一万两，实在无可筹垫，惟有缓俟拨补款项提解到司，再行陆续转解，咨甘查照，等因。当即转行去后。兹据甘肃布政使岑春煊详：查光绪二十五年分甘肃新饷，奉部指拨两淮运司协解二十万两，除已收解到第一批银四万两，又准报解第二批尚未到甘银五万两外，尚欠银一十一万两。此项新饷为甘肃关内外各军计口授食之需，不容丝毫亏短。甘库例存各款叠奉部饬提拨，早已搜罗罄尽，而关内防军饷项自光绪二十三年以后各年均有不敷，现已积成巨欠。是甘肃刻下待饷尤属至急，若将两淮本年应解新饷银一十一万两又复缓解，则关内外各军饷需亏短更巨，哗溃堪虞，实与边陲大局颇有关碍，应请改由别省指拨的款，迅速解甘，以符原数而济急需。详请奏咨前来。
>
> 臣覆核无异，所有两淮缓解甘肃本年新饷银一十一万两，合无仰恳天恩俯赐饬部改拨的款，以顾边疆而免匮乏。除咨明户部及两江督臣刘坤一查照外，理合附片具陈。伏乞圣鉴，训示。谨奏。②

是日，公又附片奏报拣员委署西宁道篆，下部闻。曰：

> 再，调补甘肃西宁道英林现由新疆抵甘，拟即请咨引见。所遗西

---

① 江人镜（1823—1900），字云彦，号蓉舫，婺源县人，附贡生。道光二十九年（1849），中式举人。三十年（1850），充镶白旗汉教习。咸丰五年（1855），选内阁中书。十年（1860），补军机章京，历方略馆协修、方略馆纂修。同治六年（1867），授侍读，加四品衔。次年，赏戴花翎，晋三品衔。九年（1870），放山西蒲州府知府。十年（1871），护理河东道。十一年（1872），调补山西太原府知府。光绪元年（1875），署冀宁道。二年（1876），升山西河东道，加二品衔。三年（1877），署山西按察使、山西布政使。十一年（1885），调补湖北盐法道。十六年（1890），迁两淮盐运使。二十年（1894），罩头品顶戴。二十六年（1900），卒于江都。著有《知白斋诗钞》等行世。

② 台北故宫博物院藏：《军机及宫中档》，文献编号：408003309-0-B。又，中国第一历史档案馆藏：《录副奏片》，档号：03-6472-077。

宁道印务,查有甘肃候补道欧阳乐清堪以委署。署兰州府事巩昌府知府周景曾请咨赴部引见,所遗兰州府知府员缺,查有凉州府知府庆恕堪以调署;递遗凉州府知府员缺,查有西宁府知府燕起烈堪以调署;所遗西宁府知府员缺,查有候补知府张大镛堪以委署,并令在省宁灵同知方仰欧先往代理凉州府印务,以便庆守交卸,迅赴兰州府调任。据甘肃藩、臬两司会详前来。除批司檄饬并由臣给委外,理合附片陈明。伏乞圣鉴。谨奏。①

同日,公又附片奏报周景曾等期满甄别情形,下部闻。曰:

再,查例载:道府以至未入流,凡系应行试看人员,以到省之日起,试看一年期满,甄别补用,等语。历经遵办在案。兹查有在任候补道巩昌府知府周景曾,于光绪二十四年十一月初一日作为道员到省,今自到省之日起扣至二十五年十一月初一日,试看一年期满,例应甄别。又,在任候补同知盐捕通判熊振槃,于光绪二十四年十一月初一日作为同知到省,今自到省之日起扣至二十五年十一月初一日,试看一年期满,例应甄别。由甘肃藩、臬两司加考,详请甄别具奏前来。

臣查周景曾器识闳深,才猷练达,堪以道员在任候补;熊振槃年强才裕,办事勤能,堪以同知在任候补。除各该员履历清册咨部查照外,理合附片具陈。伏乞圣鉴。谨奏。②

十一月二十五日,公奏报查明光绪二十五年甘肃各属被灾地方情形,曰:

窃臣承准军机大臣字寄:光绪二十五年十月初三日奉上谕:甘肃兰州、固原各府州属被雹,甘州府属被水,灾情较重,业经谕令该督派

---

① 台北故宫博物院藏:《军机及宫中档》,文献编号:408003310-0-A.又,中国第一历史档案馆藏:《录副奏片》,档号:03-5383-088.
② 台北故宫博物院藏:《军机及宫中档》,文献编号:408003310-0-B.又,中国第一历史档案馆藏:《录副奏片》,档号:03-5383-089.

员认真查勘,妥筹抚恤,即着迅速办理,并将来春应否接济之处一并查明,于封印前奏到。此外,该省有无被灾地方应行调济、抚恤之处,着该督一并查奏,候旨施恩。将此谕令知之。等因。钦此。仰见圣主轸念民瘼,无微不至,跪诵之下,钦感难名!当即钦遵饬查去后。

兹据布政使岑春煊详称:查甘省本年雨泽愆期,禾苗大半受旱,并有雨雹、大水,天降黑霜。据报夏灾者,有金县、隆德县、秦安县、固原州、狄道州、安定县、华亭县、化平厅、渭源县、洮州厅、张掖县等一十一属;续报秋灾者,有巴燕戎格厅、西宁县、大通县、白马关州判、环县、皋兰县、合水县、阶州、平凉县、安化县、西固州同、文县等一十二属。统由该管道府州覆勘结报,或地亩冲失蠲豁,或成灾分别蠲缓,或薄收旦请缓征,或尚不致成灾。现拟分晰汇案,另请奏明办理。

所有被灾各属贫民,先已由各该地方官随时饬发社、义仓粮,并捐廉抚恤,年内尚不致失所。惟是连岁灾歉,本年灾情尤甚,民间大半穷困,明春青黄不接,实非接济不可。甘省于此等偏灾,向系届时由各地方官察核酌请,或再借社、义粮石,或由外筹款调剂,并未请动正项银粮,自当照案临时妥酌办理,等情。详请具奏前来。臣覆查无异,理合恭折覆陈。伏乞皇太后、皇上圣鉴。谨奏。①

同日,公又开单奏报甘肃光绪二十五年秋禾约收分数情形,曰:

窃查直省秋禾收成分数,例应按年具奏。兹据甘肃布政使岑春煊将兰州、巩昌、平凉、庆阳、甘州、凉州、宁夏、西宁八府并秦州、阶州、固原、泾州、肃州、安西六直隶州并所属各厅、州、县、州同、州判、县丞光绪二十五年秋禾约收分数查明,开折详报前来。

臣覆加查核,约收七分者,碾伯县一处;约收六分有余者,通渭县等十一处;约收六分者,金县等七处;约收五分有余者,沙泥州判等二

---

① 台北故宫博物院藏《军机及宫中档》,文献编号:408003314。又,中国第一历史档案馆藏《录副奏折》,档号:03-7107-084。

十三处；约收五分者，皋兰县等三十处。以上八府六直隶州所属，通盘牵算，约收五分有余。

再，查各属除红水县丞、岷州、洮州厅、循化厅、丹噶尔厅、巴燕戎格厅、西宁县、大通县等八处向不种植秋禾外，其皋兰县等处禾苗有被雹、被旱、被霜，均经先后饬令该管道府州亲诣查勘，是否不致成灾，容另案汇办。理合恭折具陈，并缮具清单，恭呈御览。伏乞皇太后、皇上圣鉴。谨奏。①

是日，公又会衔兼署宁夏将军色普征额奏报凉州副都统依楞额因病出缺一事，曰：

窃准护理凉州副都统全安呈：转据该故副都统依楞额亲子益德遣丁呈报，伊故父进京陛见，奉旨仍回本任，途间患病，触发旧伤，于十一月初十日回署，医治罔效，自知不起，口授遗折，令子缮呈，转请代递，即于十二日身故，等情。呈请转报前来。

臣查故副都统臣依楞额，由黑龙江齐齐哈尔城镶红旗双喜佐领下余丁投效河南军营。同治三年，随僧格林沁②营队，击破楚北麻城、襄

---

① 台北故宫博物院藏：《军机及官中档》，文献编号：408003315。又，中国第一历史档案馆藏：《录副奏折》，档号：03-6729-099。
② 僧格林沁(1811—1865)，博尔济吉特氏，蒙古哲里木盟科尔沁旗人。道光五年(1825)，承袭科尔沁扎萨克多罗郡王。同年，充御前行走，赏三眼花翎。九年(1829)，先管上虞备用处事，旋管火器营事，赏黄马褂。十四年(1834)，补御前大臣、正白旗领侍卫内大臣，管上虞备用处事，兼管善扑营事。同年，授正蓝旗蒙古都统，兼署正白旗蒙古都统。十五年(1835)，署镶红旗蒙古都统，充谙达，管虎枪营事。同年，任总理行营大臣、阅兵大臣。十六年(1836)，调补镶白旗满洲都统，授领蘸大臣。十七年(1837)，兼署正红旗满洲都统，赐用黄缰。二十一年(1841)，补正黄旗满洲都统。二十四年(1844)，任右翼监督，署正蓝旗满洲都统。二十五年(1845)，充镶黄旗领侍卫内大臣。二十六年(1846)，授正白旗领侍卫内大臣。二十八年(1848)，补正蓝旗满洲都统，署镶白旗满洲都统。三十年(1850)，充左翼监督，署镶黄旗蒙古都统。咸丰元年(1851)，授御前大臣，署銮仪卫事。三年(1853)，授参赞大臣，加博多罗巴图鲁勇号。四年(1854)，加湍多巴图鲁勇号。五年(1855)，补镶蓝旗满洲都统，充崇文门监督，封科尔沁博多勒噶台亲王，世袭罔替。六年(1856)，任管理沟渠河道大臣、八旗值年大臣。七年(1857)，授镶红旗汉军都统。八年(1858)，授钦差大臣。九年(1859)，督办大沽口及京东防务。十年(1860)，以兵败褫职。十一年(1861)，补正红旗汉军都统、御前大臣，兼管奉宸苑事务、火器营事务。同治元年(1862)，授正黄旗领侍卫内大臣、正白旗满洲都统。四年(1865)，卒于阵。谥忠。

阳、汉口等处逆贼，裹创力战，奋勇异常；嗣随原任直隶提督刘铭传诸军，转战于豫、楚、燕、齐之郊，叠著战功；复带队出关，随征乌里雅苏台、塔尔巴哈台等处回匪。光绪十九年，派带神机营、火器营马步各队，防堵山海关喜峰口等处，历经黑龙江正黄旗佐领、锡伯营领队大臣、额鲁特领队大臣，皆著声绩。二十二年，简授凉州副都统，履任三年，整饬旗务，辑和军民，地方倚以为重。兹因陛见回任，沿途感受风寒，旧伤举发，遽尔溘逝，悼惜实深！闻其身后萧条，有同寒素，平日卹兵爱士，清廉自持，可以想见。

除将该故副都统依楞额一生战绩详晰查明请赐恤外，所遗凉州副都统员缺紧要，相应请旨迅赐简放，以重职守。所有该副都统遗折，臣谨代为呈递。理合会同兼署宁夏将军臣色普征额，恭折驰奏。伏乞皇太后、皇上圣鉴。谨奏。①

【案】此折于是年十二月初九日得旨赐恤，《光绪朝上谕档》载曰：

光绪二十五年十二月初九日，内阁奉上谕：陶模奏，副都统因病出缺一折。凉州副都统依楞额，于咸丰年间投效军营，旋随僧格林沁剿贼，叠著战功，补授领队大臣，升任副都统，整顿旗务，克称厥职。兹闻溘逝，轸惜殊深！加恩着照副都统例赐恤。任内一切处分，悉予开复；应得恤典，该衙门察例具奏。钦此。②

十二月十九日，公开单奏报光绪二十五年十月分甘省雨水粮价情形，曰：

窃照本年九月分粮价并得霡雨雪情形，业经据折奏报在案。兹查十月分兰州等八府六直隶州属具报得霡雪泽，自一二寸至二三寸不等，间有未得雨雪者，民情均尚安谧。

---

① 台北故宫博物院藏：《军机及宫中档》，文献编号：408003316。又，中国第一历史档案馆藏：《录副奏折》，档号：03-5936-012。
② 中国第一历史档案馆编：《光绪朝上谕档》第25册第375页，广西师范大学出版社，1996。

至通省粮价,或与上月相同,或较上月稍有增减。据藩司岑春煊具详请奏前来。臣覆核无异,理合恭折具奏,并缮粮价清单,恭呈御览。伏乞皇太后、皇上圣鉴。谨奏。①

同日,公又奏请将治和等开缺、降补、勒休,曰:

窃臣钦奉叠次谕旨,饬令整顿营伍。臣于实缺武员及管带营旗各官内随时认真访察,不敢稍涉迁就,贻误边陲。兹查有肃州镇属安西协副将治和,情性乖张,措施不当,久任边要,实非所宜;宁夏镇标右营游击黄兆熊,久病未愈,难期振作;凉州镇属镇羌营游击管带武毅左旗马队崔金魁,办事刻薄,所部士卒多有怨言;汉中镇属西乡营都司谢荣升,人地不宜,并有讼案牵涉。均未便曲予宽容,相应请旨将西乡营都司谢荣升开去都司员缺,以守备降补;花翎尽先副将镇羌营游击崔金魁,除撤去管带外,开去镇羌营游击员缺,以都司留甘降补;宁夏镇标右营游击黄兆熊以原品休致;安西协副将治和开缺送部引见,以肃戎行而资整顿。

谨恭折具陈。伏乞皇太后、皇上圣鉴,训示。再,所遗副将、游击、都司各员缺,陕甘现有应补人员,容臣另拣请补。合并声明。谨奏。②

【案】此奏折于光绪二十六年正月十二日得旨允行,《光绪朝上谕档》载曰:

光绪二十六年正月十二日,内阁奉上谕:陶模奏,甄别营员,请分别惩处一折。甘肃安西协副将治和,情性乖张,措施不当,着开缺送部

---

① 台北故宫博物院藏:《军机及宫中档》,文献编号:408003317.又,中国第一历史档案馆藏:《录副奏折》,档号:03-6992-013.
② 台北故宫博物院藏:《军机及宫中档》,文献编号:408003319.又,中国第一历史档案馆藏:《录副奏折》,档号:03-5938-031.

引见。宁夏镇标右营游击黄兆熊,久病未愈,难期振作,着原品休致。镇羌营游击管带武毅左旗马队崔金魁,办事刻薄,所部士卒多有怨言,着撤去管带,开缺以都司留甘降补。西乡营都司谢荣升,人地不宜,并有讼案牵涉,着开缺以守备降补。余着照所议办理,该部知道。钦此。①

是日,公又奏报甘肃关内练军支扣饷项细数情形,下部闻。曰:

窃准部咨:甘肃省裁勇练兵系属因时制宜,并非承平旧制,所有开支薪水亦非常例动支,嗣后应令专案奏销,以免牵混,等因。历经遵办在案。兹据甘肃布政使岑春煊详称:光绪二十四年分,甘肃关内马步练军薪公、口粮等项,共实支银一十九万九千二百二十四两二钱二分,内扣收过粮价及四、二分减平银共三万一千六百八十两八钱八分九厘,分别造具奏销细数清册,详请具奏前来。

臣覆核无异,除将清册咨送部科外,谨恭折具陈。伏乞皇太后、皇上圣鉴。饬部核销,施行。谨奏。②

同日,公又开单奏报密陈陕、甘、新疆提、镇、司、道、府等官年终考语,曰:

窃照陕、甘、新疆提、镇、司、道、府等官,例应于年终出具切实考语,密行陈奏,自应循例办理。查甘肃提、镇、司、道、知府,臣莅任已逾三年,随时察看,其人材贤否,舆论是否,见闻自较确切。至陕西、新疆文武各员,虽相距稍远,或证诸禀牍,或得自咨询,皆已略知底蕴。除三省提、镇内有统带防营未经到任以及署事人员例不注考外,谨将实

---

① 中国第一历史档案馆编:《光绪朝上谕档》第 26 册第 18 页,广西师范大学出版社,1996。
② 台北故宫博物院藏:《军机及宫中档》,文献编号:408003318。又,中国第一历史档案馆藏:《录副奏折》,档号:03-6156-014。

任文武各员出具切实考语,密缮清单,恭呈御览。伏乞皇太后、皇上圣鉴,训示。谨奏。①

同日,公又奏请张时熙补授秦安县知县,下部议。曰:

窃据甘肃藩、臬两司会详称:秦安县知县一缺,前请以即用尽先知县黄国琦补授。嗣奉部咨:该省升、调、遗知县一项,上次用至大挑后候补止。今此一缺,各项委用先均无人,应用委用正班之人。查部册内尚有委用知县张时熙一员,如无事故例应按部请补,等因。自应遵照办理。

查该员张时熙,年五十一岁,湖北黄陂县人,由大童投效甘肃军营,历保花翎同知衔,以知县留甘归候补班前补用,光绪九年六月到省,准补平远县知县,丁忧起复,领照回省,于关内外及青海一律肃清案内,保以原官归委用班补用,奉文以二十四年十一月初一日作为委用班到省日期,例不甄别;历署镇原、平凉等县知县,均无贻误。本司等查该员张时熙,才具明敏,办事勤能,以之更补秦安县知县,实堪胜任,与例亦符。会详请奏前来。

臣查该员张时熙,年强才裕,办事慎勤,合无仰恳天恩准以该员张时熙更补秦安县知县,实于地方有裨。如蒙俞允,该员以知县请补知县,衔缺相当,毋庸送部引见;仍俟试署年满,如果称职,另请实授。该员署任内并无参罚案件。谨恭折具奏。伏乞皇太后、皇上圣鉴,训示。谨奏。②

---

① 台北故宫博物院藏:《军机及宫中档》,文献编号:408003322. 又,中国第一历史档案馆藏:《录副奏折》,档号:03-5938-030。

② 台北故宫博物院藏:《军机及宫中档》,文献编号:408003324. 又,中国第一历史档案馆藏:《录副奏折》,档号:03-5386-037。

是日，公又会衔甘肃提督张永清奏请许元荣借补参将，下部议。曰：

窃臣接准部咨：甘肃甘州城守营参将员缺，按照新章系部推第一轮第一缺，应用尽先人员，行令迅拣请补，等因。臣查甘州城守营参将一缺，设处西路，最关紧要，非谙练营伍、熟悉地方情形之员，难期胜任。随在于尽先人员内逐加遴选，查有记名简放总兵留甘尽先补用副将、现署肃州镇标中营游击许元荣，年强才裕，熟悉戎机，在甘年久，历署参、游各缺，整顿操防，诸臻妥善，于地方营伍情形最为熟悉，以之借补斯缺，实堪胜任，亦与轮章相符。合无仰恳天恩俯念员缺紧要，准以该员许元荣借补甘州城守营参将员缺，以期得力。如蒙俞允，俟接准部覆后，即行给咨送部引见，以符定制。

除饬取该员履历清册送部外，谨会同署甘肃提督臣张永清，合词恭折具陈。伏乞皇太后、皇上圣鉴，训示。谨奏。①

同日，公又开单奏报勘明甘肃各属夏秋禾苗被灾情形及蠲缓银粮情形，曰：

窃照甘肃金县等厅、州、县、州同、州判各地方，本年夏秋禾苗被雹、被水、被旱、被霜情形，经臣节次具奏，并声明俟各该管道府州勘覆结报，再行汇办在案。兹据布政使岑春煊详称：本年甘肃地方自夏四、五、六月以迄秋八月，先则冰雹、大水，山河冲决；既而日久不雨，旋降严霜，灾伤轻重不一。先后据金县、隆德县、秦安县、固原州、狄道州、安定县、华亭县、化平厅、渭源县、洮州厅、巴燕戎格厅、张掖县、西宁县、大通县、白马关州判、环县、皋兰县、合水县、阶州、平凉县、安化县、西固州同、文县等二十三处具报奏明。续据董志原县丞禀报，秋成歉薄，民情困苦；并据河州、贵德厅、碾伯县、中卫县、安西州等五处以荒

---

① 台北故宫博物院藏：《军机及宫中档》，文献编号：408003320。又，中国第一历史档案馆藏：《录副奏折》，档号：03-5938-035。

绝无征，空受追比等情，恳请蠲缓前来，亦应附案声请。

统计灾案二十九属先后转据该管道府州结称，覆勘得金县、隆德、秦安、狄道、安定、化平、渭源等厅州县均不致成灾，钱粮毋庸蠲缓，及张掖县水冲地亩不能垦复，已专案详请题豁，并白马关、环县、合水、阶州、平凉、安化、西固、文县、董志原等州、县、州同、州判、县丞各处，灾象较迟，覆勘未定，应请另行续办外，其余固原、华亭、洮州、巴燕戎格、西宁、大通、皋兰、河州、贵德、碾伯、中卫、安西等厅州县，或成灾五分至十分不等，钱粮应请照例分别蠲缓；或民情困苦拮据，应请缓征、递缓；或荒绝实在无征，或民欠空受追比，应请豁免。共应蠲豁正、耗银二千二百九十二两四钱九分二厘七毫，应蠲豁正、耗仓斗粮八千六百六十六石二斗一升八合四勺，应蠲豁草九万五千七百六束二分二厘三毫，应缓征正、耗银一百五十五两三钱三分八厘七毫，应缓征正、耗仓斗粮四千二十石三斗四升九合，应缓征草四万八千七十六束三分六厘九毫，应豁免社粮籽种市斗粮一千六百六十九石九斗九升三合五勺。汇开清折，呈请奏恳天恩准予蠲缓豁免，以纾民力。

至冲坏房屋，被灾贫民，随时由各属饬发社粮，捐助廉俸，并由司筹款委员先后赈抚，年内不致失所。均未动用正款，应请免开细数。惟是地方连岁灾歉，本年受旱甚重，入冬以来，雪泽尤少，民无盖藏，人心惶惧，明年青黄不接，实非赈济不可，容届时妥筹调剂，另详办理，等情。详请具奏前来。

臣覆核无异，除批司分饬被灾各属随时察看，如来春民力拮据，应行接济，即行禀请筹款抚恤，毋任失所外，所有本年各属夏秋禾苗被灾，应行蠲缓银粮、草束各数目，理合恭折具奏，并缮具清单，恭呈御览。伏乞皇太后、皇上圣鉴，饬部查照施行。谨奏。①

---

① 台北故宫博物院藏：《军机及宫中档》，文献编号：408003325.又，中国第一历史档案馆藏：《录副奏折》，档号：03-6266-007.

【案】此折于光绪二十六年正月十二日得旨允行,《光绪朝上谕档》载曰:

光绪二十六年正月十二日,内阁奉上谕:陶模奏,甘肃各属上年夏秋禾苗被灾,请蠲缓银粮、草束,开单呈览一折。甘肃各属禾苗上年被雹、被水、被旱、被霜,收成歉薄,若将应征银粮、草束等项照常征收,民力实有未逮,加恩着照所请!所有固原、华亭、洮州、巴燕戎格、西宁、大通、皋兰、河州、贵德、碾伯、中卫、安西等厅州县,应征正、耗银二二二百九十两零、粮八千六百六十石零,均着一律蠲免。其余银一百五十两零、粮四千二十石零、草四万八千七十束零,均着一律缓征,以纾民力。余着照所议办理。该督即照单开数目,刊刻誊黄,遍行晓谕,务使实惠均霑,毋任吏胥舞弊,用副轸念民艰至意。该部知道,单并发。钦此。①

同日,公又奏报川、楚、陕三省会哨情形,曰:

窃照川、楚、陕三省连界地方,向派提督、总兵分年会哨,事竣汇奏,历经遵办在案。兹据署汉中镇总兵龙恩思、陕安镇总兵姚文广禀称:各因地方紧要,未克分身亲往;汉中镇委定远、略阳二营游击前往代会,该定远营游击贺大发于本年十月初一日在川、楚、陕交界之渔渡坝滚龙坡,与四川重庆镇总兵初发祥见面会哨;署略阳营游击赵谦士于十一月初一日在陕甘交界之白马关,与河州镇委员署阶州营游击唐连升晤面会哨;陕安镇署白土营游击丁添祥于十月初十日在陕、楚交界之莲花寺,与署河北郧阳镇总兵樊国泰觌面会哨。又据署河州镇总兵焦大聚呈称:河州地方关重,未能亲往会哨,委阶州营游击就近前往代会,该署阶州营游击唐连升于十一月初一日在陕、甘交界之白马关,

---

① 中国第一历史档案馆编:《光绪朝上谕档》第26册第18页,广西师范大学出版社,1996。

与汉中镇委员署略阳营游击赵谦士见面会哨。并据各镇声称,各该员等经过各处,匪类潜踪,行旅、居民极为安谧,各等情。前来。

臣查川、楚、陕三省边界,犬牙相错,山深箐密,户鲜人稀,奸宄易于藏匿,盘诘巡防,最关紧要,自应严饬各该镇总兵督率所属各营,随时随地认真查察,务使丑类潜消,闾阎安堵,不得因现在地方无事稍涉疏懈,以期仰副圣主绥靖边圉之至意!

所有各镇委员会哨事竣,边界安谧情形,理合恭折具陈。伏乞皇太后、皇上圣鉴。谨奏。①

是日,公又奏报审拟钟桂亭自刎身死一案,下部议。曰:

窃臣前因镇南后旗哨官游击钟桂亭被绅民孔宪兆等在总理营务处甘肃藩司岑春煊衙门控告扰害各款,禀经臣撤委发审后,该哨官钟桂亭在营务处亲兵棚内自刎咽喉身死,饬据臬司委验属实,并饬将原告人证、卷宗及看守弁兵亲提,研讯确情,另行拟办各缘由,附片具奏,奉朱批:此案即着督饬臬司亲提研讯,务得确情,详晰覆奏,毋稍瞻徇,等因。钦遵转饬去后。兹据臬司何福堃亲提审明定拟,具详前来。

臣覆加确核,缘已死钟桂亭籍隶湖南湘乡县,投营效力,历保甘肃补用游击,委充镇南后旗左哨哨长。光绪二十三年,钟桂亭奉派哨驻防刘家峡一带,向章防营所需柴草于驻扎处所采购,由头目派令村民供运,每草一斤,发价三文;每柴一斤,发价二文。钟桂亭先尚照章给发,后则渐渐拖欠,积至欠价二百余串。光绪二十四年不记月日,有民人张永莲因供草缺乏,与已革散勇韩鸿烈口角,被韩鸿烈取其旧车轴一根,负至营中劈烧,村民由是怼恨。

张永莲等商之本村头目孔宪兆之子附贡生孔庆恺,捏写其父孔宪兆之名,同张永莲等具禀,赴营务处岑藩司衙门控告,添砌纵勇图占民

---

① 台北故宫博物院藏:《军机及宫中档》,文献编号:408003323.又,中国第一历史档案馆藏:《录副奏折》,档号:03-6035-002.

地、擅砍树株、奸淫、赌博各事。经营务处岑藩司禀经臣撤交查办,先委营务委员候补知县黄家模,讯据钟桂亭供认,所欠柴草价值及勇丁韩鸿烈因口角将民人张永莲旧车轴一根劈烧各情属实,其余所控图占等事坚不承认。藩司岑春煊改委署皋兰县知县张庭武、即用知县朱远缮,迭提研究,钟桂亭仍供如前。经藩司派令哨弁白生荣督同亲兵王来福等,将钟桂亭看管在亲兵棚内,听候详办。不料钟桂亭乘间自用剃刀刎伤咽喉身死,报经臣饬臬司何福堃委验无异。兹据臬司何福堃审明前情,钟桂亭实只未发柴草各价,及劈烧民人车轴一根属实,其会纵勇图占民地、擅砍树株、奸淫、赌博各事,皆系附贡生孔庆恺等平空添砌。钟桂亭在管自刎,看守弁兵实系疏于防范,承审委员亦无抑勒、逼迫各情事,应即拟结。

臣查钟桂亭充当哨长,驻防该处,购用村民柴草,欠价不发,希图骗赖。部勇韩鸿烈强取张永莲车轴劈烧,并不责惩赔还,迹近扰累,本有应得之罪,既已自刎身死,应请免议。所欠柴草价钱,并请免追。孔庆恺、张永莲等虽所控各款不尽属实,第已讯明钟桂亭欠价及其部勇强取车轴劈烧两事无阂,应照律免坐。惟孔庆恺不应捏写其父孔宪兆之名出头控告,究有不是,应革去附贡生,以示惩儆。白生荣、王来福奉派看管,并不小心防范,致钟桂亭乘间自刎毙命,究属疏忽,应照律分别革责。藩司岑春煊兼总理营务处,所控驻防哨长扰累各款系其应管之事,迭饬委员研审,意求得实,既无抑勒逼迫,均请免议。已死钟桂亭尸棺饬交亲属具领归葬,凶刀销毁。

是否允协?除咨部外,理合将审明游击被控自刎身死分别定拟缘由,恭折具奏。伏乞皇太后、皇上圣鉴,训示,施行。谨奏。①

---

① 台北故宫博物院藏:《军机及宫中档》,文献编号:408003321。又,中国第一历史档案馆藏《录副奏折》,档号:03-5938-039。

同日，公又附片奏报韩廷芝委署副将员缺，下部闻。曰：

再，升补陕西西安城守协副将清辅现已接准部覆，应先饬赴本任。又，署宁夏镇属中卫协副将孟根和署事年满遗缺，查有河州镇属洮岷协副将韩廷芝，老成练达，熟悉边情，堪以委命署理。除分别檄饬遵照外，理合附片具奏。伏乞圣鉴。谨奏。①

同日，公又会衔陕西固原提督邓增附片奏报请准章志杰补授守备员缺，下部议。曰：

再，臣接准部咨：陕西汉中镇属定远营分防瓦石坪汛守备系题补第三轮第二缺，轮用尽先人员，行令迅拣请补，等因。臣随在于尽先人员内逐加拣选，查有留陕尽先补用守备补缺后尽先游击章志杰，堪以请补。虽尽先名次在该员之前者尚有杨正邦、余绍详、张高亮、夏鸣谦，均未在标，胡培已请补延绥镇标左营守备，赵士林与此缺人地不宜，均未便迁就请补。惟该员章志杰久历戎行，操防勤奋，以之请补斯缺，实堪胜任，亦与轮章相符。合无仰恳天恩俯准以该员章志杰补授瓦石坪汛守备员缺，以期得力。如蒙俞允，俟接准部覆后，即行给咨赴部引见，以符定制。除饬取该员履历清册送部查核外，谨会同陕西提督臣邓增，合词附片具陈。伏乞圣鉴，训示。谨奏。②

---

① 台北故宫博物院藏：《军机及宫中档》，文献编号：408003321-0-A.又，中国第一历史档案馆藏：《录副奏片》，档号：03-5938-042.
② 台北故宫博物院藏：《军机及宫中档》，文献编号：408003321-0-B.又，中国第一历史档案馆藏：《录副奏片》，档号：03-5938-041.

是日，公又会衔陕西提督邓增附片奏报请准王生吉补授都司员缺，下部议。曰：

> 再，臣接准部咨：陕西固原提属泾州营都司系题补第五轮第七缺，轮用尽先人员，应令迅拣请补，等因。臣随在于尽先都司人员内逐加拣选，实拣选得留陕甘尽先补用都司陕西提属隆德营守备王生吉，年强才裕，操防勤奋，堪以请补。虽尽先名次在前尚有杜濡、康学义、董胜、文辉祥、韩荣、田朝明、陈又新、张炳烜、尹肇华等九员，均与此缺人地不甚相宜，未便迁就请补。惟该员王生吉久历戎行，且在守备任内整顿营伍，悉臻妥善。隆德相距泾州不远，于该处地方情形最为熟悉，以之请补斯缺，实堪胜任，亦与轮章相符。合无仰恳天恩俯念员缺紧要，准以该员王生吉补授泾州营都司，可期得力。如蒙俞允，俟接准部覆后，即行给咨送部引见，以符定制。除饬取该员履历清册另咨送部外，谨会同陕西提督臣邓增，合词附片具奏。伏乞圣鉴，训示。谨奏。①

同日，公又会衔陕西巡抚端方、陕西提督邓增附片奏报拣员对调守备员缺情形，下部议。曰：

> 再，臣前准兵部咨开：陕西固原提标左营守备员缺，准以期满云骑尉世职哈辉武补授，惟查是缺守备驻扎固原州，该员系固原州人，例应回避，应令拣员对调，等因。臣正拟拣员奏请对调间，适接护理陕西抚

---

① 台北故宫博物院藏：《军机及宫中档》，文献编号：408003321-0-C. 又，中国第一历史档案馆藏：《录副奏片》，档号：03-5938-040.

臣端方①来咨，以准补陕西抚标中营守备期满武进士张兆庆，因系本府渭南县人，例应回避，抚标三营均驻扎省城，无可对调，请由臣拣员调补前来。

臣查陕西固原左营守备哈辉武，系固原州人，应请调补陕西抚标中营守备；所遗陕西固原提标左营守备员缺，即以张兆庆调补，均属隔府隔营，与例相符。合无仰恳天恩俯准以哈辉武、张兆庆二员互相对调。如蒙俞允，查该员等均系引见录用之员，应请饬部一并发给札付，以符定制。谨会同护理陕西巡抚臣端方、陕西提督臣邓增，合词附片具奏。伏乞圣鉴，训示。谨奏。②

同日，公又会衔甘肃提督张永清附片奏请准吕永福借补守备员缺，下部议。曰：

再，臣接准部咨：甘肃宁夏镇属同心城营守备系部推之缺，应用尽先人员，既据声明扣留，应令迅拣请补，等因。臣随在于尽先合例人员内拣选得留甘尽先补用都司吕永福，年壮才敏，夙著战功，以之借补斯缺，实堪胜任，亦与轮章相符。合无仰恳天恩俯念员缺紧要，准以该员吕永福借补同心城营守备，可期得力。如蒙俞允，俟接准部覆后，即行给咨送部引见，以符定制。除饬取该员履历清册另咨送部外，谨会同

---

① 端方（1861—1911），字午樵、午桥、悟樵，托忒克氏，满洲正白旗人，荫生。光绪八年（1882），中式举人。十五年（1889），捐纳工部员外郎。历任会典馆协修官、纂修官、帮总纂官。十七年（1891），授张家口监督。十九年（1893），升工部郎中。同年，任管理节慎库监督。二十四年（1898），放直隶霸昌道。是年，补陕西按察使。二十五年（1899），迁陕西布政使。是年，护理陕西巡抚。二十六年（1900），调补河南布政使。二十七年（1901），护理陕西巡抚。同年，迁湖北巡抚。二十八年（1902），兼署湖广总督。三十年（1904），兼署江苏巡抚。同年，署两江总督。三十一年（1905），补湖南巡抚，出洋考察宪政。同年，擢闽浙总督。三十二年（1906），授两江总督。三十四年（1908），兼管两淮盐政。宣统元年（1909），补授直隶总督，兼理长芦盐政。三年（1911），充川汉、粤汉铁路督办大臣，兼署四川总督。同年，卒于任。赠太子少保，谥忠敏。著有《端忠敏公奏稿》《匋斋吉金录》《匋斋吉金录（续）》《匋斋藏砖录》《欧美政治要义》等行世。

② 台北故宫博物院藏：《军机及宫中档》，文献编号：408003320-0-A．又，中国第一历史档案馆藏：《录副奏片》，档号：03-5938-038．

署甘肃提督臣张永清,合词附片具奏。伏乞圣鉴,训示。谨奏。①

是日,公又会衔陕西固原提督邓增附片奏报请准邓先源借补守备员缺,下部议。曰:

　　再,臣前准部咨:汉中镇标中营守备员缺系题补第二轮第十缺,轮用捐输,无人应过班用第三轮第一缺尽先人员,应令迅拣请补,等因。当经转饬遵照去后。兹据署汉中镇总兵龙恩思呈称:拣选得花翎留陕尽先补用游击邓先源,年力富强,办事勤慎,堪以借补。呈请核办前来。
　　臣查花翎留陕尽先补用游击邓先源,戎行久历,办事勤能,以之借补斯缺,实堪胜任,亦与轮章相符。合无仰恳天恩俯准以该员邓先源借补汉中镇标中营守备员缺,可期得力。如蒙俞允,俟接准部覆后,即行给咨赴部引见,以符定制。除饬取该员履历清册另咨送部外,谨会同陕西固原提督臣邓增,合词附片具奏。伏乞圣鉴,训示。谨奏。②

同日,公又附片奏报都司刘殿甲病故出缺,下部闻。曰:

　　再,臣据署宁夏镇总兵和色本呈称:署镇属横城营都司陕甘督标中营都司刘殿甲,因旧患血证复发,医治罔效,于光绪二十五年十月二十九日在署任病故,委员查验属实,取具承查钤、结,呈请核办前来。臣覆核无异,相应奏明请旨开缺。
　　除委员承查钤、结咨送兵部外,所遗督标中营都司员缺,陕甘现有

---
① 台北故宫博物院藏:《军机及宫中档》,文献编号:408003320-0-B。又,中国第一历史档案馆藏:《录副奏片》,档号:03-5938-037。
② 台北故宫博物院藏:《军机及宫中档》,文献编号:408003320-0-C。又,中国第一历史档案馆藏:《录副奏片》,档号:03-5938-036。

应补人员,容臣另拣请补。理合附片具陈。伏乞圣鉴。谨奏。①

同日,公又附片奏请将守备毛志镜即行革职,下部闻。曰:

再,臣查花翎尽先补用都司署宁夏镇属玉泉营守备镇标右营千总毛志镜,自接署守备以来,于营务毫无整顿,所行不端,被民控告,实属有玷官箴。据署宁夏镇总兵和色本呈请撤委奏参前来。相应请旨将花翎尽先补用都司署宁夏镇属玉泉营守备镇标右营千总毛志镜即行革职,并拔去翎枝,以示惩儆。谨附片具陈。伏乞圣鉴,训示。谨奏。②

是日,公又附片奏请将守备康达开去底缺,下部闻。曰:

再,臣据记名总兵管带志强旗马队宁夏镇属广武营守备康达禀称:该员现蒙递保总兵记名简放,应请将原补宁夏镇属广武营守备底缺开除,以便归总兵班序补,等情。前来。臣覆核无异,合无仰恳天恩俯准将康达原补宁夏镇属广武营守备底缺开除,归总兵班序补。所遗守备员缺,陕甘现有应补人员,容臣另拣请补。理合附片陈明。伏乞圣鉴,训示。谨奏。③

十二月二十六日,公奏报交卸陕甘督篆日期并恳俟病体略痊即行起程北上一事,曰:

窃臣前以三年任满吁请陛见,奏奉朱批着来见。旋又钦奉上谕:

---

① 台北故宫博物院藏:《军机及宫中档》,文献编号:408003319-0-A.又,中国第一历史档案馆藏:《录副奏片》,档号:03-5938-034。
② 台北故宫博物院藏:《军机及宫中档》,文献编号:408003319-0-B.又,中国第一历史档案馆藏:《录副奏片》,档号:03-5938-032。
③ 台北故宫博物院藏:《军机及宫中档》,文献编号:408003319-0-C.又,中国第一历史档案馆藏:《录副奏片》,档号:03-5938-033。

前据陶模陈请陛见,已有旨准其来京。着魏光焘驰赴甘肃,接署陕甘总督。陶模着俟魏光焘接署后,再行来京。钦此。跪诵之余,实深欣幸!喜天颜之得觐,俾孺慕以稍伸。乃不意十月中,咳喘复发,日甚一日。至十一月中旬,增患咯血,其势颇剧。当即奏恳天恩赏假一月,并一面电催魏光焘迅速来甘接署督篆在案。

兹魏光焘已于十二月二十三日抵省,臣饬委署理兰州府知府庆恕、署理督标中军副将杨志胜,谨将陕甘总督兼管甘肃巡抚银官防及王命旗牌、文卷等件赍送署督臣魏光焘接收,于二月十四日任事。臣即于是日交卸。臣病现正赶紧调治,血证虽幸停止,而咳喘仍未稍瘳,拟俟调理就痊,即行起程北上,俾遂就瞻之愿!

所有微臣交卸日期并恳俟病体略痊即行起程缘由,谨恭折具奏。伏乞皇太后、皇上圣鉴,训示。谨奏。①

是年,甘肃秦州绅士任其昌②上公书曰:

天下之事,愈出愈奇。近闻西人横索租地,我本自弱,无怪人强。自与倭人议和,历三四年,所谓励精图治者,果有何事?职野处之人,不敢侈谈大计,但耿耿以敝省为忧耳。边隅瘠地,人财两空,百计支吾,止凭协饷。今事势日棘,终恐有无可取济之时,是以客秋率以减客兵、增土兵及屯田之说,上渎尊严。但草草而谈,未及缕析。兹拟说数条,谨具如左。

一、客兵、土兵之增减,非谓客主不相能,与能战不能战也。客兵非银不可,土兵则银粮可以兼支。请先核通省屯卫征粮确数,以绿营

---

① 台北故宫博物院藏:《军机及宫中档》,文献编号:408003326。又,中国第一历史档案馆藏:《录副奏折》,档号:03-5386-056。

② 任其昌(1830—1900),字士言,甘肃秦州人。同治四年(1865),中式进士,授户部主事。十二年(1873),辞归故里,先后主讲天水书院和陇南书院近三十年,一生勤奋教学,培养人才。光绪二十六年(1900),卒于籍。著有《敦素堂文集》《敦素堂诗集》《史评》《八代文钞》《三礼会通》《秦州新志》《蒲城县志》等行世。

马步兵旧例酌之，则招募之多少，自有把握。招募之始，先晓示以土人有家，与客游者不同，粮以为食，银以为衣，饱暖相资，公私皆便。增减以渐，事可不劳而理，或客兵有假归逃亡，即以土人代之，亦一术也。

一、招募土兵，须分两等。旧制马兵一岁所得银粮，有市钱四十千之谱，步兵三十千之谱，此本足以赡家。今改招募，即以壮士食马兵之饷，次者食步兵之饷，等差既分，再以教练核之，务使优劣得所，则人无素餐。然若饷额再微，恐亦难期固志矣。

一、招募须兵名而勇制。兵名一定，则银粮兼资，既属本法，彼便安心，无所觊望。勇制者，操练之外无多烦扰。若一如绿营故习，专讲应酬趋走，则土鸡瓦狗，终归无用矣。若难于创，先就绿营整顿成军，成军后一用招募之法。

一、招募既成，须择屯所，每屯总带只须一员，以专责成，余亦不可繁冗。节制之师不在将多也。愚意省会屯一军，西宁一军，宁夏一军，河西合一军，平凉一军，巩昌一军。多寡之数，分最要、次要，斟酌定之。如此虽外患未可预，内忧则扼吭拊背，以禁其横决矣。秦、阶二州临时分拨亦可。

一、兵士支粮，须就路近州县也。凡近屯军之州、县，必令多征本色，足敷拨给。令军士可以搬运至屯，力除曩日地方官任意抑勒积习，则士饱马腾，庶能收养兵之效。近议减兵增饷而不议省官，亦不可解之事。

一、军人饮食之外，需用尚多，如遇艰剧，银款不足，亦可多与以粮，但须酌价公平，使出粜不致折阅，则人无怨心。再，本省之盐，西北皆有，天产地出，不虞匮乏。平时略为积储，缺饷时以盐给之，准其售卖，亦补不足之一道也。又，蒙古西番，非茶不活。昨至省城，并不见聚此物货。前左文襄公不究所以，致楚商大折资本。愚意或蜀中私茶充斥，致甘肃如无此事。此事如有法整顿，则岁收税金亦可借资津贴。

一、屯田一节，若二十年前早为之，今已获效。惜左文襄专事粉饰，不思永久之计，致土田荒芜至今。今既欲以粮聚人，则旷土便是财源。先请札庆阳、平凉、宁夏、西宁四府及固原一州,查明现在荒地共有若干顷亩,并将肥瘠所在问之土人,分明开载。若给军屯,先择上腴,庶不至甫经作苦,便成徒劳。军屯既兴,再议民屯,但川楚莠民易滋事端,宜一律招本省人承垦,庶不至如陕西今日纷纷多事。至于牛工子种,以渐次为之,无须巨款。惟苫盖一层,未免费力,然土人每多穴居,但有崖壁之处,亦可无须房屋。民屯既近军屯,可拣其少壮,量给兵械,农隙之时,俾之编伍习操,则无粮之兵有事时亦可借力,而兵民相习,即乡团亦可资御侮焉。

以上诸条,必精画于无事之秋,始有济于然眉之候。惟将领非人,虽兴办有成,终成画饼。是在于平时留意物色,出以历试。倘得一二人,自能各举所知,则茅茹汇征,岂患无才?或疑当裁兵之时,反议添兵,难于出奏。然部议本为节饷,不主废兵。若果费省于前,边隅非腹地可比,奏请当无不行。惟在以仓粮为经,以丁课税厘为纬,伍无虚冒,饷皆实支,则万人即可敌现兵之二三万,但勿使专务发财者作耗二其间可尔。纸上谈兵,非遇我公则不敢冒昧,如有万分一,敢祈置之案头,以备采择。如其否也,即付之火,勿留笑柄也。①

是年,谭钟麟七十八岁,李鸿章七十七岁,张之洞六十三岁,魏光焘六十三岁,饶应祺六十三岁。

---

① 张灏,张忠修编:《中国近代开发西北文论选》(下)第27—29页,兰州大学出版社,1987。

第五编 两广总督时期

光绪二十六年至光绪二十八年(1900—1902),66—68岁

光绪二十六年 1900年 六十六岁

六月,清廷命李鸿章为直隶总督兼充北洋大臣;七月,授为全权大臣,商议停战事宜,太后挈帝出京西奔;八月,奏请增派庆亲王、荣禄、刘坤一、张之洞为全权大臣。同年,义和团发展至京津地区;清廷下诏与各国宣战;八国联军入侵北京,后成立"管理北京委员会";嗣后,清政府接受八国联军提出的《议和大纲》十二款。

是岁,魏光焘补授陕甘总督。

正月二十六日,公为恩赏福字具折谢恩,曰:

窃臣赍折差弁回甘,捧到恩赏福字一方,当即恭设香案,望阙叩头谢恩祇领。钦惟皇太后金镜调元,璇宫布治,瑞霭常依于禁御,慈云广被于垓埏。我皇上仰禀母仪,聿昭皇极,量同山海,弥增九省之图;德遍黔黎,咸上三多之祝。兹以龙䟽肇纪,乃蒙凤藻摛毫,睹纥缦之云章,退陬相度;荷褒荣于天语,薄植何堪!一字高悬,三边式廓!臣惟有益持勤慎,勉效驰驱,叨雨露于熙朝,愧无涓埃之报;履星霜于远道,更□咫尺之威。

所有微臣感激下忱,谨恭折叩谢天恩。伏乞皇太后、皇上圣鉴。

再,臣已交卸陕甘督篆,料理北上,此折借用督臣印信。理合声眀。谨奏。①

二月十五日,公奏报交卸印务起程进京日期一事,曰:

窃臣遵旨陛见,于光绪二十五年十二月二十四日交卸陕甘总督印务,恳俟病痊即行起程情形,恭折具奏在案。钦奉朱批:知道了,着即上紧医痊,迅速来京,毋稍延缓。钦此。跪聆之下,感悚莫名!窃臣咳喘旧疾,入冬必发,而此次较上数年尤甚,立春后,仍未稍瘥。现届惊蛰节气,咳嗽并减,而喘痉如故,偶有言动,即气促难支,两足麻木,难于步履。医者谓:上热下寒,不敢遽投补剂,急切尚难见效。惟臣交卸督篆,淹留日久,寸衷益形焦灼。因念由此东行,天气渐暖,或于病体稍宜,现于二月十五日束装起程,沿途访求医药,冀可速痊,俾得早觐天颜,藉遂就瞻之愿!

所有微臣起程日期,理合恭折具奏。伏乞皇太后、皇上圣鉴。再,此折仍借用陕甘总督关防。合并声明。谨奏。②

是月,公交卸完毕即行东进。《行述》曰:

二十六年二月,东行,登降陇阪,感受风寒,喘嗽不止,头晕脚肿。

三月十四日,抵陕西省城,旧病有加无减。二十二日,公奏请赏假,留陕就医。曰:

窃臣于光绪二十六年二月十五日具折恭报起程日期,即于是日力疾东行。维时,气喘旧恙未愈,而咳嗽略轻。乃一经劳动,咳嗽复发,

---

① 中国第一历史档案馆藏:《录副奏折》,档号:03-5387-051.
② 中国第一历史档案馆藏:《录副奏折》,档号:03-5388-090.

气并上升，出兰州省城至金家崖驿，头晕眼花，咳嗽不已，留住一日。十七日，至甘草店，值大风迎面，气喘尤甚，复留住四日，方克长行，仍未能按站遄征，日行四五十里。

三月十四日，始抵陕西省城，旧病有加无减。每日披衣下床，气喘不止，两腿麻木，难于步履。晤见护理陕西抚臣端方暨司道各官，均推荐医生，嘱调治。无如微臣血气大衰，难求速效。医家咸谓必须休息数旬，徐投药饵，或能就痊。惟有仰恳天恩赏假一月，俾得赶紧调理，一俟宿病稍瘳，即当迅速就道，藉纾恋阙之忱。

所有微臣行抵陕省，病体难支，吁请赏假调理缘由，理合恭折具陈。伏乞皇太后、皇上圣鉴，训示。再，此次拜折借用陕西巡抚关防。合并声明。谨奏。①

四月底，公旧恙不痊，继以咯血。《行述》曰：

四月杪，闻义和拳事作。府君仰屋唏嘘，旧恙不痊，继以咯血。

五月初六日，公奏报病体未痊陈请开缺，得旨：着再赏假一个月，毋庸开缺。曰：

窃臣于光绪二十六年三月二十二日在陕西省城旅次，奏请赏假一月，差弁赍回原折，奉朱批：着赏假一个月。钦此。沐隆恩之叠沛，弥感激以难名！理宜懔遵前奉谕旨，上紧医治，迅速进京。私冀时令渐暖，旧恙渐退，即可力疾就道。不意微臣精力顿衰，出于意表。自去冬咯血后，元气大伤，虽广延名医，多方调治，或补或泻，均未见效。屡服中和之剂，仍敷衍而无济于病，以致入夜不得平卧，自黎明至辰、巳二时，气喘殊甚，每日只午后精神略爽，尚能言动。

---

① 中国第一历史档案馆藏：《录副奏折》，档号：03-5389-021.

窃思居官办事，全恃平旦之气，庶可振作一切。如臣之衰惫，甚至午前未能起身，奚堪复膺重任？现在假期已满，气喘如旧，左足跟疼痛，难于步履。若再三请假，职守久旷，愈滋罪戾，合无仰恳天恩，俯念微臣病几成废，准其开去陕甘总督之缺，俾得从容调理，冀可渐痊。微臣渥荷厚恩，值此时艰，何敢自耽安逸！一俟痊愈，当即泥首宫门，求赏差使，再图报称！

所有微臣假期已满，病仍未痊，恳恩开缺调理缘由，恭折具陈。伏乞皇太后、皇上圣鉴，训示。再，此折借用陕西巡抚关防。合并声明。谨奏。①

闰八月，电传调补两广总督之旨，公益惶恐，即于初十日，疏称材力不胜，乞收回成命，力疾至蒲州迎驾，面陈病状，求罢职。未获允行。曰：

窃臣恭阅电抄：本年闰八月初三日奉上谕：陶模着调补两广总督。钦此。跪聆之下，感悚莫名！当即恭设香案，望阙叩头谢恩。伏念臣忝任西陲，愧无建树。自去腊迄今，痰嗽咯血，气喘心跳，两腿麻木等证，循环迭发，是以屡次奏请赏假，并恳恩开去陕甘总督实缺。孱躯负国，夙抱疚心！乃渥荷圣恩，曲予矜宥，非惟不加谴责，又复调补岩疆，沐逾格之生成，益抚衷而感泣！

际此时艰日棘，自宜力图报称，稍效涓埃。惟两广地大物博，政务殷繁，加以偏处海滨，习俗强悍，中外交涉烦于他省，非有精明强干之员，不足以资治理。如臣衰病日增，气喘咳血等旧恙，经久未愈，烦剧之区，奚堪卧病？倘有贻误，弥补无从。再四思维，合无仰恳圣恩俯念微臣久病衰朽，不胜重任，收回成命，另简贤能，有裨海疆，实非浅鲜。臣当力疾迎指北上，再行面奏下情。

所有微臣恭谢天恩，沥陈旧疾未痊，材力不胜，吁恳收回成命缘

---

① 中国第一历史档案馆藏：《录副奏折》，档号：03-5389-189。

由,恭折具陈。伏祈皇太后、皇上圣鉴,训示。再,此折借用陕西巡抚关防拜发。合并声明。谨奏。①

九月初四日,陛见。寻扶疾南行。《行述》曰:

两宫于九月初四日幸秦,召见时又奏辞,均未邀俞允。寻扶疾南行。

十月中旬,过夏口。十二月,抵任所。《行述》曰:

十月中,过夏口。不孝葆霖至武昌省视,时家属已自盛泽迁还秀水原籍,不孝等请暂返里门,府君不许,遂由九江取道豫章,岁杪始逾岭峤抵任所。

十二月十二日,军机处寄递"廷寄"曰:

奉上谕:许应骙奏,厂造快舰将成,拟请改拨邻省遣用,请饬筹款协助一折。据称闽厂制造快舰两号将次告成,原系拨归北洋遣用,现在北洋协款无着,拟请将快舰改拨粤省以备海防之用,所需工料银五十万两,即由该省筹款协助,以应要需,等语。此项经费关系紧要,快舰尤为广东所必需,着陶模、德寿迅筹的款,如数拨解,俟两舰告成,即由该省派员验收领用。原折着钞给陶模、德寿阅看。将此各谕令知之。钦此。遵旨寄信前来。②

---

① 中国第一历史档案馆藏:《录副奏折》,档号:03-5391-077。
② 中国第一历史档案馆藏:《电寄谕旨档》,档号:1-01-12-026-0382。又,中国第一历史档案馆编:《光绪朝上谕档》第 26 册第 463 页,广西师范大学出版社,1996。又,《德宗景皇帝实录(七)》,卷四百七十六,光绪二十六年十二月上,第 276 页,中华书局,1987。

十二月二十一日,公奏报到粤接印任事日期一事,曰:

窃臣蒙恩调补两广总督,当即具陈恭谢天恩,并于蒲州及西安行宫瞻觐天颜,备聆圣训,指示周详,莫名钦感!陛辞后,由湖北、江西度岭而南。十二月十九日,行抵广州省城。二十一日,准广东巡抚兼署两广总督臣德寿委广州府知府施典章、署督标中军副将斌成,将两广总督关防、盐政印信及王命旗牌、文卷移送前来。当即恭设香案,望阙叩头,祗领任事。

伏查两广本南服名区,近来民生日益雕瘵,加以交涉事繁,人心浮动,吏治、兵政及一切关系地方要政,均鲜起色。微臣愚昧,深惧不克胜任,惟有恪遵皇太后、皇上圣训,以识拔人才、筹饷练兵为要务,崇奖廉能,攘除贪猾,先正己而后正人,培民俗以扶国脉,冀仰答高厚生成于万一!遇有要政,仍与抚臣等熟筹审处,断不敢卤莽从事,致有贻误。

所有微臣到任日期并感激下忱,敬缮折叩谢天恩。伏乞皇太后、皇上圣鉴。再,臣经过湖北、江西等处,夏秋雨水甚少,入冬后屡得八雨,地土滋润,广东迤北诸州县亦然,民情均尚安谧。臣所患咳喘诸证,较前稍觉轻减。合并陈明。谨奏。①

同日,公又奏报甄别教杂各官劾不及数一事,下部闻。曰:

窃照定例,教职、杂职年终汇咨甄别,不及百至二三,令该督抚等专折具奏,等因。伏查广东省教职一百八十二员,每年应劾四员,佐杂三百八员,每年应劾六员。本年教职均属循分供职,并无应劾之员。佐杂参劾署东安县西山司巡检事试用未入流杨正衡、花县狮岭司巡检定锡龄二员,核计参劾教、杂,均未足额,此外现无应行甄别之员。据

---

① 台北故宫博物院藏:《军机及宫中档》,文献编号:408003355.又,中国第一历史档案馆藏:《录副奏折》,档号:03-5400-060.

藩司丁体常会同臬司吴引孙,详请具奏前来。

臣等覆查无异,除督率司道转饬该管府州厅再行严密查察,如有年老、庸劣应劾之员,随时据实办理,另行咨部外,所有光绪二十六年分广东省甄别教、杂各官核不及数缘由,臣等谨合词恭折具奏。伏乞皇太后、皇上圣鉴。谨奏。①

同日,公致电军机处曰:

陶模十九日到粤,二十一日接印,除具折谢恩外,敬请代奏。陶模,个。②

是年,谭钟麟七十九岁,李鸿章七十八岁,张之洞六十四岁,魏光焘六十四岁,饶应祺六十四岁。

光绪二十七年　1901年　六十七岁

三月,清政府设立督办政务处,派奕劻、李鸿章等为督办政务大臣,刘坤一、张之洞亦遥为参与;六月,撤销总理各国事务衙门,改设外务部;七月,奕劻、李鸿章与英、美、德、奥等十一国签订《辛丑条约》;八月,八国联军退出北京;同月,两宫启跸回京。是岁,清廷命袁世凯署理直隶总督,兼充北洋大臣;魏光焘调云贵总督。同年,中俄谈判交收东三省。

正月初七日,公致函总理衙门曰:

光绪二十六年十一月初八日,准兵部火票递到贵王大臣咨开:光绪二十六年九月二十七日,接准德穆使函称:德国驻汕头领事屡次述

---

① 中国第一历史档案馆藏:《朱批奏折》,档号:04-01-12-0599-038.又,中国第一历史档案馆藏:《录副奏折》,档号:03-5403-038.
② 中国第一历史档案馆藏:《电报档》,档号:2-02-12-026-0190.

及长乐县知县劣迹。本年两广总督李①、署总督德②先后出示保护教民身家、产业,该县初为具文,并未张贴。复于闰八月初七日,该令又出告示,内多无根之言,唆使民教相仇。另录告示,附送察阅。领事屡次照会,声言该县之非,迄未见复,请将长乐县知县革职撤任,并竭力设法使所属各官再无与西人为难、教民受害情事,等因。前来。查阅该县所出告示,语多荒谬。现在和局尚无成议,岂容任听摇惑居民,致令别启衅端!除电达外,相应抄录原函,附送告示底,一并咨行贵督,即将长乐县童令撤任查办,以安众心而靖地方,是为至要!仍将办理情形声复本衙门可也。附抄件等由到本兼署部堂。承准此,查广东长乐县童立喆,前据驻扎汕头口德国领事以该县擅出告示,令民出教等情,照经檄饬广东藩司会同臬司,即将该县撤任,听候查办,并委员接署在案。承准前因,除行广东藩、臬二司会同照依准咨钞件内事理,查明前长乐县(童)立喆平日居官如何,前此告示是否确系该县所出,分别核参详办,仍移行惠湖嘉道、嘉应州一体遵照外,相应咨覆。为此咨呈贵王大臣,谨请察照施行。③

正月十四日,军机处寄递"廷寄"曰:

光绪二十七年正月十四日奉上谕:张百熙奏,广东新会县向有贡橙一项,胥吏不免骚扰民间,请饬将新会贡橙名目裁革,改为采买,等语。若如所奏,以果品之贡而扰及闾阎,殊非体恤民隐之道!以后此项甜橙应即免其进贡,着陶模、德寿认真禁革,以免扰累。将此谕令知之。钦此。遵旨寄信前来。④

---

① 即两广总督李瀚章。
② 即广东巡抚德寿。
③ 台北"中央研究院"近代史所藏:《外交档案》,馆藏号:01-12-171-04-001。
④ 中国第一历史档案馆藏:《电报档》,档号:1-01-12-027-0030。

正月十九日，公会衔粤海关监督庄山奏报粤海关报解第四批京饷等款情形，下部闻。曰：

窃照光绪二十六年分京饷，户部奏拨粤海关洋税银十万两，新增盈余银六万两，又东北边防经费拨粤海关六成洋税银十二万两，又加拨银二万四千两，又筹备饷需拨粤海关四成洋税银十二万两、六成洋税银二十万两，又加放俸饷于粤海关四成洋税每结提银六千两，又另款加复俸饷每年粤海关应解银四万两，又造办处米艇银三万两，内务府广储司公用每年拨粤海关税银三十万两，业经三次报解在案。

兹筹解光绪二十六年分第四批部库京饷银二万五千两，另加平银三百七十五两、饭银七百二十五两，共银二万六千一百两；又，部库关税新增盈余银一万五千两，另加平银二百二十五两、饭银四百三十五两，共银一万五千六百六十两；又，东北边防经费原拨银三万两，加拨银六千两；又，筹备饷需四成洋税银三万两、六成洋税银五万两；又，加放俸饷四成洋税银六千两；又，光绪二十四年分另款加复俸饷银一万两；又，光绪二十六年造办处米艇银三万两，另加平银四百五十两；又，新增归公加平银七百五十两；又，冬季广储司公用银七万五千两，另加平银一千一百二十五两；又，新增归公加平银一千八百七十五两、抬费用项银六百两，共银七万八千六百两，内除还怡和银号第十一期洋款本息银四万六百六十两外，实应解银三万七千九百四十两。统共银二十四万二千九百两，由广东布政使丁体常遴委试用通判陈应元等领赍文批，于光绪二十六年十一月十七日，由海道起程，先将前项银两由粤交志成信等银号汇至汉口装鞘，再由该委员管解赴陕西藩库投纳，听候提用，已由前兼署督臣咨明沿途各省妥为拨护，迅速前进，并咨军机处、户部、内务府查照,未及会奏,移交到臣。谨会同粤海关监督臣庄山①,恭折具陈。伏乞皇太后、皇上圣鉴。谨奏。②

同日,公又奏报汇解光绪二十七年首批京饷情形,下部闻。曰:

窃光绪二十六年十二月二十四日准两江总督臣刘坤一电开:递准行在:户部奏准于明年所拨各省京饷尽先提银一百万两,限正月底到京,计拨广东十万两,即行解沪汇京,等因。当经转行遵照。兹据广东布政使丁体常、两广盐运使国钧③先后详称:查各省京饷向由户部豫行奏拨,现在广东省光绪二十七年分京饷尚未奉到部拨文行,兹奉电饬在于光绪二十七年所拨京饷尽先提银十万两,汇沪解京,以应急需,自应遵照办理。

现拟将前项奉拨京饷十万两由藩库筹银五万两,由运库筹银五万两,所有藩库应解银五万两拟作为光绪二十七年地丁京饷二万两、厘金京饷三万两,列作第一批起解。惟目前甫届春初,地丁、厘金均未征收有款,只可先向商号借垫,随后催收归还。其应由运库筹拨银五万两,拟将上年商号缴回运库原解光绪二十六年第二批盐课、京饷银四

---

① 庄山,即周庄山(1837—1908),内务府正白旗汉军俊秀。咸丰三年(1853),先捐监生,厔捐笔帖式。六年(1856),袭云骑尉。十年(1860),充武备院笔帖式。同治五年(1866),捐纳贡生。九年(1870),委署武备院主事。次年,捐内务府员外郎。光绪五年(1879),加护军参领衔。七年(1881),补掌仪司员外郎,赏戴花翎。次年,转广储司茶库员外郎。十年(1884),加二品顶戴。十一年(1885),调营造司员外郎。次年,授佐领、乐部署丞,兼理雍和宫事务。十四年(1888),补江南织造。十六年(1890),调佐领。二十年(1894),迁都虞司郎中、广储司银库郎中。次年,兼署骁骑参领。二十二年(1896),署内务府坐办堂郎中。二十四年(1898),调补粤海关监督。二十六年(1900),任奉宸苑卿。二十八年(1902),擢镶白旗汉军副都统、总管内务府大臣,加侍郎衔。次年,署理藩院左侍郎。三十四年(1908),卒。

② 台北故宫博物院藏:《军机及宫中档》,文献编号:408003357.又,中国第一历史档案馆藏:《录副奏折》,档号:03-6655-055.

③ 国钧,生卒年不详,满洲正红旗人,监生。咸丰七年(1857),充刑部笔帖式。同治四年(1865),升刑部奉天司主事。次年,转堂主事。六年(1867),补刑部奉天司员外郎。八年(1869),授刑部直隶司郎中。十二年(1873),放直隶承德府知府。次年,兼护热河道篆务。光绪元年(1875),加盐运使衔。三年(1877),任承德府知府。次年,补大名府知府。十七年(1891),署太原府知府。二十四年(1898),迁两广盐运使。

万五千两,尽数批解,再在二十六年分盐课项下支银五千两,凑足银五万两,均定于光绪二十七年正月十九日将前项京饷共银十万两,发交商号新泰厚等号,汇解江海关道衙门投纳,限于正月二十六日解到,由江海关道转解进京,等情。详请奏咨前来。臣等覆核无异,除分咨外,谨合词缮折具陈。伏乞皇太后、皇上圣鉴。谨奏。①

是日,公又附片会衔广东巡抚德寿奏报设立北海洋务局,下部闻。曰:

再,广东廉州府属北海地方,初开通商口岸之时,洋务事宜系由各前督臣派员兼办。近年该口商务日盛,交涉渐繁,加以内地贫民由该口出洋谋生者,日见其众,弹压、稽查,尤关紧要,若仍派员兼办,不足以专责成。叠由该府县禀经前督臣李鸿章核饬设立洋务局,委员专办该口交涉事件及稽查华民出洋事宜,于光绪二十六年六月初一日开局,月支薪水、经费等银四百一十七两八钱。兹据广东海防善后局司道详请奏咨立案前来。臣覆查无异,除咨部外,谨会同广东巡抚臣德寿,附片具陈。伏乞圣鉴敕部立案。谨奏。②

同日,公又附片奏报香山增城产米限数出洋,下部闻。曰:

再,广东商民蕃衍,土产米谷,不敷民食,每赖安南、暹罗洋米接济,而香山增城所产丝苗、银粘等米,质细价昂,民间购食较少,转以运出外洋销售于旧金山等埠之殷富华商,以贵易贱,以少易多,故粤米出洋相沿已久。前署督臣李鸿章于光绪二十六年三月间奏明,准商领照承运,每石抽缴出口经费洋银一圆,仍照前督臣张之洞奏定之案,每年

---

① 台北故宫博物院藏:《军机及宫中档》,文献编号:408003356。又,中国第一历史档案馆藏:《录副奏折》,档号:03-6161-059。
② 台北故宫博物院藏:《军机及宫中档》,文献编号:408003356-0-A。又,中国第一历史档案馆藏:《录副奏片》,档号:03-5401-099。

以五十万石为额，商民咸以为便。适于六月间奉谕旨，禁止贩米出洋，当经钦遵办理在案。

兹据广东海防兼善后局司道详称：现在百货通商，一切照旧，安南、暹罗之米时有进口。此项丝苗、银粘细米，似应循案准商领照承运出口，以济外洋各埠华商旅食，每石照旧抽收经费洋银一圆，由九龙、拱北两关带收，即以一半留备积谷，一半充济饷需，仍以五十万石为限。此项细米向以春夏所产为多，并请迅饬九、拱两关税务司遵办，以杜偷漏。如遇荒歉，仍随时禁止停运，于民食、军储两有裨益，等情，详请具奏前来。

臣等伏查广东香山增城所产上色细米，向系由商领照承运出洋，售与各埠华商。该司道等所请系为便商利民、兼裕饷需起见，似应准其援案办理。除饬九龙、拱北两税务司妥为稽查抽缴具报，每年仍以五十万石为限，遇有荒歉，随时禁止停运外，谨合词附片陈明。伏乞圣鉴。谨奏。①

正月二十日，公奏报甘美棠调补感恩县知县，下部议。曰：

窃照感恩县知县徐政自光绪二十三年十一月十六日到任起，连闰计至二十六年九月十六日，实历烟瘴边俸三年期满，例应撤回内地验看，分别升补。所遗感恩县知县缺，应归九月分截缺办理，系烟瘴外调要缺，毋庸签掣。查定例：广东感恩县水土最为恶毒，遇有缺出，应于内地属员内拣选熟悉风土、廉能之员调补。

兹于通省应调人员内逐加遴选，查有从化县知县甘美棠，现年五十八岁，广西梧州府容县人，由贡生应同治三年甲子科并补行辛酉科本省乡试，中式第十七名举人，光绪二十五年己丑科会试，大挑一等引见，奉旨：以知县用。钦此。遵例捐指广东，是年六月二十七日到省，

---

① 台北故宫博物院藏：《军机及宫中档》，文献编号：408003357-0-A。又，中国第一历史档案馆藏：《录副奏片》，档号：03-6680-016。

题署茂名县知县,于光绪二十二年四月二十日到任,试署一年期满,调补今职,申请实授。二十四年,奉文覆准。任内并无积案及承缉未获盗案、已起降调、革职、参限处分。其经征光绪二十四年钱粮未完,查系实欠在民,并非征存未解。因公处分,例免核计。该员奋勉耐劳,任事明爽,以之调补感恩县知县,实于烟瘴要缺有裨,与例亦属相符。据藩、臬两司会详前来。

合无仰恳天恩俯准以从化县知县甘美棠调补感恩县知县缺,如蒙俞允,该员系现任知县调补知县,衔缺相当,毋庸送部引见。除咨部外,臣等遵照行在军机处奏准通行,改题为奏。谨会同缮折具陈,伏乞皇太后、皇上圣鉴,训示。

再,所遗从化县知县系选缺,粤东省现有应补人员,应请扣留在外,俟接准部覆,选员请补。又,粤东省补缺例限九十日,此缺系归光绪二十六年九月分截缺,应以是月底起限办理,今在限内请补,并无迟逾。合并陈明。谨奏。①

同日,公又奏请张光铣借署布库大使,下部闻。曰:

窃照布政司广丰库大使宋寿嵩丁本生母忧遗缺,当以大挑本班尽先补用知县邓景临题补。兹邓景临已调还原班,更补龙川县知县,所遗布政司广丰库大使一缺,应按原班另行拣补。兹会选有大挑试用知县张光铣,现年五十七岁,河南南阳府内乡县增生,应光绪元年乙亥恩科本省乡试,中式第九十七名举人。己丑科会试,大挑一等,经吏部带领引见,奉旨:以知县用,钦此。签掣广东,计在应行截留回籍之列,由吏部给照祗领回籍。嗣因探亲措资来粤,适已咨取到班,于光绪二十一年十一月十八日就近缴照到省。二十三年,甄别堪膺民社。该员才优识卓,事理详明,堪以借署布政司广丰库大使缺,与例亦属相符。据

---

① 中国第一历史档案馆藏:《朱批奏折》,档号:04-01-12-0600-014。又,中国第一历史档案馆藏:《录副奏折》,档号:03-5403-050。

藩、臬两司会详前来。

相应请旨准以大挑试用知县张光铣借署布政司广丰库大使缺,俟试署期满,如果称职,另请实授。如蒙俞允,该员系大挑试用知县借署布库大使,毋庸送部引见。

除咨部外,臣等谨遵照行在军机处奏准通行改题为奏缘由,合词恭折具陈。伏乞皇太后、皇上圣鉴,训示。再,粤东省补缺例限九十日,惟更补员缺并无开缺截缺日期可扣,请免核计。合并陈明。谨奏。①

是日,公又奏请傅肇敏升补陵水县知县,下部议。曰:

窃照陵水县知县郭继昌自光绪二十三年十月二十八日到任起,连闰计至二十六年闰八月二十八日,实历烟瘴边俸三年期满,例应撤回内地验看,分别升补。所遗陵水县知县缺,应归闰八月分截缺办理,系烟瘴外调要缺,毋庸签掣。查定例:广东陵水县水土最为恶毒,遇有缺出,应于内地属员内拣选熟悉风土、廉能之员调补。又,烟瘴地方州县以上官员准其不扣年限,升调兼行,并毋庸拘定先尽卓异之员请升,各等因。

兹会选有按察司经历傅肇敏,现年五十一岁,直隶永平府临榆县人,由吏员于同治十三年随办牛庄海关中外交涉事件,二年期满,奏保以巡检归部即选。光绪二年六月十三日,奉旨:着照所请,该部知道。钦此。是年又随办牛庄关外交涉事件,又届二年期满,奏保六品衔。四年七月二十六日,奉旨:着照所请,该部知道。钦此。十三年,遵郑工例报捐按察司经历遇缺先选用,在部投供。十四年,轮选到班,回避本籍,改归双月回避即用。十五年,捐输奉赈,奏请奖叙,赏戴蓝翎。是年十二月,选授今职,十七年正月初六日到任,试俸三年期满,咨销

---

① 中国第一历史档案馆藏:《朱批奏折》,档号:04-01-12-0600-015.又,中国第一历史档案馆藏:《录副奏折》,档号:03-5403-048。

试俸,奉准部覆在案。二十一年,大计保荐卓异。二十三年,俸满保荐。二十四年三月十八日,奉部覆准以应升之缺升用。该员才具稳妥,办事勤能,以之升补陵水县知县,洵堪胜任,与例亦属相符。据藩、臬两司会详前来。

合无仰恳天恩俯准以按察司经历傅肇敏升补陵水县知县缺,如蒙俞允,俟部覆到日,照例给咨送部引见。除咨部外,臣等遵照行在军机处奏准通行,改题为奏,谨会同缮折具陈。伏乞皇太后、皇上圣鉴,训示。

再,所遗按察司经历系选缺,粤东省现有应补人员,请扣留在外,俟接准部覆,选员请补。又,该员任内并无参罚案件,粤东补缺例限九十。此缺系光绪二十六年闰八月分之缺,应以是月底起限办理,今在限内请补,并无迟逾。合并陈明。谨奏。①

同日,公又附片奏报知县方怡试用期满甄别情形,下部闻。曰:

再,前准部咨:无论何项出身人员,凡系补缺应行具题者,试用期满,由该督抚详加甄别具奏,等因。历经遵办在案。兹查优贡试用知县方怡,江苏阳湖县优贡,朝考以知县用。光绪十九年癸巳恩科,中式本省乡试副榜,遵例呈请分发。复遵新海防例,报捐指省广东,光绪二十四年六月二十日到省,试用已满二年,例应甄别。据广东布政使丁体常会同广东按察使吴引孙详加察看,具详请奏前来。

臣等覆加察核,该员方怡明体达见,品学兼优,堪膺民社。除咨部外,谨附片具陈。伏乞圣鉴。谨奏。②

同日,公又附片奏报知县黄凤祺试用期满甄别情形,下部闻。曰:

再,前准部咨:无论何项出身人员,凡系补缺应行具题者,试用期

---

① 中国第一历史档案馆藏:《朱批奏折》,档号:04-01-12-0600-013。又,中国第一历史档案馆藏:《录副奏折》,档号:03-5403-053。
② 中国第一历史档案馆藏:《录副奏片》,档号:03-5403-049。

满,由该督抚详加甄别专折具奏,等因。历经遵办在案。兹查大挑试用知县黄凤祺,广西藤县优增生,应光绪二十五年乙丑恩科本省乡试,中式第十七名举人。二十四年戊戌科大挑一等,以知县用。复挑河工试用,遵新海防例,捐离河工,改指广东补用,名在截留之列,给照回籍听候咨取。二十五年,因游幕外出,道经粤东,知咨取到班,就近于是年九月十二日缴照,到省试用,已满一年,例应甄别。据藩、臬两司详加察看,具详请奏前来。

臣等覆加察核,该员黄凤祺年富力强,稳慎老练,堪膺民社。除咨部外,谨会同附片具陈。伏乞圣鉴。谨奏。①

是日,公又附片奏报知府金焰等试用期满甄别情形,下部闻。曰:

再,查保举、捐纳、候补、试用知府、同知、通判、知州、知县,到省一年期满,例应考察甄别具奏,历经遵办在案。兹查有候补知府金焰,精明练达,勤求吏治;新海防试用同知汪大钧,明敏干练,勤能素著;新海防试用通判李元枚,才识敏练,办事精详;新海防试用通判陈相忠,年力富强,趋公勤谨;新海防试用知州王世钊,举止安详,黾勉从公;候补知县陆继昌,才识明达,事理详明;新海防试用知县姚光祥,心地笃实,才识老成;新海防试用知县洪定宣,识见明通,心思缜密。均经详加考察,分别照章面试,堪以各按本班序补。据藩、臬两司具详前来。除将各该员详细履历开单咨明吏部外,臣等谨附片具陈。伏乞圣鉴。谨奏。②

正月二十五日,公奏报筹解首批京饷汇沪解京,下部闻。曰:

窃准两江督臣刘坤一电开:沪道转庆亲王"效"电:行在户部奏准

---

① 中国第一历史档案馆藏:《录副奏片》,档号:03-5403-051。
② 中国第一历史档案馆藏:《录副奏片》,档号:03-5403-052。

于明年所拨京饷尽先提银一百万两，内广东先提十万两，等因。当即转行筹解。兹据广东布政使丁体常详称：查广东应拨光绪二十七年京饷尚未接到部文，兹奉电饬，应即在藩、运两库各提银五万两，其运库应解五万两，由运司另行详办。所有藩库应解五万两作为光绪二十七年第一批地丁京饷二万两、厘金京饷三万两，但目前地丁、厘金均未征收有款，只得先向号商借垫，随后征收归还。现将前项京饷五万两发交商号新奉厚等，汇解江海关道投纳，限于光绪二十七年正月二十六日解到江海关道，转汇进京，等情。详请具奏前来。臣等覆查无异，分别咨行外，谨合词恭折具陈。伏乞皇太后、皇上圣鉴。谨奏。①

二月初二日，公会衔巡抚德寿致电军机处曰：

闻俄人索东三省，权利几尽，若竟许之，根本动摇，各国必将效尤，和局必又中止，危机立见，恳饬全权设法，或请各国排解，敬乞代奏。陶模、德寿。冬。②

二月十一日，公奏报光绪二十六年秋季分广东省委署员缺，下部闻。曰：

窃照各省州县无论奏调、委署、代理，钦奉上谕：着每届三个月汇奏一次，等因。钦此。钦遵在案。兹据广东布政使丁体常详称：光绪二十六年秋季分，出有钦州直隶州知州关广槐禀求交卸，遗缺以候补知府卢蔚猷署理。又，署赤溪直隶同知陈图署事期满，遗缺以补用同知陈寿椿署理。又，电白县知县李滋然调帘，遗缺以香山县知县蒋鸣庆调署。递遗香山县知县缺，以新兴县知县刘盛芳调署。又，署陆丰

---

① 中国第一历史档案馆藏：《朱批奏折》，档号：04-01-35-1056-009. 又，中国第一历史档案馆藏：《录副奏折》，档号：03-6655-078.
② 中国第一历史档案馆藏：《电报档》，档号：2-02-12-022-0116.

县知县罗祖翼署事期满,遗缺以补用知县程璟光署理。又,署恩平县知县戴式藩署事期满,遗缺以候补通判胡永昌署理。又,西宁县知县李玮堂丁忧,遗缺以候补知县彭璁孙署理。

又,龙门县知县林铖调省,遗缺以教职知县谢裕棠署理。又,署清达县知县刘曾枚请假就医,遗缺以先用知县董元度署理。又,署开建县知县徐书祥署事期满,遗缺以教习知县刘宗潮署理。又,调署电白县知县蒋鸣庆留省清算交代,遗缺以试用通判蔡继昌署理。又,花县知县祝抡望撤省,遗缺以候补知县葛肇兰署理。又,遂溪县知县崔广浣调省,遗缺以候补知县邹翼清署理。又,始兴县知县陈文埭调省,遗缺以题升崖州知州倪思铎署理。

又,茂名县知县樊淙丁忧,遗缺以候补知县祺威署理。又,饶平县知县张经年调省,遗缺以候补知县何斌署理。又,署崖州知州钟元棣署事期满,遗缺以试用知县姚绍书署理。又,阳山县知县林济病故,遗缺以试用知县蒋泽署理。所有光绪二十六年秋季分委署直隶州同知、知州、知县各缺,详请具奏等情。前来。臣等覆查无异,理合恭折具陈。伏乞皇太后、皇上圣鉴。谨奏。①

同日,公又奏报筹解光绪二十七年广东二批京饷银两情形,下部闻。曰:

窃照光绪二十七年京饷未接部文之先,承准庆亲王"效"电:广东先提银十万两,汇京投纳,等因。当经饬司在藩库先提银五万两,作为第一批地丁京饷二万两、厘金京饷三万两,发交商号,汇至江海关道,转汇进京,另由运库提银五万两,一并汇解,恭折奏报在案。兹据布政使丁体常详称:再筹地丁京饷三万两、太平关常税三万两,同筹备饷需等款共银二十万两,作为第二批,仍照上年办法,交商汇至汉口,遴委

---

① 中国第一历史档案馆藏:《朱批奏折》,档号:04-01-12-0601-012.又,中国第一历史档案馆藏:《录副奏折》,档号:03-5406-004.

候补知州王世钊等赍领汇单、文批，于光绪二十七年三月初六日起程赴汉，提取纹银，禀明驻汉转运局，装鞘编号，代黏印花，仍由粤省委员解赴陕西行在户部投纳，等情。详请具奏前来。

臣等覆核无异，除分咨查照外，所有广东起解第二批京饷银两缘由，谨合词恭折具奏。伏乞皇太后、皇上圣鉴。谨奏。①

是日，公又奏闻遵旨筹议变通政治缘由，曰：

钦奉光绪二十六年十二月初十日上谕：着军机大臣、大学士、六部九卿、出使各国大臣、各省督抚就现在情形，参酌中西政要，各抒所见，详悉条议以闻，等因，钦此。仰见我皇上惩前毖后、力图自强之意，跪诵之下，愧奋涕零！伏念臣知识庸愚，忝膺疆寄，职分所在，负咎已多，更何足妄参大计？前以兴学校为养人材之先务，汰内监乃正君德之大端，经臣两次专折具陈。惟是不废科举不能广开学堂，不改制度不能尽裁内监，明知敷陈梗概不足规画全模，然而去故取新，造端宏大，踌躇审顾，实亦未易轻言。近奉电谕，着各疆臣迅速议奏，益见我皇上宵旰焦劳，求言谆切，岂敢缄默以蹈迟延观望之愆？恭绎谕旨，意在戒天下以自私自利，而归要于强国利民。

窃维强国利民之政不止一端，自私自利之弊已非一日，当兴当革，悉数难终。惟能握乎本原，则末流因之俱治，本原何在？窃谓在于朝廷也。必朝廷实能爱国爱民，乃能以爱国爱民责百官；必朝廷先无自私自利，乃能以不自私不自利望天下。在皇上本有爱国爱民之意，然而德不下究者，法未立故也。皇上初无自私自利之心，然而迹有近似者，政未善故也。然则转移之道固有在矣，谨为我皇太后、皇上条析陈之。

一曰除壅蔽。合上下而为一，国情本通也。中有壅蔽之者而情暌

---

① 中国第一历史档案馆藏：《朱批奏折》，档号：04-01-35-1056-031. 又，中国第一历史档案馆藏：《录副奏折》，档号：03-6655-115.

矣，善通民情者，在立法以去其壅蔽而已。堂廉过远，隔阂太多，上下所以日疏也；大臣之情不能尽通于皇上，小臣僚属之情不能尽通于长官，何况百姓？拟请定平易之法，一切体制务从简便，皇上日亲大臣而渐及小臣，且由小臣而渐亲百姓，则闾阎疾苦无不上达。此所谓除壅蔽者一也。

国朝设官多沿明制，积渐既久，寖失本意，于是防弊之官多于治事之官，察吏之官多于亲民之官。一官兼数职者有之，一职设数官者有之，升迁既无一定，兵、刑、钱、谷罕能兼长，废弛阻滞，弊端百出。拟请定分职任事之法，京外闲署悉行裁，省学、商、农、矿等部皆专门要政，即一时未能增设，亦应责成六部分司其事。各衙门曹司升转不出本部，其外省及各州县亦当变通旧制，斟酌损益，务使内外大小各官皆专官久任，文牍不烦，事无牵制，则人人知责任所在，一无旁贷，不能不并求练习，而颟顸画诺、扞格不行之弊悉除。此所谓除壅弊者又一也。

有阻官与民而使不通，且阻官与官而使不通者，胥吏是也。胥吏之害，人人知之，究其根株，实在六部成案山积，轻重准驳曾无定比，吏得上下其手以为奸，而外省书吏亦得依附朋比，以便牟利之计。今若变通官制，堂司各官皆用其所习，已不致为所蒙蔽，更请饬令部臣编定则例，凡烦苛细碎之法悉行删汰，务使简要易行，一切旧案不准援引。任是官者既人人知识分所当为，即非任是官者亦了然，于重轻准驳之自有一定则，书吏无从舞文弄法，但供抄写之役足矣。则例既定，部吏无权，而外省大小衙署之书吏亦因之而无权，吏治常肃，民生愈安。此所谓除壅蔽者又一也。

至于议院之制，中国诚未易举行，然议院议政而行政之权仍在政府，交相为用，两不相侵，而政府得由议员以周知民间之好恶，最为除壅蔽良法，或谓中国民智未开，骤难创立。窃考泰西选举议员本有限制，民智未开，限可从严；民智渐开，限亦渐宽，自无众论纷淆之弊。谕旨所谓取外国之长补中国之短者，议院亦其一端也。此数者法立弊除，上下之间壅蔽悉去，四万万人情联力合，富强诸政可次第行矣。

二曰去畛域。界限之与畛域似同而实异,界限不可无,无则相混;畛域不可有,有则相妨。同为中国之民,轩轾相形则必争;同任中国之事,彼此不顾则致败。中国积习几于无事无畛域,言其大者,部臣、疆臣为皇上办事,通力合作,始能有成。乃臣近观数十年来,部臣、疆臣以私事相干者固不得知,而于公事转以不通音问为高。疆臣之贤者,苦心擘画,极意经营,既无人为之维持调护,其不贤者营私自便,又或固执己见,不能通达世情、政府。诸臣虽明知之,而不一言,绝无古名臣交相儆戒之风,且世之当否,先时既未豫商,则其后之推诿搁置,在所必至。拟请皇上严申诰诫,令内外诸臣友善相劝,有过相规,成败是非,毋得膜视,一切政事互相妥筹,斟酌情理,务使可行。部臣与疆臣不分畛域,而后此省与他省乃不分畛域,统筹全局以利国家。此内外之畛域宜去也。

满汉分职之制,八旗驻防之兵,在圣清定鼎之初,为此权宜钤制之法,良非得已。今已二百余年,汉人世受国恩,满人已无二致,而犹沿此制而不改,无论其病国也,示天下以不广亦甚矣。旗兵窳弱情形早在圣明洞鉴,今库帑支绌如此,若再因仍旧制,虚耗巨款,实属难乎为继。既为世仆,亦当体念时艰,自图生计。拟请将京营八旗暨各省驻防,挑选精壮,使习东、西洋兵法者,统带教习之,俾成劲旅,内则巩卫京师,外则分防边要,均不使久驻一处。别选其年少勤敏者,使入各种学堂,分习士、农、工、商各业,以为谋生之路。其余酌量分年裁汰,使得从容他谋,不致以骤裁失业,有负朝廷轸恤之意。至于满汉各缺,形迹未化,亦恐害事,应请饬下王公大臣筹议,酌量变通,非微臣所敢擅拟。要使天下知朝廷之大公无我,则感戴悦服者益深,八旗子弟既不坐食,自无废材,而国家岁省饷项且数百万,为益尤大。此满汉之畛域宜去也。

中国之俗贵士而贱农工商,夫农工商之与士执业不同,所以利国家者则一。臣以为士无定名,农能善种植者,工能精制造者,商能广贸易者,皆可名之为士。其专为士者,于三者当通知大意,而又讲求政治之学、名物之理,以导助农、工、商而使之益善,是以四民当并重而不当偏重。拟请明降谕旨,以此意风示天下,令广设社会,以精其业,其中杰出者,锡以民爵,使与官齿,则农工商竞相奋励,而为士者亦不敢以空疏无具,虚冒儒名。此贵贱之畛域宜去也。

古之时兵农合一,文武不分,今既迥判两途。于是口不言兵者,懦弱日甚;目不知书者,粗鄙亦日甚。且合办一事,各存意见,窒碍尤多。外国之制,文武虽各有学堂,而武员必先学文法,文士亦皆讲求武备。拟请参仿其法,更定制度,务宜文武两途互相为用。文能略知武事,临时无畏葸张皇,而武员能识书史,通晓道理,自无卤莽灭裂之患。此文武之畛域宜去也。此数者之畛域去,则事事之畛域无不因之而俱化,天下如一家,中国如一人,治平之效可操券致也。

三曰务远大。孔子曰:人无远虑,必有近忧。又曰:见小利则大事不成。臣尝反覆斯言,窃以为为政之要尽于此矣。今如捐输开例已数十年,官场嗜利之风成为习尚,各弃本业以为官,更各弃本业以为官之亲友、仆役,务本者日少,逐末者日多,其害盖至今而大著。且岁入不过一二百万,计其侵渔剥削何止此数?得不偿失,未有甚于此者。官俸之薄,万万不给,而又扣其廉俸,贤者已难自爱,不肖者日肆其贪,害仍自国家受之。他若铁路、船、矿诸务,皆富国要政,然而创行之始亏折必多。西人恒多方保护,甚至国家担补其息。今中国于此等商务未闻有保护、补息之法,乃招商获利,则责以报效;漠矿畅旺,则提其余利。在计臣筹款不得已而为此,然而阻碍商务其损多矣。拟请永停捐纳,即衔、封、贡、监亦皆停止,创设民爵,以为鼓励农工商之具;厚加官禄,务令足用。其一切兴利之事,广劝商人,集股开办,官不干预其事,但任保护之责,有厚利无庸报效,凡从前为小失大之弊,一概捐除。但使官吏清廉,即是藏富于民之道,而工商踊跃,百利皆兴,物产日多,则国家之课税自旺。此行政之当务远大也。

取民之财,治民之事,此古今中外立国之通义;用民财以为之兴利除害,虽多取不为虐,况于少取不为之兴利除害,而但取其财,纵少取不为恩,况于多取?今中国之民穷困甚矣,而国用日繁,皇上纵以爱民为心,计臣不能不以筹款为急。虽国家款项无一非用之民事,然积弊未去,善政未行,实惠之及民者鲜,而进出款目,平时既未宣布,民但见其取财而不知其所用,不免因疑而生怨。日以筹款之事责之穷困疑怨之民,臣窃危之。今既欲变更法制,则兴利除害之政自必实力举行。更请皇上诰诫群臣,俾人人知取民财、治民事之义。仿照各国,将每年进出款项列为详表,颁示天下;其外省所解内务府经费应改户部统收,而岁拨款若干万为皇宫费用,一律列入表内宣示,使咸知朝廷之无私。臣闻法之败于德也,赔兵费至二百兆镑,未五年而偿毕,惟其民多素丰,上下相信,是以争贷于国。我中国诚能力求自强,十年之后,民力渐裕,民信益孚,则商借民债自易为力。至于裁去厘金、变通课税诸事,皆目前要务。然必取民之大义既明,始可议取民之制之善不善。此理财之宜务远大也。

　　武备不修,无以立国。外国之经营水陆军,为时或百年、数十年,用款皆以亿万万计,甫能有此规模。中国习于故常,不知远略,即如北洋海军经费,仅千数百万而举国震骇,咎其糜帑,不知外国极大铁舰一艘,有值价百万镑者。区区之数,曾何足云!今中国既贫且弱,而欲大举练兵,与之角胜,不特无此人材,亦万万无此物力。窃谓举行新政,兵事只可缓言。惟水陆将材亟应储备,拟请选王公大臣子弟及民间聪壮少年,分年赴各国学堂学习兵法;停止武科,令各省广设水师武备学堂,使人肄习。

　　至地方除盗诘奸之事,应有专司。查东西各国之制,缉捕侦察,巡警任之;战守防御,兵将任之。截然不紊,各善其事。考警察即保甲、团练之意,但其章程细密,法立令行,视保甲、团练远胜。拟请详译其法,于都会城镇仿照设立,俟有端绪,不特绿营固可全裁,即营勇亦当大减,各省只须酌留数营,以资镇慑。宿将习气甚重,狃故忌新,可用者少,宜悉罢归,厚予俸赐,酬其前劳。其各营将弁悉用学已卒业之武备学生及曾在外国学习者,使此后学堂生徒皆知学成之有用。十年之后,物力渐充,将材亦次第成就,然后整军讲武,事可不劳而集。若不惩前事,竭蹶经营,徒縻有用之财,适贻外人之笑,甚无谓也。此治兵之宜务远大也。凡若此者,务持大计,不贪近功。究其所成,必有出寻常万万者。如其沾沾目前,欲图小效,愈求富强,愈成贫弱,一利未见,百害俱生矣。

以上三大弊端,因于自私自利,害至于病国病民,溯其弊之所自,或在近今,或在往昔,甚有在千百年前者。当中国全盛之时,元气尚足,外患不侵,病伏于隐微而不觉。今者环球各国角智竞能,彼有而我无,人同而吾异,因循苟且,将无以自立于五洲。然而积习既深,来源甚远,一旦改革,岂易言非?朝廷以身作则,克己胜私,则虽日言变通无由获变通之效。伏愿我皇太后、皇上念祖宗创业之艰难,悯亿兆民生之昏垫,以日本为前事之师,以印度、波兰、越南、缅甸作覆车之鉴,速定国是,以奠危基,天下幸甚,万世幸甚!

臣受恩深重,衰疾侵寻,愿于未尽之年得睹太平之日,敢附责难于君之义,冀效愚者千虑之忱。敬献刍荛,以备采择。至于条款、节目,头绪繁多,非兼通中西源流毕贯者,不能条分缕析。微臣愚陋,不敢轻议。所有遵旨筹议变通政治缘由,是否有当?伏乞皇太后、皇上圣鉴训示。谨奏。①

同日,公又附片奏报委任安荫甲等署理知县等缺,下部闻。曰:

再,博罗县知县陈宗凤因案撤任,所遗博罗县知县篆务,查有高要县知县安荫甲,持躬谨恪,历事精勤,堪以调署。又,阳江直隶同知田明曜才识谙练,勤敏任劳,堪以调署赤溪直隶同知;所遗阳江直隶同知,即以准补赤溪直隶同知沈鸿寿调署。该员安荫甲、田明曜各任内并无盗劫已起四参之案。据藩、臬两司会详前来。除檄饬遵照外,臣

---

① 陶模著,杜宏春补证:《陶模奏议遗稿补证》第590—595页,商务印书馆,2015。

等谨循例附片具陈。伏乞圣鉴。谨奏。①

同日,公又附片奏报委任关广槐等署理知县等缺,下部闻。曰:

再,署南雄州知州黄儒荃署事期满,所遗南雄州知州篆务,查有卸嘉应州知州关广槐,才堪治剧,处事精详,堪以调署。又,署龙门县知县谢裕棠奏参改教,所遗龙门县知县篆务,查有安定县知县张宜,老成练达,振作有为,堪以调署。又,曲江县知县李久波奏参开缺另补,所遗曲江县知县篆务,查有卸电白县知县李滋然,才猷卓越,操守谨严,堪以调署。该员关广槐、张宜、李滋然各任内并无盗劫已起四参之案。据藩、臬两司会详前来。除檄饬遵照外,臣等谨合词循例附片具陈。伏乞圣鉴。谨奏。②

是日,公又附片奏报参追故令罗栋材家属完缴银谷一事,下部闻。曰:

再,据广东布政使丁体常详称:查有已故前任吴川县知县罗栋材缴存正杂款银六百五十余两、盘缺谷二千余石,迭经严催,未据完解。请奏参勒限严追前来。相应请旨将已故前任吴川县知县罗栋材革职,勒限该故员家属四个月内将征存正杂款银及盘缺谷石分别照数完解。倘逾限不解,或解不足数,再行查明从严参办。所有参追已故知县征存银两及盘缺谷石延不完解缘由,谨合词附片具陈。伏乞圣鉴。谨奏。③

二月二十三日,公致电外务部曰:

"效"电敬悉。童令已参革,王令、孙令未闻有纵庇指使仇洋仇教

---

① 中国第一历史档案馆藏:《朱批奏片》,档号:04-01-13-0435-094.又,中国第一历史档案馆藏:《录副奏片》,档号:03-5406-006.

② 中国第一历史档案馆藏:《朱批奏片》,档号:04-01-13-0435-095.又,中国第一历史档案馆藏:《录副奏片》,档号:03-5406-007.

③ 中国第一历史档案馆藏:《录副奏片》,档号:03-6580-033.

之事,孙已因另案劾降。大龙田教堂二十五年被土匪焚毁,去春罗佩芬无涉,李彩文着仇教揭帖,未据领事照会,已遵电分别饬查办理,余文详。模,养。①

二月二十八日,公会衔广东巡抚德寿奏报按乡惩盗请宽民力一事,得旨着督属认真查办,分别劝惩,以清盗源。曰:

窃广东素称多盗,近年日益加厉,广、惠、肇、罗、高、廉各属抢劫之案,几于无日无之,伤毙事主,掳人勒诈,层见迭出,水路抢劫尤甚。其始仅抢重载货船,渐次劫及客渡,近则轮船亦时被劫掠,甚或将搭客船户拘禁一处,即驾所抢之轮,驶劫别轮。其有盗中渠魁党羽较多者,公然刊戳列名,打单勒索,名曰:行水。明目张胆,毫无顾忌。而三合会、哥老会等匪类又复参错其间,以致富商避迹,行旅戒途,小民不能安居,外人藉为口实。若不痛加惩办,必致酿成巨患。广东额设水陆提镇、绿营、防勇不为少,而盗匪猖獗至此,固由各营员弁专尚酬应,不知振作。惟其中亦有为难之处,盖缉捕盗匪与战守军务情事不同,盗匪行劫多不在本乡,踪迹诡异,甚且窜入洋界,莫能究诘。

至其分居村落,聚则为盗,散则为民,或有绅士为之庇护,往往此拿彼窜,勇退盗归。营勇不能常驻一处,每致力无可施,而地方官事权不一,更易误事。兹臣酌定章程,责成州县同时并举,派拨就近营汛弁勇,随同州县,按乡查办,按族勒交。派出弁勇均归州县节制,拿获著匪,许其讯明,就地惩办,以重事权;并令清查保甲,以别良莠,选觅线工,以穷踪迹。但能将著名匪首拿获过半,则其余附和胁从之徒必将敛迹避罪,悔过自新,盗风或可稍戢。仍先以三个月为限,该文武等如有不知愧奋、废弛如前者,即当从严参劾;倘能叠获渠魁,办有实效,亦当仰恳天恩,准臣分别异常、寻常劳绩,择尤保奖,以昭惩劝。

抑臣更有请者,自来盗贼起于饥寒,广东素称繁富,何以如是多

---

① 台北"中央研究院"近代史所藏:《外交档案》,馆藏号:01-12-171-04-003。

盗？臣细加参考，从前所以繁富者，并非土产沃饶、民务耕织，只以其时各省未尽通商，领海首开互市，得以独享其利。其出洋贸易、挟资归来者，动累数十百万，是以富甲他省；近则各省辟有商埠，出口、进口之货，无烦取道广东，操奇计赢之辈不能独擅其长，而贸易外洋者，虑故土不能安居，相率长往不归，是所称繁富业已实去名存，而内外筹款诸臣仍视广东为繁富之区，征调之饷、兴作之费、协助之款、灾赈之需，无不取给广东。

在督抚臣因素有繁富之名，不能不罗掘以应，于是盐课之外有加价焉，厘金之外有台炮经费焉。近更出于不得已，取有干例禁之规费，美其名以归之于公，总其数而承之以商，曰大小闱姓，曰缉捕经费。殚力搜罗，多多益善，何暇计所从来。上以是求，下以是应，交征之习视为固然，不知商人所缴之巨饷，无非细民所积之锱铢，日竭脂膏，以供朘削，生路既穷，自必群趋为盗。倘不探其本源，稍加培护，日取不养不教之民以诛之，不独有伤天地之和，且恐法令有时扞格，隐患不可胜言。

当此时局多艰，需饷孔亟，已开之利、额解之款，臣何敢骤议更张！惟民生凋敝之苦不得不缕晰上陈，可否仰恳恩施，敕下部臣，嗣后遇有额外筹拨之款，务念广东库帑空虚，商民财力已竭，不再轻易加拨，俾粤民得以休息。苟安分营生者日多，则犯法为盗者日少，庶留元气，以遏乱萌。

所有责成州县按乡办盗并请宽民力、以清盗源缘由，除俟三个月后察看有无成效、分别举劾外，谨会同广东巡抚臣德寿，恭折具奏。伏乞皇太后、皇上圣鉴。谨奏。①

同日，公又奏请遣散内监以光圣治一事，曰：

窃维国家兴衰系乎主德，自古人君未有亲君子而不致治者，未有

---

① 台北故宫博物院藏：《军机及宫中档》，文献编号：408003360. 又，中国第一历史档案馆藏：《录副奏折》，档号：03-7377-001.

亲小人而不致乱者,治乱之几不可不察也。夫以人民之众、事几之繁,远而外国,近而宫廷,悉待治于一人之身。位则至尊,而事实至难,诚知其难,虽日进正直明智之士讨论于前,犹惧未足以应万几,而乃以小人间之,则天下之不危者几何?盖小人者,岂必皆大奸大恶,但使不读经史,不识道理,惟伺人主之喜怒为向背,则朝夕侍侧,即足以损君德于无形。夫廷臣虽有不肖,人主无由而近之,其得以常近人主者,惟宦官而已。人主与宦官日近,必与贤士大夫日疏。德之不明,过之不闻,内外之相隔,上下之不通,莫不由此。是以宦臣干政之祸,史不绝书。至其有关君德者,其几甚微,而为害尤烈也。

我朝家法严明,二百余年,从未有内监预闻政事,至治之盛,往古所无。然臣谓除弊当如除莠,留其芽蘖,终恐发生,不若绝其根株,永无滋长。在皇上春秋鼎盛,圣德日新,岂至习于近侍而为亿万世计?似有应烦圣虑者。伏思前代之用宦官,盖由妃嫔众多之故,我皇上后宫减少,左右使令本有宫女。至内廷各项差使,悉可改用士人,均不必定须内监。今者乘舆西幸,扈从内监,其数尚多。臣愚以为宜及此时大加裁汰,酌留忠谨者二三十人,余悉遣散。回銮之后,请旨饬下王公大臣公同筹议,定官府一体之制,永不再选充内监,则是数千年相沿之弊政,至我皇太后、皇上而始除,非唯一时至盛事,实亦千古之美谈。

方今外侮纷乘,事机危迫,诚如圣谕欲求振作,当议更张,惟兴革之事本非一端,中外臣工当以陆续上陈。微臣之意窃谓事有似细微而实重要者,宦官是也。此等弊政若不早除,何以为变法自强之本!且环球各大国均无内监,独中国尚仍旧习,彼中人之士,恒相讥议。若改此制,则风声所播,外国倾心,于樽俎折冲之事不无关系。

臣备职外臣,不应妄言内政,惟是受恩深重,未报涓埃,冀效愚忱,以仰裨圣治于万一!伏乞皇太后、皇上圣鉴,训示。谨奏。①

---

① 陶模著,杜宏春补证:《陶模奏议遗稿补证》第588—589页,商务印书馆,2015。

是日，公又会衔广东巡抚德寿奏报广东省本年二月应解还英德洋款情形，下部闻。曰：

> 案准户部咨：应还英德本息，每年指拨广东省盐斤加价银五万两、加放俸饷银五万两、阄捐银二十四万两、地丁等项银三十八万两，每年匀分二、五、八、冬四个月解赴江海关道交纳，等因。兹据广东布政使丁体常、两广盐运使国钧、善后局司道先后详称：本年二月分应解前项银两，现经设法挪凑，并令各号商借垫足数，作为盐斤加价银一万二千五百两、加放俸饷银一万二千五百两、阄捐银六万两、地丁等项银九万五千两，共银一十八万两，定于初九、十三等日，由号商大德恒等汇解江海关道兑收，备还英德之款。至加拨佛郎镑价不敷银两，原拨留用商包厘饷已成无着，经户部覆准，自本年起，改由粤海关库筹解，抵作还清华款，腾出应解藩库及善后局兵勇饷项，等情。详请奏咨前来。
>
> 臣覆核无异，除咨部查照外，谨会同广东巡抚臣德寿，恭折具陈。伏乞皇太后、皇上圣鉴。谨奏。①

同日，公又会衔广东巡抚德寿奏报筹解光绪二十七年第二批京饷情形，下部闻。曰：

> 窃照光绪二十七年分京饷，奉拨广东地丁银十万两、厘金十万两、太平关常税银五万两。又，太平关常税奉拨内务府经费银十万两，东北边防经费原拨、添拨共银九万六千两。又，应解筹备饷需银二十万两，加放俸饷。除拨还俄、英、法、德借款外，尚应解京银十万两、固本饷银十二万两、旗兵加饷银十万两，另款加复俸饷银七千八百两，自应遵照分批起解，已于本年正月十九日在藩库地丁、京饷项内筹银二万两，厘金、京饷内筹银三万两，共银五万两，列作第一批交商汇解上海

---

① 台北故宫博物院藏：《军机及宫中档》，文献编号：408003359。又，中国第一历史档案馆藏：《录副奏折》，档号：03-6696-034。

道,转汇赴京,业经奏报在案。

兹再行筹解地丁京饷银三万两、太平关税京饷银三万两、筹备饷需银五万两、东北边防经费银三万两、加放俸饷银四万两、固本兵饷银二万两,共银二十万两,作为第二批,仍照上年办法,交商汇至汉口,委员领赍汇、单文批,至汉提取足纹,禀明驻汉转运总局,装鞘、编号、代粘印花,仍由粤省委员解赴陕西行在户部投纳,饬委候补知州王世钊等,于三月初六日起程。据广东布政使丁体常详请奏咨前来。臣等覆核无异,除分咨外,谨会同缮折具陈。伏乞皇太后、皇上圣鉴。谨奏。①

同日,公又附片奏报闽厂快舰粤省无力领用一事,得旨着即咨商许应骙,妥筹办理。曰:

再,闽厂新造快舰两号,经闽浙总督臣许应骙②奏奉谕旨,改拨粤省遣用,所需工料银五十万两,即由粤筹款协助。准军机大臣遵旨抄折,寄信前来。臣等伏查粤省自广甲、广乙、广丙三轮被毁之后,因度支告匮,迄未置备大号兵轮。今闽省拟将所造快舰两号拨归粤省应用,苟能设法勉筹,何敢稍存推诿?惟粤省入款以厘金为大宗,地丁、盐课次之,闱捐、台炮经费又次之。出款以京、协各饷及归还洋款为大宗,兵勇粮饷次之,廉俸、杂支又次之。自西江通商以后,税单盛行,厘

---

① 台北故宫博物院藏:《军机及宫中档》,文献编号:408003358。又,中国第一历史档案馆藏:《录副奏折》,档号:03-6655-084。
② 许应骙(1830—1903),字筠庵,昌德,广东番禺县人。道光二十九年(1849),中举。三十年(1850),中式进士,改庶吉士,散馆,授翰林院检讨。同治元年(1862),参与修撰《文宗显皇帝实录》,后历任翰林院侍讲,左、右庶子,署国子监祭酒。十一年(1872),充日讲起居注官。十三年(1874),任武会试副考官。光绪元年(1875),授福建乡试正考官。次年,放甘肃学政。四年(1878),升内阁学士,兼礼部侍郎衔。翌年,任兵部右侍郎。六年(1880),授会试副总裁、殿试续卷官。八年(1882),调户部左侍郎,兼管三库事务。同年,充浙江正考官。九年(1883),兼吏部右侍郎。次年,转吏部左侍郎,署兵部左侍郎。十一年(1885),任顺天府学政。十五年(1889),充顺天乡试副考官。次年,任武会试正考官。十七年(1891),补仓场侍郎。二十一年(1895),授都察院左都御史。次年,擢工部尚书。二十三年(1897),授总理各国事衙门大臣、礼部尚书,署左都御史。二十四年(1898),任会典馆副总裁。是年,调补闽浙总督。二十六年(1900),参与"东南互保"。二十八年(1902),被劾褫职。二十九年(1903),病卒。著有《谕折汇存》等行世。

金大为减色,收支已属不敷。前协办大学士刚毅①来粤筹饷,几于搜括一空,所筹之一百六十万两大都虚悬无着,及从前通融外销之项,部臣以之指拨汇丰镑价。上年司局照新筹之项尽力提存,仅得银八十万两。臣德寿因镑价要需业经指拨,未敢延缓,勉向商富认息订借银八十万两,凑足汇还,当经沥陈支绌情形、奏请减拨在案。

善后局向来外销之项,实均无可裁节,又加以上年新招之勇二十余营,虽有前督臣李鸿章奏开之缉捕经费数十万两,以之弥补外销各项及新增勇饷,不敷甚巨。现又接准户部咨覆,指拨镑价一百六十万两,不准减少。上年息借商款,至今未能筹还;解、支各款,相逼而来,正不知如何支拄。此项闽省请拨快舰工料银五十万两,委实无从筹措,且拨归粤省之后,每年油、煤、火药、薪粮等项,两舰约需四五万金,更属难于支应,拟请仍由闽省另行设法,或改拨别省遣用。据藩、运两司、善后、厘务各局详请奏咨前来。

臣等熟筹覆核,委系实在情形。除咨覆闽浙督臣知照外,谨合词附片具陈。伏乞圣鉴。谨奏。②

是日,公又附片会衔广东巡抚德寿奏报广东变通捐输章程一事,曰:

再,广东省遵旨劝办绅富捐输,经前兼署督臣德寿于光绪二十六年九月奏明,援照两江章程办理在案。兹据办理绅富捐输司道等以粤

---

① 刚毅(1834—1900),字子良,他塔拉氏,满洲镶蓝旗人,生员。同治初,充刑部笔帖式。五年(1866),补刑部主事。八年(1869),升刑部员外郎。光绪五年(1879),升郎中。六年(1880),补广东惠潮嘉道。次年,迁江西按察使。八年(1882),调直隶按察使。同年,升广东布政使,转云南布政使。十一年(1885),擢山西巡抚。十四年(1888),调补江苏巡抚。十八年(1892),调广东巡抚。二十年(1894),任军机大臣,礼部左、右侍郎,署礼部右侍郎,兼方略馆总裁。次年,任户部右侍郎,兼管钱法堂事务。是年,充满洲翻译副考官。二十二年(1896),授工部尚书,兼崇文门监督、会典馆正总裁。二十三年(1897),调刑部尚书。二十四年(1898),补正红旗蒙古都统、兵部尚书,升协办大学士、经筵讲官。同年,充翻译阅卷官。二十五年(1899),任内大臣。二十六年(1900),随慈禧西巡,卒于途。

② 台北故宫博物院藏:《军机及宫中档》,文献编号:408003360-0-A.又,中国第一历史档案馆藏:《录副奏片》,档号:03-7123-042.

省绅民大都聚族而居，无不建设宗祠，置备祭产。其族大产多之户经费尚充裕，若令出其余资捐助公款，俾合族同被恩荣，则捐输可期踊跃。拟请将捐章量为变通，凡捐银一千两以上者，准予奏请建坊；五千两以上者，请旨特赏匾额，庶巨族、富绅知所观感，于捐务不无裨益，等情。会详请奏前来。

臣查近来捐案重叠，势成弩末，若不因地制宜，劝办殊无把握。该司道等所请变通捐章，祇系宠锡光荣，于实官铨补章程并无关碍。可否仰恳天恩，俯准变通办理，以广招徕而裕饷需。谨会同广东抚臣德寿，附片陈明。伏乞圣鉴。谨奏。①

同日，公又会衔粤海关监督庄山附片奏报粤海关摊还英德洋款情形，下部闻。曰：

再，准户部咨：应还英德本息，由各海关洋税、洋药税厘项下摊派粤海关五十二万两，每年匀分二、五、八、冬四个月解交，等因。迭经遵办在案。兹准粤海关监督庄山咨称：准户部剳开：英德借款佛郎镑价昂贵，原拨银数不敷，照案酌量加拨。本年二月期，应解英德还款银十三万两，又加拨四分之一银三万二千五百两，合共银十六万二千五百两，备文发交西商志成信、协成乾银号，汇解江海关道投纳，等因。前来。

除咨呈军机处、户部查照外，谨会同粤海关监督臣庄山，附片陈明。伏乞皇上圣鉴。谨奏。②

二月二十九日，公致函总理衙门曰：

现据广东雷琼道叶大遒申称：光绪二十六年十二月十三日，奉宪

---

① 台北故宫博物院藏：《军机及宫中档》，文献编号：408003358-0-A.又，中国第一历史档案馆藏：《录副奏片》，档号：03-6539-016.
② 台北故宫博物院藏：《军机及宫中档》，文献编号：408003360-0-B.又，中国第一历史档案馆藏：《录副奏片》，档号：03-6539-016.

台札开:据该道申称:光绪二十六年十月二十九日,接准驻琼州英领事官倭照会:照得本领事官现奉钦差大臣札委管理斯篆,兹定于本月三十日接印视(事),相应照知。为此照会贵道查照,并通行阖属文武一体知照。同日,又准琼州英领事官海照会:照得本署领事官现奉钦差大臣札调上海任事,兹于十月三十日新任正领事官倭到琼接管斯篆,即日将任内一切事宜交代清楚,由新任接管视事,相应照知,各等由。到道。准此,除札行雷、琼两府知照,并报明抚宪外,理合具文申报察核,等由。到本兼署部堂。据此,除咨行查照外,合就札饬札道即便照章照会新关税务司,查明现任驻琼英国倭领事是何名字,是否真正领事,申复核办毋违,等因。奉此,当经照会税务司查复去后。兹准阿税务司复称:查现任驻琼英国领事官名倭纳是真正领事,等由,照复前来。职道覆查无异,理合具文申复察核,等情。到本部堂。据此,除行广东藩、臬二司移行外,相应咨呈。为此合咨贵衙门,谨请查照施行。①

三月初五日,公致函总理衙门曰:

光绪二十七年二月二十一日,承准贵王大臣咨开:案查合约大纲十款,业经奉旨照允画押盖印。该约第十款内载:中国国家务须在各府厅州县将载明下开两端之谕旨张贴两年,俾众周知,永禁军民人等仇视诸国各会,违者问死。至开列各犯所定罪名,及杀害凌虐各国人之城镇停止各项考试,亦在此列。中国皇帝务须谕旨一道通行布告,以及各省督抚、文武大吏及有司官,于所属境内皆有保持平安之责,如复肇伤害他国人民之乱,再有违约之行,必须立时弹压惩办,否则该管官员即行革职,永不叙用,亦不得借端开脱,别给奖叙,等语。旋于光绪二十六年十二月十三日钦奉上谕两道,业经发抄,嗣因各国使臣坚请更改字句,复经本王大臣据情电奏奉旨照准,相应恭录咨行贵督,务

---

① 台北"中央研究院"近代史所藏:《外交档案》,馆藏号:01-15-015-08-007。

照此次所录谕旨刊刻誊黄,通饬所属府厅州县,无论大小城镇、村落,遍行张贴两年。两年期内如有剥落损失,仍随时补行张贴。事关和议大局,勿稍延误,致贻口实,并将遵办情形先行声复本王大臣备案,是为切要!录送谕旨二道,等因。到本部堂。承准此,查上年津沽事起,谣诼繁兴,广东各属匪徒因而乘机鼓惑,致有拆抢教堂及教民房屋之事。幸地方官绅弹压保护认真,各国人民未被戕害、凌虐;各处教案经与各口领事官妥商,业已一律办结,所有赔款仍责成地方官绅设法措缴;滋事匪徒亦多缉获,分别惩办,民教现均相安如常。承准前因,除行司刊刻誊黄,饬发遍贴两年,两年期内如有剥落损失,随时补行张贴外,相应咨复。为此咨呈贵王大臣,谨请察照施行。①

三月十三日,公开单咨呈总理衙门曰:

光绪二十七年二月二十一日,承准贵衙门电开:德使函称长乐童令虽已撤任,各项劣迹尚未查办拿问。上年十一月间,施领事与潮州道全权委员盐运使分司瑞议订章程五条,内载童令必须撤委参革,永不得滥职任事,等因。请电广督照章办理。又,龙川县王克鼎与宁县孙祖华于仇洋教各衅纵庇指使。大龙田局绅罗佩芬于二十五年间天龙田教堂被毁尤为罪魁,锷(锡)塘局绅李彩文着仇教揭帖。此二人尚未治罪,孙祖华因另案撤任,请电广督将王克鼎、罗佩芬、李彩文务必治以应得之罪,等语。并抄录章程附送前来。

查潮州道委员与领事商办教案,辄加以"全权"字样,殊属乖谬。所订章程是否禀明尊处批准有案,童令究竟有无劣迹,即希查明妥核办理。至王克鼎、罗佩芬、李彩文,该使既请治以应得之罪,亦即确查虚实,分别参撤,并电复,余详咨,等因。到本部堂。承准此,卷查长乐县属教案经署惠潮嘉道朱道恩绂饬委潮州盐运分司瑞诰,会同省委候

---

① 台北"中央研究院"近代史所藏:《外交档案》,馆藏号:01-14-014-01-014。

补知县俞旦,与驻汕头口德国施领事商结议订五款:一、须将童令功名参革,永不得在中国膺职任事。二、滋事地方各办首要匪徒二名。三、赔款期限,款须在汕交付。四、称赔款平允。五、兴宁、归善、永安未了教案,归惠潮嘉道一并议结。由该道电经前兼署部堂德(寿),以童令劣迹应由道查明详参,滋事首要匪徒严拿审明,分别惩办,总期情真罪当,无论名数多寡,余照所议办理,电复在案。

童令出示禁教一节,该令力言系教民诬捏,委查亦无实据。饬道照会领事查取原示验明,迄今未据交出。惟地方屡滋事端,自系该令办理不善所致,业经前兼署部堂德(寿)奏参革职,不得再膺职任,似足蔽辜。至运司瑞诰自认全权委员,据称系因领事以须有权方肯与商之故,惟竟书之于约,诚属乖谬。龙川德教各案,先据署理该县王克鼎禀,或系衅启争尝,或系讼因田土、钱债,教民捏控抢护,希冀赔偿。续接施领事照会,已行道督饬查明,秉公妥办。其兴宁县之大龙田讲堂,系于光绪二十五年土匪滋事时被毁,上年春间经印委查明,罗佩芬之子拔贡罗献修曾亲自督众扑救,得免全毁,教中人亦有是说。是罗佩芬尚无主使情事,似属可信。兴宁地方张贴揭帖,领事照会并未声明系李彩文所撰,饬查亦无主名。该县孙祖华业因另案劾降,王、孙两令均未闻有纵庇指使仇洋仇教之事。惟王令前曾被人冒递信函,领事谓其措词亵渎,业经委员候补知县秦广绶查明,确系被人捏名诬罔,禀由前兼署部堂照会领事知照在案。承准前因,除电复并咨行查照,及行广东惠潮嘉道遵照,督饬查明王令克鼎前在龙川县任内有无庇纵指使仇洋仇教情事;兴宁大龙田德国讲堂被毁一案,局绅罗佩芬迭被指控主谋,究竟有无实据;锷塘地方是否兴宁县所属,有无局绅李彩文其人,曾否着有仇教揭帖,务即详晰确查,据实禀复,以凭核办,毋稍讳饰干咎,暨行广东藩、臬二司移行确查办理外,相应咨呈。为此咨呈贵衙门,谨请察照施行。①

---

① 台北"中央研究院"近代史所藏:《外交档案》,馆藏号:01-12-171-04-004。

三月十六日，清廷谕公迅速筹款拨解闽厂曰：

奉旨：许应骙电奏，闽快舰将成，积欠料价无着，闽省万难筹此巨款，法监督索取急迫。若诿延不交，势必请其国出头强索，更生枝节。粤较闽筹措尚易，请仍饬粤筹款收舰，等语。着陶模等仍遵上年十二月谕旨，将快舰拨归粤省备用。所需价料银五十万两，迅筹的款，如数拨解闽厂，以顾大局，毋再诿延。钦此。①

同日，公开单咨呈总理衙门曰：

头品顶戴兵部尚书兼都察院右都御史总督两广等处地方军务兼理粮饷陶，为咨呈事。光绪二十七年三月十四日，据署南海县裴令景福、署番禺县钱令溯灏会禀称：义商永贞祥与陈联泰钱债缪辘一案，先于光绪二十六年四月十七日奉前宪李札县密拘陈联泰店东陈孚即陈栿到案，会讯负欠洋商巨款实情，勒追清理，等因。即经差拘，随据陈联泰店东陈亮业投到，提讯据供联泰机器店系伊父陈栿创设，迨后伊父另图别业，由伊开张，向无洋人合股。祸因光绪二十四年八月十四日，伊父忽奉番禺县传押。斯时举家惊惶，适有素识之谭翊侨面称，他有交好西人拿云拿、啤地两人在港开永贞祥洋行，现在来省，可代讨情释放。惟西人不能直求大宪，必要领事照会，然西人求领事照会，必要伪认作陈联泰股东，方足动领事之听。伊未谙西文、西语，均由谭翊侨代为先容，遂带伊见两西人面，谭翊侨爰撰二万五千元伪合同，强伊签"陈联泰"三字，伊不敢从。当时啤地谓尔如有思疑，我当立回揭约，亦系二万五千元交尔收执。将来如有人藉伪合同生事，可将我立揭约呈出具，真伪立辨。伊痛父情急，权写"陈联泰"三字于伪合同之后。嗣伊父蒙发审局讯明恩释，今查拿云拿已回国，啤地亦往外埠，实系谭翊

---

① 中国第一历史档案馆藏：《电报档》，档号：1-01-12-027-0208。

侨藉伪合同瞒准领事照会传讯，请照复领事速将谭翊侨及拿云拿、啤地等送案讯断。伊父患病，不能付质，等供。据此，当饬将啤地所立揭约呈核。据亮业以伪揭约、伪合同前交香港狄近律师□案。兹由该律师照抄附以印信呈缴前来。卑职等以陈亮业所供各情历历如绘，且有洋文揭约为据，似系实情，如须着追，应由拿云拿、啤地两人来案指证，以便传同谭翊侨等三面环质，方足以昭折服。随将伪合同、揭约照译华文，禀经前兼署宪以双方从前通同作伪，抵制华官，亟应彼此各予严惩照复去后。随奉札行据义领事文称：陈栩被押在光绪二十四年八月十四日，订立合同、揭约在是年六月二十四日，相去两月，安能预知？等语。且以中国之案赴港控告，尤为藐玩，饬即复办理。又提陈亮业复讯，据供前项伪合同实系二十四年八月内所立，抬填六月内日期，当时因恐在伊父被押后订立合同，若铺屋被封，一经呈出，必干中国究诘，亦是谭翊侨等指使伊等，此次并无到港控告，情愿出结。伊父已于二十六年闰八月病故。卑职等以本案业已研讯明确，合同、揭约银数相同，彼此互抵，即已清结。拿云拿等既未到案，纵使向陈亮业硬行着追合同之款，而置揭约不顾，陈亮业亦必不服。惟陈亮业串同作伪已无疑义，自应专科作伪之罪，但例典专条，禀请照不应重律，杖八十，折责发落在案。乃义领事既不将拿云拿等送案，专请究追，复经卑职等将陈亮业所开陈联泰店两间封抵，已属格外迁就。乃领事犹以为不足，照请提取陈联泰屡年账簿察悉，并勒县按日垫送领事署汉文案夫马金五元，随于本年三月初二日，调出陈联泰光绪二十四、五、六年账簿三本，由县函知义领事派人来县察看。迨看毕后，由其汉文案崇耀将簿携去，不出一言。嗣奉准义领事文称：账簿种种可疑，有涂改、藏匿等弊。又经卑职等再调陈联泰账簿三本，送往义领事寓所核对，现概未交回。兹据陈亮业禀请吊验伪合同、揭约，传同谭翊侨等会讯断结，并请将簿发还前来。

伏查义约第十七款内载：义国人民遇有控告华民事件，皆应先禀领事官查明根由，先行劝息，使不成讼。中国民人有赴领事官告义民者,领事官亦应一体调处。间有不能使和者,即由地方官与领事官会同审办,公平讯断。又,二十三款内载:义国民人若有华民欠债不偿,约准地方官认真代为催缴;义人欠债不偿,义国官亦应一体办理,但均不能官为赔偿,各等语。今本案应辩论者约有三端,而被告陈亮业已到,而合同内有名之拿云拿、啤地及知见人谭翊侨未到,如须着追,立将拿云拿等送案,照约会讯公断,二合同作真,则揭约亦应作真,合同内二万五千元之股东应向陈联泰追偿,则揭约内二万五千元之借款亦应照约向拿云拿等追偿。三义民与华民交涉案件,条约内并无由地方官垫送义国汉文案夫马金明文,即办理各国交涉案件,亦向无由官垫送夫马之事。兹卑职等既不拘定拿云拿等到案,又不追偿揭约之款,即将陈亮业办罪,并将其联泰店两间查封备抵,不但毫无帮助陈联泰,实系帮助永贞祥。祇以两国和好有年,此等钱债案件,义领事既如此坚执,不得不格外通融,用敦睦谊。乃义领事愿望甚奢,不以为然,甚有"理应地方官还回永贞祥"之语,其汉文案满洲人崇耀屡来县署索取夫马,传语恫喝,言香港义国水师兵官亦将干预此事,似均与条约夫符,理合查明全案情形,照录伪合同、揭约,禀请察核,俯赐咨呈总理衙门照会义国驻京大臣,按约持平办理,核明议复,转饬领事遵照,实为公便,等情。到本部堂。

据此,查本案陈联泰店东陈亮业因伊父陈栩被押情急,串令洋商拿云拿等冒认伊店股东,伪立合同、揭约,意图抵制官长。据供情形,历历如绘,节经各前部堂暨本部堂照会义国佛领事,并饬县将陈联泰店铺两间查封,吊取账簿,由义领事查核商办。似此办理实属格外通融,乃义领事不问情理,一味要挟恫喝,未免有意为难。据禀前情,相应钞录全案卷宗咨呈。为此合咨贵衙门,谨请察核照会义国驻京大臣,持平核办,抑照请各国驻京大臣饬令驻广州口各领事官秉公定断之处,统候裁夺,赐复施行。须至咨者呈者。计钞呈案卷一本,汉洋文伪合同、揭约各一件。右咨呈钦命总理各国事务衙门。光绪二十七年三月十六日。①

四月初六日，公奏报惩处劣员叶大遒等缘由，曰：

窃广东吏治不修由来已久，去冬抚臣德寿分别举劾，稍资整顿。臣续有所闻，亦既访察确实，不能不胪列上陈。兹查有雷琼兵备道叶大遒②，嗜好渐深，怠于理事，昼眠夜起，属吏罕见其面。即选道广东候补知府卢秉政③，才具平庸，作事苟且，前任惠州知府被参革职，旋经开复，仍署惠州府，考试不公，士论哗然。南海县知县杨镇荣，阅历太浅，办事轻率，难胜繁要之任。同知衔四会县知县张经年，貌若勤能，品行卑鄙。四品衔试用通判署电白县知县蔡继昌信任劣幕，声名平常。同知衔候补知县曾瑞琪，性情巧滑，工于牟利，前署琼山县任内声名甚劣，均难稍事姑容，拟合请旨将雷琼兵备道叶大遒、即选道广东候补知府卢秉政，均勒令休致；南海县知县杨镇荣开缺另补；同知衔四会县知县张经年开去同知衔四会县缺；四品衔试用通判蔡继昌撤销四品衔试用通判，均以府经历县丞归部选用，同知衔候补知县曾瑞琪即行革职，以肃吏治。

至所属各员贤否不一，一时未能周知，容臣随时查看、续行具陈

---

① 台北"中央研究院"近代史所藏：《外交档案》，馆藏号：01-16-114-01-001。

② 叶大遒（1845—1907），字敷恭，号铎人，福建闽县人，廪生。同治四年（1865），中举人。光绪六年（1880），中式进士，改庶吉士。九年（1883），授翰林院编修。十一年（1885），充武英殿协修官，调国史馆协修官。十四年（1888），补武英殿纂修官。十九年（1893），迁武英殿总纂官。次年，大考三等，保以道府用，加五品顶戴。二十一年（1895），任国史馆纂修官。翌年，充武英殿提调官。二十三年（1897），授广东高廉钦道。二十六年（1900），调补广东雷琼兵备道。二十七年（1901），经陶模奏参，勒令休致。三十三年（1907），卒。

③ 卢秉政（1846—?），字燮堂、实堂，四川巴县人，附生。同治三年（1864），中举人。四年（1865），中式进士，签分刑部。同年，告假回籍。六年（1867），保员外郎。七年（1868），丁母忧。十年（1871），到部学习。十二年（1873），学习期满，奏补刑部员外郎。十三年（1874），丁父忧，回籍终制。光绪三年（1877），赴刑部候补。六年（1880），补刑部四川司员外郎。同年，转刑部奉天司员外郎。八年（1882），充顺天乡试同考官。十四年（1888），保记名以道府用。同年，升刑部河南司郎中。十五年（1889），放广东广州府遗缺知府。十六年（1890），调广东惠州府知府。十七年（1891），保以道员。十九年（1893），充内帘监试。二十一年（1895），被参革职。二十五年（1899），署广东惠州府知府。二十七年（1901），经陶模奏参，勒令休致。

外,所有甄别庸劣不职文员各缘由,恭折具奏。伏乞皇太后、皇上圣鉴,训示。谨奏。①

同日,公又奏报参劾庸劣武员刘邦盛等,曰:

窃两粤为滨海要区,军政尤关紧要。臣到任以来,悉心察访,粤西路途较远,一时未能周知,粤东武职中职分较崇者已略得梗概。兹查有北海镇总兵刘邦盛②,嗜好甚深,办事颟顸,去年惠州会匪作乱,该镇带队防剿,措置无方,几坏大局。旋回本任,不知整顿营务,所属把总滋事,檄令查办,多方庇护,实难胜专阃之任。肇庆协副将斌成,才具平庸,办事竭蹶,难胜海疆副将之任。赤溪协副将张邦福,阘茸嗜利,在署南韶连镇任内声名尤劣。顺德协副将刘盛濯,庸懦无能,缉捕废弛。新会营参将武永泰,貌似勤干,专工酬应。均未便稍事姑容,拟合请旨将北海镇总兵刘邦盛、肇庆协副将斌成均开缺,送部引见;赤溪协副将张邦福③、顺德协副将刘盛濯,均即革职;新会营参将武永泰开去参将缺,以都司归部选用。以肃营务。如蒙俞允,所遗北海镇总兵员

---

① 台北故宫博物院藏:《军机及宫中档》,文献编号:408003362。又,中国第一历史档案馆藏:《录副奏折》,档号:03-5406-110。

② 刘邦盛(1838—1901),安徽合肥人,武童。同治元年(1862),充树字营哨长。旋因打仗出力,保两江补用参将,加副将衔、果勇巴图鲁名号。光绪五年(1879),晋总兵衔。七年(1881),补广东增城营参将。八年(1882),迁广东督标中军副将。十一年(1885),调补广东惠州协副将。二十二年(1896),擢广东北海镇水陆总兵。二十七年(1901),被参开缺,送部引见。同年六月,行抵澍南,因病身故。

③ 张邦福(1829—?),安徽合肥县人。同治元年(1862),充淮军树字正营什长。三年(1864),保把总,赏戴蓝翎。五年(1866),保尽先守备。七年(1868),保都司,换花翎。九年(1870),保游击,晋参将衔。十二年(1873),加伯奇巴图鲁勇号。十三年(1874),保参将,管带武毅右军前营,晋副将衔。光绪十年(1884),随张树声赴广东差委。十二年(1886),委署广东碣石镇标中军游击。十四年(1888),署广东督标前营参将。同年,补广西全州营参将。十五年(1889),署广东琼州镇标中军游击,调署广东潮州镇标左营游击。十六年(1890),加总兵衔。次年,补广西抚标中军参将,管带鱼珠炮台全字营。十八年(1892),调补抚标中军参将。二十年(1894),保广东水师提标尽先副将。二十一年(1895),署广东北海镇总兵官,是年,赴部引见。翌年,补授赤溪协副将。二十三年(1897),迁广东外海水师赤溪协副将。二十七年(1901),被参革职。二十九年(1903),遣回原籍,严加管束。

缺,请旨简放,以重职守。

其副将、参将各缺,广东现有应补人员,请由外拣补。其粤西各营及东省各营员弁随时察看,再行具奏外,所有特参庸劣不职武员各缘由,恭折具奏。伏乞皇太后、皇上圣鉴,训示。谨奏。①

【案】粤督陶模特参庸劣不职文武员弁两折,均于是年五月得旨允行,《光绪朝上谕档》载曰:

光绪二十七年五月十四日,内阁奉上谕:陶模奏,特参庸劣不职文武官员各一折。广东雷琼兵备道叶大遒嗜好甚深,怠于理事;候补知府卢秉政才具平庸,作事苟且,均着勒令休致。南海县知县杨镇荣阅历太浅,办事轻率,着开缺另补。同知衔四会县知县张经年貌若勤能,品行卑鄙;四品衔试用通判署电白县知县蔡继昌信任劣幕,声名平常,均着撤销加衔,以府经历县丞归部选用。候补知县曾瑞琪性情巧滑,工于牟利,着即行革职。北海镇总兵刘邦盛办事颟顸,措置无方;肇庆协副将斌成才具平庸,办事竭蹶,均着开缺送部引见。赤溪协副将张邦福阘茸嗜利,声名尤劣;顺德协副将刘盛濯庸懦无能,缉捕废弛,均着即行革职。新会营参将武永泰貌似勤干,专工应酬,着开去参将缺,以都司归部选用。以肃吏治而饬戎政。余着照所议办理,该部知道。钦此。②

是日,公又开单奏报广东省光绪二十六年上半年收解厘金数目情形,下部闻。曰:

窃照广东省厘金收解各数目,向系半年奏报一次。兹查光绪二十

---

① 台北故宫博物院藏:《军机及宫中档》,文献编号:408003361。又,中国第一历史档案馆藏:《录副奏折》,档号:03-5951-015。
② 中国第一历史档案馆编:《光绪朝上谕档》,第27册第105页,广西师范大学出版社,1996。又,《德宗景皇帝实录(七)》,卷四百八十三,光绪二十七年五月,第379—380页,中华书局,1987。

六年正月初一日起至五月底止,各厂、关共收货厘洋银六十九万三千二百七十三两三钱八分四厘九毫五丝,又收盐厘洋银三万六千五百七十两四钱七分一厘。据广东布政使丁体常会同厘务局司道,造册详请奏咨前来。

臣等覆核无异,除册咨送户部外,谨缮清单,恭呈御览。至盐厘一项,改归运司,按引抽收,是以清单内不列各厂名目。伏乞皇太后、皇上圣鉴,敕部查照施行。谨奏。①

同日,公又奏报喘嗽咯血乞赏假调理,得旨:着赏假一个月。曰:

窃臣精力就衰,数年来,频患喘嗽及咯血等证,渥蒙朝廷逾格恩施,调任两广,离苦寒之地、就温暖之区,本与微臣贱体相宜,初意一至东南,诸病即可霍然。乃履任以后,仅晚间咳嗽稍轻,而行动气喘,依然如旧,盖两广政事繁剧,洋务辏辐又倍于曩时,微臣人地生疏,益行劳瘁,中心忧愤,药饵无功。接见寅僚,言语稍多,即上升呼吸喘促。近日吐痰较多,间又带血。医家谓肺质久伤,非静养不能渐愈。再四思维,合无仰恳天恩赏假一月,得以从容调治,冀可渐瘳。假期以内一切紧要公事,仍当躬亲料理,不敢自甘安逸,致有贻误。俟喘嗽稍减,即当力疾销假。

所有微臣喘羔未痊,痰中近又带血,恳恩赏假调理缘由,谨恭折具陈。伏乞皇太后、皇上圣鉴。谨奏。②

同日,公又会衔广东巡抚德寿奏报黄江厂第十四次征收税银数目情形,下部闻。曰:

案照广东肇庆府黄江税厂,无闰之年应征正税银一万二千八百六

---

① 台北故宫博物院藏:《军机及宫中档》,文献编号:408003364。又,中国第一历史档案馆藏:《录副奏折》,档号:03-6513-032。
② 台北故宫博物院藏:《军机及宫中档》,文献编号:408003363。又,中国第一历史档案馆藏:《录副奏折》,档号:03-5406-111。

十八两六钱九分五厘,院司养廉银三百八十六两六钱一厘,羡余银一万五千九百六十七两六钱九分六厘,加征盈余银二万两、桥羡银一万两,共额解银五万九千二百四十两九钱九分二厘。所有光绪二十五年五月以前征收数目,业经前督臣奏报在案。

兹据广东藩司丁体常会同善后局司道详称:光绪二十五年五月二十二日起至二十六年五月二十一日止,第十四次无闰一年期满,该厂征收银一十二万四千六百四十九两六钱一分三厘,又由罗定桂税项下划还该厂税银九千七百一十八两四钱六分八厘,共征银一十三万四千三百六十八两八分一厘,内除支销厂用不及一成银一万一千七十六两二钱二分,实解司库四项正额暨院司养廉银五万九千二百四十两九钱九分二厘,又解善后局额外节省防费银六万四千五十两八钱六分九厘。共解缴司局银一十二万三千二百九十一两八钱六分一厘,又桥羡加征盈余项下解足一万二千两,照案归入并计,共溢解银七万六千五十两八钱六分九厘。再,罗定桂税划还该厂正税项下,向不提一成厂用,造具收支清册,详请奏咨前来。

臣覆核无异,除册咨部外,谨会同广东巡抚臣德寿,缮折具陈。再,办理黄江厂务委员,每年征收溢额,例应请奖,本届并非一员经理,毋庸议奖。合并声明。伏乞皇太后、皇上圣鉴,训示。谨奏。①

是日,公又会衔广东巡抚德寿奏报筹解盐课、京饷等款情形,下部闻。曰:

案照光绪二十七年分奉拨广东盐课、京饷银二十万两,又拨内务府经费盐课银五万两。兹于二十六年分盐课项内筹解京饷银五万两,随解一五加平饭食银一千五百两,又内务府经费银二万两,随解平余、抬费等银六百六十两,作为本年第一批京饷及内务府经费,又搭解光

---

① 台北故宫博物院藏:《军机及宫中档》,文献编号:408003365。又,中国第一历史档案馆藏:《录副奏折》,档号:03-6513-034。

绪二十六年第二批京饷一五加平饭食银一千五百两，内务府经费银九千两，随解平余、抬费等银三百三十两。统共银八万二千九百九十两，饬委候补盐运司经历叶基琳等管解，于本年三月二十日起程，由商号大德恒等以现银运至汉口，再由汉口转运总局装鞘，粘贴印花、封条，备齐车辆，添拨兵队，随同委员护解赴陕西行在军机处投纳。据两广盐运使国钧详请奏咨前来。

臣覆核无异，除分咨查照外，谨会同广东巡抚臣德寿，恭折具陈。伏乞皇太后、皇上圣鉴。谨奏。①

同日，公又会衔广东巡抚德寿附片奏报藩运两司汇解俄法借款情形，下部闻。曰：

再，准户部咨：应还俄、法借款，每年指拨广东盐斤加价银五万两，加放俸饷银五万两，闱捐银二十四万两，地丁等项银二十四万两，各按六成之数，于三月内解交，等因。兹据广东布政使丁体常、两广盐运使国钧、善后局司道先后详称：本年三月分应解前项银两，现经设法挪凑，并令各号商借垫足数，作为盐斤加价银三万两、加放俸饷银三万两、闱捐银十四万四千两、地丁等项银十四万四千两，共银三十四万八千两，于二月二十六及三月初一等日，先后交号商源丰润等汇解江海关道兑收，备还俄、法之款，详请奏咨前来。臣覆核无异，除咨部查照外，谨会同广东巡抚臣德寿，附片具陈。伏乞圣鉴。谨奏。②

同日，公又会衔粤海关监督庄山附片奏报粤海关汇解俄法借款情形，下部闻。曰：

再，准户部咨：应还俄、法本息，由各海关洋税、洋药税厘项下摊派

---

① 台北故宫博物院藏：《军机及宫中档》，文献编号：408003366。又，中国第一历史档案馆藏：《录副奏折》，档号：03-6474-032。
② 台北故宫博物院藏：《军机及宫中档》，文献编号：408003366-0-B。又，中国第一历史档案馆藏：《录副奏片》，档号：03-6696-056。

粤海关三十六万两，每年匀分三、九两月解交，等因。迭经遵解在案。咨准粤海关监督庄山咨称：准户部劄开：俄、法借款佛郎、镑价昂贵，原拨银数不敷，照案酌量加拨本年三月期内应解俄、法还款银二十一万六千两，又加拨银两内之六成银五万四千两，合共银二十七万两，先后备文发交西商志成信、协成乾银号汇解江海关道衙门投纳，等因。前来。除咨呈行在军机处及户部查照外，谨会同粤海关监督臣庄山，附片陈明。伏乞圣鉴。谨奏。①

是日，公又附片奏报马进祥署理潮州镇篆，曰：

再，据署广东潮州镇总兵事崖州协副将王世明因病禀求交卸给假医调等由，前来。所遗潮州镇总兵篆务，查有记名总兵马进祥，堪以署理。除檄饬遵照外，谨附片陈明，伏乞圣鉴。谨奏。②

四月初十日，公会衔巡抚德寿致电军机处曰：

两奉电传谕旨，筹措赔款，焦灼莫明！广东一切款项，经刚毅奏提，巨细靡遗，实在无可再筹。然大举所系，不能不竭力搜括，拟开办亩捐、房捐，每年约筹一百数十万两。盐场同租界毗连，更张诸多窒碍，现拟通纲递年认筹十数万两。乞代奏。陶模、德寿。真。③

四月十六日，公致函总理衙门曰：

光绪二十七年三月十六日，准兵部火票递到贵衙门咨开：光绪二

---

① 台北故宫博物院藏：《军机及宫中档》，文献编号：408003366-0-A.又，中国第一历史档案馆藏：《录副奏片》，档号：03-6696-055。
② 台北故宫博物院藏：《军机及宫中档》，文献编号：408003365-0-A.又，中国第一历史档案馆藏：《录副奏片》，档号：03-5406-112。
③ 中国第一历史档案馆藏：《电报档》，档号：3-09-12-027-0009。

十七年二月十七日，准德使函称：德国驻汕头领事官向本大臣述及广东省长乐县童知县劣迹一事，曾经函达。嗣准函复：准两广总督电复：长乐县童令立即撤任，等因。查此事正在延搁间，本大臣屡接该领事称报，始知童令虽已撤任，因各项劣迹并未拿问，且施领事商议日久，复于光绪二十六年十一月初十日与潮州道全权委员潮州盐运分司瑞，议定章程，内载：前任长乐童令立喆必须撤委，参革功名，永不得在中国地方膺职任事，等因。其章程恐尚未阅看，另录附送查阅，请电饬两广总督认真照前立章程办理，并将童令治以应得之罪。再，驻汕头德国领事又参龙川县知县王克鼎、兴宁县孙祖华及兴宁县属大龙田局绅罗佩芬、锡塘局绅李彩文四人，因王、孙二令在其属地仇洋仇教各衅，不但纵庇，而且首先指使。局绅罗佩芬于光绪二十五年间，在大龙田德国教堂被毁时，尤为事之首、罪之魁；局绅李彩文着就唆人仇教揭帖一张。情虽如此，而此二人尚未拿问治罪。孙祖华因本任内犯有别项劣迹已经撤任，乃王克鼎并未拿办，应请电饬两广总督，亦将知县王克鼎并局绅罗佩芬、李彩文等三人务须各治以应得之罪，以昭公允，等因。本爵查潮州道委员与领事商办教案，辄加"全权"字样，殊属乖谬。所订章程未经贵督咨报有案，该委员是否先经禀明，并童令有无劣迹，希即查明，妥筹办理。至王克鼎、罗佩芬、李彩文，该使既请治以应得之罪，亦既确查，如果属实，应即分别撤参。除已电达外，相应将德使所送瑞委员与施领事议定章程抄咨查照办理，并将详细情形迅即声复，以凭核办可也。附抄件等因到本部堂。

承准此，查此案先于本年二月二十一日承准贵衙门来电，即经行道查办，并咨行查照，暨查案照录议结长乐教案来往电报及已革长乐县童立喆诉禀各件，咨复贵衙门在案。承准前因，除行惠潮嘉道遵照，先令檄行事理，迅即督查王令克鼎前在龙川县任内有无庇纵指使仇洋仇教情事，兴宁大龙田德国讲堂被毁一案，局绅罗佩芬迭被指控主谋，究竟有无实据？锡塘地方是否兴宁所属？有无局绅李彩文其人？曾否着有仇教揭帖？务即详晰确查，克日据实禀复，以凭核办，毋稍讳饰干咎！及行广东藩、臬二司会同移行确查办理，并由臬司将发去火票照例缴销外，相应咨复。为此咨呈贵衙门，谨请查照施行。①

四月二十日，公致函总理衙门曰：

于光绪二十六年十二月二十二日承准贵王大臣电开：法使函称：广西教会司信言，该省鬱林州马村教士被窃，沙塘地方教会被劫，数年未结，祈电知严饬将案与教会司和衷办结，希即转饬该地方妥筹办法，速为了结，等因。当经饬行妥筹办结去后。兹据广西鬱林州褚牧禀称：遵查此案，前于二十四年内准法国司铎黄文称：据沙塘墟天主堂杜司铎禀：五月间，因沙塘墟附近地方来土相斗，贼风四起，于五月十九日自行走避，路过马村侧边，被土民截行李一担，查系洗岭村生员陈应均工人陈姓所抢。又，五月二十一日，被匪攻扑沙塘教堂，房屋、什物毁劫一空，查系董超举等抢毁。又，二十二年十一月二十七日夜，被窃贼吴增寿偷去杜司铎马匹、衣物，犯尚未获。又，二十三年九月二十一日，被吴增寿挖窃教民吴永荃牛只、衣物。请照案查拿究办，等因。当经卑前署州顾牧思仁查明，是年五月十九、二十一等日，州属地方正在土匪猖獗，扑城戕官，并非来土相斗，曾于闰三月二十二日经卑前州黄牧桂丹知会该司铎暂时移避，不宜轻身出入，自蹈危机。乃杜司铎于匪焰正炽之际起程旋贵，致被截抢并毁房失物，实由自延致误。至陈应均并无陈姓工人，董超举等亦属端士，俱在永安团局办理团务，并无抢毁教堂情事。并准贵县拘获窃犯吴增寿一名，提解到州，讯据供认于二十二年十一月偷得教堂马一匹、车毂风柜一架，变卖花用；又于二十三年九月听从在教之吴二邀窃伊兄教民吴永荃家，偷得牛一只、汗衫一件、棉布三条，杀牛卖钱四千七百文，伊分钱九百文，汗衫与布皆是吴二得去；又于二十四年十一月十九日听从吴二纠窃教堂洋枪一

① 台北"中央研究院"近代史所藏：《外交档案》，馆藏号：01-12-171-04-006。

枝、青布裹面夹被一张,致被拿获,洋枪、被窝均在吴二处,未曾卖钱俵分等情不讳。马匹、风柜等赃业经黄前州估明赔给。随经禀奉前署臬司瑞批饬将该犯吴增寿锁带铁杆三年,一面将所窃吴永荃牛只、衣物照数追缴给领。教堂洋枪、被窝各物,据供尚在教民吴二处,应照会该司铎速将吴二交案,讯明着追。其另窃马匹、风柜等赃,业经前州黄牧照赔,应毋庸议。此外,上年五月十九及二十一日所控抢毁教堂、教士什物,彼时正值土匪猖獗,且经前州先期照会,令其暂时迁避。该教士并不遵照,实系自行贻误,未便以指控无据之词再行追究,等因。复经卑前署州吴牧征螯查明,该教士所控之人,如董超举系职员,董盛德、陈应均系生员。陈大浪苟现年八十余岁,其子陈聚齐系廪生,俱现当团绅,实非抢夺教堂之人,禀明洋务总局察核。嗣吴增寿因保调,在保病故,并经吴署牧验明通报。旋准黄司铎函送教民吴二一名到案,提讯该犯,因吴增寿已死,坚不承认伙窃,惟称教士所失洋枪等物及伊兄所失之牛只、布匹等件,伊愿照赔。正在覆讯追缴间,适准黄司铎来文,并派教民陈观到州请领吴二回家,当将教民吴二交陈观估领回。其愿赔赃件亦由吴二具限,自行送交该堂查收,函致黄司铎知照。卑职到任后,奉抚宪黄札饬,光绪二十六年四月二十二日,准法国领事官刚照会一案,札饬确切查明,分别办理。计抄照会内开:前年沙塘墟教堂所造房屋被毁抢一案,又马村人抢杜司铎一案,请派人与教士会商,酌赔妥结,等因。复经查明情形禀复抚宪,已奉批准照会法领事转饬该司铎知照各在案。缘奉前因,卑职伏思,此案该教堂于二十二年被窃马匹、风柜等赃,已经黄前州估明赔还;二十四年失去洋枪、夹被及二十三年教民吴永荃被窃牛只、衣物,亦据教民吴二具限赔还,且经获犯究办,案已完结。至二十四年五月教士中途遭抢、教堂被匪毁劫,当是时土匪扰乱州属,城池尚难自保,曷能兼护教堂?况游历条约不准前往有土匪省分,是土匪所聚之处,地方官无从保护。游历尚且不可,夫何能安然传教?乃黄前州曾经预先照会暂时迁避,有卷可稽。该教士迁延自误,本属与人无尤。且来文既称来土相斗,又谓盗风四起,兼称被匪攻扑沙塘，毁劫教堂房屋、什物，可见该教士已明知土匪抢劫。惟该处土、客先曾械斗，仇怨颇深，教民多系客籍，难保非因此挟嫌藉端诬陷。教士漫不加察，误信其说，遂致牵累多人，哓哓争执。董超举等均系土著团绅，并非匪类，委无抢劫情事。若凭无据之词，任听株连，则彼此构衅愈深，万一激成变故，转难收拾。所请酌赔一节，似应毋庸置议，俾土客教民各释前嫌，永敦睦谊。并恳照会转饬该司铎知照，结案施行，等由。到本部堂。据此，除禀批发并照会广西龙州法领事查照外，相应咨呈贵王大臣，谨请察照施行。①

四月二十一日，公致函总理衙门曰：

光绪二十七年四月初一日，据署广东嘉应州知州周经櫆禀称：窃卑职访闻有德国教士由长乐县到州失足落水情事，当即饬差确查捞救去后。随于光绪二十七年三月初二日，据卑州属黄堂教堂德国教士瑞霭多函称：有敝友斐教士来游教堂，本日复归长乐，行至铁炉潭渡头，不幸落水，即遣人捞救，惜无踪迹可寻。阁下闻之，专人沿河寻至三河，如此好义深情，谢难笔罄。据浅见，谅仍在上流，未必随波而下，因有数处陂栏相阻故也。恳另专人从上流而捞寻，庶有踪迹。敝教士现亦着人禀报领事，及阁下胜情揄扬不已，等情。卑职又复加出花红，添派丁差，前往该处上、下两游，认真捞寻。兹据该役等禀称，伊等奉签，遵即随同家丁，雇坐艇只，前往铁炉潭，直下大河，遍处打捞，并着善水者落水泅寻。因山水陡发，数日来迄无踪迹。兹于本月初七日下午，仍在铁炉潭下桥脚，水退后露出尸身一具，查验系斐教士尸身，即刻打捞上岸停放。除报知德国教堂外，理合禀报，等情。卑职当即约同德国教士瑞霭多亲往看吊。据称该教士尸身发涨，委系失足落水身死，身带衣物亦无遗失，等语。随由瑞教士收殓，妥为照料。理合禀报察

---

① 台北"中央研究院"近代史所藏：《外交档案》，馆藏号：01-12-180-04-003。

核,等情。到本部堂。据此,除据情照会广东汕头口德国领事查照外,相应咨呈。为此咨呈贵衙门,谨请查照施行。①

四月二十二日,公致函总理衙门曰:

案于光绪二十六年十二月二十二日承准贵大臣来电内开:法国全权大臣函称:据广西教会司信言:该省现有数案未结,祈电知严饬将案与教会司和衷办结,希即转饬该地方官妥筹办法,速为了结,等因。即经分饬迅速妥筹办结去后。兹据署广西柳州府周继仁禀称:遵查卑庇所属象州地方,并无焚毁教会房屋及团匪抢劫教民等事,惟教民潘富之呈控廪生赖世隆掳物绚人一案,因教民延不赴案,尚未结报,象州谢牧业经据实禀明在案。除饬该州妥速筹结具报,并将属内教堂、教民随时认真保护,以期相安外,兹奉前因,合将查明象州地方并无法教堂被匪焚劫情事,及卑府督饬办理情形,先行通禀查核批示饬遵,等由。到本部堂。据此,查昨据广西鬱林州褚牧兴周将沙塘教士具报被窃、被抢及毁劫教堂办理情形,禀经照会广西龙州法领事查照,并咨呈贵王大臣在案。据禀前情,相应咨呈贵王大臣,谨请查照施行。②

四月二十八日,公奏报裁提各款不能如数筹足,下部闻。曰:

窃光绪二十六年四月准户部咨:将刚毅前在广东所筹裁、提各项银一百六十万两指拨归还汇丰镑价,当因刚毅所筹各款均无实在着落,司局提存不及一半,而镑价期限已迫。臣德寿不得已向商富息借,凑足汇解,并沥情奏陈,声明刚毅所筹之款万难照数筹足,每年只能尽力提存银八十万两,听候拨用,当奉朱批:户部知道。钦此。本年二月十九日,准行在户部咨:以本年应提银两务照原奏提存足数,专备本部

---

① 台北"中央研究院"近代史所藏:《外交档案》,馆藏号:01-12-171-04-007。
② 台北"中央研究院"近代史所藏:《外交档案》,馆藏号:01-12-180-04-004。

拨还汇丰各洋款本、息之用。明知广东用款繁巨，提存本属为难，无如洋款攸关，该省如不能应解，他省更无从筹拨。现在和局将成，赔款必巨，将来该省摊还洋债尚不免续有加增，其以前备还洋债各款何能轻易减免？等因。

臣等伏查刚毅原筹之款，系厘金加增比较及加增台炮经费银四十四万九千四百两，又外销之商捐土丝、土茶、厘费及茶膏、牙饷、节省厂用等银四十万七百二十两，又善后局节省银四十万三百两，又运库节省外销银十二万二百两，盐务各差缺酌提盈余银八万四千三百两，又督抚、藩司各衙门酌提公费银五万三千六百两，各府县报效银十万两，统计共得洋银一百六十万八千五百二十两。在刚毅只以一己私见极力搜括，以见其筹饷之多，而未计及所筹之项是否实可提储。刚毅回京之后，即以所筹之款指抵镑价，以虚有其名之项而作实不可缓之用，不知厘金自西江通商以后，洋单畅行，正厘尚难足额，虽有加增之名，并无加增之实，有历次奏报销册可凭，何能以虚加之数指作实提之款！

至外销节省各项，亦皆实有支销，万无可省。刚毅原谓厘金该归商包之后，可以通融挹注。今则商办包厘，已因亏饷中止，更何从得此余款以资弥补？督抚、藩司秩分较崇，办公即有支绌，总应照数提存，若地方府县及盐务差缺薪俸本薄，全赖盈余，借资周转，提解过多，公用不足，谨慎者力不能应，不过拖欠延宕；不肖者催提过急，则取此偿彼，更将缘以为奸。是以前督臣李鸿章、臣德寿一再奏请，分别减免、规复，实皆出于万不得已之苦衷。回忆上年镑价届期之时，提款数未及半，经理度支之员束手无策，万一商富无可通融，必将贻误期限，失信外人。即举广东合省管理遍加征处，而大局已误，何裨于事！兴言及此，犹切悚惶！今部臣仍令将本年之款照数提存。

臣等与司道细心筹画，通盘核计，当时所谓加增者，既未见增；当时所谓节省者，均未能省。上年息借商款，至今尚未还清。前奏所云每年酌提一半，已属万分为难，若令照数提存，实在无从着手，且现奉电传谕旨，以新定赔款饬令各省分认筹还，纵使别有可筹，亦应归入新议赔款办理,不能挪抵此项。与其临时贻误,不若及早陈明。明知各省度支同一竭蹶,粤省所减之银,户部又须另筹指拨。惟查武卫新军,现经遣散,腾出之饷,似可拨还汇丰镑价。粤省应提裁节盈余一项,应请仍照臣德寿原奏,每年勉力提存银八十万两,听候拨用。据广东布政、盐运两司会同善后、厘务各局,详请具奏前来。

臣等复加察核,委系实在情形。所有奉拨指抵镑价实难如数提存、预请改拨缘由,谨合词恭折具奏。伏乞皇太后、皇上圣鉴,训示。谨奏。①

同日,公又会衔广东巡抚德寿奏报商人包办厘金亏欠勒赔情形,下部闻。曰:

窃查广东厘金前于光绪二十五年冬间,经刚毅奏请招商承办。旋据商首岑敬舆、麦英俊、伍培章、黄健光四人情愿承包,每年认缴饷银四百万两,并据该商等于五月间禀请派委天津镇总兵黄金福②、翰林院编修黎荣翰为督办,又于七月间禀请派委广东试用知县姚光耀,驻厂总办提调商厘总局事务,均经饬准照办。后因亏饷甚巨,流弊滋多,经臣德寿于光绪二十六年九月间奏请,将该商等撤退,仍改归官办在案。自光绪二十六年六月初一该商包办之日起至九月二十六撤退之日止,连闰计四个月零二十六日,核应认缴饷银一百六十二万二千二百二十二两二钱二分二厘。该商等陆续呈缴及拨抵共银一百一十八万五千二百四十七两六钱九分五厘七毫,共欠缴银四十三万六千九百七十四

---

① 台北故宫博物院藏:《军机及宫中档》,文献编号:408003367.又,中国第一历史档案馆藏:《录副奏折》,档号:03-6696-061.
② 黄金福(1843—1909),广东潮阳县人。同治元年(1862),以军功赏戴六品蓝翎。四年(1865),保把总。七年(1868),保千总、守备,换花翎。次年,保升游击。十三年(1874),加阿克敦巴图鲁勇号,并加副将衔。光绪元年(1875),保参将。四年(1878),保升副将,晋总兵衔。五年(1879),调赴广东水师提标中营。十年(1884),保总兵。十二年(1886),借补广东水师参将。十五年(1889),署广州协副将。二十年(1894),补广东南韶连镇总兵。二十八年(1902),调补贵州安义总兵。三十二年(1906),署广东潮州镇总兵、直隶天津镇总兵。宣统元年(1909),卒于任,病故。

两五钱二分六厘三毫。经臣等先后檄饬勒追,迄今未清缴。

伏查广东厘金自西江通商以后,洋单畅行,抽收实有为难,包商本属非计,当时刚毅之固执更张,该商等之冒昧承揽,实皆黄金福为之迎合播弄。黄金福为潮州巨富,素善经商,向与各商联络,故该商等请委黄金福督办之时,有宣德达情、惟黄镇是赖之语。后又为试用知县姚光耀所惑,谓会计全省厘费四百万两绰绰有余,如或办理不前,惟彼是问。该商等深信其言,于是请改官督商办,派委姚令提调总局事务。姚令到局之后,事权独揽,物议繁兴,是该商等之亏欠饷银,固由于不审利害,轻率承认,亦未始非受人愚惑,为所拖累。现在亏欠饷银至四十三万六千余两之多,各商承认包厘,其中赢绌不同,固应分别追缴。惟黄金福家本巨富,先既从中联合,经该商等禀请派为督办,自应责令分赔。试用知县姚光耀提调一切事务,亦应分认赔缴。编修黎荣翰帮同料理,较之黄金福、姚光耀责任稍轻,惟既曾在局督办,亦难置身事外。

臣等公同商酌,拟将该商等欠缴饷银四十三万六千余两,责令承办各商赔缴五成,黄金福赔缴三成,姚光耀赔缴一成半,黎荣翰赔缴半成,勒限两个月,照数缴清,限满缴不及数,即由臣等奏参严追,以重饷需而惩玩抗。是否有当,伏候训示。遵行。

所有臣等查明商包厘金亏欠饷银,拟责令承办各商及督办提调各员分成赔缴缘由,谨合词恭折具奏。伏乞皇太后、皇上圣鉴。谨奏。①

是日,公又会衔粤海关监督庄山奏报粤海关汇解筹备饷银情形,下部闻。曰:

窃本年四月初六日准户部"微"电:京师需款甚急,各该省、关即在本年应解筹备饷需项下,按原拨数目先提一半,刻日解沪,由沪道设法

---

① 台北故宫博物院藏:《军机及宫中档》,文献编号:408003369. 又,中国第一历史档案馆藏:《录副奏折》,档号:03-6163-022.

汇京,等因。查上年户部奏拨筹备饷需案内,每年拨粤海关四成洋税银十二万两、六成洋税银二十万两,历经按照四季分解在案。兹光绪二十七年春、夏两季应解四成洋税银共六万两、六成洋税银共十万两,二共银十六万两,竭力设法筹足,备具文批发,交西商志成信、协成乾银号,汇解上海江海关道衙门投纳,转行解京应用。

除咨户部查照外,理合会同粤海关监督臣庄山,恭折具陈。伏乞皇太后、皇上圣鉴。谨奏。①

同日,公又会衔广东巡抚德寿奏请奖叙剿匪员绅,下部闻。曰:

窃照光绪二十六年闰八月间,广东惠州会匪起事,剿办获胜,先经臣德寿于九月十四日奏报,声明择尤优奖,奉朱批:准其择尤酌保,毋许冒滥,等因。钦此。嗣因各营剿捕一律肃清,又经臣德寿开具出刀文武员绅,分别异常、寻常劳绩,奏请给奖,奉朱批:该部议奏,等因。钦此。兹准兵部咨称:奏定章程,军功异常劳绩,准保免补、免选本班,其余劳绩概不准保。又,拿获著名巨盗,准酌保升阶、升衔,各等语。剿办惠州会匪各员,虽较拿获巨盗为优,究与军营战功有间。今该督随折保奖及单开各员至四十余名之多,且多照异常劳绩请奖,未免无限制。若率行议准,殊非综核名实之道;若改照寻常给奖,又恐无以激励戎行,拟令该督核实删减,并注明尤为出力、其次出力,分别劳绩,俟覆奏到日,再行核议,等因。前来。

臣等伏查逆首孙汶上年在惠州招集各路会匪,大举起事,厚集赀财,购运外洋军火,据归善县之三洲田为巢穴,先扰逼近租界之沙湾墟,意在挑启外衅,易于决裂,与唐才常等勾结长江、两湖会匪作乱情形,如同一辙。其时和平、河源、海丰等县伏匪尽起,遍地皆贼,惠州府县城池危在旦夕,各军初次接仗,颇挫锐气。该匪戕弁掳官,焚劫村

---

① 台北故宫博物院藏:《军机及宫中档》,文献编号:408003370.又,中国第一历史档案馆藏:《录副奏折》,档号:03-6063-024.

舍，豕突狼奔之势，即省城重地亦谣言四起，岌岌堪虞。各国兵舰环集，屡以派兵助剿为言，越俎代谋，几难劝阻。臣德寿当时不得不激励各军，许以从优奏奖，幸地方文武印委、团绅、练勇踊跃用命，力保危城。吴祥达、莫善积率领各军，血肉相薄，奋勇力战，先后大小接仗凡十余次，直至三多祝一战，阵斩逆匪头目多名，并毙悍匪五六百人，精锐渐除，贼势披靡，乘胜克复三多祝、黄沙洋等处，而和平、海丰等县同时报捷，三洲田匪巢又经竭力攻毁，各匪进无所据，退无所归。官军分投猛击，再接再厉，始将大股各匪次第荡平。

匪类如此猖狂，战功如此奋勇，倘照寻常给奖，诚有如部臣所谓恐无以激励戎行，且查惠州匪类初起之日，正长江一带会匪逆谋败露之时，其同谋不轨，蓄志深远，情迹显然；又值乘舆西巡，海内鼎沸，倘扑灭稍稽时日，因内乱而召外侮，不特广东一省可危，即东南大局亦何堪设想！当时两江总督臣刘坤一、两湖督臣张之洞、闽浙督臣许应骙均以匪势浩大，屡次电问盛宣怀，并以股数众多，上达天听，仰蒙电旨垂询。是惠匪鸱张、军务紧要情形，既烦朝廷南顾之忧，尤为各省疆臣所共悉。肃清以后，水陆提督查明实在出力员弁，列折请奖者三百余人，均系身临前敌，核与章程相符。臣德寿以人数过多，一再删减，仅保文武员绅八十二人；其请照异常劳绩给奖者祇四十余人，实系毫无冒滥。

臣模上年十二月到任，匪事已平，稽诸案牍，证以人言，知当日匪势之狓猖、军情之危险，实非寻常可比。幸未扰及租界、失守城池，两月肃清，不致贻外人口实。其所保全者尤大。至副将衔游击用广东补用都司吴祥达，骁勇善战，绅民至今同声称许，原保以副将尽先补用，似属稍优，然该员原有副将升衔，照衔奖官，尚非漫无限制。臣模上年召见时，曾蒙皇太后、皇上圣训，破格用人，等因。吴祥达秉性忠诚，谋勇兼裕，实为管将中不可多得之员。其余文武员绅拟请免补、免选者，仅只四十余人，请照寻常给奖者三十余人。臣模逐一覆核，均属在事尤为出力，碍难删减，应请仍照原折给奖，上以体朝廷破格用人之意，下以励戎行效命之忱。且广东远控越南，近连港澳，新增九龙、广州湾各租界,会、盗易于窜匿,事变不可胜防。设令侦缉稍疏,外人便生诘难,而欲营务之整饬,捕务之认真,非信赏必罚无以鼓励军心。合无仰恳天恩俯准,敕下兵部将剿办惠匪出力人员查照原请给奖,邀免删减,原单分别异常、寻常劳绩逐段注明,亦请免其再行声叙。

至吏部应行核议人员尚未准咨,并恳敕下一并照拟奖叙,以彰黜陟而励将来。倘蒙俯念时艰,特旨俞允,出自圣主逾格鸿施,非臣等所敢擅请。除催取各员履历送部外,谨合词恭折具奏。伏乞皇太后、皇上圣鉴,训示。再,此折系臣模主稿。合并声明。谨奏。①

同日,公又附片奏报汇解克萨镑款本息情形,下部闻。曰:

再,准行在户部咨:光绪二十七年上半年,克萨镑款应还本息银甚巨,限期已迫,惟有将铁路经费应解部库之款酌量挪用,庶可无误。铁路经费内有广东五万两,应由该省于本年五月初三日以前汇解江海关兑收,以为归还克萨款本息之用,等因。当经转行遵照。兹将应解光绪二十七年分铁路经费银五万两照数备足,于本年四月二十三日发交商号源丰润等领汇,限于五月初三日以前解至江海关道衙门投纳。据广东布政使丁体常详请奏咨前来。臣等覆查无异,除咨部外,谨附片具陈。伏乞圣鉴,训示。谨奏。②

---

① 台北故宫博物院藏:《军机及宫中档》,文献编号:408003368.
② 台北故宫博物院藏:《军机及宫中档》,文献编号:408003369-0-B.又,中国第一历史档案馆藏:《录副奏片》,档号:03-6696-062.

是日，公又附片奏报剿办边境游匪情形，得旨着会督苏元春、潘培楷合力兜剿，迅速扑灭，毋流余孽。曰：

> 再，据办理钦廉边防候补道潘培楷①先后电禀：钦防边界十万大山地面有游匪窜扰，扼要分踞，劫杀掳捉，道路几至不通。钦廉一带会匪甚多，深虑勾结为患，等情。臣等当查十万大山系在钦州防城交界之处，与广西上思厅接壤。该处乱山丛杂，游匪最易潜聚。除饬潘道调集边防各营上紧剿捕，并饬钦廉各属暨上思厅严密防堵，查缉境内会匪，毋任勾结蔓延为患，一面咨会督办广西边防提督苏元春②，一体派营防剿外，所有钦防边境十万大山地面有游匪窜扰，已饬潘道调营剿捕情形，谨合词附片陈明。伏乞圣鉴。谨奏。③

同日，公又附片奏报水师人员暂缓引见，下部闻。曰：

> 再，改用外海水师人员试验一年期满，例应保题送部引见。兹准

---

① 潘培楷（1842—1911），广西平乐县人，监生。同治初年，报捐贵州试用县丞。六年（1867），赏戴蓝翎。十年（1871），保贵州即补县丞。十三年（1874），捐贵州同知。光绪二年（1876），改捐广东试用。十年（1884），随苏元春出关，总理营务，赏戴花翎。次年，保广东补用知府。十八年（1892），办理广东钦廉边防。二十二年（1896），捐二品顶戴。二十四年（1898），保道员。二十五年（1899），署广东高廉道。翌年，加诚勇巴图鲁名号。二十七年（1901），晋布政使衔。二十八年（1902），经山东巡抚张人骏奏调，赴山东差委。旋丁母忧，仍留广东候补。二十九年（1903），统带绥远军赴南宁剿匪。宣统三年（1911），积劳病故。

② 苏元春（1844—1907），字子熙、子溪，广西永安州人，武童、廪膳生。同治二年（1863），充精毅营哨长。三年（1864），管带中军。四年（1865），加游击衔。五年（1866），晋总兵衔。六年（1867），加健勇巴图鲁，换锐勇巴图鲁名号。八年（1869），升提督衔，赏换法什尚阿巴图鲁勇号。九年（1870），封云骑尉。光绪十年（1884），署广西提督，封骑都尉。十一年（1885），督办广西军务，实授广西提督，加三等轻车都尉，再换俄尔德蒙额巴图鲁勇号。十六年（1890），晋太子少保。二十年（1894），升二等轻车都尉。二十七年（1901），调补湖北提督。二十八年（1902），兼署广西提督，旋补广西提督。三十年（1904），因案被参，免其死，发往新疆效力赎罪。三十三年（1907），卒于迪化。宣统元年（1909），开复官衔。

③ 台北故宫博物院藏：《军机及宫中档》，文献编号：408003368-0-A。

广东水师提督何长清①先后咨称:改用广东外海水师尽先副将陈良杰②,于光绪二十三年正月二十日到营,现署水师提标左营游击事务;又,改用外海水师尽先参将石玉山,于光绪二十四年十二月初三日到营,现带广毅军勇,办理惠州东江余匪;又,改用外海水师尽先都司黄麟瑞,于光绪九年十二月初一日到营,现署香山协左营都司事务。各该员业已试验一年期满,水师均尚熟悉,例应考验给咨送部。惟或署员缺,或带营勇,正资得力,未便遽易生手,咨请核办,等情。前来。

臣覆核无异,合无仰恳天恩俯准副将陈良杰、参将石玉山、都司黄麟瑞,均暂缓送部,敕部先行注册序补,俟补缺时,并案给咨赴部引见,出自逾格鸿施。理合附片具陈。伏乞圣鉴,训示。谨奏。③

同日,公又会衔广东巡抚德寿附片奏报广东筹解京饷被劫一事,下部闻。曰:

再,光绪二十六年第二批盐课、京饷内搭解一成银圆六千五百七十两,运至天津,被洋兵、拳匪劫去。前据两广盐运使详经臣德寿咨明

---

① 何长清(1843—1909),字榆庭,广东香山人。咸丰十一年(1861),中乡试武举。同治二年(1863),中式武进士。同年,以守备用。同治十一年(1872),保游击,戴花翎。光绪三年(1877),署前山营都司。七年(1881),补水师提标右营游击。九年(1883),署平海营参将,赴虎门炮台委带勇营。十年(1884),升海门营参将。十七年(1891),迁大鹏协副将,署北海镇总兵。同年,调补湖北郧阳镇总兵。二十二年(1896),擢广东水师提督。三十年(1904),因案褫职,旋经奏保,开复原衔,署北海镇总兵。次年,丁母艰,回籍终制。宣统元年(1909),卒于籍。

② 陈良杰(1848—?),浙江镇海人。同治三年(1864),投效铭军,充勇目,旋保把总、千总。六年(1867),保守备。九年(1870),保都司。十一年(1872),任江南轮船局各兵轮船枪炮总教习,戴蓝翎。十三年(1874),补江阴江防南北岸及虎门等各炮台总教习。光绪七年(1881),兼理炮台事务。十年(1884),勘地绘图、建筑炮台,以功加游击衔。十二年(1886),保升游击。十四年(1888),管理河海三营轮扒各船事务,办琼州海口秀英炮台工程。十七年(1891),署广东海口营参将,委带琼军右营事务,赏戴花翎。十九年(1893),授两广总督督标中营中军都司,并保参将。二十一年(1895),署海口营参将、崖州协副将。翌年,保副将。二十六年(1900),署广东水师提标左营游击。次年,保以总兵记名简放。二十八年(1902),补广东顺德协副将,署广东香山协副将,兼管秀英炮台事务。同年,署广东高州镇水陆总兵。三十二年(1906),署广东增城营参将。

③ 台北故宫博物院藏:《军机及宫中档》,文献编号:408003368-0-C.又,中国第一历史档案馆藏:《录副奏片》,档号:03-5952-012.

行在户部,请免予赔缴在案。兹准覆称:本部查例载:凡护解饷鞘,管解官不申请防护、不经由大路以致有失者,所失饷鞘着落管解官全赔。若解官已请防护,又系经由大路而饷鞘被失者,所失饷鞘地方文员分赔十分之五,签差不慎之大员分赔十分之三,管解官分赔十分之二,等语。若猝遭兵燹,中途被劫,例内既无明文,亦无办过似此成案,咨请免予赔缴,碍难率准,应令查明有无捏报情弊,自行奏明办理,等因。当经行司遵照去后。

兹据两广盐运使国钧详称:伏查上年第二批京饷及内务府经费等项共计纹银五万五千八百三十两外,应搭一成银圆六千五百七十两,原交通商银行及源丰润等号汇兑,该银行等将搭解一成粤铸龙纹银元装箱,交开平公司之广平轮船载运,于上年五月二十日驶抵天津,随即提银上岸,正拟转解进京,适值洋兵、拳匪麇集,致被劫去,实系猝遇兵燹,变出非常,力难防护,并无捏报情弊,详请具奏,免予赔缴,等情。前来。

臣覆核无异,除咨明户部外,谨会同广东巡抚臣德寿,附片具陈。伏乞圣鉴,训示。谨奏。①

是日,公又附片奏报汇解南河工程盐课银两情形,下部闻。曰:

再,广东省每年应解南河工程一万两,光绪二十二年起,因凑还洋款,不能解足。兹二十七年分,据两广盐运使国钧就盐课项下先筹银三千两,于四月初九日兑交商号义善源,汇解漕运总督衙门投纳。详请奏咨前来。除分咨外,谨附片陈明。伏祈圣鉴。谨奏。②

同日,公又附片奏报修建炮台各项费用情形,下部闻。曰:

再,广东省修建炮台、炮篷各项工程,所有光绪二十六年闰八月以

---

① 台北故宫博物院藏:《军机及宫中档》,文献编号:408003369-0-A。
② 台北故宫博物院藏:《军机及宫中档》,文献编号:408003368-0-B。又,中国第一历史档案馆藏:《录副奏片》,档号:03-6474-036。

前支用银数,先经列册奏咨在案。兹查光绪二十六年九月起至十二月底止,修理炮台、兵房、营房、炮具各工程并铺板等项,共用银九千九百余两。其营盘地租一款,向在外销项下筹给。前年刚毅来粤筹饷,经将内外销款目和盘托出,所有支过前项修费自当汇同造报。据广东善后局司道照章详请奏咨立案前来。

臣等覆查无异,除册送部外,谨附片具陈。伏乞圣鉴,敕部立案。谨奏。①

同日,公又会衔广东陆路提督邓万林附片奏报都司谢云龙禀请开缺一事,下部闻。曰:

再,据署广东北海镇中军游击事镇标右营都司谢云龙禀称:现年七十岁,籍隶韶州府曲江县,于道光二十九年投营,随赴江西防堵,转战金陵、丹阳、无锡等处,递保蓝翎守备。回粤后,准补惠州协右营守备,军政卓异,升补今职。前在金陵打仗被伤左眼、左足,奏明准免骑射。现因旧伤复发,视物不明,步履蹇滞,且有九旬老母无人侍奉,请交卸游击署篆,开除都司底缺,回籍调理、养亲,等情。先经饬据署北海镇总兵马进祥派委署北海镇右营都司李先璧验明属实,取具亲供、医生甘结,加具验结呈缴,并准广东陆路提督邓万林②咨会核办前来。

查定例:巡阅营伍之年,武职员弁如有告病乞休,即勒令休致,等语。光绪二十七年轮值巡阅营伍之年,都司谢云龙因旧伤复发,禀请开缺回籍调理,既经验属实,自应照例休致,相应请旨将广东北海镇右营都司谢云龙开缺,勒令休致。

---

① 台北故宫博物院藏:《军机及宫中档》,文献编号:408003370-0-B。又,中国第一历史档案馆藏:《录副奏片》,档号:03-6163-023。

② 邓万林(1836—?),湖南长沙县人,振勇巴图鲁。咸丰初年,以武童投效军营。十一年(1861),保加参将、副将衔。同治元年(1862),晋总兵衔。五年(1866),升提督衔。九年(1870),署理湖南镇筸镇总兵。十三年(1874),署理湖北郧阳镇总兵。光绪八年(1882),补授广东碣石镇总兵。十二年(1886),兼署闽粤南澳镇总兵。二十六年(1900),擢广东陆路提督。二十八年(1902),开缺回籍。

除委员接署游击篆务并饬取原领都司札付送部查销外，其所遗北海镇右营都司缺系陆路题补之缺，俟部覆到日，容臣另行拣员试署。理合会同广东陆路提督臣邓万林，附片具陈。伏乞圣鉴，饬部核覆。谨奏。①

同日，公又会衔广州将军宗室寿荫附片奏报候补职官被劫病故一事，下部闻。曰：

再，本年二月十五日，据广东厘务局文案委员候补同知刘德心报称：伊家住城内旗街进士里，于本月十二夜被匪拥入抢劫，并枪伤该同知之戚文炳左肱及该同知右手腕，等情。查进士里在省城归德门内，系满洲驻防地面。臣等当即会同广州将军臣宗室寿荫将该管协、佐领、营、县分别摘顶，勒限严缉。旋据先后拿获本案盗匪张亚、荣国英二名，发交缉捕局审讯，兹据报称该同知刘德心因伤病故。

除再勒限协、佐领、营、县严拿供开伙盗悉获，提同现获匪犯质讯究办，限满获不及半照例参处外，所有候补职官在省城满洲驻防地面被劫因伤逾月病故缘由，据广东臬司会同藩司详请具奏前来。谨会同广州将军宗室寿荫②，合词附片陈明。伏乞圣鉴。谨奏。③

是日，公收军机处电寄谕旨曰：

光绪二十七年四月二十八日，奉上谕：俞廉三奏，剿捕土匪情形，

---

① 台北故宫博物院藏：《军机及宫中档》，文献编号：408003370-0-A.又，中国第一历史档案馆藏：《录副奏片》，档号：03-7377-049.
② 寿荫（1835—1915），字午卿，爱新觉罗氏，满洲正红旗人。同治九年（1870），充笔帖式。光绪三年（1877），署理主事。七年（1881），授副理事官。八年（1882），升理事官。同年，调补张家口监督。十四年（1888），升太仆寺卿。十七年（1891），调补太常寺卿。十九年（1893），补兵部右侍郎。同年，迁吏部左侍郎。二十年（1894），补授盛京兵部侍郎。二十一年（1895），擢热河都统。二十四年（1898），调补广州将军。民国四年（1915），卒。
③ 台北故宫博物院藏：《军机及宫中档》，文献编号：408003370-0-C.又，中国第一历史档案馆藏：《录副奏片》，档号：03-7377-049.

请饬各邻省协力搜拿,等语。湖南伏莽素多,经该省随时拿办,尚未尽绝根株。其南与两广、贵州接壤之区,时有会匪纠众放飘,潜谋不轨。着陶模、德寿、丁振铎、邓华熙严饬所属文武员弁,毋分畛域,协力搜拿,以靖地方。原片均着钞给阅看。将此各谕令知之。钦此。遵旨寄信前来。①

五月初二日,公致函外务部曰:

光绪二十七年四月初八日,承准贵王大臣电开:顷接德穆使面称:河源县有匿名揭帖仇害洋人,恐滋事端,希严饬查禁,见复。和议将成,勿因此又生枝节等。查此事先接汕头德国施领事来电,以河源县属有凌庭初遍贴嫉教白帖,唆耸百姓,杀害耶稣教徒,请饬保护拏办。即经电据惠州府沈守传义,以初一晚接载教士函送凌重姑等标贴长红请办,即飞札县营保护,分别拘办,撕毁示禁,并委员驰往会查,并准广东陆路提督邓以据惠州府沈守送阅教士函,已派勇会县弹压查拏,认真保护,各等语。先后电经本部堂电复领事知照在案。承准前因,当经据情先行电复贵王大臣察核,并再电饬严行查办弹护,勿任稍滋事端去后。兹据惠州府沈守复称:顷接河源县李令通禀,案已传到生员江汝楫,讯无标贴嫉教长红,出具不敢滋事墓结,交学官管束。查凌挺生、辛姑等均永安人,与教民邓八在籍因土构讼,其抄写小贴或因此起,何人所为,尚难逆料。惟查河源境别无标贴,先已会营弹护。现据德教士戴约翰函:已蒙保护,且传江汝楫取结,请将案注销,现民教相安,等语。除仍饬会营委弹护,并饬永安县将凌、邓讼案讯结外,敬闻,等情,到本部堂。据此,除再咨行督饬县、营随时查防,实力弹压保护,并由府迅饬永安将凌挺生、辛姑等与教民邓八讼案讯结具报,并照会

---

① 中国第一历史档案馆藏:《电报档》,档号:1-01-12-027-0306.又,《德宗景皇帝实录(七)》,卷四百八十二,光绪二十七年四月,第373页,中华书局,1987。

汕头德国施领事查照外，相应咨呈。为此合咨贵王大臣，谨请察照施行。①

五月十八日，公致函外务部曰：

为照粤东为南洋首冲，商轮辐辏，全赖航路宽深，行驶利便，商务始克畅兴。现查省河水道淤塞日甚，有谓系因虎门、黄埔一带所建水闸阻塞，潮流不能冲刷浮沙所致。经饬前粤海关税务司庆丕履勘复夺，据禀遵往沿河察看，计自虎门进口，其第一靠南岸者，乃鱼珠闸，第二乃大铁闸，第三乃大木桥。此三闸均与炮台连，万一遇有军事，适当其冲，为不可少，拟请毋庸拆动。迤西河内有一小岛，名海心岗，岗旁有两闸，北闸已坏，南闸又因塞流水浅，以致岗前积有淤沙，有碍通行船来往。是前途既有三闸可守，此后路南闸留亦无用，徒使险阻，拟请将此闸拆去。如蒙照行，或由税务司招匠估看，议立合同，限日拆卸，想所费无多，伏候示遵，等情。据此，查虎门、黄埔一带建造水闸，原为遇有军务，拦塞敌船进口起见，既据查明前路鱼珠等处三闸有事足资堵截，其后路之迤西河内海心岗旁南北两闸并非要冲，徒于河道有碍，自应如议办理，即由该税务司召匠估看，订立合同，限日拆卸，以畅河流而裨商务。所有拆出之料，即由税务司发交承变，以作拆卸之费，即经分饬办理去后。兹据新任粤海关税务司马根报称：召到匠人黄茂记包工估拆，即以拆出之料交该匠变价作抵拆卸公费外，该匠允再缴出洋银四百二十五元，查核尚属公平，准其照办。已于四月初二日开工拆卸，俟一律完竣，再当具报等由。前来。除俟工竣具报另咨，所有匠缴之款亦俟工竣核饬缴局存储拨用外，相应咨明。为此咨呈贵衙门，谨请察照施行。②

---

① 台北"中央研究院"近代史所藏：《外交档案》，馆藏号：01-12-171-04-009.
② 台北"中央研究院"近代史所藏：《外交档案》，馆藏号：01-13-027-09-001.

同日，公又致函外务部曰：

案照英国展拓香港界址，前于光绪二十四年五月间承准贵衙门将租章、地图咨送到粤，经前部堂谭派委前广东补用道王存善，会同香港辅政司骆檄会议勘定在案。惟水界未经详晰声明，英员谓潮涨能到之处皆应归英管辖，以致内港地方亦时见英差足迹，节经阁爵李前部堂暨本部堂照会辩论。兹于光绪二十七年四月十四日，接广州口英国司总领事官照称：新租界水面，英国之权至何处一事，现准香港总督来文内开：本港政府并不以为英权可至流入海湾之河港，与流入租界深圳河之河港，但可至各海湾涨潮能到之处，与深圳全河至北岸潮涨能到之处耳。至于流入各海湾，流入租界河之各河港，本港政府甚愿于各该河港口由北岸潮涨能到之处至对岸涨潮能到之处划一界线，为英国权所至之止境，等因。本总领事查香港总督文内有"深圳全河至北岸"一语，自是指租界内之深圳河至陆界相接之处为止，相应照会查照，量贵部堂亦以为妥协等由。前来。

查新租界水面，英国所租者，系大鹏、深圳两湾及深圳河。其与各该海湾暨深圳河毗连之内港自仍归中国管辖。香港总督谓英权不能至流入海湾之河港，与流入租界内深圳河之河港，尚属公允。惟谓各海湾潮涨能到之处，与深圳全河至北岸潮涨能到之处，为英权所可至，语颇宽泛，易滋误会。嗣后新租界各海湾与华界毗连者，应以沿湾水尽见岸之处为界。其划归租界内之深圳河，则仍照王道所订合约，以北岸为界。所有与大鹏、深圳两湾及租界内之深圳河毗连各河港，俱以口门左、右两岸相对直线为界。似此详晰声明，彼此官差人等自可了然，亦免将来别生枝节。除照复转致外，相应咨呈。为此合咨贵衙门，谨请察照施行。①

---

① 台北"中央研究院"近代史所藏：《外交档案》，馆藏号：01-18-095-01-053。

同日，公又开单咨呈外务部曰：

现据广东爱育堂、广济医院、广仁善堂、崇正善堂、明善堂、崇本善堂等禀称：窃查香港一埠，所有工商多系内地华民，每遇疾病，恒欲归家，得父母妻儿为之调理，即有不幸，亦可面嘱后事。近日，港地疫气时行，洁净官仁爱为心，恐其传染别处，于省港轮船将行之时极力查搜，遇有精神疲惫、面色青黄之人，辄舁往雪厂医治。华人无识，往往因惊增病，鲜见生还。若遇病亡不准运柩回乡，其骨殖不知销归何所，众心愈为恐怖。查光绪二十四年及二十六年，旅港华民染病，香港总督准其回家，万民载德，称颂至今。又闻西人染恙回国，出洋即愈，中西人士，地异情同，业经港地绅商具禀，叩求变通办理。香港总督体察下情，深知华民苦况。惟是此例出自政府，未便擅免。现香港东华医院暨华商会馆绅董迭到敝堂院公议，联乞宪恩，迅赐照会香港总督，转禀政府俯顺舆情，仁施格外，准照光绪二十四年及二十六年办理。凡有病者，无论是否染疫，任其回乡调理；身故者，亦准运柩回籍，归正首邱，存没沾恩，实为德便，等情。到本部堂。据此，除照会英国总领事官转致香港总督办理及咨行外，相应钞稿咨呈。为此合咨贵衙门，谨请察照施行。①

五月二十二日，公致函外务部曰：

现接驻琼英国倭领事照称：现奉驻京大臣札饬兼署北海领事篆务，兹于本年四月十八日接印视事，等由。前来。查倭领事前于接任驻琼领事篆务时，业经饬据雷琼道查明系名倭纳，是真正领事，并咨行查照在案。接文前由，除分别咨行外，相应咨呈。为此合咨贵衙门，谨请查照施行。②

---

① 台北"中央研究院"近代史所藏：《外交档案》，馆藏号：01-37-001-03-006.
② 台北"中央研究院"近代史所藏：《外交档案》，馆藏号：01-15-015-08-008.

五月二十九日，公会衔广西巡抚黄槐森、广西提督苏元春开单奏报会办梧、郁、浔等处会匪保案，下部议。曰：

> 窃照光绪二十四年五月间，郁林匪首李立亭聚党拜会，竖旗滋事，各属土匪亦各纠党乘机响应，势甚猖獗。叠据各属电禀：容县、北流、陆川、兴业四县先后失城，博白、郁林被围，经臣槐森飞饬浔、梧两府就近拨勇先往，一面调拨南宁、龙州、怀集各属防勇，并派柳防一营、容防一营、卫队两哨，星夜驰援；以候补知府张棠荫率亲兵一哨会办剿捕，左江镇莫善喜亦派镇标两哨同往，前督臣谭钟麟由广东飞调十营分援各属，以高州镇潘瀛率虎勇一营为总统。臣元春先令李锦文、刘荣琚于边防抽拨先锋四百名，驰由贵县进剿；续派分统边营柳庆镇总兵马盛治①、副将陈桂林、游击黄守忠，各带兵勇，继往接应。所有西容派出各军，经臣槐森饬令悉归马盛治节制，以一事权。各军冒暑遄征，分驰奋击，叠据报先后将四城克复，力解郁林、博白州县城围，乘胜攻破匪巢百余处，会同查获匪目二百余名，阵斩、生擒，不可胜计，而首要稽诛，地方未能肃清。

> 臣槐森奏蒙亲往督办，沿途相机办理，剿抚兼施，或严勒营弁，或鼓励乡团，密授机宜，总以获奸首要为务。行抵梧州，随饬办理容县团防委员钱锡宣，将阴谋勾匪革绅甘沛棠即甘睦，设法诱杀。梧州广利墟匪首黄季山、浔州鹏化山匪首张老鸡、三贵县龙山匪首黄双龙等，经该印、委各员先后擒获、格毙，各路声气始相联络。臣槐森驰抵郁林，

---

① 马盛治（1844—1902），字仲平，广西永安人，武童出身。同治元年（1862），在籍襄办团练。同年，投效总统援黔各军席宝田军营，以功加六品顶戴。七年（1868），保把总，戴蓝翎。八年（1869），保千总，加守备衔。同年，保守备，换花翎。九年（1870），保都司，晋游击衔，赏壮勇巴图鲁勇号。翌年，保参将，加副将衔，晋哈丰阿巴图鲁名号。十一年（1872），赏穿黄马褂。光绪二年（1876），保总兵，加提督衔，帮办湖南毅新全军防务。四年（1878），率师驻防宝庆郴州。十年（1884），统带右路熙字全军随苏元春驻扎越南太原新街等处。十二年（1886），统领熙字四营。十三年（1887），补广西柳庆镇总兵。二十年（1894），赏双眼花翎。次年，办理中越界务。二十五年（1899），署广西提督，加头品顶戴。二十八年（1902），调广西左江镇总兵，移师南宁。同年，阵亡，谥武烈。

会晤总兵马盛治等,筹商拟订剿抚事宜及团保章程八条,刊发各属遵办。维时,博白渠匪则有刘龙骨木及已革侍卫秦永年等,兴业则有赵大寿、谢三妹等,北流、陆川则有戴大、王四、苏角六等,容县则有田福志及其子田大等,皆著名首要,叠报歼除,地方粗安,民渐复业。臣等往复电商,随将各军酌量抽拨,陆续回防。郁林匪首李立亭逃窜广东防城县地方,经派弁跟踪拿获,解回正法,由臣元春奏报在案。

伏思此次匪起仓猝,破城戕官,势焰甚炽,幸赖圣主福威,各军用命,数旬之内,悉行荡平。所有一切剿抚详细情形,臣等曾于是年十二月初二日会同具折,由驿驰陈,将劳绩尤著各员随折拟请奖叙,并声明尚有前敌、后路在事出力人员,仍俟臣等逐一查明,再当汇案分别异常、寻常劳绩保奏,奉朱批:该部议奏。钦此。旋经部议核准具奏,奉旨:依议。钦此。恭录咨行钦遵在案。臣随饬各军统带及该地方道府等,将在事出力员弁、团练查明劳绩昭著者,核实开送,以凭汇请奖叙。嗣据陆续开列前来,适值北方多事,宵旰忧勤,未敢以奖叙微劳遽行渎请。臣槐森交卸在即,据东军边营各统带以郁林匪案系臣槐森亲往督办,值此清除东、西积匪之际,应由臣槐森核实奏奖,以昭激励,由臣模、臣元春咨商办理。

臣查各处开列人数较多,逐加细核,将出力稍次者删而又删,谨择尤为出力员绅缮列清单,恭呈御览。合无仰恳天恩俯准给奖,以策后效。其拟保千总以下各弁,另行开单,并将各员弁履历咨部查照外,谨合词恭折具陈。伏乞皇太后、皇上圣鉴,训示。再,此折系臣槐森主稿。合并陈明。谨奏。①

六月初一日,公会衔粤海关监督庄山奏报粤海关汇解第一批京饷等款银数情形,下部闻。曰:

窃照光绪二十七年分京饷,户部奏拨粤海关洋税银十万两,新增

---

① 台北故宫博物院藏:《军机及宫中档》,文献编号:143017。

盈余银六万两；又东北边防经费拨粤海关六成洋税银十二万两，又加拨银二万四千两，又加放俸饷于粤海关四成洋税每结提银六千两，又另款加复俸饷每年粤海关应解银四万两，又内务府广储司公用每年拨粤海关税银三十万两。以上各款均应速解。

兹筹解光绪二十七年分第一批京饷银二万五千两，另加平银三百七十五两、饭银七百二十五两，又新增盈余银一万五千两，另加平银二百二十五两、饭银四百三十五两，又东北边防经费银三万两，又加拨银六千两，又加放俸饷银六千两，又光绪二十四年分另款加复俸饷银一万两，又光绪二十七年春季分广储司公用银七万五千两，另加平银一千一百二十五两，新增归公加平银一千八百七十五两，抬费用项银六百两，共银一十七万三千三百六十两，饬由西商志成信、协成乾两号先行垫解，由广东布政使丁体常遴委试用知县赵德垣等领赍汇单文批，于光绪二十七年四月二十七日起程进京，支取银两，前赴户部、内务府分别交纳。

除分咨查照外，谨会同粤海关监督臣庄山，缮折具陈。伏乞皇太后、皇上圣鉴。谨奏。①

同日，公又会衔广东巡抚德寿奏报汇解英德洋款情形，下部闻。曰：

案准户部咨：应还英德本息，每年指拨广东省盐斤加价银五万两，加放俸饷银五万两，闱捐银二十四万两，地丁等项银三十八万两，每年匀分二、五、八、冬四个月，解赴江海关道交纳，等因。兹据广东布政使丁体常、两广盐运使国钧、善后局司道先后详称：本年五月分应解前项银两，现经设法挪凑，并令各号商借垫足数，作为盐斤加价银一万二千五百两，加放俸饷银一万二千五百两，闱捐银六万两，地丁等项银九万五千两，共银一十八万两，定于五月十三日由号商大德恒等汇解江海

---

① 台北故宫博物院藏：《军机及宫中档》，文献编号：408003372。又，台北故宫博物院藏：《军机及宫中档》，文献编号：142911。

关道兑收,备还英德之款。详请奏咨前来。

臣覆核无异,除咨部查照外,谨会同广东巡抚臣德寿,恭折具陈。伏乞皇太后、皇上圣鉴。谨奏。①

是日,公又奏报广东汇解第三批京饷情形,下部闻。曰:

窃准行在户部电开:京师需款甚急,各省关即将本年应解筹备饷需项下,按原拨数目先提一半,刻日解沪,由沪道设法汇京,等因。当经转行遵照。查广东省奉拨光绪二十七年分筹备饷需银二十万两,除已解银五万两外,尚未解银一十五万两。兹应按照原拨之数先提一半十万两,作为第三批起解,本应遵照解沪转解,惟粤省现有商号源丰润等均能设法汇京,自可交其汇兑,无庸由沪转解,以省周折而期妥速。现于光绪二十七年四月二十六日在藩库各款内筹支银一十万两,作为应解本年筹备饷需,发交该商等汇京,定限五月底赴户部衙门投纳。据广东布政使丁体常详请奏咨前来。臣等覆核无异,除分咨外,谨合词缮折具陈。伏乞皇太后、皇上圣鉴。谨奏。②

同日,公又奏报广东裁营节饷情形,下部闻。曰:

窃广东盗风素炽,惟赖多设营勇,借资防卫。北方事起,海防吃紧,前督臣李鸿章及臣德寿先后增募各营,以资防剿。八月间,惠州土匪窃发,赖以无虞。惠匪剿平之后,余孽仍窜伏附近港澳,时存窥伺。其内地及水面抢劫之案,亦日有所闻。臣模抵任后,整顿轮船、扒船,分段巡缉,饬派营勇,按乡清办,原有各营分布尚虑不敷,何能骤议裁

---

① 台北故宫博物院藏:《军机及宫中档》,文献编号:408003374.又,台北故宫博物院藏:《军机及宫中档》,文献编号:142910.
② 台北故宫博物院藏:《军机及宫中档》,文献编号:408003371.又,台北故宫博物院藏:《军机及宫中档》,文献编号:142905.

减！无如广东饷款入不敷出，上年冬间因凑解拨还镑价银一百六十万两，司库、善后局罗掘一空，各营勇饷竟至无从支发，几有哗溃之虞。现经臣等沥陈实在情形，奏请将镑款改拨。其刚毅所筹之一百六十万两，饬部减提一半，即使仰荷天恩俯允所请，通盘核计，仍属万分拮据。若不将各营量加裁汰，设竟无饷可支，隐忧不堪设想！

臣等悉心商酌，于万难裁汰之中设法抽裁，计陆续裁去水师提督何长清所统靖勇、炮勇一千名，署高州镇马维骐所统介勇、虎勇各一营，都司莫善积所统静勇一营，知州张宏运所带缉捕行营水勇一百名，总兵陈维熊所统熊勇二百名，总兵黄金福所统信勇三营。统计陆续裁汰营勇四千三百名，庶月饷稍资节省，俾得通挪周转。裁存各营择要通融匀布，其水师扒船实在不敷分布之处，尚拟量为增设，以期互相接应。此次裁减各营实系出于万不得已，裁节之后勇饷是否足敷支应，尚须随时查看办理。

除将各营裁勇停饷日期及节省饷银数目开单咨部查照外，所有因饷需支绌酌裁营勇缘由，谨合词恭折具陈，伏乞皇太后、皇上圣鉴。谨奏。①

同日，公又附片奏报绅士捐赏给匾奖励一事，下部闻。曰：

再，广东省劝办绅富捐输，前经臣等奏请变通章程，凡捐银五千两者，准请旨特赏匾额一方，钦奉朱批：着照所请。钦此。钦遵转行在案。兹据督办绅富赈捐善后局司道详称：据劝办绅富捐输委员请补钦州直隶州知州李家焯劝据顺德县绅士花翎候选治中苏铭璋、五品衔候选教谕苏泰、花翎五品衔候选教谕苏乃成、同知衔候选知县苏士光、花翎三品衔候选直隶州知州苏豫等，仰承亲志，捐银五千两，请赏给该绅等苏姓合族祠堂匾额一方；又捐银五千两，请赏给该绅等故夫从一品

---

① 台北故宫博物院藏：《军机及宫中档》，文献编号：408003373.又，台北故宫博物院藏：《军机及宫中档》，文献编号：142908.

封职候选郎中副贡生苏文震祠堂匾额一方。共捐银一万两,请给匾额两方,核与奏定章程相符,合无仰恳天恩俯准特赏匾额两方,以示鼓励而昭激劝。除咨移部科查照外,谨合词附片陈明。伏乞圣鉴。谨奏。①

是日,公又附片奏请将孝妇孙江氏予以旌表一事,下部闻。曰:

再,据广州府虎门同知王朝瀚、永安县知县姚庭辉、临高县知县吴志道禀称:已故孝妇孙江氏现年二十六岁,系浙江钱塘县监生孙士颐之妻。孙士颐随父已故广东补用知县孙应霖来粤,江氏年十九,归孙士颐为妻。时翁已故,事姑克尽妇职,先意承志,能得亲心。本年三月间,姑患时疫,此病百无一愈。江氏亲侍床蓐,夜深焚香祷天,愿以身代,刲臂和药以进,姑病逐转危为安,而江氏即夕染病不起。职等与江氏夫族系属同乡,且兼亲戚,见闻既确,不敢壅于上闻。伏见孝子孝妇刲臂疗亲,均蒙请旨旌表。今孙江氏刲臂疗姑,较之刲臂疗亲者,尤足风世。孙江氏之夫孙士颐随宦寄寓广东,故乡并无近支亲族堪以举报,联名出结,禀恳具奏前来。

臣等伏查随宦寄寓节孝妇女,例准由同乡州县以上实缺官员出结,禀请旌表。本年并准行在礼部行知:节孝妇女请旌,应准改题为奏。今浙江已故孝妇孙江氏刲臂疗姑,洵属孝义可风。既据该同乡实缺同知王朝瀚等联名加结禀请,合无仰恳天恩,俯准旌表,以励孝行而阐幽光。除将册结咨移部科查考外,谨合词附片具陈。伏乞圣鉴。谨奏。②

---

① 台北故宫博物院藏:《军机及宫中档》,文献编号:408003374-0-A.又,台北故宫博物院藏:《军机及宫中档》,文献编号:142918。
② 台北故宫博物院藏:《军机及宫中档》,文献编号:408003371-0-A.又,台北故宫博物院藏:《军机及宫中档》,文献编号:142916。

同日，公又附片奏请将孙国乾留于广东补用，下部闻。曰：

> 再，记名提督孙国乾①、记名提督吴贵年来粤有年，委带水陆营勇，均能讲求捕务，勤奋供差。升用总兵尽先补用副将姚秀芳，素著战功，熟悉营务。补用游击刘飞龙、广西拣发守备周德光，熟悉外海水师情形，均系可用之材。合无仰恳天恩，准将记名提督孙国乾、记名提督吴贵年留于广东差遣，总兵用补用副将姚秀芳、补用游击刘飞龙、广西拣发守备周德光，均留于广东，按班补用，刘飞龙、周德光并改发外海水师标营效力，以资任使。除饬取各该员履历咨部外，相应附片陈明。伏乞圣鉴，训示。谨奏。②

同日，公又附片奏请准李先义等署理镇协，下部闻。曰：

> 再，广东北海镇总兵刘邦盛嗜好甚深，办事颠顿，经臣奏请开缺，送部引见，应饬先行交卸。所遗总兵篆务，查有提督衔记名总兵广州协副将李先义③，堪以署理。李先义所遗广州协副将事务，查有统带安

---

① 孙国乾(1843—?)，广东揭阳县人。同治元年(1862)，补把总。三年(1864)，捐纳都司。五年(1866)，升参将。八年(1869)，迁副将，加安勇巴图鲁勇号。十三年(1874)，保总兵。光绪六年(1880)，保记名提督。十四年(1888)，补收塔城城守中营都司。二十五年(1899)，管带广东西江上游广安水军，会办广东高州石城县团练。二十七年(1901)，统带广东东江水师。三十二年(1906)，署广东潮州镇总兵。翌年，署闽粤南澳镇总兵。宣统元年(1909)，署潮州镇总兵。

② 台北故宫博物院藏：《军机及宫中档》，文献编号：408003371-0-B。又，台北故宫博物院藏：《军机及宫中档》，文献编号：142915。

③ 李先义(1838—?)，安徽合肥县人，行伍出身。咸丰九年(1859)，以军功保以把总尽先拔补。同治三年(1864)，保千总、守备。四年(1865)，保都司尽先，并加确勇巴图鲁勇号。六年(1867)，保升游击，并加副将衔。翌年，保参将。旋保副将，晋总兵衔。十一年(1872)，保记名总兵。光绪十二年(1886)，署三江协副将。十四年(1888)，补广州协副将。同年，署琼州镇总兵。十七年(1891)，署广东北海镇水陆总兵，升提督衔。

勇记名提督郑润材①，堪以署理。除分檄饬遵外，谨附片具奏。伏乞圣鉴。谨奏。②

是日，公又附片奏报斥革守备千总等员，下部闻。曰：

再，广西怀集营守备张毓松于光绪二十五年正月准补到任，因与该营千总、外委等争收地租，合营不服，千总张文汉等带同兵丁远赴梧州协衙门控告，抗不办事，经前督臣谭钟麟将张文汉等撤退，并调张毓松来东察看。嗣督臣李鸿章莅粤，以张毓松年力精壮，于二十六年六月檄饬回任。讵复与同城儒学教官伍登员挟嫌，恃强殴击。十二月间，饬令卸事，盘查公款，亏欠银二百一十八两零，实属性情乖谬，屡戒不悛，未便稍事姑容，相应请旨将广西怀集营守备张毓松即行革职，勒令将欠款如数清缴。其逞刁挟制、擅离汛守之怀集营千总张文汉、存城外委陆广辉、治水汛外委张炽林，亦应一并斥革，以肃营伍。

所遗怀集营守备系部推之缺，应照章听候部选。除饬取张毓松札付送部查销外，谨附片陈明。伏乞圣鉴，训示。谨奏。③

同日，公又会衔粤海关监督庄山附片奏报粤海关汇解英德本息一事，下部闻。曰：

再，准户部咨：应还英、德本息，由各海关洋税、洋药、税厘项下摊

---

① 郑润材（1845—1904），广东三水县人。同治六年（1867），补广东潮州镇中营守备。九年（1870），以军功加副将衔。光绪十三年（1887），补广东南韶连镇标中军游击。二十一年（1895），署广州协副将。次年，统带安勇军。二十四年（1898），补授罗定协副将。二十七年（1901），迁广东北海镇水陆总兵，兼署顺德协副将。二十九年（1903），署左江镇总兵。同年，回北海镇总兵本任。三十年（1904），自尽身亡。
② 台北故宫博物院藏：《军机及宫中档》，文献编号：408003372-0-B. 又，台北故宫博物院藏：《军机及宫中档》，文献编号：142914。
③ 台北故宫博物院藏：《军机及宫中档》，文献编号：408003373-0-B. 又，台北故宫博物院藏：《军机及宫中档》，文献编号：142917。

派粤海关五十二万两,每年匀分二、五、八、冬四个月解交,等因。迭经遵解在案。兹准粤海关监督庄山咨称:准户部劄开:英、德借款佛郎镑价昂贵,原拨银数不敷,照案酌量加拨本年五月期应解英、德还款银十三万两,又加拨四分之一银三万二千五百两,合共银十六万二千五百两,备文发交西商志成信、协成乾银号汇解江海关道投纳,等因。前来。

除咨呈军机处及咨户部查照外,谨会同粤海关监督臣庄山,附片陈明。伏乞圣鉴。谨奏。①

同日,公又附片奏请将吕凤仪等留省补用,下部闻。曰:

再,广东试用盐大使吕凤仪,广西举人,遵新海防例报捐盐大使,指分广东,于光绪二十四年七月十八日到省;又,试用盐大使多寿,正黄旗满洲巴彦布佐领下人,由例贡生报捐笔帖式。光绪二十一年十二月,补授工部都水司笔帖式。复遵新海防例报捐盐大使,指分广东,光绪二十五年九月初十日到省;又,试用盐大使郭祖葆,江苏副贡,遵新海防例报捐盐大使,指分广东,光绪二十六年三月初十日到省。均已试用一年期满,例应甄别。据两广盐运使国钧会同广东布政使丁体常具详前来。

臣查吕凤仪年壮才明,多寿年力富强,郭祖葆办事奋勉,均堪以本班留省,照章补用,除咨部外,谨附片具陈。伏乞圣鉴。谨奏。②

是日,公又会衔广西巡抚黄槐森附片奏请将张壁封开复原官,下部闻。曰:

再,前督臣李鸿章任内,据广西梧州府属苍梧、容藤、岑溪等县绅

---

① 台北故宫博物院藏:《军机及宫中档》,文献编号:408003373-0-A.又,台北故宫博物院藏:《军机及宫中档》,文献编号:142906.

② 台北故宫博物院藏:《军机及宫中档》,文献编号:408003372-0-A.又,台北故宫博物院藏:《军机及宫中档》,文献编号:142913.

士湖南试用知县梁廷枢等,以前任梧州府知府张璧封被参冤抑,禀求奏请开复,当经前督臣李鸿章檄饬广西藩、臬二司确切查复。兹据广西藩、臬二司以伏查前梧州府知府张璧封系于光绪二十四年梧郁会匪肇衅案内被劾,经湖南巡抚俞廉三①查复,以因循玩寇、坐误事机,奉旨革职。自应以该员前次办匪有无贻误为断。

查二十四年五月郁林会匪起事,容县逆首甘沛棠外托团练,内通匪党,接济军火,攻陷县城,旋以收复为名,肆其劫掠之计。张守先派防营哨弁王占魁、李安邦豫为防制,复密饬委办容县剿抚事宜补用知县钱锡宝,将甘沛棠密拿伏诛,攻破巢穴,歼除党羽,容县始克一律肃清,商民齐声称快。当时即经广西抚臣黄槐森电奏,嗣奉谕旨以有人奏广西土匪滋事,由于容县团首甘沛棠勾结会匪、攻陷县城,饬令拿办,又经抚臣黄槐森将张璧封派员密拿征办情形奏覆在案。其苍藤交界会匪头目黄杏山、孔宪模等亦系张璧封先后饬属拿办。是张璧封当日办理并无贻误,确有案卷可稽。其平日居官亦能讲求吏治,在广西多年,历委差缺,均能称职,被参委系冤抑,等情。详覆前来。

臣查张璧封于光绪二十四年密派委员拿办容县逆首甘沛棠,地方赖以安静,商民至今称道,并有奏案可稽。是当时办理尚无贻误,地方绅士于该员被参之后为之申诉,舆情爱戴,于此可见。现在剿办郁匪出力各员已由广西抚臣开列奏奖,该员密诛匪首,转挂吏议,未免向

---

① 俞廉三(1841—1912),字廙轩、廙仙,浙江山阴县人,监生。同治初年,任山西候补县丞。八年(1869),补山西候补知县。十三年(1874),调山西武乡县知县。光绪四年(1878),授山西代州直隶州知州。九年(1883),升山西宁武府知府。十一年(1885),署山西河东道。次年,署山西太原府知府。十三年(1887),补授山西太原府知府。十五年(1889),署山西冀宁道。十七年(1891),署山西按察使、山西布政使。二十年(1894),调补湖南按察使。二十二年(1896),迁山西布政使。二十四年(1898),调湖南布政使。同年,擢湖南巡抚,兼湖南学政。二十八年(1902),调山西巡抚。三十三年(1907),授修订法律大臣,协理开办资政院事务。宣统元年(1909),调补仓场侍郎。民国元年(1912),卒于津。谥敏僖。

隅。既据署广西布政使张廷燎①、兼署按察司广敏会详请奏前来,合无仰恳天恩,俯准将已革花翎二品顶戴三品衔道员用梧州府知府张璧封开复原官翎衔,仍留广西补用之处,出自逾格鸿慈。

所有知府被参冤抑请旨开复缘由,谨会同广西巡抚臣黄槐森,附片陈明。伏乞圣鉴。谨奏。②

同日,公又附片奏报请更正何国忠惠州保案官衔,下部议。曰:

再,上年广东惠州回匪肃清,经臣德寿将在事出力各员开单奏奖,内有补用守备何国忠拟请俟补守备后以都司尽先补用,奉朱批:该部议奏,单并发。等因。钦此。钦遵转行在案。兹准水师提督何长清咨称:何国忠前在贵州军营,于攻拔兴义府新城及全黔底定案内保奏,光绪元年正月十六日奉上谕:何国忠着免补守备,以都司尽先补用。钦此。前折误开守备,咨请更正、改奖前来。

臣等覆查无异,合无仰恳天恩俯准将尽先都司何国忠改奖俟补都司后,以游击尽先补用,出自逾格鸿施! 除取履历咨部外,谨合词附片陈明。伏乞圣鉴,训示。谨奏。③

同日,公又附片奏请准龚心湛就近起复补用,下部闻。曰:

再,三品衔广东候补班前补用知府龚心湛,由监生报捐县丞,两次

---

① 张廷燎(1846—1924),河南舞阳县人,拔贡生。同治十二年(1873),乡试中举。翌年,中式进士,改庶吉士。光绪二年(1876),散馆,授编修。同年,任国史馆协修。五年(1879),充顺天乡试同考官。十年(1884),补陕西道监察御史。次年,转掌广西道监察御史。十三年(1887),任巡城御史。十四年(1888),升礼科给事中。十八年(1892),授工科掌印给事中。次年,放云南迤西道。二十年(1894),加二品衔。二十四年(1898),迁广西按察使。翌年,署广西布政使。二十七年(1901),调补浙江布政使。二十九年(1903),调广西布政使。三十年(1904),转云南布政使。同年,调广西布政使。宣统元年(1909),授洛潼铁路公司驻汴总理。是年,辞职。民国十三年(1924),卒于籍。

② 台北故宫博物院藏:《军机及宫中档》,文献编号:408003372-0-C.又,台北故宫博物院藏:《军机及宫中档》,文献编号:142907。

③ 台北故宫博物院藏:《军机及宫中档》,文献编号:408003374-0-B.又,台北故宫博物院藏:《军机及宫中档》,文献编号:142919。

随同出洋,递保知府,分发广东补用,光绪二十四年九月二十六日到省。二十五年正月初十日,闻讣丁生母忧,到籍守制,奉调来粤,委办洋务、营务事宜,经臣德寿以该员办理洋务、营务识力坚定,办事精详,夙夜在公,悉臻妥协,于二十六年十二月初一日附片保奏,请俟服阕后,以道员仍留原省补用,并送部引见,奉朱批:龚心湛着送部引见,等因。钦此。兹该员自二十五年正月初十日闻丁生母忧起,扣至二十七年四月初十日止,不计闰二十七个月服阕,例应起复。由藩司详请奏咨前来。

查该员龚心湛,清勤干练,洞达政体,本应查照原案送部引见。惟粤省自上年北方开衅之后,交涉案件纷繁,皆该员一手经理。现又开办清查匪乡,调度督率,尤为得力,合无仰恳天恩俯准该员就近起复,作为回省补用,俟诸物就绪,再行送部引见,出自鸿慈!除咨明吏部饬将供结分咨查照外,臣等谨附片具陈。伏乞圣鉴,训示。谨奏。①

六月初四日,公开单咨呈外务部曰:

光绪二十七年四月初六日,据广州口法国领事照会:据法国李三禀称:广东广州府增城县属许、郑、李三姓村有矿一区,经与山主许文炳、郑仁山、许望陵、许炳敦、许文春、许干、许毓麟等,按照中法所立和约章程办理,定立合同,承领开办。计禀并合同一纸前来。据此,查所禀及合同均与中法所立合约章程相符,本领事除将合同存于敝署案内,并将李三之禀呈送本国驻京钦差大臣外,相应照会贵部堂查照。因此矿务本领事不但为中国国家扩开利源,且于该处土人工作亦大有利益起见,希即按照章程,务请准其承领,俾速开办,等由。前来。除照复外,相应钞稿咨呈。为此咨呈贵衙门,谨请察核施行。②

---

① 台北故宫博物院藏:《军机及宫中档》,文献编号:142909。
② 台北"中央研究院"近代史所藏:《外交档案》,馆藏号:01-11-021-01-014。

同日，公又开单咨呈外务部曰：

　　据广州口法国领事照会，以据法国李三禀称广东广州府增城属郑、许、李三姓村有矿一区，经与山主许文炳、郑仁山、许望陵、许炳敦、许文春、许干、许毓麟等，按照中法所立和约章程办理，定立合同，承领开办。查所禀及合同均与中法所立合约章程相符，务请准其承领，俾速开办，等由。当经本部堂以本案并未据土人报明地方官照章办理，且尚不知是否民业，抑系官产，遽由法商与许文炳等私立合同，核与中法续议商务专条及铁路矿务总局奏定章程均不相符，所请准令承领开办之处，碍难照允等语，备文照复，并钞稿咨呈贵衙门察核，暨札广东海防善后总局，饬查增城县所产系何种矿质。现文所称许、郑、李三姓村矿是否民业，抑系管产，许文炳等并未禀官勘明准办，何以遽与法商私立合同？详晰禀核各在案。兹又接法国领事照称：接贵部堂五月十二日照复，以增城开金矿，华人矿主与法商李三立合同一事，内开光绪二十四年奏准矿路章程各等因，本领事并非不知此章程二十四条系十月初六者，但亦知此章程系驻京本国钦此大臣所未准者。因此二十二条章程内与本国不合，经议过不准。该日子系光绪二十三年五月十三日，其中并广东、广西、云南三省皆言明白。现本领事查明，凡开矿应由承办人与矿师开办，无得以此二十二条章程拦阻。至此章程若无北京乱事，早已销毁，倘合约成后，不日亦要销毁，是以本领事照请贵部堂查照前文，将李三立合同开矿之事转呈贵国政府，因其所禀皆与合约相符。本领事深知贵部堂忠心耿直，为国为民，断能成就本领事所请也。除将此事转达驻京新任坡钦差大臣外，为此照会，等由。前来。除照复外，相应钞稿咨呈。为此合咨贵衙门，谨请察核办理，赐复施行。①

---

① 台北"中央研究院"近代史所藏：《外交档案》，馆藏号：01-11-021-01-015。

六月初九日,公致函外务部曰:

现据廉州府郭之全申称:光绪二十八年三月初八日,奉宪台札开:现据英国驻扎廉州北海博领事照称:本领事现奉札饬调任廉州北海领事篆务,兹于本年正月十二日接印视事,相应照会,请烦查照,等由。前来。除咨行外,合就札饬府即便遵旨照会新关税务司查照向章办理毋违,等因。奉此,遵即转行所属,并照会北海新关税务司查复去后。兹准北海新关税务司查明现任北海博领事名诺德,确系真正领事,并非商人兼充,照复前来。理合具文申复察核等由,到本部堂。据此,除咨行外,相应咨呈。为此合咨贵部,谨请察照施行。①

同日,公又致函外务部曰:

光绪二十八年五月初四日,接广州口英国萨署总领事照称:照得本领事现奉本国驻京大臣札开:转奉外务大臣传来谕旨,特授本领事为广州口总领事官。钦此。相应照会查照等由,前来。除咨行外,相应咨呈。为此合咨贵部,谨请察照施行。②

六月十三日,公会衔巡抚德寿致电军机处曰:

前奉电传谕旨,饬筹各国赔款,遵于四月初十日将拟办情形电乞代奏,迄未奉覆。现房捐已定,八月头起,且按租价二十取一捐,主不捐;客住已业者,计椽收捐租价不及二元,已业仅正止数椽者免捐。惟亩捐事较繁重,广东土沃粮轻,拟按丁耗原额加五成征收,仍分别地方饶瘠,偏僻瘠苦免加,是否有当?统乞代奏,候旨遵行。陶模、德

---

① 台北"中央研究院"近代史所藏:《外交档案》,馆藏号:02-08-011-02-082。
② 台北"中央研究院"近代史所藏:《外交档案》,馆藏号:02-08-011-02-084。

寿。元。①

六月十四日，外务部来函曰：

照得本王大臣于光绪二十七年六月十一日在京城具奏，接据英、美两国使臣照会，吁恳将已革尚书衔户部左侍郎张荫桓开复原官一折，除俟奉到朱批另录咨行外，相应抄折咨明贵部堂，请烦查照。②

同日，公致函外务部曰：

光绪二十七年五月十三日，准广西巡抚部院黄咨开：据署广西布政使张廷燎、厘金局司道梧州关监督广敏详称：窃照关、道奉抚部院发下湖广督部堂张来电内开：亥密，去年十一月奉"个"电旨：此次和议拟改通商行船约章，着刘坤一、张之洞、盛宣怀悉心筹议，随时电奏，等因。钦此。查变通补救之法，惟熟视彼要索何款，相机抵制，设法保全，总以勿碍我商民生计，勿侵我自主权利为要义，请台端转饬关、道、商局，如无关道地方，请饬司道各就地方体察情形，何事为彼所必争，何事为我所必拒，何事可以相抵，何事应行变通，分条筹议，由台端采择核定，飞咨敝处，以备会商。全权大臣两江刘岘帅于议改商局必已议覆代请，将前复两江之件照抄一分，交邮政局速寄敝处。如无邮局，即用五百里排递至感。除咨达外，转电达，请即示复，盼祷！奉宪谕饬，即筹议具详，等因。奉此，伏查广西地瘠民贫，局势狭隘，本省之人止知营谋小利，本无商务可言，百货皆由广东客商贩运而来。本地土产除米、谷、油、䴵、糖木为大宗外，余皆零星不甚值价之物，亦系东省客人贩运出境，江楚巨商寥寥无几。自梧州开设通商口岸，行用三联报单，准华、洋商采买土货出口，又准洋货完纳半税，领单运入内地，沿路售销，厂税、厘金因之减绌。然载在约章，奉行已久，难议变更。此

---

① 中国第一历史档案馆藏：《电报档》，档号：2-02-12-027-0490。
② 台北"中央研究院"近代史所藏：《外交档案》，馆藏号：01-14-031-07-003。

次和议又拟改通商行船约章,若悉勉从所请,难免不碍商民生计,侵我自主权利。兹遵筹议六条,本司、局公同核商,均系就西省情形体察定议,但能防损,即属取益。谨抄录清折,呈请察核,恳赐采择核定分咨,诚为公便。再,鄂省咨文尚未到桂,如文到日有必须查照核议者,届期再为续议。合并声明等情,到本部院。据此,相应咨明,请烦查照施行。计抄清折一纸,等因。到本部堂。准此,相应咨呈。为此合咨贵大臣,谨请察照施行。①

六月十八日,外务部来函曰:

接准文称:广州口法领事照会称:据法商李三禀称:广州府增城属许、郑、李三姓村有矿一区,经与山主许文炳等按照中法所立和约章程,定立合同,承领开办,等语。经本部堂以此案未据土人报明地方官照章办理,且不知是民业,抑系官产,遽由法商与许文炳等私订合同,核与续议商务专条及矿路总局奏定章程均不相符,碍难照允,备文照复,暨札海防善后局饬查禀复在案。又接法领事照称:接贵部堂照复增城开矿一事,内开奏准矿务局章程,本领事并非不知,此章程二十二条,系本国钦差所未准者,现经查明,凡开矿应由承办人与矿师开办,无得以此二十二条拦阻,是以照请转呈政府,各等语。钞稿咨请察核赐复施行,等情。前来。查法国领事照称法商欲在增城开矿一节,现在和局难成,一切矿路章程是否仍前照行,抑须重加厘定,尚未议及,相应咨复贵督照会该领事,俟定议再行商办可也。②

六月二十日,公致函外务部曰:

光绪二十七年五月二十八日,准兵部火票递到贵王大臣咨开:本

---

① 台北"中央研究院"近代史所藏:《外交档案》,馆藏号:01-14-017-01-005。
② 台北"中央研究院"近代史所藏:《外交档案》,馆藏号:01-11-021-01-016。

年四月二十日,接据咨称:前准电开:法使函称:据广西教会司信言:该省郁林州马村教士被窃,沙塘地方教会被劫,数年未结,祈电饬将各案与教会司信和衷办结,等因。当经饬行筹办速结去后。兹据广西鬱林州褚牧禀称:此案于光绪二十四年内,准法国司铎黄文称:据沙塘墟杜司铎禀:五月间,因沙塘地方不靖,自行走避,路过马村,被土民截抢行李一担,查系生员陈姓工人所抢;又,五月二十一日被匪攻扑沙塘教堂,毁劫一空,查系董超举等抢毁;又,二十二年十一月二十七日夜,被窃贼吴增寿偷去杜司铎马匹、衣物,犯尚未获;又,二十三年九月二十一日,被吴增寿挖窃教民吴永荃牛只、衣物,请查拏究办。当经卑前署州顾牧、卑前州黄牧先期照会该司铎,地方土匪猖獗,不宜轻身出入。乃杜司铎于匪势正炽之际起程,致被截抢并毁房失物,实由自误。至生员陈姓,并无陈姓工人。董超举等亦属端士,并无抢毁教堂情事。旋拘获窃犯吴增寿一名,讯据供认窃物,追缴并照赔给领,禀明洋务总局察核。嗣吴增寿病故,续送教民吴二到案,情愿照赔,自行送交该堂查收。卑职到任后,奉抚宪黄札开:准法国刚领事照会内开:前年沙塘教堂房屋毁抢一案,又马村人抢杜司铎一案,请派人与教士商赔妥结。复经查明禀复,已奉批准照会法领事转行该司铎各在案。卑职伏思,此案该教堂被窃马匹等赃,已经黄前州估明赔还,又经获犯究办,案已完结。至教士中途被劫,业经黄前州预先照会,该教士迁延自误,与人无尤,所请酌赔一节,似应毋庸置议,恳照会转饬该司铎知照结案,等因。到本部堂。据此,除禀批发并照会广西龙州法领事查照外,相应咨呈察照施行,等因。前来。本爵大臣查此案已悬三年,迭经法使函催,彼此各执一词,迄未了结,现经贵督据禀照会法领事转饬该法司铎结案,法领事如无异词,固可就此完案。倘仍固执前说,耸动公使再向本爵大臣催办,更恐难于收束。综核各案,事本细微,总以由地方官径向司铎商结为妥,相应再行咨请贵督酌夺妥办,取具法领事允准结案文函,咨覆本爵大臣,以凭照会法使销案可也,等因。到本部堂。

承准此,除行广西臬司会同洋务总局转饬遵照准咨事理,设法径向法司铎妥商办结，取具结案文函，禀候兹复核办，毋得延宕，仍将遵办情形具复察核外，相应兹复。为此合咨贵王大臣，谨请察照施行。①

六月二十一日，公会衔广东巡抚德寿奏报筹解光绪二十七年广东奉拨第三批京饷银两情形，下部闻。曰：

窃照光绪二十七年京饷案内，奉拨广东地丁银十万两、厘金银十万两，太平关常税五万两，等因。当经饬司先后提拨地丁银五万两、厘金五万两、太平关常税三万两，分作第一、二批汇解赴京，及委员至汉口装鞘，解赴行在户部投纳，各在案。兹据布政使丁体常详称：奉准部行提地丁、厘金、盐课京饷项下共银十万两，自应由藩、运两库各半提解。除运库应解五万两由运司另行详办外，所有藩库应解五万两应作为地丁二万两、厘金三万两，又太平关常税二万两，共银七万两，于光绪二十七年六月初九日照数支出，连文批发交商号源丰润、义善源、大德恒、通商银行汇兑至京，定限七月二十五日赴户部投纳，等情。详请具奏前来。

臣等覆核无异，除核给文批交该号商赍解并分咨查照外，谨合词恭折具陈。伏乞皇太后、皇上圣鉴。再，太平关常税原拨京饷五万两，现计已如数解清。合并陈明。谨奏。②

同日，公又会衔广东巡抚德寿奏请蒋希曾署理长乐县知县，下部议。曰：

窃照长乐县知县童立喆参革开缺，查定例知县奏参革职，应以军功候补人员酌量请补。兹会选有军功候补知县蒋希曾，年六十二岁，

---

① 台北"中央研究院"近代史所藏：《外交档案》，馆藏号：01-12-180-04-005。
② 中国第一历史档案馆藏：《录副奏折》，档号：04-01-35-1057-023。又，台北故宫博物院藏：《军机及宫中档》，文献编号：143945。

浙江杭州府钱塘县监生，由选用县丞投效军营，关陇肃清案内奏准俟选缺后以知县用。复于荡平新疆南北两路案内奏准奉旨赏戴花翎，遵例报捐县丞，分发广东试用。复捐免补县丞本班，以知县仍留广东补用，光绪六年十月十五日到省。八年，甄别堪膺民社。该员老成练达，实力详明，以之署理长乐县知县，洵堪胜任，与例亦属相符。据藩、臬两司会详前来。相应请旨准以军功候补知县蒋希曾署理长乐县知县缺，仍俟试署期满，如果称职，另请实授。如蒙俞允，该员系军功候补知县请署知县，衔缺相当，毋庸送部引见。除咨部外，臣等遵照行在军机处奏准通行，改题为奏。谨合词恭折具陈。伏乞皇太后、皇上圣鉴，训示。再，粤东省补缺例限九十日，此案于光绪二十七年三月十六日接准部咨，应以是月底起限办理。在限内选员请补，并无迟逾。合并陈明。谨奏。①

六月二十二日，军机处来电曰：

"元"电已进呈，粤省拟办筹款房捐，尚属妥协，即可照办。惟亩捐迹近加赋，事务繁重，若按丁耗原额五成，究可增款若干？能否不至扰民？或仿照四川捐输办法，加征之银作为捐输，官督绅收绅解，准其汇总请奖广额，无加赋之名，而有增款之实，似较亩捐名目为妥。上意总以筹款而不扰民为断，务即体察地方情形，再行详筹办法电复，请旨饬遵。再，粤东沙田一项，若办理得法，岁可收数十万，并祈细筹酌办。枢。养。②

七月初二日，公开单咨呈外务部曰：

光绪二十七年五月二十七日，接广州口黄总领事照称：新租界界线一事，前经迭次文牍往来在案，现又准香港总督来文，将从前王委员

---

① 中国第一历史档案馆藏：《录副奏折》，档号：04-01-12-0605-020。又，台北故宫博物院藏：《军机及宫中档》，文献编号：143706。
② 中国第一历史档案馆藏：《电报档》，档号：1-01-12-027-0391。

存善与骆署辅政司签押之合同照印一纸,校对无讹,请转送两广总督阅看,等因。本总领事准此,兹将香港总督送来之英文合同照送。查香港总督之意,系欲将该合同内所有事理逐件照行,以免将来致有误会之处。本总领事前准香港总督来文所请,曾于四月十三日照会贵部堂议论一切在案。香港总督切盼此次所送合同,即以是日照会之言为批注。兹将该照会再抄一纸,附送贵部堂查阅。该文内已将"潮涨能到"一语除去,改为"水尽见岸"字样。缘贵部堂日前来文曾经言明"水尽见岸"与"潮涨能到"意本相同,如用"潮涨能到",恐彼此或至误会也。至于深圳河界线,现已将"北岸潮涨能到"一语除去,改为"北岸"字样。此"岸"字即以贵部堂五月初七日来文内所论"岸"字为准,经此次彼此论定有案,则从前王委员与骆署辅政司所订合同界线语义一事,贵部堂仅可放心,大约英权所至,一则大鹏、海深湾两处系至岸为止,二则流入大鹏、海深湾及深圳河北岸及与租界陆地相接之处为止。为此照会,附送英文合同及照抄改正四月十三日照会各一纸,等由。前来。查此事前接英总领事四月十三日照会,当以香港总督所言英权可至各海湾潮涨能到之处与深圳全河至北岸潮涨能到之处,语颇宽泛,易滋误会,嗣后新租界各海湾与华界毗连者,应以沿湾水尽见岸之处为界。其划归租界内之深圳河,则仍照王道所订合约,以北岸为界。所有与大鹏、深圳两湾及租界内之深圳河毗连各河港,俱以口门左、右两岸相对直线为界。似此详晰声明,彼此官差人等自可了然,等语。照复转致,暨分别咨行,并于本年四月二十五日咨呈贵衙门察照在案。接文前由,除照复外,相应咨呈。为此合咨贵衙门,谨请察照施行。①

七月初七日,公录案咨呈外务部曰:

案据广东惠州府沈守传义禀称:日本商人妻沼岩彦领有执照,游

---

① 台北"中央研究院"近代史所藏:《外交档案》,馆藏号:01-18-095-01-054。

历到惠,欲在府属归善县城外水东街租屋,用"广安洋行"字样,开设货仓,求出告示保护,并自拟示稿,等情。禀请核示。当以不通商口岸按约向不准外国人开设行栈,日本商人妻沼岩彦藉游历执照至不通商之归善县地方开行屯货,并自拟示稿,请府出示,实属违背约章,即经据情照会驻港日本领事加藤申斥禁止,并饬日本商人等以后往内地买卖货物,必须按照条约章程办理,并批饬遵照。旋准日本领事复称:该商妻沼岩彦系因前往惠州购买土货,故须租借货仓,将购入之货少时屯寄,并非开设行栈,等语。又,经复以洋商入内地买卖货物,应以运照报单为凭,不得以游历通商执照作入内地买卖单据。各国商人遵办已久,中日条约于通商事宜声明按照中国与泰西各国现行章程条规一律办理。日商妻沼岩彦如往内地购买货物,自应先领海关报单。若仅持游历通商执照在内地办货,核与各国现行章程条规不符。该商若照章请领三联单到内地购买货物,无处屯寄,暂赁华店存放,并不久留,地方官自当妥为保护。倘假货仓为名,张挂行名招牌,则与开设行栈无殊,碍难准行去后。嗣接该领事来文,仍以妻沼岩彦暂行租用栈房,非开行栈店铺。贴用"广安洋行"字样,似未与订约之意有违,并称已禀请本国政府训示,等由。复经照复辩论,各在案。兹于光绪二十七年五月二十八日接驻港日本领事照称:日本商广安洋行妻沼岩彦在惠州借租货仓之件,本领事兹据本国政府之回训,日本臣民在贵国内地当买集土货,便宜租界货仓,其间不能豫指示日时,故虽用暂时因运搬货物难易,或续行买货等,租借期间自生长短无论,且在租借期间内如张挂行名,以示租借货仓系日本人,固无所妨,但运货既了之后,直须撤去货仓无论也。又,日本人当游历内地携带护照者,不问何处、何时可以购买土货,但欲将购买之货轮出外国,免除厘税,则须准规定要三联单而已,是固应贵部堂所无异言。至租借货仓之事,卑见与贵见所异。只在准张挂行名否。今闻广安洋行以业务不振之故,既撤回该处货仓,本领事随亦当无所再重论辩。然至准张挂行名否,事素属条约之解释,故本领事据本国政府之回训,兹再言明前来主张之趣旨,照会查照,等由。前来。查洋商在内地买卖货物,准其暂租民房屯放,载在条约,固难禁止。惟租界之期漫无限制,则日久年深,势必无从究结。若更许其张挂行名,则与开行设栈何殊?阳以租借货仓为名,阴图包揽渔利,流弊甚大,似不可不预为防范。此次日商妻沼岩彦在惠州所开货仓既经闭歇,自可暂置勿论。惟日本领事既以奉有政府回训为言,将来遇有前项情事,必仍以此借口,各国商人亦难保不相率效尤。究竟应如何办理,相应钞录全案咨呈。为此合咨贵衙门,谨请察核。现值修改商约之际,应否会商全权大臣,将洋商在内地租栈屯货一事与各国驻使订明之处,统祈裁夺见复,施行。①

七月十一日,公会衔粤海关监督庄山奏报粤海关筹备赏银情形,下部闻。曰:

窃准部咨:遵旨筹拨京师王公、百官、兵丁等恩赏银一百万两,内拨粤海关原拨光绪二十七年分洋税盈余银十六万两内提解银六万两,查此款银两例分四季批解,除本年春季银两业经批差解员赴部投纳,兹于夏秋两季应解京饷及新增盈余银两内如数筹备前项奉拨银六万两,发交西商志成信、协成乾银号,汇至江海关转汇解京投纳。

除咨部查照外,谨会同粤海关监督臣庄山,恭折具陈。伏乞皇太后、皇上圣鉴。谨奏。②

同日,公又会衔广东巡抚德寿奏报筹解广东省光绪二十七年三月至五月固本兵饷银数情形,下部闻。曰:

窃准直隶督臣咨:准行在户部咨:提调处案呈:据直隶总督奏,练

---

① 台北"中央研究院"近代史所藏:《外交档案》,馆藏号:01-31-006-07-001。
② 台北故宫博物院藏:《军机及宫中档》,文献编号:408003376。又,台北故宫博物院藏:《军机及宫中档》,文献编号:143706。

军饷项向领部款,现已欠发数月,请饬行各省将应解固本京饷查明二年七月以后至年底欠解若干,本年应解若干,一体严催赶筹大批,径解江海关道代收,迅速汇解来直,附片一件,光绪二十七年二月二十四日奉朱批:户部知道。钦此。由内阁抄出咨行,等因。前来。

查固本兵饷,广东省每月应解银一万两。光绪二十六年分连闰共应解十三万两,业经分批解京及解陕西投纳清楚,并无蒂欠,已于本年二月二十一日列册咨送户部查照。至本年应解银十二万两,已解银二万两,于三月初六日派委候补知州王世钊等领汇汉口提银装鞘,解赴陕西行在户部投纳在案。兹在于司库各款内再筹银三万两,作为光绪二十七年三月至五月固本兵饷,定于五月二十九日发交商号义善源领汇至京,赴直隶督臣行辕投纳,毋庸由沪转解,以省周折而应要需。据广东布政使丁体常详请奏咨前来。臣等覆核无异。除分咨外,谨会同缮折具陈。伏乞皇太后、皇上圣鉴。谨奏。①

是日,公又奏报恳恩再赏续假调理,得旨:着再赏假两个月。曰:

窃臣前因气喘未愈,痰中带血,奏恳赏假调理,于六月二十六日差弁赍回原折,奉朱批赏假一个月。钦此。天恩优渥,感戴靡涯!臣于发折之后即延医加意调治,近来气喘仍未就痊,每日晨起最甚,午间稍好。接见僚属,均在此时。臣又素喜访问地方情形,接见之时谈论必久,当时精神荟萃,似亦尚可支持。迨客退之后,气渐上壅,喘促难舒,即觉异常委顿,是以见臣者谓臣精神尚不甚衰,而不知臣退后之疲惫情形也。痰中带血之证,稍一劳顿,即易触发。广东天气温暖,于微臣体气虽似相宜,无如蒲柳之姿衰颓已甚,药石之力收效维艰。当此国家多事,正臣子致身效力之时,何敢顾恋微躯遽求开缺?惟是两广政务殷繁,责任重大,臣以病躯承乏,深恐贻误封疆。抚衷自省,负疚良

---

① 台北故宫博物院藏:《军机及宫中档》,文献编号:408003378。又,台北故宫博物院藏:《军机及宫中档》,文献编号:143704。

多！惟有仰恳天恩再准赏假两月,俾得从容调治,冀可渐次清减,即当力疾从公。倘蒙垂念地方紧要,另简贤员,俾臣得以静心调理,庶留犬马未尽之年,再图异日涓埃之报,则尤出自高厚鸿慈！不胜战慄,屏营待命之至。

臣发折以后,假期以内遇有紧要公事,仍当躬亲料理,不敢自耽安逸,致有贻误。所有微臣喘恙未痊,恳恩续假调理缘由,谨恭折具陈。伏乞皇太后、皇上圣鉴。谨奏。①

同日,公又代奏新授总兵郑润材谢恩并吁恳陛见,得旨:毋庸来见。曰:

窃据新授北海镇总兵署广州协副将记名提督郑润材呈称:接奉行知:准兵部咨:光绪二十七年五月十五日奉上谕:广东北海镇总兵员缺,着郑润材补授,钦此。当即恭设香案,望阙叩头谢恩,俯念润材粤东武夫,于同治初年以军功投效,转战两粤,剿灭江闽窜匪,递保副将留粤补用,借补南韶连镇中军游击,接统安勇各营,洊保以提督记名简放,现署广州协城守副将,涓埃未报,兢惕方深！兹复仰荷恩纶,优加简擢,跪聆之下,感悚莫名！俯念北海地滨海洋,新开商埠,总兵职司专阃,任重事繁,自维梼昧,深惧弗胜,惟有呈请代奏叩谢天恩,吁恳陛见,俾得跪聆圣训,一切有所遵循,等情。到臣。理合据情代奏。伏乞皇太后、皇上圣鉴,训示。谨奏。②

同日,公又附片奏报张士元署理南韶连镇篆,曰:

再,署广东南韶连镇总兵事黄冈协副将梁鸿盛应饬交卸。所遗原

---

① 台北故宫博物院藏:《军机及宫中档》,文献编号:408003375.又,台北故宫博物院藏:《军机及宫中档》,文献编号:143702.

② 台北故宫博物院藏:《军机及宫中档》,文献编号:408003377.又,台北故宫博物院藏:《军机及宫中档》,文献编号:143703.

署南韶连镇总兵印务,查有新授高州镇总兵张士元①现已到省,堪以署理。除檄饬遵照外,谨附片陈明。伏祈圣鉴。谨奏。②

是日,公又会衔广东巡抚德寿附片奏请准总兵郑润材暂缓陛见,曰:

再,新授北海镇总兵郑润材先经臣委署广州协副将,并统带安勇各营。广州盗风最甚,现正查办清乡,该镇缉捕素称得力,未便遽易生手,合无仰恳天恩俯准将该镇暂留署任,从缓陛见。谨会同广东巡抚臣德寿,附片陈明。伏乞圣鉴,训示。谨奏。③

同日,公又附片奏报汇解奉提京饷银数情形,下部闻。曰:

再,准行在户部咨:遵旨筹拨京师王公、百官、兵丁等恩赏银两一折,单开本年京饷,广东省原拨地丁银十万两,盐课银二十万两,厘金十万两,前提解银十万两,此次拟提解银十万两,等因。当经转行遵照去后。兹据两广盐运使国钧详称:查前项奉提京饷银十万两,应由藩、运两库各半筹解,计运库应解银五万两,兹拟在省河光绪二十七年分饷项内支出银五万两,作为广东运库应解光绪二十七年分京饷,定于七月初三日发交商号源丰润、大德恒、蔚长厚、协成乾、志成信、新泰厚

---

① 张士元(1840—1902),安徽亳州人。咸丰六年(1856),投效袁甲三军营。七年(1857),保把总,赏戴蓝翎。同治元年(1862),保都司,升游击,晋参将,换花翎。二年(1863),保副将。次年,加总兵衔。五年(1866),赏给三代一品封典、健勇巴图鲁名号。七年(1868),保总兵,晋提督衔。十一年(1872),保以提督遇缺尽先简放。光绪十七年(1891),以提督衔留于两江补用,嗣统带良字营驻安徽。二十一年(1895),赴奉天,委办总理营务事宜,统领奉军靖边马步等营。二十三年(1897),因病回籍,随袁世凯督办军务处办营务。次年,交荣禄差委,分统武卫中军。二十五年(1899),因案革职。同年,补授广东高州镇总兵。二十六年(1900),赴河南省城就医。二十七年(1901),署广东南韶连镇总兵。二十八年(1902),卒于任。
② 台北故宫博物院藏:《军机及宫中档》,文献编号:408003377-0-A.又,台北故宫博物院藏:《军机及宫中档》,文献编号:143705。
③ 台北故宫博物院藏:《军机及宫中档》,文献编号:408003377-0-B.又,台北故宫博物院藏:《军机及宫中档》,文献编号:143707。

等号汇解,赴江海关道衙门投纳,转汇进京,等情。详请奏咨前来。臣等覆核无异,除咨部外,谨合词附片具陈。伏乞圣鉴。谨奏。①

七月十二日,外务部来函曰:

光绪二十七年七月初七日,接准咨称:案据广东惠州府沈守义禀称:日本商人妻沼岩彦领有执照,游历到惠,欲在府属归善县城外水东街租屋,用"广安洋行"字样开设货仓,求出告示保护,并自拟示稿,等情,禀称核示。当以不通商口岸按约向不准外国人开设行栈,日本商人妻沼岩彦藉游历执照,至不通商之归善县地方,开行屯货,并自拟示稿,请府出示,实属违背约章。即经据情照会驻港日本领事加藤申斥禁止,并饬日本商人等以后往内地买卖货物,必须按照条约章程办理,并批饬遵照。旋准日本领事复称:该商妻沼岩彦系因前往惠州购买土货,故须租借货仓,将购入之货少时屯寄,并非开设行(栈),等语。复经照复辩论,各在案。兹接驻港日本领事照称:日商广安洋行妻沼岩彦在惠州借租货仓之件,本领事据本国政府回训,兹再言明前来主张之趣旨照会查照,等因。查洋商在内地买卖货物,准其暂租民房屯放,载在条约,固难禁止。惟租界之期漫无限制,则日久年深,势必无从究诘。若更许其张挂行名,则与开行设栈何殊?阳以租借货仓为名,阴图包揽渔利,流弊甚大,似不可不预为防范。此次日商妻沼岩彦在惠州所开货仓既经闭歇,自可暂置勿论。惟日本领事既以奉有政府回训为言,将来遇有前项情事,必仍以此借口,各国商人亦难保不相率效尤。究竟应如何办理,相应钞录全案咨呈,谨请察核。现值修改商约之际,应否会商全权大臣将洋商在内地租栈屯货一事与各国驻使订明之处,统祈裁夺见复施行,等因。前来。查洋商进入内地,照约不准开设行栈。其暂行租借栈房屯寄货物,自不在禁止之列。惟一经将行名

---

① 台北故宫博物院藏:《军机及宫中档》,文献编号:408003378-0-A.又,台北故宫博物院藏:《军机及宫中档》,文献编号:143729。

张挂,即与设栈无异。贵督所称驳阻日商租借货仓等语,自为防弊起见。嗣后再有此项情事,仍希援引条约并历办成案,力为驳阻,以免效尤。至所请会商全权大臣将洋商在内地租栈屯货一事与各使订明等语,现在商约并未更改,除各国公使所请天津、上海修理海口、河道之外,其余均系仍照旧约,无庸另行商订,转令彼等得以乘机要挟,相应咨复贵督查照可也。①

七月十六日,公致函外务部曰:

为照上海、香港等处为接递往来文件要津,前经派员专驻该处,历久经理无误,所有办理文报委员衔名业经咨呈在案。据派驻上海办理文报委员分省补用知县包家吉、以洋文司事监生包鼎祺,于光绪二十七年六月初十日,遵顺直善后捐例,在于上海顺直捐局报捐县丞不论双单月分省试用,禀请咨明立案前来。本部堂复查无异,相应咨呈。为此咨呈贵衙门,谨请查照施行。②

七月二十日,公致函外务部曰:

案照香港新租界界线一事,前因香港总督迭言英权可至各海湾潮涨能到之处,与深圳全河至北岸潮涨能到之处,语涉宽泛,易滋误会。节经本部堂往返辩论,嗣后新租界各海湾与华界毗连者,应以沿湾水尽见岸之处为界。其划归租界内之深圳河,则仍照王道所订合约,以北岸为界,所有与大鹏、深圳两湾及租界内之深圳河毗连各河港,俱以口门左、右两岸相对直线为界。似此详晰声明,彼此官差人等自可了然,各等语。照会广州口英国总领事司格达,转致香港总督查照。旋准英领事照会,以接香港总督复文将本年四月十三日照会改正,并将

---

① 台北"中央研究院"近代史所藏:《外交档案》,馆藏号:01-31-006-07-002。
② 台北"中央研究院"近代史所藏:《外交档案》,馆藏号:01-09-017-06-001。

前此王道存善与骆辅政司所订英文合同送请查阅,前来。当将送来合同及改正照会各件分别译录咨行查照,暨咨呈贵衙门在案。兹于光绪二十七年六月二十三日,接英总领事照称:新租界界线一事,接六月初十日来文,当经转致香港大臣查照。兹准复文,请转向声明光绪二十五年二月初八日王委员与骆辅政司在香港所订画押,即五月二十六日附送之字据,应以英文为正,等因。照请查核前来。除照复及咨行外,相应咨呈。为此合咨贵衙门,谨请察照施行。①

七月二十四日,公会衔广东巡抚德寿奏请裴景福调补南海县知县,下部议。曰:

> 窃照南海县知县杨镇荣病故开缺,所遗南海县知县系冲、繁、疲、难最要缺,例应在外拣员题补。查南海县为省会首邑,政务殷繁,时有发审要案及交涉洋务,非精明干练、才识俱优之员,不足以资治理。
> 臣等与藩、臬两司于通省正途应补、应升、应调各员内逐加遴选,兹查有潮阳县知县裴景福,年四十六岁,安徽颍州府霍邱县人,由举人中式光绪丙戌科进士,以主事用,签分户部湖广司行走。丁母忧,服满起复到部,呈请改归进士知县原班选用,遵例捐指浙江,改指广东,复加捐遇缺先补用,十九年二月到省。准补陆丰县知县,二十一年九月初三日到任;调署番禺县知县,二十二年正月二十四日到署;调补潮阳县知县,二十五年四月二十三日到任;调署南海县知县,二十六年三月二十三日到署。该员通变适用,心精力果,任内并无承审案件及承缉盗案已起降调、革职、参限,前在陆丰县任内虽有经征未完光绪二十一年钱粮,查系实欠在民,并非征存未解。因公处分,例免核计。以之调补南海县知县,洵堪胜任。惟南海县系属题缺,今请调补,与例稍有未符,而人地实在相需,且遵照行在军机处奏准通行改题为奏新章,例得

---

① 台北"中央研究院"近代史所藏:《外交档案》,馆藏号:01-18-095-01-055。

据实陈明,专折奏请。据藩、臬两司会详前来。

合无仰恳天恩俯念省会首邑员缺紧要,准以该员裴景福调补南海县知县,实于要缺有裨。如蒙俞允,该员系现任知县请调知县,衔缺柜当,毋庸送部引见。臣等谨合词恭折具陈。伏乞皇太后、皇上圣鉴,训示。再,所遗潮阳县知县系外调要缺,粤省现有应调、应补人员,应请扣留在外,俟接准部覆,选员请补。又,该员裴景福系再调之员,参罚案由另造清册送部。合并陈明。谨奏。①

同日,公又会衔广东巡抚德寿奏请吕道象调补番禺县知县,下部议。曰:

窃照番禺县知县刘秉奎病故开缺,所遗番禺县知县系冲、繁、疲、难最要缺,例应在外拣员题补。查番禺县为省会首邑,政务殷繁,时有发审要案,且华洋杂处,事多交涉,必须听断明敏,尤贵操纵得宜,非精明干练、才识俱优之员,不足以胜烦剧。

臣等与藩、臬两司于通省现任各员内逐加遴选,兹查有长宁知县吕道象,年四十一岁,江西德化县人,由附生中式光绪乙酉科本省乡试第十九名举人。己丑科会试,中式第一百八十五名贡士。庚寅,补应殿试三甲第一百三名进士,朝考二等第十四名,引见以主事用,签分户部福建司行走,六月十二日到部,学习期满。二十年八月初九日,奉旨仍留部补用,呈请截取。遵新海防例报捐改归进士知县本班先选用。光绪二十二年二月,选授广东惠州府长宁县知县。三月初三日引见,奉旨:着补授广东惠州府长宁县知县。钦此。是月二十日,领凭起程,五月二十九日到省,八月初七日到任。调署三水县知县,二十五年二月十七日到署,历俸已满三年。该员才猷卓越,勤干有为,任内并无承审案件及承缉盗案已起降调、革职、参限,虽有经征未完光绪二十三、

---

① 中国第一历史档案馆藏:《朱批奏折》,档号:04-01-12-0606-020.又,台北故宫博物院藏:《军机及宫中档》,文献编号:144684.

四等年钱粮,查系实欠在民,并非征存未解。因公处分,例免核计,以之调补番禺县知县,洵堪胜任。查番禺县系属题缺,今请调补,与例稍有未符。惟番禺县缺最为紧要,人地实在相需,且遵照行在军机处奏准通行改题为奏新章,例得据实陈明,专折奏请。据藩、臬两司会详前来。

合无仰恳天恩俯念省会首邑员缺紧要,准以该员吕道象调补番禺县知县,实于地方有裨。如蒙俞允,该员系现任知县请补知县,衔缺相当,毋庸送部引见。所遗长宁县知县系选缺,粤省现有应补人员,应请扣留在外,俟接准部覆,选员请补。

臣等谨合词恭折具奏。伏乞皇太后、皇上圣鉴,训示。再,该员参罚案件另造清册送部。合并声明。谨奏。①

是日,公又会衔广东巡抚德寿奏报光绪二十六年冬季分广东省委署员缺,下部闻。曰:

窃照各省州县无论奏调、委署、代理,钦奉上谕:着每届三个月汇奏一次,等因。钦此。钦遵在案。兹据广东布政使丁体常详称:光绪二十六年冬季分,出有署遂溪县知县邹翼清,因病请假,未能赴任,遗缺以试用知县周瑞璋署理。又,署惠来县知县乌尔兴额署事期满,遗缺以分缺先用知县成守正署理。又,会同县知县方朝概请假就医,遗缺以候补知县宋恒坊署理。又,长乐县知县童立喆调省,遗缺以即用知县姚钟璜署理。

又,佛冈直隶同知蒋茂璧因病请假,遗缺以试用同知赵从莅署理。又,署归善县知县郑业崇署事期满,遗缺以准补陆丰县知县左学易署理。又,署丰顺县知县魏绍唐署事期满,遗缺以三水县知县林兆镛调署。又,感恩县知县徐政烟瘴俸满,遗缺以教习县知县杨昭秾署理。

---

① 中国第一历史档案馆藏:《朱批奏折》,档号:04-01-12-0606-018.又,台北故宫博物院藏:《军机及宫中档》,文献编号:144686。

又，署连州直隶县知州李家焯调省办理缉捕事件，遗缺以候补直隶州知州陈倧万署理。又，署化州知州冯灼孝署事期满，遗缺以署定安县知县张式恭调署。递遗定安县知县缺，以孝廉方正分发知县姚广誉署理。所有二十六年冬季分委署直隶州同知、知县各缺，详请具奏，等情。前来。臣等覆查无异，理合恭折具奏。伏乞皇太后、皇上圣鉴。谨奏。①

七月二十五日，公会衔巡抚德寿致电军机处曰：

窃奉电传上谕：武科乡、会试，着即一律永远停止，等因。钦此。现在武科习非所用，幸荷宸衷独断，降旨永停，应恪遵办。惟广东与内地情形不同，武生应乡试者，向于夏间即先来省练习，约计数千人。琼州、寿阳重洋，来去不易。今场期已近，若遽令饬返，群情失望。据在省武生童联名沥陈下情，乞恩代奏。且闱姓捐输一项，奉拨四国洋款，瞬届还期，库款支绌，无可抵垫，势出万不得已。谨合辞吁恳天恩俯准将广东本届恩、正武科乡试，比照文科乡试，照旧举行一次，自明年为始，一律永远停止，出自逾格恩施，请代奏。陶模、德寿。径。②

八月初五日，公会衔广东巡抚德寿奏报广东省光绪二十六年七月前后题补知县员缺，下部议。曰：

窃准吏部咨：上年自兵燹以后，各省题补各件多有未经议结，现在清厘积案，查广东昌化等县知县，该抚题请以龙门县知县林𬭁等调补、请补各案揭帖均已到部，迄今并未奉旨交议，应令查明，分别补办改题为奏，等因。兹查得光绪二十五年十一月分，出有河源县知县缺，题请

---

① 中国第一历史档案馆藏：《朱批奏折》，档号：04-01-12-0606-019。又，台北故宫博物院藏：《军机及宫中档》，文献编号：144685。
② 中国第一历史档案馆藏：《电报档》，档号：2-02-12-027-0567。

以新海防遇缺先知县李汉青补授；又，二十六年正月分出有兴宁县知县缺，题请以进士即用知县王克鼎补授；又，三月分出有昌化县知县缺，题请以龙门县知县林钺调补；又，四月分出有清远县知县缺，题请以军功候补班前先补用知县钱祖荫署理；又，仁化县知县缺，题请以新海防分缺先用知县成守正补授；又，吴川县知县缺，题请以大挑试用知县王麒兆署理。均经臣德寿查明，与例相符，出具考语，并详细声叙缘由，具题调补、请补在案。嗣因日久未准部覆，业将各缺列册，咨请核覆，亦在案。

兹准部咨前因，所有新海防遇缺先补用知县李汉青请补河源县知县、进士即用知县王克鼎请补兴宁县知县、龙门县知县林钺请调补昌化县知县、军功候补班前先补用知县钱祖荫请署清远县知县、新海防分缺先用知县成守正请补仁化县知县、大挑试用知县王麒兆请署理吴川县知县各缺，相应请旨敕部查照揭帖，分别核覆办理。该员等请补知县各缺均属衔缺相当，毋庸送部引见。

除咨部外，臣等遵照部行查明补办改题为奏缘由，谨合词恭折具陈。伏乞皇太后、皇上圣鉴，训示。谨奏。①

同日，公又会衔广东巡抚德寿奏请葛长春补授阳山县知县，下部议。曰：

窃照阳山县知县林济于光绪二十六年七月二十九日在任病故，所遗阳山县知县系选缺，粤省现有应补人员，应请扣留外补。先经臣德寿专折具奏，请以新海防缺间用知县杨本楫补授，尚未接准部覆。兹据报该员杨本楫于光绪二十七年四月十三日在万州署任闻讣丁母忧开缺，所有阳山县知县一缺，应照例以从前林济病故开缺日期，仍按原班另行选员请补。

---

① 中国第一历史档案馆藏：《朱批奏折》，档号：04-01-12-0607-005。又，台北故宫博物院藏：《军机及宫中档》，文献编号：144730。

兹会选有原班正途出身新海防分缺间用知县葛长春,年四十二岁,江西南昌府武宁县人,祖籍顺天宛平县,由优贡生于光绪十二年考取八旗汉教习。十五年二月二十一日,传补镶黄旗官学汉教,三年期满引见,奉旨以知县用。钦此。遵照新章呈请分发,签掣广东,十八年十月十七日到省。二十年,甄别堪膺民社。复遵新海防例加捐分缺间补用,免试用。吏部过班知照系二十二年十月二十日行文,计十二月初四日接到序补,并无在粤游幕,业于到省案内声明缴结在案。该员持躬谨慎,吏事明晰,以之补授阳山县知县,洵堪胜任,与例亦属相符。据藩、臬两司会详前来。相应请旨准以新海防分缺间用知县葛长春补授阳山县知县缺,如蒙俞允,该员系新海防分缺间用知县请补知县,衔缺相当,毋庸送部引见。

除咨部外,臣等遵照行在军机处奏准通行改题为奏。谨合词恭折具陈。伏乞皇太后、皇上圣鉴,训示。再,粤东省补缺例限九十日,该员杨本楫丁忧之案系于光绪二十七年五月初九日禀报到司,应以是日起限办理,今在限内选员请补,并无迟逾。合并陈明。谨奏。①

是日,公又会衔广东巡抚德寿奏报汇解光绪二十七年广东地丁、厘金京饷银两情形,下部闻。曰:

窃照光绪二十七年京饷案内,奉拨广东地丁银十万两、厘金银十万两,等因。当经饬司先后提拨地丁银七万两、厘金六万两,分批汇解赴京,及委员至汉口装鞘,解赴行在户部投纳,各在案。兹据布政使丁体常详称:奉准直隶督臣"元"电:转递行在户部来电:京师各国史馆所占民房议定给价,在本年京饷内拨广东四万两,速解沪、京。自应速行筹解,拟在本年地丁京饷支银三万两、厘金京饷支银一万两,共支银四万两,于光绪二十七年七月二十六日照数支出,连文批发交商号协同

---

① 中国第一历史档案馆藏:《朱批奏折》,档号:04-01-12-0607-007.又,台北故宫博物院藏:《军机及宫中档》,文献编号:144733。

庆汇兑至京,定限八月二十日前赴直隶督臣行辕投纳,毋庸由沪转解,以期迅速,等情。详请具奏前来。

臣等覆核无异。除分咨查照外,谨合词恭折具陈。伏乞皇太后、皇上圣鉴。再,地丁项下奉拨京饷十万两,现计已如数解清,合并陈明。谨奏。①

同日,公又会衔广东巡抚德寿奏请惠昌调补潮州府知府,下部闻。曰:

窃照接准部咨:钦奉上谕:广东潮州府知府员缺紧要,着该省督抚于通省知府内拣员调补,所遗员缺着王嘉禾补授。钦此。咨行钦遵查照。经臣德寿会同前督臣李鸿章查得通省知府,非现居要缺,即人地未宜,奏请以高州府知府惠昌调补在案。嗣准部覆,以潮州府知府系应行比照省会首府拣员调补之缺,折内并未将该省现任知府内有无正途出身、合例堪调之员详细声叙,碍难核议,应令详细声明请调到部,再行核办,等因。臣等率同藩、臬二司于通省现任知府内逐加遴选,现虽有正途出身、合例调补之琼州府知府刘尚伦一员,而于潮州府属人地未宜,此外并无正途堪调人员。

惟查有高州府知府惠昌,系镶红旗满洲忠山佐领下人,由笔帖式历次保升,奉旨记名以道府用。光绪二十二年三月十九日,奉上谕补授广东高州府知府,是年八月二十四日到任。该员才猷卓越,智虑精详,以之调补潮州府知府,人地实在相需,合再专折奏恳天恩,俯念海疆员缺紧要,准仍以高州府知府惠昌调补潮州府知府,俾资治理。

如蒙俞允,该员系由实任知府遵旨拣调知府,毋庸送部引见及核计参罚。所遗高州府知府缺,遵旨即以王嘉禾补授。臣等谨恭折具

---

① 中国第一历史档案馆藏:《朱批奏折》,档号:04-01-35-1057-044.又,台北故宫博物院藏:《军机及宫中档》,文献编号:144731。

陈。伏乞皇太后、皇上圣鉴,训示。谨奏。①

八月十四日,公致函外务部曰:

案于光绪二十七年三月十六日,准兵部火票递到总理衙门咨开:光绪二十七年二月十七日,准德使函称:德国驻汕头领事官向本大臣述及广东省长乐县童知县劣迹一事,曾经函达。嗣准函复:准两广总督电复:长乐县童令立即撤任,等因。查此事正在延搁间,本大臣屡接该领事称报,始知童令虽已撤任,因各项劣迹并未拏问,且施领事商议日久,复于光绪二十六年十一月初十日,与潮州道全权委员潮州盐运分司瑞,议定章程内载:前任长乐童令立喆必须撤委,参革功名,永不得在中国地方膺职任事,等因。其章程恐尚未阅看,另录附送查阅,请电饬两广总督认真照前立章程办理,并将童令治以应得之罪。再,驻汕头德国领事又参龙川县知县王克鼎、兴宁县孙祖华及兴宁县属大龙田局绅罗佩芬、锷(锡)塘局绅李彩文四人,因王、孙二令在其属地仇洋、仇教各衅,不但纵庇,而且首先指使。局绅罗佩芬于光绪二十五年间,在大龙田德国教堂被毁时,尤为事之首、罪之魁;局绅李彩文着就唆人仇教揭帖一张。情虽如此,而此二人尚未拿问治罪。孙祖华因本任内犯有别项劣迹,已经撤任,乃王克鼎并未拿办,应请电饬两广总督,亦将知县王克鼎并局绅罗佩芬、李彩文等三人务须各治以应得之罪,以昭公允,等因。本爵查潮州道委员与领事商办教案,辄加"全权"字样,殊属乖谬。所订章程未经贵督咨报有案,该委员是否先经禀明?并童令有无劣迹?希即查明,妥筹办理。至王克鼎、罗佩芬、李彩文等,该使既请治以应得之罪,亦即确查,如果属实,应即分别撤参。除已电达外,相应将德使所送瑞委员与施领事议定章程抄咨查照办理,

---

① 中国第一历史档案馆藏:《朱批奏折》,档号:04-01-12-0607-006。又,台北故宫博物院藏:《军机及宫中档》,文献编号:144734。

并将详细情形迅即声复,以凭核办可也。附抄件,等因。并先于光绪二十七年二月二十一日承准总理衙门电同前因,节经饬行确查复办,并摘叙各案实在情节,照录议结长乐教案往来电报及已革长乐县童令立喆诉禀各件,于光绪二十七年二月二十六、三月二十五等日,先后咨呈总理衙门察照,各在案。旋据惠州府沈守传义以确查前署龙川县王令克鼎并无庇纵指使仇洋仇教情事,禀复前来。复经批饬移核详咨去后。兹据署惠潮嘉道朱恩绶详称:遵查本案,先奉宪台札行,当即札饬惠州府详晰确查,据实禀办去后。兹据该府沈守传义禀称:遵查署龙川县知县王令克鼎自到任以来,办理民教控案尚属持平,且敬重各国教士。光绪二十六年七、八月间,正值北方有事,奉文分饬各州县会营保护教堂,迭经卑府函札移行加意防护,民教本属相安,并无仇洋仇教情事。闻八月初五日,龙川县乌泥坑教民谢鸣銮与乡民魏宏程口角,谢鸣銮即诳耸德国教士富修善,谓魏姓仇教,欲闹教堂。适于初七日,该乌泥坑地方迎神建醮,男妇、小孩观看人多,行过教堂门外大路,谢鸣銮妄指迎神之人即系来闹教堂,图实其言。富教士来华未久,情形未悉,信以为真,即由堂内窗中放枪,迎神人等喊止不及,致被枪伤魏宏程、魏观兰、魏开来身死,并伤五岁幼孩魏宏任、魏日凤二名。魏宏程死后,犹手执神牌不放。此系教民谢鸣銮因口角诳耸酿起祸端,王令克鼎时在别乡征粮,闻信立刻赶往弹压解散,即将教堂妥为保护完固,并为点收物件,且请富教士到署暂住,优加敬礼,旋即妥送回省。嗣因魏姓尸亲人等与教民谢鸣銮等滋闹,致有抢掳情事,迭据王令通禀,会营严办,案已奉委秦令广绥并卑府委员高令焕然与教士富修善妥议赔款办结,并议结民教互控另案拾起,均系田土、钱债争尝起衅,教民捏控抢掠索赔之案。该县王令克鼎现尚请添大军,严办魏姓,欲治其擅行滋事之罪,并须勒缴赔款。似此始终保护教堂,士民可见,其并无庇纵指使仇洋仇教情事。惟王令前曾被人冒递信函,德领事谓其措词亵渎,案经候补知县秦令广绥查禀,确系被人捏名诬罔,先经卑府据情禀复在案,应请免其置议。奉饬前因,理合详查禀复察核,等情。

据此,职道复核无异,理合遵批详请宪台察核,俯赐咨复总理衙门察照,实为公便等。并接汕头口德国领事文称:王令于民教交讼之案,业经妥议办结,赔款亦已清偿,可不必再为置词,等由。先后到本部堂。

据此,乍得使所称前署龙川县王令克鼎庇纵指使仇洋仇教各节,既经该管道府一再确查,并无其事,且任内各教案均已妥议办结,赔款业经清偿,领事亦有可不必再为置词之言,自应毋庸置议。除分别咨行外,相应咨呈。为此合咨贵部,谨请察照施行。再,德使所称兴宁大龙田局绅罗佩芬于光绪二十五年间大龙田教堂被毁,尤为罪魁,及锡塘局绅李彩文着仇教揭帖各节,迭经饬查,尚未据复,应俟查禀到日,另文咨达。合并声明。①

八月十七日,公致函外务部曰:

据广东海防善后局司道详称:案奉札开:光绪二十七年四月二十六日,准总理各国事务衙门咨开:京城自上年猝遭兵燹,所有铁路矿务局档案全行遗失,遇有应办事件,无从稽核,相应咨行贵督,将有关铁路、矿务来往奏咨文件以及表谱合同一律补送,以凭核办,务于文到两个月内迅速咨送本衙门可也,等因。到本部堂。准此,合就札饬札局照依准咨事理,速即查明有关铁路、矿务往来奏咨文件以及表谱、合同,一律刻日抄录齐全,详请咨送核办,勿稍违延,切速。又于五月初六日奉广东巡抚部院德案验同前事,仰局会同布政司遵照,将有关铁路、矿务来往奏咨文件及表谱、合同等件,一律抄录,依限补送毋违,各等因。到局。奉此,并准藩司移局抄录主稿,会同详请咨送前来。查京都矿路总局,系设于光绪二十四年六月。本局近年奉到宪台与户部、总署、矿路总局来往奏咨文件,有关铁路、矿务事实者,共计四十件,另铁路表一本、矿务表一本、路矿章程一本。兹总署以京城上年猝

---

① 台北"中央研究院"近代史所藏:《外交档案》,馆藏号:01-12-171-04-010。

遭兵燹，矿路总局案卷全行遗失，奉饬将有关铁路、矿务来往奏咨文件及表谱补送核办，等因。自应遵将本局奉行来往奏咨文件抄录成册，并表谱章程，详请咨送核办，以期迅速。除将所抄案卷摘由列单，备移本藩司核对，司署所奉文件有无现单未抄者，另行由司抄呈，而免挂漏，及详报抚宪外，理合将本局所抄案件汇订成册，并表谱、章程详请察核，俯赐咨送户部、外务部衙门、矿路总局察收，等由。同册到本部堂。据此，除将各册及铁矿、表谱、章程分别咨送户部、矿路总局察收外，相应咨送。为此合咨贵衙门，请烦察照施行。①

八月十九日，公会衔巡抚德寿致电军机处曰：

嘉应州属兴宁县会匪于十一日聚众起事，焚抢德国教堂，攻扑县城。营县拒守，毙匪百余，已派副将吴祥达带勇两营，参将石玉山带勇一营，由普宁庞川一带分路援剿，乞先代奏。陶模、德寿。效。②

八月二十四日，公会衔广东巡抚德寿奏报广东省光绪二十七年八月应还洋款数目情形，下部闻。曰：

案准户部咨：应还英德本息每年指拨广东省盐斤加价银五万两，加放俸饷银五万两，闱捐银二十四万两，地丁等项银三十八万两，每年匀分二、五、八、冬四个月，解赴江海关道交纳，等因。兹据广东布政使丁体常、两广盐运使国钧、善后局司道先后详称：本年八月分应解前项银两，现经设法挪凑，作为盐斤加价银一万二千五百两，加放俸饷银一万二千五百两，闱捐银六万两，地丁等项银九万五千两，共银一十八万两，定于八月初九、十三等日由商号蔚泰厚等汇解江海关道兑收，备还英德之款。详请奏咨前来。

---

① 台北"中央研究院"近代史所藏：《外交档案》，馆藏号：02-03-015-01-007。
② 中国第一历史档案馆藏：《电报档》，档号：2-02-12-027-0613。

臣覆核无异,除咨部查照外,谨会同广东巡抚臣德寿,恭折具陈。伏乞皇太后、皇上圣鉴。谨奏。①

同日,公又会衔粤海关监督庄山奏报粤海关筹解第二批京饷等银情形,下部闻。曰:

窃照光绪二十七年分京饷,户部奏拨粤海关洋税银十万两,新增盈余银六万两,又东北边防经费拨粤海关六成洋税银十二万两,又加拨东北边防经费银二万四千两,又加放俸饷于粤海关四成洋税每结提银六千两,又另款加复俸饷每年粤海关应解银四万两,又内务府广储司公用每年拨粤海关税银三十万两。嗣准部电,六月以后应解各款向系汇兑,由水路起运者,即暂交上海道存储。

兹筹解光绪二十七年分第二批京饷银二万五千两,另加平银三百七十五两、饭银七百二十五两,共银二万六千一百两,内扣除解过筹拨京师王公、百官、兵丁等恩赏银一万五千两,实解银一万一千一百两。又,新增盈余银一万五千两,另加平银二百二十五两、饭银四百三十五两,共银一万五千六百六十两,内扣除解过筹拨京师王公、百官、兵丁等恩赏银一万五千两,实解银六百六十两。又,东北边防经费原拨银三万两,加拨银六千两,又加放俸饷银六千两,又光绪二十四年分另款加复俸饷银一万两,又光绪二十七年夏季分广储司公用银七万五千两,另加平银一千一百二十五两,新增归公加平银一千八百七十五两,抬费用项银六百两,共银七万八千六百两。内除还怡和银号第十二期本息共银三万九千一十七两五钱外,实解银三万九千五百八十二两五钱。统共银一十万三千三百四十二两五钱,备具文批,于光绪二十七年六月二十八日由西商志成信、协成乾银号汇解江海关道投纳。

除分咨查照外,谨会同粤海关监督臣庄山,缮折具陈。伏乞皇太

---

① 台北故宫博物院藏:《军机及宫中档》,文献编号:408003380.又,台北故宫博物院藏:《军机及宫中档》,文献编号:144492.

后、皇上圣鉴,训示。谨奏。①

是日,公又奏报剿平钦防边界十万大山游匪并歼毙匪首,得旨:潘培楷着仍交军机处存记,余依议。曰:

窃本年四月间,据办理钦廉边防二品顶戴记名遇缺简放道潘培楷电禀:钦防边界十万大山地面有游匪梁文廷等,纠众踞扰,道路不通。当经电饬潘培楷及该处地方文武上紧剿捕,并咨会督办广西边防提督苏元春一体派营防剿,附片奏陈在案。旋因十万大山界连东西两省,兼与越南接壤,山路崎岖,匪党恃险负隅,既虑此攻彼窜,支蔓难图,更恐窜入越南,致生边衅,又经电饬培楷亲诣该山,督率各营分投进剿,并饬钦州防城及广西上思州文武各官严密防堵。叠据潘培楷电禀,督同边防前营管带宋尚杰、帮带许永胜、何天祥分路进攻,在逃兵隘、八角山等处与匪接仗多次,先后斩获二百数十名,我军亦略有损伤。

五月初九日,匪势不支,盘踞山顶,抵死拒敌。该道恐相持过久,匪党乘虚逃窜,当悬重赏,激励弁勇,经帮带许永胜、何天祥等冒险直上,力破匪巢,始将匪首梁文廷、伪军师陈其先一并轰毙,并毙匪党一百五十余名,生擒三十余名,就军前讯明正法,并于匪首梁文廷尸身起获红湖绉伪牌一片、伪示一张、伪信一纸,所书皆悖逆语句;又获飘布、会簿等件。余匪夺路窜至钦州之广隆新墟,经潘培楷督营追捕,并由署钦州直隶州知州卢蔚猷会督营团围剿,复又擒斩五十余名,胁从悉经解散,匪踪净尽,地方安谧如常。

臣等伏查此次游匪梁文廷等窜踞钦防边界之十万大山,地陷匪众,又与越南接壤,既恐煽惑内地会匪,更虑扰及越界,致酿衅端。经潘培楷亲自督营围剿,不及一月,铲除匪迹,歼厥渠魁,不致酿成大患,

---

① 台北故宫博物院藏:《军机及宫中档》,文献编号:408003379.又,台北故宫博物院藏:《军机及宫中档》,文献编号:144488.

办理尚属迅速。所有在事出力员弁，合无仰恳天恩，俯准归入边防五年汇奖案内，分别异常、寻常劳绩，择尤请奖。至办理钦廉边防二品顶戴记名遇缺简放道潘培楷，已于上年拿获广西匪首李立亭，及捐助陕西义赈案内两次奏保，均奉旨交军机处存记。此次剿平十万大山游匪，该道亲冒枪炮，临阵督率，实属懋著勤劳，应如何量加擢用以昭激励，出自逾格天恩，臣等不敢擅拟。

所有剿平十万大山游匪并歼毙匪首缘由，谨合词恭折具陈。伏乞皇太后、皇上圣鉴。谨奏。①

同日，公又附片奏请奖励龚心湛等员，下部闻。曰：

再，广东剿办惠州会匪肃清案内请保文武员绅，先经兵部咨令删减，经臣等覆奏请将吏、兵两部应行核减人员一并仍照原拟给奖，等因。光绪二十七年七月二十日，差弁赍回原折，奉朱批：着照所请，该部知道。钦此。钦遵在案。查原案尚有另片专保襄办洋务、营务尤为出力之三品衔候补知府龚心湛、知府用候选同知前江西德安县知县朱士林，先奉批旨送部引见。

该二员前案所请奖叙不在原奏折单之内，朱士林业经两次明保，本年四月由臣德寿给咨送部引见，吏部仍以原衔带引，奉旨开复以同知留于广东补用。现在全案仰蒙俯念时艰，特旨俞允，文武员绅无不同深感戴！复查去夏北方肇衅，人心惶惑。粤省教案叠出，各国恫吓要求，势甚岌岌，正当棘手之时，又值惠匪骤发，逼近租界，各国屡以助剿为言，越俎代谋，几难劝阻。幸赖天威远播，一鼓荡平，内患既泯，外侮潜戢，一隅安堵，全局不挠，实非始愿所及！该二员襄办洋务、营务事件，夙夜在公，血诚共矢，运筹决策，动合机宜，尤为始终勤奋。

臣等仰维圣谕破格用人至意，不敢不再伸前请，而朝廷有劳必录，似

---

① 台北故宫博物院藏：《军机及宫中档》，文献编号：408003381。又，台北故宫博物院藏：《军机及宫中档》，文献编号：144487。

应与全案出力人员同邀懋赏。所有原保龚心湛以道员、朱士林以知府均留广东补用之处,合无吁恳天恩俯如所请,一并照拟给奖,出自高厚鸿施!臣等为激励人才起见,谨合词附片具陈,伏乞圣鉴,训示。谨奏。①

同日,公又附片奏请将举人尹邦宪饬革,下部闻。曰:

再,广东械斗之风最甚,固由民情刁悍,亦缘不肖绅士倚恃功名,从中抗庇族众,有恃不恐,必须严惩一二,庶足以儆刁风。兹查广州府增城县属白湖村尹姓,平时倚恃族中大挑尽先教职举人尹邦宪之势,欺压邻村,远近侧目。本年四月间,因细故与麦村械斗,伤毙多命。经增城县知县丁墉带营前往查禁,尹邦宪并不弹压族众止斗,复敢纵令族人捆捉营勇,负固不服。经臣等派营查办,始将私筑炮台拆毁,彼此止斗;勒令捆交族中凶匪,尹邦宪仍复买人顶凶,希冀搪塞了事。是该举人倚势横行,怙恶不悛,实无可恕,若不斥革押追,不足以儆恶俗而遏乱萌。

查该举人系由廪生应光绪元年乙亥恩科本省乡试,中式第四十八名举人;十五年乙丑大挑二等,以教职候选。二十三年十月,在广东海防捐输局报捐本班尽先选用。合无仰恳天恩俯准将尽先选用大挑教职举人尹邦宪斥革,以便饬县押追凶匪,照例究办。谨合词附片陈明。伏乞圣鉴,训示。谨奏。②

是日,公又会衔粤海关监督庄山附片奏报汇解奉拨银两,下部闻。曰:

再,准全权大臣李鸿章转准户部电称:各国史馆所占民房,议定给

---

① 台北故宫博物院藏:《军机及宫中档》,文献编号:408003381-0-A.又,台北故宫博物院藏:《军机及宫中档》,文献编号:144482.
② 台北故宫博物院藏:《军机及宫中档》,文献编号:408003381-0-B.又,台北故宫博物院藏:《军机及宫中档》,文献编号:144491.

价三十五万,拟在各省关本年应解京饷内拨粤海关二万两,照数汇沪,由沪道设法汇京,以便分别付给,等因。查前项奉拨银两,亟应迅速筹解。兹由粤海关本年应解京饷内照数提出银二万两,备具文批,发交西商志成信、协成乾银号汇解江海关道投纳。

除咨部查照外,谨会同粤海关监督臣庄山,附片具陈。伏乞圣鉴。谨奏。①

同日,公又附片奏报汇解奉拨教案赔款,下部闻。曰:

再,准户部电称:教案赔款,指拨粤海关税银十万两,在本年京饷内再提粤海关银二万两,速解沪道汇京,等因。查前项奉拨银十万两,系在九、拱两关洋筑税厘项下提拨,业经粤海关与六月间如数解赴江海关道投纳。兹在本年应解部库京饷内提出银二万两,备具文批,发交西商志成信、协成乾银号汇解江海关道投纳。除咨部查照外,理合附片具陈。伏乞圣鉴。谨奏。②

同日,公又附片奏报贾世兴接办官运局事务,曰:

再,总办潮桥官运局务委员候补知府黄恩焕另有差委,所遗官运局事务,查有候补知县贾世兴,朴实勤能,堪以派委接办。据两广盐运使国钧详请奏咨前来。除批饬遵照并咨部查照外,谨附片具陈。伏乞圣鉴。谨奏。③

---

① 台北故宫博物院藏:《军机及宫中档》,文献编号:408003379-0-A.又,台北故宫博物院藏:《军机及宫中档》,文献编号:144489.

② 台北故宫博物院藏:《军机及宫中档》,文献编号:408003379-0-B.又,台北故宫博物院藏:《军机及宫中档》,文献编号:144493.

③ 台北故宫博物院藏:《军机及宫中档》,文献编号:408003380-0-A.又,台北故宫博物院藏:《军机及宫中档》,文献编号:144490.

是日，公又附片奏报汇解抵补淞沪货厘，下部闻。曰：

　　再，淞沪货厘内拨广东减平银十万两，当税银六万两，先经筹拨银六万两，交商汇解金陵支应局投纳，业已奏咨在案。现在减平、当税两项续收无多，本省司局各库异常窘绌，财用之乏为向来所未有，兹又奉准两江督臣电催速解，大局攸关，惟有于万难设法之中竭力筹拨，以济要需。

　　兹定于七月二十三日措集银三万两，兑交商号源丰润、义善源两号，汇解金陵支应局投纳，作为广东省奉拨光绪二十六年分抵补淞沪货厘之项。下余未解银两及二十五年尾欠，容俟库项稍可周转，再行续解。据广东布政使丁体常详请奏咨前来。臣等覆核无异，除分咨查照外，谨附片具陈。伏乞圣鉴。谨奏。①

八月二十五日，公会衔巡抚德寿致电军机处曰：

　　顷据电局来电，恭悉皇太后、皇上圣驾于二十四日启銮，敬乞代奏，恭请圣安。陶模、德寿。有。②

八月二十六日，公致函外务部曰：

　　光绪二十七年七月二十五日，接广州口英国萨署总领事照会：照得本领事接奉驻京大臣札调署广州总领事官，于本月二十一日接印视事。为此照会查照，并希转行所属文武一体知照。同日，又接司总领事照称：现奉札准告假回国，于七月二十一日交卸，由署总领事官萨接管，各等由。前来。查萨署总领事，本系驻扎汕头英国正领事。除咨

---

① 台北故宫博物院藏：《军机及宫中档》，文献编号：408003380-0-B. 又，台北故宫博物院藏：《军机及宫中档》，文献编号：144494.
② 中国第一历史档案馆藏：《电报档》，档号：2-01-12-027-0621.

行查照外，相应咨明，为此合咨贵部，谨请查照施行。①

同日，公又致函外务部曰：

光绪二十七年七月二十五日，接驻汕头英国何领事文称：现奉驻京大臣檄饬调补驻汕头办理潮州等处通商事务正领事官，于七月十八日接印视事，理合照会查照，即希札饬所属文武一体知照；并先接萨领事照会，现奉檄饬调署驻扎广州办理通商事务总领事，即于七月十八日卸事赴任，各等由。前来。除札惠潮嘉道照会关税务司查明现任驻汕头英国何正领事是何名字，是否真正领事，抑系商人兼充，具复核办，及札广东布、按二司移行查照外，相应咨明。为此合咨贵部，谨请查照施行。②

九月初二日，公会衔巡抚德寿致电军机处曰：

兴宁土匪扑城，营县击退之后，匪窜嘉应州境。署兴宁都司郭绖泰带勇追剿，署嘉应州李庆荣带勇堵击，毙匪四百余，获伪军师陈釜山、伪先锋邓遵山等。匪首陈廷山率余匪窜平远。副将吴祥遴等会同平远县辛元黄跟踪围剿，于八月二十七日将匪首陈廷山拿获正法，并获党羽多名。现饬搜捕逸匪，安辑地方。除另折具陈外，乞先代奏。陶模、德寿。九月初二日。③

九月初十日，公会衔广东巡抚德寿奏报光绪二十七年春季分广东省委署员缺，下部闻。曰：

窃照各省州县无论奏调、委署、代理，钦奉上谕：着每届三个月汇

---

① 台北"中央研究院"近代史所藏：《外交档案》，馆藏号：01-15-015-08-010.
② 台北"中央研究院"近代史所藏：《外交档案》，馆藏号：01-15-015-08-011.
③ 中国第一历史档案馆藏：《电报档》，档号：2-02-12-027-0626.

奏一次，等因。钦此。钦遵在案。兹据广东布政使丁体常详称：光绪二十七年春季分出有署潮阳县知县刘秉奎患病，禀求交卸，遗缺以试用知县谢师元署理；又，署南雄直隶州知州黄儒荃署事期满，遗缺以嘉应州知州关广槐调署；又，署龙门县知县谢裕棠撤任，遗缺以定安县知县张宜调署；又，曲江县知县李九波丁忧，遗缺以电白县知县李滋然调署；又，署嘉应直隶州知州周经櫆署事期满，遗缺以候补知府李庆荣署理；又，陵水县知县郭继昌俸满撤回内地验看，遗缺以候补班尽先补用知县王春霖署理；又，署龙川县知县王克鼎饬先赴兴宁县知县任，遗缺以优贡知县王会中署理。

又，博罗县知县陈宗凤因案撤任，遗缺以高要县知县安荫甲调署；又，电白县知县蔡吉昌调省，遗缺以候补知县乌尔兴额署理；又，高要县知县安荫甲调署博罗县知县，遗缺以候补知县傅汝梅署理；又，署仁化县知县清安署事期满，遗缺以优贡知县陈廷蔚署理；又，署长宁县知县贾世兴禀求交卸，遗缺以烟瘴俸满知县李有益署理；又，阳江直隶同知田明曜调署赤溪同知，遗缺即以准补赤溪直隶同知沈鸿寿调署。所有光绪二十七年春季分委署直隶州同知、知县各缺，详请具奏，等情。前来。臣等覆查无异，理合恭折具陈。伏乞皇太后、皇上圣鉴。谨奏。①

同日，公又会衔广东巡抚德寿奏请陈永辉补授定安县知县，下部议。曰：

窃照卸定安县知县张宜于光绪二十七年三月初六日在省寓病故，业经咨报吏部，声明所遗定安县知县系选缺，粤省现有应补人员，请扣留外补。此案于六月二十九日申报到司，应勒归三月截缺办理。是月分病、故、休知县一项只此一缺，毋庸签掣。查郑工新例铨补章程内

---

① 中国第一历史档案馆藏：《朱批奏折》，档号：04-01-12-0608-004. 又，台北故宫博物院藏：《军机及宫中档》，文献编号：145333。

开：道、府、同知、直隶州知州、通判、知州、知县升调所遗及告病、病故、休致、留补、选缺，除坐补原缺、裁缺即用、回避即用、新选、新补、留省另补人员不计外，无论何项到班，仍以五缺计算，先用郑工新班遇缺先二人、海防新班先一人，无人用郑工遇缺先人员抵补，至第四缺海防，即海防先分班轮用一人。第一轮用海防即人员，第二轮用海防先人员，海防先无人，仍用海防即人员；海防即无人，用旧例银捐遇缺先人员。如无人，用旧例银捐遇缺人员；再无人过班，即接用各项轮用班次一人，以五缺为一周。

此次新例报捐人员，惟知县一项郑工新班遇缺先人员遇轮补、升调所遗及告病、病故、休致之缺到班时，于各本班中先用正途出身及曾任知县、曾任实缺应升知县者二人，再用各本班中各项出身者一人。如正途出身及曾任知县实缺应升知县无人，即用各项出身之人，其旧例人员再捐过入新例者，应归新例人员内一律补用。又，准部咨新海防例铨补章程内开：所有此次遵照新海防例报捐人员，应仍照郑工事例跟接次数、卯数，分别掣签，按班铨补，各等因。查前出阳山县知县缺，已用新海防分缺间一正途曾任出身知县葛长春补。今定安县知县缺，应用一郑工及新海防遇缺先人员。查郑工遇缺先无人，应用新海防遇缺先人员。查遇缺先班，并无正途及曾任出身人员，应以各项出身之员请补。

兹会选有新海防遇缺先补用知县陈永辉，年三十岁，湖南宝庆府新宁县监生，遵新海防例报捐知县，指分广东试用。光绪二十三年十月二十八日，蒙钦派大臣验看，堪以分发，十一月十四日引见，奉旨：着照例发往，钦此。二十日，由吏部给发执照，告假回籍修墓，完竣由籍领咨起程，于二十四年八月初二日到省。二十五年，甄别堪以本班序补。复遵新海防例，加捐遇缺先补用免试用。吏部过班知照系二十六年正月二十日行文，计三月初四日接到序补，并无在粤游幕，业于到省案内声明缴结在案。该员年壮才明，办事稳练，以之补授定安县知县，洵堪胜任，与例亦属相符。据藩、臬两司会详前来。

相应请旨准以新海防遇缺先补用知县陈永辉补授定安县知县缺，如蒙俞允，该员系新海防遇缺先补用知县请补知县，衔缺相当，毋庸送部引见。

除咨部外，臣等遵照行在军机处奏准通行改题为奏，谨合词恭折具陈。伏乞皇太后、皇上圣鉴，训示。再，粤东省补缺例限九十日。此案于光绪二十七年六月二十九日申报到司，应以是日起限办理。今在限内选员请补，并无迟逾。合并陈明。谨奏。①

是日，公又会衔广东巡抚德寿开单奏报广东省光绪二十五年分经征未完职名一事，下部议。曰：

窃准部咨：地丁、盐课各奏销有关处分者，一面具题，一面开单专折奏报。又准部咨原奏内开：钱粮奏销，将具题之限作为奏报未完分数之限，等因。转行遵照在案。兹据广东布政使丁体常将光绪二十五年分地丁奏销查明，经督征地丁、银米未完一分以上各员，开单具详请奏前来。

臣等覆核无异，除咨部外，谨合词缮折具陈，并缮清单，恭呈御览。伏乞皇太后、皇上圣鉴，敕部核覆施行。再，此项奏销系属寻常年例之案，前准部咨，俟回銮后，再行照常办理，免扣例限，等因。现回銮在即，自应照常造报，免扣例限。合并陈明。谨奏。②

同日，公又会衔广东巡抚德寿奏报筹解光绪二十七年广东奉拨京饷银两，并现已如数解清，下部闻。曰：

窃照光绪二十七年京饷案内，奉拨广东厘金银十万两，等因。当

---

① 中国第一历史档案馆藏：《朱批奏折》，档号：04-01-12-0608-011.又，台北故宫博物院藏：《军机及宫中档》，文献编号：145335.
② 中国第一历史档案馆藏：《朱批奏折》，档号：04-01-35-0120-049.又，台北故宫博物院藏：《军机及宫中档》，文献编号：145332.

经饬司先后提拨厘金银七万两,分别汇解北京户部及直隶督臣李鸿章投纳,各在案。兹据布政使丁体常详称:在厘金项下再提银三万两,于光绪二十七年八月二十九日照数支出,连文批发交商号源丰润等汇兑赴京,定限九月二十九日赴户部投纳,并声明广东省本年奉拨厘金京饷十万两,现已如数解清,等情。详请具奏前来。除分咨查照外,谨合词恭折具陈。①

九月十五日,公会衔广东巡抚德寿奏报本年汇解东北边防经费等款银两情形,下部闻。曰:

窃光绪二十七年八月十五日准行在户部电开:接京户部电:现在地面收回,用项更多,京城现银极少,必须豫为筹拨,一届封河,即难解运,即将该省关应解京饷等项提前起解,设法运京备用,等因。当经转行遵照。查司库应解光绪二十七年分京饷,先于本年正月十九日第一次筹解地丁京饷银二万两、厘金京饷三万两,共银五万两,交商解沪汇京投纳;又于三月初六日第二次筹解地丁京饷银三万两、太平关常税京饷三万两、筹备饷需五万两、东北边防经费三万两、固本饷二万两、加放俸饷四万两,共银二十万两,委员候补知州王世钊等解赴投纳;又于四月十三日第三次筹解筹备饷需银十万两,又于五月二十九日第四次筹备固本饷三万两,又于六月初九日第五次筹解地丁京饷二万两、厘金京饷三万两、太平关常税京饷二万两,共银七万两;又于七月二十六日第六次筹解地丁京饷三万两、厘金京饷一万两,先后交商汇解投纳,均经奏明在案。

兹在本年厘金京饷支银三万两,东北经费支银六万六千两,加放俸饷支银三万两,旗兵加饷支银五万两,共银一十七万六千两,拟仍由商号汇兑,以期妥速。于光绪二十七年八月二十九日照数支出,连文

---

① 中国第一历史档案馆藏:《朱批奏折》,档号:04-01-35-1057-059.又,台北故宫博物院藏:《军机及宫中档》,文献编号:145331.

批一并发交商号源丰润等汇兑至京,定限九月二十九日前赴北京户部投纳。再,厘金项下奉拨本年京饷银十万两、东北边防经费银九万六千两,均已如数解清。据广东布政使丁体常详请奏咨前来。

臣等覆核无异,除分咨外,谨会同缮折具陈。伏乞皇太后、皇上圣鉴。谨奏。①

同日,公又会衔广东巡抚德寿奏报筹解本年固本饷银情形,下部闻。曰:

窃照广东省光绪二十七年分应解固本饷银十二万两,已于本年三月初六日筹银二万两,五月二十九日再筹银三万两,先后委员交商汇京,业经奏报在案。兹在于司库各款内再筹银三万两,作为光绪二十七年六月至八月固本兵饷,定于八月二十六日仍照前案交商号义善源领汇至京,赴直隶督臣行辕投纳,毋庸由沪转解,以省周折而应要需。据广东布政使丁体常详请奏咨前来。

臣等覆核无异,除分咨外,谨会同缮折具陈。伏乞皇太后、皇上圣鉴。谨奏。②

是日,公又会衔广东巡抚德寿奏报剿办会党并获首犯情形,且恳恩保奖在事出力员弁一事。得旨:着准其择尤保奖,毋许冒滥。曰:

窃嘉应州兴宁县地方于本年八月初间,据该署县冯如衡禀称:有会匪在乡潜相勾结聚众,意图滋事,当经电饬广毅军营管带参将石玉山派拨哨勇,由和平驰赴剿办。广毅军尚未抵境,即据该署县及嘉应

---

① 台北故宫博物院藏:《军机及宫中档》,文献编号:408003382.又,台北故宫博物院藏:《军机及宫中档》,文献编号:144849.
② 台北故宫博物院藏:《军机及宫中档》,文献编号:408003382-2.又,台北故宫博物院藏:《军机及宫中档》,文献编号:144853.

州电禀,匪党已于八月十一日竖旗起事,焚毁教堂,攻扑县城。又经电饬副将吴祥达、参将石玉山亲自带勇前往援剿,并电请军机处奏奉谕旨,饬令督率派出各营迅速剿办,钦遵转行遵照在案。兹据惠潮嘉道朱恩绂①、署嘉应直隶州李庆荣、署兴宁县冯如衡先后电禀,均称匪首陈廷山于七月间在兴宁县罗冈地方潜相勾结拜会,冯令因匪众兵单,禀请派勇防剿,并会商署兴宁都司郭绍泰督率绅团,添募土勇,相机剿办。

八月十一日,匪徒已竖旗起事,聚众数千,焚毁德国教堂二座,攻扑县城。其时城中仅新募土勇二百名及原驻该县信勇数十人。郭绍泰、冯如衡督同绅民,登城固守,枪毙匪徒数十人,匪势渐怯,随即开城痛击,又擒斩匪党一百数十人,匪始溃败退走。嗣闻匪窜嘉应州境,郭绍泰带领土勇、信勇跟追,署嘉应州候补知府李庆荣亦带勇堵截,在龙虎墟地方彼此会合围剿,毙匪四百余人,并获伪军师陈良山、伪先锋邓轮山、伪分统李鹰山、廖松梅等及江、广、福三省伪元帅令旗一枝,并各种令旗、悖逆伪示等件。讯悉匪首陈廷山已率余匪奔窜平远县境,郭绍泰即率勇会同李庆荣带勇,跟踪追剿;副将吴祥达亦带勇到境,会合剿捕;平远县辛元燡亲督勇团堵击,歼毙匪党二百余名,将匪首陈廷山团获,并获党羽多名。其余胁从陆续解散,教士、教民均未被害;所毁教堂现已商酌修整,等情。

据此,臣等伏查兴宁地方毗连福建、江西两省,又密迩汕头,教堂林立。兴宁县城驻兵无多,以数千之匪猛力攻扑,若非守御坚定,必至为其所乘。县城一失,匪势即张。近年两粤会匪潜伏甚多,孙汶等党羽时匿港澳,日夕窥伺,一闻有事,必将响应,设令匪势燎原,四窜纷扰,患将不可胜言。臣等闻报之余,日深焦虑,所幸仰赖天威,剿办迅

---

① 朱恩绂,生卒年不详,湖南长沙人,廪生,后报捐贡生。光绪二十年(1894),充水操内学堂办事官,保刑部候补郎中。二十一年(1895),以道员发往四川补用。二十五年(1899),经两广总督谭钟麟等奏调赴广东办理洋务。二十六年(1900),署理广东惠潮嘉道。三十二年(1906),署高雷阳道。宣统元年(1909),署安徽皖南镇总兵。

速,不致酿成大患。所有在事出力员弁,可否仰恳天恩俯准分别异常、寻常劳绩,择尤保奖,以示鼓励。

所有剿灭兴宁会匪情形,除电请军机处代奏外,谨合词恭折具陈。伏乞皇太后、皇上圣鉴,训示。谨奏。①

同日,公又会衔粤海关监督庄山附片奏报汇解应还英德本息银两情形,下部闻。曰:

再,准户部咨:应还英、德本息,由各海关洋税、洋药税厘项下摊派粤海关五十二万两,每年匀分二、五、八、冬四个月解交,等因。迭经遵解在案。兹准粤海关监督庄山咨称:准户部劄开:英、德借款佛郎、镑价昂贵,原拨银数不敷,照案酌量加拨本年八月期应解英德还款银十三万两,又加拨四分之一银三万二千五百两,合共银十六万二千五百两,备文发交西商志成信、协成乾银号,汇解江海关道投纳,等因。前来。除咨户部查照外,谨会同粤海关监督臣庄山,附片陈明。伏乞圣鉴。谨奏。②

同日,公又附片奏报汇解河工经费银数情形,下部闻。曰:

再,广东省每年应解河工经费银一万两,光绪二十二年起因凑还洋款,不能按年解足。本年经费业于四月内解过银三千两,兹又在盐课项下筹银二千两,于九月初九日兑交商号蔚长厚,汇解漕运总督衙门投纳。据两广盐运使国钧详请奏咨前来。除分咨外,谨附片陈明,

---

① 台北故宫博物院藏:《军机及宫中档》,文献编号:408003382-1.又,台北故宫博物院藏:《军机及宫中档》,文献编号:144842。
② 台北故宫博物院藏:《军机及宫中档》,文献编号:408003382-1-A.又,台北故宫博物院藏:《军机及宫中档》,文献编号:144850。

伏祈圣鉴。谨奏。①

是日,公又会衔广东巡抚德寿奏请何赓鸿补授招收场大使,下部议。曰:

再,招收场大使施官绶丁忧遗缺,核计轮补章程,系丁忧病故一项第二次留缺,粤省现有应补人员,应请扣留外补,咨部查照在案。兹据两广盐运使国钧会同广东布政使丁体常详称:查有旧海防先补用盐大使何赓鸿,年四十五岁,浙江绍兴府余姚县人,由监生遵新海防例在台湾捐输局报捐盐大使,指省分发广东试用。光绪十二年七月初十日,蒙钦派王大臣验放覆奏,奉旨:着照例发往。钦此。是月二十日,由吏部给发执照起程,于光绪十二年九月初六日到省。复遵海防例,加捐海防新班先补用免试用。光绪十三年六月二十三日,奉准吏部过班知照,文末填"光绪十三年五月二十日发行",应以是日起按照限减半计算,至十三年七月初五日接到部文作为新班到省日期。十八年八月初十日,闻讣丁本生继母忧,回籍治丧,服满起复,于二十年二月初九日回省。是年十月十三日,奉准吏部文行,准其起复。查该员何赓鸿年力强盛,差委亦勤,堪以补授招收场大使缺,与例亦属相符。惟系捐纳之员,仍令试俸三年,等情。详请具奏前来。

臣查该员何赓鸿年力正强,办事勤慎,以之补授招收场大使,与例相符。惟系捐纳之员,仍令试俸三年,再请实授。除咨部查照外,谨会同广东巡抚臣德寿,附片具陈。伏乞圣鉴,敕部议覆施行。谨奏。②

同日,公又附片奏请将陈大猷等贪员革职归办,下部闻。曰:

再,据护理雷琼道秦炳直、琼州府知府刘尚伦禀,以岭门抚黎分局

---

① 台北故宫博物院藏:《军机及宫中档》,文献编号:408003382-1-B.又,台北故宫博物院藏:《军机及宫中档》,文献编号:144855.
② 台北故宫博物院藏:《军机及宫中档》,文献编号:408003382-1-C.又,台北故宫博物院藏:《军机及宫中档》,文献编号:144854.

委员知县用补用县丞陈大猷、哨弁蓝翎尽先千总易鸿宾互相禀揭。经该道府等传讯明确，陈大猷、易鸿宾均实有罔利营私、贪劣不职情事，陈大猷并有短缺勇额、侵蚀粮饷供认实据，现已潜回湖南原籍，禀请奏咨斥革，归案究办，并咨会湖南巡抚饬行该员原籍湘乡县，将陈大猷提案，押解来粤，以凭追究，等情。

臣等复核无异，合无仰恳天恩俯准将五品衔知县广东遇缺补用县丞陈大猷、蓝翎尽先拔补千总易鸿宾一并革职，以凭提案分别究办。除咨部并咨湖南巡抚提解外，谨合词附片陈明。伏乞圣鉴，训示。谨奏。①

九月十六日，军机处寄递"廷寄"曰：

光绪二十七年九月十六日奉上谕：有人奏，广西学政刘家模考试梧州之时，座船满载私盐，经委员查验起出五千余担之多。该学政不知自愧，又复诈开失单，以巡船打劫为辞，请督臣追赃，陶模置之不理，等语。学政职司文衡，宜如何洁身自爱，若如所奏，实属贪鄙！着陶模按照所参各节，确切查明，据实具奏，毋稍徇隐。原片着抄给阅看。将此谕令知之。钦此。遵旨寄信前来。②

九月二十二日，公会衔广东巡抚德寿奏请王春霖补授惠来县知县，下部议。曰：

窃照卸惠来县知县池伯炜于光绪二十七年六月十二日在省寓病故，业经咨报吏部，声明所遗惠来县知县缺，粤省现有应补人员，请扣留外补。此案于六月二十六日申报到司，应归六月分截缺办理。是月

---

① 台北故宫博物院藏：《军机及宫中档》，文献编号：408003382-0-A. 又，台北故宫博物院藏：《军机及宫中档》，文献编号：144851。
② 中国第一历史档案馆藏：《电报档》，档号：1-01-12-027-0487。

分病、故、休知县一项,只此一缺,毋庸签掣。

查定例:知县告病、病故、休致三项缺出,系应归月选者,将一缺题补各项候补并进士即用人员,以一缺题补本班大挑举人,如各项候补并进士即用无人,仍专用大挑举人。又,各省升、调所遗及告病、病故、休致选缺知县遇轮补候补本班先到班时,于各本班中先用进士、举人、恩、拔、副、岁、优贡生正途出身,及曾任实缺知县、曾任京外实缺应升知县者二人,再用本班中各项出身一人。如本班中正途出身及曾任人员适遇无人或不合例,即虚积过班,于本班中用各项出身之人。又准部咨:郑工新例铨补章程内开:道、府、同知、直隶州知州、通判、知州、知县升、调所遗及告病、病故、休致留补选缺,除坐补原缺裁缺、即用回避、即用新选、新补留省另补人员不计外,无论何项到班,仍以五缺计算,先用郑工新班遇缺先二人、海防新班先一人,无人用郑工新班遇缺先人员抵补。至第四缺海防,即海防先分班轮用一人,第一轮用海防即人员,第二轮用海防先人员。海防先无人,仍用海防即人员;海防即无人,用旧例银捐遇缺先人员,如无人用旧例银捐遇缺人员,再无人过班即接用各项轮用班次一人,以五缺为一周。新例报捐各项本班尽先补用人员,于各本班轮补到班时,第一次用郑工本县先一人,第二次用海防本班先一人,第三次用郑工本班先一人,第四次用海防本班先一人。郑工无人,用海防人员;海防无人,用郑工人员。至第五次用旧例银捐本班先一人,如无人用常捐本先先,再无人用旧例本班先,如又无人,始用劳绩本班先之人。又准部咨:新海防例铨补章程内开:所有此次遵照新海防例报捐人员,自应仍照郑工事例跟接次数、卯数,分别掣签,按班铨补,各等因。

前出吴川县知县缺,已用进士即用本班先知县罗栋材补;大埔县知县缺,已用进士即用知县范宗萤补;博罗县知县缺,已用大挑班报捐本班尽先补用知县陈宗凤补;仁化县知县缺,已用新海防分缺先补用知县戍守正补;吴川县知县缺,已用大挑试用知县王麒兆补;阳山县知县缺,已用新海防分缺间用知县葛长春补;定安县知县缺,已用二郑工及新海防遇缺先知县陈永辉补。今惠来县知县缺，轮用海防先、海防即、旧例银捐遇缺先、银捐遇缺，均无人，过班接用各项系候补班前到班。查候补班前一项，上次河源县知县缺，已用二正途及曾任知县茹庆铨补。

今惠来县知县缺，轮用郑工及新海防例各项候补报捐尽先人员请补。兹会选有候补班报捐本班尽先补用知县王春霖，年五十六岁，湖南衡阳县人，由附贡生遵海防例报捐县丞选用，投效广东琼州军营，剿办黎匪出力，保请俟得缺后以知县前先补用，保案未经奏准之先赴京，遵郑工例报捐仍以县丞不论双单月指分广东试用。光绪十五年，由吏部给发执照，祗领起程，十一月十二日到省，旋经奏准俟补缺后，以知县前先补用。是年十二月二十日，经吏部核议覆奏，本日奉旨：依议。钦此。十七年，遵新海防例，捐免补县丞本班，以知县仍留原省，归候补班前先补用，请咨赴京。十七年七月十四日，由吏部带领引见。本日奉旨：依议。钦此。二十日，经吏部给发执照，祗领起程，于八月二十四日到省，并无在粤游幕，业经缴结详咨在案。该员年健才裕，励精图维，以之补授惠来县知县，洵堪胜任，与例亦属相符。据藩、臬两司会详前来。

相应请旨以候补班报捐本班尽先补用知县王春霖补授惠来县知县缺。如蒙俞允，该员系候补班报捐本班尽先补用知县请补知县，衔缺相当，毋庸送部引见。除咨部外，臣等谨遵照奉准通行改题为奏缘由，合词恭折具陈。伏乞皇太后、皇上圣鉴，训示。再，粤东省补缺例限九十日。此缺系归光绪二十七年六月分截缺，应以是月底起限办理。今在限内选员请补，并无迟逾。合并陈明。谨奏。①

同日，公又附片奏报程锦文等调署知州员缺，下部闻。曰：

再，署钦州直隶州知州卢蔚猷署事期满，所遗钦州直隶州知州篆

---

① 台北故宫博物院藏：《军机及宫中档》，文献编号：408003383。又，台北故宫博物院藏：《军机及宫中档》，文献编号：146233。

务,查有德庆州知州程锦文,练达有为,勤求治理,堪以调署。递遗德庆州知州篆务,查有顺德县知县王崧,精明干练,任事实心,堪以调署。该员程锦文、王崧各任内并无盗劫已起四参之案。据藩、臬两司会详前来。除檄饬遵照外,臣等谨循例附片具陈。伏乞圣鉴。谨奏。①

是日,公又附片奏报照案动支乡试经费,下部闻。曰:

再,广东每届乡试,文场应用经费及文举人旗匾、酒席、会试水手等项银两,向于地丁项内支银一千六百两;其余不敷之银,均在司库征收各属田、房税科羡余银内支给。本年举行庚子恩、正两科文乡试,需用经费等银,应请照案动支。据藩司丁体常具详请奏前来。除饬俟事竣将支过各项细数分别列册报销并分咨外,谨附片陈明。伏乞圣鉴。谨奏。②

同日,公又附片奏请准沈守廉开缺修墓,下部闻。曰:

再,卸广东惠潮嘉道沈守廉③,于光绪二十六年九月奏派解送方物,前赴行在进呈,事毕电禀请假一月,回籍省墓。迨到籍后,省视各先茔,均因年久坍塌,请开缺修理,详由浙江抚臣移咨核办,等因。当经饬据藩、臬两司查明,沈守廉前在广东惠潮嘉道任内并无经手未完

---

① 台北故宫博物院藏:《军机及宫中档》,文献编号:408003383-0-A.又,台北故宫博物院藏:《军机及宫中档》,文献编号:146235。
② 台北故宫博物院藏:《军机及宫中档》,文献编号:408003383-0-B.又,台北故宫博物院藏:《军机及宫中档》,文献编号:146234。
③ 沈守廉,生卒年不详,字结斋,浙江省海盐县人,监生。同治元年(1862),选主事。二年(1863),丁母忧,回籍终制。四年(1865),签分刑部行走。十三年(1874),补工部屯田司主事。光绪元年(1875),保员外郎。五年(1879),保郎中,赏戴花翎。同年,署工部宝源局监督,授工部虞衡司郎中,充工部屯田司主稿。七年(1881),授工部木仓监督。同年,保以道员,加按察使衔。九年(1883),放四川永宁道。十二年(1886),署四川盐茶道。十六年(1890),补河南分巡河陕汝道。二十四年(1898),补授山东兖沂曹济道。同年,调补广东惠潮嘉道。二十七年(1901),开缺回籍修墓。三十三年(1907),经湖广总督赵尔巽奏赴湖北差委。宣统元年(1909),坐补广东惠潮嘉道。

事件,请准其开缺修墓等情,前来。臣等查现任官员,例准开缺修墓,相应请旨俯准开缺,俾遂孝思。所遗广东惠潮嘉道缺,并恳迅赐简放,以重职守。除分咨吏部及浙江抚臣查照外,理合附片具陈。伏乞圣鉴,训示。谨奏。①

十月初三日,公会衔粤海关监督庄山奏报汇解粤海关报解本年第三批京饷情形,下部闻。曰:

窃照光绪二十七年分京饷,户部奏拨粤海关洋税银十万两,新增盈余银六万两,又东北边防经费拨粤海关六成洋税银十二万两,又加拨银二万四千两,又筹备饷需拨粤海关四成洋税银十二万两、六成洋税银二十万两,又加放俸饷于粤海关四成洋税每结提银六千两,又另款加复俸饷每年粤海关应解银四万两,又内务府广储司公用每年拨粤海关税银三十万两。

兹筹解光绪二十七年分第三批部库京饷银二万五千两,另加平银三百七十五两、饭银七百二十五两,共银二万六千一百两,内除扣解过京师王公、百官、兵丁等恩赏银一万五千两,实解银一万一千一百两;又,部库关税新增盈余银一万五千两,另加平银二百二十五两、饭银四百三十五两,共银一万五千六百六十两,内除扣解过京师王公、百官、兵丁等恩赏银一万五千两,实解银六百六十两;又,东北边防经费原拨银三万两,加拨银六千两,又筹备饷需四成洋税银三万两、六成洋税银五万两,又加放俸饷四成洋税银六千两,又光绪二十四年分另款加复俸饷银一万两,又光绪二十七年秋春季分广储司公用银七万五千两,另加平银一千一百二十五两,又新增归公加平银一千八百七十五两,抬费用项银六百两,共银七万八千六百两。统共银二十二万二千三百六十两,遵照部电备具文批,于光绪二十七年八月二十四日由西商志

---

① 台北故宫博物院藏:《军机及宫中档》,文献编号:408003383-0-C.又,台北故宫博物院藏:《军机及宫中档》,文献编号:146236.

成信、协成乾银号,汇解江海关道投纳。

除分咨查照外,谨会同粤海关监督臣庄山,缮折具陈。伏乞皇太后、皇上圣鉴。谨奏。①

同日,公又会衔广东巡抚德寿开单奏报广东省光绪二十六年下半年收解厘金数目情形,下部闻。曰:

窃照广东省厘金收解各数目,向系半年奏报一次。兹查光绪二十六年六月以后改由商办,嗣因办无成效,旋于九月底撤退,连闰计五个月,所有收支数目,应由另案造报,现将下半年十月收回官办起至十二月底止,各厂、关共收货厘洋银四十八万三千六百八十二两七钱一分三厘二毫,又收盐厘洋银四万二千五百一十三两二钱一分八厘。据广东布政使丁体常会同厘务局司道,造册详请奏咨前来。

臣等覆核无异,除册咨送户部外,谨缮清单,恭呈御览。至盐厘一项,改归运司按引抽收,是以清单内不列各厂名目,伏乞皇太后、皇上圣鉴,敕部查照施行。谨奏。②

是日,公又奏报病势加剧,恳恩开去实缺,得旨着再赏假两个月,毋庸开缺。曰:

窃臣于光绪二十七年七月十一日奏请续假两月,九月二十六日奉到朱批:着再赏假两个月。钦此。累蒙圣恩眷注,无任悚惭! 计自拜折以后,朔望庙香,均未亲诣行礼;延见属员,多在内室。觅医多方调治,原冀渐就轻减,无如旧病甚深,肺中血管有淤塞处,不能多容清气,

---

① 台北故宫博物院藏:《军机及宫中档》,文献编号:408003385.又,台北故宫博物院藏:《军机及宫中档》,文献编号:145337.
② 台北故宫博物院藏:《军机及宫中档》,文献编号:408003387.又,台北故宫博物院藏:《军机及宫中档》,文献编号:145334.

以致痰喘愈甚,呼吸短促。九月以来,屡经咯血,饮食锐减,精神恍惚,僚属禀商要公,不能以时晤见;强勉批阅案牍,辄觉心烦头晕,夜不成寐;四肢委顿,稍动则喘咳不止。遍服中西各药,毫不见功。医者谓心劳过度,未易速痊。

窃念微臣材识平庸,蹭蹬非分,受恩深重,报称无由。际此时艰,本何敢遽言引退!惟两广政务殷繁,察吏整军,不容稍有疏忽。近当颁行新政,尤须奋勉图功,况濒海要区,各国交涉之事日烦。微臣衰病懈弛,负疚良深,倘再迁延恋栈,贻误大局,厥罪尤重,再四思维,只得仰恳天恩俯念地方紧要,开去微臣两广总督实缺,简放贤能之员,俾及时整顿,有裨海疆,洵非浅鲜。微臣暂释重负,静心调摄一年半载,或可仰赖慈庇,渐臻康复。一俟病痊,当即泥首宫门,求赏差使,再图报效!

所有沥陈微臣气喘咯血,病势加剧,吁恳天恩开去实缺,另简贤员,免误疆寄缘由,理合恭折具陈。伏乞皇太后、皇上圣鉴,训示,施行。再,臣署寻常公事暂委藩司代拆代行,仍嘱随时禀商抚臣,以免贻误。合并陈明。谨奏。①

同日,公又会衔广东巡抚德寿附片奏报汇解应还俄法借款银两情形,下部闻。曰:

再,准户部咨:应还俄法借款每年指拨广东盐斤加价银五万两,加放俸饷银五万两,闱捐银二十四万两,地丁等项银二十四万两,各按四成之数于九月内解交,等因。兹据广东布政使丁体常、两广盐运使国钧、善后局司道先后详称:本年九月分应解前项银两,现经设法挪凑,作为盐斤加价银二万两,加放俸饷银二万两,闱捐银九万六千两,地丁等项银九万六千两,共银二十三万两,于九月初六、十三等日先后兑交号商源丰润等,汇解江海关道兑收,备还俄法之款。详请奏咨前来。

---

① 台北故宫博物院藏:《军机及宫中档》,文献编号:408003386。又,台北故宫博物院藏:《军机及宫中档》,文献编号:145340。

臣覆核无异，除咨部查照外，谨会同广东巡抚臣德寿，附片具陈。伏乞圣鉴。谨奏。①

同日，公又会衔粤海关监督庄山附片奏报汇解应还俄法本息银两情形，下部闻。曰：

再，准户部咨：应还俄法本息由各海关洋税、洋药、税厘项下，摊派粤海关三十六万两，每年匀分三、九两月解交，等因。迭经遵解在案。兹准粤海关监督庄山咨称：准户部剳开：俄法借款佛郎、镑价昂贵，原拨银数不敷，照案酌量加拨本年九月期内应解俄法还款银一十四万四千两，又加拨四成银三万六千两，合共银一十八万两，先后备文发交西商志成信、协成乾银号，汇解江海关道衙门投纳，等因。前来。

除咨户部查照外，谨会同粤海关监督臣庄山，附片陈明。伏乞圣鉴。谨奏。②

十月初五日，公会衔巡抚德寿致电军机处曰：

广东例进冰贡，除遵旨免进食物外，惟橘红一项仍应恭进，各应俟来年春贡，一并呈解，请酌裁，即赐电复。陶模、德寿。③

十月初六日，军机处来电曰：

"微"电悉。两贡并解可行。枢。鱼。④

---

① 台北故宫博物院藏：《军机及宫中档》，文献编号：408003385-0-A.又，台北故宫博物院藏：《军机及宫中档》，文献编号：145342.
② 台北故宫博物院藏：《军机及宫中档》，文献编号：408003385-0-B.又，台北故宫博物院藏：《军机及宫中档》，文献编号：145339.
③ 中国第一历史档案馆藏：《电报档》，档号：2-02-12-027-0673.
④ 中国第一历史档案馆藏：《电报档》，档号：1-01-12-027-0507.

十月十一日，公会同广东巡抚德寿致函外务部曰：

照得光绪二十七年九月十五日承准大部札开：查各国偿款，本息分年摊还，以各省盐课、盐厘及各关常税暨海关进口货税收足值百抽五作抵，并常关征税事宜改归新关税务司兼办，均经定议。前据总税务司呈送节略，请示常税归税务司开办日期，当经酌开六条，札据总税务司议覆到部，复经咨行户部酌定去后。旋据行在户部覆称：盐课一项不归税务司经理，应由本部详议办法，务期筹拨足数。其关税值百抽五之款，应即照总税务司所拟，定于本年九月二十日作为开办之期。向来免税各物，亦议定值百抽五，均应同日举办。常关征税事宜既改归新关兼理，应与收足值百抽五之新关税同于九月二十日先行试办。至各关界限如何分别，应照全权大臣所议，常关分局在口岸五十里以内者，归税务司兼管。将来试办如有窒碍，应准总税务司随时申请酌办，等语。当即行知总税务司遵照。现据覆称：查新约画押系七月二十五日，至两月后为九月二十七日，前呈节略内约计之九月二十日，实未满两个月，不能开办。而公历十一月十一日，恰值礼拜一，且适为中历十月初一日，与结算账目、转报税数等事均形整齐，是以转饬各口税务司，所有货税收足值百抽五，与免税值百抽五均改为十月初一日开办。其常关征税事宜改归新关兼理，亦定于是日试办，等因。前来。除电达行在户部外，相应抄录总税务司节略、申呈各一件，并咨户部暨札总税务司文各一件，札行该关监督遵照办理可也。

抄件内开：广东之潮海关、北海关、琼州关均派现在该口之税务司兼办。征收常税事宜，由监督派员随同经理，等因。到关。除会同出示晓谕该地方商民人等遵照，嗣后凡有贩运货物向由常关征税者，自光绪二十七年十月初一日起，一律并归税务司稽征外，相应将开办日期咨呈。为此咨呈贵部，谨请查照备案，施行。①

---

① 台北"中央研究院"近代史所藏：《外交档案》，馆藏号：01-14-021-02-062.

十月十二日，公致电外务部曰：

全权大臣、户部：梧州厂税系知府所管，拟不在归并之列。前据该抚电禀，当经电请核示。兹据广西张藩司电称：外务部、户部文行常关归税司并办，饬梧关遵照，等因。伏查新约葛使原文，常关归新关管理，全权札税司原文谓专指监督向征之税，其余别衙门所征者，仍就此衙门经理。又，税司初议亦称监督派员襄理，应亦指监督常关。迨后覆文忽谓胶州等关一体并办，方符新约等语。梧州乃在其列，而全权复劄及户部文行于梧州等关，皆无允许明文。查梧州系知府经征之税，厂事隶藩司，与广州府税厂同，并非监督常关，即所谓别衙门所征者。且梧厂有税额、养廉等项，观税司及与全权所指天津、上海两关有解额发款之语相同。总之，系厂非关，且不归监督，按新约应循旧归别衙门经理。若从总税司之议并办，反与新约不符。总税司既屡言监督，外务部亦只行监督，拟皆以梧厂为监督常关，故合并办，系属错误等情。合再电之裁示。模。文。①

十月二十八日，公会衔广东巡抚德寿奏报广东本年覆查保甲情形，曰：

窃各属编查保甲，向于秋收后责成该管道府州亲往认真抽查，督抚于岁底汇奏一次，历经遵照办理。嗣于光绪十三年二月十九日奉上谕：着各直省督抚严饬所属，将保甲事宜认真办理，不得仅以造册申报敷衍塞责，用副朝廷戢暴安良之意。将此通谕知之，等因。钦此。又于光绪二十四年复迭奉谕旨：切实筹办团练，实力举行保甲，并奉皇太后懿旨，饬将积谷保甲团练实力奉行，认真兴办，各等因。钦此。均经通饬各属钦遵办理在案。兹届光绪二十七年秋收后查办之期，经该管道府州亲往各属抽查保甲，造具册结，由藩、臬两司会详请奏前来。

---

① 台北"中央研究院"近代史所藏：《外交档案》，馆藏号：01-14-021-02-064。

臣等查粤东地处海滨，港汊纷歧，加以五方杂处，良莠不齐，盗风之炽甲于天下。保甲、团练，相辅而行，各属团练尚多得力。水陆各要隘及近省各海口埗分拨轮、扒各船，派调兵勇，按段驻扎，联络梭巡，保甲尤宜认真。臣等仍当严饬地方官绅员弁实力稽查，认真经理，以期盗戢民安，仰副朝廷绥靖海疆之至意！所有覆查保甲完竣缘由，谨恭折具奏。伏乞皇太后、皇上圣鉴。谨奏。①

同日，公又附片奏报委令刘镇寰署理归善县知县，下部闻。曰：

再，署归善县知县左学昌期满遗缺，查有东昌县知县刘镇寰，和平稳练，治功卓著，堪以调署。该员任内并无盗劫已起四参之案。据藩、臬两司会详前来。除檄遵外，臣等谨附片具陈。伏乞圣鉴。谨奏。②

十一月初四日，公致函外务部曰：

案照光绪二十六年七月十四日，接广州口法国哈领事函称：昨有湖南传教士南怀仁等二名，因被闹教逃出，至广东连州，蒙知州李招护一切以礼相待，立即移文签差护送至阳山县。又蒙知县林如前护送至清远县刘、三水县吕、海南县裴，沿途平安送回本署。似此该州县等体重邦交，足纫睦宜。本领事与该教士等甚深感佩，相应泐函申谢，请将谢悃饬行转致，以纫邦谊，并请将连州李牧官阶、名字见示，等由。当经前兼署部堂德饬行知照，并照复在案。兹于二十七年九月十七日，接广州口法国哈领事函称：去年连州知州李家焯保护湖南逃乱教士南怀仁等二名，派差送回本领事署，经据情请本国政府奏准法国大伯理玺天德，赏给头等光荣宝星一座，经已到粤，着本领事赉送与李家焯领

---

① 台北故宫博物院藏：《军机及宫中档》，文献编号：408003388。又，中国第一历史档案馆藏：《录副奏折》，档号：03-5518-039。
② 中国第一历史档案馆藏：《录副奏片》，档号：03-5398-118。

受,等由。旋经哈领事将前项宝星赍交本部堂转给前署连州直隶州知州李家焯领收,并译送法总统谕旨一纸,面请咨呈转奏前来。相应粘钞咨呈。为此合咨贵部,谨请察照办理,施行。①

十一月初六日,公会衔广东巡抚德寿奏报广东光绪二十七年盐课、京饷等款,下部闻。曰:

案准行在军机处来电内开:庆亲王、户部电称:部库支绌,现向汇丰银行借银二十万。大学士李鸿章借银八万,仅敷十月分旗、绿饷之用,务望将应解京饷赶紧于十月内一律汇解到京,万勿迟误!等因。当经转行遵照。兹据两广盐运使国钧详称:本年奉拨京饷盐课银二十万两,已解过十五万五千两,又拨内务府经费盐课银五万两,已解过四万两,均经奏报在案。兹复在盐课项下筹解京饷银四万五千两,随解一五加平银一千三百五十两。又,内务府经费银一万两,随解平余、抬费等银三百三十两,统共银五万六千六百八十两,于十月十三日发交商号源丰润等汇解进京,分别投纳。所有本年奉拨盐课京饷、内务府经费,均已解清,等情,详请奏咨前来。

臣覆核无异,除分咨查照外,谨会同广东巡抚臣德寿,恭折具陈。伏乞皇太后、皇上圣鉴。谨奏。②

同日,公又奏报奉旨饬查广西学政刘家模劣迹情形,得旨:着将学政刘家模革职示惩。曰:

窃光绪二十七年十一月初一日,承准军机大臣字寄:光绪二十七年九月十六日奉上谕:有人奏,广西学政刘家模考试梧州之时,座船满

---

① 台北"中央研究院"近代史所藏:《外交档案》,馆藏号:01-14-030-08-008.
② 台北故宫博物院藏:《军机及宫中档》,文献编号:408003390.又,台北故宫博物院藏:《军机及宫中档》,文献编号:146238.

载私盐，经委员查验，起出五千余石之多。该学政不知自愧，又复诈开失单，以巡船打劫为辞，请督臣追贼，陶模置之不理，等语。学政职司文衡，宜如何洁身自爱，若如所奏，实属贪鄙！着陶模按照所参各节，确切查明，据实具奏，毋稍徇隐！原片着抄给阅看。将此谕令知之。钦此。遵旨寄信前来，等因。并抄寄原片一件到臣。承准此，伏查广西学政御史刘家模上年到任之时，沿途需索夫马，曾准前河南巡抚臣于荫霖①咨会各省有案。抵任之后，按临平乐、梧州、郁林、浔州等处，闻其关防甚不严肃，录取文武生童，多由贿托；棚规、供应等项，格外勒索加增。西省官绅来东，无不道其劣迹，声名狼藉不堪。

臣当即札饬广西藩、臬二司派员密查，旋据广西布政使张曾扬、兼署广西按察使桂平梧盐法道广敏详称：派委妥员，分路确查得该学政按临平乐，向章应得棚规银八百两，该学政向平乐县加索银一千二百两，平乐县未允致送；复向平乐府面索银一千两，平乐府以其言之再三，情不可却，除照送银八百两外，府、县复各送银一百两；供应一切，多用银五十余两。按临梧州，于应得棚规外，加索银三百两，供应一切，多用银一百余两。按临郁林，于应得棚规外，加索银六十六两；供应一切，多用银二百二十余两；并因争索供应，派承差捆捉办考司事，司事避匿，遂将备办供应各物掳去。按临浔州，办考署平南县知县试用同知庄蕴宽迎谒之时，即以前考各属颇有谣言，宜顾惜声名为劝，向送棚规一千八百五十一两。该学政向商加足一千九百两，庄蕴宽应允照送；供应一切，多用银二百余两；复因船户贩卖私盐被获，加索津贴

---

① 于荫霖（1838—1904），字芝塘、越亭，号次棠、樾亭，吉林伯都讷厅人。咸丰八年（1858），取乡试举人。九年（1859），中式进士，改庶吉士。同治元年（1862），授翰林院编修，选武英殿协修。六年（1867），补国史馆协修。九年（1870），升武英殿纂修。十年（1871），充会试同考官。十三年（1874），授国史馆纂修。光绪元年（1875），迁武英殿总纂、实录馆纂修。二年（1876），任武英殿提调、文渊阁校理。六年（1880），补右赞善、左赞善、左中允。八年（1882），放湖北荆宜施道。十一年（1885），升广东按察使。十二年（1886），迁云南布政使。同年，丁母忧，回籍终制。十六年（1890），补福建台湾布政使。二十一年（1895），调署安徽布政使。二十四年（1898），调补云南布政使。是年，擢湖北巡抚。二十七年（1901），调河南巡抚。二十八年（1902），转湖北巡抚，旋调广西巡抚。同年开缺，假居南阳。三十年（1904），卒。著有《悚斋文集》《悚斋日记》等行世。

银一百六十两。其余经过地方州县,应备夫役、船价,均较从前各任加多百余两、数十两不等。道经容县并有藉口纤夫迟缓,拘禁办差家人,随令船户群殴致伤情事。至关防不严一节,虽人言啧啧,而无实据可指。惟该学政点名之后,即入内堂,未能亲自检察,等情。

臣接据该司等详复之后,因喘恙复发,未及具奏,适奉谕旨饬查。臣查原参该学政居乡及在京各节,虽均无可查考,其考试关防是否严密?有无贿托?亦无实据可指,自不能以传闻之词为断。惟所至之处增索棚规及供应一切,或数百金、数十金不等,均据委员查访确实。该学政因闻臣饬司委员密查,是以有请裁减棚规之奏,以为掩饰地步。其船户在北流地面贩运私盐,被桂平县属大湟江缉私厂拿获盐三十万斤。该学政谓有衣物寄放在船,电请查追,并开具失单,发交桂平县查阅,单开失去绸缎等项,价值不赀,且系妇女衣料居多,诚如原参所云,一时传为笑柄。该学政嗜好甚深,所用亲友亦多不能检束。学臣为一省师表,似此贪劣,洵属有玷官箴,应如何惩儆以肃官方,伏候圣裁!

除船户刘贤尚等贩运私盐被大湟江缉私厂拿获一案,已发广州府讯明,照例议拟,咨部核办外,所有臣奉旨饬查学臣劣迹,谨将先已访闻委查实在情形,恭折具奏。伏乞皇太后、皇上圣鉴,训示。谨奏。①

【案】此奏于是年十二月初一日得旨,饬将学政刘家模革职示惩,《光绪朝上谕档》载曰:

光绪二十七年十二月初一日,内阁奉上谕:两广总督陶模奏,遵旨饬查广西学臣劣迹,据实覆陈一折。前据御史黄曾源奏广西学政刘家模贪鄙各节,当交陶模查办。兹据覆称,该学政嗜好甚深,关防不严,罔知检束。所至之处,增索棚规、供应,并任听船户满载私盐,被缉私厂拿获,该学政谓有衣物寄放在船,电请查追,一时传为笑柄,等语。

---

① 台北故宫博物院藏:《军机及宫中档》,文献编号:408003391.又,台北故宫博物院藏:《军机及宫中档》,文献编号:146237.

学政为一省师表,当如何结清自矢,恪守官箴?似此贪劣昭著,实属辜恩负职!御史刘家模着即行革职,以示惩儆。钦此。①

是日,公又附片奏报请将世职停支世俸,下部闻。曰:

再,准行在户部咨:据闽浙总督奏,停给世职支领世俸、衔俸一片,光绪二十七年六月二十二日奉朱批:该部知道。钦此。查该督奏请停给世职支领世俸、衔俸,系因帑藏奇绌,酌量裁节,以资挹注。相应抄录原奏咨行,凡有此项支款,均酌量仿照,一体奏明办理,等因。当经转行遵照。

查粤省每年应支世职全俸、半俸、衔俸,共银三万五千余两。近年库储支绌,筹给已极艰难,现在奉拨之款日多,而帑藏益形匮乏,竭蹶之情,不堪言状。闽省应发世俸既已奏准停支,并奉户部咨行酌量照办,自应遵照办理,俾得稍资挹注。拟请自光绪二十七年冬季起,将各世职全俸、半俸、衔俸一律停支,俟库款稍充,再行规复。其各世职如有充当差使,准其全支差所薪水。如有补署员缺,准其分别支食本缺全、半俸银,以示体恤。据广东布政使丁体常详请具奏前来。臣等覆核无异,除咨部查照外,谨附片具陈。伏乞圣鉴。谨奏。②

十一月十八日,公咨呈外务部曰:

头品顶戴兵部尚书都察院右都御史总督两广等地方军务兼理粮饷陶,为密咨事。案照西洋国特派办理交涉全权大臣柏使行抵澳门,不日启程前赴北京。昨于光绪二十七年十一月初九日接广州口代理西洋国总领事照会,业经另文咨呈贵部察照。查柏使未来以前,中外

---

① 中国第一历史档案馆编:《光绪朝上谕档》第27册第250页,广西师范大学出版社,1996。
② 台北故宫博物院藏:《军机及宫中档》,文献编号:408003390-0-A.又,台北故宫博物院藏:《军机及宫中档》,文献编号:146239.

各处新闻纸早已遍传,咸谓该使此次来华系为推广澳门界址起见,并有索租香山县地之谣,远近人心惶惑滋甚。据旅美华商联名电请力拒,并据广州口法国领事以此事面询,当告以现尚未接明文,倘该使此来仅为勘立澳门旧界,自当斟酌办理。如欲扩充租地,则中国万不能迁就,等语。现在柏使业已行抵澳门,不日北上,是中外传言未始无因。近年以来,葡人屡在澳门附近之大、小横琴各岛建设兵房,又在关闸外设立路灯,意图朦混侵占,节经各前部堂援约驳阻,并先后咨呈总理衙门在案。其觊觎内地膏腴,蓄意侵夺,已非一日,徒以中葡条约载有未经定界以前,一切事宜俱照依现时情形勿动,彼此均不得有增减改变之事,等语。未敢公然违约,肆行占据。此次乘北事初定之后,遽派全权使臣前来,居心极为叵测。际此时艰孔急,列强环伺,一经迁就,各国必群起效尤,势难遍应,惟有竭力坚持,尚可自立,且环近澳门水陆各地,均属险要之区,香山一县更为膏腴之地,尺寸在所必争。柏使抵京后,如果有所要求,务请贵部设法驳阻,始终坚持,以维大局而杜后患。如彼以会订界址为言,亦当与之订明,按照现时管理之地,勘立界址,不得稍有逾越,使彼不能肆其狡谋,他国自无可借口。此事关系重要,必须先事豫筹,以备临时因应,相应备文密咨。为此咨呈贵部,谨请察核施行。右咨呈外务部。光绪二十七年十一月十八日。①

十一月二十八日,公会衔广东巡抚德寿奏报委解光绪二十七年内务府经费银两情形,下部闻。曰:

窃准户部咨:光绪二十七年内务府经费,指拨广东太平关常税银十万两,又厘金下添拨另筹银二万两,各等因。均经转饬遵照筹解。兹据广东布政使丁体常以现在时届冬令,亟应清解,而司局各库因提还汇丰镑款,搜括一空,无可腾挪,现向商号订借银一十二万三千九百

---

① 台北"中央研究院"近代史所藏:《外交档案》,馆藏号:02-15-008-01-002.

六十两,作为应解本年太平关常税奉拨内务府经费银十万两,随解加平、抬费银三千三百两,厘金添拨另筹内务府经费银二万两,随解加平、抬费银六百六十两,定于光绪二十七年十一月二十三日,连文批一并发交商号源丰润等,领汇至京,限十二月十六日解赴内务府投纳。所有本年应解内务府经费银两,业已如数解清。详请奏咨前来。

臣等覆核无异,除分咨外,谨合词恭折具陈。伏乞皇太后、皇上圣鉴。谨奏。①

十一月二十九日,公会衔巡抚德寿致电外务部曰:

外务部钧鉴。粤省盗匪多快枪,缘港澳及南洋各埠相距咫尺,所购最易,虽经严禁,究难杜绝。从前缉捕营勇均有快枪,尚可相抵。近因新定条约,军火不准进口,军械局旧存快枪无多,不敷遍给,匪徒益无忌惮,水陆劫案迭出。各国领事及过往西官佥请整顿捕务,以卫商民。告以情形,亦深知非有利器,不足以戢盗风,拟请贵部婉商各驻使,将前约量为变通,凡专为缉捕应用之小炮快枪,仍准购运,由粤省与香港总督酌定数目,以示限制。其行军所用大炮等件,仍遵约停止进口。是否?伏乞裁夺。陶模、德寿。艳。②

十一月三十日,外务部来电曰:

"艳"电悉。军火不准进口,甫载约章,此时遽与各使商改,必不答应。至小炮、快枪专为缉捕,尽可由外省设法通融,购办应用。外务部。③

---

① 台北故宫博物院藏:《军机及宫中档》,文献编号:408003392.又,中国第一历史档案馆藏:《录副奏折》,档号:03-6656-015。
② 中国第一历史档案馆藏:《电报档》,档号:2-04-12-027-0003。
③ 中国第一历史档案馆藏:《电报档》,档号:2-02-12-027-0745。

十二月初二日，外务部来电曰：

　　法使照称：廉州一带游匪抢掳，情形危岌，中国地方官弹压不力，迩复有抢掳载运德洋行货物船只一案。又，仲落教民被抢，不敢呈控，本国派兵轮二只协助弹压，所费不鲜。倘乱情久延，与通商大有关系，等语。查匪徒抢掳，亟宜严切查捕，若久听他国兵轮协助，尤属有碍主权，希速饬查明详细情形，切实弹压保护，并电覆。再，仲落地名系由法文译出，并详查。外务部。冬。①

同日，公会衔巡抚德寿致电外务部曰：

　　外务部鉴："先"电悉。赔款数巨期迫，粤东库项支绌，筹拨万分为难。惟事关大局，已饬司局尽力挪凑，将第一期款依期汇沪。谨复。模、寿。冬。②

十二月初三日，公会衔巡抚德寿致电外务部曰：

　　外务部鉴："先"电悉。赔款数距期迫，粤东库项支绌，筹拨万分为难，事关大局，已饬司局尽力挪凑，将第一期款依期汇沪，谨复。模、寿。冬。③

同日，公又致电外务部曰：

　　外务部："冬"电敬悉。九月下旬，法领事面称：德国帆船在北海被劫，现有兵船前往该处，可为协缉海盗，当经婉却，并电饬廉州文武查

---

① 中国第一历史档案馆藏：《电报档》，档号：2-02-12-027-0765。
② 中国第一历史档案馆藏：《电报档》，档号：2-04-12-027-0018。
③ 台北"中央研究院"近代史所藏：《外交档案》，馆藏号：01-14-019-03-024。

缉。旋据电禀，并无德帆船被匪掳劫情事，只有洋行驳船在张黄江口被贼索去银二十九元一案，已办结，业经函达领事知照。至各国兵船常在海口停泊，从无借助之事。钦、廉匪势猖獗，现饬新调高廉道秦炳直带勇驰往，亲督剿办。仲落教民有无被抢，已电饬查办。模。江。①

十二月初四日，公会衔广东巡抚德寿开单奏报广东奉拨镑价凑解为难一事，下部闻。曰：

> 窃光绪二十四年冬间刚毅来粤筹款，责令司道以虚悬无着及万难裁节之款凑成一百六十万两，撼拾搪塞，即奉户部于上年指拨抵解镑价。其时臣德寿因款经指拨，不能失信外人，当饬司局息借洋商银两，勉强凑解，并将难于筹解情形具奏。嗣奉户部议覆，饬仍照数提解。又经臣等会衔沥陈情形，奏恳免解一半，旋准部咨以本年下半年应还前项镑款，舍粤省之一百六十万两，实在无从另筹，即使从前奏明加增、节省各项，难以按年提存足数。粤省地大物博，素称富庶，仍可设法筹补，无论如何为难，务将本年应提银两严饬司道设法提存足数，以备凑还汇丰洋款，等因。细绎部臣之意，亦明知刚毅所筹之款本属虚悬，粤省断难按年照拨，只以镑价期迫款巨，本年改拨为难，是以仍令筹解。
>
> 臣等当与司道熟商，当此和议将成，百用孔亟，部中正在为难，无论如何必须将本年指拨之款设法筹拨。至以后按照刚毅原筹之款，何项可以照提，何项实在无着，亦即查明确数，开单呈候奏咨，庶部臣了然于此项裁节之数，实在只有若干，则以后可以量入为用，不至时以无米之炊相责。现据该司道等向洋商息借洋银八十万两，并将各司局款项挪移银八十万两，共凑足银一百六十万两，补足纹水、汇费，于九月二十日交商号源丰润等，汇解上海害道库兑收，并将刚毅原筹之款查

---

① 中国第一历史档案馆藏：《电报档》，档号：2-04-12-027-0029。

明何款可以照提,何款实系无着,何款必须核减,开具清单,呈请查核前来。

臣等覆加查核,内如厘金新加比较一项,当时所加比较并非各厂实能收足此数,只就原额酌量加增,初未计及将来是否实能收足,乃竟以虚加之额作为实增之银,遽行列入拨款。当此洋单充溢,各厂厘收日形短绌,虽经臣等督同司道实力整顿,责令各委员认真稽抽,就本年正月至六月收数核计,每年只能加收银三万两,实已竭尽心力,尚系厘金畅旺年分,方能有此收数,较之刚毅原提新加比较二十一万九千余两,实短银十八万九千余两。又,善后局节省银四十万零三百余两,盐务节省银十二万两,内如轮船、薪粮等项三十一万五千余两,皆系万不能省之款,业已次第照旧开支,提项即成无着,所省实只二十万两有奇。又如府县以下各官报效经费差缺,果有赢余,自应力图报效。其有实在不敷办公者,若不量予减免,必致亏挪正项,或且另行搜括。现经臣等悉心核议,格外从严,凡苟可敷衍开支者,均不准藉口减免;其实在不敷办公者,量予酌减。共计减提银三万余两,仍提缴银一十五万四千余两。

以上通盘核计,每年实只可提储裁节银九十二万二百两,谨缮具简明清单,恭呈御览。并另开详细清单咨送军机处、户部查核。合无仰恳天恩俯念广东财力竭蹶,饬下户部以后即照此次奏定数目提拨。至纹水、汇费约需银十余万两,尚需另行筹拨。其上年息借洋款未经还清尾数及本年借款,由臣等另行设法,陆续筹还。

所有息借洋款凑还本年磅价及沥陈为难情形,请将提、储各款饬部按照此次定数提解缘由。谨联衔恭折具奏。伏乞皇太后、皇上圣鉴,训示。谨奏。①

同日,公又会衔广东巡抚德寿、广东水师提督何长清、陆路提督邓万林

---

① 台北故宫博物院藏:《军机及宫中档》,文献编号:408003396。又,中国第一历史档案馆藏:《录副奏折》,档号:03-6697-006。

奏报查明广东各营朋扣马匹等款，下部闻。曰：

窃照广东省各标、镇、协营官兵朋扣马匹、赔桩、皮脏银两，例应岁底造册奏销。查光绪十三年分各营官兵朋扣马匹等项，先据广东布政使将抚标等营造册详报，经前督臣李鸿章于光绪二十六年二月恭疏具题，声明督标各营划出另行核办在案。嗣准部覆，行令赶紧造报核销，等因。兹据广东布政使丁体常详称：准督标中、左、右、前、后营，肇庆水师营，水师提标中、左、右、前、后营，陆路提标中、左、右、前、后营，顺德协左、右营，赤溪协左营，增城左、右营，三江协左、右营，连阳营，清远左、右营，南韶连镇标中、左、右营，佛冈营，惠州协左、右营，永安营，和平营，平海营，潮州镇标中、左、右营，黄冈协左、右营，潮阳营，潮州城守营，平镇营，饶平营，兴宁营，惠来营，肇庆协左、右营，四会营，那扶营，高州镇标左、右营，硇洲营，化石营，雷州左、右营，徐闻营，海安营，廉州营，钦州营，龙门协左、右营，罗定协左、右营，琼州镇标左、右营，海口营，崖州协儋州营，万州营，将应造光绪十三年分官兵朋扣马匹、赔桩、皮脏银两册籍，先后造送请销，合计共应扣有马朋银一万三千四百七两三钱八厘。

各营遇有倒缺马匹，于此项内动支买补。现计光绪十三年分，补造各营共额报倒马一百一十五匹，已准报倒马四十四匹，按照例价买补，计动支朋银七百九十二两。再，额内报倒马四十四匹，均骑操已满三年，并无赔桩银两；又，倒马每匹遵照扣除皮脏银五钱，共扣皮脏银二十二两，通共实在存剩朋扣、皮脏银一万二千六百一十五两三钱八厘，计少倒马七十一匹，节省银一千二百七十八两，已汇在存剩朋扣等银之内。其各营报倒马四十四匹，按照例价买补，共应银七百九十二两，遵照奉行新例，每百两扣平银六两，共计扣存银四十七两五钱二分，业经汇款收存，候入季册报拨各营，按照时价买补。共实用银七百九十二两，节省银，无。

所有光绪十三年分续到各营朋扣马匹等项，理合造具总、细各册，详请补奏请销。再,查此案朋马奏销册籍,例应依限造送,惟广东省前办军务十余年之久,各营奉调官兵出师外省,马匹起止日期、支食俸廉等项册籍,扣除造报,往返行查,有需时日,以致造册稽迟,实属迟延有因。又,前项朋扣等银,因奉拨是年俸饷,尚未收足,应俟催收有款,再行扣存候拨,合并声明,等由。前来。

臣覆核无异,除册送部查核外,谨会同广东巡抚臣德寿、广东水师提督臣何长清、陆路提督臣邓万林,合词恭折具奏。伏乞皇太后、皇上圣鉴,敕部核覆,施行。谨奏。①

是日,公又会衔广东巡抚德寿开单奏请奖叙历年防剿出力员弁,得旨:潘培楷着交部从优议叙,余着该部议奏。曰:

窃广东钦廉边防,前经部议自光绪十二年七月十四日起,扣满五年,将在防出力人员照章褒奖一次。上届于光绪二十二年七月限满,经前督臣谭钟麟将在事文武各员开单奏蒙准予分别奖叙在案。计自光绪二十二年七月十四日起,扣至光绪二十七年七月十四日,又届五年期满。伏查钦廉界连法、越,近年交涉之事日益繁难,游勇、会匪,伺隙思逞,防范稍有不周,不独内地受其扰害,边衅尤属堪虞,赖督办边防二品顶戴记名遇缺简放道潘培楷,督饬在防文武,相机因应,加意巡防。五年以来,幸均安谧,外交亦无闲言。本年四月间,匪首梁文廷在十万大山纠众起事。该山界连两省,道路崎岖,匪党恃险负隅,攻剿不易,更虑窜扰越南,致为外人口实。经潘道亲率各营员弁冒险进攻,并饬附近地方官绅严密防堵,得以破毁巢穴,歼厥渠魁,经臣等专折奏陈请将出力员弁汇入边防案内请奖。

又,光绪二十四年四月剿办灵山三凝会匪黎履芳,二十五年七月剿办钦州会匪萧多指六、黄思乾等。当时各匪肇乱,聚众均在数百人

---

① 台北故宫博物院藏:《军机及宫中档》,文献编号:408003398。又,中国第一历史档案馆藏《录副奏折》,档号:03-6164-007。

以上，巨炮、快枪，无一不备，与官军对垒接仗，匪焰方张，燎原可虑，幸赖该文武等奋勇力战，消患未萌，均经各前督臣饬将在事异常出力员弁归入边防案内奖叙。

前据潘道开单呈请奏奖，当因请奖员数较多，又经饬令潘道大加删减，毋得稍涉冒滥。兹据潘培楷将请奖员弁核实删汰，并声称此次五年边防期满，又有剿办十万大山会匪等案，所保武员四十一名、文员六十八名，合之虽不为少，若逐案分计，为数实属无多，实已无可再删，等情。

臣等伏查本届五年边防期满，又有剿办会匪梁文廷、黎履芳、萧多指六、黄思乾等各案，先后在事出力员弁，诚如该道所禀合计虽不为少，分计尚不过多。当此时局方艰，若不优加激励，无以鼓励人才。合无仰恳天恩俯念边防紧要，准将在事出力员弁分别异常、寻常劳绩，饬部照单奖叙。

至督办钦廉边防二品顶戴记名遇缺简放道潘培楷，已于上年拿获广西匪首李立亭及捐助陕西义赈案内两次奏保，均奉旨交军机处存记，前于剿平十万大山案内声明该道懋著勤劳，应如何量予擢用，出自天恩，仍应听候圣裁量予施恩，臣等不敢擅拟。

除饬取各员弁履历咨部查核，并将千总以下各员照章咨部核奖外，所有钦廉边防五年期满及剿平十万大山并钦灵等匪出力员弁汇案恳恩奖叙缘由，谨开具清单，合词恭折具陈。伏乞皇太后、皇上圣鉴，训示。谨奏。①

同日，公又会衔广东巡抚德寿奏报广东省光绪二十七年十一月分应还洋款数目情形，下部闻。曰：

案准户部咨：应还英、德本息，每年指拨广东省盐斤加价银五万

---

① 台北故宫博物院藏：《军机及宫中档》，文献编号：408003395。

两,加放俸饷银五万两,闱捐银二十四万两,地丁等项银三十八万两,每年匀分二、五、八、冬四个月,解赴江海关道交纳,等因。兹据广东布政使丁体常、两广盐运使国钧、善后局司道先后详称:本年十一月分应解前项银两,现经设法挪凑,作为盐斤加价银一万二千五百两,加放俸饷银一万二千五百两,闱捐银六万两,地丁等项银九万五千两,共银一十八万两,定于十一月初九、十三等日,由商号蔚泰厚等汇解江海关道兑收,备还英、德之款。详请奏咨前来。

  臣覆核无异,除咨部外,谨会同广东巡抚臣德寿,恭折具陈。伏乞皇太后、皇上圣鉴。谨奏。①

同日,公又奏报省河各埠额征盐课、引饷全完数目情形,下部闻。曰:

  窃查粤东课饷统归次年岁底奏销,酌定经征、督征各官年月,核算考成分数造报。兹据两广盐运使国钧详称:光绪二十五年分,额征省河潮桥引饷余费、场课、包税及关桥厂税暨罚赎充饷,计共银六十三万九千三百三十三两五钱九分八厘,内除潮桥所属各埠额征饷银一十二万六千四百一十四两八钱五分四厘,业奉奏准展限,应于光绪二十八年九月造报奏销外,计省河各埠额征引饷、场课并潮属应征场课共银五十一万二千九百一十八两七钱四分四厘,又部饭、铜斤、水脚、炉饷、铁税等项银一万四千二百七两三钱五分一厘,统共银五十二万七千一百二十六两零九分五厘,已据各商并各场大使、委员照额全完。所有收支细数并经征、督征各官职名、全完数目,俱已分晰列册声注,等情。详请核办前来。

  臣查光绪二十五年分省河课饷,系自光绪二十五年十月初一日起至光绪二十六年九月底止,连闰以十三个月为一年,按照实在经征、督征各官,核算考成分数造报,其经征各府州县盐课大使、委员,内有经

---

① 台北故宫博物院藏:《军机及宫中档》,文献编号:408003397.又,中国第一历史档案馆藏:《录副奏折》,档号:03-6697-005.

管九月以后一官全完，并二三官各照分数报完，俱已列入册内分晰开报。臣覆加核对，数目相符，除盘查清楚出具印结咨部，并将各册送部查核外，理合恭折具陈，伏乞皇太后、皇上圣鉴，敕部议覆施行。谨奏。①

是日，公又附片奏报粤东盐引督销全完一事，下部闻。曰：

再，查粤东盐引统归次年岁底奏销，酌定经管、督销各官年月，核算考成，按年造报。兹据两广盐运使国钧详称：光绪二十五年分，广东、广西及湖南彬州、桂阳州、江西南安府、赣州府、宁都州、福建汀州府、贵州黎平、古州各府州县，原额销盐引六十万五千八十三道八分六厘零，又余盐改引一十七万六千六百九十五道，又广西省羡余增引三万二千七百三十二道，通共引入八十一万四千五百一十道八分六厘零。内除潮桥所属各埠额销盐引二十万五千三百五十八道八厘零，业奉奏准展限，应于光绪二十八年九月造报奏销。计省河各埠额销引六十万九千一百五十二道七分七厘零。兹据各属照额督销全完，合将各州县全完数目分晰造报。

再，查光绪二十五年分省河盐引，自光绪二十五年十月初一日起至光绪二十六年九月底止，按照实在督销各官，核算考成造报。至广西所属各州县并贵州古州同知各官本届奏销职名，叠催未准移到，均无凭查造入册，应俟催取到日，另行造册咨送查核。又，各埠匀拨引目已于各州县督销盐引项下分晰开报，等情。详请核办前来。臣覆核无异，除册送部查核外，理合附片具奏。伏乞圣鉴，敕部议覆施行。谨奏。②

---

① 台北故宫博物院藏：《军机及宫中档》，文献编号：408003407。又，中国第一历史档案馆藏：《录副奏折》，档号：03-6475-001。
② 台北故宫博物院藏：《军机及宫中档》，文献编号：408003407-0-A。又，中国第一历史档案馆藏：《录副奏片》，档号：03-6475-002。

同日,公又会衔广东巡抚德寿附片奏报汇解筹备饷需银数情形,下部闻。曰:

> 再,广东省奉拨光绪二十七年分筹备饷需银二十万两,先于本年三月初六日筹解银五万两,委员投纳;又于四月二十六日筹解银十万两,交商汇解;均经奏报在案。现在时届冬令,各项京饷亟应清解,而司局各库因提还汇丰磅款,搜括一空,实在无可腾挪。兹向商号订借银五万两,作为本年应解筹备饷需,内除扣出银二万五千两,发还商号前垫被劫京饷一成银圆外,尚应解银二万五千两,定于光绪二十七年十一月二十三日,发交商号源丰润等汇兑至京,定限十二月十六日前赴户部衙门投纳。据广东布政使丁体常详请奏咨前来。
>
> 臣覆核无异,除分咨外,谨会同广东巡抚臣德寿,附片具陈。伏乞圣鉴。谨奏。①

同日,公又会衔广东巡抚德寿附片奏报汇解固本兵饷银数情形,下部闻。曰:

> 再,广东省光绪二十七年分应解固本饷银十二万两,已于本年三月初六日筹银二万两,委员解纳;五月二十九日、八月二十六日,先后筹银六万两,交商汇京;均经奏报在案。现在时届冬令,各饷奉催清解,而司局各库因提还汇丰磅款,搜括一空,实在无可腾挪。兹向商号借银四万两,作为光绪二十七年九月至十二月固本兵饷,定于十一月二十三日,仍照前案交商号义善源等领汇至京,赴直隶督臣行辕投纳。据广东布政使丁体常详请奏咨前来。
>
> 臣覆核无异,除分咨外,谨会同广东巡抚臣德寿,附片具陈。伏乞

---

① 台北故宫博物院藏:《军机及宫中档》,文献编号:408003397-0-A.又,中国第一历史档案馆藏:《录副奏片》,档号:03-6656-006。

皇太后、皇上圣鉴。谨奏。①

是日，公又会衔粤海关监督庄山附片奏报汇解应还英德本息情形，下部闻。曰：

再，准户部咨：应还英、德本息，由各海关洋税、洋药税厘项下摊派粤海关五十二万两，每年匀分二、五、八、冬四个月解交，等因。迭经遵解在案。兹准粤海关监督庄山咨称：准户部劄开：英、德借款，佛郎、磅价昂贵，原拨银数不敷，照案酌量加拨本年冬月期应解英、德还款银十三万两，又加拨四分之一银三万二千五百两，合共银十六万二千五百两，备文发交西商志成信、协成乾银号，汇解江海关道投纳，等因。前来。

除咨户部查照外，谨会同粤海关监督臣庄山，附片陈明。伏乞圣鉴。谨奏。②

同日，公又附片奏请择地捐建昭忠祠，下部闻。曰：

再，据督办钦廉边防二品顶戴遇缺简放道潘培楷禀称：窃查军兴以来，凡阵亡殉难及在军营积劳病故各将士，均蒙圣恩准于各省府州县建立昭忠祠，由地方官春秋致祭。钦州素为烟瘴之区，自光绪十二年开设边防以来，迄今十有余年，防营员弁勇丁每年剿匪阵亡、积劳瘴故者，约有数百人之多。前经禀请拨款发交防城县建立昭忠祠，嗣因饷项支绌，筹款维艰，因而中止。现由职道倡捐，并由各营酌量捐集款项，拟在钦州、防城等处择地建立昭忠祠，奉祀历年阵亡、瘴故弁勇，禀

---

① 台北故宫博物院藏：《军机及宫中档》，文献编号：408003397-0-B.又，中国第一历史档案馆藏：《录副奏片》，档号：03-6164-006。
② 台北故宫博物院藏：《军机及宫中档》，文献编号：408003397-0-C.又，中国第一历史档案馆藏：《录副奏片》，档号：03-6697-004。

恳奏请立案,等情。

臣等伏查广东潮阳、琼州等处剿匪殉难、瘴故弁勇,均蒙恩准建立慰忠、昭忠等祠有案。钦廉边防各营死事弁勇,事同一律。合无仰恳天恩俯准援案择地捐建昭忠祠,由地方官春秋致祭,以慰忠魂而励士气!谨附片具奏。伏乞圣鉴,训示。谨奏。①

十二月初八日,公致电外务部曰:

外务部钧鉴:"江"复电计达。顷据廉州道、府、县电禀:遵查冬月十一晚,有洋行驳船在合浦白泥塘被贼劫去洋纱八包,已缉获抢匪一名,起出洋纱二百余斤,办有端绪。又,常乐教民刘耿氏失去衣物,业经追出给还,该氏已悦服具结等语。法使所言两案当即指此,仲落想系常乐之误。除饬将白泥塘劫纱贼匪讯明惩办并严缉余匪务获外,谨电闻。陶模。庚。②

十二月初九日,公会衔巡抚德寿致电外务部曰:

外务部钧鉴:接法领事函称:始兴县马市墟教士如利诺,于初六夜被人杀毙,请饬查明情形。即经电饬查复去后。旋据南雄州关广槐曰禀:法国柯教士来署晤称:始兴县属马市墟住民房屋之如教士于本月初六夜不知被何人谋毙,并致毙华人一名。该屋内连教士共住三人,中有一华人,未知去向,现尚未据该县禀报。卑职当即协同柯教士驰往查办,俟该县勘验后,如何情形,再行续禀,等语。除饬该县详查实情,立速严拿凶犯讯办外,谨电闻。陶模、德寿。青。③

---

① 台北故宫博物院藏:《军机及宫中档》,文献编号:408003395-0-A.又,中国第一历史档案馆藏:《录副奏片》,档号:03-5568-001.
② 中国第一历史档案馆藏:《电报档》,档号:2-04-12-027-0046.
③ 中国第一历史档案馆藏:《电报档》,档号:2-04-12-027-0050.

十二月初十日，外务部来电曰：

　　大西洋自道光年间侵占澳门，界址迄未划清。查该处葡人有旧占之界，有新占之界，有图占未得之界，希饬详细绘图贴说，并将从前关系澳门界址各案迅速钞咨本部备核。外务部。蒸。①

同日，公又致函外务部曰：

　　案查光绪十六年七月二十六日准总理衙门咨开：近来各国在通商口岸派设领事，设立行栈，本衙门无可稽查，咨行饬将各该口岸现驻各国领事姓名并洋商行栈各字号查明咨复，嗣后仍按季咨送备查，等因。迭准粤海关监督转据税务司先后开至光绪二十七年夏季止，咨明查照在案。现准粤海关监督转据马税务司，将光绪二十七年秋季分驻广州口岸领事官及兼办事姓名，并洋商行栈各字号查明开送，并声名此外本口并无有领事而无行栈，及有行栈而无领事者。至各洋商行栈字号，系按招牌开录，其或有华商顶冒着，本关不得而知。咨会核办，计粘抄一纸，等因。到本部堂。准此，所有广州口现驻各国领事姓名及洋商行栈各字号，相应列单咨明。为此咨呈贵部，谨请查照备案施行。②

十二月十一日，公会衔巡抚德寿致电外务部曰：

　　外务部钧鉴："青"电谅达。始兴法教士如利诺被害，迭经电饬地方官确查实情，严缉凶犯，一面会商柯教士将如教士尸身妥为棺殓。现据南雄州关牧电禀，初十午刻，协同柯教士驰抵马市墟，督同始兴县倪思铎验明如教士尸身，头、面、颈旁、两手受伤九处，死在床边地下，

---

① 中国第一历史档案馆藏：《电报档》，档号：2-02-12-027-0782。
② 台北"中央研究院"近代史所藏：《外交档案》，馆藏号：02-08-011-01-002。

华人叶姓一名杀毙床上。前禀不知去向华人何金树一名,据马市公局续报,杀毙在附近松树山上,亦经验明,均由县填格具报。查教士所住房内并无遗失衣物,惟衣箱内洋银五百元尽行不见。复查验踪迹,凶手系由后门而入,但黑夜之际,凶手几人,因何杀毙,未获凶徒,无从查悉。如教士及华人尸骸应即棺殓,因马市地方并无佳木,卑职复同柯教士于初十夜半赶回州城,挑选上等棺木,运往马市,并派妥当文武员弁兵勇护送。柯教士折回该处,协同倪令妥将如教士等棺殓。在逃凶犯,已向法领事面达歉忱,告以查办情形,尚以为然。领事亦云,据柯教士来信,该处尚属安静,不知何以出有此事。除将此后办理情形随时饬倪令悬赏购缉,卑职再三面饬赶紧设法严拿务获等情,当饬严密察访购拿,务将凶徒弋获讯办,暨将倪令先行撤任留缉,并遣员会办外,谨电闻。陶模、德寿。真。①

十二月十三日,公会衔巡抚德寿致电外务部曰:

外务部钧鉴:"真"电到否?奉"真"电谨悉。现据南雄关牧电禀,如教士及华人尸身二名,业经柯教士同驻韶麦教士眼同棺殓妥当,包厢内存银系柯教士所有,等语。并据南韶连镇、道妥派曲江县李滋然带勇驰往查看。除催饬确查被害缘由,上紧缉凶究报外,谨电闻。模、寿。元。②

十二月十四日,公致电外务部曰:

外务部钧鉴:美、法请租河南,迭经密商贵部,拟将该处开作公共租界。前奉九月"啸"电嘱,即察勘明悉,转商各领事,妥定具奏。当经密探各领事,意见多有参差。并据法领事密告,沙岸租界余地尚可敷

---

① 中国第一历史档案馆藏:《电报档》,档号:2-04-12-027-0057。
② 中国第一历史档案馆藏:《电报档》,档号:2-04-12-027-0061。

三四年之用，倘他国不提，法不催办。体察情形，公租界既难商办，惟有暂缓置议。现美领事文称：康使来文催办，闻英萨使言美请租界，康使先并不知是现纵，或来文当亦由领事所请，业经婉复，并另文详咨。倘康使向贵部提及，务请坚持，设法推宕。模。盐。①

十二月十五日，军机处来电曰：

奉旨：朕钦奉慈禧端佑康颐昭豫庄诚寿恭钦献崇熙皇太后懿旨：刘坤一、张之洞着俟商约定议后，再行来京陛见。钦此。②

十二月十六日，公会衔广州满洲副都统兴存③、广州将军宗室寿荫、粤海关监督庄山、广州汉军副都统春龄④奏报广东同文馆英、俄、东三馆诸生期满考试奖励一事，下部议。曰：

窃广东同文馆英文学馆，系于同治三年五月设立。同治六年十

---

① 中国第一历史档案馆藏：《电报档》，档号：2-04-12-027-0064.
② 中国第一历史档案馆藏：《电报档》，档号：2-02-12-027-0796.
③ 兴存（？—1911），字鹤昶，汉军镶蓝旗人，翻译生员。同治六年（1867），充骁骑校。九年（1870），补公中佐领。十一年（1872），授印务章京。光绪元年（1875），选副参领。二年（1876），升参领。七年（1881），授印务参领。十一年（1885），擢正红旗汉军副都统。十三年（1887），授广州满洲副都统，兼署汉军副都统。二十四年（1898），护理广州将军。三十一年（1905），署理广州将军。宣统三年（1911），卒。
④ 春龄（1837—1908），又名崇龄，满洲正黄旗人，舒舒觉罗氏，笔帖式出身。同治二年（1863），充领催。三年（1864），选印务笔帖式。七年（1868），保骁骑校。十年（1871），保升印务章京。光绪元年（1875），加四品顶戴。二年（1876），保公中佐领。次年，加三品衔。五年（1879），赏戴花翎。八年（1882），监修定东陵神路内外营房工程并恭备奉安事宜。十一年（1885），升副参领。十四年（1888），晋参领。十六年（1890），补印务参领。十八年（1892），保记名副都统。二十年（1894），迁正黄旗汉军副都统。翌年，补镶红旗满洲副都统。二十二年（1896），调补广州汉军副都统。三十四年（1908），卒。

月，因各生学有成效，经前署将军庆春会同前两广总督瑞麟①等考察，择其文艺堪以造就者，咨送六名到京，经总理各国事务衙门考试，均堪造就，奏准作为翻译生、监生，准其一体乡试，分别派充将军、督抚各衙门翻译官。嗣后该学生等三年学成，即行奏明，分别给予生、监，并派充翻译官。如有精通西语西文、才识出众者，另行送京考试，授以官职，等因。嗣于同治十年经将军长善②等查各衙门翻译官有名无实，奏准裁撤，于诸生中择其西语优长者，遇臣等接晤洋人时，令其来署代传言语，年终考核，择尤犒赏，以节糜费。

溯自同治十三年至光绪二十四年，九次三年期满，均经前将军长

---

① 瑞麟（1809—1874），字澄泉，叶赫那拉氏，满洲正蓝旗人，文生。道光二十四年（1844），充太常寺读祝官。次年，充赞礼郎。二十七年（1847），加五品顶戴，戴花翎。二十八年（1848），补太常寺少卿。同年，任西陵查礼大臣。二十九年（1849），授内阁学士兼礼部侍郎衔，充顺天乡试大臣。三十年（1850），补礼部右侍郎。是年，署正黄旗护军统领。咸丰元年（1851），授镶蓝旗汉军副都统。二年（1852），任查仓大臣、正黄旗护军统领、随扈大臣，转正红旗满洲副都统。同年，授经筵讲官，兼署镶黄旗护军统领、工部左侍郎。三年（1853），任左翼前锋统领、左翼监управ，管理圆明园八旗事务，兼工部左侍郎、崇文门副监督，授户部右侍郎，兼管钱法堂事务，兼礼部右侍郎。是年，入值军机，任帮办大臣。四年（1854），转户部左侍郎，管户部三库大臣。五年（1855），授西安将军，加都统衔，授巴达琅阿巴图鲁勇号。同年，补礼部尚书，兼镶白旗蒙古都统。六年（1856），任玉牒馆副总裁、镶黄旗汉军都统、总管内务府大臣。七年（1857），授经筵讲官，署理钦天监事务。八年（1858），署工部尚书、巡防大臣，管理健锐营事务，兼署直隶总督，补户部尚书。是年，擢大学士，兼管礼部、鸿胪寺事务。九年（1859），任正白旗领侍卫内大臣，兼管火器营事务，授文渊阁大学士、会试大臣。十年（1860），任内大臣，充殿试读卷大臣。十一年（1861），补镶黄旗汉军都统，兼正白旗蒙古都统，管理神机营事务，晋四品顶戴。同治元年（1862），兼署镶白旗汉军都统、热河都统。二年（1863），调补广州将军。四年（1865），兼署两广总督。五年（1866），授两广总督。七年（1868），兼署广州将军。九年（1870），兼署广东巡抚。十年（1871），授文渊阁大学士。翌年，迁文华殿大学士。十三年（1874），卒于任。赠太子太保，谥文庄。

② 长善（1829—1889），字乐初，满洲镶红旗人，他他拉氏，例贡生。道光二十年（1840），报捐员外郎。二十七年（1847），选盛京刑部员外郎。咸丰元年（1851），补京师户部员外郎，充二等侍卫在大门上行走。五年（1855），补云南参将。六年（1856），署抚标右营游击。十年（1860），加副将衔。十一年（1861），充总理各国事务衙门行走。同治元年（1862），补授本旗参领。二年（1863），升镶黄旗蒙古副都统，兼署正白旗蒙古副都统，署理山海关副都统。四年（1865），调补山海关副都统。七年（1868），擢广州将军。光绪十一年（1885），授正蓝旗蒙古都统。次年，充搜检大臣。十四年（1888），调补杭州将军。十五年（1889），卒。

善、继格①、兼理将军两广总督谭钟麟、将军保年②等，先后遵照定章奏明办理在案。又，俄、东二馆系于光绪二十三年二月设立，各生均俟三年学有成效，仿照英馆一体考试，经前将军保年等奏准，亦在案。查俄、东二馆自光绪二十三年二月起至二十六年二月止，业经三年期满，自应仿照英馆一体考试。时因两馆教习先后请假回国，以故从缓，拟俟考试英馆，再行一并办理。兹英文学馆自光绪二十四年五月起至本年十月止，又阅三年，俄、东二馆自光绪二十三年二月起至本年十月止，已经四年有奇，除俄、东教习请假回国不计外，两馆俱过三年，均应照章将学成诸生认真考试。当经饬委该馆提调协领刘绍基，会同英文教习申玛士、俄文教习萨泽畿、东文教习长谷川雄太郎，于三馆学生内择其平日好学、能通各习之语言文字者，送名应考，随经开送英馆二十四名、俄馆十二名、东馆二十二名前来。

臣等分期公同面试，三馆诸生均先以汉字题令翻洋文，复以洋字题令译汉文。英馆考取得正白旗满洲童生楷臣、江苏丹徒县童生张树藩、正红旗满洲监贡生联瑞、镶白旗汉军附生谢有鋆、镶黄旗满洲童生札隆阿、正蓝旗汉军童生倪世熙、正黄旗汉军分部八品笔帖式监生黄恩尧、镶白旗汉军附生贺建寅、广东番禺县文举人潘恩荫、镶黄旗汉军童生王懋煃、正蓝旗汉军童生王师炎、镶白旗汉军童生谢有熊等十二名；俄馆考取得镶红旗汉军附生马朝福、镶白旗满洲补用八品笔帖式翻译生员柏山、镶红旗汉军童生崔宝煌、镶蓝旗汉军童生陈兆霖等四

---

① 继格，生卒年不详，字续庄，号述堂，满洲正白旗人。咸丰二年（1852），中式进士。历充户部主事、右庶子、户部员外郎、翰林院侍讲学士。同治二年（1863），授日讲起居注官，旋补翰林院侍读学士。四年（1865），补詹事府詹事。五年（1866），升大理寺卿，迁都察院满左副都御史。七年（1868），充会试副考官、殿试读卷官。十一年（1872），调补盛京兵部侍郎。光绪元年（1875），署盛京刑部侍郎，兼署盛京工部侍郎。四年（1878），补刑部左侍郎、镶蓝旗蒙古副都统。五年（1879），授仓场侍郎。九年（1883），擢热河都统。十年（1884），补授广州将军。

② 保年（1849—1898），伊沙尔氏，字颐庵，满洲正黄旗人，鸟枪护军出身。同治八年（1869），充鸟枪蓝翎长。光绪三年（1877），补鸟枪护军校。九年（1883），加空花翎，委鸟枪护军参领。十一年（1885），授正鸟枪护军参领。十二年（1886），补火器营掌关防营总。十九年（1893），授伊犁锡伯营领队大臣。同年，调京口副都统。二十一年（1895），擢广州将军。二十四年（1898），卒于任。

名；东馆考取得正红旗汉军附贡生许国钧、镶蓝旗汉军分发补用七品笔帖式附贡生张天民、正白旗汉军童生冯宝璀、河南罗山县童生马光援、正红旗汉军监贡生许国铭、正黄旗满洲分部八品笔帖式监生煦增、正黄旗汉军分部八品笔帖式监生黄瀚、山东历城县童生周庆慈、镶白旗汉军附贡生贺建声、正红旗汉军童生杨佑、镶红旗汉军童生董长锐等十一名，汉文均属通顺。据三馆教习评阅洋文亦无大谬，俱堪造就。

理合奏明请将楷臣、札隆阿、倪世熙、王懋煃、王师炎、谢有熊、崔宝煌、陈兆霖、冯宝璀、杨佑、董长锐各给予翻译生，张树藩、马光援、周庆慈各给予监生，谢有鋆、贺建寅、马朝福系属附生，应请作为附贡生。其附贡生许国钧、贺建声、监贡生许国铭均请以县丞用，监贡生联瑞拟请以七品笔帖式用，分部八品笔帖式监生黄恩尧、煦增、黄瀚、补用八品笔帖式翻译生员柏山、分发补用七品笔帖式附贡生张天民，均请俟补缺后以主事用。以上二十六名，俱准其一体乡试。至潘恩荫一名系属举人，拟请以知县用。

此次考取英、俄、东三馆学生二十七名，仍饬在馆学习，不可稍有疏懈，以期学益深粹。其余未经考取之学生，查其优劣，分别去留，以示劝惩。

所有同文馆三年期满照章考试三馆肄业诸生，分别酌拟奖励缘由，是否有当。谨合词恭折具奏。伏乞皇太后、皇上圣鉴，饬部核议。遵行。谨奏。①

十二月十九日，公会衔广东巡抚德寿奏报广东筹解新定一期赔款情形，下部闻。曰：

窃准行在户部咨：新定赔款数巨期迫，亟宜合力通筹，分派摊还，等因。当经转行遵照。查新定赔款，广东省奉派银二百万两，前经江、

---

① 中国第一历史档案馆藏：《朱批奏折》，档号：04-01-38-0189-008。又，中国第一历史档案馆藏：《录副奏折》，档号：03-7211-018。

鄂督抚臣会同奏准减解三成,下余七成,上半年解二成,下半年解五成。嗣奉准军机处、户部迭次来电:此次赔款应按拨定十成原数,匀作十二次,先期解交沪道,不能核减三成。本年十二月二十二日,即第一次付款之期,应按月分匀赶紧筹解。自应遵照办理,此次派还赔款为数甚巨,本省拟筹各款甫经议办,均未收有现银,而十二月一期为日甚迫,各库早经悉索一空,又无可挹注腾挪,筹垫俱穷,万分焦灼,计惟有先向商号挪借应急,免误要需。

查本省原派银二百万两,匀作十二次,每次应解银一十六万六千六百六十六两,末次解银一十六万六千六百七十四两,以符原拨之数。兹向商号订借银一十六万六千六百六十六两,作为本年十二月第一次应付之款,即交商号源丰润等号汇兑至沪,限于十二月二十日以前解赴江海关道衙门投纳,转交银行,备还赔款。据广东布政使丁体常等详请奏咨前来。臣等覆核无异,除分咨外,谨会同缮折具陈。伏乞皇太后、皇上圣鉴。谨奏。①

同日,公又奏报潮桥官运局经征课饷照额全完一事,下部闻。曰:

窃查粤东课饷,统归次年岁底奏销,酌定经征、督征各官年月,核算考成造报。又,潮桥各埠引饷,于光绪十五年三月间奏明改章设立官运局,委员经理。兹据两广盐运使国钧详称:光绪二十三年分,省河潮桥各埠额征引饷、余费、场课、包税及关、桥、厂税并罚赎充饷等项,共银六十三万九千三百三十三两五钱九分二厘,另抽零截尾溢银六厘,内除省河各埠光绪二十三年分额征引饷、场课并潮属应征场课,共银五十一万二千九百一十八两七钱四分四厘,已于光绪二十四年十二月内照数全完造报。其潮桥各埠光绪二十三年分额征饷银一十二万六千四百一十四两八钱五分四厘,又引饷部饭银一千八百九十六两二

---

① 台北故宫博物院藏:《军机及宫中档》,文献编号:408003406。又,中国第一历史档案馆藏:《录副奏折》,档号:03-6697-018。

钱二分三厘,又均捐铜斤水脚银九百八十七两六钱七分九厘,统共计银一十二万九千二百九十八两七钱五分六厘。兹据官运局委员开报全完数目前来,所有收支细数并经征、接征各官职名、全完数目,俱已分晰列册声注,等情,详请核办前来。

  臣查光绪二十三年分潮桥引饷,遵照趱限,应自光绪二十五年十月初一日起至光绪二十六年闰八月底止,连闰以十二个月为一年核算考成,所有督征、督辖、经征、接征各官职名、全完数目,俱已据司列入册内分晰开报。其四柱册开管、收、除、在各项数目,臣覆加核对,俱属相符。除册送部查核外,理合恭折具陈。伏乞皇太后、皇上圣鉴,敕部议覆施行。谨奏。①

是日,公又会衔广东巡抚德寿奏报光绪二十七年夏季分广东省委署州县各缺,下部闻。曰:

  窃照各省州县无论奏调、委署、代理,钦奉上谕,着每届三个月汇奏一次,等因。钦此。钦遵在案。兹据广东布政使丁体常详称:光绪二十七年夏季分,出有香山县知县刘盛芳署事期满,遗缺以候补知县沈毓岱署理。又,署海丰县知县刘能署事期满,遗缺以候补知县邹冀清署理。又,委署龙川县知县张宜因病缴委,遗缺以截取分发知县李宗膺署理。又,海康县知县朱念祖因事撤任,遗缺以试用知县祥林署理。又,署陆丰县知县程璟光据报丁忧,遗缺以候补通判张士彦署理。又,署罗定直隶州知州杨镇荣因病开缺,遗缺以补用同知陈寿椿署理。又,和平县知县郭寿鏊禀求交卸,遗缺以候补同知陈图署理。

  又,委署长宁县知县李有益据报病故,遗缺以拔贡试用知县戴式藩署理。又,署灵山县知县邓景临署事期满,遗缺以试用知县俞煐署理。又,署兴宁县知县孙祖华因案撤参,遗缺以准补新宁县知县冯如

---

① 台北故宫博物院藏:《军机及宫中档》,文献编号:408003408.又,中国第一历史档案馆藏:《录副奏折》,档号:03-6418-014。

衡署理。又,代理昌化县知县于德松代理期满,遗缺以大挑知县尹沛霖署理。又,署新宁县知县蒋希曾署事期满,遗缺以题补兴宁县知县王克鼎署理。又,署吴川县知县任玉衡署事期满,遗缺以试用通判荣勋署理。又,封川县知县钟德瑞奉行撤任,遗缺以候补知县吴懋勋署理。又,署新安县知县查荣耀署事期满,遗缺以试用知县刘骏声署理。

又,合浦县知县邓倬堂调帘,遗缺以连平州知州张卿云代理;所遗连平州知州缺,以候补直隶州知州徐仁杰代理。又,乐昌县知县刘镇寰调帘,遗缺以候补同知黄应昌代理。又,翁源县知县刘永椿调帘,遗缺以候补知县贾培业代理。又,英德县知县吕光琦调帘,遗缺以即用知县阳颙代理。又,大埔县知县范宗莹调帘,遗缺以即用知县陈维伦代理。所有光绪二十七年夏季分委署直隶州知州、知县各缺,详请具奏前来。臣覆查无异,理合恭折具陈。伏乞皇太后、皇上圣鉴。谨奏。①

同日,公又会衔广东巡抚德寿、广东学政文治奏报甄别教、杂各官劾不及数一事,下部闻。曰:

窃照定例教职、杂职,年终汇咨甄别不及百之二三,令该督抚等专折具奏,等因。伏查广东省教职一百八十二员,每年应劾四员;佐杂三百八员,每年应劾六员。本年教职参劾、分发委用恩贡就职教谕云逢骥、顺德县训导梁迪修、海康县教谕签升韶州府教授韩河澂、徐闻县教谕钟应勋、遂溪县训导吴龙光、和平县教谕王开瑞、广州府教授曾苏,共七员,业已足额;佐杂参劾前署从化县典史事试用巡检方邦铭、连平州忠信里司巡检朱锡荣、兴宁县典史傅克明、潮阳县吉安司巡检任启勋、电白县沙塑司巡检杜恩培,共五员,尚未足额,此外现无应行甄别

---

① 台北故宫博物院藏:《军机及宫中档》,文献编号:408003413.又,中国第一历史档案馆藏:《录副奏折》,档号:03-5414-040.

之员。据藩司丁体常会同臬司吴引孙①详请具奏前来。

臣等覆查无异，除督率司道转饬该管府州厅再行严密查察，如有应劾之员，随时据实办理，另行咨部外，所有光绪二十七年分广东省甄别佐杂各官劾不及数缘由，臣等谨会同提督广东学政臣文治②，合词恭折具陈。伏乞皇太后、皇上圣鉴。谨奏。③

同日，公又会衔广东巡抚德寿奏报黄江税厂第十五次征收加倍，并请将经收厂税之员照案奖叙，下部闻。曰：

窃照肇庆府黄江税厂有闰之年应征正税银一万二千八百八十六两六钱九分五厘，院、司养廉银三百八十六两六钱一厘，羡余银一万七千六百六十六两三钱一分一厘，加征盈余银二万两，桥羡银一万两，共额解银六万九百三十九两六钱七厘。

兹据广东藩司丁体常会同善后局司道详称：光绪二十六年五月二十二日起至二十七年五月二十一日止，第十五次有闰一年期满，征收

---

① 吴引孙（1851—1921），字福茨，祖籍安徽歙县，改籍江苏仪征县。同治十二年（1873），拔贡。同年，以七品小京官于刑部浙江司行走。光绪四年（1878），捐纳额外主事。五年（1879），中式举人，考取军机章京，兼总办秋审处。七年（1881），保刑部候补主事。九年（1883），补湖广司主事，升贵州司员外郎。十二年（1886），考试汉御史奉旨记名，以御史用，充军机帮领班章京、领班章京，历充方略馆协修、纂修、收掌提调等差，并派兼充总理各国事务衙门章京上行走。十四年（1888），京察一等，以道府用，补授浙江宁绍台道。十六年（1890），兼办宁镇海防营务处，总理镇海南北岸炮台事务。二十五年（1899），补授广东按察使。二十八年（1902），总理广东省城武备学堂事宜。同年，补授甘肃新疆布政使。三十年（1904），到新疆布政使任，总理全省营务处。三十一年（1905），署理甘肃新疆巡抚；九月二十一日，接赴署任。三十三年（1907），补安徽布政使，调补福建布政使。同年，再调湖南布政使。三十四年（1908），丁母忧，回籍守制。宣统二年（1910），服满起复，补授浙江布政使。民国元年（1912），充国民协会参事。十年（1921），卒。有《自述年谱》等行世。
② 文治，生卒年不详，费莫氏，字叔平，满洲镶红旗人。同治四年（1865），中式进士，改庶吉士。十年（1871），授翰林院编修。光绪元年（1875），补詹事府少詹事。十年（1884），升鸿胪寺卿。十一年（1885），充甘肃乡试考官。十三年（1887），补詹事府詹事，授内阁学士。二十年（1894），充福建乡试考官。二十二年（1896），迁兵部右侍郎。二十四年（1898），授会试副考官。二十五年（1899），放浙江学政。二十六年（1900），授广东学政。
③ 台北故宫博物院藏：《军机及宫中档》，文献编号：408003410。又，中国第一历史档案馆藏：《录副奏折》，档号：03-5414-045。

税银十二万九千一百十六两四钱二分五厘,又由罗定桂皮地税项下划还该厂税银六千四百七十八两六钱八分七厘,共征银十三万九千五百九十五两一钱一分二厘。除支销厂用不及一成银一万二千五百二十四两九钱九分外,实解司库银六万九百三十九两六钱七厘,系归额征之数。又解善后局银六万二千一百三十两五钱一分五厘,即属长征之数。又,桥羡及加征盈余项下解足一万二千两,照案归入并计,共溢解银七万四千一百三十两五钱一分五厘,已多于新增六万二千两之数,造具收支清册详请咨部,并请将该厂委员三品衔候选知府高州府通判程先进照章奏奖。

再,桂皮地税一项,前已改由罗定桂税局委员泾解司库兑收,毋庸由厘务局转解。所有本届应划还桂税银六千四百七十八两六钱八分七厘,已由司照数支出,移解善后局查收,划抵该厂正税,等情。前来。

臣等伏查该厂第十五次征收税银加倍,核与历次奏销请奖之案相符。合无仰恳天恩,俯准将广东三品衔候选知府高州府通判程先进俟补知府后以道员用,以示鼓励。除将清册履历咨部外,谨合词恭折具奏。伏乞皇太后、皇上圣鉴,训示。谨奏。①

是日,公又开单②奏报两广司、道等官年终密考,曰:

窃照每届年终各省督臣例应将所属司、道、府及提、镇各官出具切实考语,密行陈奏。现届年终,自应循例办理。臣自莅任以来,于所属两省司、道、府及提、镇各官随时留心察看,近者于言论考其学识,远者于公牍察其措施,更证以事功,参诸舆论,谨各加具切实考语,密缮清单,恭呈御览。伏乞皇太后、皇上圣鉴。

再,广东惠潮嘉道、雷琼道,广西左江道、右江道、平乐、柳州、思

---

① 台北故宫博物院藏:《军机及宫中档》,文献编号:408003407。又,中国第一历史档案馆藏:《录副奏折》,档号:03-6513-057。
② 此清单查无下落,待考。

恩、泗城、镇安等府知府及广西提督，广东碣石、琼州、南韶连，广西右江等镇总兵，或已奉升调，或尚未到任，或因案撤参，实缺均未在任，例不加考。合并声明。谨奏。①

同日，公又会衔广东巡抚德寿奏报督办商务大臣李征庸病殁，并请量加恩恤，曰：

窃据督办四川矿务、商务大臣头品顶戴三品卿衔李征庸家属禀称：伊家主李征庸于上年遵旨来粤劝办南洋各处赈捐，业经奏报在案。兹于光绪二十七年十二月十三日在广东省城差次病殁，理合具报，并将钦差督办四川矿务大臣关防一颗、先后所奉朱批折、片九件并李征庸遗折一扣，呈请代为分别呈缴前来。

臣查李征庸由进士改官部曹，选授广东知县，嗣以道员经历两江督臣刘坤一、两湖督臣张之洞奏保人材，送部引见，奉上谕赏给三品卿衔；又因报效大学堂经费银二万两，蒙恩赏给头品顶戴。旋奉钦派办理四川矿务、商务，准其专折奏事。二十六年十月，奉旨派赴南洋一带督办秦晋赈捐，兼办顺直赈捐，督同伊子广东候补道李准，殚力筹劝，计共收集捐款实银一百八十余万，陆续分别报解。李征庸办事切实，于商民信义相孚，前后劝集山东、江苏、河北等处赈捐，并计不下六七百万，裨益饷项，惠济灾黎，实非浅鲜；并因遵旨筹垫江苏徐海赈捐十万两，山东、江苏工赈银四十万两，两次钦奉上谕传旨嘉奖。此次来粤筹劝，尤为殚厥心力，于差次病殁。该大臣历年筹集巨饷，颇著勤劳，应否量加恩恤，出自逾格鸿慈。

除将缴到钦差关防一颗、朱批折片九件咨送军机处查核外，谨会同广东巡抚臣德寿，恭折具奏，并将李征庸遗折代为呈进。伏乞皇太

---

① 台北故宫博物院藏：《军机及宫中档》，文献编号：408003412。又，中国第一历史档案馆藏：《录副奏折》，档号：03-5518-041。

后、皇上圣鉴。谨奏。①

【案】此奏旋于光绪二十八年正月二十五日得旨允行,《光绪朝上谕档》载曰:

光绪二十八年正月二十五日,内阁奉上谕:陶模奏,办理矿务赈捐大臣病殁差次一折。督办四川矿务头品顶戴三品卿衔李征庸,前后劝办赈捐,集款甚巨,裨益饷项,惠济灾黎,素著勤劳,前在差次病故,自应量予恩施,李征庸着照三品卿衔例赐恤。该衙门知道。钦此。②

同日,公又附片奏请开去莫善积都司底缺,下部闻。曰:

再,据记名总兵、广东南韶连镇右营都司莫善积禀称:都司系广东茂名县人,由武童递保都司,准补南韶连镇右营都司;续保副将,于上年剿办惠州土匪迭获胜仗出力案内,保奏免补副将,以总兵记名简放,并请赏加勇号。光绪二十七年六月初五日奉朱批:着照所请。钦此。并蒙赏给威勇巴图鲁名号。现带喜字营勇查办增城等县乡匪,未能前赴都司本任,恳请开去南韶连镇右营都司缺,以记名总兵仍留两广差,等情。前来。

查莫善积历年带勇查办匪乡,深资得力。兹请开都司底缺,俾免悬旷,合无仰恳天恩俯准莫善积开去南韶连镇右营都司底缺,以记名总兵留粤差遣。如蒙俞允,所遗南韶连镇右营都司系陆路部铨之缺,粤省现有尽先人员,请留外补。谨附片具陈。伏乞圣鉴,饬部核覆。谨奏。③

---

① 台北故宫博物院藏:《军机及宫中档》,文献编号:408003409.又,中国第一历史档案馆藏:《录副奏折》,档号:03-5412-040.
② 中国第一历史档案馆编:《光绪朝上谕档》第28册第25页,广西师范大学出版社,1996。
③ 台北故宫博物院藏:《军机及宫中档》,文献编号:408003407-0-A.又,中国第一历史档案馆藏:《录副奏片》,档号:03-5953-047.

是日，公又附片奏请展缓校阅旗绿各营，曰：

再，案准兵部咨，光绪二十七年正月初四日奉上谕，本年轮应查阅营伍之期，广东即派陶模认真查阅，等因。钦此。当以广东省校阅营伍向章秋后举行，先经分行旗、绿各营一体遵照在案。乃入秋以后，微臣喘恙渐发，日渐增剧，委顿异常，叠荷圣慈赏假调理，迄今尚未就痊。所有应阅广东省旗、绿各营，合无仰恳天恩展缓至光绪二十八年再行认真校阅，以昭慎重。除咨行各营切实操练，并咨部查照外，理合附片具陈。伏乞圣鉴，训示。谨奏。①

同日，公又会衔广东巡抚德寿附片奏请将副将高朝谱革职，下部闻。曰：

再，准广东陆路提督邓万林咨称：卸带立捷军尽先补用副将高朝谱，被归善县例贡生黄鸣冈呈控羁押无辜，勒诈银两，咨请提究；并据高朝谱禀揭陆路提督邓万林克扣饷银等情。当经檄饬广东营务处司道提案研讯。

兹据该司道等禀称：提集高朝谱及原告例贡生黄鸣冈等质讯，高朝谱于光绪二十六年十月，凭线拿获会匪黄亚茂之父黄鹤楼，押令将其子黄亚茂交案，尚非羁押无辜。其勒诈银两，亦尚讯无确实证据。惟高朝谱所控陆路提督邓万林克扣饷银一事，始则称存有扣饷单帐可凭，既②则称已由提督邓万林托人向其说和，交还所扣饷银三千余两，扣饷单帐已交经手说和之人收回，等语。供词极为狡展。控关营官禀揭本管提督克扣饷银，虚实均应彻究，岂容私自说和了事！相应请旨将广东尽先补用副将高朝谱暂行革职，以便严讯实情，分别究办。谨

---

① 台北故宫博物院藏：《军机及宫中档》，文献编号：408003407-0-B. 又，中国第一历史档案馆藏：《录副奏片》，档号：03-6037-073。

② "既"当为"继"之误。

会同广东巡抚臣德寿,附片具陈。伏乞圣鉴,训示。谨奏。①

同日,公又附片奏报刘其光试用期满甄别情形,下部闻。曰:

再,前准部咨:无论何项出身,凡系补缺应行具题者,试用期满,由督抚详加甄别,专折具奏,等因。历经遵办在案。兹查大挑试用知县刘其光,福建闽县附生,应光绪十四年戊子科本省乡试,中式第九十九名举人。二十四年戊戌科大挑一等,以知县用,签分广东。光绪二十六年三月二十七日,到省试用,已满一年,例应甄别。据藩、臬两司详加察看,具详请奏前来。臣等覆加察核,该员刘其光识见明通,堪膺民社。除将该员履历册送部外,谨会同附片具陈。伏乞圣鉴。谨奏。②

是日,公又附片奏报徐淦等试用期满甄别情形,下部闻。曰:

再,查候补捐纳试用知县到省一年期满,例应考察甄别具奏,历经遵办在案。兹查有候补知县徐淦,年强识稳;新海防试用知县阎梦谷,朴实无华;新海防试用知县吴祖荫,才识敏练;新海防试用知县俞旦,练达有为;新海防试用知县徐元英,老成干练;新海防试用知县王亘,谨饬勤明,均经详加考察,堪膺民社。据藩、臬两司具详前来。除将各该员详细履历开单咨明吏部外,臣等谨附片具陈。伏乞圣鉴。谨奏。③

同日,公又附片奏报何炳修调署文昌县知县,下部闻。曰:

再,文昌县知县刘曾枚调省查办,遗缺查有徐闻县知县何炳修,历事精勤,堪以调署。该员任内并无盗劫已起四参之案。据藩、臬两司

---

① 台北故宫博物院藏:《军机及宫中档》,文献编号:408003407-0-C.又,中国第一历史档案馆藏:《录副奏片》,档号:03-7419-042.
② 台北故宫博物院藏:《军机及宫中档》,文献编号:408003410-0-A.又,中国第一历史档案馆藏:《录副奏片》,档号:03-5414-046.
③ 台北故宫博物院藏:《军机及宫中档》,文献编号:408003410-0-B.又,中国第一历史档案馆藏:《录副奏片》,档号:03-5414-042.

会详前来。除饬遵外，臣等谨附片具陈。伏乞圣鉴。谨奏。①

同日，公又附片奏销征收西税船头银数情形，下部闻。曰：

再，粤西应征西税银两，例应按年造册奏销。兹据粤西盐法道厂敏详称：光绪二十五年分应征西税银四万七千五百一十四两六钱三分八厘、船头银一百零四两，共银四万七千六百一十八两六钱三分八厘，委员在于梧州设卡征收。计自光绪二十五年三月初一日起至二十六年二月底止，一年期满，共征西税银三万二千三百二十两零三钱二分零八毫三丝、船头银八十九两七钱七分九厘九毫三丝，共银三万二千四百一十两零一钱零七毫六丝。又在南宁、永淳、贺县、怀集、昭平五卡自光绪二十六年三月初一日起至二十七年二月底止，均经一年期满，共征弥补二十五年分西税银一万五千一百九十四两三钱一分七厘一毫七丝、船头银一十四两二钱二分零七丝，共银一万五千二百零八两五钱三分七厘二毫四丝，归并梧卡二十五年所征之银合算，统共征西税、船头银四万七千六百一十八两六钱三分八厘，业已照额全完，遵照奏案，概留梧州厘局拨充军饷，已提拨解过边防各营军饷银四万四千三百九十九两一钱八分一厘四毫一丝一忽五微，应由善后报销总局归入报销案内造报。尚余西税、船头银三千二百一十九两四钱五分六厘五毫八丝八忽五微，俟梧局委员禀报拨充银数，再行分晰造报，等情。详请核办前来。

臣覆加查核，数目相符。除册送部查核外，理合附片具奏。伏乞圣鉴。敕部核覆施行。谨奏。②

---

① 台北故宫博物院藏：《军机及宫中档》，文献编号：408003413-0-A.又，中国第一历史档案馆藏：《录副奏片》，档号：03-5414-053。
② 台北故宫博物院藏：《军机及宫中档》，文献编号：408003408-0-A.又，中国第一历史档案馆藏：《录副奏片》，档号：03-6513-058。

是日，公又附片奏报粤东盐引督销全完一事，下部闻。曰：

　　再，查粤东盐引统归次年岁底奏销，酌定经管督销各官年月，核算考成，按年造报。又，潮桥各埠引饷于光绪十五年三月间奏明改章设立官运局，委员经理。兹据两广盐运使国钧详称：光绪二十三年分，广东、广西及湖南郴州、桂阳州、江西南安府、赣州府、宁都州、福建汀州府、贵州黎平、古州各府州县，原额销盐引六十万五千八十三道六分六厘零，又余盐改引一十七万六千六百九十五道，广西省羡余增引三万二千七百三十二道，通共引八十一万四千五百一十道八分六厘零，内省河改纲各埠共额销盐引六十万九千一百五十二道七分七厘零，已于光绪二十四年十二月内照数全完造报在案。

　　尚有潮桥各埠额销光绪二十三年分盐引二十万五千三百五十八道零八厘七毫九丝九忽六微九纤五沙零三埃五渺四漠，兹据该局委员开报各属督销全完前来。合将各州县全完数目分晰造报。再，光绪二十三年分潮桥盐引遵照展限，应自光绪二十五年十月初一日起至光绪二十六年闰八月底止，连闰以十二个月为一年，按照实在督销各官核算考成。又，本届奏销各州县职名系缴到册籍造报，合并声明，等情。详请核办前来。

　　臣覆核无异，除册送部查核外，理合附片具奏。伏乞圣鉴，敕部议覆施行。谨奏。①

同日，公又附片奏报动拨库款备还赔款情形，下部闻。曰：

　　再，准行在户部咨：新定赔款数巨期迫，亟应合力通筹分派摊还一折内开：应令各省关将应解部库西征洋款改为加放俸饷一款，抵闽京饷改为加放俸饷一款，京官津贴改为加复俸饷一款，旗兵加饷一款，加

---

① 台北故宫博物院藏：《军机及宫中档》，文献编号：408003408-0-B。又，中国第一历史档案馆藏：《录副奏片》，档号：03-6475-011。

增边防经费一款，有漕省分解部漕折一款，以上约共银三百余万两，全数提出，留还赔款，等因。又准户部来电：前奏腾出各款，如加放俸饷、加复俸饷、旗兵加饷、旧案漕折、新增边防经费等项，各该省向有应解数目，宜按应解之数匀分十二次，先将第一次银数于十二月二十以前汇沪，以后均按月先期解沪，勿误还期，等因。当经转行遵照。

查广东省每年应解西征洋款改为加放俸饷，除留还四国洋款外，尚应解部银一十万两。又，京官津贴改为加复俸饷七千八百两，旗兵加饷一十万两，新增东北边防经费一万六千两，以上每年共银二十二万三千八百两，匀分十二次，每次应解银一万八千六百五十两。今于光绪二十七年加放俸饷项内拨银一万八千六百五十两，作为本年十二月第一次应解银数，于十二月初六日发商号协同庆等汇沪，限于十二月二十日以前解赴江海关道衙门投纳，转交银行，备还赔款。据广东布政使丁体常详请奏咨前来。臣等覆核无异，除分咨外，谨合词附片具陈。伏乞圣鉴。谨奏。①

同日，公又附片奏请方朝杰调署饶平县知县，下部闻。曰：

再，署饶平县知县何斌期满遗缺，查有准补四会县知县方朝杰，办事精勤，堪以调署。该员任内并无盗劫已起四参之案。据藩、臬两司会详前来。除饬遵外，臣等谨附片具陈。伏乞圣鉴。谨奏。②

是日，公又附片奏报勒追知县童立喆征存米谷，下部闻。曰：

再，据广东布政使丁体常、督粮道周开铭会详称：查有前任长乐县另案参革知县童立喆，征存米五百六十余石，短交谷六百九十余石，迭

---

① 台北故宫博物院藏：《军机及宫中档》，文献编号：408003406-0-A. 又，中国第一历史档案馆藏：《录副奏片》，档号：03-6697-019.
② 中国第一历史档案馆藏：《录副奏片》，档号：03-5412-008.

经严催,未据完解,请奏参勒限严追前来。相应请旨饬将前任昌乐县另案参革知县童立喆勒限四个月内,将征存米谷照数完解。倘逾限不解,或解不足数,再行查明从严参办。所有勒追知县征存米谷延不完解缘由,谨合词附片具陈。伏乞圣鉴。谨奏。①

同日,公又附片奏报委令信勤等署理道篆,下部闻。曰:

再,雷琼道缺查有现任高濂钦道信勤,持躬循谨,练达有为,堪以调署。所遗高濂钦道篆务,查有现护雷琼道事补用道候补知府秦炳直,老成持重,抚驭勤能,堪以署理;未到雷琼道任以前,即着琼州府知府刘尚伦暂行兼护。除分檄饬遵外,臣等谨合词附片具陈。伏乞圣鉴。谨奏。②

十二月二十二日,外务部来咨曰:

为密咨事。据美国檀香山合埠华人何宽等禀称:窃商等近阅中西各报,有葡人要索香山,欲占据附近澳门各乡之事云云,请迅电外务部,力拒下情,理合具禀察夺等情,到本大臣。据此,查此案前据金山华商公电询,准贵部堂电复,并无明文在案。今该商等又以报载要索情事,请电力拒,究竟有无其事?相应密咨。为此合咨贵部堂,请烦查照密察备查施行。须至咨者,右咨两广总督部堂陶。③

十二月二十四日,公致函外务部曰:

案据护理广东雷琼道秦炳直申称:以准法国驻扎雷琼署理领事官

---

① 中国第一历史档案馆藏:《录副奏片》,档号:03-6321-005。
② 中国第一历史档案馆藏:《录副奏片》,档号:03-5412-022。
③ 台北"中央研究院"近代史所藏:《外交档案》,馆藏号:02-15-001-01-011。

白兰照会到任视事日期,业经咨行查照及饬该护道照会新关税务司查照向章办理去后。兹据复称:遵经照会税务司查复,现准阿税务司复称:查现署驻琼法领事官白兰实系法国真正官员,署理雷琼领事官篆务,等由。照复前来。护道复查无异,理合具文申复察核等由。到本部堂。据此,除行广东藩、臬二司移行查照外,相应咨明。为此合咨贵部,谨请查照施行。①

同日,公又致函外务部曰:

案照西洋国特派办理交涉全权大臣柏使行抵澳门,不日启程前赴北京。昨于光绪二十七年十一月初九日接广州口代理西洋国总领事照会,业经另文咨呈贵部察照。查柏使未来以前,中外各处新闻纸早已遍传,咸谓该使此次来华系为推广澳门界址起见,并有索租香山县地之谣,远近人心惶惑滋甚。据旅美华商联名电请力拒,并据广州口法国领事以此事面询,当告以现尚未接明文,倘该使此来仅为勘立澳门旧界,自当斟酌办理,如欲扩充租地,则中国万不能迁就,等语。现在柏使业已行抵澳门,不日北上,是中外传言未始无因。近年以来,葡人屡在澳门附近之大、小横琴各岛建设兵房,又在关闸外设立路灯,意图朦混侵占,节经各前部堂援约驳阻,并先后咨呈总理衙门在案。其觊觎内地膏腴,蓄意侵夺,已非一日,徒以中葡条约载有未经定界以前,一切事宜俱照依现时情形勿动,彼此均不得有增减改变之事,等语。未敢公然违约,肆行占据。此次乘北事初定之后,遽派全权使臣前来,居心极为叵测。际此时艰孔急,列强环伺,一经迁就,各国必群起效尤,势难遍应,惟有竭力坚持,尚可自立,且环近澳门水陆各地均属险要之区,香山一县更为膏腴之地,尺寸在所必争。柏使抵京后,如果有所要求,务请贵部设法驳阻,始终坚持,以维大局而杜后患。如彼

---

① 台北"中央研究院"近代史所藏:《外交档案》,馆藏号:02-08-011-01-008。

以会订界址为言,亦当与之订明按照现时管理之地勘立界址,不得稍有逾越,使彼不能肆其狡谋,他国自无可借口。此事关系重要,必须先事豫筹,以备临时因应,相应备文密咨。为此咨呈贵部,谨请察核施行。①

同日,外务部来电曰:

马市墟一案,接驻法裕使来电,法外部催办甚急,凶犯已否缉获?希将现办情形电复。外务部。敬。②

十二月二十五日,公会衔巡抚德寿致电外务部曰:

外务部钧鉴:"敬"电谨悉。始兴马市墟案,迭经电饬严催勒缉。兹据该处镇、道、州、县电禀,事在深夜,附近居民毫无闻见,凶犯迄无踪迹,已悬赏二千五百两购拿,并派员弁雇募线人,分投侦缉。始兴倪令已撤任留缉,另委知县陈柏候驰往接署。模、寿。有。③

同日,公又致外务部咨呈曰:

头品顶戴兵部尚书兼都察院右都御史总督两广等处地方军务兼理粮饷陶,为咨呈事。现据香山县恭都属绅士附贡韦振藻,恩贡吴家珏,副贡鲍文镳,附贡容其珖,江苏候补知县韦勋廷,河南候补知县吴应奎,广东补用副将杨永清,大挑教谕吴国贤、杨镇洪,封职容汝滔,举人杨应麟、容鹏翔,武举吴殿瑛,附生杨应銮,附贡吴振鹏,附生韦兆霖,附贡刘芳英、杨训立,附生吴庆光、韦绍康、郑朝举、张朝绅、容国

---

① 台北"中央研究院"近代史所藏:《外交档案》,馆藏号:02-15-008-01-002-1.
② 中国第一历史档案馆藏:《电报档》,档号:2-02-12-027-0820.
③ 中国第一历史档案馆藏:《电报档》,档号:2-04-12-027-0101.

第五编 两广总督时期

大、杨起鹗、吴家鼐、张振煌、吴乃幹、容联芳、武生杨桂联、陈瑞堂、汤进祺、京职杨文锐,职员杨履祥、吴志韶、容绍端、郑国琛、杨文盛、陈明宗、林树芳、杨志钊、黄宗佑、郑彦庄、杨玉衡、杨进垣,监生陈维芳、陈大光、徐郴、杨文璁、鲍其荣、杨国瑞、黄继曾、吴家苏、张有炼、吴华琛等禀:为划界纷传,事关切近,谨将实在情形具呈,察核办理,以弥隐患而保边隅事。

窃维履霜之屑,寒于坚冰;未雨之鸟,感于漂摇。去月间,港报载称,葡国欲推广界址至香山,并在附近增筑炮垒。近又称葡使布兰羔于十月抵港来中,订划澳门界址,等语。以致附近居民互相惶恐。虽属传说,而事关切已,中情焦灼,不得自安缄默,谨筹利害,为仁宪陈之。

查澳门自前明嘉靖时经葡人占居,岁输租课。迨至国初,改岁课为地租。至道光季年,并此项银两亦不交纳。国家怀柔,天覆曲示羁縻,于光绪十三年因洋药税厘并惩一案须澳门会办,遂将澳门改归葡国永远居住。其所订条约,经前两广张督宪查奏,有七可虑、五补救之说;于划界一款,筹策尤为备至。缘澳门原以围墙为界,三巴门、水坑门、新开门旧址具在,不能逾越以外,附近村落数十余乡,其最近者,陆路莫如恭都之前山、白石、翠微、北岭等乡,水路则北山乡、南屏乡及湾仔埗、银坑、沙蚝、田环等处,土地广衍,人民蕃盛。今葡人狡然思启,又欲推扩地界,倘遂要求,其患有不胜言者。

恭都所属田土不下千余顷,税项甚巨,若归葡辖,彼任意征收,民力益形困惫,其患一。澳门附近水陆岛屿星罗棋布,民间庐墓悉在其中,若归葡辖,或筑马路,或建炮垒,任其平毁,谁复能禁?其患二。盗匪向以澳门为渊薮,逋逃、拐骗,案件迭出,然此尚在界内、界外,犹有官法可循。若以附地归其管辖,奸民巧于托庇,四出作奸,势难禁遏,其患三。况澳门为香山县所辖,由陆路可达省城,实为广东海面门户。其附近前山防城与门卡、石角卡、拉搭石炮台、马骝洲、拱北关厂,扼宁最为吃重。葡界其推广,将水陆筹防均行窒碍以言,患害岂为一隅!

夫葡自入澳以来，蓄谋吞并，已非一日。上年已将围墙外旺厦村、龙田村越占，勒收田房租钞，经旺厦绅耆禀诉前两广张督宪委员勘驳有案。现欲推广界外，所求之欲无餍，滋长之患实多。绅等僻处海隅，罔知大计，祸伏积渐，莫释杞忧。所有传说划界事关切近缘由，除禀香山县外，理合具呈，联名叩崇辕，俯赐察核办理，迅赐批示，俾息群疑，以弥隐患而保边隅，实为德便！

又据美国属檀香山合埠华人何宽等禀：窃商等近阅中西报，有葡人要索香山，欲占据附近澳门各乡之事，志在必得。我外务部王大臣得接照会，未知如何设施。然葡人远在欧洲，来者不易，其国之大不及我两郡之地，其民之众仅得数百万之多，其兵皆窳败而不可用，其人皆骄惰而不能强，战舰数艘，率旧式，致远不能，无足惧也。又，澳中葡兵不及千人，男女统计数仅五千，财力困穷，民气腐败。其所以敢于要求者，盖以我国未能深知彼之虚实，又藉我外交纷纭，乘虚恐喝，求之易得，不劳一兵，故明目张胆，悍然而为之耳。若我坚执成见，不为所愚，则彼无所用其术，而我亦赖以安也。葡人未有公使派驻京师，其照会交涉，多藉意大利公使转达，缘其国穷困，需饷需俸，不能为力，故驻使之设尚虚其人，不然澳门为香山旧地，交涉最多，岂独于公使而靳之澳门？自香港开后，旧有商务为英所夺，彩票闱姓是其生计，而葡京每年必则以筹饷六十万，转解回国，则葡人之不能用兵，可知其国之弱小既如此，其财之困乏又如彼。吾国虽弱，勉出一战，藉振国威，亦匪难也。

去年拳祸，开罪八国，连鸡俱飞，未有分地。今一旦而许葡人，则别国借口无厌，及我独不见日人之割台湾乎？旅顺、大连湾、威海卫、胶州湾相继而即亡矣。甲午之役，丧师失地，例得赔偿，故有台湾之割。而俄、英、德、法诸国犹且接踵而起，铜山、洛钟，东西相应。况今日许葡人，远不如日本之割台湾者乎？其继葡人而来者，将何以应之？是则许葡人区区之地祸犹少，而许葡人以启各国之欲者祸更大也。此日之从违，即大局之存亡所系，政府定自有权衡，商等本无庸稍参末议。第身栖异地，默念宗邦之世变，时深剥床及足之虞。旅顺、大连民怨冲天,九龙归英,连坐失业,鉴于往事,怵其将来,未雨绸缪,用敢力陈。

所有不欲割归葡人,请速电外务部力拒,以保疆土而安民生,理合具禀察夺施行,各等情。到本部堂。据此,查葡人欲索香山县地及欲占据附近澳门各乡,并无明文。惟事关大局,既据各该绅商等以前情具禀前来,相应咨呈。为此合咨贵部,谨请察照。须至咨呈者。右咨呈外务部。光绪二十七年十二月二十五日。①

是年,李鸿章卒,年七十九岁,诏赠太傅,予谥文忠,晋封一等侯爵,入祀贤良祠。

是年,谭钟麟八十岁,张之洞六十五岁,魏光焘六十五岁,饶应祺六十五岁。

光绪二十八年　1902年　六十八岁

是岁,清廷命饶应祺为安徽巡抚;魏光焘兼署云南巡抚。同年,清政府颁布《奏定学堂章程》;蔡元培、章太炎等于上海创立中国教育会,蔡元培任会长;陈独秀等于东京创立青年会;梁启超于日本创办《新民丛报》;张之洞创办湖北师范学堂;山西巡抚岑春煊创办山西大学堂;中俄签订《交收东三省条约》。

正月初三日,公会衔巡抚德寿致电军机处曰:

顷据南雄州电禀称:据始兴县禀称:据马市约绅赖美成等禀报:县属方洞村人曾德章到局投报,闻得该村何利汉即马市教堂被杀工人何金树之父,闻称何金树系被方洞人何章古老、何奎古老杀毙等情,倪令提讯曾德章,所供相符。惟何利汉、何章古老等大约均系教民,禀请转为电禀。卑职当即驰抵该县,迅传何利汉,讯取确供,分别禀报办理。

---

① 台北"中央研究院"近代史所藏:《外交档案》,馆藏号:02-15-008-01-007。

正拟电禀间，据柯教士专人来州，闻得始兴县业已派人前往方洞拿人带县，方洞俱系教民，万不能应允，如果始兴县业已将人拿去，必须卑职一同到县释放，等语。应如何办理之处？乞示祗遵，等情。查如教士等被害，既有何利汉指称系方洞人何章古老等所杀，无论曾否入教，自应提案讯究，已电饬署南雄州关广槐亲往始兴切查审讯，并函请领事电饬柯教士同往观审，即请知照法使。模、寿。江。①

正月初八日，外务部来电曰：

俄雷使函称：俄副将德西诺拟由上海至广州，中间经过口岸几处，请电各大宪照伊职分优待，等语。希转饬各该地方官，以礼接待为要。外务部。庚。②

正月十四日，外务部来电曰：

咨悉。查法比公司请办三水至梧州铁路，由粤省给地听购，路成后仅得一分余利，路权尽失，碍难照办。此事本无允准案据，如不能作罢，可照粤汉铁路办法，由粤派委妥实绅商向该公司借款自造，或饬该公司与盛大臣商办，另订合同，以冀稍收权利，是为切要！希酌核电复。外务部。寒。③

正月十七日，公致电外务部曰：

"寒"电谨悉。比法公司请办之路，由粤派绅商向该公司借款自造固无把握，且恐将来别生枝节，似以由该公司与盛大臣按照粤汉办法

---

① 中国第一历史档案馆藏：《电报档》，档号：2-04-12-028-0024。
② 中国第一历史档案馆藏：《电报档》，档号：2-03-12-028-0012。
③ 中国第一历史档案馆藏：《电报档》，档号：2-03-12-028-0031。

商办较妥,已函达法领事转致该公司,径向盛大臣商订合同,呈候贵部核明奏办,并电盛大臣知照矣。模。筱。①

正月二十日,军机处代大学堂致两广总督电曰:

广州制台陶前辈鉴:奉命管理大学堂,乞以广东学堂办法章程见寄,并请随时函示,余函详。侍熙叩。号。②

正月二十一日,外务部来函曰:

奉旨:据丁振铎电称,苏元春遣勇未缴枪械,兼以滇省广南散勇,合计不下万人,勾合游匪,到处抢劫,道路梗阻,现正派队防剿,难即肃清。据南宁府惠荣来电,各国教士纷纷往来,各等语。散勇游匪勾结作乱,亟应及早扑灭,以靖地方。着陶模、丁振铎、魏光焘、李经羲、邓华熙等迅速派兵,认真防剿,将起事各匪赶紧歼除,克期一律肃清,毋任鸱张为患。至各国教堂教士及民人等,皆应切实保护,着即加意防范,处处保全,切勿大意,致生他变。倘或蔓延贻误,均惟该督抚等是问,并着将地方各情形随时据实电奏。钦此。③

正月二十二日,公致电军机处曰:

"个"电谨悉。广西游匪充斥,昨准丁抚来电,已派安勇两营取道廉州,驰赴南宁,会商该处文武分投助剿,并饬署高廉钦道秦炳直就近节制,乞代奏。陶模。养。④

---

① 中国第一历史档案馆藏:《电报档》,档号:2-04-12-028-0068。
② 中国第一历史档案馆藏:《电报档》,档号:2-03-12-028-0046。
③ 台北"中央研究院"近代史所藏:《外交档案》,馆藏号:02-26-019-01-002。
④ 中国第一历史档案馆藏:《电报档》,档号:2-04-12-028-0084。

正月二十五日，公会衔满洲副都统兴存、广州将军宗室寿荫、广东巡抚德寿、汉军副都统春龄奏报修理旗营兵房银数情形，下部闻。曰：

窃前因广州旗营衙署、兵房日久坍塌，经臣德寿等会同奏请借款兴修，分限扣还，先由藩库借银四万两，声明尚需银三万四千八百两，俟体察情形再行核办，奉朱批：着照所请，户部知道。钦此。当经转行遵照。旋据协领等官查明应修兵房九千三百五十间，共需银七万四千八百两，分作八年在于兵饷项内照数扣还，于二十六年十二月内由广东藩库解过银四万两，业经动工兴修，尚需银三万四千八百两，请饬司续行筹借，经臣陶模饬行司道设法筹措详办去后，兹据广东布政使丁体常会同督粮道周开铭①，遵将所请续借银三万四千八百两于藩库筹足，移解八旗右司兑收，仍照案分限八年在旗营兵饷项内扣还归款，等情。详请具奏前来。

臣等覆查无异。至借给各官修理衙署银一万四千三百二十两，前经奏明援照光绪十五年成案，由旗库筹款，已在旗库喂马用剩项下借银六千两，筹备军装项下借银四千两，赏还马价项下借银四千三百二十两，共借支银一万四千三百二十两，照章亦分作八年，于各官俸银内扣还。合并声明。除咨部查照外，谨合词恭折具陈。伏乞皇太后、皇

---

① 周开铭（1839—1907），湖南益阳县人，廪生。同治元年（1862），中本省乡试举人。四年（1865），中式贡士，改庶吉士。七年（1868），散馆，授翰林院编修。八年（1869），充国史馆协修。九年（1870），补国史馆纂修。十二年（1873），保御史。光绪二年（1876），选武英殿协修。三年（1877），升国史馆总纂、功臣馆纂修、实录馆协修。同年，充会试同考官。四年（1878），授实录馆总校。同年，补授江南道监察御史，署理山东道监察御史，以功保知府，转掌四川道监察御史。是年，充甘肃乡试副考官。六年（1880），署吏科掌印给事中。七年（1881），选贵州思南府知府。八年（1882），三月到任，即调署黎平府知府。同年，赴思南府知府本任。九年（1883），调署黎平府知府。十年（1884），以功赏盐运使衔，充文闱内监试。同年，赴思南府本任。十二年（1886），再调黎平府知府。十四年（1888），调署都匀府知府。十五年（1889），调署铜仁府知府。同年，闻讣丁亲母忧，开缺回籍。十八年（1892），服满起复。十九年（1893），经吏部带领引见，补广东潮州遗缺知府。同年，补琼州府知府。二十年（1894），调补潮州府知府。二十一年（1895），补授广州府知府。二十四年（1898），署广东督粮道。二十七年（1901），迁广东督粮道。三十三年（1907），因病出缺。

上圣鉴。谨奏。①

同日，公又会衔广东巡抚德寿奏报筹解新定赔款第一年第二次银数情形，下部闻。曰：

窃准行在户部咨：新定赔款数巨期迫，亟宜合力通筹，分派摊还，等因。当经转行遵照。查新定赔款，广东省奉派银二百万两，前经江、鄂督抚臣会同奏准减解三成。嗣奉准军机处、户部迭次来电，此次赔款应按拨定十成原数，匀作十二次，先期解交沪道，不能核减三成，等因。自应遵照办理。

查本省原派银二百万两，匀作十二次，每次应解银一十六万六千六百六十六两，末次解银一十六万六千六百七十四两，以符原拨之数。业于光绪二十七年十二月间先向商号挪借银一十六万六千六百六十六两，交商号源丰润等汇解江海关道衙门投纳，作为本省起解二十七年十二月第一次匀还新定赔款之数奏咨在案。现在本省拟筹各款甫经议办，均未收有现银，而此项新定赔款奉行按月匀解，数巨期迫，各库早经悉索已尽，无可腾挪，惟有照案向商号挪借应急，以免贻误。兹再向商号订借银一十六万六千六百六十六两，作为光绪二十八年正月分第二次应付之款，即交商号源丰润等汇兑至沪，限于正月二十日以前解赴江海关道衙门投纳，转交银行，备还赔款。据广东布政使丁体常等详请奏咨前来。

臣等覆核无异，除分咨外，谨会同缮折具陈。伏乞皇太后、皇上圣鉴。再，此项赔款奉行按月匀解，事关大局，无论如何为难，自当按月照数筹解。嗣后按月将起解银数、日期随时咨部查考，仍按半年汇奏

---

① 台北故宫博物院藏：《军机及宫中档》，文献编号：408003417。又，中国第一历史档案馆藏：《录副奏折》，档号：03-6164-048。

一次，以归简易。合并声明。谨奏。①

是日，公又会衔广东巡抚德寿、广西巡抚丁振铎奏报请将两广庸劣不职营员一并革职，曰：

窃照武营积习，各省皆然，两广尤甚。臣抵任后，随事劝诫，随时访查。兹查有广西平乐协副将庄镇藩，办事不公，操守难信；请补广西宾州营参将补用参将文成榜，嗜好甚深，心术巧滑；广西义宁协中军都司庞熙政，年老糊涂，性复贪横；管带福军后营指分广东试用知县刘运文，纵勇滋事，纪律毫无；管驾广东西江巡船尽先补用游击陶梓彰，藉案勒诈，几酿事端；广东澄海营左营守备陈子照，办事颟顸，不洽舆情。均未便稍事姑息，相应请旨将广西平乐协副将庄镇藩、请补广西宾州营参将补用参将文成榜、广西义宁协中军都司庞熙政、指分广东试用知县刘运文、尽先补用游击陶梓彰、广东澄海营左营守备陈子照一并革职，以肃戎行。

除将贪劣末弁另行咨革外，谨会同广东巡抚臣德寿、广西巡抚臣丁振铎，恭折具奏。伏乞皇太后、皇上圣鉴，训示。再，所遗广西平乐协副将等缺，现查两广均有应补人员，应请一并扣留外补。合并声明。谨奏。②

【案】此案于是年二月初九日得旨允行，《光绪朝上谕档》载曰：

光绪二十八年二月初九日，内阁奉上谕：陶模奏，特参庸劣不职各营员，请旨惩办一折。广西平乐协副将庄镇藩，办事不公，操守难信；

---

① 台北故宫博物院藏：《军机及宫中档》，文献编号：408003415。又，中国第一历史档案馆藏：《录副奏折》，档号：03-6697-030。
② 台北故宫博物院藏：《军机及宫中档》，文献编号：408003414。又，中国第一历史档案馆藏：《录副奏折》，档号：03-5953-066。

请补广西宾州营参将补用参将文成榜,嗜好甚深,心术巧滑;义宁协中军都司庞熙政,年老糊涂,性复贪横;管带福军后营广东试用知县刘运文,纵勇滋事,纪律毫无;补用游击陶梓彰,藉案勒诈,几酿事端;澄海营左营守备陈子照,办事颟顸,不洽舆情。均着即行革职,以肃戎行。余着照所议办理,该部知道。钦此。①

同日,公又会衔粤海关监督庄山奏报粤海关报解第四批京饷等款银两情形,下部闻。曰:

> 窃照光绪二十七年分京饷,户部奏拨粤海关洋税银十万两,新增盈余银六万两,又东北边防经费拨粤海关六成洋税银十二万两,又加拨银二万四千两,又筹备饷需拨粤海关四成洋税银十二万两、六成洋税银二十万两,又加放俸饷于粤海关四成洋税每结提银六千两,又另款加复俸饷每年粤海关应解银四万两,又造办处米艇银三万两,内务府广储司公用每年拨粤海关税银三十万两,业经三次报解在案。
>
> 兹筹解光绪二十七年分第四批部库京饷银二万五千两,另加平银三百七十五两、饭银七百二十五两;又新增盈余银一万五千两,另加平银二百二十五两、饭银四百三十五两,统共银四万一千七百六十两,内除解过顺直教案赔款银二万两,给还各国史馆所占民房价值银二万两,实解银一千七百六十。又,东北边防经费原拨银三万两,又筹备饷需四成洋税银三万两、六成洋税银五万两,又加放俸饷四成洋税银六千两,加拨边防经费银六千两,光绪二十五年分另款加复俸饷银一万两,三款合共银二万二千两,内除解过江海关道凑还赔款光绪二十七年十二月二十二日第一期银七千三百三十三两三钱三分四厘外,实解银一万四千六百六十六两六钱六分六厘。又,光绪二十七年造办处米艇银三万两,另加平银四百五十两;又,新增归公加平银七百五十

---

① 中国第一历史档案馆编:《光绪朝上谕档》第28册第46页,广西师范大学出版社,1996。

两，共银三万一千二百两；又，光绪二十七年冬季分广储司公用银七万五千两，另加平银一千一百二十五两；又，新增归公加平银一千八百七十五两、抬费用项银六百两，共银七万八千六百两，内除还怡和银号第十二期洋款本息银三万九千一十七两五钱外，实应解银三万九千五百八十二两五钱。统共银一十九万七千二百九两一钱六分六厘，现由关向西商志成信、协成乾银号如数凑借，先行垫解，随后由税收陆续归还，以资周转，并备具文批，发交该两商号汇解进京投纳。

除咨户部、内务府查照外，臣谨会同粤海关监督臣庄山，恭折具陈。伏乞皇太后、皇上圣鉴。谨奏。①

同日，公又会衔广东巡抚德寿开单②奏报广东省光绪二十七年上半年收解厘金数目情形，下部闻。曰：

窃照广东省厘金收解各数目，向系半年奏报一次。兹查光绪二十七年正月起至六月底止，各厂关共收货厘洋银八十一万八千三百一十一两九钱二分一厘九毫，又收盐厘洋银四万七千八百七十八两一钱一分八厘九毫。据广东布政使丁体常会同厘务局司道造册详请奏咨前来。

臣等覆核无异，除册咨送户部外，谨缮清单，恭呈御览。至盐厘一项改归运司按引抽收，是以清单内不列各厂名目。伏乞皇太后、皇上圣鉴，敕部查照施行。谨奏。③

是日，公又奏报病势难痊恳恩开去实缺，未获允行。曰：

窃臣于光绪二十七年十月初三日因喘病大发，奏请开缺调理，钦

---

① 台北故宫博物院藏：《军机及宫中档》，文献编号：408003419。又，中国第一历史档案馆藏：《录副奏折》，档号：03-6656-034。

② 此清单查无下落，待考。

③ 台北故宫博物院藏：《军机及宫中档》，文献编号：408003416。又，中国第一历史档案馆藏：《录副奏折》，档号：03-6513-064。

奉朱批：着再赏假两个月，毋庸开缺。钦此。天恩优渥，眷注逾恒，微臣自顾何人，虽捐顶糜踵，难报涓埃！惟臣自前次拜折后，寻常日行公事即委藩司代折代行，并嘱随时禀商抚臣办理，业逾三月。去年叠奉谕旨举行新政，如开学堂、改营制等事，皆因臣抱病，尚未办有端倪。又奉钦派阅兵，至今未能简视。各国领事及使臣过境，恒有交涉事件，辄不能接见面商。种种颓废，均足酿患于无形。微臣具有天良，际此时艰，苟稍可支持，敢不遵旨赶紧调理，勉图报称！初拟入春后病证或可渐瘳，奈自屡次咯血，精神大耗，延医服药，竟无功效。

现届春和，气喘迄未稍减，略有言动，气逆尤甚，缠绵床第，累月不能起身，假期既满，自揣痼疾断难速痊。两广任重事繁，非可卧治，倘仍托名报效，敷衍因循，必至贻误，海疆更难挽救，微臣之罪，百身莫赎矣。再四思维，惟有仰恳天恩俯念海疆关系紧要，开去微臣两广总督实缺，简放贤员，及时整顿，为大局计，不容稍缓。而微臣托赖朝廷鸿福，开缺后尽心调治，倘能就痊，当再泥首宫门，求赏差使，断不敢苟耽安逸，自外生成。

所有微臣假期又满，病势难痊，恳恩开缺实缺，迅简贤员，以重疆寄缘由理合恭折具陈，伏乞皇太后、皇上圣鉴，训示，施行。谨奏。①

同日，公又附片奏报盐大使赏那等期满甄别情形，下部闻。曰：

再，广东试用盐大使赏那，正蓝旗满洲福俊佐领下人，由监生报捐盐大使职衔，充会典馆翻译官，全书过半议叙以盐大使分省试用，遵新海防例报捐指省广东，光绪二十五年八月十五日到省。又，试用盐大使金镛，直隶肃宁县人，由附监生报捐盐大使职衔，充会典馆汉誊录，全书过半议叙以盐大使分省试用，签掣两广，光绪二十五年十月初六日到省。又，试用盐大使崔永申，京城正白旗汉军存龄佐领下人，驻防

---

① 台北故宫博物院藏：《军机及宫中档》，文献编号：408003418。又，中国第一历史档案馆藏：《录副奏折》，档号：03-5413-062。

广州,由附贡生报捐盐大使职衔,充会典馆汉誊录,全书过半议叙以盐大使分省试用,遵新海防例报捐指省广东,光绪二十五年十二月初一日到省。均已试用二年期满,例应甄别。据两广盐运使国钧会同广东布政使丁体常具详前来。

臣查赏那文理通顺,金镛年壮才明,崔永申年力富强,均堪以本班留省照章补用。除咨部外,谨附片具陈。伏乞圣鉴。谨奏。①

同日,公又会衔广东巡抚德寿附片奏请将知府黎汝谦暂行革职,下部闻。曰:

再,广东平柜盐埠前于光绪初年因招商难得妥人,改派委员经理,每年应解饷厘裁节等款共银四万余两。近年经办委员均以尽征尽解借口,历年递有短欠。现办平柜埠务委员广东候补知府黎汝谦,自光绪二十七年正月接办,已届二年,仅据解拨饷、厘等款银一万八千余两,短解至二万四千两有余,为数尤巨,难保非有意侵蚀,当此饷需日绌,若不严行惩创,不足以儆其余。

除将黎汝谦撤差严追,一面派员确查短解实情,并查明从前递年欠饷各员,一律分别追缴外,相应请旨将现办平柜盐埠委员三品衔广东候补知府黎汝谦暂行革职,以便勒限严追,仍俟查明有无别项弊窦,再行奏明分别办理。谨会同广东巡抚臣德寿,附片具陈。伏乞圣鉴,训示。谨奏。②

是日,公又附片奏报二次汇解备还赔款情形,下部闻。曰:

再,准行在户部咨:新定赔款数巨期迫,亟宜合力通筹,分派摊还一折内开:应令各省关将应解部库西征洋款改为加放俸饷一款,抵闽

---

① 台北故宫博物院藏:《军机及宫中档》,文献编号:408003414-0-A.又,中国第一历史档案馆藏:《录副奏片》,档号:03-5413-057.
② 台北故宫博物院藏:《军机及宫中档》,文献编号:408003414-0-B.又,中国第一历史档案馆藏:《录副奏片》,档号:03-6581-009.

京饷改为加放俸饷一款,京官津贴改为加复俸饷一款,旗兵加饷一款,加增边防经费一款,有漕省分解部漕折一款。以上约共银三百余万两,全数提出留还赔款,等因。又准户部来电:前奏腾出各款,如加放俸饷、加复俸饷、旗兵加饷旧案,漕折、新增边防经费等项,各该省向有应解数目,宜按应解之数匀分十二次,先将第一次银数于十二月二十以前汇沪,以后均按月先期解沪,勿误还期,等因。当经转行遵照。

查广东省每年应解西征洋款改为加放俸饷,除留还四国洋款外,尚应解部银一十万两;又京官津贴改为加复俸饷七千八百两,旗兵加饷一十万两,新增东北边防经费一万六千两。以上每年共银二十二万三千八百两,匀分十二次,每次应解银一万八千六百五十两,已于上年十二月解过第一次银一万八千六百五十两,赴沪投纳在案。今光绪二十八年正月第二次还期又届,现于二十七年加放俸饷拨银一万一千三百五十两,作为本年正月第一年第二次应解银数,于正月十三日发交商号协同庆等汇沪,限于正月二十以前解赴江海关道衙门投纳,转交银行,备还赔款。据广东布政使丁体常详请奏咨前来。

臣等覆核无异,除分咨外,谨合词附片具陈。再,此项赔款嗣后均查照部章,按月匀解,拟将解过银数、日期半年汇奏一次。合并声明。伏乞圣鉴。谨奏。①

同日,公又附片奏报汇解抵补淞沪货厘银两情形,下部闻。曰:

再,准两江总督臣咨:准行在户部咨:本部循案拨补二十七年厘金各款,附片一件,光绪二十七年二月二十五日奉旨:依议。钦此。咨会查照,核明上年指拨银数拨解,等因。当经转行遵照。查光绪二十六年分准部拨补淞沪货厘案内,系拨广东减平银十万两,当税银六万两,所有光绪二十七年淞沪厘金,自应查照上年奉拨款目、银数,分别拨解

---

① 台北故宫博物院藏:《军机及宫中档》,文献编号:408003415-0-A.又,中国第一历史档案馆藏:《录副奏片》,档号:03-6697-031.

抵补。惟是减平、当税两款现在续收无多，本省司局各库异常窘绌，加以筹拨新定赔款，业已搜索靡遗。惟既准两江总督臣电催速解，大局攸关，只得于万难设措之中竭力筹拨，以济要需。

兹定于十二月二十六日措集银二万两，给交商号源丰润、义善源两号，汇解金陵支应局投纳，作为广东省奉拨光绪二十七年分抵补淞沪货厘之项；下余未解银两及二十五、六等年尾数，容俟库项稍可周转，再行续解。据广东布政使丁体常详请奏咨前来。臣等覆核无异，除分咨查照外，谨附片具陈。伏乞圣鉴。谨奏。①

同日，外务部来函曰：

奉旨：广西边界散勇、游匪勾合作乱，前已谕令陶模、丁振铎等迅速剿办，并将各国教堂教士人等切实保护。近日情形，丁振铎何以尚无续电？现据法国署公使称，有兵官为土匪所害等语。究竟情节如何，此项匪徒猖獗不独地方受害，尤虑酿成边衅，事更棘手。此次遣散之勇多苏元春所部，仍着责成苏元春接统边防各营，驰往该处认真拿办，赶紧扑灭，一切防剿事宜妥为经理。该提督现在行抵何处，着陶模、丁振铎迅即传知，兼程前进，毋稍推迟。仍着该督抚等熟察边情，会商办理，随时电奏。钦此。②

正月二十六日，公会衔广东巡抚德寿奏报征收光绪二十六年上忙钱粮银两数目情形，下部闻。曰：

案准部咨：州县每年应征钱粮银两，除例准留支及实欠在民外，尽数提解司库。下忙限十二月底截清解司银数造册详报督抚，于二十日

---

① 台北故宫博物院藏：《军机及宫中档》，文献编号：408003415-0-B. 又，中国第一历史档案馆藏：《录副奏片》，档号：03-6513-065.
② 台北"中央研究院"近代史所藏：《外交档案》，馆藏号：02-26-019-01-012.

内专折具奏,将原册送部。又准部咨:更定藩司督催钱粮分数考成,自光绪二十四年起,上忙匀为四分,下忙匀为五分征收,其余归奏销前扫数全完。又,各省上、下两忙钱粮于截止后,上忙限十一月底,下忙限次年五月底,分晰成数报部,等因。均经转行遵办在案。

兹据广东布政使丁体常详称:广东省光绪二十六年分应征地丁、杂税、屯丁等项,连闰共银一百一十万三千四百五十七两一钱五分五厘,光绪二十六年正月初一日起至十一月底上忙期满止,各属起解司、道库及存留等项银三十六万八千一百五十五两九钱八分六厘三毫一丝九忽,又额征耗羡银一十七万九千二百九十二两一钱六厘。截至十一月底上忙期满止,各属完解司、道库银五万六千四百三十八两一钱七分六厘七毫三丝九忽。统计额征正、耗二项分数,上忙匀为四分,算计完三分三厘一毫,未完六厘九毫,除各属厅、州、县应行留支外,均据批解司、道各库。检查各属实征底簿,核算相符。未完之数委系实欠在民,并无捏饰,等情。具详前来。

臣等覆查无异,除行司严催各属迅将未完银两上紧催征,务于奏销前扫数完解,毋许稍有延欠,并将已、未完数目各册咨送吏、户二部查核外,所有广东省征收光绪二十六年分上忙钱粮数目,谨循例合词恭折具陈。伏乞皇太后、皇上圣鉴。谨奏。①

同日,公又会衔广东巡抚德寿奏请李家焯补授钦州知州,下部议。曰:

窃查卸钦州直隶州知州李光高病故,遗缺经臣德寿奏请以候补同知直隶州知州李家焯补授。兹于光绪二十七年十月二十日接准吏部咨覆:查该员李家焯保举同知直隶州知州及捐复之案均未赴部引见,按照定例,应俟引见回省后方准补用,所请应毋庸议,应令另行拣选,等因。本应遵照办理,惟查该员李家焯前经吏部调取引见,适因委办

---

① 台北故宫博物院藏:《军机及宫中档》,文献编号:408003421.又,中国第一历史档案馆藏:《录副奏折》,档号:03-6273-050.

事件多有未完，自委署连州之后，又值惠州土匪滋事，各属教案叠出，并准鄂省咨请拿办自立会匪，人心惶惶，谣言四起。该员昔年在省统带卓勇，巡防缉捕，极为得力，经即电调回省，驰往香港、澳门、惠州各处，查探紧要军情，并饬招勇办理顺德、新会清乡事宜。该员未经请咨赴部引见，并非无故宕延，且其拿获自立会匪正龙头朱香楚，因已请补钦州直隶州知州，曾保以知府在任候补，有案可稽。当兹破格用人之际，似应不拘常格，且钦州直隶州知州系冲、繁、难、烟瘴要缺，政务殷繁，兼之界邻法越，时有交涉事宜，粤省现任候补合例应调、应升、应补人员，逐加遴选，非现居要缺，即人地未宜，未便稍涉迁就。

该员李家焯明干练达，奋勉有为，于粤省情形极为谙悉，每遇交涉之案，派委会商各国领事，均能力持大体，妥为议结，洵为粤省不可多得之员，以之请补钦州直隶州知州，实于要缺有裨。据藩、臬两司会详前来。

合无仰恳圣恩俯念烟瘴员缺紧要，准仍以李家焯补授钦州直隶州知州，俾资治理而重地方。如蒙俞允，俟接准部覆，再行并案给咨赴部引见，以符定制。所有烟瘴直隶州知州员缺紧要，仍拟以前请之员补授缘由，臣等谨合词恭折具奏。伏乞皇太后、皇上圣鉴，训示。

再，粤东省补缺例限九十日，此缺准部驳回另补，系光绪二十七年十月二十日接准部咨，应以是日起限办理。今于二十八年正月十六日详补，除封篆日期例准扣展外，核计系在限内。合并声明。谨奏。①

正月二十七日，外务部来电曰：

现大西洋白使来署，催商澳门界址，前"蒸"电请将各案钞咨备核，约计何时可到？即电复。外务部。沁。②

---

① 台北故宫博物院藏：《军机及宫中档》，文献编号：408003420。又，中国第一历史档案馆藏：《录副奏折》，档号：03-5414-060。
② 中国第一历史档案馆藏：《电报档》，档号：2-03-12-028-0063。

同日，外务部又来电曰：

美使函称：据广州领事电：黄沙地方开筑土梗，于粤汉铁路尽头处有碍，请电粤督饬令暂行停工，俟工程师到时，彼此商定地方，再行开造，等语。查黄沙筑堤，前准咨称已饬卢商与铁路公司总董妥商两全之法，现在是否商定？希饬暂行停工，再与该工程师和商妥定并电复。外务部。沁。①

正月二十八日，公致电军机处曰：

"沁"电悉。粤汉铁路尽头处，当日原勘系在北门外观音山脚，距黄沙尚远，是以卢商在李文忠任内承筑该堤，张道振勋时亦在东，并无异言。嗣因卢商同伙争竞缠讼，各耸势要、伍绅及外人，互相撑抗，实则各存私见。前饬南海县会同张道卢商妥办法，迄无定议。现又饬藩司、善后局加派委员，查勘商办，务期允协。模。勘。②

同日，公又致函外务部曰：

案照美、法两国领事拟请于粤省河南地方开设租界一事，前接美领事照称康使来文催理等语，业经婉复，并抄录来文复稿，于本年十二月十七日密咨贵部查照，并以美使倘向贵部提及，务请坚持设法推宕在案。兹于光绪二十七年十二月二十三日接美领事照会，仍以请设专界为言。除照复外，合再抄录来文复稿咨呈。为此密咨贵部，谨请查照。③

---

① 中国第一历史档案馆藏：《电报档》，档号：2-03-12-028-0064.
② 中国第一历史档案馆藏：《电报档》，档号：2-04-12-028-0098.
③ 台北"中央研究院"近代史所藏：《外交档案》，馆藏号：02-11-019-19-001.

正月二十九日,公致电外务部曰:

"沁"电谨悉。案已钞齐,惟饬绘地图尚未据香山县缴到,已催迅速绘缴咨送,约二月中旬可到。模。艳。①

二月初三日,外务部来函曰:

光绪二十八年正月初八日,接准函称:美、法两国领事请于粤省河南地方开设租界一事,昨接美领事照称康使来文催理等语,业经婉复,相应钞录来文复稿,函送贵部查照。倘美使向贵部提及,务请坚持设法推宕,等因。前来。兹又准咨称:前因查粤省河南地方各国均未设立专界,势难允美此事,美康使刻下并未来言,未便先向提及。倘该使向本部商论,自当力为坚持,相应咨复贵督查照可也。②

同日,外务部又来电曰:

马市墟案前准"江"电,适接裕使电催,当复以教士不允拿犯情形,请转告法外部,转饬领事遵办去后。此案既经尊处电饬南雄州牧亲往始兴查讯,已逾多日,究竟已否获犯,速电复。外务部。江。③

同日,户部来电曰:

二月应还汇丰银款,仍希按照上年指拨广东息借商款腾出之数,速解沪关,勿误。户。江。④

---

① 中国第一历史档案馆藏:《电报档》,档号:2-04-12-028-0099。
② 台北"中央研究院"近代史所藏:《外交档案》,馆藏号:02-11-019-19-002。
③ 中国第一历史档案馆藏:《电报档》,档号:2-03-12-028-0081。
④ 中国第一历史档案馆藏:《电报档》,档号:2-03-12-028-0085。

二月初四日,公会衔广东巡抚德寿致电外务部曰:

"江"电敬悉。马市墟案,复由省委通判徐书祥偕同领事所派凌教士前往查办。前电所言之何利汉,嗣由柯教士交县,提同线人曾德章质询,曾德章坚供当日在何利汉家坐谈,实闻其女钟何氏说过何章古老等杀死伊兄。惟质之何利汉及传询钟何氏,均称并无此言。嗣准领事交阅马市绅耆公禀,内称住近天主堂妇人姚李氏云,初七申刻,见有二人到教堂,未久又有二人入堂,听其声音,似方洞土音,往日亦见夹过教堂,但未识其姓名。至起更后,听得教堂门户响动,又无叫喊,以为教民出入,故无惊骇。初七午后,神甫、伙工买鸡、鱼、肉、酒、菜,多过往日。初八日,所有各食物无存,等语。察核情节,本案凶犯难保非即日间到堂之人,即经电饬印委将姚李氏传案问明,设法购访拘讯。昨据印委初一电禀,姚李氏已认明当日到案之何万良系初七申刻溜进教堂之人,指证甚确。惟凌、柯二教士不以为然,当以何万良既据姚李氏认明确系初七进教堂之人,则其余三人姓名、住址,何万良自当知晓,电饬一并查拿,切实讯究,并函致领事转电凌、柯两教士,勿事阻挠。模等密加访察,疑窦滋多,舆论谓系教中仇杀,似非无因。本案出在初三夜,腊"青"电言初六,系柯教士误报,合并声明。模、寿。支。①

二月初五日,公致电军机处曰:

军机处钧鉴:亥前准外务部电传谕旨,饬苏提督接统边营办匪,当即转电沿途地方官探交遵办。顷据南宁道府电禀,苏提督已行抵南宁,准初四日回龙州,新任提督夏毓秀行抵广东。西省游匪,既责成苏提督剿办,夏提督如即赴新任,事权不一,恐多窒碍,应如何办理,请酌夺代奏。陶模。歌。②

---

① 中国第一历史档案馆藏:《电报档》,档号:2-04-12-028-0132。
② 中国第一历史档案馆藏:《电报档》,档号:2-04-12-028-0122。

同日,公又致电外务部曰:

前奉电旨,即转电西省探交苏提遵照。现据南宁道府电禀,苏提行抵南宁,准初四日回龙接办。游匪聚散无常,先已电饬各该文武确探匪目所在,设法掩捕。如渠魁就获,余党自易解散。龙州何道所称法二尽被匪炮毙,系在越境,原与广西无干,惟既经该处领事托帮同访缉,已电饬该道照办。至西省匪情,已嘱丁抚、苏提随时电陈钧听。陶模。歌。①

二月初七日,军机处来电曰:

"歌"已进呈。昨已电知夏提督暂住广东候信矣。枢。阳。②

二月初八日,公会衔巡抚德寿致电外务部曰:

马市墟案,据始兴印委初七电禀,初六获犯谢唐古供认,听从方洞教民何贤古老纠邀,伙同何章古老、何利飘、何求生、何文善,谋杀如教士及工人叶二民、何金树三命,并劫得洋银三百两分用不讳。反复研讯,供情历历如绘。适何章古老先由凌教士送案,当提质讯,狡不承认。正欲严究,凌教士再三力阻,经与辩论,凌教士坚以谢唐古一人认供不足为凭,若再与争执,势必当场决裂,诚恐有伤睦谊,不得已暂将何章古老释回。凌教士已定今午回省,卑职书祥有保护之责,只得与之偕行。现犯谢唐古应否解省讯办,伏候示遵,等情。已电饬将谢唐古供开各人,无论曾否入教,一并拿案,解省讯究,并经函请法领事电饬该处教士,勿稍阻挠。谨电闻。模、寿。庚。③

---

① 中国第一历史档案馆藏:《电报档》,档号:2-04-12-028-0131。
② 中国第一历史档案馆藏:《电报档》,档号:2-03-12-028-0098。
③ 中国第一历史档案馆藏:《电报档》,档号:2-04-12-028-0140。

同日，公又致函外务部曰：

案照承准总理衙门咨行：出使美、日、秘国杨大臣与美国使署律师科士达详酌拟定华人赴美汉洋文护照程序，咨粤照办。嗣后华人往美一体仿照。所拟程序饬由粤海关发给，等因。兹有文童黄佑请照前往美国金山埃市朵利埠读书，禀由粤海关验填护照，并无骗拐顶冒情弊，且有殷实铺保具结存案，核与章程相符，准粤海关咨请核咨前来。应准给照前往。除咨复饬遵，并照章咨行出使美、日、秘国大臣、驻美金山总领事查照办理外，相应咨呈。为此合咨贵部，谨请察照备案施行。①

同日，公又致函外务部曰：

现据广东廉州府郭之全禀称：光绪二十七年十二月初五日，奉宪台"江"电：顷准外务部电开：法使照称：廉州一带，游匪抢掠，情形危岌，中国地方官弹压不力，迩复有抢掳载而葡德洋行货物船只一案；又仲落教民被抢不敢呈控，本国派兵输二只协助弹压，所费不鲜，倘乱民久延，与通商大有关系，等语。查匪徒抢掠，亟应严饬查捕，若久听他国兵轮协助，尤属有碍主权，希速饬查明详细情形，切实弹压保护，并电复。再，仲落地名系由法文译出，并详查，等因。查所称洋行货船被劫，是否张黄江口驳船被贼索银一案？抑另有抢劫货船情事？仲落是何处地方？有无教民被抢？迅即分别查明，缉办，电复，等因。到府。奉此，遵查本年十一月十七日，接北海口法国福领事照称：现据洋行二机刺禀称：本月十二日，接驳船主吴十六信云：小船装载宝行洋纱二一五包，森宝行洋纱十包，船到五利江口，被贼抢去洋纱八大包，未经查明某号失多少，禀恳照会地方官追究。又据金教士面称：施渡村教民

---

① 台北"中央研究院"近代史所藏：《外交档案》，馆藏号：02-11-020-11-001。

刘耿氏于十一月初七早,被常乐汛兵公局练勇抢去家赀什物,约值铜钱百余千文,各等语。照请拿匪追赃,以便转给该洋行、该教民收领,等由。是月十九日,又接北海口英国倭领事函称:顷据德商森宝行面称:本月初十日,本行有洋纱十包,附搭吴十六船,运往郁林州售卖。十一日晚,行经合浦县属之白泥塘地方,被贼强抢。十二日,经该船户函报,本行专人前往,查确本行实失洋纱二包,等情。函请追赃缉贼。如不能得回原赃,请责成地方官赔还,等由。各到府。准此,当查武利江口即系白泥塘地方,当经先后飞饬合浦县张令上紧缉追,并将常乐一案妥办去后。旋接福领事照会:据士机刺禀称:业经查明实被抢洋纱三大包,每一大包内即装作四十小包,另三十三小包,总共抢去洋纱一百五十三小包,要赔洋银四百五十九元,方能抵回血本,照请勒令追赔,等由。饬据张令禀称:卑职在乡闻报,已亲往查缉,起出散碎洋纱二百余斤,拿获符正远一名,供认从抢得赃不讳。惟称系与吴十六同伙做船之周绍先等纠邀,容再覆讯究办。续据禀报:洋纱被抢一案,原赃可望全追,即稍有不足,而赃银已有着落。常乐刘耿氏被抢一案,查刘耿氏之同居夫弟刘德着,平日拜会行劫。十一月初七早,饬据兵练凭线拿获,业经讯明正法,并将其财物查封。刘耿氏旋以伊亦失去衣物,告知教士转告领事。兹督同汛弁、团绅,将刘耿氏名下衣物逐一清还。刘耿氏业已悦服,出具摹结完案,等情。又经批饬覆提符正远,讯明严办,并缉逸犯,各在案。奉电前因,卑府伏查刘耿氏一案,事属细微,既经由县办结,应由卑府照覆法领事销案。至"仲落"二字当系"常乐"译音之转。其洋纱被抢一事已有端倪,不日亦可办竣,再由张令详细通禀。日前张黄江口驳艇被贼索去洋银二十九元一案,早经办结,与洋纱被抢系属两事。卑府又查廉属山海交错,盗贼滋多。前数年间,地方官稍涉因循,捕务未免废弛,涓涓不塞,流为江河,实已糜烂不堪。欲其即日肃(清),诚非易易。惟迩来北海李镇及张令分往各乡,随获随办,振介各勇均较前稍微振作,各团绅亦有所获,解经卑府督同委员,随时审明惩办。自九月至今,格毙、生擒以及围捕巡缉者,共计已有数百人,劫案已稀,人心亦较前安定,地方绅士佥云事有转机。惟洋面时有盗迹,而师船多已朽坏。卑府两次具禀请添募渔船、水勇,由兵轮带同巡缉,实为日前切要之图。盖窥见法人用心至为深险,动云钦廉一带与广州湾及越南毗连,须自行设法保护,调派兵轮,多方干预。今又云派兵轮二只所费不鲜,其意已可想见。如蒙宪恩准募渔船四只,招募水勇,交安澜兵轮兼带,严加责成,则北海一带巡缉较前严密,似可商之法使或北海、广州法领事,婉词致谢,嘱将所派兵轮调回,以免借口索费。愚昧之见,是否有当?伏候训示。祗遵。再,电内"载而葡德"四字显系译错。合并声明。除仍会营督属讲求捕务,并切实弹压保护,不敢稍涉疏懈,暨先行电复外,所有查缉办理情形,理合通禀察核。

并据另禀:本年九月间,接英国倭领事照会:德商森宝行自雇船只运货往郁林售卖,请饬文武保护。当查洋商运洋货入内地,系条约所准行,且盗贼充斥,自应设法防范。当即移营饬县保护,幸获无事。英领事致函称谢。十月十二日,英领事来函,以该行又雇船载货,准十月十六日运往郁林,请饬员弁照前保护。饬据合浦县禀称:遵派差勇二十五日驰抵北海,不见船之所在,询之该行,则货船已于十三日开行,只得沿途跟查护送。卑府函告该领事,该领事置之不答。此次货船被匪抢去洋纱,英领事来函内开:据森宝行面称:前两次蒙地方官妥为保护,此次因货物无多,是以将洋纱十包附搭吴十六之船,未有禀请照会地方官。惟既被劫洋纱二包,应请追赃缉贼,如赃物不能追回,请责成保护不力之地方官赔还,等情。已属难以理喻,且卑府访问士机刺所失洋纱实系广商孔怡记货物,森宝行所失洋纱实系广商同昌货物,皆假冒洋商牌号,怂恿洋官出头,情殊可恶。十一月二十二日,英领事来函,以森宝行被抢洋纱二包,尚余八包,兹再添十包,仍用吴十六船运往郁林,函请保护。当由合浦县派去差勇各二人,而武营中因该船尚无开行日期,派出兵勇尚未到船,随据该县获匪符正远一名,供认从抢去洋纱不讳。惟称系与吴十六同伙做船之周绍先、周绍平起意纠邀,即难保吴十六无知情之弊，当经函致英、法两国领事转饬洋行，查明吴十六船内有无周绍先、周绍平两人，并密查吴十六有无知情之弊，分别追回货物，勿令载运，并扣留送县，讯明办理。该领事等久无覆信，而吴十六自知情虚，捏称地方官所派差勇二十余人，日在船上需索饭食、酒肉，动辄詈骂，不堪其扰，自愿将货起回，等情。瞒骗洋行，禀由英领事函请查办。法领事又张大其词，电达驻京法使照会外部，以为地方官弹压不力，总欲干预我剿匪事务，以为将来要挟地步。当此积弱之余，惟有隐忍迁就，断不敢稍行激烈，牵动大局。刻下洋纱被抢一案不日即可办结，然此中委曲情形，不得不为缕析陈之，各等由。到本部堂。

据此，查本案前准贵部来电，即经饬据廉州道府县查明实情，先经电复贵部在案。据禀前情，除所请添募渔船配勇巡缉一事，业经批饬新任高廉钦道秦道炳直察酌办理，其士机刺洋行雇吴十六船载运洋纱在武利江口被抢一案，先据合浦县禀报，亦经批饬办理，现仍拘船户吴十六同伙之周绍先、周绍平到案，提同现获之符正远，研讯澈究，务得实情，按拟惩办，一面赶紧将供党余伙悉获究报外，相应咨呈。为此合咨贵部，谨请察照施行。①

二月十三日，户部来电曰：

广西需饷甚殷，务将应协边饷赶紧筹解。户。元。②

二月二十日，公会衔广东巡抚德寿开单奏报广东省征收光绪二十五年分钱粮比较上三年完欠分数情形，下部闻。曰：

案准部咨：各省征收钱粮比较限期，统以年底截数，次年二月造报

----
① 台北"中央研究院"近代史所藏：《外交档案》，馆藏号：02-26-019-01-022。
② 中国第一历史档案馆藏：《电报档》，档号：2-03-12-028-0119。

春拨之时，即将新赋项下额征若干，蠲缓若干，已、未完若干，旧赋项下带征若干，应征若干，比之上三年或多或少，一一注明，另行开单奏报，即以道光五年春拨为始，一律遵办。嗣又准部咨仍以奏销截数开单具奏比较，更为周匝，各等因。转行遵照在案。兹办理光绪二十五年分奏销，除循例奏报外，据广东布政使丁体常将光绪二十五年分征收钱粮比较上三年完欠数目注明入季、解道、留支各数，并查明已征未解一项，于现办二十五年奏销，遵照定例归入未完项下，开列专案咨部，开单请奏前来。

臣等覆核无异。谨合词恭折缮单，敬呈御览。伏乞皇太后、皇上圣鉴，敕部查照施行。谨奏。①

同日，公又会衔广东巡抚德寿奏报广东省光绪二十五年武职各官实支养廉银两情形，下部闻。曰：

窃照广东省各标镇协营武职大小正、署各官应支养廉银两，向系按年造册题销。兹据广东布政使丁体常详称：光绪二十五年分，通省武职各官共应支养廉银一十二万九千四百二十两，例应在于田房税羡、耗羡、盐课项下动支，已支给银一万九千九百八十二两一钱九分，又应扣停给一成养廉银五百二十两六钱六分，又应扣各官空缺养廉银六千八百五十五两四钱五分，理合分晰造册，详请奏咨等由，前来。

经臣等覆核无异，除册分送部、科查核外，谨合词恭折具陈。伏乞皇太后、皇上圣鉴，敕部核覆实行。再，本案尚有督标中营等营未经造册报销，请俟造册到日，另行送部。合并陈明。谨奏。②

---

① 台北故宫博物院藏：《军机及宫中档》，文献编号：408003424。又，中国第一历史档案馆藏：《录副奏折》，档号：03-6273-070。
② 台北故宫博物院藏：《军机及宫中档》，文献编号：408003423。又，中国第一历史档案馆藏：《录副奏折》，档号：03-6164-087。

是日，公又会衔广东巡抚德寿奏报盘验广东藩库银数及光绪二十五年分征收钱粮银米完欠数目情形，下部闻。曰：

> 窃照每年奏销时，例应将藩库实存正、杂银两及应征银米完欠数目，分晰盘查具奏。兹届光绪二十五年分奏销之期，经臣等督同司道各官赴库盘查，惟藩库正、杂钱粮先经大学士刚毅到粤查明历年不敷银八百余万两，业已奏明将光绪二十四年十一月十五以前挪借部、杂等项一律就款开除，以后收支核实造报。所有开除各款除俟办理拨册时另行按款造册报部外，计现在司库应存正项各款银二十万三千四百二十九两零，应存杂项各款共银一十六万八千二百二十七两零，经臣等亲加盘验，委系实存在库，并无亏空及挪新掩旧等弊。其应征地丁、民屯粮米，据布政使丁体常、督粮道周开铭将完欠数目分晰开报前来。
>
> 臣等覆查，光绪二十五年分额征地丁等项共银一百七万七千七百九十五两零，未完银一十七万五千二百七十八两零，计完八分以上，未完一分有余。又，额征米石实在应征三十三万七千五百五十石零内，已完米二十八万三千五百六十一石零，未完米五万三千九百八十石零，计完八分以上，未完一分有余。现经督率藩司、粮道将未完民欠银米勒限征完，如有逾限，即行查参。除将司库实存银数及各属现年征收已、未完分数造册奏咨外，所有盘验司库银数及光绪二十五年分通省征收钱粮银米完欠数目各缘由，谨循例合词，恭折具陈。伏乞皇太后、皇上圣鉴。谨奏。①

同日，公又会衔广东巡抚德寿奏报广东省光绪二十五年分支过官兵马匹、俸饷、粮料、草束等项数目情形，下部闻。曰：

> 窃照广东省递年支销官兵马匹、钱粮数目，遵照奏准新章，应于九

---

① 台北故宫博物院藏：《军机及宫中档》，文献编号：408003425.又，中国第一历史档案馆藏：《录副奏折》，档号：03-6581-033。

月内造报。兹据广东布政使丁体常详称：光绪二十五年分，广州将军、八旗、督、抚、提、镇、九府、九厅州水陆镇协营各官兵马匹、俸饷、粮料、草价，先奉部拨地丁盐课厘金及停给养廉、太平关常税，共银一百二十二万五百五两零，已据完解支给俸饷等银八十八万六千八百六十八两零，尚未完解银三十三万三千六百三十六两零，俟续收有款，再行分别补支补扣。又，前山、三水、大鹏右三营招募新兵，共应支月饷、米折、朋扣、草价等银六千一百三十两零，内已支银三千二百六十二两零，尚未支扣银二千八百六十八两零。又，汉军八旗添设无米养育兵，共应支饷银六千六百六十五两零；又，满汉八旗添设余兵，共应支饷银一千二百两。以上二款均已先在司库存留田房税羡项内借支，俟盐、典二商缴到息银，归还原款，作正开销。又，汉军八旗新添设余兵，共应支饷银二千四百两，已在旗丁养赡生息应归原本银内动支。又，满汉八旗添设洋操余兵，共应支饷银一千二百两，已在典商缴到息银内动支。又，粮米一项通共各旗标镇协营官兵马匹、满汉八旗病故官兵守节寡妇、旗监人犯口粮、补还融借奉行变价充饷裁汰三成、二成兵丁马匹等项，共应支米四十一万五千五百九十六石零，内有饷折米银五万九千九百三十六两零，已支给银一万六千两，尚未支给银四万三千九百三十六两八钱六分，俟催缴完解，再行补支清款。

再，本案因奉拨地丁等银征解不前，欠发各营粮料米折银四万余两，以致尚有水师提标等营应造销算册籍尚未据造送，若必待欠项支清再行造报奏销，未免稽延，应请查照上届将欠发各营粮料米价实数另造细册，专案送部。各营员造册迟延有因，所有迟延职名，应请循旧邀免开送。理合将支过俸饷、粮料、草束等项暨动给款项分晰造册，详请奏销，等情。前来。

臣等覆核无异，除将各项清册分送部、科查核外，谨遵照通行改题为奏，合词缮折具陈。伏乞皇太后、皇上圣鉴，敕部核覆施行。再，此案奏销原应光绪二十六年九月内具题，适奉部行寻常题本暂缓办理，免扣例限，俟回銮后再行照常办理；续又奉旨除贺本外，均改题为奏，各等因。是以造报稍迟，所有例限应请免扣。合并陈明。谨奏。①

同日，公又会衔广东巡抚德寿开单奏报广东省各年旧欠钱粮催提征解数目情形，下部闻。曰：

窃照各省奏销应将征收旧欠正、杂钱粮数目及未完分数考成专折奏报，现届办理光绪二十五年分奏销之期，除是年应征新赋银米已、未完数目另行具奏外，兹据广东布政使丁体常详称：查自光绪六年起至光绪二十四年止，旧欠地丁、驿传、备支经费，除豁免及续完外，尚应征银一百七十六万六千三百五十七两零，内已完银五万六百一十八两零，未完银一百七十一万五千七百三十九两零。又，光绪九年以前商欠杂税银二千一百三十八两，全未完解；另，从前各州县征存地丁、备支经费共银一十四万四千五百五十六两零，全未完解。又，旧欠未完耗羡银三十三万一千八百二十七两零，内已完银一万七千八百八十五两零，未完银三十一万三千九百四十二两零。另，从前各州县征存耗羡银一万四千九百三十八两零，全未完解。又，自道光三十年起至光绪二十四年止旧欠民米除豁免及续完外，尚未完米六十七万三千九百四十二石零，内已完米八千二百三十九石零，未完米六十六万五千七百三石零。另，从前各州县征存米七万九百五十六石零，全未完解。又，自道光二十六年起至光绪二十四年止未完当饷银一十万二千九百三十两，内已完银一万七千一百九十两，尚未完银八万五千七百四十两。又，未完全书未载铁炉饷银八千三百五十七两零，全未完解。又，自咸丰十一年起至于光绪十四年止，未完全书附载铁炉饷银四千五百五十二两零，全未完解。又，自光绪八年起至光绪二十四年止，未完煤饷银七万五千四百七十八两零，内已完银一千四百八十二两零，尚未完银七万三千九百三十六两零。又，自道光二十四年起至咸丰三年

---

① 台北故宫博物院藏：《军机及宫中档》，文献编号：408003426. 又，中国第一历史档案馆藏：《录副奏折》，档号：03-6164-086.

止，未完业户借领堤费银一万五千二百一十八两零，全未完解。

以上各属征存未解地丁、备支、耗羡等银业于交代案内参追，其未完米石系由历年各路办理军务就近提支军需，现已严饬领解清款，分别收支。至当饷、炉饷、煤饷、隄费等项已、未完细数，业已另册送部查核，等情。请奏前来。

臣等覆核无异，所有光绪二十五年分征收旧赋银米完欠数目，谨循例缮具清单，合词恭折具陈。伏乞皇太后、皇上圣鉴，敕部查照施行。再，此案向系将正赋银米于专折具奏外，另行缮疏，连当饷等款一并具题。现奉通行改题为奏，已将当饷等款于折内一并声明，应请毋庸再行缮折具奏，以免重复而省案牍。合并陈明。谨奏。①

是日，公又会衔广东巡抚德寿奏报广东省光绪二十五年钱粮奏销已、未完分数，并特参各官职名，下部闻。曰：

窃照广东省递年各属额征民屯地丁正、杂钱粮及本折米石，定例次年五月内截数，六月内造报。嗣奏准仿照盐务成案扣限，于九月内题咨，历经照办在案。兹据广东布政使丁体常将光绪二十五年分通省额征民屯地丁、驿传及杂税、炉饷、当饷、煤饷、商税、地租并光绪二十四年旧管存剩等项造册详报，又准前任广东学政臣张百熙②将收支学

---

① 台北故宫博物院藏：《军机及宫中档》，文献编号：408003429。又，中国第一历史档案馆藏：《录副奏折》，档号：03-6273-063。

② 张百熙（1847—1907），字治孙，号冶秋、退思，湖南长沙人，监生出身。同治九年（1870），中举。十三年（1874），中式进士，改庶吉士。光绪二年（1876），授翰林院编修。五年（1879），充山东乡试副考官。七年（1881），简山东学政。十二年（1886），补国史馆协修官。十四年（1888），授四川乡试正考官。次年，入直南书房。十六年（1890），选教习庶吉士。十七年（1891），补会典馆总纂官。二十一年（1895），充翰林院侍讲。二十二年（1896），授翰林院侍读、日讲起居注官。同年，简国子监祭酒。二十三年（1897），授江西乡试正考官。同年，授广东学政，升补内阁学士兼礼部侍郎衔。二十六年（1900），迁礼部右侍郎。是年，擢都察院左都御史。二十七年（1901），补授工部尚书，兼署都察院左都御史。同年，调补刑部尚书、吏部尚书，兼管学大臣、经筵讲官。二十九年（1903），署礼部尚书。是年，补政务处大臣。三十年（1904），充会试副考官。翌年，调户部尚书，秉理顺天府府尹事务。三十二年（1906），补授邮传部尚书。三十三年（1907），卒于任。谥文达。著有《退思轩诗集》等行世。

租银两数目造册移送前来。

　　臣等伏查征收及旧管各款,除改征本色米价、盐课另册报销外,实共应征银一百一十六万八千六百六十两零,内新收连旧管共银九十六万三千八百五十四两零,开除支销银九十五万一千一百九十六两零,实在余剩银一万二千六百五十七两零,未完各项共银二十万四千八百六两零;又额征民屯米三十三万七千五百五十石零,内已完米二十八万三千五百六十一石零,未完米五万三千九百八十八石零。另,地丁随征一六九耗羡银一十七万五千三十三两零,内已完银一十四万四百六十一两零,未完银三万四千五百七十一两零,向系汇同地丁正项统计考成。所有未完一分以上各员,业经遵照部行先行开单奏报。其征收全完及未完各分数,应叙、应参各职名,现已另缮清单,随同黄册,恭呈御览。

　　至布政司、督粮道库存钱粮,经臣等公同在省司道各官亲临盘察,并无亏空及挪新掩旧情弊,相应出具印结保奏。除将各册籍分送部、科查核外,谨遵照通行改题为奏,并缮清单,合词恭折具陈。伏乞皇太后、皇上圣鉴,饬部核覆,施行。

　　再,本届奏销应于光绪二十六年九月内具题,嗣因奉准部咨寻常题本暂缓送部,候回銮后再行照常办理,免扣例限,等因。续又奉行改题为奏,是以造报稍迟,例限应请免扣。合并陈明。谨奏。计恭呈黄册一本。①

同日,公又奏报省河各埠额征盐课、引饷全完数目情形,下部闻。曰:

　　窃查粤东课饷统归次年岁底奏销,酌定经征、督征各官年月,核算考成分数造报。兹据两广盐运使国钧详称:光绪二十六年分,额征省河、潮桥引饷、余费、场课、包税及关、桥、厂税暨罚赎充饷并太平洽洸

---

① 台北故宫博物院藏:《军机及宫中档》,文献编号:408003430.又,中国第一历史档案馆藏:《录副奏折》,档号:03-6273-066.

厂军饷、包税、遇闰加征银一百二两四钱九分二厘,统计共银六十三万九千四百三十六两九分,内除潮桥所属各埠额征饷银一十二万六千四百一十四两八钱五分四厘,业奉奏准展限,应于光绪二十九年八月造报奏销外,计省河各埠额征引饷、场课并潮属应征场课共银五十一万三千二百一十一两二钱三分六厘。又部饭、铜斤、水脚、炉饷、铁税等项银一万三千九百七十六两二钱五厘,统共银五十二万六千九百九十七两四钱四分一厘,已据各商并各场大使、委员照额全完。所有收支细数并经征、督征各官职名、全完数目,俱已分晰列册声注,等情。详请具奏前来。

臣查光绪二十六年分省河课饷,自光绪二十六年十月初一日起至光绪二十七年九月底止,以十二个月为一年,按照实在经征、督征各官,核算考成分数造报。其经征各府、州、县、盐课大使、委员,内有经管九月以后一官全完,并二三官各照分数报完,俱已列入册内分晰开报。臣覆加核对,数目相符。除盘查清楚出具印结咨部,并将各册送部查核外,理合恭折具陈。伏乞皇太后、皇上圣鉴,敕部议覆施行。谨奏。①

同日,公又会衔广东巡抚德寿奏报广东省本年二月应还洋款数目情形,下部闻。曰:

案准户部咨:应还英德本息每年指拨广东省盐斤加价银五万两,加放俸饷银五万两,闱捐银二十四万两,地丁等项银三十八万两,每年匀分二、五、八、冬四个月,解赴江海关道交纳,等因。兹据广东布政使丁体常、两广盐运使国钧、善后局司道先后详称:本年二月分应解前项银两,现经设法挪凑,作为盐斤加价银一万二千五百两,加放俸饷银一万二千五百两,闱捐银六万两,地丁等项银九万五千两,共银一十八万

---

① 台北故宫博物院藏:《军机及宫中档》,文献编号:408003431.又,中国第一历史档案馆藏:《录副奏折》,档号:03-6475-025.

两,定于二月十三日由商号源丰润等汇解江海关道兑收,备还英德之款。详请奏咨前来。

臣覆核无异,除咨部外,谨会同广东巡抚臣德寿,恭折具陈。伏乞皇太后、皇上圣鉴。谨奏。①

是日,公又附片奏请赏给法、美二官宝星,下部闻。曰:

再,各国派驻通商口岸领事官办理交涉事件,如能和衷,准由疆臣奏请赏给宝星,历办有案。兹查法国驻扎广州口岸正领事官哈德安、美国驻扎广州口岸正领事官默为德于光绪二十五、六年先后到粤,遇有交涉之事,均能和衷商办,拟请按照前总理衙门奏定宝星章程,赏给哈德安、默为德三等第一宝星各一颗,以示优异。如蒙俞允,即由臣照式饬制宝星,并咨请外务部发给执照寄粤,就近送给该领事等祗领。谨附片陈请。伏乞圣鉴,训示。谨奏。②

同日,公又会衔广东巡抚德寿附片奏报绅富捐银请准自行建坊,下部闻。曰:

再,广东省劝办绅富捐输,前经奏定章程,凡捐银一千两以上者,准予奏请建坊,钦奉朱批:着照所请,钦此。钦遵转行在案。兹据督办绅富捐输善后总局司道等会详称:据海阳县知县刘兴东详:据在籍主事蔡学渊之母蔡黄氏愿将勤劳积蓄余资捐助纹银一千两,洵属好义急公,核与奏定章程相符。合无仰恳天恩俯准将海阳县在籍主事蔡学渊之母蔡黄氏给予"好义急公"字样,在本籍自行建坊,以昭激劝。除咨

---

① 台北故宫博物院藏:《军机及宫中档》,文献编号:408003432.又,中国第一历史档案馆藏:《录副奏折》,档号:03-6697-065.

② 台北故宫博物院藏:《军机及宫中档》,文献编号:408003432-0-A.

部外,谨会同广东巡抚臣德寿,附片具奏。伏祈圣鉴,训示。谨奏。①

同日,公又附片奏请旌表节妇甘萧氏等,下部闻。曰:

再,据署广东省三水县事长宁县知县吕道象、丰顺县知县朱益湛、石城县知县王锡祺、英德县知县吕光琦禀称:节妇甘萧氏现年五十九岁,系江西宜春县监生甘承恩之妻。同治八年,甘承恩病故,萧氏时年二十六岁,侍奉祖姑翁姑,克尽孝道。遗孤中道殇殂,该氏坚贞不改,现已守节三十四年。又,鄢萧氏现年四十八岁,自幼许字江西吉水县文童鄢祥麟为室。同治十年,鄢祥麟病故,萧氏时年十八岁,矢志守贞,遵制成服,现已守贞三十一年。职等与甘萧氏、鄢萧氏夫族、父族均属同乡,见闻既确,不敢壅于上闻,查其贞节年限,均与请旌之例相符,该氏夫族寄寓广东故乡,并无近支亲族堪以举报,联名出结。禀恳具奏前来。

臣等伏查寄居随宦节孝妇女,例准由同乡州县实缺人员出结禀请旌表,上年并准行在礼部行知贞节妇女请旌,应准改题为奏。今江西节妇甘萧氏、贞女鄢萧氏年例相符,既据该同乡实缺知县吕道象等联名加结禀请,合无仰恳天恩俯准旌表,以彰贞节而励风俗。除将册结咨移部科外,谨合词附片具陈。伏乞圣鉴。谨奏。②

是日,公又附片奏报粤东各州县盐引全完数目情形,下部闻。曰:

再,查粤东盐引,统归次年岁底奏销,酌定经管、督销各官年月,核算考成,按年造报。兹据两广盐运使国钧详称:光绪二十六年分,广

---

① 台北故宫博物院藏:《军机及宫中档》,文献编号:408003432-0-B.又,中国第一历史档案馆藏:《录副奏片》,档号:03-6539-034。

② 台北故宫博物院藏:《军机及宫中档》,文献编号:408003432-0-C.又,中国第一历史档案馆藏:《录副奏片》,档号:03-5568-022。

东、广西及湖南郴州、桂阳州、江西南安府、赣州府、宁都州、福建汀州府、贵州黎平、古州各府州县，原额销盐引六十万五千零八十三道八分八厘零，又余盐改引一十七万六千六百九十五道，又广西省羡余增引三万二千七百三十二道，通共引八十一万四千五百一十道八分六厘零，内除潮桥所属各埠额销盐引二十万五千三百五十八道八厘零，业奉奏准展限，应于光绪二十九年八月造报奏销。计省河各部额销引六十万九千一百五十二道七分七厘零，兹据各属照额督销全完，合将各州县全完数目分晰造报。

再，查光绪二十六年分省河盐引，自光绪二十六年十月初一日起至光绪二十七年九月底止，按照实在督销各官核算考成造报。至广西所属各州县并贵州古州同知各官本届奏销职名，叠催未准移到，均无凭查造入册，应俟催取到日，另行造册咨送查核。又，各埠匀拨引目已于各州县督销盐引项下分晰开报，等情。详请具奏前来。臣覆核无异，除将各册送部查核外，理合附片具奏。伏乞圣鉴，敕部议覆施行。谨奏。①

同日，公会衔广东巡抚德寿致电外务部曰：

初八邮寄拟办计土抽膏咨呈一件，达否？粤省度支本绌，赔款数巨，筹措维艰。此事如可办成，于饷需实大有裨益，务乞迅赐察核电示。模、寿。号。②

二月二十四日，公致外务部咨呈曰：

头品顶戴兵部尚书兼都察院右都御史总督两广等处地方军务兼理粮饷陶，为咨呈事。窃照光绪二十七年十二月十一日，承准贵部

---

① 台北故宫博物院藏：《军机及宫中档》，文献编号：408003431-0-A。又，中国第一历史档案馆藏：《录副奏片》，档号：03-6475-026。
② 中国第一历史档案馆藏：《电报档》，档号：2-04-12-028-0185。

"蒸"电内开：大西洋自道光年间侵占澳门，界址迄未划清。查该处葡人有旧占之界，有新占之界，有图占未得之界，希饬详细绘图贴说，并将从前关系澳门界址各案迅速钞咨本部备核，等因。当即饬检档案，详加披阅，择要钞录；一面密札署香山县知县沈毓岱，不动声色，迅速密将葡人在该县所属地方旧占之界、新占之界及图占未得之界，分别查明，详细绘图贴说，刻日呈缴核咨，并先电覆贵部在案。

兹据署香山县知县沈毓岱以遴派亲信，挈同测绘生密往澳门地方，绘具全图，并参以众论，稽以成牍，葡人旧占、新占及图占未得之界均已得其奥窔，绘具图说，禀缴察核转咨前来。并据另禀称：葡人税澳居住，其始不过半岛，原立之三巴门、水坑门、新开门旧址具在，固无所谓水界，更无所谓属地。道光以后，肆其蚕食，渐占渐广，驯至青洲岛，关闸汛亦为所有，而后于关闸近处建设闸门，以分中外之界。其时葡使照会总署，尚未见许。光绪十三年，与订条约，彼愈视为得计，自是关闸以外北山岭一带，又欲作为局外，阻我设立兵房。其于小横琴岛占筑兵房，并欲将大横琴、洋船湾、十字门统归所属，则尤无理取闹，曾奉驳覆有案。日者画界议起，香山人士商于外洋者私电迭至，大率徼其乡人，保全种族不沦异类，群情汹惧，甚有敛钱立会，以拒洋为名者。书院绅士来县具禀，亦皆忧形于色。粤民轻财敢死，自昔已然，矧逆匪逋臣系其乡里，尚逃法外，万一暗为煽诱，吠影吠声，轻于一发，必致牵连大局。卑职职责在守土，弥切隐忧，当即延见缙绅，告以事在必争，决无弃地弃民之举，浮议始息，而人心究未安定。

窃谓葡萄牙海外孱国，澳门弹丸之地，兵不满千，以视意大利、法兰西，不逮远甚。法于四明公所一案，南洋督宪折之以公理。意于沙门湾一案，浙江抚宪力拒其恫喝，卒能保全疆土，就我范围。中葡界务正堪比例，然占而已得之地，彼已视为固有，朝廷政尚宽大，或不再加诘责。占而未得之地，万民延颈跂踵，待我举动，伏愿坚持前议，设法挽回，必不使青洲以南、关闸以北再越雷池一步。此外，大小横琴岛、洋船湾、十字门虽皆荒漠、汪洋，亦在权限应争之列。得寸得尺，岂有穷期！我之画界分疆，首宜善后，深恐外务部未熟形势，易为所朦，拟请详细咨达，庶民气之拂郁、澳葡之骄横，得以上澈枢垣，有所匡正，造福于苍生，弭患于未来者，永无极矣，等情。到本部堂。

据此，查葡人税居澳门二百余年，界址迄未划定，自道光以来，逐渐侵占，逼近内地。其于青洲水面及大小横琴岛、洋船湾、十字门等处，或建设灯塔，或盖造兵房，或编列门牌，无非冀图影占，历经各前部堂照会驳斥，均有成案可稽。揆其窥伺之志，为患甚深，徒以国贫力弱，未敢遽逞。此次乘北事初定之后，遽以画界为名，派使请议，用心尤为叵测，中外传言谅非无因。前此柏使行抵澳门，当经密咨贵部，俟柏使抵京后，如果有所要求，务请设法驳阻，始终坚持，以维大局而杜后患。如彼以会订界址为言，亦当与之订明，按照现时管理之地，勘立界址，不得稍有逾越，使彼不能肆其狡谋，他国自无可借口。嗣据香山县恭都属绅士附贡韦振藻等及美国檀香山合埠华商何宽等具禀，又经咨呈贵部察照，各在案。

兹承电示，饬将葡人旧占、新占及图占各界详细绘图贴说，并将从前关系澳门界址各案钞咨，自系为借咨驳拒，以杜狡谋。仰见荩虑周详，绸缪至密，莫名钦佩！现据香山县所缴图说，及另折详纪澳葡占界，考于葡人旧占、新占及图占未得各界，考证均尚详明，堪备驳拒之资，理合汇同钞案，备文密咨。为此咨呈贵部，谨请察照办理施行。计钞呈案卷一本、图说一纸、清折一扣。右咨呈外务部。①

二月二十六日，外务部来电曰：

"号"电悉。洋药拆包后，另收膏费，是否无碍专条，俟核定再复。外务部。宥。②

---

① 台北"中央研究院"近代史所藏：《外交档案》，馆藏号：02-15-008-01-008。
② 中国第一历史档案馆藏：《电报档》，档号：2-03-12-028-0154。

同日,公致外务部咨呈曰:

　　头品顶戴兵部尚书兼督察院右都御史总督两广等处地方军务兼理粮饷陶模,为咨呈事。案照光绪二十七年十二月二十九日,据德国总教士郭宜坚函称:敝教会设驻花县鹿坑教堂于光绪二十七年十二月二十八日午刻时候,被匪袁亚福即闹福、邱荣光、谢亚斗等多人,胆将教堂焚毁,堂内中西各人银两、服物、家私等件尽付一炬。至袁亚福等如何蓄谋寻害实据,早经敝总教呈明本国领事官在案。但现在领事官因公出省,合将现在危急情形先行报知,务请速派水陆弁兵赶即救护,如迟恐不止此。详细情形,候由领事官照会,等由。即经谕饬管带沙面捷字营水师提标试用参将杨洪标派拨船勇,驰往弹压,并将实在情形查覆。旋据禀称:于十二月二十九晚行抵花县赤坭,正月初一日即赴渌坑地方救护,查勘被焚毁各情形,计烧去大篷厂一座、书馆牧师住楼共一所、锯木厂一座、牛寮一间、草堆五个、门头略损,此外教堂并未延烧拆毁。据华人牧师陈英锐等晤称:缘二十四日,有教堂内人谢亚水被该处九界村人谢亚先、谢亚威、谢亚斗、谢官寿等四人围捆殴伤,报知曹洞汛弁释放。二十五日,送县验伤。二十七日,由县饬差缉获谢亚先押回县署,讵被谢亚先乡人纠伙中途夺回。二十八日打钟时,见谢亚先同不知姓名一人行经教堂门首。是日十打零钟时候,突睹浓烟冲焰,就起火延烧各处,后复见伊党谢官寿到附近村庄伊母舅胡海家内,等语。此据华教士陈英锐面述放火之情形也。卑职督勇到时,见有喜字营驻扎,并闻县司各官差于二十九日齐至弹压,经已熄火无事,谅不致再启祸端,是以于初二日带勇旋省。惟焚毁一节,查郭总教士函指袁亚福、邱荣光、谢亚斗。而陈英锐面称,谢亚先并不识姓名一人经过教堂门首。似此言词各指两相径庭,应请饬下覆查,等情。又经饬行花县确查本案实情,一面将被控焚毁教堂之袁亚福、邱荣光、谢亚斗、谢亚先、谢官寿等查拘到案,传同华教士陈英锐等环集质讯,分别办理禀复。嗣据花县祝令抡望禀称:本案先于光绪二十七年十二月二十四日，据县属渌坑教堂盼教士函称：天主教民袁亚福四处诱人滋生事端，现九界村新谢屋谢亚三父子竟为所惑，将教民谢亚水私行拷打，关禁勒索，乞速拿办，等情。到县。当即会营签差速往吊放拘究去后。又接该教士来函，以谢亚水系被谢华（亚）先、谢亚威、谢亚斗、谢官寿等捆绑团殴，幸蒙添派兵差，驰往解释。兹特委华教士陈英锐带同谢亚水赴案，请为验办，等情。前来。提讯据供为债务起衅，词甚支离，即予验明伤痕，填单附卷。随据承差禀报，以奉签前往狮岭墟地方，已将谢华（亚）先一名拘获，讵被天主教内之邱荣光纠同谢亚威、谢亚斗等夺脱，等语。正在核办间，于二十八日夜，据渌坑盼教士着教民练曰团赴县报称，渌坑教堂于是日午牌时候被火烧毁，等语。诘以如何起火，则一概不知。

卑职立即轻骑减从，驰诣该处，查勘教堂，内书房并贮木料之棚厂，又教堂围墙外之草堆及养牛棚厂，均已烧毁。其余礼拜堂正屋建造，尚未完工，并无烧毁。盼教士业经回省，询据在堂教民陈英锐等，称说系由堂内棚厂起火，墙外草堆牛厂亦相继起火，堂内棚厂之火并延烧书房。房内一切贵重对象均已搬去，只有台凳、粗物烧去无存。并据称情形似是放火。卑职根究原由，则云未见有放火之人。又云邻居妇女言，是日早有生面二人，在教堂门外行过。又云在堂内出去，模糊影响之词，自难凭信。

卑职窃思放火必在黑夜，现起火既在教堂之内，白昼之间，何人阑入？岂不虑人查问？情属可疑，事无确据。当谕该教民等务须访查确实，不可妄控。随至狮岭墟，接见该处局绅，据称传闻是自己失火。兹该总教士郭宜坚竟谓系被匪袁亚福及邱荣光、谢亚斗等多人焚毁，所有堂内中西人银两、服物等件，尽付一炬等情，核与卑职勘讯教民供情不符。但卑职详细访查，邱荣光系嘉应州人，自称为石室天主教传教生，平日甚不安分，今复犯纠众夺犯之事，实属恃符藐法。且袁亚福一犯，亦其从中把持，不令差役带案，尤为胆玩。惟有仰求宪台照会法国领事，转饬天主教士勒令邱荣光将袁亚福及谢华（亚）先、谢亚三等一并带同来县,以便集讯明确,按拟禀办。除仍勒拘并再确查该教堂究竟是否被人放火,抑系自行失火分别办理外,所有据报教堂焚烧缘由,理合驰禀察核,等情。当以花县鹿坑地方德国教堂、书房及篷寮被火焚毁,郭总教士谓系袁亚福、邱荣光、谢亚斗等多人纵火所致,核与汤参将及花县祝令先后询据驻堂教民及附近地方局绅所称情形互异。究竟是否被人放火,抑系自行失火,自非传拘集讯,不能明确。邱荣光、袁亚福、谢亚斗、谢亚先、谢亚三、谢官寿等均系本案牵涉被控之人,自应传案讯明,分别究办,等因。批饬遵照,并照会广州口法国领事,转饬教士迅将天主教民邱荣光等一并交案,听候讯办,以昭核实。适准广州口德国领事照会,请将匪首袁亚福、邱荣光、谢亚斗、谢华(亚)先、胡海等并各匪拿获,照例惩办前来,即经将先后查办情形照覆查照去后。旋准德、法两国领事照请先将该教堂于光绪二十六年七月间第一次被匪放火焚毁案匪首袁亚福等拏获解办后,再办此第二次之案等由。复经饬行遵照各在案。

兹于光绪二十八年正月二十八日接德国领事来文,以据总教士鄂宜坚禀称,花县鹿坑教堂被焚,连所毁中西各人物件,共值洋银二万零一百六十四元,应请饬令花县如数赔偿等由。除驳覆外,相应钞录全案文稿咨呈。为此合咨贵部,谨请察核备案。

再,花县鹿坑德国教堂于光绪二十六年七月间第一次被匪焚毁一案,业经前兼署部堂德饬据葛前署令议偿办结。惟被控匪首袁亚福畏罪投入天主教。日久未据获报,节经饬行设法访拿讯办在案。合并声明。须至咨呈者。右咨呈外务部。①

二月二十七日,户部来电曰:

"有"电悉。广东绅商捐限满以前应按三成请奖,其余驳查未覆,

---

① 中国第一历史档案馆,福建师范大学历史系编:《清末教案》,第三册第248—252页,中华书局,1996。

及以后续收各项,均应按五分造册请奖。户。沁。①

二月二十八日,公会衔广东巡抚德寿奏报广西巡抚黄槐森在籍病故,曰:

> 窃据前任广西巡抚臣黄槐森之子分省试用同知附贡生黄福元、分部主事附贡生黄庆元、黄昭元、黄正元、黄富元呈称:福元亲父槐森,现在六十五岁,由翰林济升御史、给事中,放补道员,旋擢臬、藩,历升广西巡抚。光绪二十七年二月十六日,奉旨开缺,另候简用。交卸后,本拟取道广东航海北上,讵行抵广东,以前年督师梧、郁感受暑瘴,旧病复发,腰痛腿软,迫得回籍调治。入冬以来,日甚一日,于二十八年正月初八日在籍病故。口授遗折,恭缮呈请代进,并据藩司详报前来。
> 臣等伏查黄槐森品端学粹,居官清勤,前在广西督师剿匪,不辞辛劳,以致感受暑瘴,积疴身故,殊堪悼惜!所有前任广西巡抚黄槐森在籍病故缘由,谨会同恭折具奏,并将封固遗折附入封内进呈。伏乞皇太后、皇上圣鉴。谨奏。②

同日,公又会衔广东巡抚德寿奏请信勤调补雷琼道缺,下部议。曰:

> 窃臣等于光绪二十七年七月二十一日接准部咨:奉上谕:广东雷琼道员缺紧要,着该督抚于通省道员内拣员调补,所遗员缺着吴永③补授,钦此。伏查雷琼道一缺,管辖两府十六州县,驻扎琼州。该处叠嶂

---

① 中国第一历史档案馆藏:《电报档》,档号:2-03-12-028-0159.
② 台北故宫博物院藏:《军机及宫中档》,文献编号:408003434.又,中国第一历史档案馆藏:《录副奏折》,档号:03-5415-040.
③ 吴永(1865—1936),字渔川、盘公、盘庵。浙江吴兴人,早年师郭绍先。光绪十四年(1888),充直隶试用知县,以办理洋务出力,调补怀来知县。二十七年(1901),因扈从有功,得慈禧赏识。三十一年(1905),署广东雷琼道。宣统元年(1909),调补山东兖沂曹济道。民国二年(1913),任山东提法使。二十五年(1936),卒。平生工书法,有《庚子西狩丛谈》存世。

峰峦,民黎杂处,且四面环海,直接外洋,抚驭巡防,均关紧要,非才识明练、为守兼优之员,不足以资治理。

臣等率同藩、臬两司,于通省道员及正途出身人员内逐加遴选,非现居要缺,即人地未宜,惟查有高廉钦道信勤,年三十三岁,镶黄旗满洲联芳佐领下人。光绪十四年十一月,由三品荫生经旗遵旨带领引见,奉旨赏给主事分部行走。十五年二月,签分兵部,四月到部。八月,经吏部以前承荫三品荫生带领引见,奉旨着仍以本部主事补用。十六年七月,充署捷报处值班章京。九月,在奉天赈捐案内请奖,赏戴蓝翎。十七年十一月,因遵办海军事宜出力保奏,作为本部员外郎,无论咨留,遇缺即补。十八年八月,在顺天直隶赈捐案内请奖,赏换花翎。九月,充武选司帮掌印。十二月,因承办军报出力保奏,俟补员外郎后,以本部郎中遇缺即补。二十年六月,奏补职方司满洲员外郎。二十一年五月,充司务厅掌印。是月,奏派马馆监督。二十二年七月,虎神营咨调差遣,八月到营,充文案委翼长。二十三年,京察一等,经吏部带领引见。二月,奉旨记名以道府用。九月,调充武库司掌印。二十四年闰三月,虎神营备操,奉旨赏加一级。十二月,奏补军驾司郎中。二十五年十一月,奉旨补授广东雷琼遗缺道。二十一日,蒙召见一次。十二月,经虎神营王大臣以前在营出力保奏,赏加二品衔,并加一级。是月,呈请吏部给假一月。二十六年正月二十日,呈领文照,因感受风寒,请假一月,于三月初十日起程,十月初四到省缴照。十二月十四日,到高廉钦道任。二十七年十一月,调署雷琼道篆务,十二月二十二日到署任。

该员端谨老成,治事勤奋,以之调补雷琼道,洵堪胜任,合无仰恳天恩俯准以该员信勤①调补雷琼道缺,实于海疆要缺有裨。如蒙俞允,该员系现任道员请调,衔缺相当,毋庸送部引见及核计参罚、历俸年限。所遗高廉钦道缺,遵旨即以吴永补授。臣等谨合词恭折具陈。伏乞皇太后、皇上圣鉴,训示。谨奏。②

同日,公又致函外务部曰:

现接英国驻扎廉州北海博领事照称:本领事现奉札饬调任廉州北海领事篆务,兹于本年正月十二日接印视事,相应照会,请烦查照等由。前来。除咨行及札廉州府照会新关税务司查照向章办理,并札广东布、按二司移行外,相应咨明。为此合咨贵部,谨请查照。③

同日,公又致函外务部曰:

光绪二十八年正月二十四日承准贵部咨开:光绪二十七年二月二十一日,准德国穆使函称:接据广州德国署领事声称:德国人胡羊利者在黄浦鱼雷局充当总管,历有年所,现拟岁底辞退回国。按两广总督之意,所开胡姓总管鱼雷局之缺暂行勿庸另补。查该局素属德国人总

---

① 信勤(1869—?),字怀民,钮祜禄氏,满洲镶黄旗人,三品荫生出身。光绪十四年(1888),选候补主事。十五年(1889),签分兵部,以主事补用。十六年(1890),署捷报处值班章京。同年,于奉天赈捐案内请奖,赏戴蓝翎。十七年(1891),因遵办海军事宜出力保员外郎。十八年(1892),在顺天直隶赈捐案内请奖,赏换花翎,充武选司帮掌印。同年,因承办军报出力保用中。二十年(1894),补职方司满洲员外郎。二十一年(1895),选司务厅掌印,奏派马馆监督。二十二年(1896),咨调虎神营,充文案委翼长。二十三年(1897),京察一等,以道府用。是年,调补武库司掌印。二十四年(1898),升军驾司郎中。二十五年(1899),补授广东雷琼遗缺道,加二品衔。二十六年(1900),赴高廉钦道任。二十七年(1901),调署雷琼道篆务。二十九年(1903),迁广东盐运使。三十一年(1905),调补浙江盐运使。三十二年(1906),擢浙江布政使。三十三年(1907),护理浙江巡抚。三十四年(1908),授督办垦务大臣,兼署绥远城将军。宣统元年(1909),兼署归化城副都统。民国年间,病卒。

② 台北故宫博物院藏:《军机及宫中档》,文献编号:408003433。又,中国第一历史档案馆藏:《录副奏折》,档号:03-5415-041。

③ 台北"中央研究院"近代史所藏:《外交档案》,馆藏号:02-08-011-02-017。

管,凡所用各料,如雷艇、鱼雷、机器等物,均系由德国购求,倘再聘请外人总管,鱼雷局则将此缺仍补一德国人为妥,本署领事业经照会两广总督,如再拟聘请外国人,则望选一德国人,并提及如果洽意,深愿保举妥实之人。经两广总督照复,倘嗣后再聘洋人,定将署领事所云记忆在心,各等语。本大臣查胡羊利任事多年,与贵国实心擘画,不遗余力。该鱼雷局所用各料均属由德国购来,胡羊利开缺后,再选德国人补缺,似属理所当然,应请转饬两广总督照办,等因。前来。相应咨行贵督查核办理可也,等因。到本部堂。

承准此,查上年十一月间,准广州口德国领事函称:黄浦鱼雷局自创设以来,向聘德国人为教习,其中机器等物亦均购自德国。将来倘欲仍用德国人为鱼雷局教习,或别有用德人之处,愿为代劳聘请,等由。当经本部堂以各种学堂现在筹议更张,一切规模尚未大定,将来应否聘用外国教习,须待斟酌。倘有奉烦之处,当再奉达等语,函复在案。承准前因,除行广东善后局移行查照外,相应咨呈。为此合咨贵部,谨请察照施行。①

二月二十九日,公会衔广东巡抚德寿致电外务部曰:

"宥"电悉。洋药拆包后另收膏费,与土药一律办理,似与专条无碍。据承商吴丕球、黄宝田续禀,已向香港洋商说明,务请贵部极力维持,拟先给谕遵办。可否?乞复! 模、寿。艳。②

三月初二日,外务部来电曰:

"艳"电悉。膏捐事仍俟核准电达,再行饬遵。外务部。冬。③

---

① 台北"中央研究院"近代史所藏:《外交档案》,馆藏号:02-28-001-03-009。
② 中国第一历史档案馆藏:《电报档》,档号:2-04-12-028-0206。
③ 中国第一历史档案馆藏:《电报档》,档号:2-03-12-028-0167。

三月初三日,外务部又来电曰:

专约第五条:洋药折包,如有征收,不得较土烟税捐格外加增,等语。是土药税厘必须完过一百十两之外,方能议与洋药一律另收膏费。粤省土药曾否完至一百十两?即电复。外务部。江。①

三月初四日,外务部又来文称:

光绪二十八年二月二十七日,准英国萨使照称:上年九月十三日,曾以上海、广州等口岸应立公共租界照会贵部,现闻仍有催促粤督将广州法租界对河地方专留给一国之用。查该处河南一带烟户甚多,勒买业主各产,易滋衅端,不便将租界展至该处。本大臣所请留意者,广州如展租界,应设立公共之界,为各国商民均匀享用。傥有专给一国展界之情,则他国难免一体请展。英国商务在广州口岸杰出各国之上,本大臣自不能不按均匀享用之理一体向贵国索请,等因。

本部堂查正月初八日来咨,英、德两使均以公共租界为然,法领事亦以沙面余地可敷三四年之用,并不亟亟催办。是设立公界办法除美国默领事外,亦俱意见相同。嗣又接二十八日来咨,知德、法两国亦有拟求专界之意。现在美康使虽尚无照会到部,默领事既称接有该使来文,将来亦难免唆令康使向本部饶舌,贵督迭次文电,意在内外推宕,暂行缓办,本部愿设公界之意,实与贵督所拟办法甚相符合,已于二月初三日咨复在案。惟中国难允专界一节,须向默领事切实申明,方可免德、法等国援案争论。若止于一味推宕,不足以杜觊觎。兹准英使照称前因,如果各立专界,英必以商务最旺为词多求展拓,当经本部复以广州地方现在并无展拓专界之说,相应咨行贵督查照办理,仍将商办情形随时知照本部为要。②

---

① 中国第一历史档案馆藏:《电报档》,档号:2-03-12-028-0172。
② 台北"中央研究院"近代史所藏:《外交档案》,馆藏号:02-11-019-19-004。

三月初六日,公致函外务部曰:

头品顶戴兵部尚书兼都察院右都御史总督两广等处地方军务兼理粮饷陶,为咨呈事。现据香山县恭都凤池、凤山两书院绅士附贡韦振藻,恩贡吴家珏,大挑河南候补知县吴应奎,副贡鲍文镳,附贡容其珑,大挑江苏候补知县韦勋廷,大挑教谕举人吴国贤,举人杨应麟,举人鲍锟,武举吴殿瑛,廪生韦兆栋,大挑教谕举人杨镇洪,举人容鹏翔,广东补用副将杨永清,廪生郑寿耆,附贡杨训立,附贡吴振鹏,附贡杨履祥,附生曾广浏,附生何公迈,附生杨应銮,附生吴家鼐,附生杨超鹗,附贡刘芳英,附贡吴鹏,附生容联芳,附生容国大,附生郑朝举,附生韦绍康,附生吴庆光,附生吴乃幹,附生韦兆霖,附生何子诠,附生张振煌,武生陈瑞堂,武生吴家铎,封职容汝滔,附生何澄普,附生张朝绅,附生鲍捷元,附生杨训勤,武生杨桂联,武生杨进祺,京职杨文锐,职员容绍端,职员林树芳,职员吴志韶,职员杨玉衡,职员陈朝宗,职员郑彦庄,监生黄继曾,职员杨文盛,职员杨志钊,职员杨应福,职员郑国琛,职员黄宗佑,监生吴家苏,监生鲍其荣,监生杨国瑞,监生吴华琛,监生柳兆奎,监生陈大光,监生杨学源,监生杨文聪,监生张有练,监生陈维芳,监生徐郴,监生杨应聪等禀称:为索增租界,逼近堪虞,谨沥情绘具图说,粘呈查核,并恳电奏阻止,以绝觊觎而保海隅事。窃生等前以葡使索增租界一事,禀请宪台察核在案。现查闻愈确,厝火积薪,有不得不再为渎陈者。溯查道光年间,西洋滋事,攻拉塔石炮台。迨同治十三年,拆毁关闸汛墙,改建绿衣馆,陆路占至关闸,水路占至青洲。其湾仔与澳门海中,葡人自设水浮木号,分中为界,所有地方官兵,船只往来,诸多掯阻。不思澳门系属租界,陆路以围墙为限,墙外尺寸难逾,若水路只准其洋船往来,不得援引公法地主有管辖水界之例,以为混占。当时划界草约经前两广张督宪①奏驳,有案可据。今越占不已,

---

① 即两广总督张树声。

又复增索香属,在附近谁不寒心? 即以形势而论,前山寨在香山县城之南,以一径直达关闸,扼吭拊背,防守綦严。以外如白石、碧岭、吉大、山场、翠微诸乡环绕,烟户稠密,田野广衍,实为县南一都会。澳门之西北为北山、南屏、银坑、湾仔、双石等乡,其地方与蚰洲、坦洲、孖洲、各沙一带毗连,土田千余顷,居民十数万。其官涌内河与澳门海道相通,实为县治往来要路。至如内外十字门、九洲洋、鸡颈头、金星门、大小马溜洲,棋布星罗,防赌在在扼要,均难轻假。

上年葡人所踞,如旺厦村、龙田村及青洲、潭仔、过路湾、环荔枝湾、石澳等处地方,未经批准,居然越占,已属显违公法。今又格外索增,无厌之求,有何底止! 若复任其增益,必将族姓祖坟,惨遭平毁;田房租税,抽剥万端;贫者苦被苛求,富者倍加凌逼,转徙流离,景况何堪设想! 夫以葡至贫至弱,无端取求,瑕间一开,恐启各国效尤之渐。揆之事势,实有万难恝置者。朝廷子惠黎萌二百余载,湛恩汪濊,虽属瓯脱,不忍弃遗,况澳近省垣,肘腋之防,不容稍缓! 明知交涉重务,政府自有权衡,第以剥床及肤,众情危迫,坐视则立致祸衅,约束又无术维持。所有索增租界附近澳门缘由,理合沥情绘具图说,联叩崇辕,并恳电奏阻止,将图咨送外务部查明,以杜外人之觊觎而保海隅以乂安,均感鸿恩于糜既矣! 计呈图说,等情。到本部堂。据此,相应咨呈,为此合咨贵部,谨请察核办理施行。须至咨者。计呈图说一纸。右咨呈外务部。①

同日,公又会衔广东巡抚德寿致电外务部曰:

"江"电谨悉。川、云土药出口正税每百斤二十六两,抵粤完进口税五十二两、厘金二十六两,共一百零四两。中间经过省分,尚需完厘,较洋药进口税厘并征一百十两之数,已有盈无绌。专条第五款云,

---

① 台北"中央研究院"近代史所藏:《外交档案》,馆藏号:02-15-008-02-002.

洋药拆包后,如有征收,不得较土烟税捐格外加增,系照货价计课。洋药价昂,土药价贱,应就货价相较均算,估价抽费,即属一律办法。粤现办膏捐,但就膏计数,无洋、土药之分。洋药成本虽重,膏捐并未加多;土药成本虽轻,膏捐亦未减少。是土药加抽之数已过于洋药。咋商人续递禀云,在香港与洋商面议,均无异言,其于专条无碍可知。祈迅赐核准电示。模、寿。鱼。①

三月初七日,外务部来文称:

本年三月初二日,接准德使照称:本国驻扎汕头领事官施德礼现请假回国,翻译官古朋阿前往署理篆务,请分别咨札该省大吏及地方官悉知等因,相应咨行贵督转饬查照可也。②

同日,公致电外务部曰:

两粤办匪保商,需械甚急,德商瑞记有军火存港可售。昨电荫使请德外部转商各国核准。现准电复,商准外部复称,由港购军火入粤,德不阻扰。已电穆使商各使允行,即可照办云。乞贵部极力维持,地方幸甚。模。阳。③

三月初十日,公致电外务部曰:

梧州府税厂向于正税之外带收三五平余,为办公之需。现税厂改归税司经理,梧守公费无出,已由税司申请总税司,每月拨给办公经费一千二百两,并经模会同两抚奏咨在案。梧州地当冲要,舍此并无进

---

① 中国第一历史档案馆藏:《电报档》,档号:2-04-12-028-0226。
② 台北"中央研究院"近代史所藏:《外交档案》,馆藏号:02-08-011-02-021。
③ 中国第一历史档案馆藏:《电报档》,档号:2-04-12-028-0224。

款,办公实有为难。常税改归税司经收,照约只以盈余拨充赔款,其余解支各项,仍均照旧支销。务恳迅商赫总税务司核准电复。模。蒸。①

同日,公又致函外务部曰:

光绪二十八年二月十六日,接广州口瑞典哪喊国署理副领事司照会内开:驻扎广州口岸瑞典哪喊国副领事伯立曼现已因病出缺,所遗之缺由本副领事暂行署理,为此照会,等由。前来。查副领事司邦道前于光绪二十六年间曾署理瑞典哪喊国副领事官,系由商人兼充,前经咨查有案。兹准前因,除由咨及札广东藩、臬二司移行查照外,相应咨呈。为此咨呈贵部,谨请查照施行。②

三月十二日,外务部来电曰:

"鱼"电悉。专条第五款所载洋药拆包后,如有征收,不得较土烟税捐格外加增,系照货计课,即应将洋药、土烟价值相较均算。粤省洋药、土烟市价贵贱,本部未能深悉,仍应由尊处酌核,如与专条无碍,即照原章第一款照会各国领事税司,得复后即行试办。外务部。真。

三月十三日,公致函外务部曰:

案照承准总理衙门咨行出使美、日、秘国杨大臣与美国使署律师科士达详酌拟定华人赴美汉、洋文护照程序,咨粤照办。嗣后华人往美,一体仿照所拟程序,饬由粤海关发给,等因。兹有医生杨鸣凤之妻杨陈氏、子杨宝成、弟杨球请照前往,禀由美领事照会粤海关填给护照,准粤海关咨请核咨前来,应准给照前往。除咨复饬遵并照章咨行

---

① 中国第一历史档案馆藏:《电报档》,档号:2-04-12-028-0230.
② 台北"中央研究院"近代史所藏:《外交档案》,馆藏号:02-08-011-02-024.

出使美、日、秘国大臣,驻美金山总领事查照办理外,相应咨呈。为此合咨贵部,谨请查照,备案施行。①

三月十九日,公致函外务部曰:

光绪二十八年三月初二日,接驻香港日本领事照称:夫贵国与卑国者,于东亚独非同种族耳。自往古同文物、制度,来往交谊,鉴之历代史籍,考之地理,国势之上,所谓为唇齿辅车之国,无论故和衷协同,互相扶助,共以不可有非维持东亚之大势。而卑国频年专虑强固立国之基础,夙奖励商,工业发达,上下举而热心斯业宜哉。近来卑国诸般业务渐渐就绪,如海外贸易事业大革其面目,累年进步,旺盛之域,持于贵国我通商贸易颇现头角。当此时,举国之舆论所至,热心说贵我通商之急务,朝野赞同,前途颇荷多望。本国政府曩时所获于贵国专管居留地天津、苏州、杭州、沙市、汉口、重庆、福州、厦门等通商重要地,尔来贵我两国商民日进月步,交通频繁,互收获福利不鲜少。盖贵部堂管下两广地方,殊于广东商务者,古来南方一大市场,而百货云集之土,船舶辐辏之港,殷赈热闹,冠南部诸港。加之夙于贵国外国贸易者,粤人为之嚆矢,暨卑国通商口岸所至重关贸易者,亦无非粤人将亦至粤汉铁路竣成之晓,商势层一层极炽盛持敏腕锐利,粤人奏起效无论也。兹本国政府早洞察此趋势,准北清地方之例,筹贵我通商,上两国民之福音,于省城若其附近之地获一区域,以为我专管居留地,其感最切。本领事兹遵奉外务大臣小村男爵之训令,密担前述本国政府希望之旨趣,禀告贵部堂阁下之荣,顾两帝国之亲睦者,即保护东亚之平和。其所起因有贵我通商贸易之发达,既识者所不疑,为最大要务。贵部堂阁下素博识明敏,垂名宇内,常念为国家竭忠交谊,而邻国重言义,这般所禀告密议。贵部堂阁下察时务明晰,容之不吝,亦善料理,

---

① 台北"中央研究院"近代史所藏:《外交档案》,馆藏号:02-11-020-11-011。

素深信不误。如于撰定专管居留地区等暨其他要项目,接贵部堂阁下之照复,而后有所续禀议,敢祈查照,希速给回音是荷,等由。前来。除照复外,相应钞稿咨呈。为此合咨贵部,谨请察照。①

三月二十六日,外务部来电曰:

大西洋白使照称:粤督前曾照请协缉澳门附近盗匪,澳督饬兵将匪等拿获解交在案。如再滋扰,由本国设法保卫,等语。广东盗风素炽,亟应饬属严行缉捕,毋令外人借口干预。该使所称照请协缉确否?希电复。外务部。宥。②

三月二十七日,公致函外务部曰:

头品顶戴兵部尚书兼都察院右都御史总督两广等处地方军务兼理粮饷陶,为咨呈事。窃照法国教士如利诺在始兴县属马市墟被杀,并毙教堂工人叶六明、何金树一案,前据始兴印委电禀,获犯谢唐古讯认听从方洞教民何贤古老纠邀,伙同何章古老、何利飘、何求生、何文善,谋杀如教士及工人叶六明、何金树三命,并劫得洋银三百两分用不讳等情,经于本年二月初八日电达贵部在案。嗣于本年二月二十三日,据署始兴县陈令柏侯将谢唐古一犯及教民何贤古老、何章古老即利章、何飘古老即利飘、何求生、何文善等五人暨线证苏郁古一并押解来省,当经饬派广东缉捕总局兼营务处提调、署广州府知府龚心湛,督同南海县知县裴景福,虚衷研鞫,务得实情,分别按拟禀办,并函请法领事派员观审去后。兹据龚守等将迭次讯供情形禀呈察核前来。

查阅谢唐古所供谋杀情形,历历如绘。至教民五名,据谢唐古供明,何飘古老即利飘一名委系诬扳,业经当堂省释,自无庸议。其何贤

---

① 台北"中央研究院"近代史所藏:《外交档案》,馆藏号:02-11-009-01-001。
② 中国第一历史档案馆藏:《电报档》,档号:2-03-12-028-0227。

古老、何章古老即利章、何求生、何文善等四名,虽据谢唐古指证甚力,而该教民等坚不承认。且观审之法国副领事官及教士亦以案有可疑,须待察访,并谓本案真犯教士已约略访有踪影等语。案情重大,不厌求详,自应稍宽时日,再行确切访查,以免借口。现准法领事官来函,以谢唐古供词多不切实,苏郁古一名尚未确讯,请再约期会提,研讯确供,并请将教民何贤古老、何章古老即利章、何求生、何文善等四名先行交保,在外候讯。本部堂揆察情形,该教民等既坚不承认,徒事看管,亦属无益,只可勉如所请,准将教民何贤古老、何章古老即利章、何求生、何文善等四名暂行交由教士领回,在外候讯,并嘱以将来如有应行查讯之处,必须随传随到,庶案情无所阻隔,较易办理,业准该领事函覆允准照行。

除札饬先将教民何贤古老等四名暂行交由教士领回,在外候讯,一面定期再提苏郁古研讯确供,仍约同法副领事官观审,并严饬始兴县、营再行严密访查本案真凶真犯究系何人,一经查出,立即驰禀核办。俟将来查访情形如何再行随时咨达外,相应钞录禀函各稿咨呈。为此合咨贵部,谨请察照。须至咨呈者(计黏钞禀及法领事来函并覆稿共清折一扣)。右咨呈外务部。①

三月二十八日,公会衔广东巡抚德寿奏请移设海疆要缺巡检,下部议。曰:

窃查巡检一官,有缉捕巡查之责。粤省沿海各州县幅员辽阔,往往鞭长莫及。各巡检分司其地,责有专归,于民事较易觉察。所有原设新安县九龙司巡检、吴川县硇洲司巡检、遂溪县湛川司巡检各一员,均系外调要缺。自英、法两国暂租九龙、广州湾为租界,三巡检所辖之地多在租界之内,粤中民俗强悍,会盗各匪以附近租界地方为逋逃渊

---

① 中国第一历史档案馆,福建师范大学历史系编:《清末教案》第三册第287—299页,中华书局,1996。

薮，防缉尤宜认真。惟今昔形势稍异，从前荒僻之区，今或变为冲途，必须体察情形，变通办理。

臣等督同司道详加察看，查有吴川县之塘㙍、电白县之水东、合浦县之涠洲墩各地方，或地处偏僻，盗匪匿迹；或滨临大海，民教杂居，均与各该县城相距甚远，若非移设专员驻扎，则巡防弹压难免疏虞，应请将吴川县碙洲司巡检移设该县属之塘㙍地方，名曰塘㙍司巡检，仍隶吴川县管辖；遂溪县湛川司巡检移设电白县之水东地方，名曰水东司巡检，改隶电白县管辖；新安县九龙司巡检移设合浦县管辖。各缺仍照旧例，定为外调要缺。现任各员仍饬照旧供职，毋庸撤回另补，并饬暂租民房作为公所，俟库项稍裕，再行给款建造衙署。缺内额设俸廉、役食等项，悉仍其旧，随缺开支，亦毋庸另议增减。其九龙等司巡检原辖地方，内有不归租界者，应饬新安等县查明，分别改归连界之巡检、典史管辖，以专责成。由藩、臬两司饬据各府县查明，详请具奏前来。

臣等覆查无异，相应请旨准将吴川县碙洲司等巡检分别移设，以资巡缉。如蒙俞允，并且敕部将吴川县塘㙍司等巡检印信分别铸造颁发，用昭信守。除咨明吏、户、礼三部外，臣等谨合词恭折具奏。伏乞皇太后、皇上圣鉴，敕部核覆施行。谨奏。①

同日，公又会衔广东巡抚德寿奏报光绪二十七年秋季分广东省委署州县各缺情形，下部闻。曰：

窃照各省州县无论奏调、委署、代理，钦奉上谕：着每届三个月汇奏一次，等因。钦此。钦遵在案。兹据广东布政使丁体常详称：光绪二十七年秋季分，出有东安县知县朱琨丁忧，遗缺以卸万州知州赵梦奇署理。又，增城县知县丁墉因案撤省，遗缺以普宁县知县敖式橎调署；敖式橎所遗普宁县知县缺，以候补知县邓炳春署理。又，署万州知

---

① 台北故宫博物院藏：《军机及宫中档》，文献编号：408003443. 又，中国第一历史档案馆藏：《录副奏折》，档号：03-6046-040.

州杨本楫丁忧,遗缺以候补知县蔡简梁署理。所有光绪二十七年秋季分委署州县各缺,详请具奏前来。臣等覆查无异,理合恭折具陈。伏乞皇太后、皇上圣鉴。谨奏。①

是日,公又会衔广东巡抚德寿奏请林兆镛升补儋州知州,下部议。曰:

窃照准吏部咨缺单内开:烟瘴调要缺广东儋州知州刘传林修墓,光绪二十七年正月十四日奉朱批,应以奉朱批后第五日为行文,按照限减半,计至三月初三日接到文行开缺,于九月十七日接准部咨已在三月底截缺之后,应勒归三月分截缺办理,系烟瘴外调要缺,毋庸签掣。查定例地近边远、水土恶劣之儋州令,该督抚于内地属员内拣选熟悉风土、廉能之员调补。又,烟瘴地方知县以上官员,准其不扣年限,升调兼行。又,州县以上应升缺出,应令该督抚先将卓异引见回任候升之员先尽升用,不准于折内声称人地未宜,以别项人员请升烟瘴各缺,仍择其能耐烟瘴之员升用,均毋庸拘定先尽卓异之员请升。又,保题升用人员,其任内如有承审案件、承缉盗案、征解钱粮已起降调、革职参限者,概不准其请升。如因缺繁要,人地实在相需,为地择人者,应令该督抚据实陈明,吏部仍查明其余并无别项不合例事故,亦即议准。此外一切因公处分仍毋庸核计,各等因。

今儋州知州刘传林修墓遗缺,经于通省现任内逐加遴选,应调之员于此缺人地未宜。惟于应升人员内查有三水县知县林兆镛,年三十八岁,湖北武昌县人,由附生应光绪己丑恩科本省乡试,中式第四十四名举人。是年赴京,入北城成善水局效力,三年期满,保加同知衔。十九年,遵新海防例报捐知县遇缺先选用,选授今职,二十一年十月初三日到任。该员勤敏任劳,办事稳练,任内亦无承审案件及承缉未获盗案已起降调、革职参限,又无未完钱粮,以之升补儋州知县烟瘴要缺,

---

① 台北故宫博物院藏:《军机及宫中档》,文献编号:408003441.又,中国第一历史档案馆藏:《录副奏折》,档号:03-54117-004.

洵堪胜任，与例亦属相符。据藩、臬两司会详前来。应请旨准以三水县知县林兆镛升补儋州知州缺。如蒙俞允，该员系由知县请升知州，俟部覆到日，照例给咨送部引见。

除咨部外，臣等遵照奉准通行改题为奏缘由，谨合词恭折具陈。伏乞皇太后、皇上圣鉴，训示。再，所遗三水县知县缺，粤东省现有应补人员，请扣留在外，俟奉文覆准选员请补。又，粤东省补缺例限九十日，此缺系勒归光绪二十七年三月分之缺，于九月十七日接准部咨，应以是日起限办理。今在限内请补，并无迟逾。合并陈明。谨奏。①

同日，公又会衔广东巡抚德寿奏报筹解光绪二十八年第一批地丁京饷银数情形，下部闻。曰：

窃照光绪二十八年京饷案内，奉拨广东地丁银十万两。兹据布政使丁体常详称：在于地丁项下筹银三万两，作为第一批起解，仍交殷实商号新泰厚等汇兑赴京，遴委升补陵水县知县傅肇敏等领赍汇单，于光绪二十八年三月十六日起程，航海进京，支取银两，赴部投纳，等情。详请具奏前来。

臣等覆核无异，除咨明户部外，谨合词恭折具奏，伏乞皇太后、皇上圣鉴。谨奏。②

同日，公又附片奏报汇解头批厘金京饷银数情形，下部闻。曰：

再，光绪二十八年京饷案内奉拨广东厘金银一十万两。兹据布政使丁体常会同厘务总局司道详称：在于厘金项下筹银三万两，作为起

---

① 台北故宫博物院藏：《军机及宫中档》，文献编号：408003440。又，中国第一历史档案馆藏：《录副奏折》，档号：03-5417-007。
② 台北故宫博物院藏：《军机及宫中档》，文献编号：408003442。又，中国第一历史档案馆藏：《录副奏折》，档号：03-6656-105。

解第一批厘金京饷，仍交殷实商号新泰厚等汇兑赴京，遴委升补陵水县知县傅肇敏等领赍汇单、文批，于光绪二十八年三月十六日起程，航海进京，支取银两，赴部投纳，等情。详请具奏前来。臣等覆核无异，除咨明户部外，谨合词附片具陈。伏乞圣鉴。谨奏。①

是日，公又附片奏报茂名县知县俞人镜留省学习，下部闻。曰：

再，新选茂名县知县俞人镜于光绪二十七年十二月二十一日领凭到省，本应饬赴新任，惟查茂名县系高州府附郭首邑，地方紧要，该员甫经到省，民情未能谙悉，若遽饬赴任，深恐措置失宜，未便稍涉迁就，致有贻误，拟将该员俞人镜暂行留省，委赴发审局学习，俾资历练，俟情形熟悉，再饬赴任。据藩、臬两司会详前来，臣等谨附片陈明。伏乞圣鉴。谨奏。②

同日，公又附片奏报勒追知县谢裕棠等欠解银两情形，下部闻。曰：

再，据广东布政使丁体常详称：查有前署龙门县知县续经奏参改教谢裕棠，征存杂款银八百一十余两；又，前任阳山县已故知县林济，征存杂款银三百二十余两，迭催未据完解，请奏参勒限严追前来。相应请旨将前署龙门县知县续经奏参改教谢裕棠、前任阳山县已故知县林济一并革职，勒限该员及该家属四个月内将征存银两照数完解，倘逾限不解，或解不足数，再行查明从严参办。所有勒追知县征存银两延不完解缘由，谨合词附片具陈。伏乞圣鉴。谨奏。③

---

① 台北故宫博物院藏：《军机及宫中档》，文献编号：408003442-0-A. 又，中国第一历史档案馆藏：《录副奏片》，档号：03-6656-106.
② 台北故宫博物院藏：《军机及宫中档》，文献编号：408003440-0-A. 又，中国第一历史档案馆藏：《录副奏片》，档号：03-5417-008.
③ 台北故宫博物院藏：《军机及宫中档》，文献编号：408003440-0-B. 又，中国第一历史档案馆藏：《录副奏片》，档号：03-6581-045.

同日，公又附片奏报潮州府海防同知敬禧丁忧开缺，下部闻。曰：

再，据广东布政使丁体常详称：现任潮州府海防同知敬禧，于光绪二十八年正月初四日闻讣丁父忧，等情。前来。奴才覆查无异，除咨吏部及正黄旗汉军都统查照外，所遗潮州府海防同知缺，按照二留一咨章程，系第二次留缺，应请扣留在外选员请补。谨遵改题为奏新章，附片具陈。伏乞圣鉴，敕部查照施行。谨奏。①

是日，公又附片奏报龚心湛署理广州知府，下部闻。曰：

再，广州府知府施典章②撤任，所遗广州府知府篆务，查有候补班尽先补用知府龚心湛，才长识卓，为守兼优，堪以署理。除檄饬遵照外，臣等谨合词附片具陈。伏乞圣鉴。谨奏。③

同日，公又附片奏报李章铭等调署知县员缺，下部闻。曰：

再，署定安县知县姚广誉署事期满，所遗定安县知县篆务，查有开建县知县李章铭，才长守谨，勤慎耐劳，堪以调署。又，署阳山县知县蒋泽署事期满，所遗阳山县知县篆务，查有乳源县知县冯端，练达老成，体恤民情，堪以调署。又，署陆丰县知县张士彦署事期满，所遗陆

---

① 台北故宫博物院藏：《军机及宫中档》，文献编号：408003440-0-C.又，中国第一历史档案馆藏：《录副奏片》，档号：03-5417-009.

② 施典章（1857—?），四川泸州人，附生。光绪元年（1875），中举。二年（1876），中式进士，选庶吉士。三年（1877），以主事用签分户部。次年，告假。十二年（1886），补户部湖广司主事，历户部河南司帮主稿、广东司帮主稿，升户部山西司员外郎。十四年（1888），充户部陕西司主稿、北档房总办、则例馆提调、捐纳房帮办。同年，升补户部山东司郎中。十五年（1889），放陕西榆林府知府，加三品衔。十九年（1893），丁忧。二十三年（1897），调补广东琼州府知府。二十五年（1899），补授广东广州府知府。三十一年（1905），充川汉铁路总公司驻上海经理。辑有《户部陕西司奏稿》等行世。

③ 台北故宫博物院藏：《军机及宫中档》，文献编号：408003441-0-A.又，中国第一历史档案馆藏：《录副奏片》，档号：03-5417-005.

丰县知县篆务,查有新会县知县杨介康,才识稳练,民事尽心,堪以调署。该员李章铭、冯端、杨介康各任内并无盗劫已起四参之案。据藩、臬两司会详前来。除檄饬遵照外,臣等谨合词循例附片具陈。伏乞圣鉴。谨奏。①

同日,公又附片奏报通判冯声万病故出缺,下部闻。曰:

再,现任惠州府海防通判冯声万于光绪二十七年十二月二十六日在任病故。据广东布政使丁体常详请具奏等情,前来。奴才覆查元异,除咨吏部及顺天府臣查照外,所遗惠州府通判缺,自奉行二留一咨新章后,系第三次出缺,应归部铨选。理合附片具陈。伏乞圣鉴。谨奏。②

是日,公又附片奏报范宗莹调署四会县缺,下部闻。曰:

再,四会县知县黄恩调省差委,遗缺查有大埔县知县范宗莹,明干练达,堪以调署。该员任内并无盗劫已起四参之案。据藩、臬两司会详前来。除饬遵外,臣等谨循例附片具陈。伏祈圣鉴。谨奏。③

同日,公又附片奏报监追革县朱念祖,曰:

再,据广东布政使丁体常、督粮道周开铭会详称:查有前任海康县知县朱念祖,征存正、杂款银五千二百余两,又经劝安徽、江西两省赈捐应征捐项,迭催均未解缴。复经勒限严追,乃逾限日久,置若罔闻。

---

① 台北故宫博物院藏:《军机及宫中档》,文献编号:408003441-0-B.又,中国第一历史档案馆藏:《录副奏片》,档号:03-5417-006。
② 台北故宫博物院藏:《军机及宫中档》,文献编号:408003441-0-C。
③ 台北故宫博物院藏:《军机及宫中档》,文献编号:408003443-0-A.又,中国第一历史档案馆藏:《录副奏片》,档号:03-5417-003。

现查该员并未在粤,难保不潜行回籍,若不缉拿查抄,诚恐库款捐项悉成无着,请奏参缉拿、查抄备抵,等情。前来。

臣等伏查该员朱念祖系江西金溪县人,先经大计案内纠参革职,兹据司道详称该各员于征存正、杂款项及经手赈捐迭经勒限严催,延不完解,又复潜行回籍,实属胆玩,相应请旨将已革海康县知县朱念祖缉拿解粤监追,一面饬查该革员资财家产,抄封备抵,以重公款。除分别咨移办理外,谨合词恭折具奏。伏乞圣鉴。谨奏。①

【案】此奏片于光绪二十八年五月初二日得旨允行,《光绪朝上谕档》载曰:

光绪二十八年五月初二日,内阁奉上谕:陶模等奏,知县亏短库款、捐项,请旨办理,等语。已革广东海康县知县朱念祖,征存正、杂款项五千二百余两,又经劝赈捐应缴捐项均未解缴,迭经该督等勒限严催,延不完解。又复潜回江西原籍,实属胆玩,朱念祖着即缉拿解粤监追,并着江西巡抚查明该革员原籍资财家产,抄封备抵,以重公款。该部知道。钦此。②

三月二十九日,公会衔广东巡抚德寿开单奏报查明广东省光绪二十六年分奏销征收钱、粮、银、米未完一分以上各员,下部议。曰:

窃准部咨:地丁、盐课各奏销有关处分者,一面具题,一面开单专折奏报。又准部咨原奏内开:钱粮奏销,将具题之限作为奏报未完分数之限,等因。历经转行遵照在案。兹据广东布政使丁体常将光绪二十六年分地丁奏销查明经、督征地丁银米未完一分以上各员开单,具

---

① 台北故宫博物院藏:《军机及宫中档》,文献编号:408003443-0-B。又,中国第一历史档案馆藏:《录副奏片》,档号:03-6581-046。
② 中国第一历史档案馆编:《光绪朝上谕档》第28册第123页,广西师范大学出版社,1996。

详请奏前来。

　　臣等覆核无异,除咨部外,谨合词缮折具陈,并缮清单,恭呈御览。伏祈皇太后、皇上圣鉴,敕部核覆施行。再,本案奏销例应上年九月内造报,嗣因二十五年奏销奉行,俟回銮后始行办理,是以迟至本年二月内造报。其二十六年奏销未能越案,当经咨明户部展至本年三月内办理。现据藩司于三月二十三日出详,臣即于三月二十九日具奏,并无迟逾。合并陈明。谨奏。①

三月三十日,公致函外务部曰:

　　案查光绪十六年七月二十六日,准总理衙门咨开:近来各国在通商口岸派设领事,设立行栈,本衙门无可稽查,咨行饬将各该口岸现驻各国领事姓名并洋商、行栈各字号查明咨复,嗣后仍按季咨送备查,等因。嗣据惠潮嘉道先后按季开报咨明察照在案。兹据惠潮嘉道饬据新关委员将光绪二十七年冬季分驻汕各国领事姓名并洋商、行栈各字号列折缴道钞缴前来。除批饬嗣后仍按季查明开报外,相应咨呈。为此咨呈贵部,谨请察照备案施行。②

同日,公又致函外务部曰:

　　光绪二十八年二月二十九日,据香山县属谷都、桂山、东山书院绅士举人张振德,举人郑藻鸿,举人麦永和,附贡郑维翰,附贡郑钟翰,附生郑应琛,侍卫郑继光,举人郑濂,廪生郑国梁,附贡郑学韶,附生陈朝衮,附生郑幹,附生陈朝蔚,附生柳献功,附生郑启瑞,武生郑云青,武生郑鹰扬,武生张家梁,武生郑云章,职员郑荣阶,职员郑宇洪,附生郑

---

① 台北故宫博物院藏:《军机及宫中档》,文献编号:408003517。又,台北故宫博物院藏:《军机及宫中档》,文献编号:149580。

② 台北"中央研究院"近代史所藏:《外交档案》,馆藏号:02-08-011-02-036。

抡魁,附生郑应麒,武生吴其高,武生郑洪清,武生郑龙韬,武生郑显,武生郑炽昌,职员郑凤良,职员黄瞻华,职员郑齐邦,职员郑廷强,职员郑凤昌,职员容砺臣,监生郑秉昆,监生郑家鼎,监生郑凤符,监生郭世藩,监生黄健亭,职员郑宝慧,职员黄兰芬,职员林其昌,职员汪启成,监生郭藻,监生郑祖荫,监生郭庆辉,监生林汝鋆,监生郑家鼎等禀:为无端索地,贻患堪虞,联恳明察电止,以全大局而安民心。窃以谷都地接县城之南,相距约五十余里,东南与恭都衔接,距澳门四十里有奇,居民数万户,田壤千百顷,向安农业,共沐皇仁。近闻葡使在京索增澳门租界,希图混占,谋虑方深,举人等桑梓所关,难安缄默。

溯查前明嘉靖时,葡人已占居澳门。迨道、同年间,被其私毁界墙,擅拆官署,勒收田房租钞,平毁居民庐墓,凡有血气者莫不疾首痛心。光绪十三年,时以洋药税厘并一案,经前督宪张奏驳,指陈确切,遂缄葡人之口。今又狡然思逞,倘遂其欲,流离转徙,民不聊生。举人等以群情交愤,祸患深虞,数百年践土食毛,卧榻之旁岂,容他人鼾睡!况葡人素性贪酷,庇匪窝赌,贻累在在不堪。若任增益,流毒岂只一隅!更有虑者,恭、谷两都,田禾岁收不少,向贩运江门、陈村等处,转售省垣。若葡人得以自权,必将垄断其利,接济外洋,而民食深忧短绌。两都地广民蕃,实为海疆要隘,岂肯让诸至贫至弱之葡人!想仁宪志切痌瘝,善弥祸衅,明知刍荛无补,争奈呼吁情殷,迫得联叩崇辕,伏恳电奏力挽,以全大局而安民心,则举人等阖都深感鸿慈于糜既矣!等情。到本部堂。据此,相应咨呈,为此合咨贵部,谨请查照办理施行。①

同日,公又致函外务部曰:

光绪二十八年三月初一日,接汕头德国施领事照称:本领事官现蒙本国国家给假回国,拟于是日起程,除将本署事务交与古署领事官

---

① 台北"中央研究院"近代史所藏:《外交档案》,馆藏号:02-15-008-02-004。

接办外,相应照会查照,等由。前来。除行惠潮嘉道照会新关税务司,查明德国现署古领事是何名字,是否真正领事,禀复核办,及札广东藩、臬二司移行查照外,相应咨呈。为此合咨贵部,谨请察照施行。①

四月初一日,公会衔广东巡抚德寿奏报本年盐课京饷、内务府经费银数情形,下部闻。曰:

案照光绪二十八年奉拨广东盐课京饷银二十万两,又拨内务府经费盐课银五万两。兹于二十七年分盐课项内筹解京饷银五万两,随解一五加平饭食银一千五百两;又,内务府经费银二万两,随解平余、抬费等银六百六十两,共银七万二千一百六十两,作为本年第一批京饷及内务府经费,饬委试用知府宗振,督同商号源丰润等汇解,于本年二月二十九日起程,航海进京,分别投纳。据两广盐运使国钧详请奏咨前来。

臣覆核无异,除咨户部、内务府外,谨会同广东巡抚臣德寿,恭折具陈。伏乞皇太后、皇上圣鉴。谨奏。②

同日,公又会衔广东巡抚德寿奏报遵旨起解铜圆及委员职名,下部闻。曰:

窃准户部咨:光绪二十七年十二月二十四日奉上谕:近来各省制钱缺少,不敷周转,前经福建、广东两省铸造铜圆,轮廓精良,通行亓肆,民间称便。近日江苏仿照办理,亦极便利,并可杜私铸私销之弊,着沿江、沿海各督抚筹款仿办,即就各该省搭铸通行。至京师制钱,亦应照办。着福建、广东、江苏等省将所铸铜圆赶紧各解数十万圆,投交

---

① 台北"中央研究院"近代史所藏:《外交档案》,馆藏号:02-08-011-02-035。
② 台北故宫博物院藏:《军机及宫中档》,文献编号:408003447。又,中国第一历史档案馆藏:《录副奏折》,档号:03-6475-031。

户部颁发行使，期于利用便民，以维圜法。钦此。钦遵恭录咨行到粤。当经转行司局遵照。

兹据广东海防善后局司道会同布政使、钱局详称：伏查粤省造铸二等铜圆，业于光绪二十六年冬间将式样分装二盒，详请具奏呈进，并分别咨送在案。兹钦奉上谕着赶解数十万圆投交户部颁发行使，等因。自应钦遵派员赶解二等铜圆六十万个，分六十包，每包一万个，赍赴户部投纳。查有候补知府宗振，堪以派委管解。除将奉部行查各节另文详咨外，理合详请察核奏咨，等由前来。

臣等覆核无异，除咨明户部外，谨合词恭折具奏。伏乞皇太后、皇上圣鉴，敕部查照施行。谨奏。①

是日，公又会衔广东巡抚德寿开单奏报查明剿匪出力文武员绅并择尤保奖，下部闻。曰：

窃光绪二十七年八月间，兴宁会匪陈廷山等纠众起事，焚毁教堂，攻扑县城，经臣等电饬副将吴祥达、参将石玉山带营驰往会剿，并经兴宁县及城守都司督同绅士，竭力坚拒，追斩伪军师陈良山、伪先锋邓轮山；又经嘉应州、平远县等会营堵击，擒斩匪首陈廷山，会同各营将匪党歼灭，地面肃清，当将办理情形先后具奏，并请将在事文武员弁分别异常、寻常劳绩，择尤保奖，奉旨准其择尤保奖，毋许冒滥，等因。钦此。钦遵转行确查去后。旋据各该文武将在事出力员弁列折请奖，当因所保人数太多，又经札饬署惠潮嘉道朱恩缙确切查明，严加删汰，将实在出力员弁择尤开报。兹据署惠潮嘉道朱恩缙核删禀复前来。

臣等伏查兴宁地方界连福建、江西两省，又密迩汕头，教堂林立，孙汶党羽潜匿港澳，伺隙思逞，匪势初起，众至数千，若非守御坚定、扑灭迅速，后患正不堪言。现在请奖武员仅止二十三人，文员仅止九人，

---

① 台北故宫博物院藏：《军机及宫中档》，文献编号：408003445。又，中国第一历史档案馆藏：《录副奏折》，档号：03-9536-063。

均系在事出力。当时据各该文武开报有名，实已无可再删，合无仰恳天恩俯准饬部照给奖叙，以资鼓舞而昭激劝。再，署兴宁县知县冯如衡事前疏于防范，原属咎无可辞，惟临时坚守城池，克歼巨匪，尚足以功抵过，应请毋庸置议。署兴宁营都司郭绍泰虽同有城守之责，惟到任仅止数日，事前不及布置，仍能力固危城，追斩巨匪，是以一并列单请奖。合并声明。

除饬取履历咨部查核外，谨开具清单，合词恭折具陈。伏乞皇太后、皇上圣鉴，训示。谨奏。①

同日，公又会衔广东巡抚德寿奏报粤省第一次至第六次请奖绅富捐输银两拨用无存缘由，下部闻。曰：

窃准军机大臣字寄：奉上谕：御史刘家模奏请劝捐助饷一折，着各督抚遴选公正绅耆，设法劝办，有能倡捐巨资者，奏请破格优奖，其余按照海防捐例分别奖叙，并须妥定章程，严防弊窦，等因。钦此。当即檄饬司局派委员绅分赴各属，广为劝捐，并奏明俟办有成效，酌留数成，以备本省缓急之用。嗣准部电：各省筹饷新捐均一半留用，一半候拨，等因。计自光绪二十六年十月初一日开办起，截至二十七年九月十八日止，共收捐正项洋银七十九万四千八百八十六两二钱，另加纹水银七万九千四百八十八两六钱二分，业经分作六次列册咨部核奖。

所有收过前项筹饷新捐银两，本应遵照部电一半留支，一半候拨，惟查粤省司局各库近年支绌异常。光绪二十五年间刚毅来粤筹饷，善后局奉提银四十万两，并将本归局内支销之膏饷、茶厘等项提作专款；旋奉指拨二十五年汇丰镑价，当因原提各款多无着落，自二十五年十月起至二十六年九月止，竭力腾挪，仅能提存洋银一十六万两，尚不敷银二十四万两，连纹水、汇费共银二十八万六百一十两。而洋款偿期

---

① 台北故宫博物院藏：《军机及宫中档》，文献编号：408003444.

已迫,大局攸关,不得已向香港汇丰洋行借息凑解,并将以后实难照数提拨情形奏请酌量减免,声明此次订借银两即就绅富捐输,劝集抵补。二十七年又准部咨,以本年应还前项镑款实在无从另筹,令仍照原提之数设法筹补拨解。

其时和议将成,百用孔亟,户部正在为难,未敢再请改拨,仍照上年办法,将二十七年应还汇费镑价,除提存有着之款十六万两,其余不敷原提银二十四万两,连纹水、汇费共银二十八万六百一十两,又向洋商息借凑解,亦经奏明有案。以上两次共借过洋款银五十六万一千二百二十两,均即在于收存前项捐款银七十九万余两内如数提出,分期归还,曾于捐案电请展限文内咨部查照。计除拨还洋款外,尚余银二十三万三千六百六十六两二钱。另纹水银七万九千四百八十八两六钱二分。因善后局库自筹提专饷以后收款既形短绌,又值频年清乡剿匪,添勇制械,需费不赀,入项锐减,出项骤增,几至不能支拄。前项绅富捐输,除拨还洋债外,余银均已随时动拨无存。据广东善后局会同藩司详请奏咨免予提解。

臣等覆核无异,除咨部查照外,谨合词恭折具奏。伏乞皇太后、皇上圣鉴。谨奏。①

同日,公又会衔广东巡抚德寿附片奏报汇解应还俄法借款情形,下部闻。曰:

再,准户部咨:应还俄法借款每年指拨广东盐斤加价银五万两,加放俸饷银五万两,闱捐银二十四万两,地丁等项银二十四万两,各按六成之数,于三月内解交,等因。兹据广东布政使丁体常、两广盐运使国钧、善后局司道先后详称:本年三月分应解前项银两,现经设法挪凑,作为盐斤加价银三万两,加放俸饷银三万两,闱捐银十四万四千两,地

---

① 台北故宫博物院藏:《军机及宫中档》,文献编号:408003446。又,中国第一历史档案馆藏:《录副奏折》,档号:03-6539-040。

丁等项银十四万四千两,共银三十四万八千两,于三月初九、十三等日,先后交号商大德恒等汇解江海关道兑收,备还俄法之款。详请奏咨前来。臣覆核无异,除咨部查照外,谨会同广东巡抚臣德寿,附片具陈。伏乞圣鉴。谨奏。①

是日,公又会衔粤海关监督庄山附片奏报汇解应还俄法借款情形,下部闻。曰:

再,准户部咨:应还俄法本息由各海关洋税、洋药税厘项下摊派粤海关三十六万两,每年匀分三、九两月解交,等因。迭经遵解在案。兹准粤海关监督庄山咨称:准户部札开:俄法借款佛郎、镑价昂贵,原拨银数不敷,照案酌量加拨本年三月期内应解俄法还款银二十一万六千两,又加拨九万两内之六成银五万四千两,合共银二十七万两,先后备文发交西商志成信、协成乾银号,汇解江海关道衙门投纳,等因。前来。除咨户部查照外,谨会同粤海关监督臣庄山,附片陈明。伏乞圣鉴。谨奏。②

同日,公又会衔粤海关监督庄山附片奏报汇解应还英德本息银两情形,下部闻。曰:

再,准户部咨:应还英德本息由各海关洋税、洋药税厘项下摊派粤海关五十二万两,每年匀分二、五、八、冬四个月解交,等因。迭经遵解在案。兹准粤海关监督庄山咨称:准户部札开:英德借款佛郎、镑价昂贵,原拨银数不敷,照案酌量加拨本年二月期应解英德还款银十三万

---

① 台北故宫博物院藏:《军机及宫中档》,文献编号:408003446-0-A。又,中国第一历史档案馆藏:《录副奏片》,档号:03-6697-110。
② 台北故宫博物院藏:《军机及宫中档》,文献编号:408003446-0-B。又,中国第一历史档案馆藏:《录副奏片》,档号:03-6697-111。

两,又加拨四分之一银三万二千五百两,合共银十六万二千五百两,备文发交西商志成信、协成乾银号,汇解江海关道投纳,等因。前来。除咨户部查照外,谨会同粤海关监督臣庄山,附片陈明。伏乞圣鉴。谨奏。①

同日,公又附片奏报汇解东北边防经费情形,下部闻。曰:

再,光绪二十八年东北边防经费,部拨广东厘金银八万两。兹据广东布政使丁体常在于厘金项下筹银二万两,派委升补陵水县知县傅肇敏等,督同商号新泰厚等于本年三月十六日起程,汇解进京,赴部投纳。详请奏咨前来。臣等覆核无异,除咨部查照外,谨附片具陈。伏乞圣鉴。谨奏。②

是日,公又会衔广东巡抚德寿附片奏报汇解奉拨筹备饷需,下部闻。曰:

再,广东省光绪二十八年分应解筹备饷需银二十万两,自应迅速筹解。现在于藩库各款内竭力凑拨银四万两,作为奉拨二十八年第一批起解,仍照案发交商号新泰厚等汇京,派委升补陵水县知县傅肇敏等领赍汇单,于光绪二十八年三月十六日起程,由海道进京支取银两,赴户部衙门投纳。据广东布政使丁体常详请奏咨前来。臣等覆核无异,除咨户部查照外,谨会同广东巡抚臣德寿,合词附片具陈。伏乞圣鉴。谨奏。③

---

① 台北故宫博物院藏:《军机及宫中档》,文献编号:408003446-0-C.又,中国第一历史档案馆藏:《录副奏片》,档号:03-6697-112。
② 台北故宫博物院藏:《军机及宫中档》,文献编号:408003445-0-A.又,中国第一历史档案馆藏:《录副奏片》,档号:03-6037-108。
③ 台北故宫博物院藏:《军机及宫中档》,文献编号:408003445-0-B.又,中国第一历史档案馆藏:《录副奏片》,档号:03-6581-041。

同日，公又附片奏请准知县钱锡宝接文起复，下部闻。曰：

  再，准补广西怀集县知县钱锡宝，于光绪二十五年十二月在署苍梧县知县任内丁嫡母孙氏忧开缺。上年臣调任两广，檄调该员来署襄理文案事件。该员于光绪二十六年五月遵海防例加捐同知，仍指分广西试用。因光绪二十四年剿平郁林浔梧土匪、克复兴业等城，该员在事异常出力，经前广西抚臣黄槐森会同臣及广西提臣苏元春汇案奏保免补同知，以知府仍留原省补用。奉部核准具奏，光绪二十七年十二月二十五日奉旨：依议。钦此。该员钱锡宝自光绪二十五年十二月十六闻讣丁忧之日起，不计闰扣至二十八年三月十六日止，二十七个月服满，例应赴部起复，呈请带领引见。

  惟臣署案牍纷繁，该员夙夜勤劳，尚能经理无误。现在正当剿办钦廉会匪、广西游匪之际，军书络绎，正资倚任。合无仰恳天恩俯准饬下吏部咨会广西抚臣，以接准部文之日作为该员服阕起复以知府到省日期，按班序补，仍俟经手事竣，由臣给咨送部引见。除饬取供结咨部查核外，谨附片具陈。伏乞圣鉴，训示。谨奏。①

同日，公又奏请准周金顺等留粤补用，下部闻。曰：

  再，广东为南洋首冲，水师人员技艺考究。兹查有广西抚标尽先推补副将周金顺、山东河工副将衔补用游击杜金衢、两江督标候补游击童懋元、游击用尽先都司胡有胜，均来粤有年，愿归广东水师标营效力。又，江南漕标游击用补用都司周华年，曾在粤差遣，情形熟悉。合无仰恳天恩俯准副将周金顺、游击杜金衢、童懋元、都司胡有胜、周华年均留广东，各按原保官阶补用，周金顺、杜金衢、童懋元并请改归外海水师，胡有胜改归内河水师，分别收标效力。除饬取各员履历咨部

---

① 台北故宫博物院藏《军机及宫中档》，文献编号：408003447-0-A。又，中国第一历史档案馆藏《录副奏片》，档号：03-5416-067。

注册外,理合附片陈请。伏乞圣鉴,训示。谨奏。①

是日,公又附片奏报潘瀛调署琼州镇篆,曰:

再,署广东琼州镇总兵事南澳镇总兵潘瀛②,现已札委募勇进剿南宁等处游会各匪,应即调署北海镇总兵,俾得就近兼顾,相机调度。其所遗原署琼州镇篆务,即以现署北海镇总兵事广州协副将李先义调署。除檄饬遵照外,谨附片具陈。伏乞圣鉴。谨奏。③

四月初六日,外务部来文称:

光绪二十八年三月十七日,准军机处抄交办理商约大臣工部尚书吕、工部左侍郎盛奏,茶税过重,销数日少,吁恳减轻,以纾商困,请饬下部臣转饬总税务司,即将出口茶税改为按照时价值百抽五一折,奉朱批:该部妥速议奏。钦此。钦遵前来。当经户部会同本部议准,于三月三十日具奏,奉旨:依议。钦此。除札行总税务司转饬遵办外,相应抄录原奏,恭录谕旨咨行贵大臣、贵督、贵抚遵照办理可也。须至咨者。④

---

① 台北故宫博物院藏:《军机及宫中档》,文献编号:408003447-0-B. 又,中国第一历史档案馆藏:《录副奏片》,档号:03-5954-026。

② 潘瀛(1838—1914),字云洲,安徽六安人。初以军功积保副将,赏戴花翎。同治七年(1868),保总兵,旋经张树声奏调赴粤差遣。光绪十年(1884),署广东海门营参将。十一年(1885),保提督,加优勇巴图鲁名号。十五年(1889),署龙门协副将。十七年(1891),署高州镇总兵。二十一年(1895),换噶尔萨巴图鲁勇号。二十二年(1896),补南澳镇总兵。同年,署广东水师提督。二十八年(1902),署北海镇总兵。二十九年(1903),兼署广西左江镇总兵。三十年(1904),权宪兵学堂事务。三十三年(1907),署北海镇总兵。三十四年(1908),擢广东南韶连镇总兵。是年,调补湖北宜昌镇总兵。宣统三年(1911),以老告退。民国三年(1914),卒于籍。

③ 台北故宫博物院藏:《军机及宫中档》,文献编号:408003447-0-C。

④ 台北"中央研究院"近代史所藏:《外交档案》,馆藏号:02-13-008-01-004。

四月初七日,外务部致密函称:

　　葡国澳门界务,自该使白朗谷到京后,即以光绪十三年条约内未定界址,照请会商妥订。当查该使照会之意,欲将澳门以西对面山一岛及澳门西南小横琴、大横琴二岛归其管辖,实属无理取闹。因即拒定"旧约未经定界以前,彼此不得有增减改变"之语,力为驳复,与尊处递次来咨意正相同。辩论再三,该使允将界务暂搁不提,先谈商务,开具节略送署。按其两次开送条款,无非执上年中外商订增税之约,该国未经与议,如欲令该国商人遵照值百抽五新章一律办理,则须中国酌予别项利益以为补报之说。惟查初次所开有益中国各款,尚多应行斟酌之处,若续开第三款所称"未经定界以前允准该国在附入本约地图之四方界线内任便修造取益之各项工程"一节,果如所言,则此四方界线以内中国主权尽失。目前虽无定界之明文,日后便成占地之确据,其用心甚为狡诡,此条断不能允。其余各条是否可行,至第五款所称允给该公司安造由澳门至广东省城之铁路一节,究竟与该处地势、民情有无妨碍?此间无从悬揣,应请尊处查明酌夺。总之,白使此来只以新定税则,彼既允我一律照办,则在澳门设立分关等事,我亦须许彼以相当之利益,方能将旧约删除,重订新约,有挟而求,意颇坚韧。然在我有万难允许者,固当竭力驳阻,以杜后患。或有可以通融者,亦必须明定限制,以保主权。观该使要求各节,以界址一层为最要,未便听其含混,现虽商明暂搁,应仍由尊处设法防维,遇有应行整顿之处,务先实力举办,以绝觊觎。此外,既以互益为言,亦不得不筹所以应付之方。阁下关怀大局,荩虑周详,务希体察情形,熟权利害轻重,酌筹取与办法,迅速电示,以便与该使议订新约。用特照录条款两件,并照绘地图一幅,函寄台端察核。专泐,藉颂勋祺。①

---

① 台北"中央研究院"近代史所藏:《外交档案》,馆藏号:01-21-006-03-014。

四月初十日，公会衔粤海关监督庄山奏报三水新关及江门、甘竹滩一年期满征税情形，下部闻。曰：

窃照三水新关设立通商口岸，于光绪二十三年五月初五日开办，遵照总理各国事务衙门议定章程，江门、甘竹滩同为停泊上下商货之口，按照长江停泊口岸章程，一律办理，等因。伏查三水关江门、甘竹滩二口洋税，光绪二十三年第一百四十七结第三月分起，至二十六年五月初四日第一百五十九结第二月分止，所有按年征收数目业经奏报在案。兹自光绪二十六年五月初五日第一百五十九结第三月分起，至二十七年四月十四日第一百六十三结第三月分止，扣足四结为一年，三水新关共征收银九万二千六百八十七两六钱三分二厘，江门口共征银三万四千六百五十七两六钱二分四厘，甘竹口共征银一万三千二百五十两八钱五分。

除委员、书役、通事人等应需薪水、工食、纸张等费遵照奏定章程给发外，所有三水新关及江门、甘竹滩二口征收洋税各数，谨合词恭折具陈。伏乞皇太后、皇上圣鉴。谨奏。①

同日，公又会衔粤海关监督庄山奏报潮州关属一年期满征税情形，下部闻。曰：

窃潮州新关属口前于光绪二十二年四月间，经前两广督臣谭钟麟会同前监督臣文珮②奏明，撤去包办名目，由该关委员兼管，并选派可靠家人二名，督同口书，妥为经理，业将光绪二十二年八月初三日开办

---

① 中国第一历史档案馆藏：《录副奏折》，档号：03-6419-035.
② 文珮，生卒年不详，满洲正白旗人。咸丰十一年（1861），充笔帖式。同治十一年（1872），加副护军参领衔。光绪元年（1875），任堂委署主事。二年（1876），升署主事。四年（1878），补广储司银库员外郎。五年（1879），晋三院卿衔。七年（1881），调补庆丰司员外郎。九年（1883），升热河副总管。十二年（1886），授会计司郎中。十五年（1889），补广储司银库郎中。同年，授江南织造、都虞司郎中。二十三年（1897），授粤海关监督。

起至二十六年七月初三日止所有按年征收数目恭折奏报在案。兹自光绪二十六年七月初四日起，连闰至二十七年六月初三日止一年期内，计共征银一万三千八百四十六两七钱一分四厘，遵照原奏归入盈余款内奏报；仍饬该委员等随时实力稽征，毋得始勤终惰，以期税课日增。惟商贾多寡无常，税课盈绌不能豫定，嗣后仍照尽征解，以昭核实。

所有潮州新关属口一年期满征收税银数目缘由，除咨户部察照外，谨合词恭折具陈。伏乞皇太后、皇上圣鉴。谨奏。①

是日，公又会衔广东巡抚德寿奏报广东省光绪二十六年武职各官实支养廉银两情形，下部闻。曰：

窃照广东省各标、镇、协、营武职大小正、署各官应支养廉银两，向系按年造册题销。兹据广东布政使丁体常详称：光绪二十六年分，通省武职各官共应支养廉银一十二万九千四百二十两，例应在于田房税羡、耗羡、盐课项下动支，已支给银二万四百六两九钱四分二厘，又应扣停给一成养廉银五百七十七两三钱九分七厘，又应扣各官空缺养廉银六千三百七十三两六钱六分一厘。理合分晰造册，详请奏咨等由，前来。

经臣等覆核无异，除册分送部、科查核外，谨合词恭折具陈。伏乞皇太后、皇上圣鉴，敕部核覆施行。再，本案尚有督标中营等营未经造册报销，请俟造册到日，另行送部。合并陈明。谨奏。②

---

① 中国第一历史档案馆藏：《录副奏折》，档号：03-6419-035.
② 台北故宫博物院藏：《军机及宫中档》，文献编号：408003449. 又，台北故宫博物院藏：《军机及宫中档》，文献编号：149605.

同日,公又会衔广东巡抚德寿奏报广东通省光绪二十六年分支过官兵马匹、俸饷、粮料、草束数目情形,下部闻。曰:

窃照广东省递年支销官兵马匹、钱粮数目,遵照奏准新章,应于九月内造报。兹据广东布政使丁体常详称:光绪二十六年分,广州将军八旗、督、抚、提、镇、九府、九厅州、水陆镇、协、营各官兵马匹、俸饷、粮料、草价,先奉部拨地丁、盐课、厘金及停给养廉、太平关常税共银一百三十三万三百七十五两零,已据完解支给俸饷等银九十五万二千一十二两零,尚未完解银三十七万八千三百六十三两零,俟续收有款,再行分别补支补扣。

又,前山三水大鹏右三营招募新兵,共应支月饷米折、朋扣、草价等银六千六百五十一两零。此项系在各属解到典商息银供支。又,汉军八旗添设无米养育兵,共应支饷银七千二十两零。又,满汉八旗添设余兵,共应支饷银一千三百两。以上二款均先在司库存留田房税羡项内借支,俟盐、典二商缴到息银,归还原款,作正开销。又,汉军八旗新添设余兵,共应支饷银二千六百两,已在旗丁养赡生息应归原本银内动支。又,满汉八旗添设洋操余兵,共应支饷银一千三百两,已在典商缴到息银内动支。又,粮米一项通共各旗标镇协营官兵马匹,满汉八旗病故官兵,守节寡妇,旗监人犯口粮,补还融借,奉行变价充饷,裁汰三成,二成兵丁马匹等项,共应支米四十三万九千四百六十七石零,内有饷折米银七万四千八百九十二两零,已支给银一万四千五百四十三两零,尚未支给银六万三百四十八两零,俟催征完解,再行补支清款。

再,本案因奉拨地丁等银征解不前,欠发各营粮料、米折银四万余两,以致尚有水师提标等营应造销算册籍尚未据造送。若必待欠项支清再行造报奏销,未免稽延,应请查照上届将欠发各营粮料、米价实数另造细册,专案送部。各营员造册迟延有因,所有迟延职名应请循旧邀免开送。理合将支过俸饷、粮料、草束等项暨动给款项,分晰造册,详请奏销,等情前来。

　　臣等覆核无异,除将各项清册分送部科查核外,谨遵照通行改题为奏,合词缮折具陈。伏乞皇太后、皇上圣鉴,敕部核覆施行。再,本届奏销例应上年九月内具奏,嗣因二十五年奏销奉行俟回銮后始行办理,是以二十五年奏销延至本年二月内造报。其二十六年奏销未便越案办理,当经咨明户部展至本年三月内造报。今据藩司于三月二十九日出详,臣即于四月初十日具奏,并无迟逾。合并陈明。谨奏。①

　　同日,公又会衔广东巡抚德寿开单奏报广东省光绪二十六年钱粮奏销已、未完分数并叙参各官职名,下部闻。曰:

　　窃照广东省递年各属额征民屯地丁正、杂钱粮及本折米石,定例次年五月内截数,六月内造报。嗣奏准仿照盐务成案扣限,于九月内题咨,历经照办在案。兹据广东布政使丁体常将光绪二十六年分通省额征民屯地丁、驿传、运闱及杂税、炉饷、当饷、煤饷、商税、地租,并光绪二十四年旧管、存剩等项,造册详报。又准现任广东学政臣文治将收支学租银两数目造册移送前来。

　　臣等伏查征收及旧管各款,除改征本色米价、盐课另册报销外,实共应征银一百一十八万三百二十三两零,内新收旧管共银一百万九十六两零。开除支销银九十七万三千七百六十两零,实在余剩银一万三千六百七十八两零,未完各项共银一十九万二千八百八十四两零。又,额征民屯米三十三万七千七百一十四石零,内已完米二十八万六千一百三十一石零,未完米五万一千五百八十三石零。另,地丁随征一六九耗羡银一十七万九千二百九十一两零,内已完银一十四万五千六百四十九两零,未完银三万三千六百四十二两零,向系汇同地丁正项统计考成。所有未完一分以上各员业经遵照部行,先行开单奏报。

---

① 台北故宫博物院藏:《军机及宫中档》,文献编号:408003448。又,台北故宫博物院藏:《军机及宫中档》,文献编号:149606.

其征收全完及未完各分数、应叙、应参各职名，现已另缮清单，随同黄册，恭呈御览。至布政司、督粮道库存钱粮，经臣等公同在省司道各官亲临盘察，并无亏空及挪新掩旧情弊，相应出具印结保奏。除将各册籍分送部、科查核外，谨遵照通行改题为奏，并缮清单，合词恭折具陈。伏乞皇太后、皇上圣鉴，饬部核覆施行。

再，本届奏销应于光绪二十七年九月内具题，嗣因二十五年奏销改题为奏，并奉行俟回銮后再行办理，是以二十五年奏销延至二十八年二月内始行造报，其二十六年奏销未能越案办理，当经咨明户部拟定，限本年三月内由司出册。兹据藩司于三月二十九日造册详缴到臣，即经覆核，于四月初十日具奏，并无迟逾。合并陈明。谨奏。计恭呈黄册一本。①

是日，公又会衔广东巡抚德寿奏报盘验广东藩库银数及通省征收钱粮银米完欠各数目情形，下部闻。曰：

窃照每年奏销时，例应将藩库实存正、杂银两及应征银米完欠数目，分晰盘查具奏。兹届光绪二十六年分奏销之期，经臣等督同司道各官赴库盘查，惟藩库正、杂钱粮先经大学士刚毅到粤查明历年不敷银八百余万两，业已奏明将光绪二十四年十一月十五以前挪借部杂等项一律就款开除，以后收支核实造报。所有开除各款，除俟办理拨册时另行按款造册报部外，计现在司库应存正项各款银二十二万五千九百三十八两零，应存杂项各款共银一十五万八千九十八两零。经臣等亲加盘验，委系实存在库，并无亏空及挪新掩旧等弊。其应征地丁、民屯粮米，据布政使丁体常、督粮道周开铭将完欠数目分晰开报前来。

臣等覆查光绪二十六年分额征地丁等项，连闰共银一百一十万三千一百三十五两零，内已完银九十三万四千五百三两零，未完银一十

---

① 台北故宫博物院藏：《军机及宫中档》，文献编号：408003452。又，台北故宫博物院藏：《军机及宫中档》，文献编号：149608。

六万八千六百三十一两零,计完八分以上,未完一分有余。又,额征米石实在应征米三十三万七千七百一十四石零,内已完米二十八万六千一百三十一石零,未完五万一千五百八十三石零,计完八分以上,未完一分有余,现经督率藩司、粮道,将未完民欠银米勒限征完,如有逾限,即行查参。

除将司库实存银数及各属现年征收已、未完分数造册奏咨外,所有盘验司库银数及光绪二十六年分通省征收钱粮银米完欠数目各缘由,谨循例合词恭折具陈。伏乞皇太后、皇上圣鉴。谨奏。①

同日,公又会衔广东巡抚德寿开单奏报广东省征收光绪二十六年分钱粮比较上三年完欠分数情形,下部闻。曰:

案准部咨:各省征收钱粮比较限期,统以年底截数,次年二月造报春拨之时,即将新赋项下额征若干,蠲缓若干,已、未完若干,旧赋项下带征若干,应征若干,比之上三年或多或少,一一注明,另行开单奏报,即以道光五年春拨为始,一律遵办。嗣又准部咨,仍以奏销截数开单具奏,比较更为周匝,各等因。转行遵照在案。兹办理光绪二十六年分奏销,除循例奏报外,据广东布政使丁体常将光绪二十六年分征收钱粮比较上三年完欠数目,注明入季、解道、留支各数,并查明已征未解一项,于现办二十六年奏销,遵照定例归入未完项下开列专案咨部,开单请奏前来。

臣等覆核无异,谨合词恭折缮单,敬呈御览。伏祈皇太后、皇上圣鉴,敕部查照施行。谨奏。②

---

① 台北故宫博物院藏:《军机及宫中档》,文献编号:408003453。又,台北故宫博物院藏:《军机及宫中档》,文献编号:149610。
② 台北故宫博物院藏:《军机及宫中档》,文献编号:408003455。又,台北故宫博物院藏:《军机及宫中档》,文献编号:149609。

同日，公又会衔广东巡抚德寿开单奏报查明广东省各年旧欠正、杂钱粮光绪二十六年催提征解已、未完数目情形，下部闻。曰：

窃照各省奏销，应将征收旧欠正、杂钱粮数目及未完分数考成专折奏报。现届办理光绪二十六年分奏销之期，除是年应征新赋银米已、未完数目另行具奏外，兹据广东布政使丁体常详称：查自光绪六年起至光绪二十五年止，旧欠地丁、驿传、备支经费，除豁免及续完外，尚应征银一百八十九万一千一十八两零，内已完银七万四百五十四两零，未完银一百八十二万五百六十四两零。

又，光绪九年以前欠杂税银二千一百三十八两零，全未完解。另，从前各州县征存地丁、备支经费共银一十万四千五百五十七两零，全未完解。又，旧欠耗羡银三十四万八千五百一十三两零，内已完银一万八千二百九两零，尚未完银三十三万三百四两零。另，从前各州县征存未解耗羡银一万四千九百三十八两零，全未完解。又，自道光三十年起至二十五年止，旧欠民米除豁免及续完外，尚未完米七十一万九千六百九十一石零，内已完米四千七百二十石零，未完米七十一万四千九百七十一石零。另，从前各州县征存米七万九百五十六石零，全未完解。又，自道光二十六年起至光绪二十五年止，共未完当饷银一十一万一千二百一十五两零，内已完银二万三千四百一十五两零，尚未完银八万七千八百两。又，未完全书未载铁炉饷银八千三百五十七两零，全未完解。又，自咸丰十一年起至光绪十四年止，未完全书附载铁炉饷银四千五百五十二两零。又，自道光八年起至光绪二十五年止未完煤饷银七万六千一百七十九两零，内已完银一千四百七十两，尚未完银七万四千七百九两零。又，自道光二十四年起至咸丰三年止，共未完各业户借领堤费银一万五千二百一十八两零，全未完解。

以上各属征存未解地丁、备支、耗羡等银，业于交代案内参追。其未完米石系由历年各县办理军务，就近提支军需，现已严饬领解清款，分别收支。至当饷、炉饷、煤饷、堤费等项已、未完细数，业已另册送部查核,等情。请奏前来。

臣等覆核无异,所有光绪二十六年分征收旧赋银米完欠数目,谨循例缮具清单,合词恭折具陈。伏乞皇太后、皇上圣鉴,敕部查照施行。谨奏。①

四月十二日,公致函外务部曰:

光绪二十八年三月十五日,接驻港兼理义国博领事照称:前据义国商务公司永贞祥之代理人巴度路禀称:广西浔州府贵县天平山银矿一节,曾经前督部堂准给华民陈庆昌、刘荣楼执照,限期十五日内开采,否则交与法国商务公司承办,等因。本兼理领事官细加查访,知天平山矿地由陈庆昌、刘荣楼早已售与义国永贞祥公司,于公历一千八百九十八年九月十七号订立合同一纸,是时亦未有开采。因一千八百九十九年内所有论及该矿情事以及合同等件,尽行寄上驻京义钦差处料理。当其时,永贞祥公司又与英国商务公司商量转售。计合同等件寄到北京不久,适值拳匪作乱,围攻义钦差衙署,并且纵火焚烧,所以合同等件皆遭毁化,故永贞祥公司终不能取回合同等件,亦不能与英国商务公司交易,则该公司失去银两已不计其数,此诚不幸之事也。至贵国理宜保护义钦差衙署,不应纵容拳匪围攻,以致遗失文件不少。去年该公司经已禀呈驻京义钦差处,恳求向贵国总理衙门代取保单凭据。现在义国政府与贵外务部正相商酌议取保单凭据、停止开采该矿之事。若贵督部堂准给别人承办,则办理甚觉不公,务请贵督部堂立即宣示,别人不得开采。因本兼理领事官即将一切缘由电达义钦差处,转致贵国外务部,统俟北京立回保单凭据之后,再行通知。倘贵督部堂仍交别人承办,则义国永贞祥公司如有意外不测之事,定惟贵督部堂是问!为此照会查照,等由。前来。

---

① 台北故宫博物院藏:《军机及宫中档》,文献编号:408003454.又,台北故宫博物院藏:《军机及宫中档》,文献编号:149607.

卷查陈庆昌、刘荣楼等开办广西贵县属之小天平山银矿一事,前于光绪二十五年十一月十七日准广西抚院黄咨开:据广西善后局司道详称:前据广东广州府新兴县人陈庆昌等具禀,自备资本银二十万元,遵章缴照银一千元,领照开采。当经批准,缮给执照,并给示谕。该商陈庆昌等领照后,未能遵照章程依限开炉输课,兹闻私与义国洋商书立合同,故违定章。饬据贵县查禀,该商开办矿务未能得法,所办机器均不合用,久已停办,仅存厂屋数间,工人退散,一切器用卖尽。该商及司事人等均已返东,并无一人在厂。该商与义国私立合同,系在东省外洋所行之事,该县无从觉察。惟其资本已罄,无力再开,等情。查商人陈庆昌开办银矿已逾两年,迄无成效,并未交课,既经停止不办,潜回广东,亟应追缴执照,另行招商承办,以杜弊端而顾税课。请饬新兴县勒传该商陈庆昌到案,追取原领开矿执照,送西注销,等因。咨经前部堂饬据广东藩司详:据新兴县禀复:县属并无陈庆昌其人,札内亦将陈庆昌住址开明,无凭追缴,等情。咨复饬遵各在案。是陈庆昌等前此承办之贵县天平山银矿,因未能依限开办,原领开矿执照早经作废追缴,该处银矿自应由官方另行招商承办,以顾税课。陈庆昌等何得混执废照,擅将矿地售与外人。义商永贞祥前此与陈庆昌等订立合同,即使确有其事,亦系私自订立,不能作据。至现文所称该处银矿曾经前督部堂准给陈庆昌、刘荣楼等执照,限十五日内开采,否则归法国商务公司承办,等语。遍查并无此案。接文前由,除照复并咨请广西巡院迅将本案全案抄咨贵部查核备案外,相应咨呈。为此咨呈贵部,谨请查照施行。①

同日,公又致函外务部曰:

光绪二十八年三月初十日,接汕头口德国古领事照会:照得本署

---

① 台北"中央研究院"近代史所藏:《外交档案》,馆藏号:01-11-022-01-016。

领事官现奉外务衙门札委,署理汕头领事官篆务。兹于光绪二十八年三月初四日到汕,随于本日接印视事,合就照会查照等由。前来。查此事昨接施领事照会,即经札行惠潮嘉道,照会新关税务司查明现署德国古署领事是何名字,是否真正领事,禀复核办在案。接文前由,除札行惠潮嘉道遵照前札事理查德复核办及咨行外,相应咨呈。为此合咨贵部,谨请查照。①

四月十三日,外务部来函曰:

奉旨:广西、云南、贵州、边境游勇、土匪勾结抢掠,势甚披猖,前经谕令该督抚等迅速剿办,乃日久尚未一律肃清,南顾殊深廑虑!据外务部将该督抚近日来电呈览,丁振铎电谓南宁以上匪势稍戢,皈朝已深入滇境,则非粤西所能顾及。魏光焘谓积匪狡谲异常,失势则分奔,零散必图穷,所依归则非滇力所及,各等语。匪势蔓延,三省边疆皆为不靖,自应合力防剿,庶几除暴安良,似此互相推诿,任其窜越,安有净绝根株之日!着严饬陶模、丁振铎、魏光焘、邓华熙,不分畛域,实力通筹,认真会剿,迅即殄诛匪党,毋留余孽。至苏元春治军不严,养痈贻害,尤属责无可辞,着该提督懔遵谕旨,切实整顿营规,务将各匪悉数擒捕,以消隐患而靖地方。倘再因循贻误,惟该督抚及该提督是问,不能常邀宽典也!钦此。②

同日,外务部又来电曰:

十二日奉旨:候选道许珏着充出使义国大臣。又,十三日奉旨:许珏着赏给四品卿衔。希转行钦遵。外务部。元。③

---

① 台北"中央研究院"近代史所藏:《外交档案》,馆藏号:02-08-011-02-037.
② 台北"中央研究院"近代史所藏:《外交档案》,馆藏号:02-26-019-01-029.
③ 中国第一历史档案馆藏:《电报档》,档号:2-03-12-028-0282.

四月十五日，外务部来文称：

光绪二十八年四月初六日，准咨称：法国领事文称：河南租界一事，本国钦差奉国家示谕，速将租界妥办，等因。本领事从前所请者，该地在沙面，本租界对面，如所附之图，应将界内产业先定地价，按每井若干，有贵部堂及本领事所派之在行人公同估价，应请查勘速办，并附图一纸，前来。本部堂详查情形，固以设立公共租界为最善。第各国意见不同，殊难勉强。查省会勘设租界地方，只有河南花地、临河一带，然为地无多，似应就现有领事各国匀派地段，以免争论。如事属可行，请知会各国驻京大臣公同商酌。其地亩、房产如何给价，及一切开办事宜，应俟贵部核复，再行会商各国领事斟酌妥办，等情。查广州宜设公共租界，本部与贵督迭次文、电商榷，意见相同。本年二月二十七日，英萨使照请本部勿给某国专界，当即指法国而言。当经本部复以现无议展专界之说，并于三月初四日咨行贵督在案。此次法国国家既经催办展界，应如来咨所拟妥定公共租界，以免别国争论。惟法国公使现在并无照会到部，未便由本部先向各该使开议，应仍由贵督就近与法领事声明公共租界实为一定不移之办法，或可杜绝觊觎。如果法使来至本部辩论，应照贵督前咨，内外坚持，冀可就范。至房亩如何给价，及一切开办事宜，应俟将来议有端倪，再由贵督详加厘订，酌拟条款，咨达本部查核办理。①

四月二十一日，公致函外务部曰：

光绪二十八年三月二十五日，接广州口法国哈领事照称：照得本领事现届请假之期，业经接奉奏准，拟于本月二十五申刻起程。所遗印信、公件，委杜副领事暂行代理，俟署本任领事祁抵省后，再行交替。

---

① 台北"中央研究院"近代史所藏：《外交档案》，馆藏号：01-18-065-05-032。

相应照会查照,希饬所属一体知照,并接杜副领事照会,即于本月二十五日申刻接印视事各等由,前来。查现代理法国领事杜理芳,原系驻扎广州口副领事,前准照会咨行有案。所有该领事名字,自可毋庸行查。接文前由,除咨会粤海关监督查照及咨行外,相应咨呈。为此合咨贵部,谨请查照。①

四月二十三日,公致函外务部曰:

光绪二十八年四月初一日,接驻港义国佛领事照称:照得本领事官于光绪二十七年七月请假回国,所有署中公务暂交澳国领事官傅士德兼理,业经照会在案。兹已假满返港,嗣后遇有交涉情事以及公牍等件,均请仍寄本领事署可也。相应照会查照,等由。前来。除咨行外,相应咨呈。为此咨呈贵部,谨请查照施行。②

四月二十五日,公会衔广东巡抚德寿奏请将知县王锡祺等交部议处,下部闻。曰:

窃据石城县知县王锡祺禀称:光绪二十八年正月十九日夜三更时候,被匪百余人身穿号衣,突至县署,撞破监门,殴伤禁卒、更夫及管监家丁,打断木柙、锁铐,将监犯蔡愤春等三十一名劫放出狱。该县闻警督同署典史李庆芬,亲率差勇向前捕拿。该匪等胆敢放枪拒捕,伤勇二名,经差勇奋力喊击,当场格毙匪犯三名,拿获逃犯蔡愤春、余亚晚二名。各匪始退出署,分党劫掠团练局洋枪、枪码等件,同城都司城守闻警,率兵趋至。各匪纷纷扒城逃逸。该县飞电驻扎安铺介字右营,并传知各乡团练分投追截,于二十及二十一、二等日陆续获回逃犯罗亚晚、李亚居、李亚水、何亚九、李亚幅、符康恩、李亚六、苏帼权、余亚

---

① 台北"中央研究院"近代史所藏:《外交档案》,馆藏号:02-08-011-02-041。
② 台北"中央研究院"近代史所藏:《外交档案》,馆藏号:02-08-011-02-042。

生、苏亚三、蔡亚贤、杨永洪、吴亚生、陈亚普即育隆、廖居清、吴郁洸一十六名，并拿获劫狱首伙匪犯陈亚进、王亚胜、曹汶卿、谭友太、李亚三、黄亚三、黄亚四七名，起获原赃洋枪二十八杆、枪码二百余颗。又，介勇团练格毙逃犯李亚林、黄才愤二名，割取首级，先后送县。该县查验首级属实，提讯陈亚进，供认与蔡愤春均系拜会头目，其余在监各犯多系会内弟兄。伊与未获匪首洪荒二等意欲竖旗滋事，因人数尚少，是以纠伙劫狱，欲将各犯劫出，帮同行事，顺便劫掠团局枪械不讳。讯之伙匪王亚胜等及逃犯蔡愤春等，各供均属相同。

查蔡愤春本系著匪，前因获案狡不认供，致未禀办；余亚晚、罗亚晚、李亚居、李亚水、何亚九、李亚幅、符康恩、李亚六、蔡帼权、余亚生、苏亚三、蔡亚贤、杨永洪、吴亚生、陈亚普即育隆，均先已讯认迭劫拜会，禀请委员覆审拟办之犯。现在各路匪势正炽，势难久稽生变，不得不从权办理，业将以上劫狱匪犯陈亚进等七名反狱会匪蔡愤春等十六名，先行照章就地正法。其有廖居清一犯系被控命案讯未认供之犯，吴郁洸一犯系吴家绍谋杀胞叔吴廷惠一家六命案内奏明，缘坐犯属，请示办理，等情。臣等查廖居清、吴郁洸二犯，既系随同反狱，例不论原罪轻重，罪应斩枭。现当匪势正炽，未便久稽，亦即电饬正法。尚有未获逃犯十一名，据禀系讯认抢劫之龙马铃保、房亚三、莫亚良、何康玉、朱亚瀤、莫亚祥、李汶周、李其顺、谭孚子、李亚同及命案被控讯未认供之郑家舜，业与劫狱各匪伙加悬重赏，移行勒缉，等情。并据高州府电禀前来。

臣等伏查此案匪首陈亚进等，妄图竖旗滋事，胆敢纠众及听纠劫狱，抢掠团局军械，实属行同叛逆，不法已极。蔡愤春本系会匪头目，与余亚晚及罗亚晚等十五名，并格毙之李亚林等二名，亦皆认讯迭劫拜会之匪犯暨廖居清、吴郁洸二名，共计二十名，听从反狱，均属罪无可逭，业经该县并臣等电饬与陈（亚）进等七名先后正法，用昭炯戒，以寒匪胆。至该县印、捕各官，虽于三日内会营督团将被劫逃犯拿获过半，劫狱首伙匪犯亦拿获七名，并格毙三名，尚属奋勉。惟劫匪未获尚多，自应一并参处勒缉。据藩、臬两司转据该管道府揭报前来。

除饬移行勒限严缉劫狱各余匪及未获各逃犯，暨通饬各属一体严缉务获究报，并提讯禁役人等有无松刑故纵情事，分别究办外，相应请旨将石城县知县王锡祺、署石城县典史试用从九品李庆芬交部分别议处。臣等谨合词恭折具陈。伏乞皇太后、皇上圣鉴，训示。谨奏。①

同日，公又会衔广东巡抚德寿奏请换铸澄迈县印信缘由，下部闻。曰：

窃照案准部咨：嗣后印信篆文将次漫漶，即令早为陈请换铸，倘有因循迁就不及时请换者，交部议处，等因。遵照在案。兹据广东布政使丁体常详称：澄迈县知县林玉铭详：查澄迈县自嘉庆二十三年颁发嘉字一千四百三十一号印信一颗，迄今历年已久，查看篆文均已模糊。造具印模册详，请换铸前来。理合详候奏请换铸，以昭信守。其旧印照例俟新印颁到之日镌刻缴字，送部查销，等情。连缴印模册到臣。据此，覆查无异，相应奏请换铸澄迈县印信一颗颁给，以昭信守。其旧印俟新印到日，镌刻缴字，另咨送部查销。

除将印模册送部外，臣等谨照新章改题为奏，合词恭折具陈。伏乞皇太后、皇上圣鉴，敕部议覆换铸，施行。谨奏。②

---

① 台北故宫博物院藏：《军机及宫中档》，文献编号：408003457。又，中国第一历史档案馆藏：《录副奏折》，档号：03-7398-073。

② 台北故宫博物院藏：《军机及宫中档》，文献编号：408003459。又，中国第一历史档案馆藏：《录副奏折》，档号：03-5741-048。

是日,公又附片奏报道员丁宝铨等分赴新任,曰:

再,新授惠潮嘉道丁宝铨①现已到省,应即饬赴新任。又,雷琼遗缺道奏补高廉钦道吴永亦已到省,应饬先赴任事,以重职守。除分别檄饬遵照外,臣等谨合词附片具陈。伏乞圣鉴。谨奏。②

同日,外务部行户部咨文曰:

光绪二十八年四月二十一日,本部会同奏,议复贵部议复直隶试用道陆树藩条陈印花税一折,奉朱批:依议。钦此。相应恭录谕旨,钞录原奏咨行贵大臣、部、督、抚查照钦遵办理可也。须至咨者。③

四月二十六日,公致电外务部曰:

奉四月初七日函件,谨悉。查葡约第十款内载:中国如有与他国之益,彼此立有如何施行专章,葡国既欲援他国之益,使其人民均沾,亦允于所议专章一体遵守。第十二款又载:西洋商人起卸货物纳税,俱照各国税则为额,各等语。中、葡既无专订税则,自应照各国现行税则办理。葡谓上年之约,该国未经与议,须另给利益,方可遵办。未经与议之国尚多,设皆援例要求,何以应付?此层关系最重,须力与辩明白。续开送各款所谓有益中国者,大都有名无实,其在图线之内任便

---

① 丁宝铨(1869—1919),字衡甫,号默存。江苏山阳人。光绪十一年(1885),取生员。十四年(1888),中举。十五年(1889),中式进士,选吏部文选司行走,历充督催所掌印、文选司帮掌印、会典馆协修派办、万寿庆典掌司务厅印、稽勋司主事、考功司员外郎、稽勋司郎中、文选司掌印、则例馆提调、会典绘图处总校、承修东陵工程监督。二十六年(1900),赴行在,补军机章京。二十八年(1902),放广东惠潮嘉兵备道,旋丁母忧,回籍终制。三十一年(1905),升授山西冀宁道。三十二年(1906),补山西按察使。同年,署理山西布政使。三十四年(1908),迁山西布政使。宣统元年(1909),擢山西巡抚。三年(1911),因案褫职。民国八年(1919),遇刺身亡。追谥恪敏。
② 台北故宫博物院藏:《军机及宫中档》,文献编号:408003459-0-A.又,中国第一历史档案馆藏:《录副奏片》,档号:03-5418-042.
③ 台北"中央研究院"近代史所藏:《外交档案》,馆藏号:02-13-008-01-027.

修造,实与占地无异;协助巡缉,亦碍主权。至安造澳门至省城铁路,以目下情形而论,于地方商务并无裨益,是以英国前订九龙至广州铁路,至今尚未兴工。葡人觊觎内地,蓄意已久。此次以互益为名,阴行拓界之计,居心叵测,自当遵谕,相机设法严密防维,仍请贵部竭力驳拒,始终坚持,庶可杜彼狡谋,免为他国借口。伏乞钧裁。模。宥。①

四月二十七日,外务部来电曰:

顷法使来言:广西边界土匪日甚,龙州地方官与德领事言有不能保外国人性命之语,该处教士已有避去者,若不及早设法,必至酿成巨祸,各等语。究竟近日办理情形如何？速电复。外务部。感。②

四月二十八日,公会衔广东巡抚德寿奏报俞烺续完钱粮请旨改议,下部议。曰:

窃照前准部咨,具奏筹备饷需折内,所有钱粮奏销令该督抚一面具题,一面先将未完一分以上各员名开单,专折奏报;其有具奏后续完者,准其续行奏请归本案开复,等因。钦奉谕旨,咨行到粤,当经转行钦遵办理。兹据布政使丁体常详称:广东省光绪二十五年奏销地丁银米案内,原参惠州府和平县尚未完地丁充饷银三千二百三两六钱二厘,又未完耗羡银五百四十一两四钱九厘,又未完米三百三十六石一斗八升八合一勺。以本折通融计算,实未完五分五厘九毫九丝,先经将该员俞烺职名分别开单及造册汇案奏参,而开单之案奉部议覆,将该员俞烺照例革职,其造册之案尚未奉准部覆。嗣据该员俞烺于奏销后完解地丁正银一千一百七十一两五钱九分四厘九毫,耗羡银一百九十七两九钱九分九厘二毫,业经完解司库兑收充支兵饷。

---

① 中国第一历史档案馆藏:《电报档》,档号:2-04-12-028-0381.
② 中国第一历史档案馆藏:《电报档》,档号:2-03-12-028-0317.

查户部则例内开：各直省经征、督催各官，参后或续报全完，或续完几分，该督抚将应免处分分别题咨，即予减免、开复，等因。今该员俞煐续经解过原参未完光绪二十五年分地丁银一千一百七十一两五钱九分四厘九毫，耗羡银一百九十七两九钱九分九厘二毫，应照减免之例及奏定章程办理。查光绪二十五年分钱粮奏销，开报该员俞煐未完五分五厘九毫九丝，今于参后续完一分八厘七毫八丝九忽，实未完三分七厘二毫一忽，等情。造册，详请具奏改议前来。

臣等覆查无异，除严饬将未完银米赶紧扫数完解外，所有和平县经征钱粮参后续完银两请改议缘由，谨合词恭折具陈。伏乞皇太后、皇上圣鉴，敕部改议施行。谨奏。①

同日，公又附片奏报甄别试用期满各员，下部闻。曰：

再，前准部咨，无论何项出身人员，凡系补缺应行具题者试用期满，由该督抚详加甄别具奏，等因。历经遵办在案。兹查拔贡报捐本班尽先补用知县杨忠嗣，江西德兴县拔贡，朝考以知县用，指分四川，遵新海防例报捐本班尽先补用，光绪二十五年五月十六日到省，复遵例捐离四川，改指广东，仍归本班尽先补用，二十六年正月二十九日领咨到省。又，拔贡分发知县于祖谦，河南鄢陵县拔贡，朝考以知县用，签掣广东，光绪二十五年正月二十七日逾限到省。又，拔贡分发知县赵德垣，直隶永平县拔贡，朝考以知县用，签掣广东，二十五年三月初二日逾限到省。又，拔贡分发知县杜凌云，山西夏县拔贡，朝考以知县用，签掣广东，光绪二十五年五月初一日逾限到省。又，拔贡分发知县向学耿，湖南溆浦县拔贡，朝考以知县用，签掣广东，光绪二十五年七月二十六日逾限到省。均试用已满二年，例应甄别。据藩、臬两司详加察看，具详请奏前来。

---

① 台北故宫博物院藏：《军机及宫中档》，文献编号：408003463. 又，中国第一历史档案馆藏：《录副奏折》，档号：03-6274-059.

臣等覆加察核，该员杨忠嗣安详谨饬，办事细心；该员于祖谦老成谙练，留心民事；该员赵德垣稳慎老练，事理详明；该员杜凌云才识优长，趋公勤谨；该员向学耿识见明通，心思缜密，均堪膺民社。除咨部外，谨附片具陈。伏乞圣鉴。谨奏。①

是日，公又附片奏报保荐俸满经历董萼辉，下部闻。曰：

再，查定例：佐杂人员六年俸满，如果人材出众，著有劳绩，堪膺保荐者，出具考语，保题升用。等因。历经遵照办理在案。兹查韶州府经历董萼辉，自光绪十九年十月二十五日到任起，连闰计至二十五年八月二十五日，历俸六年初次期满，经该官府道保荐到司，由藩、臬两司加考，详请具奏，准其保荐注册升用，并声明该员任内并无记功、计过、参罚案件，等情。前来。

臣等查该员董萼辉奉职勤慎，堪以保荐。除咨明吏部外，谨照新章改题为奏，附片具陈。伏乞圣鉴，敕部核覆施行。谨奏。②

同日，公又附片奏报李滋然调署揭阳县缺，下部闻。曰：

再，揭阳县知县李树声调省差委，遗缺查有卸电白县知县李滋然，明干练达，堪以调署。该员任内并无盗劫已起四参之案。据藩、臬两司会详前来，除饬遵外，臣等谨附片具陈。伏祈圣鉴。谨奏。③

---

① 台北故宫博物院藏：《军机及宫中档》，文献编号：408003463-0-A。又，中国第一历史档案馆藏：《录副奏片》，档号：03-5418-065。
② 台北故宫博物院藏：《军机及宫中档》，文献编号：408003463-0-B。又，中国第一历史档案馆藏：《录副奏片》，档号：03-5418-055。
③ 台北故宫博物院藏：《军机及宫中档》，文献编号：408003463-0-C。又，中国第一历史档案馆藏：《录副奏片》，档号：03-5418-059。

同日,公又致电外务部曰:

"感"电谨悉。昨接苏提"啸"电,已派营分投剿办,该提拟即亲驻宁明督剿。匪势似未增剧,已将来电转达该提,嘱将近日情形径行电复。模。勘。①

四月二十九日,户部来电曰:

"漾"电悉。十成贡监,暂准变通,由粤上兑,惟必须将此项银两全数解部。户。艳。②

五月初一日,公会衔广东巡抚德寿致电军机处曰:

恭阅电抄,陆路提督邓万林开缺,以马维骐补授。马维骐现署高州镇篆,奉部文后,尚须奏请陛见,到任需时。广西提督夏毓秀到粤闲住已久,可否令其署理?乞代奏请旨。陶模、德寿。东。③

五月初二日,军机处来电曰:

来电已进呈。所请以夏毓秀署理广东陆路提督,奉旨照准。枢。冬。④

五月初三日,公致函外务部曰:

光绪二十八年四月初一日,接广州口法国署领事官祁照会:照得

---

① 中国第一历史档案馆藏:《电报档》,档号:2-04-12-028-0396.
② 中国第一历史档案馆藏:《电报档》,档号:2-03-12-028-0326.
③ 中国第一历史档案馆藏:《电报档》,档号:2-04-12-028-0400.
④ 中国第一历史档案馆藏:《电报档》,档号:2-03-12-028-0335.

本署领事现承简命署理广州领事官篆务,业已抵省,所有印信、公作,准副领事官杜赉送前来。本署领事即于四月初一日接印视事,相应照会查照,希即饬属一体知照等由,前来。除咨粤海关监督照会大关税务司照章办理及咨行外,相应咨呈。为此合咨贵部,谨请查照。①

五月初四日,公奏报恳恩开缺调理缘由,曰:

窃臣于光绪二十八年正月二十五日因假期又满,病势难痊,奏请开缺。旋于二月二十四日钦奉朱批:着再赏假两个月,安心调理,毋庸开缺。钦此。沐恩慈之逾格,弥感悚以难名。值此时局多艰,理宜力疾任事,初拟节交夏令,旧恙或可稍痊,乃病体淹缠,元气久耗。虽广求中西医药,多方调治,毫无功效,饮食甚少,食皆化痰,肺胃大伤,喘嗽不已,痰中时常带血,精神恍惚,夜不成眠,两臂、两腿均麻木不仁,难于运动。间或扶掖而起,勉强危坐,目中偶见日光,即心烦发热,是以辗转床褥,累月未出卧室。延见寅僚,略谈数语,即气逆不止,似此沉疴,势难速愈。

自去冬叠蒙赏假以来,凡寻常日行公事皆委藩司代拆代行。其洋务交涉及军务要件,概请抚臣德寿主持商办。广东濒海要区,政事繁重,甲于他省;广西游勇、土匪跳梁滋事,总督有辖治两省之权,尤须精明强干,方足负荷艰巨。如臣衰朽,若不退避贤路,仍复托名报效,腼颜恋栈,问心奚安?必至贻误大局,虽治臣以溺职之罪,已叹无及,再四思维,只得迫切陈情,吁恳天恩俯念海疆重要,非病废之人所能胜任,开去微臣两广总督实缺,简放贤能之员,整顿一切。地方幸甚!微臣得稍释愆尤,冀可悉心医治。倘邀朝廷福庇,病势轻减,即当泥首官门,求赏差使,再图报效,不敢自外生成!

所有微臣续假期满,痼疾难瘳,实在不能办事,恳恩开缺调理缘

---

① 台北"中央研究院"近代史所藏:《外交档案》,馆藏号:02-08-011-02-049.

由,理合恭折沥陈。伏乞皇太后、皇上圣鉴,训示,施行。谨奏。①

【案】此奏于是年五月二十七日得旨允行,《光绪朝上谕档》载曰:"光绪二十八年五月二十七日,内阁奉上谕:陶模奏,假期又满,病仍未痊,恳请开缺调理一折。两广总督陶模,着准其开缺。钦此。"②翌日,清廷饬令德寿署理两广总督,等因。《光绪朝上谕档》载曰:"光绪二十八年五月二十八日,内阁奉上谕:两广总督着德寿署理,岑春煊着调补广东巡抚;山西巡抚着丁振铎调补,王之春着补授广西巡抚。钦此。"③

同日,公又开单奏报广东光绪二十七年请袭世职一事,下部议。曰:

案准兵部咨:袭职发标人员,汇案具奏,遵办在案。兹查光绪二十七年,据英德博罗、新兴、归善、信宜、揭阳、合浦、潮阳、嘉应、陆丰各州县详送承袭云骑尉赖鹤桐、韩廷选、甘会照、朱绍襄、朱贻昌、杨润清、林国恩、秦其炳、萧世恩、连继耀,承袭恩骑尉杨秉忠、卢传扬,请袭发标前来。

查定例:承袭世职,令嫡长子孙承袭,如无嫡长子孙,许令弟侄应承继者承袭。又,承袭云骑尉,年已及岁,免其送部,令该督抚验看具题,俟题准后就近发标学习。又,云骑尉、恩骑尉有愿改外海水师者,豫先呈明,分派海外水师各营,随同出洋巡哨,各等语。今应袭云骑尉赖鹤桐等十员,应袭恩骑尉杨秉忠等二员,请袭职发标,连继耀、卢传扬并请改用外海水师,核与定例相符,均经验明分别发标学习。谨汇缮清单,恭呈御览。

除将各该员亲供、宗图、履历册结咨送部、科外,理合缮折具陈。

---

① 台北故宫博物院藏:《军机及宫中档》,文献编号:408003466。又,中国第一历史档案馆藏:《录副奏折》,档号:03-5417-126。
② 中国第一历史档案馆编:《光绪朝上谕档》第28册第141页,广西师范大学出版社,1996。
③ 中国第一历史档案馆编:《光绪朝上谕档》第28册第141页,广西师范大学出版社,1996。

伏乞皇太后、皇上圣鉴,敕部核覆。谨奏。①

是日,公又会衔广东巡抚德寿奏报广东盗匪猖獗整顿办理情形,得旨:着督饬地方文武员弁,认真巡缉,有犯必惩。曰:

窃光绪二十八年三月二十三日,准军机大臣字寄:光绪二十八年二月二十七日奉上谕,有人奏,广东盗匪猖獗,请饬严定捕盗章程,等语。广东盗风素炽,全在各州县暨水陆管带各员不分畛域,认真缉捐。着陶模、德寿督饬文武各员,实力整顿,如有缉捕不力及推诿贿纵各情弊,即着指明严参,以儆玩泄。至应如何严定章程之处,并着悉心妥筹办理,原片着抄给阅看。将此各谕令知之,等因。钦此。

臣等伏读之余,不胜惶悚！伏念广东盗风素炽,劫案之多,实为他省所未有。臣模上年抵任后,即与臣德寿悉心商酌,责成各州县会督营勇,同时查办清乡,酌定章程,奏明立案。统计一年以来,所获巨匪如冯黑骨称、李跛潭、刘幅、吴容、崔亚炽、关贵鸿、陆畅、邓东良等皆著名首要,就获之际,无不同声称快。此外先后获办之匪,计有二千二百余名,为数不可谓不多,然仅省城地面略见严肃,西江河道稍觉安靖。其顺德、香山、新会滨海之区,罗定、新兴、阳春山僻之地及钦廉一带,匪势仍前猖獗,与抄发原奏所言情形不甚悬远。其间州县庸懦、将弁懈弛之处固所不免,然推原其故,诚如原奏所云赌风愈盛,盗贼愈多。盖粤省民情习于游惰,无论男妇老幼皆思坐获意外之财,不愿劳力谋食,是以赌博之风甲于天下。自将番摊白鸽票等项招商承饷,美其名曰缉捕经费、小闹姓饷。

民间以赌为生者,更恣所欲为,百姓因是倾家,流为盗贼,日益繁滋。且赌馆之设,官绅倚为利薮,赌既与盗为媒,因是绅士之庇盗者有

---

① 台北故宫博物院藏:《军机及宫中档》,文献编号:408003467.又,中国第一历史档案馆藏:《录副奏折》,档号:03-5417-127.

之，弁勇之通道者有之，虽经遇案严惩，然赌风一日不止，即盗风一日不靖，欲禁盗必先禁赌。无如粤省度支本已入不敷出，前督抚臣始议及抽提赌饷。自刚毅来粤筹提一百六十万两，其中有着之款仅得其半，而部臣必欲责令照数拨解汇丰偿款，不得不于别款挪移垫解。上年又奉派摊新定赔款二百万两，拟办之沙捐、粮捐、房捐、酒甑、牌费等项，并计不及百万，而赔款须按月筹解，不得不罗掘以应。本省勇饷全恃赌规为大宗，尚苦不敷支解。司局各库均已搜括一空，以后正不知如何支拄。若剏言禁赌，原属正办，惟每年骤失二三百万入款，司度支者必致束手无措，其溃败决裂更不堪设想。

臣等夙夜焦思，明知因赌为饷无异饮鸩止渴，而当此百用孔亟、赔款迫促之时，舍此更无从周转，惟有于无可补救之中，姑作暂顾目前计。现钦廉一带业经派委署高廉钦道秦炳直会同督办钦廉边防记名简放道潘培楷、北海镇总兵潘瀛，分督各营，实力办理，渐臻平静。顺德、香山、新会一带，责成署顺德县请补钦州直隶州知州李家焯会同营县，联合护沙团绅，逐段清厘。肇罗一带，现委候选知府正任顺德县知县王崧带管往办。一面将前获著匪实在出力员弁择尤保奖，并将缉捕废弛各员从严撤参，以昭惩劝。

至正本清源之计，必须顾惜民财，培养民气，使小民各安生业，庶盗匪不致潜滋。臣模上年沥陈办匪情形折内业已切实声明，特苦喘息未舒，征求更迫，臣等既无裕国之方，复鲜辑民之术，负惭待罪，无任屏营！

所有遵奉谕旨查明广东盗匪猖獗及办理实在情形，谨联衔恭折具陈。伏乞皇太后、皇上圣鉴。谨奏。①

同日，公又奏报潮桥官运局经征课饷一事，下部闻。曰：

窃查粤东课饷统归次年岁底奏销，酌定经征、督征各官年月，核算

---

① 台北故宫博物院藏：《军机及宫中档》，文献编号：408003465. 又，中国第一历史档案馆藏：《录副奏折》，档号：03-7378-079。

考成造报。又,潮桥各埠引饷于光绪二十五年三月间奏明改章,设立官运局,委员经理。兹据两广盐运使国钧详称:光绪二十四年分,额征省河潮桥引饷、余费、场课、包税及关、桥、厂税并罚赎充饷暨太平、浛洸厂军饷、包税、遇闰加征银一百二两四钱九分二厘,共银六十三万九千四百三十六两八分四厘,另抽零截尾溢银六厘,内除省河各埠光绪二十四年分额征引饷、场课并潮属应征场课共银五十一万三千二十一两二钱三分六厘,已于光绪二十五年十二月内照数全完造报在案。其潮桥各埠光绪二十四年分额征引饷银一十二万六千四百一十四两八钱五分四厘,又引饷部饭银一千八百九十六两二钱二分三厘,又均捐铜斤水脚银九百八十七两六钱七分九厘,统共计银一十二万九千二百九十八两七钱五分六厘。兹据官运局委员开报全完数目前来,所有收支细数并经征、接征各官职名、全完数目,俱已分晰列入册内。又,本案奏销遵照期限,于光绪二十七年十月底造报,因查册造数目舛错,于十一月初四日发回改造,至二十八年二月二十七日缴覆。除扣往返程途二十六日外,实计改册迟延两个月零二十七日。所有造册舛错、驳改、迟延两个月以上职名,系前总办潮桥官运局委员候补知府黄恩焕,相应开报,等情。详请具奏前来。

臣查光绪二十四年分潮桥引饷,遵照趱限应自光绪二十六年九月初一日起,至光绪二十七年七月底止,以十一个月为一年,核算考成。所有督征、督辖、经征、接征各官职名、全完数目,俱已据司列入册内分晰开报。其四柱册开管、收、除、在各项数目,臣覆加核对,俱属相符。

除送部查核外,理合恭折具陈。伏乞皇太后、皇上圣鉴,敕部议覆,施行。谨奏。①

同日,公又会衔粤海关监督庄山附片奏报筹解部库京饷等项银两情

---

① 台北故宫博物院藏:《军机及宫中档》,文献编号:4080034464。又,中国第一历史档案馆藏:《录副奏折》,档号:03-6475-044。

形,下部闻。曰:

再,光绪二十八年分京饷,户部奏拨粤海关洋税银十万两,新增盈余银六万两,又东北边防经费拨粤海关六成洋税银十二万两,又筹备饷需拨粤海关四成洋税银十二万两,六成洋税银二十万两,又内务府广储司公用每年拨粤海关税银三十万两。以上各款均应速解。

兹据筹解光绪二十八年分第一批部库京饷银二万五千两,另加平银三百七十五两、饭银七百二十五两;又新增盈余银一万五千两,另加平银二百二十五两、饭银四百三十五两;又东北边防经费银三万两,又筹备饷需四成洋税银三万两、六成洋税银五万两;又光绪二十八年春季分广储司公用银七万五千两,另加平银一千一百二十五两;又新增归公加平银一千八百七十五两,抬费用项银六百两,共银二十三万三百六十两,饬由西商志成信、协成乾两号先行垫解,由广东布政使丁体常遴委试用知府宗振等领赍汇单、文批,于光绪二十八年三月初六日起程进京,支取银两赴户部、内务府分别交纳。除分咨查照外,谨会同粤海关监督臣庄山,附片具陈。伏乞圣鉴。谨奏。①

是日,公又会衔广东巡抚德寿附片奏报汇解京饷等项银两情形,下部闻。曰:

再,案照光绪二十八年分京饷,奉拨广东盐课银二十万两,已解五万两;又拨内务府经费盐课银五万两,已解二万两,均经奏报在案。兹复在光绪二十七年分盐课项内筹解京饷银五万两,随解一五加平饭食银一千五百两;内务府经费银一万两,随解平余、抬费等银三百三十两,作为本年第二批京饷及内务府经费,饬委准升陵水县知县傅肇敏等督同商号源丰润等汇解,于本年四月初七日起程,航海进京,分别投

---

① 台北故宫博物院藏:《军机及宫中档》,文献编号:408003464-0-A. 又,中国第一历史档案馆藏:《录副奏片》,档号:03-6165-019。

纳。据两广盐运使国钧详请具奏前来。

臣覆核无异,除咨户部、内务府外,谨会同广东巡抚臣德寿,附片具陈。伏乞圣鉴。谨奏。①

同日,公又附片奏报粤东盐引督销全完一事,下部闻。曰:

再,查粤东盐引统归次年岁底奏销,酌定经管、督销各官年月,核算考成,按年造报。又,潮桥各埠引饷于光绪十五年三月间奏明改章设立官运局,委员经理。兹据两广盐运使国钧详称:光绪二十四年分,广东,广西及湖南郴州、桂阳州、江西南安府、赣州府、宁都州、福建汀州府,贵州黎平、古州各府州县,原额销盐引六十万五千八十三道六分六厘零,又余盐改引一十七万六千六百九十五道,广西省羡余增引三万二千七百三十二道,通共引八十一万四千五百一十道八分六厘零,内省河改纲各埠共额销盐引六十万九千一百五十二道七分七厘零,已于光绪二十五年十二月内照数全完造报在案。

尚有潮桥各埠额销光绪二十四年分盐引二十万五千三百五十八道零八厘七毫九丝九忽六微九纤五沙零三埃五渺四漠,兹据该局委员开报各属督销全完前来。合将各州县全完数目分晰造报。再,光绪二十四年分潮桥盐引,遵照展限,应自光绪二十六年九月初一日起至光绪二十七年七月底止,以十一个月为一年,按照实在督销各官核算考成。又,潮桥引饷系一起奏销造册,迟延职名已于课饷案内开报,本案应请免开。合并声明。等情。详请具奏前来。

臣覆核无异,除册送部查核外,理合附片具陈。伏乞圣鉴,敕部议覆施行。谨奏。②

---

① 台北故宫博物院藏:《军机及宫中档》,文献编号:408003464-0-B.又,中国第一历史档案馆藏:《录副奏片》,档号:03-6475-045.
② 台北故宫博物院藏:《军机及宫中档》,文献编号:408003464-0-C.又,中国第一历史档案馆藏:《录副奏片》,档号:03-6475-046.

同日，公又会衔广东水师提督何长清附片奏请傅建勋补授都司，下部闻。曰：

> 再，副将衔保留广东无论水陆无论题推缺出尽先补用游击傅建勋，因漏保守备一阶，经部递改为参将衔，仍留广东无论水陆题推缺出尽先补用都司，先经改用外海水师。光绪二十三年十二月二十九日到营，出洋试验，计至光绪二十四年十二月二十九日一年期满，经署水师提标中军参将吴瑞桢考验具结，呈由水师提督何长清转送验夺前来。经臣考验得改用外海水师试验期满尽先补用都司傅建勋，年强才裕，枪炮娴熟，曾经获盗，堪以外海水师都司尽先补用。
>
> 除给咨送部引见，并先将履历、册结咨送部、科查核外，谨会同广东水师提督臣何长清，附片具陈。伏乞圣鉴，敕部议覆，谨奏。①

是日，公又附片奏请准参将沈棋山等暂缓引见，下部闻。曰：

> 再，改用外海水师人员试验一年期满，例应保题送部引见。兹准广东水师提督何长清先后咨称，改用外海水师尽先参将沈棋山，光绪二十六年四月初五日到营，现带介字营勇；改用外海水师拣发都司何尔晟，光绪二十六年六月初四日到营，现署南澳镇右营游击。该二员均已试验一年期满，水师熟悉，例应考验给咨送部。惟或署员缺，或带营勇，未便遽易生手。咨请核办前来。
>
> 臣覆核无异，合无仰恳天恩俯准敕部将参将沈棋山、都司何尔晟先行注册序补，俟补缺时并案给咨送部引见，出自鸿施！理合附片具陈。伏乞圣鉴，训示。谨奏。②

---

① 台北故宫博物院藏：《军机及宫中档》，文献编号：408003503-0-C. 又，中国第一历史档案馆藏：《录副奏片》，档号：03-5955-063。
② 台北故宫博物院藏：《军机及宫中档》，文献编号：408003464-0-A. 又，中国第一历史档案馆藏：《录副奏片》，档号：03-5955-064。

同日，外务部来电曰：

"宥"电悉。葡约十款系指中国与他国利益而言，与新约增税情事不同。十二款系指定约时税而言，至日后增税是否照办，约无明文，葡未与议，新约另索补报，彼尚有辞。所索各款，其有碍主权者，自应坚持。若一概拒绝，彼如不认增税之约，亦恐牵掣全局。两害相权，不得不分别轻重。尊电谓澳粤铁路与商务无益，如别无损碍，似可藉此收束。果能妥订路章，利权尚不致尽失。希统筹速复。外务部，支。①

同日，户部来电曰：

沪关"东"电称：六月汇结赔款，须另筹补二百万，万难措手，惟有移缓就急一法。下半年汇丰镑款指拨广东百六十万，该省财力较宽，请先提一半汇沪，俾应急需，等语。如此办法，于粤款并无出入，而赔款得以济急，即希贵督酌量先行提解，顾全大局。户。支。②

五月初八日，外务部来文曰：

奉旨：据外务部进呈丁振铎电称：南宁以内匪势已衰，太平、归顺、上思、镇安、百色、泗城匪仍纷扰吃紧，等语。着陶模、丁振铎严饬各军认真防剿，务令一律肃清，毋稍松懈，致成滋蔓。苏元春久任边防，责无旁贷，乃游匪、散勇如此猖獗，岂可再事玩延？着责成该提督实力剿办，迅将各匪悉数扫除，勿留余孽。倘再稽迟贻误，决不姑宽！钦此。③

---

① 中国第一历史档案馆藏：《电报档》，档号：2-03-12-028-0344。
② 中国第一历史档案馆藏：《电报档》，档号：2-03-12-028-0345。
③ 台北"中央研究院"近代史所藏：《外交档案》，馆藏号：02-26-019-01-035.

同日，公致电外务部曰：

"支"电谨悉。葡货本按各国税则纳税，各国既订新则，旧则即已作废，按理葡似不容不认，若因此另给葡利益，设未经与议，各国援以为请，将何以应？至粤省铁路尚无窒碍，应否允准？乞议夺。惟不得将准办之权转售他国，如限期之内不能兴工，由中国自办，均须订明。模。庚。①

五月初九日，公会衔广州将军寿荫、广州满洲副都统兴存、粤海关监督庄山、广州汉军副都统春龄开单奏请奖叙同文馆各员，下部议。曰：

窃广东同文馆自同治三年设立以来，每届三年，在馆各员暨汉文教习、分教习等教有成效，均经奏请奖励在案。英文学馆自光绪二十四年五月起至二十七年十月止又阅三年，俄、东二馆自光绪二十三年二月起至二十七年十月止俱逾三年。臣等曾将三馆学成诸生当堂考试，择其洋文、汉文优长者，取得英馆十二名、俄馆四名、东馆十一名，奏请按等分别给予奖叙在案。查馆中提调、汉文教习、馆长、分教习等均常川在馆，认真教诲，自应按照向章酌情奖叙。

再，查从前祇有英文一馆，嗣于光绪二十三年添设俄、东二馆，二十六年又添法文一馆，四馆并立，合计学生现有二百余名，馆数既增，人多数倍，功课自密，事务益繁。馆内各员俱未增加，藉资节省。所有四馆功课及华、洋各事均由该员等悉心经理，训诲周详，实属倍著辛勤，异常出力。谨将各该员等拟保清单，恭呈御览，可否照给奖叙之处，出自逾格鸿施。除开具各员履历咨部查照外，谨合词恭折具奏。伏乞皇太后、皇上圣鉴。谨奏。②

---

① 中国第一历史档案馆藏：《电报档》，档号：2-04-12-028-0430。
② 中国第一历史档案馆藏：《朱批奏折》，档号：04-01-38-0189-030。

同日,公又附片奏请赏给英文馆教习申玛士宝星,下部闻。曰:

再,广东同文馆自同治三年设立以来,只有英文一馆,洋文教习亦仅一人,是以历届叙保馆中各员均未附入请奖。今因添设俄、东、法三馆,自应援案择尤奖叙。查英文洋教习申玛士,于光绪十八年进馆,迄今已逾十年,资格最深,尤为出力,似未便没其微劳。合无仰恳天恩,俯准赏给三等第三宝星,以示鼓舞而励将来。除咨外务部查照外,谨附片具陈。伏乞圣鉴。谨奏。①

是日,公又附片奏报许国桢等当差期满请予奖叙一事,下部闻。曰:

再,广东同文馆自同治三年五月设立,所有肄业各生三年学习有成,分别给予翻译生、监生,准其一体乡试,并当差得力。三年期满,著有劳绩,均以府经、县丞为升阶,或应翻译乡试,清文熟悉,点画无讹;或应文乡试,三场完竣,文理平通;未经中式者,均照案给予府经、县丞,各等因。奏准在案。

兹查光绪二十四年考取作为附贡生之许国桢、作为翻译生之刘绍鉴、倪世华、王昌圻等四名,均已当差三年。许国桢、刘绍鉴应过辛丑补行庚子恩、正并科文乡试,三场完竣,文理平通;倪世华、王昌圻应过辛丑补行庚子恩、正并科翻译乡试,清文熟悉,点画无讹,均经咨明外务部及吏部在案。且该生等当差克勤,人品亦尚端谨。

臣等公同酌核,许国桢、刘绍鉴、倪世华、王昌圻均请以县丞用。以上各员可否照拟给奖之处,出自逾格鸿施。所有同文馆各生当差三年期满拟请奖励缘由,谨附片具陈。伏乞圣鉴。谨奏。②

---

① 中国第一历史档案馆藏:《朱批奏折》,档号:04-01-38-0189-031.
② 中国第一历史档案馆藏:《朱批奏折》,档号:04-01-38-0189-032.

五月十四日，公致函外务部曰：

案照承准总理衙门咨行：出使美、日、秘国杨大臣与美国使署律师科士达详酌拟定华人赴美汉洋文护照程序，咨粤照办。嗣后华人往美，一体仿照所拟程序，饬由粤海关发给，等因。兹有商民甄启请照前往，禀由粤海关验填护照，并无骗拐顶冒情弊，且有殷实铺保具结存案，核与章程相符，准粤海关咨请核咨前来。应准给照前往。除咨复饬遵并照章咨行出使美、日、秘国大臣、驻美金山总领事查照办理外，相应咨呈。为此合咨贵部，谨请查照备案施行。①

五月十五日，公致函外务部曰：

光绪二十八年四月初六日，接驻港义国佛领事照称：准前兼理领事官博移交三月二十一日接贵部堂三月十九日照复，以天平山银矿一节并无经前督部堂准给陈庆昌、刘荣楼执照，限期十五日内开采，否则交法国商务公司承办，等因。查此系由澳国领事署翻绎官一时错乱，误将"广西抚部院"作"前督部堂"，恳请贵督部堂立即咨行广西抚部院，勿将天平山银矿交与法商承办。至广西抚部院批准法商承办，亦属错误，因目下访闻实无法国商务公司欲行承办。惟是该矿情事现在义国驻京钦差正与贵国外务部互相商酌，想本领事官与贵督部堂俱无庸经手办理。为此查案详晰照复，并咨请广西抚院迅将本案全案抄咨贵部察核备案，暨咨呈贵部察照在案。接文前由，除咨广西抚院查照，并请迅即抄录本案全卷咨呈贵部察核办理外，相应咨呈。为此合咨贵部，谨请察照施行。②

————————
① 台北"中央研究院"近代史所藏：《外交档案》，馆藏号：02-11-020-11-021。
② 台北"中央研究院"近代史所藏：《外交档案》，馆藏号：01-11-022-01-017。

同日,公又致函外务部曰:

现据署广东惠潮嘉道朱恩绶禀称:光绪二十八年三月初九日,准德国领事官古照会内开:照得本署领事官现奉外务衙门札委,署理汕头领事官篆务,兹于光绪二十八年三月初四日到汕,随于本日接印视事,合就照会,等由。到道。准此,职等当即照复,并饬属查照,一面札饬新关委员照会税务司查明德国古领事系何名字,是否真正领事,抑系商人兼充,刻日查复,以凭转禀去后。现据新关委员试用盐巡检沈庆禀称:遵即照会税务司查明德国古领事名朋阿,原系德国真正领事,并非商人兼充,等情。禀复前来。理合将德国领事到任日期及查复缘由禀报查核,等由。到本部堂。据此,乍得国古领事奉委署理汕头领事篆务,前承准贵部来咨,业经札饬惠潮嘉道照会税务司照章办理,并分别咨行在案。据禀前由,除咨行外,相应咨呈。为此咨呈贵部,谨请查照施行。①

五月十七日,外务部来文称:

光绪二十八年五月十二日,准义嘎使照称:本国驻扎香港、广州领事莆罗毕遮利已升该处总领,应备文达知贵部查照,等因。前来。相应咨行贵督转饬查照可也。②

五月二十四日,外务部又来电曰:

葡使送来条约十一款,除第一、第二、第六可允照行外,第三款,交来界图,欲将对面山大小横琴等处任便修造,实与占地无异。第四款,协助巡缉,有碍主权,均难照允。第五款,由澳门造铁路至广东省城,

---

① 台北"中央研究院"近代史所藏:《外交档案》,馆藏号:02-08-011-02-058.
② 台北"中央研究院"近代史所藏:《外交档案》,馆藏号:02-08-011-02-059.

尊处电复既称尚无妨碍,应准另妥订开办章程。第七款,在澳门设立分关,有裨关务,商诸总税务司,亦以为然。其余各款均关涉海关事宜,应详细商订,本部拟本此意与葡使开议。尊处如有所见,望速筹复,以资辩论。外务部。敬。①

五月二十五日,公会衔广东巡抚德寿奏报本年裁兵节饷备还赔款一事,下部闻。曰:

窃照上年钦奉上谕:各省制兵均限于本年内裁去十之二三,等因。钦此。当经咨行钦遵裁去二成,勒限光绪二十八年正月停支饷需,并经通饬各厅州县将此次续裁二成制兵节存米石分别扣存,听候核饬,变价提解。嗣以新增赔款数巨期长,又经议将本案裁并二成节存饷米专为凑还洋款之用。查前届二成裁兵节存本色米石,系以光绪二十二年五月分各属上米价值作为准数,饬令各属递年一律按照前价分别变解道库,毋庸再按时价增减。仍照批解司库各款章程,每花银一百两,另补加一纹水,折合纹银上兑,由道收有成数,随时转解司库备还洋款。案经奏咨,各属久已遵办,今续裁二成制兵节存本色米石,事同一律,拟请援照前届成案,饬令各属一律按照前案米价分别变解道库,毋庸另议米价,以规画一;仍照前案,每花银一百两,另补加一纹水,折合纹银上兑,由道收有成数,随时转解司库,专备凑还新增赔款之用。此外一切匀解章程,悉照前案办理,亦毋庸另议专章。据广东督粮道周开铭会同布政使丁体常详请奏咨立案前来。

臣覆核无异,除咨部外,谨会同广东巡抚臣德寿,缮折具陈。伏乞皇太后、皇上圣鉴,敕部立案施行。谨奏。②

---

① 中国第一历史档案馆藏:《电报档》,档号:2-03-12-028-0403。
② 台北故宫博物院藏:《军机及宫中档》,文献编号:408003470。又,中国第一历史档案馆藏:《录副奏折》,档号:03-7212-020。

同日,公又会衔广东水师提督何长清奏报请将陈尚发与郑廷宗对调一事,下部议。曰:

案准兵部咨:广东水师提标右营游击员缺,将尽先游击香山协右营都司郑廷宗拟补,该员系广州府人,是缺游击驻扎广州府,例应回避,行令拣员对调,等因。先经前兼署督臣德寿会同广东水师提督何长清详加拣选,查有海安营游击陈尚发,年五十二岁,广东潮州府澄海县人,由勇目剿匪出力,递保守备,升补今职。该员年力正强,营务谙练,堪以调补水师提标右营游击。所遗海安营游击缺,应请即以拟补水师提标右营游击郑廷宗调补,均属隔府别营,与例相符,会疏题请,并将履历册送部查核在案。兹准内阁咨称改题为奏,将原本发还,查案补请,如蒙俞允,陈尚发系对品调补,毋庸送部,应请敕部给札赴任。郑廷宗于拟补案内应行引见,俟部覆到日,另行给咨送部。

除再抄履历册送部查核外,理合会同广东水师提督臣何长清,缮折具陈。伏乞皇太后、皇上圣鉴,敕部核覆。谨奏。①

是日,公又会衔广东巡抚德寿奏报广东省光绪二十八年五月应还洋款数目情形,下部闻。曰:

案准户部咨:应还英、德本息,每年指拨广东省盐斤加价银五万两,加放俸饷银五万两,闱捐银二十四万两,地丁等项银三十八万两,每年匀分二、五、八、冬四个月,解赴江海关道交纳,等因。兹据广东布政使丁体常、两广盐运使国钧、善后局司道先后详称:本年五月分应解前项银两,现经设法挪凑,作为盐斤加价银一万二千五百两,加放俸饷银一万二千五百两,闱捐银六万两,地丁等项银九万五千两,共银一十八万两,定于五月初九、十三等日,由商号源丰润等汇解江海关道兑

---

① 台北故宫博物院藏:《军机及宫中档》,文献编号:408003468。又,中国第一历史档案馆藏:《录副奏折》,档号:03-5955-103。

收,备还英德之款,详请具奏前来。

臣覆核无异,除咨部外,谨会同广东抚臣德寿,恭折具陈。伏乞皇太后、皇上圣鉴。谨奏。①

同日,公又会衔粤海关监督庄山附片奏报应还英德本息银两情形,下部闻。曰:

再,准户部咨,应还英德本息,由各海关洋税、洋药税厘项下摊派粤海关五十二万两,每年匀分二、五、八、冬四个月解交,等因。迭经遵解在案。兹准粤海关监督庄山咨称:准户部札开:英、德借款,佛郎镑价昂贵,原拨银数不敷,照案酌量加拨,本年五月期应解英德还款银十三万两,又加拨四分之一银三万二千五百两,合共银十六万二千五百两,备文发交西商志成信、协成乾银号汇解江海关道投纳,等因。前来。

除咨户部查照外,谨会同粤海关监督臣庄山,附片陈明。伏乞圣鉴。谨奏。②

同日,公又附片奏报汇解奉拨铁路经费等银情形,下部闻。曰:

再,准户部咨:光绪二十八年上半年应还克萨镑款本息银两,照案指拨广东铁路经费五万两,届期归还,等因。当经转行遵照。兹将应解本年分铁路经费银五万两,照数备足,于本年四月二十六日发交商号源丰润等领汇,限于五月十四日解到江海关道衙门投纳。据广东布政使丁体常详请奏咨前来。臣等覆核无异,除咨部外,谨附片具陈。

---

① 台北故宫博物院藏:《军机及宫中档》,文献编号:408003469.又,中国第一历史档案馆藏:《录副奏折》,档号:03-6697-167。
② 台北故宫博物院藏:《军机及宫中档》,文献编号:408003469-0-A.又,中国第一历史档案馆藏:《录副奏片》,档号:03-6697-166。

伏乞圣鉴,训示。谨奏。①

是日,公又附片奏报汇解南河工程银数情形,下部闻。曰:

再,广东省每年应解南河工程银一万两,光绪二十二年起,因凑还洋款,不能解足。兹二十八年分,据两广盐运使国钧就盐课项内筹银二千两,于四月二十三日兑交商号大德恒,汇解漕运总督衙门投纳,详请奏咨前来。除分咨外,谨附片陈明。伏祈圣鉴。谨奏。②

同日,公又附片奏报莫善喜调署琼州镇篆缘由,曰:

再,广东琼州镇总兵篆务先经行委署北海镇总兵事广州协副将李先义调署。兹据李先义禀称,于琼州地方水土不服,应即改委。查有现署碣石镇总兵事广西左江镇总兵莫善喜③,堪以调署。递遗碣石镇总兵篆务,即饬补授是缺总兵刘永福④迅赴本任,以专责成。除分檄饬遵外,谨附片具陈。伏乞圣鉴。谨奏。⑤

---

① 台北故宫博物院藏:《军机及宫中档》,文献编号:408003469-0-B.又,中国第一历史档案馆藏:《录副奏片》,档号:03-6697-165.
② 台北故宫博物院藏:《军机及宫中档》,文献编号:408003469-0-C.又,中国第一历史档案馆藏:《录副奏片》,档号:03-6475-052.
③ 莫善喜(1827—1905),广东茂名人。初投效军营,充勇目。同治七年(1868),保都司。九年(1870),保游击,加效勇巴图鲁名号。光绪二年(1876),补授万州营游击,加副将衔。五年(1879),保参将,晋副将。十年(1884),署广东清远营游击。十一年(1885),经张之洞以性情残暴奏参革职。十六年(1890),开复原官。二十二年(1896),补授广西右江镇总兵。二十六年(1900),兼署广东碣石镇总兵。二十八年(1902),署广东琼州镇总兵。三十年(1904),署理广东陆路提督。三十一年(1905),因病出缺,卒。
④ 刘永福(1837—1917),字渊亭,广东钦州(今属广西)人,祖籍博白东平,原是反清的黑旗军将领,光绪九年(1883),率黑旗军参加中法战争,屡败法军。甲午战争期间,奉命赴台抗日,后失利。二十一年(1895),台湾割让后,拥立巡抚唐景崧为台湾民主国总统,自称大将军。是年六月,自立为大总统。二十八年(1902),任广东碣石镇总兵。辛亥革命后,曾被推为广东民团总长。旋告老还乡。民国四年(1915),请缨抗日,遭拒。六年(1917),病卒。
⑤ 台北故宫博物院藏:《军机及宫中档》,文献编号:408003468-0-A.又,中国第一历史档案馆藏:《录副奏片》,档号:03-5955-104.

同日，公又附片奏报署提督接印视事日期，曰：

再，广东陆路提督邓万林开缺，奉旨着马维骐①补授，当以马维骐尚须奏请陛见，到任需时，经臣电请以广西提督夏毓秀②署理。旋准军机处电覆：奉旨照准，等因。钦此。先经恭录咨会夏毓秀署理广东陆路提督在案，兹准咨报于本年五月十二日接印视事，理合附片陈明。伏乞圣鉴。谨奏。③

是日，公又会衔广西巡抚丁振铎、广西提督苏元春附片奏报拣员调补都司员缺，下部议。曰：

再，广西上林营都司萧文元边俸三年期满，题准调回内地，对缺调

---

① 马维骐(1845—1910)，加博德欢巴图鲁名号，云南阿迷州人。咸丰九年(1859)，充蓝翎千总。同年，补开化镇右营右哨千总。同治七年(1868)，统管团防。十三年(1874)，加都司衔。光绪二年(1876)，晋副将衔。五年(1879)，补广南营右哨千总。九年(1883)，率军抗法。十年(1884)，升腾跃右营中军守备。十一年(1885)，迁昭通镇左营游击。十三年(1887)，授督标右营游击。十四年(1888)，转督标左营游击。十六年(1890)，升提督衔。十七年(1891)，署普洱镇总兵。十八年(1892)，调署临元镇总兵。二十一年(1895)，署云南昭通镇总兵。二十四年(1898)，补授广东潮州镇总兵。二十五年(1899)，署高州镇总兵。二十八年(1902)，署广东陆路提督。同年，擢四川提督，任续备全军翼长，兼统备前军。三十四年(1908)，授巡防全军翼长。宣统二年(1910)，卒于任。谥军肃。平生善书法，有《益州书画录续编》存世。

② 夏毓秀(1838—1910)，字琅溪，云南昆明人。少以义勇著。滇回乱，以堡长从军，充选锋。咸丰七年(1857)，选云南城守营额外外委。九年(1859)，补城守营右哨头司把总。十年(1860)，升守备。同治元年(1862)，加都司衔。二年(1863)，补授顺云协左军守备，署理城守营中军守备。同年，署理武定营参将。三年(1864)，署督标中军参将、云南曲寻副将。四年(1865)，署督左营游击，晋副将衔。五年(1866)，署督标中军副将。同年，补云南提标右营游击。九年(1870)，升副将。十一年(1872)，加利勇巴图鲁勇号，升提督衔。十二年(1873)，署云南提标左营游击。光绪二年(1876)，赴川，统领省标十营。七年(1881)，署四川松潘镇总兵。九年(1883)，实授松潘镇总兵。十八年(1892)，丁忧，回籍终制。二十年(1894)，再莅松潘镇任。二十一年(1895)，署四川提督。二十六年(1900)，加赏头品顶戴。同年，擢贵州提督。二十七年(1901)，补授湖北提督。同年，调补广西提督。二十八年(1902)，兼署广东陆路提督。是年，调补湖北提督。宣统二年(1910)，创发出缺，卒。谥勇恪。

③ 台北故宫博物院藏：《军机及宫中档》，文献编号：408003468-0-B.又，中国第一历史档案馆藏：《录副奏片》，档号：03-5955-105。

补,经前督臣谭钟麟查有梧州协中军都司郭绍泰,年三十四岁,山东曹州府朝城县人,由蓝翎侍卫当差期满以都司用,补授今职,光绪二十年十二月初八日到任。该员年壮力强,堪以调补上林营都司。所遗梧州协中军都司员缺,即请以萧文元调补。

又,广西融怀营守备黄菊端边俸五年期满,题准调回内地,对缺调补,经前督臣谭钟麟查有广西抚标左营守备黄钦亮,年五十一岁,广西浔州府桂平县人,由武童剿匪出力递保尽先守备;复于进剿庆远府属苗寨擒获首匪案内出力保准俟补本班后,以都司序补。光绪十八年准补今职,十九年三月十八日接札到任。该员营务熟谙,堪以调补融怀营守备。所遗广西抚标左营守备员缺,即请以黄菊端调补。前督臣谭钟麟于光绪二十四年六月二十八日分疏具题,嗣据提塘查覆久未收到,复经前督臣李鸿章照案补题在案。兹准内阁咨称改题为奏,将原题本章发还,谨汇案补请。

除另抄履历册送部查核外,理合会同广西巡抚臣丁振铎、署广西提督臣苏元春,附片具陈。伏乞圣鉴,敕部核覆。谨奏。①

同日,公又附片奏报劝捐筹办武备学堂情形,曰:

再,查外国兴盛之故,首在强兵,盖因其国学校普设,人人知忠爱大义,而又激扬蹈厉,养成尚武风气;广设武学,以教将校,有事之日,国民皆兵,而将士足用,是以权力日张,敌国不能侵犯。今中国积弊既久,又当创巨痛深之后,苟非尽更兵制,大变怯懦之民俗,实无以自立于竞争之世。然新法征兵必待小学大兴之日,始克行之。臣等所以请废科举以广开学堂者,此也。

目前之计,尤以储蓄将材为自强第一要义,各国将校无不先有高等普通学问,又必入学校多年,始得为佐尉;又必入大学校多年,始得

---

① 台北故宫博物院藏:《军机及宫中档》,文献编号:408003468-0-C.又,中国第一历史档案馆藏:《录副奏片》,档号:03-5418-080。

为将帅。盖近代兵学至大至精,举凡天文、地理、格化、测算之学,无一不包,无一不当肄习。苟未尝身入学堂,昕夕研究,虽有勇智,无由以成将材。其非卤莽不学之夫所能从事也,明矣。是以武备之学实为立国命脉,环球皆然,我中国岂能独异?且以国势而论,中国之重武事,当更甚于外洋。今各省将弁庸劣者无论,即老成宿将亦皆积习甚重,故智自封,并不知兵法为何事,岂足以肩此巨任,为国干城!且营制既改之后,而武备之学仍置而不讲,或讲而未精,平时既无将领以训练,临事又何以应用?

臣等自奉上谕饬令筹建武备学堂,极知此事为重要,当即访延通晓东西兵事之人,商定章程,亟行兴办。惟有不能从速者二端:一则学堂需地甚广。粤省旧有水陆师学堂,尚嫌窄小,离城复远,难于查察,且民人往观者稀,无以发其尚武之气。又四周皆水,不能操练行军队。该学堂水口甚便,自当留为他日整顿海军之用。此时武备学堂必须择地另建。二则学堂正教习须用留学日本士官学校卒业生,方足胜任。前已屡次电商江鄂督臣调派四人前来,惟该学生等三月间甫由日本回国,一时尚未到粤,迟延之故,实由于此。现已委员寻觅武备学堂基地,并咨江鄂催令该学生等即日启程,仍一面出示招考,一俟考取足数,教习来粤,即当暂借公所房屋先行开学。

惟武备学堂购地造屋、置办仪器及新式枪炮,用费尤巨,粤省实无款项可拨,只得派员分劝绅商捐助,庶几集有成数,足为开办经费。除俟开学后再将办理情形陈奏外,谨先合词附片具陈。伏乞圣鉴,训示。谨奏。①

同日,公又附片奏报炮台兵房等修费情形,下部闻。曰:

再,广东省修建炮台、兵房、营房、炮具各工程,所有光绪二十六年

---

① 台北故宫博物院藏:《军机及宫中档》,文献编号:408003470-0-A.又,中国第一历史档案馆藏:《录副奏片》,档号:03-7212-028.

以前支用银数，先经列册奏咨在案。兹查光绪二十七年分修理炮台、兵房、药局、炮架、炮具、贡院、神庙、署局、城垣、堤基等项工程，共用银二万四千六百余两，向在外销项下筹给。自光绪二十五年刚毅来粤筹饷，经将内外销款目和盘托出，所有支过前项修费，自当汇同造报。据广东善后局司道照章详请奏咨立案前来。臣等覆查无异，除册送部外，谨附片具陈。伏乞圣鉴，敕部立案。谨奏。①

是日，公又附片奏报绅士营建学堂一事，下部闻。曰：

再，粤省各府、厅、州、县中小蒙养学堂，前经遵旨饬令各该地方官设法筹办。现据各属陆续禀报开办，惟尚未一律开齐，且章程、功课亦未尽合式，自当札催速办，并将办法未妥之处批令修改，不敢因循迁就。广州府中学堂设于省会，为各府中学之模范，现经署广州府龚心湛筹捐经费，择地兴建，约计数月之后当可开学。

至本省绅士所立之学堂，现有时敏学堂，系广州府绅士内阁中书邓家让②等集资所建。该学堂倡始于光绪二十四年，迄今五载，学生均将成就，今年复扩充斋舍，添招学生，规模既属整齐，课程亦复严密。又，潮州府绅士工部主事丘逢甲③、翰林院检讨温仲和④等在澄海县属

---

① 台北故宫博物院藏：《军机及宫中档》，文献编号：408003470-0-B.又，中国第一历史档案馆藏：《录副奏片》，档号：03-6186-109.

② 邓家让（1870—1936），又名滔任，字友先，号恭叔，广东三水人。初受维新思想影响，在广州加入时敏学会，参与维新变法政治活动，东渡日本留学，受业梁启超门下。光绪二十四年（1898），出走南洋。二十七年（1901），组建广东农业公司。二十八年（1902），辟建广东港，以运销产品。民国六年（1917），任时敏中学校长，后曾任广东省政府秘书。二十五年（1936），卒于广州。

③ 丘逢甲（1864—1912），字仙根、吉甫，号蛰庵、仲阏、华严子，广东蕉岭人。光绪十三年（1887），中举。十五年（1889），中式进士，选工部主事。嗣回台湾衡文书院，充主讲。二十一年（1895），任义勇军统领，内渡广东，兴办教育，支持维新。二十九年（1903），任兴民学堂校长、广东教育总会会长、广东谘议局副议长。民国元年（1912），病卒。

④ 温仲和（1849—1904），字慕柳、介柳，广东嘉应州人。光绪十五年（1889），中式进士，改翰林院庶吉士，散馆，授翰林院检讨，精通经、史、音韵。二十年（1894），到金山书院讲学，嗣任院长，兼潮州中学堂总教习。三十年（1904），卒。著有《求在我诗文集》《三礼汇纂》《春秋公羊记》等行世。

之汕头地方,建设岭东同文学堂,业已开课,曾饬令惠潮嘉道丁宝铨查核,据称章程一切甚属妥协。又,广州府绅士翰林院侍读丁仁长①、编修吴道镕②等在省城倡设教忠学堂,以广州府学宫余房为斋舍,业经议定章程,禀准开办,现已招考学生,即日开堂授课。均先后据该绅士等禀请立案前来。

臣等伏查该绅士等营建各该学堂,实心实力,办理有成,均属好义急公,有裨学务,合无仰恳天恩饬下政务处、礼部立案,以示鼓励。谨附片具陈。伏乞圣鉴,训示。谨奏。③

同日,公又会衔广东水师提督何长清附片奏报考验出洋试验各员情形,下部闻。曰:

再,广东武进士营用守备陈德元改用外海水师,光绪二十六年三月二十日到水师提标中营,随同出洋试验。计至光绪二十七年三月二十日一年期满。又,承袭云骑尉何若富改发香山协右营学习,自光绪二十四年二月二十日接准部覆,收标出洋试验,计至光绪二十七年二月二十日三年期满。由该管官考验具结,呈由水师提督何长清转送验夺前来。经臣考验得改用外海水师试验期满武进士营用守备陈德元,年力富强,枪炮娴熟;改用外海水师试验期满云骑尉何若富,年力精壮,枪炮娴熟。均经获盗,堪以外海水师补用。

---

① 丁仁长(1861—1926),字伯厚,号潜客,广东番禺县附生。光绪八年(1882),中举。九年(1883),中式进士,改庶吉士。十二年(1886),授翰林院编修。翌年,补国史馆协修官。十七年(1891),充贵州乡试正考官。十九年(1893),授顺天乡试同考官。二十二年(1896),选侍讲。二十三年(1897),升侍读,补日讲起居注官。同年,任教忠学堂监督,兼两广大学堂监督。宣统元年(1909),进京。召见,以母病力辞。民国十五年(1926),卒于籍。著有《古石赋》《无逸斋十二思表》《毛诗传笺义例考证》《论语衍义》等行世。

② 吴道镕(1852—1936),又名国镇,字玉臣,号澹庵,广东番禺人。光绪六年(1880),中式进士,选庶吉士,授编修,后以讲学终其身。辛亥后,闭门著述。民国二十五年(1936),卒于籍。著有《澹庵诗存》《澹庵文存》《明史乐府》《屈翁山墓碑》,修《番禺县续志》行世。

③ 台北故宫博物院藏:《军机及宫中档》,文献编号:408003470-0-C.又,中国第一历史档案馆藏:《录副奏片》,档号:03-7212-027。

除分别给咨送部引见并先将履历册结咨送部、科查核外,谨会司广东水师提督臣何长清,附片具陈。伏乞圣鉴。敕部议覆。谨奏。①

五月二十七日,外务部来文曰:

光绪二十八年五月二十二日,据英国萨使照称:广州领事详称:常关归新关管理以来,两处税则本为无异,华渡向来所运各货近时多由轮船进口,其中有花纱一项,向由华渡装运,时除纳常关进口税外,曾完厘金经费等项。而现在既由轮船装运,即赴新关完进口税,照约可在本口岸营销,并不加增税饷。惟厘局出示以此项货物仍应完厘,当因约内实有各货在新关完纳进口税后,于本口岸内未起程运往内地以前,断无另纳别项税饷之义。若须先完厘金经费,方准在本口岸内辗转营销,实与加增进口税无异,与成约不符。曾由领事照会粤督,不但应将此次告示撤回,并请另行出示将货物由轮船进口,除应纳关税外,无庸在本口岸内另纳别项税饷各节晓示。旋准粤督复称:此事应按向章办理,不得更改,并饬厘局查明具报,等情。本大臣查通商口岸免抽厘金处所,先经辩论多次,该厘局似不认有免厘之处,故巡船常泊新关左右,俟各货一完进口税,离关之时,即往攫拿。无论向来此项货物在常关完税时如何办理,现既在新关完进口税,则照约在本口免完一切别项税饷,自难容该局如此办理,等因。相应咨行贵督,迅即查明声复,以便转复该使。②

同日,公又会衔广东巡抚德寿奏陈广东省大学堂开办情形,曰:

窃臣等前奉谕旨,饬令各省设立大、中、小蒙学堂,复奉上谕催办,

---

① 台北故宫博物院藏:《军机及宫中档》,文献编号:408003470-0-D.又,中国第一历史档案馆藏:《录副奏片》,档号:03-5955-106.
② 台北"中央研究院"近代史所藏:《外交档案》,馆藏号:02-13-007-02-023.

仰见我皇上兴学育才之至意,钦佩莫名!当即钦遵办理,并饬所属一律兴办。窃维教育一事关系重要,取义宏深,况今日设学之意原为培植人才,开通民智,以与列强竞胜,自宜参照东、西各国学制,方足以取彼所长,补我所短。查外国之法,无不由小学、中学以递升大学,惟是时事日棘,在在需材,势难从容以待中、小学堂成材之后方设大学,是以目前办法固宜广兴小学以树不拔之基,亦不能不先设大学以收速成之效。

臣等于学务平日既未尝究心,此时实不敢造次从事,经于上年冬间电延游学日本之江苏举人吴朓等来粤商办一切,该举人肄业日本高等师范学校,夙究教育理法,筹商两月,始将章程议定,酌仿山东大学堂办法,先设备斋,二年升入正斋,又三年升入专斋,专斋以三年为卒业。当经遴委广东试用道姚文倬为大学堂经理,饬将开办各事逐一筹备。

臣等复督同规画,当以兴办学堂必须有适宜房屋始易管理,且于教课、卫生不致妨害,必求合法,非仿照西式择地另建不可。而当此库藏如洗,财力实有不及,只能就现有书院,酌量改设。粤省各书院率皆屋舍窄小,不合学堂之用,惟有城西广雅书院系湖广督臣张之洞在粤时所创建,虽未合学堂程式,而规模阔大,斋舍甚多,足敷布置。当经定议将该书院改为广东省大学堂,考选学生肄习。惟该书院原有之肄业生不乏才俊,亦未可悉令罢归,适大学堂初年学生未齐,斋舍有余,固暂设校士馆一所,择该肄业生及近年增设西学生之优者数十人入馆肄业,并延教习,教以东文,以为将来游学日本地步。

至大学堂招考学生,议定第一年先招一百六十名作为备斋学生,以后逐年添招八十名,期以五年满四百八十名而止。届时正斋第三年生业已卒业,均可升入专斋,而各府属中学堂必已遍设,此后大学堂中但有专斋毋庸再设备斋、正斋,以符设立大学堂本意。其补招专斋学生,应于各府中学堂中选取,无须再行招考,是以本年所招学生定以一百六十名为额,已于三月间将投考报名之一千余人分日考试。以年在二十以下、十五以上资质聪俊、文理明顺者为合格,当即选取足额,送入学堂,业于四月二十五日开学,均已按照章程,排日开课。此学堂开办之大略也。

堂中功课,恪遵上谕,以"四书""五经""纲""常"大义为主,历代史鉴、中外政治、艺学为辅。复照各国通例,分列伦理、政法、本国文、外国文、历史、地理、数学、格化、博物、图画、乐歌、体操诸门,定为备斋第一年课程。其第二年及正斋功课均系普通之学,大致与初年相仿,惟专斋课程系属高等专门学问,必待正斋卒业之前酌度学生程度方能核定,非此时所能议及。现在课程伦理一门及政法、历史、地理三门均由教习博观约取,提挈纲领,作为讲义,于课堂中讲授,使学生易于领悟。其外国文已于伦敦购取新出之读本文法书授课,格化、博物、图画三门,亦向日本购归图书、仪器、标本等件。惟因访延教习未来,暂由西文教习兼授。其余各门尚能如法教授,惟中学中文各课既与中国教读旧法不同,一时尚难合式,应俟逐渐整顿学堂教习。除各门专课之外,另设监课教习四人,凡一切堂中规矩、学生起居稽察,汉文、西文功课等事悉以任之,使学堂得以整肃,而功课不致惰懈。此学堂教课之大略也。

至学堂开办各费,用款甚巨,现已勉强凑拨。其常年经费,本年学生不多,用项尚少,除将广雅书院旧有经费拨抵外,所增尚不甚多。惟第二年以后,即须逐年增加,计至第八年专斋卒业,经费当至十万,是后即永以十万两为常年定额。粤省款项异常支绌,此数实无从豫筹,只可临时再行筹画。又,学堂学生卒业出身业经政务处、礼部议定,应俟专斋学生卒业之后,照章咨送,现惟督饬该总理等实事求是,尽心经理。所定章程或有窒碍难行以及未尽妥协之处,亦应随时修改,不得视为一成不变之法,务期斟酌合宜,以渐臻完善。

惟臣等更有请者,方今东西强国皆以学务为至重,而富强之效亦无不由学校基之。今朝廷屡颁兴学明诏,是已视为维新第一要图,然而各省大学虽多设立,已苦于不能完备;而各府县中、小、蒙、养学堂建设者,甚属寥寥,推原其故,一因费绌,一因乏材,而实由于风气之不能大开。窃查外国学校皆以普通、专门分级,普通之注意在于使一国之民尽受教育,人人知尊君爱国之义,而所学之知识、艺能亦足以应世需而谋生计;专门之注意在于使国中学术日有增进,而各事各职无不可得人而理。然专门之学必从普通入手,其注重仍在普通,是以东西律法凡国民以七八岁至十二三岁为学龄,悉令入于寻常小学,谓之义务教育。不入学有罚。今中国小学既未广开,即便每县各设一二所,衡校人数,入学堂者曾不及万分之一,而欲兴东西列强全国皆受教育之民相竞,其何以济?

夫欲开学堂,必先去其阻碍学堂之事。窃谓阻碍学堂者,莫如科举,盖中国以科举取士已千余年,人人视科举为至荣。而学堂创始未久,多不知其可贵,其轻重既已悬殊。科举凭文试士,虽已废去八股,改用经义、策论,然短长优绌之判仍在数日之间,而学堂则自小学以至大学毕业必须十余年之久,功课繁重,刻无稍暇,其难易又复迥异,人孰肯就难而舍易,遗重而取轻?且乡会及科岁各试既照旧举行,而学堂学生复有出身之例,将来科目中人日多一日,势且穷于位置。况科举不停则各地方宾兴公车等费,不能移助学堂之用,而绅商士庶既视学堂为无足轻重,则捐赀劝学之举将藐忽不一。应是以科举与学堂种种窒碍,断无可以并立之理论者,或谓中国学堂未盛,若骤废科举则士子无进身之阶,且怨而生事,不如俟各学大兴之后再议停废。不知科举一日不废,学堂即一日不能大兴,事机迫切,如再缓缓图效。又不知彼时局势为何状,言念及此,可为寒心!

至于各省士子,当此时势,各有天良,必不至因废科举而妄生怨望,拟请旨饬下政务处礼部及管学大臣详细筹议,竟将科举停废,以收学堂实效,纵或未能,亦应将乡会中额各学学额量裁其半,以为学堂学生出身;更请谕告天下,以十年或十五年之后即永远停止科举,如此则士气奋兴,兴学必较易为力。惟民间恐未能深信,或不免观望迁延,故不知竟废科举之直截简易。再,此后学生卒业皆有出身,而从前出洋学生学业成就者不乏其人，既未优加擢用，又未予以出身，似无以取信于天下。以臣等所知，如候选道严复①、候选知府伍光建②并皆留学外洋多年，中西兼通，学问深粹，如能加以特恩赏给进士、翰林等项出身，必能使学堂各生观感奋励，为益似非浅鲜。

臣等为振兴学务起见，谨就愚虑所及，冒昧渎陈。除将大学堂章程及表咨送军机处、政务处、礼部管学大臣查照，仍俟各属中、小学堂办有端绪，再行陈奏外，所有广东大学堂开办情形，谨合词恭折具陈，并附管见。伏乞皇太后、皇上圣鉴，训示。谨奏。③

同日，公又会衔广东巡抚德寿奏参庸劣不职文武各员并请旨惩处一事，曰：

窃广东盗风素炽，全赖地方文武讲求补救，认真缉拿匪徒，或可稍知敛迹，乃不肖官吏或以姑息养奸，或以畏葸误事，并有因匪虽产自境内抢劫皆在邻封遂任其潜匿不复顾问者。经臣等随时告诫，其尚知愧励感奋者，固不乏人。至始终不知振作之员，自应择尤奏劾，以昭儆戒。查有连山绥猺同知黄晋铭，办事疏略，难胜边要；阳春县知县潜梦熊，因循玩误，声名平常；新兴县知县刘胜芳，才具平庸，办事竭蹶；署长宁县知县彭家禄，因案扰民，作事乖谬；新会县知县杨介康，迂谨过甚，难膺繁剧；三江协副将调补湖南常德协副将戴恒山，结交非人，行

---

① 严复(1854—1921)，名传初、宗光，字又陵，后名复，字几道，福建侯官(今福州市)人，中国近代启蒙思想家、新法家、翻译家，系统地将西方的社会学、政治学、政治经济学、哲学和自然科学介绍到中国，翻译的《天演论》《原富》《群学肄言》《群己权界论》等著作，在当时影响巨大，是中国20世纪最重要的启蒙译著。

② 伍光建(1867—1943)，名光鉴，字昭，笔名君朔、于晋，广东新会人。光绪八年(1882)考入天津北洋水师学堂，毕业后奉派赴英国格林威治海军大学深造，后转入伦敦大学。十八年(1892)，充任天津水师学堂助教，历任出使日本大使随员、一等参赞、学部二等谘议。宣统元年(1909)，获赏文科进士出身，任顾问兼一等参赞。二年(1910)，任海军部军法司、军枢司、军学司司长。三年(1911)，充中国教育会副会长。民国后，历任财政部参事、顾问、盐务署参事、盐务稽核所英文股股长、国民政府行政院顾问、外交部条约委员会委员等职。

③ 中国第一历史档案馆藏：《录副奏折》，档号：03-7212-020.

多巧伪；水师提标后营游击罗晋廷，办事糊涂，擅离职守；阳江营游击郑麟功，嗜好甚深，怠于理事；碣石镇左营游击梁鼎勋，年老重听，难期振作；署肇庆协中军都司顺德协右营守备黄日光，办事疏忽，贻误防务；肇庆协属那扶营守备赖钦，嗜好甚深，不能理事。

以上各员弁于捕务、吏治、军纪均不知讲求，实属有乖职守。据各该管上司先后揭报前来。理合据实纠参，相应请旨将阳春县知县潜梦熊、署长宁县知县候补知县彭家禄、三江协副将调补湖南常德协副将戴恒山、水师提标后营游击罗晋廷、阳江营游击郑麟功、署肇庆协中军都司顺德协右营守备黄日光、那扶营守备赖钦，一并革职；碣石镇左营游击梁鼎勋以原品休致，连山绥猺同知黄晋铭、新兴县知县刘胜芳、新会县知县杨介康，均请开缺另补，以肃官常而饬补务。如蒙俞允，所遗阳春、新兴、新会等县知县缺，广东现有应补人员，均请扣留外补。

除再由臣等严行查察，遇有懈弛员弁随时续行奏劾外，所有查明缉捕废弛文武各员据实纠参缘由，谨合词恭折具奏。伏乞皇太后、皇上圣鉴，训示。谨奏。①

【案】此奏旋于是年六月十三日得旨允行，《光绪朝上谕档》载曰：

光绪二十八年六月十三日，内阁奉上谕：陶模等奏，特参庸劣不职文武各员，请旨惩处一折。广东阳春县知县潜梦熊，因循玩误，声名平常；署长宁县知县候补知县彭家禄，因案扰民，作事乖谬；三江协副将调补湖南常德协副将戴恒山，结交匪人，行多巧伪；水师提标后营游击罗晋廷，办事糊涂，擅离职守；阳江营游击郑麟功，嗜好甚深，怠于理事；署肇庆协中军都司顺德协右营守备黄日光，办事疏忽，贻误防务；那扶营守备赖钦，嗜好甚深，不能理事。均着即行革职。碣石镇左营游击梁鼎勋，年老重听，难期振作，着以原品休致。连山绥猺同知黄晋

---

① 台北故宫博物院藏：《军机及宫中档》，文献编号：408003474. 又，中国第一历史档案馆藏：《录副奏折》，档号：03-5418-097.

铭,办事疏略,难胜边要;新兴县知县刘盛芳,才具平庸,办事竭蹶;新会县知县杨介康,迂谨过甚,难膺繁剧。均着开缺另补,以肃官常。余着照所议办理,该部知道。钦此。①

是日,公又会衔广东巡抚德寿开单奏报查明拿获要匪文武员弁并汇案请奖一事,下部议。曰:

窃广东盗风素炽,近年三合、哥老等会随处纠结,孙文、康有为党四出,煽诱人心,异形骚动。上年惠州之乱平定后,首要尚多在逃,经臣等酌定捕盗章程,责成营县按乡清办,当经奏明将办理有无成效各员分别保奖、纠参以昭惩劝在案。

计自饬办以后,历据拿获惠州倡乱要匪李跛潭、黄耀庭、和尚得、洪亚重等,皆曾充伪元帅、先锋等项头目,及湖南富有票党要匪刘幅、康有为、冯黑骨称、关贵鸿,广州府属要匪陆畅、吴容、刘生翘、阮计、刘亚佳、何受仔、关马仔,肇庆、阳江等处要匪蔡红鼻毛、陈亚敬,琼州要匪冯亚狗,韶州要匪张祥麻、刘叫包,钦州匪首邓东良等,均系著名首要,或显著逆谋,或积惯抢劫,或倚港澳为窟宅,或据山险为窝巢,党羽众多,奸狡百出,剿捕时动皆抗拒对敌,无异临阵,且须谋勇兼施,侦线周密,较之身临前敌、专尚武勇者,尤觉为难。获办之后,绅民罔不称快。其余各营县获办匪犯共计二千二百余名。又准两湖督臣张之洞咨会,请将上年拿获接济富有票匪饷项要犯邓正湘出力之广州协左营右哨千总冯应琛汇入粤省获匪案内奏奖,均经臣等先后檄饬缉捕,善后各局司道汇核详办。兹据该司道将实在出力员弁分别异常、寻常劳绩,详请汇案奏奖前来。

臣等伏查广东盗匪之多为他省所未有,上年将以上首要各匪擒获之后,抢劫之案虽不能无,然明目张胆、妄希揭竿以及勒收行水动逾巨

---

① 中国第一历史档案馆编:《光绪朝上谕档》第28册第154页,广西师范大学出版社,1996。又,《德宗景皇帝实录(七)》,卷五百,光绪二十八年六月上,第617页,中华书局,1987。

万者,已觉渐稀。统计请奖异常出力武职三十八员、文职五员,寻常出力武职二十二员、文职十三员,并计人数虽不为少,然合通省办匪一年之久,斩获首要匪犯二千余名,分案核计,亦尚不为多,且已再四核删,凡出力较次及获匪而非首要者,均已改给外奖。现在请奖员弁实系在事出力,并无冒滥,合无仰恳天恩俯准饬部照给奖叙,以资鼓励。

除千总以下出力各弁另行咨部核奖,并将缉捕不力文武各员另折奏参惩处外,所有请奖获匪出力员弁,理合分别异常、寻常劳绩,开具清单,恭折具陈。伏乞皇太后、皇上圣鉴,训示。谨奏。①

同日,公又会衔广东巡抚德寿奏报请开惠登甲本缺以知府补用缘由,下部闻。曰:

窃据三品衔在任候补知府本任南雄直隶州知州惠登甲禀称:现年六十四岁,甘肃安化县举人,中式丙子科进士,引见,奉旨以知县即用,签掣广东,准补饶平县知县,调补海阳县知县,再调番禺县知县,两次大计荐举卓异。二十年,请咨赴京引见,奉旨:着回任准其每次卓异加一级,仍注册候升,钦此。二十一年正月到番禺县任,是年大计,荐举卓异,题升今职,二十四年三月十九日到任,二十六年二月十一日卸事。前在南雄州任内因劝办湖北赈捐案内出力保奏以知府在任候补,经吏部核议具奏,于光绪二十七年十二月二十日奉旨:依议。钦此。理合禀恳开去南雄直隶州知州本缺,过班以知府补用,再行请咨赴京引见,等情。由藩司核明详请具奏前来。

臣等查该员惠登甲守洁才裕,莅官清勤,合无仰恳天恩俯准将该员惠登甲开去南雄直隶州知州本缺,过班以知府留省补用,仍饬该员赴部捐缴离任银两。除咨部外,臣等谨合词恭折具奏。伏乞皇太后、皇上圣鉴,训示。再,所遗南雄直隶州知州系冲、繁、疲三项要缺,粤省

---

① 台北故宫博物院藏:《军机及宫中档》,文献编号:408003470.又,中国第一历史档案馆藏:《录副奏折》,档号:03-5418-099.

现有应补人员,请扣留在外,俟接准部覆,选员调补。合并陈明。谨奏。①

同日,公又会衔广东巡抚德寿奏请核销广东省光绪二十六年分海防、善后案内收支各款情形,下部闻。曰:

窃照广东省办理海防、善后收支各款,业经造报至光绪二十五年底止在案。兹将二十六年正月初一日起至十二月底止海防、善后一切收支银两,逐细稽核,统计本年新收各款银三百七十三万一千八百三十两有奇,拨支同文馆添设法文学堂经费银四千二百二十六两六钱六分七厘,又广州湾案内抚恤法弁家属银五万六千七百二十三两八钱五分六厘二毫六丝,又本局提存节省各款拨还汇丰镑价银一十六万,并开支各项综计十三案,共请销银三百四十五万八千三百七十两有奇,均系查照定章及准销成案办理,以收抵支,尚有盈余银两,归入下届项下开报。据海防、善后局司道分晰造册,详请奏咨前来。

臣等覆核无异,除收支清册送部查照外,谨合词缮折具陈。伏乞皇太后、皇上圣鉴,敕部核销施行。谨奏。②

是日,公又附片奏报饬委李准统巡水师,曰:

再,广东省内河及沿海各水师驻巡拖扒船只,向派候补道府一员为水师统巡,以便周历巡视,考察勤惰。前经饬委候补知府李受彤充当,李受彤于上年十二月病故,兹查有丁忧补用道候补知府李准,不避嫌怨,办事认真,堪以派委巡察,以资得力。惟该员系丁忧人员,现在

---

① 台北故宫博物院藏:《军机及宫中档》,文献编号:408003472.又,台北故宫博物院藏:《军机及宫中档》,文献编号:148090.
② 台北故宫博物院藏:《军机及宫中档》,文献编号:408003476.又,中国第一历史档案馆藏:《录副奏折》,档号:03-6656-136.

留省充当营务要差,相应附片陈明。伏乞圣鉴。谨奏。①

同日,公又附片奏报筹解京师大学堂经费情形,下部闻。曰:

> 再,准管理大学堂事务大臣咨:筹办大学堂常年经费,业经奏定分派各省筹解,大省每年二万金,中省一万金,小省五千金,等因。当经转行遵照。兹据广东善后局司道详称:广东向列中省,照奏定章程,每年应解银一万两。粤省库储久空,每年额解洋款及派摊新定赔款并应支饷项,本已入不敷出,挪借无从。惟京师大学堂为培育人才要务,所需经费既钦奉谕旨着各省量力认解,自应先其所急,现由善后局先行筹解银一万两,明年察看情形,如库款稍可支持,仍当力任其难,随时筹解,等情。详请奏咨前来。臣等覆核无异,除分咨外,谨附片具陈。伏乞圣鉴,训示。谨奏。②

是日,公又附片奏报请奖道员张煜南等,得旨:张煜南、周荣曜均着以四品京堂候补。曰:

> 再,广东省开办大学堂,现虽就原有之广雅书院改设,然预计常年经费正复不支,又须赶办武备学堂,购地庀材,置备器械,在在需款,且武备学生均需按名给发薪费,更非文学堂可比。开办各费及常年经费,需用更繁。广州府为各郡表率,应设中学堂亦应及早开办,以资观感,一切规模均不宜简陋。广东库帑本已入不敷出,自经摊派新旧赔款,罗掘胥穷,以致各项学堂经费实苦无从筹画,不得已派委妥员,分投筹劝。兹据花翎二品顶戴四品卿衔,前署槟榔屿副领事广西尽先补

---

① 中国第一历史档案馆藏:《录副奏片》,档号:03-5955-110。
② 台北故宫博物院藏:《军机及宫中档》,文献编号:408003476-0-A。又,中国第一历史档案馆藏:《录副奏片》,档号:03-7212-024。

用道张煜南①愿报捐广东省武备学堂经费银八万两,花翎二品衔存记简放道周荣曜愿报捐广州府中学堂经费银八万两。

臣等查学堂为国家培植人材要务,与地方别项善举情形似更不同,各省遇有报效巨款,向准专案奏请优奖,如光绪二十六年郎中刘锦藻②捐助陕赈银六万两,蒙恩赏五品京堂候补;二十七年七月,花翎二品顶戴广东试用道陈时利捐助顺直善后赈捐银八万两,蒙恩赏以四五品京堂候补。

今张煜南系花翎二品顶戴四品卿衔广西尽先补用道,曾署槟榔屿副领事,现在荷兰日丽等埠总理商务,报捐广东省武备学堂经费银八万两。周荣曜系由海防新班先选用道于光绪十三年在海军衙门报效水操学堂修工,钦奉懿旨以道员即选,并赏加二品衔;十八年又报效海军衙门练军制械等款,钦奉特旨交军机处存记,遇有道员缺,请旨简放之员,报捐广州府中学堂经费银八万两。较之刘锦藻、陈时利,或本身官秩较崇,或捐助银数较巨,可否仰恳天恩俯准将张煜南、周荣曜一并赏给四品京堂候补,以示鼓励而资观感。臣等为裕筹经费、振兴学校起见,是否有当?谨附片陈请。伏乞圣鉴,训示。谨奏。③

同日,公又会衔广东巡抚德寿附片奏请奖叙办理缉捕出力员弁,下部

---

① 张煜南(1851—1911),号榕轩,少时因家贫辍学经商,只身漂泊海外。光绪四年(1878),开办笠旺公司,后合伙开设日里银行、万永昌商号,成为华侨首富。二十八年(1902),捐资创办武备学堂,赏四品京堂。二十九年(1903),捐资赈济灾民,兴建潮汕铁路。宣统元年(1909),晋三品京堂,加侍郎衔。三年(1911),授考察南洋商务大臣。同年,卒。著有《海国公余辑录》等存世。

② 刘锦藻(1862—1934),名安江,字澄如,浙江湖州人。光绪十四年(1888),中举。二十年(1894),中式进士。二十七年(1901),捐赈陕西灾民,授四品京堂候补。同年,进呈《皇清续文献通考》400卷,赏内阁侍读学士衔。民国十四年(1925),捐修清东陵。嗣捐建沪杭铁路,任董事兼副理。二十三年(1934),卒于籍。著有《南浔备志》《坚匏庵诗文抄》《杂著》《律赋》《楹联》《坚匏庵集》《绷宦尺牍附楹联》《苕州书屋遗稿》等行世。

③ 台北故宫博物院藏:《军机及宫中档》,文献编号:408003476-0-C.又,中国第一历史档案馆藏:《录副奏片》,档号:03-7212-025。

闻。曰：

再，广东省历年办理缉捕出力员弁，现已恳恩给予奖叙。其有积劳病故捕盗捐躯者，自应随案请恤，以彰劳勚。兹查有记名提督陈维熊，前在江、浙、皖、鄂等省屡立战功，洊保今职。光绪二十六年，奏调来粤，管带营勇，查办广、惠两府匪乡，不辞劳瘁，触犯瘴疠，于光绪二十七年九月初九日在营身故。又，候补副将蔡锦章，历在广东、浙江两省转战立功，上年管带营勇前赴廉州府属剿办土匪。本年二月初九日，查得灵山县属西牙墟聚集多匪，督队往攻，营勇颇有伤亡。该副将奋勇上前，致被枪伤咽喉，回营后旋即身故。又，署龙门协右营守备拔补左哨千总李国泰，于光绪二十六年十一月二十一日督率师船，至雷州府属之企水港，围捕洋匪朱亚安。该股匪船聚泊港内，抵死抗拒。该守备奋勇前攻，被弹击伤要害，立时阵亡。各弁勇相持数日，始将匪首朱亚安等格毙。又，管驾清远营巡船云骑尉世职陈次桢，于光绪二十五年十二月缉获贼匪周炳等四名，派勇解城讯办。是月十七夜，匪党乘虚攻扑巡船，将陈次桢寻仇戕害。又，帮带绥远军左营升用守备拔补千总卢昆山，光绪二十六年十二月初二日出洋缉匪，经过茅尾海面，陡遇飓风，舟覆淹毙。先后据广东善后、缉捕等局司道等详请奏恤前来。

核其死事情节，均堪悯恻！合无仰恳天恩俯准敕部将记名提督陈维熊、候补副将蔡锦章、龙门协右营守备李国泰、云骑尉世职陈次桢、升用守备卢昆山等五员，照例分别议恤。除饬取各该员履历送部查核外，谨会同广东巡抚臣德寿，附片具陈。伏乞圣鉴，训示。谨奏。①

同日，公又会衔广东巡抚德寿附片奏请将林有成等人开复原官，下部闻。曰：

再，奏准留营效力已革游击林有成，管带介勇一营，办理省城东、

---

① 台北故宫博物院藏：《军机及宫中档》，文献编号：408003470-0-A. 又，中国第一历史档案馆藏：《录副奏片》，档号：03-5418-098.

北两关缉捕,经年以来,迭获要犯二十余名。查该游击于光绪二十一年在广西郁林营参将署任闻父病故,遽将印务札交都司料理,漏夜回籍,经前督臣谭钟麟以取巧钻营,擅离职守,奏参革职。二十六年,管带介勇,拿获会匪史经如出力,经前兼署督臣德寿奏准留营效力,嗣复迭获要犯,实属著有微劳。

又,已革碣石镇左营守备徐敬衡,管驾安济轮船,上年十二月随往沙湾缉捕,船被炮伤,该守备一跃登岸,枪毙贼匪,奋往无前。查该守备于光绪二十五年春间,陆丰土匪滋事,前督臣谭钟麟以饬令拨兵防守,饰词推宕,恇怯无能,奏参革职。现在随同捕匪,不避艰危,实属深知愧奋。

查核原参各案,均无赃私重情,自应弃瑕录用,以励戎行。合无仰恳天恩俯准将留营效力已革花翎两广督标尽先补用游击林有成开复原官翎枝,仍留原标补用,已革四品顶戴碣石镇左营中军守备徐敬衡开复原衔,用以示鼓励。除饬取各该员履历咨部外,谨会同广东巡抚臣德寿,附片陈请。伏乞圣鉴,训示。谨奏。①

同日,公又致电外务部曰:

"敬"电谨悉。葡款惟粤澳铁路一条尚无大碍,如须允准,请照"庚"电订明,由该国自造,不得让与他国,并酌定开造限期,逾期将约作废,以杜后患。惟此路将来必与粤汉干路相接,似应电商盛侍郎,并乞钧裁,余款务祈坚持。模。沁。②

六月初二日,奉准开缺之旨。既又命俟李署抚到后,再行交卸。

---

① 台北故宫博物院藏:《军机及宫中档》,文献编号:408003470-0-B.又,中国第一历史档案馆藏:《录副奏片》,档号:03-5955-109.
② 中国第一历史档案馆藏:《电报档》,档号:2-04-12-028-0509.

六月初五日，公会衔广东巡抚德寿奏请谢兰馨补授海防同知，下部议。曰：

窃照现任潮州府海防同知敬禧于光绪二十八年正月初四日闻讣丁父忧，业经附片奏报，声明所遗潮州府海防同知缺，按照二留一咨章程，系第二轮第二次留缺，应请扣留外补。此案于二月十四日移报到司，已在正月底截缺之后，应勒归正月分截缺办理。是月分勒归同知一项只此一缺，毋庸签掣。查定例：道、府、同知、直隶州知州、通判，遇有丁忧、终养、回避、撤回、参革、降补、改教各项选缺，应先尽记名分发人员请补，不准于折内声叙人地未宜，如记名、分发无人，始准以各项候补、前先候补正班人员酌补。其原系记名简缺人员，分发到省后，只准专以选缺补用，不得兼补题调要缺。其记名、分发各员内如有非正途出身者，无论题、调、选缺，应统归于各项候补人员内一体酌量补用，不得与正途出身各员一律尽先请补，各等因。兹会选有记名分发候补同知谢兰馨，年六十六岁，广州驻防镶白旗汉军下甲喇京城庆宗佐领下人，由翻译生员中式光绪元年乙亥恩科第一名翻译举人。九年，考取内阁汉军中书。十七年七月引见，奉旨：补授内阁汉军中书。钦此。十八年，捐免历俸，保送堪以外用。是年七月引见，奉旨：着照例记名外用同知。钦此。八月，遵新海防例，报捐指省，分发广东补用。是月二十八日，蒙钦派大臣验看，堪以发省补用，引见，奉旨：着照例发往广东，以同知补用。钦此。九月二十日，由吏部给发执照起程，行抵天津，闻讣丁父忧，接丁母忧，服阕起复，于光绪二十三年二月三十日回省，应以服满起复禀报回省之日作为同知班到省日期。是年，准吏部咨，准其起复。该员稳慎精详，勤求治理，以之补授潮州府海防同知缺，洵堪胜任，与例亦属相符。据藩、臬两司会详前来。相应请旨准以记名分发候补同知谢兰馨补授潮州府海防同知缺。如蒙俞允，该员系记名分发候补同知请补同知，衔缺相当，毋庸送部引见。

除咨部外，臣等谨照章改题为奏，恭折具陈。伏乞皇太后、皇上圣鉴，训示。再，粤东省补缺例限九十日，此缺勒归光绪二十八年正月分之缺，二月十四日移报到司，应以是日起限办理。今在限内选员请补，并无迟逾。合并陈明。谨奏。①

同日，公又会衔广东巡抚德寿奏请李达璋调补赤溪同知，下部议。曰：

窃照准吏部咨：缺单内开题调要缺广东赤溪直隶同知沈鸿寿职，光绪二十八年正月二十五日奉上谕，等因。应以奉上谕后第五日为行文，按照限减半计至三月十四日，作为接到文行开缺，三月二十九日接准部咨，应归三月分截缺办理，系题调要缺，毋庸签掣。查定例：丞倅应调缺出，毋庸计扣历俸年限，准其拣选调补。又，题请调补官员，其任内如有承审案件、承缉盗案、经征钱粮已起降调、革职参限者，概不准其请补各缺。如因缺系繁要，人地实在相需，为地择人者，该督抚据实陈明，吏部仍查明其余并无别项不合例事故，亦即议准。此外一切因公处分，仍毋庸计算，各等因。

今赤溪直隶同知系题调要缺，所驻赤溪地方水陆纷歧，土、客杂处，稽查、弹压、巡防、抚绥，在在均关紧要，必得精明干练之员，方克胜任。兹于现任同知合例应调人员内会选得佛冈直隶同知李达璋，年四十八岁，湖南善化县荫附生。光绪七年，恭逢上谕馆考试，八月奉旨：着外用。钦此。照例以通判用。十五年九月，遵章呈请分发。复遵郑工例报捐指省广东，引见，奉旨：着照例发往。钦此。当即领照到省。十九年，闻讣丁继母忧，回籍守制。二十年，接丁父忧。六月二十一日

---

① 台北故宫博物院藏：《军机及宫中档》，文献编号：408003480. 又，台北故宫博物院藏：《军机及宫中档》，文献编号：148094.

奉上谕：吴大澂代递提督李朝斌①遗疏并胪列战功一折，伊子广东候补通判李达璋，着以同知补用。钦此。二十年服满，二十三年引见，奉旨：着照例发往。钦此。领照到省，题补今职。二十四年十一月，先赴任事。二十五年十一月初六日奉文准补到任，毋庸试俸，现调署阳江同知。

该员持躬谨慎，听断明允，任内并无承审积案，及承缉盗案已起降调、革职参限。虽有经征未完光绪二十五年及二十六年分钱粮，查系实欠在民，并非征存未解；因公处分，例免核计，以之调补赤溪直隶同知缺，洵堪胜任，与例亦属相符。据藩、臬两司会详前来。

相应请旨准以佛冈直隶同知李达璋调补赤溪直隶同知缺。如蒙俞允，该员系现任同知请调同知，衔缺相当，毋庸送部引见。所遗佛冈直隶同知缺，粤东省现有应补人员，请扣留在外，俟接准部覆，选员请补。

除咨部外，臣等谨照章改题为奏，合词恭折具陈。伏乞皇太后、皇上圣鉴，训示。再，粤东省补缺例限九十日，此缺系归光绪二十八年三月分截缺，应以是月底起限，今在限内选员请补，并无迟逾。合并陈明。谨奏。②

是日，公又会衔广东巡抚德寿奏请刘能补授广东归善县知县，下部议。曰：

窃准吏部咨：缺单内开沿海调三项要缺广东归善县知县钱溯灏捐

---

① 李朝斌（1824—1894），字质堂、资堂，湖南善化（今湖南长沙）人，行伍出身。咸丰四年（1854），充水师中营哨官。七年（1857），保参将，管带外江水师新右营。八年（1858），保副将。十一年（1861），保总兵，加固勇巴图鲁勇号。同年，补湖北竹山协副将，晋提督衔。同治元年（1862），升浙江处州镇总兵。二年（1863），封云骑尉。同年，署江南提督。三年（1864），擢江南提督。光绪五年（1879），授外海兵轮统领。十二年（1886），因病开缺。二十年（1894），卒。

② 台北故宫博物院藏：《军机及宫中档》，文献编号：408003478。又，台北故宫博物院藏：《军机及宫中档》，文献编号：148093。

离任，文尾坐光绪二十八年正月初五日发行，按照限减半，计至二月十九日限满开缺，于二月二十日接准部咨，应归二月分截缺办理，系外调要缺，毋庸签掣。查定例，州县应调缺出，俱令于现任人员拣选调补。如无合例堪调之员，知县准以例准请补之候补并进士即用人员酌补，等因。

今归善县知县缺，臣等与藩、臬两司于通省现任知县内逐加遴选，非现居要缺，即人地未宜，实无合例堪以调补之员。惟查有进士即用知县刘能，年四十一岁，四川温江县人，由廪生应光绪十五年己丑恩科本省乡试，中式第一百零四名举人；庚寅恩科会试，中式第一百八十八名贡士；壬辰科补行覆试，殿试三甲第一百五十二名；朝考二等第九十七名；光绪十八年五月十四日，由翰林院带领引见，奉旨以知县即用，签掣广东。六月初一日，经吏部给发执照，祗领起程，八月二十八日到省。

该员年力富强，趋公勤谨，以之补授归善县知县缺，洵堪胜任，与例亦属相符。据藩、臬两司会详前来。相应请旨准以即用知县刘能补授归善县知县缺。如蒙俞允，该员系进士即用知县请补知县，衔缺相当，毋庸送部引见。

除咨部外，臣等谨照章改题为奏，合词恭折具陈。伏乞皇太后、皇上圣鉴，训示。再，粤东省补缺例限九十日，此缺系归光绪二十八年二月分截缺，应以是月底起限办理。今在限内选员请补，并无迟逾。合并陈明。谨奏。①

同日，公又会衔广东巡抚德寿奏请沈传义调补广州知府，下部议。曰：

窃于光绪二十八年五月初六日准吏部咨：钦奉上谕：广东广州府

---

① 台北故宫博物院藏：《军机及宫中档》，文献编号：408003479. 又，台北故宫博物院藏：《军机及宫中档》，文献编号：148089.

知府员缺紧要,着该督抚于通省知府内拣员调补。所遗员缺着松墀①补授。钦此。查定例:省会知府缺出,应请旨简放,如奉旨于通省知府内拣员调补,应择其人地相宜者,无论缺项是否相同,及历俸已、未满年限,俱准调补。又,首府首县缺出,于通省正途人员内拣选调补,如无合例堪以调补,或人地不宜,始准于折内详细声明,以各项出身内遴选调补,各等因。今广东广州府为省会首郡,管辖一十四县,地方辽阔,政务殷繁,时有紧要案件饬发审办,且省城系通商口岸,华洋杂处,抚驭一切,尤须操纵得宜,非熟悉情形、才猷卓著之员,不足以资治理。

臣等与藩、臬两司于通省现任知府内逐加遴选,非现居要地,即人地未宜,查有惠州府知府沈传义②,年五十三岁,顺天府大兴县监生,原籍浙江会稽县,由候选知县投效山东河工出力,保准选缺后以直隶州用。光绪十二年,选授河南嵩县知县,十三年正月到任;调补永城县知县。十五年,蒙奏保循良,奉旨嘉奖。十八年,在永城县任内先后拿获江苏省巨盗,奉文加六级,纪录十三次;复因办郑工杂料劝赈,暨迭次剿办会、土各匪出力,荐保花翎盐运使衔道员用在任候补知府。二十年,蒙保卓异,请咨赴京,由吏部带领引见,奉上谕:沈传义准卓异加一级注册回任候升,并以知府照例用。钦此。是年十月回省,饬赴永城县本任。二十二年,知府试用期满甄别,蒙奏请以繁缺知府在任补用;又蒙奏保循良,奉旨嘉奖。二十四年,遵章呈请开去永城县底缺,过班知府班补用。是年十二月二十五日奉上谕:河南永城县知县沈传义,

---

① 松墀(?—1911),里籍不详。光绪中,充工部郎中。二十六年(1900),补张家口监督。二十八年(1902),署高州府知府。三十年(1904),署理琼州府知府。三十一年(1905),署理连州知州。宣统三年(1911),因病出缺,卒。

② 沈传义(1849—1907),字次端,顺天府大兴县人,监生,原籍浙江会稽县。初由候选知县投效山东河工出力,保准选缺后以直隶州用。光绪十二年(1886),选授河南嵩县知县,调补永城县知县。十四年(1888),署理洛阳县知县。十六年(1890),调补永城县知县。十八年(1892),荐保花翎盐运使衔。十九年(1893),署祥符县知县。二十年(1894),补永城县知县。二十四年(1898),调署祥符县知县。二十五年(1899),保知府,升道员。二十七年(1901),加二品衔。三十年(1904),回广州府本任。三十一年(1905),署理惠潮嘉道,兼摄惠州府知府。三十二年(1906),调补琼崖道。三十三年(1907),因病出缺,后卒。编有光绪《祥符县志》等传世。

着该抚给咨送部引见。钦此。二十五年二月,蒙给咨赴京。三月十四日,由吏部带领引见。本日奉特旨:沈传义着以知府仍发河南尽先即补,并交军机处存记。钦此。次日蒙召见一次,奉上谕:本日召见之沈传义,着交军机处存记。钦此。十八日,蒙召见一次,旋即领照出京,四月回豫当差。九月二十一日奉上谕:广东惠州府知府员缺,着沈传义补授。钦此。前因黄河抢险出力,蒙汇入安澜案内,保准以道员在任候补。二十六年四月十一日,到惠州府知府任。旋因剿办会匪肃清案内蒙奏保请仍交军机处存记,遇有道员缺出,开列在前,请旨简放,俟归道员班加二品衔。二十七年六月初五日奉上谕:着照所请。钦此。十二月,复蒙奏保循良。二十八年正月二十六日奉旨嘉奖,钦此。

该员廉明正直,夙协舆情。前在河南历任知县,政声卓著,迭保循良。其治剧理繁,才堪肆应,早在朝廷洞鉴之中。嗣蒙天恩简放惠州府知府,到任以来,悉心整饬,民情爱戴,治效可观,以之调补广州府知府,人地实在相需,与例亦属相符。据藩、臬两司会详请奏前来。合无仰恳天恩俯准以惠州府知府沈传义调补广州府知府,实于省会要缺有裨。如蒙俞允,所遗惠州府知府员缺,遵旨即以松墀补授。再,该员沈传义系现任知府拣调广州府知府,衔缺相当,毋庸送部引见,亦毋庸核计参罚。合并声明。

所有拣员调补广州府知府缘由,谨合词恭折具奏。伏乞皇太后、皇上圣鉴,训示。谨奏。①

六月初六日,公致电外务部曰:

"艳"电谨悉。澳门设关一事,询据粤海关马税务司声称,中国在本疆界内开设通商口岸,自有权衡管辖。若照葡使所云,则关设彼界,恐无管辖之权。虽华人犯法,亦必经葡官之手,如此漏税必多,且澳境

---

① 台北故宫博物院藏:《军机及宫中档》,文献编号:408003481。又,台北故宫博物院藏:《军机及宫中档》,文献编号:148092。

海港纷歧,即果设关在彼,而现在之厂卡仍不可裁去,庶免绕越之弊。更可虑者,别国之船安肯在澳境新关输税于中国?揆度情形,在澳设关,恐无益于中国等语。所见与鄙意相同。铁路可否允准?仍乞电商盛侍郎察夺。模。鱼。①

六月初九日,公致函外务部曰:

案查光绪十六年七月二十六日,准总理衙门咨开:近来各国在通商口岸派设领事,设立行栈,本衙门无可稽查,咨行饬将各该口岸现驻各国领事姓名并洋商行栈各字号查明咨复,嗣后仍按季咨送备查,等因。迭准粤海关监督转据税务司先后开至光绪二十七年冬季分止,咨明查照在案。现准粤海关监督转据马税务司将光绪二十八年春季分驻广州口岸各国领事姓名并洋商行栈各字号查明开送,并声明此外本口并无有领事而无行栈及有行栈而无领事者。至各洋商行栈字号系按照招牌开录,其或有华商顶冒者,本关不得而知,咨会核办。计粘抄一纸,等因。到本部堂。准此,所有广州口岸现驻各国领事姓名及洋商行栈各字号,相应列单咨明。为此咨呈贵部,谨请察照备案施行。②

六月十九日,公为奉旨准予开缺具折谢恩,曰:

窃臣恭阅电传阁抄:光绪二十八年五月二十七日奉上谕:陶模奏假期又满,病仍未痊,恳请开缺调理一折。两广总督臣陶模着准其开缺。钦此。跪聆之下,感激涕零!伏念臣猥荷殊恩,谬膺重寄,虽疆圻之涖历,曾补报之毫无。

当兹时局艰难,宫廷宵旰,臣虽愚弩,亦尝思振兴庶务,绥靖地方,以稍尽疆臣责任。无如禀姿素薄,痼疾久攖,屡荷圣慈假以休沐,乃沉

---

① 中国第一历史档案馆藏:《电报档》,档号:2-04-12-028-0551。
② 台北"中央研究院"近代史所藏:《外交档案》,馆藏号:02-08-011-02-083。

疴之增剧,欲黾勉而未能。幸蒙曲予矜全,赐归田里,恩施逾厚,感愧尤深!臣一俟交卸之后,自当息心调治,倘蒙庇荫夙疾幸痊,即当趋赴阙廷,求赏差使,譬坠露轻尘之末,敢外生成?被高天厚地之恩,再思报称!所有微臣感激下忱,理合恭折具奏,叩谢天恩。伏乞皇太后、皇上圣鉴。谨奏。①

六月二十日,公致电外务部咨呈曰:

头品顶戴兵部尚书兼都察院右都御史总督两广等处地方军务兼理粮饷陶模,为咨覆事。光绪二十八年六月十一日,承准贵部咨开:光绪二十八年五月二十一日,准德穆使照称:教士殷德敏在番禺县北江河面被盗一案,失物合值洋银一千七百元,经县令交过洋银三百元,失主定欲全行追赔,请电饬完案,等因。本部乍得国条约第三十三款内载:被盗案件,地方官缉盗起赃,不能赔偿,等语。此案自应照约妥为办理,该使所称县令交过洋银三百元,究竟该县与该教士如何商办?缉拿盗赃有无头绪?相应抄录来照,咨行贵督详细查明,迅饬该县捕盗追赃,早日办结,并声覆本部,以凭转覆该使可也。附抄件,等因,到本部堂。

承准此,查本案先于光绪二十七年十二月十九日接广州口德国领事函称:是月十七日早,有德国教士殷德敏,由赤坎附搭民船,在花县三步冈近大田陆冈沙蚬地方,被盗贼十六人将该教士衣箱行李等物劫掠一空,值银多少,现尚未知,等情。即经饬行花县缉追,旋据该县以三步冈近大田陆冈沙蚬地方均系番禺县辖境,请饬勘缉,禀经批饬番禺县立即会营,选拔干练勇役,悬赏购线,并关移邻封营县,一体上紧侦缉;并督饬附近乡局绅耆,查明勒交引拿,务将本案赃贼克日悉获究办,给领具报。续准德国领事于本年正月初九、二十四、二月二十四等

---

① 台北故宫博物院藏:《军机及宫中档》,文献编号:408003488.又,台北故宫博物院藏:《军机及宫中档》,文献编号:147736.

日,先后催请缉追前来。均节经严催番禺县会营比差关移邻封,并督催附近乡局绅耆赶紧设法,务将本案赃匪悉获究办,给领具报,各在案。迄今日久未据获报,来咨所言由县赔赃三百元一节,亦未据该县禀报。准咨前因,除行番禺县赶紧催缉本案赃贼,务获究报,给领办结;一面查明该县与该教士究系如何商办,现在缉拿赃盗有无头绪,是何情形,据实禀复核办外,相应录案先行咨覆。为此合咨贵部,谨请察照施行。须至咨呈者,右咨呈外务部。①

六月二十一日,公会衔广东巡抚德寿奏报筹解光绪二十八年第二批地丁京饷银数情形,下部闻。曰:

窃照光绪二十八年京饷案内,奉拨广东地丁银十万两,业经筹解三万两作为第一批,委员升补陵水县知县傅肇敏等领解赴部投纳在案。兹据布政使丁体常详称,再向商号新泰厚等订借银三万两,作为第二批起解,仍交该商号等汇兑赴京,遴委候补同知吴贞亮等领赍汇单,于光绪二十八年六月二十六日起程,航海进京,支取银两,赴部投纳,等情。详请具奏前来。

臣等覆核无异,除咨明户部外,谨合词恭奏。伏乞皇太后、皇上圣鉴。谨奏。②

同日,公又会衔广东巡抚德寿奏请陆继昌署理文昌县知县,下部议。曰:

窃照准吏部咨:缺单内开另文请补广东文昌县知县刘曾枚开缺另

---

① 中国第一历史档案馆,福建师范大学历史系编:《清末教案》第三册第420—421页,中华书局,1996。

② 台北故宫博物院藏:《军机及宫中档》,文献编号:408003482.又,台北故宫博物院藏:《军机及宫中档》,文献编号:148107。

补,光绪二十八年正月二十五日奉上谕,等因。应以奉上谕后第五日为行文,按照限减半,计至三月十四日作为接到文行开缺,于三月二十九日接准部咨,应归三月分截缺办理。查改教、撤回、降补、回避四项遗缺,定例合为一班,统行计算,如遇同月之缺,仍签掣缺之先后。今文昌县知县开缺另补,遗缺系选缺,是月分选缺知县仅止一缺,毋庸签掣。查吏部则例内开:知县改教、撤回、降补、回避,所遗选缺系进士即用,与候补、分班酌补轮用进士即用,即将进士即用班前与进士即用本班合为一班,由该督抚酌量请补,即积进士即用正班之缺轮用即补,即将候补班前与候补本班合为一班,该督抚酌量请补即积候补正班之缺,等因。

前出兴宁县知县回避遗缺,已用进士即用知县王克鼎补。今文昌县知县刘曾枚开缺另补,遗缺按班应轮用候补班前候补正班人员酌补。兹会选有候补知县陆继昌,年四十四岁,江苏太仓州监生,在河南捐备赈银案内报捐贡生,并捐中书科中书,不论双单月分发行走;复遵新海防例改捐县丞,指分江西试用。缘在永定河南上汛漫口合龙案内出力,蒙保奏请以知县仍归原省补用,光绪二十三年三月十五日奉旨:依议,钦此。旋因江西停止分发,改指广东,于光绪二十五年三月二十八日蒙钦派大臣验看,堪以分发。四月十一日引见,奉旨:着照例发往。钦此。是月二十日,经吏部给发执照,祗领起程,七月三十日到省。二十六年,甄别堪膺民社,并未在粤游幕,业于到省案内声明缴结详咨在案。

该员秉志端厚,处正不阿,以之署理文昌县知县缺,洵堪胜任,与例亦属相符。据藩、臬两司会详前来。相应请旨准以候补知县陆继昌署理文昌县知县缺,仍俟试署期满,如果称职,另请实授。如蒙俞允,该员系候补知县请署知县,衔缺相当,毋庸送部引见。

除咨部外,臣等谨照章改题为奏,合词恭折具陈。伏乞皇太后、皇上圣鉴,训示。再,粤东省补缺例限九十日,此缺系光绪二十八年三月分之缺,应以是月底起限办理,今在限内选员请补,并无迟逾。合并陈明。谨奏。①

是日，公又会衔粤海关监督庄山奏报粤海关新定赔款银两次数并汇沪投纳一事，下部闻。曰：

窃照户部奏拨放俸饷，于粤海关四成洋税每结提银六千两，又另款加复俸饷每年粤海关应解银四万两，又东北边防经费加拨粤海关六成洋税银二万四千两。嗣准部电饬将前项银两按照应解数目匀分十二次，先将第一次银数于光绪二十七年十二月二十日以前汇沪，以后按月先期解沪。又，关税增收之文，如实照旧核解，即自十月开办起，暂按该关每月收数提出二成解沪，俟核明增收确数，另行分派匀拨。又，此次赔款系还关平，每百两加补水库平银一两六钱四分三厘，所有奉拨前项银两，自应提前赶解。

兹于粤海关应解加放俸饷等款每次银七千三百三十三两三钱三分四厘，补水银一百二十两四钱八分七厘，统计第一次至第六次连补水共银四万四千七百二十二两九钱二分六厘。又，粤、潮、琼、北四关约二成洋税每次银五万两，补水银八百二十一两五钱，统计第一次至第六次连补水共银三十万四千九百二十九两，由关先后分次备具文批，发交西商志成信、协成乾银号，汇解江海关道投纳。

除咨户部查照外，臣谨会同粤海关监督臣庄山，恭折具陈。伏乞皇太后、皇上圣鉴。谨奏。②

同日，公又会衔广东巡抚德寿奏报本年内务府经费银两情形，下部闻。曰：

窃准户部札行：光绪二十八年内务府经费，指拨广东太平关常税

---

① 台北故宫博物院藏：《军机及宫中档》，文献编号：408003484. 又，台北故宫博物院藏：《军机及宫中档》，文献编号：148108.

② 台北故宫博物院藏：《军机及宫中档》，文献编号：408003486. 又，台北故宫博物院藏：《军机及宫中档》，文献编号：147778.

银十万两，内以四万四千三百七十七两批解部库归垫，下余五万五千六百二十三两，径解内务府应用，等因。当经转饬遵照筹解。兹据广东布政使丁体常以现在太平关税银尚未移解到司，先向商号订借银四万两，又加平抬费银一千三百二十两，仍发交商号新泰厚等领汇，派委候补同知吴贞亮等领赍汇单，于本年六月二十六日起程，航海进京，解赴内务府投纳。详请奏咨前来。

臣等覆核无异，除分咨外，谨合词恭折具陈。伏乞皇太后、皇上圣鉴。谨奏。①

同日，公又会衔广东巡抚德寿奏报派还新定赔款第一年上半年解过款目银数情形，下部闻。曰：

窃照各省摊还新案赔款，前准户部奏明派拨广东省每年银二百万两，匀分十二次，按月解沪，按照公约每解银一百两，应随补关平银一两六钱四分三厘，等因。业经遵照按月解交上海道兑收，将匀解银数起解日期咨明，嗣又奏明按半年汇奏一次在案。查自光绪二十七年十二月第一次起至二十八年五月第六次止已满半年，共解过摊还赔款纹银九十九万九千九百九十六两，又解过第三、四、五、六各期应补关平纹银一万零九百五十三两二钱八分八厘，又支给商号汇费洋银一万四千一百五十三两二钱八分八厘，统计支解六期赔款连关平、汇费共银一百零二万五千一百零二两五钱七分六厘，内动支沙捐洋银六万两，房捐洋银二万五千两，按粮捐输洋银一万五千九百二十三两七钱五分五厘，潮商免厘报效洋银二万五千两，烟、酒、茶、糖、土药加厘洋银六千两，新案二成裁兵旷饷纹银九千六百两，停给世职衔俸纹银三万五千两，盐运司库协借纹银一十五万两、洋银二万两，督粮道库协筹洋银三万两，藩库借动新增扣平纹银三万六千六百六十六两。

---

① 台北故宫博物院藏：《军机及宫中档》，文献编号：408003483。又，台北故宫博物院藏：《军机及宫中档》，文献编号：148109。

以上各款，共支银四十一万三千一百八十九两七钱五分五厘，尚不敷银六十一万一千九百一十二两八钱二分一厘，系在司库应解本年京、协饷及一切正杂款内通融挪借，并向商号借垫凑足，以应急需。以上动支各款，内沙捐、房捐、粮捐、潮商报效、烟、酒、土药加厘、节存兵饷、世俸系新筹之款，拟专归赔款支用，为数仅止一十七万余两，尚不及十分之二。其余盐、粮两库协筹之款，均系移缓就急，不能恃以为常。

　　数月来，竭全省之力，始能将此六期赔款应付清楚，幸免贻误，而各库一空如洗，商借久欠未还，以后为日方长，正不知如何为继。至起解前项赔款及关平银两均应支解纹银，而本省新筹各款，除兵饷、世俸系属纹银外，其余各款俱收洋银，必须补水易纹，方能起解。此时收数无几，以之支解赔款，正项不敷尚多；应补纹水，更属无着。现在解过六次赔款，所需补水银两均在司库通融垫支，应俟将来各款收有成数，再行拨还归款作正开销。至新筹各款除节存兵饷、世俸两款之外，余均暂行试办，能否照收，每年实可得银若干及此外能否另筹，均无实在把握，应俟筹有定数，办有端倪，再行专案奏明立案。据广东藩、运二司，督粮道，善后，厘务局司道详请具奏前来。

　　臣等覆核无异，除分咨外，谨会同缮折具陈。伏乞皇太后、皇上圣鉴。谨奏。①

是日，公又附片奏请将潘培楷留广东补用，曰：

　　再，督办钦廉边防布政使衔记名简放道潘培楷，经前任山东抚臣

---

① 台北故宫博物院藏：《军机及宫中档》，文献编号：408003487。又，台北故宫博物院藏：《军机及宫中档》，文献编号：147782。

张人骏①奏调赴东差遣,本应即饬遵旨前赴山东,惟因粤西游匪正炽,钦廉与西省处处接壤,防范稍疏,即虑与土匪勾结窜扰,更恐窜入越境,致贻外人口实。潘培楷督办边防日久,近又拿获匪首邓东良,冤声益振,防剿镇摄,正资熟手,未便遽行更易。合无仰恳天恩俯准将右政使衔记名简放道潘培楷仍留广东补用,毋庸饬赴山东。谨合词附片陈请。伏乞圣鉴,训示。谨奏。②

同日,公又附片奏请奖叙粤海关监督庄山,得旨:庄山着赏加侍卫衔。曰:

再,粤海关监督庄山在任四年,于关税事宜兴利除弊,不遗余力。所有应征正额盈余,除照旧征解足数外,自光绪二十四年分溢征常税银二万九千八百四十一两七分九厘,二十五年分溢征常税银三万王十八两五钱四分四厘,二十六年分溢征常税银三万四百一十四两五分一厘,二十七年分溢征常税银三万八百三十三两六钱四分四厘。计四年中共溢银一十二万一千一百四十七两三钱一分八厘。自二十六年夏间北方多事,路途梗塞,应解京、协各饷改由上海装鞘现银,驰赴湖北、河南等省,委员赍至陕西交纳。其时税绌商稀,库乏征存;西号银项短

---

① 张人骏(1846—1927),字千里,号安圃,直隶丰润人,监生出身。同治三年(1864),中举。七年(1868),中式进士,改庶吉士。十年(1871),授翰林院编修。光绪二年(1876),补国史馆协修。八年(1882),充四川乡试副考官。九年(1883),补湖广道监察御史、江南道监察御史、广西道监察御史。十一年(1885),升户科给事中。十二年(1886),充会试同考官。十五年(1889),补兵科给事中。同年,放广西桂平梧盐法道。十七年(1891),署广西按察使。十八年(1892),加按察使衔,署广西布政使。十九年(1893),署广西按察使。二十年(1894),升补广东按察使。二十一年(1895),迁广东布政使。二十四年(1898),调补山东布政使。二十六年(1900),擢漕运总督。二十七年(1901),补授山东巡抚。二十八年(1902),调补河南巡抚,兼理河工事务。二十九年(1903),调广东巡抚。三十一年(1905),调补山西巡抚。三十二年(1906),再调河南巡抚。三十三年(1907),授两广总督,兼理粤海太平两关事务。宣统元年(1909),调补两江总督,兼管两淮盐政。同年,授陆军部尚书、都察院都御史。三年(1911),避居青岛。民国十六年(1927),卒于天津。著有《青岛流人篇》等。

② 台北故宫博物院藏:《军机及宫中档》,文献编号:408003487-0-A.又,台北故宫博物院藏:《军机及宫中档》,文献编号:147780.

少，并无现银借垫，均由该监督设法腾挪，如期接济。其司榷之勤、任事之勇，实属共见共闻。至于交涉事件，不激不随，均能与前督抚臣及臣等会商妥办。

伏查前任粤海关监督俊启、崇光、海绪、增润、长有等，办理关务出力，历经前督抚臣奏明，渥蒙圣恩优奖，分别以副都统、三院卿候补在案。今该监督庄山值斯时势较前万难，而办理关务事宜，比之历任，尤能措置裕如，实属心细才长，异常出力。查庄山已于光绪二十六年十月二十三日奉旨补授奉宸苑卿，现今任满，应如何奖励之处，出自逾格天恩！臣等不敢擅拟。谨援案附片陈请。伏乞圣鉴。谨奏。①

同日，公又附片奏报动支库款拨还赔款一事，下部闻。曰：

再，广东省拨还新案赔款，前准户部奏明将本省应解部库之西征洋款改为加放俸饷十万两，旗兵加饷十万两，新增东北边防经费一万六千两，京官津贴改为加复俸饷七千八百两，每年共银二十二万三千八百两，匀分十二次，按月解沪，备还赔款，按照公约每百两应补关平银一两六钱四分三厘，各等因。业经遵照按月匀解上海道兑收，将匀解银数、起解日期咨明，嗣又奏明按半年汇奏一次在案。

查光绪二十七年十二月第一次起至二十八年五月第六次止，已满半年，共拨还赔款银一十一万一千九百两，内动支光绪二十七年加放俸饷三万两，旗兵加饷五万两，加复俸饷七千八百两；光绪二十八年加放俸饷二万四千一百两，又解过第三、四、五、六各期应补关平银共银一千二百二十五两六钱七分六厘，内动支奏留充公银六百一十二两八钱三分八厘，田房税羡银三百九十五两一钱四分一厘，通省充公银二百一十七两六钱九分七厘。据广东布政使丁体常详请具奏前来。臣

---

① 台北故宫博物院藏：《军机及宫中档》，文献编号：408003487-0-B. 又，台北故宫博物院藏：《军机及宫中档》，文献编号：147781。

等覆核无异,除分咨外,谨会同附片具陈。伏乞圣鉴。谨奏。①

是日,公又附片奏请开复已故前任儋州知州贾敦忭参案,下部闻。曰:

再,已故前任儋州知州贾敦忭欠解征存正、杂款银二千七百余两、米七百九十余石,迭催未据完解,经前抚臣许振祎②会折奏参勒追,光绪二十四年九月十八日钦奉朱批:着照所请,该部知道。钦此。钦遵转行查照在案。兹据布政使丁体常、督粮道周开铭详称:该故员家属于参追后陆续将欠解银米完解清楚,请将原参革职勒追之案具奏开复,等情。前来。

臣等覆核无异,相应请旨将已故前任儋州知州贾敦忭原参革职之案准予开复。除将细数册咨部查照外,臣等谨合词附片具陈。伏乞圣鉴,训示。谨奏。③

同日,公又会衔广东巡抚德寿附片奏陈汇解筹备饷需银两情形,下部闻。曰:

再,广东省光绪二十八年分应解筹备饷需银二十万两,当经筹银四万两作为第一批,派委升补知县傅肇敏等领解在案。兹向商号新泰

---

① 台北故宫博物院藏:《军机及宫中档》,文献编号:408003487-0-C.又,台北故宫博物院藏:《军机及宫中档》,文献编号:147779.

② 许振祎(?—1899),字仙屏,号大泽村人。江西奉新县人。道光二十九年(1849),拔贡。咸丰三年(1853),充内阁中书。九年(1859),中举。同治二年(1863),中式进士,改翰林院庶吉士。四年(1865),补国史馆协修。八年(1869),充贵州乡试副考官。十年(1871),简陕甘学政。光绪二年(1876),选教习庶吉士。是年,历国史馆纂修、武英殿纂修、起居注协修、功臣馆纂修、文渊阁校理。八年(1882),放河南彰卫怀道。十年(1884),署河南按察使。十一年(1885),迁河南臬司,署河南布政使。十二年(1886),调补江宁布政使。十六年(1890),擢河东河道总督。二十一年(1895),调补广东巡抚。二十三年(1897),充广东武乡试正考官。二十五年(1899),卒于任。谥文敏。

③ 台北故宫博物院藏:《军机及宫中档》,文献编号:408003483-0-A.又,台北故宫博物院藏:《军机及宫中档》,文献编号:148110.

厚等订借银四万两,作为二十八年第二批筹备饷需银两,照案仍由该商号等汇京,派委候补同知吴贞亮等领赍汇单,于光绪二十八年六月十六日起程,由海道进京支取银两,赴户部衙门投纳。据广东布政使丁体常详请奏咨前来。

臣等覆核无异,除咨户部查照外,谨会同广东巡抚臣德寿,合词附片具陈。伏乞圣鉴。谨奏。①

同日,公又附片奏请准钱锡宝送部引见,下部闻。曰:

再,广东候补知府钱锡宝前在苍梧县知县署任丁忧回籍,上年臣来粤之时檄调来署,委充文案,本年三月十六日服阕。其时因臣署事务纷繁,襄理需人,附片奏请俟经手事竣再行送部引见,光绪二十八年四月二十九日奉到朱批:着照所请,吏部知道。钦此。钦遵在案。现在臣蒙圣恩准予开缺,交卸在即,该员钱锡宝自应给咨赴部。

臣查钱锡宝才长心细,办事勤敏,在臣署供差年余,朝夕相处,知之有素,可否仰恳天恩俯准,饬部将广西候补知府钱锡宝带领引见之处,出自逾格鸿慈!谨附片陈请。伏乞圣鉴,训示。谨奏。②

同日,公又致电外务部曰:

东省军火缺乏,前与德商瑞记商购,现瑞记接柏灵电,已向各国力说,将近允准,须贵部电致荫使赞助,事可望成等语。应请贵部迅电荫使,速商德政府定议。模。个。③

---

① 台北故宫博物院藏:《军机及宫中档》,文献编号:408003486-0-A.又,台北故宫博物院藏:《军机及宫中档》,文献编号:147783.
② 台北故宫博物院藏:《军机及宫中档》,文献编号:408003486-0-B.又,台北故宫博物院藏:《军机及宫中档》,文献编号:147784.
③ 中国第一历史档案馆藏:《电报档》,档号:2-04-12-028-0584.

同日,公又致函外务部曰:

光绪二十八年五月二十一日,接汕头口英国德领事照称:现悉本国驻京钦差大臣檄饬,调驻汕头,办理潮州等处通商事务,即于光绪二十八年五月十六日接印视事,理合照会查照,希即札饬所属文武一体知照。同日,又接英国驻汕头何领事照会,于是日交卸,各等由。前来。查现署汕头英国领事德为门,系由广州口英国副领事调署,自可毋庸饬查。除咨行外,相应咨呈。为此咨呈贵部,谨请查照施行。①

同日,公又致函外务部曰:

案照承准总理衙门咨行出使美、日、秘国杨大臣与美国使署律师科士达详酌拟定华人赴美汉、洋文护照程序,咨粤照办。嗣后华人往美,一体仿照所拟程序,饬由粤海关发给,等因。兹有商民陈宾廷请照前往美国小吕宋埠贸易,禀由粤海关验填护照,并无骗拐顶冒情弊,且有殷实铺保具结存案,核与章程相符。准粤海关咨请核咨前来。除咨覆饬遵并照章咨行出使美、日、秘国大臣、驻美金山总领事查照办理外,相应咨呈。为此合咨贵部,谨请查照备案施行可也。②

是日,公又致外务部咨呈曰:

头品顶戴兵部尚书兼都察院右都御史总督两广等处地方军务兼理粮饷陶,为密咨事。前于光绪二十八年四月二十五日承准贵部来函,录寄葡使开送条款二件、地图一幅,嘱即体察情形,熟权利害、轻重,酌筹取与办法,迅速电复。当将葡使开送各款难允之处于四月二十六日电陈贵部。续奉贵部五月"文""敬"两电,以澳粤铁路如别无损

---
① 台北"中央研究院"近代史所藏:《外交档案》,馆藏号:02-08-011-02-089。
② 台北"中央研究院"近代史所藏:《外交档案》,馆藏号:02-13-007-02-061。

碍,拟照准另妥订开办章程,等因。又于五月初八、二十七等日,先后电复在案。兹于六月初二日奉贵部"艳"电内开:葡愿在澳设关,系给中国利益,本部拟准设关,并许建造铁路,隐相抵换,究竟澳门设关利弊若何,仍恳详筹电复,等因。当即饬据粤海关税务司马根复称:查葡使谓将澳门改入通商口岸一节,其中利弊非由两国商妥,将条款开列明白,则难以审定。况中国在本疆界内开设通商口岸,自有权管辖。如有犯法走私者,可以随时拏办。若照葡国公使所云,则关设彼界,恐无管辖之权。虽华人犯法亦必经葡官之手,如此漏脱必多。且澳境左右港汊纷歧,即果设关在彼,而现在之厂卡仍不能裁去,因留为验船,以免绕越之弊。如将厂卡尽撤,亦须加设巡缉快船,其费尤甚。更可虑者,别国之船安肯在澳境新关输税于中国? 是以揆度情形,税务司鄙见,在澳设关恐无益于中国,为中国计,仍以在自己界内征收税项为妥,等语。查该税务司所论在澳设关之弊,诚属确切不移。本部堂意见与之相同。至粤澳铁路虽无大碍,惟于地方商务究无裨益,且此路将来必与粤汉干路相接,可否允葡人承办及应如何妥订路章之处,仍乞贵部电商督办粤汉铁路盛大臣,详晰筹复,以期周妥。除先电复外,合再钞录电稿咨呈。为此合咨贵部,谨请察照施行。计钞呈电稿一纸。右咨呈外务部。光绪二十八年六月二十一日。①

六月二十八日,公会衔广东巡抚德寿致电军机处曰:

顷据左江镇文案委员、东省侦探委员先后电称,调署左江镇柳庆镇总兵马盛治,在武缘县属剿匪。六月十八日,亲督勇队攻入匪村,中枪阵亡等情。其详细情形,已电请西抚查明具奏。左江镇总兵员缺,亦经电商西抚委员接署,乞先代奏。陶模、德寿。俭。②

---

① 台北"中央研究院"近代史所藏:《外交档案》,馆藏号:02-15-008-02-007.
② 中国第一历史档案馆藏:《电报档》,档号:2-04-12-028-0594.

七月初一日，公奏报粤省商力艰窘暂拟变通办法一事，下部闻。曰：

　　窃上年因筹备新定赔款，两江督臣刘坤一奏请将淮盐每斤加价四文，奉旨饬下各省仿照办理，当经转饬两广盐运使国钧督饬官商统筹遵办。无如粤省本无殷实巨商，凡承办各处盐埠，皆由水客集股而成，近年报效海防，派捐赈款，一再搜括，商力已觉难堪，现又令其加价，各商闻之几至涣散。良由粤盐运本素重，而私盐随地可以贩卖，价值相悬，本已官不敌私，现如按斤加自食户，必更贪贱食私，官销愈形拥滞。是以从前饬议加价，各商曾请按年捐缴防饷十万两，不愿逐斤议加，经前督臣谭钟麟沥情奏明在案。

　　此次加价系各省一律举办，无论商情如何为难，自不能令其独异。当查有试用知府汪大钧、署盐运司经历候补盐大使毓幹，熟悉盐务情形，素为商家信服，又经派令与各商通盘熟计，委曲筹商。数月以来，各商见赔款实须按月筹解，盐价各省均已照加，于无可为力之余，为变通两全之计，拟就粤省实销盐数，由粤商每斤认缴加价二文。其运销江西、湖南、广西各省所加盐价，均听各省之便，商力能否承认，另由商家禀恳各该督抚酌办，不归广东经收。粤省所加二文，则仍捐自商家，并不取之食户。惟是粤省引饷向本通融拨补，现在加价只能照实销盐数抽收，以近年销数均匀核计，约可收银二十万两，商力实已竭蹶异常，等语。由该员等禀由两广盐运使国钧详覆前来。

　　当查两广额定盐引八十万四千五百道有零，按照每斤加价二文，核计应加钱四十一万九千有零，以制钱一千五百文易纹银一两，计应加价银二十七万九千余两。今该商等照实销盐斤认加，每年不过二十万两，尚短七万九千余两。因查上年奉饬整顿盐务之时，臣查得粤省各场产盐甚多，每有余羡盐斤为船户等夹带盗卖，经臣于上年九月间派委试用知府汪大钧、候补盐大使毓幹试办收买羡盐，发商配销。该员等不辞劳怨，实力收配，涓滴归公，迄今将及一年，计收盈余银七万余两，尚属著有成效。如果始终认真办理，尚可恃为常年有着之款，以之弥补加价不足,亦尚盈绌相抵。

除饬两广盐运司督饬该员等将加价配羡等事认真经理,随时将款拨解藩司,以抵新定赔款之用外,所有遵奉谕旨议加盐价,并因体恤商艰,变通办理缘由,理合恭折具奏。伏乞皇太后、皇上圣鉴。谨奏。①

同日,公又奏报广东运司交代收支课饷数目情形,下部闻。曰:

案准部咨:广东运司交代,于定限两个月外展限三个月,造具册结题报。兹据两广盐运使国钧详称:前署盐运使周开铭自光绪二十五年四月初五日到署起,至九月初六日卸事止,任内旧管接收前署盐运使冯光遹②交存银八十万二千一十九两二钱六分六厘二毫二丝五忽六纤六沙四尘,新收银三十七万三千五百八十二两四钱七分八厘一毫六丝六忽,旧管、新收共银一百一十七万五千六百一两七钱四分四厘三毫九丝一忽六纤六沙四尘,开除银五十三万六千五百三十两,实在应存银六十三万九千七十一两七钱四分四厘三毫九丝一忽六纤六沙四尘,内经前司国英③支解海防经费银一十八万五千两,又支解菩陀峪万年吉地工程银二万两外,尚应存银四十三万四千七十一两七钱四分四厘三毫九丝一忽六纤六沙四尘,均经照数交盘存库,并无亏空、侵挪情弊。所有细数业经依限于光绪二十六年二月初四日造缴,等情。详请核办前来。

---

① 台北故宫博物院藏:《军机及宫中档》,文献编号:408003490.又,台北故宫博物院藏:《军机及宫中档》,文献编号:148087。

② 冯光遹(1837—1901),字仲梓,江苏阳湖县人,附监生。同治九年(1870),中举。十三年(1874),中式进士,选庶吉士。光绪元年(1875),充武英殿协修官。二年(1876),授翰林院编修、武英殿纂修官。四年(1878),授国史馆协修官。八年(1882),简福建学政。十四年(1888),充湖北乡试正考官。十六年(1890),授会试同考官。十七年(1891),补方略馆协修官、起居注协修官。二十一年(1895),放广东雷琼道,加二品衔。二十五年(1899),迁陕西按察使。二十七年(1901),因病出缺,卒。

③ 国英(1823—1884),索绰络氏,字鼎臣,蒙古镶白旗人,道光二十年(1840),中式进士,历官兵部主事、员外郎、直隶口北道员、山西归绥道员,官至内阁中书,迁广东盐运使,广东、江西、浙江按察使等。光绪二年(1876),建楼五楹,贮藏书籍两万余卷。刻有《共读楼书目》。

臣查四柱册开管、收、除、在各项，覆加核对，数目相符。除将册结并加具印结分送部、科查核外，又本案交代经前署督臣李鸿章于光绪二十六年四月初八日恭疏题报，嗣准内阁汉本堂咨开各省具题本章分别存收发还，改题为奏，等因。本案交代自应遵照办理。合并声明。谨缮折具陈。伏乞皇太后、皇上圣鉴，敕部核覆施行。谨奏。①

是日，公又会衔广东巡抚德寿奏报广东省光绪二十八年第一批固本兵饷银数情形，下部闻。曰：

窃广东省光绪二十八年分应解固本饷银十二万两，兹筹银四万两，作为光绪二十八年正月至四月第一批固本兵饷，照案发交商号新泰厚等领汇至京，派委候补同知吴贞亮等领赍汇单，于光绪二十八年六月二十六日起程，由海道进京，支取银两，赴户部衙门投纳。据广东布政使丁体常详请奏咨前来。

臣等覆核无异，除咨部查照外，谨合词恭折具陈。伏乞皇太后、皇上圣鉴。谨奏。②

同日，公又会衔广东巡抚德寿奏报汇奖救护各国轮船出力员弁，下部闻。曰：

案查光绪二十六年十月初三日，英商达利轮船由汕头驶至海丰县属遮浪洋面，遭风触礁，势将沉没。维时帮带喜字左营千总邓步云、管带喜字后营千总莫国瑜、帮带喜字前营千总莫国莹适在附近洋面巡缉，闻报立即会督兵勇，冒险前往，救出英商及工役、搭客三十余人，并

---

① 台北故宫博物院藏：《军机及宫中档》，文献编号：408003492. 又，台北故宫博物院藏：《军机及宫中档》，文献编号：148088.
② 台北故宫博物院藏：《军机及宫中档》，文献编号：408003489. 又，台北故宫博物院藏：《军机及宫中档》，文献编号：148079.

捐资将商、客人等送回汕头。又,光绪二十七年三月二十日,英商海门轮船由香港来省,行至零丁洋面,因遭飓风触礁,悬有难旗,瞬将沉没。统带广东省河水师轮船兼带伏波兵轮船总兵衔留粤水师尽先补用参将吕文经适至该处巡缉,立即督率在船文武员弁、水勇,冒险救出英商船主及工役、搭客共二百数十人,并设法将船只保全送回香港。又,光绪二十五年正月二十六日,法商河省轮船由香港开往琼州海口,路经木栏头搁浅,时值风涛汹涌,船身倚侧,势濒于危。海口营参将陈荣辉督率弁勇,不分昼夜,竭力拯援救出工役、搭客一百三十余名。又,光绪二十六年十二月初二日,法商于爱轮船行至徐闻县属架尾角洋面,适遇巨雾,搁于陷沙,几为礁石所触,又经该参将陈荣辉亲率师船、弁勇前往,救出华、洋搭客三十余名。又,光绪二十七年三月初八日,法商河内轮船由香港开往琼州海口,驶至急水门上铜锣沙洋面搁浅,为浪所冲,船身倚侧,瞬将沉没。该参将督饬各师船弁兵前往,救出搭客九十八名。先后据统带喜字营调署广东碣石镇总兵莫善喜、署海丰县知县刘能、统带广东省河水师轮船兼带伏波兵轮船总兵衔留粤水师尽先补用参将吕文经、署琼州镇总兵潘瀛、署雷琼道信勤禀报,并请核给奖叙,等情。均经批饬照章覆核。兹据广东海防、善后局司道核明,列册详请奏奖前来。

　　查前准总理各国事务衙门咨行:嗣后中外船只在海遭风触礁、瞬将沉没者,文武汛官及外海水师管驾人等果能奋身冒险,救出至三十人以上,准照异常劳绩奏奖。惟每船每次不得过两三员,等因。历经遵办在案。今帮带喜字左营千总邓步云、管带喜字后营千总莫国瑜、帮带喜字前营千总莫国莹、统带广东省河水师轮船兼带伏波兵轮船总兵衔留粤水师尽先补用参将吕文经、帮带伏波兵轮船同知衔广东候补知县吕调镛、附贡生金保泰等,能于惊涛骇浪之中、人力难施之际,冒险救出英商轮船、商、客人等,均在三十人以上。至法商河省、于爱、河内等轮船先后三次搁浅,虽与遭风触礁不同,而情形危急,殆又过之。广东海口营参将陈荣辉、署海口营守备黄光梅、海口营左哨千总现署儋州营水师中军守备卓云龙等,先后三次冒险救援,保全商、客至二百数十人之多,洵属异常出力,核与请奖定章相符。

合无仰恳天恩俯准将广东水师提标前营尽先千总邓步云免补千总,以守备仍留原标尽先补用,并加都司衔;咨保尽先千总莫国瑜免补千总,以守备尽先补用,并加都司衔;尽先千总莫国莹免补千总,以守备留于两广督标中营尽先补用,并加都司衔;总兵衔留粤水师尽先补用参将吕文经免补参将,以副将仍留广东外海水师尽先补用;同知衔广东候补知县吕调镛俟补缺后,以直隶州知州归候补班补用;附贡生金保泰以主簿不论双单月选用;副将衔广东海口营参将陈荣辉请以副将在任候补,并加总兵衔;候补守备现署海口营中军守备黄光梅免补守备,遇有水师都司缺出,尽先升补,并加游击衔;都司衔海口营左哨千总现署儋州营水师中军守备卓云龙免补守备,以都司尽先补用,并加游击衔,以示鼓励,出自鸿施!

除将该员履历册分咨查照及出力稍次人员另行咨奖外,所有查明救护各国轮船出力员弁汇案请奖缘由,理合会同广东巡抚臣德寿,合词恭折具陈。伏乞皇太后、皇上圣鉴,训示。谨奏。①

同日,公又会衔广东巡抚德寿附片奏报请奖广东文报局各员,下部闻。曰:

再,广东文报局当差各员,历经遵照部议海军保奖年限章程奏请奖叙在案。光绪十五年十一月间,前督臣李瀚章以上海、香港等处为接递往来文件要津,且洋务繁重,派委分省补用知县包家吉等分驻各该处,经理文报,侦探洋情,以期迅速而昭周密。兹查派驻上海办理文报委员知州衔分省补用知县包家吉、洋文司事指分江苏试用县丞包鼎祺、派驻香港办理文报委员江苏试用知县梁燿曾、洋文司事文童潘宗

---

① 台北故宫博物院藏:《军机及宫中档》,文献编号:408003491。又,台北故宫博物院藏:《军机及宫中档》,文献编号:148082。

济,自到局当差以来,历年办理一切往来文报,均能慎密妥速,并无贻误,核与海军保奖年限相符。先后据广东海防、善后局司道详请照章奏奖前来。

臣等覆查无异,知州衔分省补用知县包家吉,拟请赏加四品顶戴;江苏试用县丞包鼎祺,拟请俟补缺后,以知县仍留原省补用;江苏试用知县梁燿曾,拟请俟补缺后,以同知直隶州仍留原省补用;文童潘宗济,拟请以从九品不论单双月归部选用。合无仰恳天恩俯准照拟给奖,以示鼓励,出自逾格鸿慈!

除饬取该员等履历清册咨送外务部暨吏部查核外,谨会同广东巡抚臣德寿,合词附片具陈。伏乞圣鉴,训示。谨奏。①

是日,公又附片奏报请将革员胡廷槐开复,下部闻。曰:

再,已革高要县举人教习知县胡廷槐,案因南海县民妇周何氏赴县呈控逸犯胡廷谦假冒弁勇,掳捉伊夫周同万及店伙钟亚慎等,锁禁艇内勒赎,等情。饬差查起,讯据轮船水手陈明指供,有高要县举人教习知县胡廷槐在艇主持,详经奏参斥革,拘案究办,奉朱批:着照所请,钦此。当经转行钦遵。随据该革员胡廷槐赴县投到,提同陈明及被掳之周同万等质讯,并无在艇主持。惟胡廷谦系伊从堂弟,押候勒交。嗣据报该匪胡廷谦逃赴香港,业已病故,运柩回省,经伊族人胡廷玉等出具禀结,并取具确实店铺图章,呈由税务司移县查验属实,其余各逸犯早已远飏,一时骤难弋获。现当清厘积案之际,请将控案现行注销,专归正案缉匪办理。至胡廷槐既经讯无在艇主持情事,并请准将功名开复。据南海县详由广东藩、臬两司核明,详请奏咨前来。

臣伏查此案逸犯胡廷谦既经病故,胡廷槐系伊从堂兄,事前未能约束禁止,本属咎由应得。惟一闻拘案即赴县投质,讯明并无在艇主

---

① 台北故宫博物院藏:《军机及宫中档》,文献编号:408003491-0-A.又,台北故宫博物院藏:《军机及宫中档》,文献编号:148080。

持情事,似尚可原,相应请旨将已革举人教习知县胡廷槐从宽准予开复。除咨部外,理合附片陈明。伏乞圣鉴。谨奏。①

同日,公又附片奏请准汪大钧留粤差遣,下部闻。曰:

再,广东省武备学堂经臣等酌定章程,定期开办,业经附片奏明在案。现当开办伊始,招考学生,购制器械,及创办一切事宜,必须精明干练之员为之提调,方免贻误。查有指分广东试用知府汪大钧,精细稳练,勤慎耐劳,堪以派充武备学堂提调差使,业经臣等札委充当。惟查该员系由广东试用同知于光绪二十七年四月在顺直善后赈捐案内遵新海防例加捐知府仍指分广东试用,业经奉部核准注册,例应赴京引见。现当武备学堂开办之初,需员料理,合无仰恳天恩俯准将指分广东试用知府汪大钧留于广东差遣,俟武备学堂办有端绪,再行给咨送部引见之处,出自逾格鸿施!谨附片陈请。伏乞圣鉴,训示。谨奏。②

同日,公又附片奏议报解京饷搭解银圆数,下部闻。曰:

再,准户部咨,奏催各直省凡报解本年京饷,统行搭解三成银圆,并将应行扣色赢余每次按成合作银圆带解,不得仅以分两相抵,等因。当经转行遵照。兹据广东布政使丁体常详称:查广东省奉拨京饷,除留还新旧洋款及应解内务府经费不计外,实应解部库地丁京饷十万两,厘金京饷十万两,太平关税京饷五万两,筹备饷需二十万两,固本饷十二万两,东北边防经费八万两,备荒经费一万二千两,共银六十六万二千两,

---

① 台北故宫博物院藏:《军机及宫中档》,文献编号:408003491-0-B。又,台北故宫博物院藏:《军机及宫中档》,文献编号:148081。
② 台北故宫博物院藏:《军机及宫中档》,文献编号:408003489-0-A。又,台北故宫博物院藏:《军机及宫中档》,文献编号:148085。

按三成计算,应搭银圆一十九万八千六百两。若按款分批搭解,数目未免零星,且地丁系收纹银,厘金系收银圆,既须于地丁划出三成改铸银圆,又须于厘金划出七成易纹起解,纹、圆互易,徒多周折。

查各款京饷出自厘金者共一十九万二千两,正与三成之数约略相等,从前向系支补纹水,易纹起解,将补水银两作正开销,造册报部。现拟将厘金项下奉拨京饷及东北防费、备荒经费三款每年共银一十九万二千两,连补水银两全以银圆起解,其余各款仍解纹银,无庸分款,各按三七搭解,既免分搭之繁琐,又免以纹易圆、以圆易纹之倾耗,而与部定三成之议仍属相符。且本年京饷前于第一批内已解过厘金京饷三万两,东北边防经费二万两,并未搭解银圆,现解第二批又无厘金之款在内,此议如蒙俯准,应请自第三批起遵照办理。理合详请奏明咨部核覆,等由。前来。除咨户部查照覆核外,谨合词附片具陈。伏乞圣鉴。谨奏。①

是日,公又附片奏报苏寿彭捐助学堂经费情形,下部闻。曰:

再,士民捐助地方公用善举数在一千两以上者,向准奏请建坊。兹据筹劝大学堂经费委员禀称:据顺德县人都司衔苏寿彭,遵其故父四品封职蓝翎同知衔苏德勋、故母四品命妇梁氏、杨氏遗命,捐助广东省学堂经费银一千两,请照章奏请建坊前来。臣等查学堂为培植人材要务,与别项善举情形更属不同,今都司衔苏寿彭遵其故父母遗命,捐助经费银一千两,实属深明大义。合无仰恳天恩俯准建坊,给予"急公好义"字样,以昭激劝而资观感之处,出自逾格鸿慈!谨合词附片陈请。伏乞圣鉴,训示。谨奏。②

---

① 台北故宫博物院藏:《军机及宫中档》,文献编号:408003489-0-B.又,台北故宫博物院藏:《军机及宫中档》,文献编号:148086。

② 台北故宫博物院藏:《军机及宫中档》,文献编号:408003489-0-C。

同日，公又附片奏陈筹解奉拨淞沪厘金情形，下部闻。曰：

再，准两江督臣咨：准行在户部咨：本部循案拨补二十七年厘金各款附片一件，光绪二十七年二月二十五日奉旨：依议。钦此。咨会查照，核明上年指拨银数拨解，等因。当经转行遵照。查光绪二十六年分，准部拨补淞沪货厘案内系拨广东减平银十万两、当税银六万两，所有光绪二十七年淞沪厘金，自应查照上年奉拨款目银数，分别拨解抵补。经于二十七年十二月二十六日筹银二万两汇宁投纳，业已奏咨在案。

现在粤省司局各库异常窘绌，所有原拨之减平、当税等项，均匡凑还新定赔款，挪用一空，本属力难兼顾。惟准两江总督臣电催速解，大局攸关，不能不竭力设筹。兹于万分为难之中设法挪凑银四万两，定于六月二十三日给交商号源丰润、义善源两号汇解金陵支应局投纳，作为广东省奉拨光绪二十七年分抵补淞沪货厘之项。据广东布政使丁体常详请奏咨前来。臣等覆核无异，除分咨查照外，谨附片具陈。伏乞圣鉴。谨奏。①

同日，公又附片奏保候补道秦炳直等缘由，得旨：秦炳直等均着送部引见。曰：

再，候补道府各员，所以备各省差遣之需，即以储异日监司之选。臣抵粤年余，留心察看，查有卸署高廉钦道二品顶戴盐运使衔候补道

---

① 台北故宫博物院藏：《军机及宫中档》，文献编号：408003492-0-A。又，台北故宫博物院藏：《军机及宫中档》，文献编号：148083。

秦炳直①，办事实心，才识远大，先后委署雷琼及高廉钦道印务，均能整顿吏治，力除积弊；委办钦廉会匪，歼渠解胁，措置得宜。

三品衔补用道署广州府知府龚心湛，精敏练达，体用兼赅，在臣署办理洋务有年，不激不随，因应得当；今春委署广州府事，于地方事宜实力讲求，百废具举。

二品衔军机处存记遇缺题奏道李准，力果心精，勇于任事，历充善后、厘务及钱局提调、坐办，兴利除弊，不避嫌怨，前随其父已故三品卿衔督办四川矿务大臣李征庸劝办顺直、山、陕、江西、湖北各省赈捐，先后筹集之款不下三四百万；上年十二月，闻丁亲父忧，臣前以统巡各江水师需员，将该员奏留委办，凡各营管驾巡缉不力，均随时举发撤换，绝不稍事容隐，戎行为之一肃。

试用知府现署广州府粮捕通判方怡，学问深粹，职力坚卓，于开办广东省大学堂、武备学堂等事，该员参赞擘画，均能确有见地。

广西候补知府沈赞清，系已故两江总督沈葆桢之孙，在两广督署襄理文案十有余年，才明识练，沈毅有为，于两粤情形极为谙悉，更能究心有用之学。

以上五员皆候补道府中不可多得之才，臣考察既久，不敢壅于上闻。合无仰恳天恩俯准将二品顶戴盐运使衔广东候补道秦炳直、三品衔补用道现署广州府知府龚心湛、二品衔军机处存记遇缺题奏道李准、试用知府现署广州府粮捕通判方怡、广西候补知府沈赞清饬部带领引见之处，出自逾格鸿施！

再，李准现在丁忧，应俟服满起复，再行给咨送部。合并声明。谨

---

① 秦炳直(1845—？)，字子质，湖南湘潭县人，附生。光绪元年(1875)，中式举人。四年(1878)，捐纳内阁中书。五年(1879)，充内阁行走，选内阁撰文。十五年(1889)，保侍读，补方略馆校对。同年，截取同知。十九年(1893)，委署侍读。翌年，以截取同知分发福建，嗣保知府。二十二年(1896)，署福建福州府，加盐运使衔。二十六年(1900)，保员。二十七年(1901)，护理雷琼道。二十八年(1902)，署广东高廉钦道，加二品顶戴。二十九年(1903)，署广东惠潮嘉道。三十一年(1905)，补授广东廉钦道。三十二年(1906)，迁江西按察使。三十三年(1907)，署理广东水陆提督，晋头品顶戴。同年，补授广东陆路提督。三十四年(1908)，法国赠授宝星。宣统三年(1911)，进京陛见。

附片陈请。伏乞圣鉴,训示。谨奏。①

是日,公又附片奏报拣员署理总兵篆务,曰:

再,现署广东高州镇总兵马维骐前奉简放广东陆路提督,现奉谕旨调补四川提督,迅即赴任,等因。钦此。当经转移遵照。所有高州镇总兵篆务,应饬实任是缺总兵调署广东南韶连镇总兵张士元迅赴本任;张士元所遗原署南邵连镇总兵篆务,查有正任广西梧州协副将江志堪以署理。除分檄饬遵外,谨附片具陈。伏乞圣鉴。谨奏。②

是日,公又致电军机处曰:

宙卅电敬悉。马镇盛治带勇在武缘属剿匪,闻匪首黄和顺等潜聚武缘县属之马安、陇懒诸村。六月十七日,驰赴攻剿。十八,亲自攻入陇懒村,遇伏,左手中枪,仍奋勇前进,右肋又中一枪,犹厉声呼战,随从弁勇冒死夺救回营,旋即身故,附近地方颇为震动(以下缺)。③

七月初二日,公会衔广东巡抚德寿奏报广肇两府被灾并分别赈抚一事,曰:

窃本年入夏以后雨水过多,粤东东、西、北各江水势骤涨,广州、肇庆两府属基围适当其冲,先经委员会同地方文武严加查勘防护。迭据禀报:四会县属之丰乐围、高明县属之大沙围、高要县属之白诸、盘塘、香山、赤塘等围,南海县属之茯洲、良安等围,均于六月十三、十五等日

---

① 台北故宫博物院藏:《军机及宫中档》,文献编号:408003490-0-A.又,台北故宫博物院藏:《军机及宫中档》,文献编号:148084.
② 台北故宫博物院藏:《军机及宫中档》,文献编号:408003490-0-B.又,台北故宫博物院藏:《军机及宫中档》,文献编号:148078.
③ 中国第一历史档案馆藏:《电报档》,档号:2-04-12-028-0603.

先后被冲决口。其丰乐围毗连三水、高要、四会三县,受灾最重,居民十数万,田庐、牲畜尽被漂没,伤毙人口甚多,尚难查点确数。当即电饬在就近税厘各厂提银数千两,并携带粮米,多雇船只,逐乡拯救、散赈;一面委广东布政司丁体常急筹赈款,亲往灾区查勘抚恤。现据详称:先从被灾较重之丰乐围亲履踏勘,该围分隶高要、三水、四会三县,为西北第一大围。此次在四会县境土名大沙塘尾决口宽三十二丈,深四丈一尺。该处居民一万余人,淹毙将及百人。其受灾较轻之处,居民亦不下万人,淹毙较少。次及高明县属之大沙围,冲决三十二丈;沿江溯流而上,至高要县属,查勘白诸围冲决二十丈零,盘塘围冲决一十四丈,香山围冲决亦一十四丈,赤塘围冲决一十二丈,泰和榕村围冲决十余丈,回龙沙土冲决十余丈,大陈屋基冲决三十余丈。复查南海县属之茯洲、良安两围,受灾较轻,核与各该印委所报相同,并声明此次灾区既广,赈抚需款甚巨,各处基围冲决修筑工程尤为浩大,必须援案开办赈捐,以资挹注,等情。详请具奏前来。

臣等伏查此次灾区毗连三县,灾民十余万,田庐被毁,困苦颠连,遍野嗷鸿,殊堪悯恻!现虽分别赈抚,惟田遭冲刷,即使涸复补种,恐亦难望收成,为日方长,赈需甚巨。且基围为两府居民田庐保障,亟应赶紧修理。粤省库储奇绌,既不能筹此巨款,民间被灾甚重,财力更匮。近甫劝办亩捐、房捐等项,无一不借资民力,事关民瘼,更不能不力为筹办,再四设法,惟有援照湖北、江西、安徽、福建等省请办赈捐之例,遵照部定新章,准捐封典、虚衔、翎枝、贡、监等项,以五成上兑。所捐之款全归外销,赶将各处冲决基围认真培修,以工代赈,俾灾民十余万得延残喘,以待春耕,胥出自高厚鸿慈!

所有广、肇两府基围决口被灾赈抚及拟开办赈捐情形,臣等谨合词据实具陈。伏祈皇太后、皇上圣鉴,训示。谨奏。①

---

① 台北故宫博物院藏:《军机及宫中档》,文献编号:408003494.又,中国第一历史档案馆藏:《录副奏折》,档号:03-7109-083.

同日，公又附片奏请将刘兴东等即行革职，下部闻。曰：

再，整饬吏治，必须严察牧令。迭饬司道等认真查考，随时密揭。兹查有现任海阳县知县刘兴东，婪罚肥己，性好冶游，于绅民公集筑堤巨款，开销朦混，舆论沸腾。又，署昌化县事补用知县尹沛霖，苛敛扰民，匿丧迟报。均属有玷官箴，万难姑容。据该管道府揭报，由藩、臬两司详请奏参前来。

相应请旨将现任海阳县知县刘兴东、署昌化县事大挑本班尽先补用知县尹沛霖即行革职，以肃吏治。所遗海阳县知县缺系海疆提调冲、繁、难要缺，应请扣留在外拣员调补。臣等谨合词附片具陈。伏祈圣鉴，训示。谨奏。①

是日，公又附片奏请准许福赓等留省学习，下部闻。曰：

再，新选东安县知县许福赓于光绪二十八年四月十一日领凭到省，又新选高明县知县李恩荣亦于是年六月初八日领凭到省，本应各饬赴任。惟查东安、高明两县地方均属紧要，该员等甫经到省，民情未能谙悉，若遽饬赴任，深恐置措失宜。未便稍涉迁就，致有贻误，拟将该员许福赓、李恩荣暂行留省，均委赴发审局学习，俾资历练，俟情形熟悉，再饬赴任。据藩、臬两司会详前来。臣等谨附片陈明。伏乞圣鉴。谨奏。②

---

① 台北故宫博物院藏：《军机及宫中档》，文献编号：408003494-0-A.又，台北故宫博物院藏：《军机及宫中档》，文献编号：148747.
② 台北故宫博物院藏：《军机及宫中档》，文献编号：408003494-0-B.又，台北故宫博物院藏：《军机及宫中档》，文献编号：148731.

同日,公又致电军机处曰:

模蒙恩准开缺,部文尚未到,病体难支,拟请旨饬德寿先行接印。其广东巡抚印务,或德寿兼署,或藩司丁体常护理,均乞代奏请旨。陶模。冬。①

七月初三日,外务部来电曰:

奉旨:李兴锐已调署广东巡抚,着即迅赴署任,毋庸来京请训。陶模着俟李兴锐到任、德寿交卸巡抚后,再行卸事。钦此。外务部。江。②

七月初四日,军机处来电曰:

奉旨:前有旨饬令马维骐迅赴调任,现在川省地方紧要,着马维骐懔遵前旨,克期星驰前往,毋稍耽延。钦此。外务部。支。③

七月初七日,军机处来电曰:

奉旨:丁振铎电奏,总兵奋勇剿匪,中枪阵亡等语。广西署左江镇柳庆镇总兵马盛治,早岁从戎,转战贵州、广西等省,屡著功绩,洊擢今职。此次剿办武缘土匪,奋不顾身,中枪阵亡,实堪悼惜!马盛治着加恩照提督阵亡例赐恤。生平战功事迹,宣付国史馆立传;任内一切处分,悉予开复;应得恤典,该衙门察例具奏。伊子保奖知州马云庆,着

---

① 中国第一历史档案馆藏:《电报档》,档号:2-04-12-028-0601。
② 中国第一历史档案馆藏:《电报档》,档号:2-03-12-028-0481。
③ 中国第一历史档案馆藏:《电报档》,档号:2-03-12-028-0484。

以知州即选。二品荫生马云青,着以主事用,以昭激劝。钦此。阳。①

七月初九日,公会衔广东巡抚德寿致电外务部曰:

调任四川提督马维骐现已到省,本拟由粤酌带营勇赴川,惟川粤地势不同,情形各异,恐粤勇迁地勿良,刻经商定由马维骐电致云南,招集旧部两营,就近赴川,自带亲兵二百人由粤借拨饷械,即乘运送西抚王之春营勇之兵轮,约望后成行,乞代奏。陶模、德寿。佳。②

七月十一日,军机处来电曰:

奉旨:陶模、德寿电奏,马维骐募带勇营各节,均着照所请行,即饬该提督迅速兼程赴川,会商岑春煊妥筹剿办,务令地方一律肃清。钦此。真。③

七月十二日,公致电外务部曰:

"真"电谨悉。广东省河补抽局设立有年,凡轮船进口洋货,如仅在本口营销,向未抽收厘金,间有运往内地未领半税单者,始令完厘。近因花纱一项时有走漏内地厘金之事,屡经该局委员在通商界外缉获,是以申明定章,示谕商贩,俾知儆戒。惟示内未声叙洋货由轮船进口,毋庸完厘,以致领事指为违约,业经详晰照复,并饬局员将前示回收,另行出示,已抄案咨呈贵部矣。模。文。④

---

① 中国第一历史档案馆藏:《电报档》,档号:2-03-12-028-0496。
② 中国第一历史档案馆藏:《电报档》,档号:2-04-12-028-0623。
③ 中国第一历史档案馆藏:《电报档》,档号:2-03-12-028-0503。
④ 中国第一历史档案馆藏:《电报档》,档号:2-04-12-028-0631。

七月十三日,外务部来函曰:

奉旨:陶模、德寿等电奏患匪各属情形,均悉。南宁为居中要地,分路剿办,尚合机宜,着照所拟,认真办理。王之春计已抵东省,着即会商妥办,督饬各军迅速进剿,务令一律肃清,以安民生而除边患。钦此。①

同日,公会衔署理两广总督德寿致电军机处曰:

德寿六月二十三日奉电旨:云南、广西各边界土匪、游勇勾结为患,日久尚未扑灭,着德寿、魏光焘、邓华熙会同王之春、苏元春等,督饬各军赶紧剿捕。七月初四日,又奉寄谕:广西游勇、会匪扰害地方,亟应迅速扑灭,着德寿、魏光焘、丁振铎、邓华熙仍遵前旨,速即会剿。初六日,又奉寄谕:着德寿、魏光焘、邓华熙各派本省防营出境扼扎,以遏奔窜之路,各等因。钦此。

伏查广西全省十五属,现在无匪者,仅东北之桂林、平乐、梧州三属,其余悉遭匪患,备极蹂躏,而各属患匪情形又各不同。如西北、西南之泗城、百色、镇安、太平、上思、归顺一带,游勇最烈。柳庆向患土匪,近亦闻有游勇窜入南宁、思恩,游、土参半,而迤南与广东接界之郁林一带会匪更甚。其尚未酿成巨患者,以各匪股数零星,并不联合,无大股及一定巢穴,而剿办之难亦即固此。西边泗城六属本由苏元春专办,游匪消息灵通,勇到则散,勇去复聚,抚之则股数太多,剿办又不能痛加惩创,故地方迄未静谧。南宁、思恩一带经前署左江镇总兵马盛治及广东派往助剿之总兵潘瀛四出追剿,成股之匪均已击散。惟兵力不到之处,抢掠、焚掳仍不能免。马盛治阵亡后,潘瀛派勇镇压,匪势尚不致鸱张。柳庆一带前由红水河窜入游勇数股,近亦剿散。以目下

---

① 台北"中央研究院"近代史所藏:《外交档案》,馆藏号:02-26-019-01-042。

情形而论，宜将患匪各属分路剿办，以专责成。南宁为边腹枢纽，应以为居中要地，其西北至百色为通滇省要道，此路责成右江镇由百色带勇下剿，左江镇由南宁带勇上剿，以期会合疏通。西南至太平为通越南要道，拟责成苏元春督营自太平追剿，至南宁会合。其东北通柳庆、浔州一路，责成柳庆镇会同道府清办土匪，堵击游匪。其南面与广东接壤之处，则由东省派营助剿。北海镇潘瀛前已督带四营驰赴南宁，现拟再行加派，以厚兵力。

东省库储空虚，添营增饷，力实难支。惟既迭奉严旨，自应通筹兼顾，竭力挪措。至游匪滋扰，必赖土匪乡导，尤须标本兼治，方足以清其源，应遴选明干州县，酌募勇练，同时举办清乡，严拿首要；其胁从情轻各匪，势难一概诛戮。土人则缴军械，给照归农；外籍游民拨往荒僻州县，勒令开垦。似此歼渠散胁，细密搜查，匪势自可敛戢。滇、黔边界应由各该省严扼要隘，勿令往来窜匿。新任巡抚王之春月间计可抵东，当再面商一切，请其察看清乡，居中调度，东省撤去各营，统归节制，务期早日肃清，以固边围而纾宸廑。所有查明西省现在匪情并略拟办法，伏乞代奏。陶模、德寿谨肃。职。①

七月十四日，军机处来电曰：

奉旨：据奎俊电奏，川省匪巢已破，大股悉平等语。该省军务平定，马维骐着毋庸募带勇营前往，仍赶紧赴任。钦此。寒。②

七月十七日，公致函外务部曰：

案照承准总理衙门咨行，出使美、日、秘国杨大臣与美国使署律师科士达详酌拟定华人赴美汉、洋文护照程序，咨粤照办，嗣后华人往

---

① 中国第一历史档案馆藏：《电报档》，档号：2-04-12-028-0627。
② 中国第一历史档案馆藏：《电报档》，档号：2-03-12-028-0513。

美，一体仿照所拟程序，饬由粤海关发给，等因。兹有学生梅福盛请照前往美国金山埠读书，禀由粤海关验填护照，并无骗拐顶冒情弊，且有殷实铺保具结存案，核与章程相符。准粤海关咨请核咨前来。除咨复饬遵并照章咨行出使美、日、秘国大臣、驻美金山总领事查照办理外，相应咨呈。为此合咨贵部，谨请查照备案施行。①

同日，公又致函外务部曰：

光绪二十八年六月二十日，接广州口德国领事照称：兹据本国商人鲁麟洋行禀称：该行现备足资本，拟开采广西富川县小狗母岭煤炭坑煤矿。此举系该行所办，并无华人股份，亦非华商冒名影射，求转请督宪准予开采，等情。前来。本领事据此查各省矿务，前经外务部拟定新章颁行在案。今该洋行自备资本，请开小狗母岭煤矿，核与新章亦属相符，况该行拟用新式机器开挖，不集华股，所有一概事情均由该行一手经理，将来办有成效，实于贵国大有裨益，相应照请贵部堂查照新章，准将小狗母岭煤炭坑、煤矿给予鲁麟洋行承办开采。如蒙允准，所有事款悉遵部颁章程办理，并请札行该处地方官，随时保护。如何之处，即希示覆，以便转饬该洋行知照，等由。前来。

查前此承准贵部咨行奏定矿务章程内载：凡拟开办矿务者，或集华股，或借洋款，均须先行禀明外务部。其禀或自行投到，或由该省州县详请督抚专咨到部，俟奉批准后，方可为准行之据，未奉批准以前，不得开办。又，该处地主原有不从之权，须由原禀之人向其先行说明，商定价银，报明立案，不得私行交易，各等语。现德商鲁麟洋行拟开采广西富川县小狗母岭煤炭坑、煤矿，曾否与该处地主商定报明立案，应请广西抚院查覆。至该处煤矿能否准令德商鲁麟洋行承办之处，应由贵部核示办理。除照复德领事外，相应咨呈。为此合咨贵部，谨请察

---

① 台北"中央研究院"近代史所藏：《外交档案》，馆藏号：02-11-020-11-030。

照核覆施行。①

同日,公又致函外务部曰:

案照承准总理衙门咨行,出使美、日、秘国杨大臣与美国使署律师科士达详酌拟定华人赴美汉、洋文护照程序,咨粤照办,嗣后华人往美,一体仿照所拟程序,饬由粤海关发给,等因。兹有商民邓耀请照前往美国金山埠贸易,禀由粤海关验填护照,并无骗拐顶冒情弊,且有殷实铺保具结存案,核与章程相符,准粤海关咨请核咨前来。除咨复饬遵并照章咨行出使美、日、秘国大臣、驻美金山总领事查照办理外,相应咨呈。为此合咨贵部,谨请查照备案施行。②

同日,公再致函外务部曰:

案照承准总理衙门咨行,出使美、日、秘国杨大臣与美国使署律师科士达详酌拟定华人赴美汉、洋文护照程序,咨粤照办,嗣后华人往美一体仿照所拟程序,饬由粤海关发给,等因。兹有商民周培、余占请照前往美国金山埠贸易,禀由粤海关验填护照,并无骗拐顶冒情弊,且有殷实铺保具结存案,核与章程相符,准粤海关咨请核咨前来。除咨复饬遵并照章咨行出使美、日、秘国大臣、驻美金山总领事查照办理外,相应咨呈。为此合咨贵部,谨请查照备案施行。③

七月二十日,公会衔广东署督德寿致电军机处曰:

"庚"电奏西省匪情并略拟办法,奉旨,王之春计可抵东,着即会商

---

① 台北"中央研究院"近代史所藏:《外交档案》,馆藏号:01-11-022-01-002.
② 台北"中央研究院"近代史所藏:《外交档案》,馆藏号:02-11-020-11-032.
③ 台北"中央研究院"近代史所藏:《外交档案》,馆藏号:02-11-020-11-031.

妥办,等因。兹王之春于十六日到粤,会商一切,意见相同,由东拨解两营饷项,并将协饷清解,另拨枪炮等项,以备应用。王之春即于二十日起程赴梧。除将详细情形另行具奏外,伏乞代奏。陶模、德寿。号。①

七月二十四日,公致函外务部曰:

承准总理衙门咨行,出使美、日、秘国杨大臣与美国使署律师科士达详酌拟定华人赴美汉、洋文护照程序,咨粤照办,嗣后华人往美,一体仿照所拟程序,饬由粤海关发给等因。兹有学生梅福盛请照前往美国金山埠读书,禀由粤海关验填护照,并无骗拐顶冒情弊,且有殷实铺保具结存案,核与章程相符。准粤海关咨请核咨前来。除咨复饬遵并照章咨行出使美、日、秘国大臣、驻美金山总领事查照办理外,相应咨呈。为此合咨贵部,谨请查照备案施行。②

同日,公又致函外务部曰:

承准总理衙门咨行,出使美、日、秘国杨大臣与美国使署律师科士达详酌拟定华人赴美汉、洋文护照程序,咨粤照办。嗣后华人往美,一体仿照所拟程序,饬由粤海关发给等因。兹有商民李用请照前往美国金山埠贸易,禀由粤海关验填护照,并无骗拐、顶冒情弊,且有殷实铺保具结存案,复并照章咨行出使美、日、秘国大臣、驻美金山总领事查照办理外,相应咨呈。为此合咨贵部,谨请查照备案施行。③

---

① 中国第一历史档案馆藏:《电报档》,档号:2-04-12-028-0659。
② 台北"中央研究院"近代史所藏:《外交档案》,馆藏号:02-13-008-02-051。
③ 台北"中央研究院"近代史所藏:《外交档案》,馆藏号:02-13-008-02-050。

同日，公又致函外务部曰：

光绪二十八年六月十二日，接广州口西洋穆总领事照称：照得本总领事，接奉本国外务大臣转奉谕旨，特授为广州总领事官。兹于本月十二日接印视事，为此照会贵部堂查照，并希通行所属一体知照，并接代理西洋萨总领事照会，于是日交卸各等由。前来。除咨会粤海关监督查照，照会大关税务司查照向章办理及咨行外，相应咨呈。为此合咨贵部，谨请查照。①

同日，公又致函外务部曰：

案查光绪十六年七月二十六日，准总理衙门咨开：近来各国在通商口岸派设领事，设立行栈，本衙门无可稽查，咨行饬将各该口岸现驻各国领事姓名并洋商行栈各字号查明咨复，嗣后仍按季咨送备查，等因。嗣据惠潮嘉道先后按季开报，咨明察照在案。兹据惠潮嘉道饬据新关委员将光绪二十八年春季分驻汕各国领事姓名并洋商行栈各字号列折缴道，钞缴前来。除批饬嗣后仍按季查明开报外，相应咨呈。为此咨呈贵部，谨请查照备案施行。②

七月二十五日，外务部来文曰：

光绪二十八年七月十五日，准美使康大臣照称：有驻檀香山贺挪鲁鲁地方入美籍华人蓝山，在美国政府具控中国领事官杨为宾曾函达广东一道台谓彼系作乱之人，粤省遂将彼尚住华之祖母与彼亲母拘拿禁禁，彼母自尽，祖母亦亡，并将许多华人各住华无罪之亲眷使之受苦，均与之离心离德。又据王亮控称：该领事文报粤东抚院谓王亮亦

---

① 台北"中央研究院"近代史所藏：《外交档案》，馆藏号：02-08-011-03-012。
② 台北"中央研究院"近代史所藏：《外交档案》，馆藏号：02-08-011-03-013。

非善类，广东省官员因嘱县派兵围彼之村，搜获王亮宗谱，向王亮合族祠堂屡屡勒索银两，每次索数百两，祠堂勉强付给，以免毁产监押，如此凶害，累及亲眷伤财，各等情。美政府详查属实，甚望中国确按公平仁爱之理，以办此事，等因。前来。

本部堂查光绪二十七年正月十九日钦奉谕旨：各省华民出洋谋生者甚多，无不眷怀故土，倾心内向，乃孙汶、康、梁诸逆托为保国之说，设立富有票会，煽惑出洋华民敛资巨万，若不详切开导，破其诡谋，使知该逆等藉词保国，实图谋逆，乘机作乱，诚恐华民受其蛊惑，仍纷纷倾助款项，蔓延日甚，为患实深。着吕海寰、李盛铎、罗丰禄、伍廷芳选派委员，前往各商埠详查情形，剀切晓谕，务令各华民晓然于该逆等并非真心保国，勿再听其摇惑，轻弃资财，以定人心而弭隐患。钦此。恭绎谕旨，惟在开导出洋华民，俾知去逆效顺，益坚其内向之忱。若如美使所称檀香山领事杨为宾即杨蔚彬以华人蓝山、王亮等曾经入会，不知遵旨剀切晓谕，乃复知照粤省，系累及其亲族。是使出洋者甘心外向，益坚轻弃故土之思，殊不足以奉宣德意。该省地方官于出洋华民家属藉端苛虐，波及无辜，如果实有其事，尤非体恤商民之道。

除咨出使伍大臣将该领事先行撤差，秉公确查声复外，相应钞录来照，咨行贵督抚，转饬所属不得于出洋华民稍存歧视，即有在洋被惑之徒，亦与其家属无涉，切勿纵容差役扰累闾阎，俾定人心而安民业，是为至要！①

七月二十六日，公致外务部咨文曰：

头品顶戴兵部尚书兼都察院右都御史总督两广等处地方军务兼理粮饷陶模，为咨呈事。光绪二十八年六月二十八日，承准贵部咨开：光绪二十八年五月二十五日，准德馆葛参赞递节略，称广东花县鹿坑

---

① 台北"中央研究院"近代史所藏：《外交档案》，馆藏号：02-26-002-02-031。

教堂于二十六年七月、二十七年十二月两次烧毁,疑系华人所放。该犯首袁闹福经领事屡请查拿,并未严办,请饬两广总督与领事和衷商办,等因。查该参赞所称教堂迭被烧毁,情形究竟若何?如果系华人放火,自宜严缉罪犯,妥速办结。相应抄录节略,咨行贵督,详细查明,饬属与领事妥商了结,并将办理情形迅速声覆,以凭转覆德使可也。附抄件,等因。到本部堂。承准此,查广东花县属鹿坑地方德国教堂及教民,第一次于光绪二十六年七月间被匪焚抢,先经前兼署部堂德饬据前署花县知县葛肇兰与德国前领事贾联议结偿银四万一千五百元,作为全案清楚。其滋事匪徒,当经该县拿获钟亚先、练金秀二名,分别讯办。未获各犯,并经悬赏购缉。上年冬间,接德领事文函,谓闹教匪首袁闹福即亚福,前经逃匿,今复私自逃回,诚恐又有仇教之事,请饬查拿。并准广州口法领事照会,以袁亚福系天主教民,被局绅诬捏,各等语。当经饬据花县知县祝抡望查明袁亚福系光绪二十六年焚抢鹿坑德教堂教民案内悬红购缉未获之犯,其名由德教士开送,请县购缉,与局绅无干。该犯前因缉拿严紧,欲朦投鹿坑德国教堂,借作护符,经德国盼教士查系匪徒,不容入教,旋即来省,投入石室天主教堂,欺瞒入教,挟盼教士驱逐之嫌,任意放言,以致法、德两教互相猜忌,不能相安,等情。禀经批饬确查拿讯,按例惩办,并照会广州口法领事转饬天主教士将该犯驱逐出教,在案。

嗣于光绪二十七年十二月二十九日接德国总教士郭宜坚来函,以该教会鹿坑教堂于十二月二十八日午刻时候被袁亚福、邱荣光、谢亚斗等多人焚毁等情。当经饬派管带沙面捷字营试用参将杨洪标,并札行花县,分别查勘办理具覆,旋据该员等先后禀称:查勘该教堂内书房并贮本料之棚厂,又教堂围墙外之草堆及养牛棚厂,均已烧毁。其余礼拜堂正在建造,尚未完工。询据在堂教民陈英锐等,称系由堂内棚厂起火,墙外草堆、牛厂亦相继火起。堂内棚厂之火并延烧书房,房内一切贵重对象均已搬出,只有台凳粗物烧去无存。是日早十点钟时,见谢亚先并不识姓名一人经过教堂门首,旋睹浓烟冲焰,就起火延烧各处,等语。核与郭总教士所言迥不相符。查据该管巡检、汛弁及附近绅民访查,有言该教堂系由焚烧马粪失火者,有言煮饭适起旋风失火者,又有谓该堂教民承办建堂工料,恐新来教士黎威廉盘驳账目,故特自己放火者。各等情。节经批檄将本案被控牵涉之邱荣光等传案讯明,分别究办。一面确查该教堂此次被焚是否系由匪徒放火,抑或自行失火,务得实情,禀候核办。旋准德、法两国领事照请,先将该教堂于光绪二十六年七月间第一次被匪放火烧毁案匪首袁亚福等拿获解办后,再行商请派员办理第二次之案,等由。复经饬行遵照办理。嗣迭据花县具禀,袁亚福一犯恃入天主教为护符,党羽众多,行踪诡秘,骤难弋获。又经迭次严催,上禁设法查缉,务获解办。而德领事忽以据总教士郭宜坚禀称该堂被焚,所毁中西各人物件共值洋银二万零一百六十四元,照请饬令花县如数赔偿。当即驳覆,并抄录全案文稿,咨呈贵部察核备案。袁亚福一犯旋于本年三月间,据花县在省拿获,禀经饬发广州府会督发审局员会同该县提讯,并札委经手议结德教堂第一次被焚案之前署花县葛令肇兰会审按办。

旋据广州府发审局禀称:提讯袁亚福一犯,坚不认供。惟传到事主胡光耀等,当堂指攻甚力。且前筹教案赔款,该犯确有从中阻挠情事,其非安分,自无疑义。禀请核示办理前来。即经饬将该犯永远监禁,俟将来续获他犯,如供有该犯同谋焚抢教堂、教民之事,即行按拟惩办。续据花县将德教堂第一次被匪焚抢案内有名匪犯钟新福一名获解,复经饬令发审局提同袁亚福质审。旋据禀复:讯据该犯钟新福供认,伙同钟荣光、钟蒙秀、钟林安四人,徒手抢夺得赃,当日伙抢系各纠各党,与袁亚福并不认识。质之袁亚福,仍不认案,拟请将钟新福一犯改由外结,酌予礅禁十五年,限满察看能否改悔,分别办理,等情。并经批准照办在案。此花县鹿坑德教堂两次被焚先后办理之情形也。

查本案鹿坑德教堂第一次于光绪二十六年七月间被焚,早经议偿,作为全案清楚。其滋事匪徒,先经该县获押钟亚先、练金秀二名,现又续获袁亚福、钟新福二名,分别定罪。是第一次之案业已全完,自应查照德、法两国领事原议,派员查明该教堂第二次被焚实情,分别秉公办结。乃德领事之意总欲重办袁亚福,否则即须赔款。查袁亚福一犯,始终不肯认供,无遽置大辟之理。

至赔款一节,查该教堂第一次被焚,确系百姓所为,不得不议赔款。花县地瘠民贫,筹措极其为难,由局设法挪垫,至今尚未能清还。至该教堂第二次被焚,事在白昼,耳目昭彰。如果确系被人纵火,附近居民岂无闻见?郭总教士初次来函,谓系袁亚福、邱荣光、谢亚斗等多人将教堂焚毁。而驻堂教民陈英锐等则谓是早仅见谢华先并不识姓名一人,经过教堂门首,情词大相矛盾。是郭总教士所指袁亚福等焚毁教堂,不过臆度之词。现已事隔半年,迭经访查,该堂并无被人放火实据,其为驻堂教民自己失慎,概可相见。德领事前此屡次来文,均言俟袁亚福获办后,再行商请派员查办第二次之案,自应查照原议办理。然所指袁亚福放火,如果证据确凿,亦只能按例惩办,断不能勒令地方官赔偿,致激众怒而滋他衅。

承准前因,相应咨覆贵部察照,希赐照会德使,转饬该领事,勿听教士藉端婪索,仍照原议,派员会同查明该教堂第二次失火实情。彼此和商,秉公办结,盼切施行。须至咨呈者。右咨呈外务部。①

七月二十七日,公致电外务部曰:

"有"电谨悉。前接法领事照称,天主堂在前山置买山地一段,袥土豪叶侣珊抬人盗葬等语。饬据香山县禀称,该地与镜湖医院义地毗连,有无越占盗葬,应饬双方缴契勘丈,当饬谕令镜湖绅董邀同叶侣珊,并将义地契据缴案候质,并未饬令拘传。嗣接西洋领事照会,该县有派差持票赴澳传叶侣珊审讯之事,业将该县申斥并照复该领事矣。模。沁。②

---

① 中国第一历史档案馆,福建师范大学历史系编:《清末教案》第三册第449—452页,中华书局,1996。
② 中国第一历史档案馆藏:《电报档》,档号:2-04-12-028-0676。

七月二十八日,公开单奏报电白等县汇案请袭世职,下部议。曰:

窃准部咨:袭职发标人员,三月汇奏一次,遵办在案。兹光绪二十八年夏季分,据永安县、潮阳县、电白县详送承袭云骑尉张上升、黄祥麟、请袭职发标李德元愿改作文生员应试,声明张上升愿改外海水师前来。查定例:承袭世职,令嫡长子孙承袭,如无嫡长子孙,许令弟侄应承继者承袭。又,承袭云骑尉,有愿改外海水师者豫先呈明,分派外海水师各营,随同出洋巡哨。又,承袭云骑尉,于未经发标学习之前呈请考试者,准以世职顶戴应试,毋庸给予世职俸银,各等语。

今承袭云骑尉张上升、黄祥麟请袭职发标,李德元愿改作文生员应试,张上升愿改用外海水师,均与定例相符,经臣分别验明发标学习,相应汇缮清单,恭呈御览。除将各该员亲供、宗图、履历、册结咨送部、科外,谨缮折具陈。伏乞皇太后、皇上圣鉴,敕部核覆。谨奏。①

同日,公又会衔广东巡抚德寿奏报钦廉地方现已肃清,并择尤保奖,曰:

窃查钦廉一带,山多地僻,北接广西,南邻越南。近年匪徒纠众拜会,潜谋不轨,始仅偶肆抢掠,继竟围劫村墟,甚至焚掠巡检衙署,图攻廉州府城,其间头目以翁光佳、邓东良、王振纲三人为渠魁,各有党羽千数百人,不相统属,互为应援。其余不在三匪股中者,亦皆假借声势,掳掠打单,凶焰日张,揭竿思逞。经臣等于上年十二月间檄调二品顶戴候补道秦炳直署理高廉钦道,移驻廉州,会同北海镇本任南澳镇总兵潘瀛、督办钦廉边防遇缺简放道潘培楷,督率营勇,分投剿办,当经奏报在案。

秦炳直等将所统营勇分札要隘,并选精队作为游徼之师,一面责

---

① 台北故宫博物院藏:《军机及宫中档》,文献编号:408003502.又,台北故宫博物院藏:《军机及宫中档》,文献编号:149020。

成地方印委清办团保,使良民不为裹胁,匪徒无可潜踪,遇有大股聚集之匪,联营夹击,先后与匪接仗大小数十次,匪皆持有新式枪械,亡命死斗。弁勇虽时有伤亡,而奋勇追逐,匪徒既无休息之时,更鲜窝顿之所,遂日见穷蹙。秦炳直又定以匪攻匪之策,许匪党拿匪自赎,因是互相猜忌,党羽离心。本年四月间,匪首邓东良在钦州地面就擒,业经附片陈明。旋据先后禀报:六月十六日,拿获匪首王振纲;二十日,拿获匪首翁光佳,皆由匪党内应,营团围攻,冒死力战,始克成擒。统计先后阵斩及拿获匪党不下一千数百名,大股匪徒均已剿平,仍责成地方文武逐乡搜捕余匪。其实系迫胁入会者,并准悔罪自新,不加株累,地方已臻安靖。祇以西省游匪尚多,时虞窜越,不得不留营防堵。

此次剿办钦廉会匪,候补道秦炳直运筹调度,悉合机宜;解肢擒渠,功绩最著。其在事出力人员以及大小将弁、团绅均能勠力同心,不避艰险,迭次苦战,实与身临大敌无异。合无仰恳天恩俯准分别异常、寻常劳绩,择尤保奖,以昭激劝而资鼓励。

所有钦廉匪首次第就擒,地方肃清情形,理合联衔恭折具奏,以慰宸厪。伏乞皇太后、皇上圣鉴,训示。谨奏。①

是日,公又会衔广东巡抚德寿奏报第三批盐课京饷及内务府经费情形,下部闻。曰:

窃照光绪二十八年分京饷,奉拨广东盐课银二十万两,已解十万两;又拨内务府经费盐课银五万两,已解三万两,均经奏报在案。兹复在光绪二十八年分盐课项内筹解京饷银五万两,内务府经费银一万两,共银六万两,内搭解三成银圆一万八千两,加伸水银一千六百二十两;又京饷随解一五加平饭食银一千五百两,内务府经费随解平余、抬费等银三百三十两。合共纹银四万三千八百三十两,银圆一万九千六

---

① 台北故宫博物院藏:《军机及宫中档》,文献编号:408003504。又,台北故宫博物院藏:《军机及宫中档》,文献编号:149017。

百二十两,作为本年第三批京饷及内务府经费,饬委试用知县何煜恒等,督同商号源丰润等汇解,于本年七月十九日起程,航海进京,分别投纳。据两广盐运使国钧详请具奏前来。

臣覆核无异,除咨户部、内务府外,谨会同广东巡抚臣德寿,缮折具陈。伏乞皇太后、皇上圣鉴。谨奏。①

同日,公又会衔广东巡抚德寿、广东陆路提督夏毓秀奏报请将苏廷光等劣员革职,下部闻。曰:

窃各省绿营积习深痼,叠奉谕旨严饬整顿,自爱者闻知振作。其专意自肥身家者,仍复罔利营私,肆无忌惮,若不遇案严惩,何足以昭炯戒！查有署万州营游击尽先都司苏廷光,与万州营中军守备陈焕熹互相禀讦,当经札饬雷琼道信勤密查。兹据覆称:署万州营游击苏廷光于更调所属汛弁实有得受陋规情事,皆由万州营右哨二司把总祁定衡说合过付,营兵缺额甚多。万州营中军守备陈焕熹声名亦属平常,赴郡领饷,加扣册费、纹水,曾被营兵控告有案,等情。

似此贪劣员弁,非严惩一二不足以儆其余。除饬提把总祁定衡到省研究过付赃款证据、按例惩办外,相应请旨将署万州营游击尽先都司苏廷光、万州营中军守备陈焕熹、万州营右哨二司把总祁定衡一并革职,归案讯办。谨会同广东巡抚臣德寿、署广东陆路提督臣夏毓秀,恭折具陈。伏乞皇太后、皇上圣鉴,训示。谨奏。②

---

① 台北故宫博物院藏:《军机及宫中档》,文献编号:408003505.又,台北故宫博物院藏:《军机及宫中档》,文献编号:149021.
② 台北故宫博物院藏:《军机及宫中档》,文献编号:408003503.又,台北故宫博物院藏:《军机及宫中档》,文献编号:149025.

同日，公又附片奏陈剿办钦廉游匪情形，曰：

　　再，钦廉一带界连广西、南宁、贵县等处，前因游匪充斥该处，土匪勾结窜扰，经臣等檄委署高廉钦道秦炳直督带营勇，会同督办钦廉边防记名简放道潘培楷实力剿办，并饬调署北海镇潘瀛添募两营，饬赴南宁助剿，互相夹击，以免两省匪徒联合为患，当经奏明在案。秦炳直抵任之后，亲驻廉属灵山、合浦两县交界之武利墟，督勇剿办，已会同潘培楷将大股匪徒先后击散，别难过购线缉获首匪邓东良等，钦廉地方渐臻安靖。适雷琼遗缺道吴永行抵东省，查雷琼道系以正任高廉钦道信勤调补；递遗高廉钦道业经奏请以吴永补授，自应檄饬赴任。其剿抚、保甲等事，秦炳直正在办理得手，未便遽行更易，仍责成秦炳直始终其事。此次钦廉游、土各匪，其党羽多者千余人，少亦百数十人，枪炮均极锋利，动与官军接仗，实与临敌无异。所有在事出力员弁及阵亡弁勇，可否仰恳天恩俯准事竣分别异常、寻常，择尤奖恤，以资鼓励之处，出自逾格鸿慈！

　　所有钦廉剿匪事宜仍责成卸署高廉钦道秦炳直会同办理情形，谨合词附片陈明。伏乞圣鉴，训示。谨奏。①

是日，公又附片奏请准冯绍珠留用两广，下部闻。曰：

　　再，据督办广东钦州边防遇缺简放道潘培楷禀称：记名总兵冯绍珠久随提督冯子材，屡立战功，递保今职。该员上年由滇回钦州原籍，因其熟悉情形，派委分统边防绥远军，办理钦属捕务，迭获要匪，卓著勤劳，恳请奏留两广补用，等由。前来。伏查该员久历戎行，办事得力，合无仰恳天恩俯准将记名总兵冯绍珠留于两广差遣补用，以资任

---

① 台北故宫博物院藏：《军机及宫中档》，文献编号：408003503-0-A.

使。除饬取履历咨部外，理合附片陈请。伏乞圣鉴。谨奏。①

同日，公又会衔广东巡抚德寿附片奏报包鼎祺拟改奖叙，下部闻。曰：

再，广东派驻上海经理文报洋文翻译司事指分江苏试用县丞包鼎祺，前因当差有年，办理一切往来文报，均能慎密妥速，并无贻误，核与保奖年限相符，经臣等于光绪二十八年七月初一日附片奏请奖叙，俟补缺后以知县仍留原省补用在案。兹据该员禀称：因上年劝办顺直善后赈捐出力，现经直隶督臣袁世凯②班汇案奏保免补本班，以知县仍留江苏归候补班补用，等情。臣等查指分江苏试用县丞包鼎祺，既经直隶督臣袁世凯保免补本班以知县仍留江苏归候补班补用，其文报奖叙，拟请改俟候补知县后以同知用，以昭核实而示鼓励，出自逾格鸿慈！除分咨外务部暨吏部查照外，谨会同广东巡抚臣德寿，合词附片具陈。伏乞圣鉴，训示。谨奏。③

同日，公又附片奏请以潘瀛兼署左江总兵，曰：

再，署广西左江镇总兵马盛治剿匪阵亡，所遗左江镇总兵篆务，查有现署广东北海镇总兵潘瀛督带营勇在南宁一带助剿，堪以就近暂行

---

① 台北故宫博物院藏：《军机及宫中档》，文献编号：408003503-0-B. 又，台北故宫博物院藏：《军机及宫中档》，文献编号：149026。
② 袁世凯（1859—1916），字慰亭、慰廷，号容庵，河南项城人。光绪五年（1879），捐纳中书科中书。七年（1881），帮办山东海防事宜。次年，总理前敌营务处，赏戴花翎，保知府。十一年（1885），办理朝鲜商务。旋保道员，加三品衔。十七年（1891），在籍丁忧。十九年（1893），补浙江温处道。同年，赴平壤办理抚辑事宜。二十一年（1895），总理前敌营务处。同年，督练新建陆军。二十三年（1897），授直隶按察使。二十五年（1899），升工部右侍郎。同年，署山东巡抚。二十六年（1900），迁山东巡抚。翌年，署直隶总督。二十八年（1902），擢直隶总督。三十三年（1907），授外务部尚书。宣统三年（1911），充总理大臣。民国元年（1912），任中华民国临时大总统。五年（1916），称帝，旋被迫退位。同年，病逝。有《袁世凯奏议》存世。
③ 台北故宫博物院藏：《军机及宫中档》，文献编号：408003503-0-D. 又，台北故宫博物院藏：《军机及宫中档》，文献编号：149024。

兼署,俟新任广西抚臣王之春抵任后,再行商酌遴员更调。除檄饬遵照外,谨附片具奏。伏乞圣鉴。谨奏。①

是日,公又附片奏销粤西应征西税银两情形,下部闻。曰:

再,粤西应征西税银两例应按年造册奏销。兹据广西盐法道广敏详称:光绪二十六年分应征西税银四万七千五百一十四两六钱三分八厘,船头银一百四两,共银四万七千六百一十八两六钱三分八厘。据梧州西税委员册报:自光绪二十六年三月初一日起至二十七年二月底止,一年期满,共征二十六年分西税银三万四千一百四十三两六钱六厘八毫五丝,船头银七十四两五钱八分九毫六丝,因未能足额,仍在南宁等卡一律征收,以资弥补。

计自光绪二十七年三月初一日起至二十八年二月底止,共征弥补二十六年分西税银一万三千三百七十一两三分一厘一毫五丝,船头银二十九两四钱一分九厘四丝,归并梧卡二十六年所征之银,合算统共征西税船头银四万七千六百一十八两六钱三分八厘。业已照额全完,遵照奏案概留梧州厘局拨充军饷,已提拨解过边防各营军饷银三万七千八百七十七两五钱六分三厘一毫九丝一忽,应由善后报销总局归入报销案内造报。尚余西税船头银九千七百四十一两七分四厘八毫九忽,俟梧局委员禀报拨充银数,再行分晰造报,等情。详请具奏前来。

臣覆加查核,数目相符。除册送部查核外,理合附片具陈。伏乞圣鉴,敕部核覆施行。谨奏。②

---

① 台北故宫博物院藏:《军机及宫中档》,文献编号:408003503-0-E.又,台北故宫博物院藏:《军机及宫中档》,文献编号:149027.
② 台北故宫博物院藏:《军机及宫中档》,文献编号:408003505-0-A.又,台北故宫博物院藏:《军机及宫中档》,文献编号:149023.

同日，公又附片奏报汇解河工银三千两情形，下部闻。曰：

再，广东省每年应解河工经费银一万两。光绪二十二年起，因凑还洋款，不能解足。本年经费业于四月内解过银二千两，兹又在盐课项下筹银三千两，于七月十九日兑交商号蔚长厚，汇解漕运总督衙门投纳。据两广盐运使国钧详请奏咨前来。除分咨外，谨附片陈明。伏乞圣鉴。谨奏。①

同日，公又附片奏请核奖宋尚杰等六员，下部议。曰：

再，钦廉边防五年期满，并剿平十万大山等处游匪出力员弁，经臣等汇案开单奏请奖叙，业经兵部分别准驳，核议覆奏，抄单咨会，当经转行遵照在案。兹据督办钦廉边防布政使衔遇缺简放道潘培楷禀称：伏查部行黏单内开：都司宋尚杰、何天祥、黄辅成、董道义、许永胜、吴凤友等六员，此次所请保奖应俟该省将郁林请奖之案声复到日，再行核议，等因。查光绪二十四年剿办郁林会匪一案，出力武员分隶东、西各军，查复恐尚需时，该都司宋尚杰等六员在营充当管带、帮带等差已历多年，备尝辛苦，叠次剿办会、土各匪，冲锋陷阵，攻克坚巢，擒斩首要，异常出力。若因前案勋劳未经议准奖叙，转令后案停奖以待，劳绩未免虚悬，不足以昭鼓励。禀恳奏请将宋尚杰等六员先照郁林请奖之案递减核奖，俟将来剿平郁林会匪一案出力武员查明复奏之时，再照升阶呈请更正，等情。

据此，臣等复查光绪二十四年剿平郁林会匪一案，前以请奖人数过多，经部议饬确查复奏，事由广西抚臣主政，因出力之员分隶两省，尚未行查明确。该都司宋尚杰等六员在钦廉边防管带营勇有年，屡次剿办游、土各匪，擒斩首要，异常出力。若因郁林奖案尚未核准，转令

---

① 台北故宫博物院藏：《军机及宫中档》，文献编号：408003505-0-B. 又，台北故宫博物院藏：《军机及宫中档》，文献编号：149022.

后案劳绩虚悬,诚如该道所禀,不足以昭鼓励。相应请旨饬部将蓝翎都司用尽先补用守备宋尚杰、何天祥均改照郁林奖案,请免补都、守,以游击留粤尽先补用;都司黄辅成免补都司,以游击留粤尽先补用;蓝翎都司用尽先补用守备董道义、督标尽先补用守备吴凤友,均免补守备,以都司尽先补用;尽先拔补把总许永胜免拔千、把,以守备尽先补用。仍俟剿平郁林会匪保奖出力武员一案查明复奏时,照升阶声请改奖,以昭激励而资鼓励,出自逾格鸿慈!

除咨会广西抚臣赶将剿平郁林会匪一案迅速确查复奏外,谨合词附片陈请。伏乞圣鉴,训示。谨奏。①

是日,公又附片奏请将都司傅建勋改奖,下部闻。曰:

再,广东历次拿获著名要匪出力人员,前经臣等查明开单请奖,光绪二十八年六月二十九日奉到朱批:该部议奏,单并发。钦此。原单内开广东水师提标中营尽先都司傅建勋,请俟补缺后以游击用。现查都司傅建勋原保各案,经部奏明更正以游击仍留广东,无论水陆题推缺出,尽先补用,并加副将衔注册,咨行前来。该员既归游击班,未便再保游击,合无仰恳天恩俯准将该员缉捕出力之案改奖俟补缺后以参将用,俾免向隅。除饬取履历咨部外,谨合词附片具陈。伏乞圣鉴,敕部议覆。谨奏。②

是月,公吐血尤剧,连日不止,至呕出肺叶一片。

八月初八日,公会衔广东巡抚德寿奏报特参疏脱秋审人犯各官缘由,

---

① 台北故宫博物院藏:《军机及宫中档》,文献编号:408003504-0-A.又,台北故宫博物院藏:《军机及宫中档》,文献编号:149018。
② 台北故宫博物院藏:《军机及宫中档》,文献编号:408003504-0-B.又,台北故宫博物院藏:《军机及宫中档》,文献编号:149019。

下部闻。曰：

窃据英德县知县吕光琦、署清远县知县董元度先后禀报：英德县秋审人犯龚亚壬、林瑞同二名解省勘明发回。光绪二十八年四月十一日，由前途三水县递到清远县，验明镣铐、木笼，于十二日早佥差陈全、李开、朱南、何平，移营拨兵黄德、罗荣寿、廖得祥、林日昇，协同英德县长解役赖松、李福、黄升、何亮，押解龚亚壬、林瑞同赴英德县，另佥差移营拨兵押解李土苟等犯，赴阳山县交替，均由派定接递委员清远县滨江司巡检朱章，督同押解各犯，分坐两船，均系依法管解。

十三日傍晚，船抵英德县属土名连州江口湾泊。是夜三更时候，猝起狂风大雨，波浪汹涌，缆断船覆，兵役、人犯均各落水。委员朱章在另押李土苟等犯船内听闻，亲督丁役赶救。解役赖松、李福、黄升、何亮、陈全、朱南、营兵黄德、罗荣寿，船户骆朝和，均先后凫水登岸。李开、何平遇渔船捞救回县。惟人犯龚亚壬、林瑞同及营兵廖得祥、林日昇皆无踪迹，查缉打捞无获。旋据报解役何平被淹过久，感受风寒，医治不效，于五月初六日身死，并由营员查覆，兵丁廖得祥遇救回营，旋于五月初八日因病身死，林日昇至今尚未回营，不知生死，各等情。

臣等伏查该犯龚亚壬系与黄炳孙口角争殴，放枪致伤黄炳孙身死案内审依故杀律，拟斩监候，列入光绪二十七年秋审情实，钦奉停勾，仍列入二十八年秋审解勘；林瑞同系与钟亚照口角争闹，放枪致伤钟亚照身死案内审依故杀律，拟斩监候，二十八年秋审预提解勘。此等重犯宜如何小心护解，乃原解、添解各官及接递委员均未能慎选妥役，先事预防，以致人犯遭风落水。现既查缉打捞无获，自系乘机脱逃，实属疏忽。据藩、臬两司转据该管道、府查开职名，会详请参前来。

除严饬该二县添派干役，押同各兵役家属悬立重赏，上紧打捞，勒缉龚亚壬、林瑞同，务获究办，并查明兵丁林日昇是生是死，分别解审禀覆，并饬广州府督同局员，提讯解役人等有无受贿故纵及松放刑具情弊，录取切供，照例拟办外，相应请旨将佥差不慎之原解官英德县知县吕光琦、添解官署清远县事新海防分缺先补用知县董元度、接递委员清远县滨江司巡检朱章,照例先行降二级留任,勒限查缉。倘限满无获,再行从严参办。

至武职佥差不慎各职名,现尚未据开报,应请另行办理。臣等谨合词恭折具奏。伏乞皇太后、皇上圣鉴,训示。谨奏。①

同日,公又会衔广东巡抚德寿奏请准藩、臬两司暂缓陛见,曰:

窃于光绪二十四年七月二十六日奉上谕:向来督、抚、藩、臬任满三年,应行奏请陛见。近来往往因有紧要事件,至期不即奏请,嗣后各该督、抚、藩、臬仍着扣定年限,奏请陛见,听候谕旨。钦此。钦遵转行在案。兹查广东布政使丁体常系于光绪二十五年八月初一日到任,广东按察司吴引孙系于光绪二十五年七月二十二日到任,均已任满三年,应行奏请陛见。

臣等伏查两司责任綦重,为全省政治之枢纽。广东地方日形凋敝,库储异常支绌,新增赔款岁需二百万,数巨期迫,关系中外大局,甫经开办粮捐、沙捐、房捐等项,以期稍资补救,而事属创始,既筹裕国,尤恐病民。今夏,西潦骤涨,广州、肇庆两属被灾极重,筹办赈抚,需款甚巨,更为地方刻不容缓之事。该藩司丁体常一手经理,不辞劳瘁,不避嫌怨,实能以民生国计为心。

臬司吴引孙先经臣等会同奏派办理武备学堂,草创经营,规模粗具。本省土匪、会匪迭次蠢动,前经臣等督饬该臬司饬属筹办清乡、缉捕诸事,苦心孤诣,近始渐觉安静。然钦廉一带与广西犬牙相错,匪徒出没,时形猖獗,虽经剿抚兼施,已报肃清,而西省游勇会匪蔓延全境,现甫会商广西抚臣王之春分路痛剿。倘匪势穷促,则东省边界稍有疏虞,难免窜扰。诘奸除暴,是臬司专责。吴引孙襄助筹画,深合机宜,

---

① 台北故宫博物院藏:《军机及宫中档》,文献编号:408003506.又,台北故宫博物院藏:《军机及宫中档》,文献编号:149823.

尤未便轻易生手。

臣等再四筹商，意见相同。伏维朝廷力图振作，凡事不拘常例，况值时势艰难，地方紧要，臣等更未敢稍执成见，致有贻误。广东布政使丁体常、广东按察使吴引孙，可否仰恳天恩，俯准暂缓陛见，出自高厚鸿慈！

所有广东藩、臬两司三年俸满，吁恳暂缓陛见缘由，谨合词恭折具陈。伏乞皇太后、皇上圣鉴，训示。谨奏。①

是日，公又会衔广东巡抚德寿奏请董元度补授龙门县知县，下部议。曰：

窃照准吏部咨：龙门县知县林钺准其调补昌化县知县，文尾系坐光绪二十八年三月初三日行文，按照限减半计算，扣至四月十七日限满开缺，是月十八日接准部咨，应归四月分截缺办理，是月分升、调、遗选缺知县一项只此一缺，毋庸签掣。查吏部则例内开：知县升调所遗，应归部选缺出，以一缺题补各项候补并进士即用人员，以一缺题补各项委用人员，以一缺题补各项使用人员，班内按大挑、议叙、捐纳三项，轮用一班之后，用截取进士知县一人、拔贡知县一人、孝廉方正知县一人；拔贡及孝廉方正用过两班之后，用教习知县一人、优贡知县一人、教职知县一人、截取举人知县一人。

广东省佐杂获盗以知县用者，回省后试用一年期满，归于试用班内，俟升调所遗选缺，大挑班之后补用一人。又奉准咨行，升调遗缺，轮用截取举人之后，先用广东同文馆翻译分发知县一人，次用恩荫、外用、分发知县一人，再用八旗举人分发知县一人。又奉行郑工新例铨补章程内开：道、府、同知、直隶州知州、通判、知州、知县升调所遗及告病、病故、休致以及佐贰杂职等官，无论何项所出留补选缺，除坐补原

---

① 台北故宫博物院藏：《军机及宫中档》，文献编号：408003507。又，台北故宫博物院藏：《军机及宫中档》，文献编号：149822。

缺、裁缺、即用回避、即用新选、新补、留省另补人员不计外,无论何项到班,仍以五缺计算,先用郑工新班遇缺先二人、海防新班先一人,无人用郑工新班遇缺先人员抵补。至第四缺海防即海防先分班轮月一人,第一轮用海防即人员,第二轮用海防先人员,海防先无人,仍用海防即人员;海防即无人,用旧例银捐遇缺先人员;如无人,用旧例银捐遇缺人员;再无人,过班即接用各项轮用班次一人,以五缺为一周。新例报捐分缺先、分缺间人员,亦应分别酌定,轮用各项时,知县以及佐杂等官,于各项试用并捐纳、正班、到班,均准先用间用到班。应用时先将郑工分缺先、分缺间人员用一次;再到班,再将海防分缺先、分缺间人员用一次;郑工无人,用海防人员;海防无人,用郑工人员;均无人,用旧例银捐分缺先前、分缺间前之人。其旧例减成分缺前先、分缺间人员,仍专俟捐纳、正班到班、郑工、海防分缺先、分缺间;旧例银捐分缺先前、分缺间前无人,方准插用至后补、即用、委用以及各本班先到班,均不准插用新例分缺先、分缺间及旧例分缺先前、分缺间前、分缺先、分缺间之人。

此次新例报捐人员,惟知县一项郑工新班遇缺先、郑工新例分缺先、分缺间、捐纳试用本班尽先、捐纳试用,并候补、委用、议叙、捐输、孝廉方正、报捐本班尽先人员,遇轮补升调所遗及告病、病故、休致之缺,到班时于各本班中先用正途出身及曾任知县、曾任实缺应升知县者二人,再用各本班中各项出身者一人。如正途出身及曾任知县、曾任实缺应升知县无人,即用各项出身之人;外补人员应俟截卯掣签之后,由部开单行文各省,按照限减半计算,以接到过班知照部文后下月所出之缺,一体遵照办理。又奉行新海防例铨补章程内开:所有此次遵照新海防例报捐人员,自应仍照郑工事例跟接次数、卯数,分别掣签,按班铨补。又奉行嗣后各省道府以至未入流等官,轮用郑工遇缺先及新海防遇缺先两项时,无论请补何项所出之缺,均核其截缺月分,以六个月为限;在省加捐班次人员,以该省接到新班过班知照部文在六个月以外之缺,方准请补;领照赴省人员,以到省后在六个月以外所出之缺,方准请补,各等因。

前出龙川县知县缺,已用大挑本班尽先补用知县邓景临补。今龙门县知县缺,轮用郑工及新海防遇缺先人员。查新海防遇缺先薛铨忠加捐过班部文系二十七年九月二十日行文,计十一月初四日接到;邹兰生系二十七年十一月二十日行文,计二十八年正月初四日接到;黄培埮系二十八年三月二十日行文,计五月初四日接到,均尚未扣满六个月,不合补用。过班用海防先、海防,即旧例银捐遇缺先、银捐遇缺,均无人,再过班接用各项,系分缺先到班。查分缺先一项升、调、遗选缺。上次四会县知县缺,已用新海防分缺先各项出身张经年插补。现应轮用第一次正途出身、新海防分缺先人员。查名次在前之程璟光已丁忧,应用其次之员插补。兹会选有新海防分缺先用知县董元度,现年四十九岁,系福建福州府闽县人,由举人于光绪十八年赴吏部呈请以知县注册拣选。十九年五月,在福建遵新海防例报捐知县分发指省广东试用。二十年四月二十八日,蒙钦派大臣验看。五月十三日,由吏部带领引见,奉旨照例发往。钦此。二十一日,经吏部给发执照,祗领起程,于八月初九日限内到省。二十一年,甄别堪以补用,加捐分缺先补用免试用。吏部过班知照系二十四年五月二十日行文,计七月初四日接到序补,并无在粤游幕,业经缴结详咨在案。该员干练精详,办事奋勉,以之补授龙门县知县,洵堪胜任,与例亦属相符。据藩、臬两司会详前来。

相应请奉旨准以新海防分缺先补用知县董元度补授龙门县知县缺。如蒙俞允,该员系新海防分缺先补用知县请补知县,衔缺相当,毋庸送部引见。

除咨部外,臣等遵照新章改题为奏,谨合词恭折具陈。伏乞皇太后、皇上圣鉴,训示。再粤东省补缺例限九十日,此缺系归光绪二十八年四月分截缺,应以是月底起限办理。今在限内选员请补,并无迟逾,合并陈明。谨奏。①

同日,公又会详广东巡抚德寿奏请傅汝梅补授潮阳县知县,下部议。曰:

窃准吏部咨覆:潮阳县知县裴景福准其调补南海县知县,等因。文尾系填光绪二十八年三月二十一日发行,按照限减半计算,扣至五月初五日限满开缺,五月初四日接准部咨,应归五月分截缺办理。此缺系外调要缺,毋庸签掣。查定例:州县应调缺出,俱令于现任人员拣选调补。如无合例堪调之员,知县准以例准请补之候补并进士即用人员酌补,等因。今潮阳县知县缺,臣等与藩、臬两司于通省现任应调人员内逐加遴选,非现居要缺,即人地未宜,实无堪以调补之员。

惟查有候补知县傅汝梅,年五十七岁,系江西建昌府南城县人,由拔贡生中式光绪元年乙亥恩科本省乡试举人。六年,考取觉罗官学汉教习。是年,考取汉誊录,分国史馆。九年癸未科会试,中式进士,保和殿覆试一等第五十名,殿试二甲第五十二名,朝考二等第十二名,奉旨着改为翰林院庶吉士。十二年四月,散馆二等,奉旨以知县用。钦此。五月初一日,赴部投供。七月,选授陕西略阳县知县,十三年七月初三日到任。十六年,调署长安县事。十九年,调署临潼县事。是年,调补富平县知县,二十年十二月二十七日到调任。二十一年,大计保荐卓异,二十二年九月卸事。二十三年,因案降调。二十四年九月,蒙于署临潼县任内办赈出力,附片奏保,二十八日奉朱批:傅汝梅着送部引见。钦此。十一月初二日,吏部带领引见,奉旨:傅汝梅着开复原官。钦此。是年十二月,遵例报捐分发指省广东,并加三成归候补班补用。二十年正月二十八日,蒙钦派王大臣验看,堪以分发。二月十四日,经吏部带领引见,奉旨:着照例发往。钦此。是月二十日,由吏

---

① 台北故宫博物院藏:《军机及宫中档》,文献编号:408003508。又,台北故宫博物院藏:《军机及宫中档》,文献编号:149824。

部给发执照,祗领起程,于二十五年五月初一日限内到省,并无在粤游幕,业经缴结详咨在案。该员才明识练,办事精详,以之补授潮阳县知县缺,洵堪胜任,与例亦属相符。据藩、臬两司会详前来。

相应请旨准以候补知县傅汝梅补授潮阳县知县缺。如蒙俞允,该员系候补知县请补知县,衔缺相当,毋庸送部引见。除咨部外,臣等谨照章改题为奏,合词恭折具陈。伏乞皇太后、皇上圣鉴,训示。

再,粤东省补缺例限九十日,此缺系归光绪二十八年五月分截缺,应以是月底起限办理。今在限内选员请补,并无迟逾。合并陈明。谨奏。①

同日,公又附片奏报霍式清等期满甄别情形,下部闻。曰:

再,查优贡、议叙、捐纳试用知县到省期满,例应考察甄别具奏,历经遵办在案。兹查有优贡试用知县霍式清励精图治,议叙试用知县薛聪彝恪躬简俭,议叙试用知县陈伯贞老成稳重,试用二年期满。又,新海防试用知县杨印元明练笃诚,试用一年期满。均应甄别,业经详加考察,堪膺民社。据藩、臬两司具详前来。除将各该员详细履历开单咨明吏部外,臣等谨附片具陈。伏乞圣鉴。谨奏。②

是日,公又附片奏请恩厚署理肇庆府知府,下部闻。曰:

再,肇庆府知府文康病故,所遗肇庆府知府篆务,查有候补知府恩厚,晓畅政体,堪以署理。除檄饬遵照外,臣等谨合词附片具陈。伏乞

---

① 台北故宫博物院藏:《军机及宫中档》,文献编号:408003509.又,台北故宫博物院藏:《军机及宫中档》,文献编号:149827。
② 台北故宫博物院藏:《军机及宫中档》,文献编号:408003509-0-A.又,台北故宫博物院藏:《军机及宫中档》,文献编号:149825。

圣鉴。谨奏。①

同日，公又附片奏报潘培兰试用期满甄别情形，下部闻。曰：

再，前准部咨：无论何项出身，凡系补缺应行具题者，试用期满，由督抚详加甄别，专折具奏，等因。历经遵办在案。兹查大挑试用知县潘培兰，山西荣河县人，由增生应光绪十七年辛卯科本省乡试，中式第十五名举人。二十四年戊戌科大挑一等，签掣广东，回籍听候咨取，业已咨取，由籍请咨。二十六年七月初六日，领咨到省，试用已满一年，例应甄别。据藩、臬两司详加察看，具详请奏前来。臣等覆加察核，该员潘培兰安详稳练，勤求治理，堪膺民社。除将该员履历册送部外，臣等谨附片具陈。伏乞圣鉴。谨奏。②

同日，公又附片奏陈进剿广西游匪情形，曰：

再，光绪二十八年六、七月间，叠奉电旨寄谕，以光绪游勇、会匪扰害地方，亟应迅速扑灭，并饬各派本省防营出境扼扎，以扼奔窜之路，等因。均经钦遵严饬各路勇营赶紧剿办，并将广西现在匪情及略拟办法，会同督臣陶模，先行详细电请军机处代奏。七月十四日奉电旨：陶模、德寿等电奏患匪各属情形，均悉。南宁为居中要地，分路剿办尚合

---

① 台北故宫博物院藏：《军机及宫中档》，文献编号：408003509-0-B.又，台北故宫博物院藏：《军机及宫中档》，文献编号：149828.

② 台北故宫博物院藏：《军机及宫中档》，文献编号：408003508-0-A.又，台北故宫博物院藏：《军机及宫中档》，文献编号：149826.

机宜,着照所拟认真办理。王之春①计可抵东,着即会商妥办,督饬各军迅速进剿,务令一律肃清,以安民生,而除边患。钦此。钦遵又经转行遵照在案。

查东省前派北海镇总兵潘瀛督带四营,驰赴南宁会剿,颇有斩获。前署左江镇总兵马盛治阵亡后,潘瀛立即派营镇压,匪势不致鸱张,亦尚得力。惟各股匪类蔓延,几及全省,勇到则散,勇去复聚,非以各路勇营分投痛剿,未易奏效。正拟再行加派数营以厚兵力,适新任广西抚臣王之春于七月十六日抵东,随带两营三旗。有此生力之军,东勇似可毋庸再加,会商分路剿办,以南宁为居中策应之地,各节意见均属相同。第用兵以筹饷为先,东省库储虽极支绌,亦不得不移缓就急,当饬司局赶将欠解广西协饷三万两提前清解,另照广东营制筹措两营四个月饷需二万两,及洋枪、抬枪共六百枝、子码共十八万粒,分别解交,以资要用。抚臣王之春即于二十日由省起程赴梧。

除西省一切军情仍应察看缓急,随时会商妥办,并严饬各军分路迅速进剿外,谨会同两广总督臣陶模②,附片具奏。伏乞圣鉴,训示。谨奏。③

---

① 王之春(1842—1906),字芍棠、爵棠,号椒生、芍唐居士,湖南清泉县(衡州市)人,文童出身。同治元年(1862),投效曾国藩军营,办理文案。二年(1863),投效贵州军营,保从九品。四年(1865),调赴直隶差委。五年(1866),捐县丞,递捐同知,报捐州同。七年(1868),保知州。九年(1870),加知府衔。十年(1871),赴陕西行营办理山陕前敌军粮。是年,保知府,捐三品衔。光绪元年(1875),调赴两江差遣,统带毅字营,兼办两江营务处。四年(1878),捐道员。五年(1879),赴日本国密探东洋情形。六年(1880),会办两江营务处。八年(1882),晋二品衔。九年(1883),奏调赴粤统带毅春等军十余营。同年,统领毅安等军赴琼州办理防务。十年(1884),捐花翎,署广东雷琼道。同年,补广东督粮道。十一年(1885),派往广西随同邓承脩勘办界务。十二年(1886),署广东高廉道,覆勘钦州一带界务,加克勇巴图鲁勇号。十四年(1888),升浙江按察使,调补广东按察使。同年,署广东布政使。十六年(1890),迁湖北布政使。十七年(1891),稽查云南运铜,加头品顶戴。二十年(1894),奉派进京随同祝嘏。二十一年(1895),充专使俄国大臣,受佩带俄国所赠宝星。二十三年(1897),调四川布政使。二十五年(1899),擢山西巡抚,调补安徽巡抚。二十八年(1902),补授广西巡抚。三十二年(1906),卒于里。著有《防海纪略》《国朝柔远记》《先船山公年谱》《使俄草》《椒生随笔》《谈瀛录》《王大中丞椒生奏议》,修《光绪高州府志》等行世。

② 此处不应为陶模,存疑。

③ 台北故宫博物院藏:《军机及宫中档》,文献编号:408003506-0-A.又,台北故宫博物院藏:《军机及宫中档》,文献编号:149829。

八月初十日，公会衔广东巡抚德寿奏请饶泽春借补粤盈库大使，下部议。曰：

窃准吏部咨：借补粤海关粤盈库大使大挑知县王麒兆，准其署理吴川县知县缺，等因。此件文尾系填光绪二十八年三月初三日发行，按照限减半计至四月十七日限满开缺，是月十八日接准部咨，应归四月分截缺办理，系属孤缺，毋庸签掣。查吏部则例内开：广东粤海关粤盈库大使缺出，如经扣留请补，先尽指项关库大使照例按班补用。如关库大使无人，应照大挑借补布经历、布理问、布库大使之例，以大挑人员借补，等因。今粤海关粤盈库大使轮用指项关库大使，无人应以大挑人员借补。

兹会选有大挑本班尽先补用知县饶泽春，现年五十一岁，系江西抚州府临川县人，由附贡生应光绪十五年己丑恩科本省乡试，中式第六十九名举人。二十四年戊戌科会试后，蒙钦派王大臣在内阁挑取一等，闰三月十二日引见，奉旨以知县用。钦此。签掣广东。因科分名次在后，例应截留回籍候咨；复遵新海防例捐免截留，于二十四年十月初八日蒙吏部给发执照，祗领起程，二十五年正月十九日到省，业经甄别，堪以补用。嗣遵新海防例，加捐本班尽先补用。吏部过班知照，系二十七年九月二十日行文，计十一月初四日接到序补。该员才识稳练，年力精强，以之借补粤海关粤盈库大使缺，洵堪胜任，与例亦属相符。据藩、臬两司会详前来。

相应请旨准以大挑本班尽先补用知县饶泽春借补粤海关粤盈库大使缺。如蒙俞允，该员系大挑知县借补关库大使，毋庸送部引见。除咨部外，臣等谨遵章合词恭折具陈。伏乞皇太后、皇上圣鉴，训示。

再，粤东省补缺例限九十日，此缺系归光绪二十八年四月分截缺，应以是月底起限办理。今在限内选员请补，并无迟逾。合并陈明。

谨奏。①

同日,公又会衔广东巡抚德寿奏请许培桢补授广州府通判,下部议。曰:

窃准吏部咨行缺单知照内阁:另行请补广州府通判宗振捐升,等因。文尾系填光绪二十八年五月初四日行文,按照限减半计算,扣至六月十九日限满开缺,六月十三日接准部咨,应归六月分截缺办理。是月分通判一项只此一缺,毋庸签掣。查光绪十四年正月十三日奉准咨行《郑工新例铨补章程》内开:道、府、同知、直隶州知州、通判、知州、知县升调所遗及告病、病故、休致以及佐贰杂职等官,无论何项所出留补选缺,除坐补原缺、裁缺、即用回避、即用新选、新补、留省另补人员不计外,无论何项到班,仍以五缺计算,先用郑工新班遇缺先二人、海防新班先一人;无人用郑工新班遇缺先人员抵补。至第四缺海防即、海防先分班轮用一人,第一轮用海防即人员,第二轮用海防先人员,海防先无人,仍用海防即人员;海防即无人,用旧例银捐遇缺先人员;如无人,用旧例银捐遇缺人员;再无人,过班即接用各项轮用班次一人,以五缺为一周。又,光绪十六年正月初四日奉行《新海防例铨补章程》内开:所有此次遵照新海防例报捐人员,应仍照郑工事例跟接次数、卯数,分别掣签,按班铨补。各等因。

查前出广州府通判缺,已用候补通判宗振补;惠州府通判缺,已照章详请归月铨选。今广州府通判缺应轮用郑工及新海防例遇缺先人员请补。兹会选有新海防遇缺先补用通判许培桢,现年五十一岁,系湖南湘潭县人,由监生遵筹饷例报捐典史,指分广东试用,光绪二年五月十一日到省,复遵新海防例捐升通判,仍分签广东试用。十八年六月二十八日,经钦派大臣验看。六月十六日,经吏部带领引见,奉旨:

---

① 台北故宫博物院藏:《军机及宫中档》,文献编号:408003510.又,台北故宫博物院藏:《军机及宫中档》,文献编号:149865.

着照例发往。钦此。是月二十日，由吏部给发执照，祇领起程，八月二十三日到省，复遵新海防例加捐遇缺先补用免试用，吏部过班知照，系二十五年正月二十日行文，计三月初四日接到序补，并无在粤游幕，业经缴结详咨在案。

该员识达才明，尽心民事，以之补授广州府通判缺，洵堪胜任，与例亦属相符。据藩、臬两司会详前来。相应请旨准以新海防遇缺先补用通判许培桢补授广州府通判缺。如蒙俞允，该员系新海防遇缺先补用通判请补通判，衔缺相当，毋庸送部引见。

除咨部外，臣等谨遵照通行新章改题为奏缘由，合词恭折具奏。伏乞皇太后、皇上圣鉴，训示。再，粤东省补缺例限九十日，此缺系归光绪二十八年六月分截缺，应以是月底起限办理。今在限内选员请补，并无迟逾。合并陈明。谨奏。①

是日，公又会衔广东巡抚德寿奏请邹翼清补授封川县知县，下部议。曰：

窃照卸封川县知县钟德瑞于光绪二十八年三月二十一日在省寓病故等由，业经奏报声明所遗封川县知县系选缺，粤东省现有应补人员，请扣留在外选员请补。此案于四月初十日申报到司，已在三月底截缺之后，应勒归三月分截缺办理。是月告病、病故、休致选缺知县只此一缺，毋庸签掣。查定例，知县告病、病故、休致三项缺出，系应归月选者，以一缺题补各项候补并进士即用之员，以一缺题补本班大挑举人，如各项候补并进士即用无人，仍专用大挑举人。又，各省升调所遗告病、病故、休致选缺知县，遇轮用候补本班先并候补正班到班时，于本班中先用进士、举人、恩、拔、副、岁、优贡生正途出身及曾任实缺知县、曾任京外实缺应升知县者二人，再用本班中各项出身者一人。如

---

① 台北故宫博物院藏：《军机及宫中档》，文献编号：408003512。又，台北故宫博物院藏：《军机及宫中档》，文献编号：149868。

本班中正途出身曾任人员适遇无人或不合例,即虚积过班,于本班中用各项出身之人。又,光绪十四年正月十三日奉准咨行郑工新例铨补章程内开:道、府、同知、直隶州知州、通判、知州、知县升调所遗及告病、病故、休致以及佐贰杂职等官,无论何项所出留补选缺,除坐补原缺、截缺、即用回避、即用新选、新补留省另补人员不计外,无论何项到班,仍以五缺计算,先用郑工新班遇缺先二人、海防新班先一人;无人,用郑工遇缺先人员抵补。至第四缺海防即、海防先分班轮用一人,第一轮用海防即人员,第二轮用海防先人员,海防先无人,仍用海防即人员;海防即无人,用旧例银捐遇缺先人员;如无人,用旧例银捐遇缺人员;再无人,过班即接用各项轮用班次一人,以五缺为一周。又,光绪十六年正月初四日奉准咨行新海防例铨补章程内开:所有此次遵照新海防例报捐人员,自应仍照郑工事例跟接次数、卯数,分别掣签,按班铨补,各等因。

前出惠来县知县缺,已用新海防例候补本班尽先补用知县王春霖补。今封川县知县缺,轮用郑工及新海防遇缺先人员。查新海防遇缺先之薛铨忠加捐过班部文系二十七年九月二十日行文,计十一月初四日接到;邹兰生系二十七年十一月二十日行文,计二十八年正月初四日接到;黄培墄系二十八年三月二十日行文,计五月初四日接到,均尚未扣满六个月,不合补用。过班用海防先、海防即、旧例银捐遇缺先、银捐遇缺,均无人,再过班接用各项系候补正班到班。查候补正班一项,上次澄迈县知县缺已用一正途及曾任知县申显曾补,现应轮用二正途及曾任知县人员请补。

兹会选有候补知县邹翼清,年六十岁,系贵州镇远县人,由附生投效湖南军营,援剿江、皖,于续保青阳解围案内出力,保准以训导遇缺即选。又克复江西新城弋阳案内出力,保准俟训导选缺后,以教谕遇缺尽先即选;又收复江西崇仁等城出力,保准免选训导、教谕,以知县不论双单月即选。同治七年四月二十二日奉旨:依议。钦此。嗣应同治八年补行己未、辛酉、壬戌科本省乡试,中式举人。又克复台拱厅城出力保奏，十一年五月二十三日奉上谕：着以本班分发省分，归候补前补用。钦此。签掣来粤，同治十三年九月到省。光绪八年，题署遂溪县知县。十一年十月，调补普宁县知县，尚未部覆，于光绪十二年三月二十日闻讣丁父忧，旋接丁承重祖父忧，回籍守制，服满起复。光绪十六年十月，在部呈请分发原省归候补班补用。十一月十二日引见，奉旨：着照例发往。钦此。二十日，领照出京，于十七年正月二十六日到省，并无在粤游幕，业经缴结详咨在案。

该员清勤敏练，才识闳深，以之补授封川县知县，洵堪胜任，与例亦属相符。据藩、臬两司会详前来。相应请旨准以候补知县邹翼清补授封川县知县缺。如蒙俞允，该员系候补知县请补知县，衔缺相当，毋庸送部引见。

除咨部外，臣等谨遵照奉准通行改题为奏缘由，合词恭折具陈。伏乞皇太后、皇上圣鉴，训示。再，粤东省补缺例限九十日，此缺系归光绪二十八年三月分截缺，四月初十日申报到司，应以是日起限办理。今在限内选员请补，并无迟逾，合并陈明。谨奏。①

同日，公又会衔广东巡抚德寿奏请李象辰补授钦州直隶州知州，下部议。曰：

窃照案据南海县申报：钦州直隶州知州李光高于光绪二十六年闰八月十二日在省寓病故，等由。业经题报声明所遗钦州直隶州知州系烟瘴外调要缺，容俟选员另详调补。此案于闰八月二十七日申报到司，应归闰八月分截缺办理，先经详请以候补同知直隶州知州李家焯奏补，嗣于二十八年六月二十三日准吏部咨覆，该员李家焯因案降调，援例捐复，尚未引见，奉旨即与此缺人地相宜，亦未便遽行请补，所请以李家焯补授秦州直隶州知州之处，碍难议准，仍令另行拣选，等因。

---

① 台北故宫博物院藏：《军机及宫中档》，文献编号：408003513。又，台北故宫博物院藏：《军机及宫中档》，文献编号：149862。

自应遵照办理。查定例:各省烟瘴员缺俸满,例应撤回内地候升者,遇有缺出,于现任人员内拣选熟悉风土、能耐烟瘴之员题咨调补,不得以候补初任各项人员题咨补用。知县以上官员如遇例应题调要缺及烟瘴地方,俱准升调兼行。直隶州知州提调要缺,或调或补,准由该督抚酌量具题,酌量以候补人员请补时,该省如有截取、记名、分发人员,应先尽酌量请补,等因。今钦州直隶州知州系冲、繁、难、烟瘴要缺,政务殷繁,且界邻法越,时有交涉事宜,非得精明干练之员,不足以资治理。

臣等与藩、臬两司于通省现任合例应调、应升人员内逐加遴选,非现居要缺,即人地未宜,实无堪以升调斯缺之员。惟查有记名分发候补直隶州知州李象辰,现年四十六岁,系河南开封府祥符县人,由监生应光绪乙亥恩科顺天乡试,挑取誊录。中式丙子科本省乡试举人,丁丑科贡士,殿试二甲,奉旨以主事用,签掣兵部,于是年五月二十三日到部,分武选司行走,充实录馆校对官。五年十二月,实录全书庆成奏保,奉上谕:俟学习期满后,以本部主事无论咨留遇缺即补,并加四品衔。钦此。六年四月,学习三年期满。五月初六日,奏留候补。九年,充武选司帮总办司事。十四年五月,充会典馆协修官、则例馆总纂官。十七年十一月,因遵办海军出力奏保,以本班遇缺即补,奉旨:依议。钦此。十八年七月,奏派管理兵部马馆监督。二十年二月,奏补武库司主事。二十一年十二月,捐免历俸,经本部堂官保送直隶州知州。二十二年二月,由吏部带领引见,奉旨:着交部记名,以直隶州知州用。钦此。是年三月,呈请分发,并报捐指省广东补用。四月十八日,由吏部带领引见,奉旨:着照例发往。钦此。二十日,经吏部给发执照,祗领起程,于二十二年六月初六日限内到省,因会典馆恭修会典全书过半,奏保俟补缺后,以知府补用。二十四年三月二十二日奉旨:着照所请奖叙。钦此。并无在粤游幕,业经缴结详咨在案。

该员才长识卓,尽职勤民,以之补授钦州直隶州知州,洵于要缺有裨,与例亦属相符。据藩、臬两司会详前来。相应请旨准以候补直隶州知州李象辰补授钦州直隶州知州缺。如蒙俞允,该员系记名分发候补直隶州知州请补直隶州知州,衔缺相当,毋庸送部引见。除咨部外,臣等谨照章改题为奏,合词恭折具陈。伏乞皇太后、皇上圣鉴,训示。

再,粤东省补缺例限九十日,此缺奉准驳回更补部文系坐二十八年五月十九日行文,案照限减半计算,扣至七月初四日限满,应以是日起限办理。今于八月初五日选员请补,系在限内,并无迟逾。合并陈明。谨奏。①

同日,公又附片奏报毋庸查办广东屯田一事,曰:

再,准军机大臣字寄:光绪二十八年五月十四日奉上谕:有人奏,各省卫所屯田请饬清查缴价,以裕国帑一折。着各督抚认真清查,分别妥筹办理,等因。钦此。当经饬行钦遵办理。兹据布政使丁体常、督粮道周开铭会详称:查此次奉旨查办屯田缴价,原指漕运省分卫所屯田而言。粤东并非漕运省分,其旧设卫所之屯田于雍正年间归并各州县,征收钱粮汇入地丁奏销造报。此外各属沙坦因争讼不明归官召佃之屯田,亦于咸丰、同治年间陆续变价。光绪十二年又将前项屯田续变二百数十顷,一律升科纳税入额编征。是本省屯田先已变价归民,与有漕省分情事各别,似可毋庸查办,等情。详请覆奏前来。臣等覆查无异,除咨部查照外,谨合词附片覆陈。伏乞圣鉴。谨奏。②

是日,公又附片奏报缉拿参革知县丁墉,下部闻。曰:

再,据广东布政使丁体常、督粮道周开铭会详称:查有前任增城县另案参革知县丁墉征存正杂款银一万五千余两、米一百余石,迭催延未解

---

① 台北故宫博物院藏:《军机及宫中档》,文献编号:408003511.又,台北故宫博物院藏:《军机及宫中档》,文献编号:149867。
② 台北故宫博物院藏:《军机及宫中档》,文献编号:408003511-0-A.又,台北故宫博物院藏:《军机及宫中档》,文献编号:149866。

缴,复经勒限严追,乃逾限日久,置若罔闻,难保不无潜行回籍或私自离粤。若不缉拿查抄,诚恐库款无着,相应请旨将前任增城县另案参革知县丁墉严行查缉监追,查抄备抵。倘潜回原籍,即行拿解回粤追缴。

查该员丁墉,籍隶广西桂林县,除咨行缉拿查抄追缴外,谨合词附片具奏。伏乞圣鉴。谨奏。①

同日,公又附片奏报邢氏捐助善款一事,下部闻。曰:

再,士民捐助地方公用善举,数在一千两以上者,向准奏请建坊。兹据布政使丁体常详称:据琼州府文昌县详:文昌县人已故二品封职候选布政使理问邢定三,先于生前遵其故父二品封职邢运瑚暨母二品命妇女邢林氏遗命,于光绪七年捐过制钱一千串,充支本邑蔚文书院膏火;又,光绪十七年续捐洋银二千圆,为本邑新进贽礼印金之需,均交蔚文书院绅董收存,生息支用,请照章奏请建坊前来。

臣等查该封职邢定三仰承先志,先后捐助书院膏火等银一千两以上,洵属勇于为善,合无仰恳天恩俯准建坊,给与"乐善好施"字样,以昭激劝,出自逾格鸿慈!谨合词附片陈请。伏祈圣鉴,训示。谨奏。②

八月十三日,公会衔署两广总督德寿致外务部电曰:

顷英总领事照称:前因粤省拟办膏捐,许道到署面商,当将拟抽膏捐于条约未合决不允从之意,托许道转达。嗣筹饷公所同道出示准行此项新税,经详报驻京大臣。现奉札覆以曾奉政府谕令竭力驳止,此项膏捐并饬一体遵办。查《烟台条约续增专条》第三款内开:凡有运货

---

① 台北故宫博物院藏:《军机及宫中档》,文献编号:408003512-0-A.又,台北故宫博物院藏:《军机及宫中档》,文献编号:149864.
② 台北故宫博物院藏:《军机及宫中档》,文献编号:408003512-0-B.又,台北故宫博物院藏:《军机及宫中档》,文献编号:149863.

凭单之洋药运往内地之际,如货包未经拆开暨包上之海关并封记号、码数,均未擦损、私改,即无须再完税捐等项,等语。乃按光兴公司章程,洋药未到销场,无论拆包与否,先兴另抽此项膏捐。是此章程直与专条大为相背,请出示将此新设膏捐停止,及晓谕商人按专条照常营生,则足征愿联两国睦谊之情,并可表诚心为公守约章之意等由。查粤省前因摊筹赔款,所缺甚巨,据筹饷公所许道等详请招商开办全省膏捐,值土许膏,离土收费,并据许道声称于条约并无违碍,曾经详细咨呈在案。现英总领事以抽捐章程与条约相背,究应如何办理?许道现正在京,应请派令与英使商明,迅赐电示。模、寿。元。①

八月十六日,公致电外务部曰:

"愿"电谨悉。叶侣珊案,续据香山县禀,祗饬差往西瓜浦查勘弹压,始终实无禀差往澳门传叶侣珊之事。据差役吴茂稷当日查得叶侣珊居住澳门,曾托素识之谭安代询情形,并无多言,并未见叶侣珊之面,亦无到过宜安公司。如果实有传人之事,自有票据为凭,何不将差票扣留呈验等情。当以所禀尚属可信,复经照会领事,系在接贵部有电之后,已另文咨呈粤省。办理交涉,均系按约和商,并无不循礼法之处。合并陈明。模。铣。②

八月十九日,公致函外务部曰:

光绪二十八年七月二十日,接广州口美领事函称:接贵部堂七月十三日函询赛会总办巴大臣何时到粤等因,均已阅悉。查巴大臣准于七月二十二日即礼拜一日可抵羊城,闻伊切慕台端,诚欲趋谒,俟到时,本领事官自当先函约期,倘蒙饬知各商家于礼拜二日下午四点钟

---

① 中国第一历史档案馆藏:《电报档》,档号:2-04-12-028-0719。
② 中国第一历史档案馆藏:《电报档》,档号:2-04-12-028-0731。

至五点钟时前来本署晤会巴大臣,不胜感激。再,本国总统改期于一千九百零四年赛会业已布告,兹谨将该布告纸送呈查阅,附送赛会布告一纸等由。前来。查美国鲁伊城创设赛会一事,前接领事来文,以公历一千九百零三年五月一号起至十月一号止,陈设各处土产、新出什物,俾华商大获利益,请出示布告两广人等知悉。当经本部堂以各国赛会之事向章由驻京大臣将章程送总理衙门核明,咨行转饬办理,自应查照成案,咨请贵部查核办理,未便遽准出示照覆查照并咨行在案。接函前由,除札广东商务局传谕各行商董知照,俟巴大臣到粤,届时前赴美领事署晤商,俾可讲求一切外,相应咨呈。为此合咨贵部,谨请察照施行。①

八月二十五日,公致函外务部曰:

光绪二十八年七月初七日,准粤海关监督庄咨开:昨准咨查广州口西洋国穆总领事是否商充。等因到关,当经照会大关税务司查明见复。兹接复称:查西洋国特授广州口总领事官名高士达穆来思,系属真正领事,等因。前来。相应咨复查照施行,等因。到本部堂。准此,查前接西洋国穆总领事文报任事日期及承准贵部来咨,均经分别咨行查照在案。兹准前因,相应咨呈。为此合咨贵部,谨请查照施行。②

九月初二日,受代。

九月初五日,公致函外务部曰:

案查光绪十六年七月二十六日,准总理衙门咨开:近来各国在通商口岸派设领事,设立行栈,本衙门无可稽查,咨行饬将各该口岸现驻

---

① 台北"中央研究院"近代史所藏:《外交档案》,馆藏号:02-20-002-01-027。
② 台北"中央研究院"近代史所藏:《外交档案》,馆藏号:02-08-011-03-030。

各国领事姓名,并洋商、行栈各字号查明咨复,嗣后仍按季咨送备查,等因。嗣据惠潮嘉道先后按季开报,咨明察照在案。兹据惠潮嘉道饬据新关委员将光绪二十八年夏季分驻汕各国领事姓名并洋商、行栈各字号列折缴道,钞缴前来。除批饬嗣后仍按季查明开报外,相应咨呈。为此咨呈贵部,谨请查照备案施行。①

九月初八日,公以病势危殆,来日无多,口授遗折,曰:

头品顶戴开缺两广总督臣陶模跪奏,为微臣病已危殆,势将不起,沥陈依恋,感激下忱,叩谢天恩,恭折仰祈圣鉴事。

窃臣因病吁蒙天恩,准予开缺,满拟交卸之后回籍,静心调理,讵七月二十五、二十六两日,喘恙大作,吐血数瓯,并吐出肺叶一片,勉强支撑,至八月二十日交卸督篆后,病势益甚,连日饮食不进,胃气已绝,自问万无生理。

伏念微臣自词臣改官邑令,迭邀非分,滓列疆圻,待罪新疆、陕甘。前年,更蒙圣恩,量移两粤,事繁责重,本已竭蹶难胜,加以卧病经年,事多丛脞,既荷圣慈不加督责,复蒙矜全逾格,准予归田,高厚之恩,百身莫报。当此商约将定,大局甫平,一切应办事宜,无一不上厪宵旰,而微臣行将就木,神智已昏,诚不敢多所陈列。惟在粤两岁,深知粤东虚有殷富之名,实已民穷财尽,而迫于时势,仍不能不百计筹款,间阎益困,盗贼日繁,长此不已,后患正多可虑。惓惓愚忱,窃愿朝廷深加之意!

至粤西匪事,近闻势尚猖獗,而夏潦之后,又苦亢晴,晚造若再失收,办理恐更棘手。此臣夙夜疚心而瞑目难忘者也。臣受恩深重,报称未能,伏枕哀鸣,无任依恋感激之至!

谨口授臣子葆廉恭缮具奏,叩谢天恩。伏乞皇太后、皇上圣鉴。谨奏。光绪二十八年九月初八日。②

---

① 台北"中央研究院"近代史所藏:《外交档案》,馆藏号:02-08-011-03-035.
② 台北故宫博物院藏:《军机及宫中档》,文献编号:150419.

九月初九日子刻,公卒于广州行馆,年六十八岁,谥勤肃,赠太子少保。

同日,两广总督德寿会衔广东巡抚李兴锐致电军机处曰:

> 开缺两广总督陶模因病体难支,吁准开缺。七月下旬,咯血数次,病势增剧。八月二十日交卸后,未能回籍,暂迁行馆。九月初七、八等日,又复咯血数瓯,于初九日子刻身故。陶模在任年余,于两粤应办之事规画不遗余力,虽蒙圣恩迭次赏假,仍复力疾从公,夙夜匪懈,竟以积劳尽瘁,卸任未及二十日,殁于行馆。临危之际,犹以受恩深重,时事艰难,未能报称为憾,其忠荩实属出于至诚,绅庶寅僚,同深感悼!除将故督遗折及履历事实另行详细具奏,并饬司将身后事宜妥为料理外,谨先代奏。德寿、兴锐。青。①

九月十一日,两广总督德寿会衔广东巡抚李兴锐,奏报公因病身故并代递遗折,曰:

> 头品顶戴署理两广总督臣德寿、调署广东巡抚江西巡抚臣李兴锐②跪奏,为开缺督臣因病身故,谨代递遗折,并胪陈事迹,恳恩优恤,恭折仰祈圣鉴事。
>
> 窃前任两广总督陶模因病势不支,屡次陈请,荷蒙圣恩,准其开缺。七月二十五、二十六两日,咯血数瓯,并吐出肺叶一片。八月二十八日交卸督篆之后,未能起程回籍,暂迁南关外行馆调养。至九月初

---

① 中国第一历史档案馆藏:《电报档》,档号:2-04-12-028-0821。
② 李兴锐(1827—1904),字勉林,湖南浏阳人,诸生。咸丰初,随曾国藩剿办太平军。咸丰十一年(1861),以军功保直隶州知州,赏五品封典。同治元年(1862),保以知府补用,赏戴花翎。七年(1868),保道员。次年,保知府补用。九年(1870),补直隶大名府知府。光绪元年(1875),总办上海机器制造局,晋二品顶戴。十五年(1889),署津海关道。二十一年(1895),调补山东登莱青道,转天津道。次年,升长芦盐运使。二十二年(1896),署直隶按察使。次年,补授福建按察使。二十四年(1898),迁福建布政使。二十五年(1899),调广西布政使。次年,擢补江西巡抚。二十八年(1902),调广东巡抚,署两广总督。次年,署闽浙总督。三十年(1904),署两江总督。旋病卒,谥勤恪。

七、八等日，呕血大作，饮食不进。兹据该前督家属禀报：陶模于九月初九日子时身故，并将遗折呈请代递，业经臣等电请军机处代奏在案。伏查陶模由庶吉士改官县令，洊列监司，迭蒙特简，历膺疆寄。该故督秉性忠诚，制行坚卓，久在圣明洞鉴之中，中外臣僚亦凤相推服。臣等曾与共事，知之较深，不敢不撮其生平事迹，据实上闻。陶模初官甘肃牧令，其时回乱尚未大定，军务方殷，诸事草创，一切兴作以及征调供亿，皆苦心筹划，不烦民力。他如皋兰之清丈、秦州之赈饥，尤为实惠及民，百姓至今感之。一生事业实基于此。

官新疆巡抚，行省初设，强邻密迩，措置极难。回部坎巨提酋长为英人所逐，势将占踞，当时议者皆主用兵，陶模以属地固不可坐失，又不宜轻启兵端，独特定见，力排众议，经营年余，卒能另立酋长，安置妥贴，英人遂无异言。帕米尔在新疆西南，地势绵长，英、俄两国垂涎已久。英人主使阿富汗进窥苏满，俄亦增兵向色勒库尔。守边将帅咸有拼与决战之势。陶模审慎持重，相机因应，始得晏然无事。盖西边属地介在两大国之间，为乘机取势者所必争，稍有不慎，动起巨衅。惟陶模洞悉边情，处之最合。

乙未，河湟之乱，奉命署理陕甘总督，入关之际，甘、凉、安、肃等处防营早经东调，地面空虚，西宁悍回由祁连山间道出扰驿路，攻破水泉子等堡，甘凉提臣标兵败溃，民情大震。陶模所部只有八营旗，与地方文武力筹守隘之策，使回匪无可窥伺，河西四郡得以保全；并预筹军械、粮饷，源源接济，魏光焘、董福祥诸军赖此不乏。迨官军云集西宁、河洲，贼势穷蹙，悍党十余万，由青海出扰安西州。陶模预知其必出此途，调所部新军焦大聚①等邀击之于安西州南山中，贼大败挫，首逆奔

---

① 焦大聚（1849—？），江苏江宁府上元县人，行伍出身。同治七年（1868），赏六品军功。光绪二年（1876），以把总尽先拔补。次年，保守备。四年（1878），保都司，加游击衔，推补参将。七年（1881），保副将。十年（1884），加总兵衔。十五年（1889），保以副将留于新疆，尽先补用。十七年（1891），借补新疆吐鲁番营游击。二十一年（1895），署新疆抚标中营参将，统领督标亲军。次年，保以总兵遇缺简放，旋以提督记名简放。二十三年（1897），补授新疆伊犁镇总兵，署陕西河州镇总兵。二十六年（1900），擢新疆提督，兼署甘肃提督。先后赏加伟勇巴图鲁、胡松额巴图鲁勇号。

窜无路,遂入阳关迤西,荒碛无可掳掠,卒以就擒,党众多饿毙山间,关内外同告肃清。遂奉征兵调饷、不遗余力之褒旨,补授陕甘总督。综计陶模在陕甘边境二十余年,和解回汉,联合外交,专以培养抚辑为事。在西湘军大率左宗棠、刘锦棠旧部,皆能受其驾驭,乐为之用,其才实有大过人者。

光绪二十六年,陶模交卸在陕,奉调任两广总督之旨。该前督因在西陲日久,感患喘疾已深,自以时局方艰,受恩深重,不敢固辞,力疾来粤。时值和议未就,惠州匪乱初平,人心尚未大定。粤素多盗,近则会匪处处勾结。陶模手定清乡章程,实行缉捕之法,是以兴宁匪乱起,势甚为猖獗,而一月之间,即就平定。钦廉匪徒遍地皆是,陶模与臣德寿会商,力任明干大员,假以事权,卒使匪首先后就诛,余党分别剿抚,良民得以安业。肇罗所属新兴、阳春、东安一带山深地险,向为匪徒巢窟。陶模严劾缉捕废弛各员,并遣员督营缉办,两月之间,歼获要匪二百余人,地方以靖。此皆成效卓著、共见共闻者也。

海外闽粤各商,旅居日久,与内地官长情意不通。自会党窜迹,创立名目,结会敛财,受其愚惑者不下数万人,势将酿成大患。陶模派员赴南洋一带,及札新加坡领事切实劝导,晓以大义,词意恳切,各部商民为之感泣,于是闽商举人邱炜萱①首输报效,请除党名。经湖广总督臣张之洞奏蒙奖叙,各会因而漫散。其遇事能见远大,消患未萌,大率类此。陶模以时艰正急,首重人材,于一切新政尤注意于教育,大学堂、武备堂均先后办有头绪。虽病在垂危,尤复手裁函牍,商定规划。

至其生平学行,一以宋儒为宗,而又通达时务,无拘墟迂旧之见。

---

① 邱炜萱(1874—1941),字萱娱,号菽园,别号绣原、啸虹生,晚年自号星洲寓公。福建漳州府海澄县人。其父邱笃信经商南洋,成为新加坡巨商。光绪十年(1884),回海澄原籍,应童子试。二十年(1894),中式举人。次年,进京会试不售,遂无意仕途,以诗会友,创设"丽泽""会吟"文社,为东南亚华侨文坛领袖。后捐内阁中书衔。二十二年(1896),移居香港,后因其父去世赴新加坡,主家业。二十四年(1898),创办《天南新报》,鼓吹维新。次年,与林文庆合创新加坡华人女校。二十六年(1900),迎康有为来新加坡,并任保皇会新加坡分会会长,重金资助康有为。次年,在《天南新报》发表《论康有为》一文,与康决裂。后潜心著作写诗,被尊为"南侨诗宗"。晚年皈依佛门,著有《菽园诗集》《菽园赘谈》《啸虹生诗钞》等行世。

自奉俭约清德，为一时所称。于公家款项，尤不肯稍有糜费。律己甚严，而待人则宽恕；嫉恶甚峻，而爱才若饥渴。臣德寿共事两年，艰难同济。臣兴锐昔与同官畿辅，亦深佩其廉勤。此次该督虽因病去官，方冀其调治就痊，犹可备朝廷他日任使，不谓交卸仅十九日，竟以积劳尽瘁，赍志以终，士庶官绅，同声悲惜。臣等检阅其奏疏遗稿，忠言谠论，洞达体要，忠爱之忱、深远之识，实有古名臣遗风，尤不能不为国家惜此人也。合无仰恳天恩俯准从优赐恤，并将该前督事迹宣付国史馆立传，以彰忠荩。

所有开缺督臣病故日期并代递遗折缘由，谨合词恭折具陈。伏乞皇太后、皇上圣鉴。再，陶模长子附生葆莹，早故；次子分部主事葆廉；三子附生葆霖。长孙二品荫生善培，次孙善坚、善均、善膺。合并陈明。谨奏。光绪二十八年九月十一日。①

十月初三日，清廷颁布赐恤谕旨曰：

两广总督陶模秉性忠诚，清勤练达，由庶吉士起家县令，洊历封圻，在陕甘边境二十余年，抚绥培养，吏畏民怀；调任两广总督，办事实心，不辞劳瘁。旋因患病，迭次赏假调理，旋准开缺，方冀医治就痊，长资倚任，兹闻溘逝，轸惜殊深！陶模着加恩追赠太子少保衔，照总督例赐恤。任内一切处分，悉予开复；应得恤典，该衙门查例具奏。灵柩回籍时，沿途地方官妥为照料。伊子主事陶葆廉，着赏给员外郎。长孙荫生陶善培，着赏给主事，用是笃念荩臣至意。钦此。②

---

① 台北故宫博物院藏：《军机及宫中档》，文献编号：408003522-0；又，文献编号：150400。
② 中国第一历史档案馆编：《光绪朝上谕档》第 28 册第 266 页，广西师范大学出版社，1996。又，中国第一历史档案馆藏：《谕旨》，档号：03-5453-121。

同日,清廷又颁布祭文曰:

皇帝谕祭原任两广总督太子少保衔陶模之灵曰:朕惟书勋策府,廿年资柱石之才;总制岩疆,万里重麾幢之寄。期余龄之承眷,忽良牧之告徂,用备彝章,特颁奠酹。尔原任两广总督赠太子少保陶模,克端人范,早励儒修,曾入选于木天,遽出膺夫花县。平居即以天下为任,之官不将家累自随。迨幕画之旁参,遂州府之洊绾。行王阳之畏道,叱驭无惊;酌吴隐之廉泉,处脂不润。猷宣露冕,临洮留遗爱之称;政肃霜毫,戴斗佐祥刑之治。懋旬宣于分陕,重经略于筹边;方帅府之初开,有强邻之要挟。瓯脱纷争之际,申戒用刚;轮台罢戍之时,永言固圉。戢雄心于葱雪,慎诚志于苞桑。当河湟逆节之滋萌,正秦陇师干之晋总;李皋诣垒,能安反侧之心;裴度视师,遂有饱腾之乐。集兵力以寒贼胆,厚饷储以固军心。邀懋赏于肤功,被真除于心简。属当述职,抱疴偶至于滞留;旋值迎銮,奉命不遑于暇逸。际滋中外危疑之日,畀以东南繁富之区,爰资静镇之功,不袭卧治之意;厚培元气,宏奖人才,文章驱鲛鲫之波,廉惠靖鱼龙之气。营平为学,通知四夷;潞国晚年,精练庶务。乞身甫允,冀延余荫于桑榆;怛化俄闻,未遂归思于枌梓。遗章入告,轸悼良深。特晋崇阶,仍延世赏。勤于奉职,夙夜匪懈之忱;肃以正身,始终不渝之节。易名有典,制行无惭。於戏!文武兼资,正切倚畀于耆硕;忠清没世,遽伤凋谢于老成。抚铜柱而名留,荐雕筵而礼重。尔灵不昧,尚克歆承!①

同日,清廷又颁布碑文曰:

奉天承运,皇帝制曰:朕惟简贤作弼,爰资节钺之勋;考礼酬庸,聿重鼎钟之报。制南邦而尽瘁,历西徼而宣劳。用贲丝言,式光珉质。

---

① 陶模:《陶勤肃公奏议遗稿·卷首》,民国十三年(1924)兰州宣德堂刊本。

尔原任两广总督赠太子少保衔陶模,性秉忠诚,才优干济,早登芸馆,遽宰花封。二仆偕行,始下车于银岭;一钱不取,旋移篆于金城。卓行不彰,上州遂领。邽戎故地,崔衍但抚流亡;蒲类古都,韩滉惟持俭约。逮夫灵州被泽,贺兰留纪德之碑;都护旌能,正英奉增衔之诏。惟监司职专廉察,地重临洮;矧畿辅政属殷繁,秩隆陈皋。洎秦藩之简授,更晋秩之优加。许衣锦以归乡,增光祖兆;俾建旄而开府,用抚伊州。乃当强邻窥伺之年,又际莠匪肆行之日。帕米尔界连葱岭,拔汉帜以纷来;撒拉回势逼兰山,处胡卢而竞恐。惟尔筹边略富,坐镇风高。赵充国通知四夷,驰陈方略;张子房决胜千里,骤固军心。方面勋多,高牙命总。历雪地冰天之苦,旌旆千屯;极马腾士饱之欢,刍粮夹道。保河、湟四郡,克用简以歼渠;励吐、哈两藩,俾同仇而固圉。顾兹大局,资而老谋。既而力疾迎銮,衔恩度岭。石永以廉率属,州郡风清;吴琛惟德化人,猺獞两泣。务全国体,力筹外海之泉刀;不竭民膏,仍贷邻封之金粟。翳措施之允协,竟疾疢之缠绵。方期予假安居,颓龄或驻,讵料沉疴不起,良佐云徂。遗疏上闻,悼怀中挚,归赠重兼金之锡,分荣参亚保之班。既赐奠以饰终,复易名以褒美。奉命驰驱之节,宣力为勤;持躬圭璧之华,佐恭以肃。於戏!松楸勿翦,精魂归越水吴山;妇孺咸知,遗泽徧羊城象郡。文镌丰碣,色焕幽台,贻而后昆,钦兹休命!①

是年,谭钟麟八十一岁,张之洞六十六岁,魏光焘六十六岁,饶应祺六十六岁。

---

① 陶模:《陶勤肃公奏议遗稿·卷首》,民国十三年(1924)兰州宣德堂刊本。

附录

陶勤肃公行述

皇清诰授光禄大夫赠太子少保予谥勤肃头品顶戴兵部尚书都察院右都御史两广总督显考方之府君行述。

府君姓陶氏，讳模，字方之，号子方，浙江嘉兴府秀水县人，系出浔阳，先世以武职自汴扈从宋高宗南渡，屯守秀州，因家于城北之金桥，世袭将仕郎。德祐末，二十世祖菊隐公毁家勤王。宋亡，迁王江泾，筑忠孝堂，戒子孙弗仕，遂世居焉。

十七传至讳增，字洪山，是为府君之曾祖，妣氏杨。祖讳忠，字君谋，妣氏宋、氏吴。考讳源，字聿修，号菊泉，妣氏杨；兼祧本生考讳渊，字兢如，号羡江，妣氏高。三世皆以府君贵，累赠光禄大夫，妣皆一品夫人。

元明以降，陶氏族人繁衍贵显。吾家世为大宗，独鲜出仕，然代有隐德，乡里称长者。菊泉公昆弟幼失怙恃，孤苦伶仃，弃儒而贾。羡江公书法钟、王，学者叹弗及。雅好宋儒言，跬步不苟，每贾他所，归必购"朱子""小学"等书，持赠族党。族党以老儒视之。高太夫人恭俭静默，安贫若素。

道光十五年乙未八月十九日子时，府君生于王江泾小圩老宅。

六岁，菊泉公贾江北，尝于烈日中走沙滩，得病，归遽卒，属以府君嗣。府君自幼端重不佻，和顺受教，无俟长老督责。

九岁，读书沈藜阁先生家。先生之兄领乡荐，报至，观者杂沓，同学诸人皆散走，府君独危坐至夜。

既成童，沉毅异常人，事亲尽孝尽敬。无昆弟，有两姊，敬事之如长兄。

家贫,乏僮仆,担负之役,皆身兼之。羡江公渴欲府君读书,顾无力供束脩,戚友咸劝阻。府君益发愤,蚤起料量米盐菽水,入市鬻缯买丝以归,乃读书。向夜奉书,就高太夫人织机旁,借灯光以读。为诗文,腹稿既定,操笔立就,虽从师数人,未尝点窜。

咸丰六年丙辰,补县学生,不屑屑举子业。百家、经史之言,靡所不探讨。又谓祸乱之基,由于人心不正,空言文章、经济无用。时平湖顾访溪征君(广誉)①、震泽陈子松茂才(寿熊)②、吴江沈南一孝廉(曰富)③,以道义相期,尚学兼汉宋古文,直接方姚之门,府君并师事之,尤重身体力行,敛才就范,力务阁修,不肯侈腾口说,伐异党同,袪近世讲学家虚憍之弊,所诣日粹。

十年庚申夏,发逆大至,老屋灰烬。羡江公被执至苏州,府君掳入嘉兴南门贼营。贼中有同里人,语其酋,谓陶某书生也。酋欲委以笔札,死拒勿从。酋怒,责令碾米、劈柴,困苦之,凡四月。群贼往攻湖州,胁府君登舟。府君乘夜操楫,入支港走免,绕道嘉善,乞食于野,风餐露宿,数日始得家属于秀水之卜家浜。羡江公已先凫水脱归,高太夫人忧悸病亟,适于是日卒。府君辟踊哀号,痛不欲生。贼又窜至,仓卒殡殓,奉羡江公走他村。

同治元年,转徙至江苏之盛泽镇,忍饥读书,不顾非笑。贼来则走匿芦港间,贼退则返,十余日,仍一剃发。羡江公弃养,乱离之际,医药、棺衾均未能从志,府君终身以为憾。

明年,复徙南汇县之新场镇,中途舟小人众,先母施夫人在舟触疫,登岸遽卒。寓庐破坏,不蔽风日,借贷营殓,艰苦万状!先兄韫臣生甫四岁,

---

① 顾广誉(1799—1866),字维康,号访溪,浙江平湖人,优贡生。咸丰元年(1851),举孝廉方正。以乱,未赴廷试。著《学诗详说》,用力至勤,成《四礼权疑》八卷,为一时宗匠。同治五年(1866),卒于上海龙门书院。著有《悔过斋文集》《学诗详说》等行世。

② 陈寿熊(1812—1860),字献青,子松,江苏吴江人。成诸生后,与同邑沈曰富师事姚椿。学本程、朱,兼综汉、宋,尤精研《易经》,亦能诗。咸丰十年(1860),兴办团练,兵溃被创,后不食而卒。著有《静远堂诗文集》《周易集义》等行世。

③ 沈曰富(1808—1858),字沃之、沃子、南一,江苏吴江人。早岁先后师事方垌、张履、顾广誉。道光十九年(1839),中式举人,赴会试不售,遂淡于仕进。治学以程、朱为主,兼综汉、宋。为文本桐城义法,细致慎密,语言质朴。亦能诗词,多磊落不平之气。咸丰八年(1858),卒于里。著有《受恒受渐斋诗文集》《当湖弟子传》《夏峰弟子传》等存世。

不孝葆廉一岁失乳,府君以干饭饲之,保抱拊育,父兼母职。时难民偷渡贼卡,婴儿有哭者,辄弃水中。不孝葆廉之濒于弃者不一,府君多方藏匿,得幸活。

明年,乱渐定,又居盛泽,以授徒糊口。

越两年,家母王夫人来归,始得分内顾忧,然犹身亲劳役。不孝葆廉五六岁时,见府君每晨挟筐入市,归则诣河干担水毕,然后挈先兄及不孝葆廉入塾,迄今犹历历在目也。

四年乙丑,食饩。

丁卯,举于乡。

戊辰,成进士,改翰林院庶吉士。

明年,葬先世未葬者十余丧,治墓惟择燥地,深埋实筑,不泥堪舆家言。

辛未,散馆,改授甘肃文县知县。府君自京师贻友人书曰:先闻当选广西罗城,自忖设得此,未知视于清端何如?今乃得文县,又未知视罗城何如?时陇右回乱未尽平,戚友皆有戒心。府君毅然挟二仆西行。

十一年六月,谒督帅左文襄公于安定县军次。

七月,随节至兰州省会。

八月,奉檄赴任。文县距省二十二程,过秦州,遇溃勇阻滞;入阶州境,危崖深涧,无咫尺坦夷。文县古阴平,道尤险,间有铁绳悬渡,行者怵为畏途。府君策骑竟过,不少恇怯。

十月,到县治所,在万山中,汉番杂居,地险而瘠,念非刻意俭省,必不能寡取于民,遂不聘致刑、钱、书、启各友,以一身任之。旧有胺削之政,革除务尽;清理宿狱,厘剔奸蠹;微服诣郊野,究切利弊;禽治巨盗,辄以身先。健盗马骏花者,曾劫厘卡,道员某率兵四营,捕之不得。会骏花村中演剧,府君掩获其父子兄弟。骏花诣县自首,为请于上游,贷其死,令作线勇,境内盗风顿革。俗信鬼,相传有猫神者,奉祀若狂,不则为祟。府君焚其像,笞其巫,设义学数十处,化喻愚民,一轨于正。数月之后,循声大作。

十二年夏,调补皋兰县知县。皋兰为省治首邑,时河湟巨憝未灭,大兵络绎,县令苦供亿。回酋闵殿臣叛,河州镇总兵沈玉遂、提督张仲春所部湘楚各军不战而败,河州、宁河被围,省城大震,文武群官集总督衙问计。左公外示镇静,然以征调援兵为要策,车马粮刍,一责县令储备,急于星火。府君穷朝昏擘画,多方应付。士卒有毁民屋为薪者,许由县官赔偿,勿得聚哗,以故兵行如流,事无滞机,省城赖以大安。左公手书与人,屡称府君贤能。

光绪元年,甘省初分乡闱。自辟地建屋,以至试事之毕,无问巨细,皆躬自经纪,一丝一粟,不以扰民。应购器物皆先与白金,浮于所值。商人咸谓:自来官民交际,无若此体恤者。兵荒后,田赋凌杂,固由民多流亡,而绅士隐占、飞洒诸弊亦所不免。行视原隰,依算法步量之,赋少增,仍未足旧额,绅士有憾者,穷民实德之。府君不畏强御,营弁恣横者,大官仆从滋事者,惩艾之,弗纵。

是年冬,补秦州直隶州知州。秦州故陇南沃区,乙亥、丙子连岁告歉,陕甘各郡邑亦同苦大旱,饥民流徙秦州者数十万。府君为广度栖止,分设粥厂十余所,躬诣富厚之家,酾金振施。自捐累年俸廉及州署故有进款,凡四万余金,不足则称贷以益之。遴聘贤能绅士,区分经理,土、客饥众皆赖以全。复修养济院,扩增义学田租、恤嫠经费。州南藉水啮城埤,捐廉筑堤三百五十丈;隙地之洼者,浚为池,植芙蕖,蓄鳞介,取其利,以资岁修。其坦夷者,栽树十余万,夏秋密荫蔽日,州人以为游憩所,目曰"陶公堤"。府君常诵曾文正"居官以爱民为本"之语,日以小民疾苦为念,巡行邨落,必策骑往,谓舁肩舆且五六人,稍不措意,便扰民矣。其仁民类此,小民相告,语谓陶公盖浙西富家,不然何廉惠若是? 民为立生祠,府君知而撤之。

五年六月,摄甘州府知府。地处冲衢,民力凋劂,所辖一厅二县,藉口上官陋规,取偿于民。府君一切却除,月仅得半分养廉银七十余两,别自营借二百两,始敷日用。然仍捐赀修明伦堂、昭忠祠。

新疆初恢复,左文襄欲得贤牧令,以抚辑之。奏称陕甘两省知州内,可任迪化州者,无若陶某。迪化孤悬塞外,屯重兵,旧例必用满员。以汉人为知州,自府君始。

府君豫计到彼不能用百姓一文钱,爰举数年之债以往。玉关以外,率数百里无人烟,浮沙傅面,不可辨识。沙由口鼻入者,沾滞咽喉间,往往欬吐一日。至格子烟墩,已终朝未食。茅屋为客兵据,乃倚荒阜煮面,露坐环食。有顷,大风起,挟沙石、马矢,杂堕锅中,从者泣下。府君食已,徐步登车卧,不以为苦。

六年四月,到迪化州任。大乱之后,城邑邱墟,善后万端,不啻创始。抚遗黎,来商贾,安置屯户,和辑土、客、汉、回军民,朝暮走风雪中,不敢自暇逸。迁筑乌鲁木齐满城,重立祠庙、公廨,在北庭逾两载,百废具举。以修城劳,加盐运使衔。回乱时,其地满人无孑遗,汉民百不存一,至是城乡汉民一千九百余家,家只一二人,多秦、陇、湘、楚、皖、蜀人之为兵及为工商者。城乡回民一千七百余家,皆原籍秦、陇,并杂有南路之缠头回。其中受地而耕者,合汉、回才一千五百余户,男众女寡,或一人报一户,或二三人报四五户,户占地百亩至数百亩,播种者不及三之一。累易其处,卤莽灭裂,岁歉则弃而之他,岁丰则以麦易银,还入塞,人无固志。上官委员以部尺丈量计亩,绳以文法,民益却走。府君谓经画穷荒,讵可拘成格?乃准《周礼》一易再易之制而变通之,令民以二亩作一亩,上地亩纳粮八升,中地亩纳粮五升半,下地亩纳粮三升,并暂以六成征收,六年后依定额纳粮。禀请左公允行,边氓始稍稍有久居计。

七年九月,特旨擢宁夏府知府。

八年秋,返甘肃省城,充乡试内监试,未及赴宁夏。

九年正月,权知兰州府事。

才两旬,擢兰州道,故事兰州道管茶务官新易,则茶商所领引票,无论有无积压,必责令多领新票,官与吏藉此得规费。府君不以是窘商人,又兼综全省厘金,谆谆以顾恤商艰戒属吏,不以私意更易委员、司事、巡丁,曰:恐病官,即以病商也。府君初谓宦辙无定,所携家属则多累,且虑沾习气,以故孑身在外。至此已十二年,先兄始驰往省视。

十年十一月,摄按察使。

明年九月,迁直隶按察使。先兄以水土不服致疾,将行而病剧,竟于是年十二月卒于兰州之皇华馆。府君恸之。

十二年三月，入都陛见。寻至津沽，随醇贤亲王阅兵。

五月初二日，接直隶臬篆。燕冀民悍，刑狱繁剧，数倍各直省。府君综核名实，乃益瘁于他人。不孝葆廉、葆霖奉家母航海往省，私幸府君精力沛乎有余，若忘所任之剧也。保定藩库支绌，而各官旧有津贴颇优，布政使松椿欲裁之而有难色。府君先裁臬署津贴为之倡。

十四年三月，迁陕西布政使。

五月，入都陛见，乞假一月，省墓。

六月，航海南下。时家属犹寓盛泽。府君至盛泽小住，安步里闾，存问戚友，尝云："某少时期得为教官，今不意遽跻非分，报称愈难，心滋惕焉。"府君仍不欲家属同往任所，不孝葆廉坚求随侍，乘轮舟至汉皋，取道襄樊，溯丹淅，逾商雒。

十月初旬，抵长安，即护理陕西巡抚。

十一月，莅陕藩任。

十六年正月，复权巡抚。

闰二月，还本任。

省南孝义、宁陕江口等处，山田硗瘠，频年告祲。府君累筹拯救，不拘成例，必速必厚。朝邑城外黄河西徙，将夺洛并渭。广谘熟于河工者，筑坝数道，挑溜使东，以障西岸。华岳之下，沟渠淤填，遇雨则淹没华州、华阴驿路，灞水淤沙亦日高。夏秋涨溢，辄坏田庐、桥道，饬有司以时疏浚，筑堤防治道途，劝勉将士通力合作。商州、丹水为商贩孔道，而巘石奔流，险滩相望。属知州事李素等凿修纤路三千五百余丈，捐银以倡。会典馆咨取舆图，府君虑各牧令以己意为之，不能划一，设舆图馆于署中，订定简明章程，集聪颖之士，讲求测绘学；刊书、制器及膳修、仆马等用，皆捐赀经理。陕西乡闱领款，依旧例不足用，杂市百物，半令商人供应，名曰支差。府君别为筹款，绝支差之弊；提倡士林研究实学，士子有留意当世之务，暨治畴人家言者，多方诱掖奖劝之。重修明儒冯恭定公祠宇，疏请列祀典，以正学风，示秦人。

是年十二月，以筹解新疆饷议叙，赏给头品顶戴。

十七年二月,诏授甘肃新疆巡抚。寻以筹助江南振捐议叙,复赏给头品顶戴。

四月,遵旨入觐。

六月十三日,陛见。

七月初旬,请训陛辞。

十二月初七,至新疆。是行也,触暑而东,冲寒而西,奔走万一千二百余里。新疆省治迪化府城,当腾格里山之北、博克达山之西,终年积雪,虽盛暑晴日,庭有飞霰。冬令,坚冰在须,纳气奇冷,刺喉似刀,口、鼻、手、足、指,往往有皲瘃裂堕。

行省初设,百端丛脞。府君辨色即起,与属僚论事,声彻别院,日晡不得食。灯下治文书,必至三鼓。不孝葆廉请节劳,则谕曰:余尚健,毋过虑。然自是届冬令,渐易咳嗽,盖积受风沙伤肺矣。抚新疆逾四载,凡所施设大要在安边息民,其尤注意者十数事。葱岭山西有帕米尔者,即唐人《西域记》之波谜罗也,西邻什克南瓦罕,东距疏勒州约一千四百里。乾隆二十四年,将军富德穷追回酋一至其地,立碑,以清、汉、回三种字,勒御制文焉。然称之为叶什勒库尔,未明言"帕米尔"三字,公私图籍亦罕有著录者。布鲁特回族有其地游牧,插帐不常厥居,曰"大帕米"、曰"小帕米"、曰"苏满"等,凡十数区皆山间石田。嘉、道以来,疆吏久不顾问,御碑亦不知于何年湮没。咸、同以后,如哈萨克斯坦右、中各部,俄人取以设图尔给斯坦、斜米、七河等省;浩罕八部,俄人取以设费尔干省,甚至塔尔巴哈台城西之旧雅尔城、阿克苏北境之察林河卡伦同就沦胥。我当事者未发一言。俄人之视帕米尔,犹夫前日之哈萨克、浩罕等也。

葱岭东南有坎巨提者,一名"乾竺特",其都城曰"棍杂",与哪格尔隔水相望,在莎车州西南约二千里,岁贡金一两五钱,后又纳贡于克什米尔。坎民贫而多盗,其酋纵令侵掠邻部。英人责言。光绪十四年,私立约与闻其国政,并假道修路。英使臣牍告我政府,坎酋又交通于俄,其西北可通帕米尔。

十六年,英使臣以剖分帕地请。政府恐启俄人之争,拒弗许。府君莅任之前数月,俄兵侵入帕境,为扩浩罕牧地,兼通道印度计。英人亦侵入哪格尔及坎巨提界,为固北印度边境计。

十一月,攻破哪、坎两部。哪格尔,曾修职贡、谈掌故者罕知焉。坎部之为藩属则人人知之,于是京外议者为帕米尔、坎巨提事,争言与俄、英开衅。府君谓:能戡土匪之将士,未足以御强敌,军中所资百物,必运诸内地及滨江海各省,数月乃达,而俄境铁轨已至萨玛尔干,英属铁轨已至北印度之劳尔,迟速迥殊;又新疆南北路与俄地犬牙相错者,几五千余里,虽增兵十倍,不敷防守,且俄若以轻兵由斋桑斯克走布伦托海,犯镇西、哈密,即可梗我咽喉。当此民穷财匮之际,尤不可轻言战。惟购置机炮,推广电线,饬边将简练军实,慎固封守,振抚哪、坎流民,羁留坎主,毋令走俄;具牍与俄费尔干巡抚、英印度总督,据理力争,时时咨商总署,争于俄、英二使;又请驻俄使者许公景澄、驻英使者薛公福成,争于其外部。俄曰防英,英曰防俄,纵爱我亦不能遽释也。俄人又谩言兵未至郡县境,争御碑则碑久仆,争地则旧图未载,争界则光绪九年分界大臣早以乌孜别里山为准,而万山崔嵬,又罕知孰为真乌孜别里。英人则谩言坎部服属于克什米尔已有年。英兵伐哪,语坎人勿助以兵。坎人勿从曲在坎,且坎主赛必德艾里汗弑父虐民,掠卖英属人口,罪当讨。

十八年春夏间,俄兵筑垒于让库尔及六尔阿乌。英官唆使阿富汗国人遣兵至苏满、波孜纳,皆帕境也。阿王贻书边将,谓此本什克南地,今牛部服阿,当并归阿人,故发兵以侦俄,毋与中国事。新疆文武多湘人,咸愤激,谓巡抚不肯战示弱。时喀什噶尔提督董福祥频与俄领事忤。府君多方维持,谓属地当争,边要当守,洋操当习,兵衅万不可开,备豫不虞,徐俟转圜,毋以小忿遽启大衅,有罪则某一人当之!我军远驻布伦库尔、色勒库尔、塔敦巴什等处十余营,仅足屏蔽疏勒西徼一二门户,所屯处距城邑数日程或十余日程,小径不通车辙,以骡马千数百匹驮负粮刍,费数石而致一月耗巨万。衅端一启,则边界宜守者十百于此,增兵益饷,徒竭民脂。府君不恤忍辱含垢者以此,而边地卒赖以安。

五月,奏请废黜坎巨提旧酋,逮至省城,令其弟买卖提艾孜木率会民归部。

七月，委游击张鸿畴、知县田鼎铭至坎部，会英人及克什米尔国人，立买卖提艾孜木为酋，谕令镇抚部民，守我藩服。惟俄兵在帕忽增忽减，用意叵测。政府与俄使议边界，卒未得要领。

十一月，府君具疏自劾，略谓臣才不足以绥边，恳立予罢斥，迅简贤员，将臣发交新任抚臣差遣，仍当勉效驰驱，不敢饰词趋避，云云。疏入，未蒙俞允。帕米尔雪山深阻，苦寒不可耕，又窎远，得之不能设官。廷议及许、薛二公金谓俄得帕地，损我轻而损英重，我得帕地，增兵转饷，岁费不支，疲我力以固英圉，亦非胜算，议作为三国瓯脱，各不占据。英人以为然，俄独不愿，于是陈兵相持，累岁不解。边营沿湘军制，强半用大旗、长矛、宽袖号衣密排直立，不啻为敌人树鹄。府君招致明于德国兵法者，教习新操；于抚署练幼兵百余人，兼课浅近文字并测算诸法，递推之各营。平日见将弁，必语之曰：各国武官皆晓溥通文字，故能谙兵法。公等年已长，不及学，惟望习劳苦，爱枪械，仓猝有事，则挖小沟隐身，伏地发枪，或不至遽奔。宿将狃旧习，心以为迂。后中东之役，军士由辽沈走归，具述倭人挖沟伏地状，一如府君言。府君以候补武员投闲无事，令习枪炮，浃旬必亲校之，奖以白金。又病武员不知械器精理，则劝文员习之。今新疆巡抚潘公效苏方知迪化府，每集校场，潘公帕首持械，首先发枪。府君益运致津沪新书论兵法者，分赠寅僚。又以刊板不分句读，武员不能解，则令数人圈点之，冀彼幕宾、书吏代为讲说。其苦心类此。

新疆种人杂处，满蒙汉民，内地流徙之汉装回，土著之缠头回，半耕半牧之哈萨克、布鲁特，族类既判，争讼滋多，而华洋交涉较沿江海诸省尤烦冗，盖津沪各埠洋商多富厚，罕与贫民镠辂，而中俄接壤处则皆哈萨克、布鲁特各族。哈族属俄者逾十之九，布族属俄者十之五，衣服、言语皆如故。一邨落内有华籍者，有俄籍者，甚或一家之中半华半俄，一人之身忽华忽俄，亘数千里皆如此。争地，争水草，争牛羊，财物细故，睚眦小忿，健讼无已，积牍如牛毛。其贫而悍者，流为马贼，越境互盗。又，陕西汉装回之逃居俄地者及费尔干省各缠回入华境为商者，与华属回民异国同教，朋比为奸，洋律、华律互有宽严，洋官又易偏听左袒，令得避就，缓之则纵恶，急之则动碍邦交，操纵之艰，数倍于东南各省。

初，俄人借我巴尔鲁克山，俾所属哈萨克居之，以十年为期。其山广袤数百里，有林木水草，为塔城厅西北屏蔽，俄人有久假意。府君屡请政府及早索取，又商之将军长庚公往复辩论，逾年始如约。俄商贩洋货至新疆各城者，初谓道远民贫，未易获利。光绪七年定约，暂不征税，俟商务盛，乃定税则。然塞外寝兵已十余年，俄设领事三员，商贾日多。浩罕、哈萨克等人非洋商，物非洋货，以隶俄故无税。英人虽未定新疆通商之约，而格里格提、克什米尔、拉达克、阿富汗诸国自昔与我通商，今以附英故比于英人，冀援俄例无税。印度总督委员常驻疏勒，亦比于领事。都计南北路出入货价，约岁值三百万两。府君议收洋税，俄人梗议。府君谓如是则独困吾民，乃奏请暂免新疆通省厘金。

缠回文字横行，语言鞠䩄，汉官膜视为异族，加以万里远来，负债累累，救贫不暇，遑言恤民！府君于贪虐者即予劾罢。平日晤司牧之官，必与论小民艰苦状，宜约束子弟、仆役暨译者，勿任蒙蔽。缠回虽异服异言，同是朝廷赤子，今改设郡县后，吏治未胜于昔，何以对斯民？缠俗市集七日一次，不识华历，又不知衡量。汉人欺其愚，重利放债，息逾于本，至卖妻鬻子。府君禁止汉人放债，依内地人民不得与土司交往借债例治罪。回疆各邑遍设义学，师徒相语，迻译始解。文字尤格不相入，缠俗素不学，童稚牧羊，跳荡自嬉，不乐就塾，官长劝谕其子弟入塾，必给以钱谷，令左右邻助纳租赋，始肯勉从，目为当差，数年而毕，不问其功课如何也。塾师拘俗见，令缠童作破承起讲暨试帖诗，月报于官以炫能，实皆塾师自为之。师多湘人，缠童学湘语，仍不能与陕甘人晤言。府君属有司，勿概以湘人为师，别订义学章程，严督塾师译人，教汉语，识汉字，删除虚伪，期于切近致用，导以孝弟、忠信、修身、敦行之道。

新疆自寇乱后，南北路各城十九重筑，当事者蹈故常，为高楼易受炮火，雉堞间不容横肱，堞孔窄小，无从施枪。府君叹为浪掷巨款，省城之上未有兵房，风雪中无憩足处，令补作兵房十五所，檐牙卑于雉垛，使城外不可辨视，于房中置炮孔而掩之。寻修筑奇台县治之古城，亦令依此为之。闻者以为怪。府君方病财力绌，未能用欧洲台垒新法。府君尝言，今日当与地争利。派员探求矿质，如济木萨之铁，喀喇沙尔之铅，达坂城、温宿、拜城之铜，绥来、库尔喀喇乌苏、噶斯山之金，迪化之石油，靡弗劚斫。罗布淖尔即《汉书》蒲昌海，唐人《西域记》之纳缚波，音转为罗布。今此泽淤填日小，左右荒沙无垠，缠回悉以罗布之名概之。南北广一千余里，东西袤二千余里，唐宋以后旷无人烟。府君以新疆中权亘此荒碛，赴疏勒、于阗，道益迂绕，欲于敦煌以西辟一捷径，选委华、洋人员，由阳关及焉耆分路而进，随在测绘，随在察矿，一年毕事，自是新疆之南，青海、西藏之北，噶斯乌兰达布逊、阿耨达（缠回称阿勒腾塔克）、托古兹尼蟒，依诸大雪山之阴，迂回出入，凡得新道路，新山溪，新地名及金、铁、煤各峒，以数十百计，皆官私图志所未载。以大碛乏粮，转运艰阻，购机无资，矿学又罕通人，工作未能大兴。而沿途所觅，某处碱卤不毛，某处有水草可牧，某处有土可耕，一一详载案牍，后之任事者可按图而索已。

先是魏公光焘经营罗布淖境屯垦事，在迤西塔里木河滨。府君益拓其南及东南，谘土俗，按图书，谓蒲昌海北四百余里之都纳里等处，盖即郦氏《水经注》所谓龙城姜赖之墟也，奏请筑小城，以安固侨民，名之曰蒲昌。又谓海南一百四十里之卡克里克有古城遗址，甚巨，其东一百里密阮，其西二百里凹石峡，均有古废城，盖即《新唐地志》所谓海南岸之七屯城、汉楼兰国鄯善城、弩支城各地也。奏请于卡克里克设屯防局，招致无业回民，徙居之，俾千岁穷荒渐成村落。近时新疆巡抚饶公应祺增立新平等营县，正府君所尝规画者也。

董提督福祥部卒观剧，殴伤俄领事之书记，俄政府责言请重惩营官，就领事署鞭犯事之卒。府君许，令本营鞭其卒，电嘱喀什道员偕统将至领事处谢。福祥以耻辱辞。府君谓：军无纪律，斯可耻！平居未能见重于人，无端殴辱人示威，犹可耻。坚持之令必从乃已。此皆府君安边息民之大意也。

二十年正月，诏各省文武大员进京祝嘏，福祥与焉。府君电商督部杨公昌濬,拟会衔奏留,杨公不可。越数月,府君以边防紧要,奏请俟祝嘏礼成,即饬董福祥回任。或疑福祥可大用,何骤沮之?府君谓:列国竞争,固宜尊视武员,然非所语于悍鄙之人。今实少将材,此辈当令常受疆吏节制,砺其廉耻,以朝廷德威操纵之,庶几勉就范围。提镇在外,视京师贵人尊严如在天上,使久居辇毂,将一切易视之,日即偃蹇,时发大言以自炫,耳食者信为可任,且酿意外祸,能速出京,正所以保全之。然时论以福祥为柱石。

九、十月间,日本衅作辽沈,各军败绩。福祥募十营备战,以乏械电告府君。府君意福祥必不出战,而托词正大。新疆军储虽寡,不能不先其所急,借给后膛新枪二千杆、药弹六十万丸,委总兵谢典礼等率马队一旗,雇橐驼由蒙古草地运至京师。福祥既成军,迄未东出御敌。陕甘无赖,迭经召募,又无恒心,忽去忽来,讹言蜂起。河湟回族知燕齐戒严,乘隙蠢动。

是年冬,新教旧教互哄,继则合而抗官。

二十一年三月,撒拉回破积石关,围循化城。

四、五月间,河州逆回闵伏英、马永琳相继揭竿,陷汉民堡寨数十,攻狄道河州城。而西宁逆回韩文秀、刘四伏,大通逆回包良等各拥众数万,四出焚杀,巴燕戎格、碾伯各属莠回在在响应。固原提督雷正绾、河州镇总兵汤彦和平居好结纳,负巨债,其下不任战事。彦和既与回酋约和,复袭之以弋利,覆没于起台堡。正绾至河州,兵少械劣,被围于河州城内。回势益张,旁扰岷州、巩昌。而东路海城回匪戕官劫狱,亦走合于河州。府君以甘新唇齿,遣提督苏贵兴等驰赴金城、湟郡,就地募三营,至巴燕戎格助战;电商杨公奏请饬董福祥西来援剿。

六月,平番县回亦变,勾结西宁回,据岔口、武胜等堡,掠及古浪、山丹,仆电木,毁驿站,于是河西四郡文报不能达于东路。甘州提督,肃州镇、道以下频乞援于新省,有事则以电信取决。府君由俄境电线电请译署代奏,谓甘肃回氛日亟,驿路梗阻,陕西、新疆回族均叵测,董福祥各营恐尚不敷,况马队仍多回子,与其糜烂而谋大举,不如早以全力图之。寻奉电旨添派马心胜、牛师韩两军。

七月,回贼陷大通县。贼党私议,如所谋不成,即循白彦虎故辙,西窜新疆塞外，故硗确一切仰给内地。今饷道既断，人人危惧，镇抚辖境，已非易易，况又兼顾邻封。府君于无可设法之中殚心筹画，电商伊犁将军、镇、道、喀什提督及各道，就南北路抽调将卒，令前古城营游击罗平安以马步三营旗增防哈密，补用提督牛允诚以三旗助守安西、玉门，总兵赵有正以四营旗进驻肃州，互为声援；委候补道潘公效苏为东防营务处，驻哈密，就近与诸将吏商榷防守。在邨落则劝团练，储刍粮，为坚壁清野计；在荒碛则择要处，掘长沟，叠短墙，以阻冲突。伊吾、酒泉首尾二千里，为两省通衢，寥寥十余营，勉力布置，尤苦竭蹶。关内回酋广遣党羽，潜出关，扇动新疆诸回。

九月初四夜，绥来县城内逆回托昌等放火为乱，戍哨弁，幸城外汉回民团先已整练，援贼隔绝，得即扑灭。府君檄总兵徐学功、游击焦生有等率马队，驰往弹压。迪化省治莠回亦蓄异志，约期举事。府君严密防范，从容镇定，侦知反侧子与牙役通声气，爰选亲信戈什哈，授以机宜，悬重赏，擒得奸回为首者杨进栽等六人，置之法，余悉不问。人心大定。

十月初旬，甘州提标马步两营由山丹县东进，疏通大道，至水泉堡，遇贼千余，大败，新疆折弁林进福亦随队阵亡，水泉堡陷。于是张掖岌岌。赵有正一军甫抵肃州，客军势孤，不便深入，而甘州文武累电乞援，不得已电嘱有正进驻甘州。府君复由俄线电奏云，迭接署甘州提督张永清电称，永昌被围，标兵挫折，嘱代奏请加派大军进剿，兼求新疆急援，已派赵有正四营往援；驿路久阻，新疆折报拟由蒙古台站行走，请旨饬科布多等处接递。二十一日奉电旨，甘州紧急，该抚拨营往援，实为力顾大局。此后折报取道蒙古，自是正办。惟台站安设不易，是否可行？当令科、乌等处照案举办。陶模现署甘督，疏通饷道为第一要义，如再带数营入关，沿途剿抚，更资得力。盖十月初四日已有旨，命署陕甘总督。凉州道梗，京电未达，至是由俄境传电，始知早被恩命也。

府君奏陈惶悚下情，恐才力不及，恳别简贤员接署甘督。时闻董福祥所部甘军已渡洮，魏公光焘所部湘军将至湟水。府君计东路兵力日厚，贼且蜂拥而西，不必循嘉峪大道，或出合黎左右，逾北漠，可直达伊吾、蒲类；抚臣由驿南行，而后路空虚危道也。乃议俟迪化镇西防务周匝，然后启行；

俟哈密防务周匝，然后移师履甘境，入安西、玉门而东，步步缜密，藉杜后患。至甘凉时，如贼势盛，则约甘、湘各军夹攻；贼势衰，则分兵南逾祁连，由间道进规大通。计既定，令提督张怀玉、范如松，总兵叶三春、徐学功、项鹄，参将江耀龙等，募马步数营，分守天山北镇迪二郡根本之地。而天山南哈密迤东之塔尔纳沁、东北之图古里克皆有歧途通肃州，电嘱哈密文武于沁城等处集土民，雇猎户以守。凡漠中僻路有水草者，皆扼要隘，远哨探；电嘱肃州镇田在田于酒泉直北毛目城、王子庄各路守望，如哈密以贼骑不得偷渡漠北为功。贼游骑数队横出驿路之北，循边墙西行，掠抚彝北境各堡，窥漠北虚实，知有备，乃引归。府君于是就抚、提、镇标各属旧伍内，简择分并，编为亲军马步八营旗，亲率以行，营务处潘公效苏、升任吐鲁番游击焦大聚、古城游击罗平安、参将金兰益等为管带官。各营檄调，动逾千里。

十一月十七日，交卸巡抚关防。

十二月初四日，启节。自喀喇巴尔噶逊逾腾格里山，涉沙漠，中绝少井泉，分队递进，仍不足汲饮。担负冰块，锤而煮之，味咸苦且涩。不孝葆廉以棉絮裹萝卜，备途中解渴，则皆冻如铁石，不可啮。久饮恶水，士卒多病。府君是时已患气喘，然日晡下车，必周视各帐，拊循将士，以电线行机探询前敌军情，即拟防御机宜，密告各城邑将吏依法布置，羽书猬集，伸纸判答，恒逾丙夜。师行八日，至吐鲁番城。回王玛木特自所居鲁克沁来会，勖以大义，俾固结良回，消弭奸宄。

岁杪，至哈密休养病卒，驻十余日，巡视汉、回二城，缮完守备，较阅主、客各营，演行军操法，兼瞄准、打靶。回王沙木胡索特倾诚相待，所练缠回与汉人合操，无稍猜疑。新疆门户藉是巩固。

初，甘军之抵河州也，凡三十余营，湘军至西宁亦三十营，东路大兵云集，宜战；而新疆援军入关者，止赵有正四营，孤军力薄，宜守。府君屡电嘱有正会同甘州文武谨守隘口，杜贼出窜，而有正听标营某将言，贪功冒险，函约屯凉州之统带连胜军总兵刘璞、统带镇南营总兵易顺胜，各以轻兵南出祁连山，间道规取察汉俄博营及永安营。璞、顺胜失期未至，有正悬军深入,下俄博、永安二城,为二十二年正月十四日也。

永安距甘州四百二十里,有正不少息,复乘夜进攻迤东百一十里之北大通营,以元宵薄城下,出贼不意,毙二酋。贼败入城,窥赵军无后,纠八千余贼围之。官军众寡不敌,管带前营副将魏其德战没。有正且战且退,还驻永安。正月二十日,府君至马莲井站得报,即电饬刘璞、易顺胜分兵往援永安,深山乏粮,令有正退守俄博,待后军。又四日,府君至安西州,闻贼将由讨来川掠敦煌,遣都司陶廷相移所部马队分守之。

二月初二日,入嘉峪关,历肃州、高台、抚彝,至甘州。所过整饬标练各营,激励乡团,百姓欢呼相迓,群贼敛聚山南,于是河西四郡驿路疏通,府君乃践前议,令潘公效苏率督标亲军各营由扁都口进讨祁连山南麓诸贼,约董军自湟郡会攻。府君即驰赴兰州,于三月初七日接署督篆,筹济粮饷,抚定灾黎。

北大通营者,大通县西北境也。北阻祁连,南襟浩亹,雪山环峙,地险而瘠。回族居之,以游牧、畋猎、淘金为生,犷悍习为盗,恃其险阻,自来未受惩创。至是董军别将某徇下北大通营城,某固回族也,抚多剿少,荒城不烦兵力。贼党弃城为缓师计,渠魁散处十大庄堡,每庄又各有小寨,图保窟穴,无反正意。府君以此处逆回屡扰驿道,破民堡,罪恶尤著,非草薙禽狝,难望久安,属潘公痛剿之。

三月初四至十四日,潘公督同焦大聚、金兰益、易盛富、赵有正诸将,鏖战浃旬,连克十大庄堡暨各小寨,殪贼三千余,溺毙溪涧者以数千计,禽斩大酋八十余人,由是旁郡奸回夺气。魏公既剿西宁三关,降多巴,西宁回匪悉众由水峡口西窜青海。府君度贼党无谋,必不据青海,第欲效白彦虎故智耳,止宜以现有兵力固守河西四郡,拦贼于南山,荒碛乏食,饿死必多,巨酋可一鼓就擒,余众安插罗布淖尔,则甘、新二省得少安矣。乃檄潘公偕诸将由北大通退归山外,西驰出塞,陈兵于玉门迤南诸山径以待,戒毋得纵贼出平地一步。惟青海、蒙古积弱,悍回所向,罔弗披靡。诸王、贝勒不能御贼,第以羽书告急。电旨饬魏、董二军分兵追剿青海窜贼。府君以羌中荒邈,必责后路州县筹粮刍,车驮重,困小民,且贼行速,尾追无及,当此兵单饷绌，专顾郡县完区力已不足，若宿兵绝漠，内地空虚，为祸更大，乃奏罢青海之师，窜回果狂走，不少留。是时，贼众号七八万，距新疆南界尚在三千里外，新疆官民闻而大骇。将军、巡抚叠发电奏陈危急状，军务处误以青海为新疆所辖，廷议令固原提督邓增出青海与新抚会商，又令喀什噶尔提督张俊赴北路防堵，实皆鞭长莫及。府君策贼非至玉门、敦煌掠食，必不能遽犯新疆，爰电请军务处悉罢前议，而以邓增一军移守肃州。魏公在湟郡，以新疆告急，受切责之旨。董提督与魏公积不相能，至是颇龃龉之。府君奏请罢湘军还陕，始得两全。

四月中旬，督标各营驰至玉门县南青头山、昌马尔、扁博沟等处，适贼由青海之柴达木来，猛扑数次。罗平安、牛允诚各营击却之。府君急檄玉门之师倍道赴安西州南七工堡等处。

五月初，贼又大至，其酋刘四伏欲夺路觅食，为困兽之斗。贼众兵寡，屡濒于危，幸将士用命，副将金兰益每战匹马陷坚，纵横蹀血，大败贼于牛桥，阵斩数千，收降五六千人，冻饿僵踣碛中者数万人，刘逆以千余骑跇走。府君电嘱饶抚部檄罗布淖尔守将设伏以俟，并饬金兰益等星夜蹙贼，令无扰敦煌。贼穷蹙，由色尔腾海向罗布淖尔，流沙荒远，饿毙强半。

七月中，刘逆至淖尔东南之和儿昂就擒。于是徙降回于塔里木河滨，计口授田，令焦、罗诸将还兵入甘州、南山、野牛沟番地，搜捕余匪，掩埋骴骼，以消疫疠。

九月，关内外同告肃清。府君察地势，审贼情，随机任事，不少粉饰，尝叹顿兵耗财，多增一营，即多损民力。入关时，仅以二千人当穷寇冲，拯河西四郡于危。厥后罢青海之役，力排群策，独负艰险，皆智巧者所不肯为。

同时，宁夏将军奏募十营。府君计宁夏可无事，亦请汰之。烛照数计，动如所料。然府君谓焦头烂额，奚忍言勋！推功让能，抑然自下。陇西士大夫有识者，谓若早假我使君，则回事或不致决裂至斯也。

十月初四日，奉旨褒以征兵筹饷不遗余力，实授陕甘总督。府君奏辞，不获命。兵燹后，众务猥冗，而调和汉回，维持骄将，尤用苦心焦虑。寸省汉民多惰多瘾，生计日绌；回民则反是，坚忍能群。强弱之数悬殊，而汉民好以大言陵之，或偏激至不分良莠。官欲白之，则诬以纳贿，终年唬眙，修怨无已。迨事发即涣散，不相顾。府君不肯徇众沽名，无问族类，止别良莠，经权互用，惟冀消释祸端，曾劝谕汉回蠲宿忿，通婚姻，亦曩时长吏所不敢昌言者也。

河州汉人憾甘军未痛剿河回，又以说降群寇之回将富于其旧，益不平，谤书叠至。府君属绅士曲为排解。甘军自入都后，将士益骄横，福祥权力视钦差，以未得封疆，意怏怏，恐解兵权，不乐赴甘肃提督本任，荐其乡人张俊自代。会农部促裁兵节饷，枢府议练重兵数大枝，于是督部之兵日减，福祥之兵转增。

二十三年春夏间，福祥练兵平番县，无壁垒，借居民舍，民咸苦之。嫌坐饷薄，请与行饷。府君以财政竭蹶，既非征调，加饷无名，力阻之。福祥请于政府，卒遂所欲，然犹不快意。是年秋，奏请入都，既而调甘军分扎陕西之大庆关及山西平阳府大部，责甘肃拨饷。自此甘省度支益窘矣。

福祥之移驻，托名西控回族，东备洋防，实为自便计，非真欲东也。明年调至京师，列武卫后军，谩言能御洋人，以自豪而心实惮之，于是请召张俊入都。俊复募数营往，号肃军，而府君复增筹款之累。俊既至，京枢府重，福祥卒不得西归，于是福祥又请调某回将，某固回鹘巨擘，有功于福祥，福祥忌之，尝言他日使御洋人，胜可歼洋，败可歼回。某侦知之，奉檄不行，曰：调我须增足回队二十营，不受福祥节制，盖明知饷源已涸，藉是延缓。府君商之官绅，咸云群回惮与洋战，若促之急，其下必哗。福祥虽欲秉钺而西，恐未能一再徼幸，为西陲大局计，留某回将便。乃留之不遣。

逾数月，福祥又申前议，府君又设词留之。每一檄至，群回哄然疑虑，黠者因而造言生事，不至于扰乱者几希，府君不惜敛怨，弭祸无形。其补救维持之苦衷，虽在僚寀，有未易共喻者也。回寇之兴，所费白金至六百余万两，振恤汉回难民三十余万两，出入稍不符成法，农部驳斥，不允报销。设法腾挪，左支右绌。各省协甘之饷岁一百十八万，甲午后解不足额，来源渐涸，边地物价腾贵，繁费相踵，加以甘军东调，岁耗八十万，藩库正、杂各款荡然无余。府君燕居叹息，每低徊于宣圣不得已而去兵之言。今者未能节流,空言开源以新法耶,当先筹十百万经费以旧法耶。幸而获数千金或万金,视浪掷虚牝者,不啻什之一二,向所欲仿行之矿务、制造及文武学堂、推广新操诸事,皆坐用不足而束手。仕途淆杂,寻常吏事奉行亦鲜当意。督部所辖三省,起河潼,迄葱岭,广逾万里,综揽纡筹,端绪纷遝。府君自恨才弱,无补艰巨,忧劳交迫,病以日进。督陕甘三年,累疏乞假,两求罢斥。

二十五年冬,任满,例应述职。

二十六年二月,东行,登降陇阪,感受风寒,喘嗽不止,头晕脚肿。

三月,至陕省,奏请赏假,留陕就医。

四月杪,闻义和拳事作。府君仰屋唏嘘,旧恙不痊,继以咯血。僚友问疾,必强起,论时事,且喘且语,客退则气促不能支。关中吏民不信拳党者绝少,护理巡抚端方公明达不徇众,而满汉兵民交相垢詈,端公势处孤掌。府君每晤官绅,劝当信端公言,勿疑沮,端公亦虚衷相商,卒用潜消反侧。时魏公署陕甘督部,以府君习边事,遇有疑难及回族纠葛,频发电谘询,虽当深夜,府君必篝灯帐中,代为策画,不少推诿。闻各国联军薄都城,府君忧惶无措,属端公电请鄂督张公婉商各国洋官,谓庸臣误国,无与主上事,乞劝各统将勿震惊。两宫又以此意电托新疆俄领事,领事允代达于俄廷。府君夙夜东望,椎心醋血。

闰八月,电传调补两广总督之旨,益惶恐,即疏称材力不胜,乞收回成命,力疾至蒲州迎驾,面陈病状,求罢职。两宫于九月初四日幸秦,召见时又奏辞,均未邀俞允。寻扶疾南行。

十月中,过夏口。不孝葆霖至武昌省视,时家属已自盛泽迁还秀水原籍,不孝等请暂返里门,府君不许,遂由九江取道豫章,岁杪始逾岭峤抵任所。惟国威既损,外人恣睢蓁甚,洋务局设署中,郡邑交涉事径达于督署,外人亦事事要求于督部。府君待以忠信,悉心推究,可允者速允,不可允者告以理难曲从之故,反覆辩论,或竟却之,不少怯懦。已而各领事亦敬服。葡萄牙人假地澳门,初止半岛。道、咸以来,渐肆蚕食。然所侵旧界,久未定议,近又图取毗连各乡并大小横琴各岛,遣白朗谷来京要挟。府君于白使未至之先,即胪列形势利害,咨请外务部坚持驳斥,得戢狡谋。广西边患养痈已久,匪党多受抚为将弁,驯至兵匪不分。府君意必易帅,得廉耻大将,兼绾吏治兵政,先区别兵匪,然后冥顽者可剿;调贤牧令十数人,柔调杰悍,安集善良,然后胁从者可抚。缄商西抚丁公振铎,谓发之早则祸或较小,发之迟则祸尤巨。乃奏闻于朝,而不肖文武恃边营为名利窟者,以某帅之去为不便,散步浮言,歆动西邻,致来干涉。府君告以某帅在边久,功效为中外所知,邻人语塞,继又试言之都中,而前议遂格不行。

彼时,府君拟奏请简派岑公春煊督师,适蜀事急,未果。服岭以南,人稠地窄,旅食各岛者,踵相接,自有逃人托足,动起嫌疑,钩考过严,驱同鱼爵。府君则省释株连,冀消党祸。中书邱炜萲久寓英属新嘉坡,以好客闻四方,偶以诗酒与党人连,遽遭构陷,致名捕。府君移书领事劝谕,又为言于南皮张公得奏雪。粤东会匪、盗匪自昔猖獗,间有劣绅庇匿,州县权轻,文武苦隔膜。府君厘定清乡章程,严惩劣绅,凡练军营哨分屯在外者,许由牧令节制,信赏必罚。一岁中捕斩著匪二千数百人,其间兴宁逆民为乱,廉钦各邑及防城之十万大山,曩为贼薮者,皆遣明干大员督率将弁,先后讨平之。

府君谓重典之用,万不得已;清乡之策,至为疚心。民贫思乱,非杀戮可止。属府县设劝工厂,教养轻囚,而于奏报治盗折内必以宽民力、清盗源之意,委曲敷陈。

广东虚负富名,大部取财之政,重于他行省,藩、运二司库久苦入不敷出。自协揆刚毅来筹饷,强无为有。惠州军兴,各属闹教,均贷洋债,又派认各国偿项。通计视甲午以前,岁出增至五百万两,皆无的款可指,大半恃赌饷,其少半以他款挹注,兼向商家称贷,又不给,则亦举洋债以应,此还彼借,割肉医疮,库藏空虚,恒为债府。

府君志在厚民生,培元气。今势与愿乖,民困已极而追呼,不得稍宽,至饮酖止渴,弛搏蒱之禁,公收陋规。理财者惟恐博局或减,在下者相率倾家,流为丐盗。府君每一念及,潸然泪下,秕政以筹款不能革,新政以乏款不能兴,文武学堂虽当务之急,而农部无准销之款,不得已则劝富人输金,强勉设置。食于书院者失其利,蜚语沸腾。学堂生徒不谅草创之艰,负气偏激,以嚚陵为高,贻人口实。

府君病中,闻学堂有滋事者,必愀然废食曰:是自斫新机也,天下事更安望乎？府君自移镇岭表,忧时之疾日增,气喘不已,呕血之证,月必数发,连疏乞假调养,并求解任,未得请。家母南来问病,偶言归计,府君笑曰:余非图晏安也,值此时艰,讵能优游林下？无如精力已竭,岩疆非可卧治,贻误大局,厥罪尤重,倘邀恩罢官,庶几于心稍安。谕不孝葆廉曰:余负国负民,有死而已,汝速治后事,曩者祖父母之丧,均因力薄从俭,今制棺勿逾百金。不孝葆廉遵命预备,府君一再考察衣衾,毋许华美。此去岁春日事也。

自是手书与戚友,引古人祈死语,不乐亲医药。不孝葆廉求之数,则曰:姑徇尔请延医,至则曰:何犹不得死？进药辄倾其半,饮食日减,夜不能寐,恒凭几坐,昼仍治文牍,见同官,不以病自懈;尤惓念于旱潦不时,交涉棘手,伏莽之繁滋,筹办学堂之艰阻,常反覆论之;草遗疏,屡易其稿;复以书别寅友,勖以忠恕勤俭;间书遗嘱,教诫子孙,并谕营葬宜速,勿作佛事。

二十八年六月初二日,奉准开缺之旨。既又命俟李署抚到后,再行交卸。

七月中,吐血尤剧,连日不止,至呕出肺叶一片。

八月二十日,受代。

九月初二日,移寓,疾已殆,而耳目聪明,区处各事缜密,讵料初九日子刻,遽尔弃养。春秋六十有八。不孝等罪积恶稔,罹此鞠凶,终天之痛,曷其有极？府君遗疏言,粤中民穷财尽,盗贼日繁,愿朝廷深加之意。

署总督德寿公、巡抚李公兴锐会疏具报。

十月初三日,奉上谕:两广总督陶模,秉性忠诚,清勤练达,由庶吉士起家县令,洊历封圻,在陕甘边境二十余年,抚绥培养,吏畏民怀;调任两广总督,办事实心,不辞劳瘁。前因患病,迭次赏假调理,旋准开缺,方冀医治就痊,长资倚任。兹闻溘逝,轸惜殊深！陶模着加恩追赠太子少保衔,照总督例赐恤。任内一切处分,悉予开复。应得恤典,该衙门察例具奏。寻予谥勤肃,赐祭葬如礼。国恩优渥,非私意所敢及！

不孝等扶柩回籍,治丧毕,即以十二月十六日安葬于王江泾西南之露字圩，距府君生长之所三里而近。

府君为学，宗宋五子，言动不苟，内行笃修，然不拘滞，不自满，于近人论著无不虚心推求。案头杂置儒先书及时务书报，公事暇即浏览及之，手不释卷，故于天下利病、世事物理、中外情势，咸莹彻通晓。所建言者，抚新疆时，有勉图补救一折，请整饬国学，裁减中额，停捐例，汰冗员及宦官省、内务府、织造衙门各费，尚书、侍郎升迁不出本部，司员分类治事，删弃旧案，破除旗兵积习，禁士大夫食洋烟，分设算学、艺学科目，予水军、陆军学生以举人、进士出身，停止武科，变通操法，择满汉勋旧子弟，遣赴各国游学，培植工艺，以杜漏卮，与地争利，勿与民争利。翻译各国政书，呈备御览，而归本于朝廷。鉴天灾，念民困，励精图治，日新又新，内外大臣各矢公忠，清心寡欲云云。凡十数事，拜疏在乙未五月，先戊戌变法三载也。

又，覆奏中外臣工条陈一折，请核实用财，破格储才，推行宜渐，根本宜急，不治病根，但学西法，聚阘茸嗜利之辈以期富强。止于旧法外增一法，不得谓之变法；于积习外增一积习，不得谓之祛积习。欲求富强，必以崇节俭、广教化、恤农商为先；欲新政治，必以变士习、减中额、汰内外冗官为先。根本之病，先行清理，然后安攘之策纲举目张矣。

督陕甘时有变通武科折，极言部臣原咨取中武生始挑入学堂及听武童自行购械在家操演之非，谓宜自幼入学校，分别水、陆，各习专门，勿由学臣考试，即罢旧例武科云云。

府君之迎驾蒲州也，两宫虚衷垂询。府君奏称，不得不议新法。

既度岭，于辛丑正月疏请变通学校科举，略谓分设蒙学、小学、中学、大学，给以生员、举人等荣名，无论由何项进身，非有学堂执照，不得授实官，其教习皆须品端学粹。择要试行，逐渐推广，勿一时并举，致有名无实。俟学校齐备，即将科举停止，俾归于一途。又谓读书之士须明义利之辨，而转移之机操之自上，正朝廷以正百官，正百官以正万民，尤正本清源之要务。

是年二月，奏请将内监大加裁汰，嗣后勿再选充，以为变法自强之本。寻又奏变通政治宜务本原一疏，谓必朝廷实能爱国、爱民，乃能以爱国、爱民责百官；必朝廷先无自私自利，乃能以不自私、不自利望天下。转移之道有在,曰除壅蔽,曰去畛域,曰务远大,非朝廷以身作则,克己胜私,虽日日言变通,无由获变通之效。

去年五月,于奏设广东大学堂折内附陈科举学堂种种窒碍,断无并立之理,请竟废科举,以收学堂实效。纵或未能,亦应将乡会中额、各学学额量裁其半,以为学堂学生出身,乞谕告天下以十年或五年之后,永远停止科举,则士气奋矣。府君告君以诚,前后胪陈皆本原至计,切近易行,不故为骇俗语以取快。

府君胸无城府,接物宽恕,明于任人,随器之短长委寄,胥当甘苦具悉,以故人乐效力。西陲群官将卒多左文襄、刘襄勤旧部,强半楚材。府君以浙西书生继湘帅之后,而其下奔走从令,如臂使指拇,罔有隔阂;嫉恶如仇,而爱才若渴。即性情异趣,意见不同,亦优容成全,以竟其用。同官偶有违言,皆笑纳之。为州县时,有某者以交代事苦府君。迨府君作督,某仍需次,府君处之若忘。某簿尉上书讪府君,府君无愠色,旋试以事,有以勇敢敛怨者。府君于群疑众谤中雅意调护之,卒膺方面,有治行,亦不一其人。道员、镇将之贪劣者,虽未专疏纠劾,必于年终密奏,请黜之。或有年谊,或为贵人戚党,不稍瞻徇。宦辙所莅,常以前人论吏治书暨新译书分赠文武。同官好发大言者,辄以郭公嵩焘所著《罪言》示之。

近时保案冗滥,疆吏或借以市恩视为酬应,在事有劳者,转遭屏弃。府君从严考核,亲友干求,悉峻却之。上官多取于州县,州县必多取于小民。府君体恤属吏甚挚,每迁代就道,必先期告各牧令以从行若干人,膏秣之资自给,勿盛饰行馆,勿厚馈酒馔。如欲尽地主谊,则蔬菜四事面馒稀粥足矣。守令以下毋叩头,都守以下毋跪道左,毋自称沐恩,士卒亦请安而已。寅友遣弁勇护送,必力辞,恐人多易扰也。舆行山岭,或召贫民挽纤,府君必一一面授以钱。至廨,凡陈设器皿、帏帐、褥垫华丽者,召首县司会计人簿录而返之;廨屋当修者,以己赀缮治。家丁皆厚给工赀,戒毋取各陋规,曰:若辈巧猾,吾非敢谓稽察必周也,无已则减其人。故家丁常止四五。巡捕官白事,令径至卧所,故事首县必遣仆住上官署中,刺探举动,兼供差市物。

府君望见县仆，必面语之曰：某差无庸办，某物无庸购。县官或遗忘要事，府君代为区处，辄呼县仆前来传述。府君生日，不使同官知，勿称贺，曰：生日宜诵《蓼莪》，何庆之有？省外文武欲循俗贺节，必以函电止之，并嘱勿用骈体贺信以事，来者促之速返，未尝宴饮属员，曰：枯坐半日，徒废公事。且闻俗例有压桌钱，尤不可。昔黔西李恭勤公世杰为督抚，不宴群僚，我姑师之。甘省道员阙人，令知府兼摄；知府阙人，令道员兼摄。需次者颇恚。府君曰：地方困弊，纷纷调署，大率五日京兆而供张骚然，我不忍也。闻某帅巡边，有司踵事增华，顾绣贴地，朱缎饰坐，从官、仆人饱囊橐，亲兵饫酒食。节钺所经，公私扫地，镇将缘是亏空，分年流摊于弁兵，至历数任不得清。

府君谓携印阅兵，日有公事，僚从员弁，未能过简。然所阅者，旧式操法近于棘灟儿戏，以此致营伍亏空、侵克，不如废之为愈。每值大阅，必援案奏免，第勤加访察，近省治者，调集校试枪靶，勿任懈弛。都、守等官贫，不具蟒服，令以短褂。见有牌委札付，往往手授之。文牍亲定稿，饬书吏缮正，必亲覆核。倘字误出于有心者，即施以夏楚，又频察其有无压滞以苦僚属。

府君刚方廉正，而不乐以崖岸自异，不肯以声名盖人。处事不执一，平居不受属吏馈赠，亦不馈赠当道。然京官贫寒者，未尝不稍致微意。知兰州府时，禁五泉山寺聚众演戏。洎为总督，则听之，曰：兵荒后，贫民益多，令藉小事觅食，非曩时比也。

在官三十年，未尝召优伶演剧，曰：时局日艰，何忍乐为？然同官团拜、公宴等事，亦往勉坐一二时。士民或制万民伞、德政牌以赠，府君闻之，曰：皆好事者藉以敛钱耳。遣人谕止之。谓于法当禁，来必取辱。回民亦有送者，府君曰：回性多疑，却之严，恐生他志，暂受而弃之神庙中。不乐提镇坐轿，既以轿来，亦弗忤也。

府君清静淡泊，无衣服、舆马、书画、鼎彝之好。日用皆朴素，一铜盥具绝小，数十年不易。一牙章钤用刓弊，亦数十年不易。开藩陕右，时不孝葆廉拟请府君纳簉室以资侍奉，倩戚友从容言之，不许；又请召家乡庖人来，亦不许。食常一二殽，一咸鸭蛋不能尽，必令剖半以进。值国忌、家忌及生日，皆蔬食。病各署轿夫工于窝赌，抚新四年，从未坐轿，于是司道以下皆舍轿。

初至粤，督署电灯遍耀堂室。问民间能通用否？司其事者曰：机小力不足。府君曰：岁耗万金，止照一署，奚为哉？命撤去，自奉俭约，而用财不悭，亲朋赒恤、振灾、平粜及创建学堂等事，襄助竭力之所至。府君料事奇中，甲午以前，每叹朝野士夫咸不知己不量力，虚憍已甚，将必使国家受兵祸，斯民受赔款之累，贻害无穷，既而果有马关之耻。甲午以后，中外议者专重练兵，叹曰：虚憍未已，祸犹未艾。常诵富郑公愿二十年不言兵之语，既而果有义和拳之变。戊戌变法，文告迫促。府君曰：太锐，恐易挫。丁酉科，监临甘闱，府君屡语同人曰：自后各省乡试未能遍举矣。闻者怪之，既而皆验。

府君虽值颠沛，处之夷然。同治初，避寇穷乡，烽烟扰攘，犹时讲肆九章，所演草皆恭楷，无一笔苟，并校录儒书，悉冀有力者付梓。

丙申夏，湟回窜塞外，安西、玉门岌岌。安西协副将治和飞电告急，谓城且陷，惊报日数至。同僚见羽檄，即失色。府君从容筹议，曰：但望诸将勿违节度，可无恙也。尝溯赣水，舟为石破，水汩汩入，府君徐登岸，无惶遽色。

府君少年能饮善弈，好为古文辞。既入仕，遂屏之，曰：居官而溺于文字，犹饮、弈矣。旧稿散弃友人处，不孝等见而录之，今存奏稿数十卷，公牍、信札若干卷。

府君自筮仕以来，绝无干求，传闻京外诸公如朝邑阎文介公、湘乡杨公昌濬等，皆曾奏举府君，然诸公未以相告，府君亦不之谢。

府君跻贵显，恂恂卑下，望之蔼然，常自惭不称职。与人言，款曲详尽，终身无盛怒，虽不孝等及仆媪辈，从未遭诟斥。

常所训教子孙者，曰清心寡欲，养身要法；勤俭谦谨，处世要法。曰非艰苦，不出人才；饱暖逸居，造物所忌。邓高密中兴元佐令其子各习一艺。曰教儿女规矩谦和，虽乞丐勿呵斥；卑幼当尊敬长上，长上亦当原谅卑幼；

僮仆忙时,当分任其劳。曰省身克己,勿自以为是。诸葛忠武欲人违覆,曾文正欲人勤攻吾短。只知责人,不知责己,是大病痛。曰万事宜从对面设想,能受小亏,免受大亏。令人得便宜于我处,未始不快意,不独财物,即言谈举止皆然。曰平心静气,就事论事,尽吾心力以待机会,毋作负气语,转致偾事。人或变幻,我只开诚布公,勿用权谋诡计。曰读书为明道理,能治事,非为文字功名计。曰不信佛、老,不必诟骂,彼亦坚苦卓绝人,岂熏心名利之人所当诟哉！今信二氏者,不识二氏宗旨;为儒家言者,不识儒家宗旨。曰不看报,一无所知;常看报,又易浮嚣,日言忧国忧民,而于身心及家庭事一切抛弃,亦是大病,须静坐一半时,使此心湛然。曰今人处衰世,谓时无可为,恒郁郁无聊,缘此强者愤激,柔者颓放,试思孟子当乱世居邹国,明知将覆亡,而安贫乐道,守先待后,寿至八十四岁,何尝颓放？何尝愤激？曰以强为胜,世界自有此事;自强不息,古圣人早言之矣。自强自字须体贴,时时勉力,事事求精,虚心体察,实心办事。曰谈新学者,议论有极高处,天壤间自有此理,古圣人明知之而不欲言。今一切打破,似于世道、人心未必有益。吾人参究新理,默识于心,不必宣之于口,仍以孔孟之说折衷之,方少流弊。曰"人定胜天"四字,可括《天演论》全部。《天演论》于中庸栽培、倾覆之理,孟子生忧患、死安乐之旨,符合孔子答子路问强,亦此意也。曰欲学新理,宜注意农、工、商、医四项。各国政法,但求知其大意。若专习外邦政法而昧于中土情势,断难措手。曰民智果未开,若别开奇邪之窍,岂得自以为智平天下者,决不如是也。今说一新理,闻者笃信无疑,所谓人皆曰予智驱而纳诸罟、攫陷阱之中也。居中国而欲弃儒术,此自绝之道也。惟儒术非考据、词章之谓,圣人宗天以立教,使人人心有敬畏。此亦裁成辅相之道焉。今欲一概抹去,将使中人以下益无忌惮。曰新学,谈自由,仍欲不碍他人之自由,并两利为利,独利必不利之说。此即吾儒忠恕之道,非西儒始言之。曰作事不宜多所瞻顾,然事藉众力而成,即不能废絜矩之理,譬之于战,一往直前者也。然中法步步为营,追贼之兵能急复原伍。西法时时挖沟伏地,处处可猛进,处处可收束。今创为冒险之说,犹之只求出垒,不复成伍,安有不败之理？

府君忧深虑远,类如此。病剧时,所为遗嘱,有曰天下人心思乱,两粤尤甚,计臣搜括之令,若惟恐不速乱。督抚虽痛言之,无可如何,吾只望早死。

府君方准赤颊,丰仪威重,年近七旬,发未全白,齿牙坚固,目光炯炯,常能披阅石印小字,作楷书,秀润似壮年。初谓精神凝壹,耄耋可期,徒以国家多难劳与忧,并竟至不起,痛哉!

府君原配施夫人,同邑施公讳隆女,赠一品夫人,与府君合兆。继配王夫人,同邑王公讳赞勋女,封一品夫人。

子男三。长葆莹,县学附生,聘许氏,娶许氏,皆同邑候选大理寺评事讳应泰女,均先卒。次不孝葆廉,附贡生,分部主事,特赏员外郎,娶许氏讳应泰第三女;继娶劳氏,桐乡辛未进士吏部稽勋司主事名乃宣女。三不孝葆霖,附贡生,娶王氏,同邑岁贡生就职训导名赓虞女。

孙男四。长善培,二品荫生,特赏主事,娶高氏,同邑副贡内阁中书名宝辛女。次善坚,监生,聘黄氏,吴江兵部候选主事名榕女。次善均、次善膺。

孙女五。善敬、善敦、善敏、善缜、善多,均幼。

不孝等喘息垩庐,神思㥶眊,追维先人言行,心裂肝摧,诠叙支离,略具什一,伏祈当代立言君子赐之鸿文,俾光泉壤,不孝等感且不朽!

不孝孤哀子陶葆廉、葆霖泣血稽颡谨述。

赐进士出身通奉大夫赏戴花翎内阁学士兼礼部侍郎衔文渊阁直阁事加三级受业门人刘永亨顿首,谨填讳。①

---

① 陶葆廉,陶葆霖撰:《陶勤肃公行述》,北京鲁迅博物馆藏。

参考文献

一、档案

［01］中国第一历史档案馆藏.朱批奏折、朱批奏片、录副奏折、录副奏片、谕旨、咨文、电报、单、咨呈、军机处随手登记档、题本、呈状、禀文.北京.

［02］台北故宫博物院藏.军机及宫中档(含朱批、录副、清单、廷寄).台北.

［03］台北"中央研究院"近代史所档案馆藏.外交档案.台北.

二、典籍

［01］中国第一历史档案馆编.乾隆朝上谕档.桂林:广西师范大学出版社,1999.

［02］中国第一历史档案馆编.嘉庆朝上谕档.桂林:广西师范大学出版社,1998.

［03］中国第一历史档案馆编.道光朝上谕档.桂林:广西师范大学出版社,1999.

［04］中国第一历史档案馆编.咸丰朝上谕档.桂林:广西师范大学出版社,1998.

［05］中国第一历史档案馆编.同治朝上谕档.桂林:广西师范大学出版社,1998.

［06］中国第一历史档案馆编.光绪朝上谕档.桂林:广西师范大学出版社,1996.

［07］中华书局影印.清实录·仁宗睿皇帝(嘉庆)实录.北京:中华书局,1986.

［08］中华书局影印.清实录·宣宗成皇帝(道光)实录.北京:中华书局,1986.

［09］中华书局影印.清实录·文宗显皇帝(咸丰)实录.北京:中华书局,1986.

［10］中华书局影印.清实录·穆宗毅皇帝(同治)实录.北京:中华书局,1987.

［11］中华书局影印.清实录·德宗景皇帝(光绪)实录.北京:中华书局,1987.

［12］中国第一历史档案馆编.光绪朝朱批奏折.北京:中华书局,1995.

［13］秦国经主编.清代官员履历档案全编.上海:华东师范大学出版社,1997.

［14］清高宗敕撰.清朝文献通考.杭州:浙江古籍出版社,1988.

［15］刘锦藻.清朝续文献通考.杭州:浙江古籍出版社,1988.

［16］中国第一历史档案馆,福建师范大学历史系编.清末教案.北京:中华书局,1996.

［17］顾廷龙主编.清代朱卷集成.台北:成文出版社,1992.

［18］中央民族大学图书馆藏.钦定平定陕甘新疆回匪方略.

［19］王锡祺撰.小方壶斋舆地丛钞.沈阳:辽海出版社,2005.

三、著作

［01］左文襄公全集.上海:上海书店出版社,1986.

［02］沈云龙主编.曾惠敏公(劼刚)遗集.台北:文海出版社,1966.

［03］沈云龙主编,萧荣爵编.曾忠襄公(国荃)奏议.台北:文海出版社,1966.

[04] 沈云龙主编,崇实著.惕庵年谱.台北:文海出版社,1966.

[05] 曾国藩.曾文正公全集.光绪二年传忠书局刊.

[06] 李瀚章编纂,李鸿章校勘.曾文正公全集.长春:吉林人民出版社,1995.

[07] 左宗棠.左宗棠全集.奏稿.上海:上海书店出版社,1986.

[08] 朱玉泉主编.李鸿章全书.长春:吉林人民出版社,1999.

[09] 顾廷龙,戴逸主编.李鸿章全集.合肥:安徽教育出版社,2008.

[10] 沈云龙主编,鲁一同著.通甫类稿.台北:文海出版社,1996.

[11] 沈云龙主编,刘岳昭著.滇黔奏议.台北:文海出版社,1966.

[12] 沈云龙主编,岑毓英著.岑襄勤公遗集.台北:文海出版社,1966.

[13] 沈云龙主编,唐炯著.成山老人自订年谱.台北:文海出版社,1966.

[14] 沈云龙主编,宝鋆等修.筹办夷务始末(同治朝).台北:文海出版社,1966.

[15] 沈云龙主编,黎成礼编.黎文肃公(培敬)遗书.台北:文海出版社,1966.

[16] 沈云龙主编,蔡冠洛纂.清代七百名人传.台北:文海出版社,1971.

[17] 朱寿朋编纂.光绪朝东华录.北京:中华书局,1958.

[18] 王先谦等撰.东华续录·同治朝.光绪二十四年文澜书局石印本.

[19] 蒋良骐撰.东华录.北京:中华书局,1980.

[20] 黄盛陆等标点.岑毓英奏稿.南宁:广西人民出版社,1989.

[21] 贵州大学历史系近代史教研室点校.平黔纪略.贵阳:贵州人民出版社,1988.

[22] 王延熙,王树敏.皇清道咸同光奏议.台北:文海出版社,1969.

[23] 清史编委会编.清代人物传稿.沈阳:辽宁人民出版社,1990.

[24] 戚其章,王如绘编.晚清教案纪事.北京:东方出版社,1990.

[25] 汪兆镛辑.碑传集三编.台北:文海出版社,1980.

[26] 郭嵩焘.郭嵩焘日记.长沙:湖南人民出版社,1982.

[27] 李慈铭.越缦堂读书记.上海:上海书店出版社,2000.

[28]李慈铭.越缦堂文集.台北:文海出版社,1971.

[29]李慈铭.越缦堂日记.北京:线装书局,2003.

[30]翁同龢著,陈义杰整理.翁同龢日记.北京:中华书局,1993.

[31]窦宗仪.李鸿章年谱.台北:文海出版社,1977.

[32]章洪钧,吴汝纶编.李肃毅伯(鸿章)奏疏.台北:文海出版社,196□.

[33]欧阳辅之编.刘忠诚公(坤一)遗集.台北:文海出版社,1968.

[34]沈云龙主编,许景澄著.许文肃公(景澄)遗集.台北:文海出版社,1966.

[35]金梁.近世人物志.台北:文海出版社,1977.

[36]裘毓麟.清代轶闻.台北:华文书局,1932.

[37]费行简.近代名人小传.台北:文海出版社,1967.

[38]沈桐生辑.光绪政要.台北:文海出版社,1971.

[39]王树枏编.张文襄公(之洞)全集.台北:文海出版社,1970.

[40]来新夏.近三百年人物年谱知见录.上海:上海人民出版社,1983.

[41]苏树蕃编.清朝御史题名录.台北:文海出版社,1967.

[42]汤志钧编著.戊戌变法人物传稿.北京:中华书局,1982.

[43]李灵年,杨忠主编.清人别集总目.合肥:安徽教育出版社,2000.

[44]章伯锋,顾亚主编.近代稗海.成都:四川人民出版社,1988.

[45]邓云生校点.左宗棠全集·札件.长沙:岳麓书社,1986.

[46]邸永君著.清代翰林院制度.北京:社会科学文献出版社,2002.

[47]商衍鎏著.清代科举考试述录.北京:三联书店,1958.

[48]李世愉著.清代科举制度考辩.北京:中央广播电视大学出版社,1999.

[49]王德昭著.清代科举制度研究.北京:中华书局,1984.

[50]赵尔巽等.清史稿.北京:中华书局,1976.

[51]王钟翰点校.清史列传.北京:中华书局,1987.

[52]中国社会科学院近代史研究所编.曾国藩未刊往来函稿.长沙:岳麓书社.1986.

[53]曾麟书等撰,王澧华等整理.曾氏三代家书.长沙:岳麓书社,2002.

[54]王彦威纂辑,王亮编,王敬立校.清季外交史料.北京:书目文献出版社,1987.

[55]李侃,李时岳,李德征等.中国近代史.北京:中华书局,2004.

[56]沈云龙主编,谭宝箴等编.谭文勤公(钟麟)奏稿.台北:文海出版社,1966.

[57]湖南《左宗棠全集》整理组编.左宗棠未刊奏折.长沙:岳麓书社,1987.

[58]中国第一历史档案馆,湖南省地方志编纂委员会编.湖南省志·人物志.长沙:湖南人民出版社,1992.

[59]丁凤麟,王欣之编.薛福成选集.上海:上海人民出版社,1987.

[60]北京大学图书馆馆藏稿本丛书编委会编辑.北京大学图书馆馆藏稿本丛书.天津:天津古籍出版社,1991.

[61]《新疆通史》编委会编.近代新疆蒙古历史档案.乌鲁木齐:新疆人民出版社,2007.

[62]马大正,吴丰培等编.清代新疆稀见奏牍汇编.乌鲁木齐:新疆人民出版社,1996.

[63]谭献著.谭献集.杭州:浙江古籍出版社,2012.

[64]喇秉德,马小琴编.青海回族史料集.西宁:青海人民出版社,2002.

[65]张灏,张忠修编.中国近代开发西北文论选.兰州:兰州大学出版社,1987.

[66]陶葆廉,陶葆霖撰.陶勤肃公行述.北京:鲁迅博物馆藏.

后　记

　　本书从编写到出版，时阅四年。在文献收集、整理及文本编写过程中，山东大学教授杜泽逊先生始终给予鼓励与关怀，嘉惠实深，无任感荷！

　　感谢中国第一历史档案馆和台北故宫博物院全体同仁的辛勤付出与无私帮助！

　　陶勤肃之后人清华大学教授陶家洵先生，多方搜采，俯赐史料，襄助良多；贤棣高彬彬，内子张从华，鞍前马后，排比理董，劳瘁不辞；黄山书社编审韩开元先生，责任编辑徐佩兰女史、李南女史，往复商酌，拾遗补缺，精雕细刻，助克葳功，谨此一并致谢！

　　惟以才陋智庸，兼之时间仓促，纰缪之处，所在多有，方家君子，不吝赐正，是所希企。

杜宏春

二〇一九年十月